Argentinien

Salta & der andine Nordwesten
S. 240

Die Iguazú-Fälle & der Nordosten
S. 161

Córdoba & die Pampinen Sierren
S. 320

Mendoza & die Zentralen Anden
S. 355

Uruguay
S. 592

Buenos Aires S. 56

Die Pampas & die Atlantikküste
S. 125

Bariloche & das Seengebiet
S. 400

Patagonien
S. 451

Feuerland (Tierra del
S. 563

Isabel Albiston, Cathy Brown, Gregor Clark, Alex Egerton, Michael Grosberg, Anna Kaminski, Carolyn McCarthy, Anja Mutić, Adam Skolnick

REISEPLANUNG

Willkommen in Argentinien 6
Übersichtskarte 8
Argentiniens Top 20.....10
Gut zu wissen 20
Was gibt's Neues? 22
Wie wär's mit 23
Monat für Monat 27
Reiserouten............31
Outdoor-Aktivitäten.... 36
Essen & trinken wie die Einheimischen.. 42
Reisen mit Kindern 49
Argentinien im Überblick 51

REISEZIELE

BUENOS AIRES..... 56
Sehenswertes 57
Aktivitäten............ 85
Kurse 86
Geführte Touren 86
Feste & Events 87
Schlafen.............. 87
Essen 93
Ausgehen & Nachtleben 100
Unterhaltung......... 110
Shoppen..............115
Tigre & das Delta 122

DIE PAMPAS & DIE ATLANTIKKÜSTE .. 125
Nördliche Pampas 126
La Plata 127
San Antonio de Areco ... 132
Südliche Pampas 138
Tandil 138
Sierra de la Ventana 141
Villa Ventana 143
Atlantikküste 143
Pinamar 143
Villa Gesell........... 146
Mar del Plata.......... 148
Necochea............. 156
Bahía Blanca........... 157

SAN ANTONIO DE ARECO
S. 132

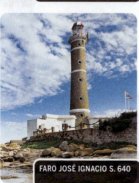

FARO JOSÉ IGNACIO S. 640

Inhalt

DIE IGUAZÚ-FÄLLE & DER NORDOSTEN ..161
Am Río Paraná 164
Rosario................164
Santa Fe...............175
Paraná 182
Corrientes.............185
Mercedes..............190
Parque Esteros del Iberá . 192
Am Río Uruguay 200
Concepción del Uruguay 200
Colón 201
Parque Nacional
El Palmar..............204
Concordia 205
Paso de los Libres 206
Misiones............. 207
Posadas................207
San Ignacio 211
Santa Ana & Loreto 214
Saltos del Moconá 215
Iguazú-Fälle.......... 216
Puerto Iguazú 218
Parque Nacional Iguazú . 227
Parque Nacional
do Iguaçu (Brasilien)....230
Foz do Iguaçu (Brasilien) 232
Gran Chaco 235
Resistencia 235
Juan José Castelli 238

SALTA & DER ANDINE NORDWESTEN 240
Provinzen Salta & Jujuy 241
Salta................... 241
Valles Calchaquíes......258
Cafayate...............267
Quebrada de Cafayate .. 273
San Antonio
de los Cobres 274
Salinas Grandes 274
Jujuy................... 275
Las Yungas 279
Quebrada de
Humahuaca............282
La Quiaca.............. 291
Yavi...................292
Tucumán & Umgebung 293
Tucumán 293
Tafí del Valle 299
Rund um Tafí del Valle...302
Santiago del Estero 303
Catamarca & La Rioja 305
Catamarca.............306
Belén 309
Londres & El Shincal 310
Westliches Catamarca..311
La Rioja 313
Chilecito............... 315
Parque Nacional
Talampaya 318

CÓRDOBA & DIE PAMPINEN SIERREN 320
Córdoba 321
Die Pampinen Sierren 336
La Cumbre.............336
San Marcos Sierras 337
Capilla del Monte.......340
Jesús María............ 341
Estancia Santa Catalina 344
Alta Gracia.............345
Villa General Belgrano...347
La Cumbrecita 347
Parque Nacional
Quebrada del
Condorito..............348
Mina Clavero...........349
San Luis & Umgebung 350
Merlo 350
San Luis 350
Parque Nacional Sierra
de las Quijadas.........352
Valle de las Sierras
Puntanas 352
Carolina 353
Papagayos.............354

MENDOZA & DIE ZENTRALEN ANDEN 355
Mendoza 357
Mendoza & Umgebung .. 372
Cacheuta..............376
Potrerillos 377
Uspallata 377
Los Penitentes 379
Parque Provincial
Aconcagua.............380
Valle de Uco 381
San Rafael.............385

LA BOCA, BUENOS AIRES
S. 69

REISEZIELE

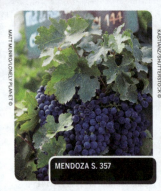

MENDOZA S. 357

VILLA LA ANGOSTURA S. 425

Cañon del Atuel & Valle Grande	387
Malargüe	388
Las Leñas	389
San Juan	390
Barreal	394
Rodeo	397
Parque Provincial Ischigualasto	397

BARILOCHE & DAS SEENGEBIET 400

Bariloche	402
Parque Nacional Nahuel Huapi	415
El Bolsón	420
Rund um El Bolsón	424
Villa la Angostura	425
Villa Traful	428
San Martín de los Andes	429
Parque Nacional Lanín	436
Junín de los Andes	440
Aluminé	441
Villa Pehuenia	442
Caviahue	443
Copahue	444
Chos Malal	445
Parque Nacional Laguna Blanca	446
Neuquén	446

PATAGONIEN 451

Patagoniens Küste 454

Puerto Madryn	454
Reserva Faunística Península Valdés	462
Trelew	469
Gaiman	474
Área Natural Protegida Punta Tombo	475
Camarones	476
Cabo Dos Bahías	477
Comodoro Rivadavia	477
Puerto Deseado	481
Reserva Natural Ría Deseado & Parque Interjurisdiccional Marino Isla Pingüino	484
Monumento Natural Bosques Petrificados	484
Puerto San Julián	485
Parque Nacional Monte León	486
Río Gallegos	487

Patagoniens Binnenland 490

Esquel	490
Trevelin	494
Parque Nacional Los Alerces	496
Gobernador Costa	499
Río Mayo	499
Perito Moreno	500
Los Antiguos	502
Cueva de Las Manos	504
Bajo Caracoles	505
Parque Nacional Perito Moreno	505
Gobernador Gregores	507
El Chaltén	507
Parque Nacional Los Glaciares (Norden)	514
El Calafate	521
Parque Nacional Los Glaciares (Süden)	532
Reserva Los Huemules	535

Chilenisches Patagonien 536

Punta Arenas	536
Monumento Natural Los Pingüinos	544
Parque Nacional Pali Aike	544
Puerto Natales	544
Parque Nacional Bernardo O'Higgins	551
Parque Nacional Torres del Paine	552

Inhalt

SAN TELMO, BUENOS AIRES
S. 68

ARGENTINIEN VERSTEHEN

Argentinien aktuell 662
Geschichte........... 664
So lebt man in Argentinien 676
Argentinische Musik .. 679
Literatur & Film 682
Natur & Umwelt 685

PRAKTISCHE INFORMATIONEN

Allgemeine Informationen........ 694
Verkehrsmittel & -wege 707
Sprache 716
Register 727
Kartenlegende 737

FEUERLAND (TIERRA DEL FUEGO) 563
Ushuaia 566
Parque Nacional Tierra del Fuego 582
Tolhuin & Lago Fagnano 585
Río Grande..............586
Estancias rund um Río Grande..............587
Puerto Williams (Chile)...588
Porvenir (Chile) 590

La Paloma 643
La Pedrera..............644
Cabo Polonio...........645
Punta del Diablo........647
Parque Nacional Santa Teresa 649

URUGUAY.......... 592
Montevideo 593
Der Westen 616
Colonia del Sacramento ..616
Carmelo...............624
Mercedes...............626
Salto 627
Tacuarembó 632
Valle Edén 633
Der Osten............. 633
Piriápolis 633
Punta del Este..........635

SPECIALS

Bei einem Fußballspiel......... 70
Der Tango.......... 104
Zu Besuch auf einer Estancia............137
Die Iguazú-Fälle 220
Quebrada de Humahuaca 280

Mythos Che Guevara 342
Mendozas Weine.... 366
La Ruta de los Siete Lagos 431
Tierwelt in Patagonien 464
Patagonien extrem.... 523
Strände von Uruguay 630

Willkommen in Argentinien

Argentinien ist wunderschön, faszinierend und intensiv. Das Land verführt seine Gäste mit Tango auf den Straßen, Grillfleisch, Fußball, seiner Gaucho-Kultur und den gewaltigen Anden. Ein wahrhaft großartiger Cocktail für Abenteuerlustige!

Straßenszenen

Schon bei der Ankunft in Buenos Aires erkennt man durchs Taxifenster das Mosaik einer modernen Metropole – mit Straßencafés und purpurfarbenen Blüten der Jacaranda-Bäumen in den Parks. Die *porteños,* also die Bewohner der Hauptstadt, zelebrieren das öffentliche Leben – ob sie sich nun sonntags auf einen Mate-Tee treffen oder vor einer der Fassaden aus dem frühen 20. Jh. ihr Eis genießen. Überall sieht man Buchhandlungen, fantasievoll drapierte Boutiquen und Gourmetrestaurants. Nicht nur Buenos Aires wirkt derart imponierend; auch Córdoba, Salta, Mendoza und Bariloche haben ihren eigenen Charme.

Die Landesküche

Liebhaber saftiger Steaks kommen in Argentinien voll auf ihre Kosten, denn das aromatische Rindfleisch wird hier perfekt gegrillt. *Parrillas* (Steak-Restaurants) findet man an jeder Straßenecke, und sie bieten jede erdenkliche Zubereitungsart und dazu Würstchen und gegrilltes Gemüse. Pizza und Pasta sind dank des italienschen Erbes überall zu haben. In Buenos Aires wechseln die Moden in rasendem Tempo, und so hat die gehobene Küche der Welt Einzug gehalten; internationale Gourmetrestaurants säumen die Kopfsteinpflastergassen. Also Platz nehmen, eine Flasche Malbec öffnen und den Abend genießen.

Wunder der Natur

Das Land zwischen den mächtigen Iguazú-Fällen im subtropischen Norden und dem gewaltigen Gletscher Perito Moreno im Süden ist eine Wunderwelt der Natur. Und sie zeichnet sich durch Vielfalt aus. Argentinien besitzt artenreiche Feuchtgebiete und schneebedeckte Andengipfel. Es gibt rostfarbene Wüsten, tiefblaue Seen und aride Steppen. Auch die Tierwelt hat viel zu bieten, beispielsweise Pinguine, Flamingos, Wasserschweine, Riesenameisenbären, Wale, Guanakoherden und mehr. All das sieht großartig aus und wartet auf Gäste.

Argentinische Kultur

Der Tango ist wahrscheinlich Argentiniens bedeutendster Beitrag zur Kultur der Welt: ein Tanz voll knisternder Erotik. Und *fútbol?* Argentinier sind dem Fußball mit Haut und Haaren verfallen, und wer diesen Sport liebt, sollte hier unbedingt einmal ins Stadion gehen und in die Gesänge einstimmen. Hinzu kommt dann noch die Liebe der Argentinier zu Literatur, Kino, Musik und bildender Kunst: Das Ergebnis ist eine reiche Kultur, die teils lateinamerikanisch und teils europäisch geprägt ist und der sich niemand entziehen kann.

Von Carolyn McCarthy, Autorin

Wer Argentinien einmal wirklich intensiv erlebt hat, ungefähr so wie den Mate, wird süchtig nach diesem Land. Ich habe hier gelebt und kehre immer wieder zurück. Das Land zwingt einen förmlich, sich immer tiefer auf seine Geheimnisse einzulassen. Das mag mit der Energie und dem Zauber von Buenos Aires zusammenhängen. Oder mit einer Kultur, die mit ihrem melancholischen Tango und einer großen Literatur die Fantasie entzündet. Vielleicht auch noch mit der Kraft dieser weiten Landschaften, von den Wüsten im Norden bis zum Eis des Südens. Und dann sind da noch die Menschen, von deren Heiterkeit und Widerstandskraft wir eine Menge lernen können.

Mehr Informationen über die Autoren gibt es auf S. 738

Tangotänzer, La Boca (S. 69), Buenos Aires

Argentinien & Uruguay

Iguazú-Fälle
Einer der imposantesten Wasserfälle der Erde (S. 210)

Parque Esteros del Iberá
Natur und Tierwelt im Überfluss (S. 192)

Buenos Aires
Die weltoffene Metropole lädt zum Bummel ein (S. 56)

Mar del Plata
Sonnenanbeter lieben das Strand-Resort (S. 148)

Quebrada de Humahuaca
Mit dem Auto durch eine farbige Felskulisse (S. 282)

Salta
Argentiniens schönste Kolonialstadt (S. 241)

Córdoba
Das Nachtleben hier ist unvergleichlich (S. 321)

Cerro Aconcagua
Den höchsten Gipfel Südamerikas erklimmen (S. 382)

Mendoza
Die edelsten Tropfen des Landes verkosten (S. 357)

Las Leñas
Eines der schönsten Skigebiete erobern (S. 389)

Argentiniens
Top 20

Glaciar Perito Moreno

1 Der Glaciar Perito Moreno (S. 532) ist einer der dynamischsten und zugänglichsten Gletscher der Welt. Das Besondere an ihm ist aber vor allem das Tempo, mit dem er vorwärtsrückt – um sagenhafte ganze zwei Meter pro Tag! Diese konstante Bewegung sorgt für eine unglaubliche Spannung, wenn sich riesige Eisberge aus der Masse lösen und spektakulär in den Lago Argentino stürzen. Dank eigens angelegter Stahlwege und Plattformen kann man das Geschehen aus nächster Nähe verfolgen. Nach dem Gletscherausflug gönnt man sich dann ein leckeres Steak in El Calafate.

Iguazú-Fälle

2 Der Río Iguazú fließt zwar weitgehend ruhig und friedlich durch den Urwald an der Grenze zwischen Argentinien und Brasilien, dann aber stürzt er donnernd eine Basaltklippe hinunter – ein wahrhaft spektakulärer Anblick. Die Iguazú-Fälle (S. 216) sind ein Erlebnis für alle Sinne: Den Donner, die Wasserschleier in der Luft und die unvorstellbaren Wassermassen wird man nie wieder vergessen. Schön ist hier aber nicht nur der Wasserfall; der Urwald ringsum, den ein Nationalpark schützt, bietet eine wahrhaft romantische Kulisse, und man kann darin sogar allerlei Tiere beobachten.

Weinproben rund um Mendoza

3 Hier gibt es so viele gute Weine (S. 364), dass man sich eigentlich in ein Lokal zurückziehen könnte, um eine Flasche nach der anderen zu verkosten. Fast genauso schön ist es aber, hinaus zu den Weingütern zu fahren und sich dort anzuschauen, wie der Wein angebaut und verarbeitet wird. In Argentinien gibt es Weinerlebnisse für wirklich jedermann – im Rahmen von Radtouren für Rucksacktouristen ebenso wie in Luxusunterkünften bei höchst exklusiven Winzern.

Gastronomie in Buenos Aires

4 Argentinisches Rindfleisch zählt zum besten der Welt. Man mischt sich in einer der Tausende *parrillas* (Steak-Restaurants) des Landes unter die Einheimischen, wo die Ober Malbec einschenken und wunderbare Steaks zu einer köstlichen Mahlzeit servieren. Die Gourmetszene ist in Buenos Aires (S. 56) äußerst lebendig: Junge Küchenchefs drücken neuen Restaurants ihren Stempel auf. Ihr Trumpf besteht aus kleinen Portionen deliziöser Gourmetspeisen, gepaart mit einheimischem Craft-Bier und Cocktails.

Wandern am Fitz Roy

5 Mit seiner zerklüfteten Pracht, den Gletschern und Zackengipfeln gilt das Fitz-Roy-Massiv (S. 514) als Argentiniens attraktivstes Wanderrevier. Ranger helfen bei der Orientierung. Bergsteiger kämpfen sich auf den schweren Routen voran; die Wanderwege sind dagegen erstaunlich leicht zu bewältigen. Nur eine einzige Tageswanderung von der Stadt entfernt tun sich atemberaubende Ausblicke auf. Nach der Anstrengung belohnt man sich mit einem Bier. Alternativ bieten private *refugios* Komfort im Hinterland.

Ruta de los Siete Lagos

6 Eine Fahrt auf der Straße der Sieben Seen (S. 431) ist ein außergewöhnliches Abenteuer. Die Strecke führt durch grüne Wälder, an Wasserfällen und imponierenden Bergkulissen entlang und natürlich zu den sieben kristallklaren Seen, der sie ihren Namen verdankt. Dort kann man Picknickpausen einlegen, baden, angeln oder am Ufer zelten. Mit dem Bus bewältigt man die Route in ein paar Stunden, mit dem Fahrrad erlebt man eine mehrtägige Tour. Bereuen wird man die Entscheidung auf keinen Fall!

Ushuaia am Ende der Welt

7 Der Hafen zwischen Beagle-Kanal und den schneebedeckten Martial-Bergen ist der letzte Zipfel der Zivilisation, den Schiffe auf ihrem Weg Richtung Antarktis zu sehen bekommen. Ushuaia (S. 566) ist aber mehr als nur das Ende der Welt – eine Handelsstadt ebenso wie ein Treffpunkt von Abenteurern. Die frostige Jahreszeit ist ideal für den Wintersport, und an den langen Sommertagen kann man bis in den frühen Morgen die Natur erleben. Restaurants, Bars und Pensionen sorgen dafür, dass man sich wie zu Hause fühlt.

Wintersport in Las Leñas

8 Die hervorragenden Skipisten von Las Leñas (S. 389) gehören nicht nur den Selbstdarstellern. Dieses Resort besitzt nämlich das abwechslungsreichste Gelände, die meisten Tage mit Pulverschnee pro Jahr und einige der schnellsten und modernsten Liftanlagen im ganzen Land. Unterkünfte findet man auf dem Berg oder – durchaus preiswerter – im direkten Umland. Als Wintersport-Fan mit Vorliebe für steile Abhänge sollte man Las Leñas deshalb auf gar keinen Fall auf seiner Reise auslassen.

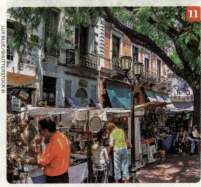

Gaucho-Kultur

9 Der unerschrockene Gaucho ist eine Ikone der argentinischen Kultur. Der Berufsstand entwickelte sich, seit die Spanier vor Jahrhunderten ihr Vieh auf die Pampas trieben. Die nomadischen Cowboys ritten wilde Pferde ein, fingen Herden und tranken Mate. Das ist noch immer eine lebendige Tradition. Auf *estancias*, den riesigen Rinderfarmen, gibt es Darbietungen der Gauchos, aber auch bei der Feria de Mataderos in Buenos Aires. Am besten jedoch gewinnt man Einblicke in die Gaucho-Kultur bei der im November stattfindenden Fiesta de la Tradición (S. 133) in San Antonio de Areco.

Quebrada de Humahuaca

10 Hier in der nordwestlichen Ecke des Landes ist man weit von Buenos Aires entfernt – und man fühlt sich wie in einer anderen Welt. Das spektakuläre Tal (S. 282) in der Provinz Jujuy mit seinen kahlen Felsen beeindruckt den Betrachter mit seinen Formationen und bunten Gesteinsschichten. Die Quebrada-Siedlungen der Ureinwohner sind sehr traditionell gehalten; statt der üblichen Steaks servieren die Restaurants die Küche der Anden, und auf den kargen Hochlandwiesen grasen nicht Rinder, sondern Lamas.

San Telmo

11 Eines der charmantesten Viertel von Buenos Aires ist San Telmo (S. 68) mit seinen Kopfsteinpflastergassen, den Kolonialbauten und einer klassizistischen Architektur, die einen ins 19. Jh. zurückversetzt. Am besten kommt man sonntags zur *feria* (Straßenmarkt), wenn Dutzende Buden Kunsthandwerk, Nippes und Antiquitäten anbieten, während Straßenmusikanten auf ein paar Münzen hoffen. Tango ist hier ganz besonders angesagt, und man hat die Wahl zwischen spektakulären Darbietungen oder improvisiertem Straßen-Tango – beides ist sehenswert.

Bariloche

12 Dank der herrlichen Lage am Seeufer nahe bei einem der spektakulärsten Nationalparks ist Bariloche (S. 402) das ganze Jahr über ein ideales Reiseziel. Im Winter schnallt man sich die Skier an und genießt das prächtige Panorama vom Gipfel des Cerro Catedral. Wenn der Schnee geschmolzen ist, tauscht man die Skier kurzerhand gegen Wanderschuhe aus und begibt sich in den Parque Nacional Nahuel Huapi. Dort sorgt ein dichtes Netz aus Wanderwegen und Berghütten dafür, dass man gehen kann, so weit einen die Füße tragen.

Nachtleben in Córdoba

13 Bei sieben Universitäten ist es eigentlich kein Wunder, dass Argentiniens zweitgrößte Stadt (S. 321) als einer der besten Orte für Nachteulen im ganzen Land gilt. Um die große Auswahl an kleinen Bars, dröhnenden Mega-Diskos und Kneipen mit Livemusik wirklich komplett zu genießen, bräuchte man allerdings einige Monate. Wer in Córdoba ist, sollte sich unbedingt einmal Cuarteto anhören: Diese überall im Land beliebte Musikrichtung wurde hier entwickelt, und die besten Aufführungen finden nach wie vor in Córdoba statt.

Kolonialstadt Salta

14 Im Nordwesten Argentiniens liegen die eindrucksvollsten Kolonialstädte des Landes, und keine von ihnen ist reizvoller als Salta (S. 241). Der wunderschöne Ort liegt in einem fruchtbaren Tal und fungiert als Tor zu den Anden. Postkartenreife Kirchen, eine lebendige Plaza und unzählige vornehme Gebäude verleihen der Stadt ein historisches Flair. Hinzu kommen noch großartige Museen, eine quirlige Volksmusik-Szene und einige wirklich schöne Unterkünfte sowie etliche Sehenswürdigkeiten im Umland. Oben: Iglesia San Francisco (S. 245)

Reserva Faunística Península Valdés

15 Einst eine staubige Halbinsel mit einsamen Schafhirten, ist die Península Valdés (S. 462) heute einer der besten Orte des Kontinents, um Tiere zu beobachten. Die Hauptattraktion sind die bedrohten Südlichen Glattwale. Man sieht aber auch Killerwale (Orkas), Magellan-Pinguine, Seelöwen, Seeelefanten und Nandus. Auf einer Küstenwanderung bekommt man einen guten Einblick, am besten sind jedoch ein Tauchgang oder eine Kajaktour. Unten: Magellan-Pinguine

Missionsstationen der Jesuiten

16 Die Jesuiten brachten neben Universitäten auch den Weinbau nach Argentinien. Viele ihrer Missionsstationen gehören heute zum Weltkulturerbe und sind für Besucher geöffnet. In der Provinz Misiones finden sich in San Ignacio Miní die eindrucksvollsten Ruinen. Und wer sich an den Missionsstationen gar nicht satt sehen kann, unternimmt eine Tagesreise ins benachbarte Paraguay, um dort weitere Überreste dieses Intermezzos zu entdecken. Unten: San Ignacio Mini (S. 212)

Parque Esteros del Iberá

17 Rund um die flache, vegetationsreiche Lagune in diesem Feuchtgebiet (S. 192) lassen sich besonders viele Tiere beobachten. Wer im Boot hinausfährt, entdeckt Alligatoren, exotische Vögel, Affen, Zackenhirsche und eines der niedlichsten Nagetiere der Welt, das Wasserschwein. Dieser Ort liegt völlig abseits aller Reiserouten, doch man findet genügend schöne und gemütliche Unterkünfte, um sich hier ein paar Tage echte Entspannung zu gönnen. Oben: Wasserschwein (Capybara)

Cementerio de la Recoleta

18 Ausgerechnet eine ehrwürdige Totenstadt ist heute eine der Haupttouristenattraktionen (S. 76) von Buenos Aires. Entlang schmaler Wege stehen dort Hunderte alter Mausoleen, jedes aus Marmor, Granit oder Beton gestaltet und mit Buntglas, Engeln und Symbolen geschmückt. Kleine Pflanzen und Bäume wachsen aus den Mauerritzen, und wilde Katzen streunen zwischen Grabsteinen umher, die sich in allerlei Stadien des Verfalls befinden. Es ist ein fotogenes Wunderland von seltsamer Schönheit.

Cerro Aconcagua

19 Der höchste Berg der westlichen Hemisphäre, der Aconcagua (S. 382), bietet einen wirklich erhebenden Anblick. Viele Leute kommen von überall her, um den Gipfel zu besteigen – doch die Herausforderung ist wahrlich nicht zu unterschätzen. Wer aber genügend Bergerfahrung besitzt, um sich an eine Gipfelbesteigung zu wagen, der wird mit einem einzigartigen Rundblick vom „Dach Amerikas" belohnt. Ansonsten genießt man den Anblick des Berges von unten und widmet sich den Weinproben in Mendoza.

Mar del Plata

20 In Argentiniens Top-Strandresort (S. 148) ist im Sommer immer ganz viel los. Zunächst wird ein Stückchen Strand erobert, dann kann man sich ausstrecken, Sand und Meer und den Anblick der Sonnenanbeter genießen, ein wenig Sport probieren, oder man stürzt sich einfach in die Wellen. Zu den Outdoor-Angeboten zählen Surfen, Angeln, Reiten und sogar Fallschirmspringen. Nach Sonnenuntergang kommt die Zeit fürs Abendessen, anschließend beginnt allmählich das Programm der Bühnen und Nachtclubs.

Gut zu wissen

Weitere Hinweise im Kapitel „Allgemeine Informationen" (S. 694)

Währung
Argentinischer Peso (Arg$)

Sprache
Spanisch

Visum
In der Regel bei einer Aufenthaltsdauer von bis zu 90 Tagen nicht erforderlich.

Geld
Geldautomaten sind weit verbreitet, geben in touristischen Gegenden oft kein Geld mehr aus. Kreditkarten werden in den meisten Hotels und Restaurants akzeptiert.

Mobiltelefone
Am besten hat man sein eigenes entsperrtes Drei- oder Vierbandhandy dabei und kauft vor Ort eine preiswerte SIM-Karte mit Guthaben (*carga virtual*) (allerdings mit einer argentinischen Nummer).

Zeit
Argentinische Standardzeit (MEZ minus vier Stunden, mitteleuropäische Sommerzeit minus fünf Stunden)

Reisezeit

- Salta **REISEZEIT** April–Okt.
- Iguazú-Fälle **REISEZEIT** ganzjährig
- Buenos Aires **REISEZEIT** ganzjährig
- Bariloche **REISEZEIT** ganzjährig
- El Chaltén **REISEZEIT** Sept.–April
- Ushuaia **REISEZEIT** Okt.–März

Wüste, trockenes Klima
Trockengebiet, trockenes Klima
Warme/heiße Sommer, milde Winter
Warme/heiße Sommer, kalte Winter
Kaltgebiet, polares Klima

Hauptsaison
(Nov.–Febr. & Juli)

➡ Für Patagonien sind die Monate Dezember bis Februar am besten geeignet (auch am teuersten).

➡ Von Ende Dezember bis Januar strömen die Massen zu den Stränden.

➡ Zwischen Juni und August fällt in den Skigebieten in der Regel Schnee.

Zwischensaison
(Sept.–Nov. & März–Mai)

➡ Von den Temperaturen her die beste Reisezeit für Buenos Aires.

➡ Das Seengebiet ist sehr hübsch; im März sind die Blätter einfach phänomenal.

➡ In der Region Mendoza locken Traubenernte und Weinfeste.

Nachsaison
(Juni–Aug.)

➡ Ideal für den Norden.

➡ In den Strandorten schließen viele Einrichtungen, und Bergpässe können wegen Schnee gesperrt sein.

➡ Der Juli ist ein winterlicher Ferienmonat, sodass es in den Skigebieten voll werden kann.

Websites

Argentina Independent (www.argentinaindependent.com) Aktuelle Berichte, Kulturveranstaltungen und vieles mehr.

The Bubble (www.thebubble.com) Analysiert aktuelle Nachrichten aus Argentinien und Lateinamerika, mit etwas Pop und Medienkultur.

Pick up the Fork (http://pickupthefork.com) Versierte Hinweise zur Gastronomieszene von Buenos Aires und vieles mehr.

Ruta 0 (www.ruta0.com) Praktische Tipps für Autofahrer wie z. B. Angaben zu Entfernungen und Fahrtdauer, Benzinverbrauch, Straßenzustandsbericht und Gebührenordnung.

Lonely Planet (www.lonelyplanet.com/argentina) Informationen zu Reisezielen, Hotelbuchungen, Foren und vieles mehr.

Telefonnummern

Landesvorwahl Argentinien	+54
Auskunft	110
Touristeninformation (in Buenos Aires)	11-4312-2232
Polizei	101; 911 in einigen größeren Städten

Wechselkurse

Eurozone	1 €	22.65 Arg$
Schweiz	1 sFr.	27,80 Arg$
USA	1 US$	18,81 Arg$

Aktuelle Wechselkurse unter www.xe.com.

Tagesbudget

Preiswert: unter 60 US$

➜ Bett im Schlafsaal: 15–22 US$

➜ Doppelzimmer in einem guten, aber preiswerten Hotel: 65 US$

➜ Preiswertes Hauptgericht: unter 11 US$

Mittelteuer: 60–200 US$

➜ 3-Sterne-Hotel: 75–150 US$

➜ Durchschnittliches Hauptgericht: 10–16 US$

➜ Busfahrkarte (vier Stunden gültig): 30 US$

Teuer: über 200 US$

➜ 5-Sterne-Hotel: 165 US$ und mehr

➜ Edles Hauptgericht: über 17 US$

➜ Taxifahrt in der Stadt: 12 US$

Öffnungszeiten

Allgemeine Öffnungszeiten:

Banken Montag bis Freitag 8 bis 15 oder 16 Uhr; samstags haben manche bis 13 Uhr geöffnet.

Bars Täglich 20 oder 21 Uhr bis 4 oder 6 Uhr früh

Behörden 8 bis 17 Uhr

Cafés 6 Uhr bis Mitternacht oder erheblich später; täglich geöffnet

Clubs Freitag und Samstag 1 oder 2 Uhr bis 6 oder 8 Uhr früh

Geschäfte Montag bis Samstag 9 oder 10 Uhr bis 20 oder 21 Uhr

Postämter Montag bis Freitag 8 bis 18, Samstag 9 bis 13 Uhr

Restaurants 12 bis 15.30 Uhr und 20 bis 24 oder 1 Uhr (an Wochenenden länger)

Ankunft in Argentinien

Aeropuerto Internacional Ministro Pistarini („Ezeiza", Buenos Aires) Shuttle-Busse verkehren häufig in 40 bis 60 Minuten ins Zentrum von Buenos Aires (BA), Regionalbusse brauchen zwei Stunden. Am besten nur offizielle Taxiunternehmen nutzen.

Aeroparque Jorge Newbery („Aeroparque", Flughafen für Inlandsflüge, Buenos Aires) Shuttle-Busse fahren regelmäßig in 10 bis 15 Minuten ins Zentrum von BA. Alternativ fahren die Regionalbusse 33 oder 45. Taxis gibt es auch.

Unterwegs vor Ort

Auto Ein Auto ist zwar teuer, bietet aber Unabhängigkeit und empfiehlt sich für den Besuch entlegener Gegenden, wie etwa Patagonien.

Bus Im Allgemeinen die beste Reisemethode im Land; schnell, häufig, preiswert und flächendeckend.

Flugzeug Argentinien ist ein riesiges Land. Daher bringt das Flugzeug Zeitersparnis. Ab und zu gibt es allerdings Verspätungen.

Zug Einige Zugverbindungen könnten für Reisende sinnvoll sein.

Mehr zum Thema
Unterwegs vor Ort
auf S. 710

Was gibt's Neues?

Billigflüge
Vermutlich die interessanteste Änderung bei Reisen innerhalb des Landes ist, dass es nun auch Billigairlines gibt, die preiswerte Flüge, aber auch neue Strecken in der Provinz erschlossen haben.

Aufregende neue Parks
In ganz Argentinien richtet die Fundación Flora y Fauna (www.florayfaunaargentina.org) Naturreservate ein. Besonders hervorzuheben sei der Parque Nacional Patagonia (S. 502) mit neuen Wanderwegen in die Cueva de las Manos, der Parque Nacional El Impenetrable (S. 239) in El Chaco, der Futuro Parque Nacional Aconquija bei Tucumán (S. 293) und verschiedenste Meeresschutzgebiete.

Weinregion auf eigene Faust
Reisen in die Weinregion sind jetzt einfacher geworden, und zwar mit Hop-on-Hop-off-Bussen nach Maipu, Luján de Cuyo und ins Valle de Uco bei Mendoza. Zudem ist nun noch ein öffentliches Bikesharing-Programm ins Leben gerufen worden.

Cocktail-Bars
Sie sind überall im Trend, aber Buenos Aires stellt alles Bisherige in den Schatten: Die Bar Uptown in Palermo (S. 108) ist durch einen New Yorker U-Bahnzug erreichbar. Einen Besuch wert ist die aufgehübschte klassische Bar Los Galgos (S. 102) und das Boticario in Palermo (S. 109).

Übernachtung auf dem Gletscher
Der relativ einfache Zugang zu den Gletschern macht einen Teil des Reizes Patagoniens aus. In der Reserva los Huemules bei El Chaltén ist es durch die Errrichtung der neuen Wanderhütte Puesto Cagliero (S. 536) jetzt noch leichter geworden.

Museo Casa Carlos Gardel
Für Liebhaber des Tango: Dieses Museum in Buenos Aires im Viertel Almagro wurde mit neuen Ausstellungen und Audio-Stationen bestückt, wo man jedem klassischen Tango-Stück lauschen kann. (S. 84)

Der Hype um das Craft-Bier
Eine Reihe kleiner Brauereien sind im südlichen Argentinien aus dem Boden geschossen, aber Bariloche ist mit mehr als einem Dutzend Brauereien definitiv das Zentrum des Craft-Biers. (S. 408)

Bars für Feinschmecker
Vorbei sind die Zeiten, als man noch fahle Erdnüsse zum Cocktail bekam. In Buenos Aires wird das normale Bar-Essen aufgemotzt, damit es mit der großartigen Gourmetszene mithalten kann. Empfehlenswert sind die kleinen Gerichte im Proper (S. 99), Chin Chin (S. 95) oder NoLa. (S. 98)

Parque Esteros del Iberá
Dieses Feuchtreservat (S. 192) hat mittlerweile eine gewisse Infrastruktur und gute neue Attraktionen. Zu den Highlights gehören Übernachtungen bei Gaucho-Familien in deren traditionellen Häusern, die in den Schutzgebieten errichtet wurden, oder im neuen Boutiquehotel Alondra'i Casa de Esteros in Concepción. (S. 200)

Geselligkeit in Montevideo
Zu aufregenden neuen Bars und Restaurants gehört das Escaramuza, ein trendiger Buchladen mit Café in einem renovierten historischen Haus. (S. 607)

Weitere Empfehlungen und Tipps unter www.lonelyplanet.com/Argentina

Wie wär's mit ...

Städte

Gourmetrestaurants, Weltklasse-Museen, tolle Shoppingmöglichkeiten, ausgefallene Musik und ein pulsierendes Nachtleben tragen dazu bei, den Gästen die nötige Dosis an Großstadtkultur zu verabreichen.

Buenos Aires Man sollte gleich mehrere Tage einplanen, um die Weltklasse-Angebote dieser einzigartigen und verblüffenden Metropole erleben zu können. (S. 56)

Córdoba Von Ruinen aus der Zeit der Jesuiten über moderne Kunst bis zur *cuarteto*-Musik kann man in dieser geschichtsträchtigen Stadt einfach alles erleben. (S. 321)

Salta Die vom Kolonialismus am meisten geprägte Stadt Argentiniens bietet viel Kultur, darunter außergewöhnlich Museen und *peñas*, in denen man authentische Folkmusik erleben kann. (S. 241)

Bariloche Tagsüber heißt es Skifahren, Wandern oder Wildwasserfahren, abends genießt man dann patagonisches Lamm mit handwerklich gebrautem Bier. (S. 402)

Ushuaia Die südlichste Stadt der Welt mit ihrer atemberaubenden Lage gehört unbedingt auf die persönliche Liste wichtiger Reiseziele. (S. 566)

Rosario Geburtsort von Che Guevara und Lionel Messi; berühmt wegen innovativer Stadtplanung und netten, partybegeisterten Einheimischen. (S. 164)

Wandern & Bergsteigen

Die Anden verlaufen am Westrand Argentiniens wie eine höckerige Wirbelsäule und erheben sich mit dem Aconcagua auf fast 7000 m Höhe. Sie bieten einige der schönsten Wanderungen und Bergsteigertouren des Kontinents.

Bariloche Hat Schweizer Wurzeln und einzigartige Möglichkeiten für Hüttenwanderungen; einige Hütten brauen sogar ihr eigenes Bier. (S. 402)

El Bolsón Dieses zwanglose Städtchen lockt mit Wanderungen in Wälder, zu Wasserfällen und auf malerische Höhenrücken. (S. 420)

El Chaltén Der Ort schlechthin für erstklassige Wanderungen mit fantastischen Gletschern, unberührten Seen und Berglandschaften, die ihresgleichen suchen. (S. 507)

Mendoza Hierher strömen die Bergsteiger von überall her, um den Cerro Aconcagua, Südamerikas höchsten Gipfel, zu erklimmen. (S. 357)

Parque Nacional Lanín Dieser Park wird vom Kegel des Volcán Lanín beherrscht und ermöglicht einige der spektakulärsten Wanderabenteuer des Landes. (S. 436)

Parque Nacional Torres del Paine Dieser imposante Nationalpark liegt zwar in Chile, aber sehr nah an der Grenze zu Argentinien; hier findet man einige der besten Wandermöglichkeiten der Welt. (S. 552)

Strände

Ah, diese Wellen, die an den Strand schlagen, der salzige Wind im Gesicht und der warme Sand zwischen den Zehen! Gibt es im Urlaub Schöneres als einen Tag am Strand? Egal, ob man nun auf Partys aus ist, Abenteuersport oder Einsamkeit sucht, Argentinien hält alles bereit.

Punta del Este Dieser berühmte Strand liegt zwar in Uruguay, füllt sich aber im Sommer mit den Reichen, den Berühmtheiten und Models Argentiniens, die dort Party machen wollen. (S. 635)

Necochea Meilenweit nichts als Strand, eine anständige Brandung zum Surfen und sogar ein Pinienwald. (S. 156)

Pinamar Beliebtes Reiseziel mit erschwinglichen Wohngebieten und einem der exklusivsten Badeorte Argentiniens: Cariló. (S. 143)

Puerto Madryn Ob man nun windsurfen mag, Wale beobachten oder tauchen möchte, Puerto Madryn macht viele Träume wahr. (S. 454)

Mar del Plata Beliebt bei der Mittelschicht Argentiniens. „Mardel" wird regelmäßig zur größten Sommerparty-Location des Landes. (S. 148)

Essen

Argentinien ist zwar für seine Steaks bekannt, aber in Buenos Aires treffen auch internationale Trends zusammen. Im Rest des Landes überwiegen schmackhafte regionale Gaumenfreuden.

Buenos Aires Argentiniens kreative Metropole verfügt über aufregende Restaurants und viele Eckcafés, um bei leckerem Kuchen zu verweilen. (S. 93)

Andiner Nordwesten Willkommen zu den klassischen Gaumenfreuden der Anden: Man sollte auf jeden Fall *locro* (würziger Eintopf), *humitas* (süße Tamales) und *empanadas* probieren. (S. 240)

Atlantikküste Hier locken frischer Fisch, Shrimps, Austern und Königskrabben. (S. 143)

Bariloche Die Stadt mit den unterschiedlichsten Geschmacksrichtungen, angefangen bei Wild bis hin zu den fantastischen Mischküchen und vor Ort hergestellter Schokolade. (S. 408)

Patagonien In dem Land, wo Schafsfarmen das Bild beherrschen, gehört gegrilltes Lamm zum Hauptnahrungsmittel. (S. 431)

Mendoza Zu den Ausflügen in die Weinregion des Landes

Oben: *Locro* (würziger Eintopf), *humitas* (Süße Tamales) und *empanadas*

Unten: Kaiman im Parque Esteros del Iberá (S. 192)

gehören auch Ausflüge in die Welt der Feinschmecker – auf keinen Fall sollte man das häufig angebotene Fünf-Gänge-Menü zu einem leckeren Wein in den malerischen Weingütern auslassen. (S. 357)

Unvergessliche Landschaften

Argentinien besitzt viele zauberhafte Landschaften, darunter Wüsten voller Kakteen, erhabene Gipfel in den Anden, tiefblaue Seen und grüne Wälder. Wenn man dazu noch die Iguazú-Fälle und die Wunder Patagoniens ins Feld führt, kann einem schon das Wort „unvergesslich" in den Sinn kommen.

Andiner Nordwesten Hügelige Wüstenlandschaften sind mit Kakteen durchsetzt, die wie aufmerksame Wachposten aufrecht verteilt in der Landschaft stehen; außerdem findet man eigenartige Felsformationen und Berghänge, die in den Farben des Regenbogens schimmern. (S. 240)

Iguazú-Fälle Sie erstrecken sich über mehr als 2,5 km und sind ohne Einschränkung die wohl außergewöhnlichsten Wasserfälle der Erde. (S. 216)

Seengebiet Argentiniens „kleine Schweiz" ist genau das: schneebedeckte Berge, die über Seen inmitten von Wäldern emporragen. (S. 400)

Anden Sie ziehen sich durch ganz Südamerika und sind spektakulär und atemberaubend schön. (S. 400)

Patagonien Nicht viele Regionen der Erde können es als geheimnisvolle landschaftliche Sehnsuchtsorte mit Argentiniens letzter Grenzregion aufnehmen. (S. 451)

Natur & Tierwelt

Argentiniens Natur bietet Lebensraum für viele seltene Geschöpfe, darunter der flugunfähige, auf Grasland heimische *ñandú* (Nandu), der majestätische Andenkondor, Pumas und die robusten, an das Leben in der Wüste angepassten Tiere wie Lama, Guanako und Vikunja.

Península Valdés Diese karge, aber wunderschöne Halbinsel zieht Südliche Glattwale, Seeelefanten, Magellanpinguine und Orkas an. (S. 462)

Parque Esteros del Iberá Üppige, staunenswerte Feuchtgebiete, in denen Capybaras, Mohrenkaimane, Brüllaffen und zahllose Vogelarten ihre Heimat gefunden haben. (S. 192)

Iguazú-Fälle Ein tropischer Regenwald mit verschiedensten Affen-, Eidechsen- und Vogelarten (wie z. B. Tukane); auch sollte man nach Nasenbären Ausschau halten. (S. 216)

Ushuaia Kolonien von Kormoranen, Seelöwen und Pinguinen leben vor den Toren dieser Stadt, die Ausgangspunkt für Reisen in die Antarktis ist. (S. 566)

El Chaltén Obwohl das selten zu sehende Nördliche Huemul sehr scheu ist, sieht man es doch immer öfter. (S. 502)

Parque Nacional Patagonia Der Goldscheiteltaucher ist eine extrem bedrohte Art und kommt in den winzigen Lagunen vor, die durch den Zusammenfluss von Flüssen entstehen und die es nur hier gibt. (S. 502)

Weinproben

Der Malbec ist jener dunkle Wein mit kräftig pflaumiger Geschmacksnote, der die Region um Mendoza bei Weinliebhabern so berühmt gemacht hat. Doch Argentinien besitzt noch weitere lohnende Weinsorten – frischen Torrontés, fruchtigen Bonarda oder erdigen Pinot Noir.

Mendoza In Argentiniens produktivstem Weinanbaugebiet werden die meisten Trauben des Landes geerntet. Hier gibt es folglich auch unzählige Winzer. (S. 361)

San Juan Hier gibt es außergewöhnliche Syrah- und Bonarda-Weine; diese weniger bekannte Region kann sich mit einem Weinkeller in einer Höhle brüsten. (S. 390)

Cafayate Diese hübsche Stadt ist für ihre Torrontés-Traube berühmt und tendiert nun zu trockeneren Varianten, die nicht im Eichenfass gereift sind. (S. 267)

Neuquén Hier darf man die herrlichen Resultate der Winzer aus der südlichsten Weinanbauregion außerhalb der Stadt verkosten. (S. 446)

Kolonialarchitektur

Obwohl Argentinien nicht gerade für einzigartige Bauwerke berühmt ist, besitzt das Land als ehemalige spanische Kolonie besonders im Norden einige wunderschöne Beispiele alter Kolonialarchitektur.

Córdoba Argentiniens zweitgrößte Stadt verfügt über einen wunderschönen Stadtkern mit Dutzenden Gebäuden aus der Kolonialzeit. (S. 321)

Salta Das auffälligste Wahrzeichen dieser Stadt ist die farbenfrohe, reich verzierte Iglesia San Francisco. (S. 241)

Buenos Aires San Telmo ist mit seinem klassizistischen

Stadtkern bekannt für seine Gebäude im Kolonialstil und die kopfsteingepflasterten Straßen. (S. 56)

Colonia del Sacramento Eine kurze Schiffsreise von Buenos Aires entfernt liegt das architektonische Juwel Uruguays, das im Volksmund einfach „Colonia" genannt wird. (S. 616)

Humahuaca Dieses malerische Städtchen liegt in einem Tal und eignet sich hervorragend als Ausgangspunkt für die Erkundung der übrigen Wunder der Region. (S. 289)

Abenteuersport

Argentinien ist das achtgrößte Land der Welt und bietet daher viel Platz für Abenteuersport jeweder Art. Wilde Flüsse, nackte Klippen, schneebedeckte Berge und hoch gelegene Thermalquellen – wer auf der Suche nach Adrenalinschüben reist, ist hier goldrichtig.

Ski- und Snowboardfahren Auf geht es nach Las Leñas und Los Penitentes in Mendoza, auf den Cerro Catedral bei Bariloche und auf den **Cerro Chapelco** bei San Martín de los Andes. (S. 389) (S. 379) (S. 418) (S. 429)

Rafting und Kajakfahren Hinein ins unberührte Wildwasser, das durch die Berge rund um Mendoza, Bariloche und **Esquel** rauscht! (S. 357) (S. 402) (S. 490)

Mountainbiken Die Berge rund um Bariloche eignen sich hervorragend für abenteuerliche Trails, besonders im Sommer auf dem Cerro Catedral. (S. 418)

Klettern Der Cerro Catedral, die Felswände rund um El Chaltén und die Granitfelsen von Los Gigantes laden besonders zum Klettern ein. (S. 418) (S. 507) (S. 344)

Gleitschirmfliegen Einige der besten Standorte finden sich bei La Cumbre, **Bariloche** und Tucumán. (S. 336) (S. 402) (S. 293)

Monat für Monat

Januar

Der Januar ist in Argentinien der Sommermonat schlechthin. Die *porteños* (die Einwohner von Buenos Aires) fliehen in die Badeorte, in denen dann alles überfüllt und teuer wird. Auch in Patagonien ist im Januar Hochsaison, weshalb man dann auch hier tief in den Geldbeutel greifen muss.

☆ Festival Nacional del Folklore

Die Stadt Cosquín in der Nähe von Córdoba ist während der letzten Januarwoche Schauplatz des Nationalen Folklorefestivals. Es handelt sich um das größte und bekannteste *folklórico*-Festival des Landes (S. 337).

Februar

Im Sommer tummeln sich die Massen an den Stränden und in Patagonien, aber gegen Ende des Monats lichtet es sich langsam. In den Anden-Wüsten und in der Iguazú-Region bleibt es aber immer noch sehr heiß. Das Seengebiet ist nun ideal. In Mendoza beginnt die Weinlese.

🎉 Carnaval

In Argentinien ist der Karneval zwar nicht so turbulent, elebndig und bunt wie in Brasilien, aber dafür im Nordosten ziemlich derb, vor allem in Gualeguaychú (S. 203) und Corrientes (S. 187). Ebenfalls lebhaft geht es in Montevideo zu, der Hauptstadt Uruguays. Die Termine sind von Stadt zu Stadt verschieden.

☆ El Lúpulo al Palo

Auf dem Hopfenfest von El Bolsón wird der wichtigste Inhaltsstoff des handwerklich gebrauten Craft-Bieres geehrt. Hier kann man sich auf Musikdarbietungen, Aktionen aller Art, Essen und (natürlich) viel Bier freuen. (S. 421)

März

In Argentinien beginnt der Herbst, und von den Temperaturen her ist es in Buenos Aires angenehm, aber auch regnerisch. An den Stränden und in Patagonien fallen die Preise, doch das Wetter bleibt ganz anständig. Im Norden wird es kühler, und an den Iguazú-Fällen ist es jetzt nicht mehr so heiß und feucht.

🍷 Fiesta Nacional de la Vendimia

Die eine Woche lang andauernde Fiesta Nacional de la Vendimia in der Stadt Mendoza beginnt mit Paraden, *folklórico* und einer

---

TOP-EVENTS

Carnaval, Februar

Fiesta Nacional del Lúpulo, Februar

Fiesta Nacional de la Vendimia, März

Fiesta Nacional del Chocolate, März–April

Tango BA Festival y Mundial, August

DÍA DE LA MEMORIA

Dieser staatliche Feiertag wird am 24. März gefeiert (dem Tag, als 1976 das Militär durch einen Putsch die Regierung des Landes übernahm) und erinnert an die Opfer der argentinischen Militärdiktatur. Sieben Jahre lang „verschwanden" Zehntausende von Menschen spurlos und tauchten nie wieder auf.

Krönungszeremonie – alles zu Ehren der Menoza-Weine. (S. 362)

April

In den Wäldern des Seengebiets ändern sich allmählich die Farben: Das üppige Grün wandelt sich in herrlich feurige Farbtöne. Patagonien wirkt aufgeräumt, aber mit etwas Glück herrscht noch angenehmes Wetter zum Wandern. In Buenos Aires beginnt die Nachsaison mit noch angenehmen Temperaturen.

☆ Festival Internacional de Cine Independiente

Fans des Independent-Films sollten dieses Festival in Buenos Aires nicht versäumen, denn dort werden mehr als 100 Filme aus Argentinien und Uruguay gezeigt.

✕ Fiesta Nacional del Chocolate

Im Mittelpunkt des Schokoladenfestes von Bariloche, das in der Karwoche stattfindet (das Datum wechselt deshalb jährlich), steht oft ein neun Meter hohes Schokoladenei, das am Ostersonntag zerbrochen und gegessen wird. Außerdem ist hier dann der längste Schokoriegel der Welt zu bestaunen.

Mai

Es ist Spätherbst, in Buenos Aires ist es kühl und es regnet weniger. Dies ist der ideale Zeitpunkt für einen Besuch der Iguazú-Fälle. In Mendoza, wo die Weinberge sich in herbstlich leuchtendem Rot präsentieren, wird es jetzt ebenfalls deutlich ruhiger.

Día de Virgen de Luján

Am 8. Mai sind Tausende von Gläubigen unterwegs auf ihrem 65 km langen Pilgerweg zur Pampas-Stadt Luján, um dort die Jungfrau Maria zu ehren. Weitere Prozessionen finden Anfang August, Ende September, Anfang Oktober und am 8. Dezember statt.

Juni

In Argentinien beginnt der Winter. In den Badeorten und Patagonien schließen viele Service-Einrichtungen. Jetzt ist aber die ideale Zeit für einen Besuch der nordwestlichen Anden-Wüsten und der Iguazú-Fälle, weil um diese Jahreszeit weniger Regen fällt und die Hitze dort nachlässt.

Todestag von Carlos Gardel

Am 24. Juni 1935 starb die Tango-Legende Carlos Gardel bei einem Flugzeugabsturz in Kolumbien. An dem Tag geht man zum Chacarita-Friedhof in Buenos Aires und sieht dort, wie die Fans ihm an seinem Grab und Standbild Ehre erweisen.

Festival Nacional de la Noche Más Larga

In Ushuaia wird die längste Nacht des Jahres über zehn Tage hinweg mit Musik und Shows gefeiert. (S. 573)

Juli

Die winterliche Skisaison hat ihren Höhepunkt erreicht. Skifahrer begeben sich in die Skigebiete von Bariloche, San Martín de los Andes und Mendoza. Auf der Halbinsel Valdés kommt die Whalewatching-Saison so richtig in Schwung.

Día de la Independencia

Am 9. Juli findet der argentinische Unabhängigkeitstag statt. Die Feierlichkeiten konzentrieren sich besonders auf Tucumán, weil dort die Unabhängigkeit des Landes ausgerufen wurde.

August

Die Badeorte sind wie ausgestorben, Patagonien ist kalt und verlassen. In Buenos Aires ist es noch kühl, aber man kann die Zeit für einen Besuch der Theater, Museen und Galerien nutzen.

Tango BA Festival y Mundial

Während dieses zweiwöchigen Festivals in Buenos Aires treten nationale und internationale Tangotänzer der Weltklasse auf. Hier kann man die besten Tangotänzer und -musiker des Landes in Aktion erleben. (S. 87)

September

Der Frühling ist endlich da, die Whalewatching-Saison (Glattwale und Orcas)

Oben: Fiesta Nacional de la Vendimia, Mendoza (S. 362)

Unten: Fiesta de la Tradición, San Antonio de Areco (S. 133)

erreicht ihren Höhepunkt rund um die Halbinsel Valdés. In Buenos Aires beginnt die sehens- und besuchenswerte Polo-Saison, die Skipisten in den Skiorten leeren sich allmählich.

Vinos y Bodegas

Weinliebhaber sollten dieses riesige Ereignis in Buenos Aires keinesfalls versäumen, denn hier werden Weine von zahlreichen *bodegas* (Weingütern) aus ganz Argentinien zur Verkostung und natürlich auch zum Verkauf angeboten. (S. 87)

Oktober

Der Oktober ist günstig, um Buenos Aires und Zentralargentinien zu besuchen. In Patagonien beginnt die Saison allmählich, aber die Besucherzahl hält sich noch in Grenzen. Im Seengebiet blühen die Blumen.

Bariloche a la Carta

Dieses einwöchige Fest präsentiert die besten kulinarischen Höhepunkte des Seengebiets. Dutzende Restaurants nehmen teil und präsentieren spezielle Menüs; außerdem bauen zahlreiche Essensstände und Mikrobrauereien ihre Verkaufsstellen auf dem Hauptplatz auf.

Oktoberfest

Bei Argentiniens Oktoberfest in Villa General Belgranos mischt man sich mitten in den Sierras unter die Trinkbegeisterten und lauscht der Blasmusik. (S. 347)

November

Das Wetter in Buenos Aires ist bestens und die Jacaranda-Bäume tragen stolz ihre volle lila Blütenpracht. Die Zeit ist günstig für einen Besuch der Badeorte und eine Reise nach Patagonien, weil die Massen und mit ihnen auch die hohen Preise erst einige Wochen später hereinbrechen.

🎉 Fiesta de la Tradición

Dies ist ein Festival für Gauchos und vor allem für San Antonio de Areco (S. 133), eine der klassischen Gaucho-Städte, von großer Bedeutung. Das Fest spielt jedoch auch in dem Bergstädtchen San José de Jáchal (S. 32) eine wichtige Rolle – dort fällt das Fest auch weniger touristisch aus.

Dezember

Der Sommer beginnt, und schon vor der Hauptsaison im Januar herrscht in den Badeorten herrliches Strandwetter. Ideale Bedingungen für Aktivitäten in freier Natur findet man im Seengebiet; in Patagonien ist die Zeit für Pinguinbeobachtungen und Wanderungen gekommen.

🎉 Buenos Aires Jazz

Dieses große Jazzfestival findet fünf Tage lang im November oder Dezember auf Bühnen in ganz Buenos Aires statt und zieht Tausende Besucher an.

Reiserouten

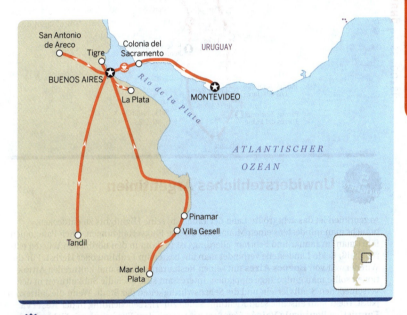

 Rund um Buenos Aires

Vor den Toren von Buenos Aires locken kleine kopfsteingepflasterte Städtchen oder auch größere Städte und Badeorte mit schönen Stränden. **Tigre** mit den versteckten Wasserwegen und dem von Menschen wimmelnden Flussdelta ist für ein bis zwei Tage ein beliebtes Naherholungsgebiet für die *porteños*, die Einwohner von Buenos Aires. Lohnend ist auch ein Tagesausflug nach **San Antonio de Areco** mit seiner Geschichte der Gaucho-Kultur oder nach **La Plata** mit der Kathedrale. Manche mögen vielleicht auch ein Strandwochenende. **Pinamar** und **Villa Gesell** eigenen sich hervorragend für einen Strandaufenthalt. Gleiches gilt für **Mar del Plata**, den größten argentinischen Badeort. Oder man fährt einige Tage ins Landesinnere nach **Tandil**, einer hübschen Stadt am Fuße einer Hügelkette – ein beliebter Erholungsort. Dann gibt es noch Uruguay, das nur eine (relativ) kurze Schiffsreise entfernt liegt. **Colonia del Sacramento** ist mit seinen kopfsteingepflasterten Straßen und den stimmungsvollen Kolonialbauten wirklich bezaubernd und ist gut im Rahmen eines Tagesausflugs machbar. Man kann aber auch über Nacht in **Montevideo** bleiben; es wirkt wie die kleine Schwester von Buenos Aires, ist aber kleiner und weniger turbulent. Hier gibt es eine historische Altstadt mit lebendiger Café- und Nachtszene. Am Río de la Plata verläuft die Rambla mit langem Strand.

 Unwiderstehliches Argentinien

Argentinien ist das achtgrößte Land der Erde. Um seine Highlights zu entdecken, braucht man mindestens einen Monat und diverse Flugverbindungen. Nach Patagonien fährt man im Januar und Februar, allerdings ist es dann in den nördlichen Wüsten extrem heiß. Beide Landesteile verbindet man am besten im Frühling oder Herbst. Für die Wunderwelt von **Buenos Aires** mit seinen Restaurants, Parks und kulturellen Attraktionen sollte man einige Tage einplanen. Interessant sind auch die Subkulturen in den verschiedenen Stadtvierteln und die Sehenswürdigkeiten der Stadt. Wenn die Jahreszeit passt, fliegt man anschließend Richtung Süden zur Tierbeobachtung in der **Reserva Faunística Península Valdés**. Von dort geht es mit dem Flugzeug nach **Ushuaia**, der südlichsten Stadt der Welt, wo man Ski fahren, Hundeschlitten fahren und Pinguine antreffen kann. Außerdem ist dies der Ausgangspunkt für einen Trip in die Antarktis (dafür müssen jedoch zwei weitere Wochen und mindestens 5000 US$ eingeplant werden). Dann geht es gen Norden nach **El Calafate**, wo der Glaciar Perito Moreno im **Parque Nacional Los Glaciares** eine der spektakulärsten Sehenswürdigkeiten der Welt darstellt. Wer sich gerne in der Natur aufhält, sollte die chilenische Grenze überqueren, um in den **Parque Nacional Torres del Paine** zu gelangen und in fantastischer Landschaft zu wandern. Zurück in El Calafate sollte die nächste Station **El Chaltén** sein, ein weiteres Top-Trekkingziel. Weiter oben in den Anden liegt das argentinische Seengebiet, wo man einen Stopp in **Bariloche** einlegen sollte, um die dortige Schokolade zu probieren. Herrliche Landschaften, Outdoor-Aktivitäten und hübsche Städtchen im Umland verführen die Besucher, ruhig noch ein paar Tage mehr als geplant zu bleiben. Nächste Station ist **Mendoza**, das Mekka der Weinkenner, wo ebenfalls Outdoor-Abenteuer und schöne Andenlandschaften locken. Die Weingüter sucht man per Fahrrad oder Auto auf. Nach einer zehnstündigen Busfahrt gelangt man nach **Córdoba**, der zweitgrößten Stadt des Landes mit einer großartigen Kolonialarchitektur und einer innovativen Kulturszene. Von hier aus geht es Richtung Norden ins hübsche **Salta**, ein Meisterwerk aus der Kolonialzeit, wo man Wüstencanyons, Dörfer und rostrote Panoramen bewundern kann. Weiter geht es Richtung Osten in den **Parque Nacional Iguazú**. Hier begeistern die mächtigsten Wasserfälle der Welt. Anschließend fliegt man zurück nach Buenos Aires.

 Ruta Nacional 40

Durch Patagonien

Die RN 40 durchläuft das Land der Länge nach. Um dieses Abenteuer erleben zu können, sollte man sich ein Auto mieten. Wer abseits der ausgetretenen Pfade unterwegs sein will, sollte einen Geländewagen nehmen. Ausgangspunkt sind die Berghänge der **Quebrada de Humahuaca**. Erste Ziele sind **Salta** mit seinem Charme und die Dörfer der **Valles Calchaquíes**. Dann sollte man eine Rast in **Cafayate** und **Chilecito** einlegen, bevor man die Reise hinunter nach **Mendoza** antritt, um dort die Weinszene unter die Lupe zu nehmen. Weiter gen Süden locken die Lagunen und heißen Quellen bei **Chos Malal**. Hier bietet sich die Erkundung der Nationalparks **Lanín** und **Nahuel Huapi** an, ehe man **San Martín de los Andes** und **Bariloche** erreicht, beides Ausgangspunkte für Outdoor-Abenteuer. Auf der Weiterreise lohnt ein Abstecher zur **Cueva de las Manos** mit den Höhlenmalereien der Ureinwohner. Dann genießt man die Wandermöglichkeiten in **El Chaltén**, und erkundet den **Glaciar Perito Moreno**. Nach Überquerung der chilenischen Grenze empfiehlt sich ein Besuch im **Parque Nacional Torres del Paine**, bevor der Weg zur letzten Station, nach **Ushuaia,** führt.

Andengipfel, Bergdörfer und eine exotische Tierwelt an der Küste; auf all das trifft man auf dieser Reise durch Patagonien. Die Reise beginnt im Frühling in **Puerto Madryn**, um in der **Reserva Faunística Península Valdés** Wale, Seeelefanten und Pinguine zu sehen. Im nahe gelegenen **Trelew** besucht man im Museo Paleontologico Egidio Feruglio den größten Dinosaurier der Welt. Ab da geht es per Flugzeug Richtung Süden. In **Ushuaia** kreuzt man mit dem Boot auf dem Beagle-Kanal. Im **Parque Nacional Tierra del Fuego** locken Wanderungen am Ende der Welt.

Dann geht es weiter nach **El Calafate** und zum spektakulären **Glaciar Perito Moreno**. Outdoorfreaks sollten die Grenze überqueren und in Chiles berühmtem **Parque Nacional Torres del Paine** wandern. In **El Chaltén** bieten sich Weltklasse-Wanderungen und Campingmöglichkeiten.

Nun geht es zurück nach El Calafate und von dort mit dem Flugzeug nach **Bariloche**, dem Tor zu den herrlichen Nationalparks **Nahuel Huapi** und **Lanín**. Wer noch einige weitere Tage Zeit hat, kann in der Hippie-Siedlung **El Bolsón** oder dem niedlichen Dorf **Villa Traful** übernachten.

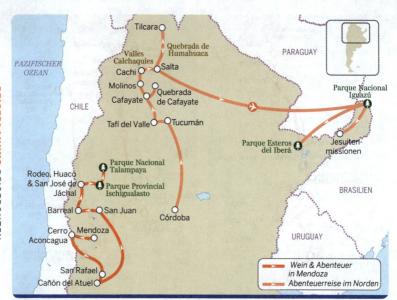

2 WOCHEN — Wein & Abenteuer in Mendoza

Nur wenige Reiseziele haben so viel Reiz wie die malerische Weinanbauregion Südamerikas. Ob man nun durch die Weinberge radelt oder die Malbec-Weine verkostet, hier kann man sich wunderbar entspannen. Ausgangspunkt ist **Mendoza** am Rande der Anden. Rund um die Stadt liegen berühmte Weingüter. Wildwasser-Rafting und Skifahren sind in dieser Gegend bestens möglich, und der **Cerro Aconcagua** (der höchste Gipfel der westlichen Hemisphäre) erhebt sich ganz in der Nähe. Nun nimmt man einen Bus nach **San Rafael**, mietet ein Fahrrad und radelt zu den Weingütern. In dieser Gegend liegt auch der **Cañón del Atuel**, ein Mini-Grand-Canyon. Dann geht es weiter Richtung Norden nach **San Juan** wo man Syrah und andere Weißweine genießen kann. Mit dem Mietwagen fährt man in westlicher Richtung zum Raften, Bergsteigen und Landsegeln ins himmlische **Barreal**. Danach geht es noch weiter nördlich, um in die entlegenen Dörfer **Rodeo**, **Huaco** und **San José de Jáchal** zu gelangen. Abschließend sollte man die Landschaften im **Parque Provincial Ischigualasto** und **Parque Nacional Talampaya** besuchen.

3 WOCHEN — Abenteuerreise im Norden

Der Norden Argentiniens mit seinen Städten, Bergen und den Wüstenregionen mutet fast außerirdisch an. Im Osten befinden sich schöne Wasserfälle und Feuchtgebiete. Ausgangspunkt ist **Córdoba**, Stadt mit den schönsten Beispielen kolonialer Architektur. Von dort geht es weiter Richtung Norden ins historische **Tucumán**, wo Argentinien seine Unabhängigkeit von Spanien erklärt hat. Westlich davon liegt **Tafí del Valle**. Etwas weiter nördlich befindet sich das schöne **Cafayate**, wo man den Torrontés-Weinen zusprechen kann. Dann geht es in einer Tagesreise weiter durch die **Quebrada de Cafayate** und in die außerirdisch anmutenden **Valles Calchaquíes** sowie in die Lehmziegel-Dörfer **Molinos** und **Cachi**. **Salta** ist ein guter Ausgangspunkt für Exkursionen in die Anden. Weiter geht es nordwärts durch das Tal **Quebrada de Humahuaca**, wo man im Örtchen **Tilcara** übernachten kann. Zurück in Salta geht es per Flugzeug in den schönen **Parque Nacional Iguazú**. Wer noch Zeit hat, fährt in den **Parque Esteros del Iberá**, ein Feuchtgebiet voller Wasserschweine, Kaimane und Vögel. Alternativ bietet sich ein Besuch der Runinen der **Jesuitenmissionen** an.

Oben: Catedral de la Plata (S. 127)

Unten: Ruta Nacional 40 (S. 516), Patagonien

REISEPLANUNG REISEROUTEN

Skifahren abseits der Pisten auf dem Cerro Chapelco (S. 429)

Reiseplanung

Outdoor-Aktivitäten

Bergsteigen, Wandern und Skifahren waren lange Zeit die klassischen Freiluftaktivitäten des Landes, doch heutzutage bietet Argentinien Einheimischen wie Besuchern zahllose weitere Möglichkeiten. Dazu gehören Kitesurfen in den Anden, Gleitschirmfliegen in den Pampinen Sierren, Tauchen vor der Atlantikküste und auch Forellenangeln im Seengebiet.

Start für Abenteurer

Bariloche
Top-Adresse für Outdoor-Aktivtäten: Dank der schweizerisch-deutschen Wurzeln gibt es sogar Hüttenwanderungen. Außerdem locken Skifahren, Radfahren, Sportfischen, Raften und sogar Gleitschirmfliegen.

Mendoza
Aconcagua: Im am höchsten gelegenen Teil der Anden gibt es hervorragende Möglichkeiten zum Skifahren, Raften und Klettern.

El Chaltén
Am Rande des südlichen Eisfeldes ist dies die weltweit spektakulärste Gegend zum Wandern, Bergsteigen, Eiswandern und Klettern.

Puerto Madryn
Beim Tauchen, Kajakfahren oder Windsurfen bemerkenswerten Meerestieren wie Seelöwen und Walen begegnen.

Junín de los Andes
In den trockeneren Teilen des Seengebiets findet man tolle Wandermöglichkeiten und großartige Flüsse, wie geschaffen fürs Fliegenfischen (es gibt hier riesige Forellen!)

Córdoba
Die am nächsten zu Los Gigantes, Argentiniens Mekka für Kletterer, gelegene Stadt (80 km entfernt).

Wandern & Trekken

Das argentinische Seengebiet ist wahrscheinlich die beste Wanderregion des Landes und bietet sowohl Ein- als auch Mehrtagestouren in verschiedenen Nationalparks, etwa im Nahuel Huapi mit Start in Bariloche und im Nationalpark Lanín mit San Martín de los Andes als Ausgangspunkt.

Wunderbar wandern kann man auch in Patagonien. El Bolsón, südlich von Bariloche, dient als Ausgangspunkt für Wanderungen in den umliegenden Wäldern oder im Parque Nacional Lago Puelo. Wunderbar sind auch die Wandermöglichkeiten im Parque Nacional Los Glaciares; dort dient El Chaltén als idealer Ausgangspunkt (wobei hier auch die heimischen Brauereien nicht zu verachten sind).

Anschließend fährt man in den chilenischen Parque Nacional Torres del Paine, der sich nicht weit vom El Calafate in Argentinien befindet; dort stehen einige großartige Wanderungen auf dem Programm. Auch Feuerland bietet einige atemberaubende Routen, am bequemsten erreichbar sind sie im Parque Nacional Tierra del Fuego.

Und dann locken da noch die hohen Andengipfel westlich von Mendoza: Hierher zieht es vor allem die hochalpinen Bergsteiger, aber das Gebiet bietet auch einige gute Trekkingmöglichkeiten. Eine weitere Destination sind die nördlichen Anden um die Schluchten der Quebrada de Humahuaca.

In Bariloche, Ushuaia, El Bolsón und Junín de los Andes gibt es den Wander- und Bergsteigerverein Club Andino, eine gute Anlaufstelle für Insiderinformationen, Karten und aktuelle Hinweise zur Wegbeschaffenheit.

Bergsteigen

Die Anden sind der Traum eines jeden Bergsteigers – besonders die Provinzen San Juan und Mendoza, in denen einige der höchsten Gipfel der westlichen Hemisphäre in den Himmel ragen. Die berühmteste Hochgebirgstour führt auf den Aconcagua, den höchsten Berg Nord- und Südamerikas. Es gibt hier aber noch andere hohe Andengipfel – von denen viele interessanter und technisch herausfordernder sind. Nahe Barreal bietet der Cordón de la Ramada fünf Gipfel über 6000 m, dazu gehört der Cerro Mercedario mit 6770 m. Die Region ist weniger überlaufen als der Aconcagua, hat schwierigere Anstiege und wird von vielen Bergsteigern bevorzugt. In der Nähe erstreckt sich die Cordillera de Ansilta mit sieben Gipfeln zwischen 5130 und 5885 m.

Die Gipfelkette des Fitz Roy im Parque Nacional los Glaciares in Südpatagonien nahe El Chaltén zählt zu den besten Bergsteigerzielen der Welt. Die Berge des Parque Nacional Nahuel Huapi bieten Spaß auf allen Niveaus.

> **LAUF, HASSO, LAUF!**
>
> Keiner kann von sich behaupten, dass er schon alles ausprobiert hat, wenn er noch nicht mit dem Hundeschlitten gefahren ist. Argentinien ist ideal, um damit anzufangen. Natürlich kann man diesen Sport nur im Winter (Juni bis Oktober), wenn Schnee liegt, betreiben – allerdings kann die Saison in Ushuaia länger dauern. Hier einige Orte:
>
> **Caviahue** Ein Dorf an den Flanken des Volcán Copahue
>
> **San Martín de los Andes** Ein malerisches Städtchen nördlich von Bariloche
>
> **Ushuaia** Die südlichste Stadt der Welt!

Klettern

Im patagonischen Parque Nacional Los Glaciares befinden sich mit dem Cerro Torre und Cerro Fitz Roy zwei der weltweit wichtigsten Kletterziele. Der Cerro Torre zählt zu den fünf schwierigsten Gipfeln auf der Erde.

Die nahe Stadt El Chaltén ist eine echte Kletterhochburg, und mehrere Läden bieten Unterweisungen an oder verleihen Ausrüstung. Wer weder Zeit noch Talent für eine Besteigung des Cerro Torre hat, kann hier aus vielen anderen Angeboten auswählen.

Los Gigantes in den Pampinen Sierren entwickelt sich mit seinen eindrucksvollen Granithängen allmählich zur argentinischen Haupstadt des Kletterns. Auch in Carolina zu Füßen des Cerro Tomalasta gibt es einige gute Möglichkeiten zum Klettern.

In der Provinz Mendoza bietet sich der kleine Ort Los Molles als angenehmer Ausgangspunkt für Klettertouren an, noch mehr Möglichkeiten gibt es im nahen Chigüido (bei Malargüe). Rund um Mendoza locken Los Arenales und El Salto Bergfreunde an.

Rund um Bariloche gibt es ebenfalls gute Klettermöglichkeiten – besonders der Cerro Catedral hat beliebte Felswände. Selbst in den Pampas locken einige Angebote, etwa in Tandil und Mar del Plata.

Angeln

Patagonien und das Seengebiet gehören weltweit zu den bekanntesten Destinationen der Fliegenfischer. Eingesetzte Forellenarten (Bach-, See- und Regenbogenforelle) und der nicht-wandernde Atlantische Lachs erreichen in den landschaftlich schön gelegenen Kaltwasserflüssen respektable Größen.

Im argentinischen Seengebiet liegt Junín de los Andes, das sich selbst zur Forellenmetropole Argentiniens ernannt hat. Einheimische Führer bringen Sportangler zu den hervorragenden Lachsflüssen des Parque Nacional Lanín. Ganz in der Nähe strömen die Angler nach Aluminé an den Ufern des Río Aluminé, der zu den besten Forellenflüssen des Landes zählt. Auch Bariloche und Villa la Angostura sind sehr gute Standorte.

Etwas weiter südlich, im Parque Nacional Los Alerces (bei Esquel), gibt es hervorragende Seen und Flüsse. Von El Chaltén aus kann man Tagesausflüge zum Lago del Desierto oder zur Laguna Larga unternehmen. Der Río Gallegos ist ideal zum Fliegenfischen. Andere wichtige Flüsse in Patagonien sind der Río Negro und der Río Santa Cruz.

Die Stadt Río Grande auf Feuerland ist weltbekannt für die Möglichkeit zum Fliegenfischen. Im gleichnamigen Fluss leben einige der größten braunen Seeforellen der Welt.

Hochseeangeln ist in Camarones und Puerto Deseado möglich; bei Gobernador Gregores gibt es einen See mit Lachs- und Regenbogenforellen.

Im subtropischen Nordosten des Landes lockt der breite Río Paraná Fliegen-, Spinn- und Trollerangler aus aller Welt an. Sie ziehen riesige Flussfische an Land, darunter den *surubí* (einen schweren Wels) und *dorado* (einen forellenartigen Süßwasser-Edelfisch). Der *dorado*, nicht zu verwechseln mit dem Meeresfisch Mahi-Mahi, ist ein kampfstarker Schwimmer und einer der aufregendsten Fische, den man beim Fliegenfischen erwischen kann.

Führungen & Sonderleistungen

In kleineren Städten wie Junín de los Andes ist das örtliche Touristenbüro die erste Anlaufstelle. Dort erhält man eine Liste mit Angelführern oder -anbietern. Eine weitere gute Anlaufstelle für Angler, die im Seengebiet ohne Gruppe reisen, ist die Asociación de Guías Profesionales de Pesca Parque Nacional Nahuel Huapi y Patagonia Norte (www.guiaspatagonicos.com.ar). Sie hält eine Liste und Kontaktdaten von lizensierten Führern in Nordpatagonien und im Seengebiet bereit.

Auskünfte zum Fliegenfischen erteilt die Asociación Argentina de Pesca con Mosca (www.aapm.org.ar).

Viele Angler buchen ihre geführten Rundreisen allerdings auch bereits bei Agenturen in ihrem Heimatland.

Gesetzliche Regelungen

Im Seengebiet und in Patagonien beginnt die Angelsaison im November und endet im April oder Mai. Im Nordosten Argentiniens darf zwischen Februar und Oktober gefischt werden. Einige Seen und Bäche in Privatbesitz haben teilweise eine längere Saison.

Forellenangeln ist an Vorschriften gebunden: In Patagonien (einschließlich dem Seengebiet) müssen einheimische Fischarten immer zurück ins Gewässer gesetzt werden. Meist handelt es sich um Kleinfische wie *perca* (eine Barschart), *puyen* (wissenschaftlich Galaxias, ein kleinwüchsiger Fisch der Südhalbkugel), der patagonische *pejerrey* und die seltene *peladilla*.

Angellizenzen sind in entsprechenden Zubehörläden erhältlich, außerdem beim *club de caza y pesca* (Jagd- und Fischereiverein) und manchmal in den Touristeninformationen und YPF-Tankstellen.

Skifahren & Snowboarden

In den argentinischen Bergen gibt es durchaus einige herausragende Destinationen. Fast alle bieten tollen Pulverschnee und viel Sonnenschein. Viele Wintersportorte unterhalten Skischulen mit Skilehrern aus aller Welt, sodass es kaum Sprachprobleme geben dürfte. In einigen traditionelleren Skiresorts ist eine Leihausrüstung allerdings manchmal schon relativ alt.

Die drei wichtigsten Wintersportgebiete sind: Mendoza, das Seengebiet und Ushuaia. Mendoza liegt nicht weit von Argentiniens Top-Resort, dem Ort Las Leñas mit dem besten Schnee und den längsten Abfahrten. Im Seengebiet gibt es einige preisgünstige Orte wie Cerro Catedral bei Bariloche und Cerro Chapelco bei San Martín de los Andes. Obwohl der Pulverschnee hier weniger ideal liegt, sind die Ausblicke denen in Las Leñas weit überlegen. Und Esquel, noch weiter südlich in Patagonien, wartet im Ort La Hoya mit einem Traumpulverschnee auf.

Die weltweit südlichsten Orte mit kommerziellem Wintersport liegen bei Ushuaia. Die Skisaison reicht überall meist von Mitte Juni bis Mitte Oktober.

Radfahren

Der Radsport ist in Argentinien sehr beliebt. Radler in Fahrradbekleidung sind mittlerweile kein ungewöhnlicher Anblick mehr auf den Straßen (obwohl es im Land nur wenige echte Radwege gibt). Immerhin findet man einige hervorragende befestigte Fahrwege, insbesondere im argentinischen Seengebiet und, in geringerer Anzahl, im Nordwesten der Anden.

Im Nordwesten liegen ausgezeichnete Straßenrouten, etwa der Highway von Tucumán nach Tafí del Valle, die Direktverbindung von Salta nach Jujuy und – wohl die spektakulärste Strecke – die RN 68, die durch die Quebrada de Cafayate hindurchführt. Auch die Pampinen Sierren bieten gute Radstrecken: Das Netz an zumeist befestigten Straßen zieht sich durch eine

> ### IMMER HART AM WIND
>
> Die Windsurfer und Kiteboarder der ganzen Welt drängen zum isoliert gelegenen Stausee Dique Cuesta del Viento in den zentralen Anden. Der Stausee beim winzigen Dörfchen Rodeo in der Provinz San Juan steht im Ruf, eine der besten Destinationen des Planeten für Windsurfer und Kiteboarder zu sein. Der beständig und kraftvoll wehende Wind stellt sich von Oktober bis Anfang Mai jeden Nachmittag ein – darauf ist Verlass! Schon manchen Surfer hat es hier allerdings ordentlich davongeweht.

Landschaft, die teilweise an Schottland erinnert. Mendoza bietet wunderschöne Straßen durch die Anden, für die aber eine gewisse Erfahrung und Kondition notwendig sind. Wem das jedoch zu anstrengend ist, der kann sich auch zwischen den Weingütern von Maipú gemütlich auf den Radsattel schwingen.

Im Parque Nacional Nahuel Huapi, der im argentinischen Seengebiet liegt, existieren mehrere vorzügliche Strecken (einschließlich Circuito Chico), die an herrlichen Seen vorbeiführen, welche in die traumhaft schöne patagonische Landschaft eingebettet sind. Radfahrer nehmen ihr Rad gern auf den Cruce de Lagos mit, eine berühmte zweitägige Boots- und Busreise, die über die Anden nach Chile führt.

Patagonien ist mit seinen einsamen, schönen und endlosen Landschaften ein beliebtes und märchenhaftes Ziel. Man sollte sich jedoch auf heftigen Wind aus wechselnden Richtungen und holprige Schotterpisten einstellen. Eine Ganzjahresausrüstung ist selbst im Sommer empfehlenswert, wenn die langen Tage und das relativ warme Wetter für die beste Radfahrsaison des Jahres sorgen. Die RN 40 gilt als klassische Strecke, aber das Radeln ist hier wegen des Windes und des fehlenden Wassers sehr anstrengend; daher wechseln die meisten Radfahrer streckenweise auf die Carretera Austral in Chile.

In jüngster Zeit ist Buenos Aires durch seinen Ausbau der Fahrradwege und -spuren ein wenig fahrradfreundlicher geworden. Hinzugekommen ist auch noch das kostenlose Fahrrad-Sharing. In Mendoza und Córdoba gibt es ebenfalls einige Straßen mit Fahrradspuren.

Mountainbiken

Mountainbiken ist in Argentinien noch ziemlich unterentwickelt, man findet nur

Gleitschirmflieger in Bariloche (S. 402)

wenige ausgewiesene Strecken für Mountainbiker. Wie auch immer, in den meisten Outdoorzentren (wie in Bariloche) kann man Mountainbikes für einen Tag mieten oder auf eine geführte Mountainbiketour gehen – einfach fantastisch, denn manche Landschaften kann man nur auf diesem Wege richtig kennenlernen.

Gute Anbieter für den Verleih von Mountainbikes gibt es in San Martín de los Andes, Villa la Angostura, Bariloche und El Bolsón im Seengebiet, in Esquel in Patagonien, Mendoza und Uspallata in der Provinz Mendoza, Barreal in der Provinz San Juan, Tilcara im Nordwesten der Anden und Tandil in der Provinz La Pampa.

> ### SEGELN ... OHNE WASSER?
> Im Parque Nacional El Leoncito in der Provinz San Juan ist im Seebett der Pampa El Leoncito ein Zentrum für *carrovelismo* (Landsegeln) entstanden. Hier flitzt man in sogenannten Segelwagen über den am Fuß der Andengipfel gelegenen ausgetrockneten See. Also auf nach Barreal.

Wildwasser-Rafting & Kajakfahren

Momentan angesagt sind vor allem der Río Mendoza und Río Diamante in der Provinz Mendoza sowie der Río Juramento bei Salta, eine aufregende Alternative.

Die Flüsse Patagoniens bieten die spektakulärste Landschaft. Der Río Hua Hum und der Río Meliquina bei San Martín de los Andes sowie der Río Limay und Río Manso bei Bariloche ermöglichen großartige Fahrten. Das gilt auch für den Río Aluminé beim Städtchen Aluminé. Von der patagonischen Stadt Esquel bietet sich die Teilnahme an einer Raftingtour auf dem unglaublich schönen, von Gletschern gespeisten Río Corcovado an. Eine relativ unbekannte Flussstrecke liegt bei Barreal, wobei zugegebenermaßen die Andenszenerie mehr beeindruckt als die Stromschnellen. Gute Fahrten der Klasse II bis III sind auf den meisten der genannten Flüsse durchführbar, Klasse IV bieten die Flüsse Río Mendoza, Diamante, Meliquina, Hua Hum und Corcovado. Bei organisierten Touren können gut auch Unerfahrene teilnehmen.

Kajakfahrten sind auf vielen der genannten Flüsse möglich, außerdem bei Ushuaia, El Chaltén, Viedma, Puerto Madryn, Paraná, Rosario und Salta. Kajakfahren auf dem Meer kann man im Naturreservat Río Deseado und bei der *estancia* (Ranch) an der Bahía Bustamante.

Gleitschirmfliegen & Fallschirmspringen

Gleitschirmfliegen ist in Argentinien sehr beliebt. Daher werden auch an mehreren Orten Tandemflüge oder entsprechende Unterrichtsstunden angeboten. Viele Anbieter für Gleitschirmflüge haben ihren Sitz in Bariloche. Tucumán ist besonders groß in diesem Sport, aber Salta, La Rioja und Merlo sind gute Alternativen im oder in der Nähe des andinen Nordwestens. Der vielleicht aufregendste Ort zum Gleitschirmfliegen ist La Cumbre in den Sierras de Córdoba – das gilt auch fürs Fallschirmspringen.

Ein Steak vom Grill

Reiseplanung
Essen & trinken wie die Einheimischen

Argentinier sind wahre Künstler am Grill. Pasta und Gnocchi sind frisch, und die besten Pizzas stehen denen aus Neapel in nichts nach. Dazu gibt es dann noch einen der wunderbaren argentinischen Weine. Der für das Land so typische Mate-Tee fungiert als soziales Bindeglied unter Familienangehörigen und Freunden. Und auf jeden Fall sollte man ein Eis, vorzugsweise mit *dulce de leche*, probieren.

Grundnahrungsmittel & Spezialitäten

Rindfleisch

Als die ersten Spanier zum ersten Mal nach Argentinien kamen, brachten sie auch einige Rinder mit. Ihre Bemühungen, eine Kolonie zu gründen, scheiterten damals jedoch, und die Herden wurden in den Pampas zurückgelassen. Hier fanden die Rinder so etwas wie ein Paradies auf Erden: viel saftiges, frisches Gras und nur wenige natürliche Feinde. Als die Europäer dann später erneut zur Kolonisierung anreisten, übernahmen sie diese verwilderten Herden zusammen mit anderen Rinderrassen.

Üblicherweise fraßen argentinische frei laufende Rinder nährstoffreiches Pampasgras und wurden ohne Antibiotika und Wachstumshormone aufgezogen. Diese Kultur ist aber inzwischen leider größtenteils verloren gegangen, sodass heute der überwiegende Teil vom Rindfleisch für die Restaurants aus Mastställen kommt.

Der durchschnittliche Rindfleischverbrauch liegt in Argentinien bei 59 kg pro Person und Jahr – in früheren Jahren war es noch deutlich mehr.

RINDFLEISCH IST NICHT GLEICH RINDFLEISCH

Beim Betreten einer traditionellen *parrilla* (Steakrestaurant) atmet man einmal tief die Luft am brutzelnden Grill ein und sucht sich dann einen Platz. Wer bislang nur zwischen maximal zwei oder drei Steakzuschnitten wählen konnte, hat es nun in seiner Entscheidung schwer, denn die Speisekarte stellt mindestens zehn Varianten zur Auswahl. Was also tun?

Wer ein bisschen von allem probieren möchte, wählt am besten die *parrillada* (gemischte Grillplatte). Dazu gehören in der Regel *chorizo* (Rinds- oder Schweinswürstchen), *costillas* (Rippchen) und *carne* (Rindfleisch). Möglich sind dort aber auch exotischere Dinge wie *chinchulines* (kleine Innereien), *mollejas* (Kalbsbries) und *morcilla* (Blutwurst). Man bestellt eine *parrillada* für beliebig viele Personen und die *parrilla* wird die Portionen entsprechend anpassen.

Zu den wichtigsten Rindfleischstücken gehören:

Bife de chorizo Lendensteak; ein dickes, saftiges Stück

Bife de costilla T-Bone-Steak oder Porterhousesteak

Bife de lomo Filet; ein zartes und geschmacklich milderes Stück

Cuadril Rumpsteak; oft ein dünn geschnittenes Stück

Ojo de bife Ribeye-Steak; eine Auswahl kleinerer Stückchen

Tira de asado kurze Rippchen; dünne, knusprige Rippchenstreifen

Vacío Flanken- oder Bauchlappensteak; durchwachsen und lecker

Wer keine genaueren Angaben zu seinem gewünschten Steak macht, bekommt es *a punto* (medium bis well done). Ein Steak halb durchgebraten oder blutig zu bekommen, ist schwieriger als man vermutet. Wer sein Fleisch innen ein wenig rosa möchte, sollte es *jugos* bestellen; wer es richtig blutig mag, bestellt *vuelta y vuelta* und hofft auf Erfolg ... Recht oft bekommt man sein Steak mehr als gut durchgebraten; hat man eine ganz spezielle Vorstellung, sollte man dem Kellner vielleicht ein Foto vom angeschnittenen Fleisch in der gewünschten Konsistenz zeigen.

Auf jeden Fall sollte man *chimichurri* probieren, eine leckere Soße aus Olivenöl, Knoblauch und Petersilie. Gelegentlich gibt es auch *salsa criolla,* eine Würze aus gewürfelten Tomaten, Zwiebeln und Petersilie.

Wer eine Einladung zu einem *asado* (einer Grillfeier mit Familie oder Freunden) bekommt, kann sich glücklich schätzen und sollte auf jeden Fall zusagen – hier wird die Kunst des Grillens wirklich zur Perfektion gebracht, und zudem ist es ein einzigartiges soziales Ereignis.

Tipps zum Ausgehen

Reservierungen
Sind nur am Wochenende in gehobenen Restaurants (oder in der Hochsaison in Touristenstädten wie Mar del Plata oder Bariloche) erforderlich.

Das Budget
Wer zum Mittagessen das *menú del día* oder *menú ejecutivo* wählt, kann einiges sparen. Diese Tagesgerichte beinhalten im Allgemeinen ein Hauptgericht mit Dessert und Getränk.

Große, moderne Supermärkte gibt es fast überall, und hier findet sich alles, was der Selbstversorger so braucht. In der Regel gibt es dort auch eine Theke für den Außenverkauf.

Die Rechnung
Die Rechnung fordert man mit dem Satz „*la cuenta, por favour*" („die Rechnung, bitte") an der man dabei ein entsprechendes Handzeichen („in der Luft schreiben"). Manche Restaurants nehmen Kreditkarten an, in vielen aber (besonders in den kleineren) ist nur Barzahlung möglich. Das gilt besonders außerhalb großer Städte.

In feineren Restaurants erscheint auf der Rechnung unter Umständen ein *cubierto* (ein kleiner Aufpreis für Brot und Besteck). Das sollte man nicht mit dem Trinkgeld verwechseln; dafür zahlt man noch einmal rund zehn Prozent extra.

Italienisch & Spanisch

Ende des 19. Jahrhunderts kamen viele italienische Auswanderer nach Argentinien – mit enormen Folgen für die argentinische Küche. Außer ihrer gestenreichen Sprechweise brachten sie auch ihre Liebe zu Pasta, Pizza, Eis (*gelato*) und anderen italienischen Spezialitäten mit.

Viele Restaurants machen ihre Pasta selbst – sie heißt dann *pasta casera* (hausgemachte Pasta). Zur Pasta-Vielfalt gehören *ravioles*, *sorrentinos* (große, runde Ravioli-ähnliche Pasta), *ñoquis* (Gnocchi) und *tallarines* (Fettuccine). Zu den Standardsoßen gehören *tuco* (Tomatensoße), *estofado* (Rindfleischeintopf, beliebt mit Ravioli) und *salsa blanca* (Béchamelsoße). Wichtig zu wissen ist allerdings, dass die Soßen zur Pasta extra bezahlt werden müssen.

Pizza gibt es in Pizzerien, von denen viele mit Steinöfen ausgestattet sind, aber auch in ganz normalen Restaurants. Sie ist in der Regel hervorragend und zudem recht preiswert.

Spanische Gerichte sind in Argentinien nicht so verbreitet wie italienische, sie bilden aber trotzdem einen Eckpfeiler der Landesküche. In den zahlreichen spanischen Restaurants kann man ebenso gut Paella bestellen wie typisch spanische Fischgerichte. Viele der angebotenen *guisos* und *pucheros* (Eintopfgerichte) sind spanischer Herkunft.

Regionale Spezialitäten

Obwohl der Terminus *comidas típicas* in Zusammenhang mit allen möglichen regionalen Gerichten auftaucht, wird er vor allem für die Küche aus dem bergigen Nordwesten verwendet. Die Gerichte aus diesem Landesteil haben ihre Wurzeln in präkolumbischen Zeiten und zeigen damit größere Gemeinsamkeiten mit der bolivianischen und peruanischen als mit der europäisierten Küche im restlichen Argentinien.

Das Essen ist meist stark gewürzt bzw. scharf und damit eine Ausnahme in einem Land, in dem alles Scharfe als unerträglich gilt. Zu den typischen Gerichten zählen *locro* (ein herzhafter Getreideeintopf mit Fleisch), aber auch *tamales* sowie *humitas* (süße Tamales) und gebratene *empanadas*.

In Patagonien steht Lamm genauso oft auf der Speisekarte wie Rindfleisch. An der Küste isst man gern Fischgerichte, Austern und Königskrabben, auch wenn Fisch und Meeresfrüchte hier häufig zu sehr verkocht werden. Im Seengebiet kommen Wild, Wildschwein und Forelle auf den Tisch. Im Westen brüsten sich die Provinzen Mendoza, San Juan und La Rioja mit ihrem *chivito*, dem Fleisch junger Ziegen. Im Nordosten werden oft *dorado*, *pacu* (Verwandte der Piranhas) und *surubí* (eine Art Wels) angeboten.

Snacks

Überall in der Stadt gibt es *kioscos* (Kioske), die Süßigkeiten, Kekse, Eis und abgepackte Sandwiches verkaufen. An den Straßen werden auf Verkaufswagen *pancho* (Hot Dog) und *garrapiñadas* (süße geröstete Erdnüsse) frisch zubereitet und angeboten.

Sandwiches de miga (dünne Sandwiches ohne Kruste, normalerweise mit Käse und Schinken gefüllt) sind ebenfalls beliebte Snacks. *Lomitos* (Steaksandwiches) sind das beste, was Argentinien an Sandwiches zu bieten hat; *choripán* ist ein klassisches Sandwich mit Grillwürstchen.

Empanadas – kleine gefüllte Teigtaschen, die überall in Argentinien angeboten werden – werden in jeder Region des Landes unterschiedlich zubereitet (im Nordwesten der Anden gibt es mit würzigem Rinderhackfleisch gefüllte *empanadas*, wohingegen in Patagonien eine Lammfleischfüllung üblich ist). *Empanadas* sind eine schmackhafte, schnelle Zwischenmahlzeit, die sich besonders gut für Busreisen eignen.

Desserts & Süßigkeiten

Zwei der allerbesten Köstlichkeiten des Landes sind *dulce de leche* (eine mit Karamellzucker gesüßte Milchcreme) und *alfajores* (runde, keksartige Sandwiches, oftmals mit Schokoüberzug). Jede Region Argentiniens besitzt ihre eigene Variante von *alfajor*.

Aufgrund von Argentiniens italienischem Erbe ist das argentinische *helado* vergleichbar mit dem besten Eis, das es sonst noch auf der Welt gibt. In jeder Stadt gibt es einige *heladerías* (Eisdielen), wo die leckersten Kreationen in der Waffel oder im Becher aufgetürmt werden. Das Eis wird auf mit einem Plastiklöffel, der in die Seite gesteckt wird, ausgegeben. Das sollte man sich auf keinen Fall entgehen lassen!

In Restaurants stehen häufig Obstsalat und Eis auf der Speisekarte; *flan* ist eine gestockte Masse aus Eiern und Milch, entweder mit einem Sahnehäubchen oder einem Überzug aus *dulce de leche*.

Getränke

Alkoholfreie Getränke

Argentinier lieben ihren Kaffee, und man kann ihn in verschiedensten Variationen bestellen. Ein *café con leche* ist ein Milchkaffee (halb Kaffee, halb Milch), wohingegen ein *cortado* ein Espresso mit etwas Milch ist. Ein *café chico* ist ein Espresso und eine *lagrima* ist viel Milch mit nur einigen Tropfen Kaffee.

Té negro oder *té común* ist schwarzer Tee; ein Kräutertee ist in der Regel *manzanilla* (Kamille). Schokoladenliebhaber sollten einen *submarino* probieren, einen in heißer Milch geschmolzenen Schokoriegel. Frisch gepresster Orangensaft heißt *jugo de naranja exprimido*. Ein *licuado* ist ein Obstsaft mit Milch oder Wasser.

Selbst in großen Städten wie Buenos Aires ist das *agua de canilla* (Wasser aus dem Wasserkran) trinkbar. In Restaurants bestellen die meisten Leute jedoch Mineralwasser in Flaschen – man unterscheidet *agua con gas* (mit Kohlensäure) oder *agua sin gas* (ohne Kohlensäure). In älteren, traditionellen Restaurants ist Tafelwasser aus Sodasprühflaschen (*un sifón de soda*) eine tolle Sache. *Gaseosas* (nichtalkoholische Erfrischungsgetränke) sind in Argentinien sehr beliebt.

Alkoholische Getränke

Mendoza ist Argentiniens größtes Weinanbaugebiet und weltbekannt wegen seines kräftigen Malbec-Weins, aber auch in anderen Provinzen werden hervorragende Weine gekeltert. San Juan ist wegen seines Syrah und Cafayate wegen seines Torrontés, eines knackigen, trockenen Weins weit über die Grenzen des Landes berühmt. Inzwischen kennt man auch Patagonien als Anbaugebiet eines Pinot Noir.

Wenn Argentinien denn überhaupt eine eigene Biersorte aufweisen kann, dann ist es Quilmes. Wer einen *porrón* bestellt, bekommt ein Flaschenbier (in Buenos Aires einen halben Liter, weiter nördlich eine große Flasche); ein *chopp* ist ein kühler gezapfter Krug.

Feinere Restaurants reichen dem Gast eine Weinkarte (*la carta de vinos*). Sommeliers sind eher rar.

Zu den etwas härteren Getränken zählt insbesondere Fernet Branca, ein bitterer italienischer Kräuterdigestif, der ursprünglich als Medizin diente. Fernet con Coke ist der beliebteste Cocktail Argentiniens und entgegen der weit verbreiteten Behauptungen, davon bekomme man keinen Kater, muss man festhalten: Man bekommt ihn durchaus!

Mate, ein teeartiges Kultgetränk

Wohin zum Essen & Trinken?

Restaurants sind zum Mittagessen im Allgemeinen von 12 bis 15 Uhr geöffnet und von 21 Uhr bis Mitternacht zum Abendessen, wobei es natürlich von Restaurant zu Restaurant durchaus Unterschiede geben kann.

Das beste Fleisch bekommt man in einer *parrilla* (Steakrestaurant). *Panaderías* sind Bäckereien. *Confiterías* (Cafés, die leichte Mahlzeiten servieren) sind ganztägig bis tief in die Nacht geöffnet und stellen oftmals eine breite Auswahl an Speisen und Getränken bereit. Cafés, Bars und Kneipen haben gewöhnlich nur eine kleinere Auswahl an Snacks und Gerichten, manche bieten aber auch ein komplettes Menü. Ein *tenedor libre* (wörtlich: „freie Gabel") ist ein All-You-Can-Eat-Restaurant; die Qualität ist ganz ordentlich, aber oft ist ein kleines Getränk verpflichtend und kostet extra.

Argentinier essen wenig zum Frühstück, meist nur einen Kaffee mit *medialunas* (Croissants – entweder *de manteca*, süß, oder *de grasa*, neutral). *Tostadas* (Toast) mit *manteca* (Butter) oder *mermelada* (Marmelade) ist eine gute Alternative; Gleiches gilt für *facturas* (Gebäck). Teurere Hotels und B&Bs servieren oftmals herzhaftere Speisen zum Frühstück.

Vegetarier & Veganer

Natur- oder Biokost und auch vegetarische Restaurants findet man in den großen Städten, aber außerhalb, auf dem Lande, wird es schon schwieriger. Wegen der aktuellen Nachfrage nach alternativer Ernährung gibt es mittlerweile auch mehr glutenfreie und vegane Angebote, allerdings erheblich weniger als in Nordamerika oder Europa.

Auf den meisten Speisekarten finden sich auch ein paar vegetarische Gerichte, Paste sind ohnehin fast überall zu haben. Pizzerias und *empanaderías* (empanada-Lokale) sind eine gute Wahl – man sollte sich am besten für *empanadas* mit *acelga* (Mangold) und *choclo* (Mais) entscheiden. Wen es in eine *parrilla* verschlagen hat, sollte Salate, Omeletts, Pasta,

MATE & DAS RITUAL

Mit der Zubereitung und dem Genuss von Mate ist mehr verbunden als das bloße Getränk. Es handelt sich um ein ausgefeiltes Ritual unter Familienangehörigen, Freunden und Kollegen.

Yerba mate ist das getrocknete, zerkleinerte Blatt des *Ilex paraguayensis*, eines Verwandten des gemeinen Ilex (Stechpalme). Argentinien ist weltweit der größte Produzent und Konsument dieses Produkts: Die Argentinier vertilgen pro Jahr und Person durchschnittlich fünf Kilogramm dieser Blätter.

Allein schon die Zubereitung und erst recht das Trinken sind ein echtes Ritual. Eine bestimmte Person, der *cebador*, füllt das Kürbisgefäß fast bis zum Rand mit *yerba* und schüttet dann langsam heißes Wasser darüber. Dann reicht der *cebador* das Gefäß abwechselnd jedem am Tisch, getrunken wird mit Hilfe der *bombilla*, einem Trinkhalm aus Metall mit einem Sieb am unteren Ende. Jeder am Tisch trinkt das Gefäß jeweils leer. Die *bombilla* darf keinesfalls berührt werden und das Gefäß soll möglichst zügig an den nächsten Trinker weitergereicht werden. Ein schlichtes *gracias* sagt dem *cebador*, dass der Nächste dran ist.

Eine Einladung zum Mate ist eine Art kulturelles Muss und sollte nicht ausgeschlagen werden. Mate ist jedoch ein gewöhnungsbedürftiges Getränk und schmeckt für Neulinge anfangs sehr heiß und bitter, weshalb ein bisschen Zucker eventuell hilft.

Mate gibt es nur selten in Restaurants oder Cafés; man kauft stattdessen einfach eine Thermosflasche, eine Kürbisflasche, die *bombilla* und eine Tüte mit den Kräutern in jedem großen Supermarkt. Die Kürbisflasche härtet man mit heißem Wasser und *yerba* und lässt sie 24 Stunden stehen. Fast alle Restaurants, Cafés und Hotels befüllen die Thermosflaschen, manchmal gegen eine kleine Gebühr. Man wischt seine Thermosflasche einfach aus und fragt: *„¿Podía calentar agua para mate?"*(„Würden Sie mir bitte etwas Wasser für *Mate* heiß machen?"). Und schon findet man neue Freunde.

---

gebackene Kartoffeln, *provoleta* (eine dicke Scheibe von gegrilltem Provolone-Käse) oder Röstgemüse wählen. Auch *pescado* (Fisch) und *mariscos* (Meeresfrüchte) sind manchmal erhältlich.

Sin carne bedeutet „fleischlos", und die Ansage *soy vegetariano/a* („Ich bin Vegetarier") ist dann angebracht, wenn man einem Argentinier klar machen will, warum man eben kein argentinisches Steak essen möchte.

Die entsprechende Vokabel für „vegan" lautet *vegano/a*. Veganer können es in Argentinien schwer haben. Als Veganer muss man prüfen, ob in der hausgemachten Pasta keine Eier verwendet wurden und dass Brot oder Gemüse nicht mit Schmalz (*grasa*; *manteca* ist Butter) zubereitet wurde. Manche Brotsorten enthalten Milch oder Käse. Hier ist einfach Kreativität erforderlich. Tipp: Man sucht nach einer Unterkunft mit Küchenbenutzung.

REISEPLANUNG ESSEN & TRINKEN WIE DIE EINHEIMISCHEN

Oben: Empanadas (S. 45)

Unten: *Alfajores* (keksähnliche Sandwiches, S. 45)

Reiseplanung
Reisen mit Kindern

Argentinien hat einiges für die Kleinen zu bieten, angefangen bei Dinosauriermuseen über Badeorte bis hin zu zahlreichen Outdoor-Aktivitäten, bei denen sie sich so richtig austoben können. Die Menschen sind sehr familienfreundlich, sodass Argentinien ein gutes, interessantes und manchmal sogar anspruchsvolles, dabei aber lustiges Ziel für Familien mit Kindern sein kann.

Argentinien ist ein bemerkenswert kinderfreundliches Land, vor allem was die Reisesicherheit und die Einstellung der Leute gegenüber Familien mit Kindern betrifft. In diesem Land steht die Familie an erster Stelle.

In der Regel sind die Kinder in der Öffentlichkeit sicher aufgehoben, auch wenn sie einmal eine Zeit lang nicht beaufsichtigt werden. Die Plazas und Parks in Städten und Dörfern, viele mit Spielplätzen, sind beliebte Treffpunkte für einheimische Familien und Touristen.

Argentinier berühren sich im Alltagsleben häufig, und freundliche Fremde streichen Kindern oft ganz liebevoll über den Kopf. Dazu kann man beobachten, dass Kinder große „Eisbrecher" sind und durch ihre Anwesenheit den Kontakt mit den Einheimischen erleichtern. Oft sieht man argentinische Familien mit ihren Kindern noch bis in die späten Abendstunden auf der Straße, aber das ist in Argentinien ganz normal und gehört zum sozialen Miteinander.

Highlights für Kinder
Tiere beobachten
Güirá Oga (S. 219) Zoo in der Nähe der Iguazú-Fälle.

Top-Regionen für Kinder
Buenos Aires
In Argentiniens Hauptstadt gibt es etliche Museen, Parks und Shopping-Malls, viele davon mit Spielbereichen für Kinder.

Atlantikküste
Strände, Strände und nochmals Strände – Schwimmsachen und Sonnenschutz einpacken und dann Sandburgen bauen! Und man kann hier Tiere beobachten – auch ein Plus.

Iguazú
Wasserfälle und Wildnis pur; dazu noch die abenteuerlichen Bootsfahrten, bei denen man garantiert Spaß hat und ordentlich nass wird.

Península Valdés
Hier wimmelt es nur so von Tieren, darunter Wale, Seeelefanten und putzige Pinguine.

Bariloche
Ein Paradies für Outdoor-Fans – Wandern, Klettern, Reiten und Rafting.

Mendoza
Weinproben sind natürlich nichts für Kinder, aber man kann hier auch Skifahren gehen und zum Wildwasser-Rafting aufbrechen.

Parque Esteros del Iberá (S. 192) Voller Sumpfhirsche, Mohrenkaimane und den liebenswerten Wasserschweinen.

Península Valdés (S. 462) Hier kann man nach Walen, Seeelefanten und den allerseits überaus beliebten und befrackten Pinguinen Ausschau halten.

Jardín de los Niños (S. 166) Erlebnispark in Rosario mit Aktivitäten und Rätselaufgaben für die Kleinen.

Spaß & Action

Parque de la Costa (S. 122) Ein Freizeitpark in Tigre direkt vor den Toren der Hauptstadt Buenos Aires.

Complejo Termal Cacheuta (S. 376) Außerhalb von Mendoza; ist ein Thermalbad mit Wellenbad und Wasserrutschen.

Die Anden Bieten rund um Bariloche and Mendoza großartige Möglichkeiten zum Skifahren.

An Regentagen

Museo Paleontológico Egidio Feruglio (S. 470) Kinder können in ihren Schlafanzügen im Dinosauriermuseum von Trelew übernachten.

Museo de La Plata (S. 127) Argentiniens bestes naturgeschichtliches Museum; die ausgestellten Tierpräparate und Skelette sind besonders beeindruckend.

Glaciarium (S. 521) Das raffinierteste Museum von El Calafate; gibt Einblicke in die Wunderwelt der Gletscher.

Einkaufszentren In den größeren gibt es oft Spielplätze, Video-Arkaden, Spielwarenläden und Eisdielen.

Museo Municipal Ernesto Bachmann (S. 447) Hier kann man das größte Raubtier der Erde bestaunen, aber auch spektakuläre Skelette anderer vor Ort gefundener Dinosaurier.

Outdoor-Spaß

Glaciar Perito Moreno (S. 532) Der überaus aktive Gletscher in El Calafate ist ein Wunder, das es für alle Zeit zu bewahren gilt.

Strände Die Strände an der argentinischen Atlantikküste sind familienfreundlich und haben viel Sand, Sonne und tolle Wellen zu bieten.

Estancias Reiten und folkloristische Darbietungen zählen zu den Höhepunkten bei einem Aufenthalt auf einer *estancia* (Ranch).

Reiseplanung

➡ Für Outdoor-Aktivitäten eignet sich die Zeit außerhalb der Wintermonate Juni bis August (ausgenommen Skifahren).

➡ Für Kleinkinder gibt es Ermäßigungen bei Aufenthalten in Motels, bei Museumsbesuchen und in Restaurants.

➡ Supermärkte führen ein großes Sortiment an Babynahrung, Säuglingsmilchnahrung, Wegwerfwindeln, Feuchttüchern und anderen nützlichen Dingen. Auch große Apothekenketten wie Farmacity führen solche Artikel.

➡ Auf überfüllten und unebenen Gehwegen ist das Schieben eines Kinderwagens beschwerlich, eine Babytrage oder ein Tragetuch ist praktischer.

➡ Öffentliche Toiletten sind meistens ganz schlicht eingerichtet, Wickeltische findet man kaum.

➡ Umfassende Informationen und Ratschläge finden sich in Lonely Planets *Travel with Children*.

Schlafen

➡ In den allermeisten Hotels sind Familien mit Kindern willkommen, in den besseren Häusern wird ein Babysitterservice angeboten.

➡ Probleme mit sehr kleinen Kindern gibt es in manchen kleinen Boutiquehotels oder Pensionen.

➡ Hostels sind im Allgemeinen nicht sonderlich gut für Familien mit Kindern geeignet, obwohl Familien dort manchmal willkommen sind.

➡ In den Sommermonaten sollte man ein Hotel mit Swimmingpool buchen. Praktisch sind Zimmer mit einer Küchenzeile.

➡ Apartments findet man vor allem in Buenos Aires; in ländlichen Feriengebieten kann man *cabañas* mit ausgestatteten Küchen reservieren.

➡ Auch größere Campingplätze verfügen über *cabañas*, gemeinsame Kochgelegenheiten und manchmal Spielplätze.

Essen gehen

➡ Die meisten Restaurants bieten spezielle Kindermenüs an, darunter Gemüse, Nudeln, Pizza, Hühnchen und *milanesas* (panierte Koteletts).

➡ *Empanadas* sind gesunde Snacks und werden zudem noch mit großem Spaß vertilgt. Keinesfalls sollte man in Argentinien auf Eiscreme verzichten – eine wahre Köstlichkeit!

Argentinien im Überblick

Das achtgrößte Land der Erde hat mehr als genug zu bieten: Naturlandschaften jeder Art, von gletscherbedeckten Berggipfeln bis zu kakteenübersäten Wüsten, von artenreichen Sumpfgebieten bis zu ariden Steppen. Wer Outdoor-Abenteuer sucht, kommt garantiert auf seine Kosten. Strandliebhaber genießen ihr Sonnenbad auf dem warmen Sand, und Weinkenner verkosten edle Tropfen direkt vor Ort in den Weingütern.

Die größeren Städte, allen voran Buenos Aires und Córdoba, stellen mit ihren Angeboten jeden Nachtschwärmer zufrieden. Außerdem gibt es ein schier endloses Angebot an Unterhaltungsprogrammen, Läden und Restaurants und dazu auch noch Kultur: exzellente Museen, Tango-Salons und viel Kolonialgeschichte. Argentinien bietet also wirklich alles, was das Herz begehrt – man muss sich einfach nur auf den Weg machen und natürlich auch genügend Zeit mitbringen.

Buenos Aires

Essen
Nachtleben
Tango

Steaks & mehr

In Buenos Aires gibt es viele gute Steakrestaurants. Daneben entdeckt man dort noch Trendsetter, die sich an den neuesten internationalen Trends orientieren, aber auch Lokale, die Speisen aus fremden Ländern servieren.

Nach Mitternacht

Nach dem Abendessen – das an Wochenenden oft erst nach Mitternacht beendet ist – gehen die *porteños* (Bewohner von Buenos Aires) noch auf einen Drink und dann nach 2 Uhr in die Nachtclubs. Viele andere Events finden zu „vernünftigeren" Zeiten statt, aber tendenziell ist diese Stadt eben nachtaktiv.

Bereit zum Tanz?

Ach, der Tango! Dieser erotische Tanz hat es wirklich in sich. Und in BA finden unzählige Tanzveranstaltungen und -kurse statt, außerdem hochrangige Wettkämpfe. Also: Tanzschuhe einpacken und bereit sein für ein Abenteuer – hier wurde der Tango geboren!

S. 56

Die Pampas & die Atlantikküste

Strände
Gauchos
Wandern

Strandleben

Im Januar werden die Küstenstädte wie Mar del Plata, Pinamar und Necochea von Argentiniern heimgesucht, die sich tagsüber am Strand rösten und die ganze Nacht Partys feiern.

Gaucho-Kultur

Die Zeit der legendären Gauchos liegt schon Jahrhunderte zurück, doch beim Festival in San Antonio de Areco wird ihr Erbe lebendig gehalten. Auch beim Besuch auf einer *estancia* (Ranch) kann man mitunter entsprechende Vorführungen erleben: Reiten und *asados* (Grillfeste) gehören zu den Highlights.

Wandern & Natur

Das uralte, verwitterte Hochland der Pampas ist nicht so spektakulär wie die geologisch jüngeren Anden. Doch rund um Sierra de la Ventana gibt es einige Wanderungen mit großartigen Ausblicken auf die Landschaft; man kann auch durch ein Felsenfenster schauen.

S. 125

Die Iguazú-Fälle & der Nordosten

Waser
Tierwelt
Missionsstationen

Flüsse & Iguazú

Die Städte an den beiden wichtigsten Flüssen der Region sind ideal zum Bootfahren, Bummeln, Essen und Partymachen, während Angler Fische fangen. Weiter nördlich faszinieren die Iguazú-Fälle.

Wasserschweine

In den Feuchtgebieten Esteros del Iberá lebt eine artenreiche Tierwelt, darunter Kaimane, Vögel und pummelige Wasserschweine. Weiter nördlich trifft man im Nationalpark von Iguazú auf ein Urwald-Ökosystem mit ebenso reicher, aber völlig andersartiger Tierwelt.

Jesuitische Ruinen

Die Jesuiten bauten im 17. und 18. Jh. entlegene *reducciones* (Missionen), um die Guaraní-Indios zu bekehren und zu schützen. Die Einrichtungen florierten etwa 150 Jahre, bis die Jesuiten vertrieben wurden und die Missionen den Sklavenüberfällen und der Kolonialisierung überlassen wurden.

S. 161

Salta & der andine Nordwesten

Kultur der Ureinwohner
Kolonialstädte
Aktivitäten

Vor Kolumbus

Die Völker im Nordwesten haben die Inkas erlebt; dann kamen die Spanier. Jahrhunderte später sind nur noch Ruinen ihrer Städte geblieben, aber das Essen, Alltagsleben und Kunsthandwerk zeugen noch immer von einer alten, lebendigen, sich stets wandelnden Kultur.

Historische Städte

Im Nordosten befinden sich die ältesten Städte des Landes. Die Mischung aus Kirchen, vornehmen Fassaden und Plazas, gepaart mit einem entspannten Lebensrhythmus, verleiht ihnen ein angenehmes Flair.

Sportlich unter freiem Himmel

Die Topografie wird von den Anden bestimmt und ermöglicht Kletter-, Wander- und Geländewagentouren. Die subtropischen Nationalparks locken mit ihrer Vogel- und sonstigen Tierwelt. Drachen- und Gleitschirmflieger genießen die Welt von oben.

S. 240

Córdoba & die Pampinen Sierren

**Historische Gebäude
Nachtleben
Gleitschirmfliegen**

Jesuitisches Erbe

Die Jesuiten haben in Córdoba mehr hinterlassen als nur Wein und eine gute Schulbildung – nämlich ein paar herausragende Bauwerke. In der Innenstadt gibt es einen ganzen Block mit gut erhaltener Jesuitenarchitektur, weitere Objekte sind über die Provinz verstreut.

Nachtleben

Independent-Filme oder Theaterstücke, Tanz oder ein paar ruhige Drinks in einer gemütlichen Bar – in Córdoba mit seiner jungen Szene kann man sich alle Wünsche erfüllen.

Könige der Lüfte

Wer immer schon vom Paragliden geträumt hat, sollte seine Träume hier wahr werden lassen: An weltberühmten Orten wie La Cumbre oder Merlo bieten Könner Tandemflüge ins Reich des Kondors an.

S. 320

Mendoza & die Zentralen Anden

**Weinanbau
Berge
Rafting**

Von der Traube in die Flasche

Hier schlägt das Herz der argentinischen Weinkultur! Man besucht Weingüter, plaudert mit Winzern und schaut sich an, wie die edlen Tropfen in die Flasche kommen.

Hoch hinaus

Die ganzjährig mit Schnee bedeckten Andengipfel vor dem Horizont – das ist eins der klassischen Bilder Argentiniens. Wer näher heranfährt, möchte vielleicht sogar den Aconcagua besteigen oder seine Skikünste auf den Weltklasse-Pisten von Mendoza präsentieren.

Nass & wild

Die Schneeschmelze der Anden versorgt nicht nur die Weinreben mit Wasser. Sie lässt auch ein paar Flüsse anschwellen, die aus den Bergen herunterdonnern und das Herz aller Wildwasserfreunde höher schlagen lassen.

S. 355

Bariloche & das Seengebiet

**Aktivitäten
Dörfliches Leben
Paläontologie**

Hinaus in die Natur!

Im Seengebiet kann man das ganze Jahr über etwas unternehmen. Skibegeisterte zieht es im Winter auf die Pisten der Top-Wintersportgebiete, während die Bergpfade, Hütten und herrliche Aussichten zu anderen Zeit des Jahres ein Paradies für Wanderer darstellen.

Ausspannen

Schön an dieser Region sind auch die vielen kleinen Bergdörfer inmitten von Wäldern und atemberaubenden Gipfeln – besser kann man der Großstadt gar nicht entfliehen.

Jurassic Parks

In dieser Gegend lebten einst ein paar riesengroße Tiere – darunter die größten Dinosaurier und die größten Fleischfresser der Welt. Ihre Fundstätten sind öffentlich zugänglich und lehren die Besucher Bescheidenheit in Sachen Größe.

S. 400

Patagonien

Wandern
Tierbeobachtung
Abenteuer

Wanderungen durch die Wildnis

Zu Recht berühmt sind die Wanderwege am Fitz Roy und Torres del Paine. Wer genügend Zeit mitbringt, sollte aber auch die tausendjährigen Wälder im Parque Nacional Los Alerces und die türkisfarbenen Seen im abgelegenen Parque Nacional Perito Moreno aufsuchen.

Wildtiere

Im Wasser tummeln sich hier zahllose Tiere, weshalb die Küsten und vor allem die Península Valdés bei Naturfreunden hoch im Kurs stehen. An Land kann man Guanako-Herden und Nandus bestaunen, wie sie über die Steppe galoppieren. Oben am Himmel kreisen Kondore.

Freiheit & Abenteuer

Ausritte auf einer *estancia*, Autofahrten auf der RN 40, ein Ausflug zum Gletscher oder das Erlebnis der richtig wilden Anden: Patagonien verschafft einem das Erlebnis grenzenloser Freiheit.

S. 451

Feuerland (Tierra del Fuego)

Wandern
Seereisen
Wintersport

Zu Fuß unterwegs

Die langen Tage des südlichen Sommers sind ein Geschenk für Rucksackreisende. Bergseen und schneebedeckte Becken machen eine typische Trekkingtour durch Feuerland aus. Wer in kurzer Zeit großartige Natur erleben will, sollte sich in die Wälder des Parque Nacional Tierra del Fuego begeben.

Segel setzen

Man muss nicht Kap Hoorn umrunden, um den Zauber dieser südlichen See zu spüren. Es genügt ein Segeltörn durch den Beagle-Kanal, eine Bootstour durch chilenische Fjorde oder ein Trip mit dem Seekajak.

Weiße Wunderwelt

Von Juni bis Oktober lockt in der Gegend von Ushuaia das weiße Abenteuer. Dann saust man die Pisten am Cerro Castor hinab, macht Langlauf oder rast mit dem Hundeschlitten umher. Feuerwerke, Meeresfrüchtebankette und gemütliche Lodges krönen den Tag.

S. 563

Uruguay

Strände
Estancias
Essen & Wein

Küstenspaß für jedermann

Das Strandtreiben an der Atlantikküste von Uruguay hat viele Facetten: Surfer warten bei La Pedrera auf die perfekte Welle, andere bewundern die Seelöwen von Cabo Polonio oder lauern in Punta del Este auf Prominenz.

Weites Land

Uruguays Gaucho-Seele lebt in den Weiten des Landesinneren. Wer das traditionelle Rancherleben kennenlernen möchte, verbringt ein paar Tage auf einer *estancia*: Tagsüber reitet man dem endlosen Horizont entgegen, abends entfalten das Lagerfeuer und der klare Sternenhimmel ihren Zauber.

Paradies für Fleischliebhaber

Irgendwo wird in Uruguay immer etwas gegrillt. Die typische *parrillada* besteht aus Steaks, Schweinekoteletts, Chorizo und *morcilla* (Blutwurst). Dazu schmeckt ein Glas vom heimischen Tannat-Wein.

S. 592

Reiseziele

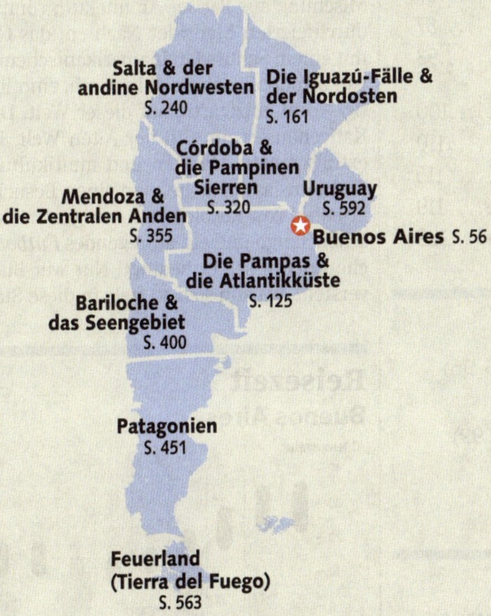

Salta & der andine Nordwesten
S. 240

Die Iguazú-Fälle & der Nordosten
S. 161

Córdoba & die Pampinen Sierren
S. 320

Mendoza & die Zentralen Anden
S. 355

Uruguay
S. 592

Buenos Aires S. 56

Die Pampas & die Atlantikküste
S. 125

Bariloche & das Seengebiet
S. 400

Patagonien
S. 451

Feuerland (Tierra del Fuego)
S. 563

Buenos Aires

Inhalt ➡
Sehenswertes 57
Aktivitäten 85
Kurse 86
Geführte Touren 86
Feste & Events 87
Schlafen 87
Essen 93
Ausgehen &
Nachtleben 100
Unterhaltung 110
Shoppen 115
An- & Weiterreise 119
Tigre & das Delta 122

Auf nach Buenos Aires!

Buenos Aires vereint verblasste europäische Pracht mit lateinamerikanischer Leidenschaft. Man nehme eine Metropole mit Gourmetküche, einem vollgepackten Veranstaltungskalender und einem ausufernden Nachtleben – und fertig ist Buenos Aires. Die Stadt präsentiert sich als eine Mischung aus Pariser Architektur, römischem Verkehr und durchfeierten Madrider Nächten; das Ganze noch gewürzt mit einem Schuss lateinamerikanischem Flair. Buenos Aires ist kosmopolitisch, verführerisch, emotional und vielschichtig – und einzigartig auf dieser Welt. Die Stadt wartet mit Kaffeehäusern im Stil der Alten Welt, Kolonialarchitektur, extravaganten Märkten und multikulturellen Vierteln auf. Nicht auslassen sollte man einen Besuch bei Evita auf dem Friedhof von Recoleta, ein saftiges Steak, einen melancholischen Tango und ein aufregendes *Fútbol*-Spiel. Unvergessliche Erlebnisse? Unbedingt! Nur wer Buenos Aires besucht, versteht, warum sich so viele in diese Stadt verliebt haben.

Gut essen
➡ Café San Juan (S. 96)
➡ Proper (S. 99)
➡ La Carnicería (S. 99)
➡ i Latina (S. 100)
➡ Cadore (S. 94)

Schön übernachten
➡ Poetry Building (S. 90)
➡ Faena Hotel + Universe (S. 89)
➡ Magnolia Hotel (S. 92)
➡ Casa Calma (S. 88)
➡ Le Petit Palais (S. 92)

Reisezeit
Buenos Aires

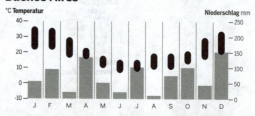

Okt.–Dez. Die warmen Tage im Frühjahr und Frühsommer locken viele Menschen ins Freie.

Aug. Der Höhepunkt des Winters ist das Tango-Festival von BA. Lohnenswert sind Museen, Kunstgalerien und Kulturzentren.

März–Mai Die schönen Herbsttage sind ideal um BA zu erkunden.

Geschichte

Buenos Aires wurde im Jahr 1536 von dem Spanier Pedro de Mendoza gegründet, doch zwangen Lebensmittelknappheit und Überfälle von indigenen Bevölkerungsgruppen Mendoza im Jahr 1537 zu einer überstürzten Abreise. Es verließen allerdings auch andere Expeditionsteilnehmer die Siedlung, segelten rund 1600 km flussaufwärts und gründeten Asunción, die heutige Hauptstadt von Paraguay. Erst im Jahr 1580 kehrte eine neue Gruppe von Siedlern in den Süden zurück, um sich an Mendozas verlassenem Außenposten erneut niederzulassen.

In den darauffolgenden knapp 200 Jahren war Buenos Aires ein Dorf und aufgrund der Handelsbeschränkungen, die Spanien auferlegt hatte, ein Schmugglerparadies. Dennoch lebten hier um 1776 – als Spanien die Ortschaft zur Hauptstadt seines Vizekönigreichs am Río de la Plata erkor – bereits an die 20 000 Menschen.

Der *cabildo* (Stadtrat) von BA kappte im Mai 1810 die Bande zum spanischen Mutterland. Es folgten Jahrzehnte, in denen BA und die ehemaligen Provinzen des Vizekönigreichs um die Macht kämpften, was sich schließlich zu einem Bürgerkrieg ausweiten sollte. Im Jahr 1880 wurde die Stadt dann zum unabhängigen Bundesstaat Buenos Aires erklärt und ist seitdem auch die Hauptstadt des Landes.

Der Export von landwirtschaftlichen Produkten schnellte in den nächsten Dekaden in die Höhe, was der Stadt enormen Reichtum bescherte. Betuchte *porteños* – wie die Einwohner von Buenos Aires genannt werden – erbauten prachtvolle Herrschaftshäuser im französischen Stil, Millionen Einwanderer kamen aus Europa und die Regierung investierte enorme Gelder in öffentliche Einrichtungen. Allerdings sollte der Boom nicht lange andauern: Der Börsencrash an der Wall Street im Jahr 1929 versetzte den Märkten des Landes einen herben Schlag, und bald kam es zum ersten von etlichen Militärputschen. Das Ende des Goldenen Zeitalters in Argentinien war gekommen.

In den darauffolgenden Jahrzehnten setzten Armut, Arbeitslosigkeit, der Verfall der Infrastruktur, mehrere Militärdiktaturen und ein Auf und Ab der Wirtschaft, die einer Achterbahnfahrt glich, der Stadt immer wieder hart zu – aber Argentinien gelang und gelingt es immer wieder auf die Beine zu kommen. In der Gegenwart präsentiert sich BA als pulsierende Millionenmetropole mit unverwüstlichen und anpassungsfähigen Einwohnern – wie einstmals ihre Vorfahren, die ersten Siedler.

◉ Sehenswertes

Seitdem Juan de Garay 1580 mit seinem Schiff anlegte und Buenos Aires zum zweiten Mal gründete, ist die Gegend, die heute als Plaza de Mayo bekannt ist, das symbolische und politische Herz von Buenos Aires. Die politischen (Casa Rosada), wirtschaftlichen und religiösen Schlüsselinstitutionen der Stadt sind bis heute an gleicher Stelle. Zudem befinden sich hier einige der besten Museen der Stadt und bedeutende historische Sehenswürdigkeiten und auf der anderen Seite der breiten Avenida 9 de Julio stehen weitere politische Gebäude.

Die farbenfrohen aber auch etwas rauen südlichen Stadtviertel San Telmo und La Boca warten mit modernen Kunstgalerien und atmosphärischen Straßen und Plätzen auf. Die Hafenanlagen von La Boca wurden zugunsten von Puerto Madero, einem vergleichsweise neuen Stadtviertel mit mehreren Museen und einem nahe gelegenen Naturschutzgebiet aufgegeben.

Nach Norden, Richtung Retiro und Recoleta, ändert sich die Atmosphäre. Vorbei an großen Anwesen, die von der Elite Argentiniens auf dem Höhepunkt des Reichtums des Landes gebaut wurden, gelangt man zu den gleichermaßen aufwendigen Grabmalen auf dem Friedhof Recoleta, die von ihnen für die Zeit nach ihrem Tod in Auftrag gegeben wurden. Weiter Richtung Norden erreicht man Palermo, wo die wichtigsten Sehenswürdigkeiten rund um die grünen Parks des Viertels zu finden sind.

◉ Das Zentrum

Im Zentrum von Buenos Aires (das geografisch gesehen am Rande der Stadt und nicht in deren Mitte liegt) hasten unzählige Geschäftsleute im Schatten der Wolkenkratzer und alten, europäisch anmutenden Gebäude durch die schmalen Straßen. Die sich von Retiro bis San Telmo erstreckende Innenstadt ist das Herzstück von BA und setzt sich aus den Stadtteilen Microcentro und Montserrat zusammen.

★ Plaza de Mayo PLAZA

(Karte S. 62; Ecke Av de Mayo & San Martín; Ⓢ Línea A Plaza de Mayo) Zwischen der Casa Rosada, dem Cabildo und der bedeutendsten Kathe-

Highlights

❶ Cementerio de la Recoleta (S. 76) Durch die schmalen, von Mausoleen gesäumten Gassen schlendern.

❷ Tango (S. 104) Den sinnlichen und melancholischen Tanz bei einer *milonga*, wie im La Catedral erleben.

❸ La Bombonera Stadium (S. 76) Die Begeisterung eines *Fútbol*-Spiels erleben, ohne sich von den Menschenmassen abschrecken zu lassen.

❹ Grillfleisch (S. 95) In einer *parrilla* (Steakhaus) von BA, wie dem Don Julio ein Steak vom Grill genießen.

❺ Plaza de Mayo (S. 57) Beim Besuch der Amtsräume des Präsidenten die argentinische Geschichte kennenlernen.

❻ San Telmo (S. 68) Durch die gepflasterten Straßen bummeln und nach Antiquitäten suchen.

❼ Straßenkunst (S. 86) Die Graffiti und Wandmalereien der Stadt bewundern.

❽ Palermos Parks (S. 77) Die Grünflächen von BA mit dem Fahrrad erkunden.

❾ Reserva Ecológica Costanera Sur (S. 65) Im Schatten der Wolkenkratzer von Puerto Madero einen Naturspaziergang unternehmen.

❿ Feria de Mataderos (S. 87) Auf dem folkloristischen Jahrmarkt die Traditionen des Landes erleben.

drale der Stadt erstreckt sich die Plaza de Mayo. Hier finden sich die Argentinier zu Protesten und Jubelfeiern zusammen. In der Mitte der Plaza würdigt ein weißer Obelisk, die Pirámide de Mayo, den ersten Jahrestag der Unabhängigkeit von Spanien.

Donnerstags um 15.30 Uhr treffen sich hier die Madres de la Plaza de Mayo, umkreisen die Pyramide und halten Fotografien ihrer vermissten Kinder in den Händen. Die Mütter der „Verschwundenen" (Argentinier, die während der Militärdiktatur von 1976 bis 1983 vom Staat verschleppt wurden) setzen ihren Marsch auch heute noch als Mahnung an die Vergangenheit und für soziale Gerechtigkeit fort.

★ Casa Rosada — GEBÄUDE
(Rosafarbenes Haus; Karte S. 62; 011-4344-3804; https://visitas.casarosada.gob.ar; Plaza de Mayo; Führungen auf Spanisch Sa & So 10–18 Uhr; auf Englisch Sa & So 12.30 & 14.30 Uhr; S Línea A Plaza de Mayo) GRATIS An der Ostseite der Plaza de Mayo steht die nach ihrer markanten Farbe benannte Casa Rosada. Von dem Balkon dieses Gebäudes sprach Eva Perón zu ihren zahlreichen, begeisterten Anhängern. In dem Bauwerk befinden sich die Amtsräume des Staatspräsidenten von Argentinien. Die Präsidialresidenz selbst befindet sich im Vorort Olivos, nördlich vom Stadtzentrum. Am Wochenende finden kostenlose einstündige Führungen statt, die online im Voraus gebucht werden müssen. Bitte den Reisepass mitbringen.

Nach einer Theorie ist die Farbe des Gebäudes angeblich dem Versuch von Präsident Sarmiento geschuldet, während seiner Amtszeit von 1868–1874 einen Frieden zu erreichen, indem er das Rot der Föderalisten mit dem Weiß der Unitarier mischte. Nach einer wahrscheinlicheren Erklärung ist sie aber der Mischung von weißer Farbe mit Rinderblut geschuldet – was im ausgehenden 19. Jh. gängige Praxis war.

Das Gebäude befindet sich heute an der Stelle, an der in der Kolonialzeit am Flussufer befestigte Wehranlagen standen; nach mehreren Landaufschüttungen ragt der Palast heute allerdings mehr als 1 km landeinwärts auf. Hinter dem Palast erhebt sich das Museo Casa Rosada.

Museo Casa Rosada — MUSEUM
(Karte S. 62; 011-4344-3802; Ecke Av Paseo Colón & Hipólito Yrigoyen; Mi–So 10–18 Uhr; S Línea A Plaza de Mayo) GRATIS Hinter der Casa Rosada sticht ein Glaskeil ins Auge – es ist das Dach eines hellen und luftigen Museums, das in den Backsteingewölben der alten *aduana* (Zollhaus) untergebracht ist. Die Besucher steigen in einen weitläufigen Saal mit über einem Dutzend Nebenräumen hinunter, von denen jeder einem anderen Kapitel der turbulenten politischen Geschichte Argentiniens gewidmet ist. Zu sehen sind Videos (auf Spanisch) und einige Artefakte sowie eine beeindruckende, restaurierte Wandmalerei des mexikanischen Künstlers David Alfaro Siqueiros.

Catedral Metropolitana — KATHEDRALE
(Karte S. 62; Mo–Fr 7.30–18.30, Sa & So 9–18.45 Uhr, Museum Mo–Fr 10–13.30 Uhr; S Línea D Catedral) Die erhabene Kathedrale, die an der Stelle errichtet wurde, wo einst eine originale Kolonialkirche stand, wurde erst 1827 vollendet. Sie gilt als bedeutendes religiöses und architektonisches Wahrzeichen der Stadt. Über der dreieckigen Fassade und den klassizistischen Säulen sind Basreliefs in den Stein gehauen, die Jakob und Josef zeigen. Der weitläufige Innenraum ist nicht minder beeindruckend mit seinem barocken Zierrat und dem eleganten Rokoko-Altar. Ein kleines Museum (50 Arg$) widmet sich der Geschichte der Kathedrale. Wer ein Andenken an Papst Franziskus erstehen möchte, wird im kleinen Souvenirladen unweit vom Eingang fündig.

Die Kathedrale ist auch eine nationale historische Stätte, denn sie beherbergt das **Mausoleum von General José de San Martín**, Argentiniens bedeutendstem Helden, der das Land 1816 in die Unabhängigkeit führte. In dem der Unabhängigkeit folgenden Chaos wählte San Martín das Exil in Frankreich und kehrte nie wieder nach Argentinien zurück. Seine Überreste wurden 1880, 30 Jahre nach seinem Tod nach Argentinien überführt. Vor der Kathedrale hält eine Flamme seinen Geist am Leben.

Cabildo — MUSEUM
(Karte S. 62; 011-4342-6729; https://cabildonacional.cultura.gob.ar; Bolívar 65; Di, Mi & Fr 10.30–17, Do bis 20, Sa & So bis 18 Uhr; S Línea A Perú) GRATIS Das Rathaus aus der Mitte des 18. Jhs. ist heute ein interessantes Museum, das im Wesentlichen der Revolution vom Mai 1810 gewidmet ist, als Argentinien seine Unabhängigkeit erklärte. Ausstellungsstücke präsentieren die Geschichte des Cabildo von der Kolonialzeit (damals diente es auch als Gefängnis), bis zu den britischen Invasionen 1806 und 1807 und der Unab-

BUENOS AIRES IN ...

... zwei Tagen

Los geht es mit einem Spaziergang durch San Telmo, wo man in ein paar Antiquitätenläden vorbeischaut. Dann bummelt man gen Norden zur Plaza de Mayo (S. 57), die eine historische Perspektive vermittelt, und weiter ins City Center, vielleicht noch mit einem Abstecher zum Puerto Madero – perfekt für eine Pause.

Nun geht es weiter in Richtung Norden nach Retiro und Recoleta mit einem Zwischenstopp im Museo Nacional de Bellas Artes (S. 76), um einige Impressionisten zu bewundern. Unbedingt einen Besuch wert ist der Cementerio de la Recoleta (S. 76), um mit der verblichenen Elite von BA Zwiesprache zu halten. In Sachen Abendessen und Nachtleben lässt sich Palermo Viejo kaum übertreffen.

Am zweiten Tag bietet sich die Erkundung des Viertels Congreso an oder auch von La Boca. In Palermo Viejo macht ein Einkaufsbummel Spaß, und abends verlockt eine Tangoshow oder auch eine Vorstellung im Teatro Colón (S. 66).

... vier Tagen

Am dritten Tag kann man sich überlegen, einen Tagesausflug nach Tigre zu unternehmen. Am vierten Tag bieten sich eine Tangostunde an, die Parks von Palermo wollen ebenfalls erkundet werden, und – falls gerade Wochenende ist – auch die Feria de Mataderos (S. 87). Und zum krönenden Abschluss sollte man am letzten Abend ein ausgezeichnetes Steakrestaurant aufsuchen.

---

hängigkeit drei Jahre später. Vom Balkon im zweiten Stockwerk bietet sich ein schöner Blick auf die Plaza de Mayo.

Manzana de las Luces GEBÄUDE
(Karte S. 62; 011-4342-6973; Perú 222; Mo–Fr 10–19.30, Sa & So 14–20 Uhr; Línea E Bolívar) GRATIS Während der Kolonialzeit galt die Manzana de las Luces als das bedeutendste Kultur und Bildungszentrum in BA. Und auch heute noch symbolisiert dieser Gebäudekomplex Bildung und Aufklärung. Zwei der fünf Originalgebäude sind noch erhalten. Im Jahr 1912 entdeckte man Verteidigungstunnel der Jesuiten.

Täglich um 15 Uhr und am Wochenende um 16.30 Uhr und 18 Uhr werden Führungen auf Spanisch (50 Arg$) angeboten. Man kann hineingehen – der Innenhofbereich ist kostenlos zugänglich.

★ Centro Cultural Kirchner KULTURZENTRUM
(Karte S. 62; 0800-333-9300; www.culturalkirchner.gob.ar; Sarmiento 151; Mi–So 13–20 Uhr; Línea B Alem) GRATIS Néstor Kirchner schlug 2005 zum ersten Mal vor, die ehemalige Hauptpost in ein Kulturzentrum umzuwandeln. Er starb vor der Fertigstellung des Projekts im Jahr 2010 – aber das atemberaubende Kulturzentrum wurde nach ihm benannt. In dem ausgedehnten Beaux-Arts-Gebäude mit acht Stockwerken, das einen ganzen Block einnimmt, gibt es mehrere Kunstgalerien, Veranstaltungssäle und Auditorien. Die Hauptattraktion ist jedoch die Ballena Azul, ein Konzertsaal mit 1800 Sitzplätzen und einer Akustik von Weltrang.

Das Originalgebäude, das nach einer Bauzeit von beinahe 30 Jahren im Jahr 1928 fertiggestellt wurde, ist der Hauptpost in New York nachempfunden. Die Renovierungsarbeiten für das Kulturzentrum begannen im Jahr 2009 und im Mai 2015 wurde es schließlich eröffnet. Die Architekten setzten Glas und Edelstahl ein, um die Schönheit der ursprünglichen Struktur zu erhalten und besonders zu betonen.

Das Ergebnis ist eines der prachtvollsten Gebäude von BA, ein Besuch ist absolut lohnenswert. Der Eintritt ist frei und einige Ausstellungen sind kostenlos, andere Aktivitäten, wie Yoga- und Tanzkurse sowie Konzerte, sind zwar gratis, erfordern aber eine Eintrittskarte. Veranstaltungen sind auf der Website aufgelistet und schnell ausgebucht. Am Wochenende werden um 14 und 15.30 Uhr kostenlose Führungen durch das Kulturzentrum auf Spanisch angeboten, die vorab online gebucht werden müssen.

Museo Etnográfico
Juan B. Ambrosetti MUSEUM
(Karte S. 62; 011-5287-3050; www.museoetnografico.filo.uba.ar; Moreno 350; Erw./Kind 30 Arg$/frei;

Zentrum, Congreso & San Telmo

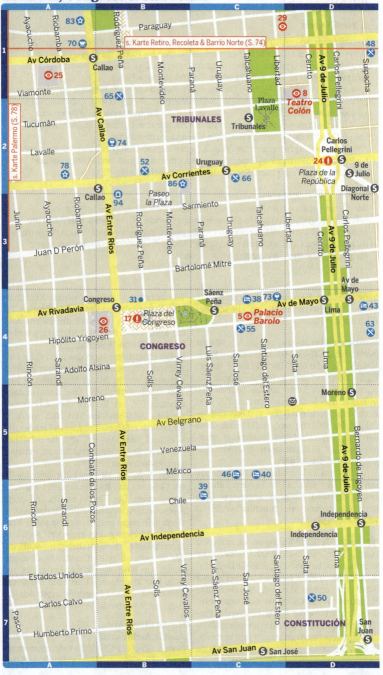

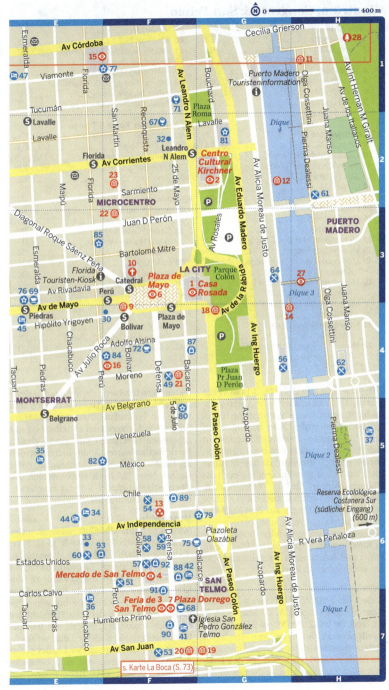

Zentrum, Congreso & San Telmo

◉ Highlights
1 Casa Rosada...................................F3
2 Centro Cultural Kirchner....................G2
3 Feria de San Telmo..........................F7
4 Mercado de San Telmo......................F6
5 Palacio Barolo..................................C4
6 Plaza de Mayo..................................F3
7 Plaza Dorrego..................................F7
8 Teatro Colón....................................D1

◉ Sehenswertes
9 Cabildo..F4
10 Catedral Metropolitana.....................F3
11 Colección de Arte Amalia Lacroze
   de Fortabat...................................H1
12 Corbeta Uruguay..............................G2
13 El Zanjón de Granados.....................F6
14 Fragata Sarmiento............................G4
15 Galerías Pacífico..............................E1
16 Manzana de las Luces.......................F4
17 Monumento a los Dos Congresos........B4
18 Museo Casa Rosada.........................G4
19 Museo de Arte Contemporáneo
   Buenos Aires.................................G7
20 Museo de Arte Moderno de Buenos
   Aires...F7
   Museo del Agua y de la Historia
   Sanitaria....................................(s. 25)
21 Museo Etnográfico Juan B
   Ambrosetti...................................F4
22 Museo Histórico y Numismático
   Héctor Carlos Janson.......................F3
23 Museo Mitre....................................F2
24 Obelisco...D2
25 Palacio de las Aguas Corrientes..........A1
26 Palacio del Congreso........................B4
27 Puente de la Mujer...........................H3
28 Reserva Ecológica Costanera Sur
   (Nördlicher Eingang).......................H1
29 Teatro Nacional Cervantes.................C1

◉ Aktivitäten, Kurse & Touren
30 Academia Buenos Aires....................F4
31 BA Free Tour...................................B4
   Biking Buenos Aires.......................(s. 51)
32 Expanish..F2
33 Rayuela..E6

◉ Schlafen
34 América del Sur...............................E6
35 Art Factory Hostel............................E5
36 Circus Hostel & Hotel.......................E7
37 Faena Hotel + Universe....................H5
38 Hostel Estoril...................................C4
39 Hotel Bonito....................................C6
40 Imagine Hotel..................................C5
41 Lugar Gay.......................................F7
42 Mansión Vitraux...............................F6
43 Milhouse Youth Hostel......................D4
44 Patios de San Telmo........................E6
45 Portal del Sur..................................E4
46 Sabatico Hostel...............................C5
47 V & S Hostel Club............................E1

⊙ Di–Fr 13–19, Sa & So 15–19 Uhr; Ⓢ Línea A Plaza de Mayo) Das kleine, aber feine Anthropologische Museum wurde von dem Archäologen und Ethnografen Juan B. Ambrosetti (1865–1917) nicht nur als Forschungsinstitut und Ausbildungsstätte für die Universität Buenos Aires (Universidad de Buenos Aires; UBA) ins Leben gerufen, sondern auch als Bildungszentrum für die Öffentlichkeit. Ausgestellt sind archäologische und anthropologische Sammlungen aus dem Nordwesten der Anden und Patagonien.

Außerdem werden wunderschöne indigene Kleidungsstücke präsentiert. Die Säle zu Afrika und Asien zeigen Ausstellungsstücke von unschätzbarem Wert.

Galerías Pacífico   GEBÄUDE
(Karte S. 62; ☏ 011-5555-5110; www.galeriaspacifico.com.ar; Ecke Florida & Av Córdoba; ⊙ 10–21 Uhr, Foodcourt bis 22 Uhr; Ⓢ Línea B Florída) Das wunderschöne, durch Le Bon Marché in Paris inspirierte Gebäude nimmt einen ganzen Block ein und wird bis heute den kommerziellen Zwecken gerecht, die den Architekten vorschwebten, als sie das Gebäude 1889 errichteten. Die Galerías Pacífico sind heute ein Einkaufszentrum, das nachts im Schein von Lichterketten erstrahlt und mit gehobenen Geschäften und einem großen Foodcourt aufwartet. Audio-Touren werden auf Englisch und Spanisch angeboten; dafür einfach beim Infokiosk vorbeischauen. Im Obergeschoss befindet sich das ausgezeichnete Centro Cultural Borges (S. 112).

Museo Mitre   MUSEUM
(Karte S. 62; ☏ 011-4394-8240; www.museomitre.gob.ar; San Martín 336; ⊙ Mo–Fr 13–17.30 Uhr; Ⓢ Línea B Florida) GRATIS Das Museum befindet sich in einem Kolonialgebäude, in dem Bartolomé Mitre – 1853 wurde er zum Kriegsminister der Provinz Buenos Aires ernannt – von 1859 bis 1906 mit seiner Familie wohnte. Mitre, der erste Präsident der Republik Argentinien, regierte von 1862 bis 1868; einen Großteil dieser Jahre verbrachte er damit, die Truppen des Landes gegen Paraguay anzuführen. Mit zum Gebäudekomplex gehören zwei Höfe, Salons, ein

Essen
- 48 180 Burger Bar D1
- 49 Aldo's Restoran & Vinoteca F4
- 50 Aramburu D7
- 51 Bar El Federal F6
- 52 Cadore B2
- 53 Café San Juan F7
- 54 Cantina San Juan F6
- 55 Chan Chan C4
- 56 Chila G4
- 57 Chin Chin F6
- 58 El Banco Rojo F6
- 59 El Desnivel F6
- 60 El Refuerzo Bar Almacen E6
- 61 i Central Market H2
- 62 i Fresh Market H4
- 63 Latino Sandwich D4
- 64 Le Grill G3
- Lo de Freddy ....(s. 4)
- 65 Parrilla Peña B1
- 66 Pizzería Güerrín C2
- Vita ....(s. 30)

Ausgehen & Nachtleben
- 67 Bahrein F2
- 68 Bar Plaza Dorrego F7
- 69 Café Tortoni E3
- 70 Clásica y Moderna A1
- Coffee Town ....(s. 4)
- El Gato Negro ....(s. 52)
- 71 La Cigale F1
- 72 La Puerto Rico F4
- 73 Los 36 Billares C4
- 74 Los Galgos B2
- 75 Pride Cafe F6

Unterhaltung
- 76 Academia Nacional del Tango E3
- 77 Centro Cultural Borges F1
- 78 El Beso A2
- 79 El Viejo Almacén G6
- 80 La Ventana F5
- 81 Luna Park G2
- 82 Maldita Milonga E5
- 83 Notorious A1
- 84 Patio de Tango F4
- 85 Piazzolla Tango E3
- Rojo Tango ....(s. 37)
- Tango Queer ....(s. 82)
- 86 Teatro San Martín B2

Shoppen
- 87 Arte y Esperanza F4
- 88 L'Ago F6
- 89 Materia Urbana F6
- 90 Punto Sur F7
- 91 Puntos en el Espacio F6
- 92 Vinotango F6
- 93 Walrus Books E6
- 94 Zivals B3

Büro, ein Billardzimmer sowie Mitres ehemaliges Schlafzimmer. Da sich ein Teil des Museums im Freien befindet, bleiben seine Pforten bei Regen geschlossen.

Museo Histórico y Numismático Héctor Carlos Janson MUSEUM
(Central Bank Museum; Karte S. 62; ☏ 011-4348-3882; www.bcra.gov.ar; San Martín 216; ⊙ Mo–Fr 10–16 Uhr; Ⓢ Línea D Catedral) GRATIS Dieses interessante kleine Museum in der ehemaligen Wertpapierbörse von Buenos Aires stammt von 1862 und erzählt die Geschichte Argentiniens am Beispiel des Geldes. Angefangen mit Exponaten präkolumbischer Zahlungsmittel (Kakaosamen und Blätter), werden Beispiele kolonialer Münzen, Repliken der ersten Münzen der unabhängigen Republik und andere historische Geldscheine ausgestellt, zu denen auch eine Rechnung über 1 000 000 Arg$ gehört, die während der Hyperinflation 1981 ausgestellt wurde. Zu sehen sind auch die nach der Krise von 2001 ausgestellten Provinzanleihen und der 100 Arg$ Schein mit Eva Perón (2012).

◉ Puerto Madero

Puerto Madero mit seinen Wolkenkratzern und renovierten Lagerhallen aus Backstein, die in exklusive Lofts, Büros, Hotels und Restaurants umgewandelt wurden, ist das neueste und glänzendste Stadtviertel von Buenos Aires. Gepflasterte Uferpromenaden und Grünflächen laden zum Flanieren ein.

★**Reserva Ecológica Costanera Sur** NATURSCHUTZGEBIET
(☏ 011-4893-1588; visitasguiadas_recs@buenos aires.gob.ar; Av Tristán Achaval Rodríguez 1550; ⊙ Nov.–März Di–So 8–19 Uhr, April–Okt. bis 18 Uhr; 🚌2) GRATIS Das wunderschöne Sumpfland des etwa 350 ha großen Naturschutzgebiets hat sich zu einem beliebten Wochenendziel zum Picknicken, Wandern und Radfahren entwickelt. Wer gerne Vögel beobachtet, sollte sich ein Fernglas einstecken – mehr als 300 Vogelarten lassen sich ausmachen, außerdem Flussschildkröten sowie Eidechsen und Biber. Am östlichen Ufer besteht die Möglichkeit, das ziemlich schlammige

und trübe Gewässer des Río de la Plata aus nächster Nähe zu betrachten.

Am anderen Ende der Costanera gibt es einen **zweiten Eingang** (Karte S. 62; Ecke Mariquita Sánchez de Thompson & Av Intendente Hernán M Giralt; 92, 106) in den Park. Von dort starten samstags und sonntags um 10.30 Uhr und 15.30 Uhr kostenlose Führungen (auf Spanisch). An einem Freitag im Monat werden auch kostenlose Nacht-Touren angeboten (die genauen Zeiten bitte telefonisch abfragen und vorab reservieren).

Colección de Arte Amalia Lacroze de Fortabat   MUSEUM
(Museo Fortabat; Karte S. 62; 011-4310-6600; www.coleccionfortabat.org.ar; Olga Cossettini 141; Erw./Kind 80/40 Arg$; Di–So 12–20 Uhr, Führungen in spanischer Sprache um 17 Uhr; Línea B Alem) Das beeindruckende Kunstmuseum, das markant am nördlichen Ende von Puerto Madero liegt, präsentiert die Privatsammlung der verstorbenen Milliardärin, Philantrophin und Partylöwin Amalia Lacroze de Fortabat. Werke von Antonio Berni und Raúl Soldi sowie Arbeiten internationaler Künstler, wie Dalí, Klimt, Rodin und Chagall werden hier ausgestellt. Sehenswert ist Andy Warhols farbenfrohes Porträt von Amalia Lacroze de Fortabat, das in der Galerie der Familienporträts hängt.

Das von dem renommierten uruguayischen Architekten Rafael Viñoly (geb. 1944) entworfene Gebäude besteht aus Stahl, Glas und Beton – angesichts der Tatsache, dass Fortabat eine Großaktionärin von Argentiniens größtem Zementwerk war, ein angemessenes Baumaterial.

Corbeta Uruguay   MUSEUM
(Karte S. 62; 011-4314-1090; Dique 4; 10 Arg$; 10–19 Uhr; Línea B Alem) Das 46 m lange Kriegsschiff wurde zur Patrouille an der Küste Argentiniens eingesetzt und versorgte den Stützpunkt in der Antarktis mit Nachschub, bis das Schiff im Jahr 1926 ausrangiert wurde – nach 52 Jahren. Unter dem Hauptdeck befindet sich eine interessante Ausstellung mit Relikten der Antarktis-Expeditionen, also beispielsweise Steigeisen und Schneeschuhe, aber auch historische Fotos und nautische Objekte. Einen Blick lohnt die winzige Küche mit Mate-Utensilien – na klar, was auch sonst?

Puente de la Mujer   BRÜCKE
(Frauenbrücke; Karte S. 62; Dique 3; Línea A Plaza de Mayo) Die auffällige Puente de la Mujer gilt als das Vorzeigeobjekt von Puerto Madero schlechthin. Das blendend weiße Bauwerk wurde im Jahr 2001 enthüllt und spannt sich seitdem über den Dique 3. Es erinnert äußerlich an einen scharfen Angelhaken oder sogar an eine Harpune – doch weit gefehlt: Es soll ein Paar beim Tangotanzen darstellen. Entworfen wurde die Brücke von dem renommierten spanisch-schweizerischen Architekten Santiago Calatrava (geb. 1951); zusammengebaut wurde sie größtenteils in Spanien. Die etwa 160 m lange Fußgängerbrücke kostete rund 6 Millionen Arg$ und lässt sich um 90 Grad drehen, um größeren Schiffen die Durchfahrt zu ermöglichen.

Fragata Sarmiento   MUSEUM
(Karte S. 62; 011-4334-9386; Dique 3; 10 Arg$; 10–19 Uhr; Línea A Plaza de Mayo) Mehr als 23 000 argentinische Seekadetten und Marineoffiziere wurden an Bord dieses 85 m langen Segelschiffes ausgebildet, das in den Jahren zwischen 1899 und 1938 insgesamt 37-mal die Welt umsegelte.

An Bord befinden sich detaillierte Aufzeichnungen dieser langen Reisen, eine Bildergalerie der befehlshabenden Offiziere, eine Fülle nautischer Objekte, alte Uniformen und sogar der – inzwischen ausgestopfte – Schiffshund Lampazo. Man kann einen Blick in den Frachtraum, die Kombüse und den Maschinenraum werfen und sieht jene Haken, an denen die Hängematten zum Schlafen befestigt wurden.

Congreso & Tribunales

Die Straßen rund um das Kongressgebäude, in dem der argentinische Nationalkongress – die Legislative Argentiniens – seinen Sitz hat, sind eine interessante Mischung aus altmodischen Kinos, Theatern und pulsierendem Handel. Es ist das Unterhaltungsviertel der Stadt, Heimat des Teatro Colón und der hellen Lichter der Avenida Corrientes, des Broadway von BA. Die Gebäude entlang der Avenida de Mayo haben noch immer europäisches Flair, aber im Gegensatz zum Zentrum strahlt dieses Viertel eine Atmosphäre verblasster Pracht aus.

★ Teatro Colón   THEATER
(Karte S. 62; 011-4378-7100; www.teatrocolon.org.ar; Tucumán 1171, Cerrito 628; Führungen 300 Arg$; Führungen 9–17 Uhr ; Línea D Tribunales) Dieses eindrucksvolle Gebäude mit sieben Stockwerken zählt zu den bekanntesten Wahrzeichen von BA. Das Theater gilt als bedeutendste Bühne der Stadt und

BUENOS AIRES GRATIS

In Buenos Aires gibt es eine erstaunliche Fülle kostenloser Attraktionen. In vielen Kulturzentren stehen kostenlose oder preisgünstige Events auf dem Programm und in einigen Museen muss man an einigen Tagen gar keinen oder nur den halben Eintritt bezahlen. Die Website www.bue.gob.ar informiert über bevorstehende Festivals und Events.

Cementerio de la Recoleta (S. 76) Die beliebteste Sehenswürdigkeit von BA und ein Muss für die dekorativen Grabmäler und Statuen.

Centro Cultural Kirchner (S. 61) In den großartigen Räumlichkeiten der ehemaligen Hauptpost finden Konzerte statt.

La Glorieta (S. 113) Auf der romantischen Open-Air-*milonga* (Tanzschule) in einem Musikpavillon in den Barrancas de Belgrano Tango tanzen.

Museo Nacional de Bellas Artes (S. 76) Einen Nachmittag in diesem großen, ausgezeichneten nationalen Kunstmuseum verbringen.

Casa Rosada (S. 60) Einen Besucherplatz für die kostenfreie Führung durch den Präsidentenpalast ergattern.

Hipódromo Argentino (Karte S. 78; 011-4778-2800; www.palermo.com.ar; Av del Libertador 4101; 29, 152, 160) GRATIS Auf der berühmten Pferderennbahn von Palermo ein paar Rennwetten platzieren.

Feria de San Telmo Den Straßenkünstlern auf diesem sehr bekannten sonntäglichen Straßenmarkt zuschauen.

Reserva Ecológica Costanera Sur (S. 65) Sumpfgebiet in Puerto Madero in der Nähe des Stadtzentrums, das meilenweit weg zu sein scheint.

BA Free Tour (S. 87) Einheimische, die ihre Stadt lieben, bieten kostenlose Stadtführungen auf Englisch an (Spenden willkommen).

---

als Forum von Weltrang für Oper, Ballett und klassische Musik und verfügt über eine erstaunliche Akustik. Das Colón, das einen ganzen Block einnimmt, bietet rund 2500 Sitzplätze und weitere 500 Stehplätze. Ganz besonders schön ist das Theater in den Innenräumen, und wer keine Eintrittskarte für eine Vorstellung ergattern kann, sollte eine der zahlreichen etwa 50 Minuten dauernden Führungen besuchen, die einen Blick hinter die Kulissen ermöglichen.

Mehrere Führungen auf Englisch finden um 11, 13 und 15 Uhr statt.

Palacio del Congreso GEBÄUDE
(Kongressgebäude; Karte S. 62; 011-2822-3000; www.senado.gov.ar; Hipólito Yrigoyen 1849; ⊙Führungen Mo, Di, Do & Fr 12.30 & 17 Uhr; S Línea A Congreso) GRATIS Der Palacio del Congreso mit seiner grünen Kuppel wurde dem Kapitol in Washington D. C. nachempfunden und im Jahr 1906 fertiggestellt. Empfehlenswerte kostenlose Führungen des Senats, der Abgeordnetenkammer und der prachtvollen, in Walnussholz getäfelten Kongressbibliothek werden auf Englisch und Spanisch angeboten. Die Führung beinhaltet das rosafarbene Zimmer, in dem bis 1951 die Frauen über Politik diskutierten. Ihre Mitteilungen wurden dann einem männlichen Abgeordneten übergeben. Wer an einer der Führungen teilnehmen möchte, begibt sich zum Eingang in der Hipólito Yrigoyen. Eintritt gibt es nur gegen Vorlage des Reisepasses.

Für die Abgeordnetenkammer werden am Eingang Avenida Rivadavia gesonderte Touren in spanischer Sprache angeboten.

Beachtenswert sind auch die Statuen aus Stein, die auf beiden Seiten der Stufen an der Vorderseite des Kongressgebäudes stehen und dem Platz zugewandt sind. Sie stammen von der umstrittenen Künstlerin Lola Mora und lösten bei ihrer Aufstellung im Jahr 1907 einen Skandal aus. Die Konservativen bestanden auf die Entfernung der Statuen. Präsidentin Cristina Kirchner ließ im Jahr 2014 Kopien der Statuen an ihrer ursprünglichen Position aufstellen.

Gegenüber erinnert das **Monumento a los Dos Congresos** (Karte S. 62; Plaza del Congreso, Ecke Avs Rivadavia & Entre Rios; S Línea A Congreso) an die Versammlung von 1813 und den Kongress in Tucumán 1816, auf dem die Unabhängigkeit erklärt wurde.

★ Palacio Barolo GEBÄUDE
(Karte S. 62; ☎ 011-4381-1885; www.palaciobarolo tours.com; Av de Mayo 1370; Führungen 245 Arg$; ⏰ Führungen Mi–So 10–19 Uhr; Ⓢ Línea A Sáenz Peña) Das 22-stöckige Bürogebäude ist eines der schönsten Gebäude von Buenos Aires. Das einzigartige Design wurde von Dantes *Göttlicher Komödie* inspiriert: Seine Höhe (100 m) ist eine Referenz an jedes *canto* (Lied), die Anzahl der Stockwerke (22) entspricht den Versen pro Lied und die Gliederung symbolisiert Hölle, Fegefeuer und Himmel. Der Palacio Barolo kann nur im Rahmen einer Führung besichtigt werden. Bei dieser fährt man in dem Aufzug von 1920 und kann den Rundblick vom Leuchtturm auf dem Dach genießen.

Der 1923 fertiggestellte Palacio Barolo war bis zur Errichtung des Edificio Kavanagh im Jahr 1936 der höchste Wolkenkratzer der Stadt. In Montevideo, Uruguay steht ein „Zwilling" des Palacio Barolo, der Palacio Salvo, ein ähnliches Gebäude, das ebenfalls von dem Architekten Mario Palanti entworfen wurde. Es gibt auch Nachtführungen mit Liederabenden und Weinproben. Details auf der Website.

Teatro Nacional Cervantes GEBÄUDE
(Karte S. 62; ☎ 011-4815-8883; www.teatrocervan tes.gov.ar; Libertad 815; Führungen 90 Arg$; Ⓜ Línea D Tribunales) Die lange Geschichte des prunkvoll ausgeschmückten Cervantes ist vom prachtvoll gefliesten Foyer bis zum eigentlichen Theater in Gelb- und Rottönen spürbar. Auch wenn das Theater in die Jahre gekommen ist, zeugt es doch von verblichener Eleganz, die im Rahmen einer unterhaltsamen Führung, die von Schauspielern (nur auf Spanisch) gehalten wird, bestaunt werden kann; oder man besucht ein Theaterstück, Musical oder eine Tanzaufführung.

Palacio de las Aguas Corrientes GEBÄUDE
(Karte S. 62; ☎ 011-6319-1104; www.aysa.com.ar; Riobamba 750; ⏰ Museum Mo–Fr 9–13 Uhr; Ⓢ Línea D Callao) GRATIS Dieses großartige, palastähnliche Wasserwerk wurde 1894 fertiggestellt, als Buenos Aires blühte. Die aufwendige Fassade soll die Bedeutung des gereinigten Wassers darstellen, das in großen Tanks untergebracht war.

Im ersten Stockwerk befindet sich das kleine und skurrile **Museo del Agua y de la Historia Sanitaria** (Karte S. 62; ☎ 011-6319-1104; www.aysa.com.ar; Riobamba 750, 1. Stock; ⏰ Mo–Fr 9–13 Uhr, Führungen auf Spanisch Mo, Mi & Fr um 11 Uhr; Ⓢ Línea D Callao) GRATIS, in dem eine Sammlung kunstvoller Kacheln, Wasserhähne, Rohrverbindungen aus Keramik, alte Toiletten und Bidets ausgestellt werden. Führungen ermöglichen einen Blick auf die Funktionsweise des Wasserwerks.

Obelisco WAHRZEICHEN
(Karte S. 62; Ecke Avs 9 de Julio & Corrientes; Ⓢ Línea B Carlos Pellegrini) Der Obelisco, der etwa 67 m über der ovalen Plaza de la República aufragt, ist das symbolträchtigste Monument der Stadt. Es wurde im Jahr 1936 anlässlich des 400. Jahrestags der ersten spanischen Stadtgründung am Río de la Plata errichtet. Nach siegreichen Fußballspielen treffen ausgelassene Fans am Obelisco zusammen um zu singen, zu feiern und den Obelisco hupend zu umkreisen.

◉ San Telmo

San Telmo mit seinen schmalen, gepflasterten Straßen und niedrigen Kolonialgebäuden hat viel Charme und Charakter und ist eines der attraktivsten Stadtviertel von BA. Hier enstanden in den Anfangsjahren die ersten Häuser der Kolonie und die aufwendigen Herrenhäuser wurden später für die europäischen Immigranten zu *conventillos* (Mietskasernen) umgebaut. Imitten der Melancholie, des Heimwehs und der Verschmelzung der Musiktraditionen, wurde in den gemeinsam genutzen Patios der *conventillos* der Tango geboren. Auf einem Bummel durch das Barrio begleitet einen die Geschichte auf Schritt und Tritt.

★ Feria de San Telmo MARKT
(Karte S. 62; Defensa; ⏰ So 10–18 Uhr; 🚌 10, 22, 29, 45, 86) Sonntags ist San Telmos Hauptstraße für den Verkehr gesperrt und die Straße gleicht einem Meer aus Einheimischen und Touristen, die an Ständen mit Kunsthandwerk stöbern, für frisch gepressten Orangensaft anstehen, durch antike Glasornamente an der Plaza Dorrego stochern und den vielen Straßenperformances und Musikgruppen zuhören. Der Markt erstreckt sich von der Avenida San Juan bis zur Plaza de Mayo. In dem Gedränge sollte man auf seine Wertsachen achten.

★ Plaza Dorrego PLAZA
(Karte S. 62; 🚌 24, 29, 111) Nach der Plaza de Mayo ist die Plaza Dorrego der älteste Platz der Stadt. Er datiert aus dem 18. Jh. und diente ursprünglich als Zwischenstopp für Karawanen, die aus den Pampas Waren nach Buenos Aires transportierten. Ende des

19. Jhs. wurde die Plaza Dorrego ein öffentlicher Platz, gesäumt von Kolonialgebäuden, die sich bis zum heutigen Tag erhalten haben. Das herrlich nostalgische Flair ist noch immer spürbar, und wer Café-Restaurants einen Besuch abstattet, unternimmt ganz unwillkürlich eine Zeitreise in die Vergangenheit – falls es einem gelingt, die Filialen großer Kaffeeketten, die in der Nähe liegen, irgendwie auszublenden.

Die Plaza Dorrego liegt im Herzen von San Telmos berühmter *feria* (Straßenmarkt), die immer sonntags stattfindet.

★ Mercado de San Telmo — MARKT

(Karte S. 62; zwischen Defensa & Bolívar, Carlos Calvo & Estados Unidos; ◎ 8–20.30 Uhr; Ⓢ Línea C Independencia) Dieser Markt wurde im Jahr 1897 von Juan Antonio Buschiazzo erbaut, dem in Italien geborenen argentinischen Architekten, der auch den Cementerio de la Recoleta entworfen hat. Der Markt nimmt einen ganzen Block ein, was man angesichts der bescheidenen Eingänge kaum glauben mag. Die Innenausstattung mit viel Schmiedeeisen, auch die schöne Decke ist beachtenswert, macht den Markt von San Telmo zu einem der stimmungsvollsten der Stadt. Die Einheimischen kaufen hier frisches Obst und Gemüse sowie Fleisch.

Antiquitätenstände am Rande haben schöne alte Schätze im Angebot.

El Zanjón de Granados — ARCHÄOLOGISCHE STÄTTE

(Karte S. 62; 011-4361-3002; www.elzanjon.com.ar; Defensa 755; Führungen Mo–Fr 250 Arg$, So 200 Arg$; ◎ Führungen Mo–Fr 12, 14 & 15, So 11–17.30 Uhr alle 30 Min ; Ⓢ Línea C Independencia) Dieses bemerkenswerte Architekturdenkmal zählt zu den wirklich ungewöhnlichen Sehenswürdigkeiten in BA. Eine Reihe alter Tunnel, Abwasserkanäle und Zisternen (ab 1730 erbaut) wurden über einem Nebenfluss errichtet und dienten als Fundament für eine der ältesten Siedlungen in BA, die später in ein Familiendomizil und anschließend in ein Mietshaus mitsamt Läden unfunktioniert wurde.

Museo de Arte Moderno de Buenos Aires — MUSEUM

(MAMBA; Karte S. 62; 011-4361-6919; www.museodeartemoderno.buenosaires.gob.ar; Av San Juan 350; 30 Arg$, Di frei; ◎ Di–Fr 11–19, Sa & So bis 20 Uhr; 🚌 29, 24, 111) Das weitläufige, mehrstöckige Museum in einem ehemaligen Tabaklagerhaus präsentiert die Werke (überwiegend) zeitgenössischer Künstler aus Argentinien. Erwarten können die Besucher ein wahrlich breites Spektrum – von Fotografie bis zu Industriedesign und von figurativer bis zu konzeptioneller Kunst ist alles geboten. Ein Auditorium und ein Andenkenladen gehören mit dazu.

Museo de Arte Contemporáneo Buenos Aires — MUSEUM

(MACBA; Karte S. 62; 011-5263-9988; www.macba.com.ar; Av San Juan 328; 60 Arg$, Mi 40 Arg$; ◎ Mo & Mi–Fr 12–19, Sa & So 11–19.30 Uhr; 🚌 24, 29, 111) Kunstliebhaber sollten dieses herrliche Museum nicht verpassen. Es hat sich auf geometrische Abstraktionen spezialisiert, die sich aus der technikbestimmten Welt ableiten, die uns heute umgibt – also Architektur, Kartenmaterial und Computer. Anstelle von traditionellen Gemälden bekommt man hier großformatige, farbenfrohe und minimalistische Exponate zu sehen, die zum Nachdenken anregen.

Museo Histórico Nacional — MUSEUM

(Karte S. 73; 011-4300-7530; https://museohistoriconacional.cultura.gob.ar; Defensa 1600; ◎ Mi–So 11–18 Uhr, Führungen auf Englisch Do & Fr 12 Uhr; 🚌 29) GRATIS Das historische Nationalmuseum befindet sich im Parque Lezama (Karte S. 73; Ecke Defensa & Av Brasil; 🚌 29, 24, 111). Es widmet sich vornehmlich der argentinischen Revolution vom 25. Mai 1810 und beschäftigt sich, wenn auch etwas geringfügig, mit der präkolonialen Ära. Zu bestaunen sind verschiedene Porträts von Präsidenten und anderen bedeutenden Persönlichkeiten dieser Epoche, außerdem ein wunderschön ausgeleuchteter Saal, der Generälen vorbehalten ist. Es lohnt sich einen Blick in rekonstruierte Schlafzimmer von José de San Martín (1778–1850) zu werfen – dem Militärhelden und Befreier Argentiniens (und anderer Länder Südamerikas).

Zu den Highlights gehört eine argentinische Flagge, die im Jahr 1812 von General Belgrano nach Alto Perú (im heutigen Bolivien) gebracht wurde und ein Schwert, das San Martín gehörte und das heute von Grenadieren bewacht wird. Um das Schwert besichtigen zu können, geht es durch einen Gang, der wie ein Nachtclub beleuchtet ist und in dem die Schwerter anderer Helden der Revolution präsentiert werden.

◉ La Boca

Im unkonventionellen Arbeiterviertel La Boca leben beinahe nur Einheimische. Sei-

Bei einem Fußball-Spiel

In einem Land, das Maradona oder Messi wie einen Gott verehrt, ist der Besuch eines Fútbol-Spiels schon fast eine religiöse Erfahrung. Ein Spiel zwischen den Boca Juniors und River Plate, ein *superclásico*, galt schon immer als das Sportereignis schlechthin, das ein Argentinier zumindest einmal im Leben im Stadion miterlebt haben muss. Aber auch weniger spektakuläre Spiele geben einen Einblick in die immense Fußballleidenschaft des Landes.

Der Besuch eines x-beliebigen Fußballspiels ist ganz einach. Die Websites der Clubs verraten, wo und wann die Karten zu haben sind; meist werden sie am Stadion direkt vor Spielbeginn verkauft. Man hat die Wahl zwischen *populares* (Stehplätze) und *plateas* (Sitzplätze); *populares* sind aber nicht zu empfehlen, da es dort sehr rau zugeht.

Wer ein *clásico* sehen möchte – ein Topspiel –, tut sich schwerer mit den Karten. Boca Juniors hat für wichtige Spiele keine Karten im freien Verkauf; sie gehen alle an *socios* (Mitglieder). Am besten wendet man sich an Agenturen wie Tangol oder bucht über Organisationen wie www.fcbafa.com und www.landingpadba.com. Billig kommt der Spaß zwar nicht, aber es geht viel einfacher – und sicherer ist es auch, da einem keine gefälschten Karten angedreht werden.

Auch wer an einer Karte zu einem *clásico* oder *superclásico* interessiert ist, hat online durchaus Chancen. Die Websites lauten www.buenosaires.craigslist.org oder www.mercadolibre.com.ar.

Im Stadion sollte man sich unauffällig kleiden und benehmen. Etwas Bargeld genügt, die Kamera sollte man dicht bei sich halten. Speisen und Getränke sind teuer. Wer frühzeitig da ist, erlebt die besondere Atmosphäre vor dem Spiel.

MANNSCHAFTEN

Buenos Aires besitzt zwei Dutzend Profimannschaften – so viele gibt es in keiner anderen Stadt der Welt. Hier einige der bekanntesten Clubs:

Boca Juniors (011-5777-1200; www.bocajuniors.com.ar)

Racing (011-4371-9995; www.racingclub.com)

River Plate (011-4789-1200; www.cariverplate.com.ar)

Independiente (011-4229-7600; www.clubaindependiente.com/en)

San Lorenzo de Almagro (011-4016-2600; www.sanlorenzo.com.ar)

1. Fans von River Plate 2. Julio Buffarini, Boca Juniors 3. Stadion La Bombonera (S. 76), Buenos Aires

ne farbenfrohen Wellblechhütten werden oft als Symbol von Buenos Aires gesehen. El Caminito ist die bekannteste Straße des Barrios, in der Verkäufer von Kunstwerken, Straßenmusiker und Tangotänzer um das Kleingeld der Besucher buhlen.

★ El Caminito
STRASSE

(Karte S. 73; Av Don Pedro de Mendoza, unweit Del Valle Iberlucea; 33, 64, 29, 168, 53) GRATIS La Bocas berühmteste Straße und „Open-Air"-Museum ist ein Besuchermagnet. Jeder möchte die bunt gestrichenen Häuser sehen und Fotos von den Figuren von Juan und Eva Perón, Che Guevara and der Fußballlegende Diego Maradona knipsen, die von den Balkonen herunterwinken (es wird erwartet, dass man für Fotos von Tangotänzern oder für ein Foto mit Tangorequisiten ein paar Pesos bezahlt). Auch wenn es nach einer Touristenfalle aussieht, sollte man sich von einem Besuch nicht abhalten lassen.

Die Häuser hier repräsentieren die typischen Mietsbaracken aus Wellblech, die ursprünglich mit der überschüssigen Farbe bemalt wurden, die die Genueser Hafenarbeiter von den eintreffenden Schiffen erhielten. Caminito (kleiner Weg) wurde nach einem Tangolied von 1926 benannt, in dem es um eine verlorene Liebe geht. Dieses Lied inspirierte Benito Quinquela Martín, den berühmtesten Künstler von La Boca, 1955 zur Schaffung von El Caminito.

★ Museo Benito Quinquela Martín
MUSEUM

(Karte S. 73; 011-4301-1080; www.buenosaires. gob.ar/museoquinquelamartin; Av Don Pedro de Mendoza 1835; 40 Arg$; Di–Fr 10–18, Sa & So 11.15–18 Uhr; 33, 64, 29) Das Kunstmuseum war einstmals das Zuhause und Atelier des Malers Benito Quinquela Martín (1890–1977). Seine Werke sowie die Arbeiten anderer argentinischer Künstler werden präsentiert. Wiederkehrende Motive von Quinquela Martín sind die Silhouetten von Arbeitern, Schornsteine und Wasserspiegelungen, die er mit breiten, groben Pinselstrichen malte. Sehenswert sind auch die farbenfrohen Kacheln in seiner ehemaligen Küche und im Badezimmer sowie sein von Hand bemaltes Klavier. Auf den Dachterrassen stehen verschiedene Skulpturen und von der obersten Etage bietet sich ein herrlicher Blick über den Hafen.

In Anlehnung an das maritime Motto des Museums gibt es auch eine ausgezeichnete ständige Sammlung bemalter Bugspriets *(proas)* aus Holz, die hervorstehenden geschnitzten Statuen, die den Bug von Schiffen schmücken.

Fundación Proa
GALERIE

(Karte S. 73; 011-4104-1000; www.proa.org; Av Don Pedro de Mendoza 1929; 50 Arg$; Di–So 11–19 Uhr; 33, 64, 29) Nur die herausragendsten nationalen und internationalen Künstler werden von diesem zeitgenössischen Kunstzentrum – mit hohen Decken, weißen Wänden und weitläufigen Ausstellungsräumen – eingeladen, ihre Werke zu zeigen. Die innovativen Installationen bedienen sich einer Fülle von Medien und Themen. Das Café auf der Dachterrasse (S. 96) gilt als der schickste Treff in La Boca, um sich bei einem Drink oder Snack zu entspannen, während man die spektakulären Ausblicke auf den Río Matanza-Riachuelo genießt.

Museo de la Pasión Boquense
MUSEUM

(Karte S. 73; 011-4362-1100; www.museoboquen se.com; Brandsen 805; Museum 210 Arg$, Führung von Museum & Stadion 240 Arg$; 10–18 Uhr; 29, 53, 152) Dieses Hightech-*fútbol*-Museum zeigt in chronologischer Reihenfolge die Geschichte des Viertels La Boca und seiner berühmten Fußballmannschaft Boca Juniors, die Idole des Vereins, Meisterschaften und Trophäen und natürlich die Toooore! In einem gigantischen, fußballartigen Auditorium befinden sich ein beeindruckendes 360-Grad-Panoramatheater und ein guter Andenkenladen. Wer ein paar Pesos mehr ausgeben möchte, kann sich einer Führung über das Spielfeld anschließen. Das Museum liegt beim Stadion La Bombonera, drei Blocks nördlich von El Caminito.

> **ⓘ VORSICHT IN LA BOCA**
>
> La Boca ist kein Viertel für zwanglose Spaziergänge. Es ist ratsam, sich nicht zu weit von der Flusspromenade, El Caminito oder dem Stadion La Bombonera zu entfernen – was vor allem für Reisende mit einer teuren Kamera gilt. Sofern man vernünftig ist und sich in der Nähe belebter Straßen aufhält, sollte es keine Probleme geben. Die **Touristeninformation** (S. 119) ist ein guter Ausgangspunkt für einen Besuch des Stadtviertels. Dort werden auch kostenlose Stadtspaziergänge von La Boca auf Englisch und Spanisch angeboten (vorab reservieren).

La Boca

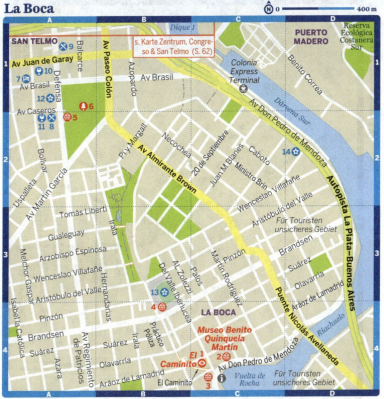

La Boca

Highlights
1 El Caminito C4
2 Museo Benito Quinquela Martín C4

Sehenswertes
3 Fundación Proa C4
4 Museo de la Pasión Boquense B4
5 Museo Histórico Nacional A2
6 Parque Lezama A1

Schlafen
7 L'Adresse A1

Essen
8 Hierbabuena A2
Proa Cafe .... (s. 3)
9 Pulpería Quilapán A1

Ausgehen & Nachtleben
10 Doppelgänger A1
11 On Tap A2

Unterhaltung
12 Centro Cultural Torquato Tasso A1
13 La Bombonera Stadium B3
14 Usina del Arte D2

Retiro

Sandwichartig zwischen dem Zentrum und Recoleta gelegen, war Retiro früher das exklusivste Stadtviertel von Buenos Aires. Die Gegend wird durch große Herrenhäuser aus dem frühen 20. Jh., der Blütezeit von Buenos Aires, Art-déco-Apartments und anderen stadtbildprägenden Gebäuden charakterisiert. Das Herzstück ist die Plaza San Martín – eine schöne, auf einem Hügel liegende Grünfläche, von der man den Bahnhof sowie den Busbahnhof und den Uhrenturm des Torre Monumental überblickt.

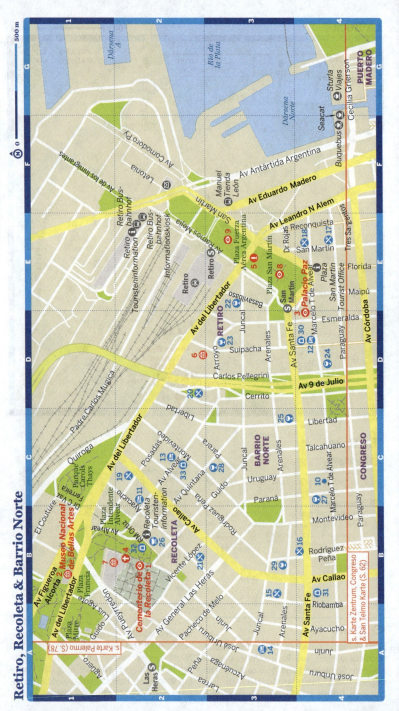

Retiro, Recoleta & Barrio Norte

◉ Highlights
1. Cementerio de la Recoleta B2
2. Museo Nacional de Bellas Artes B1
3. Palacio Paz D4

◉ Sehenswertes
4. Basílica de Nuestra Señora del Pilar B2
5. Monumento a los Caídos de Malvinas E3
6. Museo de Arte Hispanoamericano Isaac Fernández Blanco D2
7. Museo Participativo de Ciencias B1
8. Plaza San Martín E3
9. Torre Monumental E3

◉ Aktivitäten, Kurse & Touren
10. VOS C4

◉ Schlafen
11. Alvear Palace Hotel C2
12. Casa Calma D4
13. Palacio Duhau – Park Hyatt C2
14. Poetry Building A3

◉ Essen
15. Como en Casa B3
16. Cumaná B4
17. Dadá E4
18. El Federal E4
19. El Sanjuanino C2
20. Elena D2
21. Rodi Bar B2

◉ Ausgehen & Nachtleben
22. BASA Basement Bar E3
23. Florería Atlántico D3
24. Flux D4
25. Gran Bar Danzón C3
26. La Biela B2
27. Milión C4
28. Presidente C3
29. Shamrock B3

◉ Shoppen
30. Autoría D4
31. El Ateneo Grand Splendid B4
32. Feria Artesenal Plaza Francia B2
33. Fueguia C2

★ Palacio Paz GEBÄUDE
(Karte S. 74; ☎ 011-4311-1071, Durchwahl 147; www.palaciopaz.com.ar; Av Santa Fe 750; Führungen 200 Arg$; ⊕ Führungen auf Englisch Do 15.30 Uhr, auf Spanisch Di 15, Mi–Fr 11 & 15 Uhr; Ⓢ Línea C San Martín) Das ehemalige Privatdomizil von José C. Paz, dem Begründer der Zeitung *La Prensa*, ist ein prachtvolles Palais im französischen Stil (1909) und das feudalste seiner Art in BA. Innen beeindrucken auf knapp 12 000 m² opulente Räume mit Marmorwänden, Salons mit echter Goldauflage und Foyers mit wunderschönen Parkettböden. Die Hauptattraktion ist die runde große Halle mit Mosaikböden, Marmorelementen und einer Buntglaskuppel.

Sehenswert ist auch das Grabmal der Familie Paz auf dem Friedhof Recoleta.

Plaza San Martín PLAZA
(Karte S. 74; Ⓢ Línea C San Martín) Der französische Landschaftsarchitekt Carlos Thays entwarf die begrünte Plaza San Martín; sie ist von einigen der beeindruckendsten öffentlichen Gebäude gesäumt, die Buenos Aires zu bieten hat. Das bekannteste Denkmal im Park ist das **Reiterstandbild von José de San Martín**; Würdenträger, die in BA zu Gast sind, kommen oft vorbei, um zu Ehren des Befreiers von Argentinien einen Kranz am Sockel des Denkmals niederzulegen. Auf der abschüssigen Seite des Parks steht das **Monumento a los Caídos en Malvinas** (Karte S. 74; Ⓢ Línea C Retiro), ein Denkmal, das an die jungen Soldaten erinnert, die während des Falklandkriegs (Guerra de las Malvinas) im Jahr 1982 ums Leben kamen.

Im 17. Jh. stand in Retiro ein Kloster und später war es der Landsitz *(retiro)* von Agustín de Robles, einem spanischen Gouverneur. Seitdem beherbergte die Plaza San Martín, einen Sklavenmarkt, eine Militärfestung und sogar eine Stierkampfarena.

Am südlichen Ende der Plaza befindet sich die Estación Retiro (Bahnhof von Retiro), die 1915 von den Briten erbaut wurde.

Torre Monumental WAHRZEICHEN
(Karte S. 74; Plaza Fuerza Aérea Argentina; Ⓢ Línea C Retiro) GRATIS Gegenüber der Plaza San Martín erhebt sich der 76 m hohe Uhrenturm, der 1916 eine Spende der britischen Gemeinde von BA war. Das Baumaterial wurde aus England mit dem Schiff hertransportiert. Der Turm ist nur gelegentlich im Rahmen kostenloser Führungen für die Öffentlichkeit geöffnet. Die nächsten Termine stehen auf der Website www.ba.tours.

Museo de Arte Hispanoamericano Isaac Fernández Blanco MUSEUM
(Palacio Noel; Karte S. 74; ☎ 011-4327-0228; www.museofernandezblanco.buenosaires.gob.ar; Suipacha 1422; Arg$10, Mi frei; ⊕ Di–Fr 13–19, Sa & So 11–20 Uhr; Ⓢ Línea C San Martín) Das Museum

> **NICHT VERSÄUMEN**
>
> ### STADION LA BOMBONERA
>
> Die Boca Juniors im Stadion **La Bombonera** (Karte S. 74; 011-5777-1200; www.bocajuniors.com.ar; Brandsen 805; 29, 53, 152) spielen zu sehen, gilt als eines der Sportereignisse schlechthin. Dies gilt insbesondere, wenn es sich um ein *superclasico*, das Derby gegen River handelt. Karten sind schwer zu bekommen – am besten versucht man es über eine Agentur wie LandingPadBA (http://landingpadba.com). Das Stadion kann auch im Rahmen eines Besuchs des Museo de la Pasión Boquense besucht werden.
>
> An Spieltagen sind die Straßen rund um La Bombonera ein Meer aus Gelb und Blau (den Farben von Boca Juniors, die auf die Flagge eines schwedischen Schiffes im Jahr 1905 zurückgehen). Überall im Viertel hört man die leidenschaftlichen Stimmen der Kommentatoren aus den aufgedrehten Fernsehern und Radios und über allem die Fangesänge der Zuschauer und der frenetische Jubel wenn ein Tor für Boca fällt.

befindet sich in einem alten Herrschaftshaus aus den 1920er-Jahren im neokolonialen, peruanischen Stil, der sich als Reaktion auf die französischen Einflüsse in der Architektur Argentiniens zur Jahrhundertwende ausprägte. Zu der beeindruckenden Sammlung von Kolonialkunst zählen Silberarbeiten aus dem Alto Perú (dem heutigen Bolivien), Sakralgemälde und Barockinstrumente, beispielsweise eine Guarneri-Geige. Die geschwungene Decke im Hauptsalon weist herrliche Malereien auf, ein beschaulicher Garten ist auch noch vorhanden. Die Beschilderung ist auf Spanisch.

Recoleta & Barrio Norte

In diesem prächtigen Stadtviertel ist leicht nachvollziehbar, warum Buenos Aires das „Paris der Südhalbkugel" genannt wird. In Recoleta leben die reichsten Bürger von BA in Luxusapartments und Villen und verbringen ihre freie Zeit in eleganten Cafés und beim Shoppen in teuren Boutiquen.

Recoleta mit seinen zahlreichen Parks, Sehenswürdigkeiten, Kunstgalerien und französischer Architektur ist auch für seinen sehenswerten Friedhof bekannt.

★ Cementerio de la Recoleta   FRIEDHOF

(Karte S. 74; 0800-444-2363; visitasguiadasrecoleta@buenosaires.gob.ar; Junín 1760; 7–17.30 Uhr; Línea H Las Heras) **GRATIS** Dieser Friedhof ist vielleicht die Top-Attraktion von BA. Man kann stundenlang in der beeindruckenden Totenstadt herumwandern; deren „Straßen" von imposanten Statuen und Marmormausoleen gesäumt sind. Es ist faszinierend, einen Blick in die Krypten zu werfen, die staubigen Särge zu betrachten und zu versuchen, die Geschichte der Verstorbenen zu enträtseln. Ehemalige Präsidenten, Kriegshelden, einflussreiche Politiker, aber auch viele reiche und berühmte Persönlichkeiten liegen hier begraben.

Von Dienstag bis Sonntag werden um 11 Uhr kostenlose Führungen auf Spanisch angeboten. Samstags und Sonntags auch um 15 Uhr (abhängig vom Wetter). Unter www.recoletacemetery.com kann man einen PDF-Führer von Robert Wright auf Englisch mit einer guten Karte und Informationen bestellen. Außerdem verkaufen Schlepper am Eingang Karten des Friedhofs.

Basílica de Nuestra Señora del Pilar   KIRCHE

(Karte S. 74; 011-4806-2209; www.basilicadelpilar.org.ar; Junín 1904; Museum Erw./Kind 25 Arg$/frei; Museum Mo–Sa 10.30–18, So 14.30–18 Uhr; Línea H Las Heras) Den Mittelpunkt dieser strahlend weißen Kolonialkirche, die im Jahr 1732 von den Franziskanern errichtet wurde, bildet ein peruanischer Altar, der mit Silber aus dem Nordwesten Argentiniens verziert ist. Hält man sich im Kirchenraum links, gelangt man zu dem kleinen, historischen Museum im Kreuzgang mit sakralen Gewändern, Gemälden, Schriften und interessanten Artefakten. Von hier bietet sich ein wunderschöner Blick auf den Friedhof von Recoleta.

Vor dem Betreten der Kirche, sieht man auf der linken Seite des Vorhofs ein Kunstwerk aus Keramikfliesen, auf dem Buenos Aires im Jahr 1794 dargestellt ist. Damals stand die Kirche noch außerhalb der Stadt auf der grünen Wiese.

★ Museo Nacional de Bellas Artes MUSEUM

(Karte S. 74; 011-5288-9900; www.mnba.gob.ar; Av del Libertador 1473; Di–Fr 11.30–19.30, Sa &

So 9.30–19.30 Uhr; 🚌130, 92, 63) GRATIS Das bedeutendste Museum der Schönen Künste in Argentinien präsentiert viele Schlüsselwerke von Benito Quinquela Martín, Xul Solar, Eduardo Sívori und anderen argentinischen Künstlern. Ein ganzer Raum ist Werken von Antonio Berni gewidmet. Aber auch großartige Werke berühmter europäischer Meister wie Cézanne, Degas, Picasso, Rembrandt, Toulouse-Lautrec and van Gogh werden hier ausgestellt. Dienstags, mittwochs und freitags um 13 Uhr finden interessante kostenlose Führungen in englischer Sprache statt, mit einem besonderen Schwerpunkt auf argentinischer Kunst.

Das Museum ist in einem ehemaligen Pumpenhaus der städtischen Wasserwerke untergebracht und wurde von dem Architekten Julio Dormala entworfen. Es wurde später von Alejandro Bustillo modifiziert, der vor allem für sein Behördenzentrum im alpinen Stil in der Stadt Bariloche im Norden Patagoniens bekannt ist.

⊙ Palermo

Palermos weitläufige Parkanlagen mit ihren Grünflächen sind großzügig mit Denkmälern geschmückt und ein beliebtes Ziel für Wochenendausflüge. Dann flanieren zahlreiche Familien mit ihren Kindern auf den schattigen Wegen, bevölkern die Radwege und paddeln über die beschaulichen Seen.

Im benachbarten Palermo Viejo (das sich wiederum in Soho und Hollywood unterteilt) gibt es Dutzende von Restaurants, Bars, Nachtclubs und Geschäfte sowie die größte Auswahl an Boutique-Hotels.

★ Museo de Arte Latinoamericano de Buenos Aires   MUSEUM

(MALBA; Karte S. 78; ☎ 011-4808-6500; www.malba.org.ar; Av Figueroa Alcorta 3415; Erw./Student Do–Mo 120/60 Arg$, Mi 50 Arg$/frei; ⊙ Do–Mo 12–20, Mi bis 21 Uhr; 🚌102, 130, 124) Dieses luftige Museum für moderne Kunst hinter schillernden Glaswänden gilt als eines der eindrucksvollsten der Stadt. Der Millionär und Philantroph Eduardo Costantini präsentiert hier seine exquisite Sammlung lateinamerikanischer Kunst, zu der die Werke der Argentinier Xul Solar und Antonio Berni gehören, ebenso die Arbeiten der mexikanischen Künstler Diego Rivera und Frida Kahlo. Die wechselnden Ausstellungen sind erstklassig. Es gibt hier auch ein Programmkino.

Führungen durch die wechselnden Ausstellungen auf Spanisch finden donnerstags, freitags und sonntags um 17 Uhr statt; Führungen durch die ständige Sammlung mittwochs und sonntags um 16 Uhr.

★ Parque 3 de Febrero   PARK

(Karte S. 78; Ecke Avs del Libertador & de la Infanta Isabel; 🚌10, 34, 130) Die weitläufige Parklandschaft mit vielen kleinen Seen und hübschen Pavillons ist auch als Bosques de Palermo („Wald von Palermo") bekannt. An Ständen werden Fahrräder und Inlineskates vermietet, Jogger und Powerwalker drehen ihre Runden um die Seen. Wem es dafür an Kraft und Energie fehlt, legt sich ganz einfach unter einen Baum und beobachtet die anderen Besucher. Es gibt ein Monument für literarische Größen, El Jardín de los Poetas („Der Garten der Dichter") und den herrlichen Rosedal („Rosengarten").

INSIDERWISSEN

PALERMOS GRÜNFLÄCHEN

An sonnigen Wochenenden strömen die Einwohner von Palermo in den Parque 3 de Febrero (auch als *bosques*, Wälder, bekannt). Nicht vergessen den Mate-, Yerba-Tee und eine Thermoskanne mit heißem Wasser mitzunehmen.

Wer einen Blick auf die berühmten Hundeausführer und ihre Schützlinge werfen möchte, sollte zum Parque Las Heras, an der Ecke der Avenida Las Heras und Coronel Díaz gehen. Die beste Zeit, sie zu sehen ist am späten Vormittag unter der Woche.

Mit dem Fahrrad lassen sich die Fahrradwege durch Palermos Parks gut erkunden. Es ist zudem eine gute Möglichkeit, die weit verstreuten Sehenswürdigkeiten des Viertels zu erkunden, dabei frische Luft zu schnappen und etwas Sport zu treiben. Auch in Palermo Soho und Hollywood gibt es Fahrradwege. Fahrräder können teilweise bei Unternehmen, die Fahrradtouren anbieten, ausgeliehen werden und an schönen Wochenenden auch in der Nähe der Avenida de la Infanta Isabel und Avenida Pedro Montt. Oder man registriert sich für die kostenfreie Nutzung der gelben Stadtfahrräder (S. 120).

Palermo

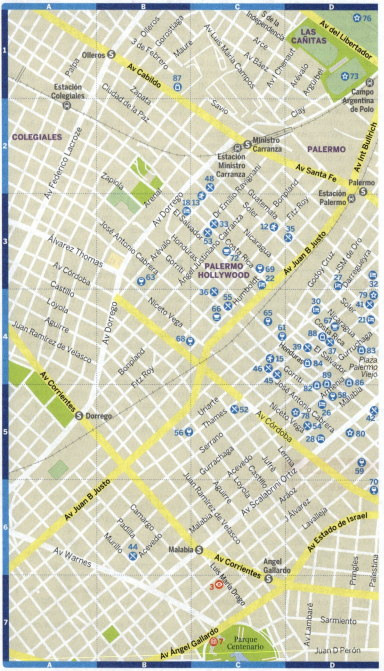

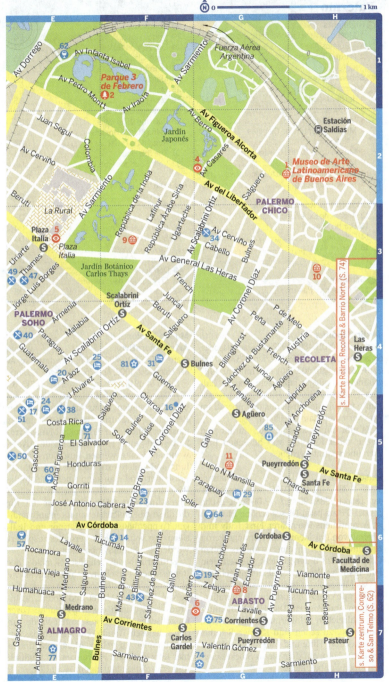

Palermo

Highlights
1. Museo de Arte Latinoamericano de Buenos Aires G2
2. Parque 3 de Febrero F1

Sehenswertes
3. Casa Brandon C7
4. Jardín Japonés G2
5. La Rural E3
6. Mercado de Abasto G7
7. Museo Argentino de Ciencias Naturales C7
8. Museo Casa Carlos Gardel G7
9. Museo Evita F3
10. Museo Nacional de Arte Decorativo H3
11. Museo Xul Solar G5

Aktivitäten, Kurse & Touren
12. Argentine Experience C3
13. Bar du Marché C3
14. DNI Tango F6
15. Pain et Vin C4
16. Vamos F5

Schlafen
17. Art Factory Palermo E5
18. CasaSur B3
19. Chill House G6
20. Duque Hotel E4
21. Eco Pampa Hostel D4
22. Hotel Clasico C3
23. Le Petit Palais F6
24. Magnolia Hotel E5
25. Mansilla 3935 B&B E4
26. Mine Hotel D5
27. Miravida Soho D3
28. Palermo Viejo B&B D5
29. Reina Madre Hostel G6
30. Rugantino Hotel D4
31. The 5th Floor F4
32. Vain Boutique Hotel D3

Essen
33. Artemisia C3
34. Big Sur G3
35. Bio D3
36. Buenos Aires Verde C4
37. Burger Joint D4
38. Casa Coupage E5
39. Chori D4
40. Don Julio E4
41. El Preferido de Palermo D4
42. Gran Dabbang D5
43. Guarda la Vieja F7

Jardín Japonés
GÄRTEN

(Karte S. 78; ☎ 011-4804-4922; www.jardinjapones.org.ar; Av Casares 2966; Erw./Kind 95 Arg$/frei; ⊙10–18 Uhr; ☐67, 102, 130) Der im Jahr 1967 eröffnete, gepflegte japanische Garten lädt zum Flanieren ein. Im Hintergrund rieselt sanfte japanische Musik aus den überall im Park verteilten Lautsprechern.

Es gibt ein japanisches Restaurant und Teiche voller Kois, die von hübschen Brücken überspannt werden.

Museo Evita
MUSEUM

(Karte S. 78; ☎ 011-4807-0306; www.museoevita.org; Lafinur 2988; 90 Arg$; ⊙Di–So 11–19 Uhr; ⓢLínea D Plaza Italia) Dieses schöne Museum ist Argentiniens legendärer First Lady und Ehefrau von Präsident Juan Domingo Perón gewidmet. Es ist in einer wunderschönen Villa von 1923 untergebracht, die seit dem Jahr 1948 Eva Peróns Sozialstiftung gehört.

Das Museo Evita feiert die argentinische Heldin mit Videos, historischen Fotografien, Büchern und Postern. Das Highlight unter den zahlreichen Erinnerungsstücke ist ihre Garderobe: zu sehen sind Kleider, Schuhe, Handtaschen, Hüte und Blusen. Es existiert sogar ein Foto, auf dem sie in Stöckelschuhen einen Fußball kickt.

Museo Nacional de Arte Decorativo
MUSEUM

(Karte S. 78; ☎ 011-4802-6606; www.mnad.org; Av del Libertador 1902; Arg$25, Führungen 60 Arg$; ⊙Di–So 14–19 Uhr, im Jan. So geschl.; ☐130, 63, 92) Das Museum befindet sich in einem beeindruckenden Beaux-Arts-Anwesen, der Residencia Errázuriz Alvear (1917); in der einst der chilenische Aristrokat Matías Errázuriz und seine Frau, Josefina de Alvear, wohnten. Heute werden ihre Kunstsammlung und andere extravagante Gegenstände präsentiert und man kann einen Blick in die Welt der reichen aristokratischen Familien Argentiniens im frühen 20. Jh. werfen, für die diese großen Paläste mit ihren aufwendigen Treppenhäusern aus Marmor und Ballsälen, die vom Schloss Versailles inspiriert wurden, ein Statussymbol darstellten.

Errázuriz besaß religiöse Gemälde der Renaissance, Porzellangeschirr, italienische Skulpturen und Stilmöbel sowie einige Werke von El Greco, Manet und Rodin. Beeindruckend ist auch das holzgetäfelte Foyer im gotischen Stil, das geschaffen wurde, um den religiösen Wandteppichen den passenden Rahmen zu geben. Manchmal finden hier Konzerte statt. Führungen auf Englisch und Französisch täglich um 14.30 Uhr.

44 i Latina	B6
45 La Cabrera	C4
46 La Cabrera Norte	C4
47 La Carnicería	E3
48 La Mar Cebichería	C2
49 Las Pizarras	E3
50 NoLa	E5
51 Proper	E5
52 Sarkis	C5
53 Siamo nel Forno	C3
54 Steaks by Luis	D5
55 Sunae Asian Cantina	C4

Ausgehen & Nachtleben
56 878	B5
57 Amerika	E6
58 Antares	D5
59 Bach Bar	D5
60 Benaim	E5
61 Boticario	C4
62 Crobar	E1
63 Frank's	B3
64 Glam	G6
65 Kika	C4
66 LAB Training Center & Coffee Shop	C4
67 Lattente Espresso & Brew Bar	D4
68 Niceto Club	B4
69 On Tap	C3
70 Sitges	D6
Uptown	(s. 48)
71 Verne	E5
72 Vive Café	C3

Unterhaltung
73 Campo Argentino de Polo	D1
74 Ciudad Cultural Konex	G7
75 Esquina Carlos Gardel	G7
76 Hipódromo Argentino	D1
La Bomba de Tiempo	(s. 74)
77 La Catedral	E7
78 La Viruta	D5
79 Los Cardones	D4
80 Salón Canning	D5
81 Thelonious Bar	F4

Shoppen
82 Bolivia	D5
83 Elementos Argentinos	D4
84 Feria Plaza Serrano	D4
85 Galeria Patio del Liceo	G5
86 Humawaca	D4
87 Instituto Geográfico Nacional	B1
88 Lo de Joaquín Alberdi	D4
89 Rapsodia	D4

Museo Xul Solar MUSEUM
(Karte S. 78; ☎ 011-4824-3302; www.xulsolar.org.ar; Laprida 1212; 60 Arg$; ⊙ Di–Fr 12–20, Sa bis 19 Uhr; ⓢ Línea D Agüero) Xul Solar war Maler, Erfinder, Dichter und ein Freund von Jorge Luis Borges. Das Museum, das in seinem Anwesen untergebracht ist, zeigt über 80 seiner einzigartigen Gemälde in bunten und zugleich gedeckten Farben. Zu Solars von Paul Klee beeinflusstem Stil gehören fantastische, fast comichafte Figuren in surrealen, kubistischen Landschaften. Die großartigen Arbeiten stehen für sich.

Führungen auf Spanisch werden dienstags und donnerstags um 16 Uhr und samstags um 15.30 Uhr angeboten.

◉ Belgrano, Nuñez & Costanera Norte

Auch wenn die wohlhabenden nördlichen Wohnviertel Belgrano und Nuñez nicht unbedingt auf dem Programm von Reisenden stehen, gibt es dort einige empfehlenswerte Museen, Parks und Plazas sowie einen schönen Wochenendmarkt – gut geeignet für einen Tagesausflug. In den Grünflächen der Costanera Norte kann man am Flussufer spazieren gehen, zudem gibt es mehrere Attraktionen, wie einen kitschigen, religiösen Themenpark und einen Wasserpark, der besonders Familien gefallen könnte.

Tierra Santa VERGNÜGUNGSPARK
(☎ 011-4784-9551; www.tierrasanta.com.ar; Av Costanera R Obligado 5790; Erw./Kind 170/70 Arg$; ⊙ April–Nov. 9–21, Sa & So 12–22 Uhr, Dez–März Fr–So 16–24 Uhr, letzter Einlass zwei Stunden vor Schließung; 🅿; 🚌 33, 42, 160) Dieser wunderbar kitschige Themenpark über das „Heilige Land" basiert auf Jerusalem. Viele der Besucher sind gläubige Katholiken, andere werden von den animatorischen Dioramen von Adam und Eva und dem letzten Abendmahl angezogen. Die Hauptattraktion von Tierra Santa ist eine riesige Jesusfigur, die sich jede halbe Stunde aus einem künstlichen Berg erhebt und die Auferstehung darstellen soll.

Museo Larreta MUSEUM
(☎ 011-4784-4040; www.buenosaires.gob.ar/museolarreta; Juramento 2291; 20 Arg$, Do frei; ⊙ Di–Fr 12–19, Sa & So 10–20 Uhr; ⓢ Línea D Juramento) Der hispanophile Schriftsteller Enrique Larreta (1875–1961) residierte in diesem eleganten Haus im Kolonialstil gegenüber der Plaza Belgrano, in dem nun seine private Kunstsammlung ausgestellt wird. Das geräumige Gebäude beherbergt klassische

1. El Caminito (S. 72)
Häuser in leuchtenden Farben schmücken die berühmteste Straße von Boca, fast eine Art Freilichtmuseum.

2. Puerto Madero (S. 65)
Die gepflasterte Uferpromenade macht Spaziergänge im jüngsten und elegantesten Viertel von Buenos Aires zu einem wahren Vergnügen.

3. Plaza de Mayo (S. 57)
Hier versammeln sich die Argentinier, um zu demonstrieren oder ausgelassen zu feiern.

4. Parque 3 de Febrero (S. 77)
Der offene, landschaftlich schöne Park ist übersät mit kleinen Seen und hübschen Aussichtspunkten.

ESPACIO MEMORIA Y DERECHOS HUMANOS: EIN MAHNMAL FÜR DIE VERSCHWUNDENEN

Menschenrechtsorganisationen schätzen, dass während der Militärdiktatur von 1976 bis 1983 bis zu 30 000 Menschen „verschwanden". Sie wurden vom Staat entführt und in geheime Gefangenenlager verschleppt, wo sie gefoltert und ermordet wurden. Eines dieser Gefangenenlager war die ehemalige Marineschule ESMA, in der etwa 5000 Männer und Frauen gefangen gehalten wurden. Heute dient der Komplex im Stadtviertel Nuñez im Norden der Stadt als Mahnmal an die Opfer und beherbergt Museen, Kulturzentren und die Büros mehrerer Menschenrechtsorganisationen.

Das Gebäude, in dem das geheime Gefangenenlager untergebracht war, das Casino de Oficiales („Offiziersclub"), ist heute ein ausgezeichnetes, aber auch ergreifendes **Museum** (011-4702-9920; www.espaciomemoria.ar; Av del Libertador 8151, Nuñez; Di–So 10–17 Uhr; 15, 29, 130) GRATIS. Aufgrund der aufwühlenden Thematik ist es Kindern unter zwölf Jahren nicht gestattet, das Museum zu besuchen.

Der loftartige Raum, in dem mehr als 5000 Gefangene angekettet waren, ist noch erhalten, ebenso die „Kinderstube", in der etwa 30 schwangere Frauen ihre Kinder zur Welt brachten, die ihnen weggenommen und heimlich Familien (oft mit Verbindungen zum Militär) gegeben wurden, die sie als ihre eigenen aufzogen. Auch das Untergeschoss, in dem die Gefangenen untergebracht waren, die für einen „Transfer" vorgesehen waren, ist Teil des Museums. Die Gefangenen wurden von dort in ein Flugzeug verbracht und lebendig in den Río de la Plata geworfen. Es gibt Audioguides auf Englisch.

---

spanische Kunst, Stilmöbel, holzgeschnitzte religiöse Gegenstände, sowie Schilde und Rüstungen. Die Fliesenböden sind wunderschön und die Kunstwerke gut ausgeleuchtet. Auch der schöne Garten hinter dem Haus ist einen Besuch wert.

Führungen in spanischer Sprache finden samstags und sonntags um 14, 15 und 16.30 Uhr statt, in englischer Sprache um 15 Uhr am letzten Freitag des Monats.

🎯 Im Süden von Palermo

Die Wohnviertel der Mittelschicht südlich von Palermo, gehören zum „echten" Buenos Aires und werden kaum vom Tourismus tangiert. Villa Crespo wird immer hipper und profitiert von seiner Nähe zu Palermo; in Almagro gibt es viele alternativ angehauchte Theater, Underground Live-Clubs sowie gute einheimische Restaurants und Bars; Abasto und Once sind kulturelle Schmelztiegel und geschäftige Einkaufsviertel; Boedo besitzt eine unkonventionelle Atmosphäre und einige traditionelle Cafés.

Museo Casa Carlos Gardel   MUSEUM
(Karte S. 78; 011-4964-2015; www.buenosaires.gob.ar/museocasacarlosgardel; Jean Jaurés 735; 10 Arg$; Mo & Mi–Fr 11–18, Sa & So 10–19 Uhr; Línea B Carlos Gardel) Die jüngsten Renovierungen haben dem kleinen, aber bemerkenswerten Museum, das an die berühmteste Stimme des Tango erinnert, frischen Wind eingehaucht. Das Museum in Gardels ehemaligem Haus erzählt von den Anfangsjahren des Sängers in Frankreich und Argentinien, von der musikalischen und filmischen Karriere sowie von seinem tragischen Tod bei einem Flugzeugabsturz auf der Höhe seines Erfolges. Zu den Ausstellungsstücken gehören Audiodisplays, Erinnerungsstücke und Tablets mit allen Liedern, die Gardel aufgenommen hat – 893 Stücke. Auch das Haus selbst, eine *casa chorizo* (architektonische Bezeichnung für einen bestimmtem Wohnungstypus), deren Räume von einem zentralen Patio abgehen, ist sehenswert.

Mercado de Abasto   GEBÄUDE
(Karte S. 78; 011-4959-3400; www.abasto-shopping.com.ar; Av Corrientes 3247; 10–22 Uhr; Línea B Carlos Gardel) Der historische Mercado de Abasto (1895) wurde zu einem der schönsten Einkaufszentren der Stadt umgestaltet. Das Gebäude, früher ein großer Gemüsemarkt, erhielt im Jahr 1937 einen Architekturpreis für seine Fassade an der Avenida Corrientes. Heute befinden sich in dem Komplex mehr als 200 Geschäfte, ein großes Kino, ein Foodcourt, sowie der einzige koschere McDonald außerhalb Israels (im Obergeschoss, neben Burger King). Das Einkaufszentrum ist ideal für Familien – hier gibt es ein gutes Museum für Kinder und einen kleinen Vergnügungspark.

Museo Argentino de Ciencias Naturales
MUSEUM

(Natural Science Museum; Karte S. 78; ☏ 011-4982-6595; www.macn.gov.ar; Av Ángel Gallardo 490; 40 Arg$; ⏱14–19 Uhr ; 👶; Ⓢ Línea B Ángel Gallardo) Dieses ausgezeichnete Museum für Naturwissenschaften befindet sich im geografischen Zentrum der Stadt, am kreisförmigen Parque Centenario. Ausgestellt sind umfangreiche Sammlungen von Meteoriten, Steinen und Mineralien, argentinische Muscheln, Insekten und Nachbildungen von Dinosaurierskeletten. Besonders gelungen sind die Säle mit den ausgestopften Tieren und Skeletten. Auch die Kids kommen hier auf ihre Kosten – sie können sich unter Hunderte Kinder mischen, die das Museum im Rahmen eines Schulausflugs besuchen.

Aktivitäten

Die weitläufigen Grünanlagen von Palermo sorgen für viele Erholungsflächen – vor allem am Wochenende, wenn die Ringstraße rund um den Rosengarten für den Verkehr gesperrt wird. Recoleta kann auch mit Parkanlagen aufwarten, allerdings sind diese nicht so weitläufig. Am schönsten ist die Reserva Ecológica Costanera Sur, ein ökologisches Paradies gleich östlich von Puerto Madero, das einen vergessen lässt, dass man in einer so großen Stadt ist.

Radfahren

Radwege machen das Radfahren in dieser riesigen Stadt sicherer. Im Parque 3 de Febrero (S. 77) wurden entlang vieler Straßen Radwege angelegt, oder man schaue sich die Reserva Ecológica Costanera Sur (S. 65) an der Küste an. In der grünen und idyllischen Reserva gibt es einige Feldwege, auf denen sich gut radeln lässt.

Man kann kostenlose Stadträder (S. 120) oder aber Mieträder von verschiedenen Veranstaltern, beispielsweise Biking Buenos Aires (S. 86) ausleihen.

Reiten

★ Caballos a la Par
REITEN

(☏ 011-15-5248-3592; www.caballos-alapar.com; Villa Elisa; pro Person 2950-4150 Arg$) Wer der Millionenstadt für ein paar wenige Stunden den Rücken kehren und sich in den Sattel schwingen möchte, sollte sein Glück bei Caballos a la Par versuchen. Die Ausritte mit einem Führer finden in einem Provinzpark statt; ungefähr eine Autostunde von BA entfernt. Selbst wer noch nie zuvor auf einem Pferd gesessen ist, kann bis zum Sonnenuntergang vielleicht schon galoppieren. Im Preis mit eingeschlossen ist der Transport von und nach Buenos Aires.

Fútbol

So mancher war nach dem Besuch eines Profi-*fútbol*-Spiels so beeindruckt, dass er am liebsten gleich selbst losgelegt hätte. Einfach Kontakt zu den **Buenos Aires Fútbol Amigos** (www.fcbafa.com) aufnehmen und sich anderen Backpackern und Einheimischen anschließen. Es wird eine geringe Gebühr erhoben, aber dafür stehen am Ende des *fútbol* Spiels oft schon einige Bierchen bereit – und die sportlichen Erinnerungen sind ohnehin unbezahlbar.

Polo

Argentina Polo Day
POLO

(☏ 011-15-6738-2422; www.argentinapoloday.com.ar; RP 39, Km11.2, Capilla del Señor; Ganztags/Halbtags Polo 185/130 US$) In einem zweistündigen Kurs lernt man auf einer *estancia*, die etwa 100 km nordwestlich von BA liegt, Polo zu spielen – und im Anschluss schaut man den Profis bei einem Spiel zu, das aus vier „Chukkas" (Spielabschnitten) besteht. Im Preise mit eingeschlossen sind Transport, Snacks und ein *asado* (BBQ) mit Wein.

Schwimmen

Parque Norte
SCHWIMMEN

(☏ 011-4787-1382; www.parquenorte.com; Av Cantilo & Guiraldes; Erw./Kind Mo–Fr 195/105 Arg$, Sa 230/135 Arg$, So 250/135 Arg$; ⏱ Pool 9–20 Uhr, Park 9–24 Uhr; 👶; 🚌33, 42, 160) Wenn die Temperaturen und die Luftfeuchtigkeit in die Höhe klettern, macht es Spaß, zu diesem großen Wasserpark zu fahren. Auch Familien kommen hier dank der riesigen seichten Becken plus einer großen Wasserrutsche und zahlreicher Sonnenschirmen und -liegen (beide gegen Aufpreis) auf ihre Kosten. Außerdem laden weitläufige Grünflächen zum Picknicken oder auf einen Mate-Tee ein. Handtücher sind mitzubringen. Und außerdem sollte gewährleistet sein, dass man auch sauber ist – es werden kurze Gesundheitschecks auf Unannehmlichkeiten wie Fußpilz oder Läuse (!) vorgenommen.

Tango

★ DNI Tango
TANZEN

(Karte S. 78; ☏ 011-4866-6553; https://dni-tango.com; Bulnes 1101; Gruppenunterricht pro Person 100 Arg$; Ⓢ Línea B Medrano) Diese ausgezeichnete Tangoschule bietet Gruppen- und Privatunterricht auf Englisch und Spanisch für jedes Niveau an. Ein guter Einstieg ist die *práctica* am Samstagnachmittag, bei der man ohne den Druck einer formellen *milonga* in entspannter Atmosphäre mit verschiedenen Partnern tanzen kann. Die Tanzschule befindet sich in einem schönen alten Gebäude im Stadtviertel Almagro.

Kurse

Spanglish SPRACHKURSE
(011-5252-9523; www.spanglishexchange.com; 150 Arg$) Wer das Besondere sucht, sollte Spanglisch ausprobieren. Das Konzept entspricht dem Speed-Dating: Man spricht fünf Minuten Englisch und fünf Minuten Spanisch und dann werden die Partner gewechselt. Auf der Website stehen die Termine der kommenden Veranstaltungen, die meist in Bars in Palermo oder San Telmo stattfinden.

Vamos SPRACHKURSE
(Karte S. 78; 011-5984-2201; www.vamospanish.com; Av Coronel Díaz 1736; Mo-Fr 9.30-17.30 Uhr; Línea D Bulnes) Diese Sprachschule in Palermo bietet Crashkurse für Reisende sowie Gruppen- und Privatunterricht an.

VOS SPRACHKURSE
(Karte S. 74; 011-4812-1140; www.vosbuenosaires.com; Marcelo T de Alvear 1459; Mo-Fr 9-19 Uhr; Línea D Callao) Bietet eine Bandbreite von Gruppen- und Privatunterricht sowie Intensiv- und Konversationskurse an.

Rayuela SPRACHKURSE
(Karte S. 62; 011-4300-2010; www.spanish-argentina.com.ar; Chacabuco 852, 1st fl, No 11; Línea C Independencia) Die in San Telmo gelegene Sprachschule verfügt über ein breites Kursangebot, dazu gehören beispielsweise Gruppen- und Privatunterricht.

Expanish SPRACHKURSE
(Karte S. 62; 011-5252-3040; www.expanish.com; 25 de Mayo 457, 4. Stock; Línea B Alem) Zentral gelegene Sprachkurse mit einem breiten Kursangebot.

Academia Buenos Aires SPRACHKURSE
(Karte S. 62; 011-4345-5954; www.academiabuenosaires.com; Hipólito Yrigoyen 571, 4th fl, Microcentro; Línea A Perú) Etablierte Sprachschule, die in einem attraktiven alten Gebäude in der Nähe der Plaza de Mayo liegt; u. a. werden Intensivkurse angeboten.

Geführte Touren

Graffitimundo FÜHRUNGEN
(011-15-3683-3219; www.graffitimundo.com; Führungen 20-33 US$) Dieses gemeinnützige Unternehmen, das die einheimische Kunstszene unterstützt, bietet ausgezeichnete Führungen zu einigen der besten Graffiti in BA an. Die Teilnehmer werden über die Geschichte der Künstler und die Graffiti-Kultur informiert. Mehrere Touren stehen zur Auswahl. Es werden beispielsweise auch Schablonen-Workshops angeboten.

Buenos Aires Street Art STADTSPAZIERGÄNGE
(www.buenosairesstreetart.com; Führungen 20-35 US$) Stadtspaziergänge für Gruppen und Privatführungen mit kompetenten Guides zu interessanter Straßenkunst in den nördlichen und südlichen Vororten der Stadt. Unterstützt einheimische Künstler.

Tango Trips TANZEN
(011-5235-4923; www.tangotrips.com; Führungen für 1/2/3 Teilnehmer 160/190/240 US$) Private Führungen zu *milongas* mit erfahrenen und leidenschaftlichen *tangueros* (Tangotänzern). Die Veranstaltungsorte richten sich danach, welche *milonga* an welchem Abend angesagt ist. Nach einer privaten Tangostunde, bei der man etwas Sicherheit gewinnen kann, geht es schließlich in die Tanzsalons. Wer kein Tänzer ist, kann sich auch einfach nur zurücklehnen und gelassen den Tänzern zuschauen.

Buenos Tours STADTSPAZIERGÄNGE
(www.buenostours.com; Ganz-/Halbtagesführung für 1-3 Teilnehmer 235/125 US$) Private Stadtspaziergänge, die von sympathischen, kundigen und verantwortungsbewussten Expats geführt werden, die schon lange in BA leben.

Biking Buenos Aires FAHRRADTOUREN
(Karte S. 62; 011-4300-5373; www.bikingbuenosaires.com; Perú 988; 9-18 Uhr; Línea C Independencia) Sympathische amerikanische und argentinische Führer unternehmen mit den Teilnehmern verschiedene Touren durch Buenos Aires bei denen beispielsweise Graffiti-Malereien und Architektur auf dem Programm stehen. Empfehlenswert.

Foto Ruta FOTOGRAFIE
(011-15-3331-7980; www.foto-ruta.com; pro Person 120 US$) Bei den „Streetscape"-Workshops („Straßenbild") von Foto Ruta gibt ein professioneller Fotograf Profitipps, bevor die Teilnehmer in die Stadtviertel geschickt werden, um themenbezogene Fotos zu machen. Anschließend schauen sich dann alle gemeinsam die Diashow bei einem Glas Wein an. Das Unternehmen bietet auch private Führungen und Fotografie-Workshops an.

BA Free Tour
STADTSPAZIERGÄNGE
(Karte S. 62; 011-4420-5897; www.bafreetour.com; Ecke Av Rivadavia & Rodríguez Peña; Spende; Mo-Sa 11 Uhr) Kostenlose (Spenden empfohlen) Stadtspaziergänge, die von enthusiastischen jungen Guides geleitet werden, die ihre Stadt lieben. Selbst wer nichts spenden kann, ist willkommen.

BA Walking Tours
STADTSPAZIERGÄNGE
(011-5626-9888; www.ba-walking-tours.com; 2-stündige Gruppenführungen pro Person 37,50 US$) Gruppen- und Privatführungen, auf denen die wichtigsten Sehenswürdigkeiten von BA abgedeckt werden. Auf dem Programm stehen u. a. Stadtspaziergänge bei Tag und Nacht, historische Führungen und Tango-Exkursionen.

Buenos Aires Pub Crawl
ESSEN & TRINKEN
(011-3678-0170;www.pubcrawlba.com;200 Arg$) Wer mit einer jungen, partywütigen Meute auf Sauftour gehen möchte, sollte Buenos Aires Pub Crawl ausprobieren. Der Pub Crawl findet jede Nacht statt. Los geht es um 22 Uhr in einer Bar in Palermo oder San Telmo; im Preis inbegriffen sind einige Snacks und Getränke sowie die Eintrittsgebühren für die diversen Clubs. Auf der Website sind die nächsten Events aufgeführt.

Feste & Events

Arte BA
KUNST
(www.arteba.org; Mai) Eine beliebte Veranstaltung im Zeichen zeitgenössischer Kunst, bei dem spannende, unbekannte junge Künstler vorgestellt und die Arbeiten hochkarätiger Galerien präsentiert werden.

Der Veranstaltungsort ist **La Rural** (Karte S. 78; www.larural.com.ar; Av Sarmiento 2704; Línea D Plaza Italia).

Tango BA Festival y Mundial
TANGOFESTIVAL
(http://festivales.buenosaires.gob.ar; Mitte Aug.) Meisterhafte Tangovorführungen, Tangofilme, Unterricht, Workshops, Konferenzen und Wettbewerbe an verschiedenen Veranstaltungsorten im gesamten Stadtgebiet. Das Finale der *mundial* (Tango Worldcup) findet im **Luna Park** (Karte S. 62; 011-5279-5279; www.lunapark.com.ar; Ecke Bouchard & Av Corrientes; Línea B Alem) statt.

Vinos y Bodegas
WEIN
(011-4777-5557; Eintritt inkl. Weinproben 500 Arg$; Sept.) Ein Event, das Weinliebhaber nicht verpassen sollten. Es werden Jahrgangsweine von über 100 argentinischen *bodegas* (Weingütern) angeboten. In der Eintrittsgebühr ist ein eigenes Glas für die Verkostungen inbegriffen. Das Event findet normalerweise im La Rural statt.

Campeonato Abierto de Polo
SPORTS
(Karte S. 78; www.aapolo.com; Arévalo 3065; Nov.–Dez.; Línea D Ministro Carranza) Hier kann man den weltbesten Polospielern und ihren wunderbaren Pferden zuschauen, wie sie den Poloplatz von Palermo, den **Campo Argentino de Polo**, im scharfen Galopp hinauf- und hinunterdonnern.

Schlafen

Das Zentrum

★ Portal del Sur
HOSTEL $
(Karte S. 62; 011-4342-8788; www.portaldelsurba.com.ar; Hipólito Yrigoyen 855; B ab 13 US$, EZ 35 US$, DZ mit/ohne Bad ab 44/39 US$; ; Línea A Piedras) Die Unterkunft in einem charmanten Altbau gehört zu den besten Hostels der Stadt. Wunderschöne Schlafsäle sowie Einzel- und Doppelzimmer in Hotelqualität gruppieren sich um einen Gemeinschaftsraum, der zwar etwas düster ausfällt, jedoch offen gestaltet ist. Das Highlight ist

---

ABSTECHER

FERIA DE MATADEROS

Dieser ausgezeichnete **folkloristische Markt und Jahrmarkt** (011-4342-9629; www.facebook.com/feriademataderos; Ecke Av Lisandro de la Torre & de los Corrales; April–Mitte Dez. 11–20 Uhr, Ende Jan.–Mitt März Sa 18–24 Uhr; 126, 55) findet im Arbeiterviertel Mataderos statt. Händler bieten Kunsthandwerk und regionale Küche wie *locro* (ein pikanter Eintopf aus Mais, Bohnen, Rind- und Schweinefleisch und Würsten) und *humita* (gefüllter Maisteig, der mexikanischen Tamales ähnelt) an. Die Besucher werden von Volkssängern, Tänzern und Gauchos unterhalten – und in der Nähe gibt es ein kleines Gaucho Museum. In der Nebensaison sollte man vorher anrufen um sicherzustellen, dass es geöffnet ist. Von der Innenstadt fährt der Bus 126; von Palermo der Bus 55; die Fahrzeit dauert etwa eine Stunde.

Wer nicht allzu viel Zeit hat, sollte sich besser ein Taxi nehmen.

BUENOS AIRES FÜR KINDER

Für eine Großstadt ist BA sehr kinderfreundlich. An sonnigen Wochenenden gehen viele Familien in den Parks von Palermo spazieren oder machen ein Picknick und die Einkaufszentren füllen sich mit Kinderwägen. Auch die Museen und Vergnügungsparks sind gut besucht – nicht zu vergessen die Straßenfeste!

Buenos Aires hat zahlreiche Plätze und öffentliche Parks – in vielen gibt es Spielplätze. Wer in der Innenstadt ist und eine Pause in der Natur braucht, sollte die Reserva Ecológica Costanera Sur (S. 65) besuchen, ein großes Naturschutzgebiet in dem sich gut Vögel beobachten lassen. Im Norden der Stadt locken die Grünflächen von Palermo und insbesondere der Parque 3 de Febrero (S. 77) mit Planetarium und einem japanischen Garten (S. 77). Man kann Fahrräder, Boote und Inline Skates mieten, am Wochenende sind die Ringstraßen für den Verkehr gesperrt.

Tigre, im Norden der Stadt, gibt einen tollen Tagesausflug ab. Man kommt mit dem Tren de la Costa dorthin, der direkt beim Parque de la Costa (S. 122) endet, einem typischen Vergnügungspark mit Fahrgeschäften und sonstigen Aktivitäten. Kinder könnten auch an dem religiösen Themenpark Tierra Santa (S. 81) Gefallen finden, der seinesgleichen sucht. Und vor allem der große Wasserpark Parque Norte (S. 85) ist an einem heißen Tag die perfekte Erfrischung für Groß und Klein.

Im Centro Cultural Recoleta, dem **Museo Participativo de Ciencias** (Karte S. 74; 011-4806-3456; www.mpc.org.ar; Centro Cultural Recoleta, Junín 1930; 100 Arg$; Di-Fr 10–17, Sa & So 15.30–19.30 Uhr; Línea H Las Heras) laden interaktive Displays zum Lernen ein – auf den Schildern steht „*prohibido no tocar*" („Es ist verboten, die Dinge nicht zu berühren"). Außerhalb des Zentrums, in Caballito ist das ausgezeichnete naturhistorische Museum (S. 85) mit einer Vielzahl von Räumen, in denen gigantische Dinosaurierknochen, zierliche Muscheln, unheimliche Insekten und ausgestopfte Tiere und Vögel ausgestellt sind.

Viele große Einkaufszentren haben Indoor Spielplätze (oftmals auf der obersten Etage) sowie Videospielhallen, Multiplex-Kinos und Spielzeuggeschäfte. Im Mercado de Abasto (S. 84) gibt es ein „Museo de los Niños" (mehr Spielplatz als Museum), in dem die Kinder eine Miniaturstadt komplett mit Postamt, Krankenhaus und sogar einem Fernsehsender, betreten. Es gibt sogar einen Mini-Vergnügungspark.

---

die herrliche Dachterrasse mit Bar und einer wunderschönen Aussicht. Ein entspanntes und geselliges Hostel, in dem viele Aktivitäten wie *asados* (Gegrilltes) und Tangounterricht angeboten werden.

Milhouse Youth Hostel — HOSTEL $
(Karte S. 62; 011-4345-9604; www.milhousehostel.com; Hipólito Yrigoyen 959; B ab 14 US$, Zi. ab 48 US$; Línea A Av de Mayo) Diese beliebte Bleibe gilt als die Partyhochburg Nummer eins in Buenos Aires. Zum Angebot des Hauses gehören eine Fülle von Aktivitäten und Dienstleistungen.

Die Schlafsäle sind gut, und die Zimmer sind oftmals sogar total nett eingerichtet. Die meisten Räume gruppieren sich um einen attraktiven offenen Patio. Zu den Gemeinschaftseinrichtungen gehören ein Bar-Café (mit Billardtisch) im Erdgeschoss, eine TV-Lounge im Zwischengeschoss sowie eine hübsche Dachterrasse.

Die reizende Dependance in einem Gebäude, das sich ganz in der Nähe befindet, bietet einen ähnlichen Service.

V & S Hostel Club — HOSTEL $
(Karte S. 62; 011-4322-0994; www.hostelclub.com; Viamonte 887; B ab 15 US$; DZ ab 49 US$; Línea C Lavalle) Das attraktive, zentral gelegene und ökologische Hostel in einem hübschen älteren Gebäude zählt zu den besten der Stadt. Die Gemeinschaftseinrichtungen mit Speise- und Lobbybereich eignen sich prima, um mit anderen Backpackern ins Gespräch zu kommen. Es gibt zudem eine Küche für die Gäste. Die geräumigen Schlafsäle haben Teppiche, und die Zimmer verfügen alle über ein eigenes Bad. Ein netter Schnörkel ist der winzige Patio hinter dem Haus draußen.

★ Casa Calma — BOUTIQUE HOTEL $$$
(Karte S. 74; 011-4312-5000; www.casacalmahotel.com.ar; Suipacha 1015; Zi. ab 200 US$;

❄@🛜; ⓢLínea C San Martín) 🍃 Dieses umweltbewusste Refugium versteckt sich hinter einer begrünten Wand im Zentrum von BA. Die 17 makellosen und erholsamen Zimmer verfügen über Jacuzzi-Bäder und eine entspannte Atmosphäre; einige haben auch kleine Balkone. Für die Gäste gibt es Yogamatten und Bambusfahrräder. Ermäßigung bei Aufenthalten ohne Frühstück.

🛏 Puerto Madero

★ Faena Hotel + Universe HOTEL $$$
(Karte S. 62; ☎ 011-4010-9000; www.faena.com/buenos-aires; Martha Salotti 445; Zi. ab 500 US$; ❄@🛜🏊; 🚌111, 43, 143) Dieses von Philippe Starck entworfene Traumhotel in einem renovierten Lagerhaus ist mehr als nur eine Unterkunft. Entlang des exklusiven Hauptgangs liegen zwei erstklassige Restaurants, eine Bar-Lounge, ein Varieté im Untergeschoss und ein Swimmingpool im Freien. Die Betten in den luxuriösen Zimmer stehen auf Klauenfüßen und die Badezimmer sind durch Glaswände abgetrennt. Es gibt auch ein türkisches Bad und einen Spa-Bereich.

🛏 Congreso & Tribunales

Hostel Estoril HOSTEL $
(Karte S. 62; ☎ 011-4382-9684; www.hostelestoril3.com; Av de Mayo 1385, 1. & 6. St.; B/EZ/DZ ab 15/34/51 US$; ❄@🛜; ⓢLínea A Sáenz Peña) Das gut geführte Hostel liegt auf zwei Etagen in einem schönen Altbau. Es ist stylisch und sauber, bietet angenehme Schlafsäle, die auch eine anständige Größe aufweisen und Doppelzimmer in Hotelqualität. Außerdem gibt es eine schöne Küche, das Highlight ist jedoch die sagenhafte Dachterrasse, von der sich ein toller Blick auf den Palacio Barolo und die Avenida de Mayo bietet.

Die Eigentümer organisieren regelmäßig *asados* und Yoga-Unterricht. Dieselbe Familie führt auch noch ein preisgünstigeres Hostel im dritten Stockwerk.

Sabatico Hostel HOSTEL $
(Karte S. 62; ☎ 011-4381-1138; www.sabaticohostel.com.ar; México 1410; B ab 16 US$, DZ mit/ohne Bad ab 56/47 US$; ❄@🛜; ⓢLínea E Independencia) Dieses freundliche Hostel liegt abseits der Touristenpfade in einem Stadtviertel mit viel Flair. Die Zimmer sind klein aber nett. Zu den guten Gemeinschaftsbereichen gehören eine schöne Küche, ein Ess- und Wohnzimmer, luftige Gänge am Patio und eine herrliche Dachterrasse mit Hängematten, eine *parrilla* (Grill) und ein Minipool. Außerdem können sich die Gäste über eine Tischtennisplatte, einen Fahrradverleih und tägliche Gruppenaktivitäten freuen.

Hotel Bonito BOUTIQUE HOTEL $
(Karte S. 62; ☎ 011-4381-2162; www.bonitobuenosaires.com; Chile 1507, 3. St.; Zi 38-50 US$; ❄@🛜; ⓢLínea E Independencia) Schönes Boutique-Hotel mit nur fünf künstlerischen, großartigen Zimmern, die Tradition und Moderne verbinden. Einige verfügen über Loft-Betten und kleine Balkone; die Böden bestehen aus Holz oder mit Säure behandeltem Beton. Das Hotel hat eine warme, heimelige Atmosphäre, eine kleine Bar und bietet ein gutes Frühstück an. Es liegt abseits des Tourismus aber in fußläufiger Entfernung von Congreso und San Telmo.

★ Imagine Hotel BOUTIQUE HOTEL $$
(Karte S. 62; ☎ 011-4383-2230; www.imaginehotelboutique.com; México 1330; EZ/DZ/3BZ ab 90/110/160 US$; ❄@🛜; ⓢLínea E Independencia) Dieses wunderschöne Gästehaus in einem traditionellen Haus im *Casa-chorizo*-Stil verfügt über neun ansprechende Zimmer, die alle unterschiedlich rustikal, aber dennoch gehoben möbliert sind. Die Zimmer gruppieren sich um drei Patios, deren originale Fliesen und Grünpflanzen Akzente setzen. Der dritte Patio verfügt über eine Rasenfläche. Das Hotel ist ein kleines Paradies in einem nicht-touristischen Viertel und rohlstuhlgerecht. Frühzeitig reservieren.

🛏 San Telmo

In fußläufiger Entfernung zum Zentrum und umgeben von Bars und Restaurants, ist San Telmo ein beliebtes Viertel für einen Aufenthalt. Hier befinden sich einige der besten Hostels der Stadt sowie gute Gästehäuser und Boutique-Hotels.

★ América del Sur HOSTEL $
(Karte S. 62; ☎ 011-4300-5525; www.americahostel.com.ar; Chacabuco 718; B ab 15 US$, DZ ab 45 US$; ❄@🛜; ⓢLínea C Independencia) Dieses reizende Hostel im Boutiquestil ist das raffinierteste seiner Art; es wurde eigens als Hostel konzipiert. Hinter der Rezeption befindet sich ein schöner Barbereich mit einem großen Patio aus Holz.

Die strahlend-sauberen Schlafsäle, in denen vier Betten stehen, verfügen über gut konzipierte Bäder. Die Doppelzimmer sind geschmackvoll ausgestattet und besser als in so manchen Mittelklassehotels. Außerdem wartet eine Fülle von Dienstleistungen auf die Gäste des Hauses.

Circus Hostel & Hotel HOSTEL $
(Karte S. 62; ☎ 011-4300-4983; www.hostelcircus.com; Chacabuco 1020; B ab 15 US$, Zi. ab 47 US$; ❄@🛜🏊; Ⓢ Línea C Independencia) Von der schicken Lounge vorn bis zum Planschbecken hinter dem Haus, um das eine Holzterrasse verläuft, hat dieses Hotel-Hostel etwas Hippes. Die Schlafsäle und auch die Zimmer sind klein, einfach und funktional möbliert und verfügen über ein eigenes Bad. Es gibt einen Billardtisch und einen schicken TV-Bereich, jedoch keine Küche.

L'Adresse BOUTIQUE HOTEL $
(Karte S. 62; ☎ 011-4307-2332; https://ladressehotel.com; Bolívar 1491; Zi. ab 55 US$; ❄🛜; 🚌29, 33, 159, 130) Das ehemalige Herrenhaus aus den 1880er-Jahren, das zu einem Mietshaus umgewandelt worden war, wurde von dem französischen Paar Clara und Romain in einer über drei Jahre dauernden sorgfältigen Sanierung zu diesem Boutique-Hotel mit Charakter umgebaut. Die 15 einfachen, aber bequemen Zimmer gehen von Korridoren ab, in denen noch die orginalen Fliesen zu sehen sind. Ein Großteil der Möbel wurde gerettet und von den Eigentümern aufgepeppt. Es gibt auch eine wunderbare Bar und einen netten Frühstücksbereich.

Art Factory Hostel HOSTEL $
(Karte S. 62; ☎ 011-4343-1463; www.artfactoryba.com.ar; Piedras 545; B ab 17 US$, DZ ab 47 US$; ❄@🛜; Ⓢ Línea E Belgrano) Das freundliche Hostel, das sich die Kunst als Motto auserkoren hat, ist rundum prima. Geboten sind mehr Doppelzimmer als andernorts üblich – und in allen hängen riesige Wandgemälde, die von verschiedenen Künstlern gemalt und gestaltet wurden. Sogar die Gänge und Wassertanks beeindrucken mit farbenfrohen Motiven, die im Cartoon-Stil gehalten sind. Das weitläufige Herrschaftshaus aus den 1850er-Jahren trägt ein Übriges zum Flair bei. Es gibt eine große Dachterrasse mit Hängematten und einem separaten Bar-Lounge-Bereich samt Billardtisch.

Patios de San Telmo BOUTIQUEHOTEL $$
(Karte S. 62; ☎ 011-4307-0480; http://patiosdesantelmo.com.ar; Chacabuco 752; Zi. 105–138 US$; ❄@🛜🏊; Ⓢ Línea C Independencia) Dieses angenehme Boutiquehotel in einem ehemaligen *conventillo* (Mietshaus) aus dem Jahr 1860 verfügt über 30 großzügige, elegante Zimmer, die sich um mehrere Patios gruppieren. Es gibt eine schöne, mit Kunstwerken geschmückte „Bibliothek", einen rückwärtigen Patio mit Hängekorbsesseln sowie einen winzigen Swimmingpool auf dem Dach mit Holzveranda.

Mansión Vitraux BOUTIQUEHOTEL $$
(Karte S. 62; ☎ 011-4878-4292; www.mansionvitraux.com; Carlos Calvo 369; Zi. ab 110 US$; ❄@🛜🏊; Ⓢ Línea C Independencia) Das Boutiquehotel mit Glasfront wirkt beinahe schon etwas zu schick für San Telmo. Es bietet zwölf wunderschöne Zimmer, die alle ein individuelles Design aufweisen. Alle verfügen über Flachbild-TVs oder Projektions-TVs. Die Bäder haben ein modernes Design. Das Frühstücksbüfett wird an der Weinbar im Untergeschoss gereicht. Außerdem gibt es einen großen Jacuzzi, eine Sauna, ein Hallenbad und eine schicke Dachterrasse mit einem zweiten Pool.

🛏 Recoleta & Barrio Norte

★ Poetry Building APARTMENT $$$
(Karte S. 74; ☎ 011-4827-2772; www.poetrybuilding.com; Junín 1280; Apt. 280–390 US$; ❄🛜🏊; Ⓢ Línea D Pueyrredón) Diese tollen Studios und Apartments mit dazugehörigen Schlafzimmern eignen sich perfekt für die ganze Familie. Jede Wohneinheit ist individuell mit Reproduktionen antiker Möbel gestaltet und zu allen gehört auch eine voll ausgestattete Küche (die auf Wunsch mit Lebensmitteln aufgefüllt wird). Einige Apartments verfügen über einen eigenen Balkon oder einen Patio; es gibt auch eine Gemeinschaftsterrasse mit einem Minipool.

In dem fantastischen Gemüsegarten auf der Dachterrasse können sich die Gäste vom selbst gezogenen Kohl, scharfer Paprika, Mangold, Bohnen und Tomaten bedienen.

★ Palacio Duhau – Park Hyatt HOTEL $$$
(Karte S. 74; ☎ 011-5171-1234; https://buenosaires.park.hyatt.com; Av Alvear 1661; DZ ab 520 US$; ❄@🛜🏊; 🚌130, 111, 62) Wenn es gut genug für Präsidenten, Diplomaten und Tom Cruise sein soll, dann ist es auch gut genug für alle anderen. Das luxuriöse Park Hyatt nimmt einen ganzen Block ein und besteht aus zwei Flügeln, zu denen auch der Palacio Duhau gehört, eine renovierte Villa mit separater Rezeption. Es gibt einen wunderschönen Terrassengarten mit Brunnen und Patios, einen schönen Spa-Bereich, ein Hallenbad und die großartige Oak Bar.

Alvear Palace Hotel   HOTEL $$$
(Karte S. 74; ☎ 011-4808-2100; www.alvearpalace.com; Av Alvear 1891; Zi. ab 630 US$; ✳@🌐≋; 🚇130, 93, 62) Das Alvear Palace gilt als das nobelste und traditionsreichste Hotel in BA. Es verströmt die Eleganz der alten Welt und verfügt über alle Dienstleistungen und Annehmlichkeiten, die man von einem 5-Sterne-Hotel erwartet. Die Toilettenartikel im Bad sind von Hermès und die Bettlaken aus ägyptischer Baumwolle. Die neu hinzugekommenen Suiten in der obersten Etage bieten atemberaubende Ausblicke auf Recoleta und auf den Fluss; die neue Bar auf dem Dach und das Hallenbad sind gleichermaßen eindrucksvoll.

Es gibt auch ein ausgezeichnetes Restaurant, einen Raum für Weinverkostungen, einen eleganten Teesalon, eine Champagnerbar und einen schönen Spa-Bereich.

🛏 Palermo

Palermo, etwa 20 Minuten mit dem Taxi vom Zentrum entfernt (und durch Bus und Subte gut angebunden), ist für viele Reisende die erste Wahl. Das Viertel hat nicht nur viele weitläufige Parks, die sich für Wochenendausflüge und sportliche Aktivitäten anbieten, sondern auch massenweise schicke Restaurants, Designerboutiquen und Tanzclubs direkt vor der Tür. Die meisten befinden sich in den weitläufigen Vierteln Palermo Soho und Palermo Hollywood.

★ Reina Madre Hostel   HOSTEL $
(Karte S. 78; ☎ 011-4962-5553; www.rmhostel.com; Av Anchorena 1118; B 15–20 US$, EZ/DZ 40/44 US$; ✳@🌐; 🚇Línea D Pueyrredón) Dieses wunderbare Hostel ist sauber, sicher und gut geführt. Es befindet sich in einem Altbau mit hohen Decken und Originalfliesen. Die Zimmer sind gemütlich (und teilen sich die Badezimmer). Es gibt ein gemütliches Wohnzimmer und eine kleine Küche sowie viele kleine Tische. Das Highlight ist jedoch die Dachterrasse mit *parrilla* und Holzterrasse. Es gibt auch eine Hauskatze.

★ Palermo Viejo B&B   GÄSTEHAUS $
(Karte S. 78; ☎ 011-4773-6012; www.palermoviejobb.com; Niceto Vega 4629; EZ 55 US$, DZ 60–75 US$, 3BZ 85 US$; ✳@🌐; 🚇140) Das freundliche B&B befindet sich in einer umgestalteten *casa chorizo* aus dem Jahr 1901, die früher die Textilfabrik des Vaters des Eigentümers war. Die sechs mit lokalen Kunstwerken dekorierten Zimmer gruppieren sich um einen begrünten Patio. Zwei der Zimmer verfügen über Lofts. Alle sind mit Kühlschränken ausgestattet; außerdem wird ein gutes Frühstück serviert. Es empfiehlt sich, vorab anzurufen.

Art Factory Palermo   HOSTEL $
(Karte S. 78; ☎ 011-2004-4958; www.artfactorypalermo.com.ar; Costa Rica 4353; B 14–18 US$, Zi mit/ohne Bad 57/50 US$; ✳@🌐; 🚇Línea D Scalabrini Ortiz) Dieses ordentliche Hostel ohne Schnickschnack liegt in der Nähe von Palermos Restaurants und dem regen Nachtleben. Wie sein Pendant in San Telmo, ist auch die Art Factory in einem Altbau untergebracht und mit künstlerischen Wandgemälden und Schablonenzeichnungen dekoriert. Es gibt eine kleine Küche, eine Tischtennisplatte und einen Wohnbereich.

Da es nur eine begrenzte Anzahl an Badezimmern gibt, kann es manchmal leider zu Warteschlangen kommen.

Rugantino Hotel   PENSION $
(Karte S. 78; ☎ 011-6379-5113; www.rugantinohotelboutique.com.ar; Uriarte 1844; Zi. 64–68 US$; ✳@🌐; 🚇Línea D Palermo) Diese kleine, heimelige Pension befindet sich in einem Gebäude aus den 1920er-Jahren. Diverse Terrassen und Stege verbinden die sieben Zimmer mit Parkettböden, die sich im modernen Stil, kombiniert mit ein paar Antiquitäten, präsentieren. Der wilde Wein und die Grünpflanzen im zentralen Innenhof wirken beruhigend – und für spontane Musikeinlagen ist eine Gitarre zur Hand. Es empfiehlt sich, frühzeitig zu reservieren.

Mansilla 3935 B&B   B&B $
(Karte S. 78; ☎ 011-4833-3821; www.mansilla3935.com; Mansilla 3935; EZ/DZ 35/50 US$; ✳@🌐; 🚇Línea D Scalabrini Ortiz) Das familiengeführte B&B in einem heimeligen, dunklen Haus bietet viel fürs Geld. Jedes der sechs einfachen Zimmer verfügt über ein eigenes Bad. Die Decken sind hoch und ein paar winzige Patios tragen ein Übriges zum Charme bei.

Eco Pampa Hostel   HOSTEL $
(Karte S. 78; ☎ 011-4831-2435; www.hostelpampa.com.ar; Guatemala 4778; B 13–17 US$, EZ/DZ 50/60 US$; @🌐; 🚇Línea D Plaza Italia) 🌿 Das erste „grüne" Hostel von BA präsentiert sich als legere Bleibe mit nostalgischen Möbeln, Energiesparlampen und einem Recyclingsystem. Auf dem Dach oben befinden sich ein kleiner Gemüsegarten, ein Komposthaufen und Sonnenkollektoren. Die Schlafsäle weisen eine anständige Grö-

ße auf; jedes der acht Gästezimmer besitzt ein eigenes Bad und TV mit Flachbildschirm (die meisten verfügen über eine Klimaanlage). Eine Küche ist auch dabei.

★ Le Petit Palais
B&B $$

(Karte S. 78; ☎ 011-4962-4834; www.lepetitpalais-buenosaires.com; Gorriti 3574; DZ/DZ ab 75/85 US$; ❊ 🛜; Ⓢ Línea D Agüero) Das kleine, aber charmante B&B unter französischer Leitung bietet fünf einfache, gemütliche Zimmer; alle mit eigenem Bad. Das Highlight ist die hübsche kleine Terrasse im zweiten Stock, auf der bei schönem Wetter das wohl beste Frühstück der Stadt serviert wird – frischer Joghurt, Marmeladen und Brote (alles hausgemacht), sowie Eier, *medialunas* (Croissants) und Cerealien. Es gibt auch ein paar freundliche Hauskatzen.

The 5th Floor
B&B $$

(Karte S. 78; ☎ 011-4827-0366; www.the5thfloorba.com; in der Nähe von Vidt & Santa Fe; Zi. 90–170 US$; ❊ @; Ⓢ Línea D Scalabrini Ortiz) Das edle B&B kann mit sechs eleganten Zimmern aufwarten, zwei davon mit eigenem Balkon. Alle sind geschmackvoll gestaltet mit Jugendstilmöbeln und modernen Annehmlichkeiten. Der Aufenthaltsraum bietet sich für einen Plausch mit dem Besitzer an – einem Engländer, der sich für Polo begeistert. Nett ist auch der rückwärtige Patio mit vielen hübschen Fliesen. Das Frühstück ist hervorragend. Die genaue Adresse wird erst bei der Reservierung bekannt gegeben; Mindestaufenthalt: drei Nächte.

Duque Hotel
BOUTIQUEHOTEL $$

(Karte S. 78; ☎ 011-4832-0312; www.duquehotel.com; Guatemala 4364; EZ 130 US$, DZ 145–175 US$; ❊ @ 🛜 ≋; Ⓢ Línea D Scalabrini Ortiz) Alle 14 Zimmer in diesem charmanten Boutiquehotel sind gut konzipiert, auch wenn einige etwas klein ausfallen – wer mehr Platz benötigt, sollte ein Superior- oder Deluxe-Zimmer nehmen. Pluspunkte sind ein großer Jacuzzi, eine Sauna, ein Spa-Bereich im Untergeschoss, ein Frühstücksbüfett, Nachmittagstee mit Gebäck und ein wunderbarer kleiner Garten im Hinterhof mit einem winzigen Pool. Online-Rabatte verfügbar.

Hotel Clasico
HOTEL $$

(Karte S. 78; ☎ 011-4773-2353; www.hotelclasico.com; Costa Rica 5480; Zi. 120–160 US$; ❊ 🛜; Ⓢ Línea D Palermo) Attraktives Hotel mit 33 geschmackvollen, klassischen Zimmern; einige haben einen winzigen Balkon, alle weisen Holzböden und moderne Annehmlichkeiten auf und sind in Erdtönen gehalten. An den Wänden hängen Fotos eines einheimischen Fotografen. Wer das Besondere sucht, nimmt das Penthouse mit Terrasse. Ein Lift mit Glaswand ist einem künstlerischen Wandgemälde zugewandt.

★ Magnolia Hotel
BOUTIQUE HOTEL $$$

(Karte S. 78; ☎ 011-4867-4900; http://magnoliahotelboutique.com/palermo-buenosaires; Julián Alvarez 1746; Zi. $154–195 US; ❊ @ 🛜; Ⓢ Línea D Scalabrini Ortiz) Erstklassiges Boutiquehotel in einem wunderschön restaurierten Altbau. Die acht perfekt gepflegten in gedeckten Farben gestrichenen Zimmer sind elegant möbliert; einige haben einen Patio oder einen Balkon. Andere Pluspunkte sind ein Willkommensdrink und ein kleiner Patio, auf dem das Frühstück eingenommen wird. Preisnachlass bei Onlinebuchungen.

CasaSur
HOTEL $$$

(Karte S. 78; ☎ 011-4770-9452; http://casasurhotel.com/palermo; Costa Rica 6032; Zi. 165–265 US$; ≋; Ⓢ Línea D Ministro Carranza) Das CasaSur Hotel mit seiner luftigen, modernen Lobby, die mit überdimensionierten Bücherregalen bestückt ist, ist eine überaus stylische Bleibe. Die eleganten Zimmer weisen grafische Tapeten und ein monochromes Farbschema auf; die Zimmer vom ersten bis zum vierten Stockwerk verfügen über Balkone. Es gibt einen kleinen Swimmingpool, einen Spa-Bereich und Fitnessraum. Das Highlight ist jedoch die großzügige Dachterrasse mit einem wunderbaren Ausblick.

Vain Boutique Hotel
BOUTIQUEHOTEL $$$

(Karte S. 78; ☎ 011-4776-8246; www.vainuniverse.com; Thames 2226; Zi. 145–300 US$; ❊ @ 🛜; Ⓢ Línea D Plaza Italia) In dem schön renovierten Gebäude gibt es 15 elegante Zimmer mit hohen Decken und Holzboden. Alle sind modern, d. h. minimalistisch und in Weiß gehalten und mit Sofas und kleinen Schreibtischen ausgestattet. Das Highlight ist jedoch das luftige Wohnzimmer über mehrere Ebenen, zu dem eine Terrasse mit Holzplanken und ein Jacuzzi gehören. Preisnachlass bei Onlinebuchungen.

Miravida Soho
PENSION $$$

(Karte S. 78; ☎ 011-4774-6433; www.miravidasoho.com; Darregueyra 2050; Zi. 220–300 US$; ❊ @ 🛜; Ⓢ Línea D Plaza Italia) Diese wunderbare Pension hat sechs elegante Zimmer; von denen eines eine eigene Terrasse hat. Es gibt einen Weinkeller, einen Bar-Lounge-Bereich für abendliche Weinverkostungen, einen kleinen, entspannten Patio und sogar einen Fahrstuhl. Es wird ein leckeres, üppiges Frühstück serviert; frühzeitig reservieren.

Mine Hotel BOUTIQUEHOTEL $$$
(Karte S. 78; ☎ 011-4832-1100; www.minehotel.com; Gorriti 4770; DZ 160–235 US$; ✻@☎☲; 🚇140, 110, 55) Das hippe Boutiquehotel verfügt über 20 geräumige Zimmer; einige haben einen Jacuzzi und einen Balkon und alle einen Schreibtisch. Beim Dekor setzen Naturmaterialien Akzente. Mit etwas Glück bekommt man eines der Zimmer, die auf den beschaulichen Hof hinter dem Haus mit dem kleinen Kneippbecken hinausgehen.

Das Frühstücksbüfett wird in einem kleinen Bistro angerichtet.

Südlich von Palermo

★ Chill House GUESTHOUSE $
(Karte S. 78; ☎ 011-4861-6175; www.chillhouse.com.ar; Agüero 781; EZ 45 US$; DZ 55–65 US$; @☎; 🚇Línea B Carlos Gardel) Entspanntes und freundliches Gästehaus in einem umgebauten Altbau mit hohen Decken und einem rustikalen künstlerischen Stil mit zehn Zimmern. Zimmer Nr. 6 mit Balkon und Klimaanlage ist besonders schön. Auf der traumhaften Dachterrasse finden *asados* mit DJs und gelegentlicher Live-Musik statt.

Das Gästehaus ist gut an die öffentlichen Verkehrsmittel angebunden und von Palermo und dem Zentrum gut erreichbar.

✕ Essen

✕ Das Zentrum

180 Burger Bar BURGER $
(Karte S. 62; ☎ 011-4328-7189; www.facebook.com/180burgerbar; Suipacha 749; Burger 110–135 Arg$; ⊗Mo–Fr 12–16 Uhr; 🚇Línea C Lavalle) Lust auf einen Hamburger? Dann sollte man sich zu dem Jungvolk gesellen, das wahrscheinlich vor diesem kleinen Imbiss Schlange steht. Man wählt eine „Salsa" (Mayochimi, Tzatziki, Barbacoa) aus und fügt Käse hinzu, wenn man das mag. Gegessen wird in den von den Betonwänden vorgegebenen engen Grenzen – samt klobigen Möbeln und laut dröhnender Musik.

Latino Sandwich SANDWICHES $
(Karte S. 62; ☎ 011-4331-0859; www.latinosandwich.com; Tacuari 185; Sandwiches 75–100 Arg$; ⊗Mo–Fr 8–17 Uhr; 🚇Línea A Piedras) Einige der besten Lokale in BA sind kleine Imbissbuden – eine Tatsache, die das Latino Sandwich nur bestätigt. Hier ist man richtig, um sich in der Innenstadt ein Sandwich zu holen, beispielsweise argentinische *milanesa* (paniertes Schnitzel), allerdings mit Rucola und Guacamole, oder Schweinefleisch vom Grill mit Cheddar-Käse oder mit gegrillten Zuchini und Auberginen. Es gibt nur einen gemeinschaftlichen Tisch, denn der Imbiss versorgt vor allem Geschäftsleute, die ihr Sandwich meist mitnehmen.

Vita VEGAN $
(Karte S. 62; ☎ 011-4600-8164; Hipólito Yrigoyen 583; Hauptgerichte 85–110 Arg$; ⊗Mo–Mi 8–20, Do & Fr bis 1, Sa 10.30–1, So 11–19 Uhr; ♨; 🚇Línea E Bolívar) Zwangloses und gesundheitsorientiertes Lokal mit Hippie-Flair, in dem leckere, vegane Gerichte wie Risotto, Linsenburger und Gemüse-Calzone sowie eine Auswahl veganer Kuchen angeboten werden. Außerdem gibt es frisch gemixte Obstsäfte und allerlei Salate. Eine Zweigstelle befindet sich in Palermo.

Aldo's Restoran & Vinoteca ARGENTINISCH $$$
(Karte S. 62; ☎ 011-4334-2380; www.aldosvinoteca.com; Moreno 372; Hauptgerichte 360–490 Arg$; ⊗So–Do 12–24, Fr bis 1, Sa 19–1 Uhr; 🚇Línea A Plaza de Mayo) Ein gehobenes Restaurant mit Weinhandlung, in der sich die Weinflaschen an den Wänden stapeln, und einer kleinen, aber feinen Speisekarte mit Fleisch-, Meeresfrüchte- und Pastagerichten. Dienstags finden Weinverkostungen statt oder man fragt den Ober, welchen der ungefähr 600 Weine er empfehlen würde.

Eine Zweigstelle befindet sich in Palermo.

✕ Puerto Madero

i Central Market ARGENTINISCH $$
(Karte S. 62; ☎ 011-5775-0330; www.icentralmarket.com.ar; Av Macacha Güemes 302; Hauptgerichte 105–215 Arg$; ⊗8–22 Uhr; ☎; 🚇Línea B Alem) Das moderne Restaurant direkt am Wasser ist an sonnigen Tagen besonders schön – die Tische an der Promenade sind sagenhaft, um das muntere Volk zu beobachten. Am besten bestellt man sich zum Frühstück einen Espresso mit Gebäck; zum Mittagessen munden Panini oder moderne argentinische Gerichte. Im Gourmet-Deli nimmt man in legererem Ambiente Platz. Außerdem kann man noch in einem Geschäft für Küchenartikel herumstöbern.

Eine weitere Zweigstelle (jedoch nicht am Wasser) ist **i Fresh Market** (Karte S. 62; ☎ 011-

5775-0335; www.icentralmarket.com.ar; Olga Cossettini 1175; Hauptgerichte 90–160 Arg$; ⊗ 8–22 Uhr; ⓢ Línea A Plaza de Mayo).

★ Chila   MODERN ARGENTINISCH $$$
(Karte S. 62; ☏ 011-4343-6067; www.chilaweb.com.ar; Alicia Moreau de Justo 1160; 6-Gang-Menü 1900 Arg$; ⊗ Di–So 20–23 Uhr; ⓢ Línea A Plaza de Mayo) Mit die beste und originellste Küche in BA stammt von dem Koch Pedro Bargero. Für seine Sechs-Gänge-Menus der Haute-Cuisine werden nur die besten saisonalen Zutaten verwendet; außerdem arbeitet das Restaurant mit ausgezeichneten Produzenten zusammen. Die Gäste können sich auf wunderbar präsentierte Speisen, hochprofessionelle Mitarbeiter und – mit etwas Glück – auf einen Tisch mit romantischem Blick auf den Hafen freuen.

Le Grill   PARRILLA $$$
(Karte S. 62; ☏ 011-4331-0454; www.legrill.com.ar; Alicia Moreau de Justo 876; Hauptgerichte 210–750 Arg$; ⊗ Mo–Fr 12.30–15 Uhr & 19–24, Sa 19–1, So 12.30–15.30 Uhr; ⓢ Línea A Plaza de Mayo) Es dürfte keine Überraschung sein, dass Fleisch vom Grill die Spezialität dieser schicken *parrilla* ist. Empfehlenswert sind der Lammrücken und die Spezialität des Hauses, Dry Aged Steak. Gäste, die kein Fleisch möchten, finden einige Meeresfrüchte- und Pastagerichte. Man sollte versuchen, einen Tisch im Atrium mit Blick auf die Puente de la Mujer zu reservieren.

🍴 Congreso & Tribunales

★ Cadore   EIS $
(Karte S. 62; ☏ 011-4374-3688; http://heladeriacadore.com.ar; Av Corrientes 1695; Eis ab 100 Arg$; ⊗ Mo–Do 12–1, Fr–So bis 2 Uhr; ⓢ Línea B Callao) Eine der klassischen *heladerías* (Eisdielen) in Buenos Aires. Sie wurde 1957 von der italienischen Familie Olivotti gegründet und erlebt den größten Ansturm spät am Abend, wenn die Besucher aus den Theatern strömen. Empfehlenswert ist das *dulce de leche* (Milchkaramel-Eis). Um das Eis herzustellen, wird die *dulce leche* 14 bis 16 Stunden lang gekocht.

★ Pizzería Güerrín   PIZZA $
(Karte S. 62; ☏ 011-4371-8141; www.facebook.com/pizzeriaguerrin; Av Corrientes 1368; Pizzaschnitte 28–38 Arg$; ⊗ So–Do 11–1 Ur, Fr & Sa bis 2 Uhr; ⓢ Línea B Uruguay) Diese beliebte Pizzeria auf der Avenida Corrientes gibt es schon seit 1932. Für einen schnellen Boxenstopp (und den günstigsten Preis) bestellt man am Tresen ein Stück der dicken *muzzarella* und isst dann im Stehen. Dazu passt eine Portion *fainá* (Fladenbrot aus Kirchenerbsen), ein Muskateller und Sodawasser.

Oder man nimmt ganz einfach Platz und bestellt sich eine frisch gebackene Pizza von der umfangreichen Speisekarte. Es werden auch Empanadas und verschiedene Nachspeisen angeboten.

Chan Chan   PERUANISCH $
(Karte S. 62; ☏ 011-4382-8492; Hipólito Yrigoyen 1390; Hauptgerichte 70–142 Arg$; ⊗ Di–Sa 12–16 & 20–0.30, So bis 23.30 Uhr; ⓢ Línea A Sáenz Peña) Dank der fairen Preise und dem flotten Service, ist dieses farbenfrohe peruanische Lokal mittags immer brechend voll mit Büroangestellten, die Teller mit *ceviche* (in Zitronensaft marinierter Fisch) und *ajiaco de conejo* (Kaninchen-Kartoffel-Eintopf) verspeisen. Außerdem gibt es zahlreiche Gerichte mit *arroz chaufa* (frittierter Reis auf peruanische Art), die sich prima mit einem scharfen Pisco Sour oder einer Karaffe *chicha morada* (ein süßes, fruchtiges Getränk) herunterspülen lassen.

Parrilla Peña   PARRILLA $
(Karte S. 62; ☏ 011-4371-5643; www.parrillapenia.url.ph; Rodríguez Peña 682; Hauptgerichte 130–390 Arg$; ⊗ Mo–Sa 12–16 & 20–24 Uhr; ⓢ Línea D Callao) Die einfache, traditionelle und alteingesessene *parrilla* ist für ihr qualitativ hochwertiges Fleisch und ihre üppigen Portionen bekannt. Der Service ist flott und effizient und das Essen ist sein Geld wert.

Es gibt auch selbst gemachte Pasta, Salate und *milanesas* (panierte Schnitzel auf argentinische Art) sowie mehrere leckere Nachspeisen. Die Weinkarte ist gut.

★ Aramburu   MODERN ARGENTINISCH $$$
(Karte S. 62; ☏ 011-4305-0439; www.arambururesto.com.ar; Salta 1050; 18-Gänge-Degustationsmenü 1750 Arg$, mit passenden Weinen 2600 Arg$; ⊗ Di–Sa 20.30–23 Uhr; ⓢ Línea E San José) Die aus 18 Gängen bestehende saisonale „Molekularküche" des Chefkochs Gonzalo Aramburu ist wirklich verblüffend. Jeder kunstvoll zubereitete Gang besteht aus einigen wenigen Happen kulinarischen Hochgenusses. Die Gäste können erlesene Geschmacksvarianten, Texturen und Düfte sowie einzigartige Präsentationen erwarten – ein unvergessliches Gourmet-Erlebnis. Das Restaurant befindet sich im trendigen, aufstrebenden Viertel Montserrat.

EIN STEAK-ERLEBNIS DER BESONDEREN ART

In eine *parrilla* zum Essen zu gehen, steht sicher ganz oben auf der To-do-Liste eines jeden Besuchers, allerdings gibt es auch andere Möglichkeiten, sich ein leckeres, saftiges Steak schmecken zu lassen.

Argentine Experience (Karte S. 78; 011-4778-0913; www.theargentineexperience.com; Fitz Roy 2110; pro Person 105–140 US$; Mo–Sa 18.30–23.30 Uhr; Línea D Palermo) Hier werden die Gäste über die Bedeutung der hiesigen Gesten und die Geschichte des Rindfleischs in Argentinien informiert. Zudem lernt man, wie man Empanadas und *alfajores* (Doppelkeks mit einer Füllung aus *dulce de leche*) zubereitet. Ein superzartes Steak bekommt man übrigens auch noch vorgesetzt.

Steaks by Luis (Karte S. 78; 011-4776-0780; www.steakbuenosaires.net; Malabia 1308; 5 Gänge mit Wein 89 US$; Mo, Di, Do & Sa 20 Uhr; 140, 15, 168) Bei diesem noblen *Asado*-Erlebnis knabbert man an Käsehäppchen und nippt an edlem Wein, während man wie gebannt zuschaut, wie das Fleisch gegrillt wird.

Parrilla Tour (011-15-4048-5964; www.parrillatour.com; pro Person 79 US$; Palermo Tour Di 12 & 19.30 Uhr, Fr & Sa 12 Uhr, San Telmo Tour Mo & Mi 12 Uhr) Die Teilnehmer treffen ihren kundigen Guide in einem Restaurant, wo sie sich zuerst ein *choripán* (traditionelles Brötchen mit Bratwurst) schmecken lassen, gefolgt von einer Empanada. Die kulinarische Exkursion endet dann in einer einheimischen *parrilla*.

✕ San Telmo

★ El Banco Rojo INTERNATIONAL $
(Karte S. 62; 011-4040-2411; www.elbancorojo.wordpress.com; Bolívar 866; Hauptgerichte 60–110 Arg$; Di–Sa 12–0.30, So bis 23.30 Uhr; Línea C Independencia) Das trendige Lokal zieht das Jungvolk magnetisch an. Serviert werden Sandwiches, Falafel, Burger und Tacos sowie eine Vielzahl von Bieren und Spirituosen. Wenn sie auf der Speisekarte stehen, sind die *empanadas de cordero* (Teigtasche mit Lammfüllung) empfehlenswert. Das neue Lokal von Banco Rojo (nur einen Block vom alten Standort entfernt) bietet etwas mehr Platz zum Essen, hat aber immer noch dieselbe Grunge-Atmosphäre.

Chin Chin PUB ESSEN $
(Karte S. 62; Estados Unidos 500; Hauptgerichte 100–250 Arg$; Di–Do 17.30–24, Fr & Sa 18–2, So 10–22.30 Uhr) Diese rustikale Eckkneipe mit Craft-Bieren vom Fass hat sich mit schmackhaftem und preiswertem Essen einen Namen gemacht. Es gibt üppig belegte Sandwiches in knackigen Baguettes, grünes und gelbes Curry sowie knusprige Polenta mit gegrilltem Gemüse.

Lo de Freddy PARRILLA $
(Karte S. 62; Bolívar 950; choripanes 50 Arg$, vaciopanes 100 Arg$; Mo–Fr 13.30–17.30 Uhr & 20–23.30, Sa & So 13–23.30 Uhr; 29) In der Nähe des Eingangs zum San Telmo Markt serviert diese *parrilla* preisgünstige *choripanes* (Sandwich mit Würstchen) und *vaciopanes* (Sandwich mit Rindfleisch). Der rustikale Imbiss verfügt nur über eine Bank und einige Stühle, die meist von den Stammkunden belegt sind und ist unschlagbar, wenn es um einen sättigenden Snack geht.

Pulpería Quilapán ARGENTINISCH $
(Karte S. 73; 011-4307-6288; http://pulperiaquilapan.com; Defensa 1344; Tagesmenü 150 Arg$, Hauptgerichte 120–290 Arg$; Mi–So 12–24 Uhr; 29) Die Pulpería Quilapán befindet sich in einem ehemaligen Kolonialhaus, das in eine traditionelle Bar umgewandelt wurde, in der sich einst die Gauchos aufhielten. Hier bekommt man einen Geschmack vom Leben in der Pampa ohne dafür die Stadt zu verlassen. Es gibt typisch argentinische Fleischgerichte, Pasta und Eintöpfe und man kann auch Mate probieren.

Auf der Website steht auch der soziale Kalender, zu dem All-you-can-eat-Gnocchi und Bingo-Abende gehören. Es gibt auch einen wunderbaren kleinen *almacén* (Lebensmittelgeschäft), in dem Käse, Marmeladen, Weine von kleinen Weingütern und *pingüinos* (Weinkrug, der wie ein Pinguin geformt ist) verkauft werden.

Bar El Federal ARGENTINISCH $
(Karte S. 62; 011-4361-7328; Carlos Calvo 599; Hauptgerichte 92–295 Arg$; So–Do 8–2, Fr & Sa bis 4 Uhr; Línea C Independencia) Diese

historische Bar aus dem Jahr 1864 mit der Originaleinrichtung aus Holz, schwarz-weißen Bodenfliesen und einer antiken Bar mit Registrierkasse ist ein echter Klassiker.

Zu den Spezialitäten gehören beispielsweise Sandwiches und *picadas* (Vorspeisenteller für mehrere Personen); aber es gibt auch Pasta, Salate, Nachspeisen und große Krüge mit eiskaltem Bier.

El Desnivel — PARRILLA $$

(Karte S. 62; 011-4300-9081; Defensa 855; Hauptgerichte 106–381 Arg$; Di-So 12–1, Mo 19–1 Uhr; S Línea C Independencia) Die seit ewigen Zeiten bestehende *parrilla* ist immer brechend voll mit Einheimischen und Touristen. Hier kommen Köstlichkeiten wie *Chorizo*-Sandwiches (Sandwich mit Rohwurst) und *bife de lomo* (Rinderlende) auf den Tisch. Während man hoffnungsvoll auf einen freien Tisch wartet, ist der vom brutzelnden Grill – der vor der Tür steht – herüberwehende köstliche Duft die reinste „Tortur". Daher sollte man, vor allem am Wochenende, frühzeitig eintreffen.

★ Café San Juan — INTERNATIONAL $$$

(Karte S. 62; 011-4300-1112; www.facebook.com/CafeSanJuanrestaurant; Av San Juan 450; Hauptgerichte 300–390 Arg$; Di-Do 12.30–16 & 20–24, Fr & Sa bis 1 Uhr; S Línea C San Juan) Der Fernsehkoch Leandro Cristóbal, der seine Ausbildung in Mailand, Paris und Barcelona absolviert hat, führt nun als Küchenchef in diesem renommierten Bistro in San Telmo Regie. Am besten startet man mit den sagenhaft leckeren Tapas, danach wendet man sich dem gegrillten spanischen Tintenfisch (1100 Arg$) zu, den mit *molleja* (Kalbsbries) gefüllten Cannelloni oder dem köstlichen *bondiola* (Schweinefleisch, das nach rund neun Stunden Garzeit unglaublich zart ist). Es empfiehlt sich, zur Mittagszeit und ebenso am Abend zu reservieren.

El Refuerzo Bar Almacen — ARGENTINISCH $$$

(Karte S. 62; 011-4361-3013; www.facebook.com/elrefuerzobaralmacen; Chacabuco 872; Hauptgerichte 230–450 Arg$; Di-So 10–2 Uhr; S Línea C Independencia) Der kleine Speisesaal in diesem Restaurant im *Almacén*-Stil füllt sich sehr schnell. Zu den erstklassigen Gerichten, die auf Wandtafeln stehen – geräuchertes Fleisch, Käse, selbst gemachte Pasta und Schmortöpfe im Bistro-Stil –, gibt es passende, ausgezeichnete Weine. Es geht ziemlich zwanglos und sehr freundlich zu. Das Refuerzo ist bei den Einheimischen sehr beliebt.

Hierbabuena — VEGETARISCH $$$

(Karte S. 73; 011-4362-2542; www.hierbabuena.com.ar; Av Caseros 454; Hauptgerichte 190–410 Arg$; Di-So 9–24, Mo bis 17 Uhr; 29, 33, 159, 130) Hier gibt es eine große Auswahl an vegetarischen Gerichten, Smoothies und Säften. Hierbabuena ist eine gute Option für alle, die eine sättigende, nicht auf Fleisch basierte Mahlzeit suchen. Es ist schön gelegen und man blickt auf die Avenida Caseros hinaus. Es werden auch ein paar Gerichte mit Huhn und Fisch angeboten.

Cantina San Juan — ARGENTINISCH $$$

(Karte S. 62; 011-4300-9344; www.facebook.com/CafeSanJuanrestaurant; Chile 474; Hauptgerichte 270–370 Arg$; So-Do 12.30–16 & 20–24, Fr & Sa bis 1 Uhr -; S Línea C Independencia) In diesem legeren Lokal tischt Chefkoch Leandro Cristóbal einfache, aber dafür ausgezeichnete Gerichte wie Antipasti, Mini-Pizza, frische Pasta sowie einige Fleisch- und Fischgerichte auf. Im Anschluss sollte man den hauseigenen Wermut an der *Vermuteria*-Bar probieren.

🍴 La Boca

Proa Cafe — CAFÉ $$

(Karte S. 73; 011-4104-1003; www.proa.org/eng/cafe.php; Av Don Pedro de Mendoza 1929; Mittagsmenü 280 Arg$, Sandwiches 90–150 Arg$; Di-So Café 11–19 Uhr, Küche 12–15.30 Uhr; 33, 64, 29) Dieses luftige Café befindet sich in der obersten Etage der Fundación Proa (S. 72; freier Eintritt). Man kann kurz auf ein Glas frischen Saft und ein Gourmet-Sandwich vorbeischauen oder länger verweilen und ein Fleisch-, Meeresfrüchte- oder Pastagericht bestellen. An einem sonnigen Tag sollte man sich die Dachterrasse nicht entgehen lassen – der Blick über den Riachuelo ist schön und wird hoffentlich nicht durch unangenehme Gerüche beeinträchtigt.

🍴 Retiro

Dadá — INTERNATIONAL $$

(Karte S. 74; 011-4314-4787; San Martín 941; Hauptgerichte 198–318 Arg$; 12–4 Uhr; S Línea C San Martín) Das winzige Bohemienlokal Dadá, mit seinen rot gestrichenen Wänden und einer Bar voller Weinflaschen, hat etwas von einer dezenten Eckkneipe in Paris. Tagsüber gibt es Herzhaftes von der Bistro-Speisekarte, z. B. ein Pfannengericht; abends speist man Lachs vom Grill und genehmigt sich einen professionell gemixten Cocktail.

El Federal ARGENTINISCH $$$
(Karte S. 74; 011-4313-1324; www.elfederal restaurante.com; San Martín 1015; Hauptgerichte 220–389 Arg$; 11–24 Uhr; ; Línea C San Martín) Dieses in der Innenstadt gelegene traditionelle Restaurant ist so etwas wie eine Institution im Viertel. Auf der Speisekarte steht schmackhafte argentinische Hausmannskost – einfache Pastagerichte, Steaks und Empanadas –, aber auch hochklassige Spezialitäten wie patagonisches Lamm, *ñandu milanesas* (Koteletts von dem Emuartigen flugunfähigen *ñandu*) und Fisch aus den Flüssen im Norden des Landes. Raffinierte Nachspeisen runden das Essen ab. Die rustikale, holzgetäfelte Bar trägt zum Charme des Restaurants bei.

Recoleta & Barrio Norte

El Sanjuanino ARGENTINISCH $
(Karte S. 74; 011-4805-2683; www.elsanjuanino. com.ar; Posadas 1515; Empanadas 27 Arg$, Hauptgerichte 110–290 Arg$; 12–16 & 19–1 Uhr; 130, 93, 124) Diese gemütliche, kleine Lokal existiert schon seit ewigen Zeiten und wartet mit dem preiswertesten Essen in Recoleta auf – was einheimische Sparfüchse und sparsame Touristen anlockt. Es gibt pikante Empanadas, Tamales oder *locro* (ein pikanter Eintopf aus Mais, Bohnen, Rind- und Schweinefleisch und Wurst).

Die geschwungene Ziegeldecke trägt zur angenehmen Atmosphäre bei; allerdings nehmen viele Gäste ihr Essen lieber mit, denn die herrlichen Parkanlagen von Recoleta sind lediglich ein paar Blocks entfernt.

Cumaná ARGENTINISCH $
(Karte S. 74; 011-4813-9207; Rodríguez Peña 1149; Hauptgerichte 93–156 Arg$; 12–1 Uhr; Línea D Callao) In diesem farbenfrohen, erschwinglichen Restaurant, das über große Fenster und einen altmodischen Adobe-Backofen verfügt, gibt es regionale argentinische Küche. Die Spezialität sind köstliche *cazuelas* – Eintöpfe mit Kürbis, Mais, Aubergine, Kartoffeln und Fleisch. Beliebt sind auch die Empanadas, *locro* (ein pikanter Eintopf aus Mais, Bohnen, Rind- und Schweinefleisch und Wurst) und *humita* (ein gefüllter Teig aus Mais, der den mexikanischen Tamales ähnlich ist).

Rodi Bar ARGENTINISCH $$
(Karte S. 74; 011-4801-5230; Vicente López 1900; Hauptgerichte 150–350 Arg$; Mo–Sa 8–1 Uhr; ; Línea H Las Heras) Eine gute Wahl für preisgünstiges und bodenständiges Essen im noblen Recoleta.

Dieses Traditionsrestaurant, mit dem würdevollen Flair der Alten Welt und einer umfangreichen Speisekarte, hat für jeden Geschmack etwas zu bieten – von preisgünstigen Kombi-Tellern bis hin zu etwas ungewöhnlichen Gerichten, beispielsweise marinierter Rinderzunge.

Como en Casa ARGENTINISCH $$
(Karte S. 74; 011-4816-5507; www.tortascomo encasa.com; Riobamba 1239; Hauptgerichte 100–240 Arg$; Mo 11–17, Di–Sa 11–17 & 20–23 Uhr; ; Línea D Callao) Wunderschönes, gehobenes Café-Restaurant mit eleganter Atmosphäre, das vor allem für die Reichen Recoletas ein Anlaufpunkt ist. Es gibt einen wunderschönen schattigen Patio mit einem großen Brunnen, der von prächtigen Gebäuden umgeben ist.

Zum Mittagessen werden Sandwiches, Salate, Gemüsetartes und Gourmetpizzas serviert; abends gibt es Gulasch und selbstgemachte Pasta. Außerdem werden leckere Kuchen und Nachspeisen gereicht.

Elena ARGENTINISCH $$$
(Karte S. 74; 011-4321-1728; www.elenaponyline. com; Posadas 1086, Four Seasons; Hauptgerichte 310–580 Arg$; 7–15.50 & 19.30–0.30 Uhr; 130, 62, 93) Wer abends einmal so richtig über die Stränge schlagen möchte, sollte dem Elena einen Besuch abstatten. Das renommierte Restaurant, untergebracht im Four Seasons Hotel, verwendet zur Zubereitung seiner exquisiten Speisen nur Zutaten von bester Qualität. Wer etwas ganz Besonderes probieren möchte, der sollte die Spezialität des Hauses bestellen: wunderbare Dry-Aged-Steaks. Die Cocktails, die Desserts und der Service haben selbstverständlich ebenfalls 5-Sterne-Standard.

Casa Saltshaker INTERNATIONAL $$$
(www.casasaltshaker.com; Menü inkl. passender Weine 80 US$; Di–Sa 20.45 Uhr) Der Ex-New-Yorker Dan Perlman ist der Küchenchef dieses renommierten Restaurants, einer sogenannten *puerta cerrada* (Restaurant mit „geschlossener Tür") in seinem Privatdomizil. Man muss vorab reservieren, zu einer bestimmten Uhrzeit eintreffen und nimmt mit anderen Gästen an einem großen Tisch Platz, was vor allem für Gäste, die alleine kommen, sehr unterhaltsam sein kann. Die genaue Adresse und Telefonnummer bekommt man bei der Reservierung mitgeteilt.

✖ Palermo

★ NoLa
CAJUN $

(Karte S. 78; www.nolabuenosaires.com; Gorriti 4389; Hauptgerichte 100–145 Arg$; ⊙ So–Do 12.30–24, Fr & Sa bis 1 Uhr; ☐ 140, 141, 110) Das kleine, beliebte Restaurant mit Cajun-Küche aus New Orleans ist die Idee der Amerikanerin Lisa Puglia. Hier wird (beinahe) alles hausgemacht, vom Sandwich mit gebratenem Huhn (dem Verkaufsschlager) bis zum *Chorizo*-Gumbo und den pikanten vegetarischen roten Bohnen mit Reis.

Das *Jalapeño*-Maisbrot und der Bourbon-Kaffee-Pekannuss-Kuchen sind sehr gehaltvoll, was aber auch für das kräftige Bier aus der Mikrobrauerei gilt. Die Happy Hour geht bis 20 Uhr.

Fukuro Noodle Bar
JAPANISCH $

(Karte S. 78; ☏ 15-3290-0912; www.fukuronoodlebar.com; Costa Rica 5514; Nudelsuppe 110 Arg$; ⊙ Di–Do 20–24, Fr & Sa bis 1 Uhr) Wer eine willkommene Abwechslung nach dem ausufernden Fleischgenuss sucht, sollte diesem japanisch-taiwanischen Lokal mit Essen, das Leib und Seele zusammenhält, einen Besuch abstatten. Zur Auswahl stehen verschiedene *ramen* (Nudelsuppen), dazu diverse leckere *bao* (gedämpfte Teigtaschen) und *gyoza* (Klößchen). Außerdem gibt es glutenfreie Nudeln und natürlich Sake sowie Bier vom Fass, das aus einer Mikrobrauerei kommt.

Das Lokal ist ziemlich beliebt; sitzen kann man allerdings nur am Tresen.

Chori
ARGENTINISCH $

(Karte S. 78; ☏ 011-3966-9857; www.facebook.com/Xchorix; Thames 1653; choripán 90–110 Arg$; ⊙ 12.30–0.30 Uhr; ☎; ☐ 55, 39) Dieses hippe neue Lokal in Palermo, dessen leuchtend gelbe Wände lachende Comic-Würste schmücken, bringt das argentinische *chori* (Wurst) zu neuen Ehren. Die qualitativ hochwertigen *choris* und *morcillas* (Blutwurst) bestehen aus 100 % Schweinefleisch und hängen an Haken; man kann sich aus einer Vielzahl von Gourmet-Belägen und hausgemachten Broten ein *Choripán*-Sandwich zusammenstellen lassen.

Es werden auch Craft-Bier und verschiedene Beilagen angeboten.

Big Sur
BURGER $$

(Karte S. 78; ☏ 011-4806-7264; www.facebook.com/BigSurBA; Av Cerviño 3596; Burger 90 Arg$, Gerichte 220 Arg$; ⊙ Mi–Mo 12–24 Uhr; Ⓢ Línea D Scalabrini Ortiz) In diesem legeren Lokal im Industriestil gibt es gute Hamburger, Grillhähnchen, Hot Dogs und Pommes Frites im Korb sowie gutes Craft-Bier.

Burger Joint
BURGER $

(Karte S. 78; ☏ 011-4833-5151; www.facebook.com/BurgerJointPalermo; Jorge Luis Borges 1766; Burger 100 Arg$; ⊙ 12–24 Uhr; Ⓢ Línea D Plaza Italia) So ziemlich die saftigsten Burger in ganz BA gibt es in diesem beliebten, mit Graffiti besprühten Lokal. Der in New York ausgebildete Koch Pierre Chacra bietet seine Burger in lediglich vier Varianten an, die aber alle herausragend schmecken. Ganz besonders empfehlenswert sind die „Mexican" (mit Jalapeños, Guacamole und ziemlich scharfer Soße) oder der „Jamaican" (mit Ananas, Cheddar und Speck).

Buenos Aires Verde
VEGETARISCH $$

(Karte S. 78; ☏ 011-4775-9594; www.bsasverde.com; Gorriti 5657; Hauptgerichte 210–265 Arg$; ⊙ Mo–Sa 9–0.30 Uhr; ☒; ☐ 111, 140, 39) Seit Langem bestehendes ökologisch-vegetarisches Restaurant, in dem Wraps, Salate, Suppen und Sandwiches serviert werden.

Dazu gibt es Weizengrassaft oder frische Fruchtsmoothies. Es ist auch ein kleines Lebensmittelgeschäft vorhanden.

Gran Dabbang
FUSIONSKÜCHE $$

(Karte S. 78; ☏ 011-4832-1186; www.facebook.com/grandabbang; Av Scalabrini Ortiz 1543; kleine Teller 120–230 Arg$; ⊙ Mo–Sa 20–24 Uhr; ☐ 141, 15, 160) Die alle Regeln brechende, experimentelle Fusionsküche, die von Mariano Ramón, einem der kommenden Stars der Kochszene von Buenos Aires gezaubert wird, kann in dem kleinen, brechend vollen Speisesaal dieses unscheinbaren Restaurants gekostet werden. Man wählt für zwei Personen drei kleine Teller aus und wird von einer Mischung von Aromen, die aus Indien, Thailand, Paraguay und anderen Ländern stammen, überrascht, die sich von Ramóns zahlreichen Reisen beeinflusst zeigen.

Siamo nel Forno
PIZZA $$

(Karte S. 78; ☏ 011-4775-0337; Costa Rica 5886; Pizza 240–370 Arg$; ⊙ Di–Do & So 20–24, Fr & Sa bis 1 Uhr; ☐ 111, 93, 39) Hier gibt es die wohl beste und knusprigste neapolitanische Holzofenpizza mit hochwertigen Zutaten. Empfehlenswert ist die Margherita mit Tomaten, frischem Mozzarella, Basilikum und Olivenöl, aber ebenso die Pizza Champignon und Prosciutto, die mit Champignons, Schinken und Ziegenkäse belegt ist. Auch die Calzone ist vom Feinsten.

El Preferido de Palermo ARGENTINISCH $$
(Karte S. 78; ☎ 011-4774-6585; Jorge Luis Borges 2108; Hauptgerichte 130–260 Arg$; ⊙ Mo–Sa 9–23.30 Uhr; Ⓢ Línea D Plaza Italia) Traditioneller als dieser Familienbetrieb mit viel Flair kann ein Lokal kaum sein. Es gibt Tapas, Fleischplatten, hausgemachte Pasta und eine Suppe mit Meeresfrüchten. Oder aber man probiert eine der Spezialitäten des Hauses – die Tortillas, *milanesas* oder den kubanischen Reis mit Kalbfleisch und Polenta. Von der Decke herunterbaumelnde Schinken, Gläser mit Oliven und die hohen Tische mit klotzigen Holzstühlen tragen zum Charme des Lokals bei.

Bio VEGETARISCH $$
(Karte S. 78; ☎ 011-4774-3880; www.biorestaurant.com.ar; Humboldt 2192; Hauptgerichte 175–290 Arg$; ⊙ 10–24 Uhr; ⌘; Ⓢ Línea D Palermo) 🍃 Keine Lust mehr auf Fleisch? Dann nichts wie hinein in dieses legere Restaurant. Der Familienbetrieb hat sich auf gesundes, vegetarisches Bioessen spezialisiert. Empfehlenswert sind die Quinoa-Hamburger, das mediterrane Couscous oder Linsen-*milanesa*. Die erfrischende Ingwer-Limonade sollte man sich nicht entgehen lassen. Auch Gäste mit Zöllakie, Veganer und Fans von Rohkost kommen auf ihre Kosten. Es finden auch Kochkurse statt.

★ Proper ARGENTINISCH $$$
(Karte S. 78; ☎ 011-4831-0027; www.properbsas.com.ar; Aráoz 1676; kleine Teller 85–320 Arg$; ⊙ Di–Sa 20–24 Uhr; ☎; 🚌 111, 160, 141) Die jungen Köche im Proper bringen neues Leben in die Kochszene von BA. In dem Lokal in einer ehemaligen Autowerkstatt werden saisonale Produkte im Holzofen gekocht. Am besten bestellt man mehrere kleine Teller zum Teilen und freut sich auf perfekt zubereitete Lammkoteletts oder süße Kartoffeln mit Blauschimmelkäse aus Patagonien, geröstete Mandeln und Kohl.

Die großen Tische sind schnell belegt; es empfiehlt sich daher, früh zu kommen.

★ La Mar Cebichería PERUANISCH $$$
(Karte S. 78; ☎ 011-4776-5543; http://lamarcebicheria.com.ar; Arévalo 2024; Hauptgerichte 320–520 Arg$; ⊙ Mo 20–24, Di–Do & So 12.30–24, Fr & Sa bis 0.30 Uhr; ☎; Ⓢ Línea D Ministro Carranza) Für die Freunde von frischem Fisch stellt diese gehobene peruanische *cebichería* eine willkommene Ergänzung bzw. Alternative zur von Fleisch dominierten Kochszene in BA dar. Das Team im La Mar bezieht seine Zutaten aus dem ganzen Land, was sich an der Qualität des Fisches zeigt. Auf der umfangreichen Speisekarte finden sich viele peruanische Gerichte. Es gibt zahlreiche Sitzplätze im Freien.

★ La Carnicería PARRILLA $$$
(Karte S. 78; ☎ 011-2071-7199; www.facebook.com/xlacarniceriax; Thames 2317; Hauptgerichte 360–380 Arg$; ⊙ Di–Fr 20–24, Sa & So 13–15.30 & 20–24 Uhr; Ⓢ Línea D Plaza Italia) Die Speisekarte dieser modernen *parrilla* ist nicht gerade umfangreich, aber dafür sind alle Gerichte spektakulär – angefangen beim knusprigen *provoleta* (gegrillter Käse) bis hin zu den hausgemachten *chorizo* und *morcilla* sowie den Filets und Steaks. Dieses Lokal ist ein Paradies für echte Fleischliebhaber, die sich von dem Dekor einer Metzgerei nicht abschrecken lassen. Die Portionen fallen groß aus. Rechtzeitig reservieren.

★ Don Julio PARRILLA $$$
(Karte S. 78; ☎ 011-4832-6058; www.parrilladonjulio.com.ar; Guatemala 4691; Hauptgerichte 296–657 Arg$; ⊙ 12–16 & 19.30–1 Uhr; Ⓢ Línea D Plaza Italia) Der herausragende Service und eine hervorragende Weinkarte verleihen dieser traditionellen und sehr beliebten *parrilla* einen Hauch von Exklusivität. Das *bife de chorizo* (Rumpsteak) ist hier die absolute Hauptattraktion, der gebackene Ziegenkäse-Provolone, die *bondiola de cerdo* (Schweineschulter) und die Gourmetsalate sind ebenfalls köstlich. Mit großen Portionen ist zu rechnen. Rechtzeitig reservieren.

Las Pizarras INTERNATIONAL $$$
(Karte S. 78; ☎ 011-4775-0625; www.laspizarrasbistro.com; Thames 2296; Hauptgerichte 310–365 Arg$; ⊙ Di–So 20–24 Uhr; Ⓢ Línea D Plaza Italia) Chefkoch Rodrigo Castilla kocht in diesem schlichten und unprätentiösen, aber dennoch hervorragenden Restaurant ein vielseitiges Spektrum an Gerichten, beispielsweise Wild vom Grill oder mit Kirschen und Pistazien gefülltes Kaninchen. Sehr lecker schmecken auch das Spargel-Pilz-Risotto oder die hausgemachte Pasta.

Artemisia VEGETARISCH $$$
(Karte S. 78; ☎ 011-4773-2641; www.artemisianatural.com; Costa Rica 5893; Hauptgerichte 220–330 Arg$; ⊙ Di–Sa 10–16.30 & 20.30–23, So 10–16.30 Uhr; ⌘; Ⓢ Línea D Ministro Carranza) In diesem wunderschönen Eckrestaurant möchte man sich bei den schmackhaften, biologischen und vegetarischen Gerichten

am liebsten ganz viel Zeit lassen. Auf der Speisekarte stehen auch einige Fischgerichte. Durch die großen Fenster strömt viel Licht herein und die lokalen Kunstwerke sowie der sonnige, mit Pflanzen vollgestellte Patio tragen ebenfalls zum Flair bei. Zu den Malzeiten wird ein Korb mit leckerem, frisch gebackenem Brot gereicht.

Sunae Asian Cantina ASIATISCH $$$
(Karte S.78; 011-4776-8122; www.sunaeasiancantina.com; Humboldt 1626; Hauptgerichte 265–420 Arg$; Mo-Do 20–23.30, Fr & Sa bis 24 Uhr; ; 111, 108, 140) Nachdem sie ihre Fähigkeiten in ihrem beliebten Restaurant der „geschlossenen Tür" noch verfeinert hat, öffnete die Küchenchefin Christina Sunae diese anspruchsvolle asiatische Kantina in Palermo Hollywood. Die Speisekarte spiegelt Südostasien in seiner kulinarischen Vielfalt wider: *rendang* (Fleischcurry) aus Malaysia, Teigtaschen mit Schweinefleisch von den Philippinen, vietnamesische Gerichte, pikante Salate aus Thailand und feurige Currys aus der Chiang-Mai-Region.

La Cabrera PARRILLA $$$
(Karte S.78; 011-4832-5754; www.lacabrera.com.ar; José Antonio Cabrera 5099; Hauptgerichte 388–562 Arg$; So-Do 12.30–16.30 & 20.30–24, Fr & Sa bis 1 Uhr; 140, 34) Dieses Restaurant erfreut sich großer Beliebtheit, wenn es darum geht, die edelsten Fleischstücke in BA zu grillen, die so zart sind, dass man sie beinahe mit dem Löffel zerteilen kann. Die Steaks wiegen 400 oder 800 g und werden mit vielen kleinen kostenlosen Beilagen serviert. Um 19 Uhr ist Happy Hour – alles ist dann 40 % günstiger – es empfiehlt sich, frühzeitig zu kommen, um einen Tisch zu ergattern. Reservierungen werden jedoch erst ab 20.30 Uhr entgegengenommen.

In der Nähe gibt es noch eine zweite Filiale (Karte S.78; 011-4832-5754; http://lacabrera.com.ar/; José Antonio Cabrera 5127; Hauptgerichte 244–400 Arg$; So-Do 12.30–16.30 & 20.30–24, Fr & Sa bis 1 Uhr; 140, 34).

Südlich von Palermo

Sarkis ORIENTALISCH $
(Karte S.78; 011-4772-4911; Thames 1101; Hauptgerichte 60–190 Arg$; 12–15 & 20–1 Uhr; 140, 111, 34) Das Essen in diesem alt eingesessenen Restaurant, in dem Gerichte aus dem mittleren Osten serviert werden, ist vom Feinsten und dazu noch preiswert. Am besten kommt man mit mehreren Leuten hierher, um die vielen exotischen Leckereien zu kosten. Das Gelage beginnt mit Hummus aus gebratenen Auberginen und *boquerones* (marinierte Sardinen), gefolgt von Kebabs oder Lamm in Joghurtsoße.

Zur Mittagszeit geht es hier wesentlich ruhiger zu; abends sollte man sich auf lange Wartezeiten gefasst machen.

Guarda la Vieja ARGENTINISCH $$
(Karte S.78; 011-4863-7923; Billinghurst 699; Hauptgerichte 125–235 Arg$; So-Do 18–2, Fr/Sa bis 4 Uhr; ; Línea B Carlos Gardel) Auf der Speisekarte stehen beliebte, schmackhafte Standardgerichte, beispielsweise Pizza, Pasta, *milanesas* und Salate. Es ist daher auch keine Überraschung, dass dieses Eckrestaurant mit Bar in Abasto so beliebt ist. Man kann auch an einem der Tische auf dem Gehweg vor dem Lokal sitzen und einige *raciones* (Snacks) oder eine *picada* (Vorspeisenteller) bestellen – ein Sammelsurium aus klein gehackten Schinken-, Wurst- und Käsestückchen oder Tintenfisch, Oliven, Süßkartoffeln und hausgemachtem Brot.

★ i Latina SÜDAMERIKANISCH $$$
(Karte S.78; 011-4857-9095; www.ilatinabuenosaires.com; Murillo 725; 7-Gang-Degustationsmenü 1600 Arg$, passende Weine 900 Arg$; Di-Sa 20–23 Uhr; Línea B Malabia) Dieses Restaurant liegt südlich von Palermo in Villa Crespo und zählt sicherlich zu den besten in Buenos Aires. Das Menü besteht aus sieben Gängen, die alle hervorragend zubereitet und auch präsentiert werden. Die Aromen sind unglaublich raffiniert und anregend zugleich. Jedenfalls ist das i Latina kein herkömmliches Restaurant, um sich einfach den Bauch vollzuschlagen, sondern eher ein Gourmettempel, in dem man ein kulinarisches Erlebnis genießt, das die Geschmacksknospen in Erstaunen versetzt. Eine Reservierung ist unbedingt erforderlich.

Ausgehen & Nachtleben

Das Nachtleben in Buenos Aires ist geradezu legendär. Wie sollte es auch anderes zu erwarten sein, in einem Land, in dem man selten vor 22 Uhr zum Abendessen geht. In einigen Stadtvierteln ist das Auffinden einer guten Sportsbar, einer schicken Cocktail-Lounge, eines atmosphärischen Kaffeehauses oder einer gehobenen Weinbar so einfach wie ein Spaziergang die Straße hinunter. Und dank spektakulärer Nachtclubs, in denen DJs der Extraklasse auflegen, schweben Tänzer im siebten Himmel.

BUENOS AIRES FÜR SCHWULE & LESBEN

Ungeachtet der Tatsache, dass Argentinien ein katholisches Land ist, gilt Buenos Aires mit seinen schwulen Hotels und Pensionen, Bars und Nachtclubs als eine Schwulendestination ersten Ranges. Im Jahr 2002 war BA die erste Stadt Lateinamerikas, in der gleichgeschlechtliche Partnerschaften legalisiert wurden und im Juli 2010 legalisierte Argentinien als erstes Land Lateinamerikas gleichgeschlechtliche Ehen. Heute findet in der Stadt mit der **Gay Pride Parade** (www.marchadelorgullo.org.ar; Nov.) die größte Schwulenparade in ganz Südamerika statt.

Man sollte nach dem kostenlosen Stadtplan mit schwulenfreundlichen Geschäften, dem Circuitos Cortos BSAS Gay (www.mapabsasgay.com.ar) Ausschau halten. Gute Websites sind www.thegayguide.com.ar und www.nighttours.com/buenosaires.

Als besonders schwulenfreundliche Unterkunft gilt **Lugar Gay** (Karte S. 62; 011-4300-4747; www.lugargay.com.ar; Defensa 1120; B 25 US$; EZ 45–60 US$; DZ 65–80 US$; 29, 24, 111), eine legere Pension, die auch als Informationszentrum fungiert.

Zu bekannten Schwulenbars gehören das **Sitges** (Karte S. 78; www.facebook.com/SitgesBuenosAires; Av Córdoba 4119; Do–So 23–6 Uhr; 140, 109, 24), **Flux** (Karte S. 74; 011-5252-0258; www.facebook.com/FluxBarBsAs; Marcelo T de Alvear 980; So–Mi 19–2, Do–Sa bis 3 Uhr; Línea C San Martín) und das **Pride Cafe** (Karte S. 62; 011-4300-6435; Balcarce 869; 9–20 Uhr; 29, 24, 33). Die besten Nachtclubs sind **Glam** (Karte S. 78; 011-4963-2521; www.glambsas.com.ar; José Antonio Cabrera 3046; Do & Sa 24–7 Uhr; 29, 109), Rheo in der Crobar (S. 110) und Amerika (S. 110). Eine seit Langem existierende Bar für Lesben ist die **Bach Bar** (Karte S. 78; 011-5184-0137; www.facebook.com/bach.bar; José Antonio Cabrera 4390; Fr & Sa 23–6, So 22–6 Uhr; 140, 141, 110).

Die Casa Brandon (Karte S. 78; 011-4858-0610; www.brandongayday.com.ar; Luis Maria Drago 236; Mi–So 20–3 Uhr; Línea B Ángel Gallardo) ist eine Kombination aus Kunstgallerie und Kulturzentrum. Und für eine lustige Nacht mit einem Guide, bei der gezecht und gefeiert wird, gibt es den **Out & About Pub Crawl** (011-3678-0170; www.outandaboutpubcrawl.com/buenosaires; 200 Arg$; Sa 22 Uhr).

Und zu guter Letzt: Tangounterricht und *milongas* für Schwule finden im El Beso (S. 114) im Rahmen der La Marshall Milonga und im Tango Queer (S. 113) statt.

 Das Zentrum

Café Tortoni — CAFÉ
(Karte S. 62; 011-4342-4328; www.cafetortoni.com.ar; Av de Mayo 829; Línea A Piedras) Das älteste und berühmteste Café von Buenos Aires, das Tortoni, ist inzwischen schon so bekannt, dass ganze Busladungen mit Touristen hierher gekarrt werden. Dennoch zählt ein Besuch des Cafés zum Pflichtprogramm eines jeden BA-Besuchs.

Am besten bestellt man sich ein paar *churros* (längliches Schmalzgebäck) zur heißen Schokolade und versucht ganz einfach die Wahnsinnspreise zu vergessen. Am Abend finden hier auch Tangoshows statt. Reservierung empfohlen.

La Puerto Rico — CAFÉ
(Karte S. 62; 011-4331-2 215; www.lapuertoricocafe.com.ar; Adolfo Alsina 416; Mo–Fr 7–20, Sa 8–19, So 12–19 Uhr; Línea E Bolívar) Das La Puerto Rico gibt es schon seit 1887. In dem einen Block südlich des Plaza de Mayo gelegenen Café gibt es guten Kaffee und leckeres Gebäck, das vor Ort gebacken wird. Als Papst Franziskus noch Erzbischof von Buenos Aires war, nahm er hier seinen morgendlichen *café con leche* (Milchkaffee) mit *medialunas* (Croissants) ein.

Bahrein — CLUB
(Karte S. 62; 011-4314-8886; www.bahreinba.com; Lavalle 345; Fr & Sa; Línea B Alem) Das Bahrein ist ein enorm beliebter Club in einer ehemaligen Bank in der Innenstadt (es lohnt ein Blick ins Gewölbe im Basement), der jede Menge tätowiertes Jungvolk anlockt. Im Erdgeschoss befindet sich der Funky Room im Stil einer Lounge, in dem die DJs des Hauses Electronica und House auflegen. Im Basement wartet auch die Xss Discotheque mit ihrem beeindruckenden Soundsystem und einer Tanzfläche, die so groß ist, dass sich dort Hunderte von Menschen amüsieren können.

WEINVERKOSTUNGEN & MEHR

Inzwischen hat es sich sicher herumgesprochen, dass es in Argentinien Weine von Weltrang gibt. Der berühmteste ist der Malbec, ein dunkler, robuster Rotwein mit Pflaumennote, der die Region um Mendoza fest auf der Landkarte der Weinliebhaber verankert hat. (In der Region Mendoza werden umgefähr 60 % der Weine in Argentinien gekeltert). Aber in Argentinien gibt es noch weitere feine Rebsorten, die einen Schluck oder mehr wert sind – der frische Torrontés (ein trockener Weißwein), der fruchtige Bonarda und der erdige Pinot Noir.

Welchen Tropfen sollte man verkosten? Es heißt, dass es für jede Gelegenheit den passenden argentinischen Wein gibt und eine gute *vinoteca* hilft bei der Auswahl. In Palermo sollte man es bei Lo de Joaquín Alberdi (S. 117) versuchen, in San Telmo bei **Vinotango** (Karte S. 62; 011-4361-1101; www.vinotango.com.ar; Estados Unidos 488; 10.30–21 Uhr; 29). In Aldo's Vinoteca (S. 93) einem Restaurant mit Weinhandlung, gibt es etwa 600 unterschiedliche Weine auf Lager, die vor Ort konsumiert oder natürlich auch mitgenommen werden können.

Die Auswahl in Supermärkten ist meist adäquat; allerdings fehlt die fachkundige Beratung. Zu den wichtigsten Kellereien gehören Norton, Trapiche, Zuccardi und Santa Julia mit unterschiedlichen Linien, die alle Preisklassen bedienen. Es lohnt sich, etwas mehr auszugeben, um den eleganten Rutini der Bodega La Rural, Weine vom Weinberg Nicasia oder der Bodega Luigi Bosca zu probieren.

Für Weinverkostungen sollte man bei **Pain et Vin** (Karte S. 78; 011-4832-5654; www.facebook.com/painevin; Gorriti 5132; Weinprobe pro Person 550 Arg$; Di–Sa 12–22, So bis 19 Uhr; 140, 34, 111) anfragen, einem legeren Wein- und Brotladen. Die **Bar du Marché** (Karte S. 78; 011-4778-1050; www.bardumarchepalermo.com; Nicaragua 6002; Weinprobe 195 Arg$; Mo–Sa 10–24 Uhr; Línea D Ministro Carranza) ist ein unauffälliges Bistro, in dem 50 offenen Weine ausgeschenkt werden; die Gran Bar Danzón hingegen ist ein gehobenes Lounge-Restaurant, das auch eine gute Auswahl an offenen Weinen kredenzt.

Oder man erkundigt sich bei der Sommelière Sorrel Moseley-Williams nach privaten Weinproben und maßgeschneiderten Touren einheimischer Weinbars. Sie schreibt auf ihrem Blog www.comewinewith.me über einheimische Weine und organisiert das monatliche Pop-Up Event „Come Wine With Us".

Viele *puertas cerradas* (Restaurants mit „geschlossenen Türen") schenken zu den Malzeiten edle Tropfen ein; die **Casa Coupage** (Karte S. 78; 011-4777-9295; www.casacoupage.com; Acuña de Figueroa 1790; 6-/8-Kurs-Verkostungsmenü 770/935 Arg$; Mi–Sa 20.30–23 Uhr; Línea D Palermo), die von einem argentinischen Sommelier geführt wird, erweist sich dabei als besonders weinorientiert.

La Cigale BAR
(Karte S. 62; 011-4893-2332; www.facebook.com/lacigalebar; 25 de Mayo 597; Mo–Fr 12–15 & 17–3, Sa 21.30–3 Uhr; Línea B Alem) Das im Obergeschoss gelegene Restaurant mit Bar steht unter der Woche bei Büroangestellten hoch im Kurs. Mittags und abends wird Fusion-Küche serviert. Am zweiten Montag im Monat findet hier das Buenos Aires Pub Quiz (www.buenosairespubquiz.com) statt. Happy Hour von 18–22 Uhr.

Congreso & Tribunales

★ **Los Galgos** BAR
(Karte S. 62; 011-4371-3561; www.facebook.com/LosGalgosBarNotable; Av Callao 501; Mo–Sa 8–1 Uhr; Línea B Callao) Dieser klassische Nachbarschaftstreff, der früher von den älteren *señores* des Viertels frequentiert wurde, wurde vollkommen restauriert und in eine elegante Bar und Restaurant umgewandelt, in dem moderne argentinische Küche serviert wird. Es ist den ganzen Tag für Frühstück, Mittagessen, *merienda* (Nachmittagstee) und Abendessen geöffnet. Ab 18 Uhr kann man auf einen Cocktail und eine *picada* aus Aufschnitt, Oliven und Käse im Kerzenschein vorbeischauen.

El Gato Negro TEEHAUS
(Karte S. 62; 011-4374-1730; Av Corrientes 1669; Mo 9–22, Di bis 23, Mi & Do bis 24, Fr & Sa bis 2, So 15–23 Uhr; Línea B Callao) Holzkabinet-

te, in denen alle möglichen Tees aufgereiht stehen, und ein würziges Aroma heißen den Besucher in diesem hübschen kleinen Schlürfparadies willkommen. Hier munden jedenfalls allerlei importierter Kaffee und Tee zum Frühstück, aber auch leckere *sandwiches de miga* (dünne Sandwiches ohne Kruste, die traditionell nachmittags zur Brotzeit gegessen werden). Die importierten Tees und Kaffees werden lose verkauft, und eine breite Auswahl an exotischen Gewürzen und Kräutern ist ebenfalls erhältlich.

Los 36 Billares BAR
(Karte S. 62; 011-4122-1500; www.los36billares.com.ar; Av de Mayo 1271; ⊗Mo-Do 7-2, Fr bis 3, Sa bis 4, So bis 1 Uhr; SLínea A Lima) Diese Café-Bar aus dem Jahr 1894 ist eine der ältesten der Stadt. Es gibt eine gute Auswahl an Pizzas und Empanadas. Wie der Name bereits vermuten lässt, stehen im Untergeschoss zahlreiche Billardtische.

San Telmo

★ Bar Plaza Dorrego CAFÉ
(Karte S. 62; 011-4361-0141; Defensa 1098; ⊗So-Do 8-24, Fr & Sa bis 3.30 Uhr; 29, 24, 33) Das Flair in diesem Traditionscafé lässt sich kaum überbieten. Hier schlürfen die Gäste ihren *submarino* (heiße Milch mit Schokolade) an einem malerischen Fenster und schauen zu, wie das Leben draußen auf der Straße seinen Gang nimmt. Man kann aber auch an einem der Tische auf der lebhaften Plaza Platz nehmen. Traditionell gekleidete Kellner, Tangomusik zur Untermalung, antike Flaschen und an die Wände gekritzelte Graffiti lassen die Gäste eine Zeitreise in die Vergangenheit unternehmen.

Doppelgänger COCKTAIL BAR
(Karte S. 73; 011-4300-0201; www.doppelganger.com.ar; Av Juan de Garay 500; ⊗Di-Do 19-2, Fr bis 4, Sa 20-4 Uhr; 29, 24) In dieser coolen Eckbar in Smaragdgrün bekommt man einen perfekt gemixten Martini, denn der Doppelgänger hat sich auf Wermut-Cocktails spezialisiert. Die lange Getränkekarte wartet mit kreativen Mixturen auf: am besten beginnt man mit einem Journalist, einem Martini mit orange Spritzer Bitterorange, oder man nimmt gleich den Besteller der Bar: einen altmodischen Dry Martini.

Coffee Town KAFFEE
(Karte S. 62; 011-4361-0019; http://coffeetowncompany.com; Bolívar 976, Mercado de San Telmo; ⊗8-20.30 Uhr; SLínea C Independencia) Für einen der besten Kaffees in BA sollte man diesen Coffeeshop im Mercado de San Telmo (S. 69) – am Eingang Carlos Calvo – aufsuchen. Erfahrene Baristas servieren Bio- und Fair Trade Kaffee aus aller Welt: Kolumbien, Kenia, Sumatra und dem Jemen. Dazu gibt es eine kleine Gebäckauswahl.

Retiro

★ Florería Atlántico COCKTAILBAR
(Karte S. 74; 011-4313-6093; http://floreriaatlantico.com.ar; Arroyo 872; ⊗Mo-Mi 19-2, Do bis 2.30, Fr bis 4, Sa 20-4, So 20-2 Uhr) Diese Flüsterkneipe im Untergeschoss liegt in einem Blumengeschäft, was ihr den geheimnisvollen Touch gibt und sicher einer der Gründe für ihren Erfolg ist. Hipster, Künstler, Köche, Geschäftsleute und Ausländer – sie alle werden von den ausgezeichneten klassischen und kreativen Cocktails angezogen, zu denen es leckere Tapas gibt.

Der Inhaber, Renato Giovannoni, stellt seinen eigenen Gin her, der auch verkauft wird. Der Príncipe de los Apóstoles genannte Gin ist mit Minze, Grapefruit, Eukalyptus und *yerba mate* infundiert. Frühzeitig für Abendessen reservieren.

BASA Basement Bar BAR
(Karte S. 74; 011-4893-9444; www.basabar.com.ar; Basavilbaso 1328; ⊗Mo-Fr 12-15.30 & ab 19, Sa ab 20 Uhr; SLínea C San Martín) Die trendige und noble Bar schafft mit freien Flächen, schummrigem Licht und Sofas eine angenehme Atmosphäre. Die Cocktailkarte ist einen Blick wert – der erfrischende Moscow Mule ist vor allem an heißen Tagen eine angenehme Überraschung.

Ab 22 Uhr legen DJs auf.

Recoleta & Barrio Norte

Gran Bar Danzón BAR
(Karte S. 74; 011-4811-1108; www.granbardanzon.com.ar; Libertad 1161; ⊗Mo-Fr 19-2, Sa & So ab 20 Uhr; SLínea D Tribunales) Ein gehobenes Restaurant mit Weinbar und einer guten Auswahl an offenen Weinen sowie frischen Fruchtcocktails und exotischen Martinis. Die Speisekarte ist europäisch und asiatisch inspiriert. Es ist sehr beliebt und daher sollte man frühzeitig kommen, um sich einen guten Platz auf einem Sofa zu sichern.

Milión COCKTAILBAR
(Karte S. 74; 011-4815-9925; www.milion.com.ar; Paraná 1048; ⊗Mo-Mi 12-2, Do bis 3, Fr & Sa bis 4Uhr; SLínea D Callao) Das Millión ist eine

Der Tango

Eine Frau im geschlitzten Kleid und mit High Heels sitzt allein an einem Bistrotisch. Sie lässt ihren Blick durch den Raum schweifen, auf der Suche nach einem subtilen Signal. Plötzlich treffen ihre Augen auf die eines Fremden, und da ist er: der sogenannte *cabeceo*. Sie nickt und steht auf, bereit zur Begegnung – dann schreitet das neue Paar in Richtung Tanzfläche davon.

Geschichte des Tangos

Der Tango war zwar nicht immer so geheimnisvoll, aber der Tanz blickt auf eine lange und komplexe Geschichte zurück. Die genauen Ursprünge sind heute nicht mehr zu ermitteln, aber viele glauben, dass der Tanz in den 1880er-Jahren in Buenos Aires entstanden ist. Tausende Einwanderer aus Europa, die meisten von ihnen Männer aus der Unterschicht, strömten nach Buenos Aires, wo sie ganz neu beginnen wollten. Die meisten vermissten natürlich ihre Heimat und ihre dort zurückgelassenen Frauen. In den Cafés, Bars und Bordellen versuchten sie ihre Einsamkeit zu vergessen; die Männer amüsierten sich mit Kellnerinnen und Prostituierten und tanzten mit ihnen: Es war eine Mischung aus Machismo, Leidenschaft und Verlangen, Verzweiflung und Aggressivität.

Bald spielten kleine Bands zu diesem Urtango, sie spielten Melodien, die von den *Milonga*-Liedern der Pampas, spanischen und italienischen Liedern und den afrikanischen *Candombe*-Trommeln beeinflusst waren. Das *bandoneón*, eine Art kleines Akkordeon, ein noch heute in Tango-Orchestern gespieltes Instrument, wurde um diese Zeit eingeführt. Hier wurde auch der Tangogesang geboren: Er spiegelte die neuen Erfahrungen der Einwanderer in der Großstadt wider und erinnerte voller Wehmut an ein aufgegebenes Leben. Die Lieder handeln von starken Gefühlen, den Veränderungen im Stadtviertel, von den Müttern, der Freundschaft zwischen Männern und dem Verrat der Frauen. Oft wurden auch schlüpfrige Verse hinzugedichtet.

1. Tangotänzer, San Telmo (S. 68) **2.** Tangotänzer, La Boca (S. 69) **3.** Milonga, San Telmo (S. 68)

Die „besseren Kreise" lehnten den vulgären Tanz ab, doch manche jungen Männer der Oberschicht erlernten den Tango und brachten ihn nach Paris. Dort wurde Tango rasch zum Kult: ein Tanz als Ausdruck für menschliches Verlangen, getanzt in den schicken Bars und Cafés Europas. Der Trend erfasste den alten Kontinent und schließlich auch die USA. 1913 galt vielen als das Jahr des Tangos: Der erfolgreiche, weiterentwickelte Tanz fand seinen Weg zurück nach Buenos Aires, wo der elegante und berühmte Tango endlich die Anerkennung fand, die er verdiente. Die goldenen Jahre dieses Tanzes hatten begonnen.

Tango heute bei einer Milonga

Buenos Aires ist voller *milongas* (Tango-Tanzlokale). Darunter sind klassische, traditionelle Häuser, aber auch moderne Lagerhäuser, in denen die Tänzer in Jeans kommen – mit anderen Worten: Es ist für jeden etwas dabei. Wer bei einer angesehenen *milonga* einen guten, vom Können her vergleichbaren Partner finden will, muss viele verborgene Verhaltensregeln und Zeichen beachten. Manche Männer fordern eine unbekannte Frau erst nach dem zweiten Lied auf, damit sie am Ende nicht an eine schlechte Tänzerin gebunden sind. Denn schließlich ist es ein Gebot der Höflichkeit, mit einem Partner wenigstens ein Set von vier Liedern durchzutanzen; wenn man nach einem einzigen Lied mit einem *gracias* verabschiedet wird, gilt man als abserviert.

Die eigene Platzierung am Rande der Tanzfläche kann ausschlaggebend sein. Idealerweise sitzt man nahe an der Tanzfläche, sodass man die Tänzer, auch auf der anderen Seite, gut sehen kann. Singles sitzen gewöhnlich weiter vorne, Paare weiter hinten. Im Allgemeinen gelten Paare als „unberührbar". Wenn die Partner mit anderen tanzen wollen, signalisieren sie dies dadurch, dass sie den Raum getrennt betreten oder dass der Mann eine andere Frau zum Tanzen auffordert. Dann gilt die eigene Frau für andere Männer als frei.

1. Tangokurs **2.** Musiker mit *bandoneón* (S. 104)

Der *cabeceo* – die schnelle Kopfbewegung, der Augenkontakt und die hochgezogenen Augenbrauen – kann auch quer durch den Raum erfolgen. Die Frau, an die der *cabeceo* gerichtet wurde, nickt und lächelt oder sie gibt vor, nichts bemerkt zu haben. Wenn sie ihr „Ja" signalisiert hat, steht der Mann auf und geleitet sie zur Tanzfläche; tut sie so, als habe sie nichts bemerkt, gilt das als Zurückweisung. Nicht selten finden in einem einzigen Tanzlokal verschiedene *milongas* statt. Jede *milonga* (bedeutet auch „Tanzveranstaltung") kann von einem anderen Veranstalter ausgerichtet werden, sodass jede ihren eigenen Stil und ihre eigene Atmosphäre besitzt.

Infos zur Tangoszene enthält der Führer *Happy Tango: Sallycat's Guide to Dancing in Buenos Aires, 2. Auflage* (www.sallycatway.com/happytango), von Sally Blake. Kostenlose Tangozeitschriften liegen bei den *milongas* aus und sind auch in Geschäften erhältlich, die Tangoschuhe verkaufen.

Tangostunden kann man oft in den Häusern nehmen, in denen die *milongas* stattfinden. Man findet Tangokurse auch in Jugendherbergen oder Kulturzentren – manche sind gratis, wenn man dazu noch den Besuch einer Tango-Show bucht.

Worin liegt aber nun das Geheimnis des Tangos? Erfahrene Tänzer sprechen von einer rauschhaften Hochstimmung, wenn im Tango eine glückliche Verbindung zustandekommt. Der Tanz kann süchtig machen – und wer ihm verfallen ist, strebt vielleicht sein Leben lang nach der Perfektion, die unerreichbar bleibt. Der wahre *tanguero* sollte deshalb nur versuchen, den Tanz so angenehm wie möglich zu gestalten.

TOP-MILONGAS

- **Patio de Tango** (S. 113)
- **Salón Canning** (S. 114)
- **La Catedral** (S. 113)
- **Maldita Milonga** (S. 113)
- **La Viruta** (S. 114)
- **La Glorieta** (S. 113)

der elegantesten Bars, die BA zu bieten hat. Das Etablissement nimmt drei Etagen in einem renovierten alten Herrschaftshaus ein. Der Garten hinter dem Haus ist ein grünes Paradies; auf ihn geht ein massiver Balkon mit den besten Sitzplätzen des Hauses hinaus. Die Marmortreppe gleich in der Nähe gibt ebenfalls einen guten Standort ab, um mit einem eisgekühlten Mojito oder Basilikum-Daiquiri abzuhängen.

Clásica y Moderna CAFÉ
(Karte S. 62; ☎ 011-4812-8707; www.clasicaymoderna.com; Av Callao 892; ◷ Mo–Sa 9–1 Uhr; Ⓢ Línea D Callao) Dieses behagliche und gemütliche Restaurant-Café mit Backsteinwänden und Buchladen, das seit 1938 vor allem von Literaten aufgesucht wird, steckt voller Geschichte. Es ist gut ausgeleuchtet, serviert einfache Gerichte; jeden Abend finden Live-Aufführungen mit Folk-Music, Jazz, Bossa Nova und Tango statt (nach 21 Uhr). Die verstorbene Mercedes Sosa, die Tango-Sängerin Susana Rinaldi und Liza Minnelli standen hier schon auf der Bühne.

Presidente BAR
(Karte S. 74; ☎ 011-4811-3248; http://presidentebar.com.ar; Quintana 188; ◷ Di–So 20–2, Fr & Sa bis 3 Uhr; Ⓢ Línea D Callao) Hier kann man sich Recoletas betuchten Bewohnern auf einen Cocktail unter Kronleuchtern und in einem eleganten Ambiente anschließen, das eines Präsidenten würdig wäre. Man kann von der umfangreichen Getränkekarte wählen oder den Barkeeper bitten, einen Cocktail nach speziellem Wunsch zu mixen.

Es empfiehlt sich, vorab zu reservieren, um einen guten Platz in einer der Sitzecken aus dunklem Holz zu sichern. Fast jeden Abend legen hier DJs auf.

La Biela CAFÉ
(Karte S. 74; ☎ 011-4804-0449; www.labiela.com; Av Quintana 600; ◷ 7Mo–Do 7–2, Fr & Sa bis 3, So 8–2 Uhr; 🚌 130, 62, 93) Das La Biela gilt in Recoleta als wahre Institution. Schon seit den 1950er-Jahren, als Rennfahrer-Champions das Café frequentierten, verwöhnt dieses klassische Café die *Porteño*-Elite. Die Terrasse vor dem Haus ist an einem sonnigen Nachmittag ideal, um einen Kaffee oder ein Bier zu trinken. Allerdings sollte man wissen, dass das Privileg mit einen saftigem Aufschlag von 20 % zu Buche schlägt.

Der große *gomero* (Gummibau) gegenüber von La Biela wurde ungefähr 1800 von einem Franziskaner-Mönch gepflanzt.

Shamrock CLUB
(Karte S. 74; ☎ 011-4812-3584; www.theshamrock.com.ar; Rodríguez Peña 1220; ◷ 6Di & Mi 18–3, Do bis 5.30, Fr bis 6.30, Sa 22–6.30 Uhr; Ⓢ Línea D Callao) Das Shamrock ist ein unprätentiöser Club im Untergeschoss, der für seine erstklassigen DJ-Line-ups, die dröhnende House-Musik und das bunte Jungvolk bekannt ist. Dank des seit ewigen Zeiten beliebten Irish-Pub im Erdgeschoss, ist hier die ganze Nacht sprichwörtlich der Teufel los. Wer um 3 Uhr morgens kommt, erlebt den Club in vollem Gange. Man kann aber auch vorab ein paar Bierchen im Pub trinken, bevor man in den Club hinuntergeht.

Frauen aufgepasst: Das Shamrock ist ein bekannter Aufreißerschuppen.

🍷 Palermo

★ Uptown BAR
(Karte S. 78; ☎ 011-2101-4897; www.uptownba.com; Arévalo 2030; ◷ Di & Mi 20.30–2, Do–Sa bis 3 Uhr; Ⓢ Línea D Ministro Carranza) Geht man die mit Graffiti bedeckten Treppenstufen hinunter, betritt man den Wagen einer echten New Yorker U-Bahn und damit die heißeste Bar von BA; höhlenartige Räumlichkeiten im Untergrund mit DJs und einer Tanzfläche sowie einem kleineren gemütlicheren Raum, der als Apotheke eingerichtet ist. Die Bar ist sehr beliebt und es empfiehlt sich, anzurufen und seinen Namen auf die Gästeliste setzen zu lassen.

Die Speisekarte im Uptown spiegelt die unglaublich vielseitige New Yorker Kochszene wider, deren themenbezogene Gerichte sich auf die Hotspots der Stadt beziehen, beispielsweise den Midtown Bacon-Cheeseburger, Tagliatelle aus Little Italy und Rippchen aus dem Meatpacking District (Hauptgerichte 240–360 Arg$).

★ Verne COCKTAILBAR
(Karte S. 78; ☎ 011-4822-0980; http://vernecocktailclub.com; Av Medrano 1475; ◷ So–Di 21–2, Mi 20–2, Do 20–3, Fr 20–4, Sa 21–4 Uhr; 🚌 160, 15) Die gehobene, aber dennoch legere Bar spielt dezent mit Jules Vernes Motiven. Spezialität des Hauses sind die Cocktails, die von einem der besten Barkeeper von Buenos Aires, Fede Cuco, gemixt werden. Gäste können an den Tischen, auf den gemütlichen Sofas oder auf dem luftigen Patio Platz nehmen. Wer zuschauen möchte, wie die köstlichen Cocktails gezaubert werden, sollte jedoch am besten an der Bar Platz nehmen.

★LAB Training Center & Coffee Shop
CAFÉ

(Karte S. 78; ☏ 011-4843-1790; www.labcafe.com. ar; Humboldt 1542; ⌚Mo-Fr 8-20, Sa ab 10 Uhr; 🚌111, 140, 39) Mit den hohen Decken, freigelegten Backsteinmauern und dem Industriechick, die das Markenzeichen eines Hipstercafés sind, ist das Café beinahe schon eine Parodie seiner selbst – aber dafür schmeckt der Kaffee ausgezeichnet! Die Kunden wählen aus dem vor Ort gerösteten Kaffeebohnen und lassen den Kaffee dann in einer Chemex, AeroPress, V60, Kalita, Syphon oder einem Kaffeefilter zubereiten. Am Tresen gibt es überwiegend Sitzplätze.

★Niceto Club
CLUB

(Karte S. 78; ☏ 011-4779-9396; www.nicetoclub. com; Niceto Vega 5510; ⌚Di-Sa; 🚌111, 140, 34) Der Club ist einer größen Publikumsmagneten der Stadt. Der Event, den man auf keinen Fall verpassen sollte, ist der Club 69 am Donnerstagabend, eine subversive DJ-Extravaganza mit großartig gekleideten Showgirls, tanzenden Drag Queens, futuristischen Videoinstallationen und improvisierter Performance-Kunst. An den Wochenenden legen nationale und internationale DJs auf und heizen dem quirligen Tanzvolk mit einer Mischung aus Hip-Hop, Electro-Rhythmen, Cumbia und Reggae ein.

Boticario
COCKTAILBAR

(Karte S. 78; www.boticariobar.com; Honduras 5207; ⌚Di-Do 20-2, Fr & Sa bis 4 Uhr; 🚌55, 34) Die Innenausstattung des Boticario, dessen Wände mit grünen Rankpflanzen und Holzregalen mit Glasflaschen und Glasbehältern dekoriert sind, erinnert an eine altmodische Apotheke. Die Barkeeper zaubern aus Zutaten wie Zitronengras und frischer Minze Cocktails mit einem „botanischen" Touch. Am Wochenende legen DJs auf.

Vive Café
CAFÉ

(Karte S. 78; ☏ 011-4774-5461; www.facebook.com/VíveCafeTienda; Costa Rica 5722; ⌚Mo-Fr 8.30-20, Sa 11-20, So 14-19 Uhr; 📶; Ⓢ Línea D Palermo) Wer bei seinem Kaffee sehr wählerisch ist, sollte das Vive Café für seinen Flat White oder kalt zubereiteten Kaffee aufsuchen, der dort mit qualitativ hochwertigen kolumbianischen Kaffeebohnen und einem Lächeln der freundlichen Besitzer, einem Paar aus Kolumbien und Argentinien zubereitet wird.

Es gibt auch eine kleine Auswahl an leckeren Backwaren – aber der Kaffee ist natürlich der „Star" dieses Lokals.

Benaim
BAR

(Karte S. 78; www.facebook.com/BenaimBA; Gorriti 4015; ⌚Mo-Do 18-0.30, Fr bis 3, Sa 12-3, Sa 12-0.30 Uhr; 🚌140, 39, 99) Man bestellt sein Pint IPA oder Golden Ale an diesem Foodtruck und trinkt es unter Lichterketten und Hängepflanzen in dem schönen Biergarten des Benaim. Die Küche serviert preiswerte orientalische Straßenküche wie Hummus, Falafel, Kebabs und Pastrami. Die Happy Hour ist von 18 bis 20 Uhr.

On Tap
CRAFT-BIER

(Karte S. 78; ☏ 011-4771-5424; www.ontap.com. ar; Costa Rica 5527; ⌚Mo-Mi & So 17-24, Do-Sa bis 1 Uhr) Dieses beliebte Pub schenkt rund 20 Sorten argentinisches Craft-Bier vom Fass aus, darunter IPA-Biere, Pils, Starkbiere, Weizen- und Honigbiere. Jedenfalls bietet sich die Brauerei wirklich an, um sich ein Bierchen zu genehmigen - allerdings nicht unbedingt zum Abhängen. Es gibt nämlich bloß ein paar wenige Stühle am Tresen und an einem großen Tisch für alle. Ein paar Burger und das übliche Fastfood gibt es hier schon. Man kann sich einen Krug zum Nachfüllen mitbringen. Die Happy Hour dauert von 17 bis 20.30 Uhr.

In San Telmo gibt es ein weiteres **On Tap** (Karte S. 73; www.ontap.com.ar; Av Caseros 482; ⌚So, Di & Mi 17-24, Do-Sa bis 1 Uhr; 🚌29).

Lattente Espresso & Brew Bar
CAFÉ

(Karte S. 78; ☏ 011-4833-1676; www.cafelattente. com; Thames 1891; ⌚Mo-Sa 9-20, So 10-20 Uhr; Ⓢ Línea D Plaza Italia) Dieser moderne Coffeeshop, in dem Kaffee aus vor Ort gerösteten Bohnen serviert wird, schwimmt auf der Welle des Kaffeebooms in BA. Der Espresso, der Cappuccino, der Americano oder der Latte macchiato wird wahlweise mit dem AeroPress oder V60 zubereitet.

Gäste können sich an einen der großen Gemeinschaftstische zu den anderen Koffeinsüchtigen setzen. Es gibt auch eine kleine Auswahl an Keksen und Brownies.

Antares
BAR

(Karte S. 78; ☏ 011-4833-9611; www.cervezaantares. com; Armenia 1447; ⌚Mo-Do 18-2, Fr 18-4, Sa 19-4, Sa 19-2, So 19-2 Uhr; 🚌140, 15, 110) Craft-Biere mögen in BA gerade schwer in Mode sein, aber das Antares hat in seiner Brauerei in Mar del Plata schon Biere gebraut, als die aktuellen Brauereien noch in in den Kinderschuhen steckten. In der modernen, entspannten Filiale in Palermo gibt es Porter, Starkbier und Barley Wine.

Kika
CLUB

(Karte S. 78; www.kikaclub.com.ar; Honduras 5339; ⊙ Di–So 11 Uhr bis spät; 111, 34, 140) Da dieser Club nicht allzu weit vom Zentrum der Kneipenszene in Palermo entfernt liegt, lässt sich die beliebte „Hype-Party", die stets am Dienstag im Kika steigt, vom feierwütigen Partyvolk problemlos erreichen.

Geboten wird eine Mischung aus Elektro, Hip-Hop, Drum and Bass und Dubstep. Für den Sound sind DJs aus dem In- und Ausland verantwortlich. An anderen Abenden dominieren Electronica, Reggaeton, Latin und Live-Bands das Geschehen.

Frank's
COCKTAILBAR

(Karte S. 78; www.facebook.com/FranksBar.ar; Arévalo 1445; ⊙ Di–Do 21–3, Fr & Sa bis 4 Uhr; 111, 140, 39) Wer diese exklusive Speakeasy-Bar besuchen möchte, benötigt ein Passwort um reinzukommen (es wird über die Telefonzelle mitgeteilt) – man sollte auch den Hinweisen auf der Facebook-Seite des Frank's folgen. Die eleganten Räumlichkeiten mit Kristalllüstern, wogenden Deckendrapierungen und exklusivem Flair sind wunderbar. Den Gästen aus dem In- und Ausland werden klassische Cocktails aus der Zeit vor den 1930er-Jahren serviert, die immer gerührt und nie geschüttelt werden.

Crobar
CLUB

(Karte S. 78; ☏ 011-4778-1500; www.crobar.com.ar; Ecke Av de la Infanta Isabel & Freyre; ⊙ Fr & Sa 23.30–7 Uhr; 10, 33, 111) Die elegante und geräumige Crobar ist und bleibt einer der beliebtesten Clubs von BA. Freitags mixen internationale DJs bei Be Techno aktuellen Techno. Samstags ist im Hauptraum Trance bei Pixel angesagt sowie die Schwulenparty Rheo. Man sollte einen prall gefüllten Geldbeutel mitbringen, denn das Crobar ist ein Nobelclub im obersten Preissegment.

Jet
CLUB

(☏ 011-4872-5599; www.jet.com.ar; Av Rafael Obligado 4801; ⊙ Do–Sa 22–6 Uhr; 33, 45, 160) Dieser Club lockt mit seinem exklusiven Flair Berühmtheiten und Fashionistas an. Man sollte also sein bestes Outfit anziehen, denn sonst wird man dem Dresscode keinesfalls gerecht. Am frühen Abend kann man in der trendigen Cocktaillounge ein wenig abhängen, ein paar Tapas oder Sushi knabbern und den schönen Blick auf den Hafen genießen. Am späteren Abend machen dann langsam die hippen jungen Nachtschwärmer ihre Aufwartung.

 ## Südlich von Palermo

Las Violetas
CAFÉ

(☏ 011-4958-7387; http://lasvioletas.com; Av Rivadavia 3899; ⊙ 8–2 Uhr; ⓢ Línea A Castro Barros) Mit Vordächern aus Buntglas, hohen Decken und vergoldeten Details gehört dieses historische Kaffeehaus aus dem Jahr 1884 zu den schönsten der Stadt. Nachmittags wird luxuriöser Nachmittagstee serviert – und auf dem Heimweg sollte man auf jeden Fall in der Konditorei vorbeischauen.

878
COCKTAILBAR

(Karte S. 78; ☏ 011-4773-1098; www.878bar.com.ar; Thames 878; ⊙ Mo–Do 21–3, Fr bis 4.30, Sa & So 20–4.30 Uhr; 55) Diese „geheime" Bar versteckt sich hinter einer Tür ohne Namensschild, aber so exklusiv ist sie dann auch wieder nicht. Man betritt ein Wunderland mit eleganten, niedrigen Lounge-Möbeln und roten Ziegelwänden. Whiskeyfans können aus über 80 verschiedenen Sorten wählen, auch die Cocktails sind gut. Wenn der Magen knurrt, gibt es allerlei Tapas (zum Abendessen Tisch reservieren). Von Montag bis Freitag ist von 19 Uhr bis 21 Uhr Wermut-Happy-Hour.

Amerika
CLUB

(Karte S. 78; ☏ 011-4865-4416; www.ameri-k.com.ar; Gascón 1040; ⊙ Fri-Sun; ⓢ Línea B Medrano) BAs größter Nachtclub für Schwule, der seit Langem existierende Amerika zieht ein bunt gemischtes Publikum an. Allerdings ist er samstags besonders bei Schwulen beliebt. Es gibt zwei Musikebenen; einen mit Electronica und einen mit Latin; freitags und samstags ist *barra libre* (all-you-can-drink). Große Videobildschirme, Stripper-Shows, vier Bars und ein wilder Dark Room lassen keine Langeweile aufkommen.

Unterhaltung

Die Unterhaltungsszene in Buenos Aires war schon immer sehr lebendig, jedoch nach der Wirtschaftskrise von 2001 gab es einen wahren Ausbruch an kreativer Energie. Filmemacher begannen, mit minimalen Budgets qualitativ hochwertige Spielfilme zu drehen, Ensembles traten in neuen Avantgarde-Theatern auf und Live-Bands spielten in etablierteren Spielstätten. Heute wartet fast jedes Stadtviertel mit großartigen Unterhaltungsmöglichkeiten auf.

Für große Veranstaltungen müssen die Eintrittskarten oft über **Ticketek** (☏ 011-5237-7200; www.ticketek.com.ar; Av Santa Fe

> **ABSTECHER**
>
> ## SAN ISIDRO
>
> Etwa 20 km nördlich von Buenos Aires liegt das friedliche Wohnviertel San Isidro, ein angesehener Vorort, dessen begrünte und gepflasterte Gassen von luxuriösen Prachtbauten und Villen, aber auch einfacheren Häusern gesäumt sind. Die Plaza Mitre mit ihrer schönen neugotischen Kathedrale ist das historische Zentrum. An den Wochenenden findet hier ein **Handwerksmarkt** statt. Es gibt auch ein paar interessante Museen mit weit reichenden Ausblicken auf den Fluss. San Isidro eignet sich gut als schöner Tagesausflug von Buenos Aires. Der Vorort ist leicht mit dem Zug zu erreichen oder man legt auf dem Weg von/nach Tigres einen Stop ein.
>
> San Isidro ist geschichtsträchtig, seine Anfänge reichen bis zur ersten Besiedelung von Buenos Aires im Jahr 1580 zurück, als Juan de Garay einen 20 km langen Küstenstreifen in schmale Landstreifen unterteilte und unter der „Gruppe der Vierzig" aufteilte, die auf der Reise von Spanien an Bord waren.
>
> Das **Museo Pueyrredón** (☎ 011-4512-3131; www.museopueyrredon.org.ar; Rivera Indarte 48; ◉ Di & Do 10–18, Sa & So 15–20 Uhr; ⓡ San Isidro) GRATIS, das früher dem argentinischen General Juan Martín de Pueyrredón (1777–1850) gehörte, ist eine alte Kolonialvilla auf einem großzügigen Grundstück mit herrlichem Ausblick auf den weit entfernten Río de la Plata. Unter dem *algarrobo* (Johannisbrotbaum) planten Pueyrredón und San Martín ihre Strategie gegen die Spanier. Um hierher zu gelangen folgt man von der Kathedrale der Avenida Libertador fünf Blöcke in südlicher Richtung, biegt nach links auf die Peña ab; nach zwei Blocks geht es rechts in die Rivera Indarte.
>
> Noch glamouröser ist das Unesco-Welterbe **Villa Ocampo** (☎ 011-4732-4988; http://unescovillaocampo.org/; Elortondo 1837; 70 Arg$; ◉ Fr–So 12.30–19, Führungen 15 & 16.30 Uhr; ⓡ Beccar), ein wunderbar restauriertes Herrenhaus. Victoria Ocampo war Schriftstellerin, Verlegerin und Intellektuelle, die sich mit anderen schriftstellerischen Größen wie Borges, Cortázar, Sabato und Camus austauschte. Die Gartenanlage ist wunderbar; Führungen werden auf Englisch und Spanisch angeboten.
>
> Ebenfalls einen Besuch wert ist die **Quinta Los Ombúes** (www.quintalosombues.com.ar; Adrián Beccar Varela 774; ◉ Di & Do 10–18, Sa & So 14–18 Uhr; ⓡ San Isidro) GRATIS, ein historisches Haus, das früher lokalen Prominenten gehörte. Es befindet sich nur einen Block hinter der Kathedrale.
>
> Der Zug nach Tigre der Mitre Linie von Retiro hält an den Stationen San Isidro und Beccar (mit/ohne SUBE Karte 5/12 Arg$, 35 Minuten).

4389; ◉ Mo–Sa 13–20 Uhr; Ⓢ Línea D Plaza Italia) reserviert werden. Die Servicegebühr beträgt 10 % vom Eintrittspreis.

Carteleras (Schalter für ermäßigte Eintrittskarten) verkaufen für viele Events eine begrenzte Anzahl an ermäßigten Karten und man kann bei Kino, Theater und Tangoshows 20 bis 50 % einsparen. Hier die Anbieter: **Cartelera Baires** (☎ 011-4372-5058; Av Corrientes 1382, Galería Apolo; ◉ Mo 10–18, Di–Do 13–20, Fr 13–21, Sa 14–21 Uhr; Ⓢ Línea B Uruguay), **Cartelera Vea Más** (☎ 011-6320-5319; http://carteleraveamas.com.ar; Av Corrientes 1660, Local 2; ◉ Mo 10–20, Di–Mi & So bis 21.30, Do bis 22.30, Fr & Sa bis 23 Uhr; Ⓢ Línea B Callao) oder **Cartelera Espectáculos** (☎ 011-4322-1559; www.123info.com.ar; Lavalle 742; ◉ Mo–Sa 12–21, So bis 20 Uhr; Ⓢ Línea C Lavalle). Es empfiehlt sich, Karten so früh wie möglich zu kaufen.

Tangoshows

Wenn es etwas gibt, an dem es Buenos Aires nicht mangelt, dann sind es Tangoshows. Die bekanntesten sind die teuren, für Touristen konzipierten Spektakel, die sehr unterhaltsam und beeindruckend sind und bei denen erstaunliche Spitzenleistungen hinsichtlich Anmut und Sportlichkeit gezeigt werden. Allerdings vermitteln sie auch ein sehr idealisiertes Bild und haben nichts mit dem zu tun, was für die Puristen den „authentischen" Tango ausmacht.

Bei diesen Theatervorstellungen treten normalerweise verschiedene Tanzpaare auf; dazu spielt ein Orchester mit mehreren Sängern und möglicherweise einige folkloristische Musiker. Sie dauern etwa 1½ Stunden und werden gerne in Verbindung mit einem Dinner angeboten, bei dem das Essen meist gut ist. VIP-Optionen bedeuten einen höheren Preis für einen besseren Platz und dementsprechende Auswahlmöglichkeiten beim Essen und bei den Erfrischungen. Für fast alle Shows ist eine Reservierung erforderlich. Bei der Buchung über das Internet gibt es manchmal einen unwesentlichen Rabatt; man wird vom Hotel abgeholt.

Zahlreiche Hotels bieten ebenfalls an, die Shows zu buchen; allerdings ist der Preis manchmal genau so hoch wie der, den man auch vor Ort bezahlen würde.

Bescheidenere Shows kosten erheblich weniger und einige sind sogar kostenlos, dafür muss man manchmal ein Essen oder ein Getränk im Restaurant bestellen. Wenn man dort gerne essen möchte, ist das ein guter Deal. Wer Tango kostenlos erleben möchte (eine Spende wird allerdings immer erwartet) sollte am Sonntagnachmittag nach San Telmo fahren. Dort zeigen Tänzer auf der Plaza Dorrego (S. 68) ihre Künste. Allerdings sollte man schon früh da sein, um einen guten Platz zu ergattern.

Ein zweiter guter Tipp am Wochenende ist El Caminito (S. 72) in La Boca; in einigen Restaurants tanzen Tangotänzer für die Gäste. Viele *milongas* (Tanzlokale) bieten ebenfalls gute und erschwingliche Shows an.

★ Centro Cultural Borges TANGO

(Karte S. 62; ☎ 011-5555-5359; www.ccborges.org.ar; cnr Viamonte & San Martín; Shows 22–25 US$; Ⓢ Línea C Lavalle) Dieses hervorragende Kulturzentrum kann mit vielerlei qualitativ hochwertigen Angeboten aufwarten, darunter auch mehrmals wöchentlich mit empfehlenswerten Tangoshows zu akzeptablen Preisen. Bien de Tango am Freitag- und Samstagabend um 20 Uhr ist besonders gut; die Show kann locker mit anderen Präsentationen mithalten, die das Dreifache kosten.

Am besten informiert man sich auf der Website des Kulturzentrums oder schaut kurz vorbei, um in Erfahrung zu bringen, was genau auf dem Programm steht, und um vorab die Eintrittskarte zu kaufen.

Café de los Angelitos TANGO

(☎ 011-4952-2320; www.cafedelosangelitos.com; Av Rivadavia 2100; Show ab 90 US$, Show & Dinner ab 130 US$; ⊘ Café 8–24 Uhr; Ⓢ Línea A Congreso) Dieses Café, das ursprünglich als Bar Rivadavia bekannt war, war früher ein Treffpunkt der Dichter, Musiker und Kriminellen, weshalb ein Polizeikommissar sie zu Beginn des 20. Jhs. spaßeshalber *los angelitos* (die Engel) nannte.

Tagsüber ist dieses elegante Café ein Treffpunkt auf einen Kaffee oder Tee. Jedoch am Abend findet im Los Angelitos eine der besten Tangoshows in Buenos Aires statt.

Rojo Tango TANGO

(Karte S. 62; ☎ 011-4952-4111; www.rojotango.com; Martha Salotti 445, Faena Hotel; Show 220 US$, Show & Dinner 290 US$; 🚌 111, 43, 143) Diese erotische Tangovorführung übertrifft alles – was auch für die Wahnsinnspreise gilt. Der Varietésaal des Hotels Faena, der gerade einmal 100 Zuschauer fasst, ist in blutrote Vorhänge und vergoldete Möbel gehüllt. Die eigentliche Show folgt dann der aufregenden Geschichte des Tangos; ausgehend von seinen Wurzeln im Varieté und endet mit der modernen Verschmelzung musikalischer Genres durch Ástor Piazzolla.

Esquina Carlos Gardel TANGO

(Karte S. 78; ☎ 011-4867-6363; www.esquinacarlosgardel.com.ar; Carlos Gardel 3200; Show ab 96 US$, Show & Dinner ab 140 US$; Ⓢ Línea B Carlos Gardel) Eine der fantastischsten Tangoshows in Buenos Aires wird in diesem beeindruckenden Theater mit rund 430 Sitzplätzen gezeigt, das direkt neben der schönen Shopping Mall Mercado de Abasto (S. 84) liegt. Die edle Show präsentiert erstklassige, leidenschaftliche Musiker sowie Tänzer in Kostümen der jeweiligen Tango-Epoche und auch das moderne Segment in einem knallengen Ganzkörperanzug ist hochkarätig, athletisch und unvergesslich.

Das Abasto Viertel war einst das Revier des Tango-Sängers und -Komponisten Carlos Gardel – und er war hier oft unterwegs.

Piazzolla Tango TANGO

(Karte S. 62; ☎ 011-4344-8200; www.piazzollatango.com; Florida 165, Galaría Güemes; Show ab 55 US$, Show & Dinner ab 100 US$; Ⓢ Línea D Catedral) Das wunderschöne Art-Nouveau-Theater, nicht weit von der Calle Florida, einer Fußgängerzone, war einst ein Kabarett im Rotlichtmilieu. Die Show basiert auf der Musik von Ástor Piazzolla, dem berühmten *Bandoneón*-Spieler (ein kleines Akkordeon) und Komponisten, der die Tangomusik revolutionierte, indem er Elemente aus dem Jazz und der klassischen Musik integrierte.

Das Publikum sitzt meist an langen Tischen zusammen. Vor der Show findet ein kostenloser Tangounterricht statt.

El Viejo Almacén TANGO

(Karte S. 62; ☎ 011-4307-7388; www.viejoalmacen.com; Balcarce 799; Show ab 90 US$, Show & Dinner ab 140 US$; 🚌 29, 24, 111) Das El Viejo Almacén befindet sich in einem charmanten alten Gebäude aus dem frühen 19. Jh. und präsentiert eine der ältesten Shows der Stadt – und das bereits seit dem Jahr 1969.

Zuerst wird in einem Restaurant auf mehreren Etagen im Hauptgebäude das Abendessen serviert und anschließend gehen alle über die Straße in das kleine Theater mit der intimen Bühne, den überaus athletischen Tänzern und viel Glamour.

La Ventana   TANGO
(Karte S. 62; 📞 011-4334-1314; www.laventanaweb.com; Balcarce 431; Show ab 70 US$, Show & Dinner ab 120 US$; Ⓢ Línea E Belgrano) Das Lokal im Basement eines umfunktionierten alten Gemäuers mit Backsteinwänden liegt in San Telmo und existiert schon seit ewigen Zeiten. Zur Tangoshow gehört auch ein Folklore-Segment mit Musikern aus den Anden sowie eine Vorführung von *boleadores* (Wurfwaffen eines Gaucho). Auch eine patriotische Homage an Evita gehört mit dazu. Das Dinner bietet eine Fülle von verschiedenen, leckeren Hauptgerichten – was bei Tangoshows eher ungewöhnlich ist.

Academia Nacional del Tango   TANGO
(Karte S. 62; 📞 011-4345-6967; www.facebook.com/academianacionaldeltango; Av de Mayo 833; Ⓢ Línea A Piedras) Die Academia Nacional del Tango veranstaltet *milongas* und Tangokonzerte. Nähere Informationen findet man auf der Facebook-Seite.

Milongas
Milongas sind Tangoveranstaltungen, bei denen die Teilnehmer ihre Tanzkünste zur Schau stellen. Die Atmosphäre bei diesen Veranstaltungen kann modern oder altmodisch, leger oder traditionell sein.

Milongas beginnen entweder am Nachmittag und enden dann um 23 Uhr oder sie fangen erst gegen Mitternacht an und dauern bis zum Morgengrauen. Häufig wird vorher ein Einführungskurs angeboten. Eine aktuelle Auflistung der *milongas* findet sich auf der Website www.hoy-milonga.com.

★ La Catedral   MILONGA
(Karte S. 78; 📞 011-15-5325-1630; www.lacatedralclub.com; Sarmiento 4006; Ⓢ Línea B Medrano) Legere, heruntergekommene Lagerhalle mit flippigen Kunstwerken an den Wänden, Möbeln aus dem Seconhandladen und stimmungsvoller, schummeriger Beleuchtung. Gelegentlich streicht auch eine Katze unter den Tischen umher. Es geht eher unkonventionell zu und es gibt auch keinen Dresscode – die Tänzer und Tänzerinnen tragen oft Jeans. Diese *milonga* ist auch für Anfänger gut geeignet, denn hier kann sich jeder auf der Tanzfläche wohlfühlen.

Die beliebteste Milonga findet immer an Dienstagen statt.

Maldita Milonga   TANGO
(Karte S. 62; 📞 011-15-2189-7747; www.facebook.com/malditamilonga1; Perú 571, Buenos Ayres Club; ⊙ Mi Unterricht 21 Uhr, Milonga 22.30 Uhr; Ⓢ Línea E Belgrano) Die mittwochs im Buenos Ayres Club stattfindende Maldita Milonga ist ein gut geführtes und beliebtes Event und eine der besten *milongas*, bei der man echte Paare Tango tanzend sehen kann.

Das Highlight des Abends findet jedoch erst um 23 Uhr statt, wenn das dynamische Orchester El Afronte aufspielt – und gegen Mitternacht findet schließlich eine professionelle Tanzvorführung statt.

Tango Queer   TANGO
(Karte S. 62; 📞 011-15-3252-6894; www.tangoqueer.com; Perú 571, Buenos Ayres Club; ⊙ Di Unterricht 20.30 Uhr, Milonga 22-2 Uhr; Ⓢ Línea E Belgrano) Dienstagabends kann bei diesem ausgezeichneten schwulen Tangounterricht mit anschließender *milonga* jeder mit jedem tanzen, führen oder sich führen lassen.

La Glorieta   TANGO
(www.facebook.com/milonga.glorieta; Echeverría 1800, Barrancas de Belgrano; ⊙ Nov.–März täglich 19–23 Uhr, Apr.–Okt. einmal wöchentlich; 🚌 15, 29, 42) GRATIS Es ist schwer, sich eine romantischere Kulisse für eine *milonga* unter freiem Himmel vorzustellen, als den Musikpavillon in den Barrancas de Belgrano, wo sich an Sommerabenden Tänzer aller Altersgruppen und Niveaus zum Tango zusammenfinden. Meistens findet von 18 bis 19 Uhr eine kostenlose Unterrichtsstunde statt.

Das Programm für den Winter kann man auf der der Website finden.

Patio de Tango   TANGO
(Milonga de la Manzana de las Luces; Karte S. 62; 📞 011-4343-3260; www.facebook.com/PatioDeTangoManzana; Perú 222; durch Spende; ⊙ Fr Unterricht 19.30–21 Uhr, Milonga 21–24 Uhr; Ⓢ Línea E Bolívar) GRATIS Diese wunderbar atmosphärische *milonga* findet auf der Außenterrasse und in den umliegenden Salons der historischen Manzana de las Luces (S. 61) statt, einem der ältesten Gebäude der Stadt. Es gibt keine Eintrittsgebühr, aber es ist

durchaus üblich, eine kleine Spende in „den Hut" zu legen, von der die Tango-Lehrer und -Musiker bezahlt werden.

El Beso
TANGO

(Karte S. 628; 011-4953-2794; http://e lbeso.com.ar; Riobamba 416, 1st fl; Línea B Callao) In diesem kleinen, intimen Tanzsalon finden verschiedene *milongas* statt. Die beliebteste ist die **Milonga Cachirulo**, die jeden Dienstag von 21 bis 5 Uhr stattfindet. Sie zieht sehr gute Tänzer an und man sollte sich seines Könnens sicher sein, wenn man auf das Parkett geht. Freitags beginnt im El Beso von 22.30 bis 4 Uhr die schwule *milonga* **La Marshall Milonga Gay** (https://lamarshallmilonga.com.ar).

La Viruta
TANGO

(Karte S. 78; 011-4774-6357; www.lavirutatango.com; Armenia 1366; 141, 15, 110) Beliebter Veranstaltungsort im Keller. Vor den *milongas* finden gute Anfängerkurse statt, was bedeutet, dass sich anfangs viele Anfänger auf der Tanzfläche tummeln. Erfahrene *tangueros* sollten daher erst später kommen (nach 2 Uhr). Am frühen Abend läuft eine breite Palette an Musik – von Tango bis Rock und von Cumbia bis Salsa; später am Abend wird die Musik etwas traditioneller.

Wenn man zu später Stunde immer noch da ist, werden um 4 Uhr leckere *medialunas* (Croissants) serviert – dann war es sicher eine gute (Tango)Nacht.

Salón Canning
TANGO

(Karte S. 78; 011-15-5738-3850; www.parakultural.com.ar; Av Scalabrini Ortiz 1331; 141, 140, 15) So ziemlich die besten Tangotänzer von Buenos Aires geben sich in diesem traditionellen Salon mit hervorragender Tanzfläche die Ehre – Mauerblümchen gibt es hier keine. Die bekannte Tangotruppe Parakultural veranstaltet hier montags, dienstags und freitags gute Events mit Orchestern, Tanzvorführungen und Sängern.

Auf der Website stehen die Unterrichtszeiten und Ankündigungen für die nächsten *milongas*. Man sollte sich auf einen Riesenandrang und zahlreiche, schaulustige Touristen gefasst machen.

Club Gricel
TANGO

(011-4957-7157; www.clubgriceltango.com.ar; La Rioja 1180; Línea E General Urquiza) In diesem klassischen Traditionsclub im Viertel San Cristóbal, das man am besten mit dem Taxi erreicht, drängen sich oft die Menschenmassen. Das Gricel zieht ein älteres, gut gekleidetes Publikum an, das vor allem aus dem Stadtviertel kommt. Wer alleine ist, sollte den Sonntag vermeiden, denn da tanzen meistens Paare. Die erstklassige Tanzfläche ist wunderbar gefedert und gelegentlich gibt es auch Live-Konzerte.

Livemusik

In einigen Locations wird nur Livemusik dargeboten, in vielen Theatern, Kulturzentren, Bars und Cafés finden auch Shows statt. Das Centro Cultural Torquato Tasso ist eine gute Wahl für Tango-Auftritte.

Usina del Arte
KONZERTSAAL

(Karte S. 73; www.buenosaires.gob.ar/usinadelarte; Agustín R Caffarena 1; 130, 86, 8) GRATIS Das ehemalige Elektrizitätswerk wurde mit dem Ziel, eine etwas zwielichtige Gegend von La Boca neu zu beleben, in einen spektakulären Konzertsaal umgewandelt. Zu dem herrlichen roten Backsteinbau gehört ein malerischer Uhrenturm; die beiden Konzertsäle verfügen übrigens über eine erstklassige Akustik. Fast alle hier stattfindenden Kunstausstellungen, Konzerte und Tanzaufführungen sind kostenlos. Das Programm steht auf der Website.

Ciudad Cultural Konex
KULTURZENTRUM

(Karte S. 78; 011-4864-3200; www.ciudadculturalkonex.org; Av Sarmiento 3131; Línea B Carlos Gardel) Ein modernes Kulturzentrum mit multidisziplinären Aufführungen, die Kunst, Kultur und Technologie verschmelzen. Bekannt ist das Kulturzentrum für seine Percussion Shows **La Bomba de Tiempo** (90 Arg$; Mo 19–22) am Montagabend, die ein junges Publikum anziehen.

Notorious
JAZZ

(Karte S. 62; 011-4813-6888; www.notorious.com.ar; Av Callao 966; Mo–Do 10–24, Fr 10–2, Sa 17–2, So 17–24 Uhr; Línea D Callao) Das schicke und intime Lokal zählt zu den besten Jazz-Locations von Buenos Aires. In dem Restaurant-Café, das auf einen grünen Garten hinausgeht, finden beinahe jeden Abend ab 21 Uhr Liveshows statt. Es wird überwiegend Jazz gespielt, aber auch Blues und brasilianische Musik gibt es zu hören.

Thelonious Bar
JAZZ

(Karte S. 78; 011-4829-1562; www.thelonious.com.ar; Jerónimo Salguero 1884, 1st fl; Mi & Do 20.30–23.30, Fr & Sa bis 0.45 Uhr; Línea D Bulnes) Diese schummrige Jazzbar mit hohen Ziegeldecken und einem guten Soundsystem befindet sich im ersten Stock eines alten

Herrschaftshauses. Wer frühzeitig kommt, hat gute Chancen auf einen Sitzplatz; natürlich kann man hier auch einen Tisch reservieren. Es gibt eine typisch argentinische Speisekarte und eine gute Cocktailauswahl.

Die Bar ist für Auftritte klassischer und zeitgenössischer Jazz-Musiker aus Argentinien bekannt; manchmal spielen hier auch internationale Musiker auf.

Centro Cultural Torquato Tasso LIVEMUSIK
(Karte S. 73; ☎ 011-4307-6506; www.torquatotasso.com.ar; Defensa 1575; ◻29, 168, 24) Eine der beliebtesten Locations für Livemusik in Buenos Aires, mit erstklassigen Tango-Musik-Aufführungen – man sollte die Augen offen halten für Rodolfo Mederos und La Chicana. Hier spielen auch Bands, die verschiedene Musikrichtungen mischen, z.B. Tango oder *folklórico* mit Rockmusik.

Los Cardones LIVEMUSIK
(Karte S. 78; ☎ 011-4777-1112; www.cardones.com.ar; Jorge Luis Borges 2180; ◷ Mi-Sa 21-4 Uhr; Ⓢ Línea D Plaza Italia) Freundliche, unauffällige *peña* für alle, die gefühlvolle Gitarrenmusik, Jamsessions mit Publikumsbeteiligung (und möglicherweise auch Tanz), herzhafte regionale Küche aus dem Norden Argentiniens und in Strömen fließenden Rotwein mögen. Ein guter Ort um traditionelle argentinische Folkloremusik zu hören. Das aktuelle Programm steht auf der Website.

Theater

Die Avenida Corrientes, zwischen Avenida 9 de Julio und Callao, gilt traditionell als das Theaterviertel der Stadt, allerdings gibt es inzwischen überall in der Stadt eine Vielzahl weiterer Bühnen. Informationen zum Programm des Teatro Colón (S. 66) und des Teatro Nacional Cervantes (S. 68) finden sich auf deren Websites.

Teatro San Martín THEATER
(Karte S. 62; ☎ 0800-333-5254; www.complejoteatral.gob.ar; Av Corrientes 1530; Ⓢ Línea B Uruguay) Das nach umfangreichen Renovierungen wieder eröffnete Theater verfügt über mehrere Zuschauerräume (der größte bietet Sitzplätze für mehr als 1000 Personen) und präsentiert internationale Kinofilme, Theater, Tanz und klassische Musik, wobei die Veranstaltungen konventionell oder etwas ausgefallener sein können.

🛍 Shoppen

Buenos Aires ist durchsetzt von Einkaufsstraßen, in denen sich Klamottenläden, Schuh- und Ledergeschäfte und sonstige Shoppingmöglichkeiten aneinanderreihen. Große, moderne und familienfreundliche Einkaufszentren bieten Designerwaren, Foodcourts und auch Spielbereiche für Kinder. Die vielleicht besten Einkaufsmöglichkeiten findet man in Palermo Viejo mit vielen exklusiven Boutiquen.

Die Liebhaber von Antiquitäten strömen am besten nach San Telmo.

🛍 Das Zentrum & Congreso

★ Autoría KUNSTHANDWERK
(Karte S. 74; ☎ 011-5252-2474; www.autoriabsas.com.ar; Suipacha 1025; ◷ Mo-Fr 9.30-20, Sa 10-18 Uhr; Ⓢ Línea C San Martín) Dieser galerieartige Laden mit ausgefallenen Kunstbüchern, Fashion, Accessoires, skurrilen Schreibtischskulpturen aus Leder, originalen Kunstwerken und individuellen, handgefertigten Schmuckstücken unterstützt argentinische Designer.

Besonders interessant sind die Produkte aus recycelten Materialien – Taschen aus Tyvek (eine Marke der Firma DuPont: Vliesstoff aus Polyethylen), Luft- und Feuerwehrschläuchen oder alten Segeln. Die Produkte sind qualitativ hochwertig und die Preise erschwinglich.

Arte y Esperanza KUNSTHANDWERK
(Karte S. 62; ☎ 011-4343-1455; www.arteyesperanza.com.ar; Balcarce 234; ◷ Mo-Fr 10-18 Uhr; Ⓢ Línea A Plaza de Mayo) Im Arte y Esperanza gibt es handgemachte Produkte aus fairem Handel, darunter zahlreiche Artikel von indigenen Kunsthandwerkern. Im Angebot sind Silberschmuck, Keramik, Textilien, Mate Kalebassen, Körbe, gewebte Taschen, Holzutensilien und Tiermasken.

Zivals MUSIK
(Karte S. 62; www.facebook.com/Zivals; Av Callao 395; ◷ Mo-Sa 9.30-21.30 Uhr; Ⓢ Línea B Callao) Dies ist einer der besseren Musikläden in der Stadt und zwar vor allem, wenn es um Tango, Folk, Jazz und Klassik geht. Die Hörstationen sind ein großer Pluspunkt, zudem werden auch Bücher verkauft.

🛍 San Telmo

Punto Sur KLEIDUNG
(Karte S. 62; ☎ 011-4300-9320; www.feriapuntosur.com.ar; Defensa 1135; ◷ Mo-Sa 12-20, So 11-20 Uhr; ◻29) In diesem sagenhaften Bekleidungsgeschäft stehen die Arbeiten von unabhängigen argentinischen Designern

> **NICHT VERSÄUMEN**
>
> ### STRASSENMÄRKTE IN BUENOS AIRES
>
> Ein Bummel durch eine der am Wochenende stattfindenden *ferias* (Straßenmarkt) gehört zu den ultimativen Erfahrungen in Buenos Aires. Künstler stellen ihre Werke aus und Straßenmusiker, Pantomimen und Tangotänzer unterhalten ihr Publikum. Restaurants mit Tischen auf dem Gehweg laden zum Speisen und Leute beobachten ein. Allerdings gibt es auf den von Touristen frequentierten Märkten wie San Telmo auch Taschendiebe, sodass man auf seine Wertsachen ganz besonders achten sollte.
>
> Die Auswahl ist groß: Feria Artesenal Plaza Francia in Recoleta, Feria de Mataderos (S. 87) in Mataderos, San Telmos Feria de San Telmo (S. 68) und Palermos Feria Plaza Serrano (Karte S. 78; Ecke Honduras & Jorge Luis Borges; ⏲ Sa & So 10–20 Uhr; 🚍 140, 141, 34).

im Mittelpunkt. Der Kreativität sind keine Grenzen gesetzt und es macht Spaß, einen Streifzug durch das einzigartige Sortiment zu unternehmen, darunter interessante Strickwaren, farbenfrohe Röcke, bedruckte T-Shirts, Schmuck und Accessories, coole Handtaschen und sogar Kindersachen.

Walrus Books BÜCHER
(Karte S. 62; ☎ 011-4300-7135; www.walrus-books.com.ar; Estados Unidos 617; ⏲ Di–So 12–20 Uhr; Ⓢ Línea C Independencia) Dieser winzige Buchladen, den ein amerikanischer Fotograf führt, ist wohl die beste Anlaufstelle für englischsprachige Bücher in ganz Buenos Aires. Tausende neue und gebrauchte Titel aus den Bereichen Belletristik und Sachbuch reihen sich in den Regalen aneinander, zudem gibt es auch eine gute Auswahl an lateinamerikanischen Klassikern, die ins Englische übersetzt wurden. Die Kunden können hochwertige Bücher hier auch verkaufen. Spannende Literatur-Workshops werden hier ebenfalls angeboten.

L'Ago HAUSHALTSARTIKEL
(Karte S. 62; ☎ 011-4362-4702; Defensa 970; ⏲ 11–20 Uhr; 🚍 29) Im zuckersüßen L'Ago gibt es kitschig-coole Einrichtungsgegenstände wie fluoreszierende Mate-Sets und Kissenbezüge, Frida-Kahlo-Kühlschrankmagneten, Lampen, recycelte Elvis-Geldbeutel und Marilyn-Monroe-Handtaschen.

Puntos en el Espacio MODE & ACCESSOIRES
(Karte S. 62; ☎ 011-4307-7906; www.puntosenelespacio.com.ar; Carlos Calvo 450; ⏲ 11–20 Uhr) Dieser Laden, in dem mehr als 40 Designer repräsentiert sind, ist eine gute Gelegenheit ausgefallene Damen-Kollektionen aufstrebender Stars der einheimischen Modewelt zu entdecken. Es gibt auch Kinder- und Herrenmode sowie Handtaschen, Schmuck und Schuhe.

Materia Urbana KUNSTHANDWERK
(Karte S. 62; ☎ 011-4361-5265; www.materiaurbana.com; Defensa 702; ⏲ Mi–Fr 11–19, Sa & Di ab 14, So 11–18 Uhr; 🚍 29) Dieser innovative Designerladen präsentiert die Arbeiten von über 100 einheimischen Künstlern; zu den wunderbaren Stücken gehören Terminplaner aus Leder, Retro-Einkaufstaschen, Mate-Sets aus Plastik sowie Schmuckstücke aus Metall, Holz und Leder.

🔒 Recoleta & Barrio Norte

★ El Ateneo Grand Splendid BÜCHER
(Karte S. 74; ☎ 011-4813-6052; www.yenny-elateneo.com/local/grand-splendid; Av Santa Fe 1860; ⏲ Mo–Do 9–22, Fr & Sa bis 24, So 12–22 Uhr; Ⓢ Línea D Callao) Der wunderbare Buchladen in einem umgewandelten Theater floriert auch im Zeitalter von Kindle. Das Grand Splendid Theater wurde im Jahr 1919 eröffnet und im Jahr 2000 in einen Buchladen umgewandelt. Die meisten Sitzplätze wurden allerdings durch Bücherregale ersetzt, aber die originalen Details, zu denen die wunderbar bemalte Kuppel und die Balkone gehören, blieben glücklicherweise erhalten.

Man kann hier in den Büchern schmökern oder in dem Café auf der Bühne einen schönen starken Kaffee trinken.

Fueguia PARFUM
(Karte S. 74; ☎ 011-4311-5360; www.fueguia.com; Av Alvear 1680; ⏲ 11–20 Uhr; 🚍 130, 62, 93) Auf der nobelsten Avenue in Recoleta verkauft diese exklusive Parfümerie eine große Auswahl an eigenen Düften und Kerzen.

Feria Artesenal Plaza Francia MARKT
(Karte S. 74; www.feriaplazafrancia.com; Plaza Intendente de Alvear; ⏲ Sa & So 11–20 Uhr; Ⓢ Línea H Las Heras) Auf Recoletas beliebtem Markt bieten Dutzende von Ständen eine breite Auswahl an kreativen, handgearbei-

teten Waren feil. Hippies, Pantomimen und Touristen geben sich hier ein buntes Stelldichein. An Wochenenden ist hier am meisten los, allerdings haben einige Stände auch unter der Woche geöffnet.

Trotz des etwas irreführenden Namens befindet sich der Markt vor dem Eingang zum Cementerio de la Recoleta auf dem Plaza Intendente de Alvear.

Palermo

Elementos Argentinos HAUSHALTSWAREN
(Karte S. 78; 011-4832-6299; www.elementos argentinos.com.ar; Gurruchaga 1881; Di–Sa 11–19 Uhr; Línea D Plaza Italia) Die qualitativ hochwertigen Teppiche, Läufer und Decken, die hier verkauft werden, sind von Hand gefärbt, auf einem Webstuhl von Hand gewoben und aus fairem Handel.

Die Eigentümer arbeiten mit Kooperativen und NGOs zusammen und unterstützen Gemeinden im Nordwesten Argentiniens, in denen die Textilien hergestellt werden. Größere Stücke werden auch versandt, allerdings passt eine superweiche Decke aus Lamawolle sicher noch in den Koffer.

Humawaca MODE & ACCESSOIRES
(Karte S. 78; 011-4832-2662; www.humawaca.com; El Salvador 4692; Mo-Sa 11–20, So 14–19 Uhr; 141, 15, 39) Hier findet der geneigte Kunde preisgekrönte Designer-Handtaschen, Einkaufstaschen und Geldbeutel aus argentinischem Leder in klaren, modernen Linien und bunten Farbtönen. In der winzigen Boutique mit der Tagline „todo cow" findet man immer etwas Neues, das einem ins Auge fällt. Taschen kosten etwa 2000 Arg$ bis 5000 Arg$.

Lo de Joaquín Alberdi LEBENSMITTEL & WEIN
(Karte S. 78; 011-4832-5329; www.lodejoaquin alberdi.com; Jorge Luis Borges 1772; Weinproben 850 Arg$; Mo-Sa 11–21.30, So 12–21 Uhr; Línea D Plaza Italia) In den Regalen und im Keller dieses schönen Weingeschäfts reihen sich in Argentinien gekelterte Weine für jeden Geschmack und jeden Geldbeutel aneinander. Der freundliche Besitzer Joaquín gibt gerne Empfehlungen.

Weinproben, bei denen mindestens sechs Weine und einige Käse verkostet werden, finden donnerstags und freitags um 19.30 Uhr statt (frühzeitig online reservieren).

Galeria Patio del Liceo SHOPPINGMALL
(Karte S. 78; http://patiodelliceo.com; Av Santa Fe 2729; Mo-Sa die meisten Geschäfte 14–20 Uhr; Línea D Agüero) Die abwechslungsreiche kleine Shoppingmal hat etwas Flippiges und Legeres. In den letzten Jahren haben sich hier einige junge, unabhängige Künstler etabliert und einen künstlerischen Knotenpunkt geschaffen und mit verschiedenen kleinen Boutiquen, Ausstellungsräumen und Ateliers gefüllt. Es gibt zudem einige Buchläden, **Los Hermanos** Ukulele-Laden und einige großartige Designläden, beispielsweise **Greens** und den Spezialisten für Nachhaltigkeit **Tienda Raiz**. Die Öffnungszeiten der Läden variieren.

---

❶ SICHER REISEN IN BUENOS AIRES

Buenos Aires ist grundsätzlich ziemlich sicher und man kann vielerorts selbst bei Nacht und als alleinreisende Frau problemlos herumlaufen. In einigen Vierteln sollte man allerdings Vorsicht walten lassen; genauer gesagt rund um den Bahnhof Constitución, am östlichen Rand von San Telmo, Teilen von Once und in La Boca – wo man abseits der touristischen Straßen selbst bei Tag vorsichtig sein sollte. Gesunder Menschenverstand ist nie verkehrt: so sollte man niemals mit Wertgegenständen (wie teuerem Schmuck) protzen, immer auf seine Umgebung achten und so tun, als wüsste man genau, wo man hingeht (auch wenn es gerade einmal nicht der Fall sein sollte).

Wie in allen großen Städten gibt es auch in Buenos Aires Kriminalität. Als Tourist ist es allerdings weitaus wahrscheinlicher das Ziel von Kleinkriminalität wie Taschendiebstahl zu werden als eines bewaffneten Überfalls oder einer Entführung.

Insbeondere in überfüllten Bussen, in der U-Bahn und auf den belebten *ferias* (Straßenmärkte) sollte man ganz besonders auf seine Wertsachen achten. Wer seine Tasche auf den Boden stellt, sollte immer den Fuß durch den Tragriemen stellen (besonders in Straßencafés) und auch dann sollte man sie immer im Auge behalten. Besondere Vorsicht gilt auch am Busbahnhof Retiro.

Die Touristenpolizei (S. 700) verfügt über Dolmetscher und ist zuständig bei Überfällen und hilft den Opfern und Geschädigten.

Rapsodia
KLEIDUNG & ACCESSOIRES

(Karte S. 78; ☎ 011-4831-6333; www.rapsodia.com; Honduras 4872; ⊙ 10–21 Uhr; 🚌 140, 110, 15) Mit wunderbar bedruckten Textilien und Details wie Fransen und Pailletten ist diese große und sehr beliebte Boutique ein Muss für jeden Mode-Experten in Buenos Aires. Alt und neu verbinden sich zu kreativen, farbenfrohen Stilen mit exotischen und künstlerischen Akzenten. Die Einheimischen sind jedenfalls ganz versessen auf die hier zu Verkauf stehenden Kleider und Jeans.

Es gibt über ein Dutzend Zweigstellen im gesamten Stadtgebiet.

Bolivia
KLEIDUNG

(Karte S. 78; ☎ 011-4832-6284; www.bolivia-divina.com; Gurruchaga 1581; ⊙ 1Mo–Sa 10.30–20.30, So ab 15 Uhr; 🚌 141, 110, 15) Hier gibt es kaum etwas, dass jungen, hippen Männern nicht zusagen würde – taillierte Hemden, hautenge Jeans und Jacken im Militärstil. Metrosexuell bis zum Anschlag und ein Paradies für Männer, die keine Angst vor Mustern, Schottenkaro oder Pastellfarben haben. Es gibt sechs Filialen in der Stadt.

ⓘ Praktische Informationen

CONCIERGE-SERVICES

BA Cultural Concierge (☎ 011-15-3876-5937; www.baculturalconcierge.com) Der Concierge-Service von Madi Lang ist bei der Planung von Reiserouten behilflich, bucht Flüge, organisiert den Transport vom und zum Flughafen, übernimmt Botengänge, besorgt ein Handy, reserviert Theaterkarten, sucht ein Apartment und erledigt noch tausend andere Dinge, damit die Reise problemlos funktioniert. Die Agentur bietet auch individuelle Tagestouren von Buenos Aires, Tango-Touren und Ausflüge zur Feria de Mataderos an.

GELD

Geldautomaten *(cajeros automáticos)* findet man überall in BA und sie stellen die einfachste Möglichkeit dar, mit Kredit- und EC-Karten Beträge direkt vom Konto abzuheben. Viele verfügen auch über ein Menü auf Englisch, wenn man des Spanischen nicht mächtig ist.

Es kann Beschränkungen pro Abhebung geben, aber es ist teilweise möglich, mehrmals am Tag Geld zu ziehen – wobei pro Transaktion Gebühren anfallen. Die Bank vor Ort verlangt für jede Transaktion eine Gebühr (dies beinhaltet nicht die Gebühren der Heimatbank, die zusätzlich hinzukommen). Dabei handelt es sich um Gebühren die pro Transaktion anfallen; daher sollte überlegt werden, den maximal zulässigen Betrag abzuheben.

MEDIZINISCHE VERSORGUNG

Dental Argentina (☎ 011-4828-0821; www.dental-argentina.com.ar; Laprida 1621, 2B; ⊙ Mo–Fr 9–19 Uhr; Ⓢ Línea D Agüero) Zahnbehandlungen durch englischsprechende Zahnärzte.

Hospital Británico (☎ 011-4309-6400; www.hospitalbritanico.org.ar; Perdriel 74; 🚌 28, 50, 59)

Hospital Italiano (☎ 011-4959-0200; www.hospitalitaliano.org.ar; Juan D Perón 4190; Ⓢ Línea B Medrano)

POST

Andreani (Karte S. 62; ☎ 0810-122-1111; www.andreani.com.ar; Av Belgrano 1211; ⊙ Mo–Fr 9–19, Sa bis 13 Uhr; Ⓢ Línea C Moreno) Zuverlässiger internationaler und nationaler Postdienst mit verschiedenen Niederlassungen in der Stadt.

Correo Internacional (Karte S. 74; ☎ 011-4891-9191; www.correoargentino.com.ar; Av Antártida Argentina 1100; ⊙ Mo-Fr 9–15.30 Uhr; Ⓢ Línea C Retiro) Für internationale Päckchen zwischen 2 und 20 kg. Man sollte das Päckchen offen lassen, da der Inhalt überprüft wird. Es werden auch Päckchen verkauft. Nach dem Gebäude mit der gelben Fassade Ausschau halten.

DHL Internacional (Karte S. 62; ☎ 0810-122-3345; www.dhl.com.ar; Av Córdoba 783; ⊙ Mo–Fr 9–19 Uhr; Ⓢ Línea C Lavalle) Eine von vielen Zweigstellen in der ganzen Stadt.

Fedex (Karte S. 62; ☎ 0810-333-3339; www.fedex.com; Av Corrientes 654; ⊙ Mo–Fr 9–18 Uhr; Ⓢ Línea B Florida)

OCA (Karte S. 62; ☎ 011-4311-5305; www.oca.com.ar; Viamonte 526; ⊙ Mo–Fr 8–18 Uhr; Ⓢ Línea C Lavalle) Für Paketsendungen innerhalb Argentiniens.

REISEBÜROS

Anda Responsible Travel (☎ 011-3221-0833; www.andatravel.com.ar; Billinghurst 1193, 3B; ⊙ Mo–Fr 9–17 Uhr; Ⓢ Línea D Agüero) Empfohlene Organisation, die vor allem für ihre La-Boca-Tour bekannt ist, auf der Reisende lokale Organisationen kennenlernen, die sich für die Verbesserung der Lebensbedingungen der Landbevölkerung einsetzen. Es werden auch Rundreisen durch Argentinien angeboten, von denen die Einheimischen profitieren.

Say Hueque (☎ 011-5258-8740; www.sayhueque.com; Thames 2062; ⊙ Mo–Fr 9–18, Sa 10–13 Uhr; Ⓢ Línea D Plaza Italia) Dieses empfehlenswerte, unabhängige Reisebüro hat sich auf maßgeschneiderte Abenteuertrips in ganz Argentinien spezialisiert, nimmt aber auch Flug-, Bus- und Hotelreservierungen vor. Außerdem werden verschiedene Stadtführungen in BA angeboten. Eine Zweigstelle befindet sich in San Telmo (☎ 011-4307-2614; www.sayhueque.

com; Chile 557; ⊗ Mo–Fr 9–18, Sa 10–13 Uhr; Ⓢ Línea C Independencia).
Tangol (☏ 011-4363-6000; www.tangol.com; Defensa 831; ⊗ Mo–Sa 9–18, So 10–19 Uhr; Ⓢ Línea C Independencia) Dieses Reisebüro bietet ein bisschen von allem an: Stadtführungen, Tangoshows, Führer – die einen zu *Fútbol*-Spielen begleiten –, Flugtickets, Hotelreservierungen und Pauschalreisen im ganzen Land.

TOURISTENINFORMATION

Es gibt in Buenos Aires mehrere Touristeninformationen sowie Info-Kioske. Die Mitarbeiter sprechen Englisch und bieten Stadtpläne und Informationen über kostenlose Stadtspaziergänge und andere Aktivitäten an.

Ezeiza airport (☏ 011-5480-6111; Terminal A Ankunft, 1. Stock, Ezeiza Airport; ⊗ 8.15–19.15 Uhr)

Florida (Karte S. 62; Ecke Florida & Roque Sáenz Peña; ⊗ 9–18 Uhr; Ⓢ Línea D Catedral)

La Boca (Karte S. 73; ☏ für WhatsApp Nachrichten 011-2851-8074; https://turismo.buenosaires.gob.ar; Av Don Pedro de Mendoza 1901; ⊗ 9–18 Uhr; 🚌 33, 64, 29)

Plaza San Martín (Karte S. 74; Ecke Av Florida & Marcelo T de Alvear; ⊗ 9–18 Uhr; Ⓢ Línea C San Martín)

Puerto Madero (Karte S. 62; Dique 4, Juana M Gorriti 200; ⊗ 9–18 Uhr; Ⓢ Línea B Alem)

Recoleta (Karte S. 74; ☏ für WhatsApp 011-2851-8047; https://turismo.buenosaires.gob.ar; Av Quintana 596; ⊗ 10–18 Uhr; 🚌 130, 62, 93)

Retiro (Karte S. 74; Retiro Busbahnhof; ⊗ 7–16 Uhr)

❶ An- & Weiterreise

Buenos Aires ist auf dem Luftweg durch internationale Direktflüge mit Städten in aller Welt verbunden, beispielsweise New York, Miami, London, Madrid, Frankfurt, Amsterdam und Auckland, sowie mit den meisten Großstädten in Südamerika.

Wer auf dem Landweg unterwegs ist, kommt meist am Busbahnhof in Retiro an, von dem Überlandbusse zu Zielen in Argentinien sowie Chile und Paraguay abfahren.

Eine geringe Anzahl unregelmäßiger Züge verbindet die Hauptstadt mit Rosario, Córdoba, Tucumán, Bahía Blanca, Tandil und Mar del Plata. Die Fahrkarten sind billig; aber oft schon lange im Voraus ausverkauft.

Fähren verbinden Buenos Aires mit Colonia und Montevideo in Uruguay.

Flüge, Mietwägen und Touren können auch online unter lonelyplanet.com/bookings gebucht werden.

BUS

Buenos Aires moderner **Busbahnhof Retiro** (Retiro; Karte S. 74; ☏ 011-4310-0700; www.retiro.com.ar; Av Antártida Argentina; Ⓢ Línea C Retiro) ist 400 m lang und hat Haltebuchten für 75 Busse. Das Erdgeschoss dient dem Frachtguttransport und der Gepäckaufbewahrung, das oberste dem Fahrkartenverkauf und das mittlere für alles andere.

Am **Infostand** (Karte S. 74; ☏ 011-4310-0700; ⊗ 24 Std.) erhält man allgemeine Informationen zu Bussen und Fahrplänen. Im Hauptgeschoss in der Nähe von Puente 3 und auf derselben Ebene wie die Busbucht 36 gibt es auch eine Touristeninformation. Vorhanden sind zudem Geldautomaten, Telefonläden (einige mit Internet), Cafés und viele kleine Geschäfte sowie ein Stand, an dem SUBE-Karten (S. 121) verkauft werden.

Man kann Fahrkarten für praktisch jedes Ziel in Argentinien kaufen und die beliebtesten Ziele werden recht häufig angefahren. Fahrkarten können auch online über die Buchungsservices **Omnilíneas** (www.omnilineas.com) oder Plataforma 10 (www.plataforma10.com.ar) oder (je nach Strecke) auf den Websites der Busgesellschaften gekauft werden.

FÄHRE/SCHIFF

Es gibt eine regelmäßige Fährverbindung von/nach Colonia und Montevideo, die beide in Uruguay liegen. Fähren von **Buquebus** (Karte S. 74; ☏ 011-4316-6530; www.buquebus.com; Av Antártida Argentina 821; 🚌 92, 106) und **Seacat** legen vom selben Fährhafen in Puerto Madero ab. Das Terminal ist zu Fuß etwa 15 Minuten von der U-Bahn-Station Alem Subte an der Línea B entfernt.

Colonia Express (Karte S. 73; ☏ 011-4317-4100; www.coloniaexpress.com; Av Don Pedro de Mendoza 330; 🚌 130, 8, 86) ist preiswerter, bietet aber nur eingeschränkte Verbindungen an. Das Fährterminal befindet sich in einem Industriegebiet in der Nähe von La Boca (mit dem Taxi fahren). Die besten Preise kann man am besten online im Voraus buchen.

FLUGZEUG

Beinahe alle internationalen Flüge nach BA kommen am Flughafen **Aeropuerto Internacional Ministro Pistarini** (Ezeiza; ☏ 011-5480-6111; www.aa2000.com.ar) an, etwa 35 km südlich vom Stadtzentrum. Der moderne Flughafen verfügt über Geldautomaten, Restaurants, eine Apotheke, Duty-Free-Läden und eine kleine Post (⊗ Mo–Fr 9–17 Uhr).

Die Touristeninformation befindet sich gleich nach der Zollabfertigung.

Wer von Buenos Aires abfliegt, sollte mindestens zwei bis drei Stunden vor dem internationalen Flug am Flughafen sein, da die Warteschlangen bei der Sicherheits- und bei der Passkontrolle lang sein können. Zudem kommt es auf dem Weg nach Ezeiza oft zu Verkehrsstaus, sodass die Fahrt eine Stunde oder länger dauern kann.

Die meisten Inlandsflüge nutzen den Flughafen **Aeroparque Jorge Newbery airport** (011-5480-6111; www.aa2000.com.ar; Av Rafael Obligado; 33,45), der in kurzer Entfernung vom Standtzentrum liegt.

ZUG

Ein eingeschränkter Zugbetrieb verbindet Buenos Aires mit den nahe gelegenen Provinzen. Eine frühzeitige Reservierung ist erforderlich, da Fahrkarten oftmals bereits im Voraus ausverkauft sind.

- Die nördlichen Vororte, zu denen auch San Isidro und Tigre gehören, werden durch Züge der **Línea Mitre** (0800-222-8736; www.trenmitre.com.ar) bedient, die im Stadtteil Retiro abfahren.

- Züge nach Rosario, Córdoba und Tucumán fahren ebenfalls von Retiro ab; siehe www.sofse.gob.ar.

- Die südlichen Vororte und La Plata werden durch Züge der **Línea Roca** (0800-222-8736; www.trenroca.com.ar) bedient, die in Constitución abfahren.

- Bahía Blanca, Tandil und Mar del Plata werden durch die Züge von **Ferrobaires** (011-4304-0028; www.ferrobaires.gba.gov.ar) bedient, die ebenfalls in Constitución abfahren.

- Die südwestlichen Vororte und Luján werden durch Züge der **Línea Sarmiento** (0800-222-8736; www.trensarmiento.com.ar) angefahren, die in Once abfahren. Um nach Once zu gelangen, nimmt man die U-Bahn Línea C nach Retiro und Constitución sowie die Línea A nach Plaza Miserere.

ⓘ Unterwegs vor Ort

VON/ZU DEN FLUGHÄFEN

Ezeiza Airport

Wer alleine unterwegs ist, nutzt am besten den Shuttle eines Zubringerdienstes wie **Manuel Tienda León** (MTL; Karte S. 74; 011-4315-5115; www.tiendaleon.com; Av Eduardo Madero 1299; Ⓢ Línea C Retiro). Direkt hinter dem Zoll sticht einem der Stand im Ankunftsbereich sofort ins Auge. Die regelmäßig verkehrenden Shuttles fahren Tag und Nacht, kosten pro Person 240 Arg$ und sind je nach Verkehr 40 bis 60 Minuten unterwegs. Die Fahrgäste werden am MTL-Büro in Retiro abgesetzt; von dort kann man dann ein reguläres Taxi nehmen.

Ein weiterer Service ist der **ArBus** (011-4897-4258; http://arbus.com.ar) mit Haltestellen im Stadtzentrum, Retiro und Palermo (pro Person 200 Arg$).

Ein weiterer Zubringerdienst, der sich an Individualreisende richtet, ist der **Hostel Shuttle** (011-4511-8723; www.hostelshuttle.com.ar; 13 US$). Auf der Website stehen die Fahrpläne und Haltestellen, an denen man aussteigen kann (nur bestimmte Hostels); man sollte versuchen, im Voraus zu buchen.

Wer ein Taxi nimmt, geht durch die Ankunftshalle und vorbei an den Taxi-Schleppern. Dann sieht man auch schon einen frei stehenden City-Taxistand mit einem blauen Schild, auf dem **Taxi Ezeiza** (011-5480-0066; www.taxiezeiza.com.ar; von Ezeiza ins Zentrum 780 Arg$; 24 Std.) steht.

Aeroparque Airport

Manuel Tienda León (s. links) und **ArBus** (s. links) bieten stündliche Transfers von Ezeiza nach Aeroparque. Von Aeroparque fahren die öffentlichen Bus 33 oder 45 in die Stadt (nicht die Straße überqueren, sondern die Busse in die südliche Richtung nehmen). Allerdings benötigt man eine aufgeladene SUBE-Karte, da die Busse kein Bargeld annehmen.

Ein Taxi ins Zentrum kostet etwa 160 Arg$.

AUTO

Jeder, der sich überlegt in Buenos Aires Auto zu fahren, sollte berücksichtigen, dass es viele Herausforderungen mit sich bringen kann. Zu den Problemen gehören aggressive Fahrer, unberechenbare Busse, Schlaglöcher, der Straßenverkehr an sich, Schwierigkeiten einen Parkplatz zu finden und die Tatsache, dass Fußgänger willkürlich über die Straße gehen. Man sollte daher überlegen, ob man in der Stadt wirklich ein Auto benötigt; mit den öffentlichen Verkehrsmitteln kommt man meist schneller, billiger und mit weniger Stress ans Ziel.

BUS

Buenos Aires verfügt über ein riesiges und komplexes Bussystem. Glücklicherweise hat die Stadtverwaltung die Website Como Llego (comollego.ba.gob.ar) eingerichtet, die einem bei der Streckenplanung hilft. Es gibt auch eine kostenlose App, die aufs Smartphone heruntergeladen werden kann.

Um die Busse zu nutzen, benötigt man eine SUBE-Karte, da Münzen nicht mehr akzeptiert werden. Diese Karten erhält man am besten an einem der Kioske der Touristeninformation (Reisepass mitnehmen).

Die meisten Routen (aber nicht alle) werden 24 Stunden am Tag befahren, allerdings fahren nachts weniger Busse. Die vorderen Sitzplätze sind Senioren, Schwangeren und Frauen mit kleinen Kindern vorbehalten.

Metrobus

Das neue Metrobus-System ist ein Netzwerk mit separaten Fahrspuren und Haltestellen entlang der Hauptverkehrsadern der Stadt. Zu diesen gehört **Metrobus 9 de Julio** (von Contitución nach Recoleta), **Metrobus Norte** (vom Plaza Italia in Palermo entlang der Avenida Cabildo nach Belgrano), **Metrobus Juan B Justo** (von Palermo nach Liniers), **Metrobus Sur** (von Contitución nach General Paz), **Metrobus San Martín** (von der Avenida Juan B Justo nach General Paz) und **Metrobus Del Bajo** (von der Avenida Independencia nach Retiro entlang Paseo Colón und Alem).

FAHRRAD

Für diejenigen, die mit den Strapazen des Fahrradfahrens in einer Großstadt vertraut sind, ist das Fahrrad oft die schnellste und schönste Möglichkeit, in Buenos Aires unterwegs zu sein. Die Stadt ist flach, die meisten Straßen sind Einbahnstraßen und es gibt ein Netzwerk aus 130 km miteinander verbundener Radwege. Man sollte jedoch immer auf den Straßenverkehr achten (im Zweifelsfall immer Vorfahrt gewähren; es kommt auch immer wieder vor, dass rote Ampeln missachtet werden. Zudem insbesondere auf die Busse achten und immer davon ausgehen, dass sie einen nicht sehen). Wer auf einer der großen Einbahnstraßen wie z. B. der Av enida Corrientes unterwegs ist, sollte immer auf der Fahrspur ganz links fahren (auf Motorräder achten).

Die Stadtverwaltung bietet ein kostenloses **Stadtfahrrad** (EcoBici; ☏ 0800-333-2424; www.buenosaires.gob.ar/ecobici/sistemaecobici/turistas; ⊙ 24 Std.) namens EcoBici an, das Touristen nutzen können. Das Registrierungsformular online oder über die App ausfüllen und ein Foto des Reisepasses hochladen. Sobald man angemeldet ist, kann man über die EcoBici App an jeder der (unbesetzten) Fahrradstationen durch Eingabe eines Zugangscodes ein Fahrrad ausleihen. Für die Nutzung der App an den Fahrradstationen sollte ausreichend Handy-Guthaben vorhanden sein. Die Räder können an Wochentagen eine Stunde und am Wochenende zwei Stunden kostenlos gemietet werden.

In den Touristeninformation in der Stadt sind Kopien der Fahrradkarte der Stadtverwaltung (*mapa de ciclovías de la Ciudad de Buenos Aires*) erhältlich, auf der Fahrradwege, die Stationen der Stadträder und Reparaturwerkstätten (*bicicletarías*) verzeichnet sind. Die Website http://comollego.ba.gob.ar hilft bei der Routenplanung. Alternativ kann man sich auch einer der Fahrradtouren anschließen, beispielsweise. **Biking Buenos Aires** (S. 86) – die ein Fahrrad mit einem Guide anbieten.

SUBTE (U-BAHN)

Die im Jahr 1913 eröffnete Subte ist das schnellste Verkehrsmittel, um sich in der Stadt fortzubewegen. Während der Stoßzeiten (von 8 bis10 Uhr und von 18 bis 20 Uhr) kann es allerdings sehr heiß und voll werden. Die Subte besteht aus den *líneas* (Linien) A, B, C, D, E und H. Vier Linien verkehren von der Innenstadt parallel in die westlichen Vororte, die Línea C verläuft in Nord-Süd-Richtung und verbindet die beiden wichtigsten Bahnhöfe Retiro und Constitución. Línea H verkehrt von Las Heras gen Süden nach Hospitales; ihr Ausbau ist in Planung.

Zur Nutzung der Subte benötigt man eine **SUBE-Karte**. Diese bekommt man am besten in einer der Touristeninformationen der Stadt. Jede Fahrt kostet 7,50 Arg$.

Die U-Bahn verkehrt montags bis samstags von 5 Uhr bis etwa 20.30 Uhr, an Sonn- und Feiertagen von 8 Uhr bis etwa 20 Uhr, sodass man sich nicht auf die U-Bahn verlassen sollte, um nach dem Abendessen nach Hause zu kommen. An Wochentagen fahren zahlreiche Züge, am Wochenende fallen die Wartezeiten jedoch oftmals länger aus.

An einigen Haltestellen befinden sich die Bahnsteige auf einander gegenüberliegenden Seiten; man sollte sich vor dem Passieren des Drehkreuzes daher vergewissern, dass man in die richtige Richtung unterwegs ist.

TAXI & REMISE

Die zahlreichen und relativ preisgünstigen Taxis in der Stadt (rund 40 000) lassen sich an ihrer schwarz-gelben Farbe sofort erkennen. Der Gebührenzähler spingt alle 200 m (bzw. bei Wartezeit im Minutentakt) weiter; nach 18 Uhr wird ein Aufschlag von 20 % erhoben. Bei Fahrtantritt sollte man sich überzeugen, dass der Gebührenzähler auf den richtigen Preis eingestellt ist. Die Taxifahrer rechnen nicht mit einem guten Trinkgeld, in der Regel lässt man sich einfach das Kleingeld nicht herausgeben. Bei leeren Taxis (ohne Fahrgäste) ist ein rotes Licht in der rechten oberen Ecke der Windschutzscheibe zu sehen.

Die meisten Taxifahrer sind anständig und ehrlich, die auf diese Weise ihren Lebensunterhalt verdienen, es gibt aber natürlich auch ein paar schwarze Schafe. Gut fährt man, wenn man eine gewisse Ortskenntnis vortäuschen kann. Einige Taxifahren nehmen sonst die „malerische", sprich längere Strecke. Achtung: Es gibt unglaublich viele Einbahnstraße in der Stadt und die Route kann auf dem Rückweg eine ganz andere sein, als auf dem Hinweg.

Am besten nimmt man ein „offizielles" Taxi. Die Taxis sind in der Regel durch ein Licht auf dem Dach gekennzeichnet und die Lizenznummer steht auf den Türen; die Worte *radio taxi* sind in der Regel ein gutes Zeichen. Lizenzierte Taxifahrer müssen zudem ihre Genehmigung auf der Rücklehne ihres Sitzes oder auf dem Armaturenbrett anbringen.

Viele Einheimische empfehlen, ein *remise* (Ruftaxi) kommen zu lassen, statt ein Taxi am Straßenrand anzuhalten. *Remises* sehen wie normale Autos aus und haben keinen Taxameter.

ℹ️ SUBE-KARTE

➡ Um die öffentlichen Verkehrsmittel in BA zu benutzen, benötigt man eine SUBE-Karte (📞 0800-777-7823; www.sube.gob.ar); da in den Bussen kein Bargeld mehr angenommen wird.

➡ Die SUBE-Karten sind in allen Touristeninformationen, einigen Kiosken, bei der Correo Argentino und den OCA Postämtern in der Stadt erhältlich. Die genauen Standorte stehen auf der Homepage oder auf das SUBE-Logo bei Geschäften achten.

➡ Am Flughafen Ezeiza und am Busbahnhof Retiro gibt es SUBE-Kioske, in denen man die Karte kaufen und aufladen kann.

➡ Beim Erwerb einer SUBE-Karte muss der Reisepass oder eine Kopie davon vorgelegt werden.

➡ Das Aufladen der Karte ist unproblematisch und lässt sich an vielen Kiosken und Subte-Haltestellen erledigen.

Sie kosten zwar etwas mehr, sind dafür aber auch sicherer, denn sie werden von bekannten Firmen geschickt. Hotels und Restaurants bestellen Gästen auf Wunsch gerne ein *remise*, auf die man meist kurz warten muss.

ZUG
Züge verbinden das Stadtzentrum von Buenos Aires mit den Vororten und nahen Provinzen. Sie werden meistens von Pendlern genutzt und eignen sich nur gelegentlich auch für Touristen. Um nach Tigre oder San Isidro zu gelangen, nimmt man am besten die **Línea Mitre** (S. 120) ab dem Bahnhof Retiro.

TIGRE & DAS DELTA

Die Stadt Tigre (35 km nörlich von Buenos Aires) und die umliegende Deltaregion sind ein beliebtes Wochenendausflugsziel für die gestressten *porteños*. Große Wassermengen aus den großen Flüssen Südamerikas gelangen durch viele kleinere Zuflüsse in das drittgrößte Flussdelta der Welt und durch die großen Sedimentenmengen hat das Wasser die Farbe von Milchkaffee.

Man bekommt einen Eindruck davon, wie die Menschen an den beschaulichen Kanälen leben – mit Booten als einzigem Transportmittel. Überall an den Ufern sieht man Schilder, die auf Wassersportaktivitäten hinweisen – vom Kajak- und Kanufahren bis hin zu den Ruderbooten.

🔴 Sehenswertes

Die Stadt Tigre kann man bequem zu Fuß erkunden, die wichtigsten Sehenswürdigkeiten liegen in Gehweite.

⭐ Museo de Arte Tigre   MUSEUM
(📞 011-4512-4528; www.mat.gov.ar; Paseo Victorica 972; Erw./Kind 50 Arg$/frei; ⏰ Mi–Fr 9–19, Sa & So 12–19 Uhr) Das größte Museum von Tigre befindet sich in einem prächtigen Social Club aus dem Jahr 1912. Das Kunstmuseum präsentiert die Arbeiten berühmter argentinischer Künstler aus dem 19. und 20. Jh.

Führungen auf Spanisch finden von Mittwoch bis Freitag um 11 Uhr und 17 Uhr statt; am Wochenende öfter.

Museo Naval   MUSEUM
(Naval Museum; 📞 011-4749-0608; Paseo Victorica 602; 20 Arg$; ⏰ Mo–Fr 8:30–17.30, Sa & So 10.30–18.30 Uhr) Das interessante Museum beschreibt die Geschichte der argentinischen Marine anhand einer vielseitigen Mischung aus historischen Fotos, alten Karten und Exponaten der Artillerie. Die filigranen, maßstabsgetreuen Modelle verschiedener Marineschiffe sind eindrucksvoll.

Museo del Mate   MUSEUM
(📞 011-4506-9594; www.elmuseodelmate.com; Lavalle 289; 60 Arg$; ⏰ Mi–So 11–18 Uhr) Dieses Nischenmuseum mit über 2000 Objekten, ist dem Nationalgetränk gewidmet.

Der Besuch beginnt mit einem kurzen, aber informativen Film, in dem die Geschichte des Mate und der argentinischen *Yerba*-Produktion erklärt werden.

Parque de la Costa   VERGNÜGUNGSPARK
(📞 011-4002-6000; www.parquedelacosta.com.ar; Vivanco 1509; Fahrgeschäfte ab 70 Arg$, Goldpaß 662 Arg$; ⏰ Fr–So 11–18.30 Uhr) In der Nähe von Puerto de Frutos liegt Tigres Vergnügungspark mit zahlreichen Attraktionen, wie Achterbahnen und Wasserrutschbahnen. Die Öffnungszeiten variieren je nach Saison; vorher anrufen.

👉 Geführte Touren

Von der Estación Fluvial (hinter der Touristeninformation) fahren regelmäßig Schiffe zu den verschiedenen Siedlungen im Delta (einfache Fahrt 70 bis 190 Arg$). Ein beliebtes Ziel ist die Siedlung **Tres Bocas**. Von Tigre aus dauert die Fahrt lediglich 30 Minuten. Ein Spaziergang bietet einen kleinen Einblick in den Alltag der Einheimischen - Pfade und Brücken, die über die schmalen Kanäle führen, erschließen die Siedlung.

Vor Ort gibt es mehrere Restaurants und auch die Möglichkeit, zu übernachten. Die Gegend um **Rama Negra** ist ruhiger, ursprünglicher und deutlich weniger erschlossen; die Fahrt dorthin dauert mit dem Boot allerdings eine Stunde.

Mehrere Unternehmen bieten preiswerte Bootsausflüge an (einstündige Ausflüge sind bereits ab 150 Arg$ zu buchen).

Wer mit den öffentlichen Booten unterwegs sein sollte, ist wesentlich flexibler und kann zudem einen Spaziergang unternehmen oder in einem der Restaurants im Deltagebiet zum Essen gehen.

Bonanza Deltaventura ABENTEUERTOUR
(011-4409-6967; http://bonanza.com.ar; Stand 16, Estación Fluvial, Bartolomé Mitre 305; 9-17 Uhr) An abenteuerlichen Touren stehen Kanufahrten, geführte Naturwanderungen und Ausritte auf dem Programm.

Bonanza Deltaventura bietet auch Übernachtungsmöglichkeiten an. Der Anbieter befindet sich ungefähr eine einstündige Bootsfahrt von Tigre entfernt.

El Dorado Kayak KAJAKFAHREN
(011-4039-5858; www.eldoradokayak.com; ganztägig 1500 Arg$) Kajaktouren, die weit in das Delta hineinführen; die gesamte Ausrüstung und Mittagessen sind inbegriffen. Bei Vollmond werden auch romantische Kajaktouren bei Nacht angeboten.

🛏 Schlafen & Essen

In dem riesigen Deltaregion von Tigre sind Dutzende von Unterkünften vorhanden, darunter Campingplätze, B&Bs, *cabañas* (Hütten) und Strand-Resorts. Da viele ausschließlich mit dem Boot erreicht werden können, wird meist auch für das leibliche Wohl der Gäste gesorgt. Wer sich selbst verpflegen möchte, muss jedoch alles mitbringen – auch das Trinkwasser.

Die **Touristeninformation** (011-4512-4080; www.vivitigre.gov.ar; Bartolomé Mitre 305; 9-18 Uhr) von Tigre hält Informationen zu allen Unterkünften vor Ort bereit; viele sind auf der Website verzeichnet. Am Wochenende und an Feiertagen sollte man unbedingt frühzeitig reservieren, denn die Preise können dann kräftig steigen.

Hotel Villa Victoria PENSION $$
(011-4731-2281; www.hotelvillavictoria.com; Av Liniers 566; Zi. 100–150 US$; ✳@🛜☼) Diese einladende Pension in ruhiger Lage verfügt über sechs elegante Zimmer. Der Besitzer hat sich dem schwedischen Einrichtungsstil verschrieben. Einige Zimmer haben einen Balkon oder eine Terrasse. Und außerdem gibt es einen großen Garten mit Grünflächen und Pool.

Casona La Ruchi PENSION $$
(011-4749-2499; www.casonalaruchi.com.ar; Lavalle 557; DZ/3BZ mit Gemeinschaftsbad 85/95 US$; @🛜☼) Familiengeführte Pension in einem wunderschönen Herrenhaus von 1893. Die meisten der vier romantischen Zimmer haben Balkon; allen Gästen steht ein Gemeinschaftsbad mit originalen Bodenfliesen zur Verfügung. Hinter dem Haus locken ein großer Garten und ein Pool.

Boulevard Sáenz Peña INTERNATIONAL $$
(011-5197-4776; www.boulevardsaenzpena.com.ar; Blvd Sáenz Peña 1400; Hauptgerichte 180–220 Arg$; Mi-Sa 10.30-19, Fr & Sa 20.30-1, Sa 10.30-17 Uhr) Dieses ansprechende Café mit Patio liegt in bester Lage an der Ecke einer attraktiven Straße. Es gibt Salate, Sandwiches, Kaffee und Kuchen.

In einem Laden werden Kunstwerke, Bücher und Haushaltswaren verkauft.

María del Luján ARGENTINISCH $$$
(011-4731-9613; www.ilnovomariadellujan.com; Paseo Victorica 611; Hauptgerichte 145–365 Arg$; 8-1 Uhr) Für ein gehobenes Essen am Paseo Victorica, der hübschen Flusspromenade der Stadt, bietet sich das María del Luján an. Neben den üblichen argentinischen Speisen gibt es auch einige leckere Gerichte mit Meeresfrüchten.

ℹ An- & Weiterreise

BUS
Einige Busse der Linie 60 fahren vom Bahnhof Constitución via Plaza Italia in Palermo nach Tigre. Vor Abfahrt beim Fahrer nachfragen. Nach dem Bus mit der Aufschrift „Panamericana" Ausschau halten, der den Highway nimmt (1½ Std.).

SCHIFF
Sturla Viajes (Karte S. 74; in BA 011-4314-8555, in Tigre 011-4731-1300; www.sturlaviajes.com.ar; Cecilia Grierson 400; einfach/hin und zurück 520/750 Arg$; 92, 106) Von Puerto Madero fährt ein Passagierschiff direkt nach Tigre. Die Schiffe legen um 10 Uhr in Puerto

Madero ab (Reisezeit etwa 2 Stunden). Die Rückfahrt von Tigres Estación Fluvial findet um 16 Uhr statt.

ZUG

Vom Bahnhof Retiro (eine Stunde) oder von Belgrano C (45 Minuten) verkehrt die Tigre Linie der Mitre Linie direkt nach Tigre (mit/ohne SUBE-Karte 6/12 Arg$).

Eine schönere Alternative nach Tigre ist der **Tren de la Costa** (0800-222-8736; www.trendelacosta.com.ar; Tickets 20 Arg$), dessen südlichste Station (Maipú) im Vorort Olivos liegt. Vom Bahnhof Retiro mit dem Mitre-Zug nach Maipú fahren (am Endbahnhof Mitre aussteigen und über die Fußgängerbrücke nach Maipú gehen). Bus 152, der am Plaza Italia in Palermo hält, fährt ebenfalls zur Haltestelle Maipú.

Die Pampas & die Atlantikküste

Inhalt ➜
La Plata	127
Luján	130
San Antonio de Areco	132
Tandil	138
Sierra de la Ventana	141
Villa Ventana	143
Pinamar	143
Mar del Plata	148
Necochea	156
Bahía Blanca	157

Gut essen
- Época de Quesos (S. 140)
- Tisiano (S. 154)
- Don Atilio (S. 157)
- Gambrinus (S. 159)
- Tante (S. 145)

Schön übernachten
- Hospedaje del Bosque (S. 157)
- La Vieja Hostería (S. 144)
- Hotel Sirenuse (S. 152)
- Paradores Draghi (S. 133)
- Estancia Ave María (S. 1406)

Auf in die Pampas!

Buenos Aires gliedert sich in die Stadt und die gleichnamige Provinz. Über ein Drittel der argentinischen Bevölkerung lebt in der Region, die der politische und ökonomische Motor des Landes ist. Das fruchtbare Weideland finanzierte um die Jahrhundertwende die goldenen Jahre Argentiniens, ein Großteil der berühmten Steaks stammt von hier.

Obwohl die Region nicht gerade vor Sehenswürdigkeiten strotzt, bietet sie Reisenden Interessantes und einen Einblick in die traditionelle Gaucho-Kultur, aber auch in das Alltagsleben der Gauchos, etwa im charmanten San Antonio de Areco.

Die malerischen Hügel rund um Tandil eignen sich hervorragend für Wanderungen. Danach kann man sich mit lokalen Köstlichkeiten wie *picadas* stärken. Die Städte entlang der Atlantikküste sind eine gute Möglichkeit, der Sommerhitze zu fliehen. Und wer sich für ein paar Tage auf einer der historischen *estancias* einquartiert, hat die Gelegenheit, ein *Criollo*-Pferd zu reiten.

Reisezeit
Mar del Plata

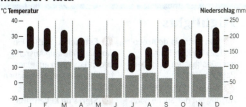

Jan.–Feb. Der Sommer mit viel Sonne lockt an den Strand. Daher steigen die Besucherzahlen.

Okt.–Nov. & März–April Frühjahr und Herbst sind die beste Zeit für Streifzüge durch Tandil.

Anfang Nov. Jetzt beginnt in San Antonio de Areco das berühmte Gaucho-Fest *fiesta de la tradición*.

NÖRDLICHE PAMPAS

Weitläufige *estancias* (Farmen) finden sich wie hingetupft in den nördlichen Pampas – eine ländliche Idylle, die von Buenos Aires aus leicht zu erreichen ist. Der fruchtbare Boden und die saftige Graslandschaft eignen sich hervorragend für die Rinderzucht. Durch den Export von Fellen, Rindfleisch, Wolle und Weizen ist Argentinien zu einem weltweit wichtigen Wirtschaftsfaktor geworden. Reiten und Polo sind nur zwei der zahlreichen Freizeitaktivitäten.

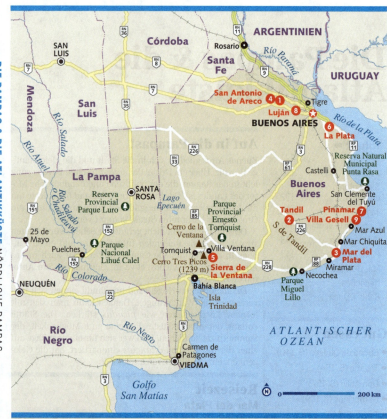

Highlights

❶ **San Antonio de Areco** (S. 132) Gaucho-Flair in der hübschesten Stadt der Pampas.

❷ **Tandil** (S. 138) Kleiner Ausflug auf der Suche nach regional produziertem Schinken, Salami und Käse.

❸ **Mar del Plata** (S. 148) Sonnenbaden und Erkunden der lebhaften Kulturszene der „Perle des Atlantiks".

❹ **Estancias** (S. 134) Ein Wochenende lang Ausreiten und Entspannen auf einer traditionellen argentinischen Estancia.

❺ **Sierra de la Ventana** (S. 141) Blick durch ein Natursteinfenster mit Aussicht.

❻ **La Plata** (S. 127) Ein Spaziergang durch Südamerikas erste bis ins Detail geplante Stadt.

❼ **Pinamar** (S. 143) Windsurfen, Schwimmen oder Radfahren im eleganten Badeort.

❽ **Luján** (S. 130) Den Spuren katholischer Pilger folgen.

❾ **Villa Gesell** (S. 146) Auf der malerischen hölzernen Strandpromenade entlangbummeln und das Strandleben genießen.

Die nördlichen Pampas sind die Heimat der Gauchos – jener geschickten, nomadischen Reiter, die zum Symbol für Argentinien geworden sind; auffallend sind ihre charakteristischen *boinas* (Baskenmützen) und das traditionelle Silberhandwerk, zu denen auch Messer und *mates* (Kalebassen, aus denen *yerba mate* getrunken wird, ein bitteres, teeähnliches Gebräu) gehören. Etliche gute Museen befassen sich mit der Geschichte des Gauchos, der auch in San Antonio de Areco bei der jährlichen Fiesta de la Tradición gefeiert wird. Im Mittelpunkt der Gauchokultur steht das *asado,* ein aufwendiges Barbecue mit jeder Menge Rindfleisch.

DIE PAMPAS

Der Name „Pampas" ist sowohl die geografische Bezeichnung für die ausgedehnte Region mit den fruchtbaren Ebenen als auch der Name der Provinz westlich von Buenos Aires (La Pampa). Die Pampas-Grasebenen erstrecken sich Richtung Süden vom Río de la Plata bis zum Ufer des Río Negro, westlich reichen sie bis an die Anden und bis hinauf zum südlichen Teil der Provinzen Córdoba und Santa Fe. Sie umfassen die Provinzen Buenos Aires und La Pampa.

La Plata

0221 / 654 000 EW.

Die lebhafte Universitätsstadt La Plata liegt nur eine Stunde Fahrtzeit von Buenos Aires entfernt und gilt als erste geplante Stadt Südamerikas überhaupt. Die von Bäumen gesäumten Straßen der Hauptstadt der Provinz Buenos Aires sind nach einem ausgefeilten Plan in Form diagonaler Straßen angelegt. Sie verbinden auf einem regelmäßigen, 5 km² großen Straßengitter die Hauptplätze untereinander und ergeben ein markantes Sternenmuster.

Die Stadt ist freundlich, mit pulsierendem Nachtleben, einer ausgedehnten Parklandschaft und einer Reihe lohnender Sehenswürdigkeiten – darunter ein ausgezeichnetes Naturkundemuseum (großartig für Kinder) und eine eindrucksvolle Kathedrale im neogotischen Stil – die größte Argentiniens. Wer sich für Architektur begeistert, sollte unbedingt einen Blick in die von Le Corbusier entworfene Casa Curutchet werfen; es ist seine einzige fertiggestellte Arbeit in Lateinamerika.

Sehenswertes

La Platas Hauptsehenswürdigkeiten sind alle bequem zu Fuß erreichbar.

★ Catedral de la Plata   KATHEDRALE

(0221-423-3931; www.catedraldelaplata.com; Plaza Moreno, Calle 51 & 15; Museum 60 Arg$; Di–So 10–19, Museum 11–19 Uhr) Bereits 1885 wurde mit dem Bau von La Platas spektakulärer neogotischer Kathedrale begonnen, geweiht wurde sie aber erst 1932, und die beiden Türme wurden sogar erst 1999 vollendet. Die Kathedrale orientiert sich an den mittelalterlichen Vorläufern in Köln und Amiens und ist mit erlesenen Buntglasfenstern und polierten Granitböden geschmückt.

Im Untergeschoss ist ein interessantes **Museum** mit Ausstellungsstücken untergebracht, die den Bau der Kathedrale dokumentieren; im Eintritt inbegriffen ist eine Fahrt mit dem Lift in die Spitze des linken Turms.

★ Casa Curutchet   ARCHITEKTUR

(0221-421-8032; www.capbacs.com; Av 53, Nr. 320; 75 Arg$; Di–Fr 10–17, Sa & So 13–17 Uhr) Der berühmte Architekt Le Corbusier entwarf nur zwei Bauwerke in Nord- und Südamerika: das Carpenter Center für die Bildenden Künste in Harvard und die Casa Curutchet. Das eindrucksvoll moderne Gebäude wurde 1948 vom argentinischen Chirurgen Pedro Curutchet in Auftrag gegeben und ist ein Paradebeispiel für Le Corbusiers fünf Punkte zu einer neuen Architektur.

Im preisgekrönten Film *El hombre de al lado* (The Man Next Door; 2009) spielt das Gebäude eine tragende Rolle.

Museo de La Plata   MUSEUM

(0221-425-7744; www.museo.fcnym.unlp.edu.ar; Paseo del Bosque s/n; Erw./Kind 40 Arg$/frei, Di frei; Di–Fr 8–16, Sa & So 10–17 Uhr;) Das exzellente, 1884 gegründete Museum zeigt paläontologische, zoologische, archäologische und anthropologische Funde des berühmten Patagonien-Forschungsreisenden Francisco P. Moreno. Zu der umfassenden Sammlung gehören ägyptische Grabrelikte, Jesuitenkunst, skurrile Tierpräparate und eine eindrucksvolle Reihe von Skeletten, Fossilien, Steinen und Mineralien, gruslige Insekten und rekonstruierte Dinosaurier. Es gibt auch ein **Café** vor Ort.

La Plata

La Plata

◎ Highlights
1. Casa Curutchet C2
2. Catedral de la Plata B3

◉ Sehenswertes
3. Casa de Gobierno C2
4. Museo de La Plata D1
5. Museo y Archivo Dardo Rocha ... A3
6. Palacio de la Legislatura B2
7. Palacio Municipal B3
8. Pasaje Dardo Rocha B2
9. Paseo del Bosque D1
10. Planetario D1
11. Teatro Argentino B3

🛏 Schlafen
12. Benevento Hotel B1
13. Único Ecohostel B1

🍴 Essen
14. Big Siberia C1
15. Carne C2
16. Cervecería Modelo C2

🍷 Ausgehen & Nachtleben
17. Molly's Beer House C2

Das neoklassizistische Gebäude verfügt über einen großartigen Eingangsbereich mit Säulen, wunderbare Buntglasfenster sowie ausladende Holztreppen und Fliesenböden.

Paseo del Bosque PARK

Eukalyptus-, Gingko-, und Palmenhaine sowie subtropische Harthölzer prägen den Paseo del Bosque, eine Parklandschaft, die durch die Enteignung einer *estancia* in der Zeit der Stadtgründung entstand. Der Park ist bei Familien ebenso beliebt wie bei schmachtenden Liebespärchen und schwitzenden Joggern und beherbergt verschiedene Attraktionen: einen kleinen See mit ausleihbaren Tretbooten; ein **Planetarium** (0221-423-6593; www.planetario.unlp.edu.ar; Paseo del Bosque; ⊙ Vorführungen Sa & So); die Open-Air-Bühne Teatro Martín Fierro mit ihren Musik- und Theaterveranstaltungen (zum Zeitpunkt der Recherchen wegen Renovierungsarbeiten geschlossen); und die Hauptattraktion, das Museo de La Plata.

🛏 Schlafen & Essen

Único Ecohostel HOSTEL $
(0221-423-2626; www.hostelunico.com; Calle 4 Nr. 565, zwischen Calle 43 & Av 44; B/DZ ab 17/50 US$; ❄🛜) ♻ Die Lieblingsabsteige vieler Rucksackreisender ist ein modernes Hostel, das praktischerweise nur einen Block vom Busbahnhof entfernt liegt. Es bietet Gemeinschaftsküchen, einen Patio und einen Garten sowie umweltfreundliche Annehmlichkeiten wie solargeheiztes Wasser. Wenn

ein Konzert oder eine andere Veranstaltung in der Stadt stattfindet, wird es schnell voll; besser im Voraus buchen.

★ **Benevento Hotel** HOTEL $$
(☎ 0221-423-7721; www.hotelbenevento.com.ar; Calle 2, Nr. 645; EZ/DZ/Suite 63/92/120 US$; ❄@🛜) Das charmant renovierte Hotel ist in einem eleganten, französisch geprägten Gebäude von 1915 untergebracht. Es bietet hübsche Zimmer mit hohen Decken und Kabelfernsehen. Die meisten Räume sind mit Holzböden ausgestattet, außerdem mit Balkonen, die auf die geschäftige Straße blicken. Die Zimmer im obersten Stockwerk sind die modernsten und bieten einen großartigen Ausblick über die Stadt. Das Hotel liegt nur einige wenige Blocks vom Busbahnhof entfernt.

Carne BURGER $
(☎ 0221-421-9817; www.carnehamburguesas.com; Calle 50, Nr. 452, zwischen Calle 4 & 5; Burger 135–185 Arg$; ⊙12–24 Uhr) Mauro Colagreco, ein Küchenchef aus La Plata, dessen Französisches Restaurant Mirazur momentan als das Viertbeste der Welt gilt, hat für großen Aufruhr gesorgt, als er diese elegante Burgerbar in seiner Heimatstadt eröffnete. Die angebotenen Burger werden beinahe ausschließlich aus Bioerzeugnissen hergestellt und mit geschicktem Marketing – zu dem auch die Schürzen mit Carne-Aufschrift, Baseballkappen und Craft-Bier gehören – kombiniert.

★ **Big Siberia** CAFÉ $$
(☎ 0221-423-2759; www.facebook.com/bigsiberia; Calle 2, Nr. 786, zwischen Calle 47 & 48; Sandwiches & Salate 140–160 Arg$, Brunch inkl. Getränk 230–380 Arg$; ⊙Mo–Fr 9–20, Sa 12.30–20 Uhr) Ausgezeichneter Kaffee, die Sandwiches werden aus frisch gebackenem Brot zubereitet, ein gutes Brunch und eine Auswahl von mehr als zehn unterschiedlichen, hausgemachten Kuchen werden in diesem lebhaften Café/ Buchladen angeboten. Warme Mahlzeiten werden bis 16 Uhr serviert.

Cervecería Modelo ARGENTINISCH $$
(☎ 0221-421-1321; www.cerveceriamodelo.com.ar; Ecke Calles 5 & 54; Hauptgerichte 135–360 Arg$; ⊙So–Do 8–1, Fr & Sa bis 3 Uhr; 🛜) In dem klassischen Lokal aus dem Jahre 1894 hängen die Schinken von der Decke. Es gibt Snacks, Mahlzeiten und eiskaltes Bier. Die Tische draußen sind sehr zu empfehlen, und trotz seines stattlichen Alters gibt es im Modelo Breitbildfernsehen und WLAN.

Ausgehen & Nachtleben

An Ausgehmöglichkeiten herrscht in der Stadt kein Mangel und rund ums Stadtzentrum finden sich zahlreiche Cafés. Etwas wei-

---

NICHT VERSÄUMEN

ARCHITEKTUR IN LA PLATA

Viele Architekturbegeisterte fahren nur nach La Plata, um Le Corbusiers Casa Curutchet (S. 127) zu sehen. Doch die Skyline der Stadt bietet auch noch etliche weitere Sehenswürdigkeiten, wie sich schon nach einem kurzen Spaziergang durchs Zentrum zeigt.

Gegenüber der Kathedrale liegt der **Palacio Municipal** (Ecke Av 51 & Calle 11), der vom Hannoveraner Architekten Hubert Stiers im Stil der deutschen Renaissance entworfen wurde. Auf der Westseite der Plaza steht das **Museo y Archivo Dardo Rocha** (☎ 0221-427-5591; Calle 50, Nr. 935; ⊙Mo & Fr 9–14, Di–Do bis 17, Sa 15–18 Uhr) GRATIS, das dem Stadtarchitekten als Ferienhaus diente. Gezeigt werden Stilmöbel und diverser persönlicher Schnickschnack.

Zwei Blocks nordöstlich ragt das **Teatro Argentino** (www.gba.gob.ar/teatroargentino; Av 51, zwischen Calle 9 & 10) auf, ein Betonmonolith mit großartiger Akustik – er ist ideal für Ballett- und Opernaufführungen sowie Konzerte von Symphonieorchestern. Zwei Blocks weiter nordöstlich, vor der Plaza San Martín, liegt der kunstvolle **Palacio de la Legislatura**, der ebenfalls im deutschen Renaissancestil gebaut wurde. Ganz in der Nähe folgt der **Pasaje Dardo Rocha** (☎ 0221-427-1296; www.facebook.com/ PasajeDardoRocha; Ecke Av 6 & Calle 50) im Stil der französischen Klassik. Der einstige Hauptbahnhof von La Plata beherbergt heute das größte Kulturzentrum der Stadt mit zwei Museen. Ebenfalls ganz nahe befindet sich die im flämischen Renaissancestil erbaute **Casa de Gobierno** (Plaza San Martín), heute Sitz des Provinzgouverneurs und seiner Mitarbeiter.

ter außerhalb, eine zehnminütige Taxifahrt vom Zentrum, liegt das Künstlerviertel **Meridiano V** mit zahlreichen Bars, Livemusik, Theater, Kino und Kulturzentren.

Molly's Beer House CRAFT-BIER
(☎ 0221-482-1648; www.facebook.com/mollysbeerhouse; Calle 53, Nr. 538, zwischen Calle 5 & 6; ⊙ So–Do 18–2, Fr & Sa bis 4 Uhr) Aus einer Auswahl von 35 unterschiedlichen Sorten Craft-Bier vom Fass kann bei Molly's gewählt werden, einer eleganten Bar in einem wunderbar restaurierten alten Gebäude. Die Tische draußen im Biergarten sind perfekt für heiße Sommernächte.

Ciudad Vieja BAR
(☎ 0221-452-1674; www.ciudadviejaweb.com.ar; Ecke Calles 17 & 71; ⊙ Mi & Do 19–1.30, Fr 19–16.30, Sa 12–4.30, So 12–1.30 Uhr) Das Ecklokal in Meridiano V zieht jede Menge Musiker an, von Jazz über Tango bis hin zu Swing und Blues; aktuelle Veranstaltungshinweise auf der Website.

❶ Praktische Informationen

Touristeninformation (☎ 0221-427-1535; Ecke Av 7 & Calle 50, Pasaje Dardo Rocha; ⊙ 10–20 Uhr) Direkt bei der Plaza San Martín.

❶ An- & Weiterreise

Von La Platas **Busbahnhof** (☎ 0221-427-3198; www.laplataterminal.com; Calle 41, zwischen Calle 3 & 4) gibt es zahlreiche Verbindungen in andere Teile des Landes, außerdem eine sehr hilfreiche Website mit Links und Informationen.
Grupo Plaza (☎ 0221-427-5162; www.grupoplaza.com.ar) und **Costera Metropolitana** (☎ 0221-489-2084) bieten regelmäßige Busverbindungen (40 Arg$, 1½–2 Std.) zwischen Buenos Aires und dem Busbahnhof in La Plata an. Die Busse halten an vielen Haltestellen in Buenos Aires, am einfachsten ist das Zu- oder Aussteigen aber in Retiro, dem Start/Endpunkt der Linie. Die Busse fahren bis 22 Uhr alle 20 bis 30 Minuten, am Wochenende seltener.

La Plata ist auch mit der **Línea Roca** (Bahnhof; www.trenroca.com.ar; 535 N Owensby) aus Buenos Aires erreichbar, einem Vorortzug, der halbstündlich vom Bahnhof Constitución losfährt (mit/ohne SUBE-Karte 4/8 Arg$, 1 Std. 10 Min.).

Luján

☎ 02323 / 106 000 EW.

Luján ist ein Flussstädtchen, das einige Male im Jahr von Pilgern geradezu überrannt wird. Argentiniens bedeutendster Wallfahrtsort bietet eine riesige, im spanischen Stil erbaute Plaza und eine beeindruckende neogotische Kathedrale sowie einige interessante Museen. Die Uferpromenade säumen zahlreiche Restaurants und Grillstände.

⦿ Sehenswertes

★ Basílica Nuestra Señora de Luján KIRCHE
(☎ 02323-420058; www.basilicadelujan.org.ar; San Martín 51; Krypta wochentags/am Wochenende 40/45 Arg$; ⊙ Basilika Mo–Fr 8–19 Uhr, Krypta 11–16, Sa & So 10–18 Uhr) Lujáns unbestrittener Blickfang ist die imposante neogotische Basilika. Von 1887 bis 1935 wurde sie aus einem wunderschönen rosafarbenen Stein erbaut, der bei Sonnenuntergang leuchtet. Die **Statue der Jungfrau** befindet sich in einem erhöhten Raum hinter dem Hauptaltar.

Unter der Basilika liegt die **Krypta**, in der Muttergottesstatuen aus aller Welt zu sehen sind. Mehrmals am Tag finden in der Basilika Messen statt.

Complejo Museográfico Enrique Udaondo MUSEUM
(☎ 02323-420245; http://museo-udaondo.tumblr.com/; Torrezuri 917; 20 Arg$; ⊙ Mi 12.30–17, Do & Fr 11.30–17, Sa & So 10.30–18 Uhr) Auf der Westseite von Lujáns riesiger Plaza glänzt vor der Basilika dieser großartige kolonialzeitliche Museumskomplex mit zahlreichen Ausstellungsräumen, hübschen Patios und Gärten. Die Sala General José de San Martín widmet sich Argentiniens Kampf um die Unabhängigkeit, während die Sala de Gaucho einige wunderschöne Mate-Gefäße, Zaumzeug und andere Gaucho-Utensilien präsentiert.

Museo del Transporte MUSEUM
(Torrezuri 917, Complejo Museográfico Enrique Udaondo; 20 Arg$; ⊙ Mi 12.30–17, Do & Fr 11.30–17, Sa & So 10.30–18 Uhr) Lujáns Verkehrsmuseum besitzt eine bemerkenswerte Sammlung an Pferdekutschen aus dem ausgehenden 19. Jh., die erste Dampflokomotive, die von Buenos Aires hierher fuhr, und ein riesiges Wasserflugzeug, das 1926 den Atlantik überquerte. Die außergewöhnlichsten Ausstellungsstücke sind jedoch die ausgestopften, schmuddeligen Überreste von Gato und Mancha, den ausdauernden argentinischen Criollo-Pferden, mit denen der Abenteurer A. F. Tschiffely von Buenos Aires nach New York ritt. Zweieinhalb Jahre brauchte er für seine Reise – er war drei Jahre von 1925 bis 1928 unterwegs.

> ### LA VIRGENCITA
>
> Argentiniens Schutzpatronin ist allgegenwärtig – ihr Poster hängt an den Wänden der Metzgereien, und ihre Abbilder zieren die Armaturenbretter der Taxis. Sie trägt ein blaues Kleid, steht auf einem Halbmond, und ein strahlender Heiligenschein umgibt ihr gekröntes Haupt.
>
> 1630 bat ein portugiesischer Siedler in Tucumán einen Freund in Brasilien, ihm eine Figur der Heiligen Jungfrau für seine neue Kapelle zu schicken. Der Freund war sich nicht sicher, welchen Typ er nehmen sollte und schickte deshalb gleich zwei – darunter eine Statue der Unbefleckten Empfängnis. Nachdem die Statuen den Hafen von Buenos Aires verlassen hatten, blieb der Wagen mit ihnen in der Nähe des Flusses Luján stecken und ließ sich erst wieder bewegen, nachdem die Figur der Unbefleckten Empfängnis heruntergenommen worden war. Der Besitzer nahm es als Zeichen, und die Statue blieb in Luján, wo ein Heiligenschrein für sie gebaut wurde. Die andere Marienfigur setzte ihre Reise in den Nordwesten fort.
>
> Seither wurden der Jungfrau von Luján eine Reihe von Wundern zugeschrieben – sie soll unter anderem Tumore geheilt haben; außerdem bewahrte sie die Provinz vor einer Choleraepidemie.
>
> Alljährlich besuchen Millionen von Pilgern aus ganz Argentinien Lujáns Basilika, wo die Originalstatue aus dem 17. Jh. noch immer zu sehen ist. Sie ehren die Jungfrau für ihre Fürsprache in Angelegenheiten des Friedens, der Gesundheit, der Vergebung und des Trostes. Wer während des großen Pilgerzugs am ersten Sonntag im Oktober hierher kommt, wird auf viele erschöpfte Pilger treffen, die auf dem Platz dösen, ein Barbecue am Flussufer genießen und das heilige Wasser aus der Quelle in Plastikflaschen abfüllen.

Feste & Events

Am ersten Oktobersamstag begeben sich Tausende von Pilgern auf die 60 km lange Reise, um der Virgen de Luján die Ehre zu erweisen. Start ist im Viertel Liniers in Buenos Aires, Ziel ist Luján – die Wallfahrt dauert bis zu 16 Stunden. Weitere Großereignisse mit vielen Pilgern sind der 8. Mai (Tag der Jungfrau), das erste Wochenende im August (farbenprächtige **Peregrinación Boliviana**), das letzte Wochenende im September (Gaucho-Wallfahrt) und der 8. Dezember **(Tag der Unbefleckten Empfängnis)**.

Schlafen & Essen

Hotel Hoxón — HOTEL $$
(02323-429970; www.hotelhoxon.com; 9 de Julio 760; EZ 60–70 US$, DZ 90–120 US$, Suite 140 US$;) Das Hotel zwei Blocks nördlich der Basilika ist das größte und beste der Stadt. Es verfügt über moderne, saubere Räume. Die besten Zimmer sind mit Teppich, Kühlschrank und Klimaanlage ausgestattet. Außerdem gibt es einen beheizten Swimming Pool mit erhöhter Sonnenterrasse, einen Whirlpool und ein Dampfbad.

 L'Eau Vive — FRANZÖSISCH $$
(02323-421774; www.leauvivedeargentina.com; Constitución 2112; Hauptgerichte 110–195 Arg$; Di–Sa 12–14.30 & 20.30–22, So 12–14.15 Uhr) Es passiert nicht jeden Tag, dass man die Gelegenheit bekommt, in einer argentinischen Kleinstadt französische Küche zu genießen, zubereitet von Karmeliternonnen aus aller Welt. L'Eau Vive liegt in den Außenbezirken der Stadt, aber zahlreiche Feinschmecker finden, dass das freundliche Restaurant den Abstecher auf jeden Fall lohnt. Jeden Abend und sonntags zur Mittagszeit versammeln sich die Nonnen im Speiseraum, um ein „Ave Maria" zu singen. Es empfiehlt sich, im Voraus zu reservieren.

Am besten, man nimmt ein Taxi vom Zentrum aus.

1800 Restaurant — ARGENTINISCH $$
(02323-433080; www.restaurant1800.com; Rivadavia 705; Hauptgerichte 100–220 Arg$) In einem charmanten Gebäude aus dem frühen 18. Jahrhundert befindet sich dieses freundliche Restaurant, das typische argentinische Speisen wie gegrilltes Fleisch, Hähnchen und Fischgerichte sowie Pasta serviert. Eine leckere und zufriedenstellende Mahlzeit ist hier garantiert.

Praktische Informationen

Touristeninformation (02323-427082; www.turismolujan.com.ar; San Martín 1; Mo–Fr 9–17, Sa & So 10–18 Uhr)

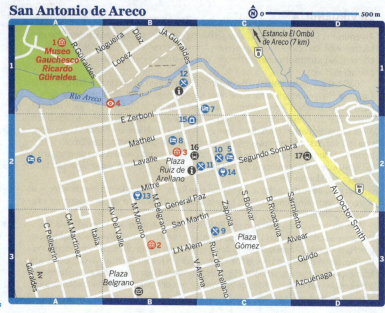

San Antonio de Areco

◎ Highlights
1 Museo Gauchesco Ricardo Güiraldes A1

◎ Sehenswertes
2 Museo Las Lilas de Areco B3
3 Museo y Taller de Platería Draghi B2
4 Puente Viejo B1

⌂ Schlafen
5 Antigua Casona C2
6 Estancia La Cinacina A2
7 Hostal de Areco C1
8 Paradores Draghi B2

⊗ Essen
9 Almacén de Comidas C3
10 Almacén Ramos Generales C2
11 La Esquina de Merti C2
12 Puesto La Lechuza B1

◎ Ausgehen & Nachtleben
13 Almacén Los Principios B2
14 Boliche de Bessonart C2

⌂ Shoppen
15 La Olla de Cobre B2

ℹ Transport
16 Areco Bus B2
17 Chevallier D2
   Terminal de Ómnibus .... (s. 17)

ℹ An- & Weiterreise

Lujáns **Busbahnhof** (Av de Nuestra Señora de Luján & Almirante Brown) befindet sich drei Blocks nördlich der Basilika. Von Buenos Aires aus den Bus 57 nehmen (42 Arg$, 2 Std.); er wird vom Unternehmen **Atlántida** (☏ 02323-434957) betrieben. Der Bus fährt immer halbstündlich, von der Plaza Italia (in Palermo) ab und von der Plaza Miserere (außerhalb des Once-Bahnhofs gelegen; die Bushaltestelle befindet sich auf der Avenida Rivadavia).

San Antonio de Areco

☏ 02326 / 20 000 EW.

San Antonio de Areco ist die hübscheste Stadt in den Pampas. Sie liegt 113 km nordwestlich von Buenos Aires und hat daher viel Besuch von Tagesausflüglern aus der Hauptstadt, die die friedliche Atmosphäre und die malerischen Straßen im Kolonialstil genießen wollen. Die Stadt stammt aus dem frühen 18. Jahrhundert und hat zahlreiche

Gaucho- und Criollo-Traditionen bewahrt, darunter auch erlesenes Silberhandwerk und Sattelzeug. Gauchos aus der gesamten Pampas-Region treffen sich hier zur Fiesta de la Tradición (s. rechts) im November, und man kann sie und ihre Pferde dabei beobachten, wie sie in all ihrer Pracht durch die Kopfsteinpflasterstraßen stolzieren.

San Antonio de Arecos kompakt wirkendes Zentrum lädt zum Bummeln ein. Um die Plaza Ruiz de Arellano, die nach dem *estanciero* (Besitzer eines Landguts), der die Stadt gründete, benannt wurde, liegen mehrere historische Gebäude, darunter auch die Iglesia parroquial (Pfarrkirche).

Wie in vielen anderen Kleinstädten in diesem Teil Argentiniens bleibt in Areco während der Nachmittags-Siesta alles geschlossen.

Sehenswertes

★Museo Gauchesco Ricardo Güiraldes MUSEUM
(02326-455839; www.facebook.com/museoguiraldes; Camino Ricardo Güiraldes; 10–17 Uhr) GRATIS Das ausgedehnte Museum im Parque Criollo datiert aus dem Jahre 1936 und ist speziell Ricardo Güiraldes gewidmet, dem Autor des Romans *Don Segundo Sombra*, sowie der lokalen Gaucho-Geschichte und -Kultur im Allgemeinen. Der Eingang befindet sich in einer nachgebauten *pulpería* (Taverne), die so eingerichtet ist, wie sie in ihrem Eröffnungsjahr 1850 ausgesehen hätte. Die Hauptausstellungsstücke des Museums dagegen sind in einem Gebäude aus dem 20. Jahrhundert untergebracht, die eine Nachbildung eines *casco* (Farmhauses) aus dem 18. Jahrhundert ist.

In der gut aufgemachten Ausstellung gibt es Gaucho-Geldgürtel, Silberarbeiten und Gemälde (eine ganze Reihe von Bildern von Eduardo Sívori), und mehrere Räume, die Güiraldes gewidmet sind – unter anderem sind dort sein alter Poncho und sein Schreibtisch zu sehen. Der Museumskomplex beinhaltet auch eine Werkstatt und einen Webstuhl, der verwendet wurde, um traditionelle Ponchos und Decken aus Wolle zu weben, die auch zum Verkauf stehen.

Museo Las Lilas de Areco MUSEUM
(02326-456425; www.museolaslilas.org; Moreno 279; 100 Arg$; Do–So 10–19 Uhr) Florencio Molina Campos ist für die Argentinier das, was Norman Rockwell für die Amerikaner bedeutet – ein Volkskünstler, der sich auf humorvolle Karikaturen spezialisiert hatte. Das hübsche Museum mit Innenhof zeigt eine umfassende Sammlung seiner berühmten Werke. Außerdem gibt es eine Galerie und den benachbarten Sala de Carruajes (Kutschensaal) sowie eine Sound-and-Light Show rund um das Thema Gaucho.

Museo y Taller de Platería Draghi MUSEUM
(02326-454219; www.draghiplaterosofebres.com; Lavalle 387; 100 Arg$; Mo–Sa 10–12.30 & 16–19, So 10–12.30 Uhr) Das kleine Museum enthält eine außergewöhnliche Sammlung an silbernen *facones* (Gaucho-Messern) aus dem 19. Jahrhundert, wunderschönes Zaumzeug und aufwendig gearbeitetes Mate-Zubehör. Es ist an die Silberschmiedewerkstatt der berühmten Familie Draghi angeschlossen. Mariano Draghis Schmuck und Silberarbeiten gibt es in dem angrenzenden Laden zu kaufen.

Puente Viejo BRÜCKE
Die pinkfarbene *puente viejo* (Alte Brücke), die den Río Areco überspannt, datiert aus dem Jahre 1857 und folgt der ursprünglichen Kutschenstraße ins nördliche Argentinien. Früher befand sich hier eine Mautstelle, heute führt die Fußgängerbrücke zur Hauptattraktion von San Antonio de Areco, dem Museo Gauchesco Ricardo Güiraldes.

Feste & Events

★Fiesta de la Tradición KULTUR
(www.sanantoniodeareco.com; Nov) Areco ist das symbolische Zentrum der argentinischen Gaucho-Kultur, und anlässlich der Fiesta de la Tradición wird hier das größte Festival rund um die Criollo-Traditionen gefeiert. Es findet an einem Wochenende zwischen Anfang und Mitte November statt, mit Attraktionen wie Reitkunst, Volkstänzen, Livemusik, Handwerkskunst und jeder Menge Grillfleisch. Wer in der Gegend ist, sollte sich das nicht entgehen lassen.

Schlafen

Hostal de Areco HOTEL $
(02326-456118; www.hostaldeareco.com.ar; Zapiola 25; DZ/3BZ ab 55/66 US$;) Das schlichte Hostel verfügt über einen netten Salon und einen hübschen großen Garten mit Rasen. Die Zimmer sind etwas altmodisch, aber gemütlich.

★Paradores Draghi PENSION $$
(02326-455583; www.paradoresdraghi.com.ar; Matheu 380; DZ/DBZ ab 105/120 US$;) Allein für dieses Hotel lohnt es

ABSTECHER

ZU BESUCH AUF EINER RANCH

Wer nicht nur ein paar Tage in der Region verbringen, sondern nicht weit von Buenos Aires ein wenig traditionelle Gaucho-Kultur kennenlernen will, sollte auf einer *estancia* (Ranch) einchecken. Einst waren dies die Privathäuser wohlhabender Landbesitzer, doch heute sind viele der größten Landhäuser der Provinz für die Öffentlichkeit zugänglich. Man kann entweder einen *día de campo* buchen (ein Tag auf dem Land; Besucherpass für die Ranch, der normalerweise ein aufwändiges Mittagessen und Nachmittagstee sowie Reiten und andere Outdoor-Aktivitäten umfasst), oder man bleibt gleich für ein oder zwei Nächte.

Die gehobene **Estancia El Ombú de Areco** (02326-492080, in Buenos Aires 011-4737-0436; www.estanciaelombu.com; RP 31, Cuartel VI, Villa Lía; día de campo 100 US$, EZ/DZ mit Vollpension 325/410 US$; ❄ 🛜 🏊) ist eine 300 ha große Ranch nahe San Antonio de Areco mit einer prachtvollen Kolonialvilla, die aus dem Jahre 1880 datiert. Sie wurde nach dem massiven *ombú* (Phytolacca dioica) benannt, einem Baum, der seinen Schatten über den Garten wirft. Auf der El Ombú herrscht althergebrachte Gastfreundlichkeit. Hier kann man nicht nur reiten, sondern auch beim Viehtreiben zusehen (Mitmachen ist ebenfalls erlaubt).

Eine etwas preisgünstigere Variante – außerdem eine, die komfortablerweise näher an der Stadt liegt – ist die **Estancia La Cinacina** (02326-452045; www.lacinacina.com.ar; Zerboni & Martínez; DZ ab 170 US$; ❄ 🛜 🏊). Mit ihren Gaucho-Shows ist die *estancia* touristischer aufgezogen, aber Reisende kommen gerne hierher. Auch **La Porteña** (011-5626-7347; www.laporteniadeareco.com; RN 8, Km 110; día de campo Erw./Kind 70/35 US$, DZ mit Vollpension 288 US$; @ 🛜 🏊) liegt nicht weit von San Antonio de Areco entfernt. Auf dieser *estancia* verfasste Ricardo Güiraldes sein Gaucho-Epos *Don Segundo Sombra*. Die Ranch befindet sich 10 km östlich der Stadt.

Die 100 km südwestlich von Buenos Aires nahe San Miguel del Monte gelegene *estancia* **Candelaria del Monte** (02271-442431; www.candelariadelmonte.com.ar; Ruta 41, San Miguel del Monte; Zi. mit Vollpension pro Person ab 250 US$; 🏊) ist eine Rinderfarm mit hübschem Haupthaus, Swimmingpool und angrenzendem Wald. Auf den Tisch kommen selbst gebackenes Brot und Gebäck. Polobegeisterte sollten einen Blick auf **Puesto Viejo Estancia** (011-5279-6893; www.puestoviejoestancia.com.ar; RP 6, Km 83, Cañuelas; día de campo Erw./Kind 85/43 US$, Zi. mit Vollpension pro Person ab 225 US$; ❄ 🛜 🏊) werfen, eine schicke 100-Hektar-Ranch mit Polo-Club, die 75 km südlich von Buenos Aires bei Cañuelas liegt. Oder aber man sieht sich **La Candelaria** an (02227-494132; www.estanciacandelaria.com; RN 205, Km 114,5, nahe Lobos; día de campo ab 83 US$, DZ mit Vollpension ab 350 US$; ❄ 🛜 🏊), eine *estancia* 120 km südwestlich von Buenos Aires in der Nähe von Lobos.

Privater Transfer direkt von Buenos Aires zu den meisten der *estancias* ist gegen Aufpreis möglich.

---

sich, in Areco zu übernachten! Die Boutique-Pension wird liebevoll von einem Mutter-Tochter-Gespann betrieben und liegt bequem in der Nähe des Hauptplatzes. Sie verfügt über neun geräumige Zimmer, luftige Patios und einen Garten mit schönem Pool. Morgens wird ein wunderbares Frühstück serviert. Interessant sind die private Silberwerkstatt und das Museum, das über die Kunst des Silberhandwerks informiert.

Antigua Casona GUESTHOUSE $$
(02325-15-416030; www.antiguacasona.com; Segundo Sombra 495; DZ ab 120 US$; ❄ 🛜 🏊) Das restaurierte traditionelle Haus bietet eine wundervolle Übernachtungsmöglichkeit in Areco. Zur Auswahl stehen fünf Räume mit hohen Decken und Holzböden, die alle um überdachte und gefliese Gänge und grüne Patios liegen. Es gibt eine gemeinschaftlich genutzte *parrilla*, wo man sich sein eigenes Steak grillen kann, und einen kleinen, aber malerischen Pool.

🍴 Essen & Ausgehen

⭐ **La Esquina de Merti** ARGENTINISCH $
(www.esquinademerti.com.ar; Ecke Arellano & Segundo Sombra; Hauptgerichte 125–250 Arg$;

9–24 Uhr) Direkt auf der Plaza befindet sich eine der traditionellsten und stimmungsvollsten Eckkneipen/Restaurants in San Antonio de Areco. Hier kann man sich bei Kaffee, *empanadas* (gefüllten Teigtaschen), Sandwiches, einem Glas Wein oder einem auf der *parrilla* gegrillten Steak niederlassen. Bei schönem Wetter eignen sich die Tische im Freien bestens, um Gauchos zu beobachten.

Almacén de Comidas ARGENTINISCH $
(02326-455244; www.facebook.com/AlmacenDeComidasAreco; Arellano 285; Hauptgerichte 100–150 Arg$; Di–Fr 17–23, Sa 12–14 & 18–23 Uhr) Extrem leckere, frisch zubereitete Salate, Pastagerichte, Aufläufe, Burger und jede Menge verführerischer Desserts gibt es in diesem Feinkost-ähnlichen Restaurant, das lediglich über eine Bank verfügt, um vor Ort zu essen. Einfach ein Sandwich aus frisch gebackenem Brot oder ein Stück hausgemachten Käsekuchen oder Zitronen-Pie kaufen und am Fluss genießen.

Almacén Ramos Generales ARGENTINISCH $$
(www.ramosgeneralesareco.com.ar; Zapiola 143; Hauptgerichte 130–350 Arg$; 12–16 & 20–24 Uhr;) Das elegant restaurierte Restaurant – einst ein Gemischtwarenladen – ist ein weiteres historisches Speiselokal San Antonios. Heute bietet es ein malerisch-rustikales Ambiente und traditionelle argentinische Speisen von guter Qualität: gegrilltes Fleisch von der *parrilla*, *milanesas* (panierte Schnitzel) und Kaninchenspezialitäten.

Puesto La Lechuza PARRILLA $$
(02326-470136; www.facebook.com/puestolalechuza; Victorino Althaparro 423; Hauptgerichte 90–170 Arg$; Sa 12.30–17 & 21.30–2, So 12.30–17 Uhr) Das Lokal am Flussufer hat nur an den Wochenenden geöffnet. An warmen Tagen ist es der ideale Ort, um sich mittags mit *empanadas* oder gegrilltem Steak im Schatten der Bäume zu stärken. Samstags ab etwa 21.30 Uhr Live-Gitarrenmusik.

★ Boliche de Bessonart BAR
(Ecke Zapiola & Segundo Sombra; Di–So 11–15 & 19–24 Uhr) Das verwitterte Eckhaus voller angestaubter Flaschen war einst ein Gemischtwarenladen und ist über 200 Jahre alt. Heute beherbergt es eine familiengeführte Bar, die wegen ihrer ausgezeichneten *picadas* (Platten mit Aufschnitt und Käse) bei den Gauchos ebenso beliebt ist wie beim Jungvolk. Dazu jede Menge Bier, Rotwein und Fernet (ein bitterer, aromatischer Schnaps).

Almacén Los Principios BAR
(Moreno 151; Mo–Sa 8.30–13 & 17–21.30 Uhr) Dieser charmante Gemischtwarenladen mit Bar ist ein netter Zwischenstopp für ein kühles Bier. Er sieht noch immer fast genauso aus wie bei seiner Eröffnung 1922: Altmodische Krüge und Dosen säumen die Holzregale, und alte Reklametafeln schmücken die Wände.

Shoppen

Selbst bei einem ganz kurzen Spaziergang durch die Stadt sind die Silberschmiedewerkstätten und Läden entlang der Straßen von San Antonio de Areco nicht zu übersehen. Die lokalen Kunsthandwerker sind im ganzen Land bekannt – zu den traditionellsten Dingen, die man hier erwerben kann, zählen schönes Mate-Zubehör, *rastras* (mit Silber beschlagene Gürtel), Messer und Lederwaren.

La Olla de Cobre SCHOKOLADE
(www.laolladecobre.com.ar; Matheu 433; Mi–So 10–13 & 15–20, Mo 10–13 Uhr) Im La Olla de Cobre (dem Kupfertopf) gibt es essbare Mitbringsel aus hausgemachter, erlesener Schokolade und traditionelle *alfajores* (mit *dulce de leche* gefüllte Kekse) zu kaufen.

ⓘ Praktische Informationen

Entlang der Alsina liegen einige Banken mit Geldautomat.

Post (02326-455609; Ecke Alvear & Av Del Valle; Mo–Fr 9–17 Uhr)

Touristeninformationsstand (Ecke Arellano & Segundo Sombra; Mo–Fr 10–14, Sa & So bis 19 Uhr) Zusätzlicher Informationsstand am Hauptplatz.

Touristeninformation (02326-453165; www.sanantoniodeareco.com; Ecke Zerboni & Arellano; 8–20 Uhr) Die Haupttouristeninformation befindet sich am Fluss und versorgt die Reisenden mit Karten und Informationen.

ⓘ An- & Weiterreise

Arecos **Busbahnhof** (Av Dr Smith & Gral Paz) liegt fünf Blocks östlich vom Hauptplatz. **Chevallier** (02326-453904; www.nuevachevallier.com; Av Dr Smith & Gral Paz) bietet eine regelmäßige Busverbindung von /nach Buenos Aires (160 Arg$, 2 Std.).

Eine teurere, aber praktische Alternative für alle, die zu einer der *estancias* in der Gegend wollen, ist der Shuttle Service von unabhängigen Gesellschaften namens **Areco Bus** (www.arecobus.com.ar; Haltestelle Ecke Arellano & Lavalle; Rundtrip 500 Arg$; Sa & So). An den

1. Traditioneller Gaucho-*rastra* (silberbesetzter Gürtel) mit *facón* (Langmesser) **2.** Ein *asado* (Grillen) **3.** La Candelaria bei Lobos **4.** Gaucho bei der Viehherde

Zu Besuch auf einer Estancia

Die Weiten der Pampas kann man am besten auf einer *estancia* erleben. In der glorreichen Zeit des späten 19. Jhs. bauten sich die reichen Familien noble Villen und üppige Gärten.

Die ruhmreichen Zeiten sind längst passé und viele dieser Häuser heute für das Publikum geöffnet. Zum *día de campo* („Tag auf dem Land") gehören normalerweise ein großes *asado*, eine Führung durch das historische Haus, die Möglichkeit zu Ausritten, Radtouren und ein Pool. In manchen Häusern wird eine Gaucho-Vorführung geboten, bei der es folkloristische Tanzdarbietungen und eine Vorführung der Reiter gibt; andere richten Polowettkämpfe aus. *Estancias* sind eine nachhaltige Touristenattraktion, die zur Bewahrung der alten Tradition beiträgt. Viele bieten auch Übernachtungsmöglichkeiten mit Mahlzeiten und Aktivitäten.

Auswahl an Estancias

Die folgenden *estancias* liegen nur wenige Stunden von Buenos Aires entfernt:

Los Dos Hermanos (011-5577 8829; www.estancialosdoshermanos.com) Die Ranch eignet sich sehr gut für Tagesausflüge und Ausritte.

La Candelaria (S. 134) Das recht extravagante Schloss im französischen Stil ist bei Sonnenuntergang ein schönes Fotomotiv.

Estancia Ave María (S. 140) Exklusive ländliche Unterkunft außerhalb von Tandil.

Candelaria del Monte (02271-442-431; www.candelariadelmonte.com.ar; Ruta 41, San Miguel del Monte; Zi. mit Vollpension pro Pers. ab 250 US$; ❄) Lässig und elegant zugleich, mit schönem Swimmingpool.

Puesto Viejo Estancia (11 5279-6893; www.puestoviejoestancia.com.ar; RP 6, Km 83, Cañuelas; Día de campo Erw./Kind 85/43 US$, Zi. mit Vollpension pro Pers. 225 US$; ❄) Auf der eleganten Ranch kann man das Polospiel erlernen.

Wochenenden bietet dieser Service Hin- und Rückfahrten zwischen Buenos Aires und San Antonio de Areco (500 Arg$) mit Abholung oder Ausstiegsmöglichkeiten bei bestimmten *estancias*, darunter **Estancia El Ombú de Areco**. Auf der Website finden sich die aktuellen Fahrpläne, und Fahrkarten können online gebucht werden.

SÜDLICHE PAMPAS

Von der Hauptstadt Argentiniens aus erstreckt sich die Region der Pampas in südlicher Richtung über die Grenzen der Region Buenos Aires und im Westen bis in die Provinz La Pampa. Die fruchtbare Ebene ernährt riesige Rinderherden, deren Menge die Zahl der menschlichen Einwohner weit übersteigt. Wer die zweispurigen Autobahnen entlangfährt, die parallel zu den Bewässerungsgräben und -kanälen verlaufen, und zusieht, wie die Wasservögel in atemberaubenden Formationen über den Weiden schweben, dem sei es verziehen, wenn er für einen Moment völlig hypnotisiert ist, so überwältigend ist die Monotonie der argentinischen Weite.

In der Provinz Buenos Aires allerdings ist die endlos flache Ebene unterbrochen durch die Sierras de Tandil, eine Bergkette, die mittlerweile aus Hügeln von kaum mehr als 500 m besteht. In Richtung Westen ragen die zerklüfteten Gipfel der Sierra de la Ventana 1300 m hoch auf und locken Wanderer und Kletterer aus Buenos Aires oder anderen Gegenden an.

Tandil

♪ 0249 / 124 000 EW.

Tandil ist eine hübsche, grüne, liebenswerte Stadt mit Weltklasse-Feinschmeckerläden, Orangenbäumen, wunderbarer Architektur, Brauereien mit Craft-Bier und nahe gelegenen Wanderwegen zum Erkunden. Sie liegt am Nordrand der Sierras de Tandil, eines 2,5 Millionen Jahre alten Gebirgszugs, der mittlerweile abgetragen ist zu sanften, grasigen Hügeln und felsigen Vorsprüngen – der perfekte Ort zum Bouldern und Mountainbiken.

Im grünen Stadtzentrum herrscht eine entspannte Atmosphäre, viele Geschäfte schließen während der mittäglichen Siesta. Später am Abend allerdings bevölkern die Einheimischen die Plätze und Straßen, um einkaufen zu gehen oder die kulturellen Angebote zu nutzen. Ausgehen und *picadas*-Bestellen – Holzplatten, auf denen sich lokale Käsesorten und Schinken türmen – hat hier Tradition, denn Tandil ist in ganz Argentinien für seine exzellente Salami bekannt. Einen internationalen Bekanntheitsgrad verdankt es der unverhältnismäßig großen Zahl von Tennisstars, die es hervorgebracht hat, darunter als jüngsten Vertreter Juan Martín del Potro.

◉ Sehenswertes

Der Spaziergang zum **Parque Independencia** von der südwestlichen Ecke der Stadt aus bietet einen wunderschönen Blick über die Stadt, besonders bei Nacht. Die Einheimischen dagegen tummeln sich abends lieber auf der zentralen **Plaza de Independencia**, die von öffentlichen Gebäuden und einer Kirche gesäumt wird.

Parroquia Santísimo Sacramento　　KIRCHE
(Templo de la Inmaculada Concepción; Belgrano 514) Tandils wundervolle katholische Kirche wurde 1878 erbaut und ist mit Fliesenböden aus der Arts-and-Crafts-Ära, einer Blüten-Mosaikdecke und einem vergoldeten Altar ausgestattet. Die Kuppeln sind wie knospende Tulpen geformt, auch die Buntglasfenster sind etwas ganz Besonderes. Am besten, man setzt sich für eine Weile in eine der alten Kirchbänke und lässt den Raum einfach auf sich wirken.

Cerro El Centinela　　PARK
(www.cerrocentinela.com.ar; Cerro El Centinela s/n) Für einen großartigen Ausblick über Tandil oder eine entspannte Wanderung am Nachmittag lohnt es, sich auf den Weg in diesen 6 km westlich der Stadt gelegenen Park auf einem Hügel zu machen. Hier gibt es eine **Bäckerei**, ein **Restaurant** mit Tischen im Freien und einen **Sessellift** (130 Arg$ pro Person), der Besucher hinauf auf die Kammlinie bringt (nur an den Wochenenden geöffnet außerhalb der heißen Monate). Man kann sich auch ein Mountainbike ausleihen (180 Arg$ pro Stunde) und die Wanderwege vom Parkplatz aus erkunden. Am besten mit dem Taxi herkommen.

Cerro La Movediza　　HÜGEL
(www.lapiedramovediza.com.ar; Av Campos s/n) Am Nordende der Stadt schwankte jahrelang auf dem Cerro La Movediza die Piedra Movediza, ein 300 t schwerer „Schaukelstein", bevor dieser 1912 schließlich tatsächlich in die Tiefe stürzte. 2007 wurde eine fest montierte Replik dort installiert, und wie sein Vorgänger ist auch dieser Stein eine

DER GLORREICHE GAUCHO

Wenn der melancholische *tanguero* (Tangotänzer) den *porteño* (Einwohner von Buenos Aires) verkörpert, so ist der Gaucho das Sinnbild der Pampas: eine einsame Gestalt mit dem Pferd als einzigem Freund im Kampf gegen die Elemente.

In den frühen Anfängen der Kolonie lebten die Gauchos jenseits der Gesetze und Bräuche von Buenos Aires. Sie fristeten ein unabhängiges und oftmals gewalttätiges Dasein auf dem Land, schlachteten Rinder, die unbeaufsichtigt auf dem fruchtbaren Weideland herumliefen, und tranken Mate, den stark koffeinhaltigen Tee.

Als die Kolonie wuchs, wurden die Rinder zu wertvoll, um sie frei herumlaufen zu lassen. Die ausländische Nachfrage nach Leder stieg, und die Investoren zogen in die Pampas, um die Kontrolle über den Markt zu übernehmen. Sie etablierten das *Estancia*-System: Große Landflächen wurden an einige wenige Privilegierte übergeben. Viele frei lebende Gauchos wurden damit zu ausgebeutetem Gesinde, während man all jenen, die sich gegen diese Bevormundung wehrten, mit Gefängnis drohte.

Wie so viele Helden errang auch der Gaucho die Zuneigung und Bewunderung der Menschen erst nach seinem Niedergang. Seine physische Standhaftigkeit, sein Ehrbegriff und die Sehnsucht nach Freiheit werden in José Hernández' 1872 entstandenem epischen Gedicht *Martín Fierro* und in Ricardo Güiraldes' Roman *Don Segundo Sombra* gewürdigt. Seine Traditionen gehören zur argentinischen Volkskunst: Viele Gauchos waren begabte Handwerker, die aufwendige, silberne Gaucho-Messer und gewebte Ponchos herstellten. Das Bild des Gauchos wurde in zahlreichen Varianten reproduziert – am amüsantesten in Florencio Molina Campos' klassischen Karikaturen.

Heute ist der Export-Gaucho viel leichter aufzustöbern als der echte; man trifft ihn vor allem in Shows auf den *estancias*. Dennoch leben die Nachfahren der Gauchos überall in den Pampas auf den Rinderfarmen. Sie reiten über die weite Ebene in ihren staubigen *bombachas* (Reiterhosen) und tragen auf dem Kopf die traditionellen *boinas* (eine Art Baskenmütze). Und zu besonderen Gelegenheiten wie der Fiesta de la Tradición (S. 133) kramen sie ihr bestes Zaumzeug heraus und glänzen mit ihren Reitkünsten.

---

große Touristenattraktion (und einmalige Gelegenheit für ein originelles Foto). Erreichbar ist die Attraktion mit dem Taxi oder mit der Buslinie 503.

Museo Tradicionalista Fuerte Independencia MUSEUM
(📞0249-443-5573; 4 de Abril 845; 50 Arg$; 🕓März–Nov. Di–So 14.30–18.30 Uhr, Dez.–Feb. Di–So 16–20 Uhr) In dem historischen Museum, das eine große und abwechslungsreiche Ausstellung über Tandils Geschichte präsentiert, bekommen die Besucher lohnende Informationen über den geschichtlichen Kontext; Fotos erinnern an wichtige Ereignisse der Stadtgeschichte. Das Museum steckt voller Erinnerungsstücke, die von lokalen Familien gestiftet wurden: Die Bandbreite reicht von Wagen bis hin zu Damenhandschuhen.

Aktivitäten

Der Stausee **Lago del Fuerte** liegt nur zwölf Blocks südlich der Plaza de Independencia und lässt sich in wenigen Stunden leicht umwandern. Im Sommer können **Kanus** und **Kajaks** gemietet werden, oder man macht es sich zum Mittagessen oder zur *merienda* (einem Nachmittagssnack mit Tee, Kaffee oder Mate) in einem der Restaurants entlang des Ufers gemütlich.

Genauere Informationen über die zahlreichen Outdoor-Aktivitäten rund um die Stadt wie Fahrradfahren, Wandern, Kanufahren, Abseilen, Mountainbiking und Klettern bietet die Touristeninformation mit einer umfassenden Liste an Reiseveranstaltern und Mietagenturen.

Gabriel Barletta REITEN
(📞0249-450-9609; www.facebook.com/Gaulibar; 4-Stunden-Tour ab 400 Arg$ pro Person, Minimum 2 Teilnehmer) Gabriel Barletta bietet ausgezeichnete vierstündige Ausritte in der Reserva Natural Sierra del Tigre oder anderen Zielen in der Umgebung an.

Schlafen

Während der Sommermonate, an Ostern und verlängerten Wochenenden mit Feiertag unbedingt reservieren. Viele Argentinier kommen eigens hierher, um in einer der vielen *Cabaña*-Anlagen (Blockhütten) in der Region zu übernachten. Diese sind oft mit Terrassen, Feuerstellen und/oder Swimmingpools ausgestattet, und es lässt sich dort wunderbar entspannen. Allerdings sind die Anlagen nur mit dem Auto bequem erreichbar.

Gran Hotel Roma　　　　　　　　HOTEL $

(20249-442-5217; www.hotelromatandil.com.ar; Alem 452; EZ 47–53 US$, DZ/3BZ 71/82 US$; 🖥) Das Hotel wird seit drei Generationen von der gleichen Familie betrieben und wurde erst vor Kurzem renoviert. Die Zimmer sind klein, aber gut ausgestattet mit kleinen Flachbild-TVs, Mini-Kühlschränken und Klimaanlage. Die Lage, nur einen Block von Tandils Hauptplaza entfernt, ist ideal.

Casa Chango　　　　　　　　HOSTEL $

(20249-442-2260; www.casa-chango.com.ar; 25 de Mayo 451; B 21 US$, Suite 47–53 US$, DZ 56 US$; @🖥) Das beste an diesem Hostel sind die hellen und attraktiven Gemeinschaftsbereiche, wie das Speisezimmer und die Küche mit farbenfrohen Fliesen, hohen Decken und historischem Charme. Die Schlafsäle sind so lala, und der Service ist mal besser, mal schlechter. Zu den Suiten gehört jeweils ein eigenes Badezimmer.

★ Estancia Ave María　　　　ESTANCIA $$$

(20249-442-2843; www.avemariatandil.com.ar; Paraje La Porteña; DZ ab 251 US$; @🖥🏊) Nur wenige Kilometer außerhalb der Stadt und in unmittelbarer Nachbarschaft zum Cerro El Centinela bietet die Estancia Ave María eine wunderbare und traditionelle Rückzugsmöglichkeit, bei der die Reisenden ins Schwärmen geraten. Die historische, 300 ha große *estancia* hat geräumige Zimmer mit Ausblick über die Hügellandschaft sowie elegante Aufenthaltsbereiche, bestens geeignet, um ein Buch zu lesen oder den Nachmittagstee zu genießen.

Frühstück und Abendessen sind im Preis inbegriffen, ebenso Aktivitäten wie Reiten. Unbedingt im Voraus buchen: Die *estancia* erfreut sich großer Beliebtheit.

Hotel Mulan　　　　　BOUTIQUEHOTEL $$$

(20249-422-1718; www.mulentandil.com; Av Santamarina 380; EZ & DZ 106–118 US$; P🖥❄🖥🏊) Der attraktive Turm aus Ziegeln und Glas ist Tandils neueste und beste Übernachtungsmöglichkeit. Die Räume sind groß und hell, mit modernem Mobiliar, Balkon und Minibar. Außerdem gibt es ein Tauchbecken sowie Fitnessraum und Sauna.

Essen

Tandils Touristeninformation hat den Circuito de Salami y Queso (Salami- und Käse-Rundweg) entworfen. Einfach Karte und eine Liste der teilnehmenden Feinkostläden und Restaurants holen, und schon kann man sich seinen Weg quer durch Tandil und Umgebung essen. Die Wurstwaren sind so herausragend, dass man sogar ganz auf die Restaurants verzichten kann, um sich stattdessen im Feinkostladen zu versorgen.

Bar Firpo　　　　　　　　SPANISCH $

(20249-443-2214; 14 de Julio 201; Hauptgerichte 100–160 Arg$; ⓗ11–1 Uhr) Eine stimmungsvolle, von den Einheimischen geliebte Bar im spanischen Stil mit leckeren, bezahlbaren Häppchen. Die Memorabilien an den Wänden und in den eingebauten Bücherregalen hinter der Bar sind wundervoll. Die Küche ist ganztags geöffnet.

Naturísima　　　　　　　VEGETARISCH $

(20249-444-2004; www.facebook.com/NaturisimaTandil/; 585 Chacabuco; Gerichte 35–150 Arg$; ⓗ9–21 Uhr; 🌱) 🍃 Tandils Bioladen bietet vegetarische Kost, Essen in großen Mengen und eine Reihe von Gesundheits- und Schönheitsprodukten. Seine erstklassige Feinkostabteilung verkauft Fladenbrote, Tortillas und Salate zum Mitnehmen. Außerdem gibt es selbst gebackenes, veganes Gebäck und *empanadas* aus Vollkornmehl.

★ Época de Quesos　　　　ARGENTINISCH $$

(20249-444-8750; www.epocadequesos.com/tandil; Ecke San Martín & 14 de Julio; picadas für 1/2 Personen ab 160/370 Arg$; ⓗ9–24 Uhr) Ein unerlässlicher und köstlicher kulinarischer Zwischenstopp und das romantischste Restaurant in ganz Tandil. Vor allem aber kommt man wegen des Essens – es gibt Unmengen wunderbarer *picadas*, Craft-Bier und Wein. Der Laden vorne bietet eine breite Auswahl an lokalen Käsesorten, an Schinken und Salami (man kann auch probieren), die sich super für ein Picknick eignen.

Es lohnt sich, den Laden zu durchstöbern und ein wenig zu kosten, ehe man sich an einen Tisch in dem behaglichen, etwas baufälligen Speisesaal setzt (der abends von Kerzenlicht erhellt ist) oder sich im grünen Patio niederlässt.

Parrilla El Trébol　　　　　　PARRILLA $$

(20249-444-2333; Ecke Mitre & 14 de Julio; Hauptgerichte 60–276 Arg$; ⓗDi–Fr 20–24, Sa 12–24, So 12–15 Uhr) Diese simple *parrilla* hat sich auf wohlschmeckende, perfekt gegrillte Steaks und hervorragende Salate spezialisiert und ist bei den Einheimischen sehr beliebt. Würstchen und Blutwurst schmecken herrlich, ebenso die Hochrippe. Es hat seinen Grund, dass die Einheimischen sich in diesem Backsteinhaus-Eckrestaurant für Geburtstagsfestessen treffen.

Bodegón del Fuerte ARGENTINISCH $$$
(0249-442-4219; Belgrano 589; Hauptgerichte 210–360 Arg$; ⊙11.30–16 & 19–3 Uhr; 🛜) Ein beliebtes und gehobenes Lokal dank des exquisiten Patio. Auch hier werden die gemischten Grillplatten *típica* und lokale *picadas* auf Wunsch serviert. Mittags-Specials werden für unter 140 Arg$ angeboten.

🍷 Ausgehen & Unterhaltung

★ Cervecería Harriz CRAFT-BIER
(Maipú 501; Biere 90 Arg$, Häppchen 100–180 Arg$; ⊙Di–Sa 18.30–4.30, So bis 24 Uhr) Harriz ist eine von Argentiniens neuen Lokalbrauereien und Tandils beste. Sie befindet sich in einem kühlen Steingebäude mit Stehtisches auf der Straßenseite und einer Tafel drinnen mit den angebotenen Speisen für den Abend. Auch der Sound ist gut, und das Publikum jung und hip.

Ogham Cervecería CRAFT-BIER
(0249-443-0666; www.cervezaogham.com; Pinto 636; ⊙Mo–Do 18–1.30, Fr–So bis 3.30 Uhr; 🛜) Ein weiteres Craft-Bier-Lokal in Tandil. Es gehört zu einer argentinischen Kette, mit garantiert jederzeit acht unterschiedlichen Biersorten vom Fass. Auch Kneipenessen wie Burger, Tacos, Nachos und Pizza wird serviert, was vor allem die adretter gekleideten Einheimischen anlockt.

★ Teatro Bajosuelo THEATER
(0249-421-3639; www.teatrobajosuelo.com; Rodríguez 457) Alles hier ist cool, angefangen beim Namen, über die Lage auf der Plaza Independencia, den Stücken, die sie beinahe jedes Wochenende aufführen, bis hin zu der charmanten Bierhalle im oberen Stockwerk. Wer gerne ins Theater geht und etwas Spanisch versteht, sollte vorbeischauen.

Shoppen

Syquet LEBENSMITTEL
(www.syquet.com.ar; Ecke Gral Rodríguez & Mitre; ⊙Mo–Fr 9–13 & 17–21, Sa 9–21, So 10–21 Uhr) Der charmante Eckladen hat eine verlockende Auswahl an lokalem Käse, Salami und Schinken sowie viele andere regionale Feinkostprodukte. Es gibt noch zahlreiche andere Läden mit ähnlich verführerischem Angebot in der Stadt, die meisten bieten eine Gratiskostprobe an.

ℹ️ Praktische Informationen

Es gibt zahlreiche Banken mit Geldautomat im Zentrum.

Touristeninformation (0249-444-8698; www.tandil.gov.ar; Rodríguez 445; ⊙Mo–Sa 9–20, So 9–13 Uhr) Gegenüber von Tandils zentraler Plaza. Eine Dependance befindet sich beim Busbahnhof.

ℹ️ An- & Weiterreise

Tandils **Busbahnhof** (0249-432092; Av Buzón 400) befindet sich zwölf Blocks östlich der Hauptplaza. Man kann zu Fuß gehen oder ein Taxi (etwa 60 Arg$) vor dem Bahnhof nehmen.

Züge von Buenos Aires' Haltestelle Constitución (*Primera*-/Pullman-Klasse 100/582 Arg$, 5–7 Std.) kommen an Tandils Bahnhof **Estación Tandil** (0249-423002; www.ferrobaires.gba.gov.ar) jeweils am Sonntag, Montag, Donnerstag und Freitag an und fahren Donnerstag, Samstag und Sonntag zurück. Trotzdem lieber immer noch den Fahrplan online checken, da manchmal eine Verbindung ausfällt.

Busse ab Tandil

REISEZIEL	FAHRPREIS (ARG$)	FAHRZEIT (STD.)
Buenos Aires	533	5½
Córdoba	1300–1545	14–15
Mar del Plata	297	3
Necochea	233	3

ℹ️ Unterwegs vor Ort

Tandils ausgezeichneter öffentlicher Nahverkehr (Fahrt 10 Arg$) bringt Reisende zu allen wichtigen Sehenswürdigkeiten. Bus Nummer 500 (gelb) fährt zum Lago del Fuerte, die Busse 501 (rot) und 505 (braun) fahren zum Busbahnhof, und Bus 502 (weiß) steuert Cerro La Movediza, die Universität und den Busbahnhof an.

Sierra de la Ventana

0291 / 2200 EW.

Sierra de la Ventana ist eine eher drittrangige Bergstadt, allerdings mit Zugang zur umliegenden Bergwelt und nicht zu weit von Buenos Aires entfernt. Das erklärt, warum argentinische Wochenendbesucher den ganzen Sommer lang mit ihren Kindern und Hunden die Stadt heimsuchen. Die meisten ausländischen Besucher allerdings ignorieren das Städtchen, da es andernorts so viel mehr Auswahl an dramatischeren und schöneren Berglandschaften gibt. Nichtsdestotrotz bieten die felsigen Hügel und der nahe gelegene Park Möglichkeiten zum Wandern, Forellenfischen und eine Erholung von der Monotonie des Flachlands.

Aktivitäten

In dieser Region werden jede Menge Outdoor-Aktivitäten angeboten. Viele davon kann man auf eigene Faust unternehmen. Wanderführer, Abseilkurse, Reiten und andere Touren können in einem der Büros der Agenturen gebucht werden, die auf der Avenida San Martín zu finden sind.

El Tornillo FAHRRADVERLEIH
(0291-15-431-1812; Roca 142; Fahrradverleih pro Std./Tag 30/120 Arg$; 10–19 Uhr, nachmittags bei heißer Witterung geschlossen) Wer ein Fahrrad mieten möchte, ist bei diesem zuverlässigen Anbieter im Stadtzentrum gut aufgehoben.

Luan & Ventur OUTDOOR
(0291-15-416-3786; www.luanventur.com.ar) Vermittelt Wanderführer in die Garganta del Diablo und zum Cerro Tres Picos und bietet Aktivitäten wie Abseilkurse und Reiten.

Schlafen & Essen

Einige der Restaurants haben außerhalb der Sommermonate Dezember bis März an einem oder mehreren Tagen in der Woche geschlossen. Selbstversorger finden Supermärkte und kleine Läden auf der Hauptstraße.

Alihuen Hotel HOTEL $
(0291-491-5074; www.lasierradelaventana.com.ar/alihuen; Ecke Tornquist & Frontini; DZ 52 US$; P❄❄) Sierra de la Ventanas Mini-Grand Budapest Hotel ist „eine verwunschene alte Ruine" etwa vier Blocks von der Hauptstraße entfernt und strategisch günstig am Flussufer positioniert. Es ist nicht gerade luxuriös mit seinen knarrenden Holzböden und dem schlichten Mobiliar, aber das mit Wein überwachsene viktorianische Hotel hat definitiv Atmosphäre.

Las Golondrinas CABAÑAS $$
(0291-15-443-4630; www.posadayspalasgolondrinas.com; Cerro Ceferino s/n; Cabañas 100–129 US$; P❄❄) Diese Ansammlung von *cabañas* auf einem Hügel hat das wahrscheinlich netteste Setting in der ganzen Gegend. Die Zufahrt besteht aus einer Staubpiste etwa 1 km außer- und oberhalb der Stadt. Die Häuschen sind modern, mit zwei Doppelzimmern im Obergeschoss und einem größeren Raum für bis zu vier Personen unten. Es gibt einen netten Pool und einen Wellnessbereich.

El Molino de la Casa Azul ARGENTINISCH $$
(0291-414-2322; www.facebook.com/El-Molino-de-la-casa-Azul-472603566233528; San Martín 480; Hauptgerichte 164–298 Arg$; Do–So 12–15 & 20.30–23 Uhr; ❄) Das Molino bietet eine etwas fortschrittlichere Küche in einem wundervollen, historischen blauen Haus mit einer Windmühle (daher der Name). Das Innere ist kunstvoll ausgestaltet, und auf der Speisekarte stehen kreative Variationen argentinischer Klassiker. Billig ist es nicht, aber dafür das spannendeste Lokal für ein Abendessen in der Stadt.

Atero PIZZA $$
(0291-491-5002; San Martín & Güemes; Hauptgerichte 140–260 Arg$, Pizza 180–269 Arg$; 8–16 & 20–23 Uhr) Das Lokal befindet sich im Erdgeschoss eines 3-Sterne-Hotels, wird jedoch unabhängig davon betrieben. Hier gibt es den ganzen Tag über zwanglose, gut zubereitete Mahlzeiten. Am bekanntesten ist es für sein Frühstück und die Pizzas.

❶ Orientierung

Die Stadt ist durch den Río Sauce Grande in zwei Bereiche unterteilt. Die Hauptstraße Avenida San Martín liegt südlich des Flusses, ebenso wie der Busbahnhof, Bahnhof und die meisten anderen Geschäfte und Dienstleistungen.

❶ Praktische Informationen

Eine gute Informationsquelle über Aktivitäten, Unterkünfte und Transportmöglichkeiten in der Region bietet die Website www.sierrasdelaventana.tur.ar (auf Spanisch).
Touristeninformation (0291-491-5303; www.sierradelaventana.org.ar; Av del Golf s/n; 8–20 Uhr) Befindet sich auf der anderen Seite der Gleise beim Bahnhof, der mittlerweile stillgelegt ist. Die Mitarbeiter bieten Karten und hilfreiche Tipps an – alles auf Spanisch.
Banco Provincia (Av San Martín 260; Mo–Fr 9–17 Uhr) hat Geldautomaten.

❶ An- & Weiterreise

Condor Estrella (0291-491-5091; www.condorestrella.com.ar) bietet Busverbindungen nach Buenos Aires (840–980 Arg$, 9 Std., 6-mal wöchentl.) und Bahía Blanca (179 Arg$, 2½ Std., 2-mal tgl.). Die Busse starten vor einem kleinen Büro in der Avenida San Martín, einen Block von der YPF-Tankstelle entfernt. Es gibt auch eine tägliche Busverbindung von Condor Estrella zwischen Sierra de la Ventana und Villa Ventana (17 Arg$, 20 Min.) und zwischen Sierra de la Ventana und Parque Provincial Ernesto Tornquist (27 Arg$, 1 Std.).

Transporte Silver (0291-491-5383; Av San Martín 156) bietet einen Tür-zu-Tür Service zwischen Sierra de la Ventana und Tornquist an (43 Arg$, 1 Std.), mit einem Stopp in Villa Ventana (20 Arg$, 25 Min.) und Parque Provincial Ernesto Tornquist (32 Arg$, 40 Min.). Die Minibusse fahren zwei- oder dreimal täglich (im Sommer von Dezember bis März öfter).

Villa Ventana

Nur 17 km nordwestlich von Sierra de la Ventana liegt das friedliche Dorf Villa Ventana. Viel gibt es hier nicht zu unternehmen, außer in den *artesano*-Läden herumzustöbern und die staubigen Straßen mit ihren Pinien zu durchwandern, die sich durch die hübschen Wohnviertel schlängeln.

Oder man erkundet bei einer geführten Tour die Ruinen von Südamerikas erstem Kasino; Infos bei der **Touristeninformation** (0291-491-0095; Cruz del Sur s/n; Mo–Do 8–18, Fr–So bis 19 Uhr, Jan. & Feb. bis 20 Uhr tgl.) am Eingang zur Stadt. Villa Ventana liegt näher am Parque Provincial Ernesto Tornquist (S. 145) als Sierra de la Ventana und ist daher der bessere Standort für einen Parkbesuch.

Schlafen & Essen

Es gibt etliche Übernachtungsmöglichkeiten, aber keine davon ist besonders preisgünstig. Eine bequeme Wahl ist **Cabañas Pique-Lom** (0291-491-0079; www.piquelom.com.ar; Cruz del Sur s/n; DZ/3BZ ab 78/95 US$). Das Büro befindet sich auf der Haupteinkaufsstraße, wo man eine Unterkunft aus einer Reihe von *cabañas* in der Gegend wählen kann. Wer ohne eigenes Fahrzeug unterwegs ist, sollte sich an **Cabañas La Ponderosa** (Whatsapp 0291-15-578-0640; www.villalaponderosa.com.ar; Ecke Cruz del Sur & Hornero; Cabañas für 2/3/4/5 Personen 59/65/71/76 US$;) wenden, es befindet sich bequemerweise auf der Hauptstraße. Unter der Woche und von April bis Mitte Dezember sinken die Preise.

★**Hotel Água Pampas** BOUTIQUEHOTEL $$$ (0291-491-0210; www.aguapampas.com.ar; Las Piedras zwischen Hornero & Canario; Zi ab 110 US$;) Die beste Unterkunft der Stadt bietet dieses Hotel, das komplett aus lokalem Gestein und Holz gebaut ist, bis hin zu den Badewannen aus ausgehöhlten Baumstämmen. Es verfügt auch über ein Grauwassersystem, mit dem die ausgedehnten Rasenflächen gewässert werden. Was nicht bedeutet, dass die Räume nicht luxuriös wären – sie sind wundervoll, mit jeweils eigener Sonnenterrasse, und es gibt herrliche Indoor- und Outdoor-Pools, Wellnessbereiche und ein **Restaurant**.

An- & Weiterreise

Condor Estrella bietet eine tägliche Busverbindung zwischen Sierra de la Ventana und Villa Ventana an (17 Arg$, 20 Min.); derselbe Bus fährt auch nach Tornquist zum Parque Provincial Ernesto Tornquist (27 Arg$, 30 Min.). Wer vor 9 Uhr beim Park sein möchte, um an einer geführten Wanderung teilzunehmen, sollte ein *remise* (privates Taxi) nehmen. Es kostet zwischen 200 und 300 Arg$ für bis zu drei Fahrgäste.

ATLANTIKKÜSTE

Außerhalb von Patagonien bekommen Argentiniens Strände oft ganz unverdient schlechte Kritiken. Dabei sind die Sandstrände immer weit, sauber und oft von malerischen Dünen durchsetzt. Die Brandung ist fantastisch und das kalte Wasser im Sommer sehr angenehm, weshalb die Strände jedes Jahr im Januar und Februar jede Menge Volk aus dem ganzen Land anziehen.

Wer den sommerlichen Andrang meiden will, sollte seinen Besuch auf die Monate Dezember und März verlegen, wenn es trotzdem warm genug ist, um das Strandleben zu genießen. Im Winter allerdings wirken die Küstenstädte verlassen, und das graue Wetter kann auf die Stimmung schlagen. Mar del Plata bildet da eine Ausnahme – die größte Stadt an der Küste ist eine lebendige Kulturhauptstadt und bietet Besuchern das ganze Jahr über Abwechslung und Unterhaltung.

Pinamar

02254 / 30 000 EW.

Etwa 120 km von Mar del Plata entfernt liegt Pinamar, ein beliebtes Urlaubsziel unter stilbewussten *porteños*, die nicht an Uruguays Strände fahren wollen. Die Stadt wurde 1944 vom Architekten Jorge Bunge entworfen und gegründet. Dieser versuchte, die Wanderdünen zu stabilisieren, indem er

Pinien, Akazien und Pampasgras pflanzen ließ. Einst trafen sich in Pinamar die Reichen des Landes, heute ist die Ortschaft etwas lockerer und weniger exklusiv.

Aktivitäten

Die Hauptaktivität in Pinamar besteht darin, sich zu entspannen und am Strand neue Kontakte zu knüpfen. Der Strand erstreckt sich vom Norden der Stadt bis hinunter nach Cariló. Die Gegend bietet viele Möglichkeiten zu sportlichen Betätigungen – die Bandbreite reicht von Windsurfen und Wasserski bis hin zu Reiten und Angeln. Radfahrer können entweder in der waldreichen Gegend unweit des Golfplatzes oder durch die grünen Straßen von Cariló fahren.

Fahrräder verleiht **Leo** (02254-488855; Av Bunge 1111; Fahrradverleih pro Std. 100 Arg$; 9–21 Uhr) an der Hauptstraße in der Nähe der Touristeninformation. Wer Kiteboarden lernen möchte, sollte zum Sportstrand gehen, dem *balneario* (Flussstrand), der etwa 5 km nördlich der Avenida Bunge liegt. Es gibt noch viele weitere angebotene Aktivitäten – am besten bei der **Touristeninformation** (02254-491680; www.pinamar.tur.ar; Ecke Av Bunge & Shaw; Mo–Fr 8–20, Sa 10–20, So 10–17 Uhr) fragen.

Festivals & Events

Pinamars Filmfestival, das **Pantalla Pinamar** (www.pantallapinamar.gov.ar; März), findet im März statt. Außerdem werden rund um Neujahr Konzerte und Strandpartys veranstaltet.

Schlafen

Im Januar sind Reservierungen unumgänglich, manche Häuser verlangen eine Woche Mindestaufenthalt. Die besten Alternativen für Reisende mit knapperem Budget sind in der Nähe der südlichen Strände bei Ostende und Valeria, es gibt auch ein paar billigere Hotels und *hospedajes* (Familienunterkünfte) entlang der Calle del Cangrejo nördlich der Touristeninformation. In der Nebensaison gibt es gewaltige Preisnachlässe.

Hotel Yarma HOTEL $
(02254-405401; www.hotelyarma.com.ar; Del Tuyú 109; DZ 46 US$; P) Das mit Stein und Gips gestaltete Äußere des Hotels sticht ins Auge, und auch im Inneren finden sich interessante Gemälde. Die Zimmer sind schon ein wenig veraltet, aber super-sauber und kostengünstig.

Playas Hotel HISTORISCHES HOTEL $$
(02254-482236; www.playashotel.com.ar; Bunge 250; Standard/Superior Zi 118/129 US$; P) Das Playas Hotel ist ein weiß gekalkter Hingucker mit Schindeldach, direkt im Zentrum und nur drei Blocks vom Strand entfernt. Der Boden im Salon und die Skulptur in der Lobby sind hübsch. Im oberen Stockwerk wirken die Holzböden etwas düster, aber alles andere ist erneuert. Die Lage ist ideal, die Räume groß genug, und der Pool-Bereich auf der Terrasse romantisch.

Hotel Mojomar HOTEL $$
(02254-407300; www.hotelmojomar.com.ar; De las Burriquetas 247; DZ ab 83 US$;) Das gehobene, wenn auch nicht luxuriöse Mojomar ist nett gelegen: drei Blocks von der Avenida Bunge und nur einen Block vom Strand entfernt. Es ist modern, aber gemütlich; die Gästezimmer sind klein, aber bequem, und manche bieten sogar Meerblick.

Hotel Arenas BOUTIQUEHOTEL $$
(02254-482621; www.hotelarenaspinamar.com.ar; Bunge 700; EZ/DZ 53/94 US$; P) Das betagte 4-Sterne-Hotel etwa sechs lange Blocks vom Strand entfernt hat Charme. Die Räume sind großzügig, mit Holzmobiliar, eigener Terrasse, Flachbild-TV und Whirlpool. Außerdem gibt es zwei Billardtische im Spielzimmer unten.

La Vieja Hostería BOUTIQUEHOTEL $$$
(02254-482804; www.laviejahosteria.com.ar; Del Tuyú 169; DZ ab 129 US$;) In einem wunderschön renovierten Haus aus den 1940er-Jahren liegt Pinamars bestes Boutiquehotel. Es punktet mit elegant ausgestatteten Räumen und einladenden Gemeinschaftsbereichen (darunter eine Sonnenterrasse am Swimmingpool und ein Patio mit Massagezelten). Auch die Lage direkt südlich der Hauptstraße und nur zwei Blocks vom Strand entfernt ist perfekt.

Essen

★ Los Troncos ARGENTINISCH $$
(Ecke Eneas & Lenguado; Hauptgerichte 140–400 Arg$; Do–Di 12–15 & 20–24 Uhr;) Seit vier Jahrzehnten ist dieses beliebte Gassenlokal schon in Betrieb, und oft ist es sogar in der Nebensaison rappelvoll mit Einheimischen. Das Ambiente ist zwanglos, aber gesellig und ein wenig im Stil der alten Schule. Auf der Speisekarte findet sich alles von Grillfleisch über Meeresfrüchteeintopf bis hin zu hausgemachter Pasta; alles sehr gut.

ABSTECHER

PARQUE PROVINCIAL ERNESTO TORNQUIST

Der 67 km² große **Park** (☎ 0291-491-0039; Eintritt pro Person 50 Arg$; geführte Wanderung pro Person 140–200 Arg$; ⊙ täglich 9–17 Uhr) liegt 22 km von Sierra de la Ventana entfernt und lockt Besucher aus der ganzen Provinz an. Es gibt zwei Eingänge. Der erste mit dem Besucherzentrum **Centro de Visitantes**, das eine kleine Ausstellung über die regionale Ökologie bietet, liegt 5 km westlich von Villa Ventana. Das Highlight des Parks befindet sich allerdings näher am zweiten Eingang, 3 km weiter westlich. Besucher sollten zwei Tagesausflüge zum Park einplanen (Camping ist verboten), um zwei oder drei Wanderungen unternehmen zu können. Man kann auch eine geführte Tour buchen, die mehrere Agenturen rund um Sierra de la Ventana im Angebot haben, so z. B. **Juanjo Navarro** (☎ 0291-15-507-0319; Navarro.juanjo@hotmail.com). Oder man wendet sich an die Tourguidevereinigung vor Ort: **Guías de Ventania** (☎ 0291-414-5113; www.guiasdeventania.com).

Die fünfstündige geführte Rundwanderung zum 1150 m hohen **Cerro de la Ventana** hat eine Felsformation in Fensterform nahe dem Gipfel zum Ziel. Der Einstieg liegt am Eingang ganz im Westen. Beim Aufstieg bieten sich dramatische Ausblicke auf die umliegenden Hügel und die fernen Pampas. Wanderer sollten sich vor 9 Uhr bei den Rangern am Ausgangspunkt anmelden und ausreichend Wasser und Sonnenschutz mitnehmen. Die geführte Tour kostet pro Person zusätzlich 140 Arg$.

Weniger anspruchsvolle Ziele, die vom Cerro de la Ventana-Ausgangspunkt erreichbar sind, umfassen **Piletones** (2½ Std., Rundwanderung) und **Garganta Olvidada** (1 Std., Rundwanderung). Um die Schlucht und das Becken beim Wasserfall **Garganta del Diablo** (200 Arg$ pro Person, 6 Std., Rundwanderung) zu erreichen, benötigt man einen Führer. Die Tour lässt sich bei einer der Agenturen in Sierra de la Ventana buchen. Oder einfach um 9 Uhr am Ausgangspunkt sein und direkt bei den Rangern anmelden.

Condor Estrella (S. 142) fährt Tornquist dreimal täglich von Sierra de la Ventana (27 Arg$, 1 Std.) an – dem Fahrer Bescheid geben, dass man am Eingang des Parks aussteigen will. Wem es wichtig ist, schon bei der Öffnung des Parks vor Ort zu sein, der sollte ein *remise* (Taxi) zum Park nehmen, von Sierra de la Ventana oder Villa Ventana aus.

Nelson Resto Bar   PUBESSEN $$
(☎ 02254-517550; Bunge 68; Hauptgerichte 110–240 Arg$; ⊙ 12–15 & 19–24 Uhr; 🛜) Eine Wellblechhütte voller musikalischer Memorabilien, aus der unüberhörbar Reggae- und Salsamusik dröhnt. Serviert werden hier Gourmetburger (inkl. vegetarischer Burger), Tacos und Pizza, die man in Original-Dinerbänken auf Tischen aus Recyclingholz verspeisen darf. In diesem schrägen und lustigen Lokal gibt es Bars und Essbereiche sowohl drinnen wie draußen. Der Laden ist immer gut gefüllt.

Tante   INTERNATIONAL $$
(De las Artes 35; Hauptgerichte 115–320 Arg$; ⊙ 12–24 Uhr) Das elegante Restaurant mit Bar und Tea Room gehörte in den 1950er-Jahren einer berühmten Sopranistin. Es liegt ein paar Blocks vom Strand entfernt, in der Nähe der Avenida Bunge. Auf der Speisekarte stehen deutsche, französische und alpine Spezialitäten wie etwa Fondue, Crêpes, Gulasch, Würstchen und Sauerkraut. Das Angebot zum Nachmittagstee ist exquisit. In Carló gibt es eine weitere Zweigstelle des Tante.

Cantina Tulumei   MEERESFRÜCHTE $$
(Bunge 64; Hauptgerichte 100–290 Arg$; ⊙ 12–16 & 20–1 Uhr) Nur einen Block vom Ufer entfernt wartet dieses Lokal an der Hauptstraße mit einer Terrasse, vernünftigen Preisen und Qualitäts-Meeresfrüchten auf. Fisch wird mit mindestens einem Dutzend verschiedenen Soßen zubereitet; auch die hausgemachten Pastagerichte sind lecker.

🛈 An- & Weiterreise

Pinamars **Busbahnhof** (☎ 02254-403500; Jason 2250) liegt etwa acht Blocks nördlich vom Stadtzentrum, in der Nähe der Avenida Bunge. Von hier aus fahren Busse acht Mal täglich nach Buenos Aires (493–562 Arg$, 5 Std.) sowie drei Mal täglich nach Mar del Plata (225 Arg$, 2½ Std.).

Es gibt eine regelmäßige Busverbindung ins nahe gelegene Villa Gesell (75 Arg$, 30 Min.).

Wer die südlichen Strände Ostende, Valeria del Mar und Cariló besuchen will, kann einen lokalen Montemar Bus nehmen, er fährt direkt außerhalb des Busbahnhofs für Fernbusse ab.

Villa Gesell

♪ 02255 / 34 000 EW.

Der etwas kleinere und im Vergleich zu Mar del Plata weniger protzige, dafür aber lässigere Küstenort Villa Gesell ist bei jüngeren Leuten recht beliebt. Allerdings ist er auch nicht ganz so geschmackvoll und etwas lauter als Pinamar. Als einziger Küstenort bietet Villa Gesell eine hölzerne Strandpromenade, was das Gehen im Sand erheblich erleichtert. Die Stadt ist auch für ihre Sommerkonzerte (Klassik, Folk und Rock) bekannt. Außerdem bietet sie zahlreiche Outdoor-Aktivitäten. Im Frühling kann man mit etwas Glück wandernde Wale, Pinguine und Seeotter beobachten.

In den 1930er-Jahren entwarf der Kaufmann, Erfinder und Naturliebhaber Carlos Gesell diesen Ort mit seinen charakteristischen Zickzackstraßen. Zur Befestigung der Dünen pflanzte er Akazien, Pappeln, Eichen und Kiefern. Obwohl ihm eine Stadt vorschwebte, die mit dem ebenfalls von ihm angelegten Wald verschmelzen sollte, dauerte es nicht sehr lange, bis die ersten Hochhäuser entstanden und die Bäume verschwanden.

Von ihrem baumreichen Zentrum breitet sich die Stadt ins Umland aus. Die meisten Einrichtungen befinden sich an der Avenida 3, drei Blocks vom Strand entfernt.

◉ Sehenswertes & Aktivitäten

Piñar del Norte PARK

(Alameda 201; Casa Histórica pro Person 20 Arg$; ☺Casa Histórica Mo–Sa 9–16, So 9–14 Uhr) Der Kern, aus dem sich Villa Gesell entwickelte, liegt zwischen den Bäumen im Stadtzentrum, die der Ortsgründer Carlos Gesell vor langer Zeit anpflanzen ließ. Im Schatten der Bäume steht sein altes Haus: Die Casa Histórica ist heute ein kleines Museum mit einem Archiv, das die Anfänge der Stadt bewahrt. Auch alte Fotos aus jener Zeit sind hier ausgestellt. Den umgebenden Park, der sich hervorragend für ein Picknick eignet, durchziehen nun kleine Wege.

Feria Artesanal MARKT

(Kunsthandwerksmarkt; Av 3 zwischen Paseos 112 & 113) Von Mitte Dezember bis Mitte März findet ein abendlicher Kunsthandwerksmarkt statt. Zu kaufen gibt es handgemachten Schmuck, Holzschnitzereien, Gemälde und Souvenirs. Den Rest des Jahres wird der Markt nur am Wochenende veranstaltet.

Windy Playa Bar SURFEN

(www.windyplayabar.com.ar; Ecke Paseo 104 & Strand; ☺im Sommer 8 Uhr bis zur Dämmerung) Es ist gar nicht zu verfehlen: einfach Ausschau halten nach dem Piratenschiff-Imitat, das im Sand ruht. Im Windy kann man Surfausrüstung leihen oder Stunden nehmen; außerdem verleiht die Bar Strandausrüstung. Oder man genießt einfach ein eisgekühltes Getränk und ein Sandwich mit Blick auf den Strand.

ENTLANG DER KÜSTE

Für Reisende mit Mietwagen sind die Ausflüge zu den nachfolgenden Strandenklaven – die vor allem bei wohlhabenderen argentinischen Familien beliebt sind – ein Kinderspiel.

Beginnend im Norden, unmittelbar südlich von Pinamar, liegen die ruhigen Dörfer **Ostende** und **Valeria**. Weiter die Küste hinunter befindet sich das waldige **Cariló**, ein Favorit unter betuchteren Argentiniern. Der Abstecher lohnt sich vor allem abends wegen der luxuriösen *posadas*, der eleganten Restaurants und der Häuser, die einer Architekturzeitschrift entsprungen sein könnten. Oder man genießt einfach nur einen Bummel unter den Bäumen, mit einer Eiswaffel in der Hand.

Auf der anderen Seite von Villa Gesell, weiter die Küste hinunter, liegen **Mar de las Pampas** und **Mar Azul**, exklusive Strandorte mit teuren Unterkünften (im Sommer nur wochenweise zu mieten) und gehobenem Service, alles inmitten eines Pinienwaldes, der bis zu den Dünen am Strand reicht. Hier ist der Strand auch weniger überfüllt, daher ist die Gegend ein gutes Ziel für einen Tagesausflug, auch wenn man im geschäftigeren Villa Gesell übernachtet. Die Orte sind durch ein Netz aus sandigen Straßen, die sich durch den hübsch abgeschieden wirkenden Pinienwald schlängeln, miteinander verbunden. Mar de las Pampas bietet mehr Einkaufsmöglichkeiten und Restaurants als Mar Azul.

Casa Macca FAHRRADVERLEIH
(Av Buenos Aires 449; 50 Arg$ pro Std.) Fahrräder gibt es bei Casa Macca zu leihen, zwischen Paseo 101 und Avenida 5.

🛏 Schlafen

La Deseada Hostel HOSTEL $
(☎ 02255-473276; www.ladeseadahostel.com.ar; Ecke Av 6 & Paseo 119; B/DZ ab 30/75 US$; @ 🛜) Im Januar fest in der Hand von jungen Argentiniern, in der Nebensaison ist es jedoch ruhig. Das supergemütliche Hostel liegt in einer Wohngegend zwischen Busbahnhof und Zentrum, sechs Blocks vom Strand entfernt. Es steht auf einem abfallenden, mit immergrünen Sträuchern gesäumten Rasengrundstück. Schlafräume mit acht Betten werden durch geräumige Gemeinschaftsbereiche und eine nette Gästeküche vervollständigt. Frühstück wird bis 13 Uhr serviert.

★Hostería Santa Barbara BOUTIQUEHOTEL $$
(☎ 02255-463143; www.hosteriasantabarbara.com; Av 1, Nr. 938; DZ ab 76 US$; ⊙Okt.-April; P 🛜) Dieses vierstöckige Hotel bietet eine blitzsaubere 3-Sterne-Unterkunft. Die Zimmer sind nicht riesig, dafür aber schön hell. Manche in Toplage haben sogar einen Balkon. Der *comedor* (Speisesaal) im obersten Stockwerk bietet einen schönen Meerblick zum Frühstück sowie eine wundervolle gemauerte *parrilla*.

Hotel de la Plaza HOTEL $$
(☎ 02255-468793; www.delaplazahotel.com; Av 2, Nr. 375; DZ/3BZ ab 100/140 US$) Zentral gelegen, zwischen Strand und Villa Gesells Ladenzentrum. Das saubere Hotel wird professionell geführt und hat 365 Tage im Jahr geöffnet – wer außerhalb der Hauptsaison herkommt, ist hier gut untergebracht. Mehrere Restaurants liegen weniger als einen Block entfernt.

🍴 Essen & Ausgehen

Rancho Hambre EMPANADAS $
(Av 3, No 871; Empanadas 35 Arg$, 4 für 110–170 Arg$; ⊙11.30–15 & 19–23 Uhr) Dieses beliebte Lokal an der Hauptstraße verkauft 36 Sorten Empanadas, von der Basisversion (Rinderhackfleisch) bis zur ausgefeilten Variante (Rucola, Parmesan und Walnüsse oder Bacon mit Mozzarella und in Muskatwein eingelegten Pflaumen). Am besten gleich ein Dutzend zum Mitnehmen bestellen. An der Ecke Avenida 3 und Paseo 125 gibt es eine Filiale.

El Náutico ARGENTINISCH $$
(☎02255-461806; Paseo 102 & Playa; Hauptgerichte 110–250 Arg$; ⊙8–23 Uhr; 🛜) Die charmante, mit Fischernetzen dekorierte Holzhütte steht auf dem Sand wie ein Kahn auf dem Trockenen. Obwohl man ein Fischlokal darin vermutet, ist das Restaurant eher für seine Steaks bekannt, besonders sein *bife de chorizo*. Daneben werden hier Burger, Sandwiches, Salate und tatsächlich auch köstlicheer gegrillter Fisch serviert.

El Viejo Hobbit PUB-GERICHTE $$
(Av 8 zwischen Paseos 11 & 12; Snacks 60–110 Arg$, Fondue 200–340 Arg$; ⊙April-Nov. Fr & Sa 18 Uhr bis spätnachts, Dez.–März tgl.; 🛜) Ein obligatorischer Zwischenstopp für Bier- und Tolkienfans: Die skurrile Seitenstraßenbar befördert die Besucher direkt ins Land der Hobbits, und zwar gleich ab der Eingangstür. Etliche Biersorten, die vor Ort gebraut wurden, vervollständigen die Karte, die sich auf Fondues spezialisiert hat. Es gibt ein angenehmes Obergeschoss sowie einen Hinterhof mit einem Mini-Hobbithaus.

★Castillo de Ilusiones FUSION $$$
(☎ 02255-473055; www.facebook.com/ilusiones resto.castillo; Costanera & Paseo 103; Hauptgerichte 150–350 Arg$; ⊙Do–So 18–2 Uhr; 🛜) In diesem funky-farbigen Speisesaal des Lobbyrestaurants eines Wohnturms kocht der einfallsreiche Patrick Lechner abwechslungsreiche internationale Fusion-Küche. Dank einer beliebten Kochshow im Fernsehen stieg er in Argentinien zu großer Prominenz auf. Die Gäste dürfen sich auf Türmchen aus Meeresfrüchten, indonesische Nudeln, Fischgerichte, verführerische Paella und vieles mehr freuen.

★La Ventola MEERESFRÜCHTE $$$
(☎02255-572222; Laventola@telpin.com.ar; Calandria 1551, Cariló; Hauptgerichte 244–340 Arg$; ⊙Do–So 20–24 Uhr) Das versteckt im winzigen Cariló gelegene La Ventola, ein in der Nachbarschaft sehr beliebtes Fischrestaurant, ist berühmt für seine Fischgrillteller mit Lachs, Wolfsbarsch, Garnelen, Muscheln und Calamari. Auf der Karte stehen zudem Paellas, Pasta und Grillhähnchen – für alle, die keinen Fisch mögen. In der Hauptsaison besser reservieren.

ℹ Information

Touristeninformation (☎ 02255-478042; www.turismo.gesell.gob.ar; Paseo 107, zwischen Av 2 & 3; ⊙März–Dez. 8–20 Uhr, Jan.

& Feb. bis Mitternacht) Leicht erreichbar im Zentrum gelegen. Eine weitere Filiale befindet sich am Busbahnhof.

ⓘ An- & Weiterreise

Der **Busbahnhof** (Ecke Av 3 & Paseo 140; ⓧ Mitte Dez. bis Ostern 5–24 Uhr, Rest des Jahres 8–20 Uhr) befindet sich 30 Blocks südlich des Stadtzentrums. Die Busse fahren nach Buenos Aires (596 Arg$, 5½ Std.) und Mar del Plata (205 Arg$, 2 Std.). Die Busfahrkarten bekommt man auch im Stadtzentrum bei **Central de Pasajes** (☏ 02255-472480; Ecke Av 3 & Paseo 107; ⓧ 9–13 & 17–20.30 Uhr), was den Weg zum Busbahnhof erspart. Karten für nähere Fahrtziele wie Pinamar (75 Arg$, 30 Min.) müssen aber am Bahnhof gekauft werden.

Regionalbusse in die Stadt (10 Arg$, 15 Min.) fahren regelmäßig von einem Unterstand auf der Avenida 3 direkt gegenüber vom Busbahnhof ab.

Mar del Plata

☏ 0223 / 621 000 EW.

„Mardel" ist das klassische argentinische Ziel für eine Fahrt zum Strand und ist bei den Leuten im ganzen Land beliebt – tatsächlich ist es ein wenig zu beliebt. Wer hier an einem Sommerwochenende strandet, wird unter Garantie staunen, wie voll so ein Strand sein kann, denn die Strandbesucher liegen wie Ölsardinen nebeneinander: Nicht wirklich das, was man sich unter einem erholsamen Strandurlaub vorstellt. In der Nebensaison werden die Gäste dagegen feststellen, dass Mardel, das in den 1920er- und 30er-Jahren ein mondäner Badeort war und Mitte des vergangenen Jahrhunderts erneut einen Aufschwung erlebte, heute eine große, interessante Stadt mit atemberaubender Architektur und vielen kulturellen Attraktionen ist, die nichts mit dem Strand gemein haben. Viele der Sehenswürdigkeiten sind durch schöne Fußgängerzonen verbunden. Sie führen zur Strandpromenade, die sich entlang der geschwungenen Küste zieht.

Geschichte

Die Europäer besiedelten den Küstenabschnitt nur zögerlich, was auch für Mar del Plata gilt. Erst 1747 versuchten Jesuitenmissionare, die Ureinwohner der südlichen Pampas zu „bekehren". Die einzige Erinnerung an ihre Bemühungen ist der Nachbau einer Kapelle an der Laguna de los Padres.

Über ein Jahrhundert später gründeten portugiesische Landprospektoren El Puerto de Laguna de los Padres. Angesichts wirtschaftlicher Probleme in den 1860er-Jahren verkauften sie das Ganze an Patricio Peralta Ramos, der 1874 Mar del Plata gründete. Peralta Ramos bemühte sich zunächst um die wirtschaftliche und industrielle Entwicklung der Stadt – und später um ihre Etablierung als Seebad. Um 1900 besaßen viele wohlhabende Familien hier Sommerhäuser – einige stehen heute noch im Barrio Los Troncos.

Seit den 1960er-Jahren hat die „Perle des Atlantiks" etwas von ihrer Exklusivität verloren, da die argentinische Elite schließlich in Badeorte wie das nahe gelegene Pinamar oder Punta del Este (Uruguay) wechselte. Doch noch immer ist Mar del Plata eine blühende argentinische Küstenstadt. Wie erklärte es ein einheimischer Taxifahrer kürzlich kurz und bündig: „Es gibt genug Hotelzimmer für alle, und wenn's regnet, gibt es abgesehen vom Strand auch so eine Menge zu sehen und zu tun."

⦿ Sehenswertes

Wer einen Einblick ins Goldene Zeitalter von Mar del Plata bekommen möchte, sollte die Avenida Alvear hinunterbummeln: Hier stehen einige der erlesensten alten Villen der Stadt, von denen manche heute Museen und kulturelle Räume beherbergen.

Plaza Mitre ist eine urbane Plaza mit akkurat geschnittenem Rasen und gepflegten Grünanlagen, einem Spielplatz und einer bunten Mischung von Einheimischen. Wunderbar für ein Picknick, bei dem man rund um die Uhr Leute beobachten kann.

★ **Puerto Mar del Plata**   HAFEN
(www.puertomardelplata.net; ☏ 533, 581) Mar del Plata zählt zu Argentiniens wichtigsten Fischereiorten. Der Hafenbereich liegt 8 km südlich vom Stadtzentrum und lohnt einen Besuch, auch wenn der öffentliche Zugang zum Steg – und seinem Schiffsfriedhof mit Wracks, die halb versunken in der Sonne rosten – mittlerweile beschränkt worden ist. Noch immer kann man aber die Fischerboote beobachten, wie sie von der wohlriechenden und leicht touristischen **Banquina de Pescadores** ein- und auslaufen.

Hier kann man sich einfach eine Portion Calamari und ein Bier holen und dann den riesigen Seelöwen zusehen, die am Dock dösen, flirten und kämpfen. Das Aquarium kann man vergessen – hier spielt die Musik!

Es gibt zwei Möglichkeiten, um von der Innenstadt zum Hafen zu kommen. Die

Buslinien 581 oder 533, die an zahlreichen Haltestellen in der Innenstadt und entlang der Küstenstraße halten, fahren bis zum Kai hinaus (10 Arg$); zum Einsteigen braucht man eine vorab gekaufte Magnetkarte. Ein Taxi aus der Innenstadt kostet zwischen 120–160 Arg$. Wer mit dem Taxi fährt, sollte schon bei der Hinfahrt daran denken, auch die Rückfahrt zu organisieren, denn es ist nicht leicht, spontan ein Taxi für den Rückweg zu rufen. Achtung: Der hier erwähnte Kai sollte nicht mit dem **Centro Comercial de Mar del Plata** verwechselt werden, einer Ansammlung von Nobelrestaurants, die in der Nähe des Eingangs zum größeren Hafenkomplex liegen.

Torre Tanque TURM
(0223-451-4681; Falucho 995; Mo–Fr 8–17 Uhr, 14–17 Uhr an verlängerten Wochenenden) GRATIS Oben auf dem Hügel Stella Maris steht ein interessanter Wasserturm im mittelalterlichen Stil, der 1943 fertiggestellt wurde und noch immer in Betrieb ist. Er ist 88 m hoch (das sind 194 Treppenstufen), hat aber nur zwei Stockwerke. Das obere Stockwerk ist verglast. Von dort eröffnen sich eindrucksvolle Ausblicke über Mar del Plata und aufs weite Meer. Kostenlose Führungen (auf Spanisch) finden um 14, 15 und 16 Uhr statt. Jeden Abend nach Sonnenuntergang wird die Sehenswürdigkeit wie ein lavendelblaues Nachtlicht angeleuchtet.

Museo Municipal de Arte Juan Carlos Castagnino MUSEUM
(0223-486-1636; www.mardelplata.gob.ar; Av Colón 1189; 40 Arg$; Mo & Mi–Fr 12–18, Sa & So 14–19 Uhr) Ursprünglich 1909 als Sommerresidenz einer bekannten argentinischen Familie errichtet, beherbergt die Villa Ortiz Basualdo heute dieses Museum der Bildenden Künste; in ihren Innenräumen sind Gemälde, Fotografien und Skulpturen von argentinischen Künstlern ausgestellt

Torreón del Monje HISTORISCHES GEBÄUDE
(0223-486-4000; www.torreondelmonje.com.ar; Ecke Viamonte & Paseo Jesús de Galindez; 8–22 Uhr) Der Torreón del Monje liegt groß und schlossartig aufragend auf einer Klippe über dem Ozean. Er ist kaum zu übersehen – einfach nach den roten Kuppeln und der steinernen Fußgängerbrücke Ausschau halten, die die Küstenstraße überspannt.

Das klassische Wahrzeichen ist eine Rückkehr zu Mar del Platas Blütezeit. Der argentinische Geschäftsmann Ernesto Tornquist wollte den Bereich um seinen eigenen sommerlichen Zufluchtsort verschönern und ließ deshalb 1904 diesen mittelalterlich wirkenden Turm errichten. Es lohnt sich, ein wenig zu bleiben, um den Ausblick und eine Tasse Kaffee auf der Terrasse zu genießen.

Centro Cultural Villa Victoria KULTURZENTRUM
(0223-492-0569; www.mardelplata.gob.ar; Matheu 1851; 20 Arg$; Mi–Mo 14–20 Uhr) Victoria Ocampo (S. 152), die Gründerin der literarischen Zeitschrift *Sur*, hielt hier in ihrem Sommerchalet mit seinem Garten voller Lavendel literarische Salons mit prominenten Intellektuellen aus aller Welt ab – Borges, Le Corbusier und Rabindranath Tagore zählten zu ihren bedeutenden Gästen. Heute ist es ein Kulturzentrum, in dem wechselnde Kunst- und Kulturausstellungen gezeigt werden. Außerdem werden Seminare und Workshops zu Fotografie, Grafik, Literatur, Konfliktlösung, Drama und Komödie angeboten.

Catedral de los Santos Pedro y Cecilia KIRCHE
(www.catedralmardelplata.org.ar; Plaza San Martín; 8–20 Uhr) Das neugotische Gebäude mit Blick auf die grüne Plaza San Martín ist mit großartigen Kirchenglasfenstern, einem eindrucksvollen Kronleuchter aus Frankreich und englischem Fliesenboden ausgestattet. Gelegentlich finden hier Chorkonzerte statt.

🏖 Strände

Die Strände von Mar del Plata sind meist sicher und eignen sich zum Schwimmen. Doch wegen des nahen Hafens ist das Wasser nicht absolut glasklar. Das Stadtzentrum grenzt an den mittleren Strand **Playa Popular** (früher Playa Bristol) mit Anlegestelle, Restaurant und mehreren Hafendämmen. Die Uferpromenade neben dem Casinoareal ist dank des zentralen Skateparks mit seinen Bowls und Rails stets sehr belebt. Der nächste Strand in Richtung Norden ist die **Playa La Perla**. Er ist vor allem bei der jüngeren Generation beliebt und voller *balnearios* (Badebereiche bzw. Strandabschnitte mit Liegestuhl- und Sonnenschirmvermietung). Im Süden von Punta Piedras liegen die zwei kleinen Strände **Playa Varese** und **Cabo Corrientes**, die durch felsige Landzungen geschützt sind.

Südlich dieser Strände, am eleganteren Ende der Stadt, bietet die **Playa Grande** ebenfalls *balnearios*. Etwa 11 km südlich des Zentrums, direkt hinter dem Hafen, befindet sich der riesige Komplex **Punta**

Mar del Plata

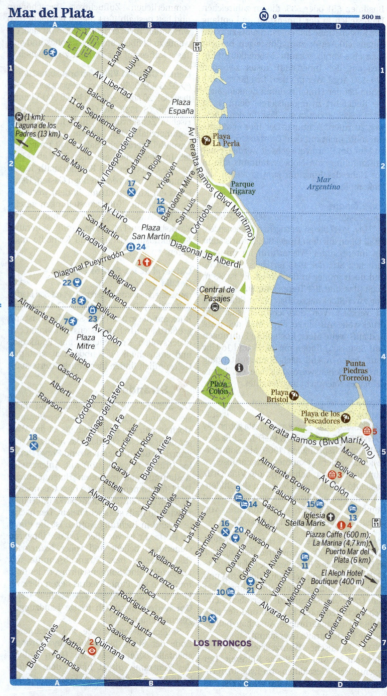

Mar del Plata

⦿ Sehenswertes
1 Catedral de los Santos Pedro y Cecilia B3
2 Centro Cultural Villa Victoria A7
3 Museo Municipal de Arte Juan Carlos Castagnino D5
4 Torre Tanque D6
5 Torreón del Monje D5

Aktivitäten, Kurse & Touren
6 Acción Directa A1
7 Bicicletería Madrid A4
8 Más Vida A3

Schlafen
9 Che Lagarto Hostel C5
10 Dodo C6
11 Hostería Lucky Home D6
12 Hotel 15 de Mayo B2
13 Hotel Sirenuse D6
14 On Tap C6
15 Villa Nuccia D6

⊗ Essen
16 Crucoli Caffe C6
17 Montecatini B2
18 Sur A5
19 Tisiano C7

Ausgehen & Nachtleben
20 Almacén Estación Central C6
21 La Bodeguita del Medio C6
On Tap ..... (s. 14)
22 Pueblo A3

Shoppen
23 Casa El Gaucho A4
24 Diagonal de los Artesanos B3

Mogotes – hier geht es etwas entspannter zu. Er wird von Familien bevorzugt, die die *balnearios* im Januar zum Überquellen bringen. Die **Playa Waikiki** ist ein beliebter Spot zum Surfen.

Hinter dem Leuchtturm geht es weniger urban zu. Die Strände sind zwar immer noch mit *balnearios* übersät, aber es ist insgesamt etwas ruhiger.

Und für die Abenteuerlustigen gibt es die **Playa Escondida** etwa 25 km südlich von Mardel, nach eigener Auskunft Argentiniens einziger legaler FKK-Strand.

 Aktivitäten

Mar del Plata und Umgebung bieten eine große Auswahl an Outdoor-Aktivitäten und Trendsportarten.

Radfahren ist eine gute Art und Weise, um die Stadt kennenzulernen – allerdings ist die Stadt sehr hügelig! Die Straßen von Los Troncos sind relativ ruhig und angenehm zum Radeln. Fahrräder können bei **Bicicletería Madrid** (☎0223-494-1932; Yrigoyen 2249; Std. ab 90 Arg$; ⊙Mo–Fr 9–15.30, Sa 10–18 Uhr) geliehen werden; der Fahrradverleih auf der Plaza Mitre ist seit mehr als sechs Jahrzehnten aktiv.

Beste Surfzeit ist in den Monaten März und April. Weitere Informationen zu Surfgelegenheiten finden sich auf Englisch unter www.mardelplata.com/tour/surf.html.

Wie die Seelöwen sicher bestätigen könnten, ist Mar del Plata einer der besten Fischgründe Argentiniens. Gute Angelplätze befinden sich an der Felsspitze bei **Cabo Corrientes** nördlich von Playa Grande sowie bei den beiden Hafendämmen **Escollera Norte** und **Escollera Sur**. Die Laguna de los Padres ist bei Anglern ebenfalls beliebt. **Mako Team** (☎0223-493-5338; www.makoteam.com.ar) organisiert auch Angelausflüge hinaus aufs Meer.

Die Felsen an der Küste und die Berge der Sierra de los Padres eignen sich hervorragend zum Klettern und Abseilen. **Acción Directa** (☎0223-474-4520; www.facebook.com/acciondirectar.mdp; Av Libertad 3902; ⊙Mo–Fr 10–13 & 17–21, Sa 10–13 Uhr) betreibt eine Schule und organisiert Mountainbiketouren sowie Kanufahrten und Campingausflüge mit Übernachtung.

Más Vida YOGA
(☎0223-495-1189; www.masvidayoga.com.ar; Bolívar 2976; variierende Preise) Dieses beliebte Yogastudio an der lebhaften Plaza Mitre bietet Hatha-, Ashtanga- und Aerial-Yoga an. Im Sommer kann man auch Massagen und SUP-Yoga-Kurse buchen. Der Stundenplan steht online, aber man sollte zur Sicherheit vorher anrufen.

Kikiwai Surf School SURFEN
(☎0223-485-0669; www.clubdesurfkikiwai.wix.com/kikiwaisurfclub; Av Martínez de Hoz 4100, Playa Kikiwai; 1-tägiger Kurs pro Person 690 Arg$) Diese bereits seit Langem bestehende Surfschule verleiht Boards und bietet vierstündige Surfkurse am Waikiki Beach an, der etwa 11 km südlich des Stadtzentrums liegt.

DIE GRANDE DAME DER LITERATUR

Sie wurde vom französischen Schriftsteller Pierre Drieu und dem großen Jorge Luis Borges gleichermaßen geliebt: Victoria Ocampo, die in den 1920er- und 1930er-Jahren in ihrer Villa Victoria Schriftsteller und Intellektuelle aus aller Welt um sich scharte und so einen großartigen Literarischen und Künstlerischen Salon schuf.

Ocampo hat nie eine Universität besucht, doch ihr unstillbarer Hunger nach Wissen und ihre Liebe zur Literatur machten sie zu Argentiniens führender Frau in der Literaturszene. Sie gründete die literarische Zeitschrift *Sur*, in der Schriftsteller wie Virginia Woolf und T. S. Eliot einer argentinischen Leserschaft nähergebracht wurden. Außerdem war sie eine unermüdliche Reisende und eine Vorreiterin des Feminismus. Sie war eine heftige Gegnerin des Peronismus, hauptsächlich wegen Peróns Einfluss auf die intellektuelle Freiheit. Und so wurde Ocampo im Alter von 63 Jahren in ihrer Villa Victoria verhaftet. Im Gefängnis unterhielt sie ihre Mithäftlinge, indem sie laut vorlas oder Szenen aus Romanen und Filmen nachspielte.

Wenn Victoria vor allem als lebhafte Essayistin und Schirmherrin der Schriftsteller in Erinnerung bleibt, so ist ihre jüngere Schwester Silvina aufgrund ihres literarischen Talents unvergessen. Sie schrieb sowohl Kurzgeschichten als auch Gedichte. Silvina gewann zahlreiche Literaturpreise und heiratete 1940 Adolfo Bioy Casares, einen weiteren berühmten argentinischen Autor und Freund von Jorge Luis Borges.

Geführte Touren

Crucero Anamora BOOTSTOUR
(0223-489-0310; www.cruceroanamora.com.ar; Erw./Kind unter 10 Jahre 220/150 Arg$) Das 30 m lange Schiff bietet im Sommer vier Mal täglich und im Winter an den Wochenenden zwei Mal täglich 70-minütige Touren an. Startpunkt ist am Dársena B am Hafen, direkt hinter Banquina Pescadores beim Puerto Mar del Plata (S. 148).

Feste & Events

Fiesta Nacional de los Pescadores KULTUR
(Fischerfest; www.patronespescadores.com.ar; Jan.) Mar del Plata feiert die Fiesta Nacional de los Pescadores, bei der die Einheimischen Festessen aus Fisch und Meeresfrüchten zubereiten. Außerdem gibt es eine traditionelle Prozession.

Fiesta Nacional del Mar KULTUR
(National Sea Festival; www.mardelplata.com/fiesta-nacional-del-mar.html; Feb.) Die große maritime Feier beinhaltet auch die Wahl und Krönung der „Meereskönigin".

Internationales Filmfest FILM
(www.mardelplatafilmfest.com; Nov) Das seit 1950 durchgeführte Internationale Filmfest gilt als wichtigstes Filmfest Südamerikas.

Schlafen

Die Preise steigen im November und Dezember langsam an, erreichen im Januar und Februar ihren Höhepunkt und sinken ab März. Im Sommer sollte man besser reservieren. In der Nebensaison haben manche Unterkünfte komplett geschlossen. Wer Airbnb mag, sucht sich am besten ein Apartment nahe der Plaza Mitre, dem angesagtesten Viertel.

Hotel Sirenuse HOTEL $
(0223-451-9580; www.hotelsirenuse.com.ar; Mendoza 2240; DZ ab 58 US$; ❄@🖃) Ein freundlicher Familienbetrieb: Dieses kleine Hotel mit 31 Zimmern auf dem Hügel Stella Maris liegt nur wenige Blocks von der Playa Varese entfernt und bietet eine der besten Unterkünfte in Mardel. Mit seinem Mobiliar aus dunklem Holz und dem herzhaften Frühstück fühlt man sich hier eher an eine Berghütte als an eine Strandresidenz erinnert. Die Reisenden schwärmen von den netten Eigentümern, die auch Englisch sprechen; rechtzeitig im Voraus buchen.

Che Lagarto Hostel HOSTEL $
(0223-451-3704; www.chelagarto.com; Alberti 1565; B/DZ ab 17/47 US$; 15. Sept.–April; @🖃) Die beliebte Zweigstelle der Che-Lagarto-Kette hat so ziemlich alles: freundliche Mitarbeiter, zentrale Lage in unmittelbarer Nähe von Mardels bestem Nachtleben und Einkaufsmöglichkeiten sowie saubere Einzelzimmer (mit Ventilator) und Schlafsäle. Außerdem existieren eine Gästeküche und ein hübscher Wohnbereich sowie eine Cocktailbar. Im argentinischen Winter hat das Hostel geschlossen.

Hostería Lucky Home GASTHAUS $
(☎ 0223-451-9978; www.hotelluckyhome.com; Alberti 1092; DZ ab 65 US$; ◉ Okt.–April; ❄ 🛜) Dieses neue, allerdings nur während der Saison geöffnete Gasthaus wird von der wunderbaren Familie betrieben, die auch schon das Hotel Sirenuse leitet. Das Lucky Home ist ein umgebautes Haus aus Stein und Holz und liegt nur etwa 500 m von der Playa Varese entfernt. Die Zimmer sind gemütlich und hell; sie sind mit viel Holz eingerichtet und mit fröhlichen Wandmalereien verziert. Und jeden Morgen wird ein richtig leckeres Frühstück serviert. Die Leitung spricht Englisch.

On Tap B&B $
(☎ 0223-622-1394; www.ontap.com.ar; Alsina 2583; DZ 48 US$; ❄ 🛜) Die beliebte *cervecería* (Brauereigaststätte) bietet im Obergeschoss auch kleine, fantasievoll eingerichtete Zimmer mit Möbeln aus Recyclingholz und poliertem Beton an. Jedes von ihnen verfügt über ein Bad, Kabel-TV und WLAN. Die Gäste können sich ein Fahrrad ausleihen, um die Stadt zu erkunden. „B&B" heißt in diesem besonderen Fall „Bett und Bier".

Dodo BOUTIQUEHOTEL $
(☎ 0223-451-1479; www.hoteldodo.com.ar; Güemes 3041; EZ/DZ 58/66 US$; ❄ 🛜) Das hübsche Boutiquehotel befindet sich im Herzen von Mardels angesagtem Viertel Troncos. Es ist in einem dreistöckigen, weißgekalkten Haus untergebracht. Die Zimmer wurden in Crème- und Weißtönen eingerichtet, die Kopfteile der Betten sind aus weißem Leder. An der Wand hängen Flatscreens. Hier bekommt man wirklich einiges für sein Geld.

Villa Nuccia GUESTHOUSE $$
(☎ 0223-451-6593; www.villanuccia.com.ar; Almirante Brown 1134; DZ ab 141 US$; ❄ @ 🛜 ≋) Das wunderschöne Guesthouse bietet eine kleine Auswahl an eleganten und geräumigen Zimmern. Einige liegen in einem renovierten Gebäude, andere sind in einem modernen Anbau untergebracht; allen gemeinsam ist die individuelle Einrichtung. Hinter dem Haus befindet sich ein Garten mit Pool und Jacuzzi. Die Gäste schwärmen vom Frühstück und dem Nachmittagstee: zu beiden Gelegenheiten wird hausgemachter Kuchen serviert. In der Nebensaison ist es oft geschlossen.

ABSEITS DER ÜBLICHEN PFADE

MAR CHIQUITA

Das Dorf ist ein bescheidenes und windiges kleines Juwel: In Mar Chiquita liegt die **Albúfera Mar Chiquita** (www.reservamarchiquita.com.ar), eine 35 km lange Lagune mit einer reichen Flora und Fauna. Das Wort *albúfera* stammt vom arabischen Ausdruck „al-buhayra" oder „das kleine Meer" – was natürlich auch die Bedeutung des Namens „Mar Chiquita" ist.

Die Lagune wird von Flüsschen aus den Sierras de Tandil gespeist und liegt im Schutz einer Reihe Sanddünen. Wechselweise, abhängig von den Gezeiten, strömt die Lagune in den Ozean, oder sie nimmt Meerwasser auf. Dadurch entsteht ein einzigartiges Ökosystem, in dem eine unglaubliche Artenvielfalt beheimatet ist; sie ist in dieser Form einzigartig in Argentinien.

Mit über 220 Vogelarten, von denen 86 Zugvögel sind (Flamingos sind auch darunter), ist das Gebiet ein Paradies für Vogelbeobachter. Außerdem leben 55 Fischarten in der Lagune, was sie zu einem beliebten Ziel für Angler macht. An der Lagunenmündung kann man Kajaks mieten. Der nahe gelegene Strand ist unter Windsurfern und Kiteboardern beliebt – oder man entspannt sich einfach nur ein Weilchen.

Das **Besucherzentrum** (☎ 0223-469-1288; saladeinterpretacion@hotmail.com; Ecke Belgrano & Rivera del Sol; ◉ Dez.–Ostern 9–20 Uhr, Rest des Jahres Mo–Fr 9–16, Sa & So 10–18 Uhr) befindet sich neben der Lagune, ein paar Blocks Richtung Inland. Zwischen Dezember und März hilft es bei der Suche nach Unterkünften.

Unbedingt ausreichend Bargeld mitnehmen: Der nächste Geldautomat liegt 4 km entfernt in Mar de Cabo.

Mar Chiquita liegt 34 km nördlich von Mar del Plata. Am einfachsten erreicht man die Lagune mit dem Auto. Mit dem Taxi (nur Hinfahrt, 250 Arg$, 40 Min.) aus Mar del Plata kann man bis zum Rand der Lagune fahren, wo Essen und Unterkunft in fußläufiger Entfernung zu finden sind.

Hotel 15 de Mayo   HOTEL $$

(☎ 0223-495-1388; www.hotel15demayo.com; Mitre 1457; EZ ab 59 US$, DZ ab 82–105 US$; ❄ ☎) Das moderne 4-Sterne-Hotel liegt komfortabel zwischen Plaza San Martín und dem La-Perla-Strand – empfehlenswert ist es zudem wegen seiner Zimmer (ordentliche Größe, makellos sauber), dem Spa, dem professionellen Service, dem Frühstücksbüfett und schnellem WLAN.

El Aleph Hotel Boutique   PENSION $$$

(☎ 0223-451-4380; www.elalephmdq.com.ar; LN Alem 2542; DZ ab 155 US$; ❄ @ ☎) Die gehobene Pension liegt an einer Wohnstraße einige Blocks südlich von Playa Varese und bezeichnet sich als Mar del Platas führendes Boutiquehotel. El Aleph bietet hübsche Zimmer in einem umgebauten historischen Gebäude. Zur Ausstattung gehören Parkett, Antiquitäten (hinreißende Möbel mit Marmorplatten), große Flatscreens und eine gut gefüllte Minibar. Angeordnet sind die Räume rund um einen Hof mit Rasenfläche. Die Atmosphäre ist exklusiv, aber entspannt.

Essen

Am Hafen südlich der Stadt gibt es täglich frische Fischgerichte: Direkt am Eingang, abseits der betriebsamen Küstenstraße, gruppiert sich eine Reihe von Fisch- und Meeresfrüchterestaurants rund um einen Parkplatz. Der Bereich nennt sich **Centro Comercial del Puerto**.

Wer einen Eindruck von den eleganteren Vierteln der Stadt bekommen möchte, sollte die Avenida Alvear landeinwärts bis zum **Barrio Los Troncos** spazieren. In dem gehobenen *barrio* gibt es jede Menge bezaubernder Cafés, Bars und Restaurants.

★ Crucoli Caffe   CAFÉ $

(☎ 0223-451-2386; Garay 1511; Gerichte 40–120 Arg$; ⏰ Mo-Fr 8–20, Sa & So bis 21 Uhr) Dieses verträumte, kleine Café in Los Troncos gleicht einer Pforte in das Gehirn der Künstlerin, Designerin und Bäckerin Maria Bertone. Sämtliche Kunstwerke – Meerjungfrauen und Matrosen an der Wand, der Serviettenhalter in Segelbootform und die fischförmigen Platzdeckchen sowie die Mixed-Media-Kunst – stammen von ihr.

Alles steht unter einem maritimen Motto. Die Pies und Cupcakes, Brownies und Kokos-Mais-Muffins schmecken einfach köstlich. Auch der Kaffee ist unwiderstehlich. Dazu gibt es noch Pfannengerichte und Sandwiches.

Montecatini   ARGENTINISCH $

(☎ 0223-492-4299; www.montecatini.com.ar; Ecke La Rioja & 25 de Mayo; Hauptgerichte 110–190 Arg$; ⏰ 12–15 & 20–24 Uhr; ❄ 🍴) Wer solides, preiswertes Essen will, sollte den Einheimischen in dieses große, moderne und beliebte Restaurant folgen – es ist eine von drei Zweigstellen in der Stadt. Hier gibt es für jeden Geschmack etwas (Fleisch, Fisch, Pasta, *milanesas,* Sandwiches), und das in großen Portionen. Das Mittagsmenü unter der Woche (120 Arg$, Dessert und ein Getränk eingeschlossen) ist ein Schnäppchen. Für Familien und größere Gruppen geeignet.

La Marina   MEERESFRÜCHTE $$

(☎ 0223-489-9216; 12 de Octubre 3147; Hauptgerichte 90–390 Arg$; ⏰ Do-Mo 12–16 & 20–24 Uhr, Di 12–16 Uhr) Frischere oder preiswertere Meeresfrüchte als in diesem bodenständigen Lokal sind schwerlich zu finden. Es liegt einige Blocks Richtung Landesinneres vom Hafeneingang entfernt und ist seit 1957 in Betrieb. Seine Spezialität ist die köstliche *cazuela especial La Marina,* ein Meeresfrüchteeintopf mit reichlich Fisch, Garnelen, Tintenfisch und Muscheln, gegart in Weißwein mit Sahne und Safran.

Sur   MEERESFRÜCHTE $$

(☎ 0223-493-6260; Alvarado 2763; Hauptgerichte 95–350 Arg$; ⏰ 20–24 Uhr) Der Hype um das Sur weckt hohe Erwartungen: Viele Einheimische halten es immer noch für das beste Meeresfrüchterestaurant der Stadt. Es gibt eine umfassende Weinkarte und köstliche Desserts.

Piazza Caffe   CAFÉ $$

(☎ 0223-451-9939; www.piazzacaffe.com.ar; Alem 2427; Hauptgerichte 88–390 Arg$; ⏰ Mo–Sa 8–1, So bis 20 Uhr) Das perfekte Plätzchen mit Ausblick auf den Boulevard und die Bucht. Hier kann man sich das Passende aus der großen Auswahl an Pizzas, Salaten, Pasta, gegrilltem Fisch, Hähnchengerichten, Steaks und schmackhaften Nachspeisen herauspicken. Sowohl im gemütlichen Speiseraum als auch auf der sonnigen Terrasse sitzt es sich wunderbar.

★ Tisiano   ITALIENISCH $$$

(☎ 0223-486-3473; San Lorenzo 1332; Hauptgerichte 196–384 Arg$; ⏰ Mo-Fr 20 Uhr bis spätnachts, Sa & So 12–15 & 20 Uhr bis spätnachts) Vor dem Essen müssen sich die Gäste entscheiden: Bleiben sie vorne an der Cocktailbar, wo im Wechsel vier *platos del día* zu günstigen Festpreisen angeboten werden? Oder wählen sie den versteckten Hinterhof-Patio mit seinem steinernen Speisesaal, um sich die sensationell gute und zudem hausgemachte Pasta einzuverleiben?

Täglich werden drei Sorten Ravioli und eine Auswahl an leckeren Soßen angeboten. Die Pizzas mit dünner Kruste kommen aus dem Holzofen. Der Pizzabäcker schleudert seinen Teig vor dem Ofen auf passende Größe. Umfangreiche Weinkarte und perfekter Soundtrack. Es hat schon seinen Grund, dass das Lokal in ganz Argentinien bekannt ist. Nach dem Essen lässt es sich schön durchs Viertel bummeln, vorbei an zahllosen Bars und Kneipen.

Ausgehen & Nachtleben

Im schicken Barrio Los Troncos und in den Bereichen entlang der Irigoyen und LN Alem, zwischen Almafuerte und Rodríguez Peña, befinden sich viele empfehlenswerte Lokale. In diesem Teil der Stadt gibt es jede Menge Cocktailbars, hier konzentriert sich das Nachtleben. Am besten, man streift auf eigene Faust durch das Viertel und entscheidet selbst, was einem gefällt.

Pueblo   BIERHALLE
(La Rioja 2068; ⊙ Di–So 19–4 Uhr) Nach einem kürzlichen Besitzerwechsel trifft sich hier nun viel Jungvolk. Die *cerveza* fließt in diesem schicken Pub mit gewellter Fassade und einer Vorderfront, die sich komplett zur Straße hin öffnen lässt, in Strömen. Auf den Flatscreens werden Surfvideos gezeigt; es gibt elf Biere vom Fass, und auf einer Tafel steht eine Liste mit bodenständigem Pubfood. Die Portionen sind für mehrere Personen gedacht; die Preise sind dementsprechend.

On Tap   CRAFT-BIER
(www.ontap.com.ar; 2585 Alsina; ⊙ Mo–Sa 18.30–1.30 Uhr) Eine fantastische neue Craft-Bier-Bar, die immer mindestens zehn Biere vom Fass ausschenkt. Die eher minimalistische Einrichtung besteht aus holzvertäfelten Wänden und gefleckten Betonkacheln auf dem Boden. Meist ist es recht voll, und man bekommt nur noch einen Stehplatz.

La Bodeguita del Medio   BAR
(Castelli 1252; ⊙ 18–4 Uhr) In dieser stimmungsvollen Cocktailbar kann man erstklassige, köstliche Mojitos und kubanisches Essen bestellen und Livemusik hören. Die Bar wurde nach einem von Hemingways Lieblingslokalen in Havanna benannt.

Almacén Estación Central   BAR
(Ecke Alsina & Garay; ⊙ 19 Uhr bis spätnachts) Die angesagte Bar liegt in einem malerischen und umsichtig restaurierten Gebäude – einem alten Eckladen, in dem angeblich der ehemalige Präsident Argentiniens, Marcelo Torcuato de Alvear, eingekauft haben soll. Gehobenes Pubfood und regelmäßige Happy-hour-Angebote selbst an den Wochenenden zählen zu den Highlights der Bar, die hauptsächlich von eher konservativem Publikum besucht wird.

Shoppen

Badeanzug vergessen? Die Calle Güemes im Barrio Los Troncos ist gesäumt von gehobenen Läden und Boutiquen, während sich in der Innenstadt mehr Mainstream-Ladenketten und Kaufhäuser finden.

Casa El Gaucho   KLEIDUNG
(Yrigoyen 2140; ⊙ 9–12 & 16–20 Uhr) Der Laden mit „Gaucho" im Namen verkauft Lederwaren in masse sowie Ponchos, Schals, Handtaschen, hübsche Schuhe und Baskenmützen – ganz zu schweigen von den entzückenden, in Handarbeit hergestellten Ketten und den Seilen, Sätteln und Steigbügeln. Der Familienbetrieb existiert seit 1924; alle Produkte werden in Argentinien handgefertigt.

Diagonal de los Artesanos   KUNSTHANDWERK, MARKT
(Plaza San Martín; ⊙ Mitte Dez.–Ende Feb. 18–1 Uhr, März–Nov. Sa & So 15–20 Uhr) Auf diesem Kunsthandwerksmarkt stellen beinahe 200 Verkäufer aus: Sie bauen ihre Stände auf der Plaza San Martín und entlang der Diagonal Pueyrredón auf und verkaufen alles von Mate-Trinkgefäßen und Messern bis hin zu Pullovern und Silberarbeiten. Der Markt findet im Sommer täglich statt (und beginnt abends); außerhalb der Hochsaison wird er nur Samstag und Sonntag abgehalten.

ⓘ Praktische Informationen

Entlang San Martín und Rivadavia gibt es mehrere Wechselstuben und Banken, darunter **Jonestur** (www.jonestur.com; San Martín 2574) und **La Moneta** (☎ 0223-494-0535; www.lamoneta.com; Rivadavia 2615).

Außerdem befinden sich einige Zweigstellen der städtischen Touristeninformation in der Stadt.

Touristeninformation (☎ 0223-495-1777; www.turismomardelplata.gov.ar; Blvd Marítimo 2270; ⊙ März–Dez. 10–20 Uhr, Jan. & Feb. bis 22 Uhr) Zentral gelegen und außerordentlich hilfsbereit.

ℹ An- & Weiterreise

BUS

Mar del Platas funkelnder Busbahnhof liegt direkt neben dem **Bahnhof** (☎ 0223-475-6076; www.sofse.gob.ar; Av Luro 4700 bei Italia; ⊙ 6–24 Uhr), etwa 2 km nordwestlich vom Strand. Um ins Zentrum zu gelangen, muss man die Avenida Luro vor dem Bahnhof überqueren und die Buslinie 511 oder 512 Richtung Südosten nehmen; ein Taxi in die Innenstadt kostet ungefähr 50 Arg$.

Im Stadtzentrum verkauft die Vorverkaufsstelle **Central de Pasajes** (☎ 0223-493-7843; Ecke San Martín & Corrientes; ⊙ 10–20 Uhr) Busfahrkarten für Überlandbusse der meisten Busunternehmen; auf diese Weise kann man sich den Weg zum Busbahnhof ersparen.

Busse ab Mar del Plata

REISEZIEL	FAHRPREIS (ARG$)	FAHRZEIT (STD.)
Bahía Blanca	819	8
Bariloche	1688	19
Buenos Aires	630–730	5½
Córdoba	1575–1800	16–18
Mar Chiquita	30	40 Min.
Mendoza	1250-1785	18–21
Pinamar	225	2½
Puerto Madryn	1436–1735	16
Tandil	217	4
Villa Gesell	205	1½

FLUGZEUG

Von Mardels **Internationalem Flughafen Ástor Piazzolla** (☎ 0223-478-0744), 10 km nördlich der Stadt fliegt **Aerolíneas Argentinas** (☎ 0223-496-0101; www.aerolineas.com.ar; Moreno 2442; ⊙ Mo–Fr 10–18 Uhr) mehrmals täglich nach Buenos Aires.

ZUG

Der **Bahnhof** liegt neben dem Busbahnhof, 2 km vom Strand entfernt. Züge mit *primera*-Klasse (40 US$) verkehren zwischen Mar del Plata und Buenos Aires' Bahnhof Constitución (6 Std.) dreimal die Woche (Montag, Mittwoch und Freitag) in beide Richtungen. Nähere Informationen finden sich unter **Ferrobaires** (www.ferrobaires.gba.gov.ar); es empfiehlt sich wegen der großen Nachfrage, die Fahrkarten im Sommer unbedingt rechtzeitig zu reservieren.

ℹ Unterwegs vor Ort

Der **Flughafen** liegt 10 km nördlich der Stadt und ist mit der Buslinie 715 erreichbar (10 Arg$, 30 Min.). Er fährt an der Ecke Boulevard Marítimo und Belgrano ab. Taxifahrten kosten etwa 150 Arg$, je nachdem, wohin genau man will.

Trotz der Weitläufigkeit von Mar del Plata fahren Busse regelmäßig in so ziemlich jeden Winkel der Stadt. Allerdings verlangen die meisten Busse (inkl. Flughafenbus) *tarjetas de aproximación* (Magnetkarten), die rechtzeitig an einem *kiosco* (Zeitungskiosk) gekauft oder aufgeladen werden müssen.

Auf der Website www.cualbondi.com.ar/mar-del-plata sind praktische Übersichtskarten aller lokalen Busrouten veröffentlicht. Die Touristeninfo hilft auch mit Einzelheiten zum Thema Beförderung weiter.

Autos können in der Innenstadt bei **Alamo** (☎ 0223-493-3461; Córdoba 2270) gemietet werden.

Necochea

☎ 02262 / 87 000 EW.

Im Sommer tobt hier das Leben, während die Stadt im Winter gleichsam in einen Dornröschenschlaf verfällt. Necocheas Strandort-Flair wird bisher noch nicht durch die aus dem Boden schießenden Hochhäuser beeinträchtigt. Es ist nicht gerade die hübscheste Stadt an der Atlantikküste, sie hat aber den Vorteil, dass an ihrem langen und weitläufigen Strand jeder ein ungestörtes Plätzchen findet. Dazu bietet Necochea einige der besten und preiswertesten Unterkünfte entlang der Küste.

Aktivitäten

Necochea hat einige der besten Wellen an der Atlantikküste und ist daher bei Surfern sehr beliebt; auch Windsurfer sind das ganze Jahr über zu sehen. Am Nordende des breiten Stadtstrandes liegen pittoreske Dünen, die sich entlang der Küste bis zu einem Industriehafen an der Flussmündung ziehen. Aufgrund der Nähe zum Hafen könnte Umweltverschmutzung hier durchaus ein Thema sein.

Der **Río Quequén Grande** ist hervorragend zum Raften und Kajakfahren geeignet, vor allem der Bereich um die Wasserfälle **Saltos del Quequén**. Lokale Anbieter organisieren im Sommer sowohl Fluss- als auch Meerestrips mit dem Kajak; einfach in der Innenstadt umsehen, was geboten wird.

Die dichten Kiefernwälder im **Parque Miguel Lillo**, einem weitläufigen Grüngürtel direkt am Strand, laden zum Radfahren, Reiten, Wandern und Picknicken ein. Fahrräder und Pferde können im Park selbst gemietet werden.

Monte Pasubio Surf Camp SURFEN
(Ecke Av 502 & Calle 529; ☺ 8–18 Uhr, nur im Sommer) Der Veranstalter verleiht im Sommer Boards und bietet Surfkurse an. Reservierung ist nicht nötig. Einfach runter zum Strand spazieren und schon geht's los.

🛏 Schlafen

Dyd Hotel HOTEL $
(📞 02262-425560; www.dydnecochea.com.ar; Calle 77, Nr. 314; EZ/DZ ab 54/63 US$; P 📶) Dieses schlichte, aber bunt dekorierte und freundliche Hotel hat kleine, gut ausgestattete Zimmer. Das Beste daran ist die Lage: Es liegt zwei lange Blocks vom Strand und ein paar Blocks nördlich der Hauptplaza – selbst in der Hauptsaison ist es hier relativ ruhig. Die Zimmer sind mit Ventilatoren ausgestattet, haben aber keine Klimaanlage.

Hotel Tres Reyes HOTEL $
(📞 02262-526419; www.hotel-tresreyes.com.ar; Calle 4, Nr. 4123; EZ/DZ 44/56 US$; ❄ 📶) Dieses süße, pastellfarbene Hotel mit vier Stockwerken an der Plaza bietet einfache 3-Sterne-Zimmer. Die etwas engen, aber gemütlichen Zimmer sind mit einem großen Bett und einem kleinen Sofa ausgestattet. Von einigen der Zimmer sieht man hinunter auf die Plaza. In der Lobby im Erdgeschoss befindet sich eine nette Bar.

★ Hospedaje del Bosque HOTEL $$
(📞 02262-420002; www.hosteria-delbosque.com.ar; Calle 89, Nr. 350; EZ/DZ ab 88/100 US$; ❄ @ 📶) Vier Blocks vom Strand entfernt liegt diese gemütliche und familienbetriebene, aber elegante *hostería* im Tudorstil. Sie ist die bei Weitem stimmungsvollste Unterkunft in der Stadt. Die geschmackvoll eingerichteten Zimmer sind groß und behaglich, und einige blicken auf den Parque Miguel Lillo auf der gegenüberliegenden Straßenseite. Es gibt einen zauberhaften Garten und ein gutes Frühstücksbüfett.

Das Hotel ist beliebt, man sollte also während der Sommermonate reservieren.

🍽 Essen & Ausgehen

Sabe La Tierra GESUNDE KOST $
(📞 02262-645224; www.sabelatierra.com; Calle 89, Nr. 352–356; Hauptgerichte 75–160 Arg$; ☺ Di–So 8–20 Uhr; 📶) Das schicke Lokal ist das einzige vegetarierfreundliche Restaurant der Stadt. Hier bekommt man grüne Säfte, vegetarische Lasagne, riesige Salate, eine Auswahl an Wraps und Sandwiches sowie einen (im Rest Argentiniens nur selten erhältlichen) veganen Burger! Auch die Teeauswahl ist phänomenal. In Regalen stehen Öl- und Essigsorten, Oliven, Kekse und Naturkosmetikprodukte, jeweils aus lokaler Produktion.

Don Atilio EUROPÄISCH $$
(📞 02262-440509; Calle 81, Nr. 263; Hauptgerichte 140–290 Arg$; ☺ 12–15 & 20–23 Uhr) Ein wunderbares, wenn auch ein wenig helles Lokal in Familienhand mit italienischer und spanischer Küche. Die hausgemachte Pasta kommt z. B. in Form von mit Rindfleisch gefüllten Cannelloni, mit Tintenfischtinte gefärbten Spaghetti und mit Spinat und Kalbshirn (echt!) gefüllten Ravioli auf den Tisch, die man mit einer der neun Soßen kombinieren kann. Die Paella mit Fisch, Garnelen, Muscheln und Calamari sowie die beliebte Meeresfrüchte-*cazuela* schmecken einfach köstlich.

Ernnan's CAFÉ $$
(📞 02262-521427; Calle 83, Nr. 284; Hauptgerichte 98–189 Arg$; ☺ 8 Uhr bis spätnachts; 📶) Am Rande von Necocheas Hauptplatz liegt dieses Café-Restaurant mit hohen Räumen, Tischen im Freien, hippem Soundtrack und kostenlosem WLAN – ein großartiger Fleck für einen Imbiss zu jeder Tageszeit. Hier wird alles serviert: von *medialunas* (Croissants) und Gourmetsandwiches bis hin zu Pizza und Paella.

❶ Praktische Informationen

Touristeninformation (📞 02262-438333; www.necochea.tur.ar; Ecke Av 2 & 79; ☺ Dez.–März 8–21 Uhr, April–Nov. 10–16 Uhr) Am Strand.

❶ An- & Weiterreise

Der **Busbahnhof** (Av 58, zwischen Calle 47 & Av 45) liegt 3,5 km vom Strand entfernt. Taxis zum Zentrum kosten 40–50 Arg$; ansonsten fahren auch Busse mit dem Schild 'Playa' (Strand). Sieben Mal täglich verkehren Busse nach Mar del Plata (139 Arg$, 2 Std.) und Buenos Aires (748–853 Arg$, 7½ Std.), drei Mal täglich nach Tandil (233 Arg$, 3 Std.).

Bahía Blanca

📞 0291 / 297 000 EW.

Eindrucksvolle alte Gebäude, gefliese Gehwege, eine attraktive Plaza und Boulevards voller kleiner Geschäfte: Bahía Blanca wirkt wie aus der Zeit gefallen. Dank des perfekt geformten Naturhafens, der ausschlaggebend für die Stadtgründung war, ist Bahía

ABSTECHER

MIRAMAR

Wer *Die Reise des jungen Che* gelesen oder den Film gesehen hat, der auf Ernesto „Che" Guevaras Memoiren basiert, erinnert sich vielleicht an Miramar: Der Badeort war der erste Stopp des zukünftigen Revolutionärs und seines Weggefährten Alberto Granado auf ihrer epischen Reise durch Südamerika – Guevaras Freundin Chichina machte zu der Zeit hier mit ihrer Familie Urlaub.

Heute ist es noch immer ein familienfreundlicher Ort mit langem, breitem Strand und sanften Wellen. Der Strand ist vom Norden der Stadt aus leichter zugänglich. Dort gibt es auch ein paar Surfschulen und ordentliche Wellen. Verglichen mit Mar del Plata 45 km nördlich ist Miramar ziemlich ruhig – aber wie alle argentinischen Badeorte im Sommer rappelvoll.

Weitere Auskünfte zu den unterschiedlichen Aktivitäten in Stadt und Umgebung, wie Reiten, Golf und Angeln, erteilt die **Touristeninformation** (02291-420190; www.miramar.tur.ar; Ecke Calle 21 & Costanera; 8–21 Uhr) am Strand.

Übernachtungsmöglichkeiten gibt es im **Hotel Danieli** (02291-432366; www.hoteldanielimiramar.com.ar; Calle 24, Nr. 1114; DZ ab 60 US$;), im **Aventureiro Hostel** (02291-572-4320; www.aventureiro.com.ar; Calle 16, Nr. 1067; B 12–15 US$, Zi. 29–35 US$;) oder in einem der anderen einfachen, aber bequemen Hotels in der Fußgängerzone, die nur ein paar Blocks vom Strand entfernt liegt. In den Türmen entlang der Uferstraße befinden sich Eigentumswohnungen, die zum Teil über Airbnb vermietet werden.

Von Mar del Plata aus fahren Busse (50 Arg$, 1 Std.) regelmäßig zu Miramars Busbahnhof an der Avenida 40 und Calle 15, etwa sechs Blocks vom Zentrum entfernt.

Wer es richtig einsam mag, kann weiterfahren Richtung **Mar del Sud**, einer kleinen Stadt 16 km südlich von Miramar. Sie ist bekannt für rustikale Atmosphäre, leere Strände vor Dünenkämmen und fischreiche Gewässer.

---

auch heute noch eine relative wohlhabende Hafenstadt. Zahllose Matrosen kommen hier, in Südamerikas größter Marinebasis, an Land.

Um auch die Randzonen der Pampas militärisch zu kontrollieren, ließ Colonel Ramón Estomba 1828 die Fortaleza Protectora Argentina neben dem Naturhafen errichten. Als 1885 schließlich der heutige Hafen eingeweiht wurde, hatte der Standort bereits feste Verbindungen zu Nordamerika und Europa etabliert.

Sehenswertes

Die Attraktivität der Innenstadt besteht vor allem in ihrer architektonischen Vielfalt, die im frühen 20. Jh. aufgrund einer Neubauwelle entstand, ausgelöst durch europäische Immigranten. Mitte des vergangenen Jahrhunderts kam es dann zu weiterer reger Bautätigkeit. Zwischen dem neoklassizistischen Zentrum der darstellenden Künste, dem **Teatro Municipal** (0291-456-3973; www.facebook.com/TeatroMunicipalBahiaBlanca; Alsina 425), und dem **Museo de Arte Contemporáneo** (0291-459-4006; Sarmiento 450; Mo–Fr 14–20, Sa & So 13–20 Uhr) GRATIS lässt es sich nett bummeln.

Entgegen der üblichen Erwartungen liegt das Stadtzentrum hier nicht in unmittelbarer Nähe des Hafens. Um einen umfassenden Eindruck von Bahía Blanca zu bekommen, sollte man beide Bereiche der Stadt kennenlernen.

★ Museo Taller Ferrowhite
HISTORISCHES GEBÄUDE

(0291-457-0335; www.ferrowhite.bahiablanca.gov.ar; Juan B Justo 3883; Eintritt auf Spendenbasis; Mo–Fr 9–13, Sa & So 15–19 Uhr) Pompös und geisterhaft ragt das Ferrowhite auf. Es gehört zu der Sorte Wahrzeichen, die man bereits aus der Ferne sehen kann und von denen man sich magisch angezogen fühlt. Das festungsähnliche Kraftwerk wurde in den 1930er-Jahren von Italienern errichtet und steht neben massiven Getreidespeichern am Rande der Bucht. Heute beherbergt es ein Museum und ein Café.

Mindestens genauso viel Spaß wie die Besichtigung des Inneren macht es aber, einfach außerhalb des verlassenen Bauwerks mit seiner eleganten Architektur und den zerbrochenen Fenstern umherzustreifen: Es wurde sogar von paranormalen Aktivitäten auf dem Gelände berichtet.

Puerto Bahía Blanca HAFEN
(☎ 0291-401-9000; Guillermo Torres 4200) GRATIS
Der lebhafte Hafen darf nun betreten werden. Ein Teil davon ist der neue **Paseo Portuario** – eine Straße, die an zwei Aussichtspunkten vorbeiführt: am Balcón Del Mar, der über einen betonierten, mit Originalschiffsteilen verzierten Weg zugänglich ist, sowie eine zweite Stelle aus dem Jahre 1901, die noch interessanter ist. Dieser Teil gehört zur ursprünglichen Hafenanlage und zieht sich heute entlang eines schlammigen Strandabschnitts.

Museo del Puerto MUSEUM
(☎ 0291-457-3006; www.museodelpuerto.blogspot.com; Ecke Guillermo Torres & Carrega; Spende; ⊙ Mo–Fr 9–12, Sa & So 16–20 Uhr) In einem leuchtend bunt gestrichenen, ehemaligen Zollgebäude aus dem Jahre 1907 ist dieses kleine, aber einnehmende Museum untergebracht, ein Tribut an die Immigranten der Region. Es beinhaltet Archive und Fotos und Nachbauten einer alten *peluquería* (Friseurladen) und einer Bar. Draußen im Hof erinnern ein Fischerboot aus Holz und andere alte Artefakte an die fesselnde Vergangenheit des Hafens.

🛏 Schlafen

Hotel Muñiz HOTEL $
(☎ 0291-456-0060; www.hotelmuniz.com.ar; O'Higgins 23; Standard/Intermediate/Superior 43/56/78 US$; ❄ @ 🛜) Das Muñiz, ein Wahrzeichen in der Innenstadt, ist in einem wunderschönen alten Gebäude untergebracht. Im Obergeschoss sind drei Ebenen mit Gästezimmern durch lange Flure verbunden. Die Superior-Zimmer sind am größten und besten. Der Service ist tadellos.

Obwohl es ein wenig in die Jahre gekommen ist, bleibt es eine großartige (und bezahlbare) Unterkunft, nur wenige Schritte von der zentralen Plaza entfernt.

Hotel Land Plaza HOTEL $$
(☎ 0291-459-9000; www.landplaza.com.ar; Saavedra 41; EZ/DZ 105/128 US$; 🅿 ❄ 🛜) Das neueste und modernste Hotel der Stadt ist nicht sonderlich ansprechend. Doch die großen, hellen Zimmer sind recht bequem, wenn auch eine Spur zu teuer. Für einen Parkplatz muss man zusätzliche 180 Arg$ berappen.

Apart Hotel Patagonia Sur HOTEL $$
(☎ 0291-455-2110; www.apartpatagoniasur.com.ar; Italia 64; EZ/DZ ab 72/85 US$; 🛜) Hier steigen gern Familien und Reisende mit knapperem Budget ab. Das freundliche Aparthotel hat altmodische, aber funktionelle Zimmer mit kleinen Küchen im Apartmentstil. Ein weiterer Bonus ist das im Preis inbegriffene Frühstück, zu dem frisches Obst und eine überraschende Vielfalt aus hausgemachten Kuchen und Gebäck angeboten wird. Das Gebäude liegt ein kurzes Stück südlich der Plaza, in der Nähe der Kreuzung O'Higgins und Italia.

🍴 Essen & Ausgehen

El Encuentro ARGENTINISCH $
(☎ 0291-451-9265; Sarmiento 307; Empanadas 18 Arg$; ⊙ 7.30–23 Uhr) Das Lokal residiert in einem großartigen historischen Gebäude. Die Küche hat sich auf regionale Empanadas zum Mitnehmen oder zum Verzehr vor Ort spezialisiert.

★ Gambrinus ARGENTINISCH $$
(www.gambrinus1890.com; Arribeños 174; Hauptgerichte 65–270 Arg$; ⊙ 12–15 & 20–1 Uhr) Das Restaurant liegt in einem zauberhaften Eckgebäude aus dem 19. Jh. in einer Seitenstraße, einige Blocks südlich der Hauptplaza. Auf der Speisekarte stehen spanisch und italienisch inspirierte argentinische Klassiker. Es gibt eine gute Weinkarte und eine Reihe von Bieren vom Fass; die lebhaften Einheimischen, die sich hier drängen, die mit alter Reklame gepflasterten Wände und die argentinischen Basketball-Memorabilien schaffen eine einladende Atmosphäre.

Pelicano Bar PUBESSEN $$
(☎ 0291-451-2758; Alsina 226; Hauptgerichte 100–225 Arg$; 🛜) Eine beliebte Musikbar mit Café. Jeder Tisch ist einer bestimmten Epoche gewidmet und mit Kunstwerken und Fotos berühmter Alben und Bands dieser Ära verziert. Auf der Karte stehen Kaffee, Bier und Wein aus Argentinien sowie Pizzas und warme Sandwiches, die von morgens

---

> **ℹ DER WEG ZUM HAFEN**
>
> Wer keinen Mietwagen besitzt, hat zwei Möglichkeiten, von der Innenstadt Bahía Blancas ins Ingeniero White (das Hafenviertel) zu gelangen. Entweder wählt man Buslinie 500 (30–40 Min.) an der Südseite der Plaza Rivadavia. Oder man nimmt ein Taxi (200 Arg$ einfach, 20 Min.). Auch für den Rückweg warten Taxis, am Taxistand in der Nähe des Museo del Puerto (s. links).

bis abends durchgehend serviert werden. Auf den vier Flatscreens laufen Sport- und Musiksendungen.

★ Tributo
COCKTAILBAR

(☏ 0291-453-3300; Yrigoyen 401; ⊘ Mo–Do 12–15 & 20.30–24, Fr & Sa bis 0.30, So 12–15 Uhr) Wem der Sinn nach Craft-Bier und edlen Cocktails steht, der ist in dieser schicken Bar mit holzgetäfelten Wänden und einem Bartresen aus Granit gut aufgehoben. Das angeschlossene Restaurant ist ebenfalls recht beliebt, wobei die Bar der wahre Hotspot ist.

❶ Praktische Informationen

Tourist Kiosk (☏ 0291-459-4000; www.turismo.bahiablanca.gov.ar; Alsina 65, Municipalidad de Bahía Blanca; ⊘ Mo–Fr 9–18, Sa 9.30–13 & 14.30–18 Uhr)

Am Busbahnhof gibt es ebenfalls eine Touristeninformation.

❶ An- & Weiterreise

BUS

Bahía Blancas **Busbahnhof** (Brown 1700) liegt ungefähr 2 km südöstlich der Plaza Rivadavia. Taxis ins Stadtzentrum kosten etwa 60–70 Arg\$; die lokalen Buslinien 514 und 512 fahren von der Plaza Rivadavia aus zum Busbahnhof, aber man muss eine SUBE-Buskarte an einem Zeitungskiosk (Colón & Drago) kaufen, um einsteigen zu können. Mit dem Bus vom Busbahnhof in die Stadt zu fahren, ist also eine echte Herausforderung. Die Rückfahrt dagegen ist ganz einfach, wenn man sich eine SUBE-Karte besorgt hat, die übrigens kostenlos ist. Allerdings benötigt man zum Kauf einen Reisepass (Achtung, am Bahnhof gibt es keinen *kiosco*, der welche verkauft). Danach muss die Karte an einem *kiosco* aufgeladen werden. Mit etwas Geduld ist das schon zu schaffen.

Mehrere Unternehmen am südlichen Ende der Plaza Rivadavia verkaufen Fernbusfahrkarten und ersparen einem so den Weg zum Busbahnhof. Die unterschiedlichen Firmen verkaufen auch Karten unterschiedlicher Busunternehmen. Wer also mit einer bestimmten Gesellschaft, zu einer bestimmten Uhrzeit oder einem bestimmten Preis reisen will, muss herumfragen. **Dakar** (☏ 0291-456-2030; Chiclana 102; ⊘ Mo–Fr 9–20, Sa 9–13 & 17–20 Uhr) ist ein guter erster Anlaufpunkt.

Reisende mit Fahrtziel Sierra de la Ventana haben zwei Möglichkeiten: Condor Estrella (S. 142) fährt zweimal täglich (160 Arg\$, 2½ Std.) und **Norte Bis** (☏ 0291-15-468-5101; www.elnortebis.com) betreibt einen Tür-zu-Tür-Shuttle (200 Arg\$, 1 Std.) mit zwei oder drei Abfahrten pro Tag. Vorher anrufen, um sich einen Platz zu sichern.

Busse ab Bahía Blanca

REISEZIEL	FAHRPREIS (ARG\$)	FAHRZEIT (STD.)
Bariloche	1031–1175	12–14
Buenos Aires	1053	9
Córdoba	1150	13–15
Mar del Plata	829–921	7
Neuquén	551	7½
Sierra de la Ventana	160	2½
Tandil	562	5–6
Trelew	1000	10–12

FLUGZEUG

Aerolíneas Argentinas (☏ 0291-456-0561; www.aerolineas.com.ar; San Martín 298; ⊘ Mo–Fr 10–18 Uhr) und **LATAM** (☏ 0810-999-9526; www.latam.com; Chiclana 344; ⊘ Mo–Fr 9–18 Uhr) bieten Flüge ab Bahía Blanca. Der Flughafen befindet sich 15 km östlich der Stadt (Taxi 250 Arg\$; Busse gibt es nicht).

ZUG

Ferrobaires (S. 156 bietet an mehreren Tagen der Woche Zugverbindungen von der **Estación Ferrocarril Roca** (☏ 0291-452-9196; Cerri 750) nach Buenos Aires' Bahnhof Constitución an (58–66 Arg\$, 14 Std.). Auf der Website finden sich detaillierte Strecken- und Fahrpreisinformationen, und man kann auch gleich reservieren.

Die Iguazú-Fälle & der Nordosten

Inhalt →
Rosario 164
Santa Fe 175
Paraná 182
Corrientes 185
Colón 201
Posadas 207
San Ignacio 211
Iguazú-Fälle 216
Puerto Iguazú 218
Parque Nacional
Iguazú 227
Parque Nacional do
Iguaçu (Brasilien) . . 230
Foz do Iguaçu
(Brasilien) 232
Resistencia 235
Juan José Castelli . . 238

Gut essen
→ De La Fonte (S. 225)
→ Zazpirak Bat (S. 171)
→ La Rueda (S. 225)

Schön übernachten
→ La Alondra (S. 188)
→ Rancho de los Esteros (S. 194)
→ Boutique Hotel de la Fonte (S. 222)

Auf in den Nordosten!

Das Hauptmerkmal des argentinischen Nordostens ist das Wasser. Mächtige Ströme wälzen sich durch die Ebenen und können es bei starken Niederschlägen in kürzester Zeit überfluten. Feuchtgebiete bieten zahlreichen Tierarten einen Lebensraum. Der friedliche Río Iguazú, der sich durch den Urwald zwischen Brasilien und Argentinien windet, stürzt sich mit eindrucksvollen Wasserfällen in die Tiefe.

Dann mündet der Fluss in den Río Paraná, der südwärts strömt und schließlich bei Buenos Aires zusammen mit dem Río Uruguay den Río de la Plata bildet. An den Ufern des Paraná liegen einige der interessantesten Städte des Landes: Corrientes, Santa Fe, Rosario und Posadas, das Tor zur verfallenen Pracht der ehemaligen Jesuitenmissionen.

In dieser Region gibt es mehrere großartige Nationalparks, die die große Biodiversität der Region widerspiegeln. Besonders die Esteros del Iberá, ein riesiges Sumpfgebiet, weisen eine überwältigende Vielfalt an Wildtieren auf.

Reisezeit
Puerto Iguazú

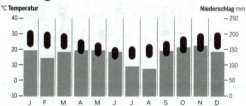

Feb. Große Hitze und schillernde Karnevalsfeiern in Gualeguaychú, Corrientes und Posadas.

Aug. Kühl und trocken; perfekt zur Tierbeobachtung, da die Wasserstellen knapper werden.

Sept.–Okt. Milde Temperaturen, nicht überfüllt. Der Iguazú führt ausreichend Wasser. Wenig Regen.

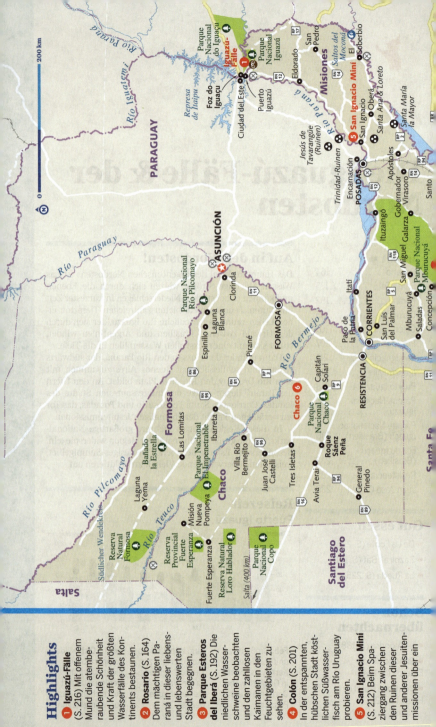

Highlights

1 Iguazú-Fälle (S. 216) Mit offenem Mund die atemberaubende Schönheit und Kraft der größten Wasserfälle des Kontinents bestaunen.

2 Rosario (S. 164) Dem mächtigen Paraná in dieser liebens- und lebenswerten Stadt begegnen.

3 Parque Esteros del Iberá (S. 192) Die niedlichen Wasserschweine beobachten und den zahllosen Kaimanen in den Feuchtgebieten zusehen.

4 Colón (S. 201) In der entspannten, hübschen Stadt köstlichen Süßwasserfisch am Río Uruguay probieren.

5 San Ignacio Mini (S. 212) Beim Spaziergang zwischen den Ruinen dieser und anderer Jesuitenmissionen über ein

BRASILIEN

Santa Maria

URUGUAY

Melo

Lagoa Mirím

ATLANTISCHER OZEAN

Rivera

Tacuarembó

Lago Artificial de Rincón del Bonete

MONTEVIDEO

Corrientes

Yapeyú
Uruguaiana
Paso de los Libres
Bella Unión
Mercedes
Curuzú Cuatiá
Goya
Esquina
Reconquista
Vera
La Paz
Tostado
San Justo
Cayastá
Humberto Primero
Esperanza
Rafaela
Moisés Ville
San Carlos Centro
Coronda

Salto
San José
Paysandú
Concordia
Ubajay
Federal
Parque Nacional El Palmar
Palacio San José
Concepción del Uruguay
Mercedes
Trinidad
Colonia del Sacramento
Fray Bentos

Entre Ríos

Victoria
Puerto Gaboto
Maciel
Gualeguay

4 Colón

7 Gualeguaychú

2 Rosario

Río Paraná
Río Negro
Río de la Plata

PARANÁ
SANTA FE
BUENOS AIRES

Buenos Aires

Pergamino

Córdoba

Laguna Mar Chiquita

Rufino

Río Salado
Río Ibicuí

---

einzigartiges Experiment der Menschheit nachdenken.

6 Chaco (S. 239) Die Skulpturen im kunstsinnigen Resistencia bewundern und sich dann in den „Impenetrable" aufmachen, eine Bastion der indigenen Kultur.

7 Gualeguaychú (S. 203) Den Trubel bei einer der klassischen Karnevalsfeiern der Region genießen: dem Carnaval de Gualeguaychú.

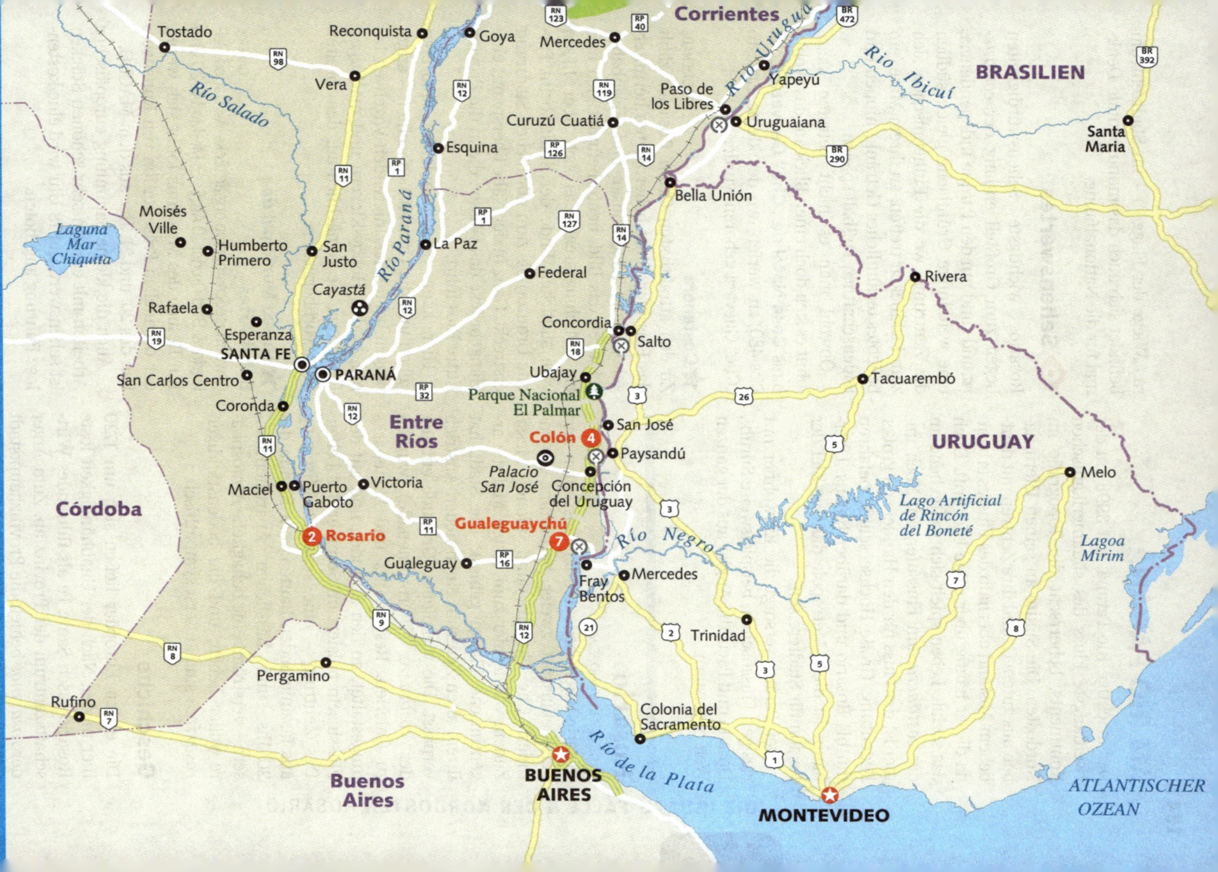

AM RÍO PARANÁ

Der mächtige Río Paraná, mit 3998 km der zweitlängste Fluss des südamerikanischen Kontinents, beherrscht die Topografie im Nordosten. Die Städte an seinen Ufern haben aus gutem Grund ihre Zentren mit deutlichem Abstand oberhalb des Flusses erbaut, da dieser häufig über seine Ufer tritt. Doch das soziale Leben spielt sich weitgehend an der *costanera*, am Flussufer, ab. Noch immer ist der Fluss für den Handel von großer Bedeutung. Große Hochseeschiffe befahren ihn bis Rosario und darüber hinaus. Überhaupt ist diese Metropole das Top-Ziel der Region für Städtereisen.

Der Paraná versorgt die Einwohner mit riesigen Flussfischen, beispielsweise Surubí, Dorado und Pacú, die Angler aus der ganzen Welt begeistern.

Rosario

♪ 0341 / 1,27 MIO. EW.

Rosario ist ein bedeutender Flusshafen und der Geburtsort zweier berühmter Argentinier: Che Guevara und Lionel Messi. Zudem wurde hier zum ersten Mal die argentinische Flagge gehisst. Die Stadt hat ihrem alten Zentrum einen neuen Anstrich verpasst. Die verfallenen Gebäude entlang der *costanera* (Uferpromenade) wurden zu Galerien, Restaurants und Skateparks umgestaltet, an den Stränden und auf den Flussinseln pulsiert im Sommer das Leben. Das Zentrum – eine seltsame Mischung aus faszinierenden Bauten vom Beginn des 20. Jhs. und hässlichen Apartmenthäusern – verströmt eine behagliche Atmosphäre voller Leben; und die bodenständigen *rosarinos* sind äußerst sympathisch.

Geschichte

Die ersten Europäer ließen sich um 1720 hier nieder. Nach der Unabhängigkeit löste Rosario rasch Santa Fe als führendes Wirtschaftszentrum der Provinz ab. Zum Ärger der *rosarinos* behielt die Provinzhauptstadt jedoch ihre politische Vorrangstellung bei.

Rosario war ein Einfallstor für landwirtschaftlich orientierte Siedler aus Europa. Von 1869 bis 1914 wuchs die Einwohnerzahl fast um das Zehnfache. Der Niedergang der Wirtschaft und der Schifffahrt in den 1960er-Jahren traf die Stadt hart.

Nationalistische Argentinier verehren Rosario als Standort der Cuna de la Bandera („Wiege der Flagge") – im Stadtzentrum befindet sich auch das monumentale Denkmal für die Nationalfahne.

⊙ Sehenswertes

Rosarios wichtigste Sehenswürdigkeiten liegen zum Großteil entlang der *costanera* und rund um den Parque Independencia, eine weitläufige Grünfläche gleich südlich des Zentrums, wo die Einheimischen sich zum Picknicken treffen, an ihrem Mate (ein beliebtes teeähnliches Getränk) nippen und leidenschaftlich Fußball spielen.

Obwohl man es nicht betreten kann, lohnt es sich doch einen Blick auf das Wohnhaus **Casa Natal de „Che" Guevara** (Entre Ríos 480) zu werfen, wo der kleine Ernesto „Che" Guevara geboren wurde.

★ **Costanera**   UFERPROMENADE

Zu den attraktivsten Orten Rosarios zählt das Flussufer. Einst beherrschten heruntergekommene Lagerhäuser und Eisenbahnschienen das Bild, heute befindet sich hier ein Erholungsareal, das sich über 15 km vom südlichen Ende der Stadt (beim Parque Urquiza) bis zum nördlichen Stadtrand erstreckt. Ganz in der Nähe überspannt eine Hängebrücke das Wasser, die in die Provinz Entre Ríos führt.

Hier kann man wunderbar spazieren gehen und die Umwelt beobachten – angefangen bei der faszinierenden Vogelwelt bis hin zu den Hobby-Kickern und mächtigen Frachtern, die gemächlich auf dem breiten Fluss vorüberziehen.

★ **Museo Municipal de Bellas Artes**   GALERIE

(www.museocastagnino.org.ar; Ecke Av Carlos Pellegrini & Blvd Oroño; 10 Arg$; ⊙ Mi–Mo 14–20 Uhr) Ein Besuch des Museums lohnt sich wegen der originellen Präsentation von Kunstwerken des 20. und 21. Jhs. aus dem MACRO.

Auch die kleine Sammlung europäischer Arbeiten mit einigen sehr schönen Stücken ist sehenswert. Um 18 Uhr wird eine kostenlose Führung angeboten.

Costanera Sur   UFERPROMENADE

Das␣grasbewachsene Gebiet unterhalb der Innenstadt bietet reichlich Platz zum Joggen und Flanieren. Hier steht auch der Gebäudekomplex **Estación Fluvial** (La Fluvial; ♪ 0341-447-3838; www.estacionfluvial.com; ⊙ März–Okt. 12–17, Nov.–Feb. 10–18 Uhr) mit diversen Möglichkeiten zum Essen und Ausgehen. Außerdem werden hier Bootsausflüge angeboten.

Richtung Norden geht es vorbei an verschiedenen Veranstaltungsorten für Kulturevents zum **Parque de España** (Paraná Flussufer) mit einem Bau, der an ein Mausoleum erinnert. Dahinter liegt ein Viertel voller Bars und Restaurants, in dem es am Wochenende äußerst lebhaft zugeht. Noch etwas weiter entfernt befindet sich das Museum für zeitgenössische Kunst.

Monumento Nacional a La Bandera   MONUMENT
(www.monumentoalabandera.gob.ar; Santa Fe 581; Aufzug 20 Arg$; ⊙ Di-So 9-18, So 14-18 Uhr) Manuel Belgrano, der Schöpfer der argentinischen Nationalfahne, ruht in einer Krypta unter diesem wuchtigen steinernen Obelisken. Der steht wiederum dort, wo die Flage mit den blauen und weißen Streifen zum ersten Mal gehisst wurde.

Auch Besucher, die nicht allzu sehr patriotisch gesinnt sind, fahren mit dem Aufzug bis ganz nach oben, denn von dort eröffnet sich ein fantastischer Blick über das Ufer, den Río Paraná und seine Inseln. Die schön gestaltet Kolonnade birgt eine ewige Flamme zur Erinnerung an diejenigen, die für das Vaterland gestorben sind.

Delta des Paraná   INSEL
Rosario liegt am oberen Delta des Río Paraná, einem etwa 60 km breiten Gebiet mit überwiegend unbewohnten subtropischen Inseln und mäandrierenden *riachos* (Wasserläufen). Zahlreiche Vogelarten und andere Wildtiere sind hier heimisch. Selbst auf den nächstgelegenen Inseln hat man das Gefühl, sehr weit weg zu sein, obwohl die Gebäude der Stadt in nächster Nähe aufragen. Mit verschiedenen Fährdiensten und Bootstouren kann man die Inseln erreichen und/oder das Delta erkunden.

Von der Estación Fluvial fahren von Mitte September bis Mai an Wochenenden und von Dezember bis Februar täglich Boote zu den Inselstränden am Banquito de San Andrés (hin & zurück 130 Arg$).

Museo de Arte Contemporáneo de Rosario   GALERIE
(MACRO; www.macromuseo.org.ar; Ecke Av de la Costa & Blvd Oroño; 10 Arg$; ⊙ Mi-Mo 14-20 Uhr) Dieses Museum befindet sich in einem leuchtend bunt gestrichenen Getreidesilo und ist Teil der eindrucksvollen Neugestaltung des Flussufers in Rosario.

In kleinen Galerien, die sich auf acht Stockwerke verteilen, präsentiert es wechselnde Ausstellungen meist junger einheimischer Künstler, mit Werken von unterschiedlicher Qualität. Vom *mirador* (Aussichtspunkt) ganz oben hat man einen schönen Blick über die Flussinseln; unten am Ufer gibt es eine attraktive Café-Bar.

Freitags um 17 Uhr werden kostenlose Führungen auf Spanisch angeboten.

Museo de la Memoria   MUSEUM
(www.museodelamemoria.gob.ar; Córdoba 2019; 20 Arg$; ⊙ Di-Fr 14-20, Sa & So 16-20 Uhr) In einem ehemaligen Hauptquartier der Armee, nicht weit von jenem Ort entfernt, an dem die Polizei während des „Schmutzigen Kriegs" unschuldige Menschen festhielt, folterte und tötete, hält dieses Museum die Erinnerung an die damalige Gewalt und die zahlreichen Opfer wach.

Wer der spanischen Sprache mächtig ist, auf den wartet eine kleine, aber sehr bewegende Ausstellung mit Augenzeugenberichten, Fotografien der „Verschwundenen" und einem Versuch, diese grausame Geschichte der Inhumanität des Menschen gegenüber seinen Mitbürgern aus einem breiteren Blickwinkel zu beleuchten.

Im oberen Stockwerk werden wechselnde Ausstellungen gezeigt.

Museo Histórico Provincial   MUSEUM
(www.museomarc.gob.ar; Av del Museo, Parque Independencia; ⊙ Di-Fr 9-18, Sa & So 14-19, Dez.-März Sa & So 15-20 Uhr) GRATIS Diese gut präsentierte Sammlung zeigt vielfältige Ausstellungsstücke aus der Zeit nach der Unabhängigkeit und ausgezeichnete Schaubilder zu indigenen Kulturen aus vielen Teilen Lateinamerikas. Besonders interessant ist eine Sammlung barocker religiöser Kunstwerke, die aus den südlichen Anden stammen. Die Erläuterungen sind allerdings nur in spanischer Sprache. Wenn im angrenzenden Stadion ein Heimspiel ausgetragen wird, bleibt das Museum geschlossen.

Museo de la Ciudad   MUSEUM
(www.museodelaciudad.gob.ar; Blvd Oroño 2300; ⊙ Di-Fr 9-15, Sa 14-19, So 8.30-13.30 Uhr) GRATIS Dieses Museum ist in einem Bungalow mit Wellblechdach untergebracht, das zu den hübschesten Gebäuden in Rosario zählt. Es befindet sich gegenüber der Rennstrecke im Parque Independencia.

Das Stadtmuseum überzeugt mit seinem großen Engagement und präsentiert qualitätsvolle wechselnde Ausstellungen, den Nachbau einer Apotheke aus dem 19. Jh. sowie einen zauberhaften Ausstellungsraum in einem ehemaligen Gewächshaus.

Rosario

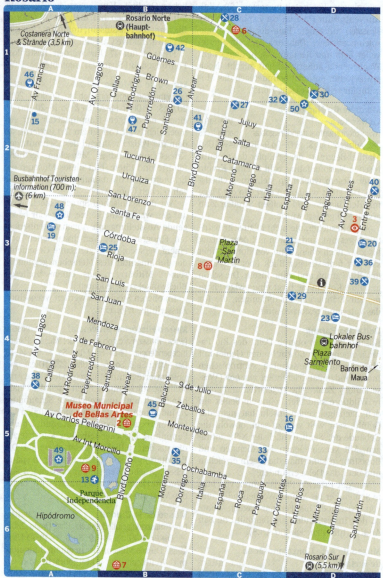

Eine hervorragende zweisprachige Broschüre weist den Besuchern den Weg durch den großen, etwa 100-jährigen Parque Independencia – den größten Park Rosarios –, der sich als ausgezeichneter Startpunkt zur Erkundung des Areals anbietet.

 Aktivitäten

Jardín de los Niños VERGNÜGUNGSPARK
(☎ 0341-480-2421; Parque de la Independencia; 20 Arg$; ⊙ Fr–So 14–17 Uhr) Der ehemalige Zoo wurde in einen wunderbaren Spiel- und Freizeitpark für Kinder umgestaltet.

nete) kindgerechte Plätze in der Stadt – La Granja de la Infancia and La Isla de los Inventos – bilden das „Tríptico de la Infancia".

🎓 Kurse

Spanish in Rosario   SPRACHKURS
(☎ 0341-15-560-3789; www.spanishinrosario.com; Catamarca 3095) In Rosario kann man wunderbar Spanisch lernen; die hier genannte Einrichtung bietet kurzweilige Sprachprogramme an und vermittelt außerdem Unterkünfte bei Familien sowie Plätze in der Freiwilligenarbeit.

👉 Geführte Touren

⭐ Rosario Kayak & Motor Boat Tours   GEFÜHRTE TOUREN

(Paseos en Lancha y Kayak; ☎ 0341-15-571-3812; www.boattours.com.ar; Estación Fluvial) Dieser freundliche, professionelle und mehrsprachige Veranstalter organisiert tolle Bootsausflüge durch das Paraná-Delta (300 Arg$, 1–1½ Std.) mit der Option auf ein Picknick auf einer Insel. Wer mag, kann die Inseln auch per Kajak erkunden. Angeboten werden auch ein Wassertaxiservice zu den Inseln im Delta und ein Fahrradverleih für 250 Arg$ pro Tag. Gebucht wird telefonisch oder an der Estación Fluvial.

Ciudad de Rosario   BOOTSTOUREN

(☎ 0341-449-8688; www.barcocr1.com; Fahrt 225 Arg$) Diese nahe der Estación Fluvial vertäute, umgebaute Barkasse bietet etwa zwei Stunden dauernde Touren auf dem Paraná an. Im Inneren lockt zwar die Klimaanlage, doch eine bessere Aussicht genießt man oben auf dem Deck.

Abfahrt ist am Wochenende und an Feiertagen um 14.30 und 17 Uhr, in den Sommermonaten um 17 und 19.30 Uhr. Bei starkem Wind findet die Tour nicht statt.

Rosario Free Tour   STADTSPAZIERGANG

(☎ 0341-560-3789; www.rosariofreetour.com; Ecke Maipú & Urquiza; ⊙ Touren Sa 10 Uhr) Treffpunkt für die zweistündigen Stadtführungen auf Spanisch und Englisch ist die Treppe des alten Zollgebäudes am Ende der Maipú. Offiziell sind die Touren kostenlos, aber eine Spende wird gern entgegengenommen.

Eine große Bandbreite an innovativen Denkspielen und Klettergerüsten sowie ein wunderbares Piratenschiff und eine Flugmaschine stehen bereit. Auch Eltern können hier ihren Spaß haben. Dieser Vergnügungspark und zwei weitere (ebenfalls ausgezeich-

🎉 Feste & Events

Fiesta de las Colectividades   KULTUR

(⊙ Nov.) Dieses zehntägige Festival feiert Rosarios kulturelle Vielfalt: Verschiedene Gruppen repräsentieren mit Konzerten, Tän-

Rosario

◉ Highlights
1. Costanera E3
2. Museo Municipal de Bellas Artes B5

◉ Sehenswertes
3. Casa Natal de 'Che' Guevara D3
4. Costanera Sur F4
5. Monumento Nacional a La Bandera F4
6. Museo de Arte Contemporáneo de Rosario C1
7. Museo de la Ciudad B6
8. Museo de la Memoria C3
9. Museo Histórico Provincial A5
10. Parque de España E2

✪ Aktivitäten, Kurse & Touren
11. Ciudad de Rosario F4
12. Estación Fluvial F4
13. Jardín de los Niños A5
14. Rosario Free Tour E3
    Rosario Kayak & Motor Boat Tours .... (s. 12)
15. Spanish in Rosario A2

🛏 Schlafen
16. 1412 .... D5
17. Catamarca Suites Land E3
18. Esplendor Savoy Rosario E3
19. La Casa de Arriba A3
20. La Casa de Pandora D3
21. Plaza Real D3
22. Residence Boutique Hostel E5
23. Roberta Rosa de Fontana Suites D4
24. Ros Tower E2
25. Rosario Global House B3

✪ Essen
26. Ceviche B1
27. Comedor Balcarce C2
28. Davis C1
29. De Buen Humor D4
30. Don Ferro D1
31. El Ancla E4
32. El Viejo Balcón C1
33. La Estancia C5
34. La Marina F4
35. Los Potrillos B5
36. Monreal D3
37. Nuria E3
38. Restaurant Bruno A4
39. Rincón Vegetariano D3
40. Zazpirak Bat D2

✪ Ausgehen & Nachtleben
41. Bound C2
42. Costello B1
43. El Cairo E3
44. El Diablito E3
45. Espiria B5
46. Fenicia A1
    Jekyll & Hyde .... (s. 17)
47. Pichangú B2

✪ Unterhaltung
48. Distrito Siete A3
49. Estadio Marcelo Bielsa A5
50. La Casa del Tango D2
51. Teatro El Círculo E5

🛍 Shoppen
52. Mercado de Pulgas del Bajo F4

---

zen, Workshops und kulinarischen Künsten die Einwanderergruppen. Den Abschluss bildet ein großes, farbenfrohes Feuerwerk.

🛏 Schlafen

Es gibt Dutzende Hostels, die allerdings oftmals kontingentweise von Gruppen der Polizei oder anderen Regierungsangestellten gebucht werden. Außerdem ist eine große Zahl von durchschnittlichen Mittelklassehotels vorhanden. Die Preise sinken im Allgemeinen zur Wochenmitte.

Residence Boutique Hostel   HOTEL, HOSTEL $
(☎ 0341-421-8148; www.residenceboutique.com.ar; Buenos Aires 1145; B/DZ 17/51 US$; ✳@☎) Der hübsche Bau vom Anfang des 20. Jhs. ist wirklich etwas Besonderes; er beherbergt ein ruhiges, wunderschönes Hotel und Hostel. Die Gemeinschaftsräume sind voller Jugendstilschnörkel; die kompakten und stilvollen Zimmer bieten für dieses Komfortniveau ein tolles Preis-Leistungs-Verhältnis. Die Schlafsäle sind ebenfalls hochklassig, und der kleine Gartenpatio und der Frühstücksbereich sind tolle Orte zum Entspannen. Originell und fazinierend.

Die Zimmer zur lauten Straße hinaus sollte man am besten meiden, wenn man einen allzu leichten Schlaf hat.

La Casa de Arriba   HOSTEL $
(☎ 0341-430-0012; www.lacasadearriba.com.ar; Córdoba 2889; B Wochenende/Wochentag 15/18 US$; @☎) Das Gespür eines Designers hat aus diesem alten Haus ein fabelhaftes Hostel gemacht. Freiliegendes Mauerwerk, kreative Raumnutzung, moderne Schlafkojen im Stil von Regalfächern und eine gastfreundliche Attitüde machen das Haus zu einer komfortablen, stilvollen Basis in Rosario. Die größere Entfernung zum Zentrum wird durch die relativ gute Lage zu den Bars und zum Nachtleben wettgemacht.

La Casa de Pandora
HOSTEL $

(☎ 0341-679-9314; www.lacasadepandora.com.ar; San Lorenzo 1455; B/Zi. 15/32 US$; @ 🛜) Künstlerisch aufgemacht und sehr einladend – die hübsche Casa de Pandora ist nun in teurerem Umfeld in einem klassischen alten Gebäude untergebracht. Das Hostel ist sehr sauber und gemütlich und überzeugt durch seine relaxte Atmosphäre. Die angenehmen Schlafsäle mit Klimaanlage sind recht geräumig. Im Café am Eingang kann man sich gut die Zeit vertreiben. Die Casa de Pandora bietet zudem verschiedene Workshops an – u. a. Yoga, Tanz und Volksmusik.

Rosario Global House
HOSTEL $

(☎ 0341-424-4922; www.rosarioglobalhouse.com.ar; Rodríguez 863; B 13–15 US$, Zi. 35–41 US$; @ 🛜) Dieses friedliche und günstige Hostel liegt in einer eher vorstädtisch wirkenden Straße, die aber nicht weit von diversen Nachtlokalen entfernt ist. Die Schlafsäle sind in hohen Räumen untergebracht, haben bequeme Stockbetten und schicke Lampen. In Lounge und Patio kann man wunderbar entspannen. Die Hostelleitung ist überaus freundlich.

Catamarca Suites Land
HOTEL $$

(☎ 0341-440-0020; www.catamarcasuitesland.com.ar; Catamarca 1219; Zi. 79 US$; ❄ 🛜) Die geräumigen und stilvoll eingerichteten Doppelzimmer im Apartment-Stil haben eine Frühstücksbar, Mikrowelle und Minibar. Die großen, bequemen Betten und die kräftigen Duschen sind weitere Pluspunkte. Die Zimmer verfügen über Balkons mit Blick auf die Straße zum Río Paraná. Außerdem gibt es eine kleine Dachterrasse mit einem Jacuzzi. Das Frühstück wird auf dem Zimmer serviert. Nur Barzahlung möglich.

Esplendor Savoy Rosario
HOTEL $$

(☎ 0341-429-6000; www.esplendorsavoyrosario.com; San Lorenzo 1022; Zi. Standard/gehobene Ausstattung 122/147, Suite 185 US$; P ❄ @ 🛜 ≋) Unter den zahlreichen stilvollen Gebäuden, die am Anfang des 20. Jhs. entstanden, sticht dieses Jugendstiljuwel ganz besonders hervor. Zugleich ist der Sprung in die Gegenwart geglückt; die Zimmer verfügen über modernen Komfort, der sich gut in die 100-jährige Umgebung einfügt. Zu den weiteren Attraktionen zählen ein überdachter Pool, eine elegante Café-Bar und der Dachgarten. Das Haus wird gern für Feiern gebucht; mit einem ruhigen Aufenthalt ist hier also nicht unbedingt zu rechnen.

Ros Tower
HOTEL $$

(☎ 0341-529-9000; www.rostower.com.ar; Mitre 295; DeLuxe/DeLuxe plus 132/158 US$, Junior/Executive Suite 184/210 US$; P ❄ @ 🛜 ≋) Toller Service und eine ebensolche Ausstattung prägen das schicke Business-Spa-Hotel. Viele Zimmer bieten einen fantastischen Blick auf den Fluss. Die DeLuxe-plus-Zimmer sind etwas größer als die DeLuxe-Zimmer und besitzen eine Badewanne. Wer einen Jacuzzi will, bucht eine Executive-Suite.

1412
HOTEL $$

(☎ 0341-448-7755; www.1412.com.ar; Zeballos 1412; EZ/DZ 82/106 US$; ❄ 🛜) Das schick, aber bequem eingerichtete neue Hotel hat ein ordentliches Preis-Leistungs-Verhältnis. Die Lage ist perfekt als Ausgangspunkt für Streifzüge zur Restaurantmeile an der Avenida Carlos Pellegrini. In der attraktiven Lobby stehen den ganzen Tag kostenlos Tee, Kaffee und Kuchen bereit; die Zimmer sind angenehm und makellos modern. Dazu noch freundliches und engagiertes junges Personal – was will man mehr?

Plaza Real
HOTEL $$

(☎ 0341-440-8800; www.plazarealhotel.com; Santa Fe 1632; Zi. Standard/gehobene Ausstattung 138/163 US$; P ❄ @ 🛜 ≋) Luxuriöse Zimmer, Apartments und Suiten stehen in dem Business-Hotel mit Swimmingpool auf der Dachterrasse zur Verfügung. Die gute Ausstattung – Fitnessraum, Sauna, Pool, Jacuzzi im Freien –, das hervorragende Frühstück und der zuvorkommende Service machen das Haus zu einer verlässlichen Wahl.

Roberta Rosa de Fontana Suites
APARTMENT $$

(☎ 0341-449-6767; www.rrdfsuites.com.ar; Entre Ríos 914; EZ/DZ 76/88 US$; ❄ 🛜) Die Unterkunft liegt sehr zentral über einem farbenfrohen Café. Die modernen, geräumigen Zimmer sind mit gebürsteten Betondecken, schwarzen Fußböden und einer kleinen Kitchenette ausgestattet. Verschiedene Größen stehen zur Wahl; für Familien mit Kindern ist das Haus eine gute Option.

Puerto Norte Hotel
HOTEL $$$

(☎ 0341-436-2700; www.puertonortehotel.com; Carballo 148; Zi. City/Executive/Premium 185/205/235 US$; P ❄ @ 🛜 ≋) Das ungewöhnliche Hotel, in einem Neubauviertel am Flussufer nördlich vom Zentrum, steht auf 14 ehemaligen Getreidesilos, deren runde Räume die Rezeption und die Bar beherbergen. Die angenehmen Zimmer sind gut aus-

> **AUF ZUM SPIEL**
>
> Rosario besitzt zwei rivalisierende *Fútbol*-Clubs, die beide schon etliche Meistertitel geholt haben. Newell's Old Boys spielen in rot-schwarzen Farben im Estadio Marcelo Bielsa (0341-425-4422; Parque Independencia) und blicken stolz auf eine lange Reihe toller argentinischer Fußballer zurück, die das Team hervorgebracht hat. Rosario Central spielt in blau-gelb gestreiften Trikots im Estadio El Gigante de Arroyito (0341-421-0000; Ecke Blvd Avellaneda & Génova). Eintrittskarten sind etwa zwei Stunden vor Spielbeginn am jeweiligen Stadion erhältlich.

gestattet mit Kaffeekapselmaschinen und Betten, hinter denen Fotografien vom alten Rosario die ganze Wand einnehmen.

Vom Restaurant und vom Spa-Komplex auf dem Dach sowie von den Swimmingpools in der Halle und im Freien hat man einen spektakulären Panoramablick.

Die Aussicht auf die Stadt von den Zimmern der günstigsten Kategorie ist interessanter, als die von den Executive Rooms. Wer eine fantastische Aussicht auf den Fluss sucht, muss einen Premium Room oder gar eine Suite buchen.

 Essen

Zur abendlichen Essenszeit wirkt das Zentrum von Rosario wie leergefegt. Das liegt daran, weil sich die halbe Stadt auf der Avenida Carlos Pellegrini drängelt. Zwischen der Buenos Aires und der Moreno gibt es eine ungeheure Zahl familienfreundlicher Lokale, darunter scheunenartige *parrillas* (Steakrestaurants), Dutzende Pizzerien, Lokale mit All-you-can-eat-Büfett, Bars und ausgezeichnete Eisdielen. Am besten schlendert man einmal die Straße entlang und sucht sich das Passende aus. Die meisten Lokale haben eine Straßenterrasse.

Wer außerhalb der üblichen Essenszeiten hungrig wird, kann sich in den vielen klassischen Cafés der Stadt umsehen.

La Marina SPANISCH, FISCH $

(1 de Mayo 890; Hauptgerichte 79-138 Arg$; Mo-Sa 12-16 & 20-24 Uhr) Das mit verblichenen spanischen Tourismusplakaten dekorierte Kellerlokal gleich oberhalb des Flaggenmonuments ist eine Top-Adresse für preiswerten und wirklich köstlichen Fisch und Meeresfrüchte wie *rabas* (Calamari) oder saftigen Flussfisch vom Grill. Dazu eine Flasche importierten Cidre aus Asturien.

Leider kann man hier nicht reservieren und deshalb muss man häufig auf einen freien Tisch warten, weil der Laden zurecht so gut besucht ist. Bitte nicht mit dem Restaurant darüber verwechseln!

Monreal SANDWICHES $

(0341-421-9356; www.sandwichesmonreal.com.ar; Ecke San Lorenzo & Entre Ríos; Sandwiches 90-150 Arg$; Mo-Fr 9-22, Sa 8-13 & 18-22, So 18-22 Uhr) Dieses Ecklokal ohne Schnickschnack gilt als Institution und verkauft eine große Auswahl an köstlichen warmen und kalten Sandwiches, die von vielen als die besten der Stadt angesehen werden. Allerdings ist es eher „To Go" als „To Stay". Einfach ein paar Sandwiches für ein kleines Picknick an der *costanera* mitnehmen. Einen Lieferservice gibt es hier auch.

De Buen Humor EIS $

(www.debuenhumorhelados.com.ar; Rioja 1560; Eiswaffel 28-58 Arg$; 10-23 Uhr) Das Eis in diesem Laden wird aus der Milch glücklicher Kühe hergestellt – so heißt es zumindest. Dafür können wir uns nicht verbürgen, aber wer Süßes mag, wird das optimistische Dekor, die Sitzgelegenheiten im Innenhof und die leckeren Eiswaffeln, Mixturen und Obstsalate zu schätzen wissen.

Rosarinos verzehren pro Kopf und Jahr 7 kg Eis. Wer da mithalten will, muss sich schon stark ins Zeug legen.

Nuria BÄCKEREI $

(www.nuria.com.ar; Santa Fe 1026; Gebäck ab 15 Arg$; Mo-Sa 7-21, So 7-19 Uhr) Die beliebte Rosario-Institution – inzwischen mit mehreren modernen Filialen in der ganzen Stadt – ist immer noch ein verführerisch altmodischer Ort, um köstliches Gebäck und leckeren Kuchen zu kaufen.

Comedor Balcarce ARGENTINISCH $

(Ecke Balcarce & Brown; Hauptgerichte 80-220 Arg$; Mo-Sa 12-15 & 20.15-24 Uhr) Der typische Eck-*bodegón* (traditioneller Imbiss) ist bereits seit Jahrzehnten im Geschäft, gehört aber (leider) zu einer rasch aussterbenden Branche. Argentinische Hausmannskost kommt in großen Portionen auf den Tisch. Die Qualität ist durchschnittlich bis gut, die Preise sind toll; ein Besuch des Lokals ist ein authentisches, freundliches Erlebnis.

Von dem liebevoll gemeinten Spitznamen *El Vómito* („Das Erbrochene") sollte man sich allerdings nicht abschrecken lassen.

Rincón Vegetariano · VEGETARISCH $

(www.turinconvegetariano.blogspot.com; Mitre 720; Hauptgerichte 58-85 Arg$, Büffet 80 Arg$; ⊗ Mo-Sa 9–16 Uhr; ⌘) Dieses Restaurant bietet fast ausschließlich vegetarische warme und kalte Speisen an, die man dort verzehren oder mitnehmen kann. Die Auswahl ist gewaltig, und es gibt ständig Angebote wie z. B. das All-you-can-eat-Mittagsbüfett. Nichts Besonderes, aber ordentliches günstiges Essen.

★ Escauriza · FISCH $$

(✆ 0341-454-1777; Ecke Bajada Escauriza & Paseo Ribereño; Hauptgerichte 280 Arg$; ⊗ 12–15.30 & 20–24 Uhr) Das legendäre Lokal direkt hinter dem Florida-Strand zählt zu den besten Fischrestaurants in Rosario. Der riesige offene Speiseraum ist erfüllt vom Duft nach Flussfisch wie Surubi, der über Holzkohle gegrillt wird. Vorab sind die köstlichen Empanadas mit Meeresfrüchten zu empfehlen.

Service, Qualität und Portionen sind höchst eindrucksvoll. Am besten reservieren, mittags kommen oder geduldig warten, insbesondere, wenn man hier an einem Sommerwochenende zu Mittag essen möchte. Beim Kaffee allerdings scheiden sich die Geister. Keine Kreditkarten.

★ Zazpirak Bat · BASKISCH $$

(✆ 0341-421-7670; www.zazpirakbat.com; Entre Ríos 261; Hauptgerichte 160-380 Arg$; ⊗ Di-Sa 20–0.30, So 12.30–16 Uhr) Von außen sieht man dem baskischen Kulturzentrum kaum an, dass drinnen ein Restaurant zu finden ist. Die Karte erscheint auf den ersten Blick etwas eintönig. Dabei ist es ein ganz wunderbares Lokal. Fisch und Meeresfrüchte werden so zubereitet, dass die natürlichen Aromen maximal zur Geltung kommen; alles schmeckt köstlich, die Portionen sind enorm groß – und ganz besonders hervorzuheben sind die frischen Salate.

Restaurant Bruno · ITALIENISCH $$

(✆ 0341-421-2396; Montevideo 2798; Pasta 125-185 Arg$; ⊗ Di-Sa 20–24, So 12–15.30 & 20–23 Uhr) Die elegante Villa, einen Häuserblock von der Pellegrini entfernt, ist mit dunklem Holz und geschmackvollen Drucken von Gondolieri dekoriert. Wohlhabende Einheimische kommen wegen der hausgemachten Pasta hierher, die einen ausgezeichneten Ruf hat. Egal, ob man Gnocchi, Lasagne, Cannelloni oder Fettuccine bestellt: die Kombination aus stilvoller Inneneinrichtung und gemütlicher Trattoria-Atmosphäre funktioniert bestens. Übrigens: Die Portionen sind üppig.

Don Ferro · PARRILLA $$

(✆ 0341-15-320-1122; Flussufer nahe España; Hauptgerichte 155–380 Arg$; ⊗ 7.30–1 Uhr; ⌘) Das attraktivste Restaurant der Stadt ist in einer alten Eisenbahnbaracke untergebracht und punktet mit einer hübschen Terrasse auf dem Bahnsteig, ausgezeichnetem Service und wirklich köstlichen Fleischgerichten. Die umfangreiche Karte weist auch Grillgemüse auf und umfasst viel mehr Fleischspeisen als die meisten Lokale. Die Weine sind stark überteuert.

El Viejo Balcón · PARRILLA $$

(✆ 0341-425-5611; Ecke Italia & Wheelwright; Hauptgerichte 129–329 Arg$; ⊗ 12–15 & 20–24 Uhr) Obwohl das alteingesessene Lokal am Fluss in einer Gegend voller *parrillas* liegt, sollten Gäste sich darauf einstellen, dass sie auf einen Tisch warten müssen. Die großen Fleischgerichte sind von ausgezeichneter Qualität: Das Personal erkundigt sich sogar, welche Zubereitung die Gäste wünschen. Auf der Speisekarte stehen auch andere Gerichte wie Crêpes, Pasta usw.

La Estancia · PARRILLA $$

(✆ 0341-449-8052; Av Carlos Pellegrini 1501; Hauptgerichte 155–295 Arg$; ⊗ 12–15.30 & 20–1, Fr & Sa bis 2 Uhr; ⌘) Das typische Grillrestaurant gehobener Qualität ist eine verlässliche Wahl an der Pellegrini-Meile. Serviert werden wirklich ausgezeichnete Fleischgerichte – das *vacío* (Flanksteak) ist etwas ganz Besonderes –, und dazu sind so viele Kellner unterwegs, dass die Gäste nie allzu lange warten müssen. Nur die sehr eng nebeneinander stehenden Tische und die etwas kleine Weinkarte fallen negativ auf.

El Ancla · ARGENTINISCH $$

(✆ 0341-411-4142; Maipú 1101; Hauptgerichte 120-295 Arg$; ⊗ Mo-Fr 7–1, Sa 8–16 & 19–1, So 10–16 & 19–1 Uhr) Das gut besuchte Lokal zählt zu den beliebtesten Eckrestaurants in Rosario, nicht zuletzt wegen der altehrwürdigen Einrichtung und der authentischen Atmosphäre. Das Essen – mit vielen preiswerten Tellergerichten – ist gleichbleibend gut, und der Empfang ist immer freundlich.

Ceviche · SUSHI $$$

(✆ 0341-689-2899; www.cevicherosario.com.ar; Jujuy 2378; Hauptgerichte 250-390 Arg$; ⊗ 20.30–

> **INSIDERWISSEN**
>
> **PICHINCHA**
>
> Zwischen Oroño und Francia und nördlich der Urquiza liegt der *barrio* Pichincha, das interessanteste Viertel der Stadt in Sachen Nachtleben. Die baumbestandenen Straßen und breiten Bürgersteige lassen es tagsüber wie eine verschlafene Vorstadt wirken, doch in den Abendstunden scheint es an jeder Ecke eine schrullige Bar oder ein angesagtes Restaurant zu geben. Auch die besten *boliches* (Nachtclubs) der Stadt sind hier zu finden.

1, Fr & Sa bis 3 Uhr) Dieses schwarz eingerichtete Restaurant im Herzen des Ausgehviertels ist wegen seiner lebhaften Atmosphäre, des guten Essens und der Cocktails schwer angesagt. Neben vier Sorten von Ceviche gibt es auch eine große Auswahl an Sushi und Sashimi. Später am Abend ist das Lokal ein beliebter Treffpunkt.

Los Potrillos PARRILLA $$$
(0341-482-4027; www.lospotrillos.com.ar; Ecke Av Carlos Pellegrini & Moreno; Hauptgerichte 232–348 Arg$; 12–15.30 & 20–1 Uhr;) Diese *parrilla*, die in warmen Farben und mit einem mitreißenden Wandbild mit Pferdemotiv dekoriert ist, bietet weit mehr als gegrilltes Fleisch. Es gibt eine schöne Auswahl an Flussfisch und anderen Fischgerichten, leckere hausgemachte Pasta und eine solide Weinkarte. Die Qualität ist hoch, die Portionen sind groß, und die Speisekarte ist vernünftig übersetzt.

Davis ARGENTINISCH $$$
(0341-435-7142; www.complejodavis.com; Av de la Costa 2550; Hauptgerichte 160–375 Arg$; 12–15 & 20.30–24 Uhr;) Das schicke Restaurant ist in einem Glaswürfel untergebracht, der den zauberhaftesten Standort in ganz Rosario besetzt: direkt am Fluss unterhalb des Museums für zeitgenössische Kunst mit einem 180-Grad-Panorama. Auch draußen am Flussufer stehen Tische für die Gäste. Auf der Karte stehen hervorragend zubereitetes Rindfleisch, außerdem Pasta, Hähnchenfleisch und Gerichte mit Flussfisch, z. B. die Platte für zwei Personen (470 Arg$).

Wer die Lage voll auskosten will, sollte einen Tisch auf der Terrasse wählen. Außerhalb der Essenszeiten kann man hier auch einfach nur einen Drink zu sich nehmen.

 Ausgehen & Nachtleben

In Rosario bieten die *restobares* eine Mischung aus Café und Bar, in denen im Allgemeinen die Standardauswahl an Snacks und kleinen Gerichten serviert wird. Viele eignen sich gut für einen Morgenkaffee oder für ein Glas Wein am Abend – aber auch für die sonstigen Tages- und Nachtzeiten.

★ **Fenicia** BRAUEREI
(www.feniciabrewing.com.ar; Francia 168; Di-Fr 12 bis spätabends, Sa & So 18 Uhr bis spätabends;) In dieser Braustube riecht es nach Malz, denn die köstlichen Biere werden im Untergeschoss gebraut, direkt unter den Füßen der Gäste. Sie ist ein guter Ausgangspunkt für eine Tour durch diese Gegend, die für ihre vielen Bars und ihr intensives Nachtleben bekannt ist; außerdem bekommt man hier schmackhafte Quesadillas, Burger und Salate. Auf der Dachterrasse lässt es sich vor allem an warmen Abenden gut aushalten. Das Lokal liegt nordwestlich des Stadtzentrums in der Nähe des Bahnhofs.

Espiria CAFÉ
(www.facebook.com/culturaespiria; Montevideo 2124; Mo-Do 8–1, Fr & Sa 9–2, So 10–1 Uhr;) Eine Pause in dem zauberhaften Café nebst Buchhandlung und Galerie lässt sich perfekt mit einem Besuch des nahe gelegenen Kunstmuseums kombinieren. Das Lokal befindet sich in einem schönen Haus mit Buntglasfenstern und mit einem verlockenden Patio. Leckere Sandwiches, Snacks und Frühstücksvarianten (kleine Mahlzeiten 160–190 Arg$), Kaffee und köstliche Säfte machen das Espiria zu einem der entspanntesten Orte in Rosario; später am Abend trifft man sich hier zu einem Cocktail.

Pichangú BAR
(Ecke Salta & Rodríguez; Mo-Mi 18–1, Do 18–2, Fr & Sa 19–3 Uhr) Die einladende Eckkneipe präsentiert sich hell und lebensfroh. Betreiber ist eine Kooperative, die regelmäßig Musikveranstaltungen und andere Kulturevents ansetzt. Es ist eine soziale, leicht chaotische Szene und ein guter Ort, um Einheimische kennenzulernen. Zu essen gibt es eine vernünftige Auswahl an Pizza und Ähnlichem mit mehreren veganen Optionen.

El Cairo BAR
(www.barelcairo.com; Ecke Sarmiento & Santa Fe; Mo-Do 8–13, Fr & Sa 8–14, So 10–1 Uhr;) Das klassische Rosario-Café ist elegant, hat hohe Decken und riesige Glasfenster, durch die

sich wunderbar die Passanten beobachten lassen (die natürlich auch umgekehrt gern einen Blick hineinwerfen). Ein Besuch ist zu jeder Tageszeit reizvoll, besonders aber am Abend, dann werden Cocktails gemixt und gutes argentinisches Kneipenessen aufgetischt. Das Café ist übrigens eines der wenigen Lokale, in denen *Mate* serviert wird.

El Diablito   PUB
(Maipú 622; Di–Sa 21–3.30 Uhr) Die rote Beleuchtung erinnert an die Vergangenheit des Hauses als Bordell und verhilft der Kneipe zu einer ganz eigenen Atmosphäre. Als Soundtrack läuft Rock der 1970er- und 1980er-Jahre; Buntglas-Paneele und altersfleckige Spiegel dominieren das opulente Dekor. Ein klassisches Ausgehlokal.

Costello   CLUB
(Rivadavia 2455; Do 18–4.30, Fr & Sa 22–5.30, So 21–2.30 Uhr) Ein riesiger Club in Flussnähe, der vor lauter feiernden *rosareños* aus allen Nähten platzt. Es werden regelmäßig Mottonächte veranstaltet, die mit Lasereffekten, Leuchtmarkern und Konfetti für Stimmung sorgen. Unkompliziert und einladend.

Jekyll & Hyde   BAR
(www.jekyllhyde.com.ar; Mitre 343; Mo–Fr 7–1, Fr & Sa 10–2 Uhr;) Diese Bar ist sogar wandelbarer als ihr Namenspatron. Sie ist in einem noblen Gebäude untergebracht, das auf kunstvolle Weise nur halb restauriert wurde. Fliesen im Schachbrettmuster, blanke Ziegelwände und Antiquitäten vereinen sich zu einem ansprechenden Ambiente, in dem sich die Menschen zum Frühstück, Mittagessen, nach der Arbeit oder abends auf einen Drink treffen. Zur Unterhaltung wird Comedy oder Live-Rockmusik geboten.

Bound   CLUB
(Blvd Oroño 198; Fr & Sa ab 21 Uhr) Diese stylishe Location im Herzen der belebtesten Nightlife-Zone gilt als Rosarios beste *boliche*. Allerdings wird hier eine ziemlich rabiate Einlasskontrolle betrieben.

☆ Unterhaltung

Es gibt eine Menge Tangoveranstaltungen in Rosario; am besten holt man sich in der Touristeninformation die Monatsbroschüre, in der alle aufgelistet sind, oder informiert sich unter www.rosarioturismo.com.

La Casa del Tango   TANGO
(www.facebook.com/casadeltangorosario; Av Illia 1750; Mo–Fr 9–12 Uhr) Das Tango-Zentrum informiert über Vorführungen und Unterricht in der ganzen Stadt, bietet oft günstigen und unterhaltsamen Abendunterricht an und veranstaltet diverse Events. Die regelmäßigen Konzerte samstags um 21 Uhr (100 Arg$) sind wirklich günstig. Außerdem gibt es ein gutes Café und Restaurant. Das Zentrum liegt an der Uferpromenade unweit der Kreuzung mit der España.

Distrito Siete   LIVEMUSIK
(www.facebook.com/distritosie7e; Av Lagos 790; Mo–Do 9–1, Fr & Sa 9–4.30, So 18–1 Uhr;) Die lagerhallenartige Location wird von der örtlichen sozialen Bewegung Giros betrieben und präsentiert viele Live-Acts. Ansonsten gibt es Unterricht, Aktivitäten, eine günstige tägliche Mahlzeit und eine Bar.

Teatro El Círculo   THEATER
(0341-424-5349; www.teatroelcirculo.com.ar; Laprida 1235; Vorstellungen 150–500 Arg$; Eintrittskarten Mo–Fr 10–12.30 & 16–19.30, Sa 10–12.30 & 17 Uhr bis Vorstellungsbeginn) Das altehrwürdige Theater ist für seine hervorragende Akustik bekannt. Die regelmäßigen Aufführungen reichen von Folk und Klassik bis zur Oper. Von Dezember bis März werden Führungen angeboten: Montags, mittwochs und freitags um 10.30 und 17.30, samstags um 10.30 Uhr (125 Arg$).

🛍 Shoppen

Mercado de Pulgas del Bajo   MARKT
(Av Belgrano; Sa 14–20, So 12–20 Uhr) Auf dem kleinen Handwerkermarkt bei der Touristeninformation verkaufen Händler alles von Silberzeug bis Lederwaren. Am Flussufer gibt es weitere Wochenendmärkte, darunter ein Retromarkt am Sonntag nicht weit von der Stelle, an der der Oroño auf den „Küstenabschnitt" des Pichincha-Markts trifft.

❶ Praktische Informationen

Busbahnhof Touristeninformation (www.rosario.tur.ar; Terminal de Ómnibus; 9–19 Uhr) **Hospital Clemente Álvarez** (0341-480-8111; Av Carlos Pellegrini 3205) Südwestlich vom Stadtzentrum.

Post (www.correoargentino.com.ar; Córdoba 721; Mo–Fr 8–20 Uhr)

Touristenkiosk (Córdoba, nahe Av Corrientes; Mo–Fr 8–19, Sa 9–19, So 10–18 Uhr) In der Hauptfußgängerzone.

Touristeninformation (0341-480-2230; www.rosario.tur.ar; Av del Huerto; Mo–Fr 8–19, Sa 9–19, So 9–18 Uhr) Am Flussufer im Stadtzentrum. Sehr hilfreich.

❶ An- & Weiterreise

BUS

Das modernisierte **Fernbus-Terminal** (☏ 0341-437-3030; www.terminalrosario.gob.ar; Ecke Cafferata & Santa Fe) liegt 25 Blocks westlich der Innenstadt. Zu erreichen ist es mit jedem Bus, der die Santa Fe entlangfährt. Von dort in die Stadt geht es mit Bussen mit dem Ziel „Centro" oder „Plaza Sarmiento". Die Fahrt mit dem Taxi kostet ungefähr 80–110 Arg$. Zu den meisten Großstädten bestehen täglich Direktverbindungen, auch in die Nachbarländer.

Busse ab Rosario

REISEZIEL	FAHRPREIS (ARG$)	FAHRZEIT (STD.)
Buenos Aires	440	4
Córdoba	550	5½–7
Corrientes	1150	9–11
Mendoza	760	12–15
Paraná	235	3–3½
Posadas	1215	14–15
Salta	2150	14–17
Santa Fe	207	2½–3½
Tucumán	1436	11–13

Auto & Motorrad

Budget (☏ 0341-421-3594; www.budget.com.ar; Mitre 320; ⊙ Mo–Fr 9–13 & 15–19, Sa 9–13 Uhr)

Hertz/Thrify (☏ 0341-426-3400; www.hertz.com.ar; Mitre 747; ⊙ 8–20 Uhr)

FLUGZEUG

Aerolíneas Argentinas (☏ 0810-2228-6527; www.aerolineas.com.ar; España 840; ⊙ Mo–Fr 10–18, Sa 9–12 Uhr) fliegt mehrmals täglich nach Buenos Aires. Direktflüge nach Córdoba, El Calafate, Mendoza, Puerto Iguazú und Salta.

Avianca (www.avianca.com) fliegt nach Buenos Aires.

Copa (www.copa.com) bietet Direktflüge nach Panama.

Gol (www.voegol.com.br) fliegt nach Rio de Janeiro.

Latam (www.latam.com) hat Verbindungen nach Lima in Peru, São Paulo in Brasilien und Santiago in Chile.

Sky (www.skyairline.com) fliegt nach Santiago de Chile.

ZUG

Langsame Züge mit Klimaanlage fahren ab **Bahnhof Rosario Norte** (www.trenesargentinos.gob.ar; Av del Valle 2750; ⊙ Fahrkartenschalter Mo & Fr 8–14.30, Di–Do 8–13.30, Sa 17.30–13.30, So 12–13.30 Uhr) nach Buenos Aires (2. Klasse 255/210 Arg$, sieben Std.). Tgl. um 1.23 Uhr fährt ein Zug ab dem Bahnhof Rosario Sur (www.trenesargentinos.gob.ar; Ecke San Martín & Battle y Ordóñez; ⊙ Fahrkartenschalter 18–2 Uhr), 7,5 km südlich des Stadtzentrums. Nach Buenos Aires geht ein Zug um 16.40 Uhr von El Retiro ab.

Selten verkehrende Züge auf der Strecke zwischen Buenos Aires und Córdoba sowie Buenos Aires und Tucumán halten nur in Rosario Norte. Sie sind schnell und frühzeitig ausgebucht.

Die Buslinie 140 fährt die Sarmiento hinunter Richtung Süden zum Bahnhof Rosario Sur. Der Bus 134 nach Norden die Mitre hinauf hält nur einen Block von Rosario Norte entfernt.

❶ Unterwegs vor Ort

Rosarios öffentliches Verkehrsnetz ist gut ausgebaut und übersichtlich. Wenn man sich erst einmal orientiert hat, kommt man gut zurecht und benötigt kein Taxi.

ZUM/VOM FLUGHAFEN

Zum **Flughafen** (Fisherton; ☏ 0341-451-3220; www.aeropuertorosario.com; Av Jorge Newbery s/n, Fisherton), der 8 km westlich gelegen ist, verkehrt die Buslinie 115 Richtung Westen auf der Santa Fe. Die Fahrt mit dem Taxi kostet etwa 300 Arg$.

FAHRRAD

Touristen können das öffentliche Fahrradmietsystem „Mi Bici Tu Bici" nutzen, das überall in der Stadt Stationen unterhält. Ein Tagesticket kostet 12,50 Arg$. Doch bei jeder Fahrt muss man sich nach 30 Minuten wieder ausbuchen. Dazu werden ein Smartphone und eine Kreditkarte benötigt. Die App von „Mi Bici Tu Bici" downloaden und einen Code generieren, der dann in die Tafel an der Station eingegeben wird. Man braucht einen lokalen Anbieter für mobile Daten oder sollte eine Station nahe eines WLAN-Hotspots wählen, da die Codes schnell ungültig werden.

Wer ein Fahrrad mieten möchte, wird bei **Rosario Kayak & Motor Boat Tours** (S. 167) an der Estación Fluvial fündig. Dort gibt es gut ausgestattete Stadträder für 150 Arg$ pro Tag. Erforderlich dafür sind der Reisepass und eine Kaution von 300 Arg$.

BUS

Innerstädtische Busse fahren an der Plaza Sarmiento (siehe www.rosario.gov.ar zur Routenplanung) ab. Man kann den Fahrpreis von 10,50 Arg$ in Münzen bezahlen. Wer aber nicht gerade ein Sparschwein geschlachtet hat, kommt sehr viel besser mit einer wiederaufladbaren Tarjeta-Movi-Karte für 30 Arg$ zurecht, die es an kleinen Schaltern an vielen größeren Bushaltestellen im Zentrum zu kaufen gibt. Der Preis pro Fahrt sinkt damit auf 9,70 Arg$.

Santa Fe

🎵 0342 / 569 120 EW.

Es gibt einen meilenweiten Unterschied zwischen Santa Fes entspannter Innenstadt, in der die Kolonialbauten in feuchter Hitze anmutig verwittern, und einer Freitagnacht in Santa Fes Stadtteil Recoleta, in der die Studenten in Dutzenden von Bars und Kneipen die Nacht zum Tag machen. Für Santa Fe, die Provinzhauptstadt mit ihrer kleinstädtischen Atmosphäre, sollte man am besten ein oder zwei Tage einplanen.

Die noch erhaltenen Kolonialgebäude in Santa Fe liegen alle in fußläufiger Entfernung von der Plaza 25 de Mayo. Die Avenida San Martín, nördlich des Platzes, ist die Haupteinkaufsstraße; ein Teil bildet einEN attraktiveN *peatonal* (Fußgängerzone), die von Palmen und Terrassen gesäumt wird.

Richtung Osten überquert eine Brücke den Fluss, im weiteren Verlauf verbindet ein Tunnel unter dem Río Paraná Santa Fe mit seiner Zwillingsstadt Paraná, die sich in der Provinz Entre Ríos befindet.

Geschichte

Santa Fe (de la Veracruz) wurde im Jahr 1573 an einem Ort 76 km weiter nördlich gegründet (heute Cayastá). 1660 wurde es wegen ständiger Überschwemmungen an den heutigen Platz verlegt. Argentiniens erste Verfassung wurde im Jahr 1853 von einer Versammlung ratifiziert, die hier in Santa Fé zusammengetreten war.

Die kürzlich erfolgte Sanierung des Uferbereichs hat der historischen Stadt zusätzliche Attraktivität verliehen.

⊙ Sehenswertes

★ Convento y Museo de San Francisco   KLOSTER

(Amenábar 2257; 20 Arg$; ⊙ Di–Fr 8–12.30 & 15.30–19, Sa 8–12 & 16–19 Uhr) Die bedeutendste historische Sehenswürdigkeit der Stadt ist das 1680 erbaute Franziskanerkloster. Das zugehörige Museum ist eher mittelmäßig, die Kirche mit ihrer exquisiten Holzdecke dagegen wunderschön. Der hübsche Kreuzgang voller Vogelgezwitscher und Blumenduft verströmt eine wahrhaft koloniale Atmosphäre. Eine Handvoll Mönche lebt noch innerhalb der Klostergemäuer.

Beim Betreten der Kirche steht auf der linken Seite ein schöner polychromer Christus, ein Werk des kauzigen spanischen Meisters Alonso Cano. Die spanische Königin sandte die Holzskulptur aus Mitgefühl, als die Siedlung im 17. Jh. verlegt werden musste. Ein Altar markiert ein Stein das Grab eines Priesters, der von einem Jaguar getötet wurde, als dieser während der Überschwemmung 1825 Zuflucht in der Kirche suchte.

★ Museo Histórico Provincial   MUSEUM

(www.museobrigadierlopez.gob.ar; Av San Martín 1490; ⊙ Di–Fr 8.30–12.30 & 14.30–20.30, Sa & So 17.30–20.30 Uhr) GRATIS Das Museum in einem entzückenden Gebäude aus dem 17. Jh. präsentiert die verschiedenartigen Besitztümer und Erinnerungsstücke von diversen Provinzgouverneuren und *caudillos* (regionale Anführer), außerdem sakrale Kunst und schöne antike Möbel, darunter eine Sänfte, in der sich der Vizekönig von Río de la Plata umhertragen ließ. Die oben genannten Öffnungszeiten gelten übrigens für den Sommer; im übrigen Jahr ist das Museum in der Mittagszeit nicht geschlossen.

Museo Etnográfico y Colonial Provincial   MUSEUM

(www.museojuandegaray.gob.ar; 25 de Mayo 1470; Spende 5 Arg$; ⊙ Di–Fr 8.30–12.30 & 15–19, Sa & So 8.30–12.30 & 16–19 Uhr) Das Museum, das mit herzerwärmender Begeisterung von einem ortsansässigen Lehrer geleitet wird, präsentiert chronologisch geordnet Steinwerkzeuge, Guaraní-Keramik, Schmuckstücke, verzierte Ziegel und diverse Gegenstände aus der Kolonialzeit. Zu den Highlights zählen ein koloniales *Tablas*-Spiel (es entspricht Backgammon) und ein maßstabsgetreues Modell der ursprünglichen Siedlung Santa Fe. An den Nachmittagen variieren die Öffnungszeiten.

Plaza 25 de Mayo   PLATZ

Das Zentrum des kolonialzeitlichen Santa Fe ist ein friedlicher Platz, der von schönen Gebäuden umrahmt wird. Die riesige Casa de Gobierno wurde im Jahr 1909 als Ersatz für den abgerissenen *cabildo* (Stadtratsgebäude), 1853 Sitz der verfassunggebenden Versammlung, erbaut. An der Ostseite des Platzes steht die Jesuitenkirche Iglesia de la Compañía. Hinter der merklich schlichten Fassade verbirgt sich ein reich geschmückter Innenraum. Die Kathedrale, die in der Mitte des 18. Jhs. errichtet wurde, ist vergleichsweise weit weniger eindrucksvoll.

Estación Belgrano   SEHENSWERTES GEBÄUDE

(Bulevar Gálvez) Der großartige alte Bahnhof in Flussnähe zeigt, wie lebhaft es schon früher im Regionalzentrum Santa Fe zuging.

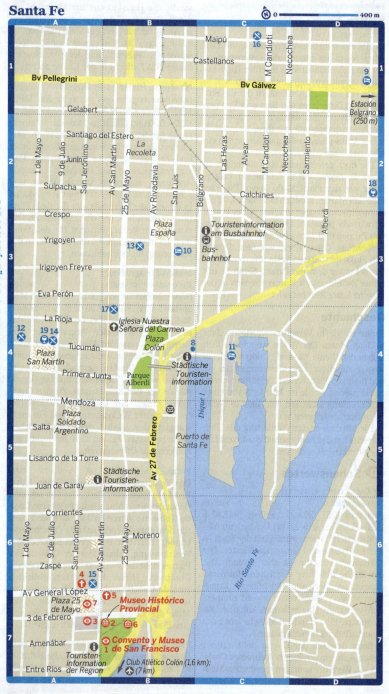

Santa Fe

Highlights
1 Convento y Museo de San Francisco.................................... B7
2 Museo Histórico Provincial B7

Sehenswertes
3 Casa de Gobierno A7
4 Cathedral... A6
5 Iglesia de la Compañía....................... B7
6 Museo Etnográfico y Colonial Provincial... B7
7 Plaza 25 de Mayo A7

Aktivitäten, Kurse & Touren
8 Costa Litoral B4

Schlafen
9 Ámbit Boulevard D1
10 Hotel Constituyentes B3
11 Los Silos C4

Essen
12 El Aljibe A4
13 La Boutique del Cocinero B3
14 Makánun Diáafah A4
15 Merengo A6
16 Nesta...C1
17 Restaurante España B4

Ausgehen & Nachtleben
18 Patio de la Cerveza D2
19 Uh Lala A4

Das Gebäude wurde inzwischen zu einer Ausstellungshalle umgebaut, die man jederzeit kostenlos besichtigen kann.

Geführte Touren

Costa Litoral BOOTSTOUREN
(0342-456-4381; www.costalitoral.info; Dique 1) Vom neu gestalteten Hafenareal läuft ein großer Katamaran zu Ausflügen rund um die Flussinseln aus. Angeboten werden zweistündige Touren (Erw./Kind 250/130 Arg$, Sa 17 Uhr) und einstündige Fahrten (Erw./Kind 180/130 Arg$, So 17 Uhr). Alternativ fahren die Boote nach Paraná (Erw./Kind 350/150 Arg$, 5½ Std., So 14 Uhr), mit ein paar Stunden Aufenthalt, um die Stadt zu besichtigen. Die Fahrkarten werden in dem Café gegenüber vom Anleger verkauft.

Schlafen

In der Gegend rund um den Busbahnhof finden sich zahlreiche günstige Unterkünfte. Sehr viele Hotels gewähren bei Barzahlung einen gewissen Preisnachlass.

Hotel Constituyentes HOTEL $
(0342-452-1586; www.hotelconstituyentes.com.ar; San Luis 2862; EZ/DZ/3BZ 38/47/59 US$, ohne Bad 20/29/35 US$; P※@🛜) Geräumige Zimmer, niedrige Preise und die Nähe zum Busbahnhof sind die wichtigsten Pluspunkte dieser entspannten Unterkunft. Luxuriös ist sie nicht, aber die Besitzer bemühen sich ständig um Verbesserungen. So gibt das Hotel eine angenehme Budgetunterkunft ab. Die vorderen Räume leiden unter dem Straßenlärm. Das Frühstück kostet extra.

★**Ámbit Boulevard** BOUTIQUEHOTEL $$
(0342-455-7179; www.ambithotel.com.ar; Blvd Gálvez 1408; gehobene Ausstattung/Premium-Zi. 100/112 US$; P※🛜≋) Das Herrenhaus aus dem frühen 20. Jh. ist zu einem kompakten, wirklich hübschen Hotel umgestaltet worden. Die außergewöhnlich dekorierten Zimmer wurden im Rahmen eines Wohltätigkeitsprojekts von verschiedenen Architekten unterschiedlich gestaltet – alle sind zauberhaft. Die Räumlichkeiten der Premiumkategorie verfügen über hohe Decken und wunderbare Dielen.

Ein kleines Tauchbecken im Spa-Stil befindet sich zwischen den Stockwerken.

Los Silos HOTEL $$
(0342-450-2800; www.hotellossilos.com.ar; Dique 1; EZ/DZ ab 94/109 US$; P※@🛜≋) Santa Fes marode Uferbebauung ist mittlerweile saniert worden, und dieses kreativ gestaltete Hotel ist nun eines der Prunkstücke. Das heutige Gebäude ist aus dem Umbau ehemaliger Getreidesilos entstanden. Los Silos präsentiert sich mit originellen, gerundeten Zimmern mit fantastischer Aussicht und moderner Ausstattung; einige Räume könnten allerdings eine Auffrischung vertragen. Der Blick von der Dachterrasse mit Swimmingpool, Spa und Sonnendeck ist toll, der Service durchweg ausgezeichnet.

Essen

Preisgünstige Restaurants befinden sich vor allem gegenüber dem Busbahnhof und im Viertel La Recoleta, das für sein lebhaftes Nachtleben bekannt ist.

Merengo BÄCKEREI $
(Av General López 2632; Alfajores ab 24 Arg$; 8–22 Uhr) Im Jahr 1851 klebte Merengo zwei Kekse mit *dulce de leche* (Milchkaramell) zusammen und erfand so den *alfajor*, heute dAS Lieblingsgebäck der Argentinier. Das Geschäft mit dem Doppelkeks aus Mürbe-

1. Monumento Nacional a La Bandera (S. 165), Rosario
An diesem Ort wurde die blau-weiße Landesfahne erstmals gehisst. Der Obelisk bezeichnet aber auch den Ort, an dem der Schöpfer der Flagge, Manuel Belgrano, beigesetzt wurde.

2. Carnaval, Gualeguaychú (S. 203)
Im Sommer verwandelt sich die ansonsten ruhige Stadt in eine echte Karnevalshochburg.

3. Parque Esteros del Iberá (S. 192)
Das rund 18 000 ha große Feuchtgebiet zählt zu den schönsten Naturlandschaften Südamerikas, in denen man Wildtiere beobachten kann, darunter auch den Sumpfhirsch.

4. San Ignacio Miní (S. 212)
Diese sehr stimmungsvollen Ruinen einer Missionsstation zählen zu den besterhaltenen des Landes.

teig läuft immer noch gut: Dieser schnuckelige Laden liegt an der Plaza und ist nur eine von mehreren Filialen.

Makánun Diáafah
NAHÖSTLICH **$**

(Ecke Tucumán & 9 de Julio; Gerichte 15–100 Arg$; ⊙ Di-Sa 11.30–14.45 & 19.30–23.45 Uhr) Fantastisch schmeckende libanesische Küche zu supergünstigen Preisen. In diesem fröhlichen, hellen Ecklokal kommen außerdem große Portionen auf den Tisch. Man sollte frühzeitig da sein, da man nicht reservieren kann – und hier ist immer viel los.

★ La Boutique del Cocinero
INTERNATIONAL **$$**

(☎ 0342-456-3864; www.laboutiquedelcocinero.com; Yrigoyen 2443; Festpreismenü 170–210 Arg$, Hauptgerichte 250 Arg$; ⊙ Mo-Sa 21–1 Uhr) In diesem innovativen Lokal, einem beliebten Treffpunkt, liegt direkt neben den Tischen eine offene Küche. Montags wird ein festes Menü nach Art des Hauses angeboten, dienstags und mittwochs ein italienisches Menü mit Vorspeise, Hauptgericht und Dessert. An den anderen Abenden können die Gäste à la carte bestellen, die kleine Karte führt vor allem internationale Gerichte. Angenehme Atmosphäre, einladendes Lokal.

Nesta
ARGENTINISCH **$$**

(☎ 0342-15-595-1983; www.facebook.com/nesta.restobar; Maipú 1964; Hauptgerichte 170–240 Arg$; ⊙ Mi-So 21–0.30 Uhr; 🛜) Die Einrichtung im Hippiestil und die einladende Terrasse an der Rückseite des Hauses in einem ruhigen, grünen Barrio verwandeln dieses Lokal in ein perfektes Plätzchen für einen entspannten Abend. Die kleine, aber interessante Speisekarte führt Tacos, Salate, Pizzas, vegetarische Gerichte und eine Reihe traditioneller Fleischgerichte, die auch Gourmets begeistern. Alles wird aus frischen, gesunden Zutaten zubereitet. Im Hintergrund ertönen Reggae oder Beats zum Chillen. Gute Drinks. Am Wochenende besser reservieren.

El Quincho de Chiquito
ARGENTINISCH **$$**

(☎ 0342-460-2608; Ecke Brown & Obispo Principe; Festpreismenü 270 Arg$; ⊙ 11.30–15 & 20 Uhr bis

---

ABSTECHER

CAYASTÁ-RUINEN

Ein interessanter Tagesausflug führt an den ursprünglichen Standort der Siedlung Santa Fe, nach Cayastá, einer hübschen kleinen Ortschaft am Ufer des Río San Javier. Die Ruinen der Siedlung erstecken sich am Rand der Stadt und wurden in das **Museum** umgewandelt (Santa Fe la Vieja; ☎ 03405-493056; www.santafelavieja.gob.ar; RP1, Km 78; 25 Arg$; ⊙ Okt.–März Di–Fr 9–13.30 & 15–19.30, Sa & So 10–13 & 16–19 Uhr, April–Sept. Di–Fr 9–13.30 & 14–18.30, Sa & So 12–18 Uhr).

Der Fluss hat leider bereits einen großen Teil der Ruinen weggespült. Die archäologischen Arbeiten sind noch nicht abgeschlossen. Die faszinierendste Entdeckung an diesem Ort war mit Sicherheit die **Iglesia de San Francisco**. Innerhalb der Kirche waren die spanischen Einwohner sowie die Mestizen des alten Santa Fe beerdigt worden – inzwischen hat man im Boden der Kirche beinahe 100 Gräber freigelegt. Die Skelette wurden durch Nachbildungen ersetzt, doch die Atmosphäre ist und bleibt unheimlich.

Hier wurde auch das Grab von Hernando Arias de Saavedra („Hernandarias") entdeckt. Er war der erste vor Ort geborene Gouverneur der Provinz Río de la Plata und liegt hier zusammen mit seiner Frau Jerónima begraben. Sie war die Tochter von Juan de Garay, dem Gründer von Santa Fe und auch von Buenos Aires.

Auch die Überreste von zwei weiteren Kirchen (ursprünglich waren es sechs Gotteshäuser) und dem *cabildo* (Stadtrat) sind noch zu besichtigen, außerdem ein ansprechender Nachbau eines Hauses aus der damaligen Zeit. Nahe am Eingang befindet sich ein attraktives Museum, in dem u. a. hochwertige Keramik der indigenen Bevölkerung mit Darstellungen von Papageien und Menschen ausgestellt ist. Letzter Einlass ist unweigerlich eine Stunde vor der Schließung.

Cayastá liegt 76 km nordöstlich von Santa Fe an der RP1; vom Busbahnhof in Santa Fe unterhält Paraná Medio regelmäßige Verbindungen hierher (96 Arg$, 1½ Std.). Am besten bittet man den Fahrer, bei *las ruinas*, 1 km vor Cayastá, zu halten.

Wer an einem Vormittag einen Besuch der Ruinenanlage plant, sollte den Bus um 6, 7 oder 9 Uhr von Santa Fe hierher nehmen.

Mitternacht) Diese legendäre Institution an der *costanera* liegt etwa 6 km nördlich der Innenstadt und ist *der* Ort, um Flussfisch zu essen. Die Einrichtung ist schlicht, die Auswahl klein: Die vier oder fünf Gänge mit köstlichem Surubí, Sábalo oder Pacú werden direkt an den Tisch gebracht; man kann nachbestellen, so oft man möchte. Getränke kosten extra, sind aber sehr preiswert.

Die Fahrt mit dem Taxi hierher kommt auf ungefähr 120 Arg$ pro Strecke (das Personal ruft gerne eins für die Rückfahrt), oder man nimmt die Buslinie 16 ab jedem beliebigen Punkt an der Uferstraße.

Restaurante España — ARGENTINISCH $$
(0342-455-2471; www.lineaverdehoteles.com.ar; Av San Martín 2644; Hauptgerichte 175–260 Arg$; 11.30–15 & 20–24 Uhr;) Das Hotelrestaurant liegt in der Fußgängerzone und ist ein nettes Lokal mit hohen Decken, aufmerksamem und korrekt gekleidetem Personal sowie einer etwas altmodischen, aber sehr angenehmen Atmosphäre.

Auf der riesigen Speisekarte finden sich Fisch (sowohl Fluss- als auch Meeresfische), Steaks, Pasta, Huhn und Crêpes. Um den Namen zu rechtfertigen, findet man auf der Karte auch ein paar spanische Gerichte. Die Weinkarte ist sehr ansprechend.

El Aljibe — ITALIENISCH $$
(0342-456-2162; Tucumán 2950; Hauptgerichte 175–240 Arg$; Di–Sa 12–14.30 & 21–0.30, So & Mo 12–14.30 Uhr;) Dieses ansprechende italienische Lokal, dessen Name übersetzt Zisterne bedeutet, punktet nicht nur mit der anheimelnder Beleuchtung und großer Herzlichkeit, sondern vor allem mit seinem Essen, wofür gute Zutaten für die knackigen Salate, schmackhafte Pasta und saftigen Fleischgerichte verwendet werden.

Ausgehen & Nachtleben

Santa Fes Nachtleben konzentriert sich an der Ecke 25 de Mayo und Santiago del Estero, das Areal wird auch „La Recoleta" genannt. An den Wochenenden wird hier nachts ausgelassen gefeiert – ein verrückter Kontrast zu dem eher behäbigen Tempo in der Innenstadt. Beliebtheit und Namen der Lokale wechseln hier jedoch sehr häufig, also sollte man sich am besten selbst in den Dutzenden von Bars umsehen.

Uh Lala — BAR
(0342-455-7633; Tucumán 2832; Mo–Mi 8–12.30 & 16.30–23, Do–Sa 8–12.30 & 16.30 Uhr bis spätabends) Das Uh Lala, eine coole, unkonventionelle Café-Bar mit freundlichem Personal, ist genau der richtige Ort, um sich bei einem Kaffee oder einem Drink am Abend unter die Einheimischen zu mischen.

Von Donnerstag bis Samstag gibt es Unterhaltung in Form von Stand-up-Comedy oder Livemusik.

Patio de la Cerveza — BRAUEREI
(Ecke Calchines & Lavalle; 18–1 Uhr) Dieser malerische Biergarten gehört zur gegenüber gelegenen Brauerei Santa Fe: Das Lagerbier wird durch eine „Bier-Pipeline" über die Straße gepumpt. Es ist auch ein wunderbarer Platz im Freien für ein frisches *liso*, wie das Fassbier hier genannt wird, die traditionell in zylindrischen, nach oben breiter werdenden 0,25-l-Gläsern serviert werden.

Auf der Speisekarte stehen eher deftige Gerichte, darunter Brotzeitteller und Sandwiches, es gibt aber auch Salate.

Unterhaltung

Der beste *Fútbol*-Verein der Stadt, der CA Colón (www.clubcolon.com.ar), ist der reinste Überflieger, wenn man die Größe der Stadt bedenkt. Die Mannschaft kickt in der ersten argentinischen Liga und hat auch schon an der Copa Sudamericana teilgenommen. Gespielt wird im Estadion Brigadier General Estanislao López; dort kann man auch die Eintrittskarten kaufen.

🛈 Praktische Informationen

Touristeninformation am Busbahnhof (0342-457-4124; www.santafeturismo.gov.ar; Belgrano 2910; 8–20 Uhr)
Hospital Provincial José María Cullen (0342-457-3340; Av Freyre 2150)
Städtische Touristeninformation (0342-457-4123; www.santafeturismo.gov.ar; Dique 1, Puerto de Santa Fe; Mo–Fr 7–20, Sa & So 10–16 Uhr) Unter dem alten Stahlkran am Hafeneingang.
Post (Mendoza 2430; Mo–Fr 8–20 Uhr)

🛈 An- & Weiterreise

Aerolíneas Argentinas (www.aerolineas.com.ar; 25 de Mayo 2287; Mo–Fr 9.30–17.30, Sa 9–12 Uhr) fliegen nach Buenos Aires. Der Flughafen liegt etwa 7 km südlich der Stadt an der RN11. Eine Fahrt mit der *remise* (Taxi) dorthin kostet etwa 200 Arg$.

Vom **Busbahnhof** (0342-457-4124; www.terminalsantafe.com; Belgrano 2910) bestehen Verbindungen in alle Landesteile. Busse ins benachbarte Paraná fahren regelmäßig, sind

Busse ab Santa Fe

REISEZIEL	FAHRPREIS (ARG$)	FAHRZEIT (STD.)
Buenos Aires	680	6–7½
Córdoba	625	5
Corrientes	908	6½–8
Paraná	26	¾
Posadas	1036	12
Resistencia	908	6½–8
Rosario	207	2
Tucumán	1085	11½

aber oftmals überfüllt: Reisende müssen sich auf lange Schlangen einstellen. Mit einer *remise* kostet die Fahrt 600 Arg$.

❶ Unterwegs vor Ort

Im Tourismusbüro am alten Belgrano-Bahnhof können Reisende kostenlos **Fahrräder mieten** (◷ 9–19 Uhr). Dazu muss man seinen Ausweis sowie eine Geschäftskarte des Hotels vorlegen, in dem man abgestiegen ist.

Paraná

☎ 0343 / 367 790 EW.

Das unprätentiöse Paraná, Hauptstadt der Provinz Entre Ríos, ist ein beschauliches Städtchen am hügeligen Ufer des gleichnamigen Flusses. Es verfügt über eine hübsche Uferpromenade für Spaziergänge und einige kleinere Attraktionen. Paraná war von 1853 bis 1861 Hauptstadt der Argentinischen Konföderation (ohne Buenos Aires).

Ein Tunnel unter dem Hauptarm des Río Paraná verbindet die Stadt mit Santa Fe.

◉ Sehenswertes

★ Museo y Mercado Provincial de Artesanías
KUNSTHANDWERK

(Av Urquiza 1239; ◷ Mo–Fr 7–13 & 16–20, Sa 9–12 Uhr) Das sympathische, kleine Museum fördert das Kunsthandwerk in der ganzen Provinz. Der Kurator steht gern für Erläuterungen zur Verfügung; die Komplexität einiger Arbeiten, beispielsweise der Hüte aus dicht verwobenen Palmfasern, ist wirklich erstaunlich. Ausstellungsstücke, die man auch im Museumsshop kaufen kann, sind durch Aufkleber gekennzeichnet.

Museo Histórico de Entre Ríos
MUSEUM

(Ecke Buenos Aires & Laprida; Spende 10 Arg$; ◷ Di–Fr 8–12.30 & 15–20, Sa 9–12 & 16–19, So 9–12 Uhr) Das moderne Museum an der Plaza Alvear strotzt nur so vor Lokalstolz. Zu finden sind hier Informationen über die kurzlebige Republik von Entre Ríos und die Schlacht am Monte Camperos, außerdem Mate-Utensilien und Porträts von Urquiza.

Ein Großteil dieser Sammlung stammt von einem hiesigen Dichter.

Costanera
UFERPROMENADE

Vom nördlichen Rand der Innenstadt fallen die Hänge des Parque Urquiza steil zum Ufer des Río Paraná ab. Während der Sommermonate kommen viele Leute zum Spazierengehen, Angeln und Baden hierher. Es gibt einen öffentlichen Strand, **Playa El Parque**, westlich vom Privatstrand des Paraná Rowing Club. Schöner sind aber die **Playas de Thompson**, die etwa 1 km weiter östlich jenseits des Hafens liegen.

☛ Geführte Touren

Regelmäßige Ausflüge mit kleinen Booten (150–200 Arg$) starten am Wochenende (im Sommer täglich) hinter der Touristeninformation an der *costanera*. Vor der Buchung sollte man allerdings die Sicherheitsvorkehrungen unter die Lupe nehmen.

Costa Litoral
BOOTSTOUREN

(☎ 0343-423-4385; www.costalitoral.info; Buenos Aires 212) An Wochenenden veranstaltet der Anbieter einstündige Flussrundfahrten (180 Arg$) mit einem großen Katamaran sowie Überfahrten nach Santa Fe. Die Touren starten in der Nähe der Touristeninformation an der *costanera*.

🛏 Schlafen

★ Las Mañanitas
HOTEL $

(☎ 0343-407-4753; www.lasmanianitas.com.ar; Car-bó 62; EZ/DZ 35/50 US$; ✱@☎☲) In dieser angenehm entspannten, kleinen Budgetunterkunft stellt sich gleich ein Sommerhaus-Feeling ein. Es gibt neun Zimmer an einem Innenhof und Garten mit Pool. Die Zimmer sind farbenfroh und komfortabel; die Bandbreite reicht von recht dunklen Duplex-Zimmern bis zu schlichteren, helleren Räumen – letztlich machen aber die Harmonie und Freundlichkeit der ganzen Anlage den Charme dieser Unterkunft aus.

Paraná Hostel
HOSTEL $

(☎ 0343-422-8233; www.paranahostel.com.ar; Pazos 159; B/DZ 13/31 US$; P✱@☎) Dieses ruhige Hostel für Traveller mitten im Zentrum von Paraná bietet Sicherheit, einen von Bäu-

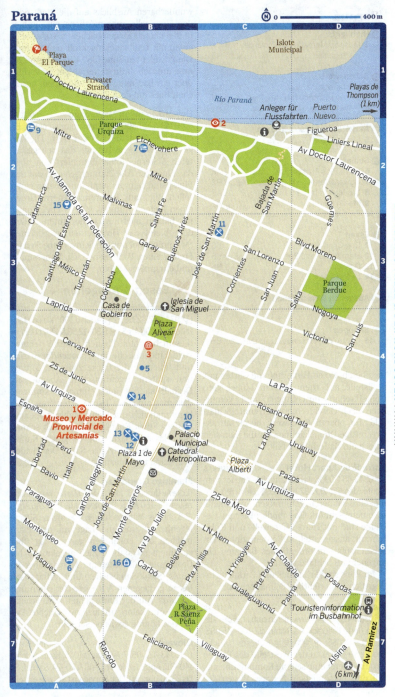

Paraná

⊙ Highlights
1 Museo y Mercado Provincial de Artesanías A5

⊙ Sehenswertes
2 Costanera C2
3 Museo Histórico de Entre Ríos B4
4 Playa El Parque A1

⊕ Aktivitäten, Kurse & Touren
5 Costa Litoral B4

🛏 Schlafen
6 Entre Ríos Apart Hotel A6
7 Howard Johnson Mayorazgo B2
8 Las Mañanitas A6
9 Maran Suites A2
10 Paraná Hostel B5

✖ Essen
11 Don Charras C3
12 Flamingo Grand Bar B5
13 Giovani B5
14 La Pasteleria B4

⊙ Ausgehen & Nachtleben
15 Pasaje 501 .... A2

⊙ Shoppen
16 Centro de Artesanos B6

---

men beschatteten Hinterhof und Garten mit Grillstelle, außerdem hübsche Möbel, gute Gemeinschaftseinrichtungen und gemütliche, nach Geschlechtern getrennte Schlafsäle. Im oberen Stockwerk liegen attraktive, luftige Doppelzimmer, für die man sich jedoch ein Badezimmer teilt.

Entre Ríos Apart Hotel   APARTMENT $
(☏ 0343-484-0906; www.aparthotel-entrerios.com; Montevideo 55; Zi./3BZ 67/81 US$; P ✱ 🛜) Die makellos sauberen, geräumigen Apartments in einem schnörkellos modernisierten Gebäude sind mit Herd, Mikrowelle und Kühlschrank ausgestattet. Außerdem gibt es ein Ausziehsofa, ein ordentliches Bad und ein angenehmes Schlafzimmer.

Im Preis sind Frühstück und Parkplatz inbegriffen – ein richtiges Schnäppchen.

Maran Suites   HOTEL $$
(☏ 0343-423-5444; www.maran.com.ar; Ecke Alameda de la Federación & Mitre; EZ 106–115 US$, DZ 124–138 US$; P ✱ @ 🛜 ≋) Dieses schicke moderne Hotel an der Westseite des Parque Urquiza bietet eine seltene Kombination aus Stil und persönlichem Service. Wegen des wunderbaren Ausblicks auf die Stadt oder den Fluss sollte man möglichst ein Zimmer in den oberen Etagen buchen; alle sind sehr geräumig und geschmackvoll eingerichtet. Die Präsidenten-Suite (380 US$) ist groß genug, um sich darin zu verlaufen; sie verfügt über ein Bad mit Jacuzzi und einem herrlichen Blick auf dem Fluss.

Howard Johnson Mayorazgo   HOTEL $$
(☏ 0343-420-6800; www.hjmayorazgo.com.ar; Etchevehere; Zi. ab 109 US$; P ✱ 🛜 ≋) Die lange, geschwungene Fassade des neu gestalteten 5-Sterne-Hotels dominiert von oben das Flussufer. Alle Zimmer schauen auf den Fluss, sind sehr geräumig und bieten einen tollen Blick aus Panoramafenstern. Gegen einen kleinen Aufpreis gibt es ein Zimmer mit Balkon, allerdings weiter unten. Außerdem bietet das Hotel einen überdachten Swimmingpool und ein Schwimmbecken im Freien, einen Wellnessbereich, Fitnessraum und ein großes Kasino.

✖ Essen & Ausgehen

★ La Pastelería   CAFÉ $
(☏ 0343-422-2339; 25 de Junio 100; kleine Mahlzeiten 80–200 Arg$; ⊙ 8.30–12.30 & 17–21 Uhr) In diesem beliebten kleinen Eckcafé nehmen viele Einheimische ihre *merienda* zu sich und füllen so die Lücke zwischen Mittag- und spätem argentinischem Abendessen. Deshalb kann es auch einmal vorkommen, dass man auf einen Tisch warten muss. Hier kann man sich eine kleine Mahlzeit oder ein riesiges Stück Kuchen oder Gebäck schmecken lassen. Dazu gibt es guten Kaffee, Milchshakes und frische Säfte. Der Heidelbeer-Lassi ist fantastisch!

Flamingo Grand Bar   CAFÉ $
(Ecke Av Urquiza & José de San Martín; kleine Mahlzeiten 63–160 Arg$, Hauptgerichte 150–240 Arg$; ⊙ 8 Uhr bis Mitternacht; 🛜) Schicke Sitzgelegenheiten und die Lage an der Plaza machen das Lokal den ganzen Tag über zu einem attraktiven Ziel, angefangen bei Croissants und Säften am Morgen über *lomitos* (Steak-Sandwiches) und Mittagstisch bis zu gediegenen À-la-carte-Gerichten und *picadas*. Auf der Karte stehen auch vegetarische und kalorienreduzierte Gerichte. Der Service könnte etwas besser sein.

Giovani   ARGENTINISCH $$
(☏ 0343-423-0527; Av Urquiza 1045; Hauptgerichte 140–315 Arg$; ⊙ Mo–Fr 12–15 & 20–24, Sa bis 1, So bis 23.30 Uhr; 🛜) Der Service ist so wie er sein

sollte, dazu kommen Extras wie kostenloser Kaffee. Das schicke Restaurant im Stadtzentrum serviert ausgezeichnete Fleischgerichte und leckere Pasta. Außerdem gibt es eine gute Auswahl an Flussfischen und eine kultivierte, romantische Atmosphäre.

Don Charras PARRILLA $$
(0343-422-5972; Ecke José de San Martín & San Lorenzo; Hauptgerichte 150–280 Arg$; Di–Do 11.30–15 & 20.30–24, Fr-So 11.30–15 & 20.30–1 Uhr;) Die strohgedeckte *parrilla* mit viel Atmosphäre ist in Paraná sehr beliebt. Freitags und samstags gibt es über dem offenen Feuer gebratene Spezialitäten, ansonsten können die Gäste die übliche Auswahl an Fleischgerichten vom Holzkohlengrill und den eifrigen Service genießen. Die Schmorgerichte aus der Pfanne sind für drei oder mehr Leute gedacht. Vorspeisen, Getränke und die Salate vom Büfett sind zwar etwas überteuert, dafür kommen großzügige Fleischportionen auf den Tisch.

Pasaje 501 PUB
(Alameda de la Federación 501; Di–So 19–2 Uhr) Das Pasaje 501, eine herausgeputzte und geräumige Eckkneipe, besticht durch seine jugendlich frische Atmosphäre und einen kleinen Biergarten. Hier kann man sich am Abend ruhig niederlassen und ein paar Drinks genehmigen. Und die kleinen Gerichte wie Nachos, Burritos, Salate und Wraps bieten eine angenehme Abwechslung zur üblichen argentinischen Kost.

 Shoppen

Hübsches und hochwertiges Kunsthandwerk findet man im Museo y Mercado Provincial de Artesanías (S. 182)

Centro de Artesanos KUNSTHANDWERK
(0343-422-4493; www.facebook.com/centrodeartesanosparana; Ecke Av 9 de Julio & Carbó; April–Okt. Mo–Sa 9–13 & 16–20 Uhr, Nov.–März Mo–Sa 9–13 & 17–21 Uhr) Hier werden traditionelle *artesanías* (Kunsthandwerk) ausgestellt und verkauft. Einige Stücke sind von wirklich hoher Qualität, deshalb sind die Preise durchaus angemessen. Das Kulturzentrum nebenan präsentiert zeitgenössische Kunst und Fotoausstellungen, es bietet aber auch Workshops an.

Praktische Informationen

Die nützliche **Touristeninformation** (0343-423-0183; www.turismoparana.com.ar; Plaza 1 de Mayo s/n; Mo–Fr 8–21, Sa & So 9–20 Uhr) verteilt gute Broschüren. Weitere Zweigstellen befinden sich am **Río Paraná** (0343-420-1837; Laurencena & San Martín; 8–20 Uhr) und am **Busbahnhof** (0343-420-1862; 8–20 Uhr).
Hospital San Martín (0343-423-4545; www.hospitalsanmartin.org.ar; Presidente Perón 450)
Post (www.correoargentino.com.ar; Ecke 25 de Mayo & Monte Caseros; 8–20 Uhr)

An- & Weiterreise

Der Flughafen liegt 6 km südlich der Stadt und ist mit dem Bus Nr. 14 erreichbar, der vor der Post abfährt. Mit der *remise* (Taxi) kostet die Fahrt ca. 200 Arg$. Aerolineas Argentinas fliegt nach Buenos Aires.

Der **Busbahnhof** (0343-422-1282) liegt acht Blocks südöstlich des zentralen Platzes. Die Buslinien 1, 4, 5 und 9 fahren ins Zentrum. Alle 30 Minuten starten Busse nach Santa Fe (26 Arg$, 40 Min.). Zwei Unternehmen bedienen diese Route, wobei Etacera bequemer ist und Platz für Gepäck bietet.

Busse ab Paraná

REISEZIEL	FAHRPREIS (ARG$)	FAHRZEIT (STD.)
Buenos Aires	700	7–8
Colón	260	4–5
Concordia	205	4–5
Córdoba	685	6
Paso de los Libres	588	6–7
Rosario	235	3–3½

Unterwegs vor Ort

Für die Stadtbusse in Paraná benötigt man die Sube-Karte, die auch in vielen anderen Städten gültig ist. Damit kostet jede Fahrt 8,75 Arg$.

Corrientes

0379 / 398 160 EW.

Das stattliche Corrientes liegt unterhalb des Zusammenflusses des Río Paraná und des Río Paraguay, am gegenüberliegenden Ufer befindet sich die Zwillingsstadt Resistencia. Das Stadtzentrum von Corrientes ist hübsch – mit eleganten Bauten aus dem späten 19. und frühen 20. Jh., die den bunten Straßen einen verwitterten Anstrich verleihen. Die Einwohner zieht es an die *costanera*, wo sie bummeln, Eis essen, joggen oder mit

Corrientes

Freunden Mate schlürfen. Corrientes ist ein regionales Zentrum für indigenes Kunsthandwerk; vor allem die Guaraní-Kultur ist sehr präsent. Die Stadt ist berühmt für ihren Karneval und als Schauplatz von Graham Greenes Roman *Der Honorarkonsul*.

Sehenswertes

★ Costanera
UFERPROMENADE

Die *costanera* von Corrientes am Rande der Altstadt zählt zu den hübschesten am Río Paraná. Schattige Parkflächen, gold schimmernde Sandstrände und eine Vielzahl an Bars und Restaurants locken ab dem frühen Abend die halbe Stadt an: Alle treffen sich hier, um Sport zu treiben, etwas zu trinken oder entspannt zu bummeln.

Museo de Artesanías Tradicionales Folclóricas
MUSEUM

(Quintana 905; ⊙ Mo-Fr 8-12 & 15-19, Sa 9-12 & 16-19 Uhr) GRATIS Dieses faszinierende Museum ist in einem umgestalteten Kolonialgebäude untergebracht. Es gibt zwei kleine Ausstellungen mit erlesener traditioneller *artesanía* (Kunsthandwerk) sowie einen guten Laden. Doch das wirklich Spannende hier ist etwas ganz anderes: Das Beobachten der Schüler, die von den Meistern ihres Faches lernen, mit Leder, Silber und Holz handwerklich umzugehen. In anderen Räumen rund um den Innenhof verkaufen Kunsthandwerker ihre Stücke persönlich. Die kenntnisreichen und freundlichen Museumsführer sind begeistert bei der Sache.

Ein Besuch lohnt sich besonders an den Vormittagen, da dann mehr und unterschiedlichere Künstler am Werk sind. Es gibt auch einen Museumsshop.

Teatro Juan de Vera
THEATER

(☎ 0379-442-7743; www.teatrovera.com; San Juan 637; ⊙ Eintrittskarten Di-Fr 9-12.30 & 18-21, Sa 10-13 & 18-20 Uhr) GRATIS Ein beeindruckendes

Corrientes

◎ Highlights
1 Costanera...................................B2

◎ Sehenswertes
Museo Casa Martinez...................(s. 2)
2 Museo de Artesanías
   Tradicionales Folclóricas....................C1
3 Museo Histórico de Corrientes............C2
4 Teatro Juan de Vera............................C2

◎ Aktivitäten, Kurse & Touren
5 Playa Arazaty.....................................A4
6 Turistas Con Ruedas..........................B2

◎ Schlafen
7 Astro Apart Hotel................................C3
8 Bienvenida Golondrina........................C1
9 Don Suites..C1
10 La Alondra..C3
11 La Rozada..C1
12 Ñanderoga.......................................D2

◎ Essen
13 Cristobal del Puerto..........................C1
14 El Mirador del Paraná.......................A2
15 Ginger..A2
16 Martha de Bianchetti........................C2

◎ Ausgehen & Nachtleben
17 Confiteria Panambi..........................C2
18 El Flotante.......................................C1
19 Sherwood..A3

◎ Unterhaltung
20 Cantalicio..B3

◎ Shoppen
Museo de Artesanías
   Tradicionales Folclóricas............(s. 2)
21 Super Disco.....................................D2

Jugendstilgebäude – einfach am Kartenschalter nachfragen, ob man einen kurzen Blick in das wunderschöne Theater mit drei Rängen und bemalter Decke werfen darf.

Museo Histórico de Corrientes MUSEUM
(9 de Julio 1044; ⊕ Di–Fr 8–12 & 16–20 Uhr) GRATIS Das Museum rund um einen attraktiven Patio zeigt Waffen, antike Möbel, Münzen und Exponate zur Religions- und Stadtgeschichte. Die Zusammenstellung ist ein bisschen zusammengewürfelt, aber die Mitarbeiter sind stolz auf die Ausstellung und sprechen gern darüber. Der Raum zum Krieg der Tripel-Allianz ist am interessantesten.

Museo Casa Martínez SEHENSWERTES GEBÄUDE
(Quintana 971; ⊕ Di–Fr 8–12 & 15–19, Sa 9–12 & 16–19 Uhr) GRATIS Das in einem der ältesten Gebäude von Corrientes untergebrachte, kleine Museum präsentiert leicht ramponierte Ausstellungsstücke zur traditionellen Architektur der Region sowie einige anthropologische Objekte, darunter diverse Begräbnisurnen der Guaraní.

Aktivitäten

Mehrere Veranstalter bieten Bootsfahrten auf dem Paraná an; in der Touristeninformation (S. 190) ist eine Liste erhältlich.

★ **Experiencia Corrientes** KAJAK
(☎ 0379-15-450-1702; www.experienciacorrientes.com) Dieser empfehlenswerte Abenteuertourenveranstalter hat verschiedene Kajaktrips auf dem Río Paraná auf dem Programm, die von kurzen Sightseeingtouren über Nachtausflüge bis zu längeren Abenteuern reichen. Bietet auch Ausflüge nach Esteros del Iberá und Mburucuyá an.

Playa Arazaty STRAND
(Costanera Sur; ⊕ Ende Nov.–März) GRATIS Der breite Sandstreifen südlich der Resistencia-Brücke ist der schönste Flussstrand der Stadt. Vor der offiziellen Eröffnung sollte man dort nicht baden, denn es gibt gefährliche Strömungen. Während der Saison werden Maßnahmen ergriffen, um das Baden sicherer zu machen; zudem sind dann Rettungsschwimmer vor Ort.

Turistas Con Ruedas RADFAHREN
(Ecke Costanera & 9 de Julio; ⊕ 8–12 & 15–19 Uhr) GRATIS Wer mit seinem Reisepass in der Touristeninformation am Fluss aufkreuzt, kann sich dort kostenlos ein Fahrrad ausleihen, um die *costanera* zu erkunden.

Man sollte allerdings in Flussnähe bleiben und nach rund einer Stunde zurückkehren. Für eine ausgiebige Tour flussauf- und -abwärts muss man sich also zwischendrin in der Touristeninformation melden.

Feste & Events

★ **Carnaval Correntino** KARNEVAL
Der traditionell ausschweifende Carnaval Correntino konkurriert mit dem in Gualeguaychú um den Titel des bombastischsten Karnevals im gesamten Land. Gefeiert wird

an vier aufeinanderfolgenden Wochenenden; der Beginn ist neun Wochen vor Ostern. Die Karnevalsumzüge entlang der *costanera* locken auch Teilnehmer aus den Nachbarprovinzen und -staaten an; dann sind die Zuschauermassen gewaltig.

Schlafen

Bienvenida Golondrina HOSTEL $
(0379-443-5316; www.hostelbienvenidagolondrina.com; La Rioja 455; B/Zi. 25/48 US$; P❋@❤) Dieses Hostel ist in einem grandiosen, rund 100 Jahre alten Gebäude mit hohen Decken, hübschem Buntglas und künstlerischen Schnörkeln untergebracht. Ein Pluspunkt ist seine Lage nur wenige Schritte von der *costanera* entfernt. Die bequemen breiten Kojen im Schlafraum bieten Kopffreiheit, die Gemeinschaftsbereiche wirken einladend und das warmherzige Management könnte gar nicht hilfsbereiter sein.

Astro Apart Hotel HOTEL $
(0379-446-6112; www.astroapart.com; Bolívar 1285; EZ/DZ 59/73 US$; P❋@❤) In diesem modernen Hotel bekommen die Gäste einen spitzenmäßigen Gegenwert fürs Geld. Es besticht mit ziemlich großen, in Weiß gehaltenen Zimmern mit tollen Betten und großen Fenstern. Dazu gehören jeweils eine einfache Küche und zahlreiche praktische Einrichtungen sowie Extras zu vernünftigen Preisen. Die Parkgebühren sind zudem im Zimmerpreis inbegriffen; das Frühstück wird auf den Zimmern serviert.

Ñanderoga GÄSTEHAUS $
(0379-455-2138; www.nanderogacorrientes.com.ar; Pellegrini 1765; DZ/3BZ 65/75 US$; ❋❤) Das kleine, ruhige Hotel liegt lediglich einen kurzen Spaziergang vom Stadtzentrum entfernt. In dem umgebauten Wohnhaus gibt es nur ein paar geräumige Zimmer mit komfortablen Betten und Badezimmern. Das Personal hilft jederzeit. Beim zum Haus gehörenden Touranbieter kann man Naturtrips im Umland buchen.

La Rozada BOUTIQUEHOTEL $$
(0379-443-3001; www.larozada.com; Plácido Martínez 1223; EZ/DZ 73/88 US$; P❋❤) Das ausgezeichnete Hotel in der Nähe des Flussufers verfügt über geräumige Apartments und Suiten, die – sehr ungewöhnlich – in einem Turm im Innenhof eines ansprechenden mattgrauen Gebäudes aus dem 19. Jh. untergebracht sind. Von den meisten Zimmern hat man einen schönen Ausblick. Die Zimmer mit Balkon sind etwas teurer. Es gibt einen attraktiven Barbereich; die Gäste können den Swimmingpool des nahe gelegenen Ruderclubs nutzen.

Don Suites HOTEL $$
(0379-442-3433; www.donsuites.com.ar; La Rioja 442; EZ/DZ 86/98 US$, gehobene Ausstattung EZ/DZ 104/116 US$; P❋@❤≋) Nur wenige Schritte von der *costanera* entfernt bietet das Don erfreulich moderne Zimmer mit Kühlschrank und Mikrowelle. Die weiter oben gelegenen Zimmer haben Aussicht auf den Fluss und wirken frischer – die im Erdgeschoss können etwas muffig sein. Ein angenehmer Poolbereich und hilfsbereite Mitarbeiter runden das gute Angebot ab.

★ **La Alondra** BOUTIQUEHOTEL $$$
(0379-443-5537; www.laalondra.com.ar; Av 3 de Abril 827; Zi. 150 US$, Suite 200–225 US$; P❋@❤≋) Das wunderbar renovierte, mit Antiquitäten aus dunklem Holz üppig ausgestattete Haus ist eine Oase der Entspannung, besonders gegenüber der unangenehmen Hauptstraße. Die meisten Zimmer rund um einen kleinen, schmalen Pool sind Suiten mit plüschigen Kingsize-Betten und geschmackvoll eingerichteten Bädern, in denen Wannen mit Klauenfüßen stehen. Der zweite Bereich war früher ein gewerblicher Schlachthof, der mit viel Geschmack umgebaut wurde. Äußerst angenehme Gemeinschaftsbereiche und der erstklassige Service vervollständigen das eindrucksvolle Paket.

Essen

★ **Martha de Bianchetti** CAFÉ, BÄCKEREI $
(Ecke 9 de Julio & Mendoza; Gebäck ab 16 Arg$; Mo–Sa 7–13 & 16–22 Uhr; ❤) Die altmodische Bäckerei mit Café im italienischen Stil serviert unglaublich leckeres Gebäck und ausgezeichneten Kaffee; zu jeder Tasse werden *chipacitos* (Käsegebäck) gereicht. Wenn der Laden öffnet und der verführerische Duft den halben Block umwabert, sind alle Köstlichkeiten noch ofenwarm. Auch leckeres Eis ist hier zu haben.

Ginger ARGENTINISCH $$
(0379-443-4516; Junín 84; Hauptgerichte 140–250 Arg$; Di–So 20–1 Uhr) Das beliebte Lokal liegt am Fluss, nur auf der anderen Straßenseite, und hat eine umfangreiche Speisekarte. Darauf finden sich die üblichen Fleischgerichte, aber auch Gourmetsandwiches, Pizzas, Salate und asiatisch angehauchte Reisgerichte.

> ### CHAMAMÉ
>
> Tango? Was ist das denn? Hier oben dreht sich alles um *chamamé*, eine der mitreißendsten Musikrichtungen des Landes. Ihre Wurzeln stammen aus der Polka, die europäische Einwanderer mitgebracht haben, aber sie enthält auch starke Einflüsse der Guaraní-Kultur. Das bestimmende Instrument ist das Akkordeon, das traditionell von der Gitarre, dem *guitarrón* (einer überdimensionierten Gitarre, auf der die Basslinien gespielt werden), dem größeren *bandoneón* (einer Art Konzertina) und dem *contrabajo* (Kontrabass) begleitet wird. Natürlich ist eine *conjunto* (Band) ohne einen oder zwei Sänger nicht komplett.
>
> *Chamamé* ist ein lebhafter Paartanz, es sei denn der Mann absolviert seinen Solo-*zapateo* (Stepptanz). Die Provinz Corrientes ist das Kernland des *chamamé*, deshalb sind Live-Aufführungen hier leicht zu finden. Auf der Website www.corrienteschamame.com.ar (auf Spanisch) sind Veranstaltungstermine genannt; man kann sich online die Melodien anhören, die einen Eindruck vom Genre vermitteln. Anfang Januar veranstaltet Corrientes ein zweiwöchiges *Chamamé*-Festival. **Super Disco** (9 de Julio 1781; ⊙ Mo–Sa 8.30–12.30 & 17–21 Uhr) in Corrientes hat sich auf *Chamané*-CDs spezialisiert.

Die Einrichtung wirkt ein wenig zu bemüht, doch das Essen schmeckt gut und das Publikum scheint auch recht sympathisch.

Cristóbal del Puerto ARGENTINISCH $$

(☎ 0379-442-4229; Martínez 1102; Hauptgerichte 120–250 Arg$; ⊙ 17.30–4 Uhr; ❄) Dieses gut besuchte Restaurant mit großem Speisesaal (Klimaanlage) und einer großen Anzahl von Tischen auf dem Gehsteig liegt in Hafennähe. Zwar ist es berühmt für seine *picadas*, doch auf der Karte stehen neben der Standardkost auch Crêpes und Tacos.

Hier geht es recht munter und lebhaft zu, sodass man nach dem Essen gerne noch für ein paar Drinks bleibt.

El Mirador del Paraná ARGENTINISCH $$

(☎ 0379-442-9953; www.facebook.com/elmiradordelparana; Costanera bei Edison; Hauptgerichte 135–270 Arg$; ⊙ 12–15 & 20.30–0.30 Uhr; 🕾) Die hübsche bogenförmige Terrasse direkt oberhalb des Flusses ist ein wunderbares Ziel für ein Mittagessen. Es gibt zwar eine recht biedere Speisekarte mit *parrillada* und den üblichen argentinischen Standards, aber dafür ist die Qualität gut. Die Spezialität, Surubí-Gerichte, gehen einen Schritt darüber hinaus: „*Al paquete*" ist sehr saftig, in Folie mit Walnüssen gegart. Die Edison ist eine Verlängerung der Bolívar.

Ausgehen & Nachtleben

An der *costanera* ist viel los, es gibt etliche Bars und *boliches* (Nachtclubs) im Bereich Costanera Sur südlich der Brücke, die nach Resistencia führt, und auch nördlich davon reiht sich Bar an Bar. Unweit der Kreuzung von Junín und Buenos Aires geht in mehreren Bars, Kneipen und Clubs das ganze Wochenende hindurch die Post ab.

El Flotante BAR

(Centro Cultural Siete Corrientes; ☎ 0379-405-7604; ccflotante@gmail.com; Puerto de Corrientes; ⊙ Fr–So 19–1 Uhr) Gleich hinter dem Hafen ist eine alte Barkasse vertäut. Sie beherbergt nun diese freundliche Bar mit alternativem Flair und fantastischem Flussblick, wo man wunderbar einen Drink zu sich nehmen und in die Kultur von Corrientes eintauchen kann. Draußen lockt der Blick von bunt bemalten Tischen auf die Masten der weiter unten liegenden Jachten, während im Inneren im Veranstaltungsbereich Konzerte und Theaterstücke zur Aufführung kommen. Verköstigt werden die Gäste mit Craft-Bier aus der Gegend und typischem Bar Food.

Schon der Weg hierher ist stimmungsvoll: Zuerst den Parkplatz neben dem Busbahnhof überqueren und das nicht weiter gekennzeichnete weiße Metalltor in der Ecke öffnen. Von hier geht es auf brückenartigen Gangways weiter. Während man über die verlassenen Brücken entlang des Flusses marschiert, fühlt man sich in einen B-Action-Movie versetzt, kurz vor dem Showdown. Aber keine Sorge, hier droht keine Gefahr.

Confitería Panambi CAFÉ

(Córdoba 932; ⊙ 7–13 & 16.30–21.30 Uhr) Dieses gemütliche Café nahe dem Junín-Einkaufszentrum serviert guten Kaffee und dazu eine Auswahl an köstlichen hausgemachten Schokoladen und Gebäck. Eignet sich auch hervorragend zum Frühstücken.

Sherwood BAR
(www.sherwoodrestobar.com.ar; Quevedo 11; ⊙19–2 Uhr; ☎) Dieser wuchtige Komplex an der *costanera* hat ein bisschen von allem – Essen, DJs usw. –, am besten eignet er sich aber für einen Mojito oder Negroni auf der weitläufigen Vorderterrasse oder im Obergeschoss, mit einem schöneren Blick auf den Fluss. Der Laden pflegt ein gehobenes Image – mit Türstehern in Anzügen. Aber wenn man erst einmal drinnen ist, geht es sehr viel entspannter zu. Die Quevedo ist eine Verlängerung der Belgrano.

☆ Unterhaltung

★ Cantalicio LIVEMUSIK
(☎3794-751-005; Chaco 1236; ⊙Do–Sa 9.30–2 Uhr) Einige Blocks von der *costanera* entfernt liegt diese einladende Bar im traditionellen Stil. Wer *chamamé* live erleben will und sich gern unter ein buntes Völkchen mischen möchte, ist hier genau richtig. Obwohl alle Tische gut besetzt sind, finden wahre Fans sogar ein Plätzchen zum Tanzen, wenn es erst einmal richtig zur Sache geht. Zum Essen werden vor allem typisch regionale Gerichte gereicht.

❶ Praktische Informationen
Mehrere Informationsbüros mit unregelmäßigen Öffnungszeiten sind in der Stadt verteilt, einige befinden sich beispielsweise am Flughafen und am Busbahnhof.

Casa Ibera (www.parqueibera.com; Pellegrini 501; ⊙8–13 & 16.30–21 Uhr) Sehr hilfreich bei der Planung von Touren in das Feuchtgebiet Esteros del Iberá.

Städtische Touristeninformation (☎0379-447-4733; www.ciudaddecorrientes.gov.ar; Ecke Av Costanera & 9 de Julio; ⊙8–21 Uhr) Hauptsitz der städtischen Touristeninformation, die Öffnungszeiten können leider manchmal ein wenig variieren.

Post (www.correoargentino.com.ar; San Juan 1098; ⊙Mo–Fr 7.30–19.30 Uhr)

Touristeninformation der Provinz (☎0379-442-7200; http://turismo.corrientes.gob.ar; 25 de Mayo 1330; ⊙Mo–Fr 7.30–14 & 16.30–20.30 Uhr) Hilfreich für detaillierte Informationen über die Provinz.

❶ An- & Weiterreise
Aerolíneas Argentinas (☎0379-442-3918; www.aerolineas.com.ar; Junín 1301; ⊙Mo–Fr 8–12.30 & 16.30–20, Sa 9–12 Uhr) fliegt jeden Tag nach Buenos Aires. Auch vom nahegelegenen Resistencia besteht eine Flugverbindung in die Hauptstadt.

Das **Fernbus-Terminal** (☎0379-447-7600; Av Maipú 2400) liegt etwa 3 km südöstlich des Stadtzentrums. In Richtung Westen und Nordwesten sind die Fernbusverbindungen ab Resistencia besser.

Busse nach Resistencia (8–10 Arg$, 40 Min.) fahren regelmäßig vom **städtischen Busbahnhof** (Ecke Av Costanera General San Martín & La Rioja) ab. Unbedingt einen Bus mit der Anzeige „Chaco–Corrientes Directo" oder „Sarmiento" nehmen, da die Fahrt bei den anderen viel länger dauert.

Schneller geht es mit Sammeltaxis, die ihre Passagiere für 35 Arg$ nach Resistencia befördern. Allerdings muss man warten, bis alle Plätze besetzt sind. Sie fahren an zwei Stellen ab: am Fluss (Plácido Martínez 1016) und an der Hauptstraße (Av 3 de Abril 953).

❶ Unterwegs vor Ort
Die innerstädtische Buslinie 109 fährt zum **Flughafen** (☎0379-445-8684; RN12, Km 10), der ca. 10 km nordöstlich der Stadt an der Straße nach Posadas gelegen ist. Per Taxi kostet die Fahrt etwa 200 Arg$.

Der Bus 103 verbindet den städtischen Busbahnhof mit dem Fernbus-Terminal und fährt dabei durch die Innenstadt. Eine Taxifahrt zum/vom Fernbus-Terminal kostet 80–90 Arg$.

Die Busfahrt kostet 8 Arg$, die man nur mit einer Sube-Karte zum Aufladen bezahlen kann. Sie ist an einigen Kiosken erhältlich und in vielen Städten des Landes gültig. Falls man keine Karte dabei hat, findet sich fast immer ein Passagier, der einem gegen Bargeld die Mitbenutzung seiner Karte ermöglicht.

Busse ab Corrientes

REISEZIEL	FAHRPREIS (ARG$)	FAHRZEIT (STD.)
Buenos Aires	1450	12–14
Córdoba	1100	11–14
Mercedes	278	3–4
Paso de los Libres	430	5
Posadas	375	4–4½
Puerto Iguazú	730	9–10
Rosario	1148	9–11
Salta	1235	13
Santa Fe	640	6½–8

Mercedes
☎03773 / 43 890 EW.
Mercedes ist nicht nur das Haupteinfallstor zum spektakulären Feuchtbiotop Esteros

del Iberá, sondern auch eine sympathische Gaucho-Stadt mit einem leichten, unbeschwerten Lebensgefühl. Ihre Bekanntheit verdankt die Ortschaft dem nahe gelegenen – und vollkommen surrealen – Schrein für den Gaucho Antonio Gil, ein ungeheuer populäres religiöses Phänomen. Die Preise in der Stadt sind verhältnismäßig niedrig; es gibt einige attraktive Unterkünfte.

Schlafen & Essen

Casa de China B&B $
(03773-15-627269; lacasadechina@hotmail.com; Beltrán 599; Zi. pro Pers. 30 US$;) Das bezaubernde Herrenhaus aus dem 19. Jh. bietet großartig charaktervolle Zimmer mit meterhohen Decken, großen Betten und antiken Möbeln. Gärten, Originalkunstwerke, grandiose Verandaplätze und ein großzügiges Frühstück sorgen ebenfalls für Entzücken. Das Beste ist jedoch China selbst, eine warmherzige, gebildete und interessierte Gastgeberin mit einem Fundus an Geschichten und einer liebenswerten und freundlichen Art. Wer nicht unbedingt Annehmlichkeiten im Stile eines großen Hotels sucht, wird hier nie wieder abreisen wollen.

Hostel Gitanes HOSTEL $
(03773-421558; hostelgitanes@gmail.com; Av San Martín 224; Zi. pro Person 18 US$;) Das eigenständige Hostel hinter einem Einfamilienhaus bietet saubere, einfache Zimmer mit Klimaanlage und eigenem Bad – eine fantastische Unterkunft für preisbewusste Reisende. Dazu gibt es zwei Küchen sowie einen Hof mit Grillstelle, die auch die Gäste nutzen dürfen. Die Besitzer könnten nicht hilfsbereiter und herzlicher sein.

Hotel Manantiales Mercedes HOTEL $$
(03773-421700; www.manantialeshoteles.com; Ecke Pujol & Sarmiento; EZ/DZ/3BZ 60/94/139 US$;) Dieses moderne Hotel liegt direkt an der Plaza und ist die Top-Adresse in Mercedes. Die gut ausgestatteten Zimmer sind in modernen Farbtönen gehalten. Zum Haus gehören ein Restaurant, ein Kasino, ein Wellnessbereich und ein Fitnessraum. Der Service ist höflich und hilfsbereit. Die Zimmerpreise – die Parkgebühren sind übrigens inklusive – bewegen sich in einem vernünftigen Rahmen.

Che Rhoga ARGENTINISCH $
(3773-407207; Av. San Martín 2296; Hauptgerichte 160–170 Arg$; Di 20.30–24, Mi–So 11.30–14.30 & 20.30–24 Uhr;) Es ist ein Stück zu gehen bis zu diesem behaglichen Restaurant an einem Kreisverkehr am Ortseingang, aber das ist es wert – wegen der schmackhaften hausgemachten Pasta, den Steaks in leckeren Soßen und den günstigen Preisen. Der Service gibt sich alle Mühe, förmlich und korrekt zu sein. Ein tolles Lokal!

Sal y Pimienta ARGENTINISCH $
(Gómez 665; Hauptgerichte 85–165 Arg$; Mo–Sa 24 Std., So 11.30–15 & 20–23.30 Uhr;) Der unkomplizierte Laden in der Nähe des Busbahnhofs ist bei den Einheimischen sehr beliebt und hat fast immer geöffnet. Er besitzt eine umfangreiche Karte und unschlagbare Preise für leckere Fleisch-, Flussfisch- und Pastagerichte sowie für die Pizzas. Manchmal wird abends Livemusik gespielt.

Shoppen

Manos Correntinas KUNSTHANDWERK
(San Martín 487; Mo–Fr 9–12 & 17–20, Sa 9–12 Uhr) Manos Correntinas ist eine freundliche Kunsthandwerkgalerie mit angeschlossenem Laden. Ausgestellt werden hier die Arbeiten einer Kooperative einheimischer Kunsthandwerker, die ausgezeichnete Korb- und Lederwaren herstellen. Die Mitarbeiter sprechen auch Englisch.

Praktische Informationen

Die meisten Dienstleister befinden sich an der San Martín, die den Busbahnhof mit der Plaza verbindet.

Centro de Interpretación (03733-15-400572; www.mercedescorrientes.gov.ar; Ecke Gómez & Caá Guazú; Mo–Fr 7–13 & 15–21, Sa & So 9–12 & 16–20 Uhr) Dieses hilfreiche kulturelle Informationszentrum ist drei Blocks nördlich und einen Block östlich des Busbahnhofs in einem ehemaligen Krankenhaus untergebracht. Im hinteren Bereich gibt es ein kleines Museum über die *Correntino*-Kultur.

Touristeninformation (03733-15-438769; www.guiadigitalmercedes.com.ar; Estación de Ómnibus; Mo–Fr 6–24, Sa & So 7–12 & 16–20 Uhr) Die Touristeninformation am Busbahnhof liegt am günstigsten. Sie erteilt auch die besten Informationen über die Fahrt zur Colonia Pellegrini.

An- & Weiterreise

Der **Busbahnhof** (03773-420165; Ecke San Martín & Perreyra) liegt sechs Querstraßen westlich der Plaza. Verbindungen bestehen u. a. nach Buenos Aires (1100–1400 Arg$, 8–10 Std.), Paso de los Libres (120 Arg$, 2 Std.) und Corrientes (278 Arg$, 3–4 Std.).

Parque Esteros del Iberá

Das beeindruckende, ungefähr 18 000 ha große Feuchtgebiet ist Heimat einer Vielzahl und Vielfalt von Vogel- und anderen Tierarten und gilt als einer der besten Plätze in ganz Südamerika, um Tiere in freier Wildbahn zu beobachten. Obwohl der Tourismus in den letzten Jahren deutlich zugenommen hat, blieben die Esteros del Iberá bislang verhältnismäßig unberührt.

Durch Landschenkungen des verstorbenen amerikanischen Umweltschützers Douglas Tompkins und dessen Frau Kristine konnte der Park über die Grenzen des ursprünglichen Provinzschutzgebietes erweitert werden, sodass er nun vier neue Nationalparkzonen umfasst, die zusammen den Gran Parque Iberá ergeben.

Ausgangspunkt für Besuche des Parks ist das verschlafene Dorf Colonia Pellegrini, das sich etwa 120 km nordöstlich von Mercedes befindet. Mit der Schaffung des Gran Parque Iberá, der den Provinzpark um große Gebiete erweiterte, entstanden weitere Zugänge, die andere Landschaftsformen und Erlebniszonen umfassen. Vor Ort wartet eine Vielzahl an ausgezeichneten Unterkünften auf Gäste. Auch *estancias*, also Landgüter in der Region, bieten manchmal gute Übernachtungsmöglichkeiten und eignen sich vorzüglich als Quartier bzw. Ausgangspunkt für Ausflüge in die Umgebung.

🛌 Schlafen

Die meisten Unterkünfte des Naturschutzgebiets liegen in Colonia Pellegrini, entweder direkt an der Grenze zum Schutzgebiet oder nur einen kurzen Spaziergang entfernt. Es gibt auch eine Reihe hübscher und abgelegener ländlicher Unterkünfte, die an andere Teile des Parks angrenzen.

Iberá Lodge   LODGE $$$
(☏ 0379-423-0228; www.iberaexplorer.com; RP29 Km 50; DZ inkl. Vollpension & Aktivitäten 360 US$; P 🛜 ≋) Die hübsche Anlage liegt in ländlicher Idylle am Seeufer, rund 50 km nördlich von Mercedes, und ist über die RP29 zu erreichen. Die Zimmer sind im eleganten Landhausstil eingerichtet; Ausritte und Bootsausflüge sind im Preis enthalten. Das grasbewachsene Gelände mit einer Vielzahl von Extras, darunter ein Spielezimmer, ein Spa und ausgezeichnetes Essen, machen die Lodge zu einem angenehmen Refugium. Besonders beliebt bei Sportfischern.

Colonia Pellegrini
☏ 03773

Das wundervoll ruhige Pellegrini ist die perfekte Basis für Erkundungstouren durch die Esteros del Iberá: Die Feuchtgebiete umschließen die Siedlung von mehreren Seiten. Auf den breiten Sandpisten der Stadt gibt es kaum Verkehr; der einzige Lärm stammt vom Vogelorchester. Der ideale Ort, um die unberührte Natur zu genießen.

Hier kann man wunderbare Bootstouren durch die Lagunen organisieren, die Feuchtgebiete per Kajak erkunden oder auf festen Pfaden wandern. Um der fabelhaften Tierwelt der Esteros richtig nahezukommen, muss man nicht einmal das Hotelgelände verlassen – viele Hotels wurden direkt am Rande der *laguna* angelegt, weshalb Wasserschweine gemütlich übers Gelände stromern und Kaimane am Ufer abhängen.

⊙ Sehenswertes

Die berühmten Sonnenuntergänge von Pellegrini genießt man am besten auf der Brücke am Ausgang Richtung Mercedes.

Besucherzentrum   TIERBEOBACHTUNG
(RP40; ⊙ 7–19 Uhr) Das Besucherzentrum des Schutzgebiets, auf der Mercedes zugewandten Seite des Straßendamms, besitzt eine schöne Ausstellung über lokale Wildtiere (auf Spanisch) und zeigt eine audiovisuelle Schau. Ein kurzer Pfad gegenüber dem Zentrum eröffnet mit etwas Glück die Gelegenheit, Brüllaffen zu sehen. Weitere Pfade und Laufstege geben Besuchern einen Eindruck von den verschiedenen Pflanzenarten und den Biotopen des Gebiets.

🏃 Aktivitäten

Lodges können die meisten Aktivitäten organisieren; für deren Gäste sind sie normalerweise kostenlos. Andernfalls lassen sich Bootsausflüge und andere Exkursionen am besten am Campingplatz organisieren (wo die meisten Touren starten). Viele Führer sprechen leider nur Spanisch; wer gerne einen Führer mit Fremdsprachenkenntnissen haben möchte, sollte am besten über eine der Lodges buchen.

Wanderungen
Am Besucherzentrum starten mehrere kurze Wanderwege, wobei der längste etwa 2 km umfasst. Tagsüber kann man hier ganz nach Belieben entlangspazieren, auch wenn es sich trotzdem lohnt, einen Führer

zu buchen (150–200 Arg$ pro Besucher), um mehr über das Ökosystem zu erfahren und leicht zu übersehende Tiere zu entdecken.

Nachtwanderungen darf man nur mit einem Führer unternehmen.

Wassersport
Auf dem Gemeindecampingplatz kann man Kajaks und Kanus (pro Std. 100 Arg$) ausleihen, um damit die *laguna* auf eigene Faust zu erkunden.

Reiten
Einige Anbieter in der Stadt haben Ausritte (280 Arg$) im Programm. Hier steht jedoch eher der Ritt im Vordergrund und weniger die Tierbeobachtung.

Geführte Touren

★ **Bootstrips** BOOTSTOUREN
(pro Pers. 250–300 Arg$) Vom Boot aus lässt sich das Gebiet am besten erkunden. Der Klassiker ist eine zwei- bis dreistündige Exkursion in einem *lancha* (Boot) rund um die Laguna Iberá und ihre *embalsados* (schwimmende Inseln). Zu sehen gibt es unzählige Vögel und andere Tierarten sowie elegante Lilien, Wasserhyazinthen und andere Wasserpflanzen. Der Führer steuert das Boot bemerkenswert nah an die Tiere heran. Auch Abendfahrten sind möglich; auf jeden Fall sollte man sich dementsprechend kleiden und auch reichlich Insektenschutzmittel auftragen.

Die Boote legen erst dann ab, wenn mindestens vier Gäste die Fahrt gebucht haben. Doch wer es besonders eilig hat oder eine Privatfahrt unternehmen möchte, kann die verbleibenden Sitze selbst bezahlen.

Schlafen

Die zahlreichen Unterkünfte in Colonia Pellegrini lassen sich in verschiedene Kategorien unterteilen: *hospedajes* sind normalerweise einfache Zimmer in einem Einfamilienhaus, *posadas* oder *hosterías*

GAUCHITO GIL

Wer eine Zeit lang irgendwo in Argentinien auf der Straße unterwegs ist, kommt unweigerlich an Schreinen am Wegesrand vorbei, die von roten Fahnen und Opfergaben umrahmt sind. Diese Schreine huldigen Antonio Gil, einer Art Robin Hood, dessen Grabstätte 9 km westlich von Mercedes jedes Jahr Hunderttausende Pilger anzieht.

Über „El Gauchito", wie er liebevoll genannt wird, sind nur wenige gesicherte Tatsachen bekannt. Aber es sind viele romantische Legenden entstanden, die die Lücken füllen. Man weiß, dass er 1847 geboren wurde und später zur Armee ging, um im Krieg der Tripel-Allianz zu kämpfen. Einige Versionen besagen, er habe sich damit dem Zorn eines lokalen Polizisten entzogen, dessen Verlobte sich in ihn verliebt hatte.

Nach Kriegsende wurde Gil zur Bundesarmee einberufen, machte sich aber mit zwei weiteren Deserteuren aus dem Staub. Das Trio strich durch die Lande, stahl Vieh von reichen Landbesitzern und teilte es mit armen Dorfbewohnern, die den flüchtigen Männern dafür Unterkunft und Schutz gewährten. Schließlich wurde das Gesetz ihrer habhaft: Antonio Gil wurde kopfüber an dem Mesquitebaum, der in der Nähe seines Grabes steht, aufgehängt und anschließend geköpft.

Wie ist es nun diesem Schnorrer, Viehdieb und Deserteur gelungen, den Status fast eines Heiligen zu erlangen? Nur wenige Augenblicke vor seinem Tod informierte Gil seinen Henker, dass dessen Sohn schwer krank sei. Es sagte dem Soldaten, sein Sohn werde bestimmt wieder gesund, wenn er selbst eine Grabstätte erhielte – was bei Deserteuren damals eher unüblich war.

Nachdem er Gil den Kopf abgeschlagen hatte, trug der Henker diesen zurück in die Stadt Goya, wo – wie sollte es anders sein – eine richterliche Begnadigung auf Gil wartete. Als er feststellen musste, dass sein Sohn tatsächlich schwer erkrankt war, kehrte der Soldat an die Hinrichtungsstätte zurück und begrub die Leiche. Sein Sohn erholte sich rasch, die Geschichte wurde herumerzählt, und eine Legende war geboren.

„Gauchito" Gils letzte Ruhestätte ist heute ein Ort mit zahlreichen Kapellen und Lagerhäusern, die Tausende Opfergaben enthalten – darunter T-Shirts, Fahrräder, Pistolen, Messer, Nummernschilder, Fotos, Zigaretten, Haarsträhnen und ganze Gestelle voller Hochzeitskleider – dargebracht von Menschen, die an das Wunder des Gauchos glauben. Der 8. Januar, Gils Todestag, zieht die meisten Pilger an.

> ### DIE TIERWELT VON LOS ESTEROS DEL IBERÁ
>
> Die Seen und *esteros* (Lagunen) des Parque Esteros del Iberá sind seicht – sie werden nur vom Regenwasser gespeist – und völlig überwuchert. Vegetation sammelt sich hier zu sogenannten *embalsados*, den schwimmenden Inseln. Diesen fruchtbaren Lebensraum teilt sich eine verblüffende Vielzahl von Lebewesen: Kaimane, finster wie die Nacht, aalen sich in der Sonne, und Wasserschweine *(capybaras)* fressen ungestört in deren Nähe. Andere hier lebende Säugetiere sind der orangefarbene Sumpfhirsch, der Brüllaffe (offiziell das lauteste Tier der Welt), der seltene Mähnenwolf, Nutria (Biberratte), Otter und mehrere Fledermausarten.
>
> Die Vogelwelt ist außerordentlich reich; rund 350 Arten sind im Schutzgebiet gezählt worden, darunter farbenprächtige Eisvögel, zarte Kolibris, Papageien, Rosalöffler, verschiedene Greifvögel und Geier, etliche Reiherarten sowie Kormorane, Enten, Kardinale und der behäbige Halsband-Wehrvogel.

sind komfortable Lodges mit Vollpension und organisierten Ausflügen. Die meisten Lodges bieten Mehrtagespakete an; außerdem können sie den Transfer von Mercedes oder Posadas arrangieren.

Camping Iberá   CAMPINGPLATZ $
(☎ 03773-15-412242; www.ibera.gob.ar; Mbiguá s/n; Platz pro Person 1./folgende Tage 6/5 US$, pro Fahrzeug 3 US$; P) Der städische Campingplatz am See überzeugt mit grasbewachsenen Stellplätzen, die fast alle einen eigenen überdachten Grill-/Essbereich haben. Von hier starten die Bootsausflüge, und es lohnt sich, bei Sonnenuntergang die Aussicht zu genießen. Man sollte im Voraus buchen, denn das Platzangebot ist knapp. Außerdem gibt es einen Kajak- und Kanuverleih.

Posada Rancho Jabirú   PENSION $
(☎ 03773-15-474838; www.posadaranchojabiru.com.ar; Yaguareté s/n; EZ/DZ/3BZ 26/44/66 US$; ❄🛜) Der hübsche Bungalow, die beste Option in der Budgetkategorie, steht in einem gepflegten Blumengarten und hat makellos saubere Zimmer mit bis zu fünf Betten. Betreiber sind die freundlichen Leute vom Restaurant Yacarú Porá nebenan (S. 195).

Hospedaje San Cayetano   GÄSTEHAUS $
(☎ 03773-15-628763, 03773-15-400929; iberasancayetano@hotmail.com; Ecke Guazú Virá & Aguapé; EZ/DZ 44/56 US$; ❄🛜♒) Diese freundliche Unterkunft mit Tauchbecken bietet bequeme Zweibett-, Doppel- und Familienzimmer mit guten Betten. Es gibt einen hübschen Gemeinschaftsbereich mit Küche und Grillmöglichkeit sowie einen großzügigen Garten. Auf Wunsch kann man sich ein Zimmer mit anderen Gästen teilen; die Preise sind in einem gewissen Rahmen verhandelbar. Das Haus veranstaltet schöne Bootsausflüge. Die etwas außergewöhnliche Begrüßung übernimmt ein Papagei namens Beethoven.

Casa Santa Ana   LODGE $$
(☎ 03773-15-475114; www.iberaexpora.com; Capibara s/n; DZ 320 US$; ♒) Die schlichte, aber elegante Lodge auf einem weitläufigem Anwesen am Seeufer ist eine ansprechende Wahl. Künstlerische Details und komfortable Möblierung lassen das Haus eher wie ein privates Landhaus und nicht wie ein Hotel erscheinen. Es gibt lediglich vier Zimmer und zwei *cabañas* (Hütten) für Familien; die Zimmer sind zwar etwas klein, aber dafür gemütlich und schön eingerichtet.

Im Zimmerpreis sind alle Mahlzeiten und Aktivitäten inbegriffen.

★ Rancho de los Esteros   LODGE $$$
(☎ 03773-15-493041; www.ranchodelosesteros.com.ar; Ecke Ñangapiry & Capivára; EZ inkl. Vollpension & Aktivitäten 318 US$, DZ Standard/gehobene Ausstattung 407/424 US$; P❄🛜♒) Das überaus friedliche Anwesen am See wird mit der traditionell großen Gastfreundschaft des ländlichen Argentiniens geführt.

Vier hinreißende, super-geräumige Zimmer – darin findet sogar eine ganze Familie mit Kindern Platz – liegen rund um einen wunderschön gepflegten Garten, in dem man dem Vogelgezwitscher lauschen kann, und mit angrenzenden Wasser- und Sumpfgebieten. Die traditionelle Architektur, aufmerksame und freundliche Gastgeber, schmackhafte Mahlzeiten und eine Hütte direkt am Ufer, von der aus man die spektakulären Sonnenuntergänge betrachten kann, machen den Aufenthalt in dieser Lodge zu einem unvergesslichen Erlebnis. Der Mindestaufenthalt beträgt zwei Nächte.

★ Estancia Rincón del Socorro LODGE $$$
(📞 03782-15-475114; www.rincondelsocorro. ar; RP40, Km 83; EZ/DZ inkl. Vollpension & Aktivitäten 335/454 US$; P 🛜 🏊) Die ehemalige Ranch mit Viehhaltung, etwa 31 km südlich von Pellegrini gelegen, ist ein Ort, an dem man den weiten Himmel und die vielfältige Tierwelt richtig kennenlernt. Hier legt man eher Wert auf ländlichen Komfort als auf Luxus; die hübschen Zimmer sind miteinander verbunden und eignen sich daher gut für Familien. In den frei stehenden Hütten gibt es jeweils zwei Schlafplätze. Rund um die Anlage scheinen die riesigen Rasenflächen mit dem Weideland zu verschmelzen.

Es werden tolle Ausflüge angeboten, darunter Wanderungen, Ausritte, Bootstouren und Nachtsafaris. Hier wurden bereits mehr als 350 Vogelarten gesichtet; auch die Chancen, den wieder angesiedelten Großen Ameisenbären zu sehen, stehen gut.

Das Essen, mit frischem Gemüse aus dem Garten, schmeckt einfach lecker.

Ecoposada del Estero LODGE $$$
(📞 03773-15-443602; www.ecoposadadelestero.com.ar; Yaguareté s/n; 3 Nächte inkl. Vollpension & Aktivitäten EZ/DZ 482/824 US$; P 🛜 🏊) 🌿 Für alle, die Vögel beobachten möchten, ist dies die beste Unterkunft im Ort. Geleitet wird sie von einem warmherzigen Paar, das die Gegend ganz genau kennt. Die Anlage wurde nach ökologischen Gesichtspunkten erbaut: So entstanden komfortable Gebäude aus Lehmziegeln mit breiten Veranden, Hängematten und attraktiven, selbst gebauten Holzmöbeln aus recyceltem Material. Die angebotenen Ausflüge sind wunderbar, aber auch an Ort und Stelle gibt es viel zu sehen – die Lodge steht direkt am Ufer mit Blick auf eine reiche Vogelwelt.

Aguapé Lodge LODGE $$$
(📞 03773-499412, Reservierung 011-4742-3015; www.iberaesteros.com.ar; Yacaré s/n; EZ/DZ inkl. Vollpension & Aktivitäten 340/540 US$, inkl. Vollpension 160/230 US$; P ❄ 🛜 🏊) Diese luxuriöse alteingesessene Posada im Kolonialstil liegt wunderschön ein Stück oberhalb vom See. Sie besitzt attraktive Zimmer mit hohen Decken, weißen Wänden und dunklem Holz. Von der Veranda schweift der Blick über den Rasen bis hinab zum Wasser.

Außerdem bietet die Lodge eine große Vielfalt an Ausflügen an. Am besten ein Zimmer im Hauptgebäude buchen, da jene im Anbau kleiner sind. Der Service und das Essen sind ausgezeichnet.

Posada de La Laguna LODGE $$$
(📞 03773-499413; www.esterosibera.com; Guazú Virá s/n; DZ inkl. Vollpension & Aktivitäten 400 US$; P ❄ 🛜 🏊) Schlicht, aber elegant präsentiert sich die Lodge auf einem weitläufigen Seegrundstück. In den hellen, weißen Zimmern mit tollen Betten hängen Bilder, die der Besitzer gemalt hat. Die Betonung liegt auf Entspannung (kein TV-Gerät).

Die Mitarbeiter runden das Ganze mit freundlichem Service, geführten Ausflügen und gutem Essen ab. Hier ist man der Natur ganz nah: Auf dem Gelände spazieren Wasserschweine herum – und die Kaimane sonnen sich an der Anlegestelle.

🍴 Essen

Die Lodges bieten ihren Hausgästen Mahlzeiten an; viele verköstigen auch Gäste, die nicht dort wohnen. Im Ort gibt es weitere einfache Lokale. Die Essenszeiten sind für argentinische Verhältnisse recht früh.

Comedor Don Marcos ARGENTINISCH $
(Ecke RN40 & Guasúvira; Hauptgerichte 120 Arg$; ⏰ 7–22 Uhr) In diesem einfachen Lokal nimmt man unter dem Schilfdach auf der Veranda Platz und lässt sich die riesigen Portionen von köstlicher Hausmannskost schmecken. Eine Speisekarte gibt es nicht – das Personal erklärt bereitwillig, was frisch gekocht wurde. Das Lokal ist eigentlich immer geöffnet; wenn gerade niemand zu sehen sein sollte, dann einfach an der Glocke neben der Tür klingeln.

Yacarú Porá ARGENTINISCH $
(Ecke Caraguatá & Yaguareté; Hauptgerichte 90–230 Arg$; ⏰ 12–14.30 & 20–22.30 Uhr; 🛜) Der mit Charme und Leidenschaft geführte Bungalow garantiert einen herzlichen Empfang. Essen wird auf Bestellung gekocht. Auf den Tisch kommen großzügige Fleischportionen, Huhn, Flussfisch, Pasta, Salate, Omeletts

---

> **ℹ SCHWIMMEN IM PARQUE ESTEROS DEL IBERÁ**
>
> Vom Schwimmen in den Gewässern dieser Gegend ist dringend abzuraten – denn hier gibt es Piranhas, die einen zwar nicht wie im Film gänzlich verspeisen, aber dennoch für üble Bisswunden sorgen können. Die Einheimischen behaupten, dass man nur in Bewegung bleiben müsse, um nicht von diesen Tierchen gebissen zu werden.

und *milanesas* (panierte Schnitzel). Wer rechtzeitig Bescheid gibt, kann hier auch typische Gerichte der Region probieren.

ⓘ Praktische Informationen

Es gibt hier weder eine Bank noch einen Geldautomaten, Besucher sollten sich also mit genügend Bargeld eindecken.

WLAN ist weit verbreitet, aber unzuverlässig – Filme zu streamen oder Websites durchzulesen ist hier ziemlich schwierig.

Die **Städtische Touristeninformation** (☏ 03773-401575; www.ibera.gov.ar; RP40; ⊙ 8–12 & 14–19 Uhr) liegt aus der Richtung Mercedes kommend am Ortseingang.

Das Besucherzentrum (S. 192) des Schutzgebietes liegt auf der Mercedes zugewandten Seite des Straßendamms.

ⓘ An- & Weiterreise

Die Transportmöglichkeiten ändern sich regelmäßig: Auskünfte gibt die Touristeninformation am Busbahnhof in Mercedes.

Die Straße von Mercedes nach Colonia Pellegrini (120 km) ist mit einem normalen Pkw befahrbar, wenn es nicht gerade zuvor geregnet haben sollte.

Täglich ein Mal verkehrt ein etwas wackliger Bus des Unternehmens Cruce del Norte zwischen Pellegrini und Mercedes (190 Arg$, 3 Std.). Er fährt um 4 Uhr in Pellegrini ab; um 12.30 Uhr geht es vom Busbahnhof in Mercedes zurück. In Pellegrini gibt es keinen Busbahnhof – man sagt dem Fahrer einfach die Unterkunft, damit er einen vor der Haustür aussteigen lässt. Für die Rückfahrt muss man im Voraus mit dem Busfahrer vereinbaren, wo dieser das Fahrzeug anhalten soll.

Die Fahrt mit einem der Minibusse ist teurer. Der Transfer von Mercedes per Allradfahrzeug kostet für bis zu vier Personen etwa 2000 Arg$. Wenn es zuvor nicht gerade heftig geregnet hat, ist auch die Anfahrt mit einer *remise* möglich.

Die Straße von Posadas ist schlechter (mit einem normalen Pkw sollte man die Abzweigung zwischen Gobernador Virasoro und Santo Tomé benutzen). Einen Fahrer zu finden, der einen dorthin bringt, kann schwierig werden. Die meisten Fahrer berechnen 3000 Arg$ für eine Fahrt nach Posadas oder 2500 Arg$ nach Gobernador Virasoro, von wo aus regelmäßig Busse ins etwa 80 km entfernte Posadas starten.

In Pellegrini gibt es leider keine Tankstelle; die nächsten Tankmöglichkeiten befinden sich in Mercedes und an der Hauptstraßenkreuzung unweit von Santo Tomé. Man sollte also unbedingt rechtzeitig volltanken! Notfalls kann man auch bei einigen Unterkünften in Pellegrini Benzin und Diesel kaufen möchte.

Achtung: Einige Mietwagenfirmen verleihen kein Fahrzeug, wenn man erwähnt, dass man nach Iberá fahren möchte.

Daniel Ortiz (☏ 03773-15-431469) fährt täglich zwischen 7.30 und 8.30 Uhr von Mercedes ab (300 Arg$); der Wagen hält vor dem Busbahnhof, holt Passagiere aber auch an ihren Hotels ab (nach Vereinbarung). Die Rückfahrt von Pellegrini findet im Allgemeinen gegen 15 Uhr statt. Der Preis variiert ein bisschen.

Iberá Bus (Mario Azcona; ☏ 03773-15-462836; Ecke Aguará & Pindó) fährt montags bis freitags zwischen 12 und 12.30 Uhr und samstags um 9.30 Uhr vom Markt an der Pujol zwischen Gómez und Alvear in Mercedes ab. Die Fahrt kostet 300 Arg$. Die Rückfahrt von Pellegrini ist um 4 Uhr morgens (von Montag bis Samstag).

Martín Sandoval (☏ 03773-15-466072) Zuverlässig für private Transfers nach Posadas und Mercedes, falls es die Straßenverhältnisse zulassen.

Maxi Ojeda (☏ 03773-15-450486), mit Sitz in Pellegrini, übernimmt Transporte nach Mercedes und Posadas, falls es die Straßenverhältnisse zulassen.

Portal Carambola

☏ 03794

Das von Concepción aus zugängliche Portal Carambola ist der beste Ort im Park, um die Kultur und das traditionelle Leben in *los esteros* kennenzulernen. Und dank der vielen unterschiedlichen aquatischen Ökosysteme kann man hier auch wunderbare Bootstouren unternehmen.

Im Gegensatz zu den anderen Zugängen auf dieser Seite des Schutzgebiets existiert hier eine kleine Ortschaft direkt an der Parkgrenze. Die von Bäumen umstandenen traditionellen Häuser stehen auf Erdhügeln, die von wasserbedeckten Ebenen umgeben sind. Die Gauchos sitzen barfuß auf ihren Pferden und lenken ihre vierbeinigen Gefährten gekonnt durch die Gewässer. Wenn das Wasser zu tief wird, schwimmen sie auch neben ihnen her.

⊙ Sehenswertes & Aktivitäten

Portal Carambola ist der ideale Ort, um Tiere zu beobachten. Hier spielt sich fast alles auf dem Wasser ab – es gibt noch keine Pfade durch den Park, weshalb man an einer Boots- oder Kajaktour teilnehmen muss, um *los esteros* wirklich hautnah zu erleben.

Rund um den Hafen teilt sich der Fluss in viele kleine Seitenarme auf, die sich ihren

Weg zwischen den hohen Wänden aus Gras bahnen – ein malerischer Anblick.

An der Straße, die vom Parkeingang zum Fluss hinunterführt, kann man im Allgemeinen bereits reichlich Tiere sehen.

Museo Histórico MUSEUM
(03782-610008; Mitre & Vernengo, Concepción; Mi–Sa 8–11 & 15–18, Di & So 15–18 Uhr) GRATIS
Das in der ehemaligen Kirche untergebrachte Museum zeigt eine mäßig interessante Ausstellung über die Geschichte der Region. Interessant ist das *balsa,* ein kleines Boot aus Rindsleder, auf dem die Einheimischen mithilfe ihrer Pferde ihre Habseligkeiten durch die Feuchtgebiete zogen. Auch die Geschichten über Antonio Maria, einen mysteriösen Medizinmann und Outlaw, der sich in den *esteros* versteckte, sind recht spannend.

**Asociación de Guias
Iberá Pora** BOOTSTOUREN
(03782-477339; guiasdesitioiberapora@gmail. com; RP6, Concepción; 8–12 Uhr) Diese Kooperative von örtlichen Führern organisiert eine Reihe von Aktivitäten rund um Portal Carambola, darunter einen ganztägigen Kulturtrip mit traditioneller Mahlzeit sowie einen Ausflug ins Feuchtgebiet in einem von einem Pferd gezogenen Kanu – ein traditionelles Transportmittel dieser Gegend.

Schlafen

Nido de Pajaros BOUTIQUEHOTEL $
(03756-614370; www.nidodepajarosposada.com. ar; Mitre 820, Concepción; EZ/DZ/3BZ 71/88/ 106 US$) Dieses Boutiquehotel in einem bis ins Detail restaurierten Haus verfügt nur über drei Zimmer, allerdings in herausragender Qualität. Polierte Böden, hohe Decken, freiliegende Ziegelmauern und antike Möbel sorgen für klassisches Flair. Die hervorragenden Betten und blitzsauberen Badezimmer steigern den Komfort. Die Hotelleitung wirkt sehr engagiert und kann Ausflüge in der ganzen Region vermitteln.

★ **Alondra'i Casa
de Esteros** BOUTIQUEHOTEL $$$
(www.laalondra.com.ar; Independencia 402, Concepción; DZ 580 US$; ❄ 🕾) Ein Boutiquehotel mit wunderbarer Atmosphäre, das in einem restaurierten Haus untergebracht ist. Alondra hat den rustikal-schicken Stil perfektioniert – antike Möbel und unaufdringliche Kunstwerke sorgen für das gewisse Etwas. Die komfortablen Zimmer sind rund um einen grasbewachsenen Hof angeordnet. Gerahmte Landkarten und leicht ramponierte Lederkoffer erinnern als Deko an längst vergangene Zeiten: Die Gäste fühlen sich hier wie in einer Entdeckerlodge, direkt an der Grenze zu unerforschten Gebieten. Die Einrichtungen sind allererste Klasse. Im Preis inbegriffen sind Vollpension und ökologische Aktivitäten in Esteros del Iberá.

Essen

Wer in der Schutzhütte übernachtet, kann den Küchenbereich für Gäste nutzen. Oder man kauft Mahlzeiten von den Einheimischen im Dorf neben dem Park. Allerdings sollte man das unbedingt rechtzeitig im Voraus organisieren.

Essengehen ist trotz Concepcións Bemühungen, sich zum Touristmusort zu mausern, noch etwas schwierig. Doch es gibt einige *comedores* (einfache Cafeterias), die zu einem günstigen Preis Mahlzeiten anbieten, die auch wirklich sättigend sind.

🛈 Praktische Informationen

Oficina Municipal de Turismo (03782-444886; Terminal de Buses; Mo–Fr 8–13 & 13.30–18, Sa & So 15–18 Uhr) In dieser städtischen Touristeninformation an der Bushaltestelle kann man seinen Aufenthalt planen.

An der Plaza in Concepción ist ein Geldautomat vorhanden.

🛈 An- & Weiterreise

Portal Carambola liegt 27 km von Concepción entfernt. Für die Sandpiste, die bis zum Nationalpark durch landwirtschaftlich genutztes Gebiet führt braucht man ein Allradfahrzeug. Nach rund 22 km gelangt man zur Ranch „El Transito"; von dort geht es auf der rechten Straße zum Parkeingang. Anschließend fährt man noch etwa 5 km weiter bis zum Hafen. Die Straße ist womöglich durch einige verschlossene Tore versperrt. Deshalb besser vor der Abfahrt in der Stadt nachfragen.

Concepción liegt etwa 120 km östlich von Corrientes. Vom Busbahnhof fährt zwei Mal täglich ein Bus ab.

Portal San Nicolás

0379

Portal San Nicolás ist über das verschlafene Städtchen San Miguel zu erreichen und kann an Land und zu Wasser erkundet werden. Es eignet sich besonders für alle, die beim Erkunden der Naturlandschaft gerne ihrem eigenen Rhythmus folgen und im Park übernachten möchten.

Neben zahlreichen *carpinchos* (Wasserschweinen) und Kaimanen gibt es Affen, Hirsche und Unmengen an Vögeln zu sehen. Aufgrund des ebenen und baumfreien Geländes und der Abgeschiedenheit ist der Blick auf den südlichen Sternenhimmel in klaren Nächten absolut umwerfend.

San Miguel ist eine nette Landgemeinde, in der Guaraní gesprochen wird. Die Straßen sind sandig, die Einheimischen freundlich. Eine rundum bequeme Basis, falls man nicht im Park zelten möchte.

Sehenswertes & Aktivitäten

Motorisierte Wasserfahrzeuge sind hier verboten. Vom Hafen aus lässt sich das Feuchtgebiet in einem Kanu erkunden, das von einem Schiffer mit einer Stange fortbewegt wird (300 Arg$ für bis zu drei Mitfahrer). Oder man nutzt die eigene Muskelkraft auf einem geführten Kajaktrip. Beide Ausflüge muss man im Voraus in San Miguel buchen, bevor man sich in den Park aufmacht. Führer für Kanutouren halten sich meist in dem Laden neben der Kapelle, an der stadtauswärts führenden Straße, auf.

Centro de Visitantes San Nicolás NATIONALPARK
(pro Person und Tag 35 Arg$, Zeltplatz pro Person 50 Arg$) Vom Besucherzentrum gehen zwei Wanderwege ab, wobei der **Sendero Curupí empfehlenswerter ist**. Er schlängelt sich etwa 2 km durch den Busch und bietet viele Möglichkeiten zur Tierbeobachtung. Der kürzere und monotonere **Sendero La Cañada** führt durch Grasland. Es gibt einen hübschen Grasplatz, wo man sein Zelt aufstellen kann, sowie mehrere Stellen mit Grillmöglichkeiten und Picknicktischen. Auch Stromanschlüsse und ordentliche sanitäre Anlagen sind vorhanden.

Schlafen

Das Besucherzentrum in San Miguel hat einen netten, grasbewachsenen Hof für die Zelte. Toiletten und Duschen sind in einem ordentlichen Zustand.

In San Miguel gibt es einige einfache *hospedajes* sowie eine hervorragende Lodge.

Posada Mboy Cua LODGE $$$
(0379-401-6618; www.posadamboycua.com; Av Itatí s/n, Salida a Los Esteros, San Miguel; EZ/DZ 186/266 US$; ❄☀) Die Lodge ist die komfortabelste Unterkunft in dieser Gegend: Sie liegt inmitten von rund 12 ha Buschland an der Straße zwischen San Miguel und dem Park und überzeugt durch traditionelles Design im landestypischen Stil und sechs sehr angenehme und moderne Zimmer.

Über das Gelände verläuft ein Naturpfad und selbst von der Veranda oder vom erfrischenden Swimmingpool aus lassen sich zahlreiche Tiere beobachten.

Shoppen

Casa del Artesano KUNSTHANDWERK
(3794-023726; Circunvalación, San Miguel; 10–13 & 17–21 Uhr) Dieser Laden mit Galerie wird von einer örtlichen Künstlerkooperative betrieben. Zu kaufen gibt es schöne Körbe, die aus Gräsern aus Los Esteros geflochten werden, sowie Schnitzereien, Teppiche und Weine aus heimischen Obstsorten.

Praktische Informationen

In San Miguel gibt es mehrere Geldautomaten.
Oficina de Turismo (Mitre s/n, San Miguel; 8–20 Uhr) Freundliche örtliche Touristeninformation, die bei der Unterkunftssuche und bei Transportmöglichkeiten behilflich ist.

An- & Weiterreise

Vom Busbahnhof in Corrientes fahren täglich zwei Busse nach San Miguel (170 Arg$, 4 Std.), die um 4.45 Uhr und 19.30 Uhr starten und um 4.30 Uhr und 12.45 Uhr zurückkehren.

Die Strecke von San Miguel zum Besucherzentrum am Portal San Nicolás ist 17 km lang. An manchen Stellen erinnert die sehr weiche sandige Straße an einen Strand. Die ersten 15 km wird die Landschaft von monotonen Pinienplantagen dominiert; danach führt die Straße durch landwirtschaftlich genutzte Gebiete, bis sie schließlich am roten Parktor anlangt. Der Hafen ist nochmals 10 km vom Besucherzentrum entfernt. Eine Privatfahrt mit einem Allrad-Pickup kostet bei **Sebastian Gonella** (03781-403761) 1300 Arg$ (für bis zu vier Passagiere).

Portal Cambyretá
03786

Dieses auch Portal Norte genannte Portal ist der am leichtesten zugängliche Eingang zum Feuchtgebiet – es liegt nur 30 km von der asphaltierten Ruta Nacional 12 entfernt, die zu den Iguazú-Fällen in der Nähe der Feriensiedlung Ituzaingó führt. Im Gegensatz zu anderen Zugängen gibt es hier keine befahrbaren Wasserwege. Dennoch ist es einer der besten Plätze im Park, um Vögel zu beobachten; in den Feuchtgebieten wimmelt es nur so vor Kaimanen und Fischen.

> **ABSEITS DER ÜBLICHEN PFADE**
>
> ### PARQUE NACIONAL MBURUCUYÁ
>
> Dieser kompakte **Nationalpark** (☎03782-498907; www.parquesnacionales.gob.ar; ⊙7–20 Uhr) GRATIS ist nicht so bekannt wie der benachbarte Parque Esteros del Iberá. Er umfasst über 100 kleine Seen und eine reiche Tierwelt, u. a. Hirsche, Wasserschweine und Kaimane sowie zahllose Vogelarten. Während die Tierwelt der von Los Esteros ähnelt, sind die Landschaftsformen hier vielfältiger, auch ist das Gebiet stärker bewaldet.
>
> Am Besucherzentrum starten zwei Wanderwege – die Parkwächter verteilen eine Broschüre mit Landkarte. Der **Yatay-Wanderweg** ist ein 7 km langer Rundweg, der zu einem Aussichtspunkt mit Blick auf den wunderbaren Estuario Santa Lucía führt. Der **Che-Rhoga-Wanderweg** dagegen ist ein etwa 4 km langer Rundweg, ideal zur Vogelbeobachtung. Auch größere Tiere lassen sich hier eher blicken.
>
> Am Besucherzentrum gibt es einen Zeltplatz mit warmem Duschwasser und WLAN. Die nächstgelegenen Hotels befinden sich im Städtchen Mburucuyá. Wer im Park übernachtet, sollte sich wieder am Besucherzentrum einfinden, wenn der Park schließt. Hier wurden auch Grillplätze angelegt, für die man allerdings eigene Vorräte mitbringen muss. In der Stadt gibt es ein paar gute und günstige Lokale, doch der Weg dorthin ist lang – für ein schlichtes Essen vielleicht zu lang.
>
> Das Besucherzentrum des Parque Nacional Mburucuyá liegt etwa 25 km von Mburucuyá entfernt. Es gibt keine öffentlichen Verkehrsverbindungen zum Park. Privat kann man sich für 600–700 Arg$ hinfahren lassen. Wenn es jedoch geregnet hat, kann die Straße unpassierbar sein. Man kann auch per Anhalter fahren, was hier auch viele Einheimische machen. Das Personal des Parkbüros in Mburucuyá kann dabei behilflich sein, ein Transportmittel ausfindig zu machen.

Am Besucherzentrum Hacienda Monte Rey existiert ein kurzer Pfad durch einen kleinen Abschnitt des Waldes, in dem Brüllaffen und wiederangesiedelte Hellrote Aras leben. Ein weiterer, noch etwas längerer Weg ist gegenwärtig in Planung.

Ituzaingó kann mit einladenden Flussstränden (über 12 km) und einer entspannten Atmosphäre punkten – eine gute Basis, um ein paar schöne Tage zu verbringen.

👉 Geführte Touren

Die Hauptbeschäftigung ist die Tierbeobachtung, ob von einem Fahrzeug aus oder zu Fuß. Geführte Touren kann man in Ituzaingó buchen. Reisende können entweder eine Tour mit Fahrzeug buchen oder sich einen Führer suchen, der in ihrem Fahrzeug mitfährt. Einen einheimischen Führer zu buchen, lohnt sich auf jeden Fall, da sie genau wissen, wo sich die Tiere aufhalten und Tiere ausfindig machen, die ein ungeschulter Beobachter vielleicht übersieht.

Turismo Diversidad TIERBEOBACHTUNG
(☎03786-420024; www.turismodiversidad.com; Centenario 2014, Ituzaingó) Der viel gelobte Veranstalter aus Ituzaingó bietet interessante geführte Touren in die nördlichen Parkgebiete an. Die Fahrten finden in komfortablen Fahrzeugen statt und werden von erfahrenen und kundigen Führern begleitet. Je nach Wunsch stellen die Mitarbeiter auch spezielle Exkursionen zusammen.

🛏 Schlafen

Hotel Puerto Valle LODGE $$$
(☎03786-425700; www.puertovalle.com.ar; RN12, Km 1282; EZ/DZ inkl. Vollpension, Transfers & Aktivitäten ab 620/890 US$; P ✻ @ ≋ ≋) Diese luxuriöse und abgeschiedene Lodge liegt eigentlich nicht am Schutzgebiet, sondern am Ufer des Paraná nahe der Nordostspitze von Esteros. Der Fluss ist hier, oberhalb des Yacyreta-Damms, sehr breit.

Die tadellosen Zimmer, von denen sich einige im ursprünglichen historischen Gebäude und andere im Anbau befinden, bieten einen tollen Blick auf den Fluss. Das Essen und der Service sind hervorragend.

ℹ An- & Weiterreise

Die 30 km lange Zugangsstraße von der RN12 zum Besucherzentrum ist eine feste Staubpiste, die für die meisten Fahrzeuge befahrbar ist. Unterwegs durchquert man mehrere private Ranches, weshalb man unbedingt einen örtlichen Führer braucht. Die Abzweigung ist bei Km 1242, 15 km westlich von Ituzaingó.

Ituzaingó wird von regulären Bussen angefahren, die zwischen Posadas (124 Arg$, 1 Std.), Puerto Iguazú (460 Arg$, 6 Std.) und Corrientes (268 Arg$, 3 Std.) verkehren.

AM RÍO URUGUAY

Der kleinere der beiden großen Flüsse, die sich zum Río de la Plata vereinen, ist der Río Uruguay. Er bildet die Grenze zwischen dem Land gleichen Namens und Argentinien sowie einen Teil der Grenze zu Brasilien. Brücken stellen die Verbindung zu den Nachbarn her, deren Einflüsse sich mit denen der indigenen Gruppen und der Einwanderer in der Gegend vermischen. Die argentinischen Städte am Flussufer haben viel zu bieten. Sie sind beliebte Ziele für einen Sommerurlaub oder ein Wochenende.

Concepción del Uruguay
☎ 03442 / 109 980 EW.

Concepción mit seiner stattlichen Plaza als Mittelpunkt ist das typische Beispiel einer Stadt am Fluss, die etwas verloren wirkt, nachdem der Handel auf dem Río Uruguay zum Erliegen gekommen ist. Sie eignet sich aber ideal als Zwischenstopp, bietet gute Möglichkeiten zum Übernachten und zum Essengehen und verweist stolz auf den Palacio San José, auch wenn sich dieser außerhalb der Stadt befindet.

◉ Sehenswertes

Die Hauptsehenswürdigkeiten der Stadt befinden sich im Umkreis des noblen Hauptplatzes. Die Basilika in erdigem Rosa beherbergt die sterblichen Überreste von Justo José de Urquiza.

★ **Palacio San José** PALAST
(☎ 03442-432620; www.palaciosanjose.com; RP39, Km 30; ⊙ Mo–Fr 8–19, Sa & So 9–18.30 Uhr; ❄) GRATIS Justo José de Urquizas prunkvoller rosafarbener und von zwei Zwillingstürmen gekrönter Palast liegt inmitten prächtiger Gärten etwa 33 km westlich von Concepción. Er besitzt einen Patio mit Säulengängen und einen dahinter gelegenen, ummauerten Garten. Der Palast wurde auch gebaut, um Urquizas Erzrivalen in Buenos Aires, Juan Manuel de Rosas, zu demütigen, teils, um die Macht und den Wohlstand der Provinz Entre Ríos unter Beweis zu stellen. Der lokale *caudillo* Urquiza war ganz wesentlich für Rosas' Sturz 1852 und die schlussendliche Annahme der modernen argentinischen Verfassung verantwortlich.

Gelegentliche Verbündete wie Domingo Sarmiento und Bartolomé Mitre speisten an Urquizas 8,5 m langer Tafel und schliefen in den palastartigen Schlafzimmern. Das Schlafgemach, in dem Urquiza von einem Mob, den Ricardo López Jordán aufgehetzt hatte, ermordet wurde, ist heute eine Gedenkstätte, die einstmals von Urquizas Witwe eingerichtet wurde.

Um 10, 11, 12, 14, 15 und 16 Uhr starten täglich kostenlose Führungen auf Spanisch. Auf dem Gelände gibt es ein Restaurant und einen malerischen Platz für ein Picknick.

Von Concepción transportieren **Servimas** (☎ 03442-427777; Belgrano 465) oder andere *Remise*-Firmen bis zu vier Personen hin und zurück für 550 Arg$, inkl. einer zweistündigen Wartezeit. Eine weitere Option ist eine geführte Tour – **Turismo Pioneros** (☎ 03442-433914; www.facebook.com/pionerosturismo; Mitre 908) bietet einige an. Besucher können auch den Bus Richtung Caseros nehmen und anschließend noch rund 3 km bis zum Palast zu Fuß gehen.

Schlafen & Essen

★ **Antigua Fonda** HOTEL $
(☎ 03442-433734; www.antiguafonda.com.ar; España 172; EZ/DZ/3BZ 38/47/56 US$; ❄☎) Es ist zwar nicht mehr zu erkennen, aber diese Unterkunft war ursprünglich ein historisches Hotel. Die ansprechenden, geräumigen Zimmer in Cremeschattierungen umgeben einen kleinen grasbewachsenen Garten mit künstlerischen Details und entspannter Atmosphäre. Das Antigua Fonda befindet sich lediglich einen Block westlich und drei Blocks südlich der Plaza. Tolles Preis-Leistungs-Verhältnis!

Antigua Posta del Torreón BOUTIQUEHOTEL $$
(☎ 03442-432618; www.postadeltorreon.com.ar; Almafuerte 799; EZ/DZ/ Zi. mit gehobener Ausstattung 56/82/109 US$; ❄☎) Dieses beschauliche Hotel liegt nur einen Block westlich und vier Blocks südlich der Plaza und bietet alle Voraussetzungen für einen paradiesisch entspannten Aufenthalt, selbst wenn der Service verbesserungswürdig ist. Das geschmackvoll renovierte Herrenhaus stammt aus dem 19. Jh. und weist noch viele Originalmerkmale auf. Die Zimmer sind um einen bildhübschen Innenhof mit Springbrunnen und um ein kleines beheiztes Schwimmbecken angeordnet. Es lohnt

sich, Zimmer mit gehobener Ausstattung zu buchen, denn sie sind wesentlich größer und wunderschön möbliert.

Danube Azul ARGENTINISCH $

(📞 03442-423244; San Martín 763; Hauptgerichte 75-210 Arg$; ⊙ 8-23.30 Uhr) Das Danube Azul, ein unauffälliges Lokal an einer Ecke des Parks, ist für seine lokalen Gerichte und großzügigen Portionen bekannt. Das Restaurant ist zwar nichts Besonderes, aber es ist sauber und das Essen schmeckt. Ein besseres Preis-Leistungs-Verhältnis findet man in Concepción nicht.

Bella Vista CAFÉ $

(Ecke 9 de Julio & Urquiza; Hauptgerichte 70-145 Arg$; ⊙ 8-24 Uhr) Das freundliche, helle Café an der Plaza serviert leckere Mahlzeiten von guter Qualität: Frühstück, einen nahrhaften Brunch und ein preisgünstiges Gericht des Tages. Die gute Getränkeauswahl, die köstlichen Desserts und die tolle Musik sind echte Pluspunkte.

El Conventillo de Baco ARGENTINISCH $$

(📞 03442-15-549695; España 193; Hauptgerichte 180-260 Arg$; ⊙ Di-So 11-15 & 20-24 Uhr) Dieses hübsche und absolut empfehlenswerte Restaurant verfügt über einen Speiseraum und mehrere Tische im sehenswerten Hof.

Die Spezialität des Hauses sind gut zubereitete Flussfische und Seafood. Hier bekommt man etwas für sein Geld.

❶ Praktische Informationen

Die am günstigsten gelegene **Touristeninformation** (📞 03442-425820; www.concepcionentrerios.tur.ar; Ecke Galarza & Supremo Entrerriano; ⊙ 7-13 & 14-20 Uhr) befindet sich einen Block östlich der Plaza.

❶ An- & Weiterreise

Busse ab Concepción

REISEZIEL	FAHRPREIS (ARG$)	FAHRZEIT (STD.)
Buenos Aires	420	4
Colón	40	45 Min.
Concordia	125	2¾
Paraná	245	5
Rosario	325	4

❶ Unterwegs vor Ort

Der **Busbahnhof** (📞 03442-422352; Ecke Galarza & Chiloteguy) liegt zehn Blocks westlich der Plaza. Der Bus Nr. 1 verbindet die Plaza mit dem Busbahnhof. Eine Fahrt mit der *remise* kostet 35 Arg$.

Colón

📞 03447 / 72 630 EW.

Das attraktivste Ziel für eine entspannte Zeit am Fluss in Entre Ríos ist Colón. Im Januar verdoppelt sich die Einwohnerzahl nahezu, weil in dieser Zeit so viele Argentinier in dieser hübschen Stadt Urlaub machen. Mit ihren zahlreichen Unterkünften, einer blühenden Kunsthandwerkszene und einigen ungewöhnlichen Restaurants ist sie wirklich ein tolles Reiseziel. Außerdem ist sie ein guter Ausgangspunkt für einen Besuch im Parque Nacional El Palmar.

Colón ist über eine Brücke mit Paysandú verbunden, der Hauptstadt des gleichnamigen Departamento in Uruguay. Besonders viel los ist an der Plaza San Martín, einen Häuserblock vom Fluss entfernt, und der Straße 12 de Abril, die dorthin führt.

⊙ Sehenswertes & Aktivitäten

Zu den Highlights in dieser Stadt gehört ein Spaziergang auf der Uferpromenade, am Strand und durch die ruhigen, baumbestandenen Straßen. Es gibt zahlreiche *Artesanía*-Läden, die alles Mögliche von Mate-Kalebassen bis zu eingelegtem Nutriafleisch zum Verkauf anbieten.

👉 Geführte Touren

Ita i Cora Aventura BOOTSTOUREN

(📞 03447-423360; itaicora@gmail.com; San Martín 97; 2-Std.-Tour Erw./Kind 400/200 Arg$) Dies ist die beste Option für einen Ausflug auf dem Fluss. Die zweistündige Standardtour ist wirklich fantastisch. Sie führt u. a. zu einem Sandwatt und zu einem Waldpfad in der Mitte des Río Uruguay. Die Leute sprechen ausgezeichnet Englisch.

> ### ❶ EINREISE NACH URUGUAY
>
> Es gibt drei große Grenzübergänge von Argentinien zum östlichen Nachbarn Uruguay. Von Süden nach Norden sind dies Gualeguaychú–Fray Bentos, Colón–Paysandú (für das Auto muss an beiden Brücken 130 Arg$ Mautgebühr gezahlt werden) und Concordia–Salto. Alle drei sind rund um die Uhr geöffnet.

Naturaleza Yatay BUS
(📞 03447-15-465528; naturalezayatay@gmail.com; El Palmar-Tour 450 Arg$) Der Veranstalter bietet schöne Ausflüge zum Nationalpark El Palmar an und organisiert maßgeschneiderte Exkursionen zur Vogelbeobachtung. Die Mitarbeiter sprechen Englisch.

Feste & Events

Fiesta Nacional de la Artesanía KUNSTHANDWERK
(www.fiestadelaartesania.com.ar) Diese Handwerksmesse präsentiert im Februar im Parque Quirós folkloristische Live-Unterhaltung von hoher Qualität.

Schlafen

Gäste können sich auf zahlreichen Sommerzeltplätzen, in Hütten, Bungalows und Wohnungen einmieten. Gekennzeichnet sind sie als „*Alquilo a turistas*". Die Touristeninformation hält eine umfangreiche Liste der offiziellen Unterkünfte bereit: Davon gibt es mehrere Hundert.

★Hostería Restaurant del Puerto HOTEL $
(📞 03447-422698; www.hosteriadecolon.com.ar; Alejo Peyret 158; Zi. 74 US$; ❄@ 🛜 ≋) Gut möglich, dass dies das schönste Haus in Colón ist. Die Einrichtung ist sorgfältig auf den Stil des Gebäudes von 1880 abgestimmt; die Zimmer besitzen nicht nur viel Charakter, sie haben auch riesige Fenster und sind mit sehr viel Holz und edlen Rustikalmöbeln ausgestattet. Die Familienzimmer (110 US$) sind ein tolles Angebot, ebenso die Preisnachlässe unter der Woche. Es gibt ein Restaurant, das gutes Abendessen serviert, sowie einen beheizten Pool und einen Jacuzzi. Kartenzahlungen sind nicht möglich.

Hostería El Viejo Almacén PENSION $
(📞 03447-422216; Av Urquiza 108; EZ/DZ 40/52 US$; P ❄🛜) Die superfreundliche Unterkunft im gleichnamigen Restaurant hat nette, hübsch möblierte Zimmer mit Ventilator, Klimaanlage und viel Platz. Für den günstigen Preis ist hier allerhand geboten: riesige Flatscreens, Jacuzzis und bequeme Betten. Wer Wert auf WLAN im Zimmer legt, sollte ein Zimmer im vorderen Bereich buchen.

Hotel Costarenas HOTEL $$
(📞 03447-425050; www.hotelcostarenas.com.ar; Ecke Av Quirós & 12 de Abril; Zi. 128 US$, mit Aussicht 150 US$, Zi. mit gehobener Ausstattung 141-175 US$; P ❄@🛜≋) In dieser schicken, sehr gepflegten Unterkunft an der Uferpromenade steigen besonders gern *porteños* (Einwohner von Buenos Aires) ab, die hier ein Wochenende verbringen. Die Nutzung des attraktiven Spa-/Pool-Bereichs im Untergeschoss ist im Preis inbegriffen; außerdem gibt es einen Swimmingpool im Freien und ein gutes Restaurant. Die Zimmer sind eher langweilig in Cremefarben gehalten, dafür aber gut ausgestattet. Diejenigen mit Aussicht sind heller und größer, die Zimmer mit gehobener Ausstattung sind noch einige Quadratmeter größer. Der Service ist sehr freundlich. Das Frühstück wird im Speisesaal im vierten Stock serviert; von dort hat man einen schönen Blick auf den Fluss.

Hotel Plaza HOTEL $$
(📞 03447-421043; www.hotel-plaza.com.ar; Ecke 12 de Abril & Belgrano; DZ Standard/gehobene Ausstattung 101/128; US$ P❄@🛜≋) Das Haus ist in Colón eine Institution. Es hat schon mehr als ein Jahrhundert überdauert, präsentiert sich aber aktuell in einem modernen, glamourösen Look. Die Zimmer mit Blick auf den Innen- oder Außenpool sind nicht ganz so schick; diejenigen mit gehobener Ausstattung (Neo) bieten mehr Platz und hochwertige Bäder. Von großem Vorteil ist die ausgezeichnete Lage an der Plaza. Die Gäste des Hauses können sich zudem auf die Swimmingpools im Innern und im Freien freuen. Im Hochsommer beträgt der Mindestaufenthalt vier Nächte.

🍴 Essen

Heladería Italia EISCREME $
(12 de Abril 173; ⌚10–24 Uhr) Eisdielen gibt es in Colón überall, doch diese lokale Heladería ist mit ihrem köstlichen hausgemachten Eissorten absoluter Spitzenreiter. Unbedingt besuchen, am besten so oft wie möglich.

El Sótano de los Quesos FEINKOST $
(www.elsotanodelosquesos.com.ar; Ecke Chacabuco & Av Costanera; gemischte Platte für 1–2 Personen 150 Arg$; ⌚Mo-Di 9.30-20.30, Do-So bis 22.30 Uhr; 🅿) Dieses erstaunliche Lokal, mit Blick auf den Hafen, verfügt über hübsche, sonnengeschützte Tische, die auf einem Rasen stehen. Hier werden handgemachte Käsesorten und andere Köstlichkeiten serviert. Dazu werden einheimische Weine und Biere ausgeschenkt. Im Keller verlockt ein Laden mit verführerischen Aromen zum Kauf. In den Sommermonaten gelten längere Öffnungszeiten. Mitunter ist das Lokal wegen Überflutung geschlossen.

> ### CARNAVAL IN GUALEGUAYCHÚ
>
> In Gualeguaychú geht es außerhalb der Saison ruhig zu. Doch in den Sommermonaten läuft die freundliche Stadt am Flussufer mit der längsten und schrillsten Karnevalsfeier (www.carnavaldelpais.com.ar) des Landes zur Hochform auf. Wer hier an irgendeinem Wochenende zwischen Mitte Januar und Ende Februar eintrifft, gerät unweigerlich inmitten des größten Trubels. Wichtigster Schauplatz ist das Corsódromo; der Eintritt kostet an den meisten Abenden zwischen 230 und 290 Arg$.
>
> Entlang der Bolívar zwischen Bartolomé Mitre und Monseñor Chalup ist eine ganze Reihe ordentlicher Budgethotels zu finden; außerdem sind noch mehrere Hostels in der Stadt vorhanden. Allerdings sind zur Karnevalszeit die Unterkünfte sehr schnell ausgebucht. Insofern sollte man sich frühzeitig um ein Zimmer kümmern!
>
> Gualeguaychú ist mit dem Bus von Buenos Aires (3½ Std.), Paraná und anderen Städten am Río Uruguay leicht zu erreichen. Der Ort hat außerdem einen Grenzübergang nach Uruguay: Die Stadt Fray Bentos liegt gleich auf der anderen Seite der Brücke.

El Viejo Almacén   ARGENTINISCH $
(☎ 03447-422216; Ecke Urquiza & Paso; Hauptgerichte 119–269 Arg$; ⊙ 11.30–15 & 20–24 Uhr; ☎) 🌱 Dieses Lokal liegt einen Block von der Plaza entfernt und verfügt über einen ruhigen Innenraum mit Ziegelwänden, die mit alten Fotos dekoriert sind. Auf der umfassenden Karte stehen u. a. tolle hausgemachte Pasta, köstliche Empanadas, Flussfische und *Parrilla*-Gerichte. Die Portionen sind nicht so groß wie in manchen anderen Restaurants – eigentlich eine gute Sache –, dafür sind die Preise günstig und das Gemüse stammt aus eigenem Bio-Anbau. Das Viejo Almacén hat Soja-*milanesas* und andere vegetarische Gerichte auf der Speisekarte.

★ La Cosquilla del Ángel   ARGENTINISCH $$
(☎ 03447-423711; Ecke San Martín & Balcarce; Pasta 165 Arg$; ⊙ Mi–So 12–16 & 20–24 Uhr; ☎) Das wohl beste Restaurant von Colón kombiniert schickes, romantisches Dekor und tollen Service mit einer verschmitzten, unprätentiösen Note. Nicht von ungefähr tragen die Gerichte seltsame Bezeichnungen – ganz abgesehen von dem merkwürdigen Namen des Restaurants – der heißt übersetzt „Das Kitzeln des Engels". Viele Gerichte vereinen süße und herzhafte Geschmacksrichtungen; wer so etwas mag, der sollte *mollejitas* (Kalbsbries) probieren. Die Pastagerichte sind ebenfalls sehr zu empfehlen; auch die Weinkarte liegt über dem Durchschnitt.

Restaurant del Puerto   ARGENTINISCH $$
(☎ 03447-422698; www.hosteriadecolon.com.ar; Peyret 158; Hauptgerichte 130–250 Arg$; ⊙ Do–Di 20–24 Uhr; ☎) In einem hübschen alten Gebäude nahe dem Fluss überzeugt das Restaurant mit schmackhaften Abendmahlzeiten, gutem Service und zahlreichen fantasievollen Flussfischgerichten. Hier bekommt man ein leichtes Abendessen mit reichlich Salat, Gemüse und Früchten. Kartenzahlung ist leider nicht möglich.

Cala Bistro   ARGENTINISCH $$
(☎ 03447-15-40224; 3 de Febrero 37; Hauptgerichte 170–230 Arg$; ⊙ 12–15.30 & 20–24 Uhr) Ein altes Haus mit Steinmauer beherbergt dieses gemütliche, heimelige Restaurant, das sich auf zwei Ebenen erstreckt. Es ist hübsch mit antiquarischen Sammlerstücken eingerichtet. In diesem wunderbaren, kleinen Lokal werden großartige Gerichte serviert, die etwas spannender schmecken, als in den anderen Lokalen der Stadt. Am besten nach den *sorrentinos* mit Champignons fragen, nicht auf der Speisekarte stehen. Es dauert ein wenig, bis das Essen auf den Tisch kommt, da alles frisch zubereitet wird.

❶ Praktische Informationen

Touristeninformation (☎ 03447-423000; www.colonturismo.tur.ar; Ecke Gouchón & Av Costanera; ⊙ 8–20 Uhr) Im ehemaligen Zollhaus, das Urquiza gebaut hat. Eine Zweigstelle befindet sich im Busbahnhof (8–19 Uhr).

❶ An- & Weiterreise

Colóns **Busbahnhof** (☎ 03447-421716; Ecke Rocamora & 9 de Julio) liegt acht Häuserblocks nördlich der Haupteinkaufsstraße und Ausgehmeile, der 12 de Abril. Eine *remise* in die Innenstadt kostet um die 50 Arg$.

Busverbindungen bestehen u. a. nach Buenos Aires (480 Arg$, 4½–6 Std.), Gualeguaychú (53 Arg$, 2 Std.) über Concepción (40 Arg$, 40 Min.), Concordia (95 Arg$, 2 Std.) über Ubajay (48 Arg$, 1 Std.) und Paysandú, in Uruguay (75 Arg$, 45 Min., Mo–Sa 3- bis 5-mal tgl., So 1-mal tgl.).

ⓘ Unterwegs vor Ort

Bicicletas Puerto (☏ 011-15-5417-2068; Urquiza 168; pro 3 Std./Tag 150/250 Arg$; ⏱ 9–13 & 15–20 Uhr) ist ein Fahrradverleih mit freundlichem Personal, der Räder für Stadtexkursionen oder für eine Fahrt entlang der costanera vermietet.

In Colón existieren die beiden Taxiunternehmen **Remis Colón** (☏ 03447-422221; Alem 13) und **Remises Palmares** (☏ 03447-424808; Paso 30).

Parque Nacional El Palmar

☏ 03447

Am Ufer des Río Uruguay, auf halbem Weg zwischen Colón und Concordia, schützt der 8500 km² große **Parque Nacional El Palmar** (☏ 03447-493049; www.parqueelpalmar.com.ar; RN14, 199 km; Argentinier/Ausländer 120/250 Arg$) die letzten großflächigen Bestände der Yatay-Palme in der argentinischen Uferzone. Im 19. Jh. bedeckte die einheimische Yatay große Teile von Entre Ríos, Uruguay und Südbrasilien, aber die intensive Land-, Weide- und Forstwirtschaft haben einen Großteil dieser Palmensavanne zerstört.

Die größeren Bäume, die bis zu 18 m hoch werden können, stehen überall im Nationalpark in Gruppen zusammen und bilden eine faszinierende und beruhigende subtropische Landschaft – ein wunderbares Fotomotiv. Grasflächen und Galeriewälder entlang der Wasserläufe bieten zahlreichen Tieren einen sicheren Lebensraum.

Die Eintrittsgebühr (48 Std. gültig) wird von 7 bis 22 Uhr am Eingang erhoben. Wer die Nacht im Nationalpark verbringen möchte, erhält eine Karte, mit der man einen uneingeschränkten Zugang hat – auch nach den offiziellen Schließzeiten.

⊙ Sehenswertes & Aktivitäten

Die wichtigsten Einrichtungen des Parks liegen 12 km vom Eingang an der Hauptstraße entfernt und sind über eine gute Schotterstraße zu erreichen. Das **Besucherzentrum** (⏱ 8–18 Uhr) zeigt Schautafeln zur Naturgeschichte; Kanufahrten, Radtouren und Ausritte lassen sich hier arrangieren. Von der Hauptzufahrtsstraße führen Wege zu drei Aussichtspunkten. **Arroyo Los Loros**, ein kurzes Stück nördlich des Zeltplatzes, ist eine gute Stelle, um Tiere zu beobachten. Südlich des Besucherzentrums liegt Arroyo El Palmar, ein hübscher Wasserlauf, der an zwei Aussichtspunkten, **La Glorieta** und **El Palmar**, zugänglich ist. Dort beginnen kurze markierte Pfade; El Palmar verfügt über einen Unterstand zur Vogelbeobachtung. Unweit des Besucherzentrums gibt es drei weitere kurze Pfade und am Fluss noch einen Unterstand. Die Besucher können die Wege auf eigene Faust erkunden; geführte Wanderungen sind nach Absprache möglich.

Vom Campingplatz aus ist der Fluss zum Baden oder Bootsfahren zugänglich.

🛌 Schlafen & Essen

Im Park gibt es neben dem Besucherzentrum ein Restaurant sowie einen kleinen Laden, in dem man Sandwiches und Grundnahrungsmittel kaufen kann.

Camping El Palmar CAMPINGPLATZ $
(☏ 03447-493031; Platz pro Erw./Kind/Zelt 7/3,50/4 US$) Der Campingplatz am Besucherzentrum mit seiner geselligen Atmosphäre ist die einzige Übernachtungsmöglichkeit innerhalb des Parks. Er verfügt über schattige, ebene Stellplätze, warme Duschen und Strom. Der zugehörige Laden verkauft Snacks und Lebensmittel, z. B. gewaltige Rindfleischportionen zum Grillen; gegenüber befindet sich ein Restaurant. Check-out ist erst um 18 Uhr, was sehr angenehm ist.

La Aurora del Palmar LODGE, CAMPINGPLATZ $$
(☏ 03447-15-431689, 0345-490-5725; www.auroradelpalmar.com.ar; RN14, Km 202; Platz pro Erw./Kind/Zelt 11/5/11 US$, Zi. 128-159 US$; P ❄ 🛜 🏊) Die Rinderfarm und Plantage für Zitrusfrüchte in der Nähe des Parkeingangs umfasst einen geschützten Palmenwald, der mindestens so sehenswert ist wie die Wälder im Nationalpark. Die gepflegte, ursprüngliche Anlage bietet schattige Zeltplätze, Familienzimmer in einem hübschen Bungalow und ansehnliche Zimmer in umgebauten Eisenbahnwaggons. Hinzu kommen ein schönes Schwimmbecken und ein Restaurant. Angeboten werden Kanufahrten, Ausritte und Palmensafaris (250 Arg$ pro Aktivität). Es gibt auch Pauschalangebote inkl. Mahlzeiten und Ausflügen.

ⓘ An- & Weiterreise

El Palmar liegt an der wichtigen Nationalstraße RN14; in Nord-Süd-Richtung bestehen regelmäßige Busverbindungen. Alle Busse lassen Passagiere am Parkeingang, der etwa 12 km vom Besucherzentrum entfernt liegt, aussteigen. Dennoch sollte man sicherheitshalber beim Fahrer nachfragen, da das Anhalten eigentlich verboten ist. Weiter geht es zu Fuß oder per Autostopp; oder man fährt mit dem Bus 6 km weiter Richtung Norden nach Ubajay und nimmt von dort eine *remise* zum Besucherzentrum; die Fahrt kostet etwa 300 Arg$.

Am einfachsten ist der Park im Rahmen einer geführten Tour von Colón aus zu erreichen. Von dort kann man auch eine *remise* buchen: Hin- und Rückfahrt mit zweistündigem Aufenthalt im Park einschließlich aller Pfade kosten 850 Arg$ (bis zu 4 Pers.). Empfehlenswert ist **Remises Palmares**.

Concordia

☏ 0345 / 185 590 EW.

Die hübsche Stadt am Río Uruguay, ein landwirtschaftliches Zentrum, lohnt zwar keinen mehrtägigen Besuch, eignet sich aber gut für einen Zwischenstopp mit Übernachtung. Concordia ist die Stadt der Zitrusfrüchte – deren charakteristischer Duft bisweilen die Luft erfüllt – und besitzt eine schöne zentrale Plaza, Strände am Flussufer und Angelplätze. Außerdem befindet sich hier ein Grenzübergang: Über den Staudamm eines Wasserkraftwerks geht es in die hübsche uruguayische Stadt Salto.

🟢 Sehenswertes

Museo Judío de Entre Ríos MUSEUM
(☏ 0345-421-4088; www.museojudioer.org.ar; Entre Ríos 476; Spende 50 Arg$; ⊙ So-Di, Do & Fr 8.30–12.30 Uhr) Drei Räume geben detailliert Auskunft über die Ankunft und die Mühen der jüdischen Gauchos, ihren Lebensstil und den Holocaust aus Sicht der Betroffenen.

Daneben finden regelmäßig wechselnde Ausstellungen statt. Das Museum befindet sich einen Häuserblock westlich und 2½ Blocks südlich der Plaza.

Castillo San Carlos RUINE
(30 Arg$; ⊙ 10–12 & 14–17, Nov.-Feb. 15–18 Uhr) Im Parque Rivadavia am Fluss nordöstlich der Stadt liegt die Ruine eines Herrenhauses, das in den Jahren zwischen 1888 und 1891 von einem französischen Industriellen erbaut wurde. Jahre später gab er seinen Besitz unter mysteriösen Umständen wieder auf. 1938 zerstörte ein Feuer das Gebäude. Der französische Schriftsteller Antoine de Saint-Exupéry lebte kurze Zeit hier; in der Nähe steht ein Denkmal für seine Erzählung *Der kleine Prinz*. Mit dem Bus Nr. 2 kann man bis vor den Eingang fahren. Von dort aus spaziert man gemütlich zur Ruine.

🛏 Schlafen

Hotel Salto Grande HOTEL $
(☏ 0345-421-0034; www.hotelsaltogrande.net; Urquiza 581; Tourist EZ/DZ 56/70 US$, Standard Zi. 84/105 US$; P❄@🛜🏊) Das Hotel, gleich südlich vom Hauptplatz, bietet einen ausgezeichneten Service und faire Preise. Man merkt, dass das Haus schon in die Jahre gekommen ist, deshalb wird es nach und nach renoviert. Es gibt zwei Zimmerkategorien; die „Standardzimmer" werden modernisiert. Für ein bereits generalsaniertes Zimmer lohnt sich der Aufpreis. Allerdings sind die alten Standardzimmer nicht viel schlechter als reguläre „Touristenzimmer".

Das überdurchschnittlich gute Frühstücksbüfett und auch die Parkgebühren sind im Zimmerpreis enthalten.

Hotel Centro Plaza HOTEL $
(☏ 0345-422-9642; www.centroplazahotel.com.ar; La Rioja 543; EZ/DZ 39/51 US$) Dieses nur wenige Blocks von der Plaza entfernte Eckhotel bietet ein gutes Preis-Leistungs-Verhältnis. Die Zimmer sind klein, aber ordentlich und überzeugen durch ihre guten Betten. Wer es etwas ruhiger mag, nimmt ein Zimmer, das auf den Innenhof hinausgeht.

🍴 Essen & Ausgehen

El Reloj PIZZA $
(Pellegrini 580; Pizza 95-265 Arg$; ⊙ Mo-Sa 11–15.30 & 19–1 Uhr; 🛜) Die geräumige Pizzeria mit Ziegelwänden hat neben einem schönen

---

NICHT VERSÄUMEN

THERMALBÄDER

Viele Städte am Río Uruguay – den Anfang machten Gualeguaychú, Colón und Concordia – haben die im Überfluss vorhandenen geothermischen Wasserspeicher der Region angezapft, um ansprechende Thermalanlagen einzurichten – wichtige Bestandteile des Inlandstourismus in dieser Gegend. Die gut ausgestatteten Bäder verfügen über unterschiedlich temperierte Becken – überdacht und im Freien. Der Eintritt liegt meist bei 100 bis 200 Arg$. Eine vollständige Liste ist unter www.termasdeentrerios.com zu finden.

El Ciervo
ARGENTINISCH $$

(☏ 0345-422-4867; 1 de Mayo 59; Hauptgerichte 135–290 Arg$; ⊙ 12–15 & 18–2 Uhr) Das schicke Lokal an der Plaza serviert eine kleine Auswahl an argentinischen Klassikern, die gekonnt zubereitet werden. Das Essen ist von guter Qualität, die Atmosphäre entspannt. Wenn die Teller abgeräumt sind, bleibt man gerne noch für ein paar Drinks.

Ambiente eine umwerfende Auswahl an Pizzas zu bieten. Halb und halb? Kein Problem! Außerdem sind *parrilladas* und *milanesas* zu haben. Oftmals stehen spezielle Angebote auf der Speisekarte.

Bar Ideal
CAFÉ

(☏ 0345-421-2668; 1 de Mayo 51; ⊙ 24 Std.) Dieses typische argentinische Eckcafé hat rund um die Uhr geöffnet und ist ein wahrer Publikumsmagnet. Hier bekommt man Drinks und Snacks, aber auch Nahrhafteres. Eines der wenigen Lokale, in dem man außerhalb der regulären Essenszeiten etwas „Ordentliches" zu essen bekommt.

❶ Praktische Informationen

Touristeninformation (☏ 0345-421-3905; www.concordia.tur.ar; Ecke Pellegrini & Mitre; ⊙ 8–20 Uhr) An der Plaza. Auch der Informationsschalter des Busbahnhofs erteilt Auskünfte.

❶ An- & Weiterreise

Der **Busbahnhof** (☏ 0345-421-7235; Ecke Justo & Hipólito Yrigoyen) liegt 13 Blocks nördlich der Plaza 25 de Mayo. Täglich viermal (außer am Sonntag) fahren Busse nach Salto in Uruguay (130 Arg$, 1¼ Std.).

Vom Hafen, der sich hinter dem östlichen Ende des Carriego befindet, überqueren Barkassen den Fluss nach Salto. Allerdings sind sie häufig außer Betrieb. Deshalb besser in der Touristeninformation nachfragen, bevor man sein Gepäck dorthin schleppt.

Busse ab Concordia

REISEZIEL	FAHRPREIS (ARG$)	FAHRZEIT (STD.)
Buenos Aires	670	5½–6
Colón	95	2
Concepción	125	2¾
Corrientes	792	9
Paraná	205	4½
Paso de los Libres	318	4
Posadas	695	8

❶ Unterwegs vor Ort

Die Lokalbusse kosten 10 Arg$. Die Buslinie 2 verkehrt vom Busbahnhof auf der Hipólito Yrigoyen in Richtung Süden bis in die Innenstadt. Die Busse, die in der Gegenrichtung unterwegs sind, machen an der Pellegrini vor der Banco de la Nación Halt. Ein Taxi kostet für diese Strecke ungefähr 60 Arg$.

Paso de los Libres
☏ 03772 / 52 780 EW.

Der Ortsname („Übergang der Freien") ist das Romantischste an dieser Grenzstadt am Río Uruguay. Am anderen Flussufer liegt die größere brasilianische Stadt Uruguaiana, beide Orte sind durch eine viel befahrene Brücke miteinander verbunden.

Paso de los Libres bietet ziemlich wenig, was Reisende zum Verweilen einlädt, außer einer malerischen zentralen Plaza sowie einigen Übernachtungsmöglichkeiten und diversen Restaurants.

🛏 Schlafen & Essen

Hotel Alejandro Primero
HOTEL $

(☏ 03772-424100; www.alejandroprimero.com.ar; Coronel López 502; EZ/DZ 56/59 US$; P✱@🛜☰) Etwas gealtert, aber dafür verlässlich präsentiert sich das Hotel mit einer eleganten, altmodischen Lobby und einem ebensolchen Restaurantbereich sowie etwas weniger eindrucksvollen, aber sehr geräumigen Zimmern. Am schönsten sind die mit Blick auf den Fluss und Uruguaiana.

Außerdem gibt es einen netten Swimmingpool im Freien und einen Gartenbereich. Kartenzahlung kostet extra.

El Nuevo Mesón
ARGENTINISCH $

(Colón 587; Hauptgerichte 100–190 Arg$; ⊙ 11.30–15 & 20–24 Uhr; ☰) Immer noch das beste Restaurant in Libres mit Kellnern in schickem Schwarz-Weiß und einer breiten Auswahl vernünftiger Gerichte. Es gibt Pizza, *parrillada*, *pacú* (ein Flussfisch) und aufwendigere Kreationen, aber alles zu wirklich angemessenen Preisen – ganz im Gegensatz zu einigen Touristenfallen in der Stadt – und vor allem sehr lecker.

❶ Praktische Informationen

Zwar gibt es keine Touristeninformation, doch überall im Zentrum hängen Stadtpläne und an jeder Ecke stehen Verkehrspolizisten, die gerne weiterhelfen. Auf der internationalen Brücke kann man Geld wechseln. Rund um die zentrale Plaza gibt es mehrere Geldautomaten.

Brasilianisches Konsulat (☎ 03772-425444; Mitre 894; ◉ 9–17 Uhr) Hier werden Visaanträge für Brasilien bearbeitet.
EU-Bürger benötigen kein Visum.

❶ An- & Weiterreise

Der **Busbahnhof** (☎ 03772-425600) liegt etwa 1 km vom Stadtzentrum entfernt. Es bestehen Busverbindungen nach Buenos Aires (775–1080 Arg$, 8–9 Std.), Posadas (417–440 Arg$, 5–6 Std.) und Corrientes (430 Arg$, 5 Std.) über Mercedes (118 Arg$, 3 Std.).

Busse nach Uruguaiana in Brasilien (25 Arg$) verkehren regelmäßig; sie halten an der Avenida San Martín/Ecke Colón und gegenüber dem Busbahnhof (an dem schlossartigen Gebäude). Dann muss man aussteigen, um die Einreiseformalitäten zu erledigen, um im Anschluss wieder in den gleichen Bus einsteigen und zum Busbahnhof weiterfahren.

Die Grenze ist rund um die Uhr geöffnet. Einige Reisende haben berichtet, dass man hier nach Uruguay hinüberfahren kann, ohne dass dafür ein brasilianisches Visum erforderlich ist. Darauf sollte man sich allerdings auf gar keinen Fall verlassen.

❶ Unterwegs vor Ort

Busse und Minibusse (5 Arg$) fahren von der Ecke unterhalb des Busbahnhofs in die Innenstadt. Ein Taxi zum Stadtzentrum kostet ungefähr 80 Arg$.

MISIONES

Die Provinz Misiones im Nordosten Argentiniens schiebt sich wie ein schmaler Wurmfortsatz zwischen brasilianisches und paraguayisches Staatsgebiet. Benannt ist sie nach den Jesuitenmissionen, deren Ruinen heute eine bedeutende Touristenattraktion darstellen. Busse sausen geradewegs durch Misiones zu den Iguazú-Wasserfällen im Norden der Provinz; ein Umweg führt zu einer anderen fantastischen Kaskade – den Saltos del Moconá am Río Uruguay.

Die Landschaft ist faszinierend und vielfältig – sanfte Hügel, Bambuswäldchen sowie weite Felder und Plantagen, auf denen Papaya und Maniok angebaut werden. Sie gedeihen in der für die Region charakteristischen rotbraunen Erde – die Provinz ist auch der Haupterzeuger von Mate, Argentiniens Nationalgetränk.

Posadas

☎ 0376 / 358 990 EW.

Die Hauptstadt von Misiones ist eine gute Ausgangsbasis für einen Besuch der Jesuitenmissionen, nach denen die Provinz benannt ist. Posadas ist eine moderne Stadt, die über den breiten Río Paraná auf Encarnación am anderen Ufer in Paraguay blickt. Die Ortschaft ist eine Zwischenstation auf

---

DER GAUCHO JUDÍO

Der Gaucho ist eine der archetypischen Figuren Argentiniens; wenig bekannt ist jedoch die Tatsache, dass viele Gauchos jüdischer Herkunft waren. Die erste Masseneinwanderung von Juden nach Argentinien ist für das ausgehende 19. Jh. dokumentiert. Damals trafen ungefähr 800 russische Juden auf der Flucht vor der Verfolgung durch den russischen Zaren Alexander III. in Buenos Aires ein.

Die Jewish Colonization Association, gegründet von einem deutschen Philantropen, vergab jeweils 100 ha große Parzellen Land an Immigrantenfamilien; die erste größere Kolonie war **Moisés Ville** in der Provinz Santa Fe, die zu dieser Zeit das Jerusalem Argentiniens genannt wurde. Heute leben nur noch etwa 300 Juden in der Stadt (15 % der Bevölkerung), aber viele jüdische Traditionen sind erhalten geblieben: der kleine Ort verfügt über vier Synagogen, die Bäckerei verkauft Sabbatbrot, und die Kinder auf der Straße benutzen jiddische Wörter wie „schlep" und „schlock".

Die Juden vom Land integrierten sich bereitwillig in die argentinische Gesellschaft und vermischten ihre Traditionen mit denen ihres neuen Heimatlandes. Es war also nichts Ungewöhnliches, einen Menschen zu Pferde mit weiten Hosen, Leinenschuhen und Jarmulke zu sehen, der unterwegs war, um ein Stück Kuh auf das *asado* (Grill) zu werfen. Viele ihrer Nachfahren sind auf der Suche nach einer besseren Ausbildung und größeren Chancen in die Städte gezogen. Die Zahl der argentinischen Juden liegt heute bei etwa 200 000, sie sind damit die größte jüdische Gemeinde Lateinamerikas.

Viel Wissenswertes über die *gauchos judíos* erfährt man bei einem Besuch im interessanten Museo Judío de Entre Ríos in Concordia (S. 205).

> **ABSEITS DER ÜBLICHEN PFADE**
>
> ### YAPEYÚ
>
> Es wäre falsch, diese angenehm friedliche Stadt als Kuhdorf zu bezeichnen: Statt Kühen gibt es hier nämlich viele Pferde, und der Klang ihrer Hufe, die am Abend über die rötliche Erde trappeln, ist eines ihrer schönsten Attribute. Yapeyú ist mit seiner baumbestandenen Plaza und der herrlich ruhigen, graswachsenen Uferpromenade ein idealer Platz zum Entspannen; und ein Ort, in dem der Fremde von den Einheimischen auf der Straße freundlich begrüßt wird.
>
> Die Stadt liegt nur eine Busstunde nördlich von Paso de los Libres und wurde 1626 als südlichste der Jesuitenmissionen gegründet. Sie ist außerdem berühmt als Geburtsort des großen argentinischen „Liberator", José de San Martín.
>
> Besucher können die Jesuitenruinen erkunden – das hiesige **Museum** (Sargento Cabral s/n; Di–So 8–12 & 15–18 Uhr) GRATIS gibt einen umfassenden Überblick über alle Missionen – und die schmucke **Casa de San Martín** (8–12 & 14–18 Uhr) GRATIS bewundern, die heute die Ruinen des Hauses schützt, in dem San Martín 1778 geboren wurde.
>
> Viermal täglich fahren Busse (55 Arg$, 1 Std.) nach/ab Paso de los Libres und in die entgegengesetzte Richtung nach Posadas (275 Arg$, 4½ Std.). Weitere Busse halten an der Fernstraße, die am Stadtrand verläuft.
>
> Der **Terminal de Transporte** (Sargento Cabral s/n) ist lediglich zwei Häuserblocks von der zentralen Plaza entfernt gelegen.

dem Weg nach Norden. In Posadas existieren zwar nur wenige architektonische Sehenswürdigkeiten, dafür aber gibt es eine hübsche Uferpromenade und eine nette, freundliche Atmosphäre.

Sehenswertes

Die größte Attraktion in dieser Gegend sind die Jesuitenmissionen.

★ Costanera UFERPROMENADE
Nachmittags erwacht die *costanera* zum Leben – mit Joggern, Radfahrern, Leuten, die ihre Hunde ausführen, Mate-Schlürfern, Hot-Dog-Verkäufern und jungen Paaren, die über das Wasser hinüber nach Paraguay schauen. Den Ehrenplatz nimmt „Andresito" ein, eine riesenhafte **Edelstahlstatue**, die Andrés Guaçurary (auch Guazurary; 1778–1825) darstellt, einem *caudillo* der Provinz Misiones mit Guaraní-Wurzeln.

Geführte Touren

Viele Veranstalter bieten Touren zu den Iguazúfällen (S. 227), den Jesuitenmissionen und Los Esteros del Iberá an (S. 192).

Yacaré Tours GEFÜHRTE TOUREN
(0376-442-1829; www.yacaretours.com.ar; Bolívar 1419) Auf dem Programm stehen Halbtagestouren zu den argentinischen (1850 Arg$ pro Fahrzeug) und paraguayischen (2200 Arg$ pro Fahrzeug) Missionen. Außerdem werden Ausflüge zu Mate-Plantagen, zu den Saltos del Moconá, nach Los Esteros del Iberá und zu anderen Destinationen angeboten.

Misión Paraná SCHIFFSFAHRT
(0376-440-2216; www.misionparana.com; San Lorenzo & Bolívar, Posadas Plaza Shopping; Schiffsfahrt 550-690 Arg$; Kartenverkauf 9–21 Uhr) Misión Paraná veranstaltet regelmäßig Schiffsrundfahrten mit Mittag- oder Abendessen auf dem Río Paraná. Außerdem kürzere Nachmittagsrundfahrten, Party-Events und längere Touren zu den Stränden von San Ignacio hinauf. Essen, Getränke und Tanz sind inklusive. Am Schalter im Einkaufszentrum an der Ecke San Lorenzo/Bolívar gibt es die Karten zu kaufen.

Guayrá GEFÜHRTE TOUREN
(0376-443-3415; www.guayra.com.ar; San Lorenzo 2208) Die hilfreiche Agentur (im Hotel Grand Crucero) bietet Halbtagestouren zu den Jesuitenmissionen, den paraguayischen Missionen, zu den Saltos del Moconá und zu weiteren Destinationen.

Schlafen

Posadeña Linda HOSTEL $
(0376-443-9238; www.hostelposadasmisiones.com; Bolívar 1439; B/Zi 12/29 US$;) Das Hostel in einem schmalen Gebäude wenige Schritte von der Plaza entfernt kümmert sich fürsorglich um seine Gäste. Neben dem herzlichen Empfang bietet es kom-

fortable Schlafsäle mit Badezimmer und einen Patio mit kleinem Tauchbecken. Die Doppelzimmer mit Bad sind ein bisschen muffig, aber annehmbar. Das farbenfrohe, entspannte Haus verfügt über eine kompakte Küche, die ganz passabel ist. Der Hausnummer zum Trotz ist das Hostel zwischen den Nummern 1411 und 1419 zu finden.

La Misión   HOTEL $
(0376-445-1222; www.lamisionposadashotel.com; Av Quaranta 6150; EZ/DZ 58/70 US$;) Das moderne Hotel liegt ein gutes Stück von der Stadt entfernt, dafür aber näher an Busbahnhof und Flughafen. Hier bekommen die Gäste einiges geboten: clever eingerichtete, geräumige Zimmer mit Kingsize-Betten und guten Badezimmern sowie einen einladenden Swimmingpool. Eine gute Unterkunft für Durchreisende, die nicht unbedingt Posadas besichtigen wollen. Ein Taxi kostet aus der Innenstadt 200 Arg$.

★Hotel Posadas Urbano   HOTEL $$
(0376-444-3800; http://alvarezarguelles.com/hotel/hotel-urbano; Bolívar 2176; Zi./Suite ab 111/156 US$; P✻@✽) Das pfiffig renovierte Hotel mit seinem großenAngebot und der tollen zentralen Lage ist schnell zum Platzhirsch aufgestiegen. Die hellen, sehr großen, mit Teppich ausgelegten Zimmer verfügen sämtlich über glänzende Badezimmer, Balkone und Panoramafenster mit Blick auf die Stadt. Die Suiten verfügen über ein größeres Platzangebot. Der Poolbereich im Atrium, Kunstausstellungen, Fitness- und Spa-Einrichtungen sowie eine einladende Lounge sind weitere Pluspunkte.

Grand Crucero Posadas Express   HOTEL $$
(0376-443-6901; www.grandcrucero.com; San Lorenzo 2208; EZ/DZ 68/90 US$; P✻@✽) Dank des geschickten Umbaus eines älteren Hotels im Zentrum bietet die Unterkunft, die im Besitz einer Busgesellschaft ist, richtig moderne Zimmer mit frischem Flair. Die Wände sind mit Werken lokaler Künstler dekoriert. Alle Zimmer verfügen über Safe, Minikühlschrank und schicke Bäder. Die Suiten sind groß und mit zwei Flachbildfernsehern und Kaffeemaschine ausgestattet.

Professioneller und freundlicher Service; zum Haus gehört auch ein Bar-Restaurant. Tolles Preis-Leistungs-Verhältnis.

✖ Essen & Ausgehen

Eine köstliche Spezialität ist *galeto* (über Holzkohle gegrillte Hähnchenteile, die mit Speck, roter Paprika und Butter gefüllt sind). In den gut besuchten Lokalen, die entlang der Bolívar und westlich der Plaza liegen, stehen *lomitos* (Steak-Sandwiches), Sandwiches und andere günstige Snacks und Gerichte auf der Speisekarte.

★La Tradicional Rueda   PARRILLA $$
(La Ruedita; Ecke Arrechea & Av Costanera; Hauptgerichte 140–200 Arg$; ⊙11–15.30 & 20–24 Uhr; ✽) Stil und Tradition bestimmen die Atmosphäre in diesem zweigeschossigen Grillrestaurant mit livrierten Kellnern und robusten Holzsitzen. Die Lage am Fluss ist erstklassig: Zu erkennen ist das Lokal an dem großen hölzernen Rad am Eingang.

Der Service ist ausgezeichnet; hochwertige Fleischgerichte und eine ansehnliche Auswahl an Salaten und Speisen mit Flussfischen heben das Tradicional Rueda unter den meisten anderen *Parrilla*-Lokalen hervor. Wer sich für einen leckeren *galeto* entscheidet, sollte ihn am besten mit Parmesankruste nehmen.

La Querencia   PARRILLA $$
(www.laquerenciarestaurante.com; Bolívar 1867; Hauptgerichte 290 Arg$; ⊙Mo–Sa 12–14.30 & 20–0.30, So 12–14.30 Uhr; ✽) Die etwas vornehm wirkende *parrilla liegt* an der Plaza und hat sich auf köstlichen *galeto* spezialisiert. Ebenfalls in Erinnerung bleiben die Brochettes (riesige Spieße mit verschiedenen leckeren Fleischsorten). Auch die frischen Salate sind ungewöhnlich gut zubereitet. Der Service ist einfach Klasse und die Atmosphäre ein echtes Highlight.

Astillero   ARGENTINISCH $$
(Av Costanera s/n; Hauptgerichte 180-220 Arg$; ⊙12–14 & 20–24 Uhr; ✽) Versteckt hinter Blattwerk am Uferstreifen, vermittelt das Lokal – auf drei Ebenen und einem Balkon mit etwas eingeschränktem Blick auf den Paraná – echtes Baumhaus-Feeling. Die Qualität der Speisen war bei unserem Besuch zwar etwas schwankend, aber das Drumherum ist romantisch, und die Speisekarte hat Potenzial. Auch die Weinkarte ist gut.

La Nouvelle Vitrage   CAFÉ
(Bolívar 1899; ⊙6–1 Uhr; ✽) Dieses liebenswerte traditionelle Café an der Plaza ist gemütlich eingerichtet und besitzt eine hübsche Terrasse – der perfekte Platz, um das Alltagsleben von Posadas an sich vorüberziehen zu lassen. Hier wird ein ausgezeichneter Fernet con Cola serviert: Diesen Drink sollte man unbedingt probieren!

Posadas

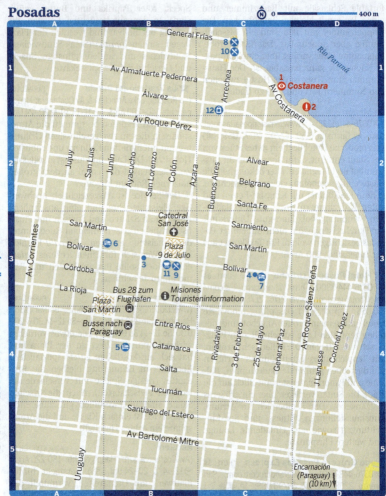

Posadas

◎ Highlights
1. Costanera C1

◎ Sehenswertes
2. Andresito statue D1

✈ Aktivitäten, Kurse & Touren
Guayrá ....(s. 5)
3. Misión Paraná B3
4. Yacaré Tours C3

🛏 Schlafen
5. Grand Crucero Posadas Express B4

6. Hotel Posadas Urbano B3
7. Posadeña Linda C3

🍴 Essen
8. Astillero C1
9. La Querencia B3
10. La Tradicional Rueda C1

🍸 Ausgehen & Nachtleben
11. La Nouvelle Vitrage B3

🛍 Shoppen
12. Fundación Artesanías Misioneras C1

🛍 Shoppen

Fundación Artesanías Misioneras GALERIE
(www.famercosur.com.ar; Ecke Álvarez & Arrechea; ⊙ Mo–Fr 8.30–12 & 17–20, Sa 9.30–12.30 Uhr)
🌿 In diesem Teil Argentiniens spielt die Guaraní-Kultur eine große Rolle; in dieser Galerie wird besonders schönes indigenes Kunsthandwerk gezeigt und verkauft. An der *costanera*, in der Nähe des Bahnhofs, gibt es eine weitere Zweigstelle, die abends und am Wochenende geöffnet hat, wenn die Hauptgalerie geschlossen ist.

❶ Praktische Informationen

Misiones Touristeninformation (☏ 0376-444-7539; www.misiones.tur.ar; Colón 1985; ⊙ 7–20 Uhr) In der Stadt gibt es weitere Infostände für Touristen, dieser hier arbeitet am professionellsten.

Paraguaisches Konsulat (☏ 0376-442-3858; http://paraguay.int.ar; San Lorenzo 1561; ⊙ Mo–Fr 7–14 Uhr) Wenn nicht allzu viel los ist, erhält man ein Visum zur einmaligen Einreise (65 US$, jedoch 160 US$ für US-Amerikaner) vom paraguayischen Konsulat in Posadas bereits nach zwei Stunden. Dazu muss man zwei Passfotos, eine Kopie des Reisepasses sowie unter Umständen ein Weiterreiseticket und einen Finanznachweis (eine Kreditkarte reicht wahrscheinlich) vorlegen.

❶ An- & Weiterreise

BUS

Busse nach Encarnación (22 Arg$) in Paraguay fahren alle 20 Minuten ab. Sie halten an der Ecke San Lorenzo und Entre Ríos. Mit dem Anstehen und den Grenzformalitäten kann die Fahrt länger als eine Stunde dauern.

Zur Ausreise aus Argentinien müssen alle Passagiere aussteigen. Der Bus fährt manchmal weiter, ohne alle Fahrgäste aufgesammelt zu haben. Dann sollte man die Fahrkarte behalten und den nächsten nehmen. Auf paraguayischer Seite wiederholt sich die Prozedur. An der paraguayischen Einreisestelle gibt es recht ehrliche Geldwechsler. Als Reisender sollte man auf kleine Scheine bestehen. Eine 100 000-Guaraní-Banknote zu wechseln ist beinahe unmöglich.

FLUGZEUG

Aerolíneas Argentinas (☏ 0810-222-86527; Sarmiento 2280; ⊙ Mo–Fr 8–12 & 16–20, Sa 8–12 Uhr) fliegt täglich nach Buenos Aires.

ZUG

Eine glänzende neue Eisenbahn verbindet Posadas mit Encarnación in Paraguay. Abfahrt von Posadas ist zwischen 7.15 und 18.15 Uhr, und zwar alle 30 Minuten (35 Arg$, 8 Min.).

Busse ab Posadas

REISEZIEL	FAHRPREIS (ARG$)	FAHRZEIT (STD.)
Buenos Aires	1188	12–14
Corrientes	375	4–4½
Paso de los Libres	417	5–6
Puerto Iguazú	360	4½–5½
Resistencia	400	4½–5
Rosario	1215	14–15
San Ignacio	65	1
Tucumán	1683	15

Die Aus- und Einreiseformalitäten der argentinischen und paraguayischen Behörden werden auf dem Bahnhof **Apeadero Posadas** (www.sofse.gob.ar) erledigt.

❶ Unterwegs vor Ort

Der Busbahnhof von Posadas liegt 5 km südlich der Stadt und ist von der Innenstadt mit den Buslinien 8, 15 (von Junín), 21 oder 24 (12 Arg$) zu erreichen. Die Fahrt mit dem Taxi dorthin kostet etwa 150 Arg$. Direkt vor dem Busbahnhof fahren Lokalbusse ab; ebenso vom angrenzenden städtischen Terminal.

Die Buslinie 28 (12 Arg$) verkehrt von der San Lorenzo (zwischen La Rioja und Entre Ríos) zum Flughafen. Eine *remise* dorthin kostet ungefähr 250 Arg$. Die Busse 7 und 12 (12 Arg$) fahren zum Bahnhof Apeadero Posadas.

San Ignacio

☏ 0376 / 6800 EW.

Die Hauptattraktion dieser kleinen Stadt, die nördlich von Posadas gelegen ist, gilt als die am besten erhaltene unter den argentinischen Missionen: San Ignacio Miní. Natürlich kann man sie auch von Posadas aus oder auf dem Weg nach Iguazú besuchen, aber es gibt gute Argumente für einen richtigen Zwischenstopp: San Ignacio bietet einige gute Unterkünfte, und wer über Nacht bleiben möchte, hat die Gelegenheit, die ausgezeichnete Ton-Licht-Schau in den Ruinen anzusehen. Der Ort ist eine gute Ausgangsbasis für den Besuch weiterer Missionsruinen in Argentinien und Paraguay.

San Ignacio liegt 56 km nordöstlich von Posadas an der RN12. Von der Abzweigung an der Schnellstraße führt die Avenida Sarmiento ins 1 km entfernte Ortszentrum. Von dort geht es auf der Rivadavia sechs Häuserblocks nach Norden zu den Ruinen.

Sehenswertes & Aktivitäten

★ San Ignacio Miní
RUINEN

(www.misiones.tur.ar; Eingang Alberdi s/n; Missionen-Kombitickets Ausländer/Lateinamerikaner/ Argentinier 200/170/130 Arg$; ⊙ April–Okt. 7–17.30 Uhr, Nov.–März 7–19 Uhr) Diese stimmungsvollen Missionsruinen sind die am besten erhaltenen in Argentinien: Sie beeindrucken durch die vielen noch erkennbaren kunstvoll gemeißelten Ornamente und wegen des großen Aufwands, mit dem hier die Restaurierungsarbeiten betrieben werden. Das kleine Museum liefert sehr gute Hintergrundinformationen; an den Ruinen sind interaktive Tafeln mit mehrsprachigen Audios angebracht (auch wenn nicht alles funktionstüchtig sind). Der Eintrittspreis umfasst auch den Zutritt zu den Ruinen in Santa Ana (S. 215) und Loreto (S. 215) und zu Santa María la Mayor (RP2, Km 43; Missionen-Kombitickets Ausländer/Lateinamerikaner/ Argentinier 200/170/130 Arg$; ⊙ April–Okt. 7–17.30 Uhr, Nov.–März 7–19 Uhr), das etwas weiter entfernt liegt. Allabendlich (wenn es nicht gerade regnet) findet eine sehenswerte Ton-Licht-Schau (Ausländer 200 Arg$) innerhalb der Ruinenstätte statt.

Zunächst im Jahr 1610 in Brasilien gegründet, aber nach wiederholten Angriffen durch Sklavenhändler wieder aufgegeben, wurde die Siedlung San Ignacio im Jahr 1696 an diesem Standort neu errichtet und blieb bis zur Ausweisung der Jesuiten in Funktion. Die Ruinenanlage wurde erst 1897 wiederentdeckt und in der Zeit zwischen 1940 und 1948 sorgfältig restauriert. Sie sind ein großartiges Beispiel für das „Guaraní-Barock". In ihrer Blütezeit lebten annähernd 4000 Guaraní in der Siedlung.

Es gibt kostenlose Führungen (auf Englisch und Spanisch) durch die Ruinenstätte. Eine Führung beginnt, sobald sich genügend Interessierte eingefunden haben, normalerweise also etwa alle 30 Minuten. Dabei geht es zwischen Häuserreihen der Guaraní hindurch auf die Plaza. An einer Seite des Platzes steht eine gewaltige Kirche aus rotem Sandstein. Sie beeindruckt allein durch ihre Ausmaße und bildet den Mittelpunkt der Siedlung. Der rot-braune Stein kontrastiert malerisch mit dem grünen Gras; ursprünglich waren die Gebäude jedoch weiß getüncht. Bevor Kalk problemlos zu beschaffen war, wurde die weiße Farbe noch durch das Verbrennen von Schneckenhäusern gewonnen.

Interessant ist der Cotiguazú, der sich in der hintersten Ecke des Geländes neben dem Friedhof befindet: Hier waren Witwen, Frauen, deren Männer die Missionsstation verlassen hatten, sowie geächtete Ehebrecherinnen untergebracht, die ihre Zeit mit dem Spinnen von Wolle verbrachten.

Im kleinen Museum sind Tafeln angebracht, auf denen unvoreingenommene Informationen (auf Spanisch mit englischer kleingedruckter Übersetzung daneben) über die Missionen stehen, und zwar aus der Perspektive der Jesuiten und der Guaraní.

Zudem sind einige fein ausgeführte Holz- und Steinkunstwerke zu sehen, die zwischen den Ruinen gefunden wurden. Es gibt auch ein maßstabsgetreues Modell von San Ignacio, so wie es vermutlich zu seiner Blütezeit ausgesehen haben soll.

Die Anfangszeiten für die abendliche Schau variieren je nach Anzahl der Gruppenteilnehmer. Die Vorführung ist ein berührendes, aber manchmal auch gruseliges Erlebnis. An verschiedenen Standorten werden Projektionen auf einen Wassernebel geworfen – ein richtig gespenstischer Effekt! Audiosets in verschiedenen Sprachen stehen den Besuchern zur Verfügung.

Casa de Horacio Quiroga
MUSEUM

(Av Quiroga s/n; 100 Arg$; ⊙ 10–18 Uhr) Der sehr naturverbundene uruguayische Schriftsteller Horacio Quiroga (1878–1937) fand seine Muse im raubeinigen Lebensstil des hinterwäldlerischen Misiones. Sein einfaches Steinhaus am südlichen Stadtrand (zu Fuß sind es ungefähr 30 Minuten bis dorthin) hat er selbst errichtet. Spanisch sprechende Führer begleiten die Besucher durch wogende Zuckerrohrfelder bis zu dessem Haus und berichten von Horacio Quirogas tragischem Leben, das nur so strotzt vor Ereignissen und Unfällen mit Schusswaffen und Zyankali – absolut filmreif.

Parque Provincial Teyú Cuaré
OUTDOORS

GRATIS Die geschützte Halbinsel im Río Paraná lädt zu Waldspaziergängen – es gibt vier markierte Lehrpfade- und Radtouren ein, bietet Panoramablicke von Felsklippen am Fluss und schöne Strände. Es gibt hier mehrere kleine Guaraní-Siedlungen, in denen man Kunsthandwerk verkauft und Besucher willkommen sind. Die Einheimischen führen Gäste gerne gegen eine Gebühr oder für ein Trinkgeld herum.

In einem gesonderten Bereich der Halbinsel kann man kostenlos zelten.

ABSTECHER

DIE PARAGUAYISCHEN MISSIONEN BESUCHEN

Von Posadas (oder San Ignacio) besteht die Möglichkeit zu einem interessanten Tagesausflug zu zwei Jesuitenmissionen in Paraguay. Die verfallenen, aber majestätischen Kirchen in Trinidad und Jesús de Tavarangüe wurden sorgfältig restauriert, sodass ein Teil des fantastisch gearbeiteten Mauerwerks erhalten ist.

Von Posadas geht es per Bus oder Zug nach Encarnación. Vom Busbahnhof (Busse halten hier an, vom Bahnhof Encarnación fährt ein Bus hierher; 2500 PYG) fahren Busse (meist mit der Zielangabe „Ciudad del Este") etwa alle halbe Stunde nach Trinidad (10 000 PYG, 50–60 Min.). Man kann den Fahrer bitten, an der Abzweigung zu den Ruinen anzuhalten; von dort sind es etwa 700 m zu gehen.

Die Ruinen von Trinidad (Trinidad, Paraguay; Kombiticket 25 000 PYG; 7–21 Uhr) sind spektakulär. Die rot-braunen Steine der Kirche bilden einen starken Kontrast zum blumenübersäten grünen Gras und der umliegenden Hügellandschaft. Viele Verzierungen sind erhalten: In den muschelförmigen Nischen stehen verwitterte Skulpturen, eindrucksvoll sind auch der Taufstein und die kunstvoll gearbeitete barocke Kanzel. Die Türstöcke sind mit schönen, in den Stein gemeißelten Dekorationen versehen; eine frühere Kirche und ein Glockenturm sind ebenfalls restauriert worden. In der Nähe der Ruinen gibt es ein Hotel und Restaurant.

Zu Fuß geht es zurück zur Hauptstraße und dann nach rechts. An der Tankstelle 200 m weiter befindet sich die Abzweigung zum etwa 12 km entfernten Jesús de Tavarangüe. Sammeltaxis (7500 PYG) warten hier auf Passagiere. Normalerweise herrscht hier tagsüber wenig Verkehr. Alle zwei Stunden kommt ein Bus vorbei. Für etwa 50 000–60 000 PYG bringt ein Taxi seine Fahrgäste nach Jesús, wartet dort und fährt sie dann zurück bis zur Abzweigung.

Die restaurierte Kirche in Jesús (Paraguay; Kombiticket 25 000 PYG; April–Sept. 7–19 Uhr, Okt.–März 7–18 Uhr) ist nie vollendet worden. Die spektakulären Kleeblattbögen (eine Reminiszenz an Spaniens maurische Vergangenheit) und gemeißelten Darstellungen von gekreuzten Schwertern und Schlüsseln machen sie zu einer der malerischsten Jesuitenruinen. Die dreischiffige Kirche, auf deren Boden das Gras wächst, hat einen ebenso monumentalen Grundriss wie die in Trinidad. Sie ist die besterhaltenste aller Jesuitenkirchen. Vielleicht auch weil sie nie benutzt wurde, fehlt hier ein wenig die Atmosphäre im Gegensatz zur zerklüfteten Ruine in Trinidad. Für den Eintrittspreis kann man auch an einer kostenlosen Führung auf Spanisch, Deutsch und (etwas) Englisch teilnehmen. Während der Führung dürfen die Besucher auf den Turm klettern, von wo aus sie den schönen Blick auf die Landschaft rundum genießen können.

Wieder zurück an der Hauptstraße halten Busse nach Encarnación an der Tankstelle. Von Encarnación fahren die Busse nach Posadas an der Haltestelle vor dem Busbahnhof ab, der sich gegenüber der Schule befindet.

Ein Kombiticket für die Ruinen in Trinidad, Jesús und San Cosme (südwestlich von Encarnación) kostet 25 000 PYG und ist drei Tage gültig.

Bürger der Europäischen Union benötigen für die Einreise nach Paraguay kein Visum, ein gültiger Reisepass bzw. vorläufiger Reisepass reichen.

Auch die Ruinen von San Ignacio sind zu besichtigen: Mit dem Bus geht es nach Corpus, von dort weiter mit der Fähre nach Paraguay (Mo–Fr 8–17 Uhr).

Verschiedene Tourveranstalter in Posadas und San Ignacio bieten Tagesausflüge zu den paraguayischen Missionsruinen an.

Direkt außerhalb der Parkgrenzen liegt ein weiteres Schutzgebiet: Die Reserva Natural Osusunú wird von der Fundación Temaikèn geleitet, die mit den örtlichen indigenen Gemeinden beim Aufbau von Ökotourismusstrukturen zusammenarbeitet.

 Geführte Touren

★ **Tierra Colorada** GEFÜHRTE TOUREN
(☎ 0376-437-3448; tierracoloradaturismo@gmail.com; RN12; Mo–Sa 8–20.30, So 9–16 Uhr) Der rundum hilfreiche Veranstalter gleich unterhalb des Busbahnhofs organisiert Touren

zu den paraguayischen Missionen (60 US$ pro Per.) und den Mocona-Wasserfällen (ca. 6000 Arg$ für bis zu 4 Pers.) sowie günstige Ausflugspakete zu den Esteros del Iberá.

Tierra Colorada vermietet außerdem Fahrräder (150 Arg$ pro Tag), organisiert Kanuausflüge auf dem Fluss und den Besuch von Guaraní-Siedlungen, bewahrt das mitgeführte Gepäck sicher auf, verkauft ermäßigte Busfahrkarten und erteilt unabhängige touristische Auskünfte.

Schlafen & Essen

Adventure Hostel   HOSTEL $
(0376-447-0955; www.sihostel.com; Independencia 469; B 10-12 US$, DZ 40 US$, Zeltplatz pro Person 7 US$; P@🛜🏊) Das gepflegte und gut konzipierte Hostel bietet komfortable Schlafsäle – entweder mit drei Betten oder vier Kojen, vernünftige Zimmer mit renovierten Bädern und ausgezeichnete Gemeinschaftseinrichtungen. Swimmingpools (im Innern und im Freien), Tischtennisplatten und grasbewachsenes Gelände komplettieren das Angebot. Das leckere hausgemachte Frühstück ist im Preis enthalten. Im Restaurant werden ordentliche Mahlzeiten vom Pizza-Pasta-Typ serviert; außerdem gibt es Stellplätze mit Stromanschluss.

Das Hostel liegt neben der Plaza, zwei Häuserblocks südlich der Kirche.

Posada Madre America   PENSION $
(0376-447-0778; Sarmiento 605; EZ/DZ/3BZ 38/44/50 US$, B/EZ/DZ ohne Bad 12/16/32 US$) Diese einladende neue Pension liegt mitten im Stadtzentrum. Die Zimmer sind geräumig, aber etwas spärlich eingerichtet. Dafür sind die Badezimmer tipptopp. Es gibt auch günstigere Hostelzimmer mit Gemeinschaftsbad. Pluspunkte sind das zuverlässige Wlan und das hilfsbereite Personal. Das Haus steht nicht direkt an der Straße, sodass es halbwegs ruhig ist.

Hotel La Toscana   HOTEL $
(0376-447-0777; www.hotellatoscana.com.ar; Ecke H Irigoyen & Uruguay; EZ/DZ/3BZ/4BZ 29/38/41/44 US$; P🛜🏊) In einem ruhigen Viertel der Stadt, nur einen halben Block von der Schnellstraße entfernt, steht dieses einfache, aber einladende Haus, das von Italienern geführt wird – ein wirklich entspanntes Refugium. Kühle, großzügige Zimmer liegen rund um einen Bereich mit tollem Swimmingpool, Terrasse und Garten. La Toscana ist die richtige Unterkunft, um schön auszuspannen; das Hotel bietet ein ausgezeichnetes Preis-Leistungs-Verhältnis, auch wenn der Straßenlärm vom etwas entfernt verlaufenden Highway die friedliche Atmosphäre ein wenig stört. Ein hauseigenes Restaurant ist in Planung.

La Misionerita   ARGENTINISCH $$
(0376-437-6220; RN12; Hauptgerichte 150-280 Arg$; 5-24 Uhr; 🛜) Dieses an der Schnellstraße gelegene Lokal befindet sich gegenüber vom Ortseingang hat von früh bis spät geöffnet. Hier kommt eine vernünftige Auswahl an Burgern und *milanesas*, außerdem Grillgerichte und frische Flussfische auf den Tisch. Eine der wenigen Möglichkeiten in Ignacio am Abend zu Essen zu gehen. Freundlicher und aufmerksamer Service.

❶ Praktische Informationen

Touristeninformation (7-21 Uhr) An der Abzweigung von der Schnellstraße. Nicht besonders hilfreich.

❶ An- & Weiterreise

Der **Busbahnhof** liegt an der Hauptstraße unweit vom Ortseingang. Regelmäßige Busverbindungen bestehen nach Posadas (65 Arg$, 1 Std.) und Puerto Iguazú (220 Arg$, 4-5 Std.). 4-mal täglich fahren Busse nach El Soberbio (200 Arg$, 4 Std.) bei den Saltos de Mocona.

Regionalbusse nach Loreto und Santa Ana fahren an Wochentagen stündlich und samstags alle 2 Stunden vom Busbahnhof ab. In die Gegenrichtung geht es bis nach Corpus, wo eine Fährverbindung nach Paraguay besteht.

❶ Unterwegs vor Ort

Ein Regionalbus fährt zu unregelmäßigen Zeiten bis zum Parque Provincial Teyú Cuaré, vorbei an der Casa de Horacio Quiroga.

Westlich der Ruinen existiert ein kostenloser städtischer Fahrradverleih, der allerdings oftmals geschlossen hat. Besser vom Hotel aus vorher anrufen lassen.

Santa Ana & Loreto

Diese beiden Jesuitenmissionen, die im feuchten Regenwald einem steten, aber stimmungsvollen Verfall preisgegeben sind, liegen unweit der RN12 zwischen Posadas und San Ignacio. Für den Eintritt zu beiden gilt ein Kombiticket, das auch für San Ignacio Miní (S. 212) und Santa María la Mayor (S. 218) gilt. In beiden Missionen gibt es kleine Museen, in denen man anhand eines Modells nachvollziehen kann, wie die Anlagen einst aussahen. Auch einige Funde, die bei

Ausgrabungen zutagetraten, sind hier ausgestellt. Führungen – teilweise auf Englisch – sind im Eintrittspreis enthalten.

◉ Sehenswertes

Santa Ana RUINEN
(www.misiones.tur.ar; Kombiticket Ausländer/-Mercosur-Bürger/Argentinier 200/170/130 Arg$; ⊙ April–Okt. 7–18, Nov.–März 7–19 Uhr) In Santa Ana, das 1633 gegründet und bereits im Jahr 1660 hierher verlegt wurde, ist der dichte Wald stellenweise gerodet worden, um eine Siedlung freizulegen, in der zu ihrer Blütezeit mehr als 7000 Guaraní lebten. Die riesige, etwa 140 m² große Plaza zeugt von der großen Bedeutung der Siedlung. Die dicken Mauern der mächtigen Kirche und die sie umgebenden fotogenen Würgefeigen verleihen den einst so prächtigen Gebäude eine dramatische Note, auch wenn keine Verzierungen erhalten sind. Der Friedhof, der bis in die zweite Hälfte des 20. Jhs. genutzt wurde, ist mittlerweile verwahrlost.

Nuestra Señora de Loreto RUINEN
(www.misiones.tur.ar; Missionen-Kombiticket Ausländer/Mercosur-Bürger/Argentinier 200/170/130 Arg$; ⊙ April–Okt. 7–17.30 Uhr, Nov.–März 7–19 Uhr) Loreto, im Jahr 1632 gegründet, besitzt nur wenige sichtbare Überreste, ist aber sehr stimmungsvoll. Zwar gibt es fortlaufende Ausgrabungen und Restaurierungsarbeiten, aber der dichte Regenwald hat hier wieder die Herrschaft übernommen, und es ist schwer, die Funktion der durcheinanderliegenden, moosbewachsenen Steine zwischen den Bäumen zu enträtseln. Deshalb lohnt die Teilnahme an der kostenlosen Führung. Loreto war eine der bedeutendsten Missionen. Hier wurde eine Druckerpresse gebaut, die erste im Südteil des Kontinents.

ⓘ An- & Weiterreise

Busse, die von Posadas Richtung Norden oder von San Ignacio Richtung Süden fahren, halten für beide Stätten an den Abzweigungen von der RN12. Die nach Santa Ana liegt bei Km 1382,5; von dort sind es bis zu den Ruinen 700 m zu gehen. Loreto ist von Km 1389 aus auf einem Fußweg von 2,5 km Länge zu erreichen. Es kann hier sehr heiß werden, deshalb sollte man unbedingt genügend Wasser mitnehmen.

Von San Ignacio fährt stündlich ein Bus (15 Arg$ bis Loreto, 20 Arg$ bis Santa Ana; wochentags 8–12 & 15–19 Uhr, Sa alle 2 Std.) vom Zentrum zu den Abzweigungen zu beiden Missionen – einige Fahrer lassen die Passagiere sogar direkt an den Ruinen von Loreto oder an der Abzweigung nach Santa Ana aussteigen. Auf diese Weise sind beide leicht in einem Tagesausflug von San Ignacio unterzubringen. Man kann auch von San Ignacio eine *remise* zu beiden Missionen benutzen. Das kostet inklusive Wartezeit etwa 800 Arg$.

Wer keinen Mietwagen hat, kann per Bus bis Santa Ana fahren. Dort wendet man sich dann an **Remises Castro** (⏵ 0376-449-7317; RN12) direkt neben der Bushaltestelle, deren Fahrer einen für 250 Arg$ inkl. Wartezeit zu beiden Ruinen bringen und im Anschluss wieder zurück zur Bushaltestelle.

Tierra Colorada (S. 213) in San Ignacio hat ein Paket im Programm, das für 350 Arg$ pro Besucher (mind. zwei Personen) eine Fahrt zu beiden Missionen anbietet; gilt auch für einen Aufenthalt im Parque Provincial Tayú Cuaré.

Saltos del Moconá

Neben den Iguazú-Fällen hinterlassen auch die ebenso abgelegenen wie ungewöhnlichen Saltos del Moconá am Ostrand von Misiones einen nachhaltigen Eindruck. Eine geologische Verwerfung im Bett des Río Uruguay teilt den Fluss der Länge nach. Das Wasser ergießt sich über die Schwelle zwischen beiden Teilen und erzeugt dabei, je nach Wasserstand, einen Wasserfall von bis etwa 3 km Länge und bis zu 15 m Höhe.

Die Wasserfälle sind nicht immer zu sehen. Wenn der Wasserstand des Flusses hoch ist, haben die Besucher Pech gehabt.

El Soberbio, der Ausgangspunkt für die Besichtigung der Wasserfälle, ist ein interessanter Ort und Dienstleistungszentrum für ein fruchtbares landwirtschaftliches Gebiet, in dem Tabak, Zitronengras und Maniok angebaut werden. Die Uferpromenade ist kurz, aber hübsch, und bietet schöne Ausblicke über den Río Uruguay. Es gibt eine Fähre nach Brasilien, und überall tauchen blondhaarige Leute auf – ein Erbe der deutschen und osteuropäischen Einwanderer, die sich hier neben der einheimischen Guaraní-Bevölkerung angesiedelt haben. Als altes Transportmittel dienen immer noch die bewährten Ochsenkarren

◉ Sehenswertes

Parque Provincial Moconá PARK
(http://saltosdelmocona.tur.ar; RP2; Ausländer/Argentinier 30/15 Arg$; ⊙ 9–17.30 Uhr) Am Ende der aus El Soberbio kommenden Straße überquert man den Río Yabotí und gelangt in den Parque Provincial Moconá. Hier gibt es ein Besucherzentrum, Wanderpfade und

ein Restaurant. Wer einen ausgiebigen Blick auf die Wasserfälle werfen möchte, sollte einen Bootsausflug buchen (250 Arg$). Das Gewässer fließt von der argentinischen Flussseite Richtung Brasilien. Von Land aus sieht man nur den oberen Teil, dort, wo das Wasser nach unten stürzt. Die beste Jahreszeit zur Besichtigung ist von Januar bis März. Die Website des Parks informiert über die sichtbare Höhe der Wasserfälle; Reisende sollten hier unbedingt nachsehen, bevor sie sich auf den Weg machen. Denn wenn der Wasserstand zu hoch ist, wird der Yabotí unter Umständen unpassierbar.

Um den oberen Abschnitt des Río Uruguay zu sehen, muss man den 1,8 km langen **El-Chachi-Wanderweg** entlangspazieren. Der kürzere, aber anspruchsvollere **La-Gruta-Wanderweg** führt zu einer kleinen Höhle mit schmalem Wasserfall.

Schlafen & Essen

Posada Guatambú CABAÑAS $
(03756-434725; www.posadaguatambu.com; RP2, Km 35; Hütten 67 US$; P) Zwei hübsche, geräumige Hütten geben an diesem Fleckchen Erde, 3 km von der Straße entfernt und auf halbem Weg zwischen El Soberbio und den Wasserfällen, ein romantisches Refugium ab. Das Anwesen ist spektakulär: ein üppig bewaldetes Gelände und ein Fluss zum Baden. Die Gastgeber sind engagiert und gastfreundlich und versorgen die Gäste mit schmackhafter Hausmannskost.

Puro Moconá Lodge LODGE $
(www.puromocona.com.ar; Av Corrientes 1000, El Soberbio; EZ/DZ/3BZ 56/68/100 US$, Suite ab 91 US$) Die am Rande von Soberbio gelegene, ansprechende Lodge ist lediglich einen kurzen Spazierweg von der Bushaltestelle entfernt. Ihre Vorzüge sind ihre gute Erreichbarkeit sowie die friedvolle Lage am Fluss. Durch das weitläufige Gelände wirkt sie jedoch recht abgeschieden.

Die Gäste können sich mit allerhand Aktivitäten die Zeit vertreiben. Die mit eleganten Möbeln aus dunklem Holz eingerichteten *cabañas* sind geräumig. Am besten nimmt man sich eine Suite mit Balkon.

Sehr hübsch speist man im angeschlossenen Restaurant mit Flussblick.

Don Enrique Lodge LODGE $$$
(011-15-5932-6262; www.donenriquelodge.com.ar; Colonia La Flor; Zi. 212 US$; P) Schöne Holzbungalows an einem sehr abgelegenen Standort oberhalb des Flusses bilden diesen romantischen Rückzugsort. Köstliches Essen und gastfreundliche Betreiber sind das Sahnehäubchen auf dem Angebot. Im Preis inbegriffen sind Vollpension, geführte Wanderungen und sonstige Aktivitäten.

Die Abzweigung zur Lodge liegt etwa 16 km von El Soberbio entfernt, dann geht es weitere 16 km über eine unbefestigte Straße. Für das letzte Stück werden die Gäste in einem Pickup abgeholt.

❶ Praktische Informationen

Oficina de Turismo (03755-495206; Ecke Avs San Martín & Rivadavia, El Soberbio; 8–20 Uhr) Die Mitarbeiter der Touristeninformation in El Soberbio helfen gerne bei der Logistikplanung für die Fahrt zu den Wasserfällen.

❶ An- & Weiterreise

Die Wasserfälle liegen ungefähr auf halbem Weg zwischen Posadas und Puerto Iguazú. Am besten erreicht man sie mit öffentlichen Verkehrsmitteln. Von Posadas fahren mehrmals täglich Busse nach El Soberbio (200 Arg$, 5 Std.) mit Zwischenstopp in San Ignacio; von El Soberbio sind es noch 63 km bis zu den Wasserfällen. Auf dieser Straße fährt täglich nur ein Bus (90 Arg$, 1 Std.): Er startet in El Soberbio um 8 Uhr und kehrt um 17 Uhr zurück, weshalb man einen ganzen Tag im Park einplanen muss. Eine *remise* ab Soberbio zu den Wasserfällen kostet inkl. Wartezeit etwa 1300 Arg$.

DIE IGUAZÚ-FÄLLE

Die Iguazú-Fälle gehören zu den überwältigendsten Naturschauspielen unserer Erde – eine Kette aus Hunderten von Wasserfällen, die sich über beinahe 3 km erstreckt. Ein Besuch der Wasserfälle ist quasi eine Urerfahrung – die unglaubliche Kraft und die Lautstärke des tosenden Wassers bleiben dem Betrachter für immer in Erinnerung. Auch die Landschaft an sich ist spektakulär: Die Fälle liegen zwischen Brasilien und Argentinien in einem Nationalpark, der zu großen Teilen aus Regenwald besteht. Flora und Fauna sind hier einzigartig.

Die Wasserfälle sind von allen drei Staaten – Argentinien, Brasilien und Paraguay – aus leicht zu erreichen.

Geschichte

Nach einer Legende der Guaraní entstanden die Wasserfälle, als ein Krieger namens Caroba den Zorn eines Waldgottes auf sich

Die Wasserfälle von Iguazu

zog, weil er mit der jungen Naipur (in die der Waldgott verliebt war) flussabwärts in einem Kanu fliehen wollte. Voller Wut ließ der Gott das Flussbett vor den Augen der Liebenden zusammenbrechen: So entstand eine Reihe von Wasserfällen, die über Naipur zusammenstürzten, um sie dann am Fuß der Wasserfälle in einen Felsen zu verwandeln. Caroba überlebte als Baum, der fortan auf seine herabgestürzte, steinerne Geliebte blicken musste.

Geologen sind da etwas nüchterner, was den Ursprung der Wasserfälle angeht: Der Río Iguazú fließt über ein Basaltplateau, das abrupt etwas östlich vom Zusammenfluss des Río Iguazú mit dem Río Paraná abbricht. Dort, wo der einstige Lavafluss endet, stürzen nun Tausende Kubikmeter Wasser in der Sekunde bis zu 80 m tief in ein Sedimentbecken. Bevor der Iguaçú die Wasserfälle erreicht, teilt er sich in zahlreiche Arme mit Felsen und kleinen Inseln. Sie sind für die vielen, ganz unterschiedlichen Kaskaden verantwortlich und bilden gemeinsam die berühmten, 2,7 km langen *cataratas* (Wasserfälle).

Besichtigung der Wasserfälle

Die brasilianische und die argentinische Seite bieten einen jeweils völlig unterschiedlichen Blick auf die Fälle. Am besten besucht man die Fälle in beiden Ländern, wenn möglich – falls das machbar ist – an einem klaren, sonnigen Tag und zunächst wegen des grandiosen ersten Eindrucks in Brasilien. Es macht schon einen gewaltigen Unterschied, ob die Sonne scheint oder der Himmel bewölkt ist. Wer das einrichten kann, sollte mehrere Tage bleiben, dann gelingt sicher auch ein Bilderbuchfoto.

Auf der argentinischen Seite mit ihren zahlreichen Wanderpfaden und Bootsfahrten ist es leichter, den einzelnen Wasserfällen sehr nahe zu kommen. Die brasilianische Seite punktet dafür mit einem Panoramablick, der einen besseren Eindruck von der unglaublichen Dimension der Wasserfälle bietet. Beide Seiten lassen sich bequem im Rahmen von Tagesausflügen besichtigen, egal, wo man sein Quartier bezogen hat.

Manche Besucher schauen sich gleich beide Seiten an einem einzigen Tag an, allerdings wird dann der kurze Aufenthalt eine viel zu hektische Angelegenheit.

Nationalparks

Die argentinische wie die brasilianische Seite der Wasserfälle sind Nationalparks: Parque Nacional Iguazú bzw. Parque Nacional do Iguaçu. Hohe Temperaturen, hohe Luftfeuchtigkeit und große Niederschlagsmengen erzeugen einen mannigfaltigen Lebensraum: Im Regenwald der Nationalparks wachsen rund 2000 Pflanzenarten, hier leben unzählige Insekten, etwa 400 Vogelarten sowie viele Säugetiere und Reptilien.

Die Iguazú-Regenwälder bestehen aus verschiedenen Stockwerken, am höchsten liegen die rund 30 m hohen Baumwipfel. Darunter befinden sich mehrere weitere Baumetagen. Am Boden erstreckt sich ein dichter Unterwuchs aus Sträuchern, Büschen und krautartigen Pflanzen.

Pumas, Jaguare und Tapire leben in den Nationalparks, doch Besucher werden sie kaum zu Gesicht bekommen. Sehr verbreitet sind Nasenbären (eine Kleinbärenart) und Kapuzineraffen. Auch Leguane sind oftmals zu erblicken, außerdem kann man nach Schlangen Ausschau halten.

Tropische Vogelarten sorgen für Farbkleckse, Tukane und verschiedene Papageienarten sind leicht zu erkennen. Die beste Zeit, um entlang der Waldpfade Vögel zu sehen, ist der frühe Morgen.

Obwohl das von offizieller Seite bestritten wird, hat der massive Besucherstrom zahlreiche Tierarten tiefer in den Wald hineingetrieben; wer sie dennoch sehen will, muss sich deshalb allerdings auch selbst weiter in den Park hineinbegeben.

ℹ Gefahren & Ärgernisse

Die Strömung des Flusses ist stark und schnell; es sind bereits Touristen vom Wasser mitgerissen worden und ertrunken. Reisende sollten unbedingt einen angemessenen Abstand von den Wasserfällen einhalten.

Die Hitze und die Luftfeuchtigkeit sind hier oftmals sehr intensiv, und es wimmelt nur so von hungrigen Insekten. Also Sonnenschutz und Insektenschutzmittel nicht vergessen und ausreichend Trinkwasser mitnehmen!

Auf beiden Seiten treffen Besucher auf Nasenbären. Lebensmittel sollte man sicher vor ihnen verwahren; obwohl diese putzigen Allesfresser recht zahm wirken, werden sie aggressiv, wenn es um Futter geht, und beißen und kratzen, um etwas zu ergattern. In beiden Nationalparks gibt es Sanitätsstationen zur medizinischen Versorgung im Fall eines Nasenbär-Angriffs.

Von der Gischt an den Wasserfällen wird man wahrscheinlich durchnässt oder zumindest sehr feucht; Papiere und Kameras sollten deshalb in Plastikbeuteln geschützt werden. Auf beiden Seiten gibt es Plastikponchos zu kaufen.

Die Briefmarken, die auf der argentinischen Seite des Parks verkauft werden, gelten nur für Post, die im Nationalpark selbst oder in großen Städten aufgegeben wird.

Puerto Iguazú

📞 03757 / 94 990 EW.

Puerto Iguazú liegt am Ende der Straße in Argentinien und am Zusammenfluss von Río Paraná und Río Iguazú; von hier kann man nach Brasilien und nach Paraguay blicken. In der Stadt herrscht allerdings nur wenig Gemeinschaftsgefühl: Alle sind nur hier, um entweder die Wasserfälle anzusehen oder an dieser Natursehenswürdigkeit zu verdienen. Ein Planungsamt scheint es ebenfalls nicht zu geben, an sämtlichen Straßen tauchen Hotels auf. Immerhin ist Puerto Iguazú aber dennoch ganz hübsch, ruhig und sicher und besitzt gute Verkehrsverbindungen; außerdem gibt es viele ausgezeichnete Unterkünfte und Restaurants.

⊙ Sehenswertes & Aktivitäten

Hito Argentino
AUSSICHTSPUNKT

(Karte S. 217; Av Tres Fronteras) GRATIS Einen Kilometer westlich des Stadtzentrums liegt dieser fantastische Aussichtspunkt mit einem kleinen, in den argentinischen Farben gestrichenen Obelisken am eindrucksvollen Zusammenfluss von Río Paraná und Río Iguazú. Von hier aus kann man nach Brasilien und nach Paraguay gucken, die auf ihren Seiten ebenfalls solche Markierungen aufgestellt haben. Tagsüber ist hier meist nicht viel los; doch gegen Abend, wenn die Besucher hierherströmen, um die Lightshow um 19.30 Uhr zu erleben, wird es ordentlich voll. Dann werden farbenfrohe Fontänen und Hologramme z. B. mit Videos von volkstümlichen Tänzen in die Gischt projiziert.

Güirá Oga
ZOO

(Karte S. 217; www.guiraoga.com.ar; RN12, Km 5; Erw./Kind 200/150 Arg$; ⊙ 9–18 Uhr, letzter Einlass um 17 Uhr) ⌘ Auf dem Weg zu den Wasserfällen liegt diese Tierklinik mit Rehabilitationszentrum für verletzte Wildtiere. Das Haus leistet auch wertvolle Forschungsarbeiten in der Lebenswelt des Regenwalds von Iguazú und unterhält ein Aufzuchtprogramm für gefährdete Arten. Durch den 20 ha großen Regenwaldpark werden Besucher von einem Mitarbeiter geführt, der unendlich viel über jene Tiere zu erzählen weiß und die traurigen Geschichten kennt, wie diese dorthin gekommen sind. Der Besuch dauert ungefähr 90 Minuten.

Casa Ecológica de Botellas
ARCHITEKTUR

(Karte S. 217; http://lacasadebotellas.googlepages.com; RN12, Km 5; 100 Arg$; ⊙ 9–18.30 Uhr) ⌘ Dieser faszinierende Bau liegt etwa 300 m von der Straße zu den Wasserfällen entfernt und ist wirklich einen Besuch wert. Die Besitzer haben aus gebrauchtem Verpackungsmaterial – Plastikflaschen, Saftkartons und Ähnlichem – ein eindrucksvolles Gebäude errichtet. Aus den gleichen Materialien entstanden Möbel und originelles Kunsthandwerk, das sich auch als ungewöhnliches Mitbringsel eignet. Bei der Führung erfahren die Besucher alles über die unterschiedlichen Herstellungstechniken.

☞ Geführte Touren

Zahlreiche einheimische Veranstalter bieten erlebnisreiche Tagestouren auf der brasilianischen Seite der Iguazú-Fälle an, einige schließen den Itaipú-Damm und auch Shopping in Paraguay ein. Viele Anbieter verfügen über ein Büro am Busbahnhof. Am Hafen existieren unterschiedliche Optionen für Bootsausflüge rund um den Zusammenfluss von Paraná und Iguazú. In der Hauptsaison fahren die Boote etwa alle 30 Minuten. Eine einstündige Fahrt in einem kleinen Boot kostet um die 150 Arg$.

Iguazú Bike Tours
FAHRRADTOUREN

(☎ 03757-15-678220; www.iguazubiketours.com.ar) Dieser Veranstalter organisiert alles von leichten Spritztouren durch den nahe gelegenen Wald bis zu langen, von Motorfahrzeugen begleiteten Touren durch weniger besuchte Ecken des Parque Nacional Iguazú.

🛌 Schlafen

Es gibt zahlreiche Übernachtungsmöglichkeiten für jeden Geldbeutel, darunter eine Reihe resortartiger Hotels zwischen Stadt und Parque Nacional Iguazú und viele Unterkünfte in Hütten südlich dieser Straße. In den Straßen um den Busbahnhof finden sich viele Hostels. Viele Unterkünfte akzeptieren keine Kreditkarten oder schlagen dafür manchmal satte Gebühren drauf.

125 Hotel
HOSTEL $

(Karte S. 223; ☎ 03757-422346; Misiones 125; B/DZ 16/35 US$; ❄ 🕱 ≋) Das günstige Hostel überzeugt durch seine gute Lage, die angenehme Atmosphäre und das freundliche Personal. Die Zimmer sind etwas eng, dafür aber modern und sauber. Die Schlafsäle zählen zu den besten der Stadt: Jedes Stockbett ist durch Vorhänge abgeteilt, und die Gemeinschaftsbäder sind gut in Schuss. Auch der Pool ist in einem guten Zustand.

Porämbá Hostel
HOSTEL $

(Karte S. 223; ☎ 03757-423041; www.porambahostel.com; El Urú 120; B 10–11 US$, Zi./3BZ 34/40 US$; ❄ @ 🕱 ≋) Das beliebte Hostel hat einen sehr friedlichen Standort und ist vom Busbahnhof leicht zu Fuß zu erreichen. Es gibt verschiedene, nicht überfüllte Schlafsäle, Zimmer mit und ohne Bad und einen kleinen Swimmingpool.

Dieses unbeschwerte Haus mit Küche verströmt eine lässige Atmosphäre.

Hotel Lilian
HOTEL $

(Karte S. 223; ☎ 03757-420968; hotellilian@gmail.com; Beltrán 183; EZ 42 US$, Standard/gehobene Ausstattung DZ 47/59 US$, 4BZ 106 US$; P ❄ @ 🕱) Diese nette Unterkunft wird von einer sehr gastfreundlichen Familie geleitet, die nicht darauf aus ist, Touristen auszunehmen. Die hellen, einladenden Zimmer rund um einen Patio voller Pflanzen bieten ein sehr gutes Preis-Leistungs-Verhältnis. Die meisten Zimmer mit gehobener Ausstattung – sie sind den kleinen Aufschlag wert – verfügen über einen Balkon und viel Tageslicht. Alle Badezimmer sind geräumig und pieksauber. Hier ist alles so, wie man es sich als Hotelgast wünscht.

Bambú Hostel
HOSTEL $

(Karte S. 223; ☎ 03757-425864; www.hostelbambu.com.ar; Ecke Av San Martín & Córdoba; B 16 US$, Zi. mit/ohne Bad 50/56 US$) Dieses gut geführte und beliebte Hostel, das unweit der Bushaltestelle gelegen ist, punktet mit freundlichen Mitarbeitern und geselliger Atmosphäre. Für den Preis ist die Unterkunft akzeptabel: Die Zimmer sind komfortabel, aber ziemlich schlicht, und die Schlafsäle

Die Iguazú-Fälle

Es gibt weltweit nur wenige so spektakuläre Orte wie diese majestätischen Wasserkaskaden an der Grenze zu Brasilien. Die Fälle sind zugänglich, liegen in einem üppigen tropischen Dschungel und vermitteln einen unvergesslichen Nervenkitzel.

Die brasilianische Seite

Man sollte sich zunächst von der brasilianischen Seite (S. 230) aus nähern, um das Panorama zu genießen, das sich von einem kurzen Aussichtspfad inmitten eines Nationalparks vor den Augen des Betrachters entfaltet. Eine Kaskade nach der anderen kommt in den Blick, bevor der Pfad dann unterhalb des Salto Floriano endet (S. 230).

Garganta del Diablo

Das Highlight der Wasserfälle ist die „Teufelskehle". Man überquert den sanft dahingleitenden Fluss Iguazú und blickt dann zum hinabstürzenden Wasser hinunter, das dem Besucher die Urgewalten der Natur vor Augen und Ohren führt und ihm fast den Atem raubt (S. 227).

Die argentinische Seite

Zwei Laufwege, einer oben, einer unten gelegen, bringen den Betrachter nah an das tosende Wasser. Hier kann man fantastische Fotos machen, man wird allerdings auch nass dabei (S. 227).

Bootsausflüge

Flotte Motorboote fahren die Touristen, die auf Nervenkitzel aus sind, direkt unter den größten Wasserfall auf der argentinischen Seite (S. 229). Auf der brasilianischen Seite werden auch ruhigere Kajak- und Floßexkursionen angeboten (S. 231).

Dschungelpfade

In den Nationalparks auf beiden Seiten des Flusses gibt es Dschungelpfade, auf denen es herrliche Tiere und Pflanzen zu sehen gibt (S. 229 & S. 231).

1. Der Foz do Iguaçu (S. 230) auf brasilianischer Seite
2. Holzweg im argentinischen Regenwald **3.** Nasenbär

wirken etwas zugestellt. Außerdem gibt es eine hervorragende Bar mit Loungeflair zur Straße hin – in den Abendstunden der perfekte Platz zum Abhängen.

★ Boutique Hotel de la Fonte   HOTEL $$
(✆ 03757-420625; www.bhfboutiquehotel.com; Ecke Corrientes & 1 de Mayo; Zi. ab 142 US$; P✶@☎☼) Ständige Verbesserungen kennzeichnen ein gutes Hotel. Dieses Haus legt dabei ein solches Tempo vor, dass wir kaum hinterherkommen. Der abgeschiedene, zauberhafte Ort präsentiert sich mit individuell gestalteten Zimmern und Suiten rund um einen baumbestandenen Garten, der abends romantisch beleuchtet wird. Dass einer der warmherzigen Besitzer Architekt ist, zeigt sich in den zahlreichen dekorativen Details ebenso wie im künstlerischen Design.

Die Whirlpools und das Salzwasserbecken sowie die stilvolle Eleganz der ganzen Anlage sind weitere wunderbare Merkmale. Der zweite Besitzer ist ein Koch, der das zugehörige Restaurant betreibt – es zählt zu den besten in der Stadt, doppeltes Glück also. Einfach herausragend!

★ Jasy Hotel   HOTEL $$
(Karte S. 223; ✆ 03757-424337; www.jasyhotel.com; San Lorenzo 154; DZ/4BZ 95/110 US$; P✶@☎☼) Die zehn ruhigen, zweigeschossigen Apartments klettern wie eine Treppe einen Hang im Wald hinauf. Ihr Grundriss macht sie zu einer perfekten Familienunterkunft, und sie verfügen alle über einen Balkon mit Blick auf üppiges Grün. Der geschickte Einsatz von Holz zieht sich durch alle Räume; Bar und Terrassenbereich sind einfach zum Verlieben. Schon so mancher ist hier länger geblieben als geplant! Es gibt außerdem ein vernünftiges Restaurant, das am Abend geöffnet hat.

Secret Garden Iguazú   B&B $$
(✆ 03757-423099, 03757-539571; www.secretgardeniguazu.com; Los Lapachos 623; EZ/DZ 95/125 US$; ✶☎) In einem Garten voller Vögel und üppigem Grün steht ein Bungalow mit drei großzügigen, bezaubernden Zimmern, die das einladende B&B abseits der normalen Bahnen bilden. Möbel aus grob gesägtem Holz und ausgesuchte Naturdrucke sorgen für eine entspannte Umgebung.

Das Frühstück und der Nachmittagstee sind herausragende Momente; auf den Tisch kommen hausgemachte Marmeladen, Chutneys und Bananenbrot.

Der Inhaber und die Mitarbeiter helfen gern und bereiten ihren Gästen einen fabelhaft individuellen Aufenthalt.

Posada del Jacarandá   HOTEL $$
(✆ 03757-423737; www.posadadeljacaranda.com; Ecke Andresito & Caraguatá; Zi. 90 US$; ✶@☎☼) Das Mittelklassehotel in einem ruhigen Viertel im Südosten der Stadt überzeugt durch harmonische Zimmer, eine fantastische Einstellung gegenüber den Gästen, glänzende, polierte Böden und ein friedliches Ambiente. Es gibt einen hübschen Swimmingpoolbereich, überdurchschnittlich gutes Frühstück und viel attraktiv eingesetztes Holz. Die Unterkunft ist mehr als die Summe ihrer Teile.

Jardín de Iguazú   HOTEL $$
(Karte S. 223; ✆ 03757-424171; www.jardindeiguazu.com.ar; Bompland 274; EZ/DZ US$108/118; P✶☎☼) Die günstige zentrale Lage, die kompetenten Mitarbeiter, der hübsche Swimmingpool und Jacuzzi sowie die angenehm neutralen, modernen Zimmer machen diese Unterkunft so attraktiv. Die Standardzimmer sind nicht sonderlich groß. Wer mehr Platz haben möchte, bekommt gegen einen geringen Aufpreis ein Zimmer mit gehobener Ausstattung. Das Jardín de Iguazú ist verlässlich und gut geführt.

Hotel La Sorgente   HOTEL $$
(Karte S. 223; ✆ 03757-424252; www.lasorgentehotel.com; Av Córdoba 454; EZ/DZ/3BZ 71/97/115 US$; ✶@☎☼) Unbeschwerter als in diesem Hotel inmitten eines üppigen Gartens kann das Leben nicht sein – und wem der Weg rund um den Swimmingpool zu lang erscheint, der benutzt ganz einfach die Brücke, die sich darüber spannt. Drum herum liegen die ansprechend renovierten, wenn auch etwas finsteren Zimmer. Auch das Frühstück, das im authentisch italienischen Restaurant serviert wird, bekommt ein Gütesiegel. Einziger Nachteil: Die Duschen sind wirklich etwas zu winzig.

★ La Cantera Iguazú   LODGE $$$
(Karte S. 217; ✆ 03757-493016; www.hotellacanteraiguazu.com; Selva Iryapú s/n; Zi. 164-272 US$; P✶@☎☼) Die bezaubernde, heimelige Lodge liegt im tiefen Wald, etwa 1,5 km von der Straße zu den Wasserfällen entfernt.

Die ansprechenden „Tierra"-Zimmer mit mückensicheren Balkonen liegen in Holzhäusern; durch einige wachsen sogar Bäume oder deren Äste. Von den „Dschungel"-Zimmern auf der oberen Ebene bietet

Puerto Iguazú

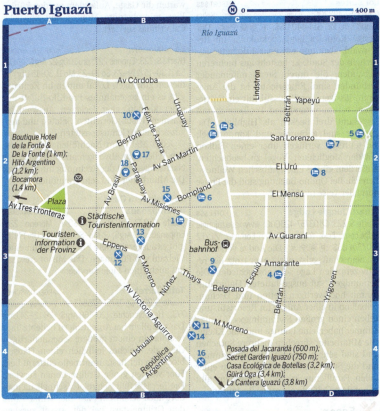

Puerto Iguazú

🛏 Schlafen
- 1 125 Hotel B3
- 2 Bambú Hostel C2
- 3 Hotel La Sorgente C2
- 4 Hotel Lilian C3
- 5 Iguazú Jungle Lodge D2
- 6 Jardín de Iguazú C2
- 7 Jasy Hotel D2
- 8 Porämbá Hostel D2

🍴 Essen
- 9 Color C3
- 10 Feria B2
- 11 La Dama Juana C4
- 12 La Misionera B3
- 13 La Misionera Casa de Empanada B3
- 14 La Rueda C4
- 15 Lemongrass B2
- 16 Tatu Carreta C4
- Terra ....(s. 1)
- Trattoria La Toscana ....(s. 3)

🍸 Ausgehen & Nachtleben
- 17 Cuba Libre B2
- 18 Quita Penas B2

sich ein schönerer Ausblick; diese Räume verfügen auch über eine Hängematte. Die günstigeren „Wald"-Zimmer sind weniger rustikal. In den harmonischen, holzverkleideten „Villa"-Zimmern kommen bis zu vier Leute unter; sie haben einen Jacuzzi auf dem Balkon. Abgerundet wird das Ganze durch einen guten Swimmingpoolbereich und den ausgezeichneten Service.
Auf dem ganzen Anwesen gibt es High-Speed-WLAN. Ein Waldspaziergang mit einem Guaraní-Führer ist im Preis enthalten; das Haus hat einen eigenen Transportdienst, der beide Seiten der Wasserfälle ansteuert.

Loi Suites
RESORT $$$

(☎ 03757-498300; www.loisuites.com.ar; Selva Iryapú s/n; Zi. 314-440 US$; P❋@🛜🏊) Der riesige Komplex liegt spektakulär im Regenwald, aber nur ein paar Kilometer außerhalb der Stadt. Er besteht aus mehreren Gebäuden, die durch Stege miteinander verbunden sind. Eingerichtet ist die Anlage im lässigen Landhausstil mit einem riesigen, baumumstandenen Poolbereich mit insgesamt drei Becken als Highlight. Die Zimmer sind geräumig und komfortabel; die teureren verfügen über einen Balkon mit der Möglichkeit, Vögel zu beobachten. Außerdem gibt es einen hübschen Wellness-Bereich. Bei Online-Buchung sind die Preise normalerweise niedriger.

Iguazú Jungle Lodge
HOTEL $$$

(Karte S. 223; ☎ 03757-420600; www.iguazujunglelodge.com; Ecke Yrigoyen & San Lorenzo; Zi./FZ 210/301 US$; P❋@🛜🏊) Die Lodge verströmt Gemeinschaftsgeist, wirkt aber trotz der relativ zentralen Lage sehr abgeschieden. Die geräumigen, gut ausgestatteten Unterkünfte, mit hochwertigen Betten und Dschungelbalkon in einer Anlage im Resortstil, umgeben einen großen Swimmingpool. Einige Zimmer haben eine Lounge und eine Küche. Die Mitarbeiter sprechen mehrere Sprachen und sind sehr hilfsbereit. Das Spielzimmer und die Suiten machen die Lodge zu einer tollen Familienunterkunft. Außerdem gibt es auf dem Gelände ein gutes Restaurant.

🍴 Essen

★ Feria
MARKT $

(Feirinha; Karte S. 223; Ecke Av Brasil & Félix de Azara; Picadas für 2 Pers. 200–225 Arg$; ⊙ 8–24 Uhr) Der Markt im Norden der Stadt ist ein netter Ort, um zu essen oder ein Bier zu trinken. An den zahlreichen Ständen werden argentinische Weine, Würste, Oliven und Käse an die Besucher aus Brasilien verkauft, etliche geben *picadas*, gegrilltes Fleisch, weitere einfache regionale Gerichte und kaltes Bier aus. An manchen Abenden wird Folkloremusik gespielt, und auch sonst herrscht abends eine angenehme Atmosphäre.

Lemongrass
CAFÉ $

(Karte S. 223; Bompland 231; kleine Mahlzeiten 65–150 Arg$; ⊙ Mo–Sa 8.30–14.30 & 17–21.30 Uhr; 🛜) Das Lemongrass zählt zu den wenigen richtig guten Cafés in Puerto Iguazú. Leckere frische Säfte, ein ordentlicher Kaffee, köstliche süße Versuchungen, Sandwiches, Pizzas und leckere herzhafte Pasteten erwarten die Gäste. Außerdem werden kühles Bier, minzebetonte Mojitos und köstliche Caipirinhas serviert.

La Misionera
ARGENTINISCH $

(Karte S. 223; Eppens 227; pro 100g 22 Arg$; ⊙ Di–Sa 11.30–15 & 19–23, So 19–23, Mo 11.30–15 Uhr) In diesem günstigen Lokal mitten im Zentrum gibt es ein sogenanntes Pro-Kilo-Büfett mit einer kleinen, aber leckeren Auswahl an warmen (Pasta-)Gerichten, Salaten und ausgezeichneten Gemüsepasteten.

Jedes Mal beim Nachfüllen bringt man den Teller zum Abwiegen an die Theke; der Nachschlag wird der Rechnung hinzugefügt. Die Mitarbeiter sind sehr freundlich.

La Misionera Casa de Empanada
EMPANADAS $

(Karte S. 223; ☎ 03757-424580; P Moreno 228; Empanadas 20 Arg$; ⊙ Mo–Sa 11.30–24 Uhr) Hier gibt es ausgezeichnete Empanadas mit einer Vielzahl von Füllungen. Das Misionera Casa hat auch einen Lieferservice.

Tatu Carreta
ARGENTINISCH $$

(Karte S. 223; ☎ 03757-575643; Av Victoria Aguirre 773; Hauptgerichte 120–460 Arg$; ⊙ 12–24 Uhr) Das vor allem bei Argentiniern beliebte Tatu residiert in einem großen, scheunenartigen Gebäude, welches lediglich einen Häuserblock von der Restaurantmeile entfernt liegt. Hier werden große Grillportionen serviert. Die Terrasse füllt sich relativ schnell, da man dort auch schön ein paar Bier trinken und den Grillmeistern bei der Arbeit zusehen kann. Besonders lecker ist die Spezialität des Hauses – Kartoffelschalen!

Bocamora
ARGENTINISCH $$

(Karte S. 217; ☎ 03757-420550; www.bocamora.com; Av Costanera s/n; Hauptgerichte 145–250 Arg$; ⊙ Di–So 12–23 Uhr; 🛜) Die romantische Lage mit Blick auf zwei Flüsse und drei Staaten ist wohl Grund genug für einen Besuch. Von der argentinischen Grenzmarkierung geht es einfach den Hügel hinunter. Zu den Spezialitäten im Bocamora zählen gegrilltes Fleisch und leckere Flussfische; das schmackhafte Essen wird sorgfältig zubereitet, der Service ist sehr gastfreundlich und der Blick einfach atemberaubend.

Color
PARRILLA, PIZZA $$

(Karte S. 223; ☎ 03757-420206; www.parrillapizzacolor.com; Av Córdoba 135; Hauptgerichte 175–325 Arg$, Pizza 160–285 Arg$; ⊙ 11.30–24 Uhr; 🛜) In der beliebten Pizzeria plus *parrilla* mit einem Innen- und einem Außenbereich sitzen die Gäste dicht an dicht an den eng stehenden Tischen – kein Ort, um Staatsgeheimnisse zu besprechen. Dafür sind die Preise für diese Gegend fair, und das Fleisch duftet stark nach dem Rauch von Holzfeuer; auch die Pizza aus dem Holzofen und die Empanadas sind sehr lecker. In der Hauptsaison muss man, sofern man nicht telefonisch reserviert hat, auf einen Tisch warten.

Terra
ASIATISCH $$
(Karte S. 223; 03757-421931; Av Misiones 125; Hauptgerichte 145–280 Arg$; 16–24 Uhr;) Unzählige zufriedene Gäste haben sich bereits mit Kreide an den Wänden des coolen Restaurants mit Bar verewigt. Spezialisiert ist das Lokal auf Wokgerichte; weitere Optionen sind Teriyaki-Lachs, Pastagerichte und Salate. Die Gerichte sind nicht gerade aufregend und etwas klein geraten, dafür aber solide. Trotzdem eine gute Wahl, wenn man mal etwas Anderes essen möchte. Die Terrasse an der Straße füllt sich schnell.

La Dama Juana
ARGENTINISCH $$
(Karte S. 223; 03757-424051; www.facebook.com/ladamajuanaiguazu; Av Córdoba 42; Hauptgerichte 240–316 Arg$; 11.30–23.30 Uhr;) Das Lokal mit dem kompakten Innenraum und der netten Balkonterrasse ist zwangloser als die meisten anderen an dieser Straße und bietet eine Menge fürs Geld. Die Bedienung kommt mit einem Lächeln; überbordende Fleisch- oder Fischteller mit innovativen Soßen und farbenfrohe Salate geben ein angenehmes Abendessen ab. Während die Hauptgerichte preislich mit anderen Lokalen vergleichbar sind, gibt es zum Ausgleich oftmals ein Angebot des Tages. Und die Pastateller sind immer günstig.

★ De La Fonte
ITALIENISCH $$$
(03757-420625; www.bhfboutiquehotel.com; Ecke Corrientes & 1 de Mayo; Hauptgerichte 480–550 Arg$; Mo-Sa 7–23.30 Uhr;) Das exquisite Hotelrestaurant ist der Arbeitsbereich eines ebenso begabten wie eigenwilligen Küchenchefs. Die Präsentationen sind super, egal ob es um hausgemachte Pasta oder fantasievolle Kreationen mit einem Hauch Molekularküche geht. Die zur Schau gestellte Fantasie vereint lokale tropische Aromen mühelos mit erstklassigem, sorgfältig ausgewähltem Fisch oder Fleisch. Das hausgemachte Brot ist ein echter Genuss. Die Degustationsmenüs (1250 Arg$) verdeutlichen tolle kulinarische Fähigkeiten: Nicht vergessen: Platz für das Dessert zu lassen!

Auf der Speisekarte steht auch immer ein innovatives veganes Gericht.

Im diesem großartigen Restaurant sollte man unbedingt einen Tisch reservieren.

★ La Rueda
ARGENTINISCH $$$
(Karte S. 223; 03757-422531; www.larueda1975.com; Av Córdoba 28; Hauptgerichte 245–480 Arg$; Mo-Di 17.30–0, Mi-So ab 12 Uhr;) Als eine Hauptstütze der gehobenen Esskultur in Puerto Iguazú kann dieses kulinarische Schwergewicht immer noch punkten. Die köstlichen Salate sind einfallsreich zusammengestellt ebenso wie die Kreationen aus Flussfischen (vorwiegend Pacú und Surubí). Die Fleischgerichte mit verschiedenartigen Soßen sind zuverlässig gut; die hausgemachte Pasta ist günstiger, ohne zu enttäuschen.

Der Service ist gut, dafür aber ein wenig zu langsam. Die Weinkarte bewegt sich preislich auf hohem Niveau.

Trattoria La Toscana
ITALIENISCH $$$
(Karte S. 223; 03757-422756; www.trattorialatoscana.com; Córdoba 454; Hauptgerichte 216–338 Arg$; 7–23.30 Uhr) La Toscana, ein typisch italienisches Lokal, serviert köstliche hausgemachte Pasta, aromatisches Risotto und eine vielseitige Auswahl an wunderbaren Rindfleisch- und Flussfischgerichten. Die Ravioli mit Kürbis-Zimt-Pinienkern-Füllung sind ein wahrer Leckerbissen. Das Geld wert sind auch die Kombiteller (338 Arg$) mit Steak und Pasta. Eine Reservierung ist absolut empfehlenswert.

Ausgehen & Nachtleben

Quita Penas
BAR
(Karte S. 223; 03757-458223; Av Brasil 120; 18 Uhr bis spätabends) Das Quita Penas, eine eventbetonte Open-Air-Bar mitten in Puerto Iguazús kleinem Ausgehviertel, hat erhöhte Terrassen, die sich auf mehreren Ebenen und Etagen verteilen. Das Essen ist gut, und während man sein Bier trinkt, kann man sich umsehen und den Trubel beobachten. Sehr oft wird hier Livemusik gespielt.

Cuba Libre
CLUB
(Karte S. 223; www.facebook.com/cuba.megadisco; Ecke Av Brasil & Paraguay; Mi-So 23 Uhr bis spätabends) Der derbe, aber lustige Nachtclub unweit der Avenida-Brasil-Meile wird besonders gern von fröhlichen Brasilianern besucht, die mit Blick auf den schwachen Peso hier einen schönen Abend verleben wollen. Die Tanzfläche füllt sich erst spät, dann aber umso schneller.

❶ Praktische Informationen

Hospital (✆ 03757-420288; Ecke Av Victoria Aguirre & Ushuaia)

Macro (Ecke Av Misiones & Bompland) Hier gibt es einen Geldautomaten.

Post (Karte S. 223; www.correoargentino.com.ar; Av San Martín 384; ◷ Mo–Fr 8–13 & 16–19 Uhr)

Paraguayisches Konsulat (✆ 03757-424230; http://paraguay.int.ar; P. Moreno 236; ◷ 7–15 Uhr) Visa für Paraguay kosten für die meisten Ausländer 65 US$. Ein Visum ausstellen zu lassen dauert drei Stunden; man braucht dafür den Pass, zwei Fotos und eine Kopie der Kreditkarte. Für EU-Bürger besteht keine Visumspflicht (Reisepass bzw. vorläufiger Reisepass; mindestens sechs Monate gültig).

Brasilianisches Konsulat (✆ 03757-420192; https://scedv.serpro.gov.br; Córdoba 278; ◷ Visa Mo–Fr 8–13.30 Uhr) Die Bearbeitung der Visumsanträge (Australien/USA/andere Länder 2400/3600/1600 Arg$) dauert 24–72 Std., weshalb man das Visum gleich nach Ankunft in der Stadt beantragen sollte. Zuerst online einen Antrag stellen, dann die Bestätigung ausdrucken und mit Kontoauszug, einem Foto vor hellem Hintergrund und einem Ausreiseticket von Brasilien oder Argentinien bewaffnet zum Konsulat marschieren. Für EU-Bürger besteht keine Visumspflicht; für die Einreise werden folgende Dokumente benötigt: Reisepass bzw. vorläufiger Reisepass (bei Einreise mindestens sechs Monate gültig).

Städtische Touristeninformation (Karte S. 223; ✆ 03757-423951; www.iguazuturismo.gob.ar; Av Victoria Aguirre 337; ◷ 8–14 & 16–21 Uhr)

Touristeninformation für die Provinz (Karte S. 223; ✆ 03757-420800; www.misiones.tur.ar; Av Victoria Aguirre 311; ◷ 8–21 Uhr) Eine besonders hilfreiche Infostelle.

An der Avenida Victoria Aguirre in der Innenstadt befinden sich mehrere Wechselstuben. Wer brasilianische Reals hat, kommt schlecht weg. Besser ist es, sie in Brasilien zu tauschen oder hier Dienstleistungen damit zu bezahlen, als sie zu den offiziellen Wechselkursen einzutauschen.

Busse ab Puerto Iguazú

REISEZIEL	FAHRPREIS (ARG$)	FAHRZEIT (STD.)
Buenos Aires	1200–1730	19–10
Córdoba	1295	22
Corrientes	600	9–10
Posadas	250	5–6
Resistencia	700–750	10–11
San Ignacio	220	4–5

❶ An- & Weiterreise

Aerolíneas Argentinas (✆ 03757-420168; www.aerolineas.com.ar; Av Victoria Aguirre 295; ◷ Mo–Fr 8–12 & 15–17, Sa 8–13 Uhr) fliegt von Iguazú beide Flughäfen von Buenos Aires an. Verbindungen bestehen auch nach Mendoza über Córdoba oder Rosario, Salta und El Calafate (über Buenos Aires). LAN (www.lan.com) und Andes (www.andesonline.com) bedienen ebenfalls die Route nach Buenos Aires.

Vom **Busbahnhof** (Karte S. 223; Ecke Av Córdoba & Misiones) bestehen Verbindungen in alle Landesteile. Auf der anderen Seite der Grenze in Foz do Iguaçu starten innerbrasilianische Busverbindungen.

Einige dieser Busse fahren in Puerto Iguazú ab und direkt nach São Paulo und Rio de Janeiro, allerdings ist es normalerweise günstiger einen Bus ab Foz zu nehmen.

❶ Unterwegs vor Ort

Four Tourist Travel (✆ 03757-420681, 03757-422962; www.ftt.tur.ar) unterhält einen Shuttle-Dienst vom Flughafen für 1300 Arg$ pro Pers., der bei Ankunft der meisten Flüge bereitsteht; von der Stadt aus muss man die Fahrt im Voraus buchen. Eine *remise* kostet 350 Arg$ zum und 450 Arg$ vom Flughafen, der 25 km außerhalb der Stadt liegt.

Vom innerstädtischen Teil des Busbahnhofs fahren regelmäßig Busse nach Foz do Iguaçu/Brasilien (25 Arg$ oder 5 R$, 40 Min., 6.30–19.30 Uhr alle 20 Min.) und Ciudad del Este/Paraguay (40 Arg$, 1 Std., 6.50–17.45 Uhr stdl.). Außerdem fahren Busse direkt zur brasilianischen Seite der Iguazú-Fälle (hin & zurück 80 Arg$, 8.30–14.30 Uhr stündl., letzte Rückfahrt 17 Uhr), die unerklärlicherweise wesentlich günstiger sind als die Busfahrt zum Park vor Ort.

Ein Taxi nach Foz kostet etwa 450 Arg$, zur brasilianischen Seite der Iguazú-Wasserfälle sind es hin und zurück 600 Arg$. Das *Remise*-Büro im Busbahnhof sollte man meiden: Es ist teurer als andere. Handeln lohnt sich immer. Besonders empfehlenswert ist der Taxi-Stopp an der Córdoba gegenüber El Mensú, dort findet man immer wieder gut ausgebildete, mehrsprachige Fahrer und Wagen mit Taxameter.

Mit den angeblich klimatisierten lokalen Bussen sind Hotels an der Straße zu den Wasserfällen oder auch die Markierung am Grenzdreieck gut zu erreichen. Eine Fahrt kostet 15 Arg$.

Eine weitere Option ist der Doppeldecker **Bus Turística** (www.busturisticoiguazu.com.ar; ◷ 8.30–18.30 Uhr), bei dem man beliebig ein- und aussteigen kann. Allerdings verkehrt er unregelmäßig, sodass man an den besuchten Sehenswürdigkeiten lange warten muss.

Beim von der Gemeinde betriebenen Unternehmen **Eco Bicis** (Ecke Av Victoria Aguirre &

San Martín; ⊙11–17 Uhr) nahe der Plaza kann man kostenlos einfache Fahrräder mieten. Wer lieber etwas solider im Sattel sitzen möchte, geht zu **Jungle Bike** (✆ 03757-423720; www.junglebike.com.ar; Av Victoria Aguirre 262, Local 7 Galeria Plaza Pueblo; Fahrradverleih pro Std./Tag 50/200 Arg$; ⊙ 9–20.30 Uhr), die Fahrräder verleihen und Führungen zu weniger bekannten Naturschutzgebieten in der Nähe anbieten. Mountainbikes kann man schon für 350–400 Arg$ pro Tag haben.

Parque Nacional Iguazú

✆ 03757

Auf der argentinischen Seite der grandiosen Iguazú-Wasserfälle hat dieser **Parque Nacional Iguazú** (✆ 03757-491469; www.iguazuargentina.com; Ausländer/Mercosur-Bürger/Argentinier Erwachsene 500/400/260 Arg$, Kind 130/100/80 Arg$, Parkplatz 100 Arg$; ⊙ 8–18 Uhr) sehr viel zu bieten, nicht zuletzt eine Menge ausgezeichneter Wanderwege.

Der weitläufige Gebäudekomplex am Eingang verfügt über verschiedene Annehmlichkeiten, beispielsweise Schließfächer (70–200 Arg$), zwei Geldautomaten – alles muss bar in Peso bezahlt werden – und ein Restaurant. Die Ausstellung Yvyráretã beschäftigt sich mit dem Nationalpark und dem Leben der Guaraní und richtet sich vorrangig an Schülergruppen.

Die Attraktionen des Parks reichen für einen mehrtägigen Besuch; der Eintrittspreis reduziert sich um die Hälfte, wenn man gleich am nächsten Tag wiederkommt. Um den Rabatt zu erhalten, muss man allerdings die Eintrittskarte am ersten Tag beim Verlassen des Parks abstempeln lassen.

Der letzte Einlass ist um 16.30 Uhr.

⊙ Sehenswertes

Es lohnt sich wirklich bereits um 9 Uhr morgens hier zu sein: Die Plankenwege sind schmal, und es beeinträchtigt das Erlebnis ziemlich, wenn man bei brütender Hitze und hoher Luftfeuchtigkeit in einer Polonaise von mehreren Reisegruppen feststeckt. Drei Rundwege über eine Reihe von Pfaden, Brücken und *pasarelas* (Plankenwege) ermöglichen die Besichtigung.

Nahe am Beginn des Circuito Inferior steht das ehemalige Parkhotel, das heute ein kleines **Wasserfall-Museum** beherbergt. Doch es kann die Aufmerksamkeit nur kurz fesseln, wenn man bedenkt, welches Naturschauspiel einen im Freien erwartet.

★ Circuito Inferior WASSERFALL

Dieser Rundweg (1400 m) führt hinunter zum Fluss und kommt den Wasserfällen unterwegs erfreulich nahe. Am Ende des Weges wartet eine ordentliche Dusche am Rand des Salto Bossetti auf diejenigen, die sich weit vorwagen. Ein kleines Stück weiter können Besucher eine kostenlose Fähre für die kurze Überfahrt zur Isla San Martín nutzen. An derselben Weggabelung gibt es Karten für die beliebten Bootsfahrten unter die Wasserfälle zu kaufen.

★ Circuito Superior WASSERFALL

Der **Paseo Superior** (1750 m) verläuft durchgehend flach. Er führt vorbei an mehreren Aussichtspunkten mit Blick auf den oberen Teil der Kaskaden und gewährt tolle Ausblicke auf weitere Wasserfälle auf der anderen Seite. Ein erst kürzlich erbauter Schlussabschnitt überquert eine breite Stelle des Río Iguazú und endet oberhalb des mächtigen Salto San Martín; auf dem Rückweg geht es über die diversen Flussinseln.

Isla San Martín INSEL

Am Ende des Paseo Inferior befördert eine Fähre Besucher kostenlos zu dieser Insel. Dort gibt es einen weiteren Pfad, der einen besonders nahen Blick auf mehrere Wasserfälle ermöglicht, z. B. auf den Salto San Martín, einen riesigen, wilden Wasserkessel. Die Leeseite der Insel eignet sich gut für ein Picknick und zum Baden. Dabei darf man sich nicht zu weit vom Strand entfernen. Bei hohem Wasserstand – und der kommt weit häufiger vor als ein niedriger – ist ein Zugang zur Insel nicht möglich.

Die Entscheidung, ob die Insel angesteuert werden kann, wird jeden Morgen um 10.30 Uhr getroffen – einfach an einer der Stationen oder Infostellen nachfragen.

Das letzte Boot zur Insel fährt um 15.15 Uhr ab. Es ist jedoch besser, die Überfahrt etwas früher zu starten, während man darauf wartet, dass sich die Menschenmassen in den gut besuchten Parkabschnitten allmählich verteilen.

Garganta del Diablo WASSERFALL

Ein 1,1 km langer Laufsteg über den trägen Río Iguazú führt zu einem der spektakulärsten Naturschauspiele unseres Planeten, dem „Teufelsschlund". Die Aussichtsplattform liegt direkt über der tosenden Sturzflut, einer ohrenbetäubenden Kaskade, die sich ins Bodenlose zu ergießen scheint; die Gischt, die die Zuschauer völlig durchnässt, verbirgt

ABSTECHER

DER MISIONES-REGENWALD OHNE DIE MASSEN

Der Iguazú-Regenwald ist ein fantastischer Lebensraum für Vögel, Pflanzen, Insekten und Säugetiere, aber der Massentourismus an den Wasserfällen bringt es mit sich, dass Besucher wahrscheinlich nicht so viele Tiere sichten, wie sie sich gewünscht hätten. Wer mehr sehen möchte, kann die Ostseite des Parks ansteuern. Rund um den Ort Andresito, der vom Mate-Anbau lebt, stehen mehrere Lodges, darunter die ausgezeichnete **Surucuá** (0376-15-437-1046; www.surucua.com; Andresito; EZ/DZ/-3BZ inkl. Transfers & Vollpension 217/352/-480 US$, 2 Tage 390/634/-864 US$; P) mitten im Regenwald. Sie wird von einem sympathischen jungen Paar aus Misiones geleitet. Rustikale, aber komfortable Unterkünfte und köstliche Hausmacherkost aus lokalen Zutaten werden durch Aktivitäten, wie Regenwaldwanderungen und denkwürdige Kanufahrten zwischen den Flussinseln, ergänzt. Es ist ein Paradies für Vogelbeobachter, mehr als 200 Arten wurden hier gesichtet, darunter Trogone, Tukane, Kolibris und Schnurrvögel. Entspannung ist garantiert, denn es gibt einen Swimmingpool, aber keinen Handyempfang – dafür allerdings WLAN. Mehrtägige Aufenthalte sind billiger; die Gäste werden von Andresito abgeholt. Zu diesem Ort fahren täglich vier Busse von Puerto Iguazú (150 Arg$, 2½ Std.).

den unteren Teil der Wasserfälle und steigt in einer mächtigen Wolke auf, die noch viele Kilometer entfernt zu sehen ist. Es ist ein majestätischer und ehrfurchtgebietender Ort; man sollte ihn sich als krönenden Abschluss des Besuchs aufheben.

Vom Bahnhof Cataratas geht es per Zug oder zu Fuß zur 2,3 km entfernten Station Garganta del Diablo. Der letzte Zug zur Garganta fährt um 16 Uhr ab; es ist sehr zu empfehlen diesen zu nehmen, weil es dann dort nicht mehr gar so voll ist. Wer zu Fuß geht, wird um diese Tageszeit eine ganze Menge Tiere zu Gesicht bekommen. Eine andere gute Option ist ein Besuch um die Mittagszeit, denn die meisten organisierten Touren legen gegen 13.30 Uhr eine einstündige Essenspause ein.

Der gesamte Pfad ist rollstuhltauglich.

 Aktivitäten

Relativ wenige Besucher wagen sich aus der unmittelbaren Umgebung der Wasserfälle hinaus, um die Waldlandschaft und die Tierwelt des Parks zu erleben; dabei ist ein solcher Vorstoß wirklich lohnend. Auf den Pfaden rund um die Wasserfälle gibt es große Eidechsen, Nasenbären, Affen und Vögel zu entdecken; auf einem der wenigen Pfade durch den dichten Wald bekommt man jedoch viel mehr zu sehen.

Sendero Macuco — WANDERWEG

Der etwa 3,5 km lange Dschungelpfad führt durch dichten Regenwald zu einem beinahe verborgenen Wasserfall. Der Weg bietet die seltene Möglichkeit, den Park auf eigene Faust zu erkunden. Auf sechs Informationstafeln wird die vielfältige Flora (u. a. Bambus, Palmitos und Pionierpflanzen) erläutert. Der weißbärtige Manakin und der Riesentukan leben hier ebenso wie Horden von braunen Kapuzineraffen.

Der Pfad endet am **Arrechea-Wasserfall**, einer 20 m hohen Kaskade, die an ihrem Fuß ein wunderbares Becken geschaffen hat. Die ersten 3 km des Weges zum oberen Teil des Wasserfalls sind weitestgehend eben; um zum Fuß des Wasserfalls und weiter zum Río Iguaçu zu gelangen, muss man aber einen insgesamt etwa 650 m langen, steilen und schlammigen Pfad hinuntergehen. Vom Ausgangspunkt ist für die einfache Strecke mit etwa 1¼ Stunden zu rechnen.

Am Wasserfall kann man baden, allerdings sollte man vorsichtig sein und nicht auf den Fluss hinausschwimmen. Der frühe Morgen ist die beste Zeit, um Wildtiere zu entdecken. Der letzte Einlass ist um 15 Uhr. Am Informationsschalter ist eine Broschüre mit Karte erhältlich.

Geführte Touren

Safaris Rainforest — REGENWALDTOUR

(03757-491074; www.rainforest.iguazuargentina.com) Einen kenntnisreichen Führer zu engagieren, ist die beste Methode, um Flora und Fauna des Parque Nacional Iguazú wirklich zu würdigen. Der Veranstalter bietet kombinierte Ausflüge zu Fuß und per Fahrzeug: Die Expedición a la Cascada führt zum Arrechea-Wasserfall (560 Arg$, 90 Min.); noch interessanter ist die Expedición en la Selva

(660 Arg$, 2 Std.), eine Tour in einen kaum vom Tourismus berührten Teil des Parks mit Erläuterungen zur Kultur der Guaraní.

Die Gruppen sind klein, und man muss dafür eine Eintrittskarte zu den Wasserfällen kaufen. Für die Starts am Vormittag kann man sich vom Hotel abholen lassen, nachmittags ist der Transfer zurück nach Puerto Iguazú im Preis enthalten.

Am besten bucht man im Voraus telefonisch oder online; man kann sich aber auch an einem der Informationsstände an den Wasserfällen anmelden.

Iguazú Jungle Explorer BOOTSTOUREN
(03757-421696; www.iguazujungle.com) Der Veranstalter bietet drei Touren: Besonders beliebt ist die kurze Bootsfahrt vom Paseo Inferior, die direkt unter einen der Wasserfälle führt (550 Arg$) – Adrenalin pur! Gran Aventura verbindet die Tour mit einer Fahrt durch den Dschungel (950 Arg$). Beim Paseo Ecológico (300 Arg$) steht vor allem die Tierwelt im Vordergrund.

Im Schlauchboot fahren die Teilnehmer von den Wasserfällen stromaufwärts.

Kinder unter zwölf Jahren dürfen nicht mit aufs Boot. Kinder, bei denen das Alter unklar ist, müssen sich ausweisen können.

Full Moon Walks WANDERUNG
(03757-491469; www.iguazuargentina.com/en/-luna-llena) An fünf aufeinanderfolgenden Abenden im Monat stehen geführte Wanderungen zur Garganta del Diablo (S. 227) auf dem Programm. Die Touren starten dreimal pro Abend. Die erste, um 20 Uhr, bietet das Schauspiel des aufgehenden Vollmonds, bei der letzten, um 21.30 Uhr, sind die Wasserfälle hell erleuchtet. Tiere bekommt man eher nicht zu sehen. Im Preis (850 Arg$) sind der Eintritt und ein Getränk enthalten; das Abendessen kostet extra (300 Arg$). Es empfiehlt sich sehr, im Voraus zu buchen, denn die Plätze sind begrenzt.

Für die Vollmondwanderer werden zusätzliche Busse ab Puerto Iguazú eingesetzt. Bei schlechtem Wetter wird die Tour auf den folgenden Abend verschoben oder der Preis für das Ticket wird erstattet. Also immer schön flexibel bleiben.

Schlafen & Essen

Im Parque Nacional Iguazú gibt es ein Hotel.

Meliá Iguazú HOTEL $$$
(03757-491800; www.melia.com; Standard-Zi. mit Blick auf Wald/Wasserfall ab 414/503 US$; P❄@🛜🏊) Seine Alleinstellung im Parque Nacional Iguazú mit Blick flussaufwärts auf die Garganta del Diablo sind Privilegien, die das Sheraton mit – vor Kurzem renovierten – geräumigen Zimmern mit Balkon festigt. Auch der Blick zur Regenwaldseite ist sehr hübsch. Es gibt einen schönen Outdoor-Bereich mit Swimmingpool, außerdem im Innern ein beheiztes Schwimmbecken und eine Wellness-Anlage. Die genannten Preise gelten nur bei Online-Buchung: Vor Ort sind sie jedoch doppelt so hoch.

Das Restaurant bietet nur eine begrenzte Auswahl preislich erschwinglicher Hauptgerichte. Das WLAN auf dem Zimmer kostet extra. Außerhalb der Öffnungszeiten ist der Zugang zum Nationalpark untersagt. Pro Aufenthalt ist einmal die Eintrittsgebühr für den Park zu entrichten.

La Selva BÜFETT $$$
(www.iguazuargentina.com; Büffet 320 Arg$; ⊗11–15.30 Uhr) Während unseres Besuchs haben wir sehr viel über dieses Restaurant in der Nähe des Haupteingangs zum Parque Nacional Iguazú zu hören bekommen, dass man schon das Schlimmste befürchten musste. Es ist aber ganz in Ordnung. Es gibt ein Büfett mit warmen und kalten Gerichten sowie *parrillada*. Die Preise sind deutlich überhöht, die Informationsstände geben jedoch Voucher aus, die einen erheblichen Rabatt

---

ⓘ EINREISE NACH BRASILIEN

EU-Bürger und Schweizer benötigen für die Einreise nach Brasilien kein Visum, aber einen Reisepass, der noch mindestens sechs Monate gültig ist. Mitreisende Kinder brauchen ein eigenes Ausweisdokument, ein Eintrag in den Pass eines Elternteils reicht nicht aus. Alle Reisenden müssen eine Ein- und Ausreisekarte ausfüllen. Üblicherweise wird sie im Bus (oder dem jeweiligen Verkehrsmittel) kurz vor Ankunft in Brasilien ausgegeben. Man kann sie aber auch vorab von der Website der brasilianischen Bundespolizei (http://www.dpf.gov.br/servicos/estrangeiro/cartao-de-entrada-e-saida/cartao-de-entrada-esaida) herunterladen. Bei der Ausreise muss die ausgefüllte und abgestempelte Einreisekarte wieder vorgelegt werden.

anbieten – die Höhe hängt davon ab, wie viel gerade los ist. Dort sollte man am besten zuerst vorbeischauen.

❶ Praktische Informationen

Vor Ort gibt es zwei Geldautomaten – einen am Eintrittskartenschalter, den anderen innerhalb des Parks. Falls der Automat außen nicht funktioniert, kann man einen Mitarbeiter um Hilfe bitten, der einen in den Park zum zweiten Automaten begleitet. Wer Komplikationen vermeiden möchte, hat am besten genügend Pesos dabei.

❶ An- & Weiterreise

Der Parque Nacional Iguazú liegt 20 km südöstlich von Puerto Iguazú. Vom Busbahnhof in Puerto Iguazú fährt zwischen 7.20 und 19.20 Uhr alle 20 Minuten ein Bus zum Park (75 Arg$, 40 Min.), die Rückfahrten starten zwischen 7.50 und 20.00 Uhr. An den Tagen, an denen Vollmondtouren angeboten werden, fahren drei zusätzliche Busse spätabends zurück. Die Busse halten auf Wunsch an mehreren Stellen entlang der Schnellstraße.

Ein Taxi von der Stadt zum Parkeingang kostet 300 Arg$ (hin & zurück 550 Arg$).

❶ Unterwegs vor Ort

Am Ende des Komplexes liegt der Bahnhof. Von dort fährt alle halbe Stunde ein Zug zum Bahnhof Cataratas, wo der Weg zum Wasserfall beginnt, und zur Garganta del Diablo. Zur Hauptsaison wird es hier schnell sehr voll und es kommt vor, dass man lange auf einen Platz warten muss. Sofort nach der Ankunft sollte man sich eine ausgedruckte Rückfahrkarte besorgen. Wer lieber zu Fuß geht: Es sind lediglich 650 m auf dem Sendero Verde bis zum Bahnhof Cataratas und noch einmal 2,3 km bis zur Garganta. Unterwegs bekommt man oftmals putzige Kapuzineraffen zu sehen.

Wenn man alle Wasserfälle sehen möchte, sollte man ein gutes Stück zu Fuß gehen. Allerdings kann man auch Pausen einlegen, während man die einzelnen Kaskaden bestaunt; man muss keine anstrengenden Anstiege befürchten.

Die meisten Wege sind zu 90 % rollstuhl-/kinderwagentauglich; zwar gibt es ein paar Treppen, doch man kann alle Aussichtspunkte erreichen, indem man manche Wege in umgekehrter Richtung befährt oder speziell angelegte Zugangswege nutzt.

Parque Nacional do Iguaçu (Brasilien)

Den brasilianischen **Park** (☏ 045-3521-4400; www.cataratasdoiguacu.com.br; Ausländer/Mercosur-Bürger/Brasilianer Erw. 62/49/36 R$, Kind 10 R$; ⊙ 9–17 Uhr) betritt man durch ein riesiges Besucherzentrum. Hier gibt es eine Snackbar, Geldautomaten, Schließfächer (19 R$) und weitere hilfreiche Serviceeinrichtungen. Das Parken kostet 22 R$.

Eintrittskarten können sowohl mit einer Kreditkarte als auch in bar in verschiedenen Währungen bezahlt werden. Alle gastronomischen Betriebe akzeptieren auch Kreditkartenzahlung, sodass Tagesausflügler kein brasilianisches Geld eintauschen müssen.

Mehrere Doppeldeckerbusse warten darauf, die Besucher in den eigentlichen Park hineinzubringen. Dann heißt es, Ausschau nach Wildtieren zu halten. Der letzte Bus fährt um 18.00 Uhr von den Wasserfällen (und um 19 Uhr von Foz do Iguaçu) zurück nach Puerto Iguazú.

⊙ Sehenswertes & Aktivitäten

Der Doppeldecker, der in den Parque Nacional do Iguaçu hineinfährt, hält zweimal vor der Haupthaltestelle an den Wasserfällen (10 R$). An diesen Stationen liegen die Ausgangspunkte für Ausflüge, für die aber eine Extragebühr anfällt.

Wer an einer dieser Touren teilnehmen möchte, sollte die Mitarbeiter im Besucherzentrum ansprechen, die dafür zuständig sind; bei ihnen kann man auch Rabatt erhalten. Mehrere andere Kombinationen und Bootsfahrten sind möglich. Einige der Ausflüge müssen am Vortag gebucht werden.

★ **Cataratas do Iguaçu** WASSERFALL
(www.cataratasdoiguacu.com.br, Parque Nacional do Iguaçu) Der Hauptweg zu den Iguazú-Fällen verschafft den Besuchern unvergessliche Ausblicke. Startpunkt ist die dritte und Haupthaltestelle der Busse, die in den Parque Nacional do Iguaçu hineinfahren. Von hier aus geht es zu Fuß rund 1,5 km einen gepflasterten Weg hinunter mit einer spektakulären Aussicht auf die Wasserfälle auf der argentinischen Seite, den Regenwald und den Fluss. An jeder Biegung des Flusses eröffnet sich ein noch schönerer Ausblick, bis der Pfad dann direkt unter dem majestätischen Salto Floriano endet. Der verpasst den Besuchern gleich eine gesunde, erfrischende Abkühlung durch die Gischt.

Ein Plankenweg führt hinaus zu einer Plattform mit atemberaubendem Blick auf die nahe gelegene Garganta del Diablo und in die andere Richtung den Fluss hinunter.

Bei hohem Wasserstand ist das überwältigende Panorama einfach unvergesslich.

Von hier bringt ein Aufzug Besucher hinauf zur Aussichtsplattform über den Wasserfällen in Porto Canoas, dem letzten Halt der Doppeldeckerbusse. Dort werden Bootsausflüge angeboten; außerdem gibt es einen Souvenirgeschäft, mehrere Snackbars und ein Büfett-Restaurant.

Trilha do Poço Preto WANDER-, BOOTSTOUR
(045-3574-4244; www.macucosafari.com.br; Av das Cataratas Km 25, Parque Nacional do Iguaçu; 150 R$) Der leicht zu bewältigende, etwa 9 km lange Pfad lässt sich bei einer geführten Tour durch den Regenwald zu Fuß, per Fahrrad oder mit einem Fahrzeug erkunden. Er endet oberhalb der Wasserfälle. Dort können Besucher Kanu fahren und dann mit einer gemütlichen Bootstour um die Flussinseln nach Porto Canoas zurückkehren.

Alternativ geht es über den Bananeiras Trail zum Ausgangspunkt zurück. Startpunkt für den Pfad ist der erste Halt auf der Busroute in den Nationalpark.

Bananeiras Trail WANDERTOUR
(045-3574-4244; www.macucosafari.com.br; Av das Cataratas Km 25, Parque Nacional do Iguaçu; inkl. Bootsfahrt 150 R$) Der 1,6 km lange Weg führt an Lagunen vorbei, in denen sich oftmals zahlreiche Wassertiere tummeln. Er endet an einem Anleger, von dem Bootstouren oder stille, „gleitende" Ausflüge in Kanus flussabwärts nach Porto Canoas starten. Der Pfad beginnt an der zweiten Haltestelle auf der Busroute in den Park.

Macuco Safari BOOTSTOUREN
(045-3574-4244; www.macucosafari.com.br; Av das Cataratas Km 25, Parque Nacional do Iguaçu; Erw./Kind 323/161 R$) Die zweistündige Safari umfasst eine etwa 3 km lange Fahrt durch den Regenwald, einen rund 600 m langen Spaziergang zu einem kleinen Wasserfall und eine Bootsfahrt (ohne diese halbiert sich der Preis) zu den Wasserfällen inklusive einer kräftigen Dusche. Diese Safari darf man nicht mit dem Macuco-Pfad auf der argentinischen Seite verwechseln. Der zweite Stopp auf der Busroute in den Park ist der Ausgangspunkt zur Safari.

Helisul RUNDFLÜGE
(045-3529-7327; www.helisulfoz.com.br; Rodovia das Cataratas, Km 16,5; Flüge 430 R$; 9–17.30 Uhr) Am Besucherzentrum des Parks bietet dieser Veranstalter zehnminütige Helikopterflüge über dem brasilianischen Teil der Wasserfälle. Wegen der Auswirkungen auf die Umwelt ist ein solcher Flug heute ziemlich fragwürdig, aber zweifellos ein berauschendes Erlebnis.

Die Hubschrauber verfügen über Öffnungen in den Fenstern, durch die man ungehindert fotografieren kann.

Schlafen & Essen

★**Hotel das Cataratas** HOTEL $$$
(045-2102-7000; www.belmond.com; BR 469, Km 32; Zi. ohne/mit Aussicht ab 1079/1679 R$, Suite mit Aussicht ab 2279 R$; P※@♠☎) Die Lage des ausgezeichneten Hotels im Parque Nacional do Iguaçu unweit der Wasserfälle ist ungemein attraktiv, obwohl nur wenige Zimmer Blick auf die Kaskaden bieten und das auch nur auf gewisse Bereiche davon. Das Haus ist durchweg im zurückhaltend eleganten portugiesischen Kononialstil eingerichtet mit attraktiven Kacheln in den Bädern und dunklen Holzmöbeln in den Schlafzimmern. Die Gemeinschaftsbereiche verbreiten eine gemütliche Atmosphäre, und es gibt einen schönen Poolbereich, umgeben von reichlich Vogelgezwitscher. Der Service im Haus ist einfach exzellent.

Dass die Gäste auch außerhalb der Öffnungszeiten Zugang zu den Wasserfällen haben, ist eine tolle Vergünstigung. Wegen des Ausblicks sollte man unbedingt den Aussichtsturm erklimmen. Bei Online-Buchung sind die Preise viel günstiger.

Restaurante Porto Canoas BÜFETT $$
(www.cataratasdoiguacu.com.br; Parque Nacional do Iguaçu; Büfett 59 R$; 12–16 Uhr) Dieses Restaurant liegt am Ende des Hauptwegs im Parque Nacional do Iguaçu und besitzt eine lang gestreckte, angenehme Terrasse mit Blick auf den Fluss, kurz bevor der zum Strudel wird – ein großartiger Platz für ein kühles Bier oder eine eiskalte Caipirinha. Das Büfett mit verschiedenen Salaten und warmen Gerichten ist in Ordnung.

❶ Anreise & Unterwegs vor Ort

Von Foz aus fährt die Buslinie 120, die am städtischen Busbahnhof und an mehreren Stellen an der Avenida Juscelino Kubitschek hält, zum Park; die Fahrt dauert 30 bis 40 Minuten und kostet 3,45 R$. Der Bus hält auch am Flughafen. Das Fahrgeld muss beim Betreten des Terminals bezahlt werden.

Taxis von Foz zum Parkeingang kosten 55 bis 70 R$. Feilschen nicht vergessen!

Von Puerto Iguazú gibt es stündlich eine direkte Busverbindung zu den brasilianischen Wasserfällen (hin & zurück 80 Arg$, 40 Min.). Die Busse fahren zwischen 8.30 und 14.30 Uhr ab, zurück zwischen 10 und 17 Uhr (brasilianische Zeit). Die Fahrer halten an der brasilianischen **Grenze** und sammeln die Reisepässe ein. Man kann auch mit dem Linienbus nach Foz do Iguaçu (25 Arg$ oder 5 R$, 6.30–19.30 Uhr alle 20 Min.) fahren und ein paar Haltestellen hinter der internationalen Brücke aussteigen. Dann geht man über die Straße und wartet auf den Parque-Nacional-Bus. Auf dem Rückweg geht es an der selben Haltestelle in die umgekehrte Richtung.

Foz do Iguaçu (Brasilien)

Das recht hügelige Foz do Iguaçu ist die Ausgangsbasis auf der brasilianischen Seite der Iguazú-Fälle. Außerdem bietet Foz do Iguaçu die gute Gelegenheit, einen ersten Eindruck von einer brasilianischen Stadt zu gewinnen. Die Stadt ist sehr viel größer und viel kosmopolitischer als Puerto Iguazú und besitzt das gewisse Maß an Bodenständigkeit, das ihrem argentinischen Gegenstück leider fehlt.

Sehenswertes

Itaipu DAMM
(☏ 045-3576-7000; www.turismoitaipu.com.br; Tancredo Neves 6702; Panorama-/Spezialtour 38/ 82 R$; ⊙ reguläre Tour So–Do stündl. 8.30–15.30, Fr-Sa halbstündl. 8.30–15.30 Uhr) Der binationale Staudamm ist das zweitgrößte Wasserkraftwerk der Welt und mit etwa 8 km Länge und rund 200 m Höhe ein imposanter Anblick, besonders wenn der Fluss viel Wasser führt und sich ein gewaltiger Sturzbach über das Entlastungswehr ergießt.

Das Besucherzentrum, etwa 12 km nördlich von Foz, bietet neben regulären Führungen auch einen ausführlicheren *circuito especial* (Mindestalter 14 Jahre) an, der in das eigentliche Kraftwerk hineinführt.

Mehrere Busse (3,45 R$, 30 Minuten) verkehren jede Viertelstunde vom städtischen Busbahnhof hierher.

Das Projekt war lange Zeit umstritten: Es hat Brasilien in die Verschuldung getrieben und erforderte großflächige Zerstörungen des Regenwaldes und die Umsiedlung von etwa 10 000 Menschen. Andererseits deckt es auf saubere Weise beinahe den gesamten paraguayischen und ungefähr 20 % des brasilianischen Energiebedarfs.

Zu den diversen weiteren Attraktionen innerhalb der Anlage zählen ein Museum, ein Wildtierpark und Strände am Fluss.

Parque das Aves VOGELSCHUTZPARK
(Vogelpark; www.parquedasaves.com.br; Av das Cataratas, Km 17,1; Eintritt 45 R$; ⊙ 8.30–17.30 Uhr) Nur 300 m vom Eingang zum Parque Nacional do Iguaçu entfernt liegt dieser etwa 5 ha große Vogelpark. Hier leben beinahe 150 Vogelarten (mehr als 1300 Vögel), darunter der rote Ibis, der Nacktkehl-Glockenvogel und eine Unzahl an Flamingos. Sie leben in gut 8 m hohen, zum Teil begehbaren Volieren, die mitten im Wald angelegt wurden.

Durch einige kann man sogar hindurchspazieren. Dazu gibt es gute Informationen, u. a. auch in englischer Sprache. Auf jeden Fall einen Besuch wert.

Schlafen

Normalerweise bekommt man ein Hotelzimmer um bis zu 50 % unter dem Standardpreis. Einfach nach dem Nachlass fragen – das wird sogar erwartet.

★ **Tetris Container Hostel** HOSTEL $
(☏ 045-3132-0019; www.tetrishostel.com.br; Av das Cataratas 639; B 55–65 R$, DZ ab 160 R$; ✱@🛜☰) Brasiliens coolstes Hostel wurde aus sage und schreibe 15 Schiffscontainern errichtet – sogar der Swimmingpool ist ein mit Wasser gefüllter Schiffscontainer! Auch andere industrielle Abfallprodukte werden in diesem beeindruckenden Hostel weiterhin genutzt, beispielsweise Ölfässer als Waschbecken. Farbenfrohe Badezimmer lockern die Schlafsäle auf (ein Vierbettzimmer für Frauen und zwei gemischte Schlafsäle mit zehn bzw. zwölf Schlafplätzen), und auch der Patio-/Barbereich ist einfach super. Die Mitarbeiter sind wunderbar. Und wenn dann erst am Abend der kostenlose Caipirinha serviert wird (jeden Abend!), könnte die Welt nicht schöner sein.

Pousada Sonho Meu PENSION $
(☏ 045-3573-5764; www.pousadasonhomeufoz. com.br; Mem de Sá 267; EZ/DZ 210/249 R$; P✱@🛜☰) Die freundliche, kleine Oase liegt nur 50 m vom städtischen Busbahnhof entfernt. Die Zimmer sind schlicht mit Bambus dekoriert; es gibt einen hervorragenden Pool (sogar mit einem Mini-Katarakt!), einen Frühstücksbereich und eine Gästeküche unter freiem Himmel. Der Empfang ist herzlich. Die Preise können bis auf die Hälfte der hier angegebenen sinken.

Iguassu Guest House HOSTEL $
(☏ 045-3029-0242; www.iguassuguesthouse.com. br; Naipi 1019; B ab 55 R$, DZ ohne/mit Bad ab

145/180 R$; (P)(※)(@)(奈)(≋)) Tolle Ausstattung und ein gastfreundliches Management heben dieses Hostel unter den vielen anderen in Foz hervor. Im rückwärtigen Bereich befindet sich ein kleiner Swimmingpool. Das Haus ist blitzsauber, und es gibt eine wirklich gute offene Küche und einen Loungebereich. Die Schlafsäle sind unterschiedlich groß, die Zimmer sehr kompakt, aber dafür bequem. Der städtische Busbahnhof befindet sich gleich um die Ecke.

Hotel Rafain Centro — HOTEL $$

(☎ 045-3521-3505; www.rafaincentro.com.br; Marechal Deodoro da Fonseca 984; EZ/DZ ab 118/215 R$; (※)(@)(奈)(≋)) Das Hotel Rafain Centro ist viel ansprechender als einige der klotzigen Megahotels in der Stadt. Das 4-Sterne-Haus besitzt einige sinnvolle Einrichtungen, dazu Stil, künstlerische Details und freundliche Mitarbeiter. Die einfachen Zimmer verfügen über große Balkons, außerdem gibt es einen großartigen Swimmingpool (mit Happy Hour) sowie eine Terrasse. In den Wintermonaten, also von März bis September, wird hier samstags *feijoada* (40 R$), das brasilianische Nationalgericht, serviert.

Hotel Del Rey — HOTEL $$

(☎ 045-2105-7500; www.hoteldelreyfoz.com.br; Tarobá 1020; EZ/DZ 280/315 R$; (※)(@)(奈)(≋)) Dieses Hotel ist freundlich, blitzsauber und zweckmäßig gehalten. Mit der frisch gestrichenen Fassade wirkt es wesentlich anheimelnder als die Riesenhäuser ringsum.

Die komplett modernisierten Zimmer sind geräumig und komfortabel, die Ausstattung ist ausgezeichnet und das Frühstücksbüfett ist wirklich gigantisch.

Essen

Preiswert zu essen, ist in Foz kein Problem. Viele Lokale servieren einen Softdrink und *salgado* (gebackener oder gebratener Snack) schon für 5 R$; in günstigen Lokalen kostet ein Mittagessen vom Büfett 12–20 R$. Dank der libanesischen Gemeinde gibt es hier sogar Dutzende Shawarma-(Kebab-)Läden.

Churrascaria do Gaúcho — STEAK $

(www.churrascariadogaucho.com.br; Av República Argentina 632; All-you-can-eat-Büfett 40 R$; ⊙11.30–23 Uhr; (奈)) Das Churrascaria do Gaúcho unweit des Busbahnhofs ist nicht gerade kultiviert, bietet aber für die schmackhaften Fleischgerichte und die vernünftigen Salatoptionen ein ausgezeichnetes Preis-Leistungs-Verhältnis.

> ### 🛈 DIE UHR UMSTELLEN
>
> Von Mitte Oktober bis Mitte Februar gilt im Süden Brasiliens die Sommerzeit. Dann ist es dort eine Stunde später als in Argentinien, das auf eine Zeitumstellung verzichtet.

★ Vó Bertila — PIZZA $$

(www.facebook.com/vobertila; Bartolomeu de Gusmão 1116; Pizza 50-77 R$, Pasta für 2 Pers. 55 R$; ⊙18.30–11.30 Uhr, Mo geschl.) Diese unkomplizierte, familiengeführte Cantina serviert Holzofenpizza und authentische Pasta in Riesenportionen wie am Fließband. Im gemütlichen Inneren dominiert Holz die Einrichtung. Dieses für Brasilien so typische italienische Lokal ist immer gut gefüllt.

Búfalo Branco — CHURRASCARIA $$

(☎ 045-3523-9744; www.bufalobranco.com.br; Rebouças 530; All-you-can-eat-Büfett 90 R$; ⊙12–23 Uhr; (奈)(✦)) Der geräumige Foz-Klassiker lockt Einheimische und Touristen gleichermaßen an. Sicher nicht Brasiliens beste *churrascaria* (Grillfleisch); aber sie gilt zumindest als die beste der Stadt. Hier gibt es ordentliches *rodízio* mit reichlich Grillfleisch, darunter hervorragendes *picanha* (Lendenstück) und Filet mignon, gekrönt von knusprig gebratenem Knoblauch.

🍷 Ausgehen & Nachtleben

Das klassische brasilianische Erlebnis darf nicht fehlen: eine eiskalte Flasche Bier in einer Isolierhülle aus Plastik, serviert in einer schmucklosen lokalen Bar mit roten Plastiksitzen. Einfach unschlagbar! Wer es lieber gesünder mag, hat in einer Saftbar Gelegenheit, exotische Früchte wie *acerola*, *açaí* oder *cupuaçu* zu probieren.

Das Nachtleben spielt sich an der Avenida Jorge Schimmelpfeng ab. Eine ganze Reihe großer Bars und Kneipen mit Innen- und Außenbereichen schenkt eisgekühltes *chopp* (Fassbier) aus und serviert ordentliche Essensportionen, die meistens für mehr als eine Person reichen.

🛈 Orientierung

Foz liegt am Zusammenfluss von Río Iguaçu (Iguazú) und Río Paraná; internationale Brücken verbinden die Stadt mit Puerto Iguazú in Argentinien und Ciudad del Este auf paraguayischer Seite. Die Avenida das Cataratas führt etwa

Foz do Iguaçu (Brasilien)

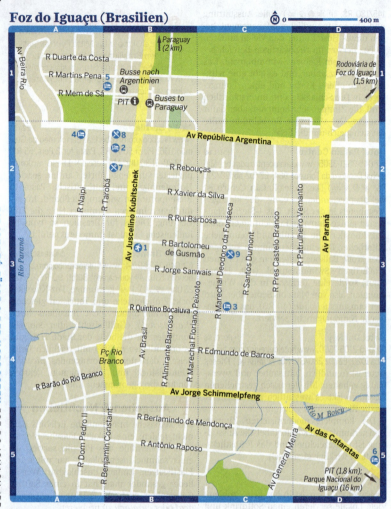

Foz do Iguaçu (Brasilien)

Aktivitäten, Kurse & Touren
1 Central de Passagens B3

Schlafen
2 Hotel Del Rey B2
3 Hotel Rafain Centro C3
4 Iguassu Guest House A2
5 Pousada Sonho Meu B1
6 Tetris Container Hostel D5

Essen
7 Búfalo Branco B2
8 Churrascaria do Gaúcho B2
9 Vó Bertila C3

20 km weiter zum brasilianischen Abschnitt der Iguazú-Fälle und passiert dabei die Argentina-Brücke.

Praktische Informationen

Ausländische Währungen werden in breitem Umfang akzeptiert, doch ist es wesentlich billiger, mit brasilianischen Reais zu zahlen. Vom innerstädtischen Busbahnhof aus befindet sich der nächste Geldautomat lediglich einen Häuserblock weiter unterhalb des Muffato-Supermarkts.

PIT (0800-451516; www.pmfi.pr.gov.br/turismo; Av das Cataratas 2330, Vila Yolanda; 8–20 Uhr) Befindet sich zwischen der

Stadt und den Wasserfällen. Etwas günstiger gelegen ist das Büro im innerstädtischen Busbahnhof (045-3523-7901; www.pmfi.pr.gov.br/turismo; Juscelino Kubitschek 1385; 7.30–18 Uhr).

❶ An- & Weiterreise

Täglich starten Flüge nach Rio de Janeiro, Porto Alegre, Curitiba und São Paulo sowie in andere brasilianische Städte.

Verschiedene Fernbusverbindungen bestehen u. a. nach Curitiba (10 Std.), São Paulo (16 Std.) und Rio de Janeiro (22 Std.). Fahrkarten gibt es im Stadtzentrum bei **Central de Passagens** (045-3523-4700; www.centraldepassagens.com; Av Juscelino Kubitschek 526; Mo–Fr 8–18 Uhr, Sa bis 14 Uhr).

❶ Unterwegs vor Ort

Der **Fernbusbahnhof** (045-3522-2590; Av Costa e Silva 1601) liegt 5 km nordöstlich des Stadtzentrums. Für den Weg in die Innenstadt kann man für 20–25 R$ ein Taxi nehmen oder mit den Buslinien 105 oder 115 (3,45 R$) fahren.

Zum Flughafen kommt man mit dem Bus zu den Wasserfällen (Bus 120) oder man nimmt ein Taxi (50–55 R$).

Busse nach Puerto Iguazú (7–9 R$; 1 Std.) fahren zwischen 7 und 19.15 Uhr alle halbe Stunde an der Rua Mem de Sá neben dem städtischen Busbahnhof ab; sie halten entlang der Avenida Juscelino Kubitschek. Busse nach Ciudad del Este/Paraguay (5–6 R$; 40 Min.) verkehren alle 15 Minuten (sonntags halbstündlich) von 6.15 bis 23.45 Uhr; einsteigen kann man an der Avenida Juscelino Kubitschek gegenüber dem städtischen Busbahnhof. Die Fahrpreise variieren aufgrund von Währungsschwankungen.

GRAN CHACO

Der Gran Chaco ist eine riesige Schwemmlandebene, die sich vom nördlichen Teil der Provinzen Santa Fe und Córdoba über das ganze Gebiet von Chaco und Formosa bis nach Paraguay, Bolivien und Brasilien hinein erstreckt. Die Westseite, der Chaco Seco („trockener Chaco"), wird auch „der Undurchdringliche" genannt, weil es auf der endlosen, mit Dornengebüsch bewachsenen Ebene kaum Wasser gibt. Die Ostseite ist dagegen äußerst fruchtbar und ein wichtiger Lebensraum für die Wildtiere

Die Abholzung der Wälder schreitet hier rasch voran; große Flächen werden gerodet, um Soja anzubauen. Argentinien zählt inzwischen zu den wichtigsten Erzeugerländern des Produkts. Zu den Leidtragenden zählt das indigene Volk der Toba, deren traditioneller Lebensraum zerstört wird.

Eine Fahrt durch den Gran Chaco auf der nördlichen RN81 von Formosa nach Salta ist eine interessante Option auf einer überwiegend ordentlich gepflasterten Straße.

Proteste von indigenen Gemeinschaften und anderen Gruppen blockieren häufig vorübergehend Straßen im Chaco – dann heißt es, geduldig sein und die Wartezeit in einem beruhigenden Gespräch mit den Demonstranten überbrücken.

Resistencia

0362 / 425 920 EW.

Die Provinzhauptstadt liegt am Rand des kaum bevölkerten Chaco, dem „Outback" im Norden von Argentinien. Kaum zu glauben, dass Resistencia ein heißer Kandidat auf den Titel des künstlerischen Zentrums von Nordargentinien ist. Doch die Straßen der Stadt sind mit mehreren Hundert Skulpturen gespickt, es besteht ein starker Hang zur Bohemekultur. Resistencia bildet einen krassen Gegensatz zum rauen und einsamen Leben zwischen Vieh und Gestrüpp, das die Provinz kennzeichnet.

◉ Sehenswertes

Bei der letzten Zählung waren es ungefähr 650 Skulpturen, die die Stadt schmücken, und ihre Zahl steigt mit jeder **Biennale** (www.bienaldelchaco.com). Die Straßen sind voll davon; besonders rund um die Plaza und an der Avenida Sarmiento Richtung Norden stehen zahlreiche dieser Kunstwerke. Zu jeder Biennale erscheint eine Broschüre mit einem Skulpturenrundgang durch die Stadt. Einheimische können einzelne Stücke zu einem symbolischen Preis erwerben, müssen sie aber am Straßenrand ausstellen.

Mit der Resistencia CulturApp für Smartphones kann man eine Führung von Kunstwerk zu Kunstwerk unternehmen.

★ **MusEUM** GALERIE
(www.bienaldelchaco.com; Av de los Inmigrantes 1001; Mo-Sa 9.30–13.30 & 16–20 Uhr) GRATIS
Der Ausstellungsraum und das Gelände bilden das Zentrum und den Treffpunkt der Skulpturenbiennale. Hier sind viele der eindrucksvollsten Stücke von früheren Festivals ausgestellt. Ein Besuch lohnt sich. Außerdem werden Broschüren auf Englisch und Spanisch mit Skulpturenrundgängen durch die Stadt ausgegeben. Die Avenida ist die

nördliche Verlängerung der Wilde. Wer mit dem Taxi anreist, sollte den angrenzenden Domo del Centenario als Ziel nennen.

Museo del Hombre Chaqueño MUSEUM
(http://museohombrechaco.blogspot.com; J.B. Justo 280; ⊗Mo-Fr 8-13 & 15-20.30 Uhr) GRATIS Das ausgezeichnete kleine Museum wird von engagierten Mitarbeitern betreut (von denen einige Englisch sprechen). Sie erläutern gern die Ausstellungen über die drei wichtigsten Bevölkerungsgruppen des Chaco: Ureinwohner (fantastische Keramiken und Musikinstrumente der Toba werden präsentiert), Criollos, Nachfahren aus Verbindungen zwischen europäischen Neuankömmlingen und der einheimischen Bevölkerung, und „Gringos" – die meist europäischen Einwanderer, die seit Ende des 19. Jhs. in großer Zahl hier eintrafen. Besonders interessant ist der Mythologie-Raum im Obergeschoss; dort begegnen die Besucher der verschiedenen sonderbaren Wesen aus der im Chaco verbreiteten Religion.

El Fogón de los Arrieros KULTURZENTRUM
(www.fogondelosarrieros.com.ar; Brown 350; 10 Arg$; ⊗Mo-Fr 8-12 & 16-19 Uhr) Im Jahr 1943 wurde das Kulturzentrum mit einer dazugehörigen Kunstgalerie gegründet, das jahrzehntelang die treibende Kraft hinter dem künstlerischen Engagement der Stadt war. Es ist berühmt für seine erlesene Sammlung von Kunstobjekten aus dem Chaco und dem übrigen Argentinien. Das Museum präsentiert außerdem Holzschnitzarbeiten des lokalen Künstlers und Kulturaktivisten Juan de Dios Mena. Bemerkenswert sind die respektlosen Epitaphe auf verstorbene Gönner im Erinnerungsgarten; er wird „Colonia Sálsipuedes" („geh, wenn du kannst") genannt.

🛏️ Schlafen

Casa Mía HOTEL $
(☎0362-442-5026; www.casamiahotel.com.ar; Santa María de Oro 368; EZ/DZ 37/53 US$; P🅿✳@🛜) Die helle, freundliche Casa Mia ist fraglos die beste der günstigen Unterkünfte. Die modernen Zimmer punkten mit Holzdielenböden und guten Badezimmern. Die Besitzer legen Wert auf nette Details wie Kunstwerke und Pflanzen. Besonders herausragend ist der freundliche Service. Es gibt sogar einige kostenlose Parkplätze.

★ **Amerian Hotel Casino Gala** HOTEL $$
(☎0362-445-2400; www.hotelcasinogala.com.ar; Perón 330; EZ/DZ 127/141 US$; P✳@🛜🏊) Das Hotel ist die nobelste Unterkunft in der Stadt. Es verfügt über Zimmer verschiedener Kategorien und einen reibungslosen Service. Für diesen Preis sind die Zimmer ausgezeichnet: sehr geräumig, mit attraktiven Podesten versehen, etwas finster, dafür aber elegant und mit beinahe asiatischem Flair eingerichtet. Außer Spielautomaten finden sich im Haus noch eine Sauna, ein Fitnessraum und ein separater Wellnessbereich. Der riesige Swimmingpool mit Bar im Freien ist eines der Highlights.

🍴 Essen & Ausgehen

No Me Olvides ARGENTINISCH, BAR $
(Laprida 198; Hauptgerichte 90–175 Arg$; ⊗6-3 Uhr; 🛜) Riesige Fenster und Räume mit hohen Decken lassen das beliebte Lokal viel größer erscheinen, als es ist. Dynamische Bilder, Papierlampenschirme und künstlerische Details sorgen für Schwung und Farbe. Wie die heroischen Öffnungszeiten nahelegen, gibt es hier (beinahe) alles vom Frühstück bis zum spätabendlichen Cocktail. Die Pasta, Ciabattas und *lomitos* sind wirklich ausgezeichnet.

Coco's Resto ARGENTINISCH $$
(☎0362-442-3321; Av Sarmiento 266; Hauptgerichte 188–218 Arg$; ⊗Mo-Sa 12-14.30 & 20.30-24, So 12-14.30 Uhr; 🛜) Das geschmackvoll eingerichtete Restaurant in den beiden vorderen Zimmern eines Hauses ist besonders bei Abgeordneten aus dem nahe gelegenen Provinzparlament beliebt. Eine umfassende Karte mit Pasta, Fleisch in verschiedenen Soßen und Flussfisch sowie eine umfangreiche Weinkarte machen das Lokal zu einer angenehmen Chaco-Wahl. Auch Vegetarier kommen hier zu ihrem Recht.

Guana y Velasquez BAR
(Ecke French & Don Bosco; ⊗19 Uhr bis spätabends) Diese tolle Eckbar ist genau der richtige Ort für ein paar Drinks. Im Inneren staunen Besucher über Holzboden, Mosaikwände und eine Vielzahl schickerweise unterschiedlicher Holzstühle, draußen können sie sich unter den Bäumen neben den Wandmalereien niederlassen. Die gute Musik steht dem Dekor in nichts nach. An der Wand hängt ein großes Foto, von dem aus Jim Morrison alles im Auge behält.

ℹ️ Praktische Informationen

Banco de Patagonia (Justo 152)
Centro Cultural Leopoldo Marechal (☎0362-445-2738; Pellegrini 272; ⊗Mo-Fr 9-14 &

Resistencia

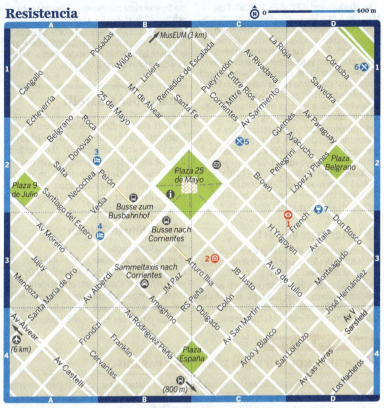

Resistencia

Sehenswertes
1 El Fogón de los Arrieros D3
2 Museo del Hombre Chaqueño C3

Schlafen
3 Amerian Hotel Casino Gala................... A2
4 Casa Mía... B3

Essen
5 Coco's Resto C2
6 No Me Olvides D1

Ausgehen & Nachtleben
7 Guana y Velasquez D2

16.30–19.30 Uhr) Wer sich über Themen rund um die indigene Bevölkerung informieren und Toba-Dörfer besichtigen möchte, ist hier richtig. Es gibt auch eine kleine Ausstellung zum Kunsthandwerk der Toba.

Städtische Touristeninformation (☎ 0362-445-8289; Roca 20; ⊙ 7–12 & 14.30–20 Uhr) An der Südseite der Plaza 25 de Mayo.

Hospital Perrando (☎ 0362-444-2399; Av 9 de Julio 1100) Hauptkrankenhaus.

Macro (Justo 160)

Post (Av Sarmiento 102; ⊙ Mo–Fr 8.30–20 Uhr)

Touristeninformation am Busbahnhof (www.chaco.travel; ⊙ Mo–Fr 7–20, Sa & So 7–9.30 & 18–20.30 Uhr) Nützliche und hilfreiche Anlaufstelle für Besucher, die im Busbahnhof gelegen ist. Gegenüber befindet sich auch ein städtisches Büro.

An- & Weiterreise

Aerolíneas Argentinas (☎ 0362-444-5551; www.aerolineas.com.ar; JB Justo 184; ⊙ Mo–Fr 8–12.30 & 16.30–20, Sa 8–12) fliegt täglich nach Buenos Aires.

Am **Busbahnhof** (☏ 0362-446-1098; Ecke MacLean & Islas Malvinas), etwa 4 km südwestlich des Stadtzentrums, fahren Busse in alle Himmelsrichtungen. Sie fahren nach Corrientes (ab 30 Arg$, 35 Min.) und lassen einen am Bahnhof dort ein gutes Stück von den meisten Unterkünften entfernt aussteigen. Anscheinend fahren auch städtische Busse von diesem Bahnhof aus nach Corrientes. Sie starten an der Abfahrtstelle 15, allerdings sehr unregelmäßig, und sind zudem lange unterwegs.

Man nimmt nach Corrientes besser einen städtischen Bus (10 Arg$, 40 Min.), der im Stadtzentrum an der Avenida Alberdi südlich der Plaza 25 de Mayo abfährt. Schneller geht es per **Sammeltaxi** (Obligado 111; ⊙ 24 Std.), die 35 Arg$ kosten und etwa 30 Minuten brauchen. Doch unter Umständen muss man eine Weile warten, bis alle Plätze belegt sind.

❶ Unterwegs vor Ort

Der Aeropuerto San Martín liegt 6 km südlich der Stadt an der RN11; eine Fahrt mit der *remise* dorthin kostet etwa 200 Arg$.

Mit dem Taxi vom Stadtzentrum zum Busbahnhof zu fahren, kostet 120 Arg$, es geht aber auch mit den Buslinien 3, 9 oder 110 von Santa María de Oro nahe Perón. Zu Fuß sollte man die Strecke nicht zurücklegen: Reisende haben schon von Überfällen berichtet.

Für die Stadtbusse benötigt man eine Karte (26 Arg$), die im Büro an der Südseite der Plaza erhältlich ist und dort aufgeladen werden kann. Eine Stadtfahrt kostet 8,50 Arg$.

Juan José Castelli

☏ 0364 / 27 200 EW.

Castelli, ein ziemlich wohlhabendes Dienstleistungszentrum für die Landwirtschaft, wirkt grün und fruchtbar, ist aber zugleich das Tor zu der trockeneren Wildnis des Impenetrable („undurchdringlich") im Westen. Mit mehreren ausgezeichneten Unterkünften ist die Stadt eine ideale Basis für die Erkundung des Chaco.

☞ Geführte Touren

★ **EcoTur Chaco** RUNDFAHRT
(Carlos Aníbal Schumann; ☏ 0364-446-8128; ecoturchaco@gmail.com; Av San Martín 500) Der sympathische Carlos ist ein leidenschaftlicher Chaco-Experte und bietet denkwürdige Ausflüge mit dem Allradfahrzeug an, die direkt ins Herz der Region Impene-

---

ABSEITS DER ÜBLICHEN PFADE

RICHTUNG NORDEN NACH FORMOSA & PARAGUAY

Busse fahren von Resistencia in die paraguayische Hauptstadt Asunción. Sie überqueren die Grenze im Norden Argentiniens in **Clorinda**, einer chaotischen Grenzstadt, die abgesehen von ihren geschäftigen Märkten wenig Interessantes zu bieten hat.

Ein schönerer Ort für einen Zwischenstopp ist das brütend heiße **Formosa**, eine mittelgroße Provinzhauptstadt zwei Busstunden nördlich von Resistencia. Hotels, Restaurants und andere Dienstleister sind an der Avenida 25 de Mayo zu finden. Sie verbindet die verschlafene Plaza mit der Uferpromenade am Río Paraguay – der beste Platz für einen Bummel, wenn die große Hitze etwas nachgelassen hat. Etwa 6 km außerhalb der Stadt bietet die Laguna Oca gute Möglichkeiten zur Vogelbeobachtung. Das gilt in noch höherem Maß für die übrige Provinz.

Die herausragende Attraktion der Provinz Formosa ist der **Bañado la Estrella** (www.banadolaestrella.org.ar; ⊙ 8–18 Uhr). Dieses faszinierende Feuchtbiotop, ein Überschwemmungsgebiet des Río Pilcomayo, birgt eine überraschende Vielfalt an Vogelarten; auch Alligatoren, Wasserschweine, ziemlich große Schlangen und wunderschöne Wasserpflanzen sind hier zu Hause. An den Straßen, die das etwa 200 km lange, wie ein Finger geformte Gebiet durchqueren, bekommt man eine Vielzahl verschiedener Tierarten zu sehen – man sollte das Fernglas nicht vergessen!

Eines der Highlights des Parks ist **Fortín Soledad**. Hier organisieren die Einheimischen Kanutrips durch die üppig grüne Landschaft. Besonders günstig für Bañado liegt die Ortschaft Las Lomitas, die sich ungefähr 300 km westlich von Formosa befindet; zu erreichen ist der Ort mit Linienbussen auf der RN81 (300 Arg$, 5½–6 Std.). Von hier aus führt die gepflasterte Straße (RP28) in Richtung Norden. Sie durchschneidet das Feuchtbiotop durch einen Damm, der etwa 37 km nördlich von Las Lomitas beginnt und sich etwa 15 km weit erstreckt. In Las Lomitas gibt es verschiedene Unterkünfte, wobei die besten sich entlang des Highways angesiedelt haben.

ABSEITS DER ÜBLICHEN PFADE

INS UNDURCHDRINGLICHE VORDRINGEN

Wer gern mal die ausgetretenen Touristenpfade verlässt, für den sind die abgelegenen Bereiche des Chaco genau das Richtige. Von Castelli geht es auf einem *ripio* (Schotterstraße) nach Westen zum abgelegenen Fuerte Esperanza (auf dieser Route fahren Busse und Sammel-*remises*). Ganz in der Nähe befinden sich zwei Naturschutzgebiete – Reserva Provincial Fuerte Esperanza und Reserva Natural Loro Hablador. Beide sind für den Chaco typische Trockengebiete mit Mesquite- und Quebrachobäumen, Gürteltieren, Nabelschweinen und vielen Vogelarten. Loro Hablador, rund 40 km von Fuerte Esperanza entfernt, besitzt eine üppigere Vegetation, einen guten Campingplatz und kurze Wanderwege. Es grenzt an den ähnlichen Parque Nacional Copo in der Provinz Santiago del Estero. In Fuerte Esperanza gibt es einfache *hospedajes* (Pensionen).

Weiter nördlich liegt der **Parque Nacional El Impenetrable** (03644-201831; www.parquesnacionales.gob.ar; 8–18 Uhr), Argentiniens jüngster Nationalpark, ein Schutzgebiet mit einem rund 130 000 ha großen Waldgebiet (*bosque chaqueño*), das eine beeindruckende Fauna, u. a. mit Jaguaren, Tapiren und Gürteltieren beherbergt. Die nahe gelegene **Misión Nueva Pompeya** wurde 1899 von Franziskanermönchen gegründet. Sie richteten hier unter harten Bedingungen eine Missionsstation für Matacos ein. Das Hauptgebäude mit seiner Kirche mit dem quadratischen Turm ist ein überraschender Anblick an einem so abgelegenen Ort. In der Stadt findet man preiswerte Unterkünfte.

Mit die beste Möglichkeit für einen Besuch in diesem Gebiet besteht im Rahmen einer geführten Tour von Castelli aus. Aber Vorsicht: Ganz besonders in den Sommermonaten kann es hier draußen unangenehm heiß werden.

trable führen – geografisch wie kulturell. Herausragend ist eine zweitägige Tour, die die Straßen zugunsten von Feldwegen meidet und indigene Gemeinschaften, einsame Siedlungen, Schutzgebiete und Nationalparks zum Ziel hat. Tagestrips und Exkursionen mit Unterkunft auf einer Ranch sind ebenfalls möglich.

🛏 Schlafen

Portal del Impenetrable HOTEL $
(0364-15-470-8848; www.hotelportaldelimpenetrable.com; RP9; EZ/DZ 24/32/44 US$; P❄@🛜) Das weitläufige – beinahe schon zu weitläufige –, moderne Hotel am Ortseingang bietet interessante Kunstwerke, einen effizienten Service und große Zimmer. Es ist eine geräumige Chaco-Basis für die Hälfte des Preises, die viele argentinische Hotels dieses Standards verlangen.

Für ein paar Pesos extra gibt es ein Zimmer mit gehobener Ausstattung einschließlich Kingsize-Bett und Minibar.

ℹ An- & Weiterreise

Castelli wird täglich von Bussen aus Resistencia (260 Arg$, 5 Std.) angefahren, noch häufiger bestehen Verbindungen von Roque Sáenz Peña (110 Arg$, 2 Std.).

Es gibt täglich ein halbes Dutzend Verbindungen nach Miraflores (40 Arg$, 45 Min.), dem Zugang zum Parque Nacional El Impenetrable. Nur drei Busse pro Woche fahren nach Nueva Pomeya (210 Arg$, 3 Std.); sie starten Montag, Donnerstag und Sonntag um 11.30 Uhr und kehren am folgenden Tag um 6 Uhr zurück. Außerdem existiert ein Minibus-Service auf der Strecke, der an Wochentagen gegen 11 Uhr vor dem Busbahnhof abfährt.

Bei der Ankunft in der Stadt steigt man am besten am alten Krankenhaus im Zentrum aus.

Salta & der andine Nordwesten

Inhalt ➜
Salta	241
Cafayate	267
Quebrada de Cafayate	273
Jujuy	275
Quebrada de Humahuaca	282
Tucumán	293
Tafí del Valle	299
Santiago del Estero	303
Catamarca	306
La Rioja	313
Chilecito	315
Parque Nacional Talampaya	318

Auf nach Salta & in den andinen Nordwesten!

Trocken und rau liegt Argentiniens Nordwesten zu Füßen der mächtigen, schneebedeckten Anden, wo Wind, Wasser und Eis über lange Zeiträume fantastische Wunderwerke aus Stein geschaffen haben. Hier verleiht die Natur der Region etwas von ihrer geheimnisvollen Ausstrahlung.

Es ist weltweit bekannt, dass Argentinien überwiegend von europäischen Volksgruppen geprägt ist, doch im Nordwesten ist die Atmosphäre der Anden deutlich zu spüren. Dies ist der Kreativität und Ausdauer indigener Dorfgemeinschaften zu verdanken. Als Nachfahren längst vergangener Reiche sind sie die Ureinwohner der Puna (Hochwüste der Anden), die sich bis Chile und Bolivien erstreckt.

Hier liegt die Geburtsstätte des Landes. Die Städte waren die ersten kolonialen Siedlungen Argentiniens. Es gibt viel zu entdecken: Kolonialarchitektur, Nationalparks und hochgelegene jahrhundertealte Weinanbaugebiete.

Gut essen
➜ Chirimoya (S. 254)
➜ Sopra Tutto (S. 308)
➜ Piattelli (S. 272)
➜ Pacha (S. 272)

Schön übernachten
➜ El Cortijo (S. 261)
➜ Descanso de las Piedras (S. 300)
➜ Balcón de la Plaza (S. 252)
➜ Posada El Arribo (S. 277)
➜ Antigua Tilcara (S. 286)

Reisezeit
Salta

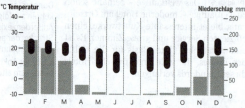

Feb. Die Temperaturen sind ziemlich hoch, die Karnevalsfeiern sind dennoch sehenswert.

Juli & Aug. In der Höhenlage der Puna-Hochwüste ist es kühl, um Salta angenehm gemäßigt.

Sept. & Okt. Der beste Kompromiss: weniger Touristen in Salta und frühlingshafte Temperaturen.

DIE PROVINZEN SALTA & JUJUY

Wie Yin und Yang greifen die nordwestlichen Provinzen Argentiniens ineinander. Hier treffen die Besucher auf eine Fülle landschaftlicher Schönheit und traditioneller Kultur. Im Norden von Bolivien und im Westen von Chile begrenzt, steigt das Terrain von schwülen Nebelwäldern gen Westen bis zur Puna (dem Hochland) und zu einigen der majestätischsten Berggipfel der Anden an.

Die beiden Hauptstädte, vor allem das kolonialzeitliche Salta, das bei Reisenden sehr beliebt ist, sind wie Startrampen zur Erkundung der zerklüfteten, vielfarbigen Schluchten der Quebrada de Cafayate und Quebrada de Humahuaca sowie der Dörfer der Valles Calchaquíes – reich an hoch entwickelten Handwerkskünsten und voller hochgelegener Weinberge, deren Erzeugnisse zu den besten Argentiniens gehören –, der kargen Landschaft der Puna, der Nationalparks von Calilegua und El Rey und des aromatischen Torrontés von Cafayate, Argentiniens bekanntester Weißwein.

Salta

0387 / 520 700 EW. / 1187 M

Salta ist ein viel besuchtes Reiseziel mit einer reichen Kultur, es fesselt aufmerksame Betrachter durch hervorragende Museen und verzückt romantische Gemüter durch Cafés an der Plaza und die live gespielte *música folklórica* in seinen lebendigen *peñas* (Volksmusikclubs). Es weist die Annehmlichkeiten (aber auch die Verkehrsstaus und den Lärm) einer Großstadt auf und bewahrt dennoch die behagliche Gangart einer ländlichen Provinzstadt, in der mehr kolonialzeitliche Architektur erhalten geblieben ist als in den meisten anderen argentinischen Städten.

Die Stadt wurde im Jahr 1582 gegründet und ist heute das beliebteste touristische Ziel im nordwestlichen Argentinien, sie bietet zahlreiche Unterkunftsmöglichkeiten, Sehenswürdigkeiten und Restaurants. Im Stadtzentrum drängen sich eine große Zahl von Tourenveranstaltern: Hier ist man zur Planung der Weiterreise am richtigen Ort. Eine beliebte Alternative ist es, in der Stadt ein Auto zu mieten und damit den wilden Nordwesten des Landes auf seinem Straßennetz zu erkunden.

Sehenswertes

★ Museo de Arqueología de Alta Montaña MUSEUM

(MAAM; www.maam.gob.ar; Mitre 77; Erw./Stud. & Rentner 130/40 Arg$; Di–So 11–19.30 Uhr) Das MAAM, eines der besten Museen Nordargentiniens, präsentiert eine seriöse, informative Ausstellung über die Inkakultur und insbesondere über die rituellen Kinderopfer (S. 244), die die Inka auf einigen der imposantesten Gipfel der Anden hinterlassen haben.

Den Mittelpunkt bildet der mumifizierte Körper eines der drei Kinder (alle sechs Monate wird ein anderer gezeigt), die 1999 am Gipfel des Llullaillaco gefunden wurden. Die Frage, ob die Körper zur Schau gestellt werden sollten, war umstritten, doch es ist ein beeindruckendes Erlebnis, ihnen so nahe zu kommen.

Das raffiniert geflochtene Haar und die Kleidung sind perfekt erhalten. Wer weiß, was ihre Gesichter widerspiegeln? Eine weit entfernte Vergangenheit oder ein für Salta typisches Gesicht aus dem 21. Jh., einen friedlichen oder einen qualvollen Tod?

Die Grabbeigaben beeindrucken durch ihre Direktheit und die Farben, die nichts von ihrer Frische verloren haben. Die *illas*, kleine Votivfiguren, die Tiere oder Menschen darstellen, bestehen aus Silber, Gold, Muscheln und Onyx, viele tragen Kleider aus Stoff. Ein besserer Einblick in die Kultur des präkolumbischen Südamerikas wird sich schwerlich finden lassen. Ein weiteres interessantes Exponat ist die „Reina del Cerro", eine Mumie aus einem Inkagrab, die nach ihrer turbulenten Reise hier gelandet ist. Gute Videos liefern Hintergrundinformationen über Opferungen und über das Qhapaq Ñan, das Straßensystem der Inka, das seit dem Jahr 2014 zum Unesco-Welterbe zählt. Neben einer Bibliothek gibt es noch eine Café-Bar mit Terrasse.

Centro Cultural América ARCHITEKTUR

(0387-431-6700; Mitre 23; 9–21 Uhr) GRATIS
Eine frühere Kirche, die im französischen Akademiestil zwischen 1721 und 1732 entstand, wurde 1913 zum wichtigsten Kulturclub Saltas, bis dieser von der Regierung 1987 übernommen wurde. 1994 wurde der Bau zu einem *National Landmark* erklärt. Heute ist er ein Verwaltungssitz mit künstlerischem und kulturellem Fokus, Besucher sind willkommen, wechselnde Kunstausstellungen in der Eingangshalle zu besichtigen.

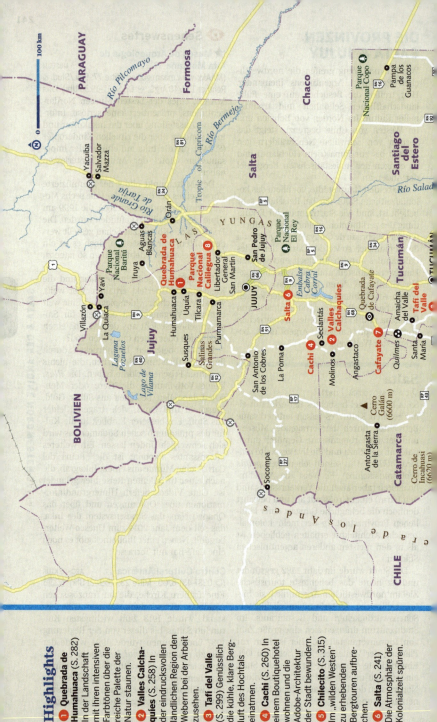

7 Cafayate (S. 267) Torrontés und Malbec in der Hauptstadt des Weinbaus im nördlichen Argentinien verkosten.

8 Parque Nacional Calilegua (S. 279) Beim Aufstieg durch das Parkgelände den dunstigen subtropischen Nebelwald erleben.

9 Westliches Catamarca (S. 311) Ausblicke auf Kraterseen, 6000 m hohe Vulkane und fantastische Andenlandschaften im entlegenen Westen des Landes genießen.

DIE KINDEROPFER DER INKA

In der Inkakultur waren Menschenopfer keine Seltenheit. Manchmal wurden Kinder aus hochrangigen Familien lebend den Göttern dargebracht, um diese gnädig zu stimmen oder zu besänftigen. Die Inka sahen darin eine Gabe an die Gottheiten, durch die die Fruchtbarkeit der Menschen und des Landes bewahrt werden sollte. Die hohen Gipfel der Anden galten seit jeher als heilig und wurden als Opferstätten ausgewählt. Die Inka glaubten, dass die Kinder mit ihren Ahnen vereint würden, die von den höchsten Gipfeln herab über die Gesellschaft der Menschen wachten.

Die Kinder wurden sorgfältig ausgewählt und in die Hauptstadt des Inkareiches, Cuzco (Peru), gebracht, wo sie einen wichtigen Platz in einer großen Zeremonie – der *capacocha* – einnahmen. Zeremonielle Hochzeiten zwischen den Kindern halfen die diplomatischen Beziehungen zwischen den Stämmen des Reiches zu festigen. Am Ende der Feierlichkeiten wurden die Kinder in einer Prozession um den Festplatz herumgeführt, dann mussten sie in ihren Heimatort zurückkehren – in einem mühsamen Marsch, der Monate dauern konnte. An ihrem Heimatort wurde ihnen ein Willkommensfest bereitet, dann wurden sie in die Berge geführt. Dort gab man den Kindern zu essen und *chicha* (Maisbier) in reichlichen Mengen. In betäubtem Zustand wurden sie zum Berggipfel gebracht und oftmals noch lebend bestattet, manchmal starben sie zuvor durch Erdrosseln oder einen Schlag auf den Kopf.

Drei solcher geopferten Kinder wurden 1999 nahe dem Gipfel des **Llullaillaco** gefunden, der 6739 m hohe Vulkan liegt 480 km westlich von Salta an der chilenischen Grenze. Es ist die höchste bekannte archäologische Stätte der Erde. Die Kälte, der niedrige Luftdruck und ein Mangel an Sauerstoff und Bakterien trugen dazu bei, dass die Mumien perfekt erhalten sind. Die *Doncella* (Jungfrau) war zum Zeitpunkt ihres Todes etwa 15 Jahre alt, vielleicht war sie eine *aclla* (Sonnenjungfrau), eine bedeutende Rolle in der Gesellschaft der Inka. Die beiden anderen, ein Junge und ein Mädchen im Alter von sechs bis sieben Jahren (die Mumie des Mädchens wurde später durch einen Blitzschlag beschädigt), wiesen an ihren Schädeln Deformierungen auf, die darauf hindeuten, dass sie aus hochrangigen Familien stammten. Jedem der Kinder waren Grabbeigaben mitgegeben worden, darunter Textilien und kleine Figuren.

Die Überführung der Mumien nach Salta (S. 241) war umstritten. Viele meinten, dass man sie am Ort ihrer Entdeckung hätte lassen sollen. Da ihr Fundort aber bekannt geworden war, war das unmöglich. Welche Haltung gegenüber den Kinderopfern und der Aufgabe der Archäologie auch richtig erscheinen mag – die Ausgrabung war ein mutiger Schritt und eine erstaunliche Leistung; die Kindermumien gewähren zweifellos faszinierende Einblicke in die Religiosität und Kultur der Inka.

Catedral Basilica de Salta KATHEDRALE
(España 590; ⊙ Mo-Fr 6.30–12.15 & 16.30–20.15, Sa 7.30–12.15 & 16.30–20.15, So 7.30–13 & 17–21 Uhr) Die rosafarbene Kathedrale von Salta wurde 1878 geweiht und birgt (neben den sterblichen Überresten anderer Berühmtheiten) die Asche des Generals Martín Miguel de Güemes, eines *Salteño* (Bürgers von Salta) und Kämpfers des Unabhängigkeitskrieges. Ein nationales historisches Monument ist der Bau seit 1942 und wirkt mit seiner Beleuchtung nach Einbruch der Dämmerung spektakulär.

Museo Histórico del Norte MUSEUM
(Caseros 549; erbetene Spende 20 Arg$; ⊙ Mo-Fr 9–13.30 & 15–20, Sa 14.30–18.30 Uhr) Das Museum befindet sich im zauberhaften *cabildo* (Rathaus) an der Plaza, seine Sammlung reicht von präkolumbischen Keramiken bis hin zu religiöser Kunst der Kolonialzeit (besonders eindrucksvoll ist die schöne Kanzel aus der Jesuitenkirche Saltas). Die endlose Porträtreihe der Gouverneure von Salta erinnert an eine Ahnengalerie historischer Bartträger. In einer Abteilung zur Mobilität ist ein prächtiger Renault von 1911 zu bewundern, neben dem jeder moderne Geländewagen verblassen würde.

Museo de Arte Contemporáneo KUNSTGALERIE
(☎ 0387-437-0498; Zuviría 90; ⊙ Di-Sa 9–20, So 10–14 Uhr) GRATIS Die Galerie zeigt Werke zeitgenössischer Künstler aus Salta und der weiteren Umgebung. Der Galeriesaal ist gut

beleuchtet und präsentiert Gemälde von hoher Qualität, multimediale Installationen und Werke der Bildhauerei.

Iglesia San Francisco　　　　KIRCHE
(www.conventosanfranciscosalta.com; Ecke Caseros & Córdoba; ⊙8-13 & 14-18.30 Uhr) Die rot-goldene Kirche ist der eindrucksvollste Sakralbau von Salta. Die überschwänglich gestaltete Fassade wird von einem schlanken Turm gekrönt; im Innern befinden sich mehrere verehrte Bildwerke, darunter der Niño Jesús de Aracoeli, eine eher unheimlich wirkende, gekrönte Figur. Es gibt einen reizvollen Gartenkreuzgang, der im Rahmen von Führungen zugänglich ist (auch in englischer Sprache, 40 Arg$; Dienstag bis Samstag von 10-13 und 14-18.30 Uhr), darin enthalten ist ein mittelmäßiges Museum für religiöse Kunstwerke und -schätze.

Pajcha – Museo de Arte Étnico Americano　　　　MUSEUM
(☏ 0387-422-9417; 20 de Febrero 831; 100 Arg$; ⊙Mo-Fr 10-13 & 16-20, Sa 16-20 Uhr) Das Privatmuseum ist für Besucher, die sich für Kunst und Kultur der indigenen Völker interessieren, besonders spannend. Nebeneinander werden archäologische Funde und Werke des zeitgenössischen und neueren Kunsthandwerks aus ganz Lateinamerika gezeigt – es entstehen ein erfreulich weitgefasster Blick auf die Andenkultur und überdies ein Farben- und Formenspiel von exquisiter Schönheit, das mit großem Enthusiasmus entfaltet wird. Die Sammlung wird in zweisprachigen Führungen durch die charmante englischsprachige Museumsleitung präsentiert.

Die Qualität der Stücke, darunter erstaunliche Kreationen aus Arafedern, religiöse Bildhauerei im Stil von Cuzco, Handwerkszeug der bolivianischen Kallawaya-Heiler und fein gearbeiteter Mapuche-Silberschmuck, ist außerordentlich hoch und zeugt von Jahrzehnten des Studiums und Sammelns durch den Museumsgründer, einen Anthropologen.

Convento de San Bernardo　　　　KONVENT
(Caseros s/n; ⊙Gebäckverkauf Mo-Sa 9-12 & 16-18 Uhr) Nur Karmeliterinnen dürfen das Frauenkloster aus dem 16. Jh. betreten, das älteste Bauwerk Saltas (in seiner heutigen Gestalt wurde es allerdings in den 1840er-Jahren aus einem verfallenen Vorgängerbau wiederhergestellt). Besucher können sich dem schönen Adobe-Gebäude nähern, sein geschnitztes Portal aus Algarrobo-Holz aus dem 18. Jh. bewundern und das von den Nonnen hergestellte Gebäck kaufen. Die Kirche kann vor der Messe (an Werktagen und Sonntagmorgen von 7-8.30, Samstagabend von 19-20 Uhr) besichtigt werden.

Cerro San Bernardo　　　　BERG
Einen hervorragenden Blick auf Salta ermöglicht eine Fahrt im Teleférico (☏ 0387-431-0641; Hinfahrt/Rundfahrt 100/200 Arg$; ⊙9-19 Uhr) vom Parque San Martín zur Spitze des Berges; die 1 km lange Fahrt dauert acht Minuten. Eine Alternative ist ein Wanderweg, der beim Güemes-Denkmal beginnt. Oben befinden sich eine einzigartige Weinbar (S. 256), ein Wasserlauf und Geschäfte für *artesanía* (Kunsthandwerk).

Museo Antropológico　　　　MUSEUM
(www.antropologico.gov.ar; Ecke Ejército del Norte & Polo Sur; 20 Arg$; ⊙Mo-Sa 8-19 Uhr) Eine umfassende Darstellung von Keramiken der Region, insbesondere aus den Ruinen von Tastil (der größten Prä-Inka-Stadt Argentiniens) sowie gut präsentierte Ausstellungen in attraktiven, zweckmäßig gestalteten Räumen.

Iglesia Nuestra Señora de la Candeleria de la Viña　　　　KIRCHE
(☏ 0387-421-3237; Alberdi 485) Zur Zeit der Recherche für diesen Reiseführer war der hinreißende, pastellblaue und pfirsichfarbene sakrale Kuppelbau wegen Renovierung geschlossen. Das Bauwerk entstand 1854 und wurde in der Zeit des Bürgerkriegs zu einer Zufluchtsstätte in Salta. 1982 wurde es zu einem nationalen historischen Monument erklärt. Sollte es nicht zugänglich sein, lohnt sich ein Blick durch die verschlossenen Tore.

👉 Geführte Touren

Salta ist ein Ausgangspunkt für eine Reihe von Touren, die von zahlreichen Veranstaltern (mit dem Schwerpunkt auf Buenos Aires und Caseros) nahe der Plaza angeboten werden. Beliebte Ausflüge führen nach Cafayate, Cachi, San Antonio de los Cobres (die Route des Tren a las Nubes), zu den Salinas Grandes und Purmamarca und weiteren Ortschaften.

Veranstalter wie Altro Turismo, Socompa und Tastil (☏ 0387-322-0897; www.turismotastil.com.ar; Caseros 468) sind zuverlässig. Im Folgenden werden außerdem neuere und kreativere Veranstalter empfohlen, die interessante Ausflüge außerhalb der üblichen Routen anbieten.

Die Provinzen Jujuy & Salta

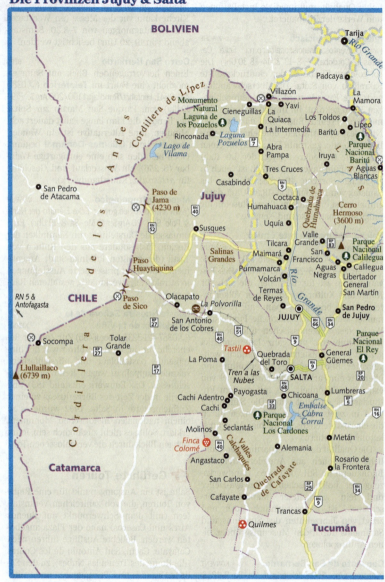

★ Origins TREKKING
(☎ 0387-431-3891; www.originsargentina.com; Zorrilla 171; ⊙ Mo-Fr 9-20, Sa 9-12 Uhr) Ein hoch gelobter, in der Gemeinde heimischer Tourveranstalter, der gut geplante Trekking-Touren, Reitausflüge und andere Aktiv- und Kulturprogramme mit Bauernhofaufenthalten verbindet. Ein verantwortungsvoller Tourismus ist das Firmenethos des Anbieters, der auch Spanischunterricht vermitteln kann. Die Guides sprechen Englisch, Französisch sowie Spanisch.

Humahuaca, zu den Salinas Grandes, inkl. San Antonio de los Cobres und Purmamarca. Touren, die schwierig in eigener Regie unternommen werden können, sind z. B. ein dreitägiger Ausflug nach Tolar Grande und zum Vulkan Llullaillaco.

Socompa TOUREN

(☎ 0387-431-5974; www.socompa.com; Balcarce 998) Dieses professionelle Unternehmen organisiert empfehlenswerte Touren in das Andenhochland. Herausragend ist die fünftägige Tour „Puna Experience", die die größten Anziehungspunkte der Vorandenlandschaft der Provinzen Catamarca und Salta umfasst; behagliche Unterkünfte und mehrsprachige Führungen sind inbegriffen. Eine weitere Tour umfasst Highlights des Nordwestens, darunter einen Abstecher nach Chile. Frühzeitige Buchungen sind ratsam. Die Touren werden individuell gestaltet: Es ist nicht möglich, sich einer Gruppe anzuschließen.

Dexotic ABENTEUERSPORT

(www.dexotic.com; Güemes 569; ◷ 7.30–12.30 & 15–20 Uhr) Das vielseitige Reisebüro gehört zum Hostel Las Rejas (S. 251) und bietet eine Vielfalt von Touren an, darunter Kulturausflüge nach Jujuy, Bodega- und Weinbergtouren in Cafayate sowie Abenteuerprogramme mit Trekking, Mountainbike-Touren, Reitausflügen, Paragliding und Rafting, alle Ziele liegen nur wenige Stunden von Salta entfernt.

Quechua Cicloturismo RADFAHREN

(☎ 0387-15-50-56771; www.saltabiking.com) Ein freundliches und engagiertes Paar organisiert empfehlenswerte Radtouren, die von leichten, 90-minütigen Fahrten durch die Innenstadt von Salta (420 Arg$) bis hin zu mehrtägigen Ausflügen in die Valles Calchaquíes reichen.

AlterNativa Salta RUNDFAHRT

(☎ 0387-425-0276, 0387-15-502-5588; www.alternativasalta.com) Der Veranstalter betreibt mehrtägige Geländewagenfahrten in das abgelegene Andenhochland im Nordwesten Argentiniens und in das Weinbaugebiet Mendoza.

Altro Turismo TOUREN

(Marina Turismo; ☎ 0387-431-9769; www.altroturismo.com.ar; Caseros 489) Ein zuverlässiger Veranstalter mit regelmäßigen Ausflügen (in Zusammenarbeit mit anderen Veranstaltern) nach Cafayate, Cachi, zur Quebrada de

Clark Expediciones VOGELBEOBACHTUNG

(☎ 0387-421-5390, 0387-15-489-0118; www.clarkexpediciones.com; Caseros 121) Eine professionelle Agentur bietet Touren mit Englisch sprechenden Guides durch die Nationalparks und durch das entlegene Hochland.

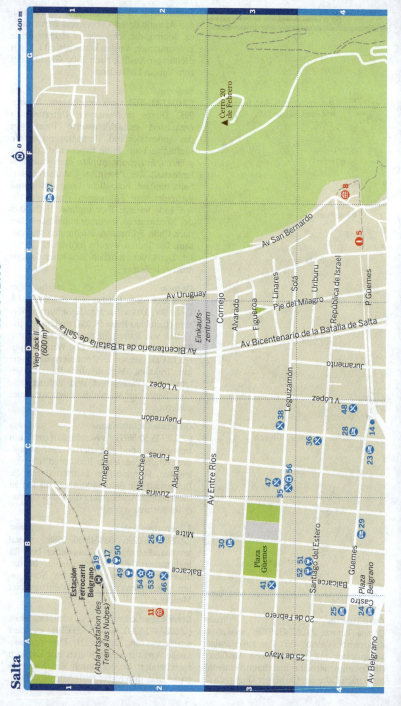

Salta

Highlights
1. Museo de Arqueología de Alta Montaña B5

Sehenswertes
2. Catedral Basilica de Salta B5
   Centro Cultural América .... (s. 1)
3. Cerro San Bernardo G5
4. Convento de San Bernardo D5
5. Güemes Monument E4
6. Iglesia Nuestra Señora de la Candeleria de la Viña B7
7. Iglesia San Francisco C5
8. Museo Antropológico F4
9. Museo de Arte Contemporáneo B5
10. Museo Histórico del Norte B5
11. Pajcha – Museo de Arte Étnico Americano A2

Aktivitäten, Kurse & Touren
12. Altro Turismo B5
13. Clark Expediciones D5
    Dexotic .... (s. 29)
14. Norte Trekking C4
15. Origins D5
16. Salta Rafting D5
17. Socompa B1
18. Tastil B5
19. Tren a las Nubes B1

Schlafen
20. Ankara Suites D5
21. Balcón de la Plaza B5
22. Carpe Diem C6
23. Coloria Hostel C4
24. Design Suites A4
25. Espacio Mundano A4
26. Hostal Prisamata B2
27. Kkala F1
28. La Candela C4
29. Las Rejas B4
30. Legado Mítico B3
31. Posada de las Farolas C6
32. Prisamata Boutique C5
33. Residencial El Hogar E5
34. Villa Vicuña C5

Essen
35. Bartz C3
36. Bonnie Parker C4
37. Chirimoya C5
38. Dubai C3
39. El Charrúa C5
40. La Céfira C7
41. La Esquina B3
42. La Tacita C5
43. Ma Cuisine D5
44. Mercado Central A6
45. Paseo de la Familia C8
46. Umai B2
47. Vaikuntha C3
48. Viracocha C4

Ausgehen & Nachtleben
49. Café del Tiempo B2
50. Macondo B2
51. Peke's Bar B4
52. Ruta Norte B4
    Wine & Bike .... (s. 3)

Unterhaltung
53. La Vieja Estación B2
54. Nora Julia B2

Shoppen
55. CUM C5
56. Espacio Urbano C3

Die Mitarbeiter sind vor allem in Sachen Vogelbeobachtung wirklich kompetent. Zum Tourenangebot gehören u. a. eine halb- oder ganztägige Tour durch die Reserva del Huaico, ein rund 60 ha großes Nebelwaldreservat etwa 8 km westlich von Salta, zwei Tage im Parque Nacional El Rey sowie mehrtägige individuell zugeschnittene Ausflüge.

Salta Rafting RAFTING
(☏ 0387-421-3216; www.saltarafting.com; Caseros 177) Der alteingesessene Rafting-Veranstalter von Salta organisiert zweistündige Rafting-Touren auf dem Río Juramento (Schwierigkeitsgrad III), 100 km von Salta entfernt (720 Arg$ inkl. Barbecue-Lunch; Hin- und Rückfahrt 550 Arg$ extra). An einer Zipline-Anlage können Wagemutige 400 m weit durch einen Canyon fliegen (Flug mit vier Seilen 600 Arg$). In Verbindung mit einem Mittagessen liegt der Preis bei 1300 Arg$.

Norte Trekking WANDERN
(☏ 0387-431-6616; www.nortetrekking.com; Güemes 265) Ausflüge zu Nationalparks, mehrtägige Wanderungen und exklusive Abenteuertouren im Geländewagen in der gesamten Gebirgsregion im Nordwesten Argentiniens. Auf der Website sind verschiedene Tourenprogramme aufgeführt, es ist jedoch auch möglich, Touren individuell zusammenzustellen.

Tren a las Nubes TOUREN
(www.trenalasnubes.com.ar; Ecke Ameghino & Balcarce; Rundfahrt 2150 Arg$; ⊙ Sa April–Mitte Dez.) Der „Zug in die Wolken" ist der berühmteste Eisenbahnzug Argentiniens. Die

Strecke führt von Salta ins Lerma-Tal hinunter, steigt dann in die vielfarbige Quebrada del Toro an, führt an den Ruinen von Tastil und an San Antonio de los Cobres vorüber und erreicht einen beeindruckenden Viadukt, der einen Wüstencanyon bei La Polvorilla (in 4220 m Höhe) überspannt.

Schlafen

In Salta ist eine Vielzahl an Hostels zu finden, manch eines besser gepflegt als das andere; die große Auswahl sorgt für erschwingliche Preise. Gleiches gilt für Boutiquehotels, die mittlerweile in Fülle vorhanden sind. Hier fällt es nicht schwer, eine behagliche und charaktervolle Unterkunft zu finden.

★ Espacio Mundano   B&B $
(☏ 0387-572-2244; www.espaciomundano.com.ar; Güemes 780; Zi. 58–82 US$; ❋ 🕾) Eine kunstvolle Oase im Herzen von Salta. Die Umgebung, ein 200 Jahre altes Haus, wurde in ein Kunstatelier und B&B umgewandelt, das eine wahre Eruption an Farbe und Vorstellungskraft darstellt. Die Zimmer haben Holzfußböden, sind mit altertümlichem Zierrat und schmiedeeisernen Betten eingerichtet und öffnen sich auf einen grünen Innenhof.

Die Inhaberin des Hauses ist Künstlerin und Architektin. Die Gäste werden von ihrer Arbeit und ihrer Galerie begeistert sein.

Hostal Prisamata   HOSTEL $
(☏ 0387-431-3900; www.hostalprisamata.com; Mitre 833; B 10–15 US$, DZ 25–35 US$; @ 🕾) Hängematten im Patio und eine bevorzugte Lage – nur eine Häuserzeile vom Trubel der Calle Balcarce entfernt – machen dieses freundliche, stilvolle und gut geführte Hostel zu einer erstklassigen Adresse. Die Küche ist ordentlich eingerichtet, draußen gibt es einen Grillplatz; es lohnt sich, für eine Unterkunft in einem der kleineren Schlafsäle etwas mehr auszugeben.

Las Rejas   HOSTEL $
(☏ 0387-422-7959; www.lasrejashostel.com; Güemes 569; B/DZ 15/47 $US; 🕾) In einem alten Gebäude mit viel Charakter ist dieses Hostel untergebracht. Die Gemeinschaftsräume sind auf moderne Art von freiliegendem Mauerwerk umgeben, die Zimmer und Schlafsäle liegen auf zwei Ebenen. Die zentrale Lage verbindet sich mit einer entspannten Atmosphäre zu einem stimmigen Ganzen. Die Mitarbeiter sprechen gut Englisch, es gibt einen Fahrradverleih.

Residencial El Hogar   PENSION $
(☏ 0387-431-6158; www.residencialelhogar.com.ar; Saravia 239; DZ mit/ohne Bad 51/26 US$; P ❋ 🕾) Mit großer Herzlichkeit wird die angenehme kleine Pension geführt; sie liegt an einer ruhigen Wohnstraße, in deren Nähe der Cerro San Bernardo drohend aufragt. Ein kurzer Spaziergang führt ins Stadtzentrum. Mit ihren attraktiven Zimmern mit geschmackvollen Stilakzenten, den hilfsbereiten Inhabern und einem guten Frühstück ist die Pension ein empfehlenswertes Refugium zu fairen Preisen.

Die Zimmer mit Gemeinschaftsbädern sind die beste Wahl in der preiswerten Kategorie; ein Frühstück ist im Preis jedoch nicht enthalten.

Posada de las Farolas   HOTEL $
(☏ 0387-421-3463; www.posadalasfarolas.com.ar; Córdoba 246; EZ/DZ/3BZ 46/65/82 US$; P ❋ 🕾) Ein Hotel mit netten, gepflegten und klimatisierten Zimmern im Stadtzentrum zu günstigen Preisen. Einige der Zimmer haben einen Blick auf winzig kleine Garten-Patios. Eine makellose und verlässliche Unterkunft. Ein paar Extras, z. B. große, flauschige Handtücher und Haartrockner, heben das Haus von den meisten seiner Preisklasse ab. Nur Barzahlung.

Coloria Hostel   HOSTEL $
(☏ 0387-431-3058; www.coloriahostel.com; Güemes 333; B 10–12 US$, DZ 41 US$; P ❋ 🕾 ≋) Fröhliches, engagiertes Personal und prächtige, offen angelegte Gesellschaftsräume mit Blick auf den Garten und einen kleinen Pool sind die größten Highlights dieses netten, zentral gelegenen Hostels. Es ist voller Farben und nach dem in Argentinien geltenden Maßstab ziemlich anspruchsvoll, die Sauberkeit ist tadellos; die Schlafsäle sind zwar nicht übermäßig geräumig, aber doch komfortabel. Die Einzelzimmer sind ziemlich klein.

Camping Municipal Carlos Xamena   CAMPINGPLATZ $
(☏ 0387-496-0506; Av Libano; pro Pers./Zelt/Auto 1,50/2/2 US$; P 🕾 ≋) Der Campingplatz besitzt 400 Zeltstellplätze und einen gewaltigen Pool von der Größe eines Sees (es dauert zehn Tage, ihn zu füllen). Im Sommer und an Wochenenden herrscht ein charakteristischer Campingplatzlärm. Die Buslinie 3B führt von Ituzaingó zwischen San Martín und Mendoza zum Campingplatz. In der Nähe des Geländes gibt es auch einen Supermarkt.

★ Design Suites   HOTEL $$
(☎ 0387-422-4466; www.designsuites.com; Pasaje Castro 215; Zi./Suite ab 104/154 US$; P✱@🛜🏊) Das äußere Bild des Hotels – große freiliegende Betonflächen und ein urban-moderner Stil – scheint zum Kolonialstil von Salta nicht unbedingt zu passen, doch die hervorragenden, großen und ruhigen Zimmer des Hauses sind unbestritten attraktiv. Sie sind mit Hydromassagebädern und fast deckenhohen Fenstern ausgestattet, die einen umwerfenden Ausblick auf die Stadt freigeben. Auch der Pool- und Spa-Bereich im Dachgeschoss ist ein herrlicher Ort, um sich in den Anblick der hübschen, alten Stadt zu vertiefen. Der Service ist zuvorkommend, das Restaurant ist sehr gut.

Ankara Suites   APARTMENTS $$
(☎ 0387-421-3969; www.ankarasuites.com; Zorrilla 145; Apt. 116 US$; P✱@🛜) Einladende Luxusapartments im Stadtzentrum von Salta sind mit glänzenden Fußböden, einer Frühstücksbar (die Speisen werden aufs Zimmer gebracht), vollständig ausgestatteten Küchen und komfortablen Schlafzimmern mit Doppelbetten eingerichtet. Die Bäder sind attraktiv und modern und haben geräumige Duschen. In der oberen Etage gibt es einen Whirlpool und eine Sauna sowie einen kostenlosen Waschsalon.

Finca Valentina   ESTANCIA $$
(☎ 0387-592-0099, 0387-15-415-3490; www.finca-valentina.com.ar; RN 51, Km6; EZ/DZ Standard 115/140 US$, Superior 120/155 US$; P🛜🏊) Nur das Zwitschern der Vögel und das Zirpen der Zikaden unterbricht die Stille dieser friedlichen Viehranch, 6 km vom Flughafen Salta und eine 20-minütige Autofahrt vom Stadtzentrum entfernt. Eine komfortable, anheimelnde Eleganz geht von den kühlen, weißen Räumen und den zahlreichen ruhigen Sitzgelegenheiten auf den Veranden aus. Ein exzellentes Frühstück ist im Preis inbegriffen, weitere Mahlzeiten sind ebenfalls zu bekommen.

La Candela   HOTEL $$
(☎ 0387-422-4473; www.hotellacandela.com.ar; Pueyrredón 346; DZ Standard/Superior 87/104 US$; P✱@🛜🏊) Wie eine Landvilla mit einem L-förmigen Pool und einem Garten mit großen Rasenflächen ist das einladende Boutiquehotel angelegt, es bietet gemütliche Zimmer mit hohen Decken und geschmackvoller Möblierung. Die Superior-Zimmer haben größere Bäder, aber auch die Standard-Zimmer sind komfortabel.

Carpe Diem   B&B $$
(☎ 0387-421-8736; www.bedandbreakfastsalta.com; Urquiza 329; DZ 88 US$; @🛜) Ein Gefühl von Zuhausesein vermittelt dieses B&B mit vielen sorgfältig durchdachten Aufmerksamkeiten, z. B. selbst gebackenem Brot zum Frühstück, gemütlichen Leseecken und attraktiven Zimmern, die mit antiken Möbeln ausgestattet sind. Frühzeitig buchen.

Prisamata Boutique   BOUTIQUEHOTEL $$
(☎ 0387-422-7449; www.prisamataboutique.com; Vicente López 129; DZ 94 US$; ✱@🛜) Gäste sollten rechtzeitig reservieren, um eines der sechs Zimmer in diesem stilvollen und doch gemütlichen Boutiquehotel zu bekommen. Alle Zimmer sind mit Fliesenfußböden, marokkanischen Laternen und Einbauleuchten ausgestattet, der Garten hinter dem Haus ist ein entspannender Ruheort.

★ Balcón de la Plaza   BOUTIQUEHOTEL $$$
(☎ 0387-421-4792; www.balcondelaplaza.com.ar; España 444; Zi. 151–169 US$; P✱@🛜) Ein höflicher, individueller und hilfreicher Service, eine ansprechend vornehme Atmosphäre und zehn unaufdringlich elegante Zimmer mit schönen Bädern und breiten Doppelbetten – alles deutet auf ein wunderbares Boutiquehotel hin, das aus einem umgebauten Wohnhaus entstand. Alle Zimmer haben freiliegende Deckenbalken, Terrakottawaschbecken und andere geschmackvolle Akzente. In der Nebensaison können Gäste häufig mit ermäßigten Preisen (und guten Angeboten) rechnen.

★ Legado Mítico   BOUTIQUEHOTEL $$$
(☎ 0387-422-8786; www.legadomitico.com; Mitre 647; DZ ab 210 US$; P✱@🛜) Die eleganten Zimmer – einige an den Stil dieses noblen alten Salta-Hauses angepasst, andere mit subtilen indigenen Motiven gestaltet – sind Grund genug, in diesem ruhevollen, zentral gelegenen Refugium abzusteigen. Ein freundlicher Service und eine Atmosphäre vornehmer Entspanntheit sind weitere Pluspunkte. Kinder sind nicht willkommen.

Kkala   BOUTIQUEHOTEL $$$
(☎ 0387-439-5962, 0387-439-6590; www.hotelkkala.com.ar; Ecke Las Higueras & Las Papayas; Zi. 128–297 US$; P✱@🛜🏊) Im noblen Wohnviertel Tres Cerritos liegt dieses friedliche Hotel verborgen. Hier fällt es leicht, zur Ruhe zu kommen. Exquisite Zimmer, Suiten und Gemeinschaftsbereiche umgeben einen kleinen Garten mit einem beheizten Pool; die teureren Zimmer haben einen schönen

Ausblick und eigene Whirlpools. Die Terrassen mit Blick über die Stadt sind perfekt für einen Sundowner aus der Selbstbedienungsbar. Der Service ist erstklassig.

Villa Vicuña BOUTIQUEHOTEL $$$
(0387-432-1579; www.villavicuna.com.ar; Caseros 266; Zi. 154–174 US$; P❉🛜🏊) In zentraler Lage schön angelegt, beeindruckt das Hotel mit lichtdurchfluteten Zimmern, die mit Antiquitäten und Fußbodenfliesen nach alter Art ausgestattet sind. Es besitzt die charakteristische Eleganz eines Salta-Hauses. Eine Atmosphäre von Helligkeit und Weite ist überall zu spüren; der rückwärtige Garten mit Swimmingpool ist ein Highlight, ebenso wie der freundliche Service.

Essen

Ob es die besten Empanadas des Landes in Salta oder Tucumán gibt, ist nicht zu entscheiden. Uneinigkeit herrscht unter Argentiniern auch darüber, ob sie gebraten (in einer Eisenpfanne – saftiger) oder gebacken (in einem Lehmofen – knuspriger) besser schmecken.

Vaikuntha VEGAN $
(0387-421-2453; www.facebook.com/pg/vaikuntha.life.food; Leguizamón 450; Hauptgerichte 100–130 Arg$; Mo–Sa 12–15 & 20–24 Uhr; 🛜🌿) Ein hinreißendes veganes Restaurant mit pastellfarben gestrichenen Stühlen, freiliegenden Ziegelwänden, Rattanlaternen und klassischer Rockmusik aus den Lautsprechern. Eine kleine Speisekarte führt Burger (mit Linsen und Reis, reichlich Tomaten, Gewürzgurken und gerösteten Zwiebeln), vegane Pizzas, Pastagerichte und Salate auf. Außerdem gibt es ein Thai-Pfannengericht.

Eher Hausmannskost als Sterneküche – und eine sehr willkommene fleischlose Alternative.

Viejo Jack II PARRILLA $
(Catolicos 1465; Hauptgerichte 78–325 Arg$; 12.30–15.30 & 20–1 Uhr oder später; 🛜) In ausreichendem Abstand vom touristischen Bezirk, um authentisch sein zu können, ist diese bodenständige *parrilla* (Steakrestaurant) in Tres Cerritos bei heimischen Gästen wegen seiner *parrillada* (Grillplatte) und Pasta beliebt. Die Portionen sind – für zwei bis vier Gäste berechnet – riesengroß; eine einzelne Portion (die immer noch für zwei reicht!) ist zu 70 % des Preises zu bekommen. Das beste Restaurant, um *bife de chorizo* (Filetsteak) zu probieren.

Es gibt eine zweite Adresse in größerer Nähe zum Stadtzentrum, doch die Küche dieses Hauses bringt Besseres hervor.

La Tacita EMPANADAS $
(Caseros 396; Empanadas 15 Arg$; Mo–Sa 8–23, So 10–23 Uhr) Das schlichte kleine Restaurant bietet in einer einladenden, angenehm nüchternen Atmosphäre gebackene Empanadas an, die zu den besten der Stadt gehören. Perfekt für eine kurze Pause von der Stadtbesichtigung.

Dubai ORIENTALISCH $
(0387-431-6140; www.facebook.com/Dubai comidasarabes; Leguizamón 474; Hauptgerichte 95–150 Arg$; 12–15 & 21–24 Uhr; 🛜) Ein Familienbetrieb in einer charmanten Hausecke. Die syrische Küche bietet eine willkommene Abwechslung von der allgegenwärtigen *parrilla*. Gäste können hier gut gemachte Falafel, Hummus und Baba Ghanoush (Auberginen-Sesam-Dip), Shawarma, Kebab und vieles mehr erwarten. Alles wird in einer geschmackvollen, noblen Atmosphäre zu fairen Preisen serviert. Kostenlose Lieferung ins Hotel der Gäste.

Mercado Central MARKT $
(Florida & Av San Martín; 8–16 Uhr) Der große, lebhafte Markt ist nicht nur sehr interessant, er bietet auch die preiswertesten Gelegenheiten zum Essengehen in der Stadt. Gäste bekommen Pizzas, Empanadas und *humitas* (chilenische Maistaschen, die den mexikanischen Tamales ähneln) für wenig Geld und können sich mit frischem Obst und Gemüse versorgen.

Paseo de la Familia STRASSENRESTAURANT $
(Catamarca zwischen San Luis & La Rioja; Gerichte 70–90 Arg$, Parilla für 4 Pers. 350 Arg$; Stände zumeist 8–15 Uhr) Eine einfache und anregende heimische Straßenrestaurantszene ist auf dem „Paseo de la Familia" zu entdecken. Sie erstreckt sich über einen Häuserblock von Catamarca im Süden der San Luis entlang. An Straßenständen werden pausenlos Grillgerichte mit Hähnchen und Kaninchen, Würstchen, Pizzas, Tamales und *lomitos* (Steaksandwiches) verkauft. Ein idealer Ort, um zu erschwinglichen Preisen die ganze Welt der *parrilla* zu erkunden – stilecht an Plastiktischen unter einem großen Zeltdach.

La Esquina BURGER $
(0387-432-9476; www.facebook.com/LaEsquin Sandwicheria; Balcarce 499; Hauptgerichte 35–80 Arg$; 10–7 Uhr) Ein fettiger Imbiss an

der Ecke, gedrängt voll mit heimischen Gästen, die zu jeder Tages- und Nachtzeit (geöffnet ist an 21 Stunden des Tages) hierher kommen, um Burger, Hähnchen, *lomo* (Filetsteak) und Chorizo-Sandwiches zu bestellen. Alles wird perfekt gegrillt oder gebraten. Hier steht Gästen das Fastfood-Paradies von Salta offen! Nur Barzahlung.

Chirimoya VEGAN $$

(☏ 0387-431-2857; España 211; Hauptgerichte 130–170 Arg$; ⏱ Mo-Sa 10.30–15 & 20–1 Uhr; 🌐) Bunt und fröhlich geht es in diesem veganen Restaurant mit Weltklasse und künstlerischem Flair zu; es besitzt die ideenreichste und in ihrer Qualität beständigste Küche der gesamten Region. Hier werden Nudeln aus Zucchini kreiert, Cannelloni werden aus Maismehl gemacht und mit Blumenkohlröschen gefüllt, außerdem werden würzige Suppen und Quinoa-Bratlinge angeboten. Selbst schlichte Pilze werden zu kulinarischen Kunstwerken.

Die Biere und Weine sind völlig naturbelassen und werden gut gepflegt. Die Portionen sind großzügig bemessen, alles ist einfach köstlich. Es gibt Speisen zum Mitnehmen sowie einen Lieferservice.

La Céfira ITALIENISCH $$

(☏ 0387-421-4922; Córdoba 481; Hauptgerichte 135–250 Arg$; ⏱ Mo-Sa 19–24, So 12–15 Uhr; 🌐) Das süße, winzig kleine Restaurant, gut beleuchtet und mit originalen Kunstwerken ausgeschmückt, befindet sich ein paar Häuserzeilen im Süden des Stadtzentrums. Der Weg dorthin wird belohnt durch eine große Auswahl an hausgemachten Pastasorten, verbunden mit innovativen Zutaten, darunter Tintenfischtinte und Kürbis mit Curry, Kokosmilch und Mohn. Außerdem gibt es einige Fleisch- und Fischgerichte, z. B. Rindfleisch mit einer Füllung aus Feigen und sonnengetrockneten Tomaten.

Die Vielfalt der Pastasoßen ist verführerisch, die Auswahl der Weine ist erschwinglich und köstlich.

Bonnie Parker CAFÉ $$

(☏ 0387-422-2521; www.facebook.com/bonnieparkerhouse; Estero 310; Hauptgerichte 130–250 Arg$; ⏱ Mo-Sa 7–1 Uhr; 🌐) Ein elegantes Eckkaffeehaus mit kunsthandwerklich gefertigten Fliesenfußböden, freiliegenden Ziegelwänden und antiquarischen *vitrolas* (Plattenspielern) auf Holzregalen. Die Speisekarte bietet alles Vorstellbare von hausgemachten Pasteten, Säften und Smoothies bis hin zu sättigenden Salaten, Quinoa-Burgern, gegrilltem Lachs und Pizza. Die Küche ist durchgehend geöffnet und ermöglicht Gästen ein Abendessen zu früher Stunde.

Bartz TAPAS $$

(☏ 0387-486-3291; www.facebook.com/bartz restaurant; Leguizamón 465; Tapas 80–220 Arg$; ⏱ Mo-Sa 12–1 Uhr; 🌐) Eine vielfältige Tapas-Auswahl macht die Anziehungskraft dieses Café-Restaurants im Norden des Stadtzentrums aus. Die Speisekarte zeigt u. a. Einflüsse aus Spanien, Griechenland und Japan. In der Küche werden ansprechende und doch schlichte Zutaten, darunter köstlicher Lachs und Thunfisch, meisterhaft zusammengefügt. Die Gerichte werden in großzügigen Portionen gereicht – eine Platte für zwei ist auch für drei oder vier Gäste ausreichend.

Viracocha PERUANISCH $$

(☏ 0387-421-2916; www.restaurantviracocha.com.ar; Vicente López 353; Gerichte 90–240 Arg$; ⏱ Mo-Sa 19–1 Uhr; 🌐) Die noblen, hohen Räume dieses Salta-Hauses sind mit liebenswert ländlichen Kunstgegenständen der Anden geschmückt und ergeben einen netten Szenenwechsel. Neben anderen peruanischen Gerichten, die ansprechend präsentiert werden, gibt es ein schmackhaftes Ceviche. Es ist auch eine gute Adresse für eine kurze Pause bei Getränken.

Umai SUSHI $$

(☏ 0387-620-4820; www.facebook.com/umaisushi bistro; Alsina 710; Gerichte 150 Arg$; ⏱ Mo-Sa 19.30–24 Uhr) Ein Sushi-Restaurant mit einem stilvollen minimalistischen Speiseraum in der Nähe der Plaza Güemes. Hier entsteht eine Vielfalt von klassischen und kreativen Sushi-Rollen, darunter eine Auswahl warmer Sushi mit einer Kruste aus *panko*. Die Auswahl der Fischsorten ist nicht groß, sie besteht zumeist aus Lachs und Thunfisch, die Speisen selbst bekommen von den Gästen aber viel Lob.

El Charrúa ARGENTINISCH, PARRILLA $$

(www.parrillaelcharrua.com.ar; Caseros 221; Hauptgerichte 180–380 Arg$; ⏱ Mo-Fr 12–15.30 & 19–00.30 Uhr, Sa & So open end; 🌐) Hell und anheimelnd ist das beliebte Restaurant, in dem die Grenzen einer üblichen *parrilla* überschritten und auch regionale Speisen, Spezialitäten und recht gute Pastagerichte zubereitet werden. Service und Qualität sind verlässlich, die Preise sind dem Niveau angemessen.

PEÑAS

Salta ist in ganz Argentinien für seine *folklórica* (Volksmusik) berühmt, die weit umfassender in der Entfaltung des Nationalen ist als der Tango. Eine *peña* ist eine Bar oder ein Club, wo Gäste essen, trinken und zum Spielen und Zuhören zusammenkommen, traditionell in Form eines improvisierten Zusammenspiels.

Heute ist eine *peña* in Salta ein eher touristisch orientiertes Ereignis, zu dem eine Show mit Abendessen, CD-Verkauf und Tourengruppen gehören; bei alledem kann es ein unterhaltsames Erlebnis sein. Traditionelle Gerichte wie Empanadas werden zu Rotwein serviert, meistens umfassen die Speisekarten aber eine größere Auswahl an regionalen Gerichten.

Besonders zahlreich sind *peñas* an der Calle Balcarce zwischen Alsina und dem Bahnhof zu finden. Außerdem gibt es dort Restaurants, Bars und *boliches* (Nachtclubs) – es ist das Kerngebiet des Nachtlebens von Salta.

La Casona del Molino (0387-434-2835; www.facebook.com/lacasonadelmolino; Burela 1; wechselnder Gedeckpreis Di–So 21–4 Uhr) Das einstige Herrenhaus, etwa 20 Häuserblocks westlich der Plaza 9 de Julio gelegen, ist eine berühmte Institution von Salta. In mehreren weitläufigen Sälen treten Musiker auf, die sich nicht auf einer Bühne präsentieren, sondern sich zwischen den Tischen bewegen und spontane Improvisationen und Tänze aufführen. Das Essen ist von hoher Qualität (Hauptgerichte kosten 70–180 Arg$). Wer einen Tisch bekommen will, sollte unbedingt frühzeitig herkommen. An den Abenden am Wochenende wird ein Gedeckpreis verlangt.

La Vieja Estación (0387-421-7727; Balcarce 885; Gedeckpreis 150 Arg$; 19–3 Uhr;) Die am längsten etablierte der *peñas* von Balcarce ist ein professionelles Unternehmen mit einem stimmungsvollen Speiseraum, in dem Rattanlaternen flackern und eindrucksvolle Fotografien an den Wänden zu sehen sind. Auf der Speisekarte gibt es eine glutenfreie und vegetarische Auswahl sowie Gerichte für Kinder. Die Küche der Anden wird durch fremde Einflüsse bereichert (Hauptgerichte ab 100 bis 190 Arg$). Die Musik beginnt um 22 Uhr.

Nora Julia (Balcarce 887; Gedeckpreis 60 Arg$) In einem Raum aus Ziegel- und Adobe-Lehmwänden ist hier die Musik der *peñas* zu hören. Alle Sänger kleiden sich in traditionelle Trachten, außerdem treten Tänzer auf. Zusätzlich zur Gedeckgebühr müssen die Gäste Getränke oder ein Abendessen bestellen.

Ma Cuisine FUSION $$
(0387-421-4378; www.facebook.com/MaCuisine Resto; España 83; Hauptgerichte 90–220 Arg$; Mo–Sa 20–24 Uhr;) In der angenehm frischen Atmosphäre dieses sympathischen Restaurants wird eine Vielfalt wechselnder Gerichte präsentiert – Pasta, Fisch und Fleisch. Alles wird gut zubereitet und mit asiatischen Nudeln oder pfannengerührtem Gemüse serviert. Die Auswahl wird mit Kreide auf einer Tafel verzeichnet. Die Inhaber, ein freundliches junges Paar, haben eine Zeitlang in Frankreich gelebt – ein gewisser gallischer Einfluss ist deutlich zu erkennen.

🍷 Ausgehen & Nachtleben

In den charaktervollen Peñas (s. oben) spielt sich das nächtliche Leben von Salta ab. Die beiden Straßenzüge von Balcarce im Norden von Alsina und die umliegenden Straßen bilden die Hauptszene der *Peñas* und anderer Gaststätten. Bars und Clubs dieser Gegend folgen den typischen Zyklen von Eröffnung, Schließung und Neueröffnung unter anderem Namen, sodass nichts anderes übrig bleibt, als dem ersten Eindruck zu folgen.

⭐ Café del Tiempo BAR
(www.facebook.com/CafeDelTiempo; Balcarce 901; Mo–Sa 18–3, So 8–2 Uhr;) Das Lokal ist herausgeputzt wie ein Café in Buenos Aires und glaubt, dafür entsprechende Preise zu verlangen. Allerdings ist die elegante Terrasse im Herzen des Balcarce-Viertels ein wirklich toller Platz für einen Drink und einen hervorragenden Mojito. Jeden Abend gibt es irgendeine Show oder Livemusik. Auf der Speisekarte stehen beispielsweise Lamagerichte und internationale Spezialitäten wie Chop Suey.

Wine & Bike
WEINBAR

(☏ 0387-610-1590; www.facebook.com/winebike salta; Cerro San Bernardo; ⊙ 11–18 Uhr) Ein Weinverkauf mit Bar wird von einem herausgeputzten Transportfahrrad heraus betrieben, das am Cerro San Bernardo (S. 245) abgestellt ist. Faire Preise und ein gut betreutes Sortiment – dazu gibt es Kostproben für die Kunden, die ihre Weine nach Wunsch mitnehmen und sich ein paar Gläser geben lassen können, um ein ruhiges Plätzchen mit schöner Aussicht zur genussvollen Verkostung zu suchen.

Ruta Norte
KARAOKE

(☏ 0387-471-7001; Estero 690; ⊙ Di-Sa 20–4, So bis 24 Uhr) Eine stimmungsvolle Karaoke-Bar mit angestaubten Fliesenböden, rohen Ziegelwänden und einem winzigen Podium in der Nähe der Ziegelsteinbar, wo die Gäste alle Hemmungen ablegen und ihrer Stimmgewalt beim Improvisieren der Lieblingstitel freien Lauf lassen können. Dunkel und kitschig-schäbig, in einem verborgenen Winkel gelegen und seltsam verlockend: perfekt für den großen Auftritt!

Peke's Bar
BAR

(☏ 0387-576-1304; www.facebook.com/PekesBar Salta; Estero 686; ⊙ Mo-Mi 19.30–1.30, Do-Sa bis 2.30, So bis 24 Uhr) Eine Lieblingsbar heimischer Gäste mit zwei Etagen, Cocktails zu guten Preisen und preiswertem Essen. Es ist ein angenehmer Ort für einen ruhigen Drink zur Einstimmung oder zum Ausklang der Nacht.

Macondo
BAR

(www.facebook.com/macondo.barensalta; Balcarce 980; ⊙ Mi-So 20 Uhr – open end; ☏) Bei dem Übermaß an *Folklórica*-Musik auf den Straßen kann der vorherrschende Indie-Mix dieser angesagten Bar eine Erleichterung bedeuten. Populär bei Einheimischen wie auch bei Touristen, ist das Lokal bis spät in die Nacht von Gästen belebt und besitzt eine nette Straßenterrasse. An den meisten Abenden wird Livemusik gespielt.

Shoppen

Ein Kunsthandwerkermarkt wird jeden Sonntag entlang der Balcarce eröffnet, er dehnt sich ein paar Häuserzeilen südlich des Bahnhofs aus. Die Avenida Alberdi ist eine Fußgängerzone im Zentrum der Stadt, beliebt bei einheimischen Familien, die gern an Wochenendabenden zum Einkaufsbummel und Essengehen herkommen.

Mercado Artesanal
KUNSTHANDWERK

(Av San Martín 2555; ⊙ 9–21 Uhr) 🖉 Nette Mitbringsel findet man auf diesem von der Provinz geförderten Markt, der in einem jahrhundertealten Fabrikbau, der einst größten Mehlfabrik von Salta, eingerichtet ist. Im Innern befindet sich eine Anzahl eigenständiger Verkaufsstände, die kunsthandwerkliche Waren anbieten: Hängematten, geflochtene Taschen, Keramiken, Korb- und Lederwaren, Schmuck und die charakteristischen Ponchos der Region. Vom Stadtzentrum führt die Buslinie 5A hierher.

An der gegenüberliegenden Straßenseite spielt sich ein eher reizloses Markttreiben, die Féria Artesana, zu denselben Öffnungszeiten ab. Besucher sollten sich besser nicht von Taxifahrern (die es auf Provisionen abgesehen haben) hierher locken lassen.

CUM
KLEIDUNG

(Comunidades Unidas de Molinos; España 268; ⊙ 9–13 & 17–21 Uhr) Eine liebenswürdige Boutique, in der mit Wollprodukten in Spitzenqualität gehandelt wird: Pullover, Umschlagtücher, Decken, Wurfkissen, Handschuhe, Hüte und Garne. Alle Materialien stammen direkt aus gemeindeeigenen Spinnereien und von Händlern der Region.

Espacio Urbano
MODE & ACCESSOIRES

(www.facebook.com/espaciourbano.salta; Leguizamón 445; ⊙ 10–13.30 & 17–21 Uhr) Espacio Urbano ist eine hinreißende Boutique, in der schöne Modestile internationaler Marken präsentiert werden. Dazu gehören Bademode von Bensimon ebenso wie Chinohosen aus Bolivien und vieles andere. Eifrige Verkäuferinnen helfen bei der Auswahl – eine Fundgrube für alle, die Spaß an aktuellen Trends haben.

ⓘ Praktische Informationen

Calle España, an der Ecke der Plaza 9 de Julio, ist nach aktuellem Stand noch immer der Bezirk der Geldwechsler. Der Umtausch von 100-US$-Noten ist günstiger als der von 20-US$-Noten.

Bolivianisches Konsulat (☏ 0387-421-1040; www.embajadadebolivia.com.ar; Boedo 34; ⊙ Mo-Fr 8–13 Uhr) Wer plant, die Grenze nach Bolivien zu überqueren, wendet sich zunächst an dieses Konsulat, um ein Visum zu beantragen.

Chilenisches Konsulat (☏ 0387-431-1857; http://chileabroad.gov.cl; Estero 965; ⊙ Mo-Fr 9–13 Uhr) Dieses Konsulat stellt ebenfalls Visa aus.

Hospital San Bernardo (☏ 0800-444-4111; www.hospitalsanbernardo.gob.ar; Tobías 69)

Nationalparkverwaltung (APN; ☎ 0387-431-2683; www.parquesnacionales.gov.ar; España 366; ◷ Mo–Fr 8–14 Uhr) Im dritten Stock des Aduana-Gebäudes; bietet Informationen und Beratung zu den Nationalparks der Region.

Örtliche Touristeninformation (Caseros 711; ◷ Mo–Fr 8–21, Sa & So 9–21 Uhr) Hält Kartenmaterial bereit. Betreibt Informationsstände am Busbahnhof und Flughafen, die je nach Personalbesetzung von 9–21 Uhr geöffnet sind.

Post (www.correoargentino.com.ar; Deán Funes 160; ◷ Mo–Fr 8.30–19.30 Uhr)

Touristeninformation der Provinz (☎ 0387-431-0950; www.turismosalta.gov.ar; Buenos Aires 93; ◷ Mo–Fr 8–21, Sa & So 9–20 Uhr) Die Touristeninformation verdient die Bestnote – freundlich, effizient und mehrsprachig. Informiert über den Straßenzustand in der Provinz.

❶ An- & Weiterreise

AUTO

Es gibt zahlreiche Autovermietungen: am besten ist es, mehrere Angebote zu vergleichen. Die üblichen Preise liegen zwischen 800 und 1000 Arg$ pro Tag, die Preise verdreifachen sich für einen Geländewagen.

Sonderangebote gibt es häufig bei frühzeitiger Buchung im Internet. Die meisten Firmen bieten Ermäßigungen bei Barzahlung an.

Die Autovermietungen, darunter auch internationale Namen, werden oft nachlässig betrieben. Mechanische Probleme (bis hin zum kompletten Liegenbleiben auf freier Strecke!) sind üblich und die Kunden können nicht mit professioneller Pannenhilfe rechnen. Oft ist es besser, wenn möglich, kleinere Probleme selbst zu beheben. Beschwerden kommen häufig vor.

Eine Liste von Anbietern ist unter der Adresse http://turismo.salta.gov.ar aufgeführt. Empfehlenswert ist die Firma **Alto Valle** (☎ 0387-431-0796; www.altovallerentacar.com.ar; Zuviria 524; ◷ 9–18 Uhr) – preisgünstig und professionell.

Die Touristeninformation der Provinz (s. links) gibt Auskunft über den aktuellen Straßenzustand. Reifenpannen sind häufig – vor der Abfahrt aus Salta besser nochmals den Werkzeugkasten kontrollieren.

Leihwagen dürfen nicht nach Bolivien eingeführt werden, es ist aber möglich, nach Chile zu fahren; dazu ist eine geringe Extragebühr zu zahlen und die Fahrt einige Tage im Voraus anzumelden.

BUS

Am **Busbahnhof** von Salta (☎ 0387-431-5022; Av Hipólito Yrigoyen; ◷ Information 6–22 Uhr) gibt es Geldautomaten, eine Touristeninformation und Gepäckaufbewahrung.

Drei Unternehmen betreiben Busse nach San Pedro de Atacama, Chile (700 Arg$, 9–10 Std.), mit tgl. Abfahrt um 7 Uhr über Jujuy und Purmamarca. Die Busse fahren weiter nach Calama (850 Arg$), Antofagasta (900 Arg$), Iquique (1050 Arg$) und Arica (1150 Arg$).

ABSEITS DER ÜBLICHEN PFADE

PARQUE NACIONAL EL REY

Im Osten von Salta erstreckt sich der **Nationalpark** (☎ in Salta 0387-431-2683; www.parquesnacionales.gob.ar/areas-protegidas/region-noroeste/pn-el-rey) GRATIS am südlichen Ende des subtropischen Biosphärenreservats der Yungas und schützt ein Habitat von wunderbar reicher biologischer Diversität. Es ist eine wunderschöne, vielfältige Landschaft aus Weide- und Buschland bis hin zu subtropischem Nebelwald. Verschiedene, gut markierte Wanderwege, die teilweise mit dem Auto zu erreichen sind, öffnen den Blick auf eine reiche Vogelwelt und eine Fülle von Säugetieren, z. B. Nabelschweine und Spießhirsche, die sich häufig zeigen.

In der Laguna Los Patitos, 2 km vom Hauptquartier des Parks entfernt, können Wasservögel beobachtet werden. Längere Wanderwege führen zum moosbedeckten Pozo Verde, ein Aufstieg von drei bis vier Stunden führt Wanderer in ein Gebiet mit einer Fülle von Vogelarten. Ähnliche Wege für Tageswanderungen sind mit dem mehrmaligen Durchqueren von Flussläufen verbunden. Der kürzere, 2 km lange Sendero La Chuña beginnt beim Campingplatz und stellt eine gute Einführung in dieses Ökosystem dar.

Es gibt einen kostenlosen Campingplatz am Hauptquartier des Parks mit einer weiten Rasenfläche zum Zelten; zur Ausstattung gehören Toiletten, Trinkwasser, Duschen mit kaltem Wasser und elektrischer Strom am Abend, jedoch kein Laden. Im Büro der Nationalparkverwaltung in Salta sind aktuelle Informationen erhältlich. In der Nähe findet man Übernachtungsmöglichkeiten in einer etwas eigenartigen ökologischen Dorfgemeinschaft – von der Abzweigung sind es noch 4 km auf der Parkstraße.

Ale Hermanos betreibt 2- bis 3-mal tgl. Busverbindungen nach San Antonio de los Cobres (208 Arg$, 5½ Std.) und Cachi (210 Arg$, 4½ Std.).

Reisende mit dem Ziel Puerto Iguazú müssen in Resistencia und mit dem Ziel Bariloche in Mendoza umsteigen. Die Betriebe verkaufen durchgehende Fahrkarten.

FLUGZEUG

Der **Flughafen Martín Miguel de Güemes** von Salta (SLA; ☏ 0387-424-3115; RN 51, Km 5) liegt knapp 10 km südwestlich der Stadt.

Aerolíneas Argentinas (☏ 0810-222-8652; www.aerolineas.com; Caseros 475; ⊗ Mo-Fr 8–12.45 & 16–18.45, Sa 9–12.45 Uhr) Mehrmals tgl. Flüge nach Buenos Aires; fliegt auch Córdoba und Mendoza an.

Andes (☏ 0-810-7772-6337; www.andesonline.com; Caseros 459; ⊗ Mo-Fr 8–13 & 16.30–19, Sa 9.30–13 Uhr) Zwei bis drei Flüge pro Woche nach Buenos Aires mit Flugverbindung nach Puerto Madryn.

BoA (☏ 0387-471-1558; www.boa.bo; Mitre 37, Shop 24; ⊗ 9–13 & 15–18 Uhr) In einer Passage abseits der Plaza 9 de Julio. Einmal wöchentlich Flüge nach Santa Cruz (Bolivien).

LATAM (☏ 0-810-999-9526; www.latam.com; Caseros 476; ⊗ Mo-Fr 9–13 & 17–20 Uhr) Flüge nach Buenos Aires und Lima (Peru).

❶ Unterwegs vor Ort

Die örtliche Buslinie 8A von San Martín über Córdoba führt zum Flughafen, eine Taxifahrt aus der Innenstadt zum Flughafen kostet 180–220 Arg$.

Eine wiederaufladbare Buskarte (*tarjeta magnética*) ist bei einigen Kiosken erhältlich. Pro Fahrt liegt der Preis bei 8 Arg$.

Busse ab Salta

REISEZIEL	FAHRPREIS (ARG$)	FAHRZEIT (STD.)
Buenos Aires	2259–2616	18–22
Cafayate	215	4
Córdoba	1197–1995	11–14
Jujuy	175	2
La Quiaca	360	7½
La Rioja	1275–1332	10
Mendoza	2445–2550	18–20
Resistencia	1205–1381	10–12
Salvador Mazza	725	6½
Santiago del Estero	624	7
Tucumán	372–500	4¼

Mehrere städtische Busse verbinden die Innenstadt mit dem Busbahnhof; auch zu Fuß ist der Weg nicht weit.

Vom Parque San Martín bringt die Teleférico-Seilbahn (S. 245) Fahrgäste in weniger als 10 Min. zum Gipfel des Cerro San Bernardo.

Valles Calchaquíes

Die Valles Calchaquíes gehören mit ihren imposanten, zerklüfteten Landschaften, dem traditionellen Kunsthandwerk, den pittoresken Lehmdörfern und einigen der besten Winzer des Landes zu Argentiniens verführerischsten ländlichen Gegenden. Das kleine, aber mondäne Cafayate mit seinen Weinkellereien und der asphaltierten Straße bildet einen reizvollen Kontrast zu den etwas entlegeneren Ortschaften wie Angastaco oder Molinos. Das beschauliche, hinreißende und immer beliebter werdende Cachi ist von Salta aus über eine spektakuläre Straße zu erreichen, die den Parque Nacional Los Cardones durchquert. Die in diesen Orten übliche Bauweise verdient besondere Aufmerksamkeit: Selbst die bescheidensten Lehmhäuser hier schmücken sich mit neoklassizistischen Säulen oder neo-maurischen Bögen.

Die in der Region lebenden Diaguita (Calchaquí) gehörten zu denjenigen Stämmen, die sich am stärksten gegen die spanische Herrschaft auflehnten.

❶ An- & Weiterreise

Die RN 40, eine zum größten Teil raue und unbefestigte Straße die auf einer Strecke von 157 km von Cafayate nach Cachi führt, ist von den meisten Fahrzeugen trotzdem passierbar. Busse aus Salta steuern beide Endpunkte (Cachi und Cafayate) der Strecke an. Zum Zeitpunkt der Recherchen war der Busverkehr aus Angastaco in nördlicher Richtung nach Cachi auf der RN 40 eingestellt. Diese Rundfahrt sollte daher am besten im eigenen Auto unternommen werden.

Chicoana

☏ 0387 / 4200 EW.

Nahe der Kreuzung der Straßen nach Cafayate und Cachi, 41 km südlich von Salta, verbirgt sich das sympathische Landstädtchen Chicoana, mit einer Plaza, die von schattenspendenden Bäumen umstanden ist, und Pferdeweiden, hinter denen sich reizvolle grüne Berge erheben. Ein einladender Ort für eine Pause zum Mittagessen, eine Übernachtung (als sentimentaler Schlusspunkt

> **NICHT VERSÄUMEN**
>
> ### PARQUE NACIONAL LOS CARDONES
>
> Am Rand der kurvenreichen RP 33 von Salta nach Cachi, die durch die Cuesta del Obispo verläuft, liegt der **Parque Nacional Los Cardones** (www.parquesnacionales.gob.ar; RP 33), dessen Name sich vom Cardón (einem Kandelaberkaktus) ableitet; es ist die auffälligste Pflanzenart des Nationalparks. In den baumlosen Ausläufern der Anden und der Puna war das Holz des Cardón lange Zeit ein wichtiges Baumaterial für Dachsparren, Türen, Fenster und anderes. Es ist häufig an den traditionellen Gebäuden in der Region zu sehen.
>
> Von bildhafter Schönheit ist das Valle Encantado, das über einen 4 km langen, befahrbaren Weg (bei Km 61) zugänglich ist. Einige weitere miradores (Aussichtspunkte) sind entlang der Fahrbahn durch Schilder ausgewiesen, ebenso ein paar kurze Wanderwege mit Lehrpfaden entlang der Recta de Tin-Tin, die den Nationalpark durchquert. Das moderne **Nationalparkbüro** (☎ 03868-15-452879; loscardones@apn.gov.ar; Payogasta; ⊙ Mo-Fr 8–15 Uhr) befindet sich in Payogasta, 11 km nördlich von Cachi.
>
> In diesem prachtvollen Hochwüstengebiet, wo samtige Berge von gerundeten Gipfeln gekrönt sind, gedeihen hochwachsende Kakteenhaine in einer Höhenlage von mehr als 3000 m. Besucher sollten an ausreichend Wasser und Sonnenschutz denken. Busse, die zwischen Salta und Cachi unterwegs sind, halten am Nationalpark (über Abfahrtszeiten sollte man sich vorab informieren). Viel besser ist das Gebiet aber mit einem eigenen Auto zu erkunden.

einer Reise, wenn am nächsten Morgen die Abreise von Salta bevorsteht) oder als Ausgangsort für einen Reitausflug.

🏃 Aktivitäten

Sayta REITEN
(☎ 0387-15-683-6565; www.saltacabalgatas.com.ar; Chicoana) Die *estancia*, nahe bei Chicoana gelegen, bietet exzellente Tagesausflüge zu Pferd an, auf denen die Gaucho-Kultur und nach Wunsch ein *asado* (Barbecue) mit allen Sinnen zu erleben sind. Ein halbtägiger Ausflug mit/ohne Mittagessen kostet 85/60 US$, ein voller Tagesausflug 120–140 US$ (mit Übernachtungsunterkunft 150 US$). Der Preis für eine Pakettour von zwei Tagen/einer Übernachtung liegt bei 250 US$. In den Preisen sind Fahrten von Salta inbegriffen.

🛏 Schlafen & Essen

★ Bo Hotel & Spa BOUTIQUEHOTEL $$
(☎ 0387-490-7068; www.facebook.com/bo.chicoana; 25 de Mayo 25; DZ ab 75 US$; P✳@🛜🏊) Das smarte Hotel auf einem grasreichen Gelände bietet acht geräumige Zimmer, die in einem fröhlichen Stil mit modernen Stoffen und Farben eingerichtet sind. Gäste kommen in den Genuss zahlreicher Annehmlichkeiten, darunter kostenlose Fahrräder, ein Spa, ein hoteleigenes Restaurant mit guter Küche, ein hilfsbereiter Service.

Finca Las Margaritas ESTANCIA $$$
(☎ 0387-15-592-9194; www.fincaslasmargaritas.com.ar; RP 49, Paraje Bella Vista; DZ/FZ 163/185 US$; P🛜🏊) Die herrliche *estancia* liegt 8 km von Chicoana entfernt (Schilder weisen an der RN 33 darauf hin) und ist einfach perfekt: elegante Zimmer, deren Gestaltung sich auf verschiedene Feldfrüchte des Bauernhofs bezieht, weite Verandas, die charakteristische Atmosphäre des ländlichen Argentiniens und außerdem gutes Essen. darüber hinaus gibt es einen Pool, und Ausflüge in die Umgebung können arrangiert werden. Und nicht zu vergessen: die sanften, jadegrünen Hügel des Berglandes am Horizont.

Bocha ARGENTINISCH $
(Güemes 90; Gerichte 70 Arg$; ⊙ 12–16. 30 Uhr) Dieser schlichte Familienbetrieb, ein *comedor* (einfache Cafeteria), ist das Lieblingsrestaurant des Ortes. Große, runde Tische ruhen schwer auf einem Betonfußboden. Es gibt eine Auswahl von drei oder vier Tagesgerichten, die ausnahmslos köstlich schmecken. Eine Suppe wird nach den Hauptgerichten angeboten. Nur Mittagessen und ausschließlich Barzahlung.

ℹ Praktische Informationen

Touristeninformation (www.chicoanasalta.org; Ecke Córdoba & El Carmen; ⊙ 8–20 Uhr) An einer Ecke des Platzes; sehr hilfreich.

❶ An- & Weiterreise

Chicoana ist durch örtliche Busse mit Salta verbunden (städteverbindende Route 5, 20 Arg$, 60 Min.), die in östlicher Richtung durch Belgrano und in westlicher Richtung durch San Martín fahren. Fahrgäste benötigen eine Salta-Buskarte.

Cachi

📞 03868 / 2600 EW. / 2280 M

Eine zauberhafte Stadt aus Adobe-Lehmhäusern vor der Kulisse schneebedeckter Andengipfel, von hoch gelegenen Weinhängen begrenzt, die Erzeugnisse von Weltklasse hervorbringen – Cachi lässt keinen Besucher unberührt. Es ist die größte Ortschaft im weiten Umkreis – von Einheimischen wird sie schlicht „die Stadt" genannt. Sie wirkt aber vielmehr wie ein ländliches *pueblo*, jedoch eines von besonderer Schönheit, mit frischer Hochlandluft, sonnigen Tagen und kalten Nächten. Die Steingassen, der Adobe-Baustil, eine stille Plaza und nahe liegende Möglichkeiten, die umgebende Natur zu erkunden – alles trägt dazu bei, Besucher etliche Tage länger an diesen Ort festzuhalten, als es im sorgfältig geplanten Reiseprogramm eigentlich vorgesehen war. Jeder muss dem Zauber, der von Cachi ausgeht, selbst auf den Grund gehen. Es lohnt sich.

◉ Sehenswertes & Aktivitäten

Ein kurzer Spaziergang von der Plaza in Cachi führt zu einem **Aussichtspunkt** und einem malerischen **Hügelfriedhof**; nahebei befindet sich überraschenderweise ein Flugzeuglandeplatz.

Eine Handvoll unscheinbarer **archäologischer Stätten** liegt im Tal verstreut und bietet sich mit schönen Ausblicken als Ziel von Wanderungen oder Rundfahrten an. Im Ort gibt es ein Weingut und weitere in einer leicht mit dem Auto erreichbaren Entfernung.

Viele Anwohner schwingen sich zu **Reitausflügen** in den Sattel und nehmen Gäste mit; es lohnt sich, auf Hinweisschilder zu achten oder bei der Touristeninformation danach zu fragen.

Iglesia San José   KIRCHE
(Plaza 9 de Julio s/n; ⌚ 9–21 Uhr) Diese liebenswürdige Kirche im Adobe-Stil (1796) besitzt graziöse Bögen und eine Tonnengewölbedecke aus Cardón-Holz. Der Beichtstuhl und andere Elemente entstanden ebenfalls aus dem Holz des Cardón, das Weihwasser wird in einer großen *tinaja* (einem Tonkrug) aufbewahrt.

Museo Arqueológico   MUSEUM
(📞 03868-491080; Calchaquí s/n; 60 Arg$; ⌚ Di–So 9–18 Uhr) Die Sammlung dieses Museums an der Plaza ist gut präsentiert und professionell angeordnet, sie bewahrt Zeugnisse der kulturellen Entwicklung der Gegend. Die vertiefenden Informationen (auf Spanisch) beruhen auf der Anwendung archäologischer Methoden. Unbedingt sehenswert ist die Mauer am zweiten Patio, die aus Steinen mit Felsbildern zusammengesetzt ist.

Talwanderung   WANDERN
Etwa 6 km von Cachi entfernt liegt Cachi Adentro, ein winziges Dorf, wo sich sprichwörtlich „Hase und Fuchs gute Nacht sagen". Besucher können auf dem Dorfplatz auf einer Wippe schaukeln oder sich eine Soda aus dem Lebensmittelladen mitnehmen. Im Sommer, wenn Bäche und Wasserfälle viel Wasser führen, bietet es sich als Ziel eines reizvollen Spaziergangs von Cachi aus an.

Zurück geht es auf einem längeren Weg (hin & zurück 20 km): nach der Kirche rechts halten und dann links in die ausgeschilderte Straße nach Las Trancas abbiegen. Die Straße schlängelt sich durchs Tal und überquert schließlich den Fluss. Nach 400 m biegt man links ab (rechts geht es zum rund 2 km entfernten hübschen Algarrobal-Campingplatz). Über das Dörfchen La Aguada gelangt man zurück nach Cachi. Dieser letzte Abschnitt ist vor allem am späten Nachmittag besonders reizvoll.

⊙ Geführte Touren

★ Urkupiña   OUTDOOR
(📞 03868-491317; www.urkupinatur.wix.com/cachi; Zorrilla 237) Der exzellente Veranstalter bietet Ausflüge zu nahe gelegenen archäologischen Stätten sowie längere Fahrten in beide Richtungen der RN 40, die nach Cafayate oder San Antonio führen. Am bekanntesten ist der Veranstalter für schöne Wanderungen in die Berge von Nevado de Cachi oder zu den Höhlenformationen von Acsibi aus rotem Sandstein. Per Telefon und E-Mail sind Informationen und Preise zu bekommen.

🛏 Schlafen

Casa Blanca   GASTHOF $
(📞 03868-840417; www.facebook.com/casajaguarcachi; Güemes s/n; DZ ab 65 US$, Apt. 118 US$; 🛜 ❄) Nahe der Plaza von Cachi findet man

diesen anspruchsvollen Gasthof, der aus einem Wohngebäude entstand. Die Zimmer sind einfach und dennoch schön, mit glänzenden Holzmöbeln, hohen Decken und Deckenleisten. In einem separaten Apartment finden vier Gäste Platz, es ist eine gute Wahl für Familien. Es gibt einen Pool und einen entzückenden Garten mit einer Fülle von Lavendel.

Viracocha — HOSTEL $

(✆ 03868-15-491713; Ruiz de los Llanos s/n; B 18 US$, DZ mit/ohne Bad 54/43 US$; 🛜) Zentral gelegen und entspannt, besitzt das sympathische Hostel gute Schlafsäle mit robusten Etagenbetten, die viel Raum über dem Kopf gewähren. Einzelzimmer sind farbenprächtig und komfortabel, alle Betten sind mit anständigen Matratzen ausgestattet. Eine Küche ist jedoch nicht vorhanden, dafür aber ein Innenhof und Gelegenheiten zum Tee- und Kaffeekochen. In einem romantisch beleuchteten Restaurant, das zum Hostel gehört, werden schmackhafte regionale Spezialitäten und Gerichte der Andenküche serviert.

Camping Municipal — CAMPINGPLATZ, HOSTEL $

(✆ 03868-491902; oficinadeturismo.cachi@gmail.com; Standplätze für 2 Pers. plus Zelt 7 US$, mit Strom 10 US$, Hütten 40 US$; P 🏊) Auf einer Höhe südwestlich der Plaza liegt der Campingplatz mit grasbewachsenen, von Bäumen beschatteten Plätzen sowie von Hecken umgrenzten Standflächen mit Grillplätzen. Hier befinden sich auch das städtische Schwimmbad und einige Gästehütten.

★ El Cortijo — BOUTIQUEHOTEL $$

(✆ 03868-491034; www.elcortijohotel.com; Av ACA s/n; DZ Standard/Superior ab 89/100 US$; P ❄ 🛜) Das kleine Hotel, das einem plastischen Chirurgen aus Salta gehört, ist stilvoll und komfortabel. Die Zimmer sind mit viel Geschmack ausgestattet: Fußböden mit Keramikfliesen, Balkendecken, Nachtschränke und Waschbecken mit Marmoroberflächen. Einige Zimmer öffnen sich auf einen wunderbaren Innenhof, andere haben eine fantastische Aussicht auf die Sierra. In den Superior-Zimmern gibt es genügend Raum für behagliche Sitzbereiche.

Zum Hotel gehören ein recht gutes Restaurant und hilfsbereites Personal.

Hostería Villa Cardón — PENSION $$

(✆ 03868-491701; www.facebook.com/hosteriavillacardon; Aranda s/n; DZ Standard/Superior ab 67/77 US$; 🛜) Die freundlichen jungen Inhaber scheuen keine Mühe, um ihren Gästen einen angenehmen Aufenthalt in Cachi zu bereiten – dafür stehen allein die vier weißen, minimalistischen, komfortablen Zimmer mit künstlerischen Akzenten und Ausblicken auf einen Innenhof. Das Frühstück ist ungewöhnlich gut und so tadellos wie alles im Haus. Großartig ist auch das Teehaus im Freien. Einzelzimmerpreise gelten außerhalb der Saison.

Sala de Payogasta — BOUTIQUEHOTEL $$

(✆ 03868-496052; www.saladepayogasta.com; RN 40, Km 4509, Payogasta; DZ/Suite ab 55/73 US$; P 🛜) Die historische Ranch besitzt Zimmer von ländlicher Einfachheit, die sich auf einen traumhaft schönen Innenhof öffnen. Die Suiten sind mit Hydromassagebädern und hübschen Kaminen ausgestattet; die beste bietet einen schönen Blick auf Felder und Berge. Derselbe Ausblick bietet sich vom Frühstücks- und Speisezimmer. In einem nahe gelegenen Weingut wird das Mittagessen serviert. Das Anwesen liegt 10 km von Cachi entfernt an der Straße nach Salta, außerhalb von Payogasta.

Miraluna — CABAÑAS $$

(✆ 0387-432-0888; www.miraluna.com.ar; La Aguada; cabañas für 2 Pers. 106 US$, 4 Pers. 185–195 US$; P 🛜 🏊) 🍴 7 km von Cachi entfernt liegt das kleine Dorf La Aguada, dort findet man diese romantischen, rustikalen Hütten, die es in drei Größen gibt, in der friedlichen Umgebung eines bewirtschafteten Weinguts vor der Kulisse einer atemberaubend schönen Berglandschaft. Zum Frühstück gehört köstliches hausgebackenes Brot. Ein Mittag- oder Abendessen wird nicht angeboten. Jedoch gibt es in einem kleinen Laden einige Lebensmittel (Pasta, Soßen und Öle) zu kaufen.

Im Sommer können sich die Gäste sogar im Biogarten selbst mit Gemüse versorgen. Ein Besuch des Weinguts ist im Preis inbegriffen.

La Merced del Alto — HOTEL $$$

(✆ 03868-490030; www.lamerceddelalto.com; Fuerte Alto; DZ ab 149 US$; P @ 🛜 🏊) Das Hotel, ein in traditioneller Bauart weiß gekalkter Adobe-Bau mit Keramikfliesenböden, Marmorwaschbecken und Zimmerdecken aus Zuckerrohr, liegt durch einen Fluss getrennt 2,5 km von Cachi entfernt. Es ist in seinem Stil an historische Klöster angelehnt und vereint eine hervorragende Ausstattung mit zurückhaltend und (zu diesem Preis) fast schon kärglich eingerichteten Zimmern, die entweder einen Blick auf die umgebenden Weinhänge und die entfernteren Berge oder auf den innen liegenden Patio bieten.

Essen

Alle Restaurants in den Straßen nahe der Plaza bieten unaufwendig und traditionell gemachte Gerichte, einige davon ragen besonders hervor.

★ Ashpamanta VEGETARISCH $

(☎ 03868-578-2244; Bustamante s/n; Gerichte 130–210 Arg$; ⏱ 12–15 & 19–22 Uhr; 🌿) Eine köstliche Küche wird in diesem vegetarischen Tempel mitten im Ortskern des reizvollen Cachi von Meisterhand zubereitet. Im Ashpamanta gibt es frische Pastagerichte und Pizzettas mit heimischem Ziegenkäse, frischen Tomaten und Pestosoßen, kunstvoll gemachte Salate, Gemüsecurrys und vieles mehr. Alles wird in einem behaglichen historischen Adobe-Haus unter Balkengewölbedecken bei Kerzenlicht serviert. Hier herrscht eine wundervolle Atmosphäre, die den Aromen der Speisen vollkommen entspricht.

El Molle de Maiz Pérez ARGENTINISCH $

(Suárez s/n; Hauptgerichte 90–150 Arg$; ⏱ 12–15 & 19–23 Uhr; 📶) Ein kleiner Ein-Mann-Betrieb in einem attraktiven Raum mit Tischen aus Cardón-Holz auf umgedrehten Baumstämmen: Kleine Pannen sind im Eifer des Gefechts unvermeidlich, doch das Essen – Brathähnchen, *locro* (würziger Eintopf mit Mais, Bohnen, Rind- und Schweinefleisch sowie Würstchen, Pizzas und *milanesas* (panierte Kalbskoteletts nach Mailänder Art) – schmeckt köstlich.

An den Abenden gibt es wechselnde Öffnungszeiten. An manchen Tagen kann es vorkommen, dass die Gäste auch vor verschlossenen Türen stehen.

Oliver PIZZA $

(☎ 03868-491903; Ruíz de los Llanos 160; Hauptgerichte 60–150 Arg$; ⏱ 7–24 Uhr; 📶) Das heimelige Restaurant mit Weinbar auf mehreren Ebenen liegt an der Plaza und ist eine zuverlässige Adresse für köstliche Pizza, Bruschetta, *picadas* (Vorspeisenplatten für mehrere Personen) und ein paar kreative Hauptgerichte mit viel Fleisch. Die Einrichtung mit Tischen aus antikem Holz strahlt eine unbeschwerte Stimmung aus und ist eine schöne Umgebung für einen Drink in der Abenddämmerung – oder in mittäglicher Sonne.

ℹ Praktische Informationen

Touristeninformation (☎ 03868-491902; oficinadeturismo.cachi@gmail.com; Güemes s/n; ⏱ 9–21 Uhr) An der Plaza.

ℹ An- & Weiterreise

Busse sind 2- bis 3-mal tgl. zwischen Salta (290 Arg$, 4 Std.) und Cachi unterwegs: Es sind eindrucksvolle Fahrten!

Von Cachi bestehen tgl. Busverbindungen nach Seclantás (64 Arg$), die 4-mal wöchentlich nach Molinos (70 Arg$) weiterführen. Direkte Busverbindungen ins nahe gelegene Angastaco und weiter nach Cafayate bestehen nicht mehr – Reisende müssen einen Umweg über Salta nehmen, um zu den jeweiligen Orten weiterzufahren. Eine Fahrt von Cachi ist eine weitere Möglichkeit.

Busse fahren in nördlicher Richtung bis La Poma, der Endhaltestelle der Linie. Außerhalb davon ist die Straße nach San Antonio de los Cobres mit einem beschwerlichen Aufstieg verbunden und führt kreuz und quer über einen Fluss und abgelegene Ziegenfarmen zu einem 4895 m hohen Pass. Dieser ist nur zu bestimmten Jahreszeiten (normalerweise September bis Dezember) mit dem Auto passierbar; Empfehlungen gibt die **Polizei** (☎ 03868-490-9051). San Antonio ist sonst nur auf einem langen Umweg zu erreichen.

Seclantás

☎ 03868 / 600 EW. / 2100 M

Der bezaubernde und friedliche Ort Seclantás ist die spirituelle Heimat der Salta-Ponchos. Es gibt zahlreiche Weberwerkstätten im Ort und entlang der östlichen Abzweigung der Straße nach Cachi (die auch „Ruta de los Artesanos" genannt wird). Wer hier haltmacht, kann sich die Werkstätten und ihre Erzeugnisse näher ansehen. Die meisten Besucher kommen im eigenen Auto auf der Fahrt zwischen Cafayate oder Angastaco und Cachi nach Seclantás. Nur wenige von ihnen bleiben über Nacht in diesem Ort, wo in den Nächten die Straßen leer werden und das einzige Geräusch das Heulen des Windes ist.

🛏 Schlafen

El Capricho PENSION $

(☎ 03868-498069, 03868-498064; hosteria elcapricho@gmail.com; Cornejo s/n; DZ 53 US$; 📶) An einem stillen Innenhofgarten, an einer charmante Plaza im kleinen Seclantás gelegen, können Gäste des El Capricho als Ausgangspunkt für weitere Ausflüge in die Region nutzen. Die Zimmer sind angenehm. Mahlzeiten auf Wunsch erhältlich.

❶ An- & Weiterreise

Jeden Morgen fährt ein Bus von Cachi nach Seclantás; mit Weiterfahrten – an vier Tagen in der Woche – nach Molinos.

Molinos
📞 03868 / 1200 EW. / 2020 M

Molinos ist ein reizendes Provinznest mit bemerkenswerten Kolonialbauten und schönen Adobe-Häusern, umgeben von weidenartigen Mesquitebäumen, die auf luftigen Anhöhen nahe beieinanderstehen. Hier geht es noch gemächlicher zu als im nahen Cachi.

Trotzdem besteht kein Grund, über Nacht in Molinos zu bleiben – die überwiegende Zahl der Besucher kommt auf der Rundfahrt durch die Valles Calchaquíes durch den Ort und lässt ihn auch bald wieder hinter sich.

Molinos verdankt seinen Namen einer Getreidemühle am Río Calchaquí, die noch immer in Betrieb ist.

⊙ Sehenswertes

Centro de Interpretación Molinos   MUSEUM, WERKSTATT
(📞 0387-15-459-2666; casaindaleciogomez@yahoo.com.ar; Cornejo s/n; Spende 20 Arg$; ⊙ Mo–Sa 8–13 & 14–18, So 8–13 Uhr) 🖋 Das restaurierte historische Bauwerk birgt eine gute Ausstellung zur Kultur und Geschichte der Region (mit Erläuterungen in englischer und spanischer Sprache) sowie eine Touristeninformation. Es bietet Kunsthandwerkern – vor allem Webern – Arbeitsräume, in denen ihre Werke entstehen und verkauft werden können. Eines von mehreren vorbildlichen, nachhaltigen Projekten der Region.

Iglesia San Pedro Nolasco   KIRCHE
(⊙ 8–20 Uhr) Die Kirche des Ortes, erbaut im Stil von Cuzco, stammt aus dem 17. und 18. Jh. und besitzt Zwillingsglockentürme und eine Decke aus Kakteenholz. Bildteppiche stellen den Kreuzweg dar und sind Werke von heimischen Künstlern.

🛏 Schlafen

★ Hacienda de Molinos   BOUTIQUEHOTEL $$
(📞 03868-494094; www.haciendademolinos.com.ar; Cornejo s/n; DZ ab 140 US$; P@🛜🏊) Die kolonialzeitliche Hacienda im Adobe-Stil gegenüber der Kirche ist auch als Casa de Isasmendi bekannt, nach dem letzten Gouverneur der Kolonialzeit von Salta, der hier lebte und starb. Das Haus wurde schön restauriert und birgt attraktive Zimmer mit einladenden Betten, antiken Möbeln und Bambusdecken, die Räume öffnen sich auf schöne Patios. Das Hotel, am Rand des Ortes gelegen, bietet vollkommene Ruhe.

Zum Hotel gehört ein Restaurant mit annehmbarer Qualität, aber auch überhöhten Preisen (geöffnet von 12–15 und 19.30–22.30 Uhr).

❶ An- & Weiterreise

Nach Molinos fährt ein Bus von Salta (305 Arg$, 6 Std.) über Cachi (70 Arg$, 2 Std.): montags, mittwochs, freitags und sonntags. Es gibt keine direkten Busverbindungen mehr nach Angastaco.

Örtliche Betreiber bieten auf Anfrage Fahrten in einer *remise* (Sammeltaxi) nach Angastaco (ca. 700 Arg$) an und bringen Fahrgäste auch nach Colomé (450 Arg$ inkl. Wartezeit) und zu anderen Weingütern.

Angastaco
📞 03868 / 900 EW. / 1955 M

Ein besonderer Ort, den es zu entdecken gilt – das kleine Angastaco liegt versteckt zwischen Felswänden, die eine der dramatischsten Formationen der Talstrecke bilden. 40 km südlich von Molinos und 54 km nördlich von San Carlos gelegen, ist es eine Oase mit Weinbergen, Anis- und Kreuzkümmelfeldern und den Ruinen einer alten *pucará* (einer ummauerten Festungsstadt). Im Süden des Ortes bieten sich auf einer Fahrt auf der RN 40 Ausblicke auf ein spektakuläres Terrain, das inoffiziell als **Naturdenkmal Angastaco** bekannt ist. Mit landschaftlicher Schönheit ist das Gebiet reich gesegnet, die heimische Bevölkerung ist gastfreundlich und herzlich, es gibt ein paar Bodegas in Familienhand. Vielleicht wird die Tourismusindustrie bald auch diese Gegend als sprudelnde Dollarquelle entdecken – also am besten mit der Reise nicht zu lange warten!

In Angastaco gibt es einen Geldautomaten und eine Tankstelle, überall im Ort ist öffentlicher WLAN-Zugang möglich.

⊙ Sehenswertes

Bodega El Cese   WEINGUT
(📞 0387-15-032055; www.bodegaelcese.com.ar; RN 40, Km 4421; ⊙ unterschiedliche Öffnungszeiten) Das bildschöne Weingut mit Boutiqueweinhandlung liegt in malerischer Umgebung, 7 km nördlich der Abzweigung nach Angastaco. Die Weine sind unkompliziert, aber von gutem Geschmack, der bei kostenlosen Proben zu entdecken ist. Besucher

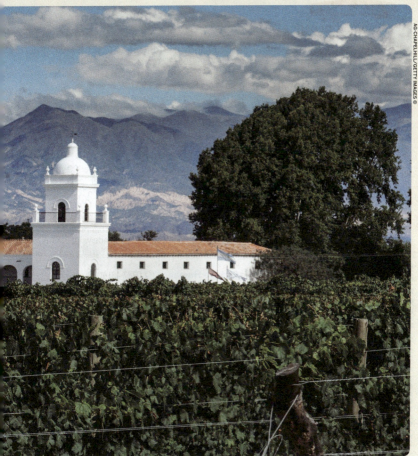

1. Weingärten
Die Region Cafayate ist berühmt für ihre *torrontés*, Trauben, die einen aromatischen Weißwein ergeben.

2. Parque Nacional Los Cardones (S. 259)
Der Park ist nach dem Cardón benannt, einem Kandelaberkaktus, der vorherrschenden Pflanzenart.

3. Parque Nacional Talampaya (S. 318)
In dieser Wüstenlandschaft finden sich spektakuläre Felsformationen und Canyons.

ABSTECHER

BODEGA COLOMÉ

Feine Weine werden in dieser ökologisch ausgerichteten **Bodega** (✆ 03868-494200; www.bodegacolome.com; Verkostung Standard/alte Weine 100/300 Arg$; ⊙ Di–So 10.30–18 Uhr) erzeugt, sie liegt – wie die Leute hier sagen würden, „wo der Teufel seinen Poncho verloren hat" – 18 km westlich von Molinos am Ende eines spektakulären Kieswegs. Die Weinberge sind von einer hinreißenden Naturkulisse aus Hügeln und Bergen umgeben, deren Farben sich stündlich zu verändern scheinen. In mehreren Bereichen wird ein visionäres Denken umgesetzt: Auf dem Anwesen gibt es eine eigene Stromversorgung, überdies hat es grundlegende Verbesserungen der Infrastruktur in der Gemeinde gegeben. Zur Bodega gehört außerdem ein eindrucksvolles Museum, in dem die Arbeiten des Künstlers James Turrell zu sehen sind.

Die Besichtigung der Bodega und der Eintritt in das Museum sind zu einer 90-minütigen Führung zusammengefasst; Interessierte müssen sich im Voraus per Telefon oder E-Mail anmelden. Führungen werden dienstags bis sonntags in der Zeit von 10 bis 16 Uhr angeboten. Besucher, die spontan vorbeikommen, werden in der Regel mit Kostproben oder einem Mittagessen bewirtet, dürfen aber keine Führung erwarten. In der Bodega werden köstliche Salate und Sandwiches (90–190 Arg$) und ein Fleischgericht (Di–So 12.30–14.30 Uhr) angeboten. Ein anspruchsvolles Hotel auf dem Gelände wurde zum Zeitpunkt der Recherchen renoviert. Möglicherweise ist es inzwischen bereits wieder für Gäste geöffnet.

Etwa 9 km hinter Colomé liegt die **Bodega Humanao** (✆ 0387-431-1058; www.humanao.com.ar; ⊙ Di–So 10–17 Uhr), die ebenfalls einen Besuch wert ist: Dort wird neben anderen Weinen ein wundervoll ausgewogener Verschnitt aus den Sorten Cabernet und Malbec erzeugt.

---

sollten sich vorab telefonisch ankündigen, da nicht immer jemand auf dem Gut anwesend ist.

🍽 Schlafen & Essen

Es gibt nur wenige Unterkünfte im Ort. Alle sind einfach, keine macht einen überwältigenden Eindruck. Das ist in einem noch unentdeckten Territorium auch nicht anders zu erwarten und erhöht seinen Reiz. Camper sollten sich südlich des Ortes in die Gegend des Angastaco-Naturdenkmals aufmachen, wo unzählige kostenlose „Zeltplätze" am Rand der Fernstraße zu finden sind.

Rincón Florido   NORDWESTARGENTINISCH $
(Castilla s/n; Gerichte 70–115 Arg$; ⊙ 11.30–15 Uhr) Ein eigenartiger und herzerwärmender Ort für ein Mittagessen, direkt hinter dem Gemeindehaus von Angastaco. Drei Tische stehen im schattigen von Weinreben umrankten Innenhof eines Wohnhauses; hier wacht auch ein sprechender Papagei, unzählige seltsame Gegenstände, von landwirtschaftlichen Geräten bis hin zu Gürteltierpanzern, liegen verstreut herum. Eine Speisekarte gibt es nicht. Das Essen ist einfach und gut: köstliche Empanadas, Gemüse aus dem Garten und dazu der hauseigene Rotwein.

ℹ An- & Weiterreise

Busse fahren in südlicher Richtung nach San Carlos und Cafayate – Montag- bis Samstagmorgen sowie Montag-, Freitag- und Sonntagnachmittag (81 Arg$, 2 Std.).

An vier Tagen der Woche treffen Busse aus Salta über Cafayate in Angastaco ein (295 Arg$, 8 Std.). Zur Zeit der Recherchen gab es keine Busverbindungen, die über die RN 40 nach Cachi fahren. Reisende sollten sich nach Sammeltaxis (*remises*) oder Minibussen umsehen, die nach Molinos fahren (ca. 600 Arg$), wo sie mit dem Bus nach Cachi weiterfahren können. Es ist auch möglich, per Anhalter weiterzukommen (S. 714), am ehesten an der Hauptstraße.

Nimmt man den landschaftlichen Reiz, der die Besucher im Umland von Angastaco erwartet, und die Unberechenbarkeit der öffentlichen Verkehrsmittel zusammen, lässt sich diese Gegend am besten mit einem eigenen Auto erkunden.

San Carlos

✆ 03868 / 2200 EW. / 1624 M

San Carlos ist ein großes Dorf im Norden von Cafayate und durch eine befestigte Straße mit der Stadt verbunden – eine angenehme Überraschung für Ankömmlinge aus dem Norden. Es ist nur ein vorübergehender Rastplatz und bietet wenig Interessantes.

🛏 Schlafen

La Casa de los Vientos PENSION $
(📞 03868-495075; www.casadelosvientos.com.ar; Alfareras s/n; DZ 56 US$; P@🛜) Ein süßes Haus (Schilder weisen an der Hauptstraße am Ortsausgang Richtung Cachi darauf hin), das in traditioneller Adobe-Bauart mit Terrakottafliesen und Zimmerdecken aus Zuckerrohr entstand. Es birgt außerdem ökologische Innovationen. Der weit gereiste Inhaber ist ein Keramiker, die Zimmer – alle sind unterschiedlich eingerichtet – haben eine ländliche Ausstrahlung.

ℹ An- & Weiterreise

San Carlos ist durch eine befestigte Straße mit dem 22 km entfernt im Norden gelegenen Cafayate verbunden. Mehrere Busse befahren tgl. diese Strecke nach Cafayate (23 Arg$, 45 Min.).

Cafayate

📞 03868 / 13 700 EW. / 1683 M

Cafayate, das zweitwichtigste Anbaugebiet hochwertiger Weine Argentiniens, ist ein beliebtes touristisches Ziel, das sich dennoch das Flair einer beschaulichen Kleinstadt bewahrt hat. Die Stadt liegt in einem schönen Landstrich – umgeben von grünen Weinbergen, hinter denen hohe Gebirge aufragen – in einer der eindrucksvollsten Gegenden im Nordwesten Argentiniens. Mit einer guten Auswahl hervorragender Unterkunftsmöglichkeiten in jeder Preisklasse sowie mehreren Weingütern – von eleganten Neugründungen bis hin zu trutzig wikenden Gutshäusern –, die in und außerhalb der Stadt ihre Tore für Besucher öffnen, lädt Cafayate zu einem längeren Aufenthalt ein.

Cafayate ist für seinen Torrontés berühmt, eine Rebsorte, aus der Weißweine mit reichhaltigen Aromen erzeugt werden, die nach traditioneller Lagerung in Eichenfässern ein wenig zu volumenreich werden können. Zum Glück aller Genießer gibt es progressive Weingüter in der Gegend, in denen dieser Vorgang des Ausbauens verkürzt wird und trockenere Torrontés-Weine erzeugt werden. In den hiesigen Bodegas werden außerdem feine Rotweine aus den Sorten Cabernet Sauvignon, Malbec und Tannat sowie auch einige trockene Roséweine hervorgebracht.

⊙ Sehenswertes

Museo de la Vid y El Vino MUSEUM
(www.museodelavidyelvino.gov.ar; Av General Güemes; Ausländer/Argentinier 40/20 Arg$; ⊙ 9–19 Uhr) Das eindrucksvolle Museum vermittelt eine gute Einführung in den Weinbau der Gegend. Besonders ansprechend ist die stimmungsvolle erste Abteilung, in der in Form von Gedichten und Bildern vom Weinbau und vom Lebenszyklus der Reben erzählt wird. Die zweite Abteilung ist der Weinerzeugung gewidmet. In einem Café können Besucher Weine probieren und kaufen. Erläuterungen in englischer Sprache sind überall beigefügt.

Museo Arqueológico MUSEUM
(Ecke Colón & Calchaquí; Spende erwünscht; ⊙ Mo-Fr 10.30–21, Sa 11–19.30 Uhr) Die Sammlung des privaten Museums ist das Vermächtnis eines enthusiastischen Archäologen, Rodolfo Bravo, und lohnt einen Besuch. Die ausgestellten Stücke stammen zum größten Teil aus Grabstätten in einem Umkreis von 30 km um Cafayate. Die exquisite Sammlung von Keramiken – von den schwarz-grauen Tonwaren der Candelaria- und Aguada-Kultur bis hin zur späten Diaguita- und Inka-Töpferei, wird in zwei Räumen gut präsentiert. Erläuterungen sind kaum vorhanden, die Stücke sprechen jedoch für sich selbst. Im Sommer ist das Museum mittags für eine Stunde geschlossen.

Bodega El Transito WEINGUT
(www.facebook.com/bodega.eltransito; Belgrano 102; Weinproben 20 Arg$; ⊙ 9.30–12.30 & 15.30–19 Uhr) Ein stilvoller Betrieb mit Stadtzentrum Cafayates. Alle sieben Weine des Guts können in einem Raum, der wie eine exklusive Loungebar wirkt, von Gästen verkostet werden.

Bodega Nanni WEINGUT
(📞 03868-421527; www.bodegananni.com; Chavarría 151; Führungen frei, Weinproben 50–80 Arg$; ⊙ Mo–Sa 9.30–13 & 15–18.30, So 11–13 & 15–18 Uhr) In einer halbstündigen Führung durch das kleine, zentral gelegene Weingut mit einem schönen, grasbewachsenen Patio haben Besucher Gelegenheit, vier junge, intensiv-frische Weine zu probieren. Die Weine werden ökologisch erzeugt, sind unkompliziert und gut zu genießen. Zum Gutsbetrieb gehört auch ein gutes Restaurant.

Bodega Figueroa WEINGUT
(📞 03868-421125; gualiama@gmail.com; Pasaje 20 de Junio 25; Weinproben pro Pers. 30 Arg$; ⊙ 9.30–12.30 & 15.30–18 Uhr) Dieses winzig kleine, familiengeführte Weingut in Cafayate erzeugt jährlich nur 10 000 Flaschen aus den Sorten Torrontés und Malbec mit Hilfe von hand-

werklich betriebenen Geräten. An Besucher wird nur ein einziger Wein ausgeschenkt; sie sollten nach dem Malbec fragen, der von heimischen Küchenchefs gelobt wird. Die Weinhänge des Guts liegen 40 km nördlich der Stadt.

El Porvenir WEINGUT
(03868-422007; www.elporvenirdecafayate.com; Córdoba 32; Führungen frei, Weinproben ab 100 Arg$; Mi–Sa 9–13 & 15–18, So & Mo 9–13 Uhr) Die gut geführte Bodega, ein Familienbetrieb, wurde kürzlich in die Hände der etwa 30-jährigen Tochter des Hauses übergeben – sie weiß, wie ein guter Torrontés vor der verderblichen Einwirkung des Eichenholzes bewahrt werden kann (Weingenießer bemerken oft den Eichenholzton und das überreiche Volumen der meisten Torrontés-Weine). Der Wein dieses Gutes hat eine trockene Note, wie sie auch für das schöne herrlichen Rosé typisch ist, die Rotweine dieses Erzeugers sind seit jeher fantastisch. Eine Führung ist kostenlos, ausgiebige Weinproben kosten jedoch mindestens 100 Arg$, je nach den angebotenen Weinen. Telefonische Reservierungen erwünscht.

★ Finca las Nubes WEINGUT
(03868-422129; www.bodegamounier.com.ar; Führungen inkl. Weinproben 75 Arg$; Mo–Sa 10–17, So 11–16 Uhr) 5 km südwestlich von Cafayate, an der Straße zum Río Colorado (auf dem Wegweiser ist „Mounier" zu lesen), liegt in traumhafter Lage zu Füßen zerklüfteter Berge das kleine, freundliche Weingut, das nach ökologischen Richtlinien betrieben wird. Führungen beginnen stündlich zwischen 10 und 16.30 Uhr. Zur Verkostung gibt es vier Weine. Aus der Küche werden Empanadas (18 Arg$) und *picadas* (Feinkostplatten, 250 Arg$) serviert. Bei der Weinlese im März – zu der freiwillige Helfer immer willkommen sind – geht es fröhlich zu.

Piattelli WEINGUT
(03868-418214; www.piattellivineyards.com; RP 2; Standardführungen 115 Arg$, mit Premiumweinen 170 Arg$; 10–18, Führungen 10, 11, 12, 13, 15 & 16 Uhr) Als ob Geld und Platz keine Rolle gespielt hätten, ist dieses elegante, etwas überdimensionierte Weingut unter US-amerikanischer Leitung 3 km außerhalb von Cafayate entstanden. Auf einer Führung werden drei Schritte der Weinherstellung und technische Anlagen vorgestellt, die verhältnismäßig klein, doch auf dem neuesten technologischen Stand sind. Die Führungen enden mit einer ausgiebigen Verkostung von sieben Weinen. Im Restaurant des Guts werden köstliche Mittagsgerichte serviert. Führungen können auf Wunsch zweisprachig durchgeführt werden.

Domingo Molino WEINGUT
(03868-452887; www.domingomolina.com.ar; Weinproben 100 Arg$; Mi–So 10–17 Uhr, Mo 10–13 Uhr) Ein kleiner Erzeugerbetrieb, der auf einer hinreißenden Berghöhe mit weitem Blick über das fruchtbare Tal thront, vor dem Hintergrund schroffer Berge fallen die Weinhänge terrassenartig ins Tal ab. 21 Variationen von Weinen werden hier abgefüllt, darunter auch Schaumweine. Es ist nicht möglich, sie alle zu probieren; doch bei einer Auswahl von fünf Verkostungen, in denen Rot- und Weißweine zusammen vorgestellt werden, lassen sich gute Eindrücke gewinnen.

San Pedro Yacochuya WEINGUT
(www.yacochuya.com.ar; RP 2, Km 6; Mo–Fr 10–17 Uhr, Sa 10–13 Uhr) Ein stimmungsvolles kleines Weingut am Ende eines staubigen Feldwegs, der auf einer Seite von Kakteen, auf der anderen von Weinreben begrenzt wird. Der Betrieb erzeugt jährlich 250 000 Flaschen, die meisten der Weine werden in einem Höhlenkeller in Eichenfässern gelagert; dieser wird über Kanäle durch Schmelzwasser aus den Anden gekühlt. Das Weingut ist seit langer Zeit in Betrieb: Die Malbec-Trauben werden von jahrhundertealten Reben geerntet. Hier wird außerdem ein gelungener Verschnitt aus Malbec und Cabernet im Verhältnis 80/20 erzeugt.

Eine empfehlenswerte Kostprobe ist der trockene Malbec-Roséwein unter dem Markennamen Coquena. Verkostungen sind jederzeit möglich, der Umgangston kann allerdings frostig sein.

🚶 Aktivitäten

★ Río Colorado WANDERN, SCHWIMMEN
Eine malerische Wanderung führt 6 km südwestlich von Cafayate zum Río Colorado. Dort folgt man dem Fluss stromaufwärts – die Diaguita-Indianer empfehlen, einen Guide zu engagieren (etwa 300 Arg$ pro Gruppe) – nach einer Stunde ist ein 10 m hoher Wasserfall erreicht, wo Schwimmen möglich ist. Ein zweiter Wasserfall und weitere Kaskaden liegen in größerer Höhe. Auf dem Weg sind Felsmalereien zu entdecken! Am Anfang des Wanderwegs liegen ein Parkplatz sowie ein Campingplatz und ein Im-

Cafayate

Cafayate

◉ Sehenswertes
1. Bodega El Transito C3
2. Bodega Figueroa D3
3. Bodega Nanni C3
4. El Porvenir C1
5. Museo Arqueológico B3
6. Museo de la Vid y El Vino C4

◉ Aktivitäten, Kurse & Touren
7. Majo Viajes B3

◉ Schlafen
8. Casa Árbol B3
9. Hostal del Valle B2
10. Hostel Ruta 40 .... C4
11. Hotel Munay C3
12. Killa B4
13. Portal del Santo C4
14. Rusty-K Hostal B2
15. Vieja Posada C2
16. Villa Vicuña C3

◉ Essen
17. Casa de las Empanadas B2
18. Casa de las Empanadas II B3
19. Pacha C3
    Retoño .... (s. 3)

◉ Ausgehen & Nachtleben
20. Cafayateña B3
21. Chato's Wine Bar B3

◉ Shoppen
22. Cafayate Artesanal C3
23. El Colmado C3
24. Mercado Artesanal C3

bissstand. Die Wanderung hierher kann mit dem Besuch des Weinguts Finca las Nubes (S. 268) verbunden werden.

Eine Warnung: Wenn der Fluss nach Regenfällen im Januar und Februar viel Wasser führt, ist eine Wanderung zum Wasserfall anstrengend und gefährlich. Plötzliche Sturzbäche können zu jeder Zeit des Jahres schnell von den Bergen herabstürzen, also empfiehlt es sich, beim Baden besser aufmerksam zu bleiben.

👉 Geführte Touren

Eine Minibustour durch die Quebrada de Cafayate beginnt in der Regel am Nachmittag, wenn die Farben eine besondere Leuchtkraft besitzen, und kostet 30 US$. Trekkingtouren von drei bis vier Stunden Dauer in die Quebrada und zum Río Colorado sind ebenfalls beliebt. Tagesausflüge nach Cachi (100 US$) sind dagegen eher ermüdend, Quilmes ist jedoch schneller und komfortabler in einem Taxi zu erreichen; für zwei oder mehr Personen ist eine Fahrt preisgünstiger (35 US$). Reitausflüge dauern in der Regel mindestens zwei Stunden (85 US$). Rund um die Plaza von Cafayate können Fahrräder ausgeliehen werden (250 Arg$ für einen ganzen Tag).

Die Tourenveranstalter haben ihre Firmensitze an der Plaza. Die meisten von ihnen sind von miserabler Qualität, doch die Landschaft der Quebrada entfaltet ihre Wirkung von selbst.

Majo Viajes TOUREN
(☎ 03868-422038; majoviajes@gmail.com; Nuestra Señora del Rosario 77) Der zuverlässige, ehrliche Veranstalter an der Plaza Cafayates ist empfehlenswerter als die meisten anderen Anbieter der Stadt. Zu seinem Programm gehören Fahrten nach Quilmes, in die Quebrada de Cafayate und nach Cachi sowie Reitausflüge in die nähere Umgebung.

Feste & Events

Serenata a Cafayate MUSIK
(www.serenata.todowebsalta.com.ar; Do 250 Arg$, Wochenende 600–800 Arg$; ☉ Feb.) Ein lohnendes, wunderbares Fest des *folklórico*, das an drei Tagen gefeiert wird.

Día de la Cruz RELIGIÖS
(☉ Mai) Eine große Masse von Gläubigen (die ganze Stadt, darunter Junge und Alte, scheint dann zusammenzuströmen) bricht zu einem Pilgerweg von 1000 m zum Berg San Isidro auf, der auch Cerro de la Cruz genannt wird, auf dem hoch über der Stadt vor Jahrzehnten ein weißes Kreuz errichtet wurde. Es ist ein ziemlicher Aufstieg und eine besondere Wanderung, deren Erfahrung mit den üblichen Bergtouren nicht zu vergleichen ist.

🛏 Schlafen

Rusty–K Hostal HOSTEL $
(☎ 03868-422031; www.rustykhostal.todowebsalta.com.ar; Rivadavia 281; DZ mit/ohne Bad 40/35 US$; @☎) Die friedliche Stille in dem von Weinlaub bewachsenen Innenhofgarten ist so anziehend wie die behaglichen Zimmer, die hochwertige Terrakottafliesen, Balkendecken und Wände mit bunten Farbakzenten besitzen. Mit seiner herzlichen Gastlichkeit bietet das Haus eine freundliche und noch dazu preiswerte Unterkunft. Rechtzeitig buchen.

Hotel Munay HOTEL $
(☎ 03868-421189; www.munayhotel.com.ar; Chavarría 64; EZ/DZ 41/71 US$; P❄☎✉) Gäste haben hier eine elegante Einfachheit und angenehm schmucklose, attraktive und makellose Zimmer mit klaren Linien zu erwarten; sie sind außerdem mit einladenden Bädern ausgestattet. Ein hilfsbereiter Service und eine gastfreundliche Atmosphäre – eine hervorragende Unterkunft zu angemessenen Preisen.

Casa Árbol GUESTHOUSE, HOSTEL $
(☎ 03868-15-638434, 03868-422238; www.facebook.com/casaarbolcafayate; Calchaquí 84; B 12 US$, DZ ohne Bad 28–30 US$; ☎) 🌿 Eine liebenswürdige Ausstrahlung geht von diesem gemütlichen, charmanten Hostel aus, das hübsche, makellose Zimmer sowie einen Schlafsaal mit vier Betten besitzt. Alle Gäste teilen sich zwei Bäder. In einem Patio bietet sich verschwenderisch viel Platz zur Entspannung, außerdem gibt es einen Frühstücksbereich und einen Garten. Fahrräder können ausgeliehen werden (150 Arg$ für einen halben Tag).

Hostal del Valle GUESTHOUSE $
(☎ 03868-421039; www.welcomeargentina.com/hostaldelvalle; San Martín 243; EZ/DZ 54/60 US$; ❄☎) Ein liebenswertes altes Haus, mit Topfpflanzen geschmückt, das hübsche, wenn auch ältlich wirkende Zimmer birgt. Die oberen Räume sind die bessere Wahl, unten liegen kleinere, dunklere Zimmer, die etwas preiswerter und trotzdem annehmbar sind (über abblätternde Tapeten sollte man hinwegsehen). Ein einfaches Frühstück wird in einem Wintergarten auf dem Dach mit einem exklusiven Ausblick serviert.

Hostel Ruta 40 HOSTEL $
(☎ 03868-421689; www.hostel-ruta40.com; Av General Güemes S 178; B/DZ 15/36 US$; @☎) Die Doppelzimmer sind nicht überwältigend

groß, doch gut ausgestattet und in Pastellfarben gestaltet, alle haben eigene Bäder. Die Schlafsäle sind gepflegt und luftig und mit Schließfächern ausgestattet. Das Hostel liegt zentral.

⭐ Portal del Santo   HOTEL $$

(☎ 03868-422400; www.portaldelsanto.com; Chavarría 250; DZ untere/obere Etage 106/124 US$; P ✱ @ 🛜 🏊) Kühle weiße Eleganz ist das Kapital dieses gastlichen familiengeführten Hotels mit Bogengängen. Die unteren Räume öffnen sich auf eine Veranda und den einladenden Garten mit Swimming- und Whirlpool (Grund genug, um hier zu übernachten); die oberen Zimmer haben einen Blick auf die Berge und bieten noch mehr Platz. Alle Zimmer sind mit Kühlschränken und Mikrowellengeräten ausgestattet, in den Suiten können bis zu vier Gäste übernachten. Die Gastgeber sind sehr hilfsbereit und servieren ein wunderbares hausgemachtes Frühstück.

Villa Vicuña   BOUTIQUEHOTEL $$

(☎ 03868-422445; www.villavicuna.com.ar; Belgrano 76; Zi. Standard/Superior ab 100/114 US$; P ✱ @ 🛜) Ein friedliches Anwesen mit zwei Patios. Die Villa Vicuña bietet ein intimes Refugium mit makellosen Zimmern, die mit Verandatüren, großen Betten und Stilmöbeln ausgestattet sind. Die Zimmer zeigen verschiedene Stile: Eines hat eine kolonialzeitliche Ausstrahlung mit dunklem Holz und religiösen Bildwerken. Es gibt unzählige nützliche, kleine Details, Service und Frühstück sind gut, ein schöner Innenhof lädt zum Entspannen ein.

Vieja Posada   HOTEL $$

(☎ 03868-422251; www.viejaposada.com.ar; Mamaní 87; EZ/DZ 62/82 US$; P 🛜 🏊) Der besondere Charakter dieses Hotels kommt in seinem Patio und dem Garten zum Ausdruck. Das umgebaute, historische Gebäude verfügt über kleine Zimmer. Neben der Adobe-Architektur beeindrucken zahllose Antiquitäten und massive Holzbänke – ein perfekter Ort zum Ausruhen und Entspannen. Es gibt gesicherte Parkplätze und ein winziges Tauchbecken. Zum Frühstück kommt u. a. eine hausgemachte Marmelade aus Chayote (Gemüsebirne) auf den Tisch.

Killa   BOUTIQUEHOTEL $$

(☎ 03868-422254; www.killacafayate.com.ar; Colón 47; Zi. Standard/Superior 94/153 US$; P ✱ 🛜 🏊) Stilvoll und komfortabel ist dieses attraktive Hotel, dessen Zimmer mit viel Raum (auch in der Standardkategorie), kreativen Holzelementen, Gewölbedecken, Badewannen und Duschen, einer Tagesliege und schmalen Doppelbetten ausgestattet sind. Noch geräumiger sind die Superior-Zimmer und der Garten ist einfach hinreißend. Der vornehme Kolonialstil des Hotels gewinnt durch den kreativen Einsatz von natürlichem Holz, Stein und heimischer *artesanía* an Behaglichkeit.

Patios de Cafayate   ESTANCIA $$$

(☎ 03868-422229; www.patiosdecafayate.com; RN 40; Zi. 108–160 US$, Suite 220–240 US$; P ✱ @ 🛜 🏊) Im Norden der Stadt findet man eine Unterkunft im Weingut El Esteco, der einzigen Bodega mit Gästezimmern. Das Hotel liegt auf dem Gelände einer schönen, hundert Jahre alten *estancia*. Die Zimmer sind in einem klassischen Kolonialstil eingerichtet, mit noblen dunklen Holzmöbeln, Stücken von regionaler *artesanía* und Ausblicken auf die umgebenden Weinhänge oder den Hotelgarten, in dem es für die Gäste einen Swimmingpool und einen Whirlpool gibt.

Grace Cafayate   RESORT $$$

(La Estancia de Cafayate; ☎ 03868-427000; www.gracehotels.com; RN 40, Km 4340; DZ/Villa ab 196/245 US$; P ✱ 🛜 🏊) Auf dem riesigen Gelände mit Eingangstor erstrecken sich auf einer Länge von 7 km Weinbaugebiete, ein Golfplatz und Wohnanlagen. Diese befinden sich zumeist im Besitz von *extranjeros* (Ausländern), die sich gelegentlich zum Golfspiel und Weingenuss einzufinden scheinen. Die Zimmer sind geräumig und gut ausgestattet, die umliegenden Villas sind mit Küchen, Grillplätzen und privaten Patios hervorragend für Familien geeignet. Die Badezimmer verbreiten mit viel Raum in den Duschen und doppelten Badewannen eine romantische Stimmung.

🍴 Essen & Ausgehen

Es gibt zahlreiche Restaurants rund um die Plaza, die eine heimische Küche von nicht sehr inspirierter, aber annehmbarer Qualität servieren. An den Wochenenden wird der Restaurantbesuch von den live gespielten Klängen der *música folklórica* stimmungsvoll begleitet. An der Calle Rivadavia, zwischen San Lorenzo & 12 de Octubre, hat sich eine Reihe von authentischen Parilla-Restaurants (S. 272) angesiedelt, dort werden gute Grillgerichte zu günstigen Preisen angeboten.

Parrilla-Restaurants
PARRILLA $

(Rivadavia, zwischen San Lorenzo & 12 de Octubre; Steaks 60–130 Arg$; ⊗Mo–Sa 19-24, So 11–15 Uhr) Weit entfernt von der etwas affektierten touristischen Szene rund um die Plaza bieten sich diese anspruchslosen Steakhäuser als gute Alternative an. Das **Gallito** ist bei heimischen Gästen beliebt, in der benachbarten **Parrilla Santos** – die nur aus Betonfußböden, einem Grill und einem Wellblechdach zu bestehen scheint – kommen ebenso gute Grillgerichte auf den Tisch. Unkompliziert und sehr preiswert.

Casa de las Empanadas
EMPANADAS $

(Mitre 24; 12 Empanadas 160 Arg$; ⊗Di–So 11–15 & 20–24 Uhr; 🛜) Das schlichte Restaurant, dekoriert mit den Kritzeleien zufriedener Gäste, bietet eine große Vielfalt von Empanadas, die ausnahmslos köstlich sind. Heimische Weine in Tonkrügen, *humitas* (mit Maisbrei gefüllt Maisblätter) und Tamales runden das Mahl perfekt ab. Sollte dieses Restaurant geschlossen sein, können Gäste zu einer **zweiten Adresse** (Nuestra Señora del Rosario 156; 12 Empanadas 160 Arg$, Hauptgerichte 130–145 Arg$; ⊗11–15 & 19-23 Uhr) ausweichen.

Retoño
ARGENTINISCH $$

(☏03868-638465; Chavarría 151; Hauptgerichte 140–210 Arg$; ⊗11.30–15.30 & 19–23.30 Uhr) Zu seiner reizvollen Lage im Weingutes Nanni besitzt das Retoño auch einen romantischen, altertümlichen Innenraum. Die Speisekarte ist kurz und bündig, führt aber gute Hauptgerichte wie gebratene Forelle und Kalbsbries in einer sahnigen Torrontés-Weinsoße auf. Das Restaurant gehört nicht zur Bodega, die angebotenen Weine sind daher nicht von überragender Qualität.

★Pacha
FUSION $$$

(☏03868-639002, 03868-480955; www.facebook.com/hostaldelapacha; Belgrano 92; Hauptgerichte 230–350 Arg$; ⊗Di–Sa 20–24 Uhr) Ein charmantes neues Bistro, eine Häuserzeile von der Plaza entfernt. Der Chefkoch, der seine Ausbildung in Buenos Aires absolvierte, wählt Zutaten (und Weine) sorgfältig aus und formt daraus eine Speisekarte, die sich auf angenehme Art von der traditionellen argentinischen Küche unterscheidet. Herausragende Gerichte sind ein Meeresfrüchte-Risotto, gebratener Lachs und Schweinerippchen mit einer Whiskey-Barbecuesoße. Aus eigener Bäckerei kommt ein knuspriges Brot; der verwendete Sauerteig wird seit vielen Jahren gehütet und gepflegt.

In der Küche kommt man den Wünschen von Gästen nach vegetarischen und veganen Variationen außerhalb der Speisekarte entgegen.

★Piattelli
ARGENTINISCH $$$

(☏03868-418214; www.piattellivineyards.com; RP 2; Hauptgerichte 175–450 Arg$; ⊗12.30–16 Uhr; 🛜) Ein halboffener Raum mit einem Ausblick auf bildschöne Weinberge – dieses stilvolle, wenn auch etwas veraltet wirkende Weingut, 3 km außerhalb von Cafayate, ist ein schöner Ort für eine mittägliche Pause. Die niveauvolle Küche bereitet keine Enttäuschung. Eine Vielfalt von Einflüssen aus aller Welt bereichert die Speisekarte, an den Wochenenden (dann sind Reservierungen ratsam) wird draußen ein Grillfeuer angefacht und eine Auswahl von *parrilla* serviert, die zu den besten in diesem Teil des Landes gehört.

★Chato's Wine Bar
WEINBAR

(☏03868-418152; Nuestra Señora del Rosario 132; ⊗19–24 Uhr) Die einzige echte Weinbar von Cafayate wird von einem freundlichen, englischsprachigen Inhaber geführt. Trockene Weißweine, kraftvolle Rotweine und Roséweine werden in großer Auswahl offen oder in Flaschen angeboten. An runden Tischen, die aus Weinfässern zusammengezimmert sind, lassen sich ausführliche Verkostungen (fünf Weine ab 100 Arg$) vornehmen oder ein Schoppen in freundlicher Atmosphäre genießen.

Wird dazu von einer *picada* (Vorspeisenplatte für mehrere Gäste) gekostet, steigen die Getränke nicht zu Kopf. Ein lang erwarteter Umzug an eine neue Adresse – San Martín 223 – hatte zum Zeitpunkt der Recherchen noch nicht stattgefunden.

Cafayateña
CRAFTBEER

(☏03868-457983; Toscano 80; ⊗11–24 Uhr) Diese neue Brauereikneipe an der Plaza präsentiert ihre Erzeugnisse hinter der Bar. Ein Patio und Straßentische sind von musikalischen Klängen erfüllt (ein beliebter Anziehungspunkt zum Zeitpunkt der Recherchen). Täglich werden drei Biersorten ausgeschenkt: *roja, negra* und *rubia* (die leichteste).

Shoppen

Cafayate Artesenal
KUNSTHANDWERK

(Toscano 58; ⊗10–21 Uhr) Eine Marktpassage, deren gemauerte Stände mit Waren vollgestopft sind, darunter Stücke aus Lamawolle,

Leder und Kakteenholz. Alle Produkte – Kalebassen für *Mate*-Tee, Bilderrahmen, Kerzenleuchter, Tongeschirr sowie kulinarische Spezialitäten wie Senf, Pesto, Oliven und süße Aufstriche – stammen aus Cafayate.

El Colmado KLEIDUNG
(Belgrano 26; ⊙Mo–Fr 10–12.30 & 18–20.30, Sa 10.30–12.30 Uhr) Eine stilvolle und dabei lässige Modeboutique, die nur wenige Schritte von der Plaza entfernt eine gute Auswahl an Mode, Tüchern und Schmuck anbietet. Wie bei allen Läden der Stadt kommt es auch hier darauf an, zur richtigen Zeit – wenn gerade geöffnet ist – vorbeizukommen.

Mercado Artesanal KUNSTHANDWERK
(Av General Güemes; ⊙9–22.30 Uhr) 🍴 Die Kooperative Mercado Artesanal zeichnet sich durch einheimische Arbeiten von hoher Qualität zu mehr als fairen Preisen aus.

❶ Praktische Informationen

Post (www.correoargentino.com.ar; Av General Güemes N 197; ⊙Mo–Fr 8.30–13.30 & 17–19 Uhr)

Touristeninformation (☎03868-422442; Av General Güemes s/n; ⊙Di–So 9–19 Uhr) Im Museo de la Vid y El Vino, dem Weinmuseum der Stadt. Hält ein wertvolles Verzeichnis von Öffnungszeiten der Weingüter bereit.

❶ An- & Weiterreise

Cafayate bildet den Mittelpunkt der meisten Autorouten durch den Nordwesten Argentiniens, da es leicht von Salta durch die in ihrer Formen- und Farbenvielfalt fast unwirklich scheinende Felslandschaft der Quebrada de Cafayate oder auch über die spektakuläre, größtenteils unbefestigte RN 40, die sich kurvenreich durch die Valles Calchaquíes windet, zu erreichen ist.

Wer ohne eigenes Auto unterwegs ist, findet den neuen **Busbahnhof** (RN 40) am nördlichen Ortseingang, wo Busverbindungen nach Salta (215 Arg$, 4 Std., 5- bis 6-mal tgl.) und Angastaco (81 Arg$, 2 Std.) über San Carlos (23 Arg$, 45 Min., 1- bis 4-mal tgl.) bestehen. Außerdem fahren Busse 2- bis 4-mal tgl. nach Tucumán (385–430 Arg$, 5–6½ Std.) über Amaicha und Tafí del Valle (230–275 Arg$, 2½–4 Std.); andere Verbindungen führen über Santa María (120 Arg$, 2 Std.). Überraschenderweise sind die Fahrpreise für schnellere Busverbindungen manchmal günstiger.

❶ Unterwegs vor Ort

Taxis (☎03868-422128) sammeln sich gegenüber der Kathedrale – sie können auch telefonisch gerufen werden – und sind für Fahrten zu Bodegas und anderen abgelegenen Zielen gut geeignet. Eine Rundfahrt nach Quilmes kostet inkl. Wartezeit etwa 1200 Arg$, eine Fahrt (ohne Rückfahrt) nach San Carlos kostet 300 Arg$.

Quebrada de Cafayate

Nördlich von Cafayate verläuft die Straße nach Salta durch die karge, spektakuläre Quebrada de Cafayate, eine wilde Landschaft aus Sandstein, die in kräftigen Farben leuchtet und zu unwirklichen Felsformationen verwittert ist. Der Río de las Conchas hat diese Schlucht in die Landschaft geschnitten und legte dabei Sedimentschichten frei, die nun eine Vielfalt an Farbtönen von tiefem Rot über Ocker bis hin zu Grün zeigen. Obwohl auch die Fahrt an sich schon sehr spektakulär ist – die Straße gehört zu den bemerkenswertesten Strecken des Landes –, lohnt es sich doch, Teile der Schlucht aus der Nähe zu betrachten. Die beste Zeit zur Erkundung der Quebrada ist der späte Nachmittag, wenn die tief stehende Sonne die Farben noch intensiver leuchten lässt.

Nur eine kurze Strecke nördlich von Cafayate liegt der ausgedehnte Dünenkomplex **Los Médanos**, hinter dem sich die eigentliche Schlucht erstreckt. Auf einige der bemerkenswertesten Felsformationen weisen Schilder an der Straße hin. Sehr markant sind etwa **El Sapo** („die Kröte") oder die nebeneinanderliegenden **Garganta del Diablo** („Teufelsschlund") und **Anfiteatro** („Amphitheater") um den Kilometer 46 bis 47 herum. Spalten im Fels bieten eine Zugangsmöglichkeit, um die bizarr geformten Steine aus der Nähe zu bewundern. Die erstaunlichen Muster der verschiedenen Schichten sind durch tektonische Verschiebungen entstanden.

Diese Wahrzeichen sind viel besucht, Touristen werden manchmal von Einheimischen bedrängt, die sich ein paar Pesos für eine „Führung" erhoffen, Gleiches gilt für Verkäufer von *artesanía* und für Musikanten. Gelegentlich gibt es Getränke zu kaufen, darauf ist aber eher kein Verlass. Also besser die mitgebrachten Wasserflaschen auffüllen, bevor man sich auf den Weg macht.

❶ An- & Weiterreise

Es gibt mehrere Möglichkeiten, den Cañón zu entdecken. Touren von Salta erlauben nur einen kurzen Aufenthalt; am besten ist es, eine Tour oder eine Taxifahrt vom näher gelegenen Cafayate zu unternehmen. Fahrten im Minibus halten an wichtigen Anziehungspunkten, in längeren Touren sind Wanderungen abseits der Straße inbegriffen. Fahrradtouren sind von Cafayate aus ebenfalls möglich, aber wegen regelmäßig drohender Reifenpannen keine angenehme Option. Am besten lässt sich die Gegend mit dem eigenen Mietwagen erkunden.

Busfahrten können mit kurzen Wanderungen bzw. Fahrten per Anhalter kombiniert werden. Unbedingt Proviant und viel Wasser in diese heiße, trockene Umgebung mitnehmen! Ein guter Ausgangspunkt ist die Garganta del Diablo; mehrere andere lohnende Ziele sind leicht zu Fuß von dort zu erreichen.

San Antonio de los Cobres

0387 / 4800 EW. / 3775 M

Diese staubige kleine Bergarbeiterstadt befindet sich etwa 168 km westlich von Salta in der Puna – und liegt mehr als 2600 m höher. Sie hat sehr unter der Stilllegung der Bergwerke und damit auch der Eisenbahn gelitten. San Antonio de los Cobres ist eine typische Stadt des Hochlands mit Adobe-Häusern, nahezu leeren Straßen und einem merklichen Temperaturabfall, sobald die Sonne untergegangen ist. Ein Besuch lohnt sich dennoch, um auch diese Facette des Lebens in den Anden kennenzulernen. Von hier aus kann man gen Norden über die Salinas Grandes und Purmamarca in die Quebrada de Humahuaca fahren, allerdings kommen die meisten Tagesausflügler direkt von Salta aus mit dem Touristenzug Tren a las Nubes (S. 250).

Sehenswertes

In der Stadt selbst gibt es wenig zu sehen (Ausnahme: spektakuläre Sonnenuntergänge). Allerdings befindet sich nur 16 km in westlicher Richtung entfernt das imposante Viadukt von **La Polvorilla**, die letzte Haltestelle auf der Eisenbahnfahrt im Tren a las Nubes (S. 250). Wanderer können auf einem Serpentinenweg hinaufsteigen und den Viadukt überqueren. In San Antonio kostet eine *remise* etwa 300 Arg$ (hin & zurück).

Geführte Touren

Turismo Responsable TOUREN
(0387-431-4490; www.tures.tur.ar; 3-tägige Tour pro Pers. ab 3000 Arg$) Der Veranstalter organisiert attraktive Ausflüge von San Antonio in den entfernteren westlichen Teil der Provinz. Abfahrten von Salta sind ebenfalls möglich. Termine auf der Website.

Schlafen & Essen

Hotel de las Nubes HOTEL $$
(0387-490-9059; www.hoteldelasnubes.com; RN 51; DZ ab 77 US$; P) Das beste Hotel der Stadt besitzt in einem einfachen Stil dekorierte und sparsam möblierte Zimmer, die trotzdem kuschelig warm sind. Rechtzeitig buchen. Ein Restaurant (geöffnet 12–14 und 19–21.30 Uhr) bietet auf einer kleinen Speisekarte heimische Gerichte an; sie sind unangemessen teuer (Hauptgerichte ab 125–200 Arg$), aber auch ziemlich gut. Der altgediente Barmann ist immer für Plaudereien zu haben.

★ **Quinoa Real** ARGENTINISCH $
(0387-490-9270; Belgrano s/n; Hauptgerichte 90–240 Arg$; 10–15 & 20–23 Uhr;) Am aufpolierten zentralen Straßenzug gelegen, bietet dieses Restaurant, das vor allem an touristischen Gästen orientiert ist, eine Speisekarte mit regionaler Küche. Lamafleisch ist in vielen Variationen zu probieren, z. B. in schmackhaften Empanadas, als Carpaccio und Filet, besonders gut ist aber auch Lammbraten mit einer Chili- und Knoblauchnote. Vegetarier können sich auf eine Auswahl von aromatisch gefüllten Tartes und Quinoa-Gerichten freuen. Hier wird sogar ein Bier mit Quinoa-Aroma aus einer Kleinbrauerei ausgeschenkt.

Praktische Informationen

Touristeninformation (0387-15-578-7877; culturayturismoandino@gmail.com; RN 51; Mo–Sa 9–21, So bis 15 Uhr) Direkt bei der Brücke im Stadtzentrum; zum Komplex gehören ein guter Kunsthandwerksmarkt und auch ein Café.

An- & Weiterreise

Tgl. fahren 2 bis 3 Busse von Salta (208 Arg$, 5½ Std.) ab, der Tren a las Nubes (S. 250) hat hier eine Haltestelle. Eine Fahrt im Sammeltaxi (*remise*) kostet 225 Arg$ pro Person; an der Plaza können sich Reisende umhören. Lastwagen überqueren den Paso de Sico nach Chile; danach kann man sich im Ort erkundigen. Von San Antonio führt eine gute Schotterstraße (*ripio*) 97 km weit nordwärts, passiert die Salinas Grandes und mündet in die befestigte Straße RP 52 ein.

Salinas Grandes

Die spektakuläre **Salzwüste** liegt in einer entlegenen Gegend der Puna, etwa 3450 m über dem Meeresspiegel. Hier herrscht gleißendes Sonnenlicht (eine Sonnenbrille ist unbedingt notwendig). Ein See, der im Holozän austrocknete, hinterließ eine 820 km² große Salzfläche, die bis zu 0,5 m dick ist. An klaren Tagen ist der blendende Kontrast zwischen dem leuchtend blauen Himmel und der rissigen und verkrusteten weißen Weite des Salzsees faszinierend. Im Jahreslauf wird die Salzschicht vom Wind stark verweht; am spektakulärsten ist sie, wenn die Oberfläche nach einem Sommerregen wiederaufgefrischt ist.

Die *salinas* bieten einen imposanten Anblick und sind als Motive für überwältigend schöne Naturfotografien geradezu perfekt geeignet. Wer aber auf der Suche nach noch größeren Attraktionen ist, hat vielleicht die absolut irreal wirkenden *Salares* im südwestlichen Landesteil Boliviens vor Augen (oder plant, dorthin zu reisen).

Dem neuen Veranstalter **Ojo de Salar** (pro Fahrzeug 200 Arg$; ⊙ 9–16 Uhr), einer Kooperative von Naturführern indigener Herkunft, ist es zu verdanken, dass Besucher sich die „Großen Salzpfannen" mit ihren kohlensäurehaltigen Mineralquellen (*poquios*) und Wasserbecken ansehen können, aus denen das Salz in regelmäßigen Abständen herausgeschöpft wird. An den Parkplätzen verkaufen Kunsthandwerker Schnitzereien und Figuren aus Salzblöcken und bieten auch Getränke und kleine Speisen in begrenzter Auswahl an.

❶ An- & Weiterreise

Die *Salinas* liegen in der Provinz Salta, am leichtesten sind sie auf einer Fahrt in westlicher Richtung auf der spektakulären, größtenteils befestigten Straße RP 52 von Purmamarca aus zu erreichen. Mit einem eigenen Auto ist es möglich, die Salzwüste in Begleitung eines Führers zu erreichen. Es gibt jedoch zahlreiche Haarnadelkurven; also sollte man Lkw-Fahrer im Auge behalten, die gern beide (!) Fahrspuren in Besitz nehmen, wenn sie am Berg herauf- oder herabfahren. Autofahrer sollten sich darauf einstellen, in jedem Moment auf den Standstreifen auszuweichen.

Die einzigen öffentlichen Verkehrsverbindungen zu den *Salinas* sind die Busse von Jujuy oder Purmamarca ins chilenische Susques. Vor einer Fahrt unbedingt genau die Fahrpläne studieren: An manchen Tagen fährt ein paar Stunden später ein Bus zurück nach Purmamarca, an anderen Tagen aber nicht! Ohne eigenes Auto ist daher die Bewegungsfreiheit am Ort eingeschränkt. Allerdings sind genügend Autos auf der Straße unterwegs, sodass man notfalls per Anhalter weiterkommen kann.

COCA KAUEN

Im Nordwesten sind Schilder vor Läden zu sehen, auf denen für *coca* und *bica* geworben wird. Ersteres bezieht sich auf die Laubblätter des Koka-Strauches, der überwiegend in Peru und Bolivien angebaut wird. Die Blätter werden der Tradition gemäß von den Angehörigen der Andenvölker gekaut. Sie haben eine mild anregende Wirkung und bekämpfen Erschöpfung, Höhenkrankheit und Hunger (und werden übrigens verwendet, um Kokain herzustellen). Mit *bica* ist Speisesoda oder Natron (Natriumhydrogencarbonat) gemeint. Es erhöht die Wirkung, wenn es zusammen mit den Blättern gekaut wird. Das Kauen von Kokablättern und der Besitz kleiner Mengen davon zum persönlichen Gebrauch ist legal – jedoch nur im Nordwesten Argentiniens. Die Droge in den Süden des Landes oder nach Chile einzuführen ist verboten (regelmäßig finden Kontrollen statt).

Mögliche Alternativen sind eine Fahrt in einer *remise* (Sammeltaxi) aus Purmamarca oder die Teilnahme an einer Tour aus Purmamarca, Tilcara, Jujuy oder Salta. Von Salta ist ein solcher Ausflug allerdings sehr zeitraubend, falls man nicht über Nacht in der Quebrada de Humahuaca bleiben möchte.

Jujuy

♪ 0388 / 258 000 EW. / 1201 M

Jujuy besitzt eine vitale Atmosphäre, einladende Restaurants und die lebendigste indigene Kultur unter allen argentinischen Städten. Doch wird Jujuy (gesprochen wie chu-chui), eine der drei größten Städte im Nordwesten, von Reisenden oft nicht beachtet, weil sie weder die koloniale Mondänität Saltas noch das großstädtische Flair Tucumáns vorweisen kann.

Die Stadt San Salvador de Jujuy wurde im Jahr 1593 zum dritten Mal gegründet. Zwei frühere Siedlungen wurden von zornigen Ureinwohnern zerstört, die keine Ansiedlung dulden wollten. Während der Unabhängigkeitskriege bekam die Provinz Jujuy den Konflikt in seiner ganzen Tragweite zu spüren: Wiederholt fielen spanische Truppen aus Bolivien in die Quebrada de Humahuaca ein. Schließlich musste Jujuy

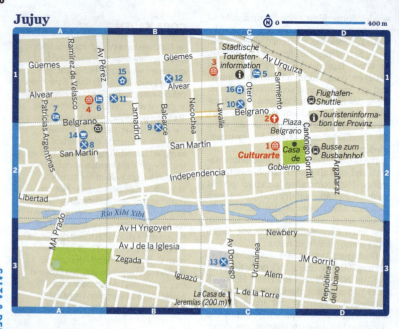

Jujuy

◉ Highlights
1 Culturarte...C2

◉ Sehenswertes
2 Iglesia Catedral..C1
3 Museo Arqueológico...............................C1
4 Museo Temático de Maquetas
   Tupac Amaru..A1

🛏 Schlafen
5 Hostelina..C1
6 Hotel Alvear Jujuy...................................A1
7 Posada El Arribo.....................................A1

✴ Essen
8 Africana..A2
9 Krysys..B2
10 Madre Tierra..C1
11 Manos Jujeñas......................................B1
12 Mercado Central 6 de Agosto...............B1
13 Mercado del Sur....................................C3

🍸 Ausgehen & Nachtleben
14 Casa Tomada...A2

✧ Unterhaltung
15 Plaza Ricardo Vilca................................B1

🛍 Shoppen
16 Casa Garzon..C1

in einem Akt, der als *éxodo jujeño* (Vertreibung aus Jujuy) in die Geschichte einging, aufgegeben werden. Noch heute schwelen in der Stadt Konflikte mit den indigenen Volksgruppen, die sich solidarisieren, da ihre Gemeinden immer noch an den Rand gedrängt werden. Es ist auch auffallend, dass die guten Straßenverhältnisse und die verlässlichen Behördendienste, die es andernorts gibt, im indigenen Norden des Landes kaum vorhanden sind.

◉ Sehenswertes

★ Culturarte
KUNSTGALERIE
(www.facebook.com/culturarte.ccultural; Ecke San Martín & Sarmiento; ⊙Mo-Sa 8–20 Uhr) GRATIS Ein attraktiver, moderner Raum für Kunstausstellungen und ein Podium für ein Kollektiv von 26 etablierten zeitgenössischen Künstlern Argentiniens. Werke von hervorragender Qualität sind häufig zu sehen; es ist interessant, die Szene von Jujuy hier vertreten zu finden. Das Café in der unteren Etage hat eine nette kleine Balkonterrasse mit Ausblick auf das Stadtzentrum.

Iglesia Catedral
KATHEDRALE
(⊙Museumsöffnungszeiten Di–Fr 9.30–12.30 & 16–19, Sa 10–13 Uhr) Die Kathedrale wurde im 18. Jh. erbaut, nachdem ein Vorgängerbau

von den Diaguita zerstört worden war. Ein herausragendes Schmuckstück, das von der ursprünglichen Kirche erhalten blieb, ist die vergoldete barocke Kanzel. Es wurde vermutet, dass sie ein Werk heimischer Künstler war, die von einem europäischen Meister ausgebildet wurden. Der Innenhofgarten ist ein beliebter Treffpunkt und Veranstaltungsort. Zur Kirche gehört ein Museum (20 Arg$) mit einer schönen Sammlung sakraler Kunst.

Museo Arqueológico   MUSEUM
(0388-422-1343; Lavalle 434; 9–12 & 15–20 Uhr) GRATIS Im Mittelpunkt der Ausstellung steht die lebhafte, 3000 Jahre alte Figur einer Fruchtbarkeitsgöttin, deren Haarpracht aus Schlangen besteht, sie wird im Akt einer Geburt dargestellt. Es ist ein Werk der hochentwickelten San-Francisco-Kultur in Las Yungas aus der Zeit von 1400–800 v. Chr. Zur Sammlung gehören auch mehrere menschliche Schädel mit Deformierungen (die ihnen aus kosmetischen Gründen zugefügt wurden) und Mumien.

Museo Temático de Maquetas Tupac Amaru   MUSEUM
(Alvear 1152; 8–21 Uhr) GRATIS Das entzückende Museum wurde von einem indigenen Kulturzentrum gegründet, in deren Stammhaus es auch untergebracht ist. Hier werden außerdem kommunale Kurse in Yoga und Zumba veranstaltet. Das Museum erzählt von der Geschichte, den Traditionen und der Mythologie der Ureinwohner Argentiniens in Form von unterhaltsamen Dioramen. Wer die spanischsprachigen Erläuterungen lesen kann, wird eine noch größere Freude daran haben. Hier gibt es viel Interessantes zu sehen.

Geführte Touren

In Jujuy haben zahlreiche Veranstalter Ausflüge in die Quebrada de Humahuaca, die Salinas Grandes, den Parque Nacional Calilegua und andere Ziele in der Provinz im Programm. Die Touristeninformation der Provinz (S. 278) hält Informationsmaterial zu allen Touren bereit.

Feste & Events

Semana de Jujuy   FIESTA

(Aug.) Das größte Fest von Jujuy ist die Semana de Jujuy, sie wird zum Gedenken an die Vertreibung der Bewohner aus der Stadt während der Unabhängigkeitskriege begangen und dauert eine Woche an.

Schlafen

Hostelina   HOSTEL $
(0388-424-8522; www.hostelina.com.ar; Alvear 529; B pro Pers. 15 US$;) Ein einfaches, geschmackvolles und komfortables Hostel, eingerichtet in einem restaurierten alten Gebäude mit originalen Fliesen und moderner Kunst an den Wänden. Gäste nächtigen in einem der vier Schlafsäle, die jeweils mit vier bis sechs Betten ausgestattet sind. Hier ist kein überflüssiger Luxus zu erwarten, sondern ein stimmiger Preis.

Hotel Alvear Jujuy   HOTEL $
(0388-424-4580; www.hotelalvearjujuy.com.ar; Av Pérez 398; EZ/DZ 47/65 US$;) Ein betagtes 3-Sterne-Haus, das mit Ausblicken auf die umliegenden Berge glänzen kann. Die Zimmer haben Zierleisten und plüschige Teppiche und sind mit Holzmöbeln eingerichtet, sie bieten Kabelfernsehen und hübsche Bäder. Eine gute Wahl in dieser Preisklasse.

★ Posada El Arribo   BOUTIQUEHOTEL $$
(0388-422-2539; www.elarribo.com; Belgrano 1263; EZ/DZ ab 74/86 US$;) Eine Oase mitten in Jujuy: Das imposante, von einer Familie geführte Hotel in einem restaurierten Herrenhaus des 19. Jhs. ist mit seinen originalen Fußbodenfliesen und hohen Decken ein schöner Anblick. Eine Fülle von Platz bietet sich in einem großen Innenhof und einem riesigen Garten. Der moderne Anbau hinter dem Haus fällt im Vergleich nicht dagegen ab. Trotzdem sollte die Wahl möglichst auf eines der schönen alten Zimmer fallen.

Essen & Ausgehen

Jujuy besitzt zwei lebhafte Märkte, **Mercado del Sur** (Iglesia 1002–1060; Gerichte 50–100 Arg$; 8–16 Uhr) und **Mercado Central 6 de Agosto** (Alvear 885; 8–18 Uhr), beide sind charaktervolle Handelsplätze, wo Angehörige der Urbevölkerung gern eine *mazamorra* (kalte Maissuppe) trinken und Kokablätter zum Kauf anbieten.

Madre Tierra   BÄCKEREI, CAFÉ $
(Belgrano 619; Gerichte 40–90 Arg$; Mo–Sa 7–22 Uhr;) Dieses Café ist einzigartig. Die Raumgestaltung ist kreativ und einladend, das vegetarische Essen (täglich wird ein festes Menü angeboten) ist exzellent, zu den Sandwiches und Pizzas passen frische Säfte oder ökologisch und handwerklich gebrautes Bier. In einem wunderschönen Gar-

ten im Innenhof gibt es Sitzplätze, die sehr begehrt und jeden Abend voll besetzt sind. Aus der Bäckerei vor dem Haus stammen verschiedene vollwertige Brotsorten.

Manos Jujeñas
ARGENTINISCH $

(☎ 0388-422-2366; Av Pérez 379; Hauptgerichte 90–210 Arg$; ⊗ Di-So 11–15 & 19–23 Uhr; 🛜)
🍴 Gäste, die es nach einer traditionellen, unaufwendigen Slowfood-Küche verlangt, sollten allein wegen der stolz präsentierten Hausspezialität *picante* – mariniertes Huhn oder Zunge (oder beides) mit Zwiebeln, Tomaten, Reis und Andenkartoffeln – hierher kommen. Es gibt Gerichte auch zum Mitnehmen.

Africana
PIZZA $

(☎ 0388-424-3388; Ramírez de Velasco 203; Pizzas 125–220 Arg$; ⊗ 20–1 Uhr) Eine Pizzeria an der Ecke mit einem gemauerten Holzofen, grob gezimmerten Möbeln und afrikanischen Masken an den Wänden. Zur Auswahl steht eine Vielfalt von Zutaten, mit denen nach den Vorlieben der Gäste eine Pizza belegt oder eine Calzone gefüllt werden kann. Neben traditionellen neapolitanischen Pizzavariationen gibt es auch eine ausgefallene Variante zu probieren: eine Pizza mit der Hausspezialität *trucha ahumada* (geräucherte Forelle).

★ Krysys
ARGENTINISCH $$

(☎ 0388-423-1126; Balcarce 272; Hauptgerichte 120–258 Arg$; ⊗ Mo-Sa 12.30–15 & 20.30–00.30, So 12.30–15.30 Uhr; 🛜) Die beste *parrilla* (Grillrestaurant) von ganz Jujuy ist das zentral gelegene, anspruchsvolle Restaurant, in dem heißgeliebte gegrillte Köstlichkeiten in entspannter Atmosphäre serviert werden. Die Speisekarte hat außerdem eine große Vielfalt schmackhafter Soßen zu Hähnchen-, Schweine- oder Rindfleisch sowie Tintenfisch, gefüllte Forelle und Paella zu bieten. Die Preise sind angemessen, das Fleisch wird nach den Wünschen der Gäste zubereitet.

★ Casa Tomada
CAFÉ

(☎ 0388-424-4350; www.facebook.com/agustina. pachtman; Ramírez de Velasco 253; ⊗ Mo-Do 8.30–15 & 21–1, Fr & Sa bis 6 Uhr) Ein flippiges Kunstcafé, das sich nach Sonnenuntergang in ein unkonventionelles Kulturzentrum mit einem vielfältigen Programm verwandelt: Kurse in Tai-Chi und Musik werden veranstaltet, Live-Musik ist bis tief in die Nacht zu hören. Gäste können ein Essen u. a. von einer guten vegetarischen Karte auswählen.

☆ Unterhaltung

Plaza Ricardo Vilca
KUNSTZENTRUM

(Alvear 1015) Ein Besuch dieser anziehenden, von Mauern umschlossenen Plaza neben dem Stadttheater lohnt sich: Häufig gibt es kulturelle Veranstaltungen, Kunsthandwerksmessen oder Lebensmittelmärkte. Außerdem findet man hier eine nette Bar, eine Tanzschule und Ausstellungsräume.

🛍 Shoppen

Casa Garzon
KUNSTHANDWERK

(☎ 0388-422-3756; Alvear 636; ⊗ 9–21 Uhr) Eine Lederwerkstatt, in der auch Sättel, traditionelle Kuhfelltrommeln, Stiefel, Gürtel, Geldbörsen, Taschen und schicke Hüte verkauft werden. Jedes Stück kann an Kundenwünsche angepasst werden, wenn diese genügend Zeit mitbringen.

ⓘ Praktische Informationen

Bolivianisches Konsulat (☎ 0388-424-0501; www.consuladodebolivia.com.ar; Ramírez de Velasco 145, La Quiaca; ⊗ Mo-Fr 7–13 Uhr)

Hospital Pablo Soria (☎ 0388-422-1256; www.msaludjujuy.gov.ar; Güemes 1345)

Städtische Touristeninformation (☎ 0388-402-0246; www.sansalvadordejujuy.gob.ar; Ecke Alvear & Otero; ⊗ 7–22 Uhr) Freundlich und zentral gelegen. Die Öffnungszeiten wechseln je nach Personalbesetzung.

Post (www.correoargentino.com.ar; Belgrano 1136; ⊗ Mo-Fr 8.30–13 & 17–20 Uhr)

Touristeninformation der Provinz (☎ 0388-422-1325; www.turismo.jujuy.gov.ar; Canónigo Gorriti 295; ⊗ Mo-Fr 7–22, Sa & So 8–21 Uhr) Eine hervorragende Einrichtung an der Plaza mit gutem Infomaterial und hilfreicher Beratung.

ⓘ An- & Weiterreise

BUS

Der neue **Busbahnhof** liegt 6 km südöstlich vom Stadtzentrum entfernt. Zur seiner großartigen Ausstattung gehören Duschbäder und eine **Touristeninformation** (Busbahnhof; ⊗ Mo-Fr 7.30–21.30, Sa & So 8–13 & 15.30–21.30 Uhr).

Tägliche Busverbindungen, die von Salta nach Chile führen, haben hier ihre Haltestellen.

FLUGZEUG

Flüge von **Aerolíneas Argentinas** (☎ 0388-422-2575; www.aerolineas.com.ar; San Martín 96; ⊗ Mo-Fr 8.30–12.30 & 16.30–20.30, Sa 8.30–12.30 Uhr) mit den Zielen Buenos Aires und Córdoba werden vom **Aeropuerto Horacio Guzmán** (☎ 0388-491-1102), 33 km südöstlich vom Stadtzentrum in Jujuy, abgefertigt.

ⓘ Unterwegs vor Ort

Ein **Flughafen-Shuttlebus** (☏ 0388-15-432-2482) startet 3-mal tgl. an der Straßenecke zwischen Canónigo Gorriti und Belgrano in Übereinstimmung mit den Ankunfts- und Abflugzeiten; eine Alternative ist eine Fahrt in einer *remise* (340 Arg$).

Mehrere städtische Busse fahren zum Busbahnhof (5,50 Arg$), darunter die Linien 8A und 9A ab Canónigo Gorriti zwischen San Martín und Independencia. Vom Busbahnhof führen mehrere Buslinien regelmäßig ins Stadtzentrum.

Hertz (☏ 0388-422-9582; www.hertz.com; Balcarce 578; ⊙ Mo–Sa 9–13 & 17–21 Uhr) ist eine zentral gelegene Autovermietung; außerdem gibt es weitere Mietwagenagenturen im Flughafen.

Busse ab Jujuy

REISEZIEL	FAHRPREIS (ARG$)	FAHRZEIT (STD.)
Buenos Aires	2482	20–23
Córdoba	1275–1530	12–16
Humahuaca	105	2
La Quiaca	230	4–5
Mendoza	2074	21
Purmamarca	67	1¼
Salta	175	2
Salvador Mazza	612	7
Tilcara	70	1¾
Tucumán	578	5

Las Yungas

Die östliche Provinz Jujuy liegt in einer feuchtwarmen, fruchtbaren subtropischen Zone, wo der trockene, baumlose Altiplano in einen Bergwald und stellenweise in dichten Nebelwald übergeht. Es ist ein spektakuläres Gebiet mit einer dichten Vegetation in kraftvoll leuchtenden Grüntönen. Den Mittelpunkt dieser fruchtbaren Region bildet der hinreißende Parque Nacional Calilegua, der von Wanderwegen sowie einer Fahrstraße durchzogen ist, die zu den landschaftlich schönsten im nordwestlichen Argentinien gehört.

Parque Nacional Calilegua

Parque Nacional Calilegua   NATIONALPARK
(☏ 03886-422046; www.parquesnacionales.gob.ar/areas-protegidas/region-noroeste/pn-calilegua; San Lorenzo; ⊙ Öffnungszeiten der Wanderwege 8–15 Uhr) GRATIS Ein leicht zugänglicher, schöner und artenreicher Park, der sich zu den Gipfeln der Bergkette Serranía de Calilegua hinauf in Höhen erstreckt, von denen sich eine grenzenlose Sicht über die Wälder bis zum Chaco in östlicher Richtung öffnet.

Eine spektakuläre, 22 km lange Straße schlängelt sich durch den Park, steigt von 550 auf 1700 Höhenmeter an und führt durch die drei Waldarten, die die verschiedenen Höhenlagen des Parks kennzeichnen. An dieser Straße beginnen zehn markierte Wanderwege, von zehnminütigen Spaziergängen bis zu abschüssigen Abstiegen ins Tal hinunter. Vögel und Säugetiere sind am besten frühmorgens oder am späten Nachmittag in der Nähe der Flussläufe zu beobachten. Die meisten Wege sind vom Parkeingang zu Fuß zu erreichen. Für die längeren Wanderungen bieten sich Parkranger als kundige Guides an.

🛏 Schlafen

Hostería Benítez   HOTEL $
(☏ 03886-433119; benitezhosteria@gmail.com; 19 de Abril s/n, Calilegua; EZ/DZ 45/60 US$; ✱ 🛜) An der parkähnlichen Plaza im Herzen von Calilegua empfängt die Hostería Benítez ihre Gäste mit der herzlichen Freundlichkeit eines Familienbetriebes und bietet saubere, komfortable und gut gepflegte Zimmer mit Hotelstandard. Ein gutes Frühstück und Abendessen wird in einem ansprechenden Speiseraum serviert, darunter eine kleine vegetarische Auswahl. Mais mit Zitronensaft ist eine der köstlichen Kreationen.

Jardín Colonial   GUESTHOUSE $
(☏ 03886-430334; eljardincolonial@hotmail.com; San Lorenzo s/n, Calilegua; DZ 30 US$; P ✱ 🛜 ≋) Jardín Colonial ist ein 100 Jahre altes Anwesen: ein Bungalow mit attraktiven Zimmern und einem dicht bewachsenen Garten voller Skulpturen. Es ist preiswert und lässig: Die Zimmertüren haben keine Schlüssel, die Gäste sind sich selbst überlassen. In den umgebenden Bäumen lassen sich Tukane zur Rast nieder. Ein Frühstück ist für 3 US$ extra zu bekommen.

ⓘ Praktische Informationen

Die **Ranger-Station** (calilegua@apn.gov.ar; ⊙ 9–13 & 14–18 Uhr) liegt in Aguas Negras, dem Parkeingang, und ist die beste Informationsquelle über die Wanderrouten und den Zustand der Wege. Eine zweite Station liegt bei Mesada de las Colmenas auf halbem Weg an der Nationalparkstraße.

Quebrada de Humahuaca

Die Wind und Wetter ausgesetzten Felsen und die Vielfalt der Farben, die sich im Lauf des Tages ändern, machen dieses Tal zu einem Highlight im Nordwesten. Außerdem lohnt es sich, die Dörfer der Ureinwohner in diesem Tal zu entdecken.

Iruya

Das abgelegene Dorf erreicht man nach einer langen Fahrt über einen Gebirgspass. Hier bekommt man einen Eindruck vom traditionellen indianischen Leben. Das beschauliche Dorf wird umgeben von eindrucksvollen Felswänden. Das Leben ist ruhig und gemächlich (S. 290).

Purmamarca

Die kleine Stadt liegt inmitten von Bergen, die in den strahlendsten Farben schimmern. Besonders empfehlenswert ist der großartige Künstlermarkt auf dem Dorfplatz (S. 282).

Tilcara

Wegen der vielen guten kleinen Hotels, der atemberaubenden Landschaft und der von Kakteen bestandenen Ruinen einer Befestigungsanlage der Ureinwohner ist Tilcara für viele das Lieblingsziel in der Quebrada (S. 284).

Humahuaca

In dem größten Ort des Tales herrscht eine ursprüngliche Atmosphäre; der Ort ist ein guter Ausgangspunkt für die Erkundung der Region. Malerische Gassen, Kunsthandwerk und typische Gerichte des Nordwestens, z. B. *locro* und Lamaeintopf, sind die Highlights (S. 289).

Uquía

In diesem Dorf steht die auffälligste Kirche der Gegend, ein wunderschönes Gebäude aus dem 17. Jh., in dessen Innerem Gemälde mit Engeln zu sehen sind, die Schusswaffen tragen (S. 288).

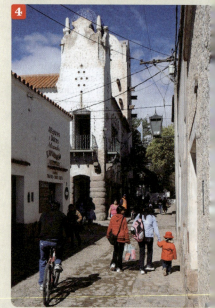

1. Iruya 2. Markt in Purmamarca
3. Pucará (S. 284), Tilcara 4. Humahuaca

ℹ An- & Weiterreise

Haltestellen für die regelmäßig verkehrenden Busse zwischen Jujuy oder Salta und Salvador Mazza befinden sich in Libertador General San Martín und Calilegua; Busse halten auf Wunsch eventuell. auch an der Nationalparkkreuzung, etwa 3 km nördlich der Ortsmitte Libertadors und rund 2 km südlich von Calilegua. Von dort sind es nur noch 8 km zur Rangerstation Aguas Negras; das Verkehrsaufkommen ist relativ hoch, sodass Fahrten per Anhalter gut möglich sind. Die Station ist von beiden Orten aus auch leicht mit dem Taxi zu erreichen.

Quebrada de Humahuaca

Im Norden von Jujuy erstreckt sich die eindrucksvolle Quebrada de Humahuaca in nördlicher Richtung bis nach Bolivien. Es ist eine abweisende und doch lebendige Landschaft, ein trockener und dabei von Wasserläufen durchzogener Canyon vor dem Hintergrund von Berghängen, deren Sedimentschichten zu spektakulären Formationen mit bogenförmigen Konturen gefaltet wurden und ein Spektrum von Farben in sanften Wellenlinien enthüllen. Die Farbpalette des Tales – einer Welterbestätte der Unesco – wechselt beständig zwischen cremefarbenen Weißtönen und leuchtenden, tiefen Rottönen. Die Felsformationen erinnern an manchen Stellen an die gezackten Zähne von Haifischen oder an das knorrige Rückgrat urweltlicher Ungeheuer.

Im Tal verstreut liegen verlassen wirkende, malerische indigene Dörfer, in denen sich eine vielfältige Auswahl von Unterkünften findet – neben historischen Adobe-Kirchen, kunsthandwerklichen Werkstätten und gemütlichen Restaurants, in denen nahrhaftes *locro* und Lamafleisch auf den Tisch kommen. Es überrascht nicht, dass die Region seit einigen Jahren einen Tourismusboom erlebt, als Reiseziel von internationaler Bedeutung wird sie bisher jedoch nicht wahrgenommen. Diese Gegend wird niemand für sich allein haben können, aber in einer Landschaft von so magischer Ausstrahlung scheint das nicht viel auszumachen.

Purmamarca

📞 0388 / 900 EW. / 2192 M

Das kleine Purmamarca, etwa 3 km westlich der Landstraße, liegt am Fuß des berühmten Cerro de los Siete Colores (Hügel der sieben Farben), dessen jenseitig anmutende gezackte Form der Marzipankreation eines größenwahnsinnigen Konditors gleicht. Das Dorf ist eine Postkartenschönheit mit Adobe-Häusern und alten Algarobobäumen bei der schmucken Kirche aus dem 17. Jh. Deshalb und wegen der Nähe zu Jujuy ist Purmacara sehr touristisch. Wer ein authentisches Andendorf sucht, fährt am besten gleich weiter. Trotzdem ist Purmacara wirklich schön und eine gute Adresse, um Webwaren zu kaufen. Auf der Dorf-Plaza wird jeden Tag ein gut besuchter Markt abgehalten.

Auf jeden Fall sollte man auf dem leichten, aber lohnenden 3 km langen Weg rund um den Cerro de los Siete Colores wandern, dessen intensives Farbenspiel sich am besten in der Morgen- oder Abendsonne bewundern lässt.

🛏 Schlafen

Angesichts der großen Touristenzahlen ist es ratsam, Unterkünfte in Purmamarca, vor allem an Wochenenden, rechtzeitig zu buchen. Das Gute daran: Die Qualität der Unterkünfte ist in diesem ansprechenden Ort hoch.

Hostal Inti Kay   HOSTEL $
(📞 0388-407-6204; Belgrano 205; DZ 41 US$; ❄️ 🛜) Am Rand der Plaza gelegen, besitzt das Hostel fünf Zimmer mit Fliesenböden, Balkendecken und Holzmöbeln; sie grenzen an einen Innenhof – über den Dächern der Häuser blicken die hochragenden Berggipfel herein. Eine der wenigen Unterkunftsmöglichkeiten von Purmamarca in der günstigen Preisklasse.

⭐ Huaira Huasi   LODGE $$
(📞 0388-490-8070; www.huairahuasi.com.ar; RN 52, Km 5; Zi. Standard/Superior 94/106 US$; 🅿️ ❄️ 🛜) Eines aus einer Handvoll charaktervoller Hotels, die oberhalb des Dorfes an der Hauptstraße nach den Salinas Grandes liegt. Die Lodge hebt sich durch ihre majestätischen Ausblicke über das Tal und schöne terrakottafarbene Adobe-Gebäude besonders hervor. Jedes der Zimmer ist einzigartig, alle sind wunderschön mit heimischen Stoffen und Cardón-Holz eingerichtet. Die Superior-Zimmer bieten Platz für drei Gäste.

⭐ Los Colorados   APARTMENT $$
(📞 0388-490-8182; www.loscoloradosjujuy.com.ar; Chapacal s/n; DZ/4BZ ab 124/190 US$; 🅿️ ❄️ @ 🛜) Diese seltsam anziehenden Apartments wirken in ihrem futuristischen Stil wie Kulissen eines Science-Fiction-Films und ver-

mitteln das Gefühl, in einem Boutiquehotel eines Wüstenplaneten gelandet zu sein. Die Räume sind in den *cerro* hineingebaut und verschmelzen mit ihm. Alle sind stilvoll, geräumig und behaglich – ein schöner Rückzugsort und eine hervorragende Option für Familien.

La Casa Del Abuelo LODGE $$

(☏ 0388-478-9164; Salta s/n; DZ ab 88 US$; ✱ ☎) Ein hübsches, weitläufiges Anwesen, drei Häuserzeilen von der Plaza in Purmamarca entfernt. Die Zimmer besitzen Keramikfliesenböden und Balkendecken, die Wände sind mit Keramiken verziert. Ein weiter Blick über die Berge öffnet sich vom Frühstückszimmer aus. Im Vergleich zu den in Purmamarca üblichen Preisen kann die Casa Del Abuelo als die beste Lodge in ihrer Preisklasse gelten.

La Comarca BOUTIQUEHOTEL $$

(☏ 0388-490-8098, 0388-490-8001; www.lacomarcahotel.com.ar; RN 52, Km 3.8; EZ/DZ 114/145 US$; P ✱ @ ☎ ≋) An der Hauptstraße, dabei in fußläufiger Nähe zur Ortsmitte gelegen, bietet das gut geführte Hotel eine Auswahl von süßen malvenfarbenen Zimmern mit einer Aussicht auf einen sorgfältig gepflegten Rasen und Garten. Das Hauptgebäude bietet einen Lounge-Bereich, eine Sauna, einen hübschen kleinen Pool und weitere Annehmlichkeiten. In den Häusern und Hütten können bis zu sechs Gäste übernachten; sie werden freundlich und zuvorkommend umsorgt. Die Ausblicke sind fantastisch.

Colores de Purmamarca CABAÑAS $$$

(☏ 0388-15-5598-6605; San Martín 600; cabañas 182 US$; P ✱ ☎ ≋) Alle Räume der *cabañas* liegen auf zwei Ebenen mit zwei Schlafzimmern in der unteren Etage – darunter eine Master-Suite – sowie einem Wohnraum und einer vollständig ausgestatteten Küche in der oberen Etage, von einer Terrasse blickt man auf die Siete Colores. Es gibt einen WLAN-Router in der Lobby und außerdem einen kleinen Pool. Jede *cabaña* kann vier Gäste beherbergen und ist für Familien gut geeignet.

✘ Essen

In allen Restaurants Purmamarcas wird eine Regionalküche des argentinischen Nordwestens in guter Qualität angeboten, jedoch fällt keines davon als besonders herausragend auf.

KARNEVAL IN DER QUEBRADA

Die faszinierendsten Karnevalsfeiern Argentiniens finden in der Quebrada de Humahuaca im Februar/März statt. Indigene Traditionen wurden mit Bräuchen der spanischen Eroberer verschmolzen und brachten eine lebendige Mischung hervor. Die Feiern beginnen am Samstag, der 50 Tage vor Ostersonntag liegt. In jedem Ort wird eine Teufelsfigur an jener Stelle ausgegraben, an der sie ein Jahr zuvor vergraben worden war – unter großem Lärm wird sie in einer Prozession in den Ort getragen und zur Schau gestellt. Darauf erhebt sich ein acht Tage dauerndes, ausgelassenes Tanz- und Trinkfest. Der Teufel wird anschließend erneut begraben und die Sünde somit ein weiteres Jahr lang unter Verschluss gehalten.

La Posta ARGENTINISCH $

(Rivadavia; Hauptgerichte 130–260 Arg$; ⊙ 12–15 & 20–22 Uhr) Ein renommiertes Restaurant an der Plaza. Aus der Küche kommt überwiegend Gebratenes: Lama, Lammkeulen, Steaks, Forelle und Huhn. Nur ein einziges vegetarisches Pastagericht kommt den Wünschen nach fleischlosem Genuss entgegen. Davon abgesehen ist das Haus einladend und eine gute Wahl.

Kuntur ARGENTINISCH $$

(☏ 0388-403-4052; Lavalle 209; Hauptgerichte 150–190 Arg$; ⊙ 11.30–15.30 & 20 Uhr bis open end) Ein bezauberndes und zu Recht beliebtes Restaurant, von einem Küchenchef geführt, der Lama in zahllosen Variationen, Quinoa-Risotto, *cazuelas* (Eintöpfe) mit Ziegenfleisch, Pizza, Pasta und vieles mehr zubereitet. Auf fantasievolle Art erfüllt er auch Wünsche nach vegetarischen Gerichten. Im einladenden Patio hinter dem Haus sitzen Gäste gern bis tief in die Nacht beim Bier.

La Diablada ARGENTINISCH $$

(☏ 0388-409-2777; Florida; Hauptgerichte 150–190 Arg$; ⊙ 11–23 Uhr; ☎) Ein niedlicher Speiseraum mit Fliesenfußboden. Hier wird das Kochbuch des nordwestlichen Argentinien aufgeschlagen: Rindfleisch, Lama, eine Auswahl von *cazuelas* und Forelle in mehreren Variationen. Während der Tourismussaison ist an den meisten Abenden auch Livemusik zu hören.

NACH CHILE ÜBER SUSQUES

Eine befestigte Straße führt beharrlich ansteigend von Purmamarca durch ein karges Hochland auf einen 4150 m hohen Pass und durchquert dann eine Hochebene, die zum Teil von den Salinas Grandes bedeckt ist. In die zivilisierte Welt kehrt man in Susques, 130 km von Purmamarca, zurück, dort gibt es eine Tankstelle und einen Geldautomaten.

Susques besitzt mit seiner märchenhaften **Dorfkirche** (Spende erbeten; ⊙ 8–18 Uhr) einen triftigen Grund, um hier anzuhalten. Sie stammt aus dem Jahr 1598, besitzt ein Strohdach, eine Decke aus Kakteenholz und einen Fußboden aus festgetretenem Lehm sowie charismatische, naive Malereien von Heiligen an den weiß getünchten Adobe-Wänden. Eine Touristeninformation an der Hauptstraße ist gelegentlich geöffnet. Im Ort gibt es schlichte Übernachtungsmöglichkeiten.

Hinter Susques führt die Straße weiter zum 154 km entfernten Paso de Jama (4230 m), es ist eine spektakuläre Fahrt. Hier verläuft die chilenische Grenze, davor befindet sich der argentinische Grenzübergang (8–24 Uhr geöffnet). Bei der Einreise wird eine Touristenkarte ausgestellt. Hier gibt es Benzin. Früchte, Gemüse oder Koka-Blätter dürfen keinesfalls nach Chile eingeführt werden – es finden Kontrollen statt. Die befestigte Straße führt weiter nach San Pedro de Atacama.

Busse fahren täglich von Jujuy nach Susques (194 Arg$, 4–5 Std.) über Purmamarca (90 Arg$). Busverbindungen aus Salta und Jujuy nach Chile haben hier Haltestellen.

❶ Praktische Informationen

An der Plaza findet man einen Geldautomaten.
Touristeninformation (☎ 0388-490-8443; Florida s/n; ⊙ ganzjährig 7–12 & 14–19 Uhr, erweiterte Öffnungszeiten im Jan. & Feb.) Am Rand der Plaza von Purmamarca. Die Öffnungszeiten sind unregelmäßig.

❶ An- & Weiterreise

Busse fahren nach Jujuy (67 Arg$, 1¼ Std.) oder Tilcara (ab 17 Arg$, 30 Min.) und Humahuaca (ab 50 Arg$, 1¼ Std.). Zu Fuß oder per Taxi (30 Arg$) kommt man zur Hauptstraßenkreuzung, dort führen weitere Buslinien entlang.

In Purmamarca gibt es keine Tankstelle; die nächste befindet sich 25 km nördlich in Tilcara. In westlicher Richtung liegt die nächste Tankstelle in Susques, eine 130 km lange, ansteigende Fahrt entfernt. Südwärts ist die nächste Tankstelle in Jujuy (62 km) zu erreichen.

Tilcara

☎ 0388 / 4700 EW. / 2461 M

Viele Besucher wählen das bildschöne Tilcara als Ausgangspunkt für Ausflüge in die Quebrada de Humahuaca. Das Nebeneinander einer jahrhundertealten Lebensweise, wie sie von den heimischen Bauern gepflegt wird, und dem modernen Jetset, das von Großstadtflüchtigen auf der Suche nach ländlicher Ruhe hierhergetragen wird, hat eine interessante Balance in den Straßen der Stadt hervorgebracht: eine städtische Szene, die ebenso fremdartig reizvoll wie leicht zugänglich ist. Der touristische Andrang hat dazu beigetragen, dass fremde Gäste auf gewohnte Annehmlichkeiten nicht verzichten müssen. Eines jedoch wirkt gleichermaßen faszinierend auf heimische wie auf touristische Besucher: die Berge, die ringsum aufsteigen, als wollten sie Neuankömmlinge ermahnen, dass in größter Nähe zum modernen Komfort eine abenteuerliche Naturwelt liegt.

⊙ Sehenswertes & Aktivitäten

Überall wird mit Telefonnummern für *cabalgatas* (Reitausflüge) geworben; in den meisten Unterkünften können Ausritte arrangiert werden. Bergführer für Wanderungen in die Umgebung sind bei der Touristeninformation (S. 288) anzutreffen. Im Ort gibt es außerdem zwei hervorragende Trekking-Veranstalter.

Pucará RUINEN
(☎ 0388-422-1325; Eintritt inkl. Museo Arqueológico Erw./Stud. 100/25 Arg$; ⊙ 9–18 Uhr) Die rekonstruierte präkolumbische Festung, die *pucará*, befindet sich etwa 1 km südlich des Zentrums von Tilcara jenseits einer Eisenbrücke. Das Fort liegt strategisch günstig und bewacht das Flusstal in beide Richtungen. Die Ruinen stammen aus dem 11. bis 15. Jh., der Ort war jedoch schon vorher besiedelt. Die Aussicht ist schön; in der Nähe des Eingangs liegt ein Botanischer Garten.

Die Rekonstruktion aus den 1950er-Jahren hat sich einige Freiheiten herausgenommen, die jedoch umstritten sind. Schlimmer ist jedoch das lächerliche Denkmal genau dort, wo eigentlich die Plaza hingehört, das die Pionierarbeit der Archäologen ehren soll. Nichtsdestotrotz gewährt die Stätte einen guten Eindruck davon, wie eine befestigte Stadt ausgesehen haben mag. Am interessantesten ist die „Kirche", ein Gebäude mit einem kurzen gepflasterten Weg, der zu einem Altar führte. Bemerkenswert ist die Nische an der längsseitigen Mauer.

Museo Arqueológico MUSEUM
(Belgrano 445; Eintritt inkl. Pucará Erw./Stud. 100/25 Arg$; 9–18) Die gut präsentierte Sammlung von Fundstücken aus der Region ist in einem prächtigen Kolonialbau untergebracht und umfasst auch Stücke aus der *pucará* (einer frühen indianischen Festungsstadt) im Süden der Stadtmitte. Die Ausstellung gewährt Einblicke in das Leben einer Stadt zur damaligen Zeit (ab dem 11. bis ins 15. Jh.). Ein Saal ist zeremoniellen Masken gewidmet und besonders eindrucksvoll.

Garganta del Diablo WANDERN
(Eintritt 20 Arg$) Von mehreren interessanten Wandermöglichkeiten rund um Tilcara ist die etwa 4 km lange Wanderung zur Garganta del Diablo am beliebtesten – ein schöner Cañon, der zu einem Wasserfall führt. Die Wanderer gehen auf die *pucará* zu, die etwa 1 km südlich der Ortsmitte auf der anderen Seite einer Eisenbrücke liegt, biegen aber links ab, ohne die Brücke zu überqueren, und wandern am Fluss entlang. Am schönsten ist dort das Schwimmen am Morgen, wenn das Sonnenlicht auf das Becken fällt.

Zum Cañon führt auch eine Fahrstraße.

Geführte Touren

In der Stadt bieten Veranstalter Ausflüge in die Quebrada und die Salinas Grandes an. Eine spektakuläre mehrtägige Trekkingtour in den Parque Nacional Calilegua wird unter der empfehlenswerten Führung von **Juan Pablo Maldonado** (0388-15-504-5322) angeboten.

★ Caravana de Llamas TREKKING
(0388-495-5326, 0388-15-408-8000; www.caravanadellamas.com; Huasamayo 976) Ein äußerst empfehlenswerter Veranstalter von Lama-Trekkingtouren unterschiedlicher Dauer: 90 Minuten dauernde (425 Arg$) sowie Halbtages- (850 Arg$) und Ganztagestouren (1700 Arg$) oder mehrtägige Ausflüge (ab 4080 Arg$). In unterschiedlichen Schwierigkeitsstufen führen die Touren rund um Tilcara, Purmamarca und die Salinas Grandes. Die Guides sind sympathisch und kennen sich gut in der Gegend aus. Lamas sind Lastenträger, keine Reittiere: Die Teilnehmer gehen zu Fuß neben den Tieren her, die das Gepäck tragen. Einfach vorbeikommen und sich zuvor mit den Tieren vertraut machen.

Tilcara Trekking TREKKING
(0388-505-4755, 0388-15-505-4755; www.tilcara-trekking.com) Zum Programm gehören Überlandausflüge, Tageswanderungen, mehrtägige Trekking-Touren und Bergwan-

---

ℹ NACH BOLIVIEN ÜBER SALVADOR MAZZA ODER AGUAS BLANCAS

Die RN 34 verläuft über Calilegua bis zum nördlichsten besiedelten Ort Argentiniens, Salvador Mazza (auch: Pocitos) an der Grenze zu Bolivien. Nach dem Überqueren der Grenze (24 Std. geöffnet) können Reisende ein Sammeltaxi zum 5 km entfernten Yacuiba in Bolivien nehmen, dort fahren Busse nach Tarija und Santa Cruz. Es gibt kein bolivianisches Konsulat, ein Touristenvisum ist in Jujuy oder Salta erhältlich. Nach Salvador Mazza fahren zahlreiche Busse aus Jujuy, Salta und von weiteren Orten.

In diesem Gebiet gibt es einen weiteren Grenzübergang – die internationale Brücke zwischen Aguas Blancas und Bermejo; von dort führen gute Busverbindungen weiter nach Tarija. Nach Aguas Blancas fährt ein Bus aus Salta, regelmäßigere Busverbindungen führen jedoch nach Orán, von dort fahren Sammeltaxis nach Aguas Blancas (sie fahren gegenüber dem Busbahnhof ab).

Schwarz betriebene Sammeltaxis vor dem Busbahnhof von Salta fahren direkt an die bolivianische Grenze und kosten nur wenig mehr als eine Busfahrt; sie sind schneller am Ziel, können aber unbequem sein, wenn sie vollbesetzt sind.

derungen zu schneebedeckten Vulkangipfeln, darunter der 6739 m hohe Volcán Llullaillaco. Wer abseits der ausgetretenen Pfade in die dünne Luft der andinen Bergwelt vordringen will, findet bei diesem Veranstalter etwas Passendes.

Runa Tour KULTURELL
(0388-495-5388; www.runatour.tur.ar; Belgrano 481; 1-/2-/3-tägige Ausflüge 200/350/400 US$) Dieser Veranstalter bietet interessante Ausflüge zu indianischen Siedlungen an, bei denen die Teilnehmer die Kultivierung von Mais und Quinoa kennenlernen und archäologische Stätten besichtigen können. Diese Tour kann mit Ausritten oder Fahrten zur spektakulären Serranía de Hornocal (S. 289), einer gezackten Reihe von „Felszähnen", verbunden werden. Eine weitere Alternative führt über die Berge und hinunter zu den Yungas, wobei Reiten und Fahren sich abwechseln bzw. die ganze Tour auf dem Pferderücken zurückgelegt wird.

Feste & Events

In Tilcara werden im Jahreslauf mehrere Feste begangen. Das – neben Karneval – bedeutendste ist der **Enero Tilcareño** (Jan.), zu denen sportliche, musikalische und kulturelle Veranstaltungen gehören. Ein Fest des Ureinwohner wird zu Ehren von **Pachamama** (Anfang Aug.), der Mutter Erde, mit viel Musik, Tanz und fantasievollen Trachtenumzügen durch die Stadt begangen.

Schlafen

La Calabaza CABAÑAS $
(0388-495-5169, WhatsApp 388-15-272442; www.calabazatilcara.com.ar; Sarahuaico s/n; DZ/4BZ 70/129 US$; P) Auf der (vom Stadtzentrum Tilcaras aus) gegenüberliegenden Seite der Hauptstraße liegt das niedliche Hüttendorf mit einer lässigen Hippieatmosphäre und freundlicher Gastlichkeit. Der Ausblick: spektakulär. Es gibt eine Hütte mit Küche für bis zu fünf Gäste, perfekt für Familien, und ein bezauberndes kleines Doppelzimmer – vom Bett bietet sich ein schöner Ausblick – mit Gelegenheit zum Tee- und Kaffeekochen. Im Sommer gilt ein Mindestaufenthalt von drei Übernachtungen. Ein Frühstück ist extra zu zahlen.

Malka PENSION, HOSTEL $
(0388-495-5197; www.malkahostel.com.ar; San Martín 129; B 25 US$, DZ 59–88 US$, cabañas 82–165 US$; P) Ein ländliches Anwesen mit einer Pension und einem Hostel. Die ungestörte, beschattete Lage, sorgfältig in verschiedenen Stilen gestaltete Schlafsäle und schicke steinverkleidete Zimmer mit Hängematten und Liegestühlen machen das Haus zu einem Refugium, in dem man unversehens länger bleibt als geplant. Ein weiterer guter Grund zum Verweilen ist ein Yoga- und Meditationsraum, in dem auch Kurse veranstaltet werden.

Vor der Kirche stehend, wendet man sich nach links eine Häuserzeile weiter, dann nach rechts und folgt dieser Straße.

La Casa del Indio PENSION $
(0388-495-5441; www.argentinaturismo.com.ar/casadelindio; Ambrosetti 100; DZ/3BZ ab 40/65 US$;) Eine ansprechende Pension, die nur aus zwei Zimmern besteht; sie grenzen neben dem Wohnhaus der Familie an einen entzückenden kleinen Innenhof. In einem einfachen und traditionellen Stil, von schönen Steinwänden umgeben, finden Gäste hier Stille, Ungestörtheit und Behaglichkeit – und einen wild wuchernden Garten. Das Haus ist nicht leicht zu finden: vom Busbahnhof direkt bergauf, dann die dritte Seitenstraße auf der rechten Seite.

★ **Antigua Tilcara** PENSION, HOSTEL $$
(0388-527-3805; www.antiguatilcara.com.ar; Sorpresa 484; DZ 71–92 US$; @) Ein hübsches rotes Adobe-Haus, von Blumen umrankt, liegt am oberen Ende eines Feldweges außerhalb der Stadt, wo alle Bergstraßen scheinbar im Nichts enden. Die Zimmer sind wunderschön, mit Keramikfliesenböden, freiliegenden Ziegelwänden, Holzmöbeln und kunstvollen Akzenten, z. B. Leuchten aus Kakteenholz, ausgestattet. Die Gäste werden charmant, entspannt und gewissenhaft umsorgt.

★ **Cerro Chico** CABAÑAS $$
(0388-495-5744; www.cerrochico.com; DZ ab 106 US$; P) Etwa 2 km von der Stadt führt ein Feldweg auf dieses attraktive, rustikale Hüttendorf zu, das eine Fläche von 4 ha an einem Berghang einnimmt, prachtvolle Ausblicke auf die Quebrada und eine Atmosphäre der Entrücktheit und Entspannung bietet. Die Standardhütten sind eng, aber hübsch; von ihren offenen Frontseiten öffnen sich majestätische Ausblicke, die weit über einen Hanggarten, einen Pool und ein frischgebackenes Weingut hinwegreichen.

Die umwerfende kleine Feriensiedlung ist zu erreichen, indem man sich hinter der Brücke, die nach Tilcara führt, nach links wendet und den Wegweisern folgt. Üblicherweise gilt hier ein Mindestaufenthalt von drei Übernachtungen.

Patio Alto   HOTEL, HOSTEL $$
(📞0388-495-5792; www.patioalto.com.ar; Torrico 675; B 35 US$, DZ ab 71 US$; 🅿@🛜) Die Gäste können in diesem Spitzenhotel der Stadt große, moderne Zimmer mit noblen Designelementen im Stil von Industriebauten erwarten. Ein gutes Frühstück, ein Nachmittagstee und andere fürsorgliche Details sind in den Preisen inbegriffen. Außerdem gibt es einen anspruchsvoll gestalteten Schlafsaal, der in seiner Ausstattung nicht weniger schön ist als die Hotelzimmer, mit vier Einzelbetten, Schließfächern und einer Gästeküche. Eine besondere Art der Übernachtung in großartiger Atmosphäre.

Posada de Luz   LODGE $$
(📞0388-495-5017; www.posadadeluz.com.ar; Ambrosetti 661; Zi. 94–129 US$; 🅿@🛜♨) Mit seinem modern-ländlichen Charme ist die kleine Lodge ein fantastischer Ort, um ein paar Tage der Ruhe zu kommen. Nur die teureren Zimmer sind mit Sitzgelegenheiten eingerichtet, doch alle haben Lehmwände nach Adobe-Art, Decken aus Zuckerrohr, dickbäuchige Öfen und eigene Terrassen mit Liegestühlen und weitem Blick über das Tal. Auf dem hübschen Gelände gibt es einen Grillbereich und einen Spielplatz für Kinder. Besonders hervorzuheben ist der aufmerksame, persönliche Service.

Al Sereno   BOUTIQUEHOTEL $$
(📞0388-495-5568; Padilla 537; DZ ab 95 US$; ⊗Rezeption 9–22 Uhr; ❄🛜♨) Zu diesem Boutiquehotel führt ein Feldweg von der Stadtmitte Tilcaras hinauf. Die Zimmer im neuen Anbau, an einem Innenhof mit Rasenfläche und Swimmingpool gelegen, sind ganz besonders zu empfehlen: Sie verfügen über glänzende Betonfußböden und Holzbalkendecken, eine pastellige Farbgestaltung und prachtvolle Bäder.

Cabañas Alas del Alma   LODGE $$
(📞0388-525-0937; www.alasdelalmatilcara.com.ar; Padilla 437; DZ ab 74 US$; 🅿❄🛜) Ein renommiertes Haus der mittleren Preisklasse, das mit seinen fünf Zimmern, ausgestattet mit Holzfußböden, Balkendecken und Bädern mit niedlichen Fliesen Hervorragendes bietet. Einige der Zimmer haben versetzte Ebenen und bieten genügend Platz für vier erwachsene Gäste. Eine großartige Lodge für Familien.

Gaia Habitaciones Boutique   BOUTIQUEHOTEL $$
(📞0388-414-0833; www.gaiatilcara.com.ar; Belgrano 472; EZ/DZ/3BZ 53/88/135 US$; 🛜) Obwohl direkt im Ortszentrum gelegen, gewährt das Hotel einen ungestörten Aufenthalt, vor allem in den oben liegenden Zimmern. Von dort geht der Blick auf einen Innenhof, in dem ein schöner Peruanischer Pfefferbaum prachtvoll gedeiht. Die hübschen Zimmer im Adobe-Stil bieten eine elegante, ländliche Ausstattung und große Duschbäder. Tee und Kaffee stehen für die Gäste kostenlos bereit (jedoch keine Fernsehgeräte, was vielleicht die Ungestörtheit erst vollkommen machen kann).

🍴 Essen

Khuska   ARGENTINISCH $
(📞0388-478-7356; Padilla 533; Hauptgerichte 80–100 Arg$; ⊗16–24 Uhr; 🛜🌿) In einem charmanten, weiten und kreativ aufgemachten Speiseraum kommen regionale Gerichte auf den Tisch, darunter *humitas,* Empanadas und *picadas andinas*, außerdem eine recht gute vegetarische Auswahl. Zu den Gerichten der Andenküche gehören geröstete heimische Kartoffeln, gedünstete Quinoa und gegrillter Ziegenkäse.

Ma'koka   CAFÉ $
(📞0388-509-5617; Belgrano s/n; Sandwiches 60–95 Arg$; ⊗8.30–21 Uhr; 🛜🌿) 🌿 Neben einem bunten Musikmix und interessanten Texten über die Region und die Anden ist in diesem ausgezeichneten Buchladen mit Café auch der wohl beste Kaffee der ganzen Stadt zu bekommen. Dazu gibt es köstliche Kuchen und Sandwiches mit Brot, das mit Kokablättern oder heimischen Getreidesorten hergestellt wird. Auch bei Glutenunverträglichkeit findet man eine gute Auswahl, z. B. Maniokbrot und andere genussvolle Sorten. Der Inhaber besitzt ein reiches Wissen über die indigenen Völker Argentiniens.

Arumi   ARGENTINISCH $
(📞0388-414-6169; Lavalle 660; Hauptgerichte 85–170 Arg$; ⊗Di–So 19–23.30 Uhr; 🛜) Kunstwerke an den Wänden, regelmäßige Live-Veranstaltungen und eine auf behagliche Art elegante abendliche Atmosphäre gehen mit einer Andenküche von hoher Qualität eine gute Verbindung ein. Köstliche *tamales* und appetitliche Eintöpfe haben darin ebenso ihren Platz wie würzig gebratenes Lama- und Rindfleisch, hausgemachte Pasta- und Pizzagerichte.

Gugué
EUROPÄISCH $

(☎ 0388-456-1555; Padilla 490; Hauptgerichte 80–180 Arg$; ⏱ Do-Di 11.30–15 & 20–24 Uhr; 📶) Eine der Restaurant-Bars von Tilcara in einer betont modernen, urbanen Aufmachung. Hier werden Quinoa-Tabouleh, fünf Pizzavariationen, Quiche, gebratene Forelle, einige Pastagerichte und anderes mehr in einem hübschen Speiseraum mit Betonfußboden serviert.

★ El Nuevo Progreso
ARGENTINISCH $$

(☎ 0388-495-5237; www.facebook.com/elnuevoprogreso; Lavalle 351; Hauptgerichte 100–255 Arg$; ⏱ Mo-Sa 18–23.30 Uhr; 📶) Ansprechend und künstlerisch wirkt die Atmosphäre, die sich mit einer köstlichen, wenn auch etwas touristisch ausgerichteten, anspruchsvollen Küche verbindet: einfallsreich zubereitete Lamagerichte, exzellente Grillplatten, eine einzige interessante vegetarische Option und hervorragende Salate. Ziemlich gut ist eine in Spinatblättern gedämpfte Forelle mit gebratenem Kürbis. Die Bedienung kann manchmal etwas arrogant wirken. An Wochenenden sollte rechtzeitig ein Tisch reserviert werden.

El Patio
ARGENTINISCH $$

(☎ 0388-495-5044; Lavalle 352; Hauptgerichte 120–250 Arg$; ⏱ Mi-Mo 11.30–15.30 & 19–23.30 Uhr; 🅿) Versteckt zwischen Plaza und Kirche liegt dieses Restaurant mit einem wunderschönen schattigen Patio, Sitzplätzen in einem Garten und einem behaglichen Innenraum. Es bietet eine vielfältige Auswahl von Salaten, einfallsreiche Lamavariationen und eine Atmosphäre von ruhevoller Ungestörtheit. Präsentation und Portionen der Gerichte könnten besser sein, aber die Qualität ist gut.

🛈 Praktische Informationen

Touristeninformation (Belgrano 366; ⏱ Mo-Fr 8–21, Sa 9–13 & 14–21, So 9–13 Uhr) Hält Infomaterial zu Wanderungen bereit, ist häufig (entgegen der angegebenen Uhrzeit) auch am Sonntagnachmittag geöffnet, kann dafür aber zu anderen Öffnungszeiten manchmal geschlossen sein.

🛈 An- & Weiterreise

Der Busbahnhof liegt an der Hauptstraße, der Belgrano; weitere Busverbindungen haben Haltestellen an der nahe gelegenen Fernstraße. Etwa alle 45 Min. fahren Busse nach Jujuy (70 Arg$, 1½ Std.) und in nördlicher Richtung nach Humahuaca (36 Arg$, 45 Min.) und La Quiaca (164 Arg$, 3 Std.). Mehrere Busse fahren tgl. nach Purmamarca (17 Arg$, 30 Min.) und Salta (240 Arg$, 3½ Std.).

Rund um Tilcara

Maimará, etwa 8 km südlich von Tilcara, ist eine typische Adobe-Siedlung. Der Ort liegt zu Füßen des spektakulären Hügels mit dem passenden Namen Paleta del Pintor (Palette des Malers). Der Friedhof am Hang ist ein verwunderlicher Anblick mit malerischer Kulisse, aber das nette Dorf hat mehr zu bieten, so etwa ordentliche Unterkünfte und eine *bodega* (Weinkellerei).

⊙ Sehenswertes

La Posta de Hornillos
MUSEUM

(Maimará; 50 Arg$; ⏱ 9–18 Uhr) Eine der zahlreichen Poststationen, die zur Zeit des Vizekönigtums die Straße zwischen Lima und Buenos Aires säumten, ist die wunderschön wiederhergestellte Posta de Hornillos, die 11 km südlich von Tilcara liegt. Die Poststation wurde 1772 gegründet und wurde zum Schauplatz mehrerer entscheidender Schlachten des Unabhängigkeitskrieges. Bis zur Eröffnung der Eisenbahnstrecke La Quiaca im Jahr 1908 blieb sie eine bedeutende Reisestation an der Straße nach Bolivien. Zu den interessanten Exponaten gehören einige bedrohliche scharfe Schwerter aus dem 17. Jh., Pfeilspitzen aus dem 16. Jh. und eine schöne Kutsche aus dem 19. Jh.

Das Museum liegt in der Nähe von einem bewirtschafteten Bauernhof vor dem Hintergrund der von Mineralien durchzogenen Berge.

🛈 An- & Weiterreise

Maimará liegt etwa 11 km südlich von Tilcara. Straßenschilder weisen an der Fernstraße auf den Ort hin, der auch mit einer *remise* von Tilcara aus zu erreichen ist (Hin- und Rückfahrt ca. 250 Arg$).

Uquía

📞 03887 / 500 EW. / 2818 M

Uquía ist ein verlassen wirkendes, äußerst stilles kleines Dorf, das am Rand der RN 9 zwischen Tilcara und Humahuaca liegt. Beachtenswert ist es wegen seiner historischen Kirche, deren Malereien schwerbewaffnete himmlische Heerscharen darstellen. Es scheint unglaublich, aber die Engel sind mit Gewehren ausgerüstet. Zu einem guten hausgemachten Essen führt der Weg zum höchstgelegenen Punkt des Ortes hinauf, der ansonsten nur eine kurze Zwischenstation sein kann.

 Sehenswertes

Iglesia de Uquía
KIRCHE

(Eintritt mit Spende; 10–12 & 14–16 Uhr) Es ist schon erstaunlich, die himmlischen Heerscharen mit Vorderladern bewaffnet dargestellt zu finden, aber in dieser schönen Dorfkirche aus dem 17. Jh. ist genau das zu sehen: Eine Sammlung restaurierter Gemälde im Cuzco-Stil – die *ángeles arcabuceros* (Engel mit Hakenbüchsen) – zeigt Gabriel, Uriel und andere Himmelswesen, die zwar auf Gott vertrauen, aber auch gegen jeden Angriff gewappnet sind. Außerdem ist ein vergoldeter Altaraufsatz mit schönen Tafelbildern zu sehen.

Essen

Cerro la Señorita
ARGENTINISCH $

(Viltipoco s/n; Hauptgerichte 85–140 Arg$; 8–20 Uhr) Die beste Adresse für ein gutes Mittagessen liegt drei Häuserzeilen bergauf von der Iglesia de Uquía entfernt (an der Kirche wendet man sich nach links). Im Cerro la Señorita wird eine wunderbare häusliche Koch- und Backkunst gepflegt, zu der frische Erzeugnisse aus dem Garten verwendet werden. Vom kleinen Speiseraum können die Gäste in den Garten blicken. Die Speisekarte führt Quinoa-Burger, Gemüse-Tartes, Lamasteaks mit Pilzen und Kartoffeln sowie Nachspeisen aus der eigenen Bäckerei auf.

An- & Weiterreise

Uquía liegt 33 km nördlich von Tilcara und 12 km südlich von Humahuaca, abseits der Fernstraße, und ist verhältnismäßig einfach mit Bussen zu erreichen, die auf der RN 9 unterwegs sind. Von Tilcara bezahlen Fahrgäste den vollen Preis einer Fahrt nach Humahuaca (36 Arg$) und können sich vom Fahrer vorher bei Uquía absetzen lassen; Gleiches gilt für die Rückfahrt. Eine Hin- und Rückfahrt in einer *remise* ab Humahuaca kostet 200 Arg$.

Humahuaca

03887 / 10 300 EW. / 2989 M

Die größte Siedlung der Quebrada de Humahuaca mit ihren verstreut liegenden Adobe-Häusern und einer malerischen Plaza besonders schön. Doch in den Steingassen braust ein massiver Autoverkehr, die Stadt zeigt dem Tourismus kein Entgegenkommen. Allerdings gibt es gute kunsthandwerkliche Läden, Volksmusiker spielen und singen in den Restaurants. Von den drei Hauptstädten der Quebrada wirkt diese am authentischsten, aber auch am wenigsten einladend. Die meisten fremden Besucher kommen auf Tagesausflügen in die spektakuläre Serranía de Hornocal in die Stadt. In den Nächten wird es kühl – also den Poncho (oder andere wärmende Hüllen) nicht vergessen!

Sehenswertes

★ Serranía de Hornocal
GEBIRGE

Etwa 25 km östlich von Humahuaca präsentiert sich diese gezackte Reihe von „Felszähnen" in überwältigenden Farben. Touren führen hierher, aber der Weg ist auch bei vorsichtiger Fahrweise mit einem Mietwagen zu bewältigen. Am schönsten ist es nach 16 Uhr, wenn die im Westen stehende Sonne strahlende Farbtöne hervorbringt. Nach dem Überqueren der Brücke gleich links abbiegen und der spektakulären Straße folgen (nach 3 km links in eine – über einen kurzen Abschnitt – bessere Straße einbiegen), die bis zu einem 4000 m hohen Pass ansteigt. Dort hält man sich rechts und gelangt nach 1,7 km zum Aussichtspunkt.

Cabildo
BEDEUTENDES BAUWERK

(Plaza Gómez) Der liebenswerte *cabildo* (Rathaus), in den 1940er-Jahren im spanisch-maurischen Stil erbaut, besitzt einen berühmten Glockenturm, aus dem um 12 Uhr mittags eine lebensgroße Figur des San Francisco Solano heraustritt, um den Menschen Segen zu spenden. Besucher sollten etwas früher hierher kommen – die Uhr geht ungleichmäßig. Eine kuriose Tatsache: Die innere Mechanik der Turmuhr hat ein Gewicht von mehr als 1800 kg!

Schlafen

La Humahuacasa
HOSTEL $

(03887-412-0868; www.humahuacasa.com.ar; Buenos Aires 740; B/DZ 11/40 US$;) Mit künstlerischem Flair und individueller Gastlichkeit bietet das zentral gelegene Hostel an einem kleinen Patio gemütliche Schlafsäle mit dicken Matratzen, die in bunte Decken gehüllt sind. Es ist ein geselliger Ort mit einer ordentlichen Küche und einer guten Atmosphäre. Das Haus ist sehr gepflegt und gut geführt. Es gibt ein einziges abgeschlossenes Zimmer – ein Doppelzimmer mit eigenem Bad.

Inti Sayana　　　　　　　　HOSTAL $

(📞 03887-421917; www.intisayanahostal.com.ar; La Rioja 83; DZ ab 36 US$; 🅿🛜) Eine zentral gelegene Unterkunft in der günstigen Preisklasse mit makellosen, gefliesten Zimmern, die bis zu drei Gäste beherbergen können. Die Zimmer grenzen an einen Innenhof und einen Parkplatz. Die Gäste können ihre Kleidung im preisgünstigen Waschsalon des Hauses vom Reisestaub befreien.

Hostería Naty　　　　　　　PENSION $

(📞 03887-421022; www.hosterianaty.com.ar; Buenos Aires 488; EZ/DZ/3BZ 31/35/45 US$; 🅿🛜) Mitten in der Stadt bietet diese freundlich geführte Pension dunkle, einfache und doch behagliche Zimmer von unterschiedlicher Größe und Zuschnitt zu günstigen Preisen. Die einem äußeren Hof zugewandten Zimmer sind ruhiger. Hinter dem Haus befinden sich Parkplätze. Die Gastgeber kennen sich gut aus und haben viele nützliche Tipps und Informationen über die Stadt und ihre Umgebung mitzuteilen.

Essen & Ausgehen

Humahuaca kann nicht mit einem bunten Nachtleben wie im nahe gelegenen Tilcara aufwarten, jedoch findet man entlang der Hauptgeschäftsstraße Cafés und Restaurants mit Livemusik, in denen kühles Bier und guter Wein serviert werden.

Aisito　　　　　　　　　ARGENTINISCH $

(📞 03887-488-6609; Buenos Aires 435; Hauptgerichte 80–150 Arg$; ⏰ 11–15 & 19–23 Uhr; 🛜) In schöner Aufmachung und mit fürsorglichem Service ist dies ein ansprechendes Restaurant mit einer regionalen Küche zu guten Preisen. Köstliche gebackene Empanadas vervollständigen das Angebot an guten Pfannengerichten und saftigem Lamafleisch. Livemusik ist hier an Wochenenden – im Sommer an jedem Abend – zu hören.

Ser Andino　　　　　　　　CAFÉ $

(📞 03887-421659; www.serandino.com.ar; Jujuy 393; Hauptgerichte 80–150 Arg$; ⏰ 9–22 Uhr) Ein heimeliges Café, mit Trockenblumen und Topfpflanzen dekoriert, das zu einem Tourveranstalter gleichen Namens gehört. Gäste können Kaffee, Tee oder ein warmes Gericht bestellen oder auch eine Tour buchen – alles spielt sich im Café ab. Hier werden Pastagerichte, *cazuela de cabrito* (Eintopf mit Ziegenfleisch), Frühstücksvariationen, Tamales und vieles mehr serviert.

Mikunayoc　　　　　　　ARGENTINISCH $

(📞 03887-421442; Ecke Corrientes & Tucumán; Hauptgerichte 50–110 Arg$; ⏰ 11–15.30 Uhr) Die umfangreiche Speisekarte führt interessante Gerichte mit Lamafleisch und eine große Auswahl an Empanadas mit faszinierenden Füllungen auf. Die Salate sind ebenfalls eine gute Option. Die Bedienung ist höflich. Es ist ein angenehmes, buntes Restaurant; über gelegentliche Unaufmerksamkeiten beim Service lässt sich hinwegsehen. Nur Mittagessen.

Pacha Manka　　　　　　ARGENTINISCH $$

(Buenos Aires 457; Hauptgerichte 130–170 Arg$; ⏰ 7–16 & 19.30–22 Uhr; 🛜 🍴) Das Haus ist hundert Jahre alt und wurde zu einem der stilvollen Restaurants der Stadt mit gehobener Küche umgestaltet. Diese ist überwiegend traditionell geprägt und wurde durch ein paar neue Ideen aufgefrischt. Zum Angebot gehören auch *fajitas* und ein würziger Eintopf mit Huhn, der unbedingt probiert werden sollte. Am Morgen sind reichhaltige Frühstücksvariationen zu bekommen.

Shoppen

In der Nähe der Plaza von Humahuaca befindet sich **Manos Andinas** (Buenos Aires 401; ⏰ 8–12 & 15.30–20 Uhr) 🍴, ein kunsthandwerklicher Markt mit *artesanía* aus fairem Handel. Der Kunsthandwerksmarkt nahe dem stillgelegten Bahnhof bietet Waren aus Wolle, Souvenirs und viel Atmosphäre.

ℹ Praktische Informationen

Die **Touristeninformation** (Plaza Gómez s/n; ⏰ Mo–Fr 7–21, Sa & So 9–21 Uhr) befindet sich im *cabildo* (Gemeindehaus).

ℹ An- & Weiterreise

Der **Busbahnhof** (Ecke Belgrano & Entre Ríos) liegt drei Häuserzeilen südlich der Plaza Humahuacas. Regelmäßig fahren Busse nach Salta (175 Arg$, 4½ Std.), Jujuy (105 Arg$, 2¼ Std.) und La Quiaca (103 Arg$, 2–3 Std.). Es gibt 3- bis 4-mal tgl. Busverbindungen nach Iruya (90 Arg$, 3 Std.).

Iruya

📞 03887 / 5900 EW. / 2780 M

Das abgelegene Dorf Iruya hat etwas Märchenhaftes an sich: Nur 46 km von der Hauptstraße entfernt gelegen, wirkt es wie eine völlig andere Welt. Ein zauberhafter Ort, von dem aus die Region Quebrada de Humahuaca abseits der Fernstraße an ein paar Tagen gut erkundet werden kann. Ausgedehnte Wanderwege verzweigen sich rund um den Ort.

Eine Fahrt nach Iruya ist schon an sich lohnenswert. 26 km nördlich von Humahuaca zweigt von der RN 9 eine *ripio* (Schotterstraße) ab, die auf einen 4000 m hohen Pass hinaufführt. Dieser markiert die Grenze zwischen den Provinzen Jujuy und Salta. Hier haben Wanderer einen hohen *apacheta* (Steinhaufen) aufgetürmt. Die weggeworfenen Plastikflaschen dienten als Behälter für Trankopfer an die Pachamama.

In vielen Windungen führt der Weg dann in ein spektakuläres Tal hinab und schließlich nach Iruya, wo eine hübsche gelb-blaue Kirche, steile Straßen, Adobe-Häuser und atemberaubend schöne Berglandschaften (mit hoch am Himmel kreisenden Kondoren) zu bewundern sind. Im Ort lebt eine indigene Dorfgemeinschaft nach traditionellen Sitten und Bräuchen, die empfindlich auf Störungen reagiert.

Es gibt eine Bank mit einem Geldautomaten und eine Tankstelle.

Aktivitäten

Wandern und das Kennenlernen der einheimischen Kultur sind die beiden großen Attraktionen dieser Gegend; es ist leicht, beides miteinander zu verbinden: Wanderungen zu indianischen Siedlungen führen z. B. nach San Isidro (2 Std.) oder San Juan (4 Std.). In beiden Orten gibt es ansprechende Übernachtungsmöglichkeiten bei einheimischen Familien. Führer stehen in Iruya für kurze und längere Trekking-Touren bereit.

Schlafen & Essen

Heimische Gastgeber bieten preiswerte Unterkünfte in ihren Privathäusern an. Ein abgeschlossenes Zimmer kostet etwa 15 US$ pro Gast.

Milmahuasi HOSTEL $
(03887-15-445-7994; www.milmahuasi.com; Salta s/n; EZ/DZ mit Ausblick 53/71 US$, ohne Ausblick 42/53 US$; @) Die Pension liegt in den klugen Händen von Gastgebern mit einer echten Leidenschaft für Iruya. Die Inhaber können von den besten Wanderwegen bis hin zur Geologie der Region ein vielfältiges Wissen vermitteln. Die Zimmer sind makellos, ländlich-elegant und attraktiv. Ein gutes Frühstück ist im Preis inbegriffen, an den Abenden werden vegetarische Gerichte angeboten.

Hotel Iruya HOTEL $$
(03887-15-509-4458; www.hoteliruya.com; San Martín 641; DZ mit/ohne Ausblick 124/109 US$; P) Am höchsten Punkt des Dorfes bietet dieses Boutiquehotel einfache Zimmer mit breiten Betten, großzügige Gesellschaftsräume und eine malerische Steinterrasse mit eindrucksvoller Aussicht. Für eines der Zimmer mit großen Fenstern und weiter Sicht über das Tal lohnt es sich, etwas mehr zu bezahlen. Zum Hotel gehört ein ziemlich gutes Restaurant.

Comedor Tina ARGENTINISCH $
(Comedor Iruya; 03887-15-404-3606; Hauptgerichte 60–90 Arg$; Mo, Di, Do & Fr 11–16 & 20–24, Mi, Sa & So 11–16 & 22.15–24 Uhr) Mit Abstand das beste Restaurant in Iruya ist diese Lieblingsadresse der Dorfbewohner – an der ortseinwärts führenden Straße, direkt vor der Tankstelle. Inhaberin Tina serviert köstliche Fleischgerichte und Salate nach häuslicher Art und in behaglicher Atmosphäre, dazu auch noch unglaublich preiswert. Sollten gerade Empanadas frisch aus dem Ofen kommen, sollte man unbedingt sofort zugreifen!

An- & Weiterreise

Busse aus Humahuaca (90 Arg$, 3 Std.) fahren 3- bis 4-mal tgl. ab; außerdem gibt es Busverbindungen von Tilcara (100 Arg$, 4 Std.) und Jujuy (180 Arg$, 5 Std.).

Die Schotterstraße (*ripio*) ist im Sommer nach Regenfällen häufig unpassierbar. Oft sind Dorfbewohner zu sehen, die per Anhalter unterwegs sind – eine gute Gelegenheit, den Bewohnern dieser Gegend zu begegnen.

La Quiaca
03885 / 16 900 EW. / 3442 M

Praktisch am Ende der Welt liegt La Quiaca. Es ist 5171 km nordwärts von Ushuaia entfernt und fungiert als wichtige Durchgangsstation nach Bolivien. An diesem trockenen, windigen Ort können die Temperaturen, je nach Monat und Bewölkung, schnell zwischen eisiger Kälte und glühender Hitze wechseln. Es gibt ordentliche Unterkünfte, jedoch wenig Sehenswertes – mit Ausnahme der indigenen Wanderer, die aus fernen Pueblos kommen, um auf dem Markt des Ortes unter freiem Himmel Handel zu treiben; häufig sind sie in ihre traditionellen Trachten mit den leuchtenden Farben gekleidet. Wer auf der Suche nach guten Fotomotiven ist und auch öde wirkenden

Grenzorten etwas Interessantes abgewinnen kann, der wird es hier eine Zeitlang ganz gut aushalten können.

La Quiaca wird von stillgelegten Eisenbahngleisen durchzogen; die meisten Zugverbindungen verlaufen westlich davon. Im Norden des Ortes führt eine Brücke über den Fluss und auf Villazón in Bolivien zu.

Schlafen & Essen

Die Restaurants sind von der einfacheren Art. Obwohl die Zimmer nicht herausragend sind, ist das Restaurant im Hotel de Turismo (03885-423390; Ecke Árabe Siria & San Martín; Hauptgerichte 110–160 Arg$; EZ/DZ 24/35 US$) die beste Adresse für Grillgerichte. Das gastfreundliche Frontera (Ecke Belgrano & Árabe Siria; Hauptgerichte 60–100 Arg$; 10–16 & 19–23 Uhr) bietet ebenfalls Fleischplatten und außerdem spanische Omeletts und Pastagerichte an.

★ **Copacabana Hostel** HOSTEL $
(03885-423875; www.hostelcopacabana.com.ar; Pellegrini 141; EZ/DZ 18/30 US$; @ 🛜) Dieses entzückende Hostel ganz in Pink, Rot und Ocker bietet kleine, beheizbare Zimmer an. Die Gäste werden freundlich umsorgt. Fortlaufende Renovierungen sorgen für eine beständige Verschönerung des Hauses. Für Gäste können Bahnkarten nach Bolivien reserviert werden.

Hostería Munay HOTEL $
(03885-423924; www.munayhotel.com.ar; Belgrano 51; EZ/DZ 35/57 US$; P 🛜) Etwas abgerückt von der Fußgängerzone (und trotzdem mit dem Auto zu erreichen) liegt dieses Hotel; eine ziemlich gute Option. Die Zimmer befinden sich in einem Ziegelsteinhaus am Rand eines Parkplatzes, sind tadellos gepflegt und mit *artesanía* ausgeschmückt. Der Service ist liebenswürdig.

Praktische Informationen

Währungen können auf bolivianischer Seite der Grenze oder am Busbahnhof gewechselt werden.
Banco Macro (Árabe Siria 441) Mit Geldautomaten.
Ein **Informationskiosk** (Av España s/n; 10–13 & 16–20 Uhr) wird in einem Hostel betrieben und bietet nützliches Infomaterial an. Gegenüber dem Busbahnhof.
Touristeninformation (03885-422644; turismo@laquiaca.com.ar; Ecke Cabildo & La Madrid; 7–19 Uhr) Mehrere Standorte an der Grenze und am südlichen Ortseingang. Häufig geschlossen.

An- & Weiterreise

Wie in einer provisorischen Durchgangsstation stranden Reisende auf dem chaotischen **Busbahnhof** (Ecke Belgrano & España), wo es gilt, über schlafende Hunde und Menschen hinwegzusteigen, die auf das Eintreffen der Busse nach Jujuy (230 Arg$, 4–5 Std.), Salta (360 Arg$, 8 Std.) und Buenos Aires (1900 Arg$, 27 Std.) warten. Es gibt keine Busverbindungen nach Bolivien, jedoch fahren argentinische Fernreisebusse direkt am Busbahnhof auf der anderen Grenzseite in Villazón ab.

Nach dem Passieren der Quebrada de Humahuaca führt die befestigte Straße RN 9 durch Abra Pampa, einen windreichen Ort, 90 km nördlich von Humahuaca, und verläuft ansteigend durch bildschöne Landschaften des Altiplano.

Yavi
03885 / 400 EW. / HÖHE 3440 M

Das malerische indigene Dorf Yavi, 16 km östlich von La Quiaca an einer guten Straße gelegen, ist ein interessantes Ziel für einen Abstecher und ein ruhiger Rückzugsort mit seinen von Adobe-Gebäuden gesäumten Straßen und zwei faszinierenden kolonialzeitlichen Bauwerken, deren Verfall etwas Romantisches hat. Yavi liegt in der Nähe von La Quiaca, aber man fühlt sich zugleich in eine völlig andere Welt versetzt, wo Mobiltelefone überdies kein Signal empfangen – ein Ausklinken aus dem Netz ist daher unvermeidlich.

Sehenswertes & Aktivitäten

Wanderwege führen u. a. nach Yavi Chico, einem noch kleineren Dorf als Yavi, oder am Fluss entlang, wo Höhlenmalereien zu bewundern sind. Auf einem längeren Ausflug ist die hübsche Laguna Colorada zu erreichen.

★ **Iglesia de San Francisco de Asís** KIRCHE
(Marqués Campero s/n; Eintritt nach Spende; 9–13 & 14–18 Uhr) Die vom einheimischen Marquis Ende des 17. Jhs. errichtete Kirche von Yavi – eine der beeindruckendsten in ganz Nordargentinien – beherbergt herrliche Altäre, die in schlichtem Barockstil gestaltet, aber mit Blattgold überzogen und mit wunderschönen Gemälden und Skulpturen geschmückt sind; die meisten stammen aus der Cuzco-Schule. Besondere Aufmerksamkeit verdienen auch die Fenster aus durchsichtigem Onyx.

🛏 Schlafen & Essen

La Casona   HOSTEL, PENSION $
(☎ 03885-425148; mccalizaya@hotmail.com; Ecke Pérez & San Martín; B/DZ 10/25 US$; 🛜)
Schlicht, aber sympathisch zeigt sich diese bei Reisenden sehr beliebte Unterkunft mit rustikalen Zimmern (ausgestattet mit Öfen für winterliche Abende), die an einen rückwärtig liegenden Innenhof angrenzen – alles strahlt eine einladende Freundlichkeit aus. Außerdem können zu jeder Tageszeit gute Mahlzeiten improvisiert werden (Hauptgerichte 60-150 Arg$). Im Vorderhaus gibt es eine Bar und einen Kunsthandwerksladen mit knorrigen Holzfußböden. Hier liegt auch die zuverlässigste Quelle für Informationen aller Art.

ℹ An- & Weiterreise

Von Montag bis Samstag gibt es fünf Busverbindungen ab La Quiaca (30 Arg$, 20 Min.), die Busse fahren von der Schule an der Av Hipólito Yrigoyen ab. Sammeltaxis (*remises*, 35 Arg$, 20 Min.) starten vom nahe gelegenen Mercado Municipal, sobald sie voll besetzt sind.

TUCUMÁN & UMGEBUNG

Tucumán ist die zweitkleinste Provinz Argentiniens, spielt aber in der Geschichte des Landes eine bedeutsame Rolle – hier wurde die Unabhängigkeit Argentiniens erklärt. Die wirtschaftlich wichtige Zuckerindustrie der Provinz ist bis heute von großer nationaler Bedeutung. Die Stadt Tucumán ist heiß und sprüht vor jugendlicher Energie, die sich aus dem starken Zustrom berufstätiger junger Leute speist. Die Stadt bildet einen deutlichen Kontrast zum hoch gelegenen Bergort Tafí del Valle, der von guter, sauberer Luft erfüllt ist. In dieser Region befindet sich auch, an der Straße nach Cafayate gelegen, die bedeutendste präkolumbische Stätte Argentiniens – Quilmes. Im Süden der Provinz Tucumán liegt Santiago del Estero, eine Stadt mit einladender Atmosphäre, viel Musik in der Luft und ausgedehnten Siestazeiten im Tageskalender.

ℹ An- & Weiterreise

Die Provinz Tucumán ist durch Bus-, Flug- und Eisenbahnlinien mit Buenos Aires verbunden. Sie wird von der RN 9 durchschnitten; regelmäßige und unkomplizierte Busverbindungen führen nach Salta und Catamarca. Und Wanderer können ihre Kräfte auf einem hinreißendem Wanderweg erproben, der in drei bis vier Tagesetappen von der Stadt Tucumán nach Tafí del Valle führt.

Tucumán

📞 0381 / 884 400 EW. (STADT) / 420 M

Brütend heiß, energiegeladen und laut – (San Miguel de) Tucumán, die Wiege der argentinischen Unabhängigkeit, ist die fünftgrößte Stadt des Landes, und das ist ihr auch deutlich anzumerken; das großstädtische Getriebe kann nach dem Besuch anderer, eher vornehm wirkender Hauptstädte des Nordwestens wie ein Schock wirken. Vielleicht ist die Stadt bei Nacht leichter zu ertragen, wenn sich die Abgase und die Hitze des Tages verflüchtigen und Cafés und Bars zum Leben erwachen.

In Tucumán steht dem Flair einer nüchternen Industriestadt, das in der Gegend um die Plaza deutlich wahrnehmbar ist, eine lebhafte Kulturszene gegenüber, die ihre Kraft aus der großen Zahl gut ausgebildeter junger Leute bezieht, die sich in der Stadt angesiedelt haben. In der Folge ist eine Vielfalt von komfortablen Unterkünften, guten Restaurants, viel besuchten Bars sowie

---

> ### ℹ NACH BOLIVIEN ÜBER LA QUIACA
>
> Der Weg von La Quiaca nach Villazón in Bolivien führt zu Fuß oder im Taxi zur Brücke, dort befindet sich die Grenzkontrolle (24 Std. geöffnet). Bolivien ist viel schöner, als Villazón es vermuten lassen würde. Am besten lässt man die billigen Verkaufsstände unbeachtet hinter sich und geht direkt zum Bus- oder Zugbahnhof. Preisgünstige, aber annehmbare Unterkünfte finden sich in der Nähe von Busbahnhof und Plaza. Busse und Minibusse fahren u. a. nach Tupiza (1½ Std.) und La Paz (20 Std.). Der Zugbahnhof (Fahrpläne s. www.fca.com.bo) liegt 1,5 km nördlich der Grenze und bietet Verbindungen nach Tupiza (3 Std.), Uyuni (6 Std.) und ferneren Orten. Die Zeitverschiebung zwischen Bolivien und Nordargentinien beträgt eine Stunde. Touristen dürfen nur einmal pro Jahr einreisen. In La Quiaca gibt es ein **bolivianisches Konsulat** (☎ 03885-422283; www.consuladoboliviano.com.ar; 9 de Julio 109; ⊙ Mo-Fr 8–16 Uhr).

ein grandioses Einkaufsviertel entstanden. In den Bergen westlich der Stadt werden Wettbewerbe im Gleitschirmfliegen und Drachensegeln auf internationalem Niveau ausgetragen.

Geschichte

Tucumán wurde im Jahr 1565 gegründet. Hier fand der Kongress statt, auf dem 1816 die Unabhängigkeit Argentiniens von Spanien erklärt wurde. Im Gegensatz zu anderen kolonialzeitlichen Städten des Nordwestens gelang es der Stadt erfolgreich, ihre Wirtschaft in der Folgezeit neu auszurichten. Am südlichen Ende der Zuckerrohrzone gelegen, war die große Nähe zu Buenos Aires ausreichend genug, um aus dem wachsenden Markt der Hauptstadt Nutzen zu ziehen. Ab 1874 ermöglichte der Eisenbahnverkehr den Gütertransport und förderte das Wachstum. In den vergangenen Jahren wurde die Region von Krisen geschüttelt, doch die zunehmende Nutzung von Zuckerrohr als Treibstoffquelle bewahrt den Einheimischen einen gewissen Wohlstand.

Sehenswertes

Casa de la Independencia MUSEUM
(Casa Histórica; 0381-431-0826; Congreso 151; 10–18 Uhr) GRATIS Studenten und Familien kommen von weither in das herrschaftliche Haus aus der späten Kolonialzeit. Hier erklärte die Zusammenkunft aus Unitarier-Juristen und Klerikern am 9. Juli 1816 Argentiniens Unabhängigkeit von Spanien. Porträts der Unterzeichner hängen im originalen Saal der Zusammenkunft an den Wänden. Draußen im Hof ist ein Bronzerelief zu sehen, das die *declaración* darstellt. Es gibt eine Fülle von Informationen auf Spanisch zur Vorgeschichte dieses umwälzenden Ereignisses, außerdem finden stündlich kostenlose Führungen statt.

Jeden Abend wird eine Klang- und Lichtshow veranstaltet. Kostenlose Eintrittskarten sind im Museum zwischen 11 und 18 Uhr erhältlich; rechtzeitig herzukommen ist ratsam, der Raum für Besucher ist begrenzt.

Catedral Metropolitana KATHEDRALE
(Plaza Independencia s/n; 9–12 & 17.30–21.30 Uhr) Die klassizistische Kathedrale von Tucumán strahlt eine schöne, kraftvolle Präsenz an der Plaza Independencia aus. Sie besitzt eine dorische Fassade mit einem Giebeldreieck, in dem der Auszug aus Ägypten dargestellt ist. Eigenartig ist die Darstellung Moses, der in der Wüste üppige Weintrauben in Empfang nimmt; ein Verweis auf die Fruchtbarkeit der Region Tucumán. Im Innern sind eine filigrane hölzerne Chorempore, fröhliche, lebhafte Deckenmalereien und ein Gemälde der Verkündigung Mariens hinter dem Altar zu sehen. Trotz ihrer musealen Pracht ist die Kirche eine Stätte täglicher Gottesdienste. Jeden Morgen (8 Uhr), Mittag (12 Uhr) und Abend (20.30 Uhr) findet eine Messe statt.

Casa Padilla MUSEUM
(0381-431-9147; 25 de Mayo 36; Mo–Fr 9–12.45 & 16–21, Sa & So 9–12.45 & 17–21 Uhr) GRATIS Neben der Casa de Gobierno steht dieses teilweise restaurierte Haus des mittleren 19. Jhs., es war im Besitz des Provinzgouverneurs José Frías (1792–1874) und ging dann auf seinen Schwiegersohn, den Bürgermeister Ángel Padilla über. Europäische Kunst, chinesisches Porzellan und Stilmöbel bilden die Sammlung des Museums.

Casa de Gobierno ARCHITEKTUR
(0381-484-4000; 25 de Mayo 90; 9–18 Uhr) Eines von zahlreichen prachtvollen Bauwerken Tucumáns. Dieses klassizistische Meisterwerk mutet pariserisch an; es ist an seinem Standort an der Plaza Independencia nicht zu übersehen. Die Fassade wirkt majestätisch, die Fußbodenfliesen im Innern sind original – dahinter verbirgt sich allerdings ein rückständiger, alltäglicher Verwaltungsbürokomplex. Im Innern sind dumpfe, dunkle Säle, freiliegende Stromleitungen und flackernde Leuchten zu sehen. Immerhin ist die Fassade wunderschön!

Museo Folclórico Provincial MUSEUM
(0381-421-8250; Av 24 de Septiembre 565; Di–Fr 9–13 & 17–21, Sa & So 17–21 Uhr) GRATIS In einem Haus aus der Kolonialzeit ist dieses kleine, aber nette Museum untergebracht, es zeigt eine bescheidene Sammlung von traditionellem Handwerkszeug der Gauchos, Musikinstrumenten der Urbevölkerung – besonders sehenswert sind die *charangos* (Saiteninstrumente) aus Gürteltierpanzern – sowie handwerklichen Arbeiten der Weber und Töpfer. Zum Zeitpunkt der Recherchen war ein Saal der Sängerin Mercedes Sosa, der legendären Gesangskünstlerin Argentiniens, gewidmet.

Aktivitäten & Geführte Touren

Zahlreiche Veranstalter bieten eine Fülle von Ausflügen an – von gemütlichen Stadtspaziergängen bis hin zu Kanutouren,

Tucumán

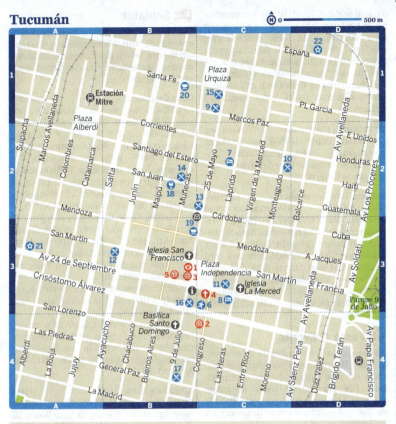

Tucumán

◎ Sehenswertes
1. Casa de Gobierno B3
2. Casa de la Independencia C4
3. Casa Padilla B3
4. Catedral Metropolitana C3
5. Museo Folclórico Provincial B3

◉ Aktivitäten, Kurse & Touren
6. Antique Tour Experience C3

◉ Schlafen
7. Amérian Tucumán C2
8. Hotel Bicentenario C3

◉ Essen
9. Black Pan C1
10. Cilantro C2
11. El Portal C3
12. Il Postino B3
13. Il Postino 2 .... C2
14. La Leñita B2
15. Setimio C1
16. Shitake B3
17. Shitake 2 .... B4

◉ Ausgehen & Nachtleben
18. Costumbres Argentinas B2
19. Filipo B3
20. Plaza de Almas B1

◉ Unterhaltung
21. Alto de la Lechuza A3
22. La Casa de Yamil D1

anspruchsvollen Wanderungen und Gleitschirmflügen; in Tucumán wurden bereits einmal die Paragliding-Weltmeisterschaften ausgetragen. Die meisten dieser Veranstalter finden weiter im Westen, in San Javier in den Bergen, statt. Die Touristeninformation (S. 299) hält eine umfassendere aktuelle Liste der Events bereit. Eine Wanderung, die sich wirklich lohnt, ist die wunderschöne, 72 km lange Trekkingtour von Tucumán nach Tafí del Valle. Viele Bergwanderer schaffen die Strecke in drei Tagen; da es die meiste Zeit bergauf geht, gestaltet sich die Tour in vier Tagen natürlich entspannter. Zwischenstationen finden sich online unter www.wikiloc.com (nach Yerba Buena-Tafí suchen).

★ **Tucumán Parapente** PARAGLIDING
(☏ WhatsApp 0381-15-444-7508; www.tucumanparapente.com.ar) Bietet fantastische Tandem-Gleitschirmflüge über den Yungas-Wäldern sowie Unterricht.

Antique Tour Experience RUNDFAHRT
(☏ 0381-430-5445; www.antiquetour.com.ar; Crisóstomo Álvarez 467) Der einzigartige Veranstalter bietet ganz besondere Auto-Städtetouren zwischen Tucumán, Salta und Jujuy in Oldtimern an – die A-Modelle von Ford stammen aus den Jahren 1928 und 1929. Die Strecke wird langsam befahren, die Ausblicke vom Rücksitz dieser Cabriolets sind herrlich, die Guides machen ihre Sache wirklich gut.

Feste & Events

Die Feierlichkeiten zum **Día de la Independencia** (Argentiniens Unabhängigkeitstag) am 9. Juli sind ausgelassen und ausschweifend. Die *Tucumanos* feiern außerdem gut zwei Monate später noch den **Batalla de Tucumán** (Schlacht von Tucumán) am 24. September.

Schlafen

Die Hotels von Tucumán mögen auf den ersten Blick kostspielig erscheinen, den Gästen werden jedoch deutliche Ermäßigungen gewährt, insbesondere in der Nebensaison und bei Barzahlung.

Casa Calchaquí PENSION $
(☏ 0381-425-6974; www.casacalchaqui.com; Lola Mora 92, Yerba Buena; DZ/4BZ 53/80 US$, EZ/DZ ohne Bad 45/60 US$; ⊗ März–Jan.; P ❄ @ 🛜 🏊) 8 km westlich des Stadtzentrums im vornehmen Barrio Yerba Buena gelegen, findet man dieses einladende Refugium. Auf ländliche Art behagliche Zimmer liegen an einem angenehmen Garten mit Hängematten, einem Bar-Service und einem Minipool. Im Stadtteil Yerba Buena gibt es zahlreiche gute Restaurants und Bars zum abendlichen Ausgehen, jedoch nicht in zentraler Lage. Gegenüber dem Busbahnhof halten Taxis (150 Arg$), von dort fahren auch Busse der Linien 102 oder 118 ab.

Die Straße zweigt von der Avenida Aconquija (bei 1100) ab: Die Banco Galicia liegt gleich an der Ecke.

Fahrräder stehen für Gäste zum Ausleihen bereit. Zur Pension gehören außerdem einfache Unterkünfte in einer wunderbar abgelegenen Gegend in der Nähe von Amaicha del Valle.

Arrullo de Luna B&B $
(Noemí Lizarraga; ☏ 0381-425-4852; arrullodelunayb@gmail.com; Bascary 36, Yerba Buena; DZ ab 40 US$; P ❄ 🛜 🏊) Dieses B&B wird von

---

ABSTECHER

TAGESAUSFLÜGE AB TUCUMÁN

Das fruchtbare, bergige Gebiet im Nordwesten von Tucumán ist unter dem Namen **Las Yungas** bekannt. Es birgt zahlreiche ansprechende Ziele für Tagesausflüge (oder Aufenthalte mit Übernachtung), auf denen man der Hitze und Betriebsamkeit der Stadt entfliehen kann. Die Touristeninformation (S. 299) hält gutes Material über Reiseziele bereit, z. B. den Staudamm von **El Cadillal**, wo Camping, Schwimmen, Windsurfen möglich sind und es auch einen „Skilift" gibt, und den **Parque Sierra de San Javier**, ein von der Universität betreutes Schutzgebiet, das von Wanderwegen durchzogen ist.

Im Süden von Tucumán ist der **Parque Nacional Campo de los Alisos** (☏ 03865-15-405985; www.parquesnacionales.gob.ar; ⊗ Nationalparkbüro 7.30–14.30 Uhr) GRATIS ein verlockendes Ziel. Eine bergige Landschaft in einer Zone, in der Bergwald und Nebelwald in die eigentlichen Anden übergehen – sie bietet gute Bedingungen für Wanderungen und Bergtouren. Camping ist kostenlos möglich, und es gibt ein *refugio* (Schutzhütte) für Bergsteiger. Der Parkeingang befindet sich 12 km hinter Alpachiri und ist mit dem Bus von Tucumán aus zu erreichen, einfacher ist die Fahrt allerdings in einem eigenen Auto. Das Nationalparkbüro in Concepción, 18 km vor Alpachiri gelegen, ist manchmal bei der Organisation von Fahrten behilflich.

einem liebenswürdigen Künstlerpaar betrieben und wirkt ansprechend auf Gäste, denen ein individuelles Erlebnis mehr wert ist als alle Hotelannehmlichkeiten. Es ist ein freundliches, unkonventionelles Haus mit drei einfachen Zimmern im oberen Stockwerk; eines davon ist klimatisiert, hat ein eigenes Bad und einen Blick auf einen netten Stadtgarten mit Swimmingpool. Eine gute Option für Familien, für die es eine Gästeküche und die Möglichkeit gibt, sämtliche Zimmer zu mieten.

Posada Arcadia B&B $$
(☏ 0381-425-2214; www.posadaarcadia.com.ar; Güemes 480, Yerba Buena; DZ 56–81 US$; ❄🐾🌐🏊) Ein B&B mit vier charmanten Zimmern in einem prachtvollen Wohnhaus mit zwei Etagen und einem riesengroßen Garten mit Swimmingpool im grünen Stadtteil Yerba Buena. Das größte Zimmer ist mit einem breiten Doppelbett, einem begehbaren Kleiderschrank, Kamin, Flachbildfernseher, einem Wannen- und Duschbad ausgestattet. Der Gesellschaftsraum ist behaglich. Bei einem Aufenthalt von mehr als einer Übernachtung wird eine Ermäßigung gewährt.

Hotel Bicentenario HOTEL $$
(☏ 0381-431-9119; www.hotelbicentenario.com.ar; Las Heras 21; EZ/DZ US$85/95; 🅿❄@🌐🏊) Angesichts eines funkelnd sauberen, modernen Hotels mit funktionierenden Duschen, bequemen Betten, einem Swimmingpool auf der Dachterrasse, Sonnendeck und Fitness-Studio fällt es leichter, auf einen charaktervollen Stil zu verzichten. Dies ist ein solches Hotel. Die Zimmer sind mit Holzfußböden, Einbaumöbeln, Flachbildfernsehern und Internetzugang mit Streaming (meistens) ausgestattet.

Amérian Tucumán HOTEL $$
(☏ 0381-430-0100; www.amerian.com; Santiago del Estero 425; DZ ab 86 US$; 🅿❄@🌐) Modern und effizient ist dieses Hotel mit geräumigen, komfortablen Zimmern, die mit breiten Doppelbetten und großen Flachbildfernsehern ausgestattet sind. Doppelt verglaste Fenster dämpfen den Straßenlärm, außerdem gibt es eine Auswahl von Kopfkissen (pillow menu), E-Books zum Ausleihen und ein kleines Fitness-Studio. Der Service ist exzellent.

✖ Essen

Tucumán ist berühmt für seine hervorragenden Empanadas, in denen viele Eier verarbeitet werden. Die besten sind von Hand geschnitten. In der Touristeninformation kann man nach Infomaterial zur *Ruta de la Empanada* fragen und sich auf den Weg zu den köstlichsten Exemplaren begeben.

Black Pan BURGER $
(www.facebook.com/blackpanburgers; 25 de Mayo 724; Burger 120–125 Arg$; ⏱12–1 Uhr) Das Black Pan ist angesagt, gut etabliert und bei einem jungen anspruchsvollen Publikum von Tucumán äußerst beliebt. Die Hausspezialität ist ein 120 g schwerer Burger mit Cheddar-Käse, der auf einem Brioche-Brötchen angerichtet wird. Gäste dürfen Burger-Kreationen nach eigenem Geschmack zusammenstellen. In einer Verbeugung vor der berühmten kalifornischen Burger-Kette In-N-Out kann auch ein Burger im animal style (mit gerösteten Zwiebeln, einer Extraportion Gewürzgurken und einem Thousand-Island-Dressing) serviert werden.

El Portal ARGENTINISCH $
(☏ 0381-422-6024; Av 24 de Septiembre 351; Empanadas 9 Arg$, Hauptgerichte 80–140 Arg$; ⏱12–16 & 20–24 Uhr) Eine halbe Häuserzeile östlich der Plaza Independencia ist dieses schlichte, winzig kleine Restaurant, halb unter freiem Himmel zu finden. Auf der Speisekarte, die klein, aber perfekt konzipiert ist, dreht sich alles um Empanadas, *locro* und Fleisch aus dem Holzbackofen. Köstlich und authentisch.

Shitake VEGETARISCH $
(9 de Julio 94; „all you can eat" 125 Arg$; ⏱11.30–16 & 19.30–24 Uhr; 🌐✖) Mit seinen köstlichen vegetarischen Gerichten vom Büfett (Linsen, pfannengerührtes Gemüse und Fleisch aus Sojabasis, geröstete Kartoffeln, Quiches, Pizzas und vieles mehr) bietet das kleine, gut geführte Restaurant viel fürs Geld. Getränke sind extra zu bezahlen, Nachspeisen sind im Preis inbegriffen. Gerichte gibt es auch zum Mitnehmen – der Preis wird dann nach Gewicht berechnet. Das Restaurant hat eine **zweite Adresse** (☏ 0381-422-1817; 9 de Julio 392; „all you can eat" 125 Arg$, mit Fruchtsaft 150 Arg$; ⏱11.30–16 & 19.30–24 Uhr; 🌐✖) am unteren Ende der Straße.

Il Postino ITALIENISCH $
(☏ 0381-421-7117; Junín 95; Hauptgerichte 135–260 Arg$; ⏱9–2 Uhr; 🌐) Pizza und Pasta werden in diesem stimmungsvollen Restaurant serviert. Die Gerichte sind gut, der Service ist schnell und professionell. Die Gäste sollten sich nicht scheuen, um eine Extraportion Tomatensoße auf der Pizza zu bitten, sie

schmeckt dann einfach besser. Eine zweite Adresse des Restaurants ist **Córdoba 501** (☏ 0381-421-0440; Córdoba 501; Hauptgerichte Arg$35–260; ⓘ 9–2 Uhr; ⓦ).

Setimio ARGENTINISCH $$
(Santa Fe 512; Tapas 60–140 Arg$, Hauptgerichte 110–350 Arg$; ⓘ Gerichte 10–16 & 19.30–1.30 Uhr; ⓦ) Weinregale voller Flaschen ziehen sich in dieser eleganten Weinhandlung mit Restaurant von Wand zu Wand. Die Speisekarte führt spanische Tapas, feine Salate und gut zubereitete Fischgerichte neben anderen wohlschmeckenden Spezialitäten auf. Weine werden nicht offen ausgeschenkt, die Gäste wählen eine von mehreren hundert Flaschen, die zur Auswahl stehen, und entkorken sie zum Abendessen selbst.

La Leñita PARRILLA $$
(☏ 0381-422-0855; www.facebook.com/lalenita parrillada; San Juan 633; Hauptgerichte 153–235 Arg$; ⓘ Kaffee & Snacks 7–1 Uhr, Gerichte 11–15.30 & 19.30–1 Uhr; ⓦ) Das Interieur ist reizlos, heimische Gäste kommen jedoch in Scharen hierher, um Fleisch von guter Qualität bei angenehmem Service zu genießen. Unbedingt probieren: *picana* (Rumpsteak) oder köstliche *mollejitas* (Kalbsbries). Die Empanadas – Gäste bekommen eine zur Begrüßung – sind ebenso vorzüglich. Außerdem werden gebratene Forelle und Hähnchengerichte zubereitet. Am späteren Abend werden oft Volkslieder der *folklórica* angestimmt.

Cilantro ARGENTINISCH $$$
(☏ 0381-430-6041; Monteagudo 541; Hauptgerichte 155–385 Arg$; ⓘ Mo–Sa 21–2 Uhr; ⓦ) In einem eleganten, gut beleuchteten Speiseraum werden Gerichte serviert, die in der argentinischen Küche eigentlich gar nicht vorkommen, darunter ein Pfannengericht mit Lachs und Brokkoli, ein Schweinefleischcurry und eine Auswahl von asiatischen Nudelgerichten aus dem Wok, daneben werden aber auch die üblichen Grill- und Pastagerichte serviert, wie Gäste sie hier erwarten würden.

🍷 Ausgehen & Unterhaltung

Von Donnerstag bis Samstag ist die Calle Lillo im Abasto-Viertel das Zentrum des Nachtlebens. Vom Zentrum aus geht man die San Lorenzo Richtung Westen, und schon bald ist man mitten drin im Geschehen, wo unter Dutzenden von Bars und Nachtclubs ausgewählt werden kann. Beliebte *boliches* (Nachtclubs) sind auch in Yerba Buena zu finden, von der Stadtmitte aus gesehen mindestens 6 km westlich.

★ Plaza de Almas CAFÉ, BAR
(www.facebook.com/catorcealmas.argentina; Maipú 791; ⓘ Di & Mi 12–1.30, Do bis 2.30, Fr bis 3.30, Sa 20.30–3.30, So 20–3 Uhr; ⓦ) Diese intime, farbenprächtige und ansprechende Bar mit versetzten Ebenen ist bei *Tucumanos* um die 40 beliebt und eine der besten unter den zahlreichen Kombinationen aus Café, Bar, Restaurant und Kulturzentrum in der Stadt. Die kleine, aber interessante Speisekarte (Hauptgerichte 60–140 Arg$) bietet eine Auswahl von Kebabs und Salaten neben anderen internationalen Gerichten. Es gibt Sitzplätze bei Kerzenlicht im Freien und einen Ausstellungsraum im oberen Stock.

In der Nachbarschaft gibt es zahlreiche weitere Bars, sodass sich hier gut eine nächtliche Tour starten oder beenden lässt.

Filipo CAFÉ
(☏ 0381-421-9687; Mendoza 301; ⓘ Mo–Do 7–1, Fr & Sa bis 3, So 8–1 Uhr; ⓦ) Schimmernde Gläser am Eingang, Tische im Freien und Kellner mit Fliege verleihen diesem Café das gewisse Etwas. Hervorzuheben sind ein erstklassiger Espresso, Bier, das wie ein Champagner kredenzt wird, und durstlöschende *licuados* (gemischte Fruchtsäfte; 60 Arg$). Zum eleganten Ambiente würde eine coole Hintergrundmusik näher am Jazz besser passen als plätschernde Popmusik (aber das ist eine Geschmacksfrage).

Costumbres Argentinas BAR
(www.facebook.com/costumbresargentinas.bar; San Juan 666; ⓘ Mo–Do 11–15 & 20–3, Fr–So bis 4 Uhr) Himmel und Hölle scheinen sich in der Adresse unheilvoll zu verbinden, dabei besitzt die ungewöhnliche, beliebte und einladende Bar eine harmlose, künstlerisch-unkonventionelle Atmosphäre. Der große Biergarten auf zwei Ebenen ist ein perfekter Ort in Sommernächten. Kneipengerichte sind hier zu bekommen. Kein Namensschild weist auf die Bar hin, sie ist jedoch leicht zu finden.

La Casa de Yamil LIVEMUSIK
(☏ 0381-422-8487; www.facebook.com/lacasa.deyamil; España 153; ⓘ Fr & Sa Livemusik und Abendessen, So Mittagessen; ⓦ) Eine *parrilla*, die nicht am Tourismus orientiert ist. Bei heimischen Gästen ist die live gespielte *música folklórica* an Freitag- und Samstagabenden beliebt; auch am Sonntag ist zur

Mittagszeit Musik zu hören. Das Essen ist gut, es gibt eine Vielfalt traditioneller Gerichte des argentinischen Nordwestens zu probieren.

Alto de la Lechuza TRADITIONELLE MUSIK
(📞 0381-421-8940; www.facebook.com/alto.dela lechuza; Av 24 de Septiembre 1199; ⊙ Mo–Mi 21–1, Do–Sa bis 5.30 Uhr) Die historische Stätte ist an Wochenendnächten eine Bühne für traditionelle Musik. Die Darbietungen beginnen sanft und langsam und steigern sich im Lauf der Nacht zu lärmender Lautstärke und glühender Leidenschaft.

❶ Praktische Informationen

Hospital Padilla (📞 0381-424-8012; Alberdi 550)

Post (www.correoargentino.com.ar; Córdoba 540; ⊙ Mo–Fr 8–13.30 & 17–20 Uhr)

Touristeninformation (📞 0381-430-3644; www.tucumanturismo.gob.ar; Av 24 de Septiembre 484; ⊙ Mo–Fr 8–21, Sa & So 9–21 Uhr) An der Plaza Independencia; sehr hilfsbereit und fachkundig. Eine weitere Touristeninformation mit denselben Öffnungszeiten befindet sich im Einkaufszentrum beim Busbahnhof.

❶ An- & Weiterreise

Busse ab Tucumán

REISEZIEL	FAHRPREIS (ARG$)	FAHRZEIT (STD.)
Buenos Aires	1958–2478	15–18
Cafayate	385–430	6½
Catamarca	300–350	3¼–3¾
Córdoba	750–976	7–9
Jujuy	456–660	4½–5½
La Quiaca	657–752	9–11
La Rioja	590	5½
Mendoza	1550–1783	13–15
Puerto Iguazú	1404–1886	21
Resistencia	1159–1242	11–12
Salta	415–548	4¼
Salvador Mazza	910–1050	10–13
Santiago del Estero	205	2
Tafí del Valle	156	2–3

BUS

Der **Busbahnhof** (📞 0381-430-0452; Brígido Terán 350; 🛜) von Tucumán ist ein überwältigend großer Komplex mit 60 Busbuchten und unzähligen Läden und Dienstleistungen. Ein Informationsstand befindet sich draußen beim Supermarkt.

FLUGZEUG

Am **Aeropuerto Benjamín Matienzo** (📞 0381-426-5072) werden tgl. Flüge von **Aerolíneas Argentinas** (📞 0381-431-1030; www.aerolineas.com.ar; 9 de Julio 110; ⊙ Mo–Fr 8.30–13 & 17–20, Sa 9–12.30 Uhr) und **LATAM** (📞 0381-422-0606; www.latam.com; San Juan 426; ⊙ Mo–Fr 9–13 & 17–20 Uhr) nach Buenos Aires abgefertigt; Aerolíneas bietet außerdem wöchentlich fünf Flugverbindungen nach Córdoba.

ZUG

Tucumán ist durch Züge mit Buenos Aires (über La Banda/Santiago del Estero und Rosario) verbunden, die täglich von der wunderschönen **Estación Mitre** (📞 0381-430-9220; www.sofse.gob.ar; Plaza Alberdi s/n) abfahren. Fahrgäste müssen mit großen Verspätungen, schlechter Sicht, durchschnittlichem Essen und zweifelhafter Hygiene rechnen. Da eine Zugfahrt sehr preiswert ist, sind die meisten Plätze schon weit im Voraus reserviert.

Zum Zeitpunkt der Recherchen fuhren die Züge vom Bahnhof Retiro in Buenos Aires tgl. 7-mal zu der 15- bis 18-stündigen Fahrt ab. Von Tucumán fahren 2-mal tgl. Züge nach Buenos Aires. Die Zugreise kostet 74/130 Arg$ in der 1. Klasse/Pullman (verstellbare Rückenlehnen). Im Zug befindet sich eine Bar mit Restaurant.

❶ Unterwegs vor Ort

Der Flughafen liegt 8 km östlich der Innenstadt. Eine Fahrt vom Stadtzentrum in einer *remise* kostet rund 250 Arg$.

Innerhalb des Stadtgebiets sind die Endhaltestellen der städtischen Busse deutlich an der Frontscheibe angegeben. Fahrkarten kosten 8 Arg$ und sind im Voraus zu kaufen; eine Verkaufsstelle befindet sich nahe der Touristeninformation des Busbahnhofs. Fahrpläne sind unter www.tucubondi.com.ar nachzulesen.

Mehrere Autovermietungen stehen zur Auswahl, darunter **Avis** (📞 0381-431-0025; www.avis.com.ar; 24 de Septiembre 364; ⊙ Mo–Sa 8–20, So 9–18 Uhr), **Hertz/Thrifty** (📞 0381-452-4991; www.hertz.com.ar; Crisóstomo Álvarez 507; ⊙ Mo–Fr 9–13 & 17–21, Sa 9–13 & 17–20 Uhr) und **Móvil Renta** (📞 0381-431-0550; www.movilrenta.com.ar; San Lorenzo 370; ⊙ 9–18 Uhr).

Tafí del Valle

📞 03867 / 3400 EW. / 2100 M

Das schöne Bergstädtchen, in einem grünen Tal mit fantastischen Ausblicken auf die Berge der Umgebung gelegen, ist für die Einwohner von Tucumán seit jeher ein Rückzugsort vor der sommerlichen Hitze gewesen. Das ist ja auch kein Wunder. Tafí ist ein besonderer Aufenthaltsort für ein paar erholsame Tage; es bietet pure, reine Bergluft, gute Wandermöglichkeiten, preiswerte Übernachtungsoptionen, unvergessliche *estancias* und eine entspannte Stimmung.

Die Reise von Tucumán dorthin ist spektakulär: Eine schmale Schlucht, die von einem Fluss durchzogen und von dichtem subtropischen Wald umgeben wird, öffnet sich in ein von einem Stausee angefülltes Tal unterhalb der schneebedeckten Gipfel der Sierra del Aconquija. Auf der Fahrt über die steile Bergstraße ist ein Fensterplatz unbezahlbar!

Sehenswertes & Aktivitäten

Rund um die Stadt werden Pferde (auf Hinweise wie *„alquilo caballos"* oder *„cabalgatas"* achten) für Reitausflüge ins Tal zur Verfügung gestellt. In der Casa del Turista (S. 302) sind Informationen zur Ruta del Artesano (S. 302) erhältlich - entlang dieser Route in der Stadt und ihrer Umgebung sind mehrere kunsthandwerkliche Ateliers für Besucher geöffnet.

Eine Wanderung in den Bergen von Tafí del Valle bietet lohnende Ziele. Ein leichter, gut markierter Wanderweg führt auf den **Cerro El Pelao** hinauf; von dort ist die ganze Stadt zu überblicken. Der Wanderweg beginnt auf der linken Seite hinter der Brücke. Von derselben Straße geht ein angenehmer Fußweg 10 km weit nach **El Mollar**, die Wanderung führt am Fluss und am Stausee entlang - unterwegs kann der Parque de los Menhires (S. 302) besucht werden. Eine Rückfahrt ist mit dem Bus möglich.

Weitere Wanderwege führen zu den Gipfeln des 3000 m hohen **Matadero**, der in vier bis fünf Stunden zu erreichen ist, des 3600 m hohen **Pabellón** (sechs Stunden) und des 4500 m hohen **El Negrito**, zu dem der Aufstieg ab dem Standbild des Cristo Redentor an der RN 307 nach Acheral beginnt. Die Wanderwege sind schlecht markiert, Wanderkarten sind auch nicht erhältlich, jedoch können Bergführer über die Casa del Turista vermittelt werden.

Der gesamte Weg von bzw. nach Tucumán ist auf einer Fußwanderung zu bewältigen, die aber wahrscheinlich drei bis vier Tage dauern würde.

Capilla La Banda KIRCHE, MUSEUM
(Av José Silva; 30 Arg$; ⊙8-18 Uhr) Die Jesuitenkirche des 18. Jhs. (sie entstand 1708) wurde nach der Vertreibung der Jesuiten von der Familie Frías Silva aus Tucumán erworben. In den 1830er-Jahren wurde die Kirche erweitert, jedoch in den 1970er-Jahren in ihrer ursprünglichen Gestalt wiederhergestellt. Beachtenswert ist der Fluchttunnel unter dem Altar. Eine kleine Sammlung zeigt Graburnen, religiöse Kunstwerke im Stil von Cuzco, geistliche Gewänder und Stilmöbel.

Die Kirche liegt einen kurzen Fußweg von der Ortsmitte entfernt. Der Weg führt über eine Brücke am Fluss, nach etwa 750 m ist sie auf der linken Seite zu sehen.

Schlafen

★ **Estancia Los Cuartos** ESTANCIA $
(☎0381-15-587-4230; www.estancialoscuartos.com; Av Miguel Critto s/n; DZ 53-62 US$; P@🖂)
🍴 Überaus charaktervoll wirkt dieses wunderschöne Anwesen mit weidenden Lamas. Es ist zweihundert Jahre alt und hat eine museale Ausstrahlung mit antiquarischen Büchern in uralten Regalen, authentischen Zimmern mit altem Holz und wollenen Decken (die großartigen Badezimmer sind allerdings modern). Die neueren Zimmer bieten naturgemäß weniger historischen Charme, sind aber dem Stil des Hauses angenähert.

Auf dem Gut werden traditionelle Käsesorten hergestellt. Nicht zu verwechseln mit der nahe gelegenen Hostería Los Cuartos.

Nomade Hostel HOSTEL $
(☎03867-307-5922; www.nomadehostel.com.ar; Los Castaños s/n; B/DZ 17/42 US$; P@🖂)
🍴 Entspannt, farbenfroh, enthusiastisch und gastfreundlich - das Hostel ist leicht in zehn Gehminuten vom Busbahnhof aus zu erreichen (nach rechts und um die Kurve gehen und wieder rechts abbiegen). Es ist schön gelegen, vom weitläufigen Garten öffnen sich prächtige Ausblicke. Im Preis sind ein Frühstück und köstliche hausgemachte Abendgerichte inbegriffen; die Atmosphäre ist hinreißend. In den Sommermonaten ist es ratsam, frühzeitig zu buchen. In der Nebensaison fallen die Preise beträchtlich.

★ **Descanso de las Piedras** CABAÑAS $$
(☎0381-15-642-8100; www.descansodelaspiedras.com; Madre Teresa de Calcuta s/n; DZ 53-71 US$; 4BZ 82-106 US$; P🖂≋) 🍴 Gastfreundlich und gesellig, gruppieren sich die niedlichen

ABSEITS DER ÜBLICHEN PFADE

PARQUE NACIONAL BARITÚ

Der **Parque Nacional Baritú** (03878-15-511826, 03878-15-507-4432; www.parquesnacionales.gob.ar/areas-protegidas/region-noroeste/pn-baritu; San Ramón de la Nueva Orán) GRATIS ist eine entlegene, ungezähmte subtropische Wildnis, die sich auf einer Fläche von 70 ha entlang der Grenze zu Bolivien bis auf Höhenlagen von 1800–2000 m erstreckt. Flüsse strömen mit großer Gewalt, der Urwald liegt in einer humiden Klimazone und birgt spektakuläre Anblicke. Zahlreiche Wildtiere können beobachtet werden, darunter Pumas, Tapire und Capybaras (Wasserschweine, große Nagetiere aus der Familie der Meerschweinchen). Im Nationalpark gibt es eine Rangerstation und einen Campingplatz, sonst aber keine Einrichtungen. Heimische Familien bieten Unterkünfte in ihren Häusern an. Verschiedene Wanderwege können zu Fuß oder zu Pferd bewältigt werden. Wer einen Besuch des Parks plant, sollte sich zuvor mit den Rangern oder der Nationalparkverwaltung in Salta (S. 257) in Verbindung setzen. Leider ist der abgelegene Nationalpark Baritú nicht leicht zugänglich – er ist nur auf einer Straße durch Bolivien zu erreichen.

---

orangefarbenen Hütten und Zimmer auf einem grünen Flussufergelände mit solarbeheiztem Pool, Gemüsegarten, Enten und ein paar herumstreifenden Lamas. Ausgestattet sind sie mit vorzüglichen Bädern und Flachbildfernsehern. Das friedliche Refugium ist in 20 Minuten zu Fuß von der Stadtmitte aus zu erreichen und großartig für Familien geeignet; es gibt Hütten für bis zu sieben Gäste.

Selbst ein wochenlanger Aufenthalt wäre hier nicht langweilig – wer zum Schauen und Einkaufen auf der Ruta del Artesano unterwegs ist, kann von den Gastgebern Empfehlungen für das beste Kunsthandwerk der Gegend bekommen.

Der Weg zu den Cabañas führt über die Brücke, dann den Wegweisern folgen.

Estancia Las Tacanas ESTANCIA $$
(03867-421821; www.estancialastacanas.com; Perón 372; DZ 76 US$; P@🌐) Das historische Anwesen mitten in der Stadt strahlt die ruhevolle Atmosphäre eines Landsitzes aus. Auf der einstigen jesuitischen *estancia* stehen Adobe-Bauten, die über dreihundert Jahre alt sind. Das Haus ist geschmackvoll, die Zimmer sind ländlich gestaltet. Eines, mit noblen Möbeln und Balkondecken, ist von besonderem historischem Wert. Andere zeigen eine Mischung verschiedener Einrichtungsstile.

Die Instandhaltung des Hauses wurde über die Jahre etwas vernachlässigt, doch macht es immer noch einen einprägsamen und unvergesslichen Eindruck. Moderner Luxus ist nicht zu erwarten: Es sind der Charakter und die Geschichte, die hier ihren Preis haben.

Hostería Lunahuana HOTEL $$
(03867-421330; www.lunahuana.com.ar; Av Miguel Critto 540; EZ/DZ/Suite 75/120/135 US$; P✳@🌐) Das stilvolle und populäre Hotel in zentraler Lage bietet Zimmer mit Flair. Die Suiten – riesig, mit hinreißenden sichtbaren Balken und schöner Möblierung – sind eine Mehrausgabe wert. Die Standardzimmer wirken etwas verwohnt und vernachlässigt, doch insgesamt ist das Haus eine gute Wahl mit professionellem Service.

Waynay Killa HOTEL $$$
(0381-15-589-8514; www.waynaykilla.com; Ubaldini s/n; DZ/3BZ 141/158 US$; P✳@🌐🐾) 🍃 Unauffällig an einem Hang, 2 km nördlich des Stadtzentrums liegt dieses Hotel, das nachhaltig geführt wird. Es gibt schöne, allgemein zugängliche Bereiche, das Tageslicht wird geschickt eingesetzt, heimische Kunstwerke kommen gut zur Geltung. Von den Zimmern fällt der Blick auf das Tal oder die Berge (beide Aussichten sind großartig). Die Hälfte der Zimmer verfügt über einen Balkon (zum gleichen Preis).

🍴 Essen

⭐ **Restaurante El Museo** ARGENTINISCH $
(Av José Silva s/n; Gerichte 30–130 Arg$; ⊙12–16 Uhr) In der ehrwürdigen Jesuitenkirche im Adobe-Stil, 1 km von der Ortsmitte entfernt gelegen, findet man eine stimmungsvolle Umgebung für ein Mittagessen. Traditionelle heimische Spezialitäten wie *humitas*, Tamales und Empanadas, werden angeboten. Einfach vorbeikommen und sehen, was gerade zu bekommen ist. In jedem Fall ist der Duft himmlisch!

Mi Abuela
ARGENTINISCH $

(Ecke Av Miguel Critto & Perón; Empanadas 18 Arg$; Hauptgerichte 65–170 Arg$; ⊙8–14 & 17–20 Uhr; 📶) Ein liebenswürdiges Eckrestaurant an der Hauptgeschäftsstraße, in dem *humitas*, Tamales, Sandwiches und Empanadas mit Hühner- oder Rindfleisch zubereitet werden. Hier bekommt man im Vorbeigehen auch etwas Gutes zum Mitnehmen!

Rancho de Félix
ARGENTINISCH $$

(Ecke Belgrano & Perón; Hauptgerichte 90–210 Arg$; ⊙11.30–15 & 20–24 Uhr; 📶) Rancho de Félix ist ein ausgedehnter, freundlicher scheunenartiger Raum unter einem Strohdach, ein äußerst beliebtes Ziel zur Mittagszeit. Regionale Spezialitäten wie *locro* und *humitas* gehören ebenso wie auch *parrilla* und Pasta zum Angebot. Die Qualität ist ziemlich gut, die Preise sind fair. An ruhigen Abenden bleibt das Restaurant manchmal geschlossen.

Shoppen

★ Ruta del Artesano
KUNST

(www.tucumanturismo.gob.ar/ruta-del-artesano/230/ruta-del-artesano-tafi-del-valle; ⊙wechselnde Öffnungszeiten) Die größte Anziehungskraft geht in Tafí del Valle – neben den Wanderungen in schöner Landschaft – von dieser Straßenroute zu den kunsthandwerklichen Ateliers heimischer Künstler aus, zu deren Arbeiten Keramiken, Schmuckstücke, Musikinstrumente und Werke der freien Kunst gehören. In der Casa de Turista (Touristeninformation) ist entsprechendes Kartenmaterial erhältlich; auf der Website der Touristeninformation ist auch eine interaktive Karte zu finden.

ℹ Praktische Informationen

Banco Macro (Ecke Av Miguel Critto & Perón; ⊙Mo–Fr 9–16 Uhr) Mit Geldautomaten.

Casa del Turista (📞 0381-15-594-1039; www.tafidelvalle.gob.ar; Los Faroles s/n; ⊙8–22 Uhr) In der Fußgängerzone.

ℹ An- & Weiterreise

Der **Busbahnhof** (📞 03867-421025; Av Miguel Critto) von Tafí del Valle liegt im Stadtzentrum.

Aconquija betreibt 6- bis 9-mal tgl. Busverbindungen nach Tucumán (156 Arg$, 2–3 Std.). Busse fahren auch nach Santa María (160 Arg$, 2 Std., 4- bis 5-mal tgl.) und Cafayate (230–275 Arg$, 3½ Std., 2- bis 5-mal tgl.) über Amaicha del Valle (125 Arg$) und die Abzweigung zu den Ruinen von Quilmes (150 Arg$).

Die Straße von Tucumán ist wunderschön zu befahren, noch zauberhafter ist die Szenerie auf der Straße nach Santa María, Quilmes und Cafayate, sie führt über einen 3050 m hohen Pass, der als Abra del Infiernillo ("Pass der kleinen Hölle") bekannt ist.

ℹ Unterwegs vor Ort

Im Sommer befahren örtliche Aconquija-Busse im Stundentakt (im Winter alle drei Stunden) den größten Teil der Strecke rund um Cerro El Pelado, der den Mittelpunkt des Tales bildet. Ein Streckenabschnitt führt an der nördlichen, ein anderer an der südlichen Seite entlang; es ist möglich, eine Rundfahrt durch das Tal zu unternehmen, indem man das Wegstück zwischen den beiden Teilstrecken zu Fuß zurücklegt.

Rund um Tafí del Valle

Eine Fahrt rund um Tafí del Valle ist eine lohnende Auto- oder auch Radtour (die Streckenlänge beträgt 47 km) mit vielen Highlights: ungewöhnlich schöne Ausblicke oder ein Besuch der einstmals jesuitischen Estancia Las Carreras (s. unten) mit Hotelbetrieb und Käserei (wer um 17 Uhr vorbeikommt, kann beim Melken zuschauen). Im hübschen Ort **El Mollar**, am anderen Ende des Tales gegenüber von Tafí del Valle gelegen, ist der **Parque de los Menhires** (Plaza s/n, El Mollar; 50 Arg$; ⊙8–12 & 17–20 Uhr) an der Plaza ein sehenswertes Ziel. Er birgt eine Sammlung von mehr als 100 Menhiren mit Gravuren. Sie sind vor etwa 2000 Jahren zur Zeit der Tafí-Kultur entstanden.

🛏 Schlafen

★ Estancia Las Carreras
ESTANCIA $$

(📞 03867-421473; www.estancialascarreras.com; RP 325, Km 13, Las Carreras; DZ 141 US$; 🅿📶) In einer hinreißend schönen Landschaft, 13 km von Tafí del Valle entfernt, von Bergen umgeben, die zu Wanderungen oder Reitausflügen einladen, liegt diese *estancia*, deren Stille nur durch das Brüllen der Nutztiere unterbrochen wird. Für diejenigen, die gerne über Nacht bleiben möchten, stehen in dem Gebäudekomplex aus dem 18. Jh. im Adobe-Stil vorzügliche Unterkünfte bereit. Die öffentlich zugänglichen Bereiche des Anwesens sind wundervoll; in weitem Umkreis finden Ruhesuchende kaum einen besseren Ort. Das angebotene Essen ist *maso-menos* (mittelmäßig). Führungen finden zwischen 9 und 18 Uhr statt (30 Arg$ inkl. Kaffee).

ABSTECHER

QUILMES

Die Ruinen von **Quilmes** (Erw./Kind 50 Arg$/frei; ⊙ 8–18 Uhr) sind Überreste einer komplexen städtischen Siedlung, die um das Jahr 1000 entstand. Auf einer Fläche von rund 30 ha wohnten in jener Zeit etwa 5000 Menschen. Die Einwohner vom Volk der Diaguita überlebten noch den Kontakt mit den Inkas, die ab 1480 in die Gegend eindrangen, nicht aber die Belagerung durch die Spanier, die im Jahr 1667 die verbliebenen 2000 Einwohner nach Buenos Aires verschleppten.

An den dicken Mauern von Quilmes wird leicht ersichtlich, dass sie einst Verteidigungszwecken dienten, doch war Quilmes weit mehr als nur eine *pucará* (eine ummauerte Festungsstadt). Die dichte Bebauung nimmt an einem zentralen Punkt ihren Ausgang. Wer die Ruinen in ihrer gesamten Ausdehnung erfassen möchte, sollte möglichst hoch hinaufsteigen; an den Relikten des Wachturmes führen zu beiden Seiten Pfade bergauf, die einen weiten Überblick gewähren. Besucher müssen sich auf eine intensive Sonneneinstrahlung einstellen, es gibt keinerlei Schatten. In den heißen Sommermonaten ist überdies mit einer Plage zahlloser Fliegen zu rechnen, die Augen, Mund und Nase umschwirren. Am Eingang bieten Guides Erläuterungen bzw. Führungen gegen ein Trinkgeld an. Vertiefende archäologische Erklärungen sind jedoch nicht zu erwarten.

Das seit Langem geschlossene Museum wurde schließlich zur Zeit der Recherchen einer Renovierung unterzogen und sollte seit 2018 planmäßig wiedereröffnet sein – eine gute Sache, denn ohne gründliches Wissen ist ein Verständnis der Ruinen erschwert. Freundliche Ortsansässige verkaufen neben heimischer Keramik auch kühle Getränke. Es gibt keine Übernachtungsmöglichkeiten, das Zelten in den Ruinen ist nicht erlaubt. Die nächtliche Szenerie von Quilmes gehört somit den Wildtieren und anderen geisterhaften Wesen!

Ein Ausflug nach Quilmes kann mit einem Besuch des kunstvoll ausgeschmückten, ungewöhnlichen **Museo de Pachamama** (www.museopachamama.com; 70 Arg$; ⊙ Mo–Sa 8.30–18.30, So bis 12.30 Uhr) im nahen Amaicha de Valle verbunden werden. Im Museum werden eine malerische Sammlung indigener Kunstwerke und Gegenstände und die Bildhauereien und Wandteppiche des Künstlers einander gegenübergestellt, nach dessen Entwurf das eindrucksvolle Museum, das zum Teil ein Freilichtmuseum ist, entstand.

Buslinien zwischen Cafayate und Santa María oder Tafí enden an der Kreuzung; von dort ist es ein Fußweg oder eine Fahrt per Anhalter von 5 km zu den Ruinen. Eine Alternative ist es, in Amaicha del Valle auszusteigen, von dort kostet eine Fahrt zu den Ruinen in einer *remise* (Sammeltaxi) rund 200 Arg$ (Hinfahrt): Ein günstiger Preis inkl. Wartezeit kann ausgehandelt werden. Es ist auch möglich, eine *remise* ab Cafayate oder Santa María zu nehmen. Gruppentouren starten in Cafayate und Tafí.

ℹ An- & Weiterreise

Von Veranstaltern in Tafí del Valle werden Touren auf der Rundstrecke durch das Tal (ab 400 Arg$) von eher mittelmäßiger Qualität angeboten. In einer Gruppe können Reisende eine Talrundfahrt auch zu günstigeren Preisen in einer *remise* (Sammeltaxi) unternehmen. Aconquija-Busse fahren nach El Mollar (17 Arg$) und außerdem nach Las Carreras (15 Arg$). Die Endhaltestelle auf der Strecke nach Las Carreras ist El Rincón, von dort gibt es einen 4 km langen Fußweg, der bergab nach El Mollar führt – auf diese Weise kann das Tal vollständig umfahren bzw. umwandert werden. Täglich befahren drei Busse auch den gesamten Rundweg (55 Arg$), Gelegenheiten zum Aussteigen gibt es auf der Strecke allerdings nicht.

Santiago del Estero

📞 0385 / 392 000 EW.

Im heißen Santiago del Estero geht es sehr beschaulich zu. Die im Jahr 1553 gegründete Stadt kann sich mit dem Titel „Madre de Ciudades" (Mutter aller Städte) schmücken, war es doch die erste städtische Siedlung, die die Spanier auf dem Boden des heutigen Argentiniens gründeten. Bauwerke aus dieser Zeit sind nicht mehr erhalten. Der Ort eignet sich aber trotzdem gut für einen Zwischenstopp.

Die *santiagueños* erfreuen sich nicht nur an Folkoremusik, sie genießen, um es einmal höflich zu formulieren, landesweit den Ruf, Ruhe und Erholung höher zu schätzen als die Arbeit. Nichtsdestotrotz ist im Zentrum einiges los, besonders am Abend, wenn die ganze Stadt auf den Beinen ist und sich auf der hübschen Plaza und in den Fußgängerzonen zu einem Spaziergang trifft.

◉ Sehenswertes

★ Centro Cultural del Bicentenario
MUSEUM, KUNSTGALERIE

(CCB; www.ccbsantiago.com; Pellegrini 149 & Libertad s/n; Erw./Kind 9–14 Jahre 10/5 Arg$; ⊙ Di–Fr 9–14 & 16–21, Sa 10–13 & 18–21, So 18–21 Uhr) Das exzellente Kulturzentrum ist ein luftiger, moderner Raum, der drei Museen birgt. Alle drei Ausstellungen werden fantasievoll präsentiert; das Highlight ist die **anthropologische Sammlung** mit einer Zusammenstellung von indigenen Keramiken, Schmuck und Flöten. Eindrucksvoll sind auch die Fossilien von Mastodonten (Rüsseltieren) und Glyptodonten, ausgestorbenen Wesen, deren Verwandtschaft mit den Gürteltieren deutlich zu erkennen ist. Das **historische Museum** mit seinen spärlichen Erläuterungen grenzt ansprechend an den schönen Patio des nobelsten Gebäudes von Santiago. Es richtet den Fokus auf die Unabhängigkeitsbewegung Argentiniens. Im oberen Stockwerk zeigt eine **Kunstgalerie** gute wechselnde Ausstellungen. Alle Informationen sind in spanischer Sprache.

🎉 Feste & Events

Marcha de los Bombos
PARADE

(www.marchadelosbombos.com.ar; ⊙ Ende Juli) In der letzten Woche im Juli feiern die *Santiagueños* die Gründung ihrer Stadt. Im Mittelpunkt steht eine lärmende Prozession von Tausenden von Stadtbewohnern in die Mitte der Stadt, in deren Verlauf sie auf alle nur vorstellbaren Arten von Trommeln einschlagen.

Schlafen & Essen

Kostenloses Zelten ist auf dem weiten Gelände des **Parque Aguirre** (☎ 0385-422-9818; Olaechea s/n; ⚐) am Flussufer in Santiago möglich; im Stadtzentrum gibt es zahlreiche Hotels.

★ Hotel Avenida
HOTEL $

(☎ 0385-421-5887; www.facebook.com/havenidasgo; Pedro León Gallo 403; EZ/DZ 29/47 US$; ❋ 🛜) Die Hotelleitung hatte es wahrhaftig nicht leicht: Zuerst eröffnete man ein gastliches kleines Hotel, dekoriert mit indigenen Kunstwerken, direkt gegenüber dem Busbahnhof. Dann verlegte die Stadtverwaltung den Busbahnhof ans andere Ende der Stadt! Und doch lohnt sich immer noch der kurze Fußweg vom Stadtzentrum hierher: Das Haus ist renoviert, freundlich und wird stetig besser.

Hotel Carlos V
HOTEL $$

(☎ 0385-424-0303; www.carlosvhotel.com; Independencia 110; EZ/DZ 81/115 US$; P ❋ @ 🛜 ⚐) Dieses Hotel hat eine hervorragend zentrale Lage und geräumige Zimmer im Stil der Business-Klasse; sie sind mit komfortablen Betten ausgestattet, einige von ihnen verfügen auch über einen Balkon. Die Superior-Zimmer sind größer als die anderen und mit

---

ABSTECHER

TERMAS DE RÍO HONDO

Auf halbem Weg zwischen Santiago del Estero und Tucumán (zwischen beiden Orten verkehren regelmäßig Busse) liegt das Heilbad am Fluss, dessen Thermalquellen in ganz Argentinien berühmt sind. Argentinische Familien reisen im Winter in den beliebten Ferienort mit annähernd 200 Hotels, jedes verfügt über eine heiße, mineralienreiche Thermalquelle. Wer einen Kuraufenthalt plant (die Balneotherapie hat in Argentinien eine hohe Qualität), findet hier einen geeigneten Ort, an dem es allerdings außer den heilsamen Quellen wenig Interessantes gibt.

Die Busse, die zwischen Tucumán (125 Arg$) und Santiago del Estero (110 Arg$) auf der RN 9 unterwegs sind, halten hier an.

Das **Hotel Platino Termas** (☎ 03858-423246; www.hotelplatinotermas.com.ar; Caseros 126; DZ ab 165 US$; P ❋ 🛜 ⚐) besitzt eine opulente Fassade und Thermalbecken in Innenräumen und im Freien. Die Zimmer sind nicht übermäßig groß, aber modern, gepflegt und komfortabel und mit schönen Holzmöbeln eingerichtet. Es gibt ein Spielzimmer für Kinder, einen Billardsaal und ein Restaurant mit einer Bar draußen am Swimmingpool.

Tischen und Stühlen eingerichtet. Es gibt ein Fitness-Studio, eine Sauna und einen innen liegenden Pool.

★ Aladdin　　　　　　　　　　　　LIBANESISCH $

(0385-422-0300; Belgrano Norte 228; Gerichte 45–100 Arg$; 12–15 & 21–24 Uhr;) Die Gestaltung dieses Restaurants, es liegt etwas außerhalb des Stadtzentrums, kann Erinnerungen an 1001 Nacht wachrufen, die Gäste machen sich jedoch eher wegen der authentischen libanesischen Küche auf den Weg hierher: Hummus, Baba Ghanoush, Falafel, Kofta, Kebab, Tabouleh und eine prächtige Baklava, aus luftigem Blätterteig und mit viel Sirup, sind jederzeit von hoher Qualität. Alles wird in einer Familienküche gut zubereitet und in einem stimmungsvollen Speiseraum unter einem Gewölbe serviert.

Mía Mamma　　　　　　　　　　　ARGENTINISCH $

(0385-429-9715; 24 de Septiembre 15; Hauptgerichte 75–130 Arg$; 20–1 Uhr;) In einer verborgenen Ecke an der Plaza Libertad befindet sich dieses zurückhaltende, zuverlässige Restaurant mit fein gekleidetem, aufmerksamem Personal. Es gibt eine Salatbar und eine Speisekarte, auf der u. a. eine riesige Auswahl von *parrilla*-Gerichten sowie *arroz a la valenciana* (Paella) verzeichnet ist.

Ausgehen & Unterhaltung

Die nächtliche Szene ist an der Avenida Roca bis in die frühen Morgenstunden lebendig – der Traum aller Nachtschwärmer. Am frühen Abend entfaltet sich ein buntes Leben in den Cafés entlang dieser Avenida.

★ El Patio del Indio
Froilán　　　　　　　　　TRADITIONELLE MUSIK

(www.elindiofroilan.com.ar; Av Libertador Norte s/n, Barrio Boca del Tigre; So) Seit mehr als 40 Jahren fertigt der Indio-Lokalmatador Froilán González schon Trommeln aus den Stämmen des Korallenbaums. Einige der größten Namen in der Latinomusikszene spielen auf seinen Instrumenten. Sonntags kommen Anwohner und Besucher ab dem frühen Nachmittag in seine Werkstatt, um Empanadas zu essen, etwas über sein Handwerk zu erfahren und um zur rhythmischen Livemusik das Tanzbein zu schwingen.

ⓘ Praktische Informationen

Post (www.correoargentino.com.ar; Buenos Aires 252; Mo–Fr 8.15–13 & 17–20 Uhr)
Touristeninformation (0385-421-3253; www.turismosantiago.gob.ar; Libertad 417; Mo–Fr 7–21, Sa 10–13 & 17–20, So 10–13 Uhr) An der Plaza Libertad. Ein weiterer Standort liegt beim **Busbahnhof** (Mo–Fr 8–21, Sa & So 10–13 & 17–20 Uhr).

ⓘ An- & Weiterreise

BUS

Der schicke **Busbahnhof** (0385-422-7091; www.tosde.com.ar; Chacabuco 550) von Santiago liegt sechs Häuserblocks nordwestlich der Plaza Libertad. Nach Salta und Catamarca führen bessere Busverbindungen über Tucumán. Bus 20 (6 Arg$) fährt von hier in die Stadt, eine Taxifahrt kostet 30 Arg$.

FLUGZEUG

Aerolíneas Argentinas (0385-422-4333; www.aerolineas.com.ar; 24 de Septiembre 547; Mo–Fr 8.30–12 & 17–20, Sa 9–12 Uhr) betreibt tgl. Flüge nach Buenos Aires vom **Aeropuerto Ángel de la Paz Aragonés** (0385-434-3654; Av Madre de Ciudades), 6 km nordwestlich der Innenstadt von Santiago del Estero. Die Buslinien 115 und 119 (6 Arg$) fahren zum Flughafen. Ein Taxi kostet 80 Arg$.

ZUG

La Banda, die Partnerstadt Santiago del Esteros, liegt an der Zugstrecke (S. 299) zwischen Tucumán (4 Std.) und dem Bahnhof Retiro in Buenos Aires (23 Std.).

ⓘ Unterwegs vor Ort

Ein neuer städtischer Zug verbindet den Busbahnhof Santiago del Esteros mit La Banda.

Die Buslinie 117 führt rund um das Stadtzentrum von Santiago und weiter über den Fluss zum Zugbahnhof.

CATAMARCA & LA RIOJA

Als Reiseziele werden die beiden Provinzen selten wahrgenommen, und doch bergen sie Abenteuer und einen immensen Reichtum an landschaftlicher Schönheit und kultureller Tradition. Aus beiden Provinzen gingen bedeutende präkolumbische Kulturen hervor, die ihre Spuren in Gestalt von zahlreichen interessanten archäologischen Stätten in der Region zurückgelassen haben. Die Provinzen erstrecken sich in westlicher Richtung ansteigend bis zu den Anden – und präsentieren ein Hochlandpanorama, das zu den spektakulärsten Landschaften Argentiniens zählt, einzelne schneebedeckte Vulkane ragen zu einer Höhe von mehr als 6000 m auf. In einer Gruppentour oder

Catamarca

📞 0383 / 159 100 EW. / 530 M

Jugendlich, lebhaft, relativ wohlhabend und voller Studenten – im Mittelpunkt von San Fernando del Valle de Catamarca liegt eine Plaza, die von mächtigen Jacaranda-, Araukarien-, Zitronen- und Palmenbäumen umstanden ist, die Straßen sind von schönen, historischen Bauten gesäumt. Ein paar Häuserzeilen westlich liegt der Parque Navarro, in dem der Duft hoch aufragender Eukalyptusbäume die Luft erfüllt. Im Hintergrund dehnt sich die spektakuläre Sierra.

👁 Sehenswertes

Außerhalb der Stadt liegende Ausflugsziele sind leicht mit dem Bus zu erreichen, darunter die Grotte, in der man die Virgen del Valle fand, ein Stausee, Ruinenstätten und Villa Las Pirquitas in den malerischen Ausläufern der Sierra. In der städtischen Touristeninformation (S. 308) sind detaillierte Auskünfte, auch zu den Bushaltestellen, zu bekommen.

★ Museo Arqueológico Adán Quiroga
MUSEUM

(📞 0383-443-7413; www.facebook.com/MuseoArqAdanQuiroga; Sarmiento 450; ⊙ Mo–Fr 12.30–20.30, Sa & So 10–19 Uhr) GRATIS Dieses schöne archäologische Museum präsentiert eine exquisite Sammlung präkolumbischer Keramiken aus verschiedenen Kulturen und Epochen. Manche Stücke – vor allem die schwarze Aguada-Keramik mit eingeritzten, stilisierten Tierdarstellungen – haben eine bemerkenswerte künstlerische Qualität. Außerdem gibt es Abteilungen zu religiösen und kolonialzeitlichen Themen. Im Januar ist das Museum an den Wochenenden geschlossen.

★ Catedral Basílica de Nuestra Señora del Valle
KATHEDRALE

(📞 0383-427779; Plaza 25 de Mayo; ⊙ 6–21.30 Uhr) Die Kathedrale aus dem 19. Jh. birgt die Figur der Virgen del Valle, der Schutzheiligen von Catamarca, sie zählt zu den am höchsten verehrten Marienbildern im nördlichen Argentinien. Ihr Rücken ist der Kirche zugewandt: Ihr Gesicht können die Besucher sehen, wenn sie zur Camarín hinaufsteigen. Die prachtvolle Kapelle ist mit originalen Fliesen und Buntglastafeln verziert, auf denen die Lebensgeschichte der Jungfrau erzählt wird. Die Kapelle ist seitlich über einen Fußweg zugänglich, dann führt eine mit weiteren sakralen Antiquitäten geschmückte Treppe hinauf.

Museo de la Virgen del Valle
MUSEUM

(📞 0383-450-1765; República 449; ⊙ Mo–Fr 9–20, Sa & So 9–14 & 15–20 Uhr) GRATIS Skurril, seltsam und etwas frömmlerisch ist das relativ neue Museum, das kostenlos besichtigt werden kann. Es enthält Figuren, Gemälde und selbst Werke der digitalen und fotografischen Medien, die alle in Zusammenhang mit der Verehrung der berühmten Virgen del Valle entstanden sind. Die Sammlung nimmt auch Bezug auf historische Persönlichkeiten der katholischen Kirche Argentiniens, aus der trotz ihrer Verstrickungen (als Fluchthelfer für Naziverbrecher in der Nachkriegszeit) der progressivste Papst unserer Zeit hervorgegangen ist.

🚩 Geführte Touren

Alta Catamarca
RUNDFAHRT

(📞 0383-443-0333; www.altacatamarca.tur.ar; Esquiú 433) Ein gut geführter Veranstalter, der Touren zu Sehenswürdigkeiten in Stadtnähe sowie längere Ausflüge zu den Attraktionen im Westen der Provinz anbietet, darunter etwa Belén, die Ruta de Adobe, die Seismiles, Antofagasta de la Sierra und die umgebende Puna.

🎉 Feste & Events

Fiesta de Nuestra Señora del Valle
RELIGIÖ

(⊙ April) Die Fiesta de Nuestra Señora del Valle findet in den beiden auf Ostern folgenden Wochen statt. Dabei strömen ganze Scharen von Pilgern zu Ehren der Virgen del Valle in die Stadt und begleiten die Heiligenfigur auf einer Prozession durch die Straßen Catamarcas. Der Tag der Heiligen (8. Dezember) wird auf ähnliche feierliche Weise begangen.

Fiesta Nacional del Poncho
KULTURELL

(www.facebook.com/fiestadelponcho; ⊙ Mitte Juli) Dieses Fest des Kunsthandwerks und der traditionellen Kultur von Catamarca wird durch einen riesigen Kunsthandwerksmarkt, eine große Schar von Musikern und Sängern des *folklórico* und in einer wunderbaren Atmosphäre gefeiert.

Catamarca

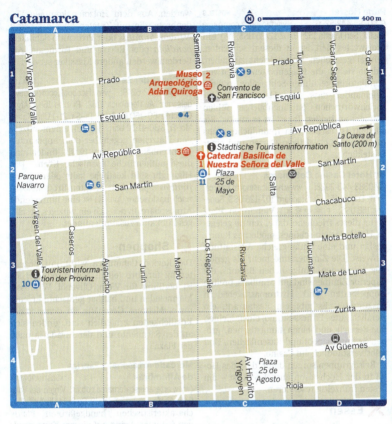

Catamarca

◎ Highlights
1 Catedral Basílica de Nuestra
   Señora del Valle C2
2 Museo Arqueológico Adán
   Quiroga C1

◎ Sehenswertes
3 Museo de la Virgen del Valle B2

◎ Aktivitäten, Kurse & Touren
4 Alta Catamarca B1

◎ Schlafen
5 Hotel Casino Catamarca A2
6 Puna Hostel A2
7 Residencial Tucumán D3

◎ Essen
8 Bar Richmond C2
9 Sopra Tutto C1

◎ Shoppen
10 Mercado Artesanal y Fábrica de
   Alfombras A3
11 Santeria San Jose C2

🛏 Schlafen

Residencial Tucumán PENSION $
(☏ 0383-442-2209; Tucumán 1040; EZ/DZ 30/36 US$; P ❋ ☎) Das gut geführte, vorbildlich gepflegte *residencial* (Budget-Hotel) bietet einfache, aber komfortable Zimmer, die zu hervorragend günstigen Preisen, ganz ohne ausgefallenen Schnickschnack, zu bekommen sind. Das Haus befindet sich nur eine Minute zu Fuß vom Busbahnhof entfernt, bietet aber auch geschützte Parkplätze in der Nähe gegen eine zusätzliche Gebühr.

Puna Hostel HOSTEL $

(☎ 0383-442-5296; www.facebook.com/puna hostal; San Martín 152; B/DZ 12/35 US$; 🛜) Ein preiswertes Bett ist in diesem schlichten, zentral gelegenen Hostel leicht zu haben, jedoch stehen die Etagenbetten in den von Ventilatoren gekühlten Schlafsälen so dicht beieinander, dass sich Gäste wie in der sprichwörtlichen Sardinenbüchse fühlen können; an heißen Tagen ist es stickig. Bei alledem ist es aber ein freundliches Haus mit einem rückwärtigen Garten und einer Gästeküche.

★ Hotel Casino Catamarca HOTEL $$

(☎ 0383-443-2928; www.hotelcasinocatamarca.com; Esquiú 151; Zi. Standard 107–126 US$, Superior 168 US$; P❋@🛜🏊) Viel freien Platz bietet dieses friedliche, dabei zentral gelegene Hotel, das ein schönes, modernes Raumdesign und eine umfangreiche Ausstattung aufweist. Die Zimmer sind mehr als geräumig zu nennen. Einige haben Balkons, die Superior-Zimmer sind mit Minibars, breiten Doppelbetten und Hydromassagebädern ausgestattet. Es gibt ein Restaurant, ein ziemlich gutes Fitness-Studio, einen kleinen Spa-Bereich und einen fantastischen, großen Swimmingpool und Rasenflächen. Und selbstverständlich ein Casino.

Reisegruppen sorgen dafür, dass das Hotel in der Hochsaison ausgebucht ist – am besten frühzeitig reservieren.

Essen

★ Sopra Tutto ITALIENISCH $

(☎ 0383-445-2114; Rivadavia 404; Hauptgerichte 80–160 Arg$; ⊙ Shop 9–14 Uhr, Restaurant 11.30–13.30 Uhr; 🛜) Exzellente hausgemachte Pastagerichte, schön präsentiert und voller Aromen, kommen in dieser freundlichen, behaglichen Stadtteil-Trattoria auf den Tisch, nebenbei werden Pasta- Spezialitäten verkauft. Das Restaurant befindet sich in Familienbesitz und unter Familienführung. Delikate Cannelloni werden hier mit *choclo* (Mais) oder Spinat und Frischkäse gefüllt, die Bolognesesoße wird durch Rotwein und Bratensoße gehaltvoll, auch die hausgemachten Empanadas sind raffiniert.

Bar Richmond PIZZA $$

(☎ 0383-443-5695; República 534; Pizzas 160–220 Arg$, Hauptgerichte 120–350 Arg$; ⊙ So–Do 8–1, Fr & Sa bis 2 Uhr; 🛜) Die beste Adresse an der Plaza 25 de Mayo ist dieses helle und geschmackvoll aufgemachte Restaurant, in dem köstliche Pizzas *à la parilla* serviert werden. Aus dem Holzofen kommen Fladenbrote, die mit Zutaten aller Art belegt werden: *humitas* oder Prosciutto-Schinken, *bondiola* oder Rucola und Parmesan. Außerdem werden andere Klassiker serviert.

La Cueva del Santo TAPAS $$

(☎ 0383-422-6249; www.facebook.com/lacueva.delsanto; Av República 1162; Pintxos 16–70 Arg$, Gerichte 60–160 Arg$; ⊙ Di–Sa 21–1 Uhr, Kaffee Mo–Fr 8.30–11.30 Uhr; 🛜) An einem reizenden Plätzchen gegenüber dem imposanten Krankenhaus aus dem 19. Jh. findet man diese authentische spanische Küche. Das Highlight sind köstliche kalte oder warme *pintxos* (Spieße mit belegten Brotscheiben) nach baskischer Art. Es ist eine hinreißende Atmosphäre, in der sich ein witziges, geselliges Publikum zusammenfindet.

Shoppen

Die Region Catamarca wirbt mit Begeisterung für ihre feinen Naturprodukte; sie ist berühmt für Wein, Olivenöl, Walnüsse, Marmeladen und haltbar gemachte Erzeugnisse. Mehrere Geschäfte, in denen diese Köstlichkeiten erhältlich sind, finden sich an der Sarmiento und der Rivadavia nahe der Plaza.

Mercado Artesanal y Fábrica de Alfombras KUNSTHANDWERK

(www.artesaniascatamarca.gob.ar; Virgen del Valle 945; ⊙ Mo–Sa 7–13 & 15–19, So 8–14 Uhr) 🍀 Die charakteristischen handgefärbten Plaids von Catamarca sind auf diesem Kunsthandwerksmarkt zu finden, auf dem es außerdem Ponchos, Wolldecken, Schmuck, Figuren aus rotem Onyx, Musikinstrumente und Korbwaren zu kaufen gibt.

An den Markt grenzt eine Werkstatt für Teppichweberei, wo Besucher freundlich herumgeführt werden (kostenlos, nur Montagbis Freitagmorgen geöffnet).

Santeria San Jose GESCHENKE & SOUVENIRS

(San Martín 501 & Sarmiento; ⊙ 11–21.30 Uhr) Eine mystische Kunsthandlung mit einem wackeligen, reichverzierten Altar, in der neue und antiquarische Bildwerke der sakralen Kunst verkauft werden. Unter den Marienstatuen und Miniaturen lässt sich vielleicht das ein oder andere antike Schmuckstück zwischen den kitschigen Devotionalien entdecken.

❶ Praktische Informationen

**Städtische Touristeninformation** (Sarmiento 620; ⊙ 8–21.30 Uhr) An der Kathedrale.

Post (www.correoargentino.com.ar; San Martín 761; ⊗ Mo–Fr 8–13 & 17.30–20.30 Uhr)

Touristeninformation der Provinz (✆ 0383-443-7791; www.turismocatamarca.gob.ar; Virgen del Valle 945; ⊗ Mo–Fr 7–13 & 15–19, Sa 8–20, So 8–14 Uhr) Beim Mercado Artesanal y Fábrica de Alfombras.

🛈 Anreise & Unterwegs vor Ort

BUS

Auf dem weitläufigen **Busbahnhof** (✆ 0383-442-3415; Av Güemes 850) von Catamarca gibt es auch ein Einkaufszentrum und ein Kino. Ein weites Netz von Buslinien führt durch die Provinz und das ganze Land, u. a. nach Tucumán (300–350 Arg$, 3¾ Std.), La Rioja (240 Arg$, 2 Std.) und Buenos Aires (1390–1650 Arg$, 14–16 Std.).

FLUGHAFEN

Aerolíneas Argentinas (✆ 0383-442-4460; www.aerolineas.com.ar; Sarmiento 589; ⊗ Mo–Fr 8–13 & 18–21, Sa 9–13 Uhr) bietet mindestens einen täglichen Flug von Buenos Aires zum **Aeropuerto Felipe Varela** (✆ 0383-445-3684), 17 km südöstlich der Stadt an der RP 33 gelegen. Eine Fahrt in einer *remise* ins Stadtzentrum kostet 250 Arg$.

Belén

✆ 03835 / 12 300 EW. / HÖHE 1250 M

Das beschauliche Belén liegt an der RN 40 und erscheint – und ist wirklich – fernab der übrigen Welt. Hier fühlen sich Reisende, die die Ruhe suchen und die es gern überschaubar und nett haben möchten, sehr wohl. Belén ist einer der besten Orte, um Webwaren, insbesondere Ponchos, zu kaufen. Überall in der Stadt bieten *teleras* (Webereien) ihre handgefertigten Produkte aus Lama-, Schaf- und Alpakawolle zum Kauf an. Die faszinierenden Ruinen von El Shincal in der Nähe sind ein weiterer Grund, der Stadt einen Besuch abzustatten. Sie liegt inmitten einer roten Steinwüste voller Kakteen.

👁 Sehenswertes

Museo Cóndor Huasi   MUSEUM
(Ecke Belgrano & San Martín; 10 Arg$; ⊗ Mo–Fr 9–13 Uhr) Das Museum im Obergeschoss am Ende einer Einkaufsarkade beeindruckt mit einer schönen Keramiksammlung, die unterschiedliche Epochen der Siedlungsgeschichte in der Region widerspiegelt.

Arañitas Hilanderas   KUNSTZENTRUM
(✆ 03835-464487; www.facebook.com/aranitas hilanderasok; Av Virgen de Belén s/n; ⊗ Mo–Fr 9–19, Sa 9–18 Uhr) 🎫 GRATIS Diese Kooperative ist ein guter Ort, um Webern bei der Arbeit zuzusehen und ihre Werkstücke zu kaufen. Die Belgrano führt am Hotel Belén vorbei zu dieser Werkstatt.

Rua Chaky   KUNSTZENTRUM
(✆ 03835-461068; ruachaky@hotmail.com; Casa 28, Barrio 17 de Agosto; ⊗ 7–22 Uhr) 🎫 GRATIS Jederzeit sind Besucher in diesem Familienwohnsitz in einem hübschen Barrio willkommen, um zuzuschauen, wie Umschlagtücher und Ponchos auf traditionelle Art am Webstuhl entstehen. Die Weberei wird

---

ABSEITS DER ÜBLICHEN PFADE

DER WILDE NORDWESTEN

Wer sich gern abseits der gewohnten Pfade bewegt, ist im entlegenen Antofagasta de la Sierra am richtigen Ort – es liegt im äußersten Nordwesten der Provinz Catamarca, 300 km hinter Belén. Dieses Dorf der Puna (Hochwüste in den Ausläufern der Anden) liegt auf einer Höhe von 3320 m, eingebettet in eine spektakuläre Landschaft.

Wer im eigenen Auto unterwegs ist oder sich einer Tour von Belén oder Catamarca aus anschließt, kann weitere Anziehungspunkte des Gebietes entdecken: die spektakulären Bimssteinfelder von Campo de Piedra Pomez, ferne Vulkane, die Salzebenen und das Dorf Antofalla und Seen voller Flamingos.

Ein besonders lohnendes Ziel ist die Gegend Anfang März zur Fiesta de la Puna mit Viehausstellungen und traditionellen Kulturdarbietungen. Familien stellen Unterkünfte in ihren Häusern zur Verfügung, außerdem gibt es mehrere Pensionen, darunter die **Hostería Pueblo del Sol** (✆ 03837-431-2263; www.facebook.com/antofagastadelasierrahosteria; Antofagasta de la Sierra; DZ ab 67 US$; 🅿🛜). In den Wintermonaten herrscht eisige Kälte! Wöchentlich gibt es zwei Busverbindungen von Catamarca aus über Belén (260 Arg$, 12–15 Std.).

in der Familie seit fünf Generationen betrieben. Besucher können sich das Färben der Wolle mit natürlichen Farbstoffen erklären lassen. Auf der gegenüberliegenden Seite der Hauptstraße (aus der Stadt kommend), nur etwa 1 km vom Stadtzentrum entfernt, findet man diese Werkstatt.

Geführte Touren

★ Chaku Aventuras   TOUREN
(☏ 03835-463976; www.chakuaventuras.com.ar; Belgrano 607; 2-/3-tägige Touren ab 280/430 US$) Das gut geführte Unternehmen veranstaltet Ausflüge in das westliche und nordwestliche Hochland der Provinz voller bleibender Eindrücke. Ein zweitägiger Ausflug umfasst die Ruta del Adobe, die Termas de Fiambalá und die mächtigen Berge nahe der Grenze zu Chile; ein dreitägiger Ausflug führt nordwestlich nach Antofagasta und in die spektakuläre Szenerie der Puna in dieser Region. Weitere Angebote und maßgeschneiderte Touren stehen zur Auswahl.

🛏 Schlafen & Essen

Las Cardas Posada & Spa   HOTEL $
(☏ 03835-463976; www.lascardas.com.ar; Belgrano 609; DZ US$71; P❄@🛜🏊) Die Bezeichnung „Spa" ist etwas übertrieben, auch der Pool ist winzig klein, doch die makellosen Zimmer mit Fliesenböden sind hell, gut geschnitten und geräumig. Das Hotel befindet sich in ruhiger Lage am Stadtrand; es gehört zu Chaku Aventuras, dem besten Tourveranstalter in Belén.

Hotel Belén   HOTEL $
(☏ 03835-461501; www.belencat.com.ar; Ecke Belgrano & Cubas; EZ/DZ 50/77 US$; P❄@🛜🏊) Ein überraschender Anblick im Stadtbild ist dieses stilvolle Hotel mit dunklen, komfortablen Zimmern, deren Bäder aus rohen Felsen bestehen und die mit indigenen Kunstwerken verziert sind. In der Hotellobby ist eine archäologische Sammlung zu sehen. Wer über Mängel und Mucken hinwegsehen kann – Geräusche dringen ungehindert durch die Badezimmerwände, der Service ist wechselhaft, und nicht immer funktioniert alles richtig – kann hier einen anregenden Aufenthalt zu angemessenen Preisen genießen.

★ 1900   ARGENTINISCH $$
(☏ 03835-461100; Belgrano 391; Hauptgerichte 70–220 Arg$; ⏲ 12.30–15 & 21–1.30 Uhr) Ein Service, der über das Notwendige weit hinausgeht, ist das Geheimnis dieses Stadtteilrestaurants; das Steakhaus mit Holztäfelung liegt an einer Nebenstraße der Plaza. Es ist äußerst beliebt, Gäste werden nicht abgewiesen – eine ständige Neuordnung und Umgruppierung der Sitzplätze ist daher unvermeidlich. Die Preise sind mehr als angemessen, eine Reihe von Gerichten wird auf großen Platten für mehrere Gäste angerichtet. Gut zusammengestellte Salate und saftige Fleischspieße gehören zu den kulinarischen Highlights.

Shoppen

Unter Zeltdächern abseits der Plaza verbirgt sich eine Reihe von Verkaufsständen mit *artesanía*, sie bieten Ponchos, Kleidung aus Lama- und Alpakawolle sowie regional erzeugten Wein (dessen Trauben in echter Fußarbeit zertreten wurden!). Höherwertige Wollwaren sind in Werkstätten überall in der Stadt oder in den Läden der Innenstadt zu kaufen. **Familia Avar Saracho** (☏ 03835-461091; www.facebook.com/AvarSaracho; Roca 144; ⏲ 9.30–23 Uhr) bietet angemessene Preise und sorgt auch für den Versand der eingekauften Waren.

ℹ Praktische Informationen

Eine Bank mit einem Geldautomaten befindet sich an der Ecke von General Paz und Lavalle, in der Nähe der Touristeninformation.
Touristeninformation (☏ 03835-461304; turismobelencat@gmail.com; General Paz 168; ⏲ 6–13 & 14–20 Uhr) Eine kleine Mineralienausstellung ist hier zu sehen. Einen weiteren Infostand gibt es außerdem an der Plaza.

ℹ An- & Weiterreise

Der **Busbahnhof** (Ecke Sarmiento & Rivadavia) von Belén liegt einen Häuserblock südlich und einen Häuserblock westlich der Plaza. Nach Catamarca (310 Arg$, 4–5 Std.) führen mehrmals täglich Busverbindungen. Nachtbusse fahren nach La Rioja und Córdoba, mehrmals wöchentlich fahren Busse und Minibusse nach Santa María (170 Arg$, 4 Std.), eine landschaftlich eindrucksvolle Fahrt. Wöchentlich verkehren drei Busverbindungen nach Tinogasta (190 Arg$, 3½ Std.).

Londres & El Shincal
☏ 03835 / 2500 EW. / 1170 M

15 km südwestlich von Belén liegt das verträumte Städtchen Londres, das mit der Metropole jenseits des Großen Teichs nur den Namen gemeinsam hat. Es ist ein uraltes Gaucho-Dorf mit Weiden, auf denen Pferde

grasen, das heute nur noch aus einer Anzahl verfallener Adobe-Häuser besteht, hinter denen eine bedeutende Geschichte verborgen sein mag. Der Ort wurde 1558 gegründet, seinen Namen (spanisch für London) verdankt er der Heirat des Prinzen von Spanien (des späteren Königs Philipp II.) mit Maria Tudor, Königin von England, im Jahr 1554. Londres liegt östlich der Inkaruinen von El Shincal, zu denen die meisten der hier Durchreisenden unterwegs sind.

Sehenswertes

★ El Shincal RUINEN
(03835-491919; Enripiada s/n; 50 Arg$; 9-18 Uhr) Die Inkaruinen von El Shincal befinden sich 7 km westlich von Londres. Gegründet wurde der Ort 1471, er nahm einen beherrschenden Standort an den Ausläufern der Berge mit einem weiten Überblick über das Tal im Süden ein. Die landschaftliche Kulisse ist spektakulär und reich an fantastischen Ausblicken und einer wundervollen Atmosphäre. Das renovierte Museum beim Eingang zeigt ein maßstabgetreues Modell der Anlage und vermittelt vertiefendes Wissen über die Inka- und Prä-Inka-Kulturen. Auf dem Weg werden auf Informationstafeln Erläuterungen zur Pflanzenwelt der Region gegeben.

Auf dem Ruinengelände befindet sich 500 m entfernt der Opferplatz (*ushnu*) in der Mitte eines zentralen Platzes und wird von zwei teilweise restaurierten *kallankas* (rechteckigen Steinbauten mit mehrfacher oder unbekannter Funktion) flankiert. Zwei gestutzte Pyramiden, nach dem Auf- und Untergang der Sonne ausgerichtet, dienten wahrscheinlich als Sonnenaltäre und Aussichtspunkte. Alle Informationen sind auf Spanisch, ebenso wie die Führungen, die täglich sechsmal stattfinden. Auf dem Gelände gibt es ein Café-Restaurant.

❶ An- & Weiterreise

Montag bis Samstag fahren Busse von Belén nach Londres (60 Arg$) und weiter zu den Ruinen. Busverbindungen aus weiter entfernten Orten führen lediglich nach Londres. Eine Fahrt in einer *remise* von Belén kostet rund 400 Arg$ inklusive Wartezeit.

Hinter Londres liegt Chilecito 200 km weiter südlich in der Provinz La Rioja an der RN 40. Ein eigenes Auto ist für diese Fahrt notwendig, die – mit der imposanten Sierra de Famatina im Westen und der Sierra de Velasco im Osten – einfach fantastisch ist. Die Straße befindet sich in einem hervorragenden Zustand.

Westliches Catamarca
03837

Der Westen der Provinz Catamarca ist nicht ganz leicht zu erreichen, doch die Mühe lohnt sich. Das Gebiet hat mit seinen Adobe-Kirchen und Weingütern eine historische Bedeutung, die Ausblicke von den Thermen oberhalb von Fiambalá, das wie eine Oase in einem trockenen Tal zwischen Dünen liegt, sind hinreißend. Die spektakulären Berglandschaften sind das bevorzugte Terrain für die Rallye Dakar, seit sie nicht mehr in Afrika ausgetragen wird. Im äußersten Westen ragen majestätische, über 6000 m hohe Gipfel auf – nach der Himalaya-Region ist dies die zweithöchste der Welt. Die beiden wichtigsten Siedlungen sind 50 km voneinander entfernt: Tinogasta, ein zu vernachlässigender Ort in wüstenhafter Umgebung, und Fiambalá, eine lebhafte Oase. Wer für die Reise kein eigenes Auto zur Verfügung hat, kann diese Region auch im Rahmen einer Gruppenreise von Belén oder von Catamarca aus kennenlernen.

Sehenswertes

Ruta del Adobe HISTORISCHES BAUWERK
(RN 60) GRATIS Die Straße von Tinogasta nach Fiambalá ist als „Adobe-Route" ausgewiesen, denn hier stehen fantastische historische Gebäude mit dicken Mauern aus Lehm, Stroh und Dung sowie Dächern aus Zuckerrohr, die von Algarrobo-Balken getragen werden. Auf die verschiedenen Gebäude, darunter einstige Gasthöfe und kleine Museen, wird durch Schilder an der Straße hingewiesen. Mit öffentlichen Verkehrsmitteln sind die Iglesia de San Pedro, am südlichen Ortseingang von Fiambalá gelegen, und die benachbarte Comandancia de Armas zu erreichen.

Die Strecke war einstmals eine wichtige Handelsroute nach Bolivien und Peru, daher rühren die alten Gebäude.

Museo del Hombre MUSEUM
(03837-496250; Abaucan s/n, Fiambalá; 50 Arg$; Mo–Sa 10–18 Uhr) Das interessante regionale Museum besitzt Abteilungen zur Geologie und Archäologie, darunter hochwertige Keramiken und zwei gruselige Inkamumien mit gut erhaltenen Grabbeigaben. Ein weiterer Saal ist dem Bergsteigen gewidmet und informiert über berühmte Expeditionen zu den 14 Gipfeln der Provinz, die über 6000 m hoch sind.

Termas de Fiambalá
THERMALQUELLE

(San Fernando del Valle de Catamarca; 150 Arg$; ⊙ 7–22 Uhr) Etwa 15 km östlich, in den Bergen von Fiambalá gelegen, entspringen die Thermalquellen den Felsen und ergießen sich am Felshang herab in mehrere Thermalbecken: Das höchstgelegene hat eine Temperatur von etwa 40 °C, die kühleren liegen weiter unten. Die Ausblicke über das Wüstental reichen unendlich weit. Nach 17 Uhr findet man mehr Schatten vor; kühler wird es nach Einbruch der Dunkelheit. An den Wochenenden wird es voll und laut. Es gibt einen Campingplatz und verschiedene einfache Übernachtungsmöglichkeiten. Von Fiambalá kostet eine Fahrt in einer *remise* 250 Arg$.

Duna Magicá
DÜNEN

(Saují) Eine zauberhafte Landschaft aus roten und weißen Sanddünen, die sich 15 km nördlich von Fiambalá aus dem Wüstensand erheben. Besucher sollten am frühen Morgen hierher kommen, bevor die starken Winde aufkommen, die einen Ausflug in überwältigende Schönheit in einen alptraumhaften Sandsturm verwandeln können. Wer jedoch den Windböen zuvorkommt, kann die Dünen stundenlang durchwandern – oder auf Sandboards hinabgleiten, ein aufregendes Erlebnis.

Das Hostel San Pedro bietet Unterkünfte, einen Verleih von Sandboards und Fahrten zu den Dünen (500 Arg$ mit Rückfahrt) an.

★ Los Seismiles
GEBIRGE

Westlich von Fiambalá schlängelt sich eine asphaltierte Straße durch die Hochwüste, vorbei an den malerischen roten Felswänden der Quebrada Angosturas und in respektgebietende Höhenlagen hinauf, bis am höchsten Punkt die Grenze zu Chile erreicht ist. Es ist eine faszinierende Fahrt durch ein Gebiet ohne Spuren menschlicher Besiedlung – mit Ausnahme eines saisonabhängig geöffneten Hotels auf halber Strecke zwischen Fiambalá und der Grenze. Die Gipfel von Los Seismiles sind mehr als 6000 m hoch. Mehrere Exemplare dieser Größenordnung sind hier versammelt, darunter Ojos del Salado (6879 m), der höchste Vulkan der Welt.

Der Übergang vom Wüsten- ins Hochland ist unfassbar eindrucksvoll. In der Ferne kommen Gletscherflüsse und eisbedeckte Marschlande in Sicht, an denen es von Flamingos wimmelt, sowie gelbe Tundra, die den Vikunjas als Weide dient. Schließlich ragen hinter weiteren schneebedeckten Gipfeln die fantastischen Seismiles auf. Im Sommer ist die Straße in ihrem vollen Verlauf bis zur Grenze geöffnet. Zu allen anderen Jahreszeiten ist die Straße bei La Gruta, einem Grenzposten auf argentinischer Seite, 21 km von Chile entfernt, gesperrt – eine Vorsichtsmaßnahme, die vor rauem Wetter auf halsbrecherisch schlechten Straßen schützen soll: Eisig kalt und gefährlich können die Böen des *viento blanco*, des „weißen Windes", sein, der hier zu jeder Jahreszeit aufkommen kann.

Eine sogar noch majestätischere Landschaft lässt sich über eine einsame Bergbauroute (nur mit Allradfahrzeugen) erreichen, die nach 90 km zum Monte Pissis (6793 m) führt, dem dritthöchsten Berg Nord- und Südamerikas. Man braucht insgesamt rund fünf Stunden, bis man über diesen imposanten Berg mit herrlichen blauen, schwarzen und türkisen Seen im Vordergrund wieder zurück am Aussichtspunkt ist (50 km). Aufgrund der abgeschiedenen Lage empfiehlt es sich, die Region im Rahmen einer Exkursion zu erkunden – Veranstalter in Belén und Catamarca organisieren solche Touren.

🛏 Schlafen

Casona del Pino
BOUTIQUEHOTEL $

(☏ 03837-15-697429; www.casonadelpino.com; Fiambalá; DZ ab 70 US$; 🅿 ❄ 🛜) Die schönste Unterkunft in Fiambalá findet man in diesem Haus, dessen Räume zu geschmackvoll gestalteten Gästezimmern mit pastelligen Farben und antiken Möbeln umgebaut wurden. Von hier eröffnen sich vielfältige Ausflugsmöglichkeiten zur Duna Magicá, zu den Seismiles und den Thermalquellen. Frühzeitig buchen.

Hostel San Pedro
HOSTEL $

(☏ 03837-453-3162; www.facebook.com/sanpedrohostelfiambala; Diego de Freites s/n, Fiambalá; B 12 US$, DZ mit/ohne Bad 35/30 US$; 🛜) Ein gut geführtes Hostel in Familienhand mit gepflegten Schlafsälen und Doppelzimmern, die an der Hauptgeschäftsstraße von Fiambalá an einen attraktiven Innenhof grenzen. Die Inhaber halten eine Fülle von Wissen zur Region bereit, verleihen Sandboards und können Ausflüge in die nahen Dünen arrangieren.

ℹ Praktische Information

Touristeninformation Fiambalá (☏ 03837-496250; www.fiambala.gov.ar; Plaza Principal s/n, Fiambalá; ⊙ Mo–Fr 7–21, Sa & So 8–21 Uhr) An der Plaza.

ℹ An- & Weiterreise

Mindestens drei Busse fahren tgl. von Catamarca nach Tinogasta und Fiambalá (400 Arg$, 5¾ Std.). Mehrmals pro Woche fahren Busse nach La Rioja (300–340 Arg$) und Córdoba (780–840 Arg$). Wöchentlich bestehen fünf Busverbindungen zwischen Belén und Tinogasta (190 Arg$, 3½ Std.).

La Rioja

📞 0380 / 179 000 EW. / HÖHE 500 M

Umschlossen von den anmutigen Gipfeln der Sierra de Velasco bietet La Rioja an sonnigen Tagen einen imposanten Anblick. Und es gibt viele Sonnentage: Die sommerlichen Temperaturen erreichen Höchstwerte in dieser ruhigen, abgelegenen, aber dennoch wohlhabenden Provinzhauptstadt, die mit Palmen gespickt ist. Es ist ein auf zurückhaltende Art reizvoller Ort; wer auf der Durchreise hier vorbeikommt, entschließt sich vielleicht zu einem Aufenthalt (die Stadt liegt auf halbem Weg zwischen Mendoza und Salta), um einen Ausflug zum Parque Nacional Talampaya und zum Parque Provincial Ischigualasto zu unternehmen.

⊙ Sehenswertes & Aktivitäten

★ Museo Folklórico   MUSEUM
(Pelagio Luna 811; Eintritt durch Spende; ⊙ Di–Fr 9–13 & 17–21, Sa & So 9–13 Uhr) Das sehenswerte Museum befindet sich in einem wundervollen Adobe-Gebäude des frühen 17. Jhs. Es zeigt schöne Ausstellungen zur regionalen Kultur. Verschiedene Themen werden behandelt, darunter *chaya* (die Musik der Regon La Rioja), das Tinkunaco-Fest, Weberei und Weinerzeugung. Die Führungen sind hervorragend – am informativsten allerdings für Besucher mit ausreichenden Spanischkenntnissen.

Convento de Santo Domingo   KIRCHE
(Ecke Pelagio Luna & Lamadrid; ⊙ Mo–Fr 9.30–12.30 & 18–20 Uhr) Das älteste Kloster Argentiniens wurde im Jahr 1623 von den Diaguita unter der Leitung von Dominikanermönchen erbaut. Das Datum ist dem geschnitzten Algarroba-Türrahmen zu entnehmen, ebenfalls ein Werk von Diaguita-Künstlern. Ein Museum mit sakraler Kunst befindet sich im Gebäudekomplex.

Águila Blanca   DRACHENFLIEGEN, PARAGLIDING
(Hugo Ávila; 📞 0380-445-1635; www.turismoaguilablanca.com; Av Ramírez de Velasco Oeste 4900, Km 7) Der Traum vom Fliegen (ohne die Hilfe von Maschinen) kann hier wahr werden! Diese Drachenflugschule bietet Unterricht und Tandemflüge sowie Unterkünfte an.

☞ Geführte Touren

Mehrere Veranstalter bieten Ausflüge in die Provinz an, u. a. zum Parque Nacional Talampaya, darin ist üblicherweise ein Besuch des benachbarten Parque Provincial Ischigualasto („Valle de la Luna") in der Provinz San Juan enthalten. Dieselben Unternehmen ermöglichen außerdem Ausflüge in fernere Gebiete der Anden.

Corona del Inca   TOUR
(📞 0380-442-2142; www.coronadelinca.com.ar; Pelagio Luna 914) Ein grundsolider Veranstalter von Abenteuertouren. Zum Programm gehören u. a. Geländewagenfahrten durch den Parque Nacional Talampaya, Mountainbike-Touren zur Laguna Brava und Ausflüge zum Krater des Volcán Corona (5530 m).

✨ Feste & Events

★ La Chaya   KARNEVAL
(⊙ Feb.) Eine regionale Variation des Karnevals. Der Name leitet sich von einem Wort der Quechua-Sprache ab, das „jemanden nassmachen" bedeutet – und lässt erahnen, womit hier zu rechnen ist: Die Feiernden entfesseln die größte und fröhlichste Wasserschlacht in ganz Südamerika! Der Musikstil, der mit diesem Fest verbunden ist, wird ebenfalls *chaya* genannt.

El Tinkunaco   KULTUR
(⊙ Mittag des 31. Dez.) Am Silvestertag wird ein Ereignis aus dem Jahr 1593 zeremoniell nachgespielt: Der Mönch Francisco Solano begründete den Friedensschluss zwischen dem Volksstamm der Diaguitas und den Spaniern durch seine Vermittlung. Die Diaguitas stellten dafür jedoch zwei Bedingungen: den Rückzug des spanischen Stadtherrn (*alcalde*) und die Einsetzung des Christuskindes als Niño Jesús Alcalde an dessen Stelle – das Abbild des Christuskindes sollte symbolisch über die Stadt herrschen.

🛏 Schlafen

Die Übernachtungsmöglichkeiten in La Rioja sind im Allgemeinen (um es einmal freundlich auszudrücken) durchschnittlich. Ermäßigungen werden bei Barzahlung gewährt. Von den Hostel-Unterkünften abgesehen, ist es jedoch ziemlich schwierig, ein preiswertes Zimmer von annehmbarer Qualität zu finden.

Gute Nacht `HOSTEL $`
(📞 0380-432-4325; www.facebook.com/GuteNacht Hostel; Catamarca 43; B/DZ ohne Bad 18/44 US$; 🛜) Ein Hostel unter deutscher Leitung, zu dem ein Café und eine Bar gehören. Es ist ziemlich gut geführt und gut etabliert und bietet Mehrbett- und private Zimmer. Die Gäste teilen sich die gepflegten Bäder. Das Hostel ist in einem restaurierten Stadthaus untergebracht; die Zimmer öffnen sich auf einen attraktiven, gefliesten Innenhof mit viel freiem Platz.

Hostel Apacheta `HOSTEL $`
(📞 0380-15-444-5445; www.facebook.com/apache tahostel; San Nicolás de Bari 669; B/DZ 12/35 US$; ✱🛜) Dieses zentral gelegene Hostel ist ein einfaches, aber sympathisches Haus in hervorragender Lage, mit klimatisierten Räumen und viel Platz. Für Sauberkeit wird auf etwas nachlässige Art gesorgt. Es gibt einen Fahrradverleih und ein aufblasbares Badebecken. Ein Frühstück ist zum Preis von 3 US$ zu bekommen.

Essen

Die regionale Küche ist vor allem von *locro*, saftigen Empanadas, *chivito asado* (Grillgericht mit Ziegenlammfleisch), *humitas*, *quesillo oaxaca* (einem halbfesten Schnittkäse) und Oliven geprägt. Wer es sich etwas kosten lassen will, findet einige anspruchsvolle Restaurants in der Stadt.

Café del Paseo `CAFÉ $`
(Ecke Pelagio Luna & 25 de Mayo; leichte Mahlzeiten 60–140 Arg$; ⏱ 7.30–15 & 17.30–1 Uhr; 🛜) Dies ist der beste Aussichtspukt an der Ecke der Plaza 25 de Mayo, um das Stadtleben zu betrachten. Geschäftsleute sitzen hier neben Familien, alte Männer hocken an Tischen zusammen und lassen den Tag in dem gemächlichen Tempo des alten La Rioja vorübergehen.

La Stanza `ITALIENISCH $$`
(📞 0380-443-0809; www.lastanzaresto.com.ar; Dorrego 164; Hauptgerichte 100–260 Arg$; ⏱ Di-Sa 12–15 & 20–24, So 12–15 Uhr) Das stilvolle Restaurant, eines der besten in der Stadt, strahlt eine attraktive, urbane Atmosphäre aus. Hier werden fantasievolle Pastagerichte serviert, die sich deutlich von den sonst Üblichen unterscheiden. Noch besser sind die einfallsreich zubereiteten Hauptgerichte, darunter delikate Fleischspeisen und gebackene Gemüse in köstlichen Kombinationen.

Orígenes `ARGENTINISCH $$$`
(📞 0380-442-8036; Ecke Catamarca & Pelagio Luna; Hauptgerichte 180–300 Arg$; ⏱ 11.30–15.30 & 20–24 Uhr; 🛜) Eleganz und Enthusiasmus gehen von diesem Restaurant aus. Es nimmt einen Eckraum in einem schönen, imposanten Schulhaus aus dem 19. Jh. ein, in dem sich heute ein Kulturzentrum befindet. Heimische Traditionen werden hier mit moderner Kochkunst kombiniert. Das Ergebnis ist eine überraschende Variation der typisch argentinischen Küche.

Shoppen

Mercado Artesanal de La Rioja `KUNSTHANDWERK`
(Pelagio Luna 792; ⏱ Di-Sa 9–12.50 & 18–22, So 9–12.50 Uhr) 🖉 Kunsthandwerkliche Arbeiten aus La Rioja und Umgebung werden hier – neben anderem beliebten Kunsthandwerk – ausgestellt und zu Preisen verkauft, die günstiger sind als die in den meisten Andenkenläden. Während der Wintermonate schließt das Geschäft nachmittags schon früher.

ⓘ Praktische Informationen

Städtische Touristeninformation (Plaza 25 de Mayo; ⏱ Mo–Fr 8–13 & 16–21, Sa & So 8–21 Uhr) In einem Kiosk an der Plaza 25 de Mayo.

Post (www.correoargentino.com.ar; Av JD Perón 258; ⏱ Mo–Fr 8–13 & 17.30–20.30 Uhr)

Touristeninformation der Provinz (📞 0380-442-6345; www.turismolarioja.gov.ar; ⏱ 8–20 Uhr) Am Rondell neben dem Busbahnhof im Süden der Stadt.

ⓘ An- & Weiterreise

BUS

Der **Busbahnhof** (Av Circunvalación s/n) von La Rioja ist ein interessantes, modernes Bauwerk, 3 km südlich vom Stadtzentrum gelegen, mit Busverbindungen zu zahlreichen Zielorten.

Außerdem gibt es einen **Minibusbahnhof** (📞 0380-446-8562; Artigas 750), von dem regelmäßig Minibusse nach Catamarca und Tucumán abfahren.

FLUGHAFEN

Von **Aerolíneas Argentinas** (📞 0380-442-6307; www.aerolineas.com.ar; Belgrano 63; ⏱ Mo–Fr 8–13 & 17.30–20.30, Sa 8.30–12.30 Uhr) werden Flüge von und nach Buenos

La Rioja

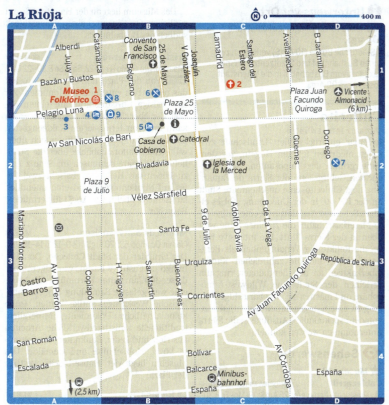

Aires 6-mal wöchentlich abgefertigt. **Aeropuerto Vicente Almonacid** (0380-446-2160) liegt 7 km östlich der Stadt an der RP 5.

Busse ab La Rioja

REISEZIEL	FAHRPREIS (ARG$)	FAHRZEIT (STD.)
Buenos Aires	1950	14–17
Catamarca	240	2
Chilecito	150	3
Córdoba	590	6
Mendoza	965	8–9½
Salta	1056	10
San Juan	795	6
Santiago del Estero	825	7–8
Tucumán	590	5½–6½

La Rioja

Highlights
1 Museo Folklórico A1

Sehenswertes
2 Convento de Santo Domingo C1

Aktivitäten, Kurse & Touren
3 Corona del Inca A2

Schlafen
4 Gute Nacht A1
5 Hostel Apacheta B2

Essen
6 Café del Paseo B1
7 La Stanza D2
8 Orígenes B1

Shoppen
9 Mercado Artesanal de La Rioja B1

❶ Unterwegs vor Ort

Eine Taxifahrt zum Flughafen kostet rund 200 Arg$.

Städtische Busse (10 Arg$) verkehren zwischen Busbahnhof und Stadtzentrum. Eine Taxifahrt vom Busbahnhof in die Innenstadt kostet etwa 90 Arg$.

Chilecito

🎵 03825 / 33 700 EW. / 1080 M

In einer eindrucksvollen Landschaft zwischen niedrigen felsigen Hügeln, vor dem Hintergrund der imposanten, schneebedeckten Gebirgskette der Sierra de Famantina liegt Chilecito, eine unscheinbare Stadt an der RN 40. In der Umgebung gibt es einiges Sehenswertes, darunter eine stillgelegte Materialseilbahn, die zu einer Mine weit oben in der Sierra führt. Die intensive Hitze, die Relikte der Vergangenheit als Bergbausiedlung und die zahlreichen Kandelaberkakteen an den Berghängen ringsum verleihen der Stadt eine Wildwest-Atmosphäre und machen sie ein paar ruhige Tage lang zu einem angenehmen Aufenthaltsort, von dem spektakuläre Ausflüge in die Sierra unternommen werden können.

⊙ Sehenswertes

★ Museo del Cablecarril   MUSEUM, MATERIALSEILBAHN

(Av Presidente Perón s/n; 25 Arg$; ⊙ Mo–Fr 8.30–12.30 & 14–18.30, Sa & So 8–19 Uhr) Die alte Seilbahnstation dokumentiert das ungewöhnliche Maschinenbauprojekt und Erzbergwerk, aus dem das moderne Chilecito zu Beginn des 20. Jhs. hervorgegangen ist. Auch diese Stadt, wie viele andere in der Neuen Welt, war auf Silber, Gold und Kupfer gegründet. Das in seiner Einfachheit malerische Museum bewahrt Fotografien, Werkzeuge (diese gigantischen Schraubenschlüssel sind cool!) und Dokumente, außerdem Kommunikationsgeräte, darunter auch ein frühes Mobiltelefon.

Besucher können das Museum und die Seilbahnstation selbstständig erkunden, wo Kübelwagen leer und reglos hintereinander stehen. Am sehenswertesten ist es am späten Nachmittag, wenn das Sonnenlicht auf dem rostigen Eisen und den schneebedeckten Sierras liegt. Mit einem eigenen Auto können Besucher auch die zweite und dritte Zwischenstation besichtigen. Auf Führungen werden die Teilnehmer zur neunten und letzten Station, der hoch am Osthang der Sierra gelegenen La Mejicana begleitet.

Das Museum liegt an der Hauptstraße am südlichen Ortseingang, einen Häuserblock südlich des Busbahnhofs.

Cristo del Portezuelo   MONUMENT

(Maestro s/n; ⊙ Mo–Fr 8–22, Sa & So 8.30–22 Uhr) Von der Plaza führt die Maestro auf das relativ neu entstandene Monument zu: eine riesige Christusstatue auf einem Sockel, der über 203 Stufen bestiegen werden kann und von terrassierten Kakteengärten flankiert wird. Von oben öffnen sich überwältigende Panoramablicke über die Stadt, heimische Paare schmusen im Schutz und zu Füßen des Heilandes. Es gibt zwei Cafés auf Straßenniveau und eine unendlich langsame Seilbahn (20 Arg$) für ermüdete Besucher.

Molino de San Francisco   MUSEUM

(Jamín Ocampo 63; 20 Arg$; ⊙ 9–12 & 14–19 Uhr) Der Gründer der Stadt Chilecito, Don Domingo de Castro y Bazán, war Eigentümer dieser 300 Jahre alten Kornmühle, die heute eine weit gefasste Sammlung birgt: archäologische Werkzeuge, antike Waffen, frühe kolonialzeitliche Dokumente, Mineralien, traditionelle kunsthandwerkliche Arbeiten aus Holz und Leder, Banknoten, ausgestopfte Vögel, Holzschnitte und Gemälde. Das Museum liegt vier Häuserblocks westlich der Plaza.

La Riojana   WEINGUT

(🎵 03825-423150; www.lariojana.com.ar; La Plata 646; ⊙ Führungen Mo–Fr 11, 12 & 15 Uhr)  Die Kooperative La Riojana ist der bedeutendste Weinproduzent der Region und ein großer Betrieb: Rund 30 Mio. Liter werden hier jährlich hergestellt – dank einer Vielzahl von regionalen Weinbauern, die ihre Traubenernten dazu beisteuern. Auf einem lohnenden, kostenlosen Rundgang werden Besucher durch die Bodega geführt. Statt der schimmernden Reihen metallischer Behälter, wie sie dem modernen technischen Stand entsprechen, sind hier lediglich riesige Gärungstanks aus Beton zu sehen. Die Führungen schließen mit einer großzügigen Weinprobe ab. In nördlicher Richtung liegt die Kooperative einen, in westlicher fünf Häuserblocks von der Plaza entfernt.

👉 Geführte Touren

Cuesta Vieja   TOUREN

(🎵 03825-424874;   www.cuestavieja.com.ar; González 467) Der freundliche, zuverlässige Veranstalter ist in Chilecito ansässig und hält exzellente Angebote für Ausflüge in die Sierra, zum Parque Nacional Talampaya und Parque Provincial Ischigualasto bereit. Auf Rundflügen können Teilnehmer die schöne Landschaft von oben betrachten.

Salir del Cráter TOUR
(03825-15-679620; www.salirdelcrater.com.ar) Ein empfehlenswerter Veranstalter mit Sitz in Chilecito, der Geländewagenfahrten in den Westen der Provinz La Rioja, u. a. zum Parque Nacional Talampaya, anbietet. Die Teilnehmer werden vom Hotel oder von der Pension abgeholt.

🛏️ Schlafen

⭐ El Viejo Molino PENSION $
(03825-429445, 03825-15-566040; nicorody@hotmail.com; Jamín Ocampo 64; DZ/4BZ 61/91 US$; P❄️🛜) In einem anheimelnd persönlichen Stil wird die attraktive Pension geführt, sie grenzt an einen kleinen Garten beim Museum Molino de San Francisco. Die modernen Zimmer sind komfortabel, elegant, geräumig und gut ausgestattet (mit liebenswerten rohen Ziegelsteinwänden und Balkendecken). In einem ansprechenden Restaurant im Erdgeschoss werden Pizzas und regionale Spezialitäten serviert. Keine Mühe wird gescheut, damit die Gäste sich behaglich fühlen.

Hotel Ruta 40 HOTEL $
(03825-422804; Libertad 68; EZ/DZ 24/35 US$; P❄️🛜) Ein lässiges Hotel der preisgünstigen Kategorie, ein paar Häuserblocks von der Plaza entfernt. Das komfortable Haus bietet verschiedenartige Zimmer mit neuwertigen Matratzen und gepflegten, geräumigen Bädern. Es lohnt sich, die Zimmer vorher anzusehen - einige haben einen schönen Blick auf einen mit Wein bewachsenen Patio bis zu den Bergen in der Ferne.

Aparthotel Chilecito APARTMENTS $
(03825-419035; Gordillo 300; EZ/DZ 47/65 US$; P❄️❄️🛜) Vor dem Hintergrund der Felslandschaft von Los Colorados steht dieses Hotel mit gefliesten Apartments, die hell und gepflegt und mit vollständigen Küchen, Internetzugang und DirecTV ausgestattet sind. Eine gute Adresse insbesondere für Familien und Selbstversorger, die vom Stadtzentrum nicht weit entfernt liegt.

Posada Nocenta Pisetta GUESTHOUSE $
(03825-498108; claudiapisetta@hotmail.com; Finca la Cuadra, abseits der RP 12; DZ 50–60 US$; P❄️❄️) Die historische Viehranch ist seit vier Generationen in Familienbesitz und bietet Unterkünfte der besonderen Art, 4 km von der Stadtmitte Chilecitos entfernt gelegen. Das vornehme Adobe-Gebäude mit dicken Wänden birgt sparsam eingerichtete Zimmer mit antiken Holzmöbeln und originalen Bodendielen und -fliesen. Alle Zimmer haben einen individuellen Stil, der Service ist mühelos und verlässlich. Kein WLAN.

🍴 Essen & Ausgehen

⭐ El Rancho de Ferrito ARGENTINISCH $$
(www.elranchodeferrito.com; Av Pelagio Luna 647; Hauptgerichte 70–210 Arg$; ⊙ Di–So 12–15.30 & 20–2 Uhr) In einiger Entfernung (sieben Häuserblocks im Norden) von der Plaza befindet sich das einladende heimische Restaurant, aber der weite Weg dorthin lohnt sich. Die

---

FAHRTEN IN DEN WESTEN DER PROVINZ RIOJA

Der westliche Teil der Provinz La Rioja ist mit einer Vielzahl faszinierender Reiseziele in den Sierras besonders interessant. Der Parque Nacional Talampaya (S. 318) ist ein attraktives Ziel, das mit einem Besuch des Parque Provincial Ischigualasto und (ausgehend von Chilecito) der Überquerung des malerischen Miranda-Passes verbunden werden kann. Auf abenteuerlichen Bergfahrten im Geländewagen ist das verlassene Bergwerk **La Mejicana** (4603 m) zu erreichen – die ansteigende Fahrt führt durch erstaunliche Szenerien mit einer reichen Palette von Farben, darunter ein Fluss in hinreißendem Gelb. Wer tiefer in die Sierras bis zur chilenischen Grenze vordringt, gelangt zur weiten **Laguna Brava**, einem See voller Flamingos, vor dem Hintergrund der beängstigend kargen und doch wunderschönen Andenlandschaft. In noch größerer Höhe (5600 m) liegt der weltferne saphirblaue Kratersee von Corona del Inca (S. 313), der nur im Sommer zugänglich ist.

Veranstalter in Chilecito, z. B. **Salir del Cráter** und **Cuesta Vieja**, organisieren solche Ausflüge, deren Preise zwischen 100 und 400 US$ für bis zu vier Teilnehmer liegen.

Speisekarte listet das Gewohnte auf, aber auch Hausspezialitäten wie *cazuela de gallina* (Hühnereintopf – delikat!) und regionale Weine. Gute Qualität und Preise sowie eine authentische Atmosphäre machen das Restaurant zu einer Entdeckung.

Borussia KNEIPENKÜCHE $$
(☏ 03825-425413; 25 de Mayo 37; Hauptgerichte 70–190 Arg$; ◑ 7–3 Uhr) Eine höhlenartige und fast schon trendige Restaurantbar an der Plaza von Chilecito, die ein zahlreiches Publikum durch große Fußballübertragungen auf Großbildschirmen anlockt. Hier gibt es Pizzas, Burger und *lomitos* sowie eine Auswahl von *milanesas*. Außerdem werden ein paar vegetarische Gerichte angeboten, die aber – mit reichlich Mayonnaise oder Käse überhäuft – nicht unbedingt empfehlenswert sind! Die Küche ist durchgehend geöffnet.

★ Yops BAR
(AE Dávila 70; ◑ Mo-Sa 9.15–14 & 20.30–2 Uhr) Einfach, aber stimmungsvoll ist diese unkonventionelle Bar, das beste Café in ganz Chilecito. Ein feiner Kaffee, kühles Bier und recht gute Mixgetränke werden hier serviert. Tagsüber tragen bedächtige Schachspieler unter den Gästen langwierige Partien aus, an den Wochenenden wird manchmal Livemusik gespielt, die Bar wird häufig von Partygesellschaften gemietet, die zu Geburtstagsfeiern zusammenkommen. Aber auch Ehescheidungen sollen hier schon gefeiert worden sein! In allen Wechselfällen des Lebens sind die Gäste im Yops jederzeit willkommen.

❶ Praktische Informationen

An der Plaza gibt es Banken mit Geldautomaten.
Touristeninformation (☏ 03825-429665; www.emutur.com.ar; Castro y Bazán 52; ◑ 9–22 Uhr; 📶) Einen halben Häuserblock abseits der Plaza gelegen. Einen Infostand findet man auch am Busbahnhof.

❶ An- & Weiterreise

Der **Busbahnhof Chilecito** (Av Presidente Perón s/n; 📶) liegt 1,5 km südlich des Stadtzentrums. Von La Rioja (160 Arg$, 2½ Std.) ist es eine spektakuläre Fahrt nach Chilecito: an den roten Felsformationen von Los Colorados vorüber und vor dem Hintergrund der schneebedeckten Sierra de Famatina. Direkte Busverbindungen bestehen zwischen Chilecito und ferneren Zielen wie Buenos Aires. Busse nach Catamarca (240 Arg$, 4 Std.) fahren täglich.

Außerdem verkehren täglich drei **Busse nach Villa Unión** (☏ 03825-527178), dort befindet sich der Zugang zum Parque Nacional Talampaya. Die Fahrt (3 Std.) ist landschaftlich eindrucksvoll, sie führt am spektakulären Miranda-Pass entlang.

Ins nördlich gelegene Belén fahren keine Busse; um einen langwierigen Umweg zu vermeiden, kann man sich einer Tour nach El Shincal anschließen.

Parque Nacional Talampaya

☏ 03825 / 1300 M

Die spektakulären Felsformationen und Schluchten des trockenen, wüstenartigen **Nationalparks** (☏ 03825-470356; www.parquesnacionales.gob.ar; Ausländer/Argentinier/Kind 6–12 Jahre 250/120/60 Arg$; ◑ Ausflüge Okt.–Feb. 8–17 Uhr, März–Sept. 8.30–16.30 Uhr) sind Zeugnisse der erosiven Kraft des Wassers. Heute ist es kaum vorstellbar, dass es hier jemals Wasser und Eis gab. Die Sandsteinklippen sind so erstaunlich wie die Gebirgslandschaft der ferneren Umgebung. Talampaya liegt in verhältnismäßiger Nähe zum **Parque Provincial Ischigualasto** in der Provinz San Juan, der reich an Fossilien ist; beide lassen sich leicht miteinander verbinden, wenn man über ein eigenes Auto verfügt oder sich einer Tour anschließt.

◉ Sehenswertes & Aktivitäten

Besucher dürfen den Parque Nacional Talampaya nur im Rahmen von Führungen betreten, die von der Touristeninformation organisiert werden. Eine Standardtour von 2½ Std. ist in der Eintrittsgebühr inbegriffen und findet zum größten Teil in einem komfortablen Minibus statt; Zeit für Wanderungen ist dabei kaum vorgesehen. Trotzdem sollten Besucher ausreichend Wasser mitnehmen und sich vor der glühenden Sonne schützen. Zu einem geringen Aufpreis kann die Tour auf einen weiteren, nahe gelegenen Canyon ausgedehnt oder auf dem Dach eines Lastwagens unternommen werden. Verschiedene andere Touren führen zu entfernteren Tälern des Nationalparks.

Wanderungen mit Führung (300–500 Arg$) und Fahrradtouren (400 Arg$) sind ebenfalls möglich – eine attraktivere Art der Naturerfahrung, wenn die Hitze nicht zu intensiv ist. Wer zu Fuß unterwegs sein möchte, muss wahrscheinlich dennoch die Fahrt in den Nationalpark extra bezahlen. Häufig werden Ausflüge bei Nacht angeboten, die bei Vollmond stattfinden.

Cañón de Talampaya — CANYON
Der Hauptanziehungspunkt des Parque Nacional Talampaya ist der spektakuläre, (normalerweise) trockene Wasserlauf, der von steilen Sandsteinhängen begrenzt wird. Kondore lassen sich von den Aufwinden gemächlich in die Höhe tragen, und Guanakos, Nandus und Pampashasen sind im Schatten von Algarrobo-Bäumen am Grund der Sandsteinschlucht zu sehen. Mehrere rätselhafte Felsritzungen in oxidierten Sandsteinplatten sind die erste Zwischenstation auf einer Standardtour, darauf folgen weitere Highlights im Canyon selbst, darunter der Chimenea del Eco, ein halbrunder Felsenkamin mit einem eindrucksvollen Echo, das sich zuverlässig hören lässt.

Ciudad Perdida & Cañón Arco Iris — FELSFORMATION
Ein anderer Teil des Parque Nacional Talampaya ist von der Straße aus, 14 km vor dem Haupteingang des Parks, zugänglich; es sind beeindruckende Felsformationen, die auf einer Geländewagenfahrt mit Führung zu erreichen sind. Die Fahrten beginnen, wenn alle Plätze besetzt sind (300–500 Arg$; 3–4 Std.).

Sendero Triásico — MUSEUM
(inkl. im Eintritt zum Parque Nacional Talampaya, Ausländer/Argentinier/Kind 6–12 Jahre 250/120/60 Arg$; ⊙ Okt.–Feb. 8–17 Uhr, März–Sept. 8.30–16.30 Uhr) Der Wanderweg führt an lebensgroßen Nachbildungen von Dinosauriern aus dem Trias (der ältesten Periode des Erdmittelalters) vorüber, deren Fossilien in der Gegend von Talampaya gefunden wurden.

👉 Geführte Touren

Runacay — TOUREN
(☎ 03825-470368; www.runacay.com) Veranstaltet Touren rund um den Parque Nacional Talampaya sowie interessante Ausflüge zur Laguna Brava und bietet außerdem einen Shuttle-Service zu verschiedenen Zielen der Provinz Catamarca an, darunter Villa Unión. Die Fahrgäste werden von ihren Unterkünften abgeholt.

🛏 Schlafen

Ein schattenloser Campingplatz befindet sich bei der Touristeninformation, dort gibt es akzeptable Toiletten und Duschen.

Einfache Unterkünfte sind in Pagancillo, 29 km nördlich, zu finden. Nach einer Fahrt von weiteren 29 km erreicht man den größeren Ort Villa Unión, wo es eine Auswahl von Hütten- und Hotelunterkünften gibt, einige davon sind recht elegant. Es ist auch möglich, den Nationalpark auf einem langen Tagesausflug ab Chilecito zu besuchen.

ⓘ Praktische Informationen

Die Touristeninformation liegt am Rand der RP 26. Hier bezahlen die Besucher die Eintrittsgebühr und verabreden eine Führung. Der Eintritt ist zwei Tage lang gültig und beinhaltet eine Infotour zur Einführung in biologische und kulturelle Aspekte des Nationalparks. Es ist kein Verlust, sie zu versäumen: Die meisten Informationen werden auch bei den Parkführungen vermittelt.

ⓘ An- & Weiterreise

Busse aus La Rioja nach Pagancillo und Villa Unión (190 Arg$, 3½ Std.) lassen Fahrgäste am Parkeingang aussteigen, von dort sind es nur 500 m zu Fuß zur Touristeninformation. Der früheste Bus (Facundo) fährt von La Rioja um 7 Uhr ab und lässt ausreichend Zeit für einen ganztägigen Ausflug. Wöchentlich bestehen drei Busverbindungen zwischen dem 58 km entfernten Villa Unión und Chilecito (215 Arg$, 3 Std.), die Fahrt führt über den spektakulären Miranda-Pass.

Wer Talampaya und Ischigualasto an einem Tag bewältigen will, findet passende Angebote von Tourveranstaltern wie Corona del Inca (S. 313) in La Rioja oder Cuesta Vieja (S. 316) und Salir del Cráter (S. 317) in Chilecito. Es ist oft preiswerter, an einem der beiden Orte oder im näheren Villa Unión eine *remise* zu nehmen.

Córdoba & die Pampinen Sierren

Inhalt ➔

Córdoba	321
La Cumbre	336
San Marcos Sierras	337
Capilla del Monte	340
Alta Gracia	345
Villa General Belgrano	347
La Cumbrecita	347
Mina Clavero	349
Merlo	350
San Luis	350
Carolina	353
Papagayos	354

Gut essen

➔ La Tahua (S. 340)
➔ Sabía Que Venías y Preparé Un Pastel (S. 340)
➔ La Casona del Toboso (S. 337)
➔ El Bistro del Alquimista (S. 346)

Schön übernachten

➔ Mousai Hotel Boutique (S. 340)
➔ Sacha Mistol (S. 328)
➔ 279 Boutique B&B (S. 346)
➔ Hotel Azur Real (S. 328)

Auf nach Córdoba & zu den Pampinen Sierren!

Argentiniens zweitgrößte Stadt sprüht vor Leben. Sieben große Universitäten haben hier ihren Sitz; die junge Bevölkerung sorgt für ein pulsierendes Nachtleben und eine lebhafte Kulturszene. Die Stadt blickt aber auch auf eine faszinierende Geschichte zurück, ihr architektonisches und kulturelles Erbe verdankt sie Jesuiten, die sich nach ihrer Ankunft in Argentinien hier niederließen. In den Hügeln außerhalb der Stadt liegen Orte, in denen man Tage oder Wochen verbringen kann, dazu zählen auch fünf Jesuitenmissionen. In den Bergen gibt es tolle Möglichkeiten zum Gleitschirmfliegen; gleich mehrere Nationalparks laden zu Wanderungen ein. Die „Hippie-Städte" San Marcos Sierras und Capilla del Monte geben einen Einblick in Argentiniens alternative Lebensstile. Weiter im Südwesten bieten das Valle de Conlara und die Sierras Puntanas viele Möglichkeiten, den Massen zu entfliehen und ländliche Einsamkeit zu genießen.

Reisezeit
Córdoba

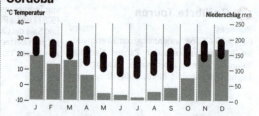

Nov.–Feb. Tagsüber bieten die Flüsse der Sierren Abkühlung. Nachts locken die Bars von Córdoba.

März–Juni Dank klarer, kühler Tage und geringer Niederschläge ideal für Outdooraktivitäten.

Juli–Sept. In den höheren Lagen schneit es ab und zu. Wenig Regen sorgt für gutes Wanderwetter.

Nationalparks

Der wenig besuchte Parque Nacional Sierra de las Quijadas (S. 352) in der Provinz San Luis ist eine hervorragende Alternative zum bekannteren Parque Provincial Ischigualasto in San Juan. Sein Vorteil ist die bequeme Erreichbarkeit, es gibt aber auch Nachteile: Allein kann man sich leicht im komplizierten Schluchtenlabyrinth verirren. Und man hat die Wüstencanyons und Felsformationen tatsächlich oft ganz für sich allein.

Von Córdoba aus ist der Parque Nacional Quebrada del Condorito (S. 348) ein lohnenswertes Tagesausflugsziel. Zu den eindrucksvollsten Erlebnissen eines Parkbesuchs zählen die imposanten Kondore, die hier einen Vorposten ihrer Verbreitung haben und auf Felsabsätzen brüten. Zu ihrem Schutz wurde der Nationalpark eingerichtet.

❶ Anreise & Unterwegs vor Ort

Córdoba ist auf dem Weg nach Süden oder Südwesten Richtung Mendoza der optimale Zwischenstopp. Von hier aus gibt es zudem Busverbindungen in alle Landesteile.

Die Städte in den Pampinen Sierren sind ebenfalls gut mit öffentlichen Verkehrsmitteln erreichbar, viele der kleinen, abgelegenen Orte und Estancias (Landgüter) der Jesuiten dagegen nur auf den eigenen vier (oder zwei) Rädern.

In der Region gibt es ein dichtes Netz an Straßen; viele sind asphaltiert, andere allerdings nur Schotterstraßen und damit ideal für eine Fahrradtour – sinnvollerweise mit einem Mountainbike. Die Autofahrer sind hier zum Glück etwas weniger rücksichtslos als in anderen Landesteilen.

CÓRDOBA

🕿 0351 / 1 391 MIO. EW. / 400 M

Das alte Reiseführerklischee stimmt: Córdoba ist tatsächlich eine faszinierende Mischung aus Alt und Neu. Wo sonst findet man überfüllte Studentenkneipen, in denen DJs Elektro-Tango auflegen, und direkt daneben die Ruinen jesuitischer Bauwerke aus dem 17. Jh.?

Zwar trennen Córdoba immerhin 715 km von Buenos Aires, aber die Stadt ist dennoch alles andere als ein verschlafenes Provinznest. 2006 erhielt sie immerhin den prestigeträchtigen Titel „Kulturhauptstadt beider Amerikas" verliehen – der Titel passt zu Córdoba wie angegossen.

Vier ausgezeichnete städtische Kunstmuseen – jeweils der Gegenwartskunst, der zeitgenössischen, klassischen und bildenden Kunst gewidmet – sind untereinander und vom Stadtzentrum aus bequem zu Fuß erreichbar.

⊙ Sehenswertes

Zu sehen gibt es viel, es lohnt sich daher, auf der Reise zumindest ein paar Tage für die Besichtigung der Stadt einzuplanen. Die Öffnungszeiten der Museen ändern sich häufig – je nach Jahreszeit und Verwaltung.

Die meisten Kolonialgebäude stehen im Viertel rund um die Plaza San Martín, den urbanen Kern der Stadt. Das Geschäftsviertel liegt gleich westlich des Hauptplatzes: Hier kreuzen sich die wichtigsten Fußgängerstraßen – die 25 de Mayo und die Rivera Indarte. An der Obispo Trejo südwestlich der Plaza stehen die Kolonialbauten dicht an dicht. Südöstlich der Innenstadt findet man in den Grünanlagen des Parque Sarmiento den nötigen Abstand zur oft hektischen Atmosphäre des dicht bebauten Zentrums.

Die in Ost-West-Richtung verlaufenden Straßen ändern beiderseits der San Martín/Independencia ihren Namen, die in Nord-Süd-Richtung verlaufenden Straßenzüge beiderseits der Deán Funes/Rosario de Santa Fe.

⊙ Centro

Die Stadtmitte Córdobas strotzt nur so vor Kolonialgebäuden und vielen weiteren historischen Sehenswürdigkeiten.

Iglesia Catedral KATHEDRALE
(Independencia 80; ⊙ 8–16 & 17–20 Uhr) Nachdem 1577 mit dem Bau der Kathedrale begonnen wurde, zogen sich die Arbeiten mehr als zwei Jahrhunderte hin. Mehrere Baumeister waren daran beteiligt, darunter Jesuiten und Franziskaner. Und obwohl jegliche architektonische Einheit fehlt, ist die Kathedrale doch ein wunderschöner Sakralbau. Mit einer romanischen Kuppel bekrönt, überblickt sie stolz die Plaza San Martín. Die prächtigen Innenräume wurden vom berühmten *Cordobés*-Maler Emilio Caraffa ausgestaltet.

Museo de la Memoria MUSEUM
(Pje Santa Catalina 1; ⊙ Di–Fr 10–18 Uhr) GRATIS
Das Museum dokumentiert die Exzesse der argentinischen Militärdiktatur auf schonungslose Weise. Das Museumsgebäude diente früher als geheimes Internierungs- und Folterlager der gefürchteten Geheim-

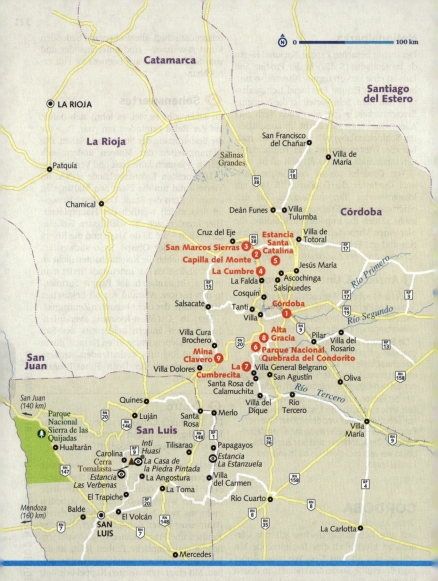

Highlights

1 Córdoba (S. 321) In der zweitgrößten Stadt des Landes die Kultur und das Nachtleben genießen.

2 Capilla del Monte (S. 340) Die besten Stellen auf der Suche nach einem UFO.

3 San Marcos Sierras (S. 337) In diesem grünen Außenposten mit immer noch unbefestigten Straßen ist die Hippie-Ära noch heute spürbar.

4 La Cumbre (S. 336) Das versteckte Bergdorf lädt zu einem Gleitschirmflug ein.

5 Estancia Santa Catalina (S. 344) Eine Jesuiten-Estancia aus dem 17. Jh.

6 Parque Nacional Quebrada del Condorito (S. 348) In diesem Nationalpark lassen sich Kondore beobachten.

7 La Cumbrecita (S. 347) Ein Bergdorf zum Chillen.

8 Alta Gracia (S. 315) Ein Besuch bei Che Guevara.

9 Mina Clavero (S. 349) Der Fluss im urigen Ferienort im Valle de Traslasierra lädt zum Abkühlen ein.

dienstabteilung D2, einer Spezialeinheit, die sich der Entführung und Folterung mutmaßlicher politischer Agitatoren und der „Rückübertragung" ihrer Kinder auf weniger politisch verdächtige Familien verschrieben hatte. Das Museum betreibt bis heute Spurensuche.

Der Ausstellungsraum selbst ist kahl und schmucklos gehalten. An den Wänden hängen hochvergrößerte Fotos von Menschen, die auch nach 30 Jahren immer noch „verschwunden" sind.

Ein freudloser Ort, aber eine unerlässliche Erinnerung an eine Ära, die – wie Menschenrechtsorganisationen hoffen – nie in Vergessenheit geraten wird.

Museo Histórico Provincial Marqués de Sobremonte   MUSEUM
(Rosario de Santa Fe 218; Eintritt 15 Arg$, Mi frei; Di–So 10–17.30 Uhr) Der Besuch eines der bedeutendsten Geschichtsmuseen des Landes lohnt sich allein schon wegen des Gebäudes. Das Kolonialgebäude – ein Wohnhaus aus dem 18. Jh. – gehörte einst Rafael Núñez, dem Kolonialgouverneur von Córdoba und späteren Vizekönig von Río de la Plata. Das Haus besitzt 26 Zimmer, sieben Innenhöfe, meterdicke Wände und einen eindrucksvollen schmiedeeisernen Balkon, der auf geschnitzten Holzträgern ruht.

Cripta Jesuítica   MUSEUM
(Av Colón; 100 Arg$; Mo–Fr 9–14 Uhr) Die Jesuiten errichteten die Cripta Jesuítica zu Beginn des 18. Jhs. Ursprünglich als Noviziat gedacht, wurde sie später als Krypta und Krematorium genutzt. Nach der Vertreibung der Jesuiten wurde sie aufgegeben und zerstört. Um 1829 verschwand sie dann völlig aus dem Stadtbild, als die Stadtoberen beim Ausbau der Avenida Volón das Dach in die unterirdischen Kirchenschiffe drückten und das Ganze überbauen ließen.

Museo Municipal de Bellas Artes Dr Genaro Pérez   GALERIE
(Av General Paz 33; Di–So 10–20 Uhr) GRATIS Die Kunstgalerie sammelt Gemälde aus dem 19. und 20. Jh. Chronologisch angeordnet stellen die Exponate – darunter Werke von Emilio Caraffa, Lucio Fontana, Lino Spilimbergo, Antonio Berni und Antonio Seguí – die Geschichte der Cordobeser Malerschule dar, deren bekanntester Vertreter Genaro Pérez selbst ist.

Das Museum befindet sich im Palacio Garzón, einem ungewöhnlichen Gebäude aus dem späten 19. Jh., das nach seinem ursprünglichen Besitzer benannt ist. Hier werden auch herausragende Ausstellungen moderner Kunst gezeigt, die in regelmäßigen Abständen wechseln.

Plaza San Martín   PLAZA
Córdobas hübsche und lebhafte zentrale Plaza wurde 1577 gebaut. Blickfang der Westseite ist die weiße Arkadenreihe des restaurierten *Cabildo* (Stadtratsgebäude), der 1785 fertiggestellt wurde und neben drei Innenhöfen im Untergeschoss auch Gefängniszellen birgt. Alle Bereiche sind Besuchern als Teil des **Museo de la Ciudad** (Independencia 30; Mo–Fr 9–14 Uhr) GRATIS, offen, das Museum selbst befindet sich einen Häuserblock weiter südlich.

Iglesia de Santa Teresa y Convento de Carmelitas Descalzas de San José   KIRCHE
(Independencia 128; 18–20 Uhr) Die Iglesia de Santa Teresa y Convento de Carmelitas Descalzas de San José umfasst fast einen halben Häuserblock. Der Komplex wurde 1628 fertiggestellt und ist seither ein klösterlicher Konvent der Karmeliterinnen. Nur die Kirche ist Besuchern zugänglich.

★ Manzana Jesuítica   BEDEUTENDES BAUWERK
(Obispo Trejo; Mo–Fr 9–13 & 15–19 Uhr) Córdobas wunderschöne Manzana Jesuítica (Jesuitenblock) wird wie ihr Gegenstück in Buenos Aires auch als Manzana de las Luces (Häuserblock der Erleuchtung) bezeichnet und hatte ursprünglich enge Verbindungen zum einflussreichen Jesuitenorden.

Daneben befindet sich das **Colegio Nacional de Monserrat** (Obispo Trejo 294; Mo–Fr 9–13 & 14.30–16.30, Sa 10–13 Uhr), das 1782 errichtet wurde. 2000 erklärte die Unesco die Manzana Jesuítica sowie fünf weitere Jesuiten-Estancias an verschiedenen Orten in der Provinz zum Weltkulturerbe.

Museo Histórico de la Universidad Nacional de Córdoba   MUSEUM
(Obispo Trejo 242; Eintritt 20 Arg$, Mi frei; Mo–Sa 9.30–18.30 Uhr; Führungen um 10, 11, 15 & 17 Uhr) 613 gründete Fray Fernando de Trejo y Sanabria das Seminario Convictorio de San Javier, das 1622 den Status einer Universität erhielt und dann zur Universidad Nacional de Córdoba ernannt wurde. Damit ist sie die älteste Universität des Landes. Heute beherbergt sie, neben anderen Nationalschätzen, auch Teile der Großen Jesuitenbibliothek sowie das Museo Histórico de la Universidad Nacional de Córdoba.

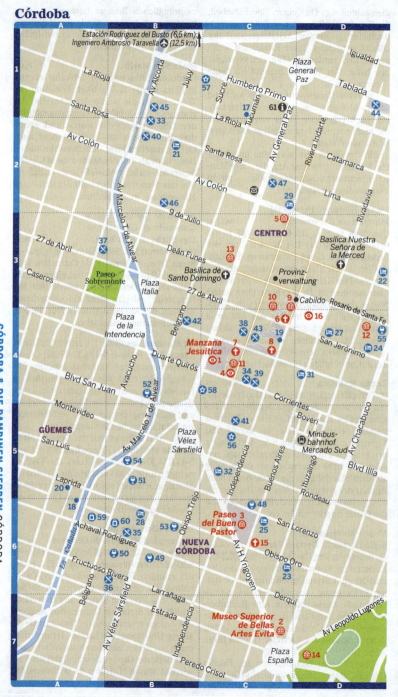

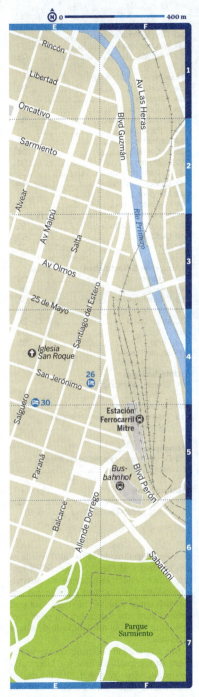

Die Innenräume können nur im Rahmen einer Führung besichtigt werden – diese lohnt sich unbedingt! Dabei darf man inmitten der Studierenden durch das *colegio* wandern und sogar einen Blick in einige Unterrichtsräume werfen.

Iglesia de la Compañía de Jesús KIRCHE
(Caseros 52; 7–13 & 17–20 Uhr) GRATIS Mit dem Bau der Kirche, deren Entwurf vom flämischen Padre Philippe Lemaire stammt, wurde 1645 begonnen. Vollendet wurde sie jedoch erst 1671 mit der erfolgreichen Umsetzung von Lemaires Plänen für ein Zederndach in Form eines umgedrehten Schiffsrumpfes. Wenig überraschend war Lemaire ursprünglich Bootsbauer. Im Innenraum befindet sich eine geschnitzte barocke Altartafel aus Spanischer Zeder, einer Baumart aus der Provinz Misiones.

Die Capilla Doméstica, 1644 fertiggestellt, steht gleich hinter der Kirche. Für die kunstvolle Decke wurde Rindsleder über ein Gerüst aus dickem Taguaro-Bambus gespannt und mit Pigmenten bemalt, die zum Teil Knochenleim enthalten.

Nueva Córdoba & Güemes

Bevor die im Nordwesten gelegenen Viertel Chateau Carreras und Cerro de las Rosas mit ihren ruhigen Berghängen die Elite der Stadt anlockten, war Nueva Córdoba südlich des Stadtkerns das Reich der Cordobeser Aristokratie. Heute leben hier vor allem Studenten, was auch erklärt, warum die Zahl der hoch aufragenden Mietshäuser aus Backstein so stark zugenommen hat. Doch noch immer ist beim Spaziergang entlang der breiten Avenida Yrigoyen beim Anblick der herrschaftlichen alten Wohnsitze die aristokratische Vergangenheit des Viertels zu spüren.

Das ehemalige Arbeiterviertel Güemes, gleich südwestlich des Zentrums, ist heute für seine lebhafte Barszene sowie für die vielfältigen Antiquitäten- und Kunsthandwerksläden bekannt, die die Hauptstraße Belgrano zwischen Rodríguez und Laprida säumen. Am Wochenende herrscht auf der Feria Artesanal Paseo de las Artes (S. 334), einem der besten Märkte des Landes, ein reges Treiben, wenn sich hier Antiquitätenhändler, Kunstgewerbler und natürlich auch einige Cordobeser Hippies treffen.

Im selben Block liegt auch das **Museo Iberoamericano de Artesanías** (Belgrano 750; Di–Fr 10–17, Sa & So 10–13 & 16–20 Uhr)

Córdoba

◉ Highlights
1 Manzana Jesuítica C4
2 Museo Superior de Bellas Artes Evita C7
3 Paseo del Buen Pastor C6

◉ Sehenswertes
4 Colegio Nacional de Monserrat C4
5 Cripta Jesuítica C3
6 Iglesia Catedral C4
7 Iglesia de la Compañía de Jesús C4
8 Iglesia de Santa Teresa y Convento de Carmelitas Descalzas de San José C4
9 Museo de la Ciudad C3
10 Museo de la Memoria C3
11 Museo Histórico de la Universidad Nacional de Córdoba C4
12 Museo Histórico Provincial Marqués de Sobremonte D4
 Museo Iberoamericano de Artesanías .... (s. 59)
13 Museo Municipal de Bellas Artes Dr Genaro Pérez C3
14 Museo Provincial de Bellas Artes Emilio Caraffa D7
15 Parroquia Sagrado Corazón de Jesús de los Capuchinos C6
16 Plaza San Martín D4

◉ Aktivitäten, Kurse & Touren
17 Able Spanish School C1
18 ACXpanish A6
 City Tours .... (s. 9)
19 Nativo Viajes C4
20 Tsunami Tango A5

◉ Schlafen
21 Aldea Hostel B2
22 Hostel Alvear D3
23 Hostel Rupestre C6
24 Hotel Azur Real D4
25 Hotel Buen Pastor Capuchinos C6
26 Hotel Quetzal E4
27 Hotel Sussex D4
28 Hotel Viena B6
29 Sacha Mistol C2
30 Turning Point Hostel E4
31 Windsor Hotel D4
32 Yrigoyen 111 .... C5

◉ Essen
33 Alcorta B2
34 Alfonsina C4
35 Bruncheria B6
36 Chilli Street Food B6
37 El Papagayo A3
38 La Alameda C4
39 La Candela C4
40 La Mamma B2
41 La Parrilla de Raul C5
42 La Vieja Esquina B4
43 Mandarina C4
44 Mercado Norte D1
 Novecento 900 .... (s. 9)
45 Patio de la Cañada B1
46 Quadrata B2
47 Sol y Luna C2

◉ Ausgehen & Nachtleben
48 Antares C6
49 Beer Joint B6
50 El Mentidero de Güemes B6
51 Los Infernales B5
52 Maria Maria B4
53 Milk B6
54 Porto B5
55 Studio Theater D4

◉ Unterhaltung
56 Cineclub Municipal Hugo del Carril C5
57 La Sala del Rey C1
58 Teatro del Libertador General San Martín C4

◉ Shoppen
59 Feria Artesanal Paseo de las Artes A6
60 Paseo Colonial B6

◉ Information
61 Automóvil Club Argentino C1
 Casa Cabildo Tourist Office .... (s. 9)

GRATIS, das wunderschönes Kunsthandwerk aus ganz Südamerika präsentiert. Entlang La Cañada, einem in Stein gefassten Kanal mit Bogenbrücken, führt ein schöner, von Akazien gesäumter Weg ins Stadtzentrum zurück.

★ Paseo del Buen Pastor GALERIE
(Av H Yrigoyen 325; ⊙ 10–20 Uhr) GRATIS Das heutige Kulturzentrum, das als Veranstaltungsraum genutzt wird, entstand 1901 als Kombination aus Kapelle, Kloster und einem Frauengefängnis. Mitte 2007 wurde es neu eröffnet und dient jetzt Córdobas junger, aufstrebender Kunstszene als Ausstellungsbühne. Im zentralen Patiobereich finden sich einige schicke Café-Bars – sie sind optimal zum Abschalten bei ein oder zwei Appletinis (Cocktail mit Wodka und saurem Apfellikör).

Die angrenzende Kapelle (heute profaniert) ist regelmäßig Bühne von Livemusikveranstaltungen. Wer sich fürs Programm interessiert, sollte vorbeischauen und ein gedrucktes Programmheft mitnehmen. In der Donnerstagsausgabe der Lokalzeitung *La Voz del Interior* finden sich ebenfalls Details zu einzelnen Veranstaltungen.

★ Museo Superior de Bellas Artes Evita GALERIE
(Av H Yrigoyen 551; 15 Arg$, Mi frei; ⊙ Di–So 10–20, Jan. 10–13 & 18–21 Uhr) Der Palacio Ferrerya, eines der Wahrzeichen von Nueva Córdoba, wurde 1914 nach Plänen von Ernest Sanson im Louis-XVI-Stil errichtet. Das Gebäude selbst ist fantastisch und wurde inzwischen in ein Museum der Schönen Künste umgestaltet. Auf drei Geschossen werden in zwölf Räumen über 400 Kunstwerke ausgestellt. Kunst- und Architekturliebhaber sollten sich den Palacio nicht entgehen lassen.

Museo Provincial de Bellas Artes Emilio Caraffa MUSEUM
(www.museocaraffa.org; Av Poeta Lugones 411; 15 Arg$, Mi gratis ⊙ Di–So 10–20 Uhr) Das Museo Provincial de Bellas Artes Emilio Caraffa ist eines der besten Museen für zeitgenössische Kunst in der Stadt. Unübersehbar steht das Gebäude auf der östlichen Seite der Plaza España. Vom Architekten Juan Kronfuss als Museum konzipiert, wurde der neoklassizistische Bau 1916 eingeweiht. Die Ausstellungen wechseln monatlich.

Südlich des Museums beginnt die größte unbebaute Fläche der Stadt, der Parque Sarmiento. Er ist ein Entwurf des Architekten Charles Thays, der auch den Parque General San Martín in Mendoza gestaltet hat.

Parroquia Sagrado Corazón de Jesús de los Capuchinos KIRCHE
(Buenos Aires 600; ⊙ Di–Fr 10–18 Uhr) GRATIS Wer in der Nähe ist, sollte sich diese wundervolle, neugotische Kirche nicht entgehen lassen, die zwischen 1928 und 1934 erbaut wurde. Kurios ist das Fehlen der Spitze auf dem Kirchturm, was die menschliche Unvollkommenheit symbolisieren soll.

Zahlreiche Skulpturen schmücken die Fassade der Kirche, darunter auch mehrere Atlasfiguren, die es symbolisch abmühen, das spirituelle Gewicht der religiösen Figuren über ihnen (und unser aller Sünden und Schuld) zu tragen.

🎓 Kurse

Córdoba ist ein ausgezeichneter Ort, um Spanisch zu lernen. In vielerlei Hinsicht dreht sich hier alles um Studenten. Der Unterricht kostet rund 360 Arg$ pro Stunde (Einzelunterricht) oder 3240 Arg$ pro Woche in Kleingruppen.

Spanisch SPRACHE
(☎ 0351-468-4805; www.acxpanish.com; Alvear 728, Local 2; ⊙ Mo–Fr 9–18 Uhr) Als ausgezeichnet eingestufte Sprachschule.

Able Spanish School SPRACHE
(☎ 0351-422-4692; www.ablespanish.com; Tucumán 443; ⊙ Mo–Fr 9–16 Uhr) Bietet gegen Aufpreis auch Unterkunft und Nachmittagsaktivitäten an. Bei längerer Kursdauer gibt es Rabatte.

Tsunami Tango TANZEN
(☎ 0351-15-313-8746; Laprida 453) Tangokurse und *milongas* (Tangoabende) finden montags (20 Uhr), dienstags (21 Uhr), mittwochs (19.30 Uhr) und freitags (22 Uhr) statt.

👉 Geführte Touren

Alle Hostels sowie die meisten Hotels der Stadt können Stadtführungen und Ausflüge ins Umland der Provinz organisieren. **Nativo Viajes** (☎ 0351-424-5341; www.nativoviajes.tur.ar; Independencia 174; ⊙ Mo–Sa 8.30–19.30, So 8.30–14.30 Uhr) bietet eine ganze Palette an Tagesausflügen an.

City Tours SPAZIERGANG
(Englische Führung 200 Arg$) Córdobas reiche Geschichte lässt sich hervorragend auf einer der Stadtführungen erleben. Diese starten montags bis freitags von 9 bis 17 Uhr an der Casa Cabildo (S. 334). Die Touren auf Englisch sollte man besser einen Tag im Voraus reservieren. Außerdem gibt es immer wieder kostenlose Stadtführungen zu bestimmten Themen – bei der Touristeninformation (S. 334) lassen sich die Zeiten erfragen.

🎉 Feste & Events

Während der ersten drei Aprilwochen findet eine große **Kunsthandwerksmesse** (die „FICO") auf dem Kirmesgelände statt, es liegt im Norden der Stadt unweit des Stadions Chateau Carreras. Die Buslinien 72 und 75 fahren von der Plaza San Martín dorthin. Mitte September findet die regionale Buchmesse **Feria del Libro** statt.

🛏️ Schlafen

Die Lage der Hotels an und um die Plaza San Martín ist zwar bestens geeignet, um die Stadt zu erkunden, dafür müssen die

Gäste allerdings zum Essen und Ausgehen ein paar Blocks laufen. Wer jedoch in den Hotels entlang der La Cañada und in Nueva Córdoba wohnt, findet Restaurants und Bars praktisch vor der Haustür.

Centro

Aldea Hostel HOSTEL $
(0351-426-1312; www.aldeahostelcordoba.com; Santa Rosa 447; B/DZ 12/47 US$; ⓦ) Tolle Lage, ein freundliches Ambiente, eine schicke Terrasse zum Chillen bei Bier und Gegrilltem, saubere Schlafsäle sowie Doppel- und Dreibettzimmer mit eigenem Bad – all dies sind die Gründe, weshalb dieses Hostel eine tolle günstige Unterkunft ist.

Hostel Alvear HOSTEL $
(0351-421-6502; www.hostelalvear.com; Alvear 158; B/DZ ab 11,50/29 US$; @ⓦ) Aufgrund seiner ausgezeichneten Lage und der geräumigen Schlafsäle in einem charaktervollen alten Gebäude zählt das Alvear zu den besseren Hostels der Innenstadt.

Turning Point Hostel HOSTEL $
(0351-422-1264; www.turningpointhostel.com; Entre Ríos 435; B/DZ 13/44 US$; ⓦ) Das Party-Hostel liegt unweit des Busbahnhofs. Es gibt Innenhöfe mit Hängematten zum Chillen, zwei Wohnzimmer und eine Auswahl an Gästezimmern – von Schlafsälen bis hin zu privaten Doppelzimmern. Alles ist supersauber mit guter Ausstattung und hohem Spaßfaktor.

Hotel Quetzal HOTEL $
(0351-426-5117; www.hotelquetzal.com.ar; San Jerónimo 579; EZ/DZ 43/58 US$; ❄@ⓦ) Bietet großzügige, minimalistisch eingerichtete moderne Zimmer – ein ruhiges Plätzchen in einem lebhaften Viertel.

★ Sacha Mistol HOTEL $$
(0351-424-2646; www.sachamistol.com; Rivera Indarte 237; EZ/DZ 65/78 US$; ❄ⓦ≋) Das schicke und originelle Hotel ist vor allem bei einem künstlerisch angehauchten Publikum sehr beliebt.

Die Zimmer sind geräumig und bequem, als Dekoration dient Kunst aus diversen Stilrichtungen, ergänzt um eine sorgfältig ausgewählte Ausstattung. Das Hotel befindet sich in einem behutsam renovierten klassischen Haus in ruhiger, zentraler Lage in der Fußgängerzone.

Diverse Kunstausstellungen und ein kleiner Pool runden das Angebot ab.

Hotel Azur Real BOUTIQUEHOTEL $$
(0351-424-7133; www.azurrealhotelboutique-cordoba.com; San Jerónimo 243; Zi. 122–158 US$; P❄@ⓦ≋) Das Azur kombiniert minimalistischen Chic mit einer vielseitigen Mischung aus regionaler und internationaler Inneneinrichtung. Das Ergebnis: ein richtig schickes kleines Boutiquehotel, das in Cordobá erstaunlicherweise einzigartig ist. Die Zimmer halten, was sie versprechen, und die Gemeinschaftsräume (inklusive Dachterrasse und Poolbereich) sind ausgesprochen einladend.

Windsor Hotel HOTEL $$
(0351-422-4012; www.windsortower.com; Buenos Aires 214; Zi. ab 122 US$; P❄ⓦ≋) Das Windsor hat eine großartige Lage im Stadtzentrum und ist in Cordobá eines der wenigen klassischen Hotels mit Stil. In der Lobby herrschen dunkles Holz und Messing vor, alle Zimmer sind geschmackvoll modernisiert worden.

Hotel Buen Pastor Capuchinos HOTEL $$
(0351-469-8390; www.hotelbuenpastor.com; San Lorenzo 110; EZ/DZ 65/80 US$; ❄ⓦ) Aufgrund seiner Lage direkt gegenüber von Buen Pastor (S. 326) – und der Fontänen mit allabendlicher Musik- und Lichtshow – ist dies eine gute Option im Mittelklassesegment. Zwar wenig individuell, sind die Zimmer aber doch mit allem Nötigen für einen kurzen Aufenthalt ausgestattet. Zum Frühstücken geht man ins Café um die Ecke.

Hotel Sussex HOTEL $$
(0351-422-9070; www.hotelsussexcba.com.ar; San Jerónimo 125; EZ/DZ 37/76 US$; ❄ⓦ≋) Von der wunderschönen Lobby mit Gewölbedecken, einem Flügel und schöner Kunst an den Wänden geht es in gut eingerichtete und umfangreich ausgestattete Zimmer. Unbedingt ein Zimmer mit Blick auf die Plaza reservieren.

Nueva Córdoba & Güemes

Hostel Rupestre HOSTEL $
(0351-15-226-7412; Obispo Oro 242; B 10 US$, Zi. ohne Bad 25,50 US$; ⓦ) Ein schön eingerichtetes, schickes Hostel am Rande der Partyecke von Nueva Córdoba. Die Lage ist super und die Ausstattung des Hostels gut durchdacht. So gibt es einen Indoor-Kletterbereich, geräumige Schlafsäle und ein freundliches, engagiertes Team an Mitarbeitern.

> ### SO SCHMECKT ES DEN STUDENTEN
>
> Wer sich kulinarisch unters Studentenvolk mischen will, sollte eines der folgenden Lokale besuchen, in denen es Empanadas und *locro* (ein herzhaftes Gulasch aus Fleisch, Bohnen und Mais) in großen Portionen gibt und dazu das Bier in Strömen fließt.
>
> **La Alameda** (Obispo Trejo 170; Empanadas 15 Arg$; ☺Mo–Fr 11–1.30 Uhr) Einfach auf eine Bank setzen und die selbst gemachten Empanadas mit eiskaltem Bier herunterspülen – und sich dann mit Graffiti an der Wand verewigen.
>
> **La Candela** (Duarte Quirós 67; Empanadas 18 Arg$, Locro 100 Arg$; ☺12–16.30 & 19.30–1 Uhr) Rustikal und mit viel Charakter: Die Betreiber sind drei grantig-liebenswerte *señoras*.
>
> **La Vieja Esquina** (Belgrano 193; Empanadas 20 Arg$, Locro 105 Arg$; ☺Mo–Sa 11.30–15 & 19.30–1 Uhr) Ein gemütliches kleines Mittagslokal mit Barhockern und schönen Fensterplätzen. Das Essen wird an der Theke bestellt.

Yrigoyen 111   HOTEL $$
(☎0351-571-4000; www.y111hotel.com; Av H Yrigoyen 111; EZ/DZ 88/110 US$; ❋✿@✿) Ein schickes Hotel in Toplage im Herzen von Nueva Córdoba. Die geräumigen, geschmackvollen Zimmer sind mit alle Schikanen ausgestattet; von den oberen Stockwerken bietet sich zudem ein toller Blick über die Stadt. Die Dachterrasse beherbergt einen Pool und einen Fitnessbereich, im Erdgeschoss befindet sich die gemütliche Loungebar.

Hotel Viena   HOTEL $$
(☎0351-460-0909; www.hotelviena.com.ar; Laprida 235; EZ/DZ 45/77 US$; ❋@✿) Das moderne Hotel im Herzen von Nueva Córdoba bietet helle, saubere Zimmer und ein ausgezeichnetes Frühstücksbüfett. Hinzu kommen viele Sitzecken im Lobbybereich und ein hoteleigenes Restaurant. Eine gute Wahl!

Essen

Bruncheria   CAFE $
(Rodriguez 244; Hauptgerichte 90–175 Arg$; ☺10–21 Uhr; ✿) Das Bruncheria befindet sich im angesagten Teil von Güemes und präsentiert sich als schicke Kombination aus moderner Einrichtung, leckerem Essen und cooler Musik. Eine gute Adresse für ein zweites Frühstück (falls das landestypische Frühstück – Kaffee und Croissant – nicht gereicht haben sollte), auch die Sandwiches sind empfehlenswert.

Quadrata   ITALIENISCH $
(9 de Julio 458; Hauptgerichte 30–60 Arg$; ☺Mo–Fr 11.30–22.30, Sa 11.30–16 Uhr) Winziges Lokal, das erstklassige italienische Gerichte zu niedrigen Preisen anbietet. Authentische Pizza, Pasta und Panini werden hier jeden Tag frisch zubereitet. Ideal für ein Stück Pizza auf die Hand. Unbedingt das köstliche Tiramisu probieren!

Mercado Norte   MARKET $
(Oncativo 50; Snacks & Hauptgerichte 20–250 Arg$; ☺Mo–Fr 7–19.30, Sa 7–14.30 Uhr) Der überdachte Markt von Cordobá bietet leckeres und preiswertes Essen, z. B. Pizza, Empanadas und Meeresfrüchte. Ein Besuch der sauberen Stände, die alle erdenklichen Fleischsorten anbieten, darunter auch ganze Ziegen und Schweine, ist ein Muss! Samstags geht es hier besonders lebendig zu.

Chilli Street Food   GASTROPUB $
(Fructuoso Rivera 273; Hauptgerichte 90–135 Arg$; ☺Di–So 12–2 Uhr) Der trendige bunte Laden mit Backsteinwänden in Güemes hat eine Happy Hour (Getränk und Taco für nur 100 Arg$) und tischt Häppchen der internationalen Fusionküche auf, z. B. gebratenes Huhn, Ramen, Falafel und Tikka Masala.

Sol y Luna   VEGETARISCH $
(General Paz 278; Hauptgerichte 120–165 Arg$; ☺Mo–Sa 12–15.30 Uhr; ✿✎) Das Lokal bietet eine fantastische Auswahl an vegetarischen Köstlichkeiten. Gezahlt wird per Kilogramm oder man entscheidet sich für eines der wenigen Menüs.

Novecento 900   INTERNATIONAL $$
(☎0351-423-0660; Deán Funes 33; Hauptgerichte 195–380 Arg$; ☺Mo–Fr 9–15.30 Uhr; ✿) Nur wenige Lokale in der Stadtmitte sind uriger als dieses putzige kleine Café-Restaurant im Innenhof des historischen *cabildo*. Die Speisekarte bietet alle Klassiker sowie ein paar nette Überraschungen. Das Mittagsmenü (175 Arg$) ist richtig preiswert.

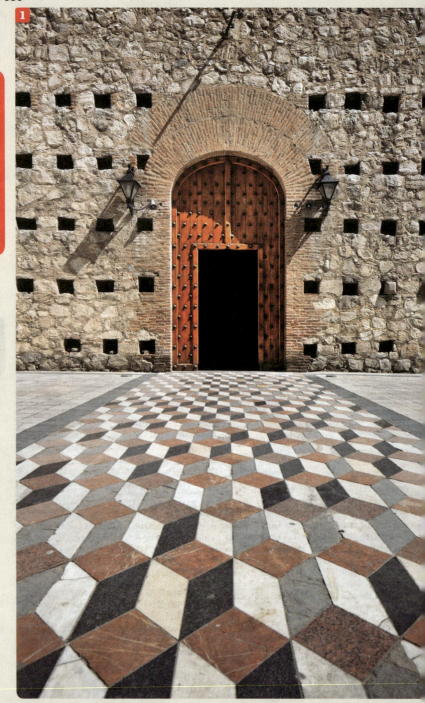

Iglesia de la Compañía de sús (S. 325)
verzierte Decke dieser Kirche (1645) teht aus Kuhhäuten, die über eine Konstion aus Zweigen gespannt wurden.

2. Iglesia Catedral (S. 276)
Jujuys Kathedrale aus dem 18. Jh. besitzt eine mit Gold überzogene Barockkanzel.

3. Plaza San Martin (S. 323)
Córdobas hübscher und immer gut besuchter Hauptplatz wurde 1577 angelegt.

La Mamma ITALIENISCH $$

(Av Alcorta 270; Hauptgerichte 190–260 Arg$; ⊙12–15.30 & 20.30–0.30 Uhr; 🕾) La Mama ist wahrscheinlich Córdobas berühmtestes Nudelrestaurant, mit einer ausgezeichneten Auswahl, die das argentinische Standardangebot weit übertrifft. Die Grande-Mamma-Soße mit karamellisierten Zwiebeln, Frischkäse, Pilzen und Suppengrün ist sehr zu empfehlen.

Mandarina ARGENTINISCH $$

(Obispo Trejo 171; Hauptgerichte 150–190 Arg$; ⊙Mo–Sa 7–24 Uhr; 🕾) Ein fröhliches, bodenständiges Lokal in der Fußgängerzone mit einer guten Mischung an Klassikern, dazu ein paar chinesische und ausgezeichnete vegetarische Gerichte wie etwa Amaranth *milanesas*. An den Tischen draußen kann man wunderbar Leute beobachten.

Alfonsina ARGENTINISCH $$

(Duarte Quirós 66; Hauptgerichte 100–260 Arg$; ⊙Mo–Fr 8–1, Sa 8–16 & 18–2, So 19–24 Uhr; 🕾) Befindet sich in einem weitläufigen Stadthaus im Kolonialstil mitten im historischen Stadtzentrum von Córdoba. Das Restaurant ist mit Nippes vollgestopft und bietet eine riesige Speisekarte mit allseits beliebten Gerichten: Pasta, Pizza, *locro* (ein scharfes Gulasch mit Fleisch, Bohnen und Mais), Empanadas und Steaks. Ergänzt wird die Karte um ein paar regionale Klassiker wie ein Ziegengulasch. Das Alfonsina hat zwar noch ein paar Ableger, aber dieser Standort hat eindeutig am meisten Charme. Manchmal wird abends Livemusik gespielt.

La Parrilla de Raul PARRILLA $$

(Blvd San Juan 72; Hauptgerichte 190–270 Arg$; ⊙12–15 & 20.30–0.30 Uhr; 🕾) Von allen Steakrestaurants in Cordobá ist dieses wohl das bekannteste und für sein hochwertiges Fleisch berühmt. Für eine *parrillada* (Grillteller mit Steak) für zwei Personen werden nur 293 Arg$ verlangt, Extras wie Getränke oder Salat sind allerdings nicht eingeschlossen.

Patio de la Cañada PARRILLA $$

(☏0351-427-0628; Av Alcorta 360; Hauptgerichte 100–260 Arg$; ⊙Di–So 12–16 & 20.30–1, Mo 20.30–1 Uhr; 🕾) Eine der günstigeren *parrillas*, mit ausgezeichnetem Fleisch zu erschwinglichen Preisen. Besonders die „Flatrate"-*parrilla* (268 Arg$) ist ihr Geld wert.

El Papagayo ARGENTINISCH $$$

(☏0351-425-8689; Arturo M Bas 69; Menüs 400–500 Arg$; ⊙Mo–Mi 12–16, Do–Sa 12–16 & 21–24 Uhr; 🕾) Wer sich ein besonderes kulinarisches Erlebnis wünscht, reserviert einen Tisch in diesem eleganten Restaurant, das sich über zwei Stockwerke erstreckt und in einem schmalen, aber lichtdurchfluteten Durchgang befindet. Küchenchef Javier Rodriguez zaubert ein gastronomisches Festessen mit kleinen Gerichten, die typisch argentinische Geschmacksrichtungen mit mediterranem Einschlag kombinieren. Alles wird in Holzöfen oder auf einem Holzkohlegrill zubereitet.

Alcorta PARRILLA $$$

(☏0351-424-7916; www.alcortacarnes.com.ar; Av Alcorta 330; Hauptgerichte 195–290 Arg$; ⊙12–15.30 & 19.30–0.30 Uhr; 🕾) Das gehobene Steakrestaurant ist für seine Grillgerichte bekannt und ist für viele das Beste der Stadt. Serviert werden aber auch köstliche Pasta- und Fischgerichte. Besonders zu empfehlen ist *mollejitas al sauvignon blanc* (Kalbsbries in Weißweinsauce).

🍷 Ausgehen & Nachtleben

Das Nachtleben in Córdoba findet in verschiedenen Gegenden statt. Die Jugend zieht es zum Bar-Hopping nach Nueva Córdoba – ein Spaziergang vor Mitternacht entlang der Rondeau zwischen den Avenidas H Yrigoyen und Chacabuco führt an Dutzenden von Bars vorbei, von denen die meisten entspannte (oder zwerchfellerschütternde) elektronische Musik spielen. Auch auf der Avenida Ambrosio Olmos, die zur Plaza España führt, finden Nachteulen zahlreiche Clubs.

Studio Theater CLUB

(Rosario de Santa Fe 272; Eintritt 100–150 Arg$; ⊙Fr–So 23–6 Uhr) Eine der coolsten Lokalitäten der Stadt: das renovierte Theater mit drei Etagen zeigt auch heute noch die originalen Logenplätze, Säulen und Pfeiler. Hier legen die DJs Reggaeton, Cumbia und *cuarteto* (argentinische Popmusik, mit einem markanten Rhythmus und ungewöhnlichen Melodien und Texten aus dem Arbeitermilieu) auf. Auf der Hauptbühne wird auch mal Livemusik gespielt.

Antares BAR

(San Lorenzo 79; ⊙18–3 Uhr; 🕾) Wer einen Sitzplatz in dieser Tapas-Bar erwischen möchte, die auch für ihr Craft-Bier bekannt ist, muss früh da sein! Denn hier wird es schnell voll und eine Reservierung ist nicht möglich. Die Bar hat tolle Happy-Hour-Angebote und

> **INSIDERWISSEN**
>
> **PROSIT FERNET**
>
> Córdobas Lieblingsgetränk ist der Fernet (ein starker Bitterlikör auf Kräuterbasis aus Italien), der meist mit Coca-Cola gemixt wird (*fernet con coca*). Wer den Morgen danach nicht scheut, nur zu!

die beste Sicht auf die Fontänen-Lichtshow vor Buen Pastor. Für Tapas werden 70 bis 300 Arg$ verlangt.

Güemes

Auf ein etwas älteres Publikum trifft man in den Bars von Güemes. Der Stadtteil hat sich in den letzten Jahren explosionsartig entwickelt: Das einstige Arbeiterviertel steht jetzt im Fokus von Córdobas trendigem Nachtleben.

Los Infernales BAR
(Belgrano 631; Di–So 20–5 Uhr) Ein Güemes-Klassiker! In der entspannten Bar in einem historischen Stadthaus wird eine vielfältige Musik gespielt, Livemusik gibt es von Donnerstag bis Sonntag. Auch das Essen ist gut – ein großer *patio cervecero* (Biergarten) rundet das tolle Angebot ab.

El Mentidero de Güemes PUB
(www.facebook.com/elmentiderodeguemes; Fructuoso Rivera 260; Di 20–5 Uhr, Mi–So ab 18 Uhr) Hinter Muy Güemes findet man das nette Pub in einem der lebhaftesten Innenhöfe des Viertels. Hier kann man auch draußen sitzen und sich wahlweise ein leckeres Craft-Bier, Cocktails oder Tellergerichte zum Teilen bestellen. Dazu bieten die Betreiber verschiedene Live-Events in den Richtungen Blues, Jazz und Rock, aber auch Theateraufführungen.

Milk COCKTAILBAR
(Laprida 139; Do–So 21–5 Uhr) Sessel in plüschigem rotem Samt, sanftes Licht von Kronleuchtern und ein Servicepersonal in Hosenträgern und Cocktailkleidern – die Atmosphäre dieser Cocktailbar erinnert so manchen an ein amerikanisches Speakeasy. Das Preis-Leistungs-Verhältnis ist super. DJs sorgen für tolle Stimmung in der Bude.

Maria Maria CLUB
(Ecke Blvd San Juan & La Cañada; 20–5 Uhr) Ein Dauerbrenner für Drinks und alle Tanzwütigen. Hier trifft sich eine bunte Mischung aus Einheimischen, Reisenden und Expats – vor allem wegen der Livemusik und der DJs. Unter der Woche zieht vor allem die Bier-Happy-Hour (meist 19– 21.30 Uhr) Gäste an, am Sonntag ist es eher das Karaoke. Die beste Stimmung kommt gegen 2 Uhr früh auf.

Beer Joint CRAFT-BIER
(www.facebook.com/BeerJointGuemes; Achaval Rodríguez 183; 18–2 Uhr) Der witzige Mini-Laden hat die beste Happy Hour (18–21 Uhr) in Güemes. Hier gibt es Craft-Biere, Gratis-Popcorn, billige Tacos und viel Lokalkolorit.

Porto CLUB
(www.facebook.com/portocordoba; Alvear 595; Do–Sa 23–5 Uhr) Der Nachtclub auf zwei Ebenen zieht eine ziemlich schicke Partytruppe (Ende 20/Anfang 30) an. DJs legen auf beiden Ebenen auf, regelmäßig finden auch Themenpartys statt.

Abasto

Am anderen Flussufer liegen auf dem Boulevard Las Heras Richtung Norden zwischen der Roque Sáenz Peña und der Juan B Justo Córdobas Diskotheken und Nachtclubs. Das Viertel wird von den Einheimischen auch Abasto genannt. Wer hier vorbeischlendert, erhält meistens Freikarten für viele, wenn nicht gar alle Clubs.

Zona Norte

Die Gegend rund um die Via Tejed in Córdobas Zona Norte hat sich in den letzten Jahren unglaublich entwickelt; seine schicken Bars und Restaurants ziehen heute eine gut betuchte Klientel an. Vom Zentrum aus gesehen liegt die Zona Norte ziemlich weit draußen, daher empfiehlt sich die Fahrt mit dem Taxi dorthin (und zurück).

Unterhaltung

Die *Cuarteto*-Musik, die in Córdoba ihren Ursprung hat, steht hier hoch im Kurs und wird in vielen Lokalen sogar live gespielt. Allerdings gilt sie leider auch als „Gangster-Rap" der argentinischen Volksmusik und zieht oft eine weniger wünschenswerte Klientel an.

La Sala del Rey (0351-422-0010; Humberto Primero 439; 100–150 Arg$; hängt von der Show ab) ist eines der seriösen Lokale und der beste Ort, um sich eine *Cuarteto*-Show anzusehen. *La Voz del Interior*,

Córdobas Hauptzeitung, bietet donnerstags einen relativ umfangreichen Unterhaltungsteil, der u. a. die Anfangszeiten der Shows auflistet.

Cineclub Municipal
Hugo del Carril
KINO

(☎ 0351-434-1609; www.cineclubmunicipal.com; Blvd San Juan 49; Mo-Mi 45 Arg$, Do-So 80 Arg$; ⊙ Mo-Fr 13-23, Sa & So ab 15 Uhr) Hier kann man einen tollen Abend (oder Tag) im Kino verbringen. Das städtische Lichtspielhaus zeigt alles von Kunstfilmen über prämierte lateinamerikanische Produktionen bis hin zu regionalen Filmen. Am besten besorgt man sich vor Ort das aktuelle Kinoprogramm. Das Lichtspielhaus wird auch für Konzerte und Theateraufführungen genutzt.

Teatro del Libertador
General San Martín
THEATER

(☎ 0351-433-2612; Av Vélez Sársfield 365; 50-500 Arg$; ⊙ Theaterkasse Mo-Sa 9-21, So 17-20 Uhr) Es lohnt sich, sich hier eine Vorstellung anzusehen – und sei es nur, um die ganze Pracht des ältesten Theaters Argentiniens zu bewundern. Das 1891 vollendete Theatergebäude besaß schon damals einen Boden, der sich mechanisch auf die Höhe der Bühne anheben ließ. Die Sitze konnten dann entfernt werden und sorgten für Platz für die prächtigen Feste der Adelsgesellschaften, die hier vor allem zu Beginn des 20. Jhs. stattfanden.

 Shoppen

Antiquitätenläden säumen die Calle Belgrano in Güemes. Mehrere Geschäfte in der Innenstadt verkaufen ebenfalls argentinisches Kunsthandwerk.

Feria Artesanal
Paseo de las Artes
MARKT

(Artisans Market; Ecke Av Rodriguez & Belgrano; ⊙ Sa & So 17.30-23 Uhr) Der farbenfrohe Kunsthandwerksmarkt, einer der besten des Landes, findet am Wochenende im angesagten Viertel Güemes statt.

Paseo Colonial
MODE & ACCESSOIRES

(Belgrano 773; ⊙ Fr-So 17-22 Uhr) Wer sich dafür interessiert, was die angesagten jungen Designer des Landes gerade so kreieren, sollte diese kleine Einkaufsgalerie aufsuchen. Verschiedene Geschäfte unter einem Dach bieten Klamotten, Haushaltswaren und Schmuck an.

❶ Praktische Informationen

GELD

Cambios (Wechselstuben) und Geldautomaten findet man auf der Rivadavia nördlich der Plaza sowie am Busbahnhof und Flughafen.

Cambio Barujel (Rivadavia 97; ⊙ Mo-Fr 9-15 Uhr)

Maguitur (Alvear 84; ⊙ Mo-Fr 9-17 Uhr)

MEDIZINISCHE VERSORGUNG

Notfallkrankenhaus (☎ 0351-427-6200; Catamarca 44)

POST

Hauptpost (Av Colón 210; ⊙ Mo-Fr 8-17 Uhr)

TOURISTENINFORMATION

Automóvil Club Argentino (☎ 0800-888-9888; Av General Paz 499; ⊙ Mo-Fr 10-17 Uhr)

Casa Cabildo Touristeninformation (☎ 0351-433-2758; Independencia 30; ⊙ Mo-Sa 9.30-17 Uhr)

❶ An- & Weiterreise

BUS

Córdobas **Busbahnhof** (☎ 0351-434-1692; www.terminaldecordoba.com; Blvd Perón 380) liegt 15 Gehminuten von der Stadtmitte entfernt.

Vom neuen Busbahnhof aus (gegenüberliegende Straßenseite, Zugang über einen Tunnel) fahren mehrere Busgesellschaften dieselben Orte an wie die Minibus-Gesellschaften.

Wichtig zu wissen: Alle Busse, die vom Minibusterminal abfahren, halten quasi an jeder Ecke, um Fahrgäste aufzunehmen. Das verlängert die Fahrzeit oft um eine Stunde.

Mehrere Busgesellschaften fahren auch Orte in Chile an, darunter Santiago (1880 Arg$, 18 Std.). Teilweise muss man aber in Mendoza umsteigen.

FLUGZEUG

Córdobas internationaler Flughafen **Ingeniero Ambrosio Taravella** (☎ 0351-475-0881; www.aa2000.com.ar/cordoba; Av La Voz del Interior 8500) liegt 15 km nördlich der Stadtmitte und ist über die Avenida Monseñor Pablo Cabrera erreichbar.

Aerolíneas Argentinas (☎ 0810-2228-6527; www.aerolineas.com.ar; Av Colón 520; ⊙ Mo-Fr 10-18, Sa 9.30-12.30 Uhr) betreibt Büros im Stadtzentrum und fliegt mehrmals täglich nach Buenos Aires, Salta und Puerto Iguazú. Dazu kommt noch ein Flug pro Tag nach Neuquén.

Andes Líneas Aéreas (☎ 0810-777-2633; www.andesonline.com; ⊙ Mo-Fr 9-19 Uhr) Die als verlässlich geltende Fluggesellschaft bietet günstige Flüge nach Buenos Aires, Puerto Madryn, Bariloche und zu anderen Zielen in Argentinien an.

Busse ab Córdoba

REISEZIEL	FAHRPREIS (ARG$)	FAHRZEIT (STD.)
Bahía Blanca	1323	13
Bariloche	2189	23
Buenos Aires	950	9¼
Catamarca	580	6¼
Corrientes	1180	12¼
Esquel	2541	27¼
Jujuy	1351	14¼
La Rioja	590	6½
Mendoza	1080	11
Montevideo (Uruguay)	1975	14¼
Neuquén	1593	17
Paraná	780	6
Puerto Iguazú	2050	22
Puerto Madryn	2283	19¼
Resistencia	1180	12
Río Gallegos	4361	36¼
Rosario	600	7
Salta	1579	11
San Juan	800	10
San Luis	540	6
San Martín de los Andes (via Bariloche)	2500	27
Santiago del Estero	624	6
Tucumán	856	9

Minibusse ab Córdoba

REISEZIEL	FAHRPREIS (ARG$)	FAHRZEIT (STD.)
Alta Gracia	63	1
Capilla del Monte	200	3
Cosquín	105	1¼
Jesús María	69	1
La Cumbre	170	3
Mina Clavero	220	3
Villa Carlos Paz	55	1
Villa General Belgrano	157	2

Córdobas internationaler Flughafen erhebt eine Abflugsteuer auf alle internationalen Flüge.

MINIBUS

Vom **Minibusbahnhof Mercado Sud** (☏ 0351-424-6775; Blvd Illía 155) fahren regelmäßig Minibusse ab. Während die meisten ihren Zielort direkt anfahren, halten andere in jedem Örtchen entlang des Weges. Daher besser im Voraus nach der Route fragen, denn die Anzahl der Stopps kann die Fahrtzeit schon mal um eine Stunde verlängern.

Im Sommer gibt es teilweise Direktverbindungen nach La Cumbrecita; schneller ist es aber wahrscheinlich über Villa General Belgrano.

ZUG

Von Córdobas **Estación Ferrocarril Mitre** (☏ 0351-426-3565; www.sofse.gob.ar; Blvd Perón 600) fahren Züge donnerstags und sonntags um 10.43 Uhr nach Rosario (90/110 Arg$ in der *primera*/Pullmanklasse, 12 Std.) und zum Bahnhof Retiro in Buenos Aires (300/360/525 Arg$; *primera*/Pullman/*camarote*, 20 Std.). Alle Züge haben einen Speisewagen und eine Bar. Die Fahrkarten sind oft bereits Wochen im Voraus ausverkauft, vor allem diejenigen für die Klasse *camarote* (Schlafkabinen für 2 Pers.), deshalb also so früh wie möglich buchen.

Züge nach Cosquín (6,50 Arg$, 2 Std.) starten täglich um 8.44 und 10.59 Uhr von der **Estación Rodriguez del Busto** (☏ 0351-568-8979; Ecke Cardeñosa & Rodríguez del Busto) am nordwestlichen Stadtrand. Am Wochenende kommt ein Zug um 12 Uhr dazu.

Die Busse der Linie 26 halten an der Plaza San Martín auf dem Weg zum Bahnhof; mit dem Taxi kostet die Fahrt dorthin 160 Arg$.

❶ Unterwegs vor Ort

Die Buslinie 25 pendelt zwischen Flughafen und der Plaza San Martín (16 Arg$), außerdem gibt es den Flughafenbus (50 Arg$), der ebenfalls von und zur Plaza San Martín fährt. Das Taxi in die Stadt sollte rund 230 Arg$ kosten; für einen Wagen mit eigenem Fahrer (lässt sich am Transferschalter buchen) werden 430 Arg$ verlangt.

In der Stadtmitte kommt man zu Fuß gut herum, wer in einige der Vororte will, braucht einen fahrbaren Untersatz. Für die Busfahrt braucht man aufladbare Magnetkarten (45 Arg$), die es in fast jedem Kiosk in der Stadt zu kaufen gibt. Eine Fahrt kostet 15,38 Arg$.

Ein eigenes Auto kann sehr nützlich sein, wenn man plant, ein paar der nahe gelegenen Jesuiten-*estancias* zu besuchen, zu denen kein Bus fährt. Je nach Jahreszeit kostet ein Mietwagen in der Economyklasse bei unbegrenzten Freikilometern um die 950 Arg$, z. B. bei **Europcar** (☏ 0351-429-9640; www.europcar.com.ar; Av Colón 396; ◷ Mo–Fr 9.30–18.30 Uhr).

Taxen lassen sich überall anhalten; die Fahrt kostet selten mehr als 150 Arg$, selbst wenn es in die Vororte geht. Die grünen Taxen (*remises*) sind bequemer; sie werden in der Regel vorab telefonisch gebucht, man kann sie aber auch direkt auf der Straße anhalten.

DIE PAMPINEN SIERREN

Die Landschaft ist längst nicht so spektakulär und aufregend wie die nahe gelegenen Anden, doch diesen „Makel" machen die Pampinen Sierren durch die Gastfreundlichkeit ihrer Bewohner mehr als wett. Die Region ist mit kleinen Ortschaften übersät, die allemal einen Kurzbesuch (oder auch einen längeren Aufenthalt) wert sind, und sie hat ein ausgezeichnetes Straßennetz und regelmäßige Busverbindungen.

Vom schickeren Gleitschirmfliegerzentrum La Cumbre bis hin zum Hippiefeeling der witzigen Ortschaften Capilla del Monte und San Marcos Sierras: Reisende müssen schon sehr übersättigt sein, wenn ihnen hier gar nichts gefällt. Abschalten fällt hier ganz leicht – das Dorf Mina Clavero am Flussufer gelegen ist dafür bestens geeignet, ebenso die einstigen Jesuitenzentren Alta Gracia und Jesús María. Weiter südlich geht es ausgesprochen deutsch zu: Im autofreien La Cumbrecita locken Spätzle, Spaziergänge durch den Busch und mehrere Badestellen.

La Cumbre

03548 / 7540 EW / 1141 M

Hierhin ziehen sich die Einwohner Córdobas ebenso gern zurück wie ausländische Reisende, denn der Ort bietet auf kleinem Raum eine schöne Atmosphäre. Die breiten Straßen und das milde Gebirgsklima tragen das Ihre zu einem angenehmen Aufenthalt bei, die umliegenden Berge bieten Möglichkeiten zu vielen Aktivitäten. Paraglider betrachten La Cumbre als ihre (sportliche) Heimat und sorgen für ein internationales Flair. Der Startplatz, 380 m über dem Río Pinto gelegen, verspricht eine spektakuläre Einführung in den Sport. Erfahrene Lehrer, die sowohl Kurse als auch Tandemflüge anbieten, gibt es reichlich.

Aktivitäten

Für Leihräder werden ca. 250 Arg$ pro Tag verlangt; die Touristeninformation (S. 337) weiß die Adressen.

Vom **Cristo Redentor**, einer 7 m hohen Christusstatue auf einem 300 m hohen Hügel östlich der Stadt, hat man einen tollen Fernblick. Zu Fuß geht man von der Plaza 25 de Mayo über den Fluss und dann weiter nach Osten auf der Via Córdoba Richtung Berge – der Pfad beginnt nach der Überquerung der Cabrera in einer scharfen Linkskurve.

Gleitschirmfliegen

Der Start von der Abflugrampe am Cuchi Corral ist ein unvergessliches Erlebnis! Die Abflugrampe (La Rampa) liegt 10 km westlich der Stadt und ist über eine ausgeschilderte, aber unbefestigte Straße erreichbar, die von der Hauptstraße abzweigt.

Pablo Jaraba (03548-15-570951) bietet Tandemflüge und Unterricht an. Die Touristeninformation hält außerdem aktuelle Informationen zu den Anbietern bereit und gibt Empfehlungen. Die Preise ähneln sich im Großen und Ganzen: Ein 30-minütiger Tandemflug kostet etwa 1800 Arg$; ein ganzer Flugkurs 9000 Arg$.

Beim **Aeroclub La Cumbre** (03548-639713; Camino a los Troncos s/n; 9–20 Uhr) lässt sich alles vom Tandemflug über Ultraleichtflüge und Fallschirmsprünge buchen.

 ### Schlafen & Essen

Hostel La Cumbre HOSTEL $
(03548-451368; www.hostellacumbre.com; San Martín 186; B/EZ/DZ 18/30/60 US$; @ 🛜 🏊) Die umgebaute Villa liegt nur ein paar Häuserblocks hinter dem Busbahnhof und ist eines der beeindruckendsten Hostels der Sierren. Die Schlafsäle und Privatzimmer sind adrett und gemütlich, der Ausblick vom vorderen Balkon eindrucksvoll. Das Frühstück ist im Preis inbegriffen, zusätzlich gibt es eine Gästeküche.

Posada de la Montaña LODGE $$
(03548-451867; www.posadadelamontaña.com.ar; 9 de Julio 753; Zi. 80 US$; ❄ 🛜 🏊) Das sehr bequeme Hotel liegt nur einen kurzen Fußweg von der Stadtmitte entfernt und bietet geräumige, etwas ungewöhnlich eingerichtete Zimmer mit tollem Ausblick sowie einen begrünten Garten mit kleinem Pool. Ein weiteres Plus ist das üppige Frühstück. Betrieben wird das Hotel von einem Team gastfreundlicher junger Einheimischer.

Pan Tomate TAPAS $
(0351-736-3811; Carafa 270; Tapas 80–160 Arg$; Di–So 12–23 Uhr; 🛜) Hier bekommt man die

ABSTECHER

VOLKSMUSIKFESTIVITÄTEN

Cosquín ist im ganzen Land für sein **Festival Nacional del Folklore** (www.aquicosquin.org; ⊗ Ende Jan.) bekannt, ein neuntägiges nationales Folkfestival, das seit 1961 in der letzten Januarwoche stattfindet. Die Stadt ist während des Festivals brechend voll, bleibt den restlichen Sommer über gut besucht und ist in den anderen Jahreszeiten angenehm ausgestorben.

Täglich gibt es einige Busabfahrten gen Norden nach La Cumbre (75 Arg$, 1 Std.) sowie in südliche Richtung alle 20 Minuten nach Villa Carlos Paz (52 Arg$, 40 Min.) und Córdoba (94 Arg$, 1¼ Std.). Außerdem gibt es ein paar Fahrten täglich nach Buenos Aires (930 Arg$, 12 Std.).

Der Tren de las Sierras fährt täglich um 8 und 15 Uhr auf die landschaftlich reizvolle Strecke zur Estación Rodriguez del Bust in Cordobá ab (6,50 Arg$, 2½ Std.), an den Wochenenden gibt es zusätzlich einen Zug um 16 Uhr.

---

besten Tapas des Ortes – mit einer Mischung aus katalanischen und argentinischen Einflüssen. Sehr zu empfehlen sind auch die tollen Gerichte mit Meeresfrüchten, die selbstgemachte Pasta und alle Gerichte, die der Küchenchef mit ganz frisch auf dem Markt gekauften Zutaten zubereitet. Das Lokal ist klein und füllt sich mittags ziemlich schnell, daher entweder einen Tisch vorab reservieren oder sich auf eine Wartezeit einstellen.

★ La Casona del Toboso ARGENTINISCH $$
(Belgrano 349; Hauptgerichte 155–300 Arg$; ⊗ 12–15 & 20–24 Uhr; 🐾) Ein Klassiker in La Cumbre und eines der ältesten Restaurants der Stadt! Das familiäre Ambiente ist ebenso erfreulich wie die gute Qualität. La Casona befindet sich in einem geräumigen Stadthaus, vor dem sich eine schöne Rasenfläche mit einigen Tischen befindet. Serviert werden gut zubereitete argentinische Gerichte, selbst gemachte Pastavariationen und lokale Spezialitäten wie Forelle und Kaninchen.

Kasbah ASIATISCH $$
(Sarmiento 6; Hauptgerichte 150–180 Arg$; ⊗ Mo-Fr 20–24, Sa & So 12–15.30 Uhr; 🐾) Wer erwartet schon hier draußen ein gutes Thai-Curry? Das nette kleine dreieckige Restaurant bietet nicht nur dieses Curry auf seiner Karte, sondern auch eine Auswahl an chinesischen und indischen Gerichten.

 Shoppen

Zum Einkaufen geht es in den Süden der Stadt zum 12 km langen **„Camino de los Artesanos"** (Straße der Kunsthandwerker). Hier verkaufen die Anwohner von rund zwei Dutzend Häusern ihre selbst gemachten Schätze – von Marmelade und Chutney bis hin zu Produkten aus Wolle, Leder und Silber. Die meisten Häuser haben donnerstags bis sonntags von 14 bis 22 Uhr auf.

ⓘ Praktische Informationen

Banco de la Provincia de Córdoba (Ecke López y Planes & 25 de Mayo; ⊗ Mo–Fr 8.30–13 Uhr) Hat einen Bankautomaten.

Touristeninformation (☎ 03548-452966; www.lacumbre.gob.ar; Av Caraffa 300; ⊗ 8–22 Uhr) Liegt gegenüber vom Busbahnhof im alten Bahnhof. Die freundlichen Mitarbeiter haben eine nützliche Karte mit Stadt- und Umgebungsplan vorrätig.

ⓘ An- & Weiterreise

Busse fahren regelmäßig von La Cumbres praktisch gelegenem **Busbahnhof** (Ecke General Paz & Caraffa) Richtung Norden nach Capilla del Monte (52 Arg$, 1 Std.) und San Marcos Sierras (75 Arg$, 1½ Std.) oder südwärts nach Cosquín (52 Arg$, 1 Std.), Villa Carlos Paz (90 Arg$, 1½ Std.) und Córdoba (122 Arg$, 2 Std.).

Eine halbe Stunde schneller ist man mit dem Minibus in Córdoba. Außerdem gibt es eine Direktverbindung nach Buenos Aires (990 Arg$, 12 Std.).

San Marcos Sierras

☎ 03549 / 930 EW. / 625 M

Ende der 1960er-Jahre erwachte San Marcos zu neuem Leben, als Hippies in großer Zahl das milde Klima, die wunderbare Abgeschiedenheit und das gute Farmland für sich entdeckten. Über die Jahre verirrten sich zunehmend mehr neugierige Touris-

Pampine Sierren

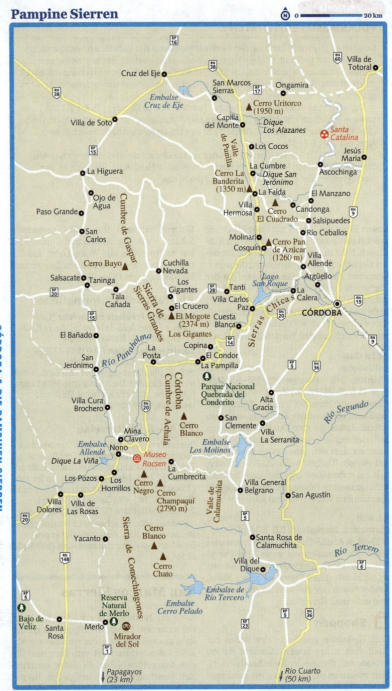

ten dorthin, die von der Hippie-Hochburg in den Sierren gehört hatten. So kam es wie es kommen musste: Nicht mehr die Landwirtschaft und das Kunsthandwerk, sondern der Tourismus wurden zum wichtigsten wirtschaftlichen Standbein.

Unglücklich über diesen „kapitalistischen" Einschlag, zog ein Großteil der alten Garde weg und eine jüngere Generation nahm ihren Platz ein. Reste der Hippie-Tradition von San Marcos sind aber weiterhin zu finden. So ist die Gemeinde sowohl erfolgreich gegen die Verwendung von genverändertem Getreide vorgegangen als auch gegen die Versiegelung der Straßen und sogar gegen eine Tankstelle im Ort.

Heute ist das Städtchen ein angenehmer Rückzugsort mit einer bezaubernden Lage am kleinen Fluss. Während der Hochsaison im Januar und Februar lohnt der täglich entlang des Flusses stattfindende Hippie-Markt einen Besuch.

Sehenswertes & Aktivitäten

San Marcos bietet eine umwerfende Naturkulisse. Direkt vor der Stadt gibt es ausgezeichnete Möglichkeiten zum Wandern, u. a. entlang des Flusses zum Viejo Molino, einer Mühle aus dem 17. Jh., in der das Getreide der Stadt noch bis in die 1950er-Jahre gemahlen wurde.

El Árbol LANDWIRTSCHAFTLICHES ZENTRUM
(Av Cacique Tulian; 9–13 & 16–19 Uhr) Wer gerne Honig mag und sich über die Wichtigkeit von Bienen für die Biodiversität unseres Planeten informieren möchte, sollte den Abstecher nach El Árbol machen, um deren Honigsorten zu probieren. Von der Innenstadt aus sind es dorthin nur 15 Gehminuten Richtung Nordwesten.

Claudio, der Besitzer, interessiert sich leidenschaftlich für die Imkerei, die er mit einem Minimum an menschlichem Eingriff betreibt. Er kann Besuchern viel über die einheimischen Bäume, die seine Bienen so lieben, erzählen.

Museo Hippie MUSEUM
(Callejon de las Loras s/n; 70 Arg$; 8–20 Uhr) Das kleine Museum am nördlichen Stadtrand ist weniger wegen seiner Exponate sondern vor allem wegen der ausführlichen Informationen zur Hippiebewegung in Argentinien (die bis zu den griechischen Philosophen zurückgeht) interessant. Der Weg zum Museum ist ein netter Spaziergang.

AUSFLÜGE VON SAN MARCOS SIERRAS

Im Sommer sollte man unbedingt einen Ausflug nach Río Quilpo machen, einem idyllischen Ort 4 km südwestlich der Stadt. Am besten ein Picknick mitnehmen und sich ein schattiges Plätzchen am Flussufer suchen (Eintritt 100 Arg$). Ausritte werden von La Posta del Gaucho (03549-496272) aus angeboten; außerdem lohnt es, sich in El Árbol (s. links) die Honigproduktion, für die San Marcos Sierras überregional bekannt ist, anzuschauen.

Schlafen

San Marcos Sierras Hostel HOSTEL $
(03549-496102; www.facebook.com/hostel.sanmarcossierras; Libertad 905; B/DZ 15/38 US$;) Das tolle Hostel in einem geräumigen Haus aus dem 19. Jh. bietet eine weitläufige Rasenfläche vor dem Gebäude und befindet sich nur einen Häuserblock von der Plaza entfernt. Es gibt zwei Schlafsäle, die sich einen Balkon teilen, sowie mehrere Zimmer mit eigenem Bad. Zur Gemeinschaftsküche kommt noch eine wunderschöne Veranda mit Hängematten sowie Schaukeln im Garten hinzu.

Madre Tierra HOTEL $$
(03549-416950; secretosdemadretierra@hotmail.com; San Martín 650; Zi. 50 US$;). Wahrscheinlich die eleganteste Unterkunft des Ortes. Stilvolle, moderne Zimmer (wenn auch ein bisschen klein) umgeben einen relativ großen Pool. Das Hotel liegt 500 m jenseits der Brücke nördlich der Plaza.

Essen

Pastelería Saint Germain BÄCKEREI $
(San Martín 898; Gebäck 15–20 Arg$; Di–So 9.30–13 & 16–19 Uhr) Die tollen Backwaren, die Ana in ihrer Hausbäckerei an der Straße stadtauswärts Richtung La Banda verkauft, sind unglaublich lecker. Wer fragt, kann auch einen Tee oder Kaffee in ihrem grünen Vorgarten genießen.

Piano Resto Bar INTERNATIONAL $
(Libertad 1098; Hauptgerichte 120–190 Arg$; 9–24 Uhr) Ein tolles kleines Café-Restaurant an der Plaza, das ganztägig geöffnet hat und gute Hauptgerichte und Pizzas serviert. Ei-

nige vegetarische Gerichte können ebenfalls bestellt werden.

⭐ La Tahua
ARGENTINISCH $$
(San Martín 501; Hauptgerichte 160–230 Arg$; ⊙ Fr–So 20–24 Uhr) Das Essen, das hier aus dem Tonofen kommt, ist genauso zauberhaft wie die Lage: Forelle aus der Region, tolle Steaks und eine Auswahl an Pizzas. An den Tischen draußen genießt man sein Essen begleitet vom Plätschern des Flusses.

ℹ️ Praktische Informationen

Im Stadthaus an der Sarmiento gibt es zwar einen Geldautomaten, aber es ist dennoch besser, Bargeld mitzubringen, denn oft geht dem Automaten das Geld aus oder er ist einfach kaputt.
Touristeninformation (📞 03549-496137; www.sanmarcossierras.gob.ar; Ecke Libertad & Sarmiento; ⊙ 9–20 Uhr) Hier bekommt man einen guten Stadtplan und eine Umgebungskarte, außerdem Informationen über Wanderungen und aktuelle Veranstaltungen.

ℹ️ An- & Weiterreise

Die Bushaltestelle befindet sich acht lange Häuserblocks vom Hauptplatz entfernt. Täglich kommen mehrere Busse von La Cumbre an (222 Arg$, 1 Std.). Außerdem fahren Busse auf dem Weg von Cruz del Eje nach Córdoba (250 Arg$, 4 Std.) hier durch.

Capilla del Monte
📞 03548 / 1200 EW / 983 M

Capilla del Monte ist die etwas gesetztere Alternative zu San Marcos Sierras, denn hierher zogen die Hippies, die sich zunächst in San Marcos niedergelassen hatten, als sie „erwachsen wurden". Das verschlafene Nest wurde in den 1930er-Jahren berühmt, als es hier erstmals hieß, jemand habe ein UFO gesehen. Seitdem strömen UFO-Enthusiasten aus aller Welt dorthin. Sie hoffen, vom Gipfel des nahen Uritorco aus mit Außerirdischen kommunizieren zu können. Die elektromagnetischen Strömungen, die die Stadt umgeben sollen, ziehen viele Besucher an, die hier ihr spirituelles Heil auf ganz unterschiedliche Weise suchen.

👁 Sehenswertes & Aktivitäten

Uritorco BERG
(250 Arg$) Der Uritorco, mit 1950 m der höchste Berg der Sierren, ist der Hauptgrund, weshalb Besucher nach Capilla del Monte kommen. Aus welchem Grund auch immer – ob nun die Berichte über UFOs, die elektromagnetischen Strömungen oder die uralte Ausstrahlung des indigenen Stammes der Comechingones, die einst hier lebten: Der Berg zieht Menschen aus aller Welt geradezu magisch an. Der 5 km lange Wanderweg zum Gipfel bietet spektakuläre Ausblicke. Unbedingt den Anstieg vor 12 Uhr beginnen und den Rückweg vor 15 Uhr antreten! Die 3 km vom Capilla del Monte zum Fuß des Bergs lassen sich wahlweise mit dem Taxi oder zu Fuß zurücklegen. Vor Ort warten Guides auf Kundschaft (500 Arg$).

Los Terrones WANDERN
(140 Arg$) Umgeben von riesigen Sandsteinformationen lassen sich hier Wasserfälle und eine üppig wachsende Vegetation bestaunen, auch der eine oder andere Kondor dreht hier hoch oben seine Runden. Im kleinen Naturschutzgebiet 14 km nordöstlich der Stadt gibt es außerdem ein paar Wanderwege. Die Hinfahrt erfolgt mit dem Taxi oder im Rahmen einer geführten Tour, die regelmäßig in der Stadt angeboten wird. Voraussetzung für den Besuch sind richtige Wanderschuhe, ohne diese wird man nicht eingelassen!

🛏 Schlafen & Essen

Hostel El Malecon HOSTEL $
(📞 03548-482681; www.facebook.com/hostelelmalecon1; Diagonal Buenos Aires 173; B/DZ 18/59 US$; @ 🛜) Eine gute günstige Unterkunft in Capilla del Monte mit sauberen Vier-, Drei- und Zweibettzimmern, alle mit eigenem Bad. Die Terrasse bietet einen schönen Blick auf den Uritorco, dazu kommen eine Veranda und eine Gemeinschaftsküche.

⭐ Mousai
Hotel Boutique BOUTIQUEHOTEL $$
(📞 011-15-4140-0195; www.mousai.com.ar; Salta 235; EZ/DZ 58/80 US$; ❄️ 🛜 🏊) Alle 12 Zimmer des zauberhaft renovierten Hauses aus den 1920er-Jahren bieten viel Flair und Annehmlichkeiten. Die Gäste können sich auf wunderbare Designelemente in den Räumen, den Ausblick auf den Uritorco von der Dachterrasse und kostenlose Meditations-, Qigong- und Tai-Chi-Sitzungen freuen.

⭐ Sabía Que Venías y
Preparé Un Pastel INTERNATIONAL $$
(www.sabiaquevenias.com.ar; Pueyrredón 681; Hauptgerichte 135– 250 Arg$; ⊙ 9–23.30 Uhr; 🛜) Das Paar, das dieses umwerfend Restaurant betreibt, lernte sich in Buenos Aires kennen, wo beide in Spitzenrestaurants als Köche

BEGEGNUNGEN DER DRITTEN ART

Es sind nicht nur die Freaks und Hippies: In Capilla del Monte erzählen selbst Leute, die ganz normal und vernünftig aussehen, Geschichten über seltsame Lichter, die von Zeit zu Zeit am Nachthimmel über dem nahe gelegenen Cerro Uritorco erscheinen.

Diese Geschichten reichen weit zurück: 1935 berichtete Manuel Reina, er habe ein merkwürdiges Wesen in einem eng sitzenden Anzug bemerkt, als er eine Landstraße entlangging. 1986 sahen Gabriel und Esperanza Gómez ein Raumschiff. Es war so groß, dass seine Scheinwerfer die gesamte Gegend erleuchteten. Am nächsten Tag entdeckte man eine 122 x 64 m große Brandspur an der Stelle, an der das Raumschiff ihren Berichten zufolge gelandet war.

Ein paar Jahre später bezeugten angeblich 300 Personen ein weiteres Raumschiff, das eine Brandspur von 42 m Durchmesser hinterließ. 1991 fand man erneut eine Brandspur. Sie hatte einen Durchmesser von 12 m und wies eine Temperatur von 340 °C auf. Geologen wurden hinzugezogen. Sie stellten fest, dass die Felsen in der Nähe kurz zuvor auf 3000 °C erhitzt worden waren.

Warum alle diese Ereignisse rund um Capilla del Monte? Jetzt wird es wirklich wunderlich. Eine Theorie besagt, dass UFOs diese Gegend aufsuchen, weil der Ritter Parzival den Heiligen Gral und das Templerkreuz Ende des 12. Jhs. zum Cerro Uritorco gebracht habe. Er soll beides zu dem Zepter gelegt haben, das Voltán, der Herrscher des indigenen Indiostamms der Comechingones, 8000 Jahre zuvor geschaffen haben soll.

Eine andere Erklärung: Die Außerirdischen fühlen sich deshalb angezogen, weil unterhalb von Uritorco die unterirdische Stadt Erks liegt. Nach Auffassung der „hermetischen Wissenschaftler" wird sich dort die Erneuerung der menschlichen Spezies vollziehen. Im Inneren wird man den Esfera-Tempel und drei Spiegel finden, die zum Datenaustausch mit anderen Galaxien dienen und in denen das Leben jedes Menschen in allen Einzelheiten zu sehen ist.

Die offizielle Erklärung? Gute alte meteorologische Phänomene, die von aufgeladenen Ionenpartikeln in der Atmosphäre hervorgerufen werden, gemischt mit einem ordentlichen Schuss Massen- und Medienhysterie.

Aber egal welcher Erklärung man nun glaubt, eines ist sicher: Der ganze Hype schadet der kleinen Tourismusbranche von Capilla del Monte nicht im Geringsten. Noch vor gar nicht allzu langer Zeit kletterten nur Ziegenhirten und wenige interessierte Städter auf dem Uritorco herum. Heute kommen pro Tag bis zu 1000 Besucher, die alle darauf hoffen, einen Blick auf mysteriöse UFO-Lichter zu erhaschen.

---

arbeiteten. In ihrem eigenen kulinarischen Umfeld experimentieren sie nun mit kreativen Rezepten unter Verwendung hochwertiger Zutaten. Auf der umfangreichen Karte finden sich regionale Spezialitäten wie Forelle und Ziege, aber auch ungewöhnliche Suppen, Sandwiches und Backwaren.

La Tramontana ARGENTINISCH $$
(☎03548-15-635603; RN 38, Km 89,5; Hauptgerichte 145–250 Arg$; Reservierung erforderlich) Wer gerne Forellen isst, sollte sich das La Tramontana nicht entgehen lassen. Das wunderschöne Anwesen aus dem 19. Jh. liegt 10 km außerhalb von Capilla del Monte die RN 38 entlang und ist über eine unbefestigte Straße erreichbar (mit dem Taxi 250 Arg$). Zur Auswahl stehen fünf Forellengerichte, u. a. Forelle im Mandelmantel oder mit Roquefort. Nur Barzahlung.

❶ Praktische Informationen

Touristeninformation (Pueyrredón 550; ⊙9–20 Uhr)

❶ An- & Weiterreise

Busse fahren häufig gen Süden nach Córdoba (200 Arg$, 3 Std.) und halten dabei in allen Städten an der RN 38. Ferner gibt es täglich fünf Langstreckenbusse nach Buenos Aires (700 Arg$, 13 Std.).

Jesús María

♪ 03525 / 26 800 EW

Das kleine, verschlafene Örtchen erschien auf der internationalen Landkarte, als es als Standort einer der stimmungsvollsten Jesuiten-Estancias der Region in die Unesco-Welterbe-Liste aufgenommen wurde. Die

Mythos Che Guevara

Der große Held der kubanischen Revolution, der in gewisser Weise sogar Fidel Castro in den Schatten stellt, war Argentinier. Ernesto Guevara (besser bekannt unter dem argentinischen Ausruf Che), wurde 1928 in Rosario geboren und verbrachte die ersten fünf Lebensjahre in Buenos Aires. 1932 empfahl der Arzt ein trockeneres Klima für den asthmakranken Jungen. Also zog die Familie in das Bergdorf Alta Gracia.

Zum Medizinstudium kehrte Che in die Hauptstadt zurück. Eine sechsmonatige Motorradtour durch ganz Südamerika (1952) öffnete ihm die Augen für das Elend der armen Bevölkerung.

Zurück von seinem Trip, reiste Guevara nach Mittelamerika und schließlich nach Mexiko. Dort traf er auf Fidel Castro und andere kubanische Exilanten. Auf einer klapprigen alten Jacht segelte die kleine Gruppe von Rebellen nach Kuba und rief dort die Revolution aus, die 1959 das Regime des Diktators Fulgencio Batista zu Fall brachte. Die bürokratischen Aufgaben, die der Aufbau des kubanischen Sozialismus erforderte, waren allerdings nicht Che Guevaras Sache. Stattdessen versuchte er erfolglos im Kongo, Argentinien und Bolivien die Revolution anzuzetteln. 1967 wurde er in Bolivien ermordet.

An seine klugen Schriften und eloquenten Reden erinnert sich heute kaum noch jemand. Aber das berühmte Schwarz-Weiß-Porträt des Rebellen mit der Baskenmütze kennt jeder. Die Aufnahme des Fotojournalisten Alberto Korda stammt von 1960 und ziert bis heute alles nur Denkbare vom T-Shirt bis zum CD-Cover. Zu seinem 30. Todestag erinnerte die argentinische Regierung 1997 mit einer Sondermarke an Ches Herkunft. Im kleinen Museo Casa de Ernesto Che Guevara (S. 346) in Alta Gracia sind neben der Briefmarke zahlreiche weitere Memorabilien ausgestellt.

1-2. Museo Casa de Ernesto Che Guevara (S. 346), Alta Gracia: hier verbrachte Che seine Kindheit
3. Che Guevaras Porträt an einer Mauer in Buenos Aires

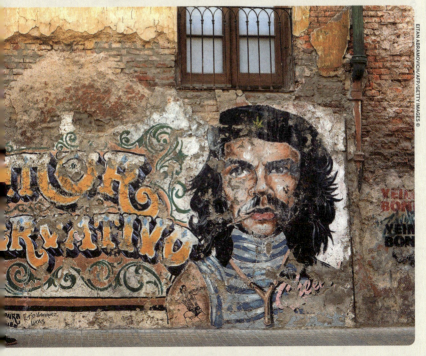

Hauptattraktion ist das **Museo Jesuítico Nacional de Jesús María** (Pedro de Oñate; ⊙ Di-Fr 8–18, Sa & So ab 10 Uhr): Kirche und Kloster wurden 1618 erbaut und stehen auf einem gepflegtem Areal. Nachdem die Jesuiten ihr Betriebskapital vor der brasilianischen Küste an Piraten verloren hatten, verkauften sie den hier erzeugten Wein, um ihre Universität im kolonialen Córdoba auch weiterhin finanziell unterstützen zu können.

Das Museum besitzt gute archäologische Funde zu indigenen Gruppen aus ganz Argentinien, informative Karten über den Verlauf der Missionsbewegung und schön restaurierte Räume (deren Authentizität allerdings fraglich ist).

Jesús María ist außerdem Schauplatz der jährlich stattfindenden **Fiesta Nacional de Doma y Folklore** (www.festival.org.ar; ⊙ Anfang Jan.). Zehn Tage lang werden dann die Reitkünste und Traditionen der Gauchos gefeiert; der Startschuss fällt am ersten Wochenende im Januar.

Die meisten Gäste besuchen Jesús María im Rahmen eines Tagesausflugs von Córdoba aus. Täglich fahren Minibusse (69 Arg$, 1 Std.) nach Fahrplan vom Mercado Sud in Córdoba und den wichtigsten Busbahnhöfen der Stadt zur Estancia.

Estancia Santa Catalina

Santa Catalina GRATIS (☎03525-421600; www.santacatalina.info; ⊙ Di–So 10–13 & 15–18 Uhr) zählt zu den schönsten Jesuiten-Estancias auf der Liste der Unesco und liegt in einem winzigen Ort 20 km nordwestlich von Jesús María. Der Dorfladen belegt einen Teil der Estancia, draußen auf den Bänken sitzen alte Leute und schauen zu, wie ab und an ein Gaucho auf seinem Pferd vorbeireitet. Ein Großteil der Estancia ist für Besucher gesperrt, aber Kapelle, Kreuzgang und das Noviziat, in dem unverheiratete Sklavinnen untergebracht waren, können besichtigt werden.

Das Gelände selbst erstreckt sich heute nur noch über einen Bruchteil der ursprünglichen Fläche, ist aber wunderschön und gut gepflegt. Hier vergehen die Stunden im Flug! Auf der Rückseite der Estancia befindet sich das originale, von den Jesuiten gebaute Staubecken, das immer mehr von hohen Lilien überwuchert wird.

🛏 Schlafen & Essen

La Ranchería de Santa Catalina ESTANCIA $$ (☎03525-15-431558; r US$56; ☎) Die Estancia beherbergt eine schöne Pension, ein Res-

---

ABSTECHER

LOS GIGANTES

Die spektakuläre Felsgruppe 80 km westlich von Córdoba entwickelt sich rasant zur Kletterhochburg Argentiniens. Die beiden höchsten Gipfel sind die Granitriesen Cerro de La Cruz (2185 m) und El Mogote (2374 m). Hier leben zahlreiche Andenkondore – der Nationalpark liegt nur 30 km vom Parque Nacional Quebrada del Condorito entfernt und die Vögel haben sich hier nach und nach angesiedelt. Außerdem wächst hier der seltene Tabaquillo-Baum, dessen Rinde sich papiergleich abschält. Die bedrohte Baumart ist in Argentinien nur noch hier zu finden, ansonsten noch in Bolivien und Peru.

Die Wanderung auf den Cerro de La Cruz ist nicht lang, birgt aber ein paar knifflige Kraxelstellen. Es empfiehlt sich, einen Führer zu nehmen, denn das Labyrinth an Wegen durch die Felsen ist unübersichtlich. Und wenn der Nebel vom Berg herunterzieht, ist die Gefahr, sich zu verlaufen, groß.

In La Rotonda (dem Hauptort der Region) kann man Führer mieten, die einem die Höhlenkomplexe zeigen und Besucher auf den Cerro de La Cruz bringen.

Hostels in Córdoba wie das Hostel Rupestre (S. 328) sowie Reiseveranstalter wie Nativo Viajes (S. 327) bieten Trekkingtouren und Tagestouren nach Los Gigantes an. Die Touristeninformation in Córdoba (S. 334) hält eine Liste von Kletterführern bereit.

Die Anreise dorthin ist allerdings nicht einfach. Busse von **Sarmiento** (☎0810-5557-2764; ⊙ Mo–Sa 8–22, So ab 10 Uhr) fahren täglich um 7.45 Uhr vom Hauptbusbahnhof in Córdoba ab (479 Arg$, 4 Std.). Kaum angekommen, dreht der Bus direkt wieder um, man muss daher vor Ort übernachten. Der Fahrplan ändert sich ständig, daher unbedingt vorab die Zeiten nachschauen bzw. erfragen.

Bei El Crucero aussteigen (dem Fahrer vorher sagen, dass man nach Los Gigantes möchte); von dort sind es 3 km zu Fuß nach La Rotonda.

ABSTECHER

VALLE DE ONGAMIRA

Heilende Energiezonen, merkwürdige Lichtphänomene, die außerirdischen Aktivitäten zugeschrieben werden, und uralte Sagen von einheimischen Stämmen – dies alles macht das Valle de Ongamira zu einem der mysteriösesten Täler Argentiniens. Auch wenn Mystiker aus der ganzen Welt zu diesem bezaubernden Ort im Norden von Córdobas Sierras Chicas (25 km von Capilla del Monte entfernt) pilgern, bleibt er doch geheimnisumwoben. Dass es hier keinen Mobilfunkempfang gibt, trägt zu seinem außerweltlichen Mythos bei.

Von Capilla del Monte nimmt man die RP 17 und kommt dabei an einigen spirituellen Gemeinden vorbei, die sich hier, zumeist in oder unweit der Quebrada de la Luna, angesiedelt haben. Das Spektrum an Überzeugungen und Glaubensrichtungen ist groß und reicht vom Sierra del Cielo der Uksim-Gruppe bis hin zum Centro Mariano del Espíritu Santo und der Gemeinde des Lichts, die vom brasilianischen spirituellen Philosophen Trigueirinho inspiriert wird. Viele dieser Gemeinschaften bieten Klausuraufenthalte, Workshops oder auch Kurzbesuche durch Gäste, wobei es in jedem Fall am besten ist, vorher telefonisch anzufragen.

Das Tal, das nach Häuptling Onga benannt ist, prägen Felsformationen aus rotem Sandstein und tiefgrünen Weideflächen, auf denen Pferde frei umherziehen. Schon 200 v. Chr. lebten hier die Comechingones, ein indigener Stamm, der die Sandsteinhöhlen als Behausungen und Opferstätten nutzte. Die Besichtigung dieser Höhlen (70 Arg$) ist ein Höhepunkt eines jeden Talbesuchs: In den Höhlen sollte man auf die Felsenmalereien mit Tier- und Menschendarstellungen achten.

Als die Spanier im 16. Jh. hier einfielen, weigerten sich die Comechingones zu kapitulieren und stürzten sich vom Gipfel des Cerro Colchiquí (1575 m) in den Tod. Heutzutage ist der Weg auf den Gipfel eine schöne Wanderung, die hin und zurück rund drei Stunden dauert. Wer Glück hat, sieht Kondore in der Luft. Auf dem Gipfel sind manchmal auch Nester zu sehen, in diesem Fall unbedingt Abstand halten, um die Eltern bei der Aufzucht ihrer Küken nicht zu stören. Am Fuß des Bergs befindet sich ein kleines Besucherzentrum, in dem der Eintritt (50 Arg$) bezahlt wird; es ist auch möglich, zu Pferd auf den Gipfel zu reiten. Der Ausblick von dort oben ist umwerfend und reicht bis zu den Salzpfannen von Catamarca, der Provinz im Norden.

Erste Wahl, falls man hier übernachten möchte, ist die Estancia von **Dos Lunas** (011-6091-2634; www.doslunas.com.ar; RP 17; Zi. ab 39 US$;) in Alto Ongamira. Zum Essen unbedingt empfehlenswert: **A Orillas del Río** (0351-15-320-3150; Hauptgerichte 80–260 Arg$; telefonisch reservieren), ein Teehaus am Fluss wie aus dem Bilderbuch; man findet es unweit der RP 17 auf dem Weg nach Ongamira.

---

taurant (Hauptgerichte 120–250 Arg$) und einen Kunsthandwerksladen in der *ranchería*. Vermietet werden zwei Gästezimmer mit Gemeinschaftsbad in der ehemaligen Sklavenunterkunft. Die Räume sind zwar klein, wurden aber sorgfältig eingerichtet; auch die originalen Steinmauern sind noch zu sehen.

❶ An- & Weiterreise

Am besten ist man hier selbst motorisiert. Für eine Taxifahrt von Jesús María nach Santa Catalina werden etwa 380 Arg$ verlangt.

Alta Gracia

03547 / 48 330 EW. / 550 M

Rund um ein im 17. Jh. von den Jesuiten errichtetes Staubecken der Jesuiten wurde Alta Gracia angelegt – ein ruhiger, kleiner Gebirgsort mit gewundenen Straßen und schattigen Parks. Hauptattraktion ist die Jesuiten-Estancia aus dem 17. Jh., die 104 km von jener in Santa Catalina entfernt liegt. Die herrliche Kirche, die abendliche Beleuchtung und der hübsche Standort zwischen einem kleinen Staubecken und der zentralen Plaza machen sie zu einer der eindrucksvollsten unter den Welterbestätten Córdobas.

Che Guevara verbrachte seine Jugend in Alta Gracia, in seinem ehemaligen Wohnhaus wurde ein Museum eingerichtet. Viele Besucher besuchen den Ort im Rahmen eines Tagesausflugs von Córdoba aus, die Stadt entwickelt sich aber mehr und mehr zu einem eigenständigen Reiseziel und ist ein guter Ausgangspunkt für die Erkundung der südlichen Sierren.

Sehenswertes

Museo Casa de Ernesto Che Guevara MUSEUM
(Avellaneda 501; 75 Arg$; 9–19 Uhr) In den 1930er-Jahren zog die Familie des jungen Ernesto (Che) Guevara hierher, da ein Arzt das trockene Klima zur Linderung seines Asthmas empfohlen hatte. Che lebte in verschiedenen Häusern, darunter auch in seinem Geburtshaus in Rosario, aber Hauptwohnsitz der Familie war die Villa Beatriz, die später von der Gemeinde erworben und in dieses Museum umgewandelt wurde.

In dem gemütlichen Haus zeigt heute eine Fotoschau die Stationen in Che Guevaras Leben. Zwei riesige Fotos erinnern an den Besuch von Fidel Castro und des venezolanischen Staatspräsidenten Hugo Chávez.

Jesuiten-Estancia WICHTIGES GEBÄUDE
Das eindrucksvollste Gebäude auf dem Gelände ist die **Iglesia Parroquial Nuestra Señora de la Merced** (Westseite des Plaza Manuel Solares; 9–20 Uhr) GRATIS. Gleich südlich der Kirche liegen die kolonialen Werkstätten der Jesuiten, **El Obraje** (1643), die heute als öffentliche Schule genutzt werden.

Museo Histórico Nacional del Virrey Liniers MUSEUM
(Padre Viera 41; 20 Arg$; Di–So 9–19 Uhr) Neben der Pfarrkirche Nuestra Señora de la Merced befindet sich das Museum. Virrey Liniers war einer der letzten Vizekönige von Rio Plate und wohnte in diesem Haus. Gezeigt werden Erinnerungsstücke aus der Kolonialzeit, von Betten bis hin zu Musikinstrumenten.

Schlafen & Essen

Alta Gracia Hostel HOSTEL $
(03547-428810; Paraguay 218; B/Zi. 15/40 US$;) Das Hostel Alta Gracia liegt nur fünf kurze Häuserblocks unterhalb des Jesuitenmuseums und bietet ein gutes Preis-Leistungs-Verhältnis. Die Schlafsäle bieten ausreichend Platz und auch die Küche ist gut ausgestattet.

279 Boutique B&B BOUTIQUEHOTEL $$
(03547-15-459493; www.279altagracia.com; Giorello 279; Zi. 77 US$;) Mit Abstand Alta Gracias beste Unterkunft! Sie hat zwar nur zwei Zimmer, aber genau das macht ihren Charme aus. Betrieben wird das B&B von einem ehemaligen New Yorker Fotografen. Die stilvolle, intime Unterkunft kombiniert schickes modernes Styling mit genau der richtigen Menge an originalen Bauteilen. Das Frühstück ist fantastisch, die Lage ebenfalls und das Auge des Betreibers für Details hervorragend.

La Creación CAFE $
(Prudencio Bustos 99; Backwaren 25–80 Arg$; 8–13 & 17–21 Uhr) Ausgezeichnete Bäckerei mit Café im französischen Stil. Hier gibt es das beste Brot der Provinz und natürlich köstliches Gebäck.

El Bistro del Alquimista FUSION $$
(Castellanos 351; Hauptgerichte 150–300 Arg$; Mo–Sa 21–24 Uhr;) Das Bistro zeigt den Weg auf, den man sich für die Gourmetszene Argentiniens wünscht: eine offene Küche, bei der die Köche auch als Bedienung fungieren, und schön angerichtete, innovative Gerichte, die in entspannter Atmosphäre von sehr aufmerksamem Personal serviert werden. Das Vier-Gänge-Menü wechselt täglich, alle Weine stammen von Boutique-Weingütern.

Los Extremeños MEERESFRÜCHTE $$
(03547-426772; Urquiza 90; Hauptgerichte 160–260 Arg$; Mo–Sa 9–21 Uhr) Das familienbetriebene Restaurant steht bei den Einheimischen wegen seiner erstklassigen spanischen Fischgerichte hoch im Kurs. Deshalb unbedingt vorab reservieren!

Praktische Informationen

Touristeninformation (03547-428128; www.altagracia.gob.ar; Ecke Padre Viera & Calle del Molino; Mo–Fr 7–20, Sa & So ab 8 Uhr) Befindet sich im Uhrenturm.

An- & Weiterreise

Vom **Busbahnhof** (Ecke Costanera & Esperanza) in Flussnähe gibt es Verbindungen nach Córdoba und Buenos Aires (800 Arg$, 13 Std.). Busse nach Villa General Belgrano (118 Arg$, 1 Std.) halten stündlich an der RP 5, etwa 2 km stadtauswärts an der Avenida San Martín. Minibusse fahren regelmäßig nach Córdoba (60 Arg$, 1 Std.), sie starten einen Block oberhalb der Estancia.

Villa General Belgrano

📞 03546 / 7800 EW / 720 M

Villa General Belgrano – mehr kulturelle Merkwürdigkeit denn vollwertige Touristenattraktion – schmückt sich gern damit, dass die Überlebenden des deutschen Kriegsschiffs *Graf Spee*, das im Zweiten Weltkriegs unweit von Montevideo untergangen war, sich hier angesiedelt haben.

Das Oktoberfest, das in den ersten beiden Oktoberwochen hier stattfindet, zieht Bierliebhaber aus aller Welt an. Im Sommer füllt sich das Dorf langsam mit Feriengästen, die sich über ruhige Straßen und die immergrüne Landschaft freuen. Wen Bier aus Mikrobrauereien, Schwarzwälder Kirschtorte (*torta selva negra*) und Gulasch nicht in Verzückung versetzen, kann Villa General Belgrano auch als schöne Tagestour von Córdoba oder dem benachbarten Cumbrecita aus besuchen. Trotz seines eindeutig deutschen Einschlags hört man die heutigen Einheimischen nur noch selten die Sprache der alten Heimat sprechen.

🛏 Schlafen & Essen

Albergue El Rincón HOSTEL $
(📞03546-461323; www.hostelelrincon.com.ar; Fleming 347; Zeltplatz pro Pers. 10 US$, B/DZ ohne Bad 15/45 US$, EZ/DZ mit Bad 41/53 US$; 🅿) 🍴 Das schöne Hostel in dänischer Hand liegt mitten im Wald und bietet ausgezeichnete, geräumige Schlafsäle, Außen- und Innenküchen, eine *parrilla* und eine eigene biodynamische Farm. Das exzellente Frühstück kostet 60 Arg$. Von der Rückseite des Busbahnhofs aus sind es zu Fuß gut 900 m bis zum Eingangstor. Einfach der Beschilderung folgen.

Berna Hotel HOTEL $$
(📞03546-461097; www.bernahotel.com.ar; Sarfield 86; Zi. ab 82 US$; ❄ 📶 🏊) Das Berna liegt auf einem weitläufigen Grundstück in Superlage zwischen Busbahnhof und Stadt und bietet geräumige Zimmer mit viel Komfort. Hinzu kommen u. a. ein hoteleigener Wellnessbereich, ein Kinderspielbereich und ein riesiger Pool.

Blumen INTERNATIONAL $$
(Roca 373; Hauptgerichte 170–300 Arg$; ⊗12–15 & 20–24 Uhr; 📶) Das Lokal tischt leckere, wenn auch nicht ganz billige Gerichte mit deutschem Einschlag auf; die Speisekarte ist eine der umfangreichsten im Ort. Hier kann man aber auch hervorragend ein paar Drinks zu sich nehmen. Im riesigen schattigen Biergarten ist trotz der Holztische und Pagoden genügend Platz und das Bier aus lokalen Mikrobrauereien fließt in Strömen.

ℹ Praktische Informationen

Touristeninformation (📞03546-461215; Roca 168; ⊗8.30–20 Uhr) Auf der Hauptstraße, ebenso wie Banken mit Geldautomaten.

ℹ An- & Weiterreise

Der Busbahnhof liegt von der Hauptstraße aus gesehen hinter ein paar Häuserblocks den Berg hinauf. Nach Córdoba (164 Arg$, 2 Std.) fahren stündlich Busse, nach Buenos Aires (804 Arg$, 12 Std.) einmal täglich. Außerdem gibt es stündliche Busse nach La Cumbrecita (54 Arg$, 30 Min.).

La Cumbrecita

📞 03546 / 1000 EW / 1300 M

In diesem Dörfchen im alpinen Stil ticken die Uhren anders. Eingebettet in die Wälder des Valle de Calamuchita verdankt es seine Beschaulichkeit vor allem der Tatsache, dass es autofrei ist. Hier lässt es sich wunderbar ein paar Tage aushalten. Waldwege führen zu hübschen Badestellen, Wasserfällen und wunderschönen Aussichtspunkten.

Alle Besucher des Dorfs müssen ihre Autos auf dem unbefestigten Parkplatz (150 Arg$) abstellen und dann die Brücke über den Río del Medio zu Fuß überqueren.

Aktivitäten

Wandern ist für die Meisten der Hauptgrund für einen Besuch von La Cumbrecita.

OKTOBERFEST IN VILLA GENERAL BELGRANO

Wer die Sierren Anfang Oktober besucht, kann sich überlegen, ob er einen Abstecher nach Villa General Belgrano einplant. Die Stadt feiert dann mit deutschen Wurzeln mit einem zehntägigen, landesweit bekannten **Oktoberfest** (www.elsitiodelavilla.com/oktoberfest; ⊗Okt.).

Das Bier fließt in Strömen wie bei allen Oktoberfesten auf der Welt, dazu gibt es Paraden, unzählige Konzerte und viele weitere kulturelle Veranstaltungen. Auf den Straßen wird leckeres Essen angeboten.

Die kurzen Wanderwege sind gut ausgeschildert; die Touristeninformation hält eine zwar grobe, aber dennoch nützliche Karte der Region parat.

Ein 25-minütiger Spaziergang führt zum Wasserfall La Cascada, der sich im Berghang versteckt. La Olla, die nächste Badestelle, ist von Granitfelsen umgeben. Wo das Wasser tief genug ist, springen Wagemutige von den Felsen ins kühle Nass.

Der Cerro La Cumbrecita (1400 m) ist der höchste Punkt des Ortes, er liegt etwa 20 Minuten von der Brücke entfernt. Außerhalb des Dorfes liegt der Cerro Wank (1715 m), der höchste Berg der Region. Für die Wanderung zum Gipfel sollte man mit etwa 40 Minuten rechnen.

Die Firma Viviendo Montañas (03546-481172; Cabiolsky s/n; Mo-Fr 9-17 Uhr), die ein Büro an der Hauptstraße des Ortes betreibt, bietet sowohl längere geführte Wanderungen in die Berge als auch Ausritte (4 Std. 400 Arg$), Forellenangeln und Mountainbiketouren an. Ebenfalls im Angebot ist eine zweitägige Wanderung auf den Gipfel des Cerro Champaquí (2790 m), den höchsten Gipfel der Sierren.

La Peñon de Aguila ABENTEUERSPORT
(www.penondelaguila.com.ar; Tageskarte 800 Arg$; Fr-So 11-19 Uhr) Toller Abenteuerpark mit Wanderwegen, Möglichkeiten zum Bogenschießen und Klettern, einem Kletterwaldparcours und Ziplines über Canyons und Wasserfälle.

Ein wunderschöner Flecken am Fluss lädt zum Picknicken ein; wer übernachten will, kann Blockhütten anmieten.

Schlafen & Essen

La Cumbrecita bietet über 20 Hotels und *cabañas* (Blockhütten) in den umliegenden Bergen; die Touristeninformation hilft bei der Suche. Im Januar und Februar, über Ostern und während des Oktoberfestes in Villa General Belgrano sollte man auf jeden Fall im Voraus buchen.

Hostel Planeta HOSTEL $
(03546-409847; planetacumbrecitahostel@gmail.com; Pública s/n; B/Zi. 22/70 US$;) Zum besten Hostel der Stadt führt ein steiler Pfad hinauf, der neben dem Tennisplatz des Hotels Las Verbenas verläuft. Das Hostel in einem schönen traditionellen Haus bietet traumhafte Ausblicke, einen schönen Essbereich und eine Küche. Die Schlafsäle sind in Ordnung.

Hostería El Ceibo HOTEL $$
(03546-481060; www.hosteriaelceibo.com; Pública s/n; EZ/DZ 57/77 US$;) Es sind vor allem die Ausblicke, die das schöne Hotel am Ortseingang auszeichnen. Die Zimmer sind gut ausgestattet, das Frühstück ausgezeichnet.

Hotel La Cumbrecita HOTEL $$
(03546-481052; www.hotelcumbrecita.com.ar; Pública s/n; EZ/DZ 72/90 US$;) Wo sich heute das weitläufige Hotel mit grandiosen Ausblicken über das Tal befindet, stand einst das allererste Haus des Ortes. Die Zimmer sind nicht riesig, haben aber fast alle tolle Balkone. Auf dem großen Areal befinden sich ein Fitnessraum und Tennisplätze.

La Colina INTERNATIONAL $$
(03546-481063; Las Truchas s/n; 12-15 & 20.30-22.30 Uhr;) Tolle Ausblicke, ein hervorragendes Essen (unbedingt die Forelle probieren!) und ein aufmerksames Personal machen dieses Restaurant zur ersten Wahl in La Cumbrecita. Vorher anrufen, um abgeholt zu werden: Das La Colina liegt etwas außerhalb an einem steilen Hügel.

Bar Suizo EUROPÄISCH $$
(Pública s/n; Hauptgerichte 180-260 Arg$; 12-23 Uhr;) Hier setzt man sich unter der Fichte auf eine Holzbank und probiert die ausgezeichneten schweizerisch-deutschen Speisen wie etwa Spätzle mit köstlicher Wildpilzsoße.

ⓘ Praktische Informationen

Touristeninformation (03546-481088; www.lacumbrecita.gob.ar; Cabiolsky s/n; 9-19 Uhr) Befindet sich linker Hand, direkt nach der Brücke in die Stadt.

ⓘ An- & Weiterreise

Von Villa General Belgrano aus bietet **Transportes Pajaro Blanco** (03546-15-528213; 7-20 Uhr) von 7 bis 19.30 Uhr viele Abfahrten nach La Cumbrecita (54 Arg$, 30 Min.). Von dort zurück fährt der letzte Bus um 19.30 Uhr. Im Sommer fahren manchmal auch Minibusse vom Busbahnhof Mercado Sud in Córdoba (S. 335) ab.

Parque Nacional Quebrada del Condorito

1900-2300 M

Der Nationalpark schützt ein einzigartig schönes, mit Felsen durchsetztes Weideland, das sich quer durch die Pampa de Achala in den Sierras Grandes zieht. Das

370 km² große Schutzgebiet, und vor allem die *quebrada* (Schlucht) selbst, sind ein wichtiges Brutgebiet für den Kondor, dessen Jungvögel im Nationalpark das Fliegen trainieren.

Vom Parkeingang **La Pampilla** wandert man in zwei bis drei Stunden 9 km weit zum Balcón Norte („Nordbalkon"): Von der Klippe lassen sich die riesigen Vögel besonders gut dabei beobachten, wie sie sich in der Thermik der Schlucht nach oben schrauben, um das Gelände nach Fressbarem abzusuchen. Der Nationalparkbesuch ist ein schöner Tagesausflug von Córdoba oder ein netter Zwischenstopp auf dem Weg nach Mina Clavero. Weitere Informationen zum Park gibt es bei der **Intendencia del PN Quebrada del Condorito** (☏ 03541-484511; Av JS Bach 504, Villa Carlos Paz; ⊙ Mo–Fr 8–15 Uhr).

Alle Busse von Córdoba nach Mina Clavero halten auf Wunsch in La Pampilla (170 Arg$, 2½ Std.), wo der Weg zur Schlucht beginnt. Für die Rückfahrt nach Córdoba (oder die Weiterfahrt nach Mina Clavero) hält man den Bus an der Abzweigung an. Hostels und Nativo Viajes (S. 327) in Córdoba organisieren Tagesausflüge in den Park. Der letzte Bus nach Córdoba fährt um 18.30 Uhr ab – den sollte man tunlichst nicht verpassen.

Mina Clavero

☏ 03544 / 16 980 EW / 915 M

Im Sommer geht es hier recht turbulent zu, dafür ist das restliche Jahr kaum etwas los. Die wenigen Besucher können dann in Ruhe die kristallklaren Bäche, über Felsen hinabstürzende Wasserfälle, zahlreiche schöne Badestellen besuchen und entspannt durch die idyllische Gebirgslandschaften wandern.

Mina Clavero liegt 170 km südwestlich von Córdoba, am Zusammenfluss des Río de los Sauces und des Río Panaholma im Valle de Traslasierra. Zu erreichen ist der Ort über die RN 20, den berühmten Camino de las Altas Cumbres – den „Weg der hohen Gipfel".

🛏 Schlafen

Viele Unterkünfte schließen Ende März; dann werden im Ort quasi die Bürgersteige hochgeklappt.

Andamundos Hostel HOSTEL $
(☏ 03544-470249; www.andamundoshostel.com.ar; San Martín 554; B/EZ/DZ 13/25/35 US$; @ 🛜) Eine rustikale kleine Unterkunft ein paar Häuserblocks vom Ortskern entfernt. Der große Hinterhof zum Fluss hin ist ein Pluspunkt. Die Zimmer sind schlicht, aber sauber, das Frühstück im Preis inbegriffen. Dazu kommt noch eine Gästeküche.

Costa Serrana HOTEL $$
(☏ 03544-471802; www.costaserrana.com.ar; Olmos 1303; Apt. 80 US$;) Mit ihrer tollen zentralen Lage sind die Ferienwohnungen diejenigen mit dem besten Preis-Leistungs-Verhältnis in ihrer Kategorie. Die Einrichtung ist rustikal-schick, das Frühstücksbüfett umfangreich und das Gelände wunderschön. Wer gern schwimmt, kann sich auf ein großes Schwimmbad mit Blick auf den Fluss freuen.

🍴 Essen

Viele Restaurants liegen an der San Martín. Wichtig zu wissen: Alle schickeren *parrillas* und Restaurants befinden sich auf der südlichen Flussseite.

Rincón Suizo CAFE $
(Recalde 1200; Hauptgerichte 80–120 Arg$; ⊙ Fr–So 18–21 Uhr) Das gemütliche Teehaus direkt am Fluss empfiehlt sich vor allem wegen der hausgemachten Eiscreme, den köstlichen Schweizer Gerichten (u. a. Fondue, Raclette und Ratatouille) und der berühmten *torta selva negra* (Schwarzwälder Kirschtorte).

ℹ Orientierung

Der Río Mina Clavero teilt die Stadt in zwei Hälften. Wer am **Busbahnhof** ankommt, nimmt am besten die Fußgängerbrücke über den Fluss: Sie führt direkt in die Ortsmitte und erspart einem den langen Weg außen herum.

ℹ Praktische Informationen

Touristeninformation (☏ 03544-470171; Av San Martín 1464; ⊙ 8–22 Uhr)

ℹ An- & Weiterreise

Der **Busbahnhof** (☏ 03544-470171; Av Mitre) liegt, von der Stadtmitte aus gesehen, am anderen Ufer des Río Mina Clavero.

Täglich fahren mehrere Busse nach Córdoba (340 Arg$, 3 Std.) sowie mindestens vier nach Merlo (200 Arg$, 2½ bis 3 Std.). Wer den Minibus nimmt, ist schneller in Córdoba (360 Arg$, 2½ Std.).

Ein paar Busse pro Tag fahren nach Buenos Aires (990 Arg$, 13 Std.). Ziele in den Provinzen San Juan und Mendoza lassen sich am besten vom benachbarten Villa Dolores aus (82 Arg$, 30 Min.) erreichen.

SAN LUIS & UMGEBUNG

Die wenig besuchte Provinz San Luis besitzt überraschend viele Attraktionen, die zusätzlich dadurch gewinnen, dass man sie wahrscheinlich fast für sich alleine hat.

Die Provinz wird allgemein La Puerta de Cuyo genannt, eine Sammelbezeichnung für den zentralen Westen mit den Provinzen Mendoza, San Luis, La Rioja und San Juan.

Der Superstar der Region ist zweifellos der Parque Nacional Sierra de las Quijadas. Doch auch die Bergorte entlang des Valle de Conlara und die Sierras Puntanas sind für alle, die die ausgetretenen Touristenpfade verlassen möchten, einen Besuch wert.

Merlo

02656 / 1084 EW / 890 M

Am Kopf des Valle de Conlara liegt der Bergort Merlo, ein expandierender Ferienort mit mildem Mikroklima in einer relativ trockenen Region. Die Stadt liegt 200 km nordöstlich von San Luis im Nordosten der Provinz San Luis.

Sehenswertes & Aktivitäten

Ein weiter Blick auf Stadt und Tal bietet sich von den *miradores* (Aussichtspunkte) hoch über der Stadt. Die Taxifahrt zum **Mirador del Sol**, der halb den Berg hoch liegt, kostet 150 Arg$; von dort aus sind es weitere 12 km zum **Mirador de los Condores**, der auf einem Bergrücken liegt und schöne Ausblicke in beide Richtungen bietet.

In Rincón del Este, 2 km von der Ortsmitte entfernt an der Straße zu den *miradores* gelegen, bietet die **Reserva Natural de Merlo** (bei Tageslicht) GRATIS schöne Wege entlang des Flussufers zu einigen Badestellen. Reiseveranstalter im Park haben eine Reihe von Aktivitäten in ihrem Programm, darunter geführte Wanderungen, Ziplining und Klettertouren.

Serranías Tour (02656-474737; Av del Sol 186; Mo–Fr 9.30–12.30 & 17.30–20.30, Sa bis 12.30 Uhr) ist einer von vielen erfahrenen Tourveranstalter vor Ort, er bietet diverse Führungen und Aktivitäten an.

Schlafen & Essen

Casa Grande Hostel HOSTEL $
(02656-474579; www.casagrandehostelmerlo.com; Av de los Venados 740; B/DZ 16/63 US$;) Die Casa Grande liegt nur einen kurzen Fußweg vom Ortskern entfernt. Mit bunter Einrichtung und netter Atmosphäre ist es mit Abstand das hippste Hostel in Merlo. Hier steigen viele Partys, die Räume sind gemütlich, die Gemeinschaftsküche einladend. Auf dem weitläufigen, begrünten Gelände gibt es zudem einen kleinen Swimmingpool.

El Tono ARGENTINISCH $
(Av del Sol 690; Hauptgerichte 100–150 Arg$; Fr–So 20–24 Uhr;) Das Lokal ist auf regionale Küche mit vielen lokalen Zutaten spezialisiert und daher grundsätzlich immer zu empfehlen. Und als i-Tüpfelchen gibt am Freitag- und Samstagabend Livemusik von einheimischen *Trova*-Folkbands.

ⓘ Praktische Informationen

Touristeninformation (02656-476079; Ecke RP 1 & RP 5; 9–21 Uhr) Die städtische Touristeninformation bietet Kartenmaterial und Informationen zu Hotels und Zeltplätzen im Ort und im Umland.

ⓘ An- & Weiterreise

Fernbusse starten vom **neuen Busbahnhof** (02656-475441; Ecke RP 1 & Independencia), der sich acht Blocks südlich des Ortskerns befindet.

ⓘ Unterwegs vor Ort

Regionale Busse fahren vom **alten Busbahnhof** (02656-445-2000; Ecke Av del Fundador & Santos Ortiz) in der Ortsmitte ab. Zu den angefahrenen Zielen zählen Piedra Blanca (170 Arg$, 3 Std.), Bajo de Veliz (118 Arg$, 2 Std.), Papagayos (50 Arg$, 30 Min.) und das benachbarte Künstlerdorf Cerro de Oro (60 Arg$, 1 Std.).

Busse ab Merlo

REISEZIEL	FAHRPREIS (ARG$)	FAHRZEIT (STD.)
Buenos Aires	1020	11
Córdoba	415	5
Mendoza	650	7
Mina Clavero	130	2
San Luis	150	3

San Luis

0266 / 204 000 EW / 700 M

Sogar die Einwohner von San Luis selbst geben zu, dass die Highlights der Provinz außerhalb der Provinzhauptstadt liegen. Immerhin bietet das Städtchen ein paar historische Sehenswürdigkeiten, die zentrale Plaza Pringles ist eine der hübschesten im ganzen Land. Die Avenida Illia, die Haupt-Ausgehmeile der Stadt, bietet mit ihren Bars, Cafés und Restaurants alle Voraussetzungen für einen netten Abend.

Das Geschäftszentrum liegt entlang der parallel verlaufenden Straßen San Martín und Rivadavia zwischen der Plaza Pringles im Norden und Plaza Independencia im Süden. Die meisten Dienstleistungen für Reisende befinden sich – abgesehen vom Busbahnhof – in den Häuserblocks unweit der Plaza.

Sehenswertes

Kathedrale KATHEDRALE
(Rivadavia 740; 7.30–21.30 Uhr) Im Herzen der Stadt liegt die schöne, baumbestandene Plaza Pringles, an deren Ostseite sich die stattliche Kathedrale (19. Jh.) erhebt. Fenster und Rahmen wurden aus Harthölzern der Provinz, z. B. dem Algarrobo-Baum, gefertigt; für die Treppen und Säulen wurde weißer Marmor aus lokalen Steinbrüchen verwendet.

Mercado Artesanal MARKT
(Ecke 25 de Mayo & Rivadavia; Mo-Fr 8–13 Uhr) Neben der **Iglesia de Santo Domingo** (25 de Mayo 912; 8–22 Uhr) verkaufen Dominikanermönche schöne Wolldecken sowie Töpferwaren, Dekoratives aus Onyx sowie schöne Webarbeiten aus anderen Teilen der Provinz.

Schlafen & Essen

Die gehobeneren Hotels von San Luis richten sich mit ihrem Angebot zumeist an Geschäftsreisende. Sie sind unter der Woche schnell voll, am Wochenende dafür günstig.

Hotel Regidor HOTEL $
(0266-442-4756; www.hotelregidorsanluis.com.ar; San Martín 848; EZ/DZ/Apt. 28/43/73 US$; ❋❀☀) Hier sollte man sich nicht vom etwas schäbigen Äußeren täuschen lassen: Die Zimmer werden liebevoll gepflegt, das Personal ist super. Und der große Garten mit Poolbereich hinten ist in den heißen Sommermonaten mehr als willkommen.

San Luis Hostel HOSTEL $
(0266-424188; www.sanluishostel.com.ar; Falucho 646; B/DZ 15/26 US$; @❀☀) Das beste und zentral gelegene Hostel im Ort bietet so ziemlich alles vom Billardtisch bis zur DVD-Sammlung, dazu eine ausgezeichnete Küche und einen schattigen Hof mit Grillmöglichkeit. Die Schlafsäle für jeweils neun Personen (jeweils nach Geschlechtern getrennt) könnten etwas mehr Charme besitzen, ansonsten ist aber alles top.

Los Robles PARRILLA $$
(9 de Julio 745; Hauptgerichte 150–260 Arg$; 12–15 & 20–23 Uhr; ❀) Diese gehobene *parrilla* bietet eine tolle Atmosphäre, einen aufmerksamen Service und eine Speisekarte, die das übliche Angebot deutlich übertrifft.

Praktische Informationen

Mehrere Banken, vor allem an der Plaza Pringles, haben Geldautomaten.

Automóvil Club Argentino (0266-442-3188; Av Illia 401; Mo–Fr 9–17 Uhr) Die Zweigstelle des argentinischen Automobilclubs hat gute Straßenkarten der Provinz.

Bezirkskrankenhaus (0266-442-2627; Héroes de Malvinas 251)

Post (San Martín 801; Mo-Fr 8–13 & 17–20 Uhr)

Touristeninformation (0266-442-3479; www.sanluis.gov.ar; Av Illia 35; Mo-Fr 8–20, Sa 9–13, So 9–21 Uhr) Die hilfsbereiten Mitarbeiter statten Besucher mit einem guten Stadtplan aus und informieren über die örtlichen Attraktionen. Auch Tipps für Fahrten zu Sehenswürdigkeiten und Aktivitäten in der Region bekommt man hier.

ABSTECHER

EL VOLCÁN

Das kleine Dorf El Volcán (ohne Vulkan) liegt eingebettet in die Hügellandschaft östlich von San Luis und ist im Sommer ein entspannter Rückzugsort. Hauptattraktion ist der rauschende Fluss, der mitten durch den Ort fließt. Dort bietet der Balneario La Hoya, eine Kette von Naturbecken zwischen den Felsen, schattige Badestellen und ein paar Picknickplätze.

El Volcán liegt so nah bei San Luis, dass es sich im Rahmen eines Tagesausflugs problemlos besuchen lässt. Wer gerne vor Ort übernachten will, kann eine Blockhütte mieten, vor allem im Sommer stehen sie reichlich zur Auswahl.

Busse fahren regelmäßig vom Haupt-Busbahnhof in San Luis' (20 Arg$, 30 Min.) dorthin und zurück.

❶ An- & Weiterreise

San Luis liegt am Nordufer des Río Chorrillos. Nach Mendoza sind es 260 km über die RN 7 und 456 km über die RN 148 nach Córdoba.

Hertz (☏ 0266-15-454-9002; www.hertz.com.ar; Av Illia 305; ⊙ Mo–Fr 8–12 & 16–20, Sa 8–12 Uhr) ist die Autovermietung vor Ort.

Parque Nacional Sierra de las Quijadas

Fans der Road-Runner-Trickfilme werden sich zwischen den roten Sandsteinformationen des wenig besuchten **Nationalparks** (☏ 0266-444-5141; www.parquesnacionales.gob.ar; 250 Arg$) wohlfühlen. Der Nationalpark umfasst ein 1500 km² großes Areal mit Canyons und ausgetrockneten Seebetten in der Sierra de las Quijadas, deren Gipfel bei Cerro Portillo 1200 m Höhe erreichen.

Bei vor Kurzem durchgeführten paläontologischen Ausgrabungen durch die Universidad Nacional de San Luis und das New Yorker Museum of Natural History wurden Dinosaurierspuren und Fossilien aus der Unteren Kreidezeit (vor etwa 120 Mio. Jahren) entdeckt.

Vom Parkeingang aus führt eine 6 km lange unbefestigte Straße Richtung Westen zu einem Aussichtspunkt mit Blick auf die **Potrero de la Aguada**, eine landschaftlich attraktive Senke unterhalb der Sierragipfel. Dort sammelt sich viel Wasser, entsprechend attraktiv ist es für Tiere.

Obwohl sich dorthin nur wenige Besucher verirren, ist der Zugang zum Park ausgezeichnet. Busse von San Juan nach San Luis fahren etwa stündlich vorbei und lassen Besucher auf Anfrage hinter dem Dorf Hualtarán aussteigen. Der Haltepunkt liegt rund 110 km nordwestlich von San Luis und ist über die RN 147 erreichbar (San Juan liegt 210 km nordwestlich).

Manchmal kann man sich auch vom Parkeingang zum Aussichtspunkt über den Potrero de la Aguada mitnehmen lassen.

Valle de las Sierras Puntanas

Von San Luis windet sich die RP 9 nordwärts und folgt dabei dem Verlauf des Río Grande. Etliche der kleinen Dörfer entlang des Wegs entwickeln sich allmählich zu touristischen Zielen, haben sich aber noch viel von ihrem ursprünglichen Charakter bewahrt. Die malerische Bergbaustadt Carolina und die nahe gelegene Inti-Huasi-Höhle sind die Highlights der Region. Die Landschaft im oberen Teil des Tals erinnert mit ihren sanft gewellten Weiden und den Trockensteinmauern oftmals an das schottische Hochland.

◉ Sehenswertes

La Casa de la Piedra Pintada   ARCHÄOLOGISCHE STÄTTE
(⊙ Dez.–März 8–20 Uhr, April–Nov. 10–17 Uhr) GRATIS Bei La Casa de la Piedra Pintada sind über 50 Ritzzeichnungen auf der Felsoberfläche zu erkennen. Immer der Straße folgend, gelangt man auf eine offene Wiese am Fuß des Cerro Sololasta. Dort beginnt ein mit Seilen gesicherter Holzsteg, der den Fels hinauf und zur archäologischen Stätte führt. Wer sich genug mit der Felskunst beschäftigt hat, sollte weiter aufsteigen, um die spektakulären Ausblicke über die Sierras Puntanas zu genießen.

Die Straße ist inzwischen nicht mehr ausgeschildert, sodass es nicht ganz einfach ist, den Ort zu finden. Aber man kann in Inti Huasi nach dem Weg fragen oder gegen eine geringe Gebühr einen Führer engagieren.

Inti-Huasi-Höhle   HÖHLE
(⊙ Dez.–März 9–19 Uhr, April–Nov. 12–17 Uhr) GRATIS
Die breite, flache Höhle, deren Name auf Quechua „Haus der Sonne" bedeutet, ist einen Abstecher wert – sowohl wegen der traumhaften Landschaft, in der sie liegt, als auch wegen der Höhle selbst. Die Datierung mittels Radiokarbonmethode hat ergeben, dass die Höhle von den Ayampitín vor etwa 8000 Jahren bewohnt wurde.

Drei regulär fahrende Busse fahren von Carolina (70 Arg$, 30 Min.) dorthin.

🛏 Schlafen

Hostería Las Verbenas   ESTANCIA $
(☏ 0266-443-0918; www.lasverbenas.com.ar; RP 9, Km 68; pro Pers. inkl. VP 47 US$; ☎) Liegt in einer wunderschönen Lichtung im Valle de Pancanta. In der rustikalen *hostería* (Pension) mit Einrichtungsdetails aus Tierfellen und klobigen Holzmöbeln werden jede Menge herzhafte Gerichte aufgetischt. Die Zimmer sind schlicht, aber bequem.

Ein dreistündiger Ausritt (350 Arg$ pro Person) zu einem Wasserfall zählt zu den Highlights des Besuchs. Die ausgeschilderte Abfahrt zur Hostería liegt direkt hinter der Brücke auf der Hauptstraße. Von dort sind

ABSTECHER

JENSEITS DER BERGE: DAS VALLE DE TRASLASIERRA

Wörtlich bedeutet Traslasierra „jenseits der Berge" und es ist tatsächlich das am geringsten entwickelte und besiedelte Tal in der Umgebung von Córdoba. Es liegt 150 km westlich der Stadt entlang der RP 20, man erreicht es über den Camino de las Altas Cumbres („Weg der hohen Gipfel"). Im Sommer zieht es argentinische Familien dorthin, sie baden in den hübschen Flüssen, unternehmen Ausritte oder eine Kajaktour oder wandern durch die Schlucht.

Mina Clavero bildet den Mittelpunkt der touristischen Aktivitäten des Tals, aber es lohnt sich auch, abseits ausgetretener Pfade andere, deutlich abgelegenere Orte zu erkunden. Im hübschen Dorf Nono stößt man auf das schrullige **Museo Rocsen** (www.museorocsen.org; Nono; 190 Arg$; ☉9–19 Uhr), außerdem gibt es dort ein schönes Flussufer mit tollen Bademöglichkeiten und – so meinen viele – bei **El Nazareno** (Av Libertad Sur 87, Nono; Alfajores ab 21 Arg$; ☉7.30–22 Uhr) die allerbesten *alfajores* der Provinz (plätzchenähnliche Sandwiches, meist mit *dulce de leche* gefüllt).

Einen Besuch lohnen auch das Rosenstädtchen Villa de las Rosas und die wunderschönen Nachbarorte San Javier und Yacanto, zwei grüne Bilderbuchdörfer vor dramatischer Bergkulisse.

Zwar gibt es in der Region viele unterschiedliche Unterkünfte für jeden Geldbeutel, die umwerfende **Posada La Matilde** (☎03544-404512; www.posadalamatilde.com; RP 14, Km 4; Zi. ab 135 US$; ✳ ☏) ist aber unbestritten das Highlight. Sein Restaurant (Hauptgerichte 210–280 Arg$) serviert köstliche Gerichte aus Zutaten vom eigenen Biobauernhof.

Im benachbarten Dorf Yacanto sollte man unbedingt im **Hotel Yacanto** (☎03544-482002; Publica s/n, Yacanto; Hauptgerichte 175–325 Arg$) einkehren. Das Hotel in englischem Stil von 1922 ist für seine tollen Golfmöglichkeiten und das leckere Essen aus der eigenen Küche bekannt.

---

es noch weitere 4 km bis zur Farm. Wer mit dem Bus anreist, kann vorher anrufen und wird dann an der Hauptstraße abgeholt.

Carolina

☎02651 / 250 EW / 1610 M

Das kleine Dorf Carolina, das sich zwischen die Ufer des Río Grande und die Vorberge des Cerro Tomalasta (2020 m) schmiegt, ist mit seinen Steinhäusern und den unbefestigten Straßen ausgesprochen fotogen. Wenn man sich die Stromleitungen wegdenkt, glaubt man sich um 100 Jahre zurückversetzt. Die Region erlebte 1785 einen Boom, als die Spanier die örtlichen Goldminen auszubeuten begannen, die schon von den Inkas betrieben wurden.

◉ Sehenswertes & Aktivitäten

Vom Poesie-Museum aus geht es über das Flüsschen und etwas bergauf zu einer Hügelkuppe mit einem kleinen Steinlabyrinth, wo man sich problemlos ein Stündchen aufhalten kann (Menschen mit sehr schlechtem Orientierungssinn allerdings auch ganze frustrierende Tage ...).

Museo de Poesia MUSEUM
(☉Di–So 8–18 Uhr) GRATIS Das „Museum der Poesie" ist eines der schrulligeren Museen des Landes und ehrt den größten Sohn von San Luis, den Dichter Juan Crisóstomo Lafinur (1797–1824). Es besitzt ein paar Artefakte aus dem Leben des Schriftstellers sowie handgeschriebene Huldigungen an ihn, die führende Dichter Argentiniens verfasst haben.

🛏 Schlafen & Essen

Rincón del Oro Hostel HOSTEL $
(☎02651-490212; Pringles 800; B 22 US$; ☏) Auf einem kleinen Hügel mit Blick auf die Stadt gelegen, verströmt das kleine Hostel einen rustikalen, gemütlichen Charme, obwohl es überraschend viele – insgesamt 57 – Betten bietet.

Huellas Cafe-Bar CAFE $
(Ecke 16 de Julio & El Minero; Hauptgerichte 80–150 Arg$; ☉11–19 Uhr; ☏) Die Café-Bar verkauft neben der Agentur **Huellas Turismo** (☎02651-490224; www.huellasturismo.com.ar; ☉10.30–19 Uhr) lecker belegte Sandwiches, Pizzas und wechselnde Tagesgerichte. Den schönen Ausblick gibt es gratis dazu.

❶ An- & Weiterreise

Busse fahren von Carolina über El Volcán nach San Luis (70 Arg$, 2½ Std.). Ein paar Busse fahren auch weiter nach Inti Huasi (S. 352; 10 Arg$, 30 Min.).

Papagayos

📞 02656 / 430 EW

Ein Tal voller Palmen ist wahrscheinlich das Letzte, was man in diesem Teil der Erde erwartet – und doch liegt dieses Städtchen in genau so einem Palmental. Der Ort am Ufer des Arroyo Papagayos wird von riesigen Caranday-Palmen umrahmt.

Die Region ist in Argentinien für die kunsthandwerklichen Gegenstände bekannt, die aus den Stämmen und Blättern der Palme hergestellt werden. Kleine Läden (zumeist an Werkstätten angeschlossen) verkaufen diese *artesanías en palma*, man findet sie über die ganze Stadt verstreut. Die Touristeninformation hat Stadtpläne, in denen die Standorte der Läden sowie andere lokale Sehenswürdigkeiten verzeichnet sind.

Das Flüsschen (*arroyo*) bietet sich zur Abkühlung an – hier reiht sich eine Badestelle an die nächste. Wer eine gebaute Schwimmumgebung bevorzugt, geht ins Balneario Municipal, das seinen Gästen Schwimmbecken, Picknick- und Grillbereiche bietet.

Möglichkeiten für Ausritte und Wanderungen zu den örtlichen Wasserfällen und Badestellen außerhalb von Papagayos kann man bei der **Touristeninformation** (📞 02656-481868; Ecke San Pedro & RP 1; ◷ 9–20 Uhr) oder in der **Hostería Los Leños** (📞 02656-481812; Av Comechingones 555; Zi. 58 US$; 🅿 🛜 ❄) erfragen.

Vom Hauptplatz in Papagayos fahren regelmäßig Busse nach Merlo (50 Arg$, 30 Min.).

Mendoza & die Zentralen Anden

Inhalt ➜

Mendoza 357
Cacheuta 376
Uspallata 377
Parque Provincial
Aconcagua 380
Valle de Uco 381
San Rafael 385
Malargüe 388
Las Leñas 389
Barreal 394
Rodeo 397
Parque Provincial
Ischigualasto 397

Gut essen

➜ Osadía de Crear (S. 375)
➜ Fuente y Fonda (S. 363)
➜ Siete Fuegos (S. 384)
➜ Azafrán (S. 364)
➜ Casa El Enemigo (S. 375)

Schön übernachten

➜ Entre Cielos (S. 374)
➜ Lares de Chacras (S. 374)
➜ B&B Plaza Italia (S. 362)
➜ Gran Hotel Potrerillos (S. 377)
➜ Posta Huayra (S. 397)

Auf nach Mendoza & in die Zentralen Anden!

Die lange, schmale Wüstenregion wird durch zwei Landschaften geprägt, für die Argentinien berühmt ist: die Anden und die Weinfelder, von denen der berühmte argentinische Wein stammt. Die Stadt Mendoza gibt sich lebhaft und weltoffen, im Umland laden viele Weingüter zu unterschiedlich langen, lehrreichen Verkostungstouren ein.

Neben Weinproben gibt es noch vieles andere zu erleben. Unweit der Stadt erhebt sich mit dem Cerro Aconcagua der höchste Gipfel des amerikanischen Kontinents, ein beliebtes Ziel für Bergsteiger. Gleich mehrere Skiorte ermöglichen im Winter Abfahrten im Pulverschnee, im Sommer bieten Mendozas Veranstalter Outdooraktivitäten wie Raften, Mountainbiken und Gleitschirmfliegen an.

Im Norden lohnt die oft wenig beachtete Provinz San Juan einen Besuch; sie bietet eine kleine, aber feine Auswahl an Weingütern, traditionelle, malerische Dörfer und Wüstenlandschaften.

Reisezeit

Mendoza

Dez.–März Ideal um bei heißem trockenen Wetter die höchsten Gipfel der Region zu besteigen.

April–Juni Mendozas Bäume und Reben verleihen dem Herbst eine spektakuläre Farbenpracht.

Juli–Sept. Die weiß verschneite Landschaft der Anden ist ein atemberaubender Anblick.

Highlights

❶ Valle de Uco
(S. 381) Wein und gutes Essen beim Lunch auf einem ländlichen Weingut

❷ Cacheuta
(S. 376) Erholung für die müden Knochen im Thermalbad im Gebirge

❸ Parque Nacional El Leoncito (S. 395) Blicke in einen kristallklaren Nachthimmel, an dem Sterne funkeln

❺ Maipú (S. 372) Eine Tour mit Fahrrad oder Auto zu einigen Weingütern

❻ Barreal (S. 394) Fort von den Menschenmassen im eindrucksvollen Valle de Calingasta.

❼ Parque Provincial Ischigualasto (S. 397) Fossilien von Dinosauriern, eingelagert in bizarre Felsformationen

❽ Mendoza (S. 365) Ein Szenebummel durch die hippen Bars an der Avenida Arístides

❾ Cerro Aconcagua (S. 382) Begegnung mit dem höchsten Gipfel der westlichen Hemisphäre

❿ Valle Grande (S. 387) Rafting oder Bodysurfing auf diesem Fluss, der an einen Wasserfall in einem Wasserpark erinnert.

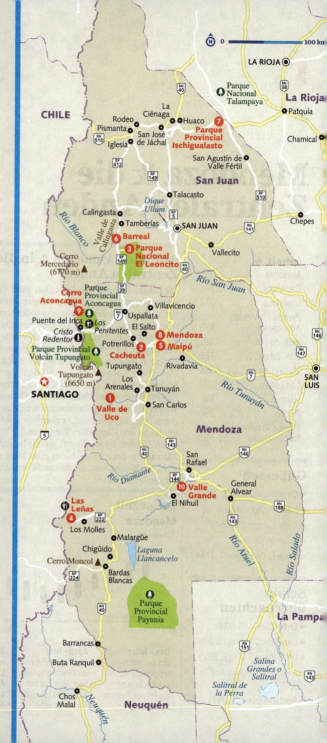

Mendoza

☎ 0261 / 1,2 MIO. EW. / 769 M

Mendoza, die quirlige Stadt mit breiten, baumbestandenen Straßen, malerischen Plazas und weltoffenen Cafés, ist eine Falle. Auch wer (unklugerweise) nur ein oder zwei Tage hier bleiben wollte, wird wohl von der lässigen Atmosphäre fasziniert sein. Es ist eigentlich eine Wüstenstadt, aber man merkt es nicht – *acequias* (Bewässerungsgräben) verlaufen neben den Straßen und imposante Brunnen zieren die Plätze. Am Tag ist die Stadt munter, doch nachts wird sie erst richtig lebendig, wenn die Gäste der Bars und Restaurants an der Avenida Arístides bis auf den Gehsteig heraus stehen.

Der Name Mendoza ist ein Synonym für Wein. Genau hier sollten all diejenigen ihre Zelte aufschlagen, die Weingüter besichtigen und einige Dutzend Flaschen eines guten Jahrgangs mit nach Hause nehmen möchten oder die einfach nur nach einer passenden Flasche zur abendlichen Pizza Ausschau halten.

Das große Angebot an Reiseveranstaltern macht die Stadt auch zu einem geeigneten Ort, um Wildwasserfahrten, Skiausflüge und andere Outdoorabenteuer in den nahe gelegenen Anden vorzubereiten.

⊙ Sehenswertes

★ Parque General San Martín   PARK

Am Seeufer entlangschlendern und im schattigen Rosengarten dösen – so lässt sich dieser wunderschöne 420 ha große Park, eines der Highlights der Stadt, aufs Angenehmste genießen. Zum Park geht es über die Avenida Sarmiento/Civit, vorbei an einigen der schönsten Häuser Mendozas. Parkpläne gibt es im **Centro de Información** (☎ 0261-420-5052; Ecke Av Los Platanos & Av Libertador; ⊙ 9–17 Uhr), gleich hinter den imposanten Eingangsportalen, die eigentlich für den türkischen Sultan Hamid II. geschmiedet und von England hierher verschifft worden waren.

Iglesia, Convento y Basílica de San Francisco   KIRCHE

(Necochea 201; ⊙ Mo–Sa 9–13 Uhr) Viele *mendocinos* (Bewohner von Mendoza) halten die Statue der Jungfrau von Cuyo, der Patronin der Ejército de los Andes (Andenarmee) von San Martín, für wundertätig, weil sie das verheerende Erdbeben von Mendoza 1968 überstanden hat. Im halbrunden Raum der Virgen legen die Besucher Votivgaben für sie und José de San Martín, jenen General, der Argentinien von den Spaniern befreite, ab. In einem Mausoleum innerhalb des Gebäudes ruhen die sterblichen Überreste von San Martíns Tochter, Schwiegersohn und Enkelin, die 1951 aus Frankreich zurück in die Heimat überführt wurden.

Museo Fundacional   MUSEUM

(museofundacional@ciudaddemendoza.gov.ar; Ecke Alberdi & Videla Castillo; 27 Arg$; ⊙ Mo–Fr 9–17 Uhr) Mendozas kürzlich renoviertes Museo Fundacional beherbergt Ausgrabungen aus dem kolonialen *cabildo* (Rathaus), der 1861 durch ein Erdbeben zerstört wurde. Zu jener Zeit verschob sich das Stadtzentrum in Richtung Westen und Süden zu seiner heutigen Lage. Eine Reihe von kleinen Dioramen beschreibt Mendozas Geschichte; die gesamte Evolution der Menschheit wird so dargestellt, als ob Mendoza der Höhepunkt wäre (vielleicht war es das ja). Die **Ruinas de San Francisco**, gegenüber an der Plaza Pedro del Castillo, sind die einzigen Relikte der Stadt aus der Zeit vor dem Erdbeben.

🏃 Aktivitäten

Wer genügend guten Wein getrunken hat und lange genug in der Stadt herumspaziert ist, der kann sich schließlich auf den Weg in die Anden machen, um dort die fantastischsten Bergkulissen zu sehen, die man sich nur vorstellen kann. Zahlreiche Reisebüros organisieren Kletter-, Trekking- und Rafting-Touren, Trips auf Maultieren oder mit dem Fahrrad.

Klettern & Bergsteigen

Mendoza ist berühmt für den Cerro Aconcagua (S. 382), den höchsten Gipfel des amerikanischen Kontinents. Doch dieser majestätische Berg ist nur die Spitze des Eisbergs, wenn es um Klettern und Bergsteigen in dieser Gegend geht. Der nahe gelegene Cordón del Plata rühmt sich mehrerer Gipfel zwischen 5000 und 6000 m; außerdem gibt es drei bedeutende Bereiche zum Klettern in der Provinz: Los Arenales (bei Tunuyán), El Salto (bei Mendoza) und Chigüido (bei Malargüe). Der Veranstalter **Andes Vertical** (☎ 0261-476-0864; www.andes-vertical.com) ist für Anfänger ebenso wie für erfahrene Kletterer empfehlenswert.

Bei Inka Expediciones (S. 381) gibt es den guten farbigen Wanderführer (nur auf Spanisch) von Maricio Fernandez *Escaladas en Mendoza*. Aktuelle Informationen und eine

Mendoza

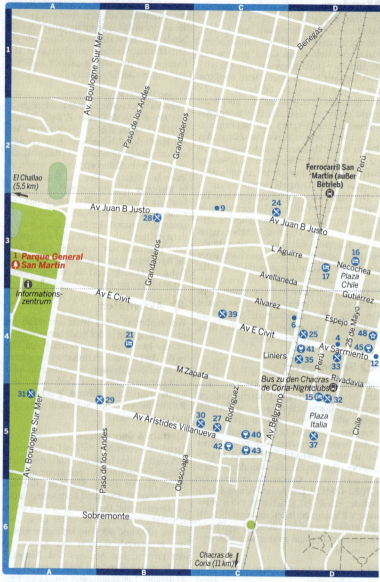

Liste empfohlener Guides liefert die **Asociación Argentina de Guías de Montaña** (☏ 0294-443-2866; www.aagm.com.ar). **Trekking Travel Expediciones** (☏ 0261-421-0450; www.trekking-travel.com.ar) bietet einige mehrtägige Touren, meist teilweise zu Pferd.

Wer keine Kletter- und Wanderausrüstung im Gepäck hat, der wendet sich dafür am besten an **Chamonix** (☏ 0261-425-7572; www.chamonix-outdoor.com.ar; Barcala 267; ⊙ Mo–Sa 9–13 & 15–18 Uhr; sowohl Verleih als auch Verkauf).

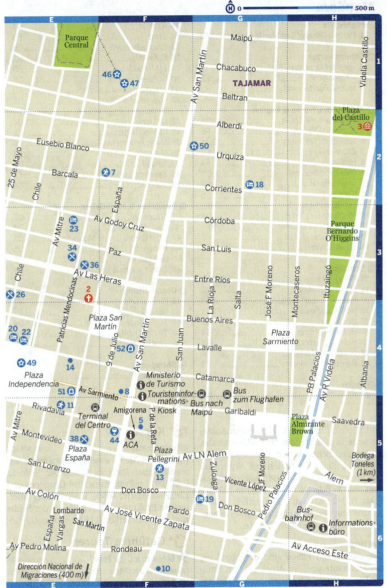

Ski- & Snowboardfahren

Wenn Schnee liegt, ist Los Penitentes das beste Skigebiet bei Mendoza, obwohl sich ein Stück weiter südlich in Las Leñas das unbestritten beste Skigebiet Südamerikas befindet. Ski- und Snowboardverleih betreiben **Limite Vertical** (0261-423-1951; Sarmiento 675; Mo-Sa 9–13 & 16.30–21 Uhr) oder die meisten Läden an der Avenida Las Heras. In der Hauptsaison gibt es überall Pauschalangebote entweder aus Skiern, Stiefeln und Stöcken (230 Arg$) oder aus Snowboard

Mendoza

Highlights
1 Parque General San Martín A3

Sehenswertes
2 Iglesia, Convento y Basílica de San Francisco E3
3 Museo Fundacional H2

Aktivitäten, Kurse & Touren
4 Ampora Wine Tours D4
5 Argentina Rafting F5
6 Argentina Ski Tours D4
7 Chamonix F2
8 Huentata F4
9 Inka Expediciones C3
10 Intercultural F6
11 Kahuak E5
   Limite Vertical .... (s. 25)
12 Mendoza City Tour D4
   Mendoza Wine Camp .... (s. 6)
13 Tours4Tips F5
14 Trout & Wine E4

Schlafen
15 B&B Plaza Italia D5
16 El Portal Suites D3
17 Hostel Alamo D3
18 Hostel Lagares G2
19 Hostel Lao G6
20 Hotel Argentino E4
21 Hotel Bohemia B4
22 Hotel San Martín E4
23 Punto Urbano Hostel E3

Essen
24 Anna Bistro C3
25 Azafrán D4
26 Bröd E3
27 Cocina Poblana C5
28 El Asadito B3
29 El Mercadito B5
30 El Palenque C5
31 El Patio de Jesús María A5
32 Fuente y Fonda D5
   Heladeria Famiglia Perin .... (s. 25)
33 La Lucia D4
34 La Marchigiana E3
35 Maria Antioneta D4
36 Mercado Central E3
37 Silla 14 .... E3
38 Tasca de la Plaza E5
39 Via Civit C4

Ausgehen & Nachtleben
40 Antares C5
41 Cachita's D4
42 Gran Ciervo Bar de Montaña C5
43 Hangar 52 .... C5
44 La Reserva F5
45 Uvas Lounge & Bar D4

Unterhaltung
46 Cine Universidad F1
47 Nave Cultural F1
48 Teatro Independencia D4
49 Teatro Quintanilla E4
50 Teatro Tajamar G2

Shoppen
51 Raices E4
52 SBS F4

---

und Stiefeln (280 Arg$). Die meisten Anbieter verleihen außerdem auch Handschuhe, Jacken und Schneeketten. Gute und fortgeschrittene Skiläufer finden bei **Argentina Ski Tours** (☏ 0261-423-6958; www.argentinaskitours.com; Av Belgrano 1194B; Skitouren 300 US$; ⓗ Mo–Fr 11–20.30, Sa ab 17.30) deutlich bessere Ausrüstung und sehr empfehlenswerte pauschale Touren in beide Skigebiete.

Rafting

Die wichtigsten Flüsse sind der Mendoza, der Diamante und der Atuel, bei San Rafael. Die meisten Agenturen bieten Halbtagestouren (ab 420 Arg$) oder mehrtägige Trips. Die Anfahrt wird extra berechnet. Die renommierte Agentur **Argentina Rafting** (☏ 0261-429-6325; www.argentinarafting.com; Amigorena 86; ⓗ Mo–Sa 9–18 Uhr) unterhält einen Stützpunkt in Potrerillos, die Touren können aber auch im Büro in Mendoza gebucht werden.

Kurse

Intercultural SPRACHKURSE
(☏ 0261-429-0269; www.intercultural.com.ar/en/spanish-school; República de Siria 241; ⓗ Mo–Sa 9–20 Uhr) Im Programm sind Gruppen- und Einzelunterricht sowie international anerkannte Prüfungen. Hilft auch bei der Suche nach einer Unterkunft in Mendoza.

Geführte Touren

 Mendoza City Tour BUSRUNDFAHRT
(www.mendozacitytour.com; Erw./Kind 195/137 Arg$; ⓗ 10–20 Uhr) Hop on Hop off Rundfahrten in Doppeldeckerbussen mit 20 Stopps innerhalb der Stadt, darunter einer am Parque General San Martín und einer in Godoy Cruz, dem Vorort im Süden. Der zentralste Haltepunkt und der Fahrkartenkiosk sind an der Plaza Independencia, gegenüber vom Hotel Park Hyatt Mendoza. Führer kommentieren auf Spanisch; über

Kopfhörer gibt es auch etwas komprimiertere Informationen auf Englisch und auf Portugiesisch.

Tours4Tips
SPAZIERGANG

(📞 0261-642-8382; www.vivimza.com/free-walking-tour-mendoza-argentina; Plaza Pelligrini; ⏰ Mo–Sa 11 & 15, So 11, Di & Fr 20 Uhr) Zweisprachige Guides führen auf Spaziergängen durch verschiedene Teile der Stadt; Treffpunkt ist der Pelligrini Square, einige Blocks östlich der Plaza España. Am Ende der Tour bezahlt jeder so viel, wie er sich leisten kann. Der Ruf der Touren ist gut, doch natürlich hängt es immer auch sehr vom jeweiligen Guide ab.

Huentata
GEFÜHRTE TOUREN

(📞 0261-420-3863; www.huentata.com.ar; Sarmiento 45, Local 15; ⏰ 9–20 Uhr) Großes Reisebüro, das Touren in der Stadt und in die Umgebung organisiert. So gibt es etwa Halbtagestouren durch die Stadt (180 Arg$) und Tagestouren zum Cañon del Atuel (570 Arg$), nach Villavicencio (280 Arg$) oder in die Berge bei Potrerillos, Vallecito und Uspallata (480 Arg$). Vorwiegend spanischsprachig.

Kahuak
GEFÜHRTE TOUREN

(📞 0261-423-8409; www.kahuak.com.ar; Rivadavia 234; ⏰ Mo–Fr 8–21, Sa bis 13 Uhr) Große Firma für Ganztagestouren zu den Weingütern von Maipú (1990 Arg$), nach Alta Montaña (860 Arg$), zum Aconcagua (1890 Arg$) und in den Cañón del Atuel (990 Arg$); Halbtagestouren nach Villavicencio (500 Arg$) und zu den Weingütern der Stadt (450 Arg$). Touren ins Valle de Uco werden auf Nachfrage, für mindestens zwei Personen organisiert.

Weintouren

Wer sich nur begrenzt für Wein interessiert, der ist vermutlich zufrieden damit, sich auf eigene Faust in Maipú umzusehen oder sich einer der Bodega-Touren anzuschließen, die diverse Reisebüros anbieten. Es gibt auch einige sehr renommierte Anbieter in Mendoza, die Deluxe-Weintouren organisieren. Sie sind nicht billig, lohnen sich aber aufgrund kleiner Gruppengrößen, kenntnisreicher und Englisch sprechender Führer und Zugangsmöglichkeit zu exklusiven Weinbergen. Die meisten haben auch Touren ins Valle de Uco, ein schönes, relativ neues Weinbaugebiet, 150 km südlich von Mendoza, im Programm, das sich kaum mit öffentlichen Verkehrsmitteln erkunden lässt.

Alle Anbieter stellen auch maßgeschneiderte Touren zusammen, einige mit Ausritten durch die Weinberge; dabei handelt es sich meist um Ganztagestouren inklusive Mittagessen (190 US$).

Mendoza Wine Camp
TOUREN

(📞 0261-423-6958; www.mendozawinecamp.com; Av Belgrano 1194B; pro Tag 150–185 US$; ⏰ Mo–Fr 11–20.30, Sa ab 17.30 Uhr) 🍃 Der amerikanische Expat Adam Stern leitet diese Firma, die Weintouren für kleine Gruppen in englischer oder portugiesischer Sprache anbietet; der Schwerpunkt liegt dabei auf Interaktion und Wissensvermittlung. Ein weiteres Angebot seiner Agentur ist ein eintägiger *asado*- (Barbecue) Kochkurs, der im Haus eines Küchenchefs in Luján de Cuyo stattfindet – die Teilnehmer lernen dabei auch, wie man eine Feuerstelle baut und wie man Mate trinkt.

Abendliche Weinproben (45–55 US$) werden auf Wunsch Dienstag- und Donnerstagabend in Räumen über dem Büro veranstaltet.

Trout & Wine
TOUREN

(📞 0261-425-5613; www.troutandwine.com; Espejo 266; ⏰ Mo–Fr 8–20, Sa 12–20 Uhr) Der Besitzer und Betreiber Charlie O'Malley lebt schon lange in Mendoza. Er ist eine reiche Quelle des Wissens über die Weingüter in der Region Mendoza und ihre Geschichte. Er organisiert maßgeschneiderte Ganztagestouren nach Luján de Cuyo (195 US$) und ins Valle de Uco (205 US$) für maximal acht Teilnehmer. Von November bis März sind auch Touren zum Fliegenfischen ins Valle de Uco im Programm, für 190 bis 400 US$, inklusive Ausrüstung und einem idyllischen Barbecue im Hochland am Mittag.

Ampora Wine Tours
TOUREN

(📞 0261-429-2931; www.mendozawinetours.com; Av Sarmiento 647; ⏰ Mo–Fr 9–21, Sa & So 17–21 Uhr) Ampora ist eine gut eingeführte Firma mit hohem Qualitätsanspruch, geführt von einem noch recht jungen Deutschen namens Kai, der seit rund einem Dutzend Jahre Weintouren in Mendoza veranstaltet. Die Gruppen umfassen höchstens acht Teilnehmer, die Führungen konzentrieren sich auf Weingüter der mittleren und gehobenen Klasse in Luján de Cuyo (175 US$) und im Valle de Uco (185 US$). Verkostungen (100 US$) von sechs hochwertigen Weinen finden dreimal pro Woche in dem Raum über dem Büro statt.

✨ Feste & Events

Fiesta Nacional de la Vendimia WEIN
(Nationales Weinlesefest; www.vendimia.mendoza.gov.ar; Teatro Griego Frank Romero Day; ⊙ Ende Febr.–Anfang März) Mendozas berühmtes Weinlesefest dauert rund eine Woche. Es lockt Zehntausende in das Amphitheater des Parque General San Martín zu Musik, Tanz und einer Parade von Schönheitsköniginnen. Höhepunkt ist die Krönung der Festkönigin am letzten Tag, der mit einem großen Feuerwerk beschlossen wird.

Classical Music in Wine Country MUSIK
(www.cultura.mendoza.gov.ar; ⊙ Anfang April) Klassische Musik und Wein scheinen zusammenzupassen wie Rotwein und alter Cheddar-Käse. Dieses Festival, inzwischen schon zum 17. Mal veranstaltet, bietet fast 50 Konzerte an verschiedenen Veranstaltungsstätten in der Stadt und der Umgebung, darunter dramatische Kulissen auf malerischen Weingütern. Der Kauf einer Eintrittskarte kann nerven – man muss am 3. April (10–15 & 16–19 Uhr) beim **Kulturministerium** (España und Gutierrez) anstehen.

🛏 Schlafen

Einige internationale Ketten haben hier elegante Häuser, darunter ein Sheraton in der Innenstadt und ein Park Hyatt im Kolonialstil. Hotels an oder im engeren Umkreis der Avenida Aristides Villanueva (meist sind es Hostels) sollten nur lärmunempfindliche Reisende in Betracht ziehen. Von Januar bis März steigen die Hotelpreise. Homesharing wird immer beliebter. Luján de Cuyo und Chacras de Coria sind weniger städtische Alternativen, aber doch nahe an der Stadt.

Hostel Alamo HOSTEL $
(☎ 0261-429-5565; www.hostelalamo.com.ar; Necochea 740; B 14 US$, DZ 40–50 US$; @ 🛜 ≋) Vertrauenswürdiges, günstig gelegenes Hostel in einer kolonialen Villa mit geräumigen Vier-Bett-Schlafsälen, tollen Gemeinschaftsbereichen und einem schönen Hof mit einem winzigen Pool.

Hostel Lao HOSTEL $
(☎ 0261-438-0454; www.laohostel.com.ar; Rioja 771; B 14 US$, Zi. mit/ohne Bad 45/34 US$; ❄ 🛜 ≋) Von Briten geführte Unterkunft, die mehr einem B&B als einem Hostel gleicht, mit einer Vielzahl unterschiedlicher Unterkünfte, einer großen Lounge und einem Garten (mit gelegentlichen *asados*) mit Hängematten und einem winzigen Pool.

Hostel Lagares HOSTEL $
(☎ 0261-423-4727; www.hostellagares.com.ar; Corrientes 213; B/DZ 12/45 US$; ❄ 🛜) Das makellos saubere Lagares mit seinen freundlichen, hilfsbereiten Besitzern ist eine gute Wahl für alle, die es nicht stört, ziemlich weit vom Nachtleben der Aristides Villanueva entfernt zu sein. Das Frühstück ist üppig; es gibt einige hübsche Gemeinschaftsbereiche, drinnen und draußen.

Punto Urbano Hostel HOSTEL $
(☎ 0261-429-5281; www.puntourbanohostel.com; Av Godoy Cruz 326; B 11 US$, DZ mit/ohne Bad 34/25 US$; @ 🛜) Direkt nördlich des Stadtzentrums wirkt dieses Hostel trotz seiner großen Ausmaße relativ intim. Die Schlafsäle sind einfach, doch die Doppelzimmer bieten ein gutes Preis-Leistungs-Verhältnis: geräumig, mit großem TV-Bildschirm und geschmackvoll ausgestattetem Bad. Der große Hof – gut, um zu rauchen, zu trinken, zu grillen und einfach abzuhängen – ist ein zusätzlicher Pluspunkt. Das Hostel bietet auch *asados*, Happy Hours und Tagestouren.

★ B&B Plaza Italia B&B $$
(☎ 0261-615-2357; www.plazaitalia.net; Montevideo 685; DZ 130 US$; ❄ 🛜) Dieses bequeme und anheimelnde B&B ist familiengeführt und trifft mit seiner Mischung aus Intimität und Professionalität genau den richtigen Ton. Jedes der fünf geräumigen Zimmer verfügt über kuscheliges Bettzeug; das Frühstück wird unten in einem eleganten Speisesaal serviert. Die Englisch sprechenden Besitzer, darunter Javier, der maßgeschneiderte Weintouren anbietet, sind freundlich und bieten jede Menge Informationen.

★ Hotel Bohemia BOUTIQUEHOTEL $$
(☎ 0261-420-0575; www.bohemiahotelboutique.com; Granaderos 954; DZ 75–125 US$; ❄ @ 🛜 ≋) Etwa acht Blocks westlich der Plaza Independencia liegt in einer ruhigen Wohnstraße diese umgebaute Villa, in der es einige stylishe und hübsche Gemeinschaftsräume und bequeme, aber nicht außergewöhnliche Zimmer gibt. Auf Wunsch werden Mahlzeiten zubereitet und im kleinen Patio neben dem Pool serviert.

El Portal Suites BOUTIQUEHOTEL $$
(☎ 0261-438-2038; www.elportalsuites.com.ar; Necochea 661; DZ ab 85 US$; @ 🛜) Günstig nur einen oder zwei Blocks von Straßen mit vielen Restaurans gelegen, bietet El Portal helle geräumige Zimmer mit Laminatböden, davon einige mit Balkon.

Hotel Argentino   HOTEL $$

(☎ 0261-405-6300; www.argentino-hotel.com; Espejo 455; EZ/DZ ab 72/93 US$; ❄@🛜🏊) An der Plaza Independencia gelegen bietet dieses Business-Hotel mit Möbeln à la Ikea einen aufmerksamen Service und ein gutes Frühstück. Die Zimmer unterscheiden sich in der Größe: Einige sind ziemlich klein mit wenig Tageslicht, deshalb am besten nach einem „executive"-Zimmer oder einem mit Balkon zur Plaza fragen. Ein kleiner Pool lockt in einem Innenhof.

Hotel San Martín   HOTEL $$

(☎ 0261-438-0677; www.hotelsanmartinmendoza.com; Espejo 435; EZ/DZ 7/84 US$; ❄@🛜) Dieses dreistöckige Hotel an der Plaza bietet ein gutes Preis-Leistungs-Verhältnis. Es gibt geschmackvolle Fliesendekorationen, die Zimmer sind geräumig und bequem, mit modernen Bädern und großen Fenstern ausgestattet.

✖ Essen

Einige der besten Restaurants in Mendoza, häufig mit Tischen im Freien und lebhaftem jungem Publikum, befinden sich an der Avenida Arístides Villanueva, der westlichen Verlängerung der Avenida Colón. Westlich der Plaza Independencia reihen sich an der Avenida Sarmiento die traditionellen und recht touristischen *parrillas* (Steakhäuser) aneinander, doch östlich der Plaza, in der Fußgängerzone (*peatonal*), sind viele Cafés mit Tischen im Freien zu finden. An der Avenida Belgrano zwischen den Straßen Gutierrez und Zapata liegen ebenfalls zahlreiche gute Restaurants.

★ Brödmit Ei   CAFE $

(☎ 0261-425-2993; Chile 894; Sandwiches 100–155 Arg$; ⊙Mo-Sa 8–21, So 9–16 Uhr; 🛜) Es gibt keinen besseren Platz in der Stadt als den weiß gekalkten Patio von Bröd, um an einem Sonnentag ein paar Stunden zu verbringen. Das Gebäck, die Sandwiches und die Gerichte mit Ei sind hervorragend zubereitet und köstlich – kein Wunder, es wird vom ehemaligen Küchenchef eines eleganten Weinlokals geführt. Es gibt sogar ein *pétanque*-Feld für alle, die sich nach dem Essen ein wenig Bewegung verschaffen wollen.

Heladeria Famiglia Perin   EIS $

(Sarmiento 799; Eis 35 Arg$; ⊙10–2 Uhr; 🛜) Traditionelle Eisdiele, in der seit 1947 erstklassiges *gelato* serviert wird. Vielerlei Geschmacksrichtungen und guter Espresso.

Via Civit   CAFE $

(Civit 277; Hauptgerichte 120–290 Arg$; ⊙7–22 Uhr; 🛜) Ein Café der alten Schule in einer eleganten Gegend, das bei den Einheimischen beliebt ist und praktisch für einen Zwischenstopp am Weg zum oder vom Parque General San Martín liegt. Kaffee und Kuchen sind verlockend, aber es gibt auch eine kleine Brunch-Auswahl, Sandwiches, Salate und einige einfach gute Pasta- und Fleischgerichte. Den Eingang zieren römische Säulen und eine übedimensionierte Uhr.

★ Fuente y Fonda   ARGENTINISCH $$

(☎ 0261-429-8833; Montevideo 675; Hauptgerichte 450–588 Arg$; ⊙12–15 & 20–24 Uhr) Die Hauptgerichte reichen für zwei abgearbeitete Gauchos und für drei mit einem gesunden Appetit, vor allem die Fleischgerichte. Zu den meisten gibt es Brot, Salat, eine Beilage und ein Dessert; alles in bäuerlichem Geschirr serviert. Am großen hölzernen Familientisch nehmen oft große Gruppen Platz. Reservierung wird empfohlen.

★ Silla 14   CAFE $$

(www.silla14cafe.com.ar; San Lorenzo 656; Hauptgerichte 195–250 Arg$; ⊙Mo-Fr 8–21, Sa ab 9 Uhr; 🛜) Der teuerste und beste Kaffee der Stadt wird in diesem raffiniert-eleganten Café serviert. Silla 14 wirkt wie der Salon einer eleganten Wohnung in der Kolonialzeit mit zeitgenössischen Anklängen; zu Letzteren zählen auch die Kellner mit Hosenträgern im Stil von Brooklyn. Auf der Speisekarte finden sich Gourmet-Sandwiches und Salate, gesunde Säfte und Gebäck.

El Patio de Jesús María   PARRILLA $$

(☎ 0261-429-6767; Ecke Villanueva & Boulogne Sur Mer; Hauptgerichte 170–320 Arg$; ⊙12–15.30 & 20–0.30 Uhr) Berge von bestem Fleisch, das auf brennenden Holzpellets gegart wurde. Das macht dieses einfach Restaurant zu einer der beliebtesten *parrillas* in Mendoza. *Chivito* (Ziege), *bife de chorizo* (Steak) und *costillitas de ternera* (Kalbsrippchen) sind die Spezialitäten.

El Palenque   ARGENTINISCH $$

(☎ 0261-429-1814; Av Arístides Villanueva 287; Hauptgerichte 150–250 Arg$; ⊙12–2 Uhr; 🛜) Dieses großartige, sehr beliebte Restaurant im Stil einer altmodischen *pulpería* (Taverne) lohnt einen Besuch. Der Hauswein wird in den traditionellen *pinguinos* (weißen Keramikkrügen in Pinguingestalt) serviert. Das Essen, vor allen die interessanten Pastagerichte, die Pizzas und die Vorspeisen sind

NICHT VERSÄUMEN

WEINGÜTER BEI MENDOZA

Dank eines komplexen und sehr alten Systems von Aquädukten, die von Flüssen gespeist werden, dienen Flächen, die einst Wüste waren, jetzt zu 70 Prozent der Weinproduktion des Landes. Die Provinz Mendoza ist Weinland und viele Weingüter nahe der Hauptstadt veranstalten Führungen und Verkostungen. Zahllose Reisebüros bieten Tagestouren an, bei denen zwei oder mehr Weingüter in einem genau geplanten Tag besucht werden. Aber es ist auch ganz einfach, auf eigene Faust loszuziehen. Es ist auch möglich ein *remise* (Taxi) zu nehmen. Einige Führungen und Verkostungen sind gratis, obwohl die Besucher manchmal am Ende sehr gedrängt werden, etwas zu kaufen. Und die wirklich guten Weine werden nur verkostet, wenn dafür bezahlt wird. Malbec ist natürlich definitiv *der* argentinische Wein.

Wer sich einen ganzen Tag Zeit nimmt, kann leicht einen Bus besteigen und verschiedene der verlockendsten Weingüter in der Gegend um Mendoza besuchen, von denen einige direkt um das benachbarte **Maipú** (S. 372) herum liegen, nur 16 km entfernt. Wer sehen möchte, was die Top-Weingüter machen, sollte einen Wagen mieten oder sich einer Tour ins **Valle de Uco** (S. 381) anschließen. Auch die Gegend um **Luján de Cuyo**, 19 km südlich von Mendoza, ist die Heimat vieler bedeutender Weingüter.

Es gibt verschiedene Möglichkeiten, um nach Maipú zu kommen. Darunter Busse, die an La Rioja, zwischen Garibaldi und Catamarca im Zentrum von Mendoza abfahren; Busse zu den Weingütern von Luján de Cuyo starten am Busbahnhof (S. 371) von Mendoza.

In Mendozas Touristeninformation (S. 371) an der Garibaldi bei der Avenida San Martín gibt es eine einfache, aber nützliche Karte der Region und ihrer Weingüter. Lohnend ist auch das Set aus drei Karten: *Wine Map: Wine and Tasting Tours*.

Bodega Toneles (0261-431-0403; www.bodegalostoneles.com; Acceso Este Lateral Norte 1360; Verkostungen 150–470 Arg$; 9–18 Uhr) Toneles, das dem Zentrum von Mendoza nächstgelegene Weingut, wurde sorgfältig restauriert. Die traditionelle Architektur der 1920er-Jahre erstrahlt in neuem Glanz und wurde unter Denkmalschutz gestellt. Die Weinproduktion ist dagegen auf dem allerneuesten Stand. **Abrasado** (Di–Sa mittags & abends), das elegante, romantische Restaurant des Weinguts, bietet Zwei- bis Sechs-Gänge-Menüs (400–1100 Arg$).

---

wirklich herausragend. Die Tische draußen sind immer besetzt und die Gäste haben jede Menge Spaß.

El Mercadito — ARGENTINISCH $$
(0261-463-8847; www.elmercaditoar.com; Av Aristedes Villanueva 521; Hauptgerichte 145–220 Arg$; 11–1 Uhr) Es ist kein Wunder, dass El Mercadito mit seinem ländlichen Charme, seinem üppig begrünten Patio und seiner abwechslungsreichen Küche oft voller junger Einheimischer ist. Die Speisekarte bringt reichlich Abwechslung, von Thai-Pasta über vegetarische Lasagne bis hin zu Hummersalat.

Tasca de la Plaza — SPANISCH $$
(0261-423-1403; Montevideo 117; Hauptgerichte 170–270 Arg$; Mo–Sa 11–15 & 20–0.30 Uhr) Mit köstlichen mediterranen und spanischen Tapas (meist Meeresfrüchte und Fisch), guten Weinen, einer angenehmen Atmosphäre, rustikalem Dekor und freundlicher Bedienung ist La Tasca eine gute Wahl für die Gäste, die zur Abwechslung nach einer Alternative zu all den fleischlastigen Speisekarten suchen.

Cocina Poblana — NAHÖSTLICH $$
(Av Arístides Villanueva 217; Hauptgerichte 170–230 Arg$; Mo–Sa 12–15 & 19–1 Uhr) Das sehr leckere, preiswerte nahöstliche Essen (Hummus, Falafel, Dolmas) ist eine willkommene Abwechslung zu all den Steaks. Star ist ohne Zweifel das Schisch Kebab mit Taboulé.

El Asadito — PARRILLA $$
(0261-205-8580; Ecke Av Juan B Justo & Granaderos; Hauptgerichte 110–230 Arg$; 12–15.30 & 21 bis spät) Verdienterweise beliebtes Lokal im cantina-Stil, das saftiges Barbecue und Fleisch-Sandwiches serviert. Auch vegetarische Alternativen.

★ Azafrán — FUSION $$$
(0261-429-4200; Av Sarmiento 765; Hauptgerichte 210–450 Arg$; Mo–Sa 12–15 & 19–24 Uhr) Das Azafrán im Stil klassischer Gourmet-

lokale von Mendoza präsentiert ein rustikal-schickes Ambiente. Serviert werden innovative Variationen von traditionellen argentinischen Fleischgerichten, riesige Steaks und guter Fisch. Im Weinkeller ruhen 500 Sorten, aus denen der Sommelier den passenden Wein zu jedem Essen auswählt.

★ Anna Bistro — FUSION $$$
(www.annabistro.com; Av Juan B Justo 161; Hauptgerichte 195–368 Arg$; ⊗ 8–1 Uhr; 🛜) Cool, im Stil einer Lounge mit einem herrlichen Gartenbereich, entspannter Atmosphäre und sorgfältig zubereiteten Gerichten, sollten Besucher sich hier Lamm mit Ratatouille in Malbec-Soße oder Fischfilet mit Gemüsesoufflé nicht entgehen lassen.

★ Maria Antioneta — INTERNATIONAL $$$
(📞 0261-420-4322; www.mariaantonietaresto.com.ar; Av Belgrano 1069; Hauptgerichte 250 Arg$; ⊗ Mo–Fr 8–24, Sa ab 9, So 10–16 Uhr; 🛜) Die wunderbare, frische Geschmacksmischung der Speisekarte spiegelt sich im Design des Speisesaals wider – eine hübsche Mischung aus Retro und Moderne. Alles schmeckt gut, ist schön angerichtet und lecker – und von einer ausgezeichneten Auswahl an Weinen und Desserts begleitet.

La Marchigiana — ITALIENISCH $$$
(📞 0261-423-0751; www.marchigiana.com.ar; Patricias Mendocinas 1550; Hauptgerichte 207–260 Arg$; ⊗ 12–15 & 19–1 Uhr) Eines der häufiger empfohlenen italienischen Restaurants der Stadt mit einem großen hellen Speisesaal, den meist *mendocinos* besetzen, um traditionell zubereitete italienische Speisen zu genießen. Ein paar argentinische Gerichte finden sich auch auf der Speisekarte.

La Lucia — ARGENTINISCH $$$
(📞 0261-425-0552; www.laluciagrillbar.com; Av Sarmiento 658; Hauptgerichte 200–400 Arg$; ⊗ 12–1 Uhr) Formell gekleidete Kellner und ein schwarz-weiß gefliester Fußboden geben diesem Top-Steakhaus eine klassische, etwas altmodische Atmosphäre. Einen lebhafteren Vibe spürt man an den Tischen auf dem Bürgersteig im Freien. Wer kein Grillfleisch mehr sehen kann, findet auch das ein oder andere Pastagericht.

🍷 Ausgehen & Nachtleben

Für einen abwechslungsreichen Abend in der Stadt spaziert man am besten die Avenida Arístides Villanueva hinunter, wo sich Bar an Bar reiht. Im Sommer stehen auf den Bürgersteigen reihenweise Tische und die Menschen genießen den Abend. Auf der anderen Seite der Stadt findet sich die Alameda, die weniger vornehm ist, dafür gibt es vielleicht irgendwo Livemusik. Wein findet man überall in Mendoza (selbst an den Tankstellen).

★ Antares — BAR
(Av Arístides Villanueva 153; ⊗ 18 Uhr bis spät) Diese angesagte Bar ist fast immer voll und bietet so ziemlich die größte Auswahl an Bier in der Stadt.

Gran Ciervo Bar de Montaña — BAR
(Av Arístides Villanueva 198; ⊗ 18 Uhr bis spät) Großes zweistöckiges Lokal, in dem Industriedesign auf Bergromantik trifft und in dem gutes Bier, Cocktails und eine innovative Auswahl regionaler Spezialitäten serviert werden.

Cachita's — BAR
(📞 0261-423-1702; Av Sarmiento 784; ⊗ Di–So 19–3 Uhr) Im Cachita's gibt's die besten Cocktails der Stadt.

Hangar 52 — BAR
(📞 0261-694-6867; Av Arístides Villanueva 168; ⊗ Mo–Do & So 18–2, Fr & Sa bis 4 Uhr) Argentinische Biere vom Fass sowie einige hauseigene Biere, insgesamt eine Auswahl von 50 Sorten, gibt es in diesem beliebten Lokal, in dem man sich ein bisschen fühlt wie in einem Biergarten. Das Bonsystem – erst an der Kasse zahlen, dann bei den Barkeepern bestellen, beschleunigt das Ganze nicht unbedingt. Später am Abend kommen dann DJs zum Zug.

Uvas Lounge & Bar — WEINBAR
(Chile 1124; ⊗ 11–24 Uhr) Schicke, intime Weinbar, mit Käseplatten und Tapas, die den Wein begleiten, im schönsten Hotel von Mendoza, dem Park Hyatt.

La Reserva — SCHWUL
(Rivadavia 34; ⊗ Di–Sa ab 21 Uhr) In dieser kleinen Bar (offiziell eine Schwulenbar) trifft sich eine gemischte Gesellschaft. Immer um Mitternacht gibt es eine Dragshow, später Technomusik. An manchen Abenden muss eine Gebühr bezahlt werden.

☆ Unterhaltung

Mendoza ist leider nicht die Stadt des Tango. Doch es lohnt sich, bei der Touristeninformation oder in den Museen nach einem Exemplar von *La Guía* zu fragen, dem monatlichen Veranstaltungsprogramm. *Los*

Mendozas Weine

Seit die Jesuiten vor mehr als 500 Jahren die ersten Reben in Nordargentinien pflanzten, hat sich Argentiniens Wein stetig weiterentwickelt, und das Land gilt heute als einer der führenden Weinproduzenten der Welt. Weinkenner sollten also unbedingt Mendoza in ihre Routenplanung aufnehmen.

Bescheidene Anfänge

Qualitätsverbesserungen beim argentinischen Wein stellten sich erst im 19. Jh. ein, als europäische Einwanderer ins Land kamen. Sie brachten aus ihren Heimatländern Rebsorten mit, die die „Criolla"-Reben der Jesuiten durch „edlere" Gewächse wie Merlot oder Cabernet Sauvignon ersetzten. Obwohl die neuen Traubensorten die Qualität des Weines ein wenig verbesserten, blieben die argentinischen Weine nach wie vor eher ein Produkt für den heimischen Markt.

Dann hatten argentinische Weine aus dem Nichts heraus ihren großen Auftritt auf dem Weltmarkt, und ein Merlot aus Mendoza verfügt heute über genauso viele Qualitätsmerkmale wie ein chilenischer Rotwein derselben Preisklasse.

WEIN KAUFEN IN MENDOZA

Auf der Suche nach etwas *wirklich* Gutem? Hier folgen die Top-Malbecs aus der argentinischen Weinprämierung von 2017:

➨ Fabre Montmayou Reserva Malbec, 2016 – Bodegas Fabre S.A

➨ Santa Julia Reserva Malbec, 2016 – Bodega Santa Julia

➨ Rutini Apartado Gran Malbec, 2014 – La Rural Viñedos y Bodegas SA Ltda

➨ Colomé Malbec, 2015 – Bodega Colomé

Terroir & Technik

Die Winzer haben ihr Marketing heute definitiv verbessert, aber am Ende kommt es vor allem auf die Qualität an. Argentiniens Weinsorten sind gut und werden immer besser. Eine Schlüsselrolle beim erfolgreichen Anbau spielt das Bewässern. Ein heftiger Regen direkt vor der Ernte kann die Lese verderben, was die Winzer in der wüstenhaften Gegend von Mendoza kaum befürchten müssen. Fast jeder Tropfen Wasser ist künstlich herbeigeschafft und so frisch wie das Schmelzwasser aus den Anden. Weinberge in der Wüste haben noch einen weiteren Vorteil – den riesigen Temperaturunterschied zwischen Tag und Nacht. Die Wärme des Tages regt die Zuckerproduktion an und verhilft den Trauben zu einer dicken Haut. Die Kühle der Nacht sichert den Säureanteil, und die niedrige Luftfeuchtigkeit hemmt Käfer- und Pilzbefall.

Insgesamt bessert sich die Qualität deutlich. Dazu zählen bessere Hygienestandards und das Ersetzen der alten „Criollo"-Reben durch „edlere" Sorten wie Malbec, Cabernet Sauvignon, Merlot und Syrah. Aber auch die inzwischen gängige Methode, Weine in kleineren Eichenfässern mit einer Lebensdauer von wenigen Jahren statt in großen Fässern (die bis zu 70 Jahre lang verwendet wurden) reifen zu lassen, hat positive

1. Weingut, Luján de Cuyo (S. 364)
2. Weinlokal in Luján de Cuyo (S. 364)

Wirkung gezeigt. Und man kann über argentinische Weine nicht sprechen, ohne das Preis-Leistungs-Verhältnis zu erwähnen. Der wirtschaftliche Zusammenbruch des Landes 2001 war für Exporteure ein Segen, weil die Preise in den Keller gingen und argentinische Weine über Nacht konkurrenzfähig wurden. Land ist hier billig und Arbeitskraft so günstig, dass fast jede Traube von Hand gelesen wird. Das trifft in anderen Ländern nur auf die Spitzenweine zu.

Ausflüge zu den Weingütern

So wie die Weinindustrie in Mendoza wächst, so tut es auch das damit verwandte Gewerbe, nämlich der Weintourismus. Heutzutage geht es nicht darum, ob man eine Weinprobentour machen kann, sondern darum, welche die beste im breiten Angebot ist.

Hier gibt es Möglichkeiten für jeden Geldbeutel. Wer auf seine Pesos achten muss, kann mit dem Rad durch die **Weingegend Maipú** (S. 372) radeln. Die Weingüter liegen dicht beisammen und die Führungen sind erschwinglich, sodass man mehrere am Tag besichtigen und gute Weine probieren kann. Doch da diese Art der Tagesplanung sehr beliebt ist, werden die Besucher oft wie Viehherden durch die Weingüter getrieben, damit schnell wieder Platz für die nächste Gruppe ist. Wer nicht mit dem Rad unterwegs ist und auch keine große Tour durch die Weinregionen unternehmen will, kann sich auf die Satellitenstadt **Luján de Cuyo** (S. 364), 19 km südlich von Mendoza, beschränken. Mit einem Minimum an Vorausplanung kann man per Bus oder Taxi durch die Gegend fahren und drei oder vier Weingüter ansteuern und abends wieder zurück in Mendoza sein.

Wer sich etwas mehr leisten kann und sich genauer über die Anbaumethoden informieren und das auch noch in einer entspannten Atmosphäre tun möchte, sollte sich einer **Tour** anschließen (S. 361). Hier gibt es keine Menschenmassen, und manchmal trifft man sogar den Winzer persönlich. Einen

1. Weintour per Fahrrad 2. Reife Trauben

zusätzlichen Reiz bei diesen Touren bildet das Feinschmeckermenü zur Mittagszeit, und auch die Weinproben im Rahmen solcher Führungen sind häufig ungewöhnlich lohnend. Viele Veranstalter organisieren auch Führungen für Weinkenner, die daran interessiert sind, genau dieses oder jenes Weingut oder ein bestimmtes Weinanbaugebiet zu besuchen oder ganz spezielle Weine zu verkosten. Wer genügend Zeit und Geld mitbringt, sollte die Region auf eigene Faust erkunden. Man mietet sich ein Auto in Mendoza, kauft an einem Kiosk eine Übersichtskarte über die Weingüter der Region und macht sich auf den Weg. Einige der vorzüglichsten Weine gibt es im **Valle de Uco** (S. 381). Es liegt ungefähr 150 km südlich der Stadt, aber viele der Güter bieten auch Übernachtungsmöglichkeiten und sogar spezielle Wine Lodges an, von denen aus man nach Herzenslust umherwandern kann. Aber Vorsicht, in Argentinien ist das Fahren unter Alkoholeinfluss strengstens untersagt. Deshalb sollte man sich nach einem harten Tag mit

WEIN NACH HAUSE MITNEHMEN

Alkoholische Getränke, die man mit nach Hause nimmt, sind natürlich ein Thema für den Zoll. Abgabefrei können in Deutschland bis zu vier Liter nicht schäumender Wein eingeführt werden; die Flaschen müssen aber zum Reisegepäck gehören und zum persönlichen Gebrauch bestimmt sein. Über Einzelheiten informieren die jeweiligen Zollbehörden (in Deutschland unter www.zoll.de). Wer Weinflaschen transportieren möchte, sollte sie im Fachhandel kaufen und die Flaschen bruchsicher verpacken lassen. Viele Fluggesellschaften gestatten übrigens – wenn überhaupt – nur eine begrenzte Anzahl von Flaschen im Handgepäck.

Weinproben grundsätzlich niemals ans Steuer setzen, sondern lieber die Übernachtungsmöglichkeiten der Weingüter nutzen.

> **LUJÁN PLAYA**
>
> Mendoza hat alles, nur nicht das Meer. Doch seit 2016 besitzt es einen **Strand** (RP 82). Der künstlich angelegte Strand am Río Mendoza 20 km westlich von Chacras de Coria bietet Blick auf die Anden. Es ist alles vorhanden, was für das Strand-Feeling nötig ist: darunter Dutzende gelber Sonnenschirme (kostenlos) und Rettungsschwimmer. Im Sommer ist es an Wochenenden und Feiertagen extrem voll.

Andes, die Tageszeitung, verfügt auch über einen guten Unterhaltungsteil. Von Livemusik bis zu Stand-up-Comedy gibt es alles im **Centro Cultural Tajamar** (0261-425-6165; www.facebook.com/nuevotajamar; San Martín 1921; ab 20 Uhr). Das wichtigste Theater der Stadt ist das **Teatro Independencia** (0261-438-0644; www.cultura.mendoza.gob.ar/teatroindependencia; Chile 1754; Kartenschalter Di–Sa 18–21 Uhr); an zweiter Stelle folgt das **Teatro Quintanilla** (0261-423-2310; Plaza Independencia); auch im **Nave Cultural** (0261-449-5288; navecultural@ciudaddemendoza.gob.ar; Ecke España & Maza, Parque Central), nördlich des Zentrums, gibt es gelegentlich Vorstellungen.

★ **Cine Universidad** KINO
(0261-429-7279; www.cine.uncuyo.edu.ar; Maza 240; Karten 100 Arg$) Arthouse- und Dokumentarfilme, vor allem aus Argentinien und aus ganz Südamerika, dazu gelegentlich einen Hollywood-Klassiker zeigt dieses Kino auf dem Campus der Universidad Nacional de Cuyo.

Shoppen

In der Avenida Las Heras können Shopping-Enthusiasten direkt in Kaufrausch verfallen: Hier lassen sich Souvenirs, Leder, Schokolade und jede Menge preiswerter argentinischer Schmuck erstehen. Außerdem gibt es hier alle möglichen Erzeugnisse aus dem gefleckten braunen Wildleder des *carpincho* (Wasserschweins).

Weinhandlungen verfügen über eine gute Weinauswahl, Personal, das wenigstens etwas Englisch spricht und können die Flaschen transportsicher verpacken. Ein weiteres gutes Mitbringsel ist das Olivenöl aus der Region.

Raices KUNSTHANDWERK
(Av Sarmiento 162; Mo–Fr 8–19, Sa bis 13 Uhr) Webarbeiten, Schmuck und mehr von hoher Qualität.

SBS BÜCHER
(Gutiérrez 54; Mo–Fr 9–13 & 16.30–20.30, Sa 9–13 Uhr) Eine große Auswahl an Romanen auf Englisch, Lonely-Planet-Reiseführern, Karten und Literatur zum Thema Wein. Auch Lehrbücher für Spanisch-Studenten.

ⓘ Praktische Informationen

EINWANDERUNG

Dirección Nacional de Migraciones (Einwanderungsstelle; 0261-424-3510; Av San Martín 211; Mo–Fr 9–16 Uhr) Südlich des Stadtzentrums.

GEFAHREN & ÄRGERNISSE

Mendoza ist seit Langem eines der ziemlich sicheren Ziele in Argentinien, doch wie in jeder Großstadt gibt es Verbrechen. Man sollte vorsichtig sein. Achtung vor Taschendieben!

In den Bereichen um den Busbahnhof und am Cerro de la Gloria (im Parque General San Martín) herrscht verstärkte Polizeipräsenz, dennoch ist es dort nachts gefährlich. Erhöhte Vorsicht sollte am frühen Nachmittag walten, da auch die Polizei sich, wie alle anderen, eine Siesta gönnt. Es gab Berichte, dass in Hostels Spinde geknackt wurden – Wertsachen sollten also an der Rezeption oder noch besser im Safe des Hostels bleiben.

MEDIEN

La Guía Wer sich in Mendozas hektischer Kulturszene zurechtfinden will, sollte unbedingt diese kostenlose monatliche Programmübersicht haben. In jeder Touristeninformation liegt sie aus.

Wine Republic (www.wine-republic.com) Dieses ausgezeichnete Magazin in englischer Sprache wird vorwiegend von Charlie O'Malley von Trout & Wine geschrieben und herausgegeben; gelegentlich erscheint ein Beitrag eines Gastkolumnisten. Hauptthema ist der Wein, doch es gibt auch interessante Restaurantkritiken, Klatsch und Tratsch aus Mendoza und einige unterhaltsame Artikel. Die Zeitschrift gibt es in Hotels, Cafes, bei Mendoza City Tour (S. 360) oder bei Trout & Wine (S. 361).

MEDIZINISCHE VERSORGUNG

Hospital Central (0261-449-0570; Ecke José F Moreno & Alem; 24 Std.) Das große, zentral gelegene Klinikzentrum der Stadt.

NOTFÄLLE

Ambulanz 0261-428-0000

TOURISTENINFORMATION

ACA (Automóvil Club Argentina; ☎ 0261-420-2900; www.aca.org.ar; Ecke Av San Martín & Amigorena; ⊙ 24 Std.) Argentiniens Automobilclub; gute Quelle für Straßenkarten der Provinz.

Ministerio de Turismo (☎ 0261-420-2800; www.turismo.mendoza.gob.ar; Av San Martín 1143; ⊙ 9–21 Uhr) Lange Theke mit hilfsbereitem Personal, Karten und Informationen zur Region, in einem großartigen Gebäude.

Tourist Kiosk (☎ 0261-420-1333; Garibaldi; ⊙ 8–18 Uhr) Dieser hilfreiche Kiosk an der Av San Martín ist eine günstige Informationsquelle; ein weiterer Kiosk ist am **Busbahnhof** (☎ 0261-431-5000; ⊙ 8–20 Uhr).

❶ An- & Weiterreise

BUS

Mendoza ist ein Knotenpunkt der öffentlichen Verkehrsmittel, sodass es von hier aus Verbindungen zu nahezu jedem Punkt des Landes gibt. An Mendozas **Busbahnhof** (☎ 0261-431-3001; Ecke Av de Acceso Este & Costanera) gibt es Inlands- und internationale Verbindungen. Fahrkarten können ohne Aufpreis auch in der Innenstadt am **Terminal del Centro** (9 de Julio 1042; ⊙ 9–13 & 17–21 Uhr) gebucht werden.

Inland

Busse mehrerer Gesellschaften verkehren täglich nach Uspallata (106 Arg$, 2 Std.) und Los Penitentes (128 Arg$, 3¾ Std.).

Busse ab Mendoza

REISEZIEL	FAHRPREIS (ARG$)	FAHRZEIT (STD.)
Bariloche	1650	19
Buenos Aires	1395	14–17
Catamarca	964	11
Córdoba	985	11–12
Jujuy	1242	20
Malargüe	276	6¼
Mar del Plata	1312	20
Neuquén	1100	10½–12¾
Resistencia	2100	25
Rosario	1220	11
Salta	1400	18
San Juan	185	2¼
San Luis	380	3¾
San Rafael	138	3
Tucumán	1240	14

Während der Skisaison schicken verschiedene Gesellschaften Busse direkt nach Las Leñas (etwa 420 Arg$, 7 Std.).

Empresa Vallecito bietet einen morgendlichen Bus zum Difunta-Correa-Schrein (320 Arg$ hin und zurück, Abfahrt Mo–Fr 8 Uhr) in der Provinz San Juan; die Fahrt dauert in jede Richtung drei Stunden und der Bus wartet drei Stunden bis zur Rückfahrt.

Busse nach Maipú fahren an der Haltestelle an La Rioja zwischen Garibaldi und Catamarca ab.

Täglich starten Busse von Mendozas Busbahnhof zu den meisten Zielen in der unten stehenden Tabelle sowie manchmal zehn bis 20 pro Tag zu den großen Städten. Die Preise beziehen sich auf die Zwischensaison.

International

Die Busse zahlreicher Gesellschaften überqueren jeden Tag auf der RN 7 die Anden – Paso Internacional Los Libertadores (S. 376) – nach Santiago, Chile (700 Arg$, 7 Std.), Viña del Mar (700 Arg$, 8 Std.) und Valparaíso (700 Arg$, 8 Std.). Der Pass wird mitunter wegen widriger Wetterverhältnisse geschlossen; Reisende müssen sich auf Wartezeiten (manchmal Tage) einstellen, wenn das Wetter extrem wird.

Mehrere Gesellschaften bieten Verbindungen nach Lima, Peru (3200 Arg$, 57 Std.), über Santiago, Chile.

Internationale Busse starten am zentralen Busbahnhof. Die Büros der Gesellschaften, darunter die empfehlenswerten **Andesmar** (☎ 0810-122-1122; www.andesmar.com) und **Cata** (☎ 0800-122-2282; www.catainternacional.com), befinden sich am Ostende des Busbahnhofs.

FLUGZEUG

Der **Francisco Gabrielli International Airport** (El Plumerillo; ☎ 0261-520-6000; www.aa2000.com.ar; Acceso Norte s/n; ☎) liegt 6 km nördlich der Innenstadt an der RN 40. Vor Kurzem renoviert, bietet er einen praktischen und angenehmen Zugang zur Stadt. Flüge, vor allem aus Santiago, ermöglichen einen spektakulären Blick auf die Berge. Es gibt einen Geldautomaten, aber keine Wechselstube, der Souvenirladen verkauft – wie könnte es anders sein – Wein.

Aerolíneas Argentinas (☎ 0261-420-4185; www.aerolineas.com.ar; Av Sarmiento 82; ⊙ Mo–Fr 10–18, Sa bis 13 Uhr) Fliegt mehrmals täglich nach Buenos Aires.

Andes Líneas Aéreas (www.andesonline.com) Regionale Fluglinie mit Flügen zwischen Mendoza und Buenos Aires.

Gol (www.voegol.com.br/en) Brasilianische Fluglinie mit Flügen nach Buenos Aires und von dort weiter zu verschiedenen Zielen in Brasilien.

LATAM (0261-425-7900; www.latam.com; Rivadavia 256; ⊘ Mo–Fr 10–19 Uhr) Fliegt zweimal täglich nach Santiago (Chile) und mehrmals wöchentlich nach Lima (Peru).

Sky (www.skyairline.cl) Chilenische Billigfluglinie, die seit 2017 zwischen Santiago und Mendoza verkehrt.

❶ Unterwegs vor Ort

Mendoza ist eine Fußgängerstadt; es macht Spaß durch die breiten Straßen zu bummeln.

ZUM/VOM FLUGHAFEN

Bus 68 („Aeropuerto") ab **Calle Salta** (Salta, zwischen Garibaldi & Catamarca) fährt direkt zum Flughafenterminal.Taxis kosten 175 Arg$; die Fahrer akzeptieren auch US-Dollars.

Mendozas Busbahnhof liegt nur einen Katzensprung von der Innenstadt entfernt. Zu Fuß sind es lediglich 15 Minuten ins Zentrum, am besten durch die Videla-Unterführung. Die Alternative ist der „Villa-Nueva"-Trolley (ist aber tatsächlich ein Bus), der vom Busterminal direkt in die Innenstadt fährt.

AUTO

Folgende Mietwagenfirmen sind am Flughafen und im Stadtzentrum:

Avis (0261-447-0150; www.avis.com.ar; Primitivo de la Reta 914; ⊘ Mo–Fr 8.30–20.30, Sa & So 8.30–13 & 17.30–20 Uhr)

Localiza (0261-448 5777; www.localiza.com/argentina/es-ar)

National/Alamo (www.alamoargentina.com.ar)

Hertz (www.hertz.com; Espejo 391) ist auch am Flughafen, bietet aber erstaunlich gute Preise im günstig gelegenen Stadtbüro an der Plaza Independencia.

Wer mit einem klassischen Citroën durch das Weinbaugebiet fahren möchte, wendet sich an **Slowkar** (www.slowkar.com).

Neulinge seien gewarnt: Das Fahren in der Stadt kann eine Herausforderung darstellen. Es gibt jede Menge Einbahnstraßen, d. h. man muss oft mehrmals rechts abbiegen, wenn man eigentlich einmal links abbiegen möchte. Selbst bei Tag müssen die Scheinwerfer eingeschaltet sein. Für manche Parkplätze muss man ein Ticket kaufen (gibt es in kleinen Lebensmittelläden), das dann an die Windschutzscheibe geklemmt wird.

BUS

Die städtischen Busse kosten pro Fahrt 5 Arg$, mehr für längere Strecken. Man braucht eine Redbus-Karte, die an den meisten Kiosken für Ziele mit 5 Arg$ und 10 Arg$ (die Karte selbst kostet 10 Arg$) verkauft wird. Die meisten *lineas* (Buslinien) haben auch *internos* (innere Liniennummern), die im Fenster angezeigt werden; so kann z. B. die *linea* 200 den *interno* 204 oder 206 haben; unbedingt auf beide Nummern achten. Die *Internos* geben das Fahrziel des Busses genauer an.

FAHRRAD

En La Bici (www.ciudaddemendoza.gov.ar/en-la-bici; ⊘ Mo–Fr 8–20, Sa 9–15 Uhr) ist Mendozas Bike-Sharing System mit neun über die Stadt verteilten Stationen. Online vorbuchen.

STRASSENBAHN

Metrotranvía, das Straßenbahnsystem der Stadt, besitzt 12,5 km Streckenlänge (verkehrt von 6 bis 22 Uhr) vom Stadtzentrum entlang der Belgrano nach Maipú (45 Min.). Die Redbus-Karte gibt es in den meisten Läden oder am Busbahnhof.

Mendoza & Umgebung

Die Gegend um Mendoza, die früher vor allem landwirtschaftlich genutzt wurde – abgesehen von der halb-industriellen Weinproduktion in Maipú –, ist heute eine Mischung aus kommerziellen, ländlichen und Wohnbereichen. Einige wirken wie Vororte und sind am Wochenende bei den *mendocinos* sehr beliebt. Je weiter nach Süden man kommt, desto ländlicher wird es, bis man schließlich den Valle de Uco erreicht.

Die kleine Stadt **Maipú**, direkt südöstlich von Mendoza, ist der städtischste und am wenigsten malerische Ort der Region. Doch es gibt hier so viele Weingüter, Olivenölbetriebe und andere Gourmetfirmen, dass sich gut fünf oder sechs Tage hier verbringen lassen. Alle bieten Führungen an und bei den meisten gibt es zum Abschluss wenigstens eine kleine Verkostung. Das Weinbaugebiet von Chacras de Coria liegt südlich von Mendoza. Noch weiter südlich befindet sich Luján de Cuyo. Agrelo, der Südteil von Luján de Cuyo, besitzt ebenfalls einige renommierte Weingüter.

Aktivitäten

Einige Firmen in Maipú und Chacras de Coria vermieten Fahrräder. Eine Tagestour per Rad in jedem der beiden Gebiete macht Spaß, viel mehr als die oft gehetzten halbtägigen Wein-Touren, die von Reisebüros in Mendoza angeboten werden.

Carinae   WEIN
(0261-499-0470; www.carinaevinos.com; Aranda 2899, Maipú; Führung 50 Arg$; ⊘ 10–18 Uhr) Ein kleines Weingut in französischer Hand, das einen guten Rosé sowie einige köstliche Rot-

weine produziert, liegt im südlichen Bereich von Maipú. Der Preis für die Führung wird auf Weinkäufe angerechnet.

Trapiche
WEIN
(☎ 0261-520-7666; www.trapiche.com.ar; Nueva Mayorga s/n, Maipú) Das größte Weingut Argentiniens.

Bodega la Rural
WEIN
(☎ 0261-497-2013; www.bodegalarural.com.ar; Montecaseros 2625, Maipú; Führungen 90 Arg$; ⊗ Mo-Fr 9-13 & 14-17 Uhr) Die Führungen sind nicht besonders aufregend (auch der Wein wird meist nicht als Spitzenklasse betrachtet), aber das Museum ist faszinierend – es zeigt eine große Auswahl an Geräten zur Weinproduktion, darunter eine Kelter, die aus einer ganzen Kuhhaut besteht. Führungen auf Spanisch starten jeweils zur vollen Stunde. Für Führungen auf Englisch vorab anrufen - Besucher dürfen aber auch auf eigene Faust herumbummeln.

Di Tomasso
WEIN
(☎ 0261-587-8900; www.familiaditommaso.com; Urquiza 8136, Maipú; Führungen 40 Arg$; ⊗ Mo-Sa 10-18 Uhr) Di Tomasso ist ein schönes historisches Weingut, dessen Ursprünge in die 1830er-Jahre zurückreichen. Es ist Argentiniens ältestes Weingut. Bei der Führung geht es auch kurz durch die original erhaltenen Keller.

Tempus Alba
WEIN
(☎ 0261-4813501; www.tempusalba.com; Moreno 572, Maipú; ⊗ Mo-Fr 10-18 Uhr) Ein großes, modernes, familiengeführtes Weingut, das einen kostenlosen Rundgang auf eigene Faust anbietet (mit Verkostung von drei Weinen 65 Arg$). Im Restaurant gibt es ein leckeres Essen mit Blick auf die Weinberge.

Viña del Cerno
WEIN
(☎ 0261-481-1567; www.elcerno.com.ar; Moreno 631, Maipú; ⊗ Mo-Sa 10-18 Uhr) Das Viña del Cerno ist ein kleines, altmodisches Weingut, dessen zwei Besitzer Winzer sind. Der unterirdisch liegende Kellerbereich hat viel Atmosphäre und die Geschichte, Technik und Philosophie bilden einen schönen Kontrapunkt zu den großen Weingütern.

LAUR
LEBENSMITTEL
(☎ 0261-499-0716; www.olvlaur.com; Aranda 2850, Maipú; ⊗ Mo-Sa 10-18 Uhr) LAUR hat eine 100 Jahre alte Ölbaum-Plantage. Bei der 15-minütigen Führung erfährt man alles über die Olivenölherstellung, gefolgt von einer Verkostung.

> **CUYO**
>
> Die Provinzen Mendoza, San Juan, San Luis und La Rioja werden von alters her Cuyo genannt, abgeleitet von einem Wort der Huarpe-Sprache, cuyum, das so viel wie „sandige Erde" bedeutet. Die Huarpe haben in der Region traditionell Bewässerungslandwirtschaft betrieben; Spuren ihrer Wassergräben sind heute noch deutlich sichtbar. Das Wort taucht oft auf, ob in Namen örtlicher Busunternehmen, Firmen oder Zeitungen oder im Alltagsgespräch.

★ Alta Vista
WEIN
(☎ 0261-496-4684; www.altavistawines.com; Álzaga 3972, Chaceras de Coria; ⊗ 9-18 Uhr) Der mittelgroße Betrieb ist im Besitz einer französischen Familie mit mehr als 50 Jahren Weinbauerfahrung. Die 350 ha Weinberge verteilen sich auf fünf Güter. Architektonisch ist das Weingut nicht berauschend, das Gebäude stammt von 1899, die Betontanks aus den 1920er-Jahren. Der Raum für die Verkostungen erinnert dagegen an ein High-Tech-Labor.

Baccus Biking
RADFAHREN
(www.baccusbiking.com; Mitre 1552, Chacras de Coria) Geführte Touren oder Ausflüge auf eigene Faust durch die Weinregion südlich der Stadt Mendoza.

★ Renacer
WEIN
(☎ 0261-667-4523; www.bodegarenacer.com.ar; Brandsen 1863, Luján de Cuyo; ⊗ Mo-Sa 9.30-17.30 Uhr) Das in chilenischem Besitz befindliche Renacer ähnelt einem toskanischen Geschlechterturm, der auf die italienischen Wurzeln der Familie hinweist. Der Bewässerungsteich ist malerisch und eine von Wein berankte Pergola ideal für Hochzeiten. Virtual-Reality-Brillen verstärken das Erlebnis der Führung, denn so kann man sehen, was in anderen Jahreszeiten passiert, etwa den *appassimento*-Prozess, bei dem einige der Trauben getrocknet werden.

Pulenta Estate
WEIN
(☎ 0261-15-507-6426; www.pulentaestate.com; RP 86, Luján de Cuyo; ⊗ Mo-Fr 9-17, Sa bis 13 Uhr) Ein Boutique-Weingut, das von den ehemaligen Besitzern der Firma Trapiche ins Leben gerufen wurde. Der Schwerpunkt der Führungen durch die wunderschöne moderne Anlage liegt auf der Verkostung.

Luigi Bosca
WEIN

(☎ 0261-498-1974; www.luigibosca.com.ar; San Martín 2044, Luján de Cuyo; Führungen 200 Arg$; ⊗ Mo–Sa nach Vereinbarung) Geleitet von der Familie Arizu, die auch den Wein Finca La Linda herstellt, ist Luigi Bosca eines der führenden Weingüter von Mendoza. Wer sich für Wein interessiert, sollte den Besuch nicht versäumen. Den Führungen auf Englisch und Spanisch fehlt allerdings der nötige Pep.

Bodega Budeguer
WEIN

(☎ 0261-390-4291; www.budeguer.com; RP 15, Km 31.5, Agrelo, Luján de Cuyo; ⊗ 10–17 Uhr) Eines der letzten Weingüter der Gegend, das noch ganz in argentinischem Besitz ist (die Eigentümer waren hohe Tiere im Zuckerrohrgeschäft im Norden). Budeguer ist ein relativ kleines Weingut, mit jungen Reben, die vor nicht einmal zehn Jahren gepflanzt wurden. Der Verkostungsraum mit einer Wand, an der Bilder argentinischer Künstler hängen, wurde erst vor einem Jahr eröffnet.

Catena Zapata
WEIN

(☎ 0261-413-1100; www.catenawines.com; Calle Cobos 5519, Agrelo, Luján de Cuyo; Führungen 200 Arg$; ⊗ Mo–Fr 9–18 Uhr nach Vereinbarung) Catena Zapata ist eines der renommiertesten Weingüter Argentiniens. Die Führungen auf Englisch, Deutsch oder Spanisch sind ziemlich banal und unpersönlich. Man kommt nur mit dem Taxi hin (billiger, wenn man den Bus nach Luján de Cuyo nimmt und dort ein Taxi anheuert).

Chandon
WEIN

(☎ 0261-490-9968; www.bodegaschandon.com.ar; RN 40, Km 29, Agrelo, Luján de Cuyo; Führungen 160 Arg$; ⊗ Mo–Fr nach Vereinbarung) Das moderne Weingut Chandon ist bei Reisegruppen beliebt; es ist bekannt für seine moussierenden Weine. Führungen gibt es auf Spanisch und Englisch.

☞ Geführte Touren

Die meisten Hostels bieten preiswerte Weintouren im Minivan in Maipú, inklusive Transfer, Fahrradverleih, Helm, Versicherung, Verkostung und Besuch von drei Weingütern sowie Lunch für etwa 800 Arg$. Einige empfohlene, Englisch sprechende Touranbieter sind Ampora (S. 361), Trout & Wine (S. 361) und Mendoza Wine Camp (S. 361); Sie bieten Touren mit Weinprobe und Lunch zu Weingütern in der Umgebung von Luján de Cuyo.

🛏 Schlafen

In Chacras de Coria und Luján de Cuyo gibt es eine Reihe empfehlenswerter Boutiquehotels, einige inmitten von Weinbergen. Sie sind ein guter Kompromiss für alle, die in der Nähe von Restaurants, Cafés und anderen Annehmlichkeiten von Mendoza sein und doch ein bisschen die ländliche Atmosphäre des Valle de Uco genießen möchten.

El Ecuentro Posada Boutique
BOUTIQUEHOTEL $$

(☎ 0261-496-3828; www.posadaelecuentro.com; Capitán Candelaria 5413, Chacras de Coria; DZ 140 US$; ⚹ ☼) Anheimelnde, freundliche familiengeführte Unterkunft mit zehn einfachen, rustikalen Zimmern und einem winzigen Pool hinter dem Haus.

★ Entre Cielos
BOUTIQUEHOTEL $$$

(☎ 0261-498-3377; www.entrecielos.com; Guardia Vieja 1998, Luján de Cuyo; DZ 280–500 US$; ✱ @ ⚹ ☼) Das Entre Cielos zählt zu den Besten in Mendoza: eine Mischung aus raffiniert zeitgenössischem Stil und verspieltem Luxus, dazu ein wunderbarer Hamam. Bis auf eines haben alle 16 Zimmer Betonboden, moderne Möbel und sind nach Rebsorten oder Weinmarken benannt – das eine andere Zimmer ist eine einzigartige Konstruktion auf Stelzen, die mitten in einem Weingarten des Geländes steht.

Wöchentliche *asados* (Barbecues) und Nachmittagstees sind nur für Gäste, während der Hamam, in einem modernen, bunkerähnlichen Gebäude allen offen steht.

Lares de Chacras
BOUTIQUEHOTEL $$$

(☎ 0261-496-1061; www.laresdechacras.com; Larrea 1266, Chacras de Coria; DZ 180 US$; ✱ @ ⚹ ☼) Perfekt gestalteter Lehmziegelbau mit nur elf geräumigen, superbequemen Zimmern und fantastischem Service. Einblick in den Keller gewährt ein Glasboden im Eingangsbereich. Es gibt einen kleinen Pool und eine gemütliche Lounge mit TV und DVDs, ideal für Kinder, die *Vaiana* oder *Die Eiskönigin* lieben. Ein hübsches Restaurant, ausgezeichnetes Frühstück und jeden Mittwochabend ein *asado* für die Gäste.

Einige Bodegas und Restaurants sind bequem zu Fuß zu erreichen.

🍴 Essen & Nachtleben

Einige der besten Restaurants der Region, nein des ganzen Landes finden sich auf den Weingütern von Maipú, Chacras de Coria und Luján de Cuyo. Es gibt alles von charmant rustikalen bis raffiniert eleganten Lokalen. Doch für alle gilt, dass das Ambiente, die Qualität und der Einfallsreichtum des Essens hervorragend sind, einschließlich der saftigen Steaks. Bei teureren Mahlzeiten ist der Wein inklusive. Viele Reisende erleben diese auf organisierten Touren.

★ Casa El Enemigo ARGENTINISCH $$$
(0261-413-9178; www.elenemigowines.com; Aranda 7008, Maipú; 4-Gänge-Mittagsmenü 760 Arg$, 6-Gänge-Abendmenü 2500 Arg$; ⊙ Mo-Sa, 9.30–17.30 Uhr) Das leidenschaftlich und philosophisch gestimmte Ehepaar, das auch das Weingut El Enemigo geschaffen hat, ermöglicht auch hier ein außergewöhnliches Erlebnis. Die Kombination aus malerischer Lage, architektonisch interessantem Gebäude, herzlichem, professionellem Service und herausragender Kochkunst machen dieses Restaurant herausragend. Die Erbsensuppe und das Lammgulasch sind besonders empfehlenswert. Von Montag bis Freitag wird nach Voranmeldung Abendessen serviert.

★ Osadía de Crear ARGENTINISCH $$$
(0261-498-9231; www.susanabalbowines.com.ar; Cochabamba 7801, Agrelo, Luján de Cuyo; 5-Gänge-Mittagsmenü 1258 Arg$) Osadías Fünf-Gänge-Menü mit Wein ist eines der besten der Region; die schön angerichteten Speisen sind sättigend, aber nicht überreichlich. Als Teil des Weinguts Susana Balbo (dessen Namensgeberin die erste argentinische Winzerin ist und das für seine Torrontés-Weißweine bekannt ist) ist das Restaurant elegant mit rustikalen Elementen und Blick auf die Berge.

★ Casarena ARGENTINISCH $$$
(0261-696-7848; www.casarena.com; Brandsen 505, Luján de Cuyo; 5-Gänge-Mittagsmenü mit Wein 1180 Arg$; ⊙ 12–15 Uhr) Mit Weingläsern im Vordergrund und dem Panorama des Cerro de la Plata durch die bis zum Boden reichenden Fenster im Hintergrund erscheint das Fünf-Gänge-Menü fast als Ablenkung. Doch wenn die Gourmets sich vom Ausblick losreißen können, erwarten sie perfekt präsentierte Gerichte.

Clos de Chacras ARGENTINISCH $$$
(0261-496-1285; www.closdechacras.com.ar; Monte Líbano 125, Chacras de Coria; 3-Gänge-Mittagsmenü 550 Arg$, 7-Gänge-Mittagsmenü inkl. Wein 1100 Arg$; ⊙ Mo–Sa 12.30–15, plus Fr & Sa 20.30–23 Uhr) Dieses Restaurant in einem familiengeführten Weingut in einer Wohngegend serviert Drei- und Sieben-Gänge-Mittagsmenüs, aber auch europäische und argentinische Gerichte à la carte. Verwendet werden saisonale Produkte aus der Region. Der Patio an einem Teich mit Blick auf die Weinberge ist ein idyllisches Plätzchen für einen sonnigen Nachmittag.

★ Taverna Beer Hall BIERLOKAL
(0261-496-6161; Viamonte 4561, Chacras de Coria; ⊙ Mi–Sa 19–3 Uhr) In diesem Lokal mit einem Gewölbe, Gemeinschaftstischen und Buntglasfenstern herrscht eine super Atmosphäre. Donnerstag bis Samstag Livemusik.

❶ Orientierung

Maipú liegt südöstlich des Stadtzentrums von Mendoza auf der Ostseite der RN 40; von der Plaza Independencia in Mendoza zur Plaza 12 de Febrero in Maipú sind es 17 km. Chacras de Coria liegt 18 km südlich von Mendoza westlich der RN 40. Weiter südlich findet sich Luján de Cuyo. RN 82 (Ruta Panamericana) markiert die Westgrenze, bevor sie weiter am Río Mendoza und dann in die Berge und nach Cacheuta verläuft.

❶ An- & Weiterreise

Um nach Maipú zu kommen, nimmt man den Bus 10, 171, 172 oder 173 ab der Haltestelle Ecke La Rioja und Catamarca in Mendoza; am dreieckigen Kreisverkehr steigt man aus. Oder man nimmt die Metrotranvía (S. 372) von einer der Haltestellen an der Belgrano im Zentrum von Mendoza. Ein Taxi sollte zwischen 75 und 100 Arg$ kosten – den Preis unbedingt im Voraus vereinbaren.

Nach Luján de Cuyo gibt es eine neue Hop-on-Hop-off-Linie, den Bus Vitivinícola (S. 385), mit Haltepunkten an einer Reihe von Weingütern in Luján del Cuyo (drei verschiedene Routen) und Valle de Uco; letztere Route wird nur am Sonntag befahren. Am Morgen holen die Busse Gäste aus verschiedenen Hotels in Mendoza ab.

Andere Gebiete wie Chacras de Coria und Luján de Cuyo sind mit öffentlichen Bussen erreichbar; doch im Mietwagen ist die Fahrt deutlich bequemer.

Viele Reisende besuchen Maipú und Luján de Cuyo auf einer organisierten Tour ab Mendoza.

❶ Unterwegs vor Ort

Es gibt Reisende, die sich für eine Tour mit dem Fahrrad durch Maipú entscheiden. Die meisten Weingüter liegen zu weit voneinander entfernt, um sie auf einem Spaziergang zu erreichen.

Ein neuer Hop-on-Hop-off-Bus, der **Maipú Wine Bus** (200 Arg$), verkehrt in der Umgebung von Maipú, ein erschwinglicher Kompromiss zwischen Radfahren oder Taxifahren auf eigene Faust und einer geführten Tour. Die Busse star-

ⓘ GRENZÜBERGÄNGE

Es gibt zwei Bergpässe zwischen Argentinien und Chile. Der **Paso Internacional Los Libertadores** ist ein wichtiger, häufig genutzter Grenzübergang, der von Mendoza aus in ein paar Stunden zu erreichen ist, während **El Paso de Agua Negra** in der Provinz San Juan nur eine Staubpiste bietet, die von relativ wenigen Reisenden befahren wird.

Wer einen Mietwagen fährt, braucht eine schriftliche Erlaubnis und eine gültige Versicherung, um von einem Land in ein anderes fahren zu können. Und die meisten Mietwagenfirmen verlangen, dass das Auto im selben Land abgegeben wird, in dem es übernommen wurde. Es ist also nicht möglich, in Argentinien ein Auto zu mieten und es in Chile zurückzugeben.

Paso Internacional Los Libertadores

Die majestätische, kurvenreiche RN 7 führt von Uspallata zum Cristo-Redentor-Tunnel an der chilenischen Grenze; sie führt am Eingang zum Parque Provincial Aconcagua (S. 380) vorbei. Sie folgt einer Eisenbahnlinie, die 1978 wegen der Auseinandersetzungen zwischen den beiden Ländern stillgelegt wurde. Es wird jedoch dauernd darüber geredet, den Bahnverkehr wieder aufzunehmen.

Bei der Anfahrt von Chile her liegt die Einwanderungs- und Zollkontrollstelle in **Horcones** 16 km von der Grenze – Horcones besteht nur aus dieser Stelle. In jedem Häuschen gibt es einen chilenischen und einen argentinischen Zollbeamten, die sich um die Pässe kümmern. Die Autos werden von anderen Beamten durchsucht. Wegen der langen Warteschlangen kann das mehrere Stunden dauern. Reisende in Bussen kommen an den langen Autoschlangen vorbei.

Die möglichen Komplikationen beim Grenzübertritt an einem der höchsten Grenzübergänge weltweit mit 3200 m sollten nicht unterschätzt werden. Bei gutem Wetter läuft alles relativ glatt, wenn auch langsam wegen des Aufenthalts bei Einwanderungsbehörde und Zoll auf der argentinischen Seite der Grenze (das gilt für Reisende von Chile nach Argentinien; wer Argentinien verlässt muss hier nicht anhalten). Doch der Grenzübergang ist oft wegen schlechten Wetters geschlossen. Und hier möchte niemand ohne Unterkunft und warme Kleidung festsitzen. Von Juni bis September ist der Übergang von 21 bis 9 Uhr geschlossen. Auf www.twitter.com/upfronterizos sind die aktuellen Bedingungen und Öffnungszeiten zu finden.

Wer von Argentinien nach Chile fährt, muss daran denken, dass man an den vier Mautstellen zwischen der Grenze und Santiago chilenische Pesos braucht.

Cata (S. 371) und Andesmar (S. 371) sind empfehlenswerte Busunternehmen für diese Reise.

El Paso de Agua Negra

Mit 4780 m ist **El Paso de Agua Negra** der höchst gelegene Grenzübergang zwischen Argentinien und Chile; er ist nur im Sommer, von Dezember bis April geöffnet. Die Staubpiste führt über schwindelerregende Haarnadelkurven. Es gibt Straßenarbeiten, um Teile der Straße zu befestigen; auch Pläne für den Bau eines Tunnels liegen vor. Der Grenzposten ist von 7 bis 17 Uhr geöffnet.

---

ten von der Estación Gutierrez in Maipú um 10, 11.30, 12.50, 14.10, 15.30 und 16.50 Uhr.

Im Zentrum von Chacras de Coria liegen einige gute Restaurants und Weingüter in Lauf- (oder Radfahr-)weite voneinander.

Cacheuta

☏ 02624 / 640 EW. / 1237 M

Etwa 40 km südwestlich von Mendoza, in den Bergen oberhalb des Departamento Luján de Cuyo gelegen, ist Cacheuta zu Recht bekannt für seine medizinischen Thermalquellen und sein angenehmes Mikroklima. Zwei voneinander unabhängige Komplexe, der belebtere, größere und kinderfreundliche **Complejo Termal Cacheuta** (Parque de Agua; ☏ 02624-490-152; www.termascacheuta. com; RP 82, Km 41; Erw./Kind unter 10 Jahre werktags 150/120 Arg$, Wochenende 180/150 Arg$; ⏱10–18 Uhr; 🍴) und das sehr ruhige und elegante **Spa Cacheuta** (☏ 0261-429-9133; www.

termascachueta.com; RP 82, Km 38; 850 Arg$; ⊙10–18.30 Uhr), gehören derselben Familie und liegen nahe beieinander in einer gleichermaßen malerischen Kulisse.

Schlafen & Essen

Hotel Cacheuta HOTEL $$$
(02624-490-153; www.termascacheuta.com; RP 82, Km 38; EZ/DZ mit Vollpension 126/228 US$;) In dem hübschen familiengeführten Hotel sind der Zugang zu den schönen Spa-Bädern, dem Pool und der Massage im Preis inbegriffen. Acht der 16 Zimmer besitzen einen Blick auf die Berge und den Pool. Die Ruinen eines früheren, größeren Hotels aus dem 20. Jh. sowie ein Bahnhof sind zu sehen – alte Fotos zeugen von einem vergangenen goldenen Zeitalter.

Die Mahlzeiten sind genauso grandios wie die Ausblicke und der Spa, vor allem das üppige Mittagsbüfett. Eine kleine Kirche, etwa von 1916, steht am Parkplatz.

An- & Weiterreise

Cacheuta liegt nur 42 km südwestlich von Mendoza, über die RN 82; am besten zugänglich ist es von Chacras de Coria oder Vistalba aus, Vororte südlich des Stadtzentrums.

Der Complejo Termal Cacheuta (S. 376) und das Hotel Cacheuta (s. oben) betreiben täglich Minivans von Hotels in Mendoza aus nach Cacheuta und zurück.

Expreso Uspallata (in Mendoza 0261-438-1092) betreibt von Mendoza aus täglich Busse nach Cacheuta (33 Arg$, 1¼ Std.).

Zur Zeit der Recherche für dieses Buch endete die Straße direkt hinter dem Complejo Termal Cacheuta. Doch andauernde Straßenarbeiten und ein schon lang versprochener Tunnel sollen irgendwann 2018 die Verbindung nach Potrerillos schaffen.

Potrerillos

02624 / 1351 M

Oberhalb des 12 km langen Potrerillos-Stausee in der herrlichen *precordillera* (Ausläufern) der Anden, liegt das Dorf Potrerillos, einer der Rafting-Hotspots in Mendoza, das in der Regel von Mendoza aus in einem Tagesausflug besucht wird . Argentina Rafting (S. 360) und **Potrerillos Explorer Rafting** (in Mendoza 0261-653-8204; www.potrerillosexplorer.com.en) bieten Rafting und Kajakfahren am Río Mendoza. Die Touren reichen von 5 km langen, einstündigen Touren mit Grad II bis zu 50 km langen, fünfstündigen Grad III-IV Touren, auf zwei Tage verteilt.

Schlafen & Essen

★ **Gran Hotel Potrerillos** RESORT $$
(0262-448-2001; www.granhotelpotrerillos.com; RN 7, Km 50; DZ 138 US$;) Dieses große Hotel auf einem riesigen Grundstück am Berg gelegen mit tollen Aussichten ist eines der besten in der Region. Im Gebäude, das architektonisch den Stil spanischer Missionen mit zeitgenössischem Design verbindet, gibt es 34 modern-elegante Zimmer mit bunten Textilien. Die Gemeinschaftsbereiche sind sehr einladend. Reiten, Windsurfen, Rafting und Wandern sind im Angebot. Der Pool bietet Blicke auf einen kleinen Weinberg.

La Escondida ARGENTINISCH $$
(0261-15-416-0246; Arroyo Pichueta; Hauptgerichte 220 Arg$; ⊙11–17 Uhr) Wer von Mendoza aus in Richtung Berge fährt, sollte einen Stopp bei La Escondida einlegen, vor allem wegen der Veranda mit dem tollen Ausblick und der Wurstplatte. Empanadas und Steaks sind die wichtigsten Spezialitäten. Es gibt auch gutes, aber teures Bier und natürlich eine Auswahl an Malbec.

An- & Weiterreise

Die meisten Besucher von Portrerillos befinden sich auf einer Tagestour von Mendoza (70 km) aus, einer organisierten Tour oder im eigenen Wagen. Uspallata liegt nur 50 km nördlich, an der RN 7.

Der bereits lang versprochene Tunnel, der die RN 82 und die Thermalbäder von Cacheuta mit der RN 7 bei Potrerillos verbindet, soll 2018 fertig werden.

Uspallata

02624 / 3800 EW. / 1751 M

Uspallata liegt an einer Kreuzung an der Straße zur chilenischen Grenze. Der bescheidene kleine Ort wirkt mit seinen Pappeln mitten in einem öden Wüstental wie eine Oase. Die vielfarbige Berglandschaft rund um die Stadt ähnelt dem Hochland Zentralasiens so sehr, dass der französische Regisseur Jean-Jacques Annaud sie sogar als Kulisse für sein Filmepos *Sieben Jahre in Tibet* auswählte.

Zunächst wurde der Ort als preisgünstige Übernachtungsalternative für das nahe gelegene Skigebiet Los Penitentes bekannt, hat aber inzwischen ein eigenes Profil gewonnen. Einige Veranstalter bieten hier Trekking, Ausritte und Angelausflüge in die Umgebung an.

Eine Reihe von Orten in dieser Gegend hat ihren Inka-Namen behalten, ein Zeugnis von der Bedeutung ihres Daseins bevor die Spanier kamen.

Sehenswertes & Aktivitäten

Leidenschaftliche Angler sollten sich nicht von der Höhenlage abschrecken lassen. Der Río El Tigre, auf 2600 m, bietet ganzjährig Forellenfischen vor der Kulisse der nahen schneebedeckten Andengipfel. Auch Reiten und Wandern sind in den nahe gelegenen *precordilleras* möglich. Ski- und Klettergeschäfte verleihen Ausrüstung für alle, die nach Los Penitentes oder in den Parque Provincial Aconcagua wollen.

Cerro Tunduqueral ARCHÄOLOGISCHE STÄTTE
(RP 52; ⊙ 11–18.30 Uhr) GRATIS Eine leichte 8-km-Wanderung (oder eine noch leichtere Fahrt) aus der Stadt in nördlicher Richtung führt zum Cerro Tunduqueral, wo es umwerfende Ausblicke und Inkafelsmalereien gibt. Szenen von *Sieben Jahre in Tibet* wurden hier gedreht.

Geführte Touren

Desnivel Aventura OUTDOORAKTIVITÄTEN
(☎ 0261-15-554-8872; www.desnivelaventura.com; RN 7) Desnivel Aventura bietet eine Reihe von Outdooraktivitäten, darunter Reiten, Mountainbiken, Klettern, Trekking-Touren und Geländewagenfahrten an. Hier werden auch Mountainbikes verliehen (pro Std./Tag 50/400 Arg$). Das freundliche Personal ist eine gute Quelle für Informationen über die Region. Angeschlossen an die YPF-Tankstelle an der Hauptkreuzung.

Fototravesías 4x4 GEFÜHRTE TOUREN
(☎ 0261-15-511-9512; www.fototravesias4x4.com.ar) Fototravesías 4x4, nahe der Hauptkreuzung, bietet aufregende Geländewagentouren und Wanderungen in die Berge der Umgebung. Der Besitzer ist Fotograf und hilft den Reisenden gute Aufnahmen zu machen. Im Winter ist auch Transfer von und nach Los Penitentes im Angebot.

Schlafen & Essen

Hostel Cerro de Cobre HOSTEL $
(☎ 0261-15-507-0883; www.hostelcerrodecobre.com; RN 7, Km 1143; B 30 US$; ☎) In einer Pseudo-Blockhütte 5 km südlich der Stadt gelegen bietet das Hostel ein gutes Preis-Leistungs-Verhältnis, vor allem, wenn man einen der großen Schlafsäle für sich allein hat. Das Bett muss man selbst machen, die Handtücher werden gestellt. Die nette Küche steht den Gästen zur Verfügung, ein einfaches Frühstück wird im Fernsehzimmer serviert.

Hostel International Uspallata HOSTEL $
(☎ 0261-15-466-7240; www.hosteluspallata.com.ar; RN 7 s/n, Km 1141; B/DZ 11/45 US$, Hütten 60–80 US$; ☎) Freundliches Hostel 7 km östlich der Stadt, mit einfachen, aber bequemen Zimmern und einer Reihe hübscher kleiner Hütten. Es wird auch Abendessen (120 Arg$) serviert. Das Hostel ist ein guter Ausgangspunkt für Wanderungen; Fahrräder und Pferde können auch gemietet werden. Der Busfahrer hält hier auf Anfrage, bevor der Bus Uspallata erreicht.

Hostería Los Cóndores HOTEL $$
(☎ 02624-420-002; www.loscondoreshotel.com.ar; Las Heras s/n; EZ/DZ 63/92 US$; ❄ ☎) Nahe der Kreuzung liegt dieses beste Hotel im Stadtzentrum – was aber nicht viel bedeutet, da es kaum Konkurrenz hat. Die Zimmer sollten mal modernisiert werden, aber es gibt ein kleines Hallenbad und ein üppiges Frühstücksbüfett.

Chocolates Cosita Suiza CAFE $
(Las Heras; Sandwiches 80 Arg$; ⊙ 8.30–13 & 16–21 Uhr; ☎) Dem Hotel Los Cóndores angeschlossenes gemütliches kleines Lokal mit einem knisternden Feuer im Kamin und altmodischen Skiern an den Wänden. Echter Espresso, wie er sonst nicht in Uspallata zu finden ist, sowie einfach Sandwiches, Obst und andere Kuchen machen es zu einem lohnenden Ziel.

El Rancho PARRILLA $$
(Ecke RN 7 & Cerro Chacay; Hauptgerichte 140–360 Arg$; ⊙ Di–So 12–15 & 19–1 Uhr; ☎) Uspallatas elegantestes Restaurant verfügt über einen offenen Barbecue-Grill mitten im Speisesaal. Am besten schmeckt Fleisch, vor allem *chivo* (Ziege); es gibt auch Forelle und Lachs, außerdem Pasta und Sandwiches.

Praktische Informationen

Banco de la Nación Die einzige Bank der Stadt mit einem Geldautomaten.

Touristeninformation (☎ 02624-420009; RN 7 s/n; ⊙ 8–21 Uhr) Dieses winzige Büro liegt gegenüber der YPF-Tankstelle. Hier gibt es gute Informationen zu örtlichen Sehenswürdigkeiten und Aktivitäten sowie einige einfache (aber doch nützliche) Karten der Region.

❶ An- & Weiterreise

Busse von **Expreso Uspallata** (☎ 0261-432-5055) und Buttini verkehren mehrmals täglich von und nach Mendoza (107 Arg$, 2½ Std.). Von Uspallata aus fahren Busse weiter über die RN 7 nach Las Cuevas (76 Arg$, 2 Std.) an der chilenischen Grenze. Auf dem Weg machen sie Halt bei Los Penitentes, Puente del Inca und an der Abzweigung nach Laguna Los Horcones (Fahrt zum Parque Provincial Aconcagua). Auf der Rückfahrt von Las Cuevas nach Uspallata kann man sie überall anhalten.

Während Schneestürmen im Winter kann die RN 7 plötzlich gesperrt werden und das für längere Zeit bleiben.

Busse nach Barreal in der Provinz San Juan (200 Arg$, 2½ Std.) starten am Sonntag, Dienstag, Donnerstag und Freitag. Die Straße (RP 149) ist über 38 km uneben, steinig und malerisch; der Rest ist befestigt. Am Weg liegen zwei gut gekennzeichnete Ausgrabungen von Stätten der Inkas.

Andesmar bietet jeden Morgen Busse nach Santiago (650 Arg$, 6 Std.) und Valparaíso (500 Arg$, 7 Std.) in Chile. Es gibt auch viele Busse von Ormeño (ein peruanisches Unternehmen) und TAS Choapa (ein chilenisches Unternehmen), die auf dem Weg zur Grenze Uspallata passieren.

Alle Busse starten am Büro von Expreso Uspallata im kleinen Einkaufszentrum bei der Kreuzung.

❶ Unterwegs vor Ort

Wegen Uspallatas Nähe zum Grenzübergang (S. 376) nach Chile führt die Polizei hier häufig Kontrollen an der Straße durch. Unbedingt den Reisepass parat haben. Wer mit dem eigenem Auto unterwegs ist, wird auch nach Führerschein und Fahrzeugpapieren gefragt und muss eventuell den Kofferraum öffnen.

Los Penitentes

☎ 02624 / 2581 M

Der Name von Los Penitentes rührt daher, dass die Spitzen an eine Reihe von Mönchen erinnern. Hier gibt es eine traumhafte Landschaft und im Winter oft auch eine gute Schneedecke zum Skifahren (in jüngster Zeit gab es allerdings deutlich weniger Schnee als früher – die Einrichtungen wurden im Jahr 2017 gar nicht erst in Betrieb genommen). Außerhalb der Saison bleibt vieles geschlossen, kahl (weit oberhalb der Baumgrenze) und verlassen; es ähnelt ein bisschen dem Hotel aus dem Film *Shining*. Im Sommer kann man mit dem Lift zum Gipfel hinauffahren. Es liegt an der RN 7 nur 165 km westlich von Mendoza und wird häufig im Rahmen von organisierten Tagesausflügen besucht.

In der Hochsaison (Juli und August) und während der Hauptklettersaison (Dezember bis Ende März) empfiehlt es sich, im Voraus zu reservieren.

Aktivitäten

Los Penitentes SKIFAHREN
(www.penitentesweb.com; RN 7; Skipass pro Tag 750 Arg$; ◷ 9–16 Uhr) Diesen Skiort, der an den größten Teil des Jahres sehr ruhig ist, erwecken Tagesausflügler aus Mendoza zum Leben, wenn Schnee liegt. Die Pisten sind gut, vor allem wenn man bedenkt, dass der Ort an der RN 7 nur 165 km westlich von Mendoza liegt. Das „Dorf" im Tal ist ein bisschen heruntergekommen und direkt an der RN 7, doch es liegt inmitten der hohen Gipfel der Anden, darunter der nahe Cerro Aconcagua.

🛏 Schlafen & Essen

Hostel Campo Base Los Penitentes HOSTEL $
(☎ in Mendoza 0261-624-7900; www.penitentes.com.ar; RN 7; B 31 US$) Eine hübsche umgebaute Hütte, die HI Campo Base aus Mendoza gehört. Hier können 38 Personen auf engstem Raum unterkommen; es gibt eine Küche, einen Holzofen und drei Gemeinschaftsbäder. Mit den richtigen Leuten kann man eine Menge Spaß haben. Mahlzeiten sind erhältlich (70 bis 100 Arg$).

Refugio Aconcagua HOTEL $$
(☎ in Mendoza 0261-424-1565; RN 7, Km 1212; Zi. mit Halbpension pro Person 110 US$) Die Zimmer in diesem Hotel, das leicht an der Coca-Cola Werbung auf dem Dach zu erkennen ist, sind nicht schick, aber die Größe ist in Ordnung. Wenn man bedenkt, dass es mitten im Skiort liegt, ist der Preis für ein Zimmer mit Bad und zwei Mahlzeiten nicht schlecht. Das Restaurant serviert deftige Kost (150 bis 220 Arg$).

❶ An- & Weiterreise

Buttini-Busse verbinden Mendoza und Los Penitentes (130 Arg$, 3¾ Std.), mit Zwischenstopps in Potrerillos und Uspallata.

Verschiedene Skigeschäfte in Mendoza und Uspallata bieten in der Hauptsaison auch einen Shuttle-Service.

Durch Winterstürme kann die RN 7 ohne große Vorwarnung dicht sein und für mehrere Tage gesperrt bleiben.

Parque Provincial Aconcagua

Nördlich der RN 7, fast an der Grenze zu Chile, schützt der **Parque Provincial Aconcagua** (◷10–18 Uhr) 710 km² wildes Hochland rund um den höchsten Gipfel der westlichen Hemisphäre, den 6962 m hohen Cerro Aconcagua. Vorbeifahrende Autofahrer (und Buspassagiere mit dem richtigen Timing) können einen Halt einlegen und den Blick von der **Laguna Los Horcones**, 2 km Fußweg vom Parkplatz direkt nördlich der Straße, auf den Gipfel genießen.

Nur sehr erfahrene Bergsteiger sollten die Besteigung des Aconcagua im Alleingang in Betracht ziehen. Mehr Sicherheit bietet eine geführte Tour, doch selbst dann ist es ein ernsthaftes Unterfangen, das Training und gute Vorbereitung braucht.

Aktivitäten

Selbst wer nicht hierher gekommen ist, um den Gipfel zu stürmen – und das sind die wenigsten Besucher –, kann die majestätische Bergkulisse bei kurzen Wanderungen im Park intensiv erleben. Sehr empfehlenswert ist die 16 km lange Rundweg nach **Confluencia** (3400 m), dem ersten Basislager für Kletterer an der Nordwestroute. Am besten sollte man vier bis sechs Stunden dafür einplanen – aber natürlich ist es möglich die Strecke jederzeit abzukürzen (nach nur 2 km einfachen Wegs wird der kleine Gletschersee **Laguna Horcones** erreicht, eine günstige Stelle, um umzukehren). Die Höhenlage und die 400 Höhenmeter, die überwunden werden müssen, können nicht akklimatisierten Wanderern Atemprobleme bereiten. Der Weg beginnt am Parkplatz 1 km hinter dem Kartenschalter am Eingang Laguna Horcones. Die Erlaubnis kostet 200 Arg$ (bis Laguna Horcones 20 Arg$) und man benötigt seinen Reisepass. Auch einige Touranbieter in Mendoza haben diese Tour im Programm.

Auch Drei-Tages-Touren zur **Plaza Francia** (4200 m), auf der Südseite, dem nächsten Basislager nach Confluencia, sind im Programm der Touranbieter.

Geführte Touren

In und um Mendoza haben sich die Anbieter auf Expeditionen und Hochgebirgstouren spezialisiert. Touren können auch mit Reiseveranstaltern in Übersee organisiert werden.

Mehrere Bergführer der Asociación Argentina de Guías de Montaña (www.aagm.com.ar) unternehmen vierzehntägige Touren zum Aconcagua, darunter auch **Pablo Reguera** (✆0249-15-448-1074; www.pabloreguera.com.ar) und **Mauricio Fernández** (www.summit-mza.com.ar).

Guides und organisierte Bergtouren sollten online oder telefonisch mindestens einen Monat im Voraus gebucht werden. In der Hochsaison muss alles – vom Führer über den Maulesel bis zum Hotel – noch frühzeitiger reserviert werden.

Die Preise variieren von Anbieter zu Anbieter, je nachdem, was alles in der Expedi-

---

ABSTECHER

CRISTO REDENTOR

Kalte, aber belebende Winde wehen in den hohen Anden um die Statue des **Cristo Redentor** (Christus der Erlöser). Sie wurde 1902 in 3832 m Höhe auf dem Pass La Cumbre errichtet, nachdem Grenzstreitigkeiten zwischen Argentinien und Chile beigelegt waren. Den Aussichtspunkt, den man nicht versäumen sollte, erreicht man entweder mit einer organisierten Tour oder im privaten Auto über eine enge Staubpiste ohne Leitplanken, an deren Haarnadelkurven es seitlich steil hinuntergeht. (Nur für sichere Fahrer.) Wer auch nur ein bisschen zu Höhenangst neigt, wird sich miserabel fühlen. Beim ersten Schneefall im Herbst wird die Straße gesperrt. Wer kein Auto hat, kann auch die steilen 8 km zu El Cristo hinaufwandern, die Wege verlaufen neben der Straße. Das ist nur von Dezember bis Februar möglich, ansonsten macht Eis den Weg zu gefährlich.

Durch eine Fahrt über diesen Pass lässt sich auch der Hauptgrenzübergang Paso Internacional Los Libertadores (S. 376) nach Chile umgehen. Doch die Fahrt zurück ins Tal geht über eine ebenso Furcht einflößende Straße, bevor der Highway (Rte 60) 6 km vor der Einwanderungs- und der Zollstelle erreicht wird. Die Fahrt kann gefährlich werden und sollte nie bei Regen oder schlechtem Wetter unternommen werden.

tion enthalten ist; 3500 US$ ist eine grobe Schätzung für eine Aconcagua-Besteigung ohne Extras.

Fernando Grajale WANDERN
(☎ 0261-658-8855; www.grajales.net) Ein gut eingeführter und sehr empfehlenswerter Tourbetreiber mit Erfahrung auf Haupt- und Nebenstrecken. Die Basislager werden von professionellen Köchen versorgt und verfügen über Internet.

Inka Expediciones WANDERN
(☎ 0261-425-0871; www.inka.com.ar; Av Juan B Justo 345, Mendoza; ⊙ Mo-Fr 9-18, Sa bis 13 Uhr) Die Firma hat schon mehr als 1000 Expeditionen hinter sich; vorgegebene und maßgeschneiderte Touren.

Rudy Parra's Aconcagua Trek WANDERN
(www.rudyparra.com) Beliebter Anbieter mit garantierten Startzeiten. Hat auch Helikopterflüge im Programm.

Schlafen

Portezuelo del Viento HOSTEL $
(☎ 0261-651-1466; www.portezuelodelviento.com; RN 7, Km 1233, Las Cuevas; B ab 25 US$) Eine der letzten Unterkünfte auf der argentinischen Seite der Grenze und eine der wenigen, die ganzjährig geöffnet sind. Einfache Schlafsäle mit einem angenehmen Blockhütten-Ambiente in der Lounge.

Hostel El Nico HOSTEL $
(☎ 0261-592-0736; elnicohostel@gmail.com; RN 7, KM 1221, Puente del Inca; B/DZ 25/55 US$) Ein behagliches kleines Hostel mit 14 Schlafplätzen, nur 50 m von der Steinbrücke Puente del Inca. Organisiert im Sommer Trekking- und im Winter Schneeschuh-/Skitouren.

🛈 Praktische Informationen

Während der Trekking-Saison sind Ranger an der Laguna Los Horcones, im Confluencia-Camp, an der Plaza de Mulas und dem Nido de Cóndores an der Hauptstrecke zum Gipfel, an der Quebrada de Vacas, in der Pampa de Leñas sowie in der Casa de Piedra und an der Plaza Argentina an der Polish Glacier Route (Glaciar de los Polacos) stationiert.

Die in Mendoza ansässige Zeitung *Cumbres* (www.revistacumbres.com.ar) bringt Geschichten, Fotos, Geschichte und praktische Informationen für Besteigungen dieses und anderer Andengipfel.

Auch die Website www.aconcagua.com.ar und die Website der Regierung von Mendoza, www.aconcagua.mendoza.gob.ar, sind nützlich.

ABSEITS DER ÜBLICHEN PFADE

PARQUE PROVINCIAL VOLCÁN TUPUNGATO

Der **Tupungato** (6650 m) ist ein beeindruckender Vulkan, der teilweise von Schneefeldern und Gletschern bedeckt ist. Ernst zu nehmende Bergsteiger sehen ihn als größere Herausforderung und eine Besteigung als interessanter an als beim Aconcagua. Der wichtigste Zugang ist von der Stadt Tunuyán aus, 82 km südlich von Mendoza über die RN 4. Die dortige Touristeninformation hält Informationsmaterial bereit (S. 385). Viele der Anbieter von Wanderungen in den Parque Provincial Aconcagua können auch Touren zum Tupungato arrangieren.

🛈 An- & Weiterreise

Beide Parkzugänge – Laguna Los Horcones und Punta de Vacas – liegen an der RN 7 und sind gut ausgeschildert. Die Ausfahrt Los Horcones zweigt 4 km hinter Puente del Inca ab. Wer mit einer organisierten Tour unterwegs ist, braucht sich um den Transport nicht zu kümmern. Wer auf eigene Faust reist, nimmt ab Mendoza frühmorgens einen Bus der Busgesellschaft Expreso Uspallata. Alle Busse nach Chile halten in Puente del Inca. Mit dem Zusteigen kann es schwierig werden: Die Busse sind oft ziemlich voll mit Leuten, die durchfahren.

Wer den Park nur für eine Tageswanderung besucht, kann einen Buttini-Bus in Mendoza oder Uspallata nehmen und darum bitten, beim Parkeingang in Los Horcones aussteigen zu dürfen. Am Rückweg wandert man entlang der RN 7 bis Puente del Inca und nimmt dort einen Bus Richtung Mendoza. Die Fahrpläne wechseln je nach Jahreszeit, besser vorher informieren.

Für alle, die mit dem eigenen Auto fahren, gibt es am Eingang bei Los Horcones einen Parkplatz.

Valle de Uco

Zwischen Obstgärten mit Birn-, Walnuss- und Mandelbäumen sowie Kartoffel- und Knoblauchfeldern liegen malerische Weingärten, die bis in die Ausläufer der Anden reichen. Pumas kommen bei Nacht heraus und Kondore schweben von Klippen. Obwohl Valle de Uco abgelegen und schlecht ausgeschildert, so ist es doch die Heimat einiger Spitzenweingüter Mendozas. Dank des vielfältigen Terroirs (*terruño* auf Spanisch) und des trockenen Klimas können hier

BESTEIGUNG DES CERRO ACONCAGUA

Oft als „Dach Amerikas" bezeichnet, erhebt sich der vulkanische Gipfel des Aconcagua auf einer aufgefalteten Basis von – geologisch betrachtet – relativ jungen Meeressedimenten . Tatsächlich wachsen die Berge immer noch um etwa 1 cm pro Jahr. Der Ursprung des Namens ist unklar; möglicherweise stammt er vom Quechua-Begriff *ackoncahuac*, was „steinerner Wächter" bedeutet oder er kommt vom Mapuche-Ausdruck *acon-hue*, das heißt „derjenige, der von der anderen Seite kommt".

Der Schweizer Matthias Zurbriggen bezwang 1897 offiziell als Erster den Gipfel. Seitdem zieht der Aconcagua Bergsteiger aus aller Welt magisch an, obwohl er in technischer Hinsicht eine geringere Herausforderung darstellt als manch anderer Berg in der Nachbarschaft. 1985 entdeckten Mitglieder des Club Andinista aus Mendoza an der Südwestflanke des Berges in 5300 m Höhe eine Inkamumie. Sie gilt als Beweis für die Tatsache, dass hier in präkolumbischer Zeit Tote begraben wurden.

Um den Gipfel zu erreichen, muss man mindestens 13 bis 15 Tage einkalkulieren, inklusive der Akklimatisationszeit.

Technisches bergsteigerisches Können ist außer auf der Polish-Glacier-Route nicht erforderlich, aber gutes Durchhaltevermögen, Fitness und Kraft. Die Klettersaison läuft von Mitte November bis Ende März.

Die Kosten für die Miete von Lastmaultieren, die jeweils etwa 60 kg tragen können, sind ins Unermessliche gestiegen. Bei geführten Touren sind die Maultiere im Preis inbegriffen.

Wer den Berg besteigen möchte, sollte sich R. J. Secors Kletterführer *Aconcagua* (1999) kaufen.

Genehmigungen

Von Dezember bis März sind sowohl zum Wandern als auch zum Klettern im Parque Provincial Aconcagua Genehmigungen erforderlich. Ohne diese lassen die Parkranger in Laguna Los Horcones Besucher nicht weiter hinauf zur Quebrada de los Horcones gehen. Die Gebühr variiert je nach Saison: in der Hochsaison kostet ein Aufstieg mit Führung über Horcones/Vacas 944/1133 US$; in der Nebensaison bezahlt man für eine geführte Wanderung von sieben Tagen über beide Routen 261 US$. Aktuelle Informationen gibt es unter www.aconcagua.mendoza.gob.ar.

Im Preis geführter Touren ist kaum jemals der Eintrittspreis in den Park enthalten. Der Eintritt sollte in argentinischen Pesos bezahlt werden, kann aber auch in US-Dollars entrichtet werden. Beim Bezahlen des Eintrittsgelds muss auch der Pass vorgelegt werden. Beim Betreten des Parks beginnt die Frist der Genehmigung zu laufen.

Alle Genehmigungen gibt es nur in Mendoza beim Ministerio de Turismo (S. 371).

Routen

Es gibt drei Hauptrouten auf den Cerro Aconcagua. Am beliebtesten – zugänglich über einen 40 km Weg ab Los Horcones – ist die **Nordwest-Route** (Ruta Noroeste, auch „Normale Route" genannt) ab Plaza de Mulas, auf 4230 m über Meereshöhe. Die **Südwand** (Pared Sur), eine anspruchsvolle Kletterroute, wird vom Basiscamp in Plaza Franciavia angegangen, das man über einen 36 km langen Weg von Los Horcones aus erreicht.

Von Punta de Vacas aus, 15 km südöstlich von Puente del Inca, steigt die längere, aber malerischere **Polengletscherroute** (Ruta Glaciar de los Polacos) zunächst den Río de las Vacas hinauf bis zum Basiscamp in Plaza Argentina, eine Strecke von 76 km. Bergsteiger auf dieser Route benötigen Seile, Schrauben und Eispickel, zusätzlich zum üblichen Zelt einen warmen Schlafsack und Kleidung sowie Plastikstiefel. Diese Route ist teurer, weil für ein längeres Stück Maultiere gebraucht werden.

Reben angebaut werden, die unter zu viel Feuchtigkeit leiden würden. Der **Cerro Tupungato** (6570 m), ein halbaktiver Vulkan, ragt mächtig in der Nähe auf; um seinen Gipfel zieht meist eine einsame Wolke. **Tunuyán**, eine recht durchschnittliche Stadt an der RN 40, ist die größte Gemeinde im Tal.

Es ist am besten, die Gegend mit einer geführten Tour zu besuchen, doch wer Zeit und Geduld hat, kann auch in Mendoza ein Auto mieten und auf eigene Faust losziehen.

Aktivitäten

Spektakuläre Weinberge und Weinproben haben das Valle de Uco auf die touristische Landkarte gebracht. Reservierungen sind für die Besichtigung jedes der angesagten Weingüter der Region unabdingbar.

Weingüter

★ Monteviejo WEIN
(www.monteviejo.com.ar; Clodomiro Silva s/n, Vista Flores; 4-Gänge-Mittagsmenü inkl. Wein 850 Arg$; ⊙Mo–Sa 12–15 Uhr) Mit geometrischen Mustern an der Fassade und einer Wiese voller Weinstöcke, die sich an der Rückseite des Gebäudes entlangzieht, ist Monteviejo eines der architektonisch eindrucksvolleren Weingüter im Valle de Uco. Außerdem besitzt es eines der besten Restaurants. Es ist Teil des kommunalen Projekts Clos de los Siete, zu dem fünf Weingüter gehören, die allesamt französische Vorfahren haben. Die erste Ernte von Monteviejo fand im Jahr 2002 statt.

O. Fournier WEIN
(☏02622-451 088; www.ofournier.com; Calle los Indios s/n; ⊙9–18 Uhr) O. Fournier, vielleicht der architektonisch interessanteste Komplex des Tals, ist ein modernistisches Meisterwerk vor einer hinreißenden natürlichen Kulisse. Das 283 ha große Gut verfügt über einen kompakten Keller, der auch als Kunstgalerie und Restaurant dient. Letzteres, Urban at O. Fournier, wird von der Mitbesitzerin und berühmten Köchin Nadia Harón geleitet.

Masi Tumpungato WEIN
(☏0261-15-653-9573; www.masitupungato.com; Luis Pizarro, Km 3; ⊙Weinproben & Führungen 9.30, 11.30, 14 & 15.30 Uhr) Masi, in siebter Generation im Besitz einer italienischen Winzerfamilie, ist ein vollständig biologisch arbeitender Betrieb auf dem Gelände einer früheren Minze-Farm von Coca Cola. Es ist eines der wenigen Weingüter der Region, das mit der *appassimiento*-Methode arbeitet, einer Technik, bei der die Trauben nach der Lese noch eine Zeit lang getrocknet werden, bevor sie im Fass fermentieren. Die Führungen und Weinproben sind ausgesprochen informativ.

Vines of Mendoza WEIN
(☏0261-461-3900; www.vinesofmendoza.com; RP 94; ⊙Mo–Sa 11.30–16 Uhr) Eine Art umfriedete Anlage oder Kooperative von 190 Winzern, von kleinen Hobbywinzern bis hin zu kleinen Exporteuren. Vines liefert die Produktionsmittel, das Personal und das Know-how. Vines selbst produziert etwa 25 % des hier erzeugten Weins und verkauft diese nur im Resort und bei Weinproben. Das Vines Resort & Spa (S. 384) und das Restaurant Siete Fuegos (S. 384), beide sehr empfehlenswert, sind ebenfalls Teil des Projekts.

Salentein WEIN
(☏0262-242-9000; www.bodegasalentein.com; RP 89 s/n; ⊙Mo–Sa 9–17 Uhr) Ein topmodernes Weingut in niederländischem Besitz, das wegen seiner sehr modernen Architektur bemerkenswert ist – es würde sich auch als Wohnsitz eines James-Bond-Bösewichts eignen –, präsentiert vor Ort eine ausgezeichnete Galerie moderner Kunst. Was den Wein betrifft, so verwendet man hier eine einzigartige Methode zur Beförderung der Trauben, die auf menschlicher Arbeitskraft und Schwerkraft statt auf Maschinen beruht. Führungen in englischer Sprache finden um 11 und 15 Uhr statt.

Andeluna Estate WEIN
(☏0261-15-508-9525; www.andeluna.com.ar; RP 89, Km 11; ⊙10–17 Uhr) Verkostungen der wunderbaren Weine, die hier produziert werden, finden in einem herrlich altmodischen, aber stilvollen Verkostungsraum statt. Vom Patio und dem **Restaurant** bieten sich grandiose Ausblicke auf den Cerro Tupungato, während Köstlichkeiten wie Mangoldgebäck, paraguayische Suppe, Kalbseintopf und hausgemachter Flan mit *dulce de leche* (Karamelmilch) serviert werden.

Francois Lurton WEIN
(Bodega Piedra Negra; ☏0261-441-1100; www.francoislurton.com; RP 94, Km 21) Eine hochmoderne Einrichtung, die von zwei französischen Brüdern aus einer berühmten Winzerfamilie geführt wird. Hier entsteht einer der besten Torrontés der Region Mendoza. Ausgezeichnete Führungen durch beeindruckende Verkostungsräume und Keller.

Angeln

Die **Estancia San Pablo** (☎ 0261-572-4486; www.sanpabloestancia.com; Tupungato; DZ 200 US$) ist eine Farm, fast so groß wie Bordeaux in Frankreich, und erstreckt sich von den trockenen Ausläufern bis hin zu den schneebedeckten Gipfeln der Anden. Das schmale, gluckernde Bächlein ist ideal zum Forellenfischen. Weitere Flüsse in der Region sind der Manzanao Historico und El Manzanito. Die Angelsaison dauert etwa von Oktober bis April. Geführte Touren zum Angeln werden bei Trout & Wine (S. 361) in Mendoza angeboten.

🛏 Schlafen & Essen

Postales Hotel BOUTIQUEHOTEL $$
(☎ 0261-545-7624; www.postalesarg.com/home-en; Colonia las Rosas; DZ 125 US$; ❄@🛜🏊) Das kleine, niedrige Adobe-Gebäude bietet einfache Unterkünfte mit einem Pool hinter dem Haus, einem Weinberg und unverbauten Ausblicken auf die Anden. Die Zimmer sind hoch, sie haben bequeme Betten und verfügen über große Bäder, aber es ist der Speiseraum der Lodge, der wirklich etwas Besonderes daraus macht, mit einem Kamin, in dem an kühlen Abenden ein Feuerchen knistert und den innovativen Gerichten des begnadeten Küchenchefs mit einem dazu passenden Glas Wein.

Tupungato Divino GASTHAUS $$
(☎ 0262-244-8948; www.tupungatodivino.com.ar; Ecke RP 89 & Calle los Europeos; Zi. ab 125 US$; ❄@🛜) Ein malerischer, ruhiger Ort mit freundlichen Gastgebern und herrlichen Ausblicken.

⭐**Casa Antucura** GUESTHOUSE $$$
(☎ 0261-15-339-0491; www.casaantucura.com; Barandica s/n, Tunuyán; Zi. ab 320 US$; ❄@🏊) Mitten in einem 94 ha großen Weinberg ist die Casa Antucura eine der intimeren Wein-Lodges. Von den acht Zimmern bieten nur zwei den Blick zu den Bergen – man sollte unbedingt versuchen, eines davon zu bekommen.

Vines Resort & Spa RESORT $$$
(☎ 0261-461-3900; www.vinesresortandspa.com; RP 94, Km 11; DZ 750 US$; ❄@🛜🏊) Eines der luxuriösesten Resorts im Tal, das aussieht, als ob es gleich für ein Hochglanzmagazin fotografiert würde oder als ob ein James-Bond-Bösewicht hier lebte. Selbst der Fitnessraum über dem Weinberg erstaunt mit seiner modernen Architektur. Das Resort ist erst vier Jahre alt und besitzt 21 Zimmer mit 90 bis 240 m². Das dazu gehörende Restaurant **Siete Fuegos** (7fuegos@vinesresortandspa.com; Hauptgerichte 480–920 Arg$; ⊙12.30–16 & 20.30–23 Uhr) ist allein schon ein lohnendes Ziel.

ABSTECHER

PUENTE DEL INCA

Eines der beeindruckendsten Naturwunder Argentiniens ist diese **Steinbrücke** über den Río de las Cuevas, die von Inkas genutzt wurde, wenn sie in dieser Gegend unterwegs waren. Sie leuchtet in Orange; was von den Sedimenten aus dem warmen schwefelhaltigen Wasser verursacht wird. Neben der Brücke liegen die Ruinen eines alten Spa, der als Teil eines Badeorts entstand, der später von einem Hochwasser zerstört wurde. Die Formen der Gebäude werden langsam von dem Schwefel, den das Thermalwasser ablagert, überzogen. Wegen der Instabilität der Anlage ist das Gebiet abgeriegelt und man kann weder die Brücke überqueren noch die Thermalbäder betreten, doch es ist möglich, eindrucksvolle Fotos zu machen.

Puente del Inca besitzt eine spektakuläre Lage und egal ob man Bergsteiger ist (wer den Cerro Aconcagua in Angriff nimmt, übernachtet oft hier) oder nicht, ist es ein guter Ausgangspunkt für die Erkundung der Region. Wanderer und Kletterer können nach Norden zum Fuß des Aconcagua, nach Süden zu den Spitzen von Los Penitentes oder noch weiter nach Süden zum 6650 m hohen Tupungato (S. 381) gehen.

Etwa 1 km vor Puente del Inca (direkt gegenüber von Los Puquios) ruhen auf dem kleinen **Cementerio Andinista** Bergsteiger, die am Aconcagua ums Leben kamen.

Busse aus Chile kommen vorbei (es ist nur 1 km bis zur Einwanderungs- und Zollstelle in **Horcones**), doch sie sind oft voll und halten nicht an, um weitere Reisende mitzunehmen. Fast jeder Touranbieter in Mendoza bietet in den Sommermonaten Tagestouren zur Puente del Inca.

Ilo Tupungato FISCH, MEERESFRÜCHTE **$$**
(0262-248-8323; Belgrano 703, Tupungato; Hauptgerichte 110–250 Arg$; ⊙ Mo-Sa 12–15 & 20–24 Uhr) Ilo gilt allgemein als bestes Speiselokal in Tupungato – die gute Auswahl an Meeresfrüchten, vor allem an Schalentieren, machen es zum Favoriten bei den heimischen Winzern.

ⓘ Praktische Informationen

Touristeninformation (Centro de Informes; www.valledeuco.tur.ar; Belgrano 1060, Hotel Turismo Tupungato) Besitzt eine ausgezeichnete Website mit Tourenvorschlägen im Tal.

ⓘ An- & Weiterreise

Die Mehrheit der Reisenden besucht das Valle de Uco mit einer geführten Weinverkostungstour ab Mendoza. Man kann auch ein Taxi von Mendoza aus nehmen, doch es ist schwierig, auf eigene Faust in der Region unterwegs zu sein.

Am besten mietet man ein Auto in Mendoza. Viele der alten Straßen in der Gegend sind frühere Wege auf denen das Vieh getrieben wurde. Einige sind in schlechtem Zustand und müssen sehr vorsichtig befahren werden.

Der Hop-on-hop-off **Bus Vitivinícola** (0800-122-2282, 0261-596-5308; www.busvitivinicola.com; 550–850 Arg$) fährt am Sonntag durch das Valle de Uco mit Haltepunkten in Monteviejo (S. 383), Salentein (S. 383) und Andeluna (S. 383).

San Rafael

0260 / EW. 130.000 / 690 M

Eine geschäftige moderne Stadt, gegründet 1895, deren Straßen von mächtigen alten Amerikanischen Platanen und offenen Bewässerungskanälen gesäumt sind. Der Charme von San Rafael entfaltet sich langsam, doch es lohnt sich, der Stadt eine Chance zu geben. Man kann in der Stadt nur durch die schattigen Straßen und Plätze wandern oder den Tag in einem Café verbringen. Aber mit dem Fahrrad lassen sich leicht einige renommierte Weingüter erreichen, die einen Besuch lohnen; dazu Dutzende kleiner familiengeführter Bodegas. Die Stadt wird am besten als Ausgangspunkt für Ausflüge in die Umgebung betrachtet, vor allem zum Cañon del Atuel und in das Valle Grande.

🏃 Aktivitäten

Ernsthafte Weinliebhaber kommen hierher, um die Qualitätsweine der renommierten Weingüter der Stadt zu verkosten. Der Weintourismus ist noch nicht allzu sehr entwickelt und die meisten Weingüter bieten kostenlose Führungen und Weinproben an. Sie liegen praktischerweise direkt vor den Toren der Stadt und können so leicht mit dem Taxi oder auch dem Fahrrad besucht werden.

In der Umgebung gibt es jede Menge Outdooraktivitäten, darunter Rafting bis zu Grad IV und V am Río Diamante, und unzählige Aktivitäten zu Wasser und zu Land im Valle Grande (S. 387).

★**Bodega La Abeja** WEIN
(0260-443-9804; www.bodegalaabeja.com.ar; Av H Yrigoyen 1900; ⊙ Mo-Sa 9–17 Uhr) GRATIS San Rafaels erstes Weingut, das im Jahr 1885 von der Familie Iselin, die auch Gründer der Stadt waren, errichtet wurde, lohnt einen Besuch, um die originalen Werkzeuge zu sehen und zu erfahren, wie Schaumweine nach der alten, traditionellen Methode hergestellt werden. Nach Vereinbarung auch Führungen auf Englisch.

Casa Bianchi WEIN
(0260-444-9661; www.vbianchi.com; Ecke RN 143 & Valentín Bianchi; Weinprobe & Führung 35 Arg$; ⊙ Mo-Sa 9–12 & 14.30–17 Uhr) Bei der Einfahrt nach San Rafael ist die große, moderne und sehr angesehene Bianchi Champañera, auf einem kleinen Hügel an der RN 143 gleich beim Flughafen, gar nicht zu übersehen. Die Führungen sind ansprechend und gewähren den Besuchern einen kleinen Einblick in die Herstellung von Schaumwein. Es wird auch Englisch gesprochen.

Suter WEIN
(0260-442-1076; www.sutersa.com.ar; Av H Yrigoyen 2850; ⊙ Mo-Fr 9.30–13 & 14–18, Sa 9.30–13 & 14–17 Uhr) GRATIS Auf halbem Weg zwischen Fincas Andinas und San Rafael gelegen, ist das Weingut Suter eine eher unromantische, moderne Angelegenheit, aber dennoch ein lohnender Stopp für Angebotsweine. Eine halbtägige Tour ist möglich, mit einem Besuch der Weinberge in Begleitung eines Weinfachmanns, einer Verkostung spezieller Weine und einem üppigen Mittagessen im Weinberg.

Ciclos Adelcor RADFAHREN
(0260-442-0102; Av H Yrigoyen 703; pro Std. 20 Arg$; ⊙ Mo-Sa 9–13 & 16–20 Uhr) Es gibt mehrere eher zweifelhafte Fahrradverleihanbieter, doch wer ein ordentliches Rad möchte, sollte zu Ciclos Adelcor gehen.

🛏 Schlafen

★ Hotel Francia
HOTEL $

(📞 0260-442-9351; www.alojamientofrancia.com.ar; Francia 248; DZ ab 45 US$; ❄🛜) Hübsche, geräumige Zimmer, die um einen üppig grünen Garten liegen, und das nur ein paar Blocks von der Hauptstraße entfernt. Das junge Paar (nach Micaela fragen), das das Hotel betreibt, ist charmant und verfügt über jede Menge Infos zu allem, was mit der Stadt und ihrer Umgebung zu tun hat.

San Martín Hotel & Spa
HOTEL $$

(📞 0260-442-0400; www.sanmartinhotelspa.com; San Martín 435; DZ 81 US$; P❄@🛜♨) Kleines, relativ schickes Hotel mit erstaunlich gutem Preis-Leistungs-Verhältnis. Die Zimmer sind groß und hell, die Bäder geräumig und modern; es gibt auch einen Spa vor Ort.

Hotel Regine
HOTEL $$

(📞 0260-442-1470; www.hotelregine.com.ar; Independencia 623; DZ ab 55 US$; ❄🛜♨) Highlights in diesem Hotel mit einfachen, aber gut geschnittenen Zimmern mit relativ alten Möbeln, sind der schöne Pool hinter dem Haus und der Garten.

★ Algodon Wine Estates Wellness Resort
RESORT $$$

(www.algodonhotels.com; RN 144, Km 674; Suite 180-260 US$; ❄@🛜♨) Luxuriöses Weingut im Besitz eines ehemaligen Golfprofis mit geräumigen, eleganten Zimmern in einer Lodge im Finca-Stil. Gäste können auf dem Golfplatz des Gutes spielen (Mittwoch bis Sonntag), es gibt auch Tennisplätze und natürlich Führungen und Weinproben. **Chez Gaston**, das Restaurant des Resorts, bietet *asado* und weitere Gourmetgerichte mit lokalen Zutaten, der Jahreszeit entsprechend.

🍴 Essen & Ausgehen

San Rafaels Nachtleben findet entlang von acht Blocks westlich des Kasinos an der Ecke Yrigoyen und Pueyrredón statt. Es gibt eine Handvoll Bars und Clubs, doch Letztere gehen meist schnell wieder unter. Andererseits haben die meisten Restaurants lange geöffnet und man kann dort gut auch einen Drink nehmen.

★ Lupe Taqueria
MEXIKANISCH $$

(Av Chile 502; Hauptgerichte 150-175 Arg$; ⊙ Di-So 19-4 Uhr; 🛜) Die Tacos und Quesadillas hier sind eine echte und sehr leckere Abwechslung. Im coolen zeitgenössischen Ambiente mit pastellfarbenen Wänden werden Corona und Sol ebenso ausgeschenkt wie Biere von Mikrobrauereien. Am Wochenende gibt es ab 23 Uhr Livemusik.

La Máquina
ARGENTINISCH $$

(Av Rivadavia 18; Hauptgerichte 230-400 Arg$; ⊙ 8-15 & 20-24 Uhr) Das Restaurant mit dem etwas kargen zeitgenössischen Inneren befindet sich in einem stattlichen Backsteingebäude. Sehr verlockend sind an einem sonnigen Tag die Tische auf dem Gehsteig. La Máquina liegt direkt gegenüber dem ehemaligen Bahnhof. Die vielseitige Speisekarte reicht von Pizza bis zu Steak und Kartoffeln. Die Bedienung kann langsam sein und die Soßen sind ein bisschen schwer.

Diablo's
FISCH, MEERESFRÜCHTE $$

(Ecke Av H Yrigoyen & Castelli; Hauptgerichte 75-215 Arg$; ⊙ Di-So 12-1 Uhr; 🛜) Dieses gemütliche kleine Lokal bietet eine große Auswahl an Tapas, überraschend frische Fischgerichte, einige gute regionale Weine und ein beeindruckendes Sortiment an importierten Bieren sowie Bieren aus Mikrobrauereien.

ℹ Praktische Informationen

Banco de Galicia (Av H Yrigoyen 28; ⊙ Mo-Fr 9-13 Uhr) Einige Banken an der Avenida H Yrigoyen verfügen über Geldautomaten, darunter die Banco de Galicia.

Cambio Santiago (Almafuerte 64; ⊙ Mo-Fr 9-13 & 16-21, Sa 9-13 Uhr) Schneller Service und gute Wechselkurse.

Hospital Teodoro J Schestakow (📞 0260-442-4490; Emilio Civit 151; ⊙ 24hr) Empfohlene Klinik.

Städtische Touristeninformation (📞 0260-442-4217; www.sanrafaelturismo.gov.ar; Av H Yrigoyen 1530; ⊙ 8-20.30 Uhr; 🛜) Großes modernes Büro mit hilfreichem Personal, das Broschüren und Karten aushändigt. Auch auf Englisch.

ℹ An- & Weiterreise

San Rafael liegt 230 km südöstlich von Mendoza an der RN 40 und der RN 143, und 189 km nordöstlich von Malargüe über die RN 40.

AUTO

Renta Car (📞 0260-442-4623; www.rentacarsur.com.ar; Av H Yrigoyen 797; ⊙ Mo-Fr 9-18, Sa & So 9-13 & 17-20 Uhr) bietet die besten Mietwagenangebote der Stadt.

BUS

San Rafaels **Busbahnhof** (📞 0260-442-7720; General Paz 800) liegt eine 40-Arg$-Taxifahrt vom Stadtzentrum entfernt. Für Reisende nach

Busse ab San Rafael

REISEZIEL	FAHRPREIS (ARG$)	FAHRZEIT (STD.)
Bariloche	1375	14
Buenos Aires	1021	14
Córdoba	750	11
Las Leñas	150	3
Malargüe	147	2¼
Mendoza	160	3
Neuquén	920	9
San Luis	360	4

Patagonien fährt täglich ein Minibus von Transportes Leader über Malargüe nach Buta Ranquil (535 Arg$, 8 Std.) in der Provinz Neuquén. Er startet täglich außer Sonntag um 19.30 und die Plätze sind schnell ausverkauft. Besser einige Tage im Voraus buchen (und bezahlen), um auch sicher einen Platz zu bekommen.

Täglich starten Busse zu den oben in der Liste stehenden Zielen:

FLUGZEUG

Der **Aeropuerto Las Paredes** (www.aa2000.com.ar; RN 143) ist nur 3 km westlich des Stadtzentrums.

Aerolíneas Argentinas (☎ 0260-443-8808; www.aerolineas.com.ar; Av H Yrigoyen 395; ⊙ Mo–Fr 0–18, Sa bis 13 Uhr) Fliegt täglich außer Sonntag von und nach Buenos Aires.

Cañon del Atuel & Valle Grande

Südlich von San Rafael, entlang des Río Atuel, verläuft die RP 173 durch eine vielfarbige Schlucht, die von den Einheimischen mit dem Grand Canyon in Arizona verglichen wird. Doch ein großer Teil des 67 km langen Cañon del Atuel ist in vier Stauseen verschwunden. Es gibt Wildwasser-Rafting im unteren Bereich und einige Betreiber im Touristenkomplex von Valle Grande in der Mitte des Cañons haben malerische Touren auf Flößen und anderen Booten im Programm. Auch Reiten, Trekkingtouren, Abseilen und Canyoning werden angeboten.

Von San Rafael aus gibt es zwei Möglichkeiten, den Cañon zu besuchen. Für den unteren Teil und für Raftingtouren auf dem Río Atuel kann man auf der RP 173 nach Valle Grande fahren und abends denselben Weg zurück nehmen. Das ist unkompliziert mit dem eigenen Auto oder mit dem Bus zu bewältigen.

Oder man kann die ganze Strecke abfahren. Dafür wird ein eigenes Auto benötigt, am besten eines mit Allradantrieb, oder man kann sich einer geführten Tour anschließen. Die Fahrt lässt sich in beiden Richtungen unternehmen, doch es ist günstiger, San Rafael auf der RP 144 zu verlassen, dann die RP 180 bis zum Dorf El Nihuil, 79 km von der Stadt, zu nehmen. Durch den malerischen Cañon del Atuel führt die RP 173 als Staubpiste bis zum Stausee in Valle Grande. Das restliche Stück zurück bis San Rafael ist dann wieder befestigt. Wer die gesamte Rundtour unternehmen möchte, sollte früh aufstehen.

Aktivitäten

Es gibt jede Menge Touranbieter, aber zwei haben besonders gute Angebote, zu Wasser und zu Lande: **Raffeish** (www.raffeish.com.ar; RP 173, Km 29) und **Sport Star** (☎ 0260-15-458-1068; www.sportstaraventuras.com.ar; RP 173, Km 35). Gruppen und Familien buchen in der Regel im Voraus, deshalb ist es in der Sommerzeit am besten, vorab zu reservieren.

Schlafen

Hotel Valle Grande   HOTEL $$
(☎ 0260-15-458-0660; www.hotelvallegrande.com; RP 173, Km 35; DZ ab 110 US$; ❄️🛜🏊) Das 3-Sterne-Hotel, Teil eines größeren Komplexes ist eine der besseren Unterkünfte in der Gegend, auch wenn Mobiliar und Design ein wenig altmodisch sind. Die Kulisse und das Areal sind hübsch und es gibt auch ein gutes Restaurant.

Cabañas Río Azul   CABINS $$
(☎ 0260-442-3663; www.complejorioazul.com.ar; RP 173, Km 33; 2-/4-Personen-Hütten 111/120 US$; 🛜🏊) Komfortable *cabañas* (Hütten) mit blauem Dach und ein hübscher Grasbereich am Fluss – dies ist ein großartiger Platz, um ein oder zwei Tage in der Sonne zu verträumen, vor allem in der Nebensaison.

ℹ️ An- & Weiterreise

Zahlreiche Touranbieter in San Rafael bieten Tagestouren ins Valle Grande an, ab 630 Arg$. Täglich drei Iselin-Busse fahren vom Busbahnhof in San Rafael ins Valle Grande (57 Arg$, 1 Std.). Mehrere Buttini-Busse täglich verkehren über die RP 144 nach El Nihuil (57 Arg$), die nicht durch den Cañon führt. Da die Fahrpläne saisonal wechseln, sollte man unbedingt rechtzeitig die Abfahrtszeiten checken, um nicht etwa den letzten Bus zurück in die Stadt zu verpassen.

Malargüe

☎ 0260 / EW. 25.000 / 1400 M

Obwohl Malargüe Ausgangspunkt für Las Leñas (einer von Argentiniens schickeren Skiorten) ist, ist es eine nette kleine Stadt und beliebt als preiswertere Alternative zu den Luxushotels auf dem Berg.

Die vulkanische Landschaft um Malargüe, die sich geologisch von den Anden im Westen unterscheidet, ist sehr inspirierend und hat erst in jüngster Zeit ins Bewusstsein der Touristen gefunden. Diese Orte sind nur mit einem eigenen Fahrzeug zu erreichen, ansonsten können die ausgezeichneten Reisebüros in Malargüe Ausflüge zu allen möglichen Zielen organisieren.

Sehenswertes

★ Parque Provincial Payunia NATURSCHUTZGEBIET

Rund 200 km südlich von Malargüe an der RN 40 liegt der spektakuläre Parque Provincial Payunia, ein 4500 km² großes Naturschutzgebiet mit mehr Vulkankegeln (über 800) als irgendwo sonst auf der Welt. Reisende sollten die atemberaubende Landschaft keinesfalls versäumen. Es lohnt sich, eine der Touren, die von den meisten Reisebüros in Malargüe angeboten werden (zwölf Stunden im Geländewagen oder drei Tage zu Pferd), zu buchen. Darauf achten, dass die Tour zu allen Sehenswürdigkeiten führt; Touren, die mit der Laguna Llancancelo kombiniert sind, besuchen nur die Hälfte.

Laguna Llancancelo SEE

Die Laguna Llancancelo mit dem gleichnamigen Natuschutzgebiet liegt etwa 60 km südöstlich von Malargüe. Der Bergsee wird von mehr als 100 Vogelarten aufgesucht, darunter auch Flamingos.

Planetarium PLANETARIUM

(☎ 0260-447-2116; www.planetariomalargue.com.ar; Ecke Villegas & Aldeo; über/unter 12 Jahre 70/50 Arg$; ⊙ Mo–Fr 17–21, Sa & So ab 15 Uhr) Dank seiner Abgeschiedenheit ist Malargüe ein hervorragender Ort, um in die Sterne zu schauen. Das Planetarium ist ein großartiger topmoderner Komplex mit verrückter Architektur und einigen unterhaltsamen audiovisuellen Vorführungen.

Caverna de Las Brujas HÖHLE

(380 Arg$; ⊙ Sonnenauf bis Sonnenuntergang) Die Caverna de Las Brujas ist eine magische Kalksteinhöhle am Cerro Moncol, 72 km südlich von Malargüe und 8 km nördlich von Bardas Blancas an der RN 40. Der Name bedeutet „Höhle der Hexen". Das Höhlensystem erstreckt sich über 5 km. Führungen (mit Taschenlampen im Preis inbegriffen) dauern zwei bis drei Stunden. Sie starten, wenn mindestens zwei Besucher da sind, doch wenn mehr Personen zusammenkommen, wird es für den Einzelnen preiswerter. Details sind bei den Anbietern in Malargüe zu erfahren.

👉 Geführte Touren

Einige Anbieter haben ausgezeichnete Touren mit Geländewagen oder zu Pferd im Programm. Für alle, die keinen Mietwagen haben, sind diese Touren die beste Möglichkeit für einen Ausflug in die Berge der Umgebung. Eine der aufregendsten Fahrten überhaupt ist die zwölfstündige Geländewagentour durch den Parque Provincial Payunia, ein 4500 km² großes Schutzgebiet mit der höchsten Konzentration an Vulkankegeln weltweit.

Höhlentouren können in die Caverna de Las Brujas und den Pozo de las Animas unternommen werden.

Karen Travel GEFÜHRTE TOUREN

(☎ 0260-447-2226; www.karentravel.com.ar; Av San Martín 54) Mit mehr als 20 Jahren Erfahrung als Guide führt die englischsprachige Besitzerin von Karen Travel ein renommiertes Unternehmen. Es hat sich spezialisiert auf Touren zum Payunia (1300 Arg$), zur Cueva de las Brujas (980 Arg$) und der Laguna Llancanelo (700 Arg$). Mehrtägige maßgeschneiderte Touren mit Unterkunft in Malargüe sind ebenfalls möglich.

Payunia Travel GEFÜHRTE TOUREN

(☎ 0260-447-2701; www.payuniatravel.com; Av San Martín 13) Gut eingeführtes Reisebüro in der Stadt, das Touren im Geländewagen und zu Pferd sowie Trekkingtouren in die Umgebung anbietet.

Feste & Events

Fiesta Nacional del Chivo ESSEN & TRINKEN

(eventos@malargue.gob.ar) Am ersten Wochenende im Januar gibt es bei diesem Fest alles, was mit *chivo* (Ziege) zu tun hat, und dazu die obligatorische Krönung einer Schönheitskönigin. Außerdem natürlich Musik- und Tanzaufführungen. Für Vegetarier ist das Ganze allerdings weniger geeignet. Wer *asado* liebt, wird sich hier aber wie im Himmel fühlen.

🛏 Schlafen & Essen

In Malargüe gibt es Unterkünfte zu vernünftigen Preisen, die allerdings nur praktisch sind. Die meisten liegen an der Avenida San Martín, der Hauptstraße. Außerhalb der Skisaison (Mitte Juni bis Mitte September) fallen die Preise um bis zu 40 %. Während der Skisaison gibt es keine Einzelzimmer, dann muss für jedes vorhandene Bett bezahlt werden.

★Eco Hostel Malargüe HOSTEL $
(☎0260-447-0391; www.hostelmalargue.net; Finca 65, Colonia Pehuenche; B 13 US$, DZ mit/ohne Bad 72/56 US$; 🕸) 🍴 6 km südlich der Stadt liegt dieses seltsam designte Hotel und B&B auf dem Gelände einer Ökofarm; beim Bau wurde auf Nachhaltigkeit geachtet. Die Zimmer sind rustikal schlicht, aber bequem, die Umgebung ist wunderschön und das Frühstück (mit Produkten der Farm) ist großartig.

★Hotel Malargüe Suite BOUTIQUEHOTEL $$
(☎0260-4472-3001; www.hotelmalarguesuite.com; RN 40 s/n; EZ/DZ ab 88/100 US$; P✱@🕸≋) Am Nordrand der Stadt befindet sich das luxuriöseste Hotel im weiten Umkreis - Frühstücksbüfett, Kunstgalerie, Schwimmhalle. Die Zimmer sind geräumig und modern; sie haben Massage-Badewannen, die nach einem anstrengenden Tag auf den Pisten sehr willkommen sind.

El Quincho de María ARGENTINISCH $
(Av San Martín 440; Hauptgerichte 100–190 Arg$; ⊗12–15.30 & 20–23 Uhr) In dieser gemütlichen, zentral gelegenen *parrilla* ist alles handgemacht, von den Gnocchi bis zu den Empanadas. Keinesfalls die leckeren Shish-Kebabs versäumen.

★La Cima Restaurant & Parrilla ARGENTINISCH $$
(☎0260-429-0671; San Martín 886; Hauptgerichte 150–255 Arg$; ⊗Mo-Sa 12–15 & 20.30–23.30 Uhr; 🕸) Der Name, ein Überrest aus der Zeit, als sich das Restaurant hoch oben in Las Leñas befunden hat, könnte sich heute auf seine Stellung in der Gastroszene von Malargüe beziehen. Neben *asado* von guter Qualität gibt es auch seltenere Gerichte auf der Speisekarte, wie etwa Lachs, Forelle, Lasagne und eine Variante von Chop Suey.

ℹ Praktische Informationen

Touristeninformation (☎0260-447-1659; www.malargue.gob.ar; RN 40, Parque del Ayer; ⊗8–20 Uhr) Hilfreiche Touristeninformation mit einer Niederlassung am Nordrand der Stadt. Ein kleiner **Kiosk** (⊗9–21 Uhr) wird am Busbahnhof betrieben.

ℹ An- & Weiterreise

Von Malargües **Busbahnhof** (Ecke Av General Roca & Aldao) verkehren täglich mehrere Busse direkt nach Mendoza (276 Arg$, 5 Std.), dazu weitere, bei denen man in San Rafael (138 Arg$, 3 Std.) umsteigen muss. Außer im Winter fährt täglich ein Bus nach Los Molles und Las Leñas (76 Arg$, 1½ Std.); er startet um 8.30 Uhr und fährt um 17.30 Uhr von Las Leñas zurück.

Von Malargüe windet sich die RN 40 durch wilde Wüstenlandschaften Richtung Süden in die Provinz Neuquén. Entgegen anderslautender Gerüchte gibt es öffentliche Verkehrsmittel auf dieser Strecke. Von Transportes Leader (www.leader.com.ar) fährt von Sonntag bis Freitag täglich ein Minibus zwischen San Rafael und Buta Ranquil, der in Malargüe hält. Am besten zwei Tage im Voraus buchen (und bezahlen); er startet etwa um 9 Uhr in Malargüe (271 Arg$, 5 Std.). Von Buta Ranquil gibt es Verbindungen nach Neuquén und Chos Malal, aber die Reisenden müssen eventuell einmal übernachten.

Im Winter bieten die Reisebüros in Malargüe einen Shuttle-Service inklusive Skiverleih in die Skiorte Los Molles und Las Leñas.

Las Leñas
☎0260 / 2240 M

An diesem großen Berg gibt es die besten Möglichkeiten zum Tiefschneefahren in ganz Südamerika. Doch für alle, die nicht so gut betucht sind, können die Abgelegenheit des Ortes und die hohen Preise der Unterkünfte ein Hindernis sein. Man könnte sagen, es ist das St. Moritz von Argentinien. Trotz seiner alten, klapprigen Lifte ist **Las Leñas** (☎0260-447-1281; www.laslenas.com; Tagesticket 1270 Arg$; ⊗Mitte Juni–Ende Sept. 8.30–17 Uhr) der selbstbewussteste, renommierteste Skiort des Landes. Seit der Eröffnung 1983 hat er internationale Gäste angezogen, die ihre Tage auf den Hängen und ihre Nächte bis zum Sonnenaufgang auf Partys verbringen. Durch das trockene Klima besitzt Las Leñas unglaublich trockenen Pulverschnee.

Las Leñas liegt 445 km südlich von Mendoza und 70 km von Malargüe, alles über die RN 40 und die RP 222.

🏃 Aktivitäten

Las Leñas enttäuscht auch Reisende, die im Sommer kommen, nicht: Reiten, Wandern, Angeln, Abseilen und Mountainbiken sind dann im Angebot. Allerdings bleiben zahlreiche Unterkünfte im Sommer ganz geschlossen.

🛏 Schlafen

Las Leñas besitzt fünf Luxushotels und eine Reihe von „Apart Hotels" (das Apart Hotel Delphos ist gut) alle unter derselben Leitung; Reservierungen unter www.laslenas.com oder bei **Ski Leñas** (⌕ in Buenos Aires 011-4819-6000; www.laslenasski.com; Cerrito 1186, 8th fl, Buenos Aires). Die meisten Zimmer werden als Teil eines einwöchigen Pauschalangebots gebucht, das Unterkunft, unbegrenztes Skifahren und zwei Mahlzeiten am Tag beinhaltet.

Es gibt auch kleine Apartments mit zwei bis sechs Betten und Gemeinschaftsbädern sowie mit kleinen Küchen, etwa bei **Manlio DeMartis** (⌕ 0260-442-6665; www.demartis.com.ar). Preiswertere Unterkünfte finden sich in Los Molles, 20 km die Straße hinunter, oder in Malargüe, 70 km entfernt.

★ Hotel Piscis   HOTEL $$$
(EZ/DZ pro Woche ab 3864/4300 US$; 🛜🍴) Die extravaganteste Unterkunft von Las Leñas ist das 5-Sterne-Hotel Piscis mit 99 Zimmern und großartigen Ausblicken ins Tal. Es bedarf jedoch einiger Reparaturen und Verbesserungen, doch die Kamine, ein Fitness-Raum, eine Sauna, ein Hallenbad, das elegante Restaurant **Las Cuatro Estaciones**, eine Bar, ein Casino und Läden entschädigen dafür. Die Preise richten sich nach der Jahreszeit.

★ Virgo Hotel & Spa   HOTEL $$$
(EZ/DZ pro Woche ab 1400/2800 US$; 🛜🍴) Das größte und modernste Hotel liegt ideal im Zentrum des Ortes. Es gibt einen beheizten Pool im Freien, eine Sushi-Bar, einen Whirlpool, ein Weinlokal, einen Spa und ein Kino. Das Hotel besitzt auch einen Ruf als Party-Location, deshalb sollten Eltern mit kleinen Kindern genau überlegen, bevor sie hier buchen.

Hotel Acuario   HOTEL $$$
(EZ/DZ pro Woche ab 1400/2800 US$; 🍴) Dieses kleine, kürzlich renovierte Skihotel am Fuß des Berges verfügt über ein gutes Restaurant, eine Bar und Après-Ski-Lounges.

ℹ An- & Weiterreise

Las Leñas liegt 445 km südlich von Mendoza und 70 km von Malargüe (der nächstgelegene Flugplatz, mit täglichen Flügen nach Buenos Aires während der Skisaison), jeweils über die RN 40 und die RP 222. San Rafael, 200 km entfernt, ist eine weitere Anschlussmöglichkeit für Flüge.

Während der Saison verkehren Busse ab Mendoza (300 Arg$, 6½ Std.), San Rafael (160 Arg$, 3 Std.) und Malargüe (85 Arg$, 1½ Std.).

Wer mit dem Auto kommt, muss wissen, dass im Winter Schneeketten Vorschrift sind.

Los Molles

Dieser staubige, windumtoste Ort würde langsam in der Vergessenheit versinken, wenn es dort nicht Unterkünfte zu vernünftigen Preisen gäbe – für all diejenigen, die nahe bei, aber nicht unbedingt in dem berühmten Skiort Las Leñas wohnen wollen. Auch Bergsteiger, Wanderer und andere raue Outdoortypen kommen gern hierher. In der Gegend gibt es Thermalbäder. Das Dorf liegt beiderseits der RP 222, 55 km nordwestlich von Malargüe.

🛏 Schlagen

★ Hostel Pehuenche   HOSTEL $
(⌕ 0260-15-436-4423; www.pehuenchehostel.com; B 24 US$; 🛜) Hostel Pehuenche ist eines der besten Hostels im Land, mit Bar, einem „digitalen Spielzimmer", Transferangeboten nach Las Leñas und kuschligem Bettzeug in gemütlichen, praktischen Zimmern. Für die Hostelgäste gibt es auch ein Abendessen (250 Arg$).

Hualum Hotel   HOTEL $$
(⌕ 0261-476-0409; www.hotelhualum.com.ar; RN 222, Km 30; DZ 2600 Arg$) Ganzjährig geöffnete Berg-Lodge mit kleinen Zimmern, einem geräumigen Lounge-Bereich und einem guten Restaurant.

ℹ An- & Weiterreise

Busse, die zwischen Malargüe (100 Arg$, 1 Std.) und Las Leñas (30 Arg$, 30 Min.) verkehren, fahren durch das Dorf. Alle Hotels in Los Molles bieten einen Shuttle-Service ins Skigebiet.

San Juan

⌕ 0264 / EW. 503.000 / 650 M

Das Leben in dieser Provinzhauptstadt mit den langen, schattigen Alleen hat seinen eigenen Rhythmus und die Einheimischen sind stolz auf ihre Stadt. 1944 zerstörte ein heftiges Erdbeben das Zentrum, mehr als 10 000 Menschen starben. Die Hilfsmaßnahmen von Juan Perón waren der erste Schritt auf seinem Weg zu nationalem Ruhm.

Die Weingüter von San Juan sind auch nicht zu verachten, doch sie sind erfreulich unkompliziert verglichen mit dem Hype in Mendoza. Alle Sehenswürdigkeiten der Provinz sind von der Hauptstadt aus gut zu erreichen. Die meisten liegen am Weg zum Parque Provincial Ischigualasto. Schon ein kleines Stückchen nördlich der Stadt sieht man die Staubwolken des Bergbaus. Im Süden des RN 40 gibt es sechs Produzenten von Olivenöl.

Im Sommer ist in der Stadt nichts los, vor allem am Sonntag, wenn alle Bewohner von San Juan an den Ufern des nahen Dique Ullum die Sonne genießen.

Sehenswertes & Aktivitäten

Museo de Vino Santiago Graffigna MUSEUM
(0264-421-4227; www.graffignawines.com; Colón 1342 Norte; Führungen Do-Sa stündl. 11.15-16.15 Uhr) GRATIS Museo de Vino Santiago Graffigna ist ein Weinmuseum in einem hübschen Backsteingebäude, der Rekonstruktion eines Weinguts aus der Zeit vor dem Erdbeben im Jahr 1944. Hier gibt es auch eine Weinbar, in der viele der besten Weine von San Juan verkostet werden können. Die *bodega* produziert sowohl Rot- als auch Weißweine; sie gehört heute zur französischen Getränkefirma Pernod Ricard. Der Bus 12A fährt vor der Touristeninformation in der Sarmiento (3 Arg$, 15 Min.) ab; am besten den Fahrer fragen, wo man aussteigen muss.

Casa Natal de Sarmiento MUSEUM
(Sarmiento 21 Sur; Mo-Fr 9-19, Sa 9-14, So 11-18 Uhr) GRATIS Die Casa Natal de Sarmiento ist nach Domingo Faustino Sarmiento benannt, dessen umfassende Aufzeichnungen als Politiker, Diplomat, Erzieher und Journalist ihn über die Grenzen Argentiniens hinaus bekannt gemacht haben. In *Recuerdos de Provincia* erzählt er von seiner Kindheit in diesem Haus und von Erinnerungen an seine Mutter. Heute ist das Gebäude ein Museum und es war das erste Nationaldenkmal des Landes.

Dique Ullum WASSERSPORT
Nur 18 km westlich von San Juan befindet sich der 32 km² große Dique Ullum, ein Wassersportzentrum: Schwimmen, Angeln, Kajakfahren, Wasserski und Windsurfen (allerdings gibt es keinen Verleih für entsprechende Ausrüstung). *Balnearios* (Strandclubs) säumen die Ufer und einen Tag hier in der Sonne verbracht zu haben, gehört zu einem Aufenthalt in San Juan absolut dazu. Abends verwandeln sich viele dieser *balnearios* in Tanzclubs.

Der Bus 23 ab der Avenida Salta und der Bus 29 vom Busbahnhof San Juan über die Avenida Córdoba fahren beide stündlich zur Talsperre.

Geführte Touren

Mario Agüero Turismo TOUREN
(0264-422-5320; www.marioaguerotourismo.tur.ar; General Acha 17 Norte; Mo-Fr 9-13 & 16-20, Sa 9-13 Uhr) Empfehlenswerter Anbieter von Touren in der Region, vor allem zum Parque Provincial Ischigualasto.

Feste & Events

Fiesta Nacional del Sol KULTUR
(www.fiestanacionaldelsol.com) Am letzten Februarwochenende erwacht San Juan zum Leben bei vier Nächten mit Gesang- und Tanzaufführungen und Schönheitsköniginnen aus den umliegenden Provinzen. Zum *espectáculo* (Show) am letzten Abend gehört die Wahl einer Fiesta-Königin, die im Autódromo Eduardo Copello stattfindet.

Schlafen

San Juan Hostel HOSTEL $
(0264-420-1835; www.sanjuanhostel.net; Av Córdoba 317 Este; B 12 US$; EZ/DZ 25/32 US$; ohne Bad 23/28 US$;) Ein einfaches Hostel mit einer Reihe von etwas abgewohnten Zimmern in einer Wohngegend, günstig zum Busbahnhof und zum Stadtzentrum gelegen. Es gibt gute Informationen zu Touren und Sehenswürdigkeiten und eine Dachterrasse.

Hotel Selby HOTEL $
(0264-422-4766; www.hotelselby.com.ar; Rioja 183 Sur; EZ/DZ 45/50 US$;) Hier gibt es nichts Besonderes, aber die Zimmer haben eine vernünftige Größe und die Lage im Zentrum ist unschlagbar. Gutes Preis-Leistungs-Verhältnis.

Del Bono Suites Art Hotel HOTEL $$
(0264-421-7600; www.delbonohotels.com/suites.html; Mitre 75 Oeste; DZ/Suite 96/110 US$;) Im modernsten Hotel des Zentrums überdecken einige Design-Ideen den zweifelhaften Charme des Kettenhotels. Gutes Preis-Leistungs-Verhältnis, die gut ausgestatteten Kochecken und der Pool auf dem Dach sind hübsche Extras.

ABSTECHER

RUTA DEL VINO DE SAN JUAN

Der Weintourismus von San Juan ist nicht ganz so gut entwickelt wie der von Mendoza, aber das ist in vielerlei Hinsicht auch gut so. Es gibt keinen Andrang von Besuchern und manchmal übernehmen die Winzer sogar persönlich die Führungen. Einige Weingüter haben sich zusammengeschlossen, um für die Ruta del Vino de San Juan (die San-Juan-Wein-Route; www.rutadelvinosanjuan.com.ar) zu werben. Wer alle an einem Tag besuchen möchte, sollte sich ein Auto mieten. Ab San Juan ist es eine 40-Kilometer-Runde. Sie lässt sich auch mit öffentlichen Verkehrsmitteln und mit dem Taxi bewältigen. Bei keinem der unten aufgeführten Weingüter muss man vorab reservieren.

Der erste Halt an der Route sollte **Las Marianas** (0264-463-9136; www.bodegaslasmarianas.com.ar; Calle Nuevo s/n; Di–Sa 10–17 Uhr) GRATIS sein. Es ist eines der schönsten Weingüter der Region, wurde 1922 gebaut, 1950 verlassen und 1999 wieder in Betrieb genommen. Das Hauptgebäude ist hinreißend mit seinen dicken Lehmziegelwänden und einigen herumliegenden Geräten zur Weinherstellung. Der Blick über die Weingärten auf die Berge ist großartig. Wer mit dem Bus kommt, nimmt die Nummer 16 (40 Min.) bei der Ecke Santa Fe und Mendoza in San Juan. Aussteigen an der Ecke Calle Aberastain und Calle Nuevo, von dort gibt es Wegweiser zum Weingut (ein Spaziergang von 800 m).

Auf dem Rückweg zur Calle Aberastain biegt man rechts ab und folgt 500 m der Straße nach Süden bis zu **Viñas de Segisa** (0264-492-2000; www.saxsegisa.com.ar; Ecke Aberastain & Calle 15, Pocito; Mo–Sa 10–19, So bis 14 Uhr) GRATIS. Dieses stattliche alte Weingut wirkt stärker museal als andere. Die Führung durch den unterirdischen Kellerbereich ist sehr gut und die Verkostungen sind großzügig.

Wer keine Lust auf einen Spaziergang hat, sollte jetzt ein *remise* (Sammeltaxi) bestellen. Wer lieber zu Fuß geht, nimmt den Weg zurück zur Calle 14 und geht 5 km weiter bis zur RN 40. Nach dem Abbiegen nach links, kommt die **Fabril Alto Verde** (0264-421-2683; www.fabril-altoverde.com.ar; RN 40, zwischen Calle 13 & 14; 75 Arg$ Mo–Fr 9–13 & 14.30–18.30 Uhr), ein großes topmodernes Weingut, das 90 % seiner Weine im Export verkauft. Es gibt Führungen auf Englisch oder auf Spanisch und einige sind von einem ziemlich öden Promotion-Video begleitet. Die preisgekrönten organischen Sorten Buenas Hondas und Touchstone werden hier produziert.

Als Nächstes nimmt man einen Bus, der auf der RN 40 Richtung Norden fährt bis zur Calle 11. Wenn man rechts in die Calle 11 einbiegt, erreicht man nach 300 m die **Champañera Miguel Mas** (0264-422-5807; miguelmas@infovia.com.ar; RP 215, Villa Aberastain; Mo–Fr 9–17 Uhr) GRATIS. Dieses kleine Weingut produziert einen der wenigen biologischen Schaumweine des Landes, außerdem andere Weine. Alles, mit Ausnahme der Verkorkung der Flaschen, wird von Hand vorgenommen. Führungen (nur auf Spanisch) zeigen jeden Schritt der Herstellung.

Zurück geht es wieder auf die RN 40, wo man einen Bus der Linie 23 anhält und zum Busbahnhof in San Juan zurückfährt.

Essen & Ausgehen

Tres Cumbres CAFE $
(Rivadavia 2; Sandwiches 90 Arg$; 7.30–22.30;) Zentral gelegener moderner Coffeeshop mit Fenstern zum Hauptplatz des Zentrums. Einfache Sandwiches, Kekse, Muffins, Croissants und Kuchen tragen hier zu einem angenehmen Nachmittag bei.

Soychú VEGETARISCH $
(0264-422-1939; Av José Ignacio de la Roza 223 Oeste; Hauptgerichte 95 Arg$; Mo–Sa 12–15 & 20–24, Sa 12–15 Uhr;) Vegetarier jubelt! Dieses einfache Restaurant – einem Reformhaus angeschlossen, dass viele Lebensmittel und Tees verkauft – bietet ein ausgezeichnetes Büfett mit einer großen Auswahl an leckeren Speisen. Die größte Auswahl hat, wer frühzeitig kommt; Einheimische bestellen sich hier gern Essen zum Mitnehmen in die Büros.

Remolacha PARRILLA $$
(Ecke Av José Ignacio de la Roza & Sarmiento; Hauptgerichte 118–350 Arg$; 12–15 & 20–1 Uhr) Eine der größten *parrillas* der Stadt. Der Speisesaal ist recht gewöhnlich ausgestattet, umso größer ist dafür das Vergnügen, im

San Juan

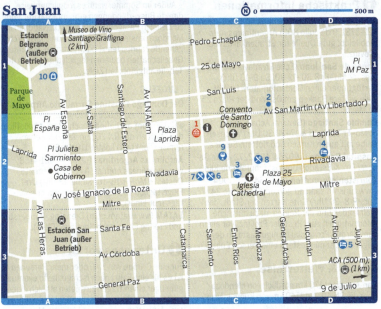

San Juan

Sehenswertes
1 Casa Natal de Sarmiento C2

Aktivitäten, Kurse & Touren
2 Mario Agüero Turismo C1

Schlafen
3 Del Bono Suites Art Hotel C2
4 Hotel Selby D2
5 San Juan Hostel D3

Essen
6 Remolacha C2
7 Soychú C2
8 Tres Cumbres C2

Ausgehen & Nachtleben
9 Flores Art Bar C2

Shoppen
10 Mercado Artesanal Tradicional A1

schattigen Garten zu essen. Von den Tischen vor dem großen Küchenfenster aus können die Gäste zusehen, wie ihr Fleisch ausgelöst wird, bevor es auf dem Grill landet. Als Beilage zum Fleisch werden ausgezeichnete Salate serviert.

★**Flores Art Bar** BAR
(Entre Rios 145; ⊙19–3 Uhr) Zugegeben, es gibt wenig bis gar keine Konkurrenz, aber diese Bar würde auch in Buenos Aires oder in Mexico City als cool durchgehen. Und das Design mit den Kacheln und den Pastellfarben weckt auch deutliche Assoziationen mit Mexiko City. Erinnerungsstücke an klassischen Rock aus den USA hängen an den Wänden und kleine Gruppen versammeln sich in den unterschiedlichen Räumen und genießen dort ausgezeichnete Cocktails und Kneipengerichte. Wem der Sinn nach Frischluft steht, der begibt sich in den Patio im oberen Stockwerk.

Shoppen

Mercado Artesanal Tradicional MARKT
(Traditioneller Handwerkermarkt; Centro de Difusión Cultural Eva Perón, Av España; ⊙Mo–Fr 8.30–20, Sa 9.30–13.30 Uhr) Auf dem Mercado Artesanal Tradicional werden qualitativ hervorragende Arbeiten der örtlichen Handwerkskunst angeboten, darunter Ponchos und die farbenfrohen *mantas* (Schals) von Jáchal.

ⓘ Praktische Informationen

ACA (Automóvil Club Argentina; ☏ 0264-422-3781; 9 de Julio 802) Argentiniens Automobilclub; gute Quelle für Straßenkarten der Provinz.

Banco de San Juan (Ecke Rivadavia & Entre Ríos; ⊙ Mo–Fr 8.30–12.30, Sa 9–13 Uhr) Verfügt über einen Geldautomaten. Es gibt viele weitere Banken am Ostrand der Plaza 25 de Mayo.

Cambio Santiago (General Acha 52 Sur; ⊙ Mo–Fr 8.30–13 & 17–20.30 Uhr) Wechselstube mit guten Kursen und flottem Service.

Hospital Rawson (☏ 0264-422-2272; Ecke General Paz & Estados Unidos) Empfohlene Klinik.

Touristeninformation (☏ 0264-421-0004; www.turismo.sanjuan.gob.ar; Sarmiento 24 Sur; ⊙ 8–20 Uhr) Gute Karten der Stadt, des Weinlandes und der Region, dazu nützliche Informationen vom Rest der Provinz, vor allem zum Parque Provincial Ischigualasto. In der Regel spricht mindestens eine Person Englisch.

ⓘ An- & Weiterreise

San Juan liegt 170 km nördlich von Mendoza über die RN 40 und 1140 km von Buenos Aires.

BUS

Am **Busbahnhof** (☏ 0264-422-1604; Estados Unidos 492 Sur) in San Juan starten Fahrten nach Santiago, Viña del Mar und Valparaíso in Chile, aber man muss in Mendoza, 167 km südlich, umsteigen.

Außer im Somme, wenn es möglicherweise direkte Busverbindungen gibt, müssen Reisende zu Zielen in Patagonien, südlich von Neuquén in Mendoza umsteigen, obwohl in San Juan durchgehende Fahrkarten verkauft werden. Mehrere Gesellschaften bedienen täglich die unten in der Tabelle aufgeführten Ziele.

FLUGZEUG

Der **Domingo Faustino Sarmiento Airport** (Las Chacritas; ☏ 0264-425-4133; www.aa2000.com.ar) befindet sich 13 km südöstlich der Stadt an der RN 20. Ein Taxi oder eine *remise* (Funktaxi) kostet 110 Arg$.

Aerolíneas Argentinas (☏ 0264-421-4158; www.aerolineas.com.ar; Av San Martín 215 Oeste; ⊙ Mo–Fr 10–18, Sa bis 13 Uhr) Drei Flüge täglich nach Buenos Aires außer sonntags (nur einer).

LATAM (www.latam.com) Dienstag, Donnerstag und Freitag Flüge nach Santiago (Chile).

ⓘ Unterwegs vor Ort

Für eine Gruppe von zwei oder mehr Personen ist es für eine Fahrt nach Ischigualasto eventuell günstiger einen Wagen zu mieten als sich einer organisierten Tour anzuschließen. In der Touristeninformation gibt es eine Liste von Mietwagenfirmen, darunter **Classic** (☏ 0264-422-4622; www.classicrentacar.com.ar; Av San Martín 163 Oeste; ⊙ 9–19 Uhr) gegenüber der Touristeninformation und **Trebol** (☏ 0264-670-2783; www.trebolrentacar.com.ar; Laprida 82 Este; ⊙ Mo–Fr 9–13 & 17–21 Uhr) im Alkazar Hotel.

Busse ab San Juan

REISEZIEL	FAHRPREIS (ARG$)	FAHRZEIT (STD.)
Barreal	125	4
Buenos Aires	1300	14
Calingasta	210	3½
Catamarca	1100	8
Córdoba	730	8½
Huaco	174	3
La Rioja	500	6
Mendoza	220	2½
Rodeo	180	3½
San Agustín de Valle Fértil	202	4
San José de Jáchal	130	2
San Luis	410	4
Tucumán	1026	13
Vallecito	72	1

Barreal

☏ 02648 / EW. 3500 / 1650M

Barreal hat eine paradiesische Lage, wie man sie sonst wohl nur selten findet. *Sauces* (Trauerweiden), *àlamos* (Pappeln) und Eukalyptusbäume drapieren sich träge über unbefestigten Straßen, die sich durch den gesamten Ort schlängeln. Und der Blick auf die Cordillera de Ansilta – eine Gebirgskette der Anden mit sieben majestätisch aufragenden Gipfeln zwischen 5130 und 5885 m – ist einfach atemberaubend. Wer die hohe Kunst des süßen Nichtstuns selbst im Urlaub nicht beherrscht, der wird sie in den Seitenstraßen von Barreal und hinunter zum Río de los Patos bestimmt kennen und lieben lernen. Im Süden sind der Aconcagua und der Tupungato zu sehen, ebenso der Gipfel des Cerro Mercedario (6770 m).

Die Presidente Roca ist die Hauptstraße des Ortes, eine Fortsetzung der RP 149, die von Calingasta nach Barreal führt und weiter zum Parque Nacional El Leoncito. Nur einige Straßen haben Namen; die Einheimischen können im Zweifelsfall aber weiterhelfen.

⊙ Sehenswertes & Aktivitäten

Nur 22 km südlich des Ortes befindet sich der Parque Nacional El Leoncito; ein Besuch lohnt sich für kurze Spaziergänge in großartigen Wüstenlandschaften und für nächtliche Sternenbeobachtung. Rafting lohnt sich mehr wegen des großartigen Ausblicks als wegen der Stromschnellen; die meisten Touren starten 50 km flussaufwärts in **Las Hornillas**. Das **Hostel Barreal** (0264-415-7147; www.hostelbarreal.com; San Martín s/n; B/Zi. pro Person 10/14 US$; 📞) organisiert auch Rafting-Touren.

Parque Nacional El Leoncito PARK
(0264-844-1240) Der 76 km² große Parque Nacional El Leoncito nimmt das Gelände einer ehemaligen *estancia* (Ranch) 22 km südlich von Barreal ein. Die Landschaft ist typisch für die *precordillera* der Anden. Über das hoch gelegene, trockene, offene Tal ziehen nur selten Wolken, sodass sich hier wunderbar der Himmel beobachten lässt. So befindet sich im Park der **Complejo Astronómico El Leoncito** (0264-421-3653; www.casleo.gob.ar; ⊙April–Sept. 10–12 & 14.30–17 Uhr, Okt–Mai 10–12 & 15–17.30 Uhr) mit zwei wichtigen Observatorien, dem Observatorio El Leoncito (C.AS.LEO) und dem Observatorio Cesco. Auch nächtliche Besuche zur Beobachtung des Sternenhimmels sind möglich; sie müssen jedoch im Voraus mit dem Büro des Complejo in San Juan vereinbart werden.

Entre Tapias WEIN
(0264-423-9070; www.entretapias.com; Presidente Roca s/n; ⊙10–13 & 17–18 Uhr) Das hoch gelegene, familiengeführte Entre Tapias (1650 m) ist das einzige Boutique-Weingut des Valle de Calingasta. Es ist ein ländlich-romantischer Ort mit legeren Weinproben; es gibt auch Mittag- und Abendessen (vorab reservieren).

Klettern

Las Hornillas (zwei *refugios* – rustikale Unterkünfte – und ein militärischer Außenposten) bietet Zugang zu Bergtouren im Cordón de la Ramada mit fünf Gipfeln über 6000 m, darunter der Cerro Mercedario. Das Klettern hier stellt höhere Ansprüche an die Technik als am Aconcagua und viele Bergsteiger bevorzugen diese Gegend. Ramon Ossa, aus Barreal stammend, ist ein sehr empfehlenswerter Bergführer und Touranbieter, der die Cordillera wie seine Westentasche kennt; Kontakt über **Posada Don Ramon** (0264-844-1004; www.fortunaviajes.com.ar; Presidente Roca s/n). Er kann Touren zum Cerro Mercedario organisieren und Expeditionen über die Anden auf den Spuren von San Martín, einschließlich Maultieren und der Ausrüstung.

Zugang zum *refugio* in Las Hornillas, Kletterinformationen, Guides und Mountainbike-Verleih gibt es bei Maxi in den **Cabañas Kummel** (0264-404-0913; wmkummel@hotmail.com; Presidente Roca s/n).

Mauro Olivera, ein erfahrener Guide, organisiert Klettertouren mit drei Tagen in den Bergen und zwei Nächten in der Posada Don Lisandro (pro Person 5000 Arg$, mindestens vier Teilnehmer).

UMWELTPROBLEME

Wenn man in einem Weinberg steht, umgeben von reifenden Trauben und den schneebedeckten Anden in der Entfernung, erscheint die Landschaft als Mischung aus geordneter Landwirtschaft und Ehrfurcht einflößender Natur. Und da der Weinbau einer der wichtigsten Pfeiler der Wirtschaft des Landes ist, besitzt er natürlich Priorität. Und doch gibt es Bedrohungen.

In der Region von Mendoza wurden riesige Kupfer- und Schiefervorkommen entdeckt. Ölbohrtürme stehen in der Ebene östlich der Straße von San Rafael nach San Juan. Seit mehr als einem Jahrzehnt findet außerhalb von San Juan in großem Maßstab Goldbergbau mit allen damit einhergehenden Risiken statt, vor allem mit der Gefahr, dass Cyanid in den Fluss gerät.

Und natürlich ist diese Wüstenregion von den Schmelzwässern der Anden abhängig, um die Stauseen zur Bewässerung der Weinberge und anderer Bauernhöfe zu füllen. Wenn durch den Klimawandel die Gletscher verschwinden oder der Schnee weniger wird, ist die Zukunft von Mendoza in Gefahr.

> **DIFUNTA CORREA**
>
> Seit den 1940er-Jahren ist aus dem Schrein der Difunta Correa (ursprünglich ein schlichtes Kreuz) ein ganzes Dorf entstanden mit einfachen Hotels, Restaurants und Läden, die sich alle der Legende der Difunta Correa widmen. Es wird erzählt, dass während der Bürgerkriege in den 1840er-Jahren eine Frau namens Deolinda Correa dem Bataillon ihres Mannes in die Wüste von San Juan folgte. Sie trug ihren Sohn auf den Armen. Als ihre Vorräte zur Neige gingen, starb sie. Das Baby wurde später gefunden; es trank noch an der Brust seiner toten Mutter.
>
> Der Schrein in Vallecito erinnert an den Ort, an dem sie angeblich gestorben ist. Difunta heißt wörtlich übersetzt „verstorben" und Correa ist ihr Familienname. Gläubige kommen das ganze Jahr über hierher, aber ab Ostern, am 1. Mai und an Weihnachten sind es bis zu 200 000 Wallfahrer. An Wochenenden ist mehr los als unter der Woche. Es gibt regelmäßige Verbindungen von San Juan und Mendoza nach Vallecito.

Wandern

Am Südende der Presidente Roca ist eine Art dreieckiger Kreisverkehr. Der Straße nach Osten folgen (weg von den Anden), bis sie in die Hügel führt. Dort liegt ein kleiner **Schrein** und es besteht die Möglichkeit weiter in die Ausläufer der Berge zu wandern und tolle Ausblicke zu genießen. 3 km weiter auf dieser Straße kommt man zu einem Bergwerk (das Tor sollte offen sein). Wer hier eintritt und 1 km weiterwandert, gelangt zu einem **Versteinerten Wald**.

Strandsegeln

Barreal ist am bekanntesten für sein *carrovelismo* (Strandsegeln); ein faszinierender Sport, der auf einem kleinen Fahrzeug ausgeübt wird, an dem ein Segel angebracht ist. Fans kommen aus großer Entfernung zum stürmischen Seegrund in **Pampa del Leoncito** (0264-622-2474; www.pampaelleoncito.com), etwa 20 km von der Stadt entfernt, gleich beim Nationalpark. Wer es ausprobieren möchte, sollte **Rogelio Toro** (0264-15-671-7196; dontoro.barreal@gmail.com) oder Mauro Olivera kontaktieren; beide liefern die nötige Ausrüstung und geben auch Unterricht.

Die Hochsaison, wenn der Wind jeden Nachmittag gegen 17 Uhr Sturmstärke erreicht, ist von Mitte Oktober bis Mitte März.

Schlafen & Essen

Während der Siesta-Zeit, wenn alles geschlossen ist und Barreal wie eine Geisterstadt wirkt, ist **Servicompras** (Presidente Roca s/n; 24 Std.;), die Tankstelle, die einzige Möglichkeit, um einfache Lebensmittel und Snacks zu bekommen. Ansonsten gibt es einige Restaurants an der Presidente Roca (RN 149), Barreals Hauptstraße.

★**Posada Don Lisandro** HOSTEL $
(0264-505-9122; www.donlisandro.com.ar; San Martín s/n, RN 149; B 11 US$, DZ mit/ohne Bad 29/23 US$;) Mauro Olivera, ein erfahrener Strandsegler und Bergführer betreibt diese kleine Posada (Gasthaus) in einem Gebäude, das mehr als 100 Jahre alt ist. Es besitzt noch seine originalen Schilf- und Lehmwände und einige alte Möbel. Das Bett im gemütlichen Zimmer ohne Bad ist ganz besonders bequem. Es gibt auch eine gut ausgestattete Küche, die von den Gästen genutzt werden kann, und eine kleine Bar.

Eco Posada El Mercedario POSADA $$
(0264-15-509-0907; www.elmercedario.com.ar; Presidente Roca, Ecke de los Enamorados; DZ 57 US$;) In Barreals ältestem Gebäude am Nordrand der Stadt besitzen die Zimmer von El Mercedario eine heimelige, kolonialzeitliche Atmosphäre mit alten Möbeln. Sie gehen auf einen ruhigen Barrio und eine kleine Farm. Im Restaurant gibt es Frühstück und Abendessen für die Gäste.

Restaurante Isidro ARGENTINISCH $
(Presidente Roca s/n; Hauptgerichte 100–200 Arg$; 8–15 & 20–23.30 Uhr;) Die Fleisch- und Pastagerichte sind Standard, einige Empanadas mit Fleisch sind recht gut. Dazu eine gute Auswahl an Weinen aus der Region San Juan.

Praktische Informationen

Banco de la Nación (Presidente Roca s/n; Mo–Fr 9–13 Uhr) Verfügt über einen Geldautomaten.

Touristeninformation (02648-441066; Presidente Roca s/n; 9–24 Uhr) Liegt bei der Hauptplaza und bietet eine Liste von Touranbietern und Unterkünften. Nur auf Spanisch.

❶ An- & Weiterreise

Zwei Busse fahren täglich nach San Juan (200 Arg$, 4 Std.), die Calingasta (35 Arg$, 30 Min.) passieren. Der Halt ist bei Servicompras (S. 396).

Die Straße zwischen Barreal und Uspallata in der Provinz Mendoza führt durch eine fantastische Landschaft. Eine 38 km lange Teilstrecke ist unbefestigt und wird wohl noch einige Zeit so bleiben. Am besten mit einem kleinen Fahrzeug sehr vorsichtig fahren; es ist eine schmutzige, steinige Straße ohne alles. Wenn jemand Hilfe benötigt, ist höchstwahrscheinlich kein Mensch in der Nähe.

Rodeo

🕿 0264 / EW. 2600 / 2010 M

42 km westlich von San José de Jáchal gelegen, ist Rodeo ein kleiner, etwas heruntergekommener Ort mit malerischen Adobe-Häusern, die typisch sind für die Region. Es ist jedoch tatsächlich weltberühmt als beliebtes Ziel der **Windsurfer** und der **Kitesurfer** am **Dique Cuesta del Viento**, einem nur 3 km entfernten Stausee inmitten einer spektakulären Kulisse. Von Mitte Oktober bis Anfang Mai erreicht die Windgeschwindigkeit fast jeden Nachmittag 120 km/h und lockt Surfer aus aller Welt an. Auch wer den Wind nicht so sehr liebt, kann gut ein oder zwei Tage mit Bummeln durch Rodeo und Chillen am Strand verbringen und dabei den Panoramablick und die Verrücktheit der Windsurfer beobachten.

Westlich der Stadt Rodeo, an der RN 510 liegt das Departamento Iglesia, wo sich die in der *precordillera* gelegenen Termalbäder von **Pismanta** befinden. Die RN 510 führt dann in westlicher Richtung weiter nach Chile über den im wahrsten Sinn des Wortes atemberaubenden, 4765 m hohen **Paso del Agua Negra**, der allerdings nur im Sommer geöffnet ist.

🛏 Schlafen & Essen

Rancho Lamaral   HOSTEL $
(🕿 0264-15-660-1197; www.rancholamaral.com; Cuesta del Viento; Zeltplatz pro Person 12 US$, B/DZ 20/35 US$) Diese friedliche, legere Unterkunft liegt am Ende einer Sandstraße etwa 500 m vom Ufer des Dique Cuesta del Viento. Die Zimmer in dem Adobe-Haus sind einfach und bequem; der kleine hübsche, wenn auch etwas ungepflegte Hof, ist ein toller Platz zum Chillen. Im Angebot sind Kurse und ein Ausrüstungsverleih für Windsurfen und Kitesurfen.

⭐ **Posta Huayra**   HOTEL $$
(🕿 0264-15-451-6179; www.postahuayra.com.ar; Zeballos s/n; EZ/DZ 45/75 US$; 🅿) Diese kleine Unterkunft mit der starken Atmosphäre schmiegt sich zwischen die Pappeln unterhalb des Ortes. Die Zimmer sind ausgesprochen bequem und schick mit vielen indigenen Motiven. Das empfehlenswerte Restaurant steht auch Nichtgästen offen.

La Surfera   INTERNATIONAL $
(Santo Domingo s/n; Hauptgerichte 110–200 Arg$; ⏱ 12–1 Uhr; 🅿) La Surfera liegt an der Hauptstraße im Ortszentrum. Das lässige Restaurant-Café-Reggaebar ist der zentrale Treffpunkt von Rodeos erstaunlich großer hipper Szene. Die vegetarischen Speisen sind lecker, die Fleischgerichte könnten besser sein.

❶ Praktische Informationen

Touristeninformation (🕿 0264-493068; Plaza de la Fundación; ⏱ 8–21 Uhr) Im Rathaus bietet diese Touristeninformation eine Liste von Unterkünften und Informationen zu den örtlichen Sehenswürdigkeiten.

❶ An- & Weiterreise

An San Juans Busbahnhof fahren zweimal täglich Busse nach Rodeo ab (180 Arg$, 3½ Std.).

Der Weg nach San José de Jáchal, 46 km östlich, verläuft über die malerische, enge und kurvenreiche RP 150, die in den Berg oberhalb des Río Jáchal gebaut wurde.

Die kürzeste Strecke zwischen Rodeo und Barreal ist die RP 412. Doch nur wer fliegen kann oder ein sehr gutes Allradfahrzeug fährt, sollte sich daran wagen. Südlich von Bella Vista ist die Straße sehr rau und steinig. Besser ist es, die RP 149 zu nehmen, eine unglaublich malerische Strecke, die durch dramatische Bergwüstenlandschaften führt.

Parque Provincial Ischigualasto

Passenderweise auch Valle de la Luna genannt, hat dieser **Park** (Tal des Mondes; 🕿 0264-422-5778; www.ischigualasto.gob.ar; 250 Arg$; ⏱ 8–17 Uhr) seinen offiziellen Namen nach einem Wort der Diaguita für „Land ohne Leben". Besuche hier führen in eine faszinierende Welt surrealer Felsformationen, Dinosaurier-Fossilien und leuchtend roter Sonnenuntergänge. Der 630 km² große Park ist ein Wüstental zwischen zwei Bergketten aus Sedimentgestein, den Cerros Colorados im Osten und dem Cerro Los Rastros im Westen. Über Jahrtausende hat das Wasser des fast ausgetrockneten Río Ischigualasto typische Muster in den weichen roten Sandstein, den einfarbigen Ton und die vulkanische Asche gezeichnet. Wie nicht anders zu erwarten, bekamen einige dieser Formen populäre Namen, darunter, **Cancha de Bochas** (Ballspielplatz), **El Submarino** (U-Boot) und **El Gusano** (Wurm). Die Zeit und das Wasser haben auch eine reiche Ausbeute an Fossilien freigelegt, von denen manche mehr als 180 Millionen Jahre alt sind, aus dem Erdzeitalter des Trias. Die Wüstenflora mit Algarrobos (einer Mimosenart), Gebüsch und Kakteen passt perfekt zu den unheimlichen Landschaftsformen.

Sehenswertes

Das **Museum** des Parks zeigt eine Anzahl von Fossilien, darunter den fleischfressenden Dinosaurier *Herrerasaurus* (dem *Tyrannosaurus rex* durchaus ähnlich), den *Eoraptor lunensis* (den ältesten bekannten räuberischen Dinosaurier) und gute Dioramen vom vorgeschichtlichen Aussehen des Parks.

Vom **Besucherzentrum** aus führt ein drei- bis vierstündiger Spaziergang auf den abgelegenen 1748 m hohen **Cerro Morado**; dabei werden nahezu 80 Höhenmeter überwunden und es eröffnen sich herausragende Ausblicke. Unbedingt reichlich Trinkwasser und Energie-Snacks mitnehmen.

Geführte Touren

Besucher können den Park nur in Begleitung eines Rangers besuchen. Die beliebteste Tour dauert drei Stunden und beginnt zur vollen Stunde (mehr oder weniger). Dabei fahren die Autos im Konvoi und halten unterwegs an interessanten Stellen. Der Ranger erklärt (leider nur auf Spanisch), worauf man achten sollte.

Wer kein Auto zur Verfügung hat, der sollte sich einer organisierten Tour in den Park anschließen. Diese gibt es in San Agustín de Valle Fertil oder San Juan. Die Kosten dafür (ohne den Eintritt in den Park) beginnen bei 1600 Arg$ pro Person ab San Juan (die Touristeninformation der Stadt hilft mit Rat) oder 800 Arg$ pro Person ab San Agustín. Touren ab San Juan sind anstrengend, die Fahrzeit beträgt fast acht Stunden; sie starten um 5 Uhr morgens und sind nach Einbruch der Dunkelheit zurück.

Vielerlei geführte Touren gibt es ab dem Besucherzentrum im Park. Dazu zählen u. a. spektakuläre Vollmondtouren (250 Arg$, 2½ Std.) an den fünf Tagen um Vollmond herum, Trekking-Touren auf den Gipfel des Cerro Morado (3 bis 4 Std.) und ein 12 km langer Rundkurs durch den Park auf dem Mountainbike (150 Arg$).

An- & Weiterreise

Ischigualasto liegt über die RP 510 72 km nördlich von San Agustín und über die RP 150 125 km östlich von Huaco. Aufgrund der Größe und der Abgeschiedenheit kann man den Park nur per Privatauto oder mit einer geführten Tour besuchen. Die Straßen im Park selbst sind nicht befestigt und sie können nach Regen unpassierbar sein.

Bariloche & das Seengebiet

Inhalt ➡
Bariloche 402
Parque Nacional
Nahuel Huapi 415
El Bolsón 420
Villa la Angostura ... 425
San Martín de los
Andes 429
Parque Nacional
Lanín 436
Chos Malal 445
Parque Nacional
Laguna Blanca 446
Neuquén 446

Gut essen

➡ Butterfly (S. 409)
➡ Alto El Fuego (S. 408)
➡ Morphen (S. 434)
➡ Il Gabbiano (S. 417)
➡ Pistach' (S. 427)

Schön übernachten

➡ Estancia Peuma Hue (S. 408)
➡ El Casco Art Hotel (S. 408)
➡ Earthship Patagonia (S. 421)
➡ La Casona de Odile (S. 421)
➡ Hotel Llao Llao (S. 417)

Auf nach Bariloche & ins Seengebiet!

Das Seengebiet gehört wegen seiner spektakulären Landschaft zu den interessantesten Zielen für Argentinienbesucher. Die Touristen kommen zum Skifahren, Fischen, Klettern oder Wandern und genießen die kühle, frische Luft in den weiten Wäldern und an den Gletscherseen in Argentiniens größtem Nationalpark.

Die paläontologischen Fundstellen und hervorragenden Weingüter in der Nähe von Neuquén lohnen einen Abstecher. Weit entfernt im Süden liegt der Ferienort Bariloche, ein Postkartenidyll am Ufer des Lago Nahuel Huapi.

Wer dem Touristenrummel entgehen möchte, kann das hier leicht tun. Die beiden am See gelegenen Ferienorte Villa Traful und San Martín de los Andes sind zwar im Sommer gut besucht, sonst aber himmlisch ruhig. Im Norden liegt Chos Malal, ein idealer Ausgangspunkt, um die nahe gelegenen Vulkane, Seen und heißen Quellen zu erkunden.

Reisezeit
Bariloche

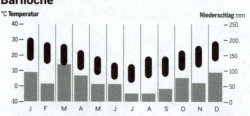

März–Mai Warme Tage und kühle Nächte machen diese Monate zur perfekten Reisezeit.

Juni–Sept. Während der Skisaison präsentieren sich die Berge ganz besonders spektakulär.

Nov.–Jan. Die angenehmen Temperaturen und die blühenden Wiesen locken zum Wandern.

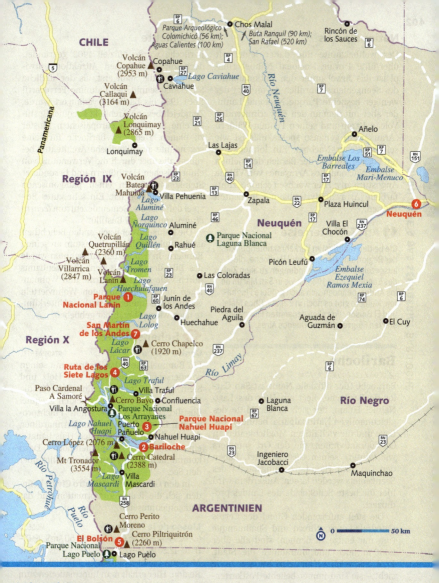

Highlights

❶ **Parque Nacional Lanín** (S. 436) Die Besteigung des beeindruckendsten Vulkans des Seengebietes und eine Wanderung durch die Araukarien-Wälder zu einem See.

❷ **Bariloche** (S. 402) Ein Restaurantbesuch und ein Segeltörn auf dem spektakulären Lago Nahuel Huapi.

❸ **Parque Nacional Nahuel Huapi** (S. 415) Er bietet einige der schönsten Wanderrouten der Region.

❹ **Ruta de los Siete Lagos** (S. 431) Eine Rundfahrt auf der RN 40 entlang von Bergseen und *Pehuén*-Wäldern.

❺ **El Bolsón** (S. 420) Wandern, Radfahren und das fantastische Bier in der ehemaligen Hippie-Hochburg testen.

❻ **Neuquén** (S. 446) Eine Wanderung auf den Spuren der Dinosaurier und Spitzenweine.

❼ **San Martín de los Andes** (S. 429) Eine Traumlage am See, Outdoor-Abenteuer und gutes Essen.

Nationalparks

Der weltbekannte und daher leider oft überfüllte Parque Nacional Nahuel Huapi ist das Juwel unter den Nationalparks des Seengebietes. Nördlich davon liegt der weniger besuchte Parque Nacional Lanín, der aber mit dem an den Fuji erinnernden Volcán Lanín und seinen Pehuén-Wäldern (Araukarien) genauso spektakulär ist wie sein südlicher Nachbar. Ein lohnenswerter Tagesausflug ist der Besuch des kleinen Parque Nacional Los Arrayanes von Villa la Angostura aus: Hier wachsen schöne, zimtfarbene Arrayán-Myrtenbäume in lichten Hainen.

❶ An- & Weiterreise

Die beiden wichtigsten Verkehrsknotenpunkte der Region sind Neuquén und Bariloche, die ausgezeichnete Busverbindungen zu allen Zielen des Landes bieten. Hier, sowie in San Martín de los Andes, befinden sich auch größere Flughäfen; kleinere gibt es noch in Zapala, Chos Malal und El Bolsón. Von allen genannten Flughäfen starten Flugzeuge nach Buenos Aires.

Bariloche

0294 / 127 300 EW. / 770 M

Bariloche (der offizielle Name ist San Carlos de Bariloche) liegt am Ufer des Lago Nahuel Huapi, der sich in der Mitte des gleichnamigen Nationalparks befindet. Die Lage und die vielfältigen Möglichkeiten an Outdooraktivitäten, die der Ort sommers wie winters seinen Gästen bietet, haben den Ort zum Hauptanziehungspunkt des Seengebiets werden lassen. Außerdem wird hier die beste Schokolade des Landes produziert!

Die steil aufragenden Gipfel der Cerros Catedral, López, Nireco und Shaihuenque (um nur einige zu nennen) sind alle über 2000 m hoch und umrahmen die Stadt. Egal, aus welcher Himmelsrichtung man sie sieht – sie sind immer beliebte Postkartenmotive.

Doch die Berge sind nicht nur zum Anschauen da. Die Schneebedingungen im Winter sind geradezu ideal (zum Ende der Saison können hier über 2 m Schnee liegen) und ziehen Ski- und Snowboardfahrer aus dem ganzen Land an.

Im Sommer laden die Berge zum Klettern und Wandern ein, man kann Forellen angeln und Touren mit dem Mountainbike oder hoch zu Ross unternehmen.

Geschichte

Bariloche wurde offiziell 1902 gegründet, doch zur touristischen Attraktion entwickelte sich die Stadt erst, als der südliche Streckenabschnitt der Bahnlinie Ferrocarril Roca 1934 bis Bariloche verlängert wurde. Zeitgleich begann Architekt Ezequiel Bustillo, eine Stadt nach europäischem Muster zu planen. Heute ist Bariloche für seine sogenannte alpenländische Architektur berühmt, die aber durch die Verwendung von einheimischen Harthölzern und besonderer Steinkonstruktionen einen patagonischen Touch bekommen hat. Ein sehr gutes Beispiel dafür ist das Gemeindezentrum *(centro cívico)* von Ezequil Bustillo.

Die Kehrseite der wachsenden Beliebtheit ist das unkontrollierte Wachstum an seinen Rändern: In den letzten Jahrzehnten wurde das Bild des „historischen" Stadtzentrums durch viele Apartmenttürme und Wohnanlagen in den angrenzenden Wohnvierteln verunstaltet. Immerhin sind die Unterkünfte nach wie vor bezahlbar geblieben.

◉ Sehenswertes

Centro Cívico
STADTVIERTEL

Ein Bummel durch das Zentrum mit seinen wunderschönen Gebäuden aus Holz und Stein ist ein Muss! Die Entwürfe für die Häuser stammen vom Architekten Ezequiel Bustillo. Ebenfalls fast schon Pflichtprogramm ist ein Foto mit dem Bernhardiner, dem ein kleines Fass um den Hals hängt – ein klassisches Argentinienmotiv. Dazu kommt natürlich der fantastische Blick über den See.

In den Gebäuden des Centro Cívico befinden sich die Touristeninformation und das Patagonienmuseum.

Museo de la Patagonia
MUSEUM

(☎ 0294-442-2309; Centro Cívico; 50 Arg$; ◉ Di–Fr 10–12.30 & 14–17, Sa 10–17 Uhr) Das kleine Museum bietet einen guten Einblick in die Region: Hier erhält man Informationen zum vulkanischen Ursprung Patagoniens, den archäologischen Stätten, der vielfältigen Tierwelt (in Form von ausgestopften Tieren), dem Leben des Forschers Perito Moreno (auch sein persönlicher Besitz wird hier gezeigt) sowie eine Darstellung der Eroberung der Wüste im 19. Jh.

Besonders sehenswert ist die Abteilung über die indigene Bevölkerung Südargentiniens mit zahlreichen Ausstellungsstücken zur Kultur der Mapuche und der Yamaná.

Aktivitäten

Bariloche und die Region Nahuel Huapi zählen zu den wichtigsten argentinischen Zielen für Outdoorenthusiasten. Zahlreiche Veranstalter bieten die unterschiedlichsten Freizeitaktivitäten an – besonders beliebt sind Ausritte, Mountainbiketouren und Wildwasser-Rafting.

Angeln

Passionierte Fliegenfischer aus der ganzen Welt strömen in die gut erreichbaren Parks der patagonischen Anden zwischen Lago Puelo und Los Alerces im Süden und Lanín im Norden.

An größeren Seen wie dem Nahuel Huapi wird Schleppangeln (Trolling) bevorzugt, an den Flüssen überwiegt das Fliegenfischen. Die Saison dauert von Mitte November bis Mitte April. Wer weitere Informationen braucht, kann sich an die **Asociación de Pesca y Caza Nahuel Huapi** (Jagd- & Angelclub; ☎ 0294-442-1515; www.facebook.com/-PescaYCazaNahuelHuapi; Ecke Av 12 de Octubre & Onelli; ⊙ Mo–Sa 9–18 Uhr) wenden. Leihausrüstungen und einen Führer vermittelt Martín Pescador. Angeboten werden geführte Angeltouren für 7500 Arg$ pro Tag für ein bis zwei Personen (der Preis ist überall der gleiche und schließt jeweils Ausrüstung, Essen, Transport und einen Führer ein). Die erforderliche Angelerlaubnis (Tag/Woche/Saison 480/1280/1670 Arg$) erhält man beim Veranstalter.

Bergsteigen & Trekking

Im Parkbüro des Nationalparks Nahuel Huapi ist eine einfache Karte erhältlich, die für eine erste Planung völlig ausreicht. Die Wanderrouten sind in die Kategorien einfach, mittel oder schwer eingeteilt, außerdem werden mögliche Umwege und Schleifen aufgeführt. Viele dieser Wanderungen werden detailliert im Lonely-Planet-Wanderführer *Trekking in the Patagonian Andes* beschrieben.

Gleitschirmfliegen

Parapente Bariloche   GLEITSCHIRMFLIEGEN
(☎ 0294-15-480-3050; www.bariloche-paragliding.com; Cerro Otto base) Die Berge rund um Bariloche sind fantastische Ausgangspunkte zum Gleitschirmfliegen. Wer sich in die Luft schwingen will, muss etwa 1800 Arg$ für einen Tandemflug (20 bis 30 Min.) einplanen. Neben dieser Flugfirma gibt es auch noch mehrere ähnliche Anbieter mit vergleichbaren Preisen.

Mountainbiken

Mit Rädern lässt sich der Circuito Chico ideal bewältigen, allerdings benötigt man für den 60 km langen Rundkurs eine gute Kondition. Daneben gibt es noch weitere schöne Strecken in der Umgebung von Bariloche; die meisten Straßen sind asphaltiert und selbst die Schotterpisten sind in der Regel in gutem Zustand.

Bikeway   MOUNTAINBIKEVERLEIH
(☎ 0294-461-7686; www.bikeway.com.ar; Av Bustillo, Km 12,5) Die Miete für ein Mountainbike inklusive Handschuhen und Helm kostet etwa 250 Arg$ pro Tag. Es gibt noch andere Verleiher mit ähnlichen Konditionen.

Rafting & Kajakfahren

Rafting- und Kajaktouren auf dem Río Limay und dem Río Manso erfreuen sich in den letzten Jahren immer größerer Beliebtheit. Die beste Zeit für den Wildwassersport sind die Monate November bis Ende Februar, raften kann man aber schon ab Oktober und bis Ostern.

★**EXtremo Sur**   RAFTING
(☎ 0294-442-7301; www.extremosur.com; Morales 765; ⊙ 9–18 Uhr) Bereits seit 1991 bietet dieser Veranstalter verschiedene Touren auf dem Río Manso an: Die Schwierigkeitsgrade II bis III (pro Pers. 1490 Arg$) sind für alle Altersgruppen geeignet, die Strecke Manso a la Frontera (Schwierigkeitsgrad III bis IV, pro Pers. 1900 Arg$) eignet sich erst für Jugendliche ab 14 Jahren. Der Veranstalter bietet aber auch einfache Raftingtouren auf dem Río Limay sowie Stand-up-Raften an. Ein ordentlicher Adrenalinschub ist garantiert!

Im Programm der Firma sind auch eine Drei-Tages-Tour – die Expedición Río Manso (Schwierigkeitsgrad III bis IV). Unterwegs wird an schönen Uferplätzen gezeltet.

★**Aguas Blancas**   RAFTING
(☎ 0294-469-0426; www.aguasblancas.com.ar; Morales 564; ⊙ 9–13 & 15–19 Uhr) Diese Firma genießt einen ausgezeichneten Ruf und bietet Touren auf dem Río Manso an – von leichten Paddeltouren für Anfänger (Grad II) bis zu herausfordernden Wildwassertouren über Stromschnellen (Grad IV).

Pura Vida Patagonia   KAJAKFAHREN
(☎ 0294-441-4053; www.puravidapatagonia.com.ar) Der Veranstalter bietet Kajaktouren auf dem Lago Nahuel Huapi an – Halbtagesausflüge ebenso wie zwölftägige Camp-'n'-Kayak-Touren auf dem See.

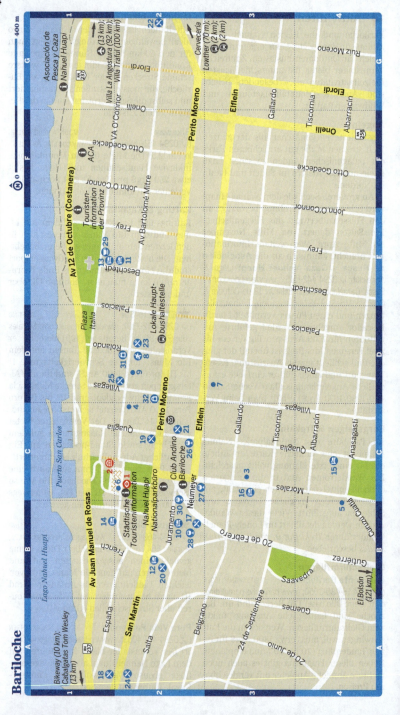

Bariloche

🧭 Sehenswertes
1 Centro Cívico	C2
2 Museo de la Patagonia	C1

➕ Aktivitäten, Kurse & Touren
3 Aguas Blancas	C3
4 Espacio	C2
5 EXtremo Sur	B4
6 Historias de Bariloche	C2
7 La Montaña	D3
8 Martín Pescador	D2
9 Turisur	D2

🛏 Schlafen
10 Hostel 41 Below	B2
11 Hostería Piuke	E2
12 Hotel Edelweiss	B2
13 Hotel Milan	E1
14 Hotel Tirol	B1
15 La Justina Hostel	C4
16 Periko's	C3

✴ Essen
17 Alto El Fuego	B2
18 Don Molina	A1
19 Helados Jauja	C2
20 Huacho	B2
21 La Casita	C2
22 La Fonda del Tio	G2
23 La Marmite	D2
24 La Parilla de Julián	A2
25 Rapa Nui	D2

🍷 Ausgehen & Nachtleben
26 Cervecería Bachmann	C2
27 Cervecería Manush	C2
28 Cervecería Wesley	B2
29 La Estepa Cafe	E1
30 Los Vikingos	C2

🛍 Shoppen
31 Mamuschka	D2
32 Paseo de los Artesanos	D2

Reiten

Die meisten Reisebüros auf der Avenida Bartolomé Mitre vermitteln auch Ausritte.

Cabalgatas Carol Jones REITEN
(📞0294-442-6508; www.caroljones.com.ar) Wenn es etwas Besonderes sein soll, wendet man sich am besten an die liebenswerte Carol Jones, die Halbtagsausritte von ihrer *estancia* außerhalb von Bariloche für 1500 Arg$ pro Person anbietet. Im Preis inbegriffen sind der Transport von und zur Stadt zur Estancia sowie ein ausgezeichneter *asado* unter freiem Himmel. Auf Wunsch sind auch mehrtägige Ausritte möglich (3500 Arg$ pro Person und Tag).

Cabalgatas Tom Wesley REITEN
(📞0294-444-8193; http://cabalgatastomwesley.com; Av Bustillo, Km 15,5) Der Spezialist für Ausritte hoch zu Ross existiert bereits seit 1980 und genießt einen ausgezeichneten Ruf. Er hat ein breites Angebot, das von 1½-stündigen Ausritten zum Cerro Campanario bis zu dreitägigen Exkursionen durch das Valle del Río Pichi Leufú reicht.

Skifahren

Nahuel Huapis Skigebiet Cerro Catedral (S. 418) war früher das renommierteste Skigebiet Südamerikas, wurde aber inzwischen von Las Leñas (nahe Mendoza) und einigen chilenischen Skiorten abgelöst. Las Leñas hat deutlich besseren Schnee (trockener Pulverschnee), dafür fehlt aber die Hauptattraktion von Catedral: die spektakuläre Aussicht. Der Blick von den verschneiten Pisten über die glitzernden Seen von Nahuel Huapi ist unübertroffen! Skipässe kosten je nach Saison zwischen 750 und 980 Arg$. Unterricht erhalten Interessierte in den Skischulen am Cerro Catedral und beim Club Andino Bariloche. Zwei Stunden Einzelunterricht kosten etwa 2000 Arg$. Die Skiausrüstung verleiht **Martín Pescador** (📞0294-442-2275; Rolando 257; ⊙Mo–Fr 9–13 & 16.30–21, Sa 10–13 & 18–21 Uhr), sie ist aber auch direkt im Skigebiet erhältlich. Ein Paar Ski, Stöcke und Stiefel kosten pro Tag etwa 350 Arg$, die Ausrüstung zum Snowboarden etwa 400 Arg$.

🎓 Kurse

La Montaña SPRACHKURSE
(📞0294-452-4212; www.lamontana.com; Elflein 251, 2. St.; ⊙Mo–Fr 9–16 Uhr) Die Sprachschule genießt im Ort einen ausgezeichneten Ruf. Für den Spanisch-Intensivkurs werden pro Woche 210 US$ verlangt.

👉 Geführte Touren

Reisebüros an und nahe der Avenida Bartolomé Mitre (z. B. Turisur) bieten Minibusfahrten zum Parque Nacional Nahuel Huapi und weiter in den Süden bis El Bolsón an. Die Preise bewegen sich zwischen 240 Arg$ für einen Halbtagesausflug auf dem Circuito Chico und 450 Arg$ für eine Fahrt nach San Martín de los Andes auf der landschaftlich schönen Ruta de los Siete Lagos (S. 431).

DIE CRUCE DE LAGOS

Eine der klassischen Touren in Argentinien ist die Cruce de Lagos, eine zwölfstündige, landschaftlich einmalig schöne Tour mit Bus und Schiff über die Anden nach Puerto Montt in Chile. Die Fahrt wird ausschließlich von Turisur (s. unten) angeboten.

Gestartet wird morgens gegen 8 Uhr in Bariloche (die Zeiten variieren). Mit einem Shuttle werden die Teilnehmer zunächst von der Turisur-Geschäftsstelle nach Puerto Pañuelo beim Hotel Llao Llao gebracht. Die Personenfähre von Puerto Pañuelo legt unmittelbar nach Ankunft des Shuttles ab – wer also im Hotel Llao Llao noch einen Tee trinken möchte, muss schon vorher auf eigene Faust anreisen (und die Fahrkarten vorher gekauft haben).

Im Sommer fahren Bus und Boot täglich, den Rest des Jahres nur von Montag bis Freitag. Im Winter (Mitte April bis September) dauert die Tour zwei Tage, denn die Passagiere müssen eine Nacht im chilenischen Peulla verbringen – wer möchte, kann das auch im Sommer so machen. In Peulla stehen zwei Hotels zur Wahl: das **Hotel Natura Patagonica** (in Chile 065-297-2289; www.hotelnatura.cl; EZ & DZ 140 US$, 3BZ 183 US$;) und das **Hotel Peulla** (in Chile 065-297-2288; www.hotelpeulla.cl; EZ & DZ 97 US$, 3BZ 132 US$;). Eine weitere Möglichkeit ist das wunderschön gelegene **Hotel Puerto Blest** (0294-442-6109; www.hotelpuertoblest.com.ar; EZ/DZ ab 151/182 US$;) in Puerto Blest.

Seit 2017 bietet Turisur neben dem Standard-Ausflug mit Bus und Boot auch eine günstigere Tour mit Schiff und Fahrrad an, sowohl als Tagestour als auch als zweitägige Tour mit Übernachtung in Peulla oder Puerto Blest. Radfahrer müssen unbedingt zur angegebenen Zeit an der Anlegestelle sein. Die landschaftlich schönen Streckenabschnitte führen von Bariloche nach Pañuelo (25 km), über Puerto Blest nach Puerto Alegre (15 km), weiter nach Puerto Frías und Peulla (27 km) und über Petrohué nach Puerto Montt (76 km). Die städtische Touristeninformation (S. 413) in Bariloche kann mit alternativen Transportmöglichkeiten für die Strecke zwischen Petrohué und Puerto Montt helfen, falls man die letzte lange Etappe auslassen möchten.

Der Tagesausflug für Radfahrer kostet 280 US$, für die kombinierte Bus-Boot-Bus Tagestour werden 392 US$ verlangt. Auch wenn die Tour selten ausgebucht ist, sollten Interessierte auf jeden Fall ein oder zwei Tage im Voraus buchen.

★ **Historias de Bariloche** SPAZIERGÄNGE
(0294-460392; www.historiasdebariloche.com.ar; Centro Cívico; zweistündiger Spaziergang 280 Arg$) Die ausgezeichneten Stadtspaziergänge stehen jeweils unter einem bestimmten Themenschwerpunkt und bieten einen Einblick in die Geschichte Bariloches. Die Touren mit speziellen Themen wie „Deutscher Fußabdruck – Deutsche Einwanderer und Nazi-Vergangenheit" oder „Europäisches Erbe – Spuren der Pioniere" starten vor der Touristeninformation und dauern meist etwa zwei Stunden. Genauere Informationen sind auf der Website des Veranstalters zu finden.

Bariloche Moto Tours MOTORRADTOUREN
(0294-446-2687; www.barilochemototours.com) Empfehlenswerter Veranstalter, der individuelle Motorradtouren von Südpatagonien bis Nordchile und darüber hinaus organisiert. Die fünfzehntägige Tour von Bariloche nach Ushuaia ganz im Süden unternimmt man auf einer Kawasaki KLR650s.

Turisur BOOTSAUSFLÜGE
(0294-442-6109; www.cruceandino.com; Av Bartolomé Mitre 219; pro Pers. ab 280 US$) Der erfahrene Veranstalter organisiert die Bus-Boot-Bus-Boot-Tagestouren nach Chile. Möglich sind auch Kombinationen mit Fahrrad und Boot.

Espacio BOOTSAUSFLÜGE
(0294-443-1372; www.islavictoriayarrayanes.com; Av Bartolomé Mitre 139; Erw./5-11 Jahre 1060/530 Arg$) Während des Sommers kreuzt der 12-m-Katamaran *Cau Cau* auf dem Lago Nahuel Huapi. Die Plätze müssen zwei Tage im Voraus gebucht werden.

🎉 Feste & Events

In Bariloche finden das ganze Jahr über zahlreiche Veranstaltungen statt – von kulturellen bis zu kulinarischen Festen.

Festival de Música de Verano MUSIK
(Jan. & Feb.) Im Januar und Februar findet das Festival de Música de Verano (Som-

mer-Musikfestival) statt, das ganz unterschiedliche Veranstaltungen wie das Festival de Música de Cámara (Kammermusikfestival), das Festival de Bronces (Blechbläserfestival) und das Festival de Música Antigua (Festival der Alten Musik) umfasst.

★ Bariloche a La Carta ESSEN & TRINKEN
(www.barilochealacarta.com; ⊘ Okt.) In der ersten Oktoberhälfte findet dieses einwöchige Fest statt, bei dem die kulinarischen Highlights von Bariloche gefeiert werden. Dutzende Restaurants bieten besondere Spezialitäten an, auf dem Hauptplatz präsentieren die Mikrobrauereien der Stadt ihr Braukönnen, zahlreiche Imbissstände bieten regionale Köstlichkeiten an.

🛏 Schlafen

Vom Campingplatz, Hostels und Pensionen bis zum 5-Sterne-Hotel – in Bariloche findet sich für jeden Geldbeutel die passende Unterkunft. Durch das große Angebot lässt sich selbst in der Hochsaison etwas Akzeptables finden, obwohl Reservierungen immer empfehlenswert sind. Am teuersten sind die Unterkünfte während der Skisaison (Juli und August), die Preise werden dann in der Hochsaison (Januar und Februar) etwas günstiger und fallen den Rest des Jahres über noch weiter.

★ Bonita Lake House HOSTEL $
(📞 0294-446-2561; www.bonitalakehouse.com.ar; Av Bustillo, Km 7,8; Zi. mit/ohne Bad 67/50 US$, Bungalow 106 US$; 🅿❄🛜) In dem freundlichen Hostel mit einer fantastischen Lage am See unweit der Playa Bonita mischen sich Reisende aus aller Welt mit den Einheimischen beim R&R. Es gibt Gemeinschaftsräume mit viel Trubel, aber auch einsame Ecken für alle, die ihre Ruhe haben möchten. Die gut ausgestatteten Apartments eignen sich für Gruppen. Die Unterkunft ist gut mit dem Bus zu erreichen.

★ Periko's HOSTEL $
(📞 0294-452-2326; www.perikos.com; Morales 555; B ab 14 US$, DZ mit/ohne Bad 49/40 US$; @🛜) Das stimmungsvolle kleine Hostel findet man auf einem Berg mit Blick über die Stadt. Die Zimmer gruppieren sich rund um die Küche, den Treffpunkt des Hauses, die Mitarbeiter organisieren alle Arten von Freizeitaktivitäten, dazu kommen regelmäßig spontane Grillabende. Eine Bücherei mit DVDs für Schlechtwettertage sowie der Wäscheservice sind weitere Pluspunkte.

La Justina Hostel HOSTEL $
(📞 0294-452-4064; www.lajustinahostel.com.ar; Quaglia 726; B 12 US$, DZ mit/ohne Bad 95/79 US$; 🛜) Das intime, farbenfrohe Hostel bietet im Winter ein loderndes Feuer und im Sommer einen Garten zum Relaxen. Zur gastlichen Atmosphäre trägt auch der hilfreiche Besitzer Leo bei, der jede Menge Informationen zur Hand hat.

Hostel 41 Below HOSTEL $
(📞 0294-443-6433; www.hostel41below.com; Juramento 94; B 18–22 US$, DZ ohne Bad 63 US$; @🛜) Ein kleines Hostel mit sauberen Schlafsälen, hübschen Doppelzimmern (mit schöner Aussicht) und einer guten Atmosphäre. Die Mitarbeiter sorgen dafür, dass sich die Gäste wie in einer Familie fühlen; es gibt gemeinsame (vegane) Abendessen und Frühstück; der Gemeinschaftsraum ist ein gemütlicher Treffpunkt für Gleichgesinnte.

La Selva Negra CAMPINGPLATZ $
(📞 0294-444-1013; www.campingselvanegra.com.ar; Av Bustillo, Km 2,95; Stellplatz pro Pers. ab 13 US$) Der Platz liegt 3 km westlich von Bariloche und an der Straße nach Llao Llao, ist aber trotzdem der stadtnächste Platz. Er bietet eine gute Infrastruktur; im Herbst kann man direkt vor seinem Zelt Äpfel pflücken. Backpacker erhalten 30 Arg$ Ermäßigung.

★ Posada Los Juncos PENSION $$
(📞 0294-495-7871; www.posadalosjuncos.com; Av Bustillo, Km 20,1; Suite 115–145 US$; 🅿🛜) Die gemütliche, luxuriöse Pension liegt ganz ruhig unter alten Araukarienbäumen und ist fast perfekt. Der persönliche Service ist freundlich, aber unaufdringlich, die Suiten sind individuell eingerichtet und repräsentieren eines der vier Elemente, der Blick auf den See ist fantastisch und das Frühstück üppig.

Hotel Tirol HOTEL $$
(📞 0294-442-6152; www.hoteltirol.com.ar; Libertad 175; Zi. mit Stadt-/Seeblick 100/124 US$; @🛜) Das hübsche kleine Hotel liegt direkt in der Stadt und bietet große, gemütliche Zimmer. Die Zimmer nach hinten hinaus verfügen, ebenso wie der freundliche Frühstücks-/Aufenthaltsraum, über eine beeindruckende Sicht über den See mit Blick zu den Bergen im Hintergrund.

Hotel Milan BUSINESSHOTEL $$
(📞 0294-442-2624; www.hotelmilan.com.ar; Beschtedt 128; Zi. 80 US$; 🅿❄🛜) Nur einen Häuserblock vom See und einen kurzen Spazier-

gang vom Stadzentrum entfernt befindet sich dieses elegante Hotel mit makellosen, unterschiedlich großen Zimmern (alle in ruhigen Beige- und Cremetönen gehalten). Es lohnt sich daher, sich vorab einige anzusehen (der Preis ist immer der gleiche). Besonders empfehlenswert sind die Zimmer mit Seeblick.

Hostería Piuke HOTEL $$
(0294-442-3044; res.piuke@gmail.com; Beschtedt 136; Zi./3BZ 97/108 US$; ☎) Ein empfehlenswertes Hotel dicht am See. Hier findet man geräumige, komfortable Zimmer mit schicken Retro-Möbeln aus den 1970er-Jahren. In der kalten Jahreszeit sind die Zimmer gut geheizt.

★ Estancia Peuma Hue LODGE $$$
(0294-450-1030; www.peuma-hue.com; Cabecera Sur del Lago Gutiérrez; Zi. 265 US$; ☎) Die wunderbare Öko-Lodge liegt zwischen unberührten Wäldern und Wasserfällen am Ufer des Lago Gutiérrez in der Nähe der RN 40 und ist damit ideal für alle, die das Abenteuer in der Natur suchen. Und so umfasst das hauseigene Angebot Kajakfahrten, Ausritte und Wanderungen, aber auch Yogakurse und Massagen zum Entspannen. Die Zimmer sind schlicht, aber geschmackvoll gehalten; für das Essen werden Bioprodukte aus dem eigenen Garten verarbeitet. Ein weiterer Pluspunkt ist die ausgezeichnete Weinkarte.

★ El Casco Art Hotel BOUTIQUEHOTEL $$$
(0294-446-3131; www.hotelelcasco.com; Av Bustillo, Km 11,5; Zi. 240 US$; P❋☎☒) Auf einer Landzunge mit Blick über den Lago Nahuel Huapi befindet sich das intime Boutiquehotel, das nicht nur Kunstliebhaber (das Haus ist mit mehr als 500 Kunstwerken zeitgenössischer argentinischer Künstler geschmückt), sondern auch alle, die Luxus lieben, verzaubert: Es gibt heiße Wannen mit Blick über den See, ein ausgezeichnetes Restaurant und alle Annehmlichkeiten in den geräumigen, hellen Zimmern.

Hotel Edelweiss BUSINESSHOTEL $$$
(0294-444-5500; www.edelweiss.com.ar; San Martín 202; Zi. ab 172 US$; P❋@☎☒) Das Hotel Edelweiss zählt zu den besseren Hotels in Bariloche für Geschäftsleute. Trotz seiner Größe strahlt das Hotel eine gewisse Wärme aus. Es gibt alles, was man braucht oder sich wünscht – im siebten Stock sogar einen tollen Spa mit Pool. Das Servicepersonal ist angenehm und tüchtig.

Essen

Die Köche in Bariloche gehören zu den besten Argentiniens und es würde Wochen dauern, alle lohnenswerten Restaurants durchzuprobieren. Außerdem wäre die Brieftasche bald leer und der Gürtel zu eng.

Zu den regionalen Spezialitäten, die man hier unbedingt probieren sollte, gehören *cordero* (über offenem Feuer gegrilltes Lamm), *jabalí* (Wildschwein), *ciervo* (Hirsch) und *trucha* (Forelle). Im Ort gibt es einige ausgezeichnete Restaurants, die einen Besuch lohnen.

★ Helados Jauja EISDIELE $
(0294-443-7888; www.heladosjauja.com; Perito Moreno 48; Eis ab 50 Arg$; ⊙10–24 Uhr) Wen immer man nach dem besten Eis der Stadt fragt, alle werden Jauja empfehlen. Von den insgesamt etwa 60 Eissorten sind normalerweise immer ungefähr ein Dutzend im Angebot.

Rapa Nui EISDIELE $
(0294-443-3999; https://chocolatesrapanui.com.ar; Av Bartolomé Mitre 202; Eis ab 60 Arg$; ⊙Mo–Do 8.30–23.30, Sa 9–24, So 9–23.30 Uhr) Das Angebot ist weit gefächert und alles ist ausgezeichnet. Die Eisdiele (das Eis gehört zu den besten in Bariloche) ist gleichzeitig aber auch ein Schokoladegeschäft und ein freundliches, luftiges Café.

Und wem das noch nicht reicht, der findet dahinter einen kleinen Eislaufplatz (14–22 Uhr), auf dem man Toe-Loops und dreifache Axel üben kann.

La Fonda del Tio ARGENTINISCH $
(0294-443-5011; www.lafondadeltio.com.ar; Av Bartolomé Mitre 1130; Hauptgerichte 120–180 Arg$; ⊙12–15.30 & 20–24 Uhr; ☎) Hier gibt es keine Touristenmenüs, sondern große Portionen hausgemachter Nudeln und Ravioli und eine sorgfältig zusammengestellte Weinkarte.

★ Alto El Fuego PARRILLA $$
(0294-443-7015; www.facebook.com/altoelfuegopatagonia; 20 de Febrero 445; Hauptgerichte 190–320 Arg$; ⊙12–15 & 20–24 Uhr; ☎) Die *parrilla* (Steak-Restaurant) ist absolut empfehlenswert, denn sie bietet nicht nur exzellentes Fleisch, sondern auch eine gut ausgewählte Weinkarte. Da das Restaurant nur wenige Plätze hat, ist abends eine Reservierung zwingend notwendig. Mittags kann man bei schönem Wetter und entsprechenden Temperaturen auch draußen auf der luftigen Terrasse speisen.

★ La Parrilla de Julián — PARRILLA $$

(☎ 0294-443-3252; www.laparrilladejulian.com; San Martín 590; Hauptgerichte 175–430 Arg$; ⊙ 12–16 & 20–24 Uhr) Die freundliche *parrilla* in Familienbesitz ist seit Langem bei den Einheimischen beliebt und eines der wenigen Restaurants, die sonntags geöffnet haben. Die geschäftigen Kellner eilen mit großen Tellern mit perfekt gegrilltem Fleisch, *cordero patagónico* (am Spieß gebratenes Lamm), *morcilla* (Blutwurst) und gegrilltem Provolone-Käse durch das Lokal. Die Portionen sind groß und besonders am Wochenende empfiehlt sich eine Reservierung.

La Casita — DEUTSCH $$

(☎ 0294-442-3775; www.hosterialacasita.com.ar; Quaglia 342; Hauptgerichte 135–320 Arg$; ⊙ Mi–Mo 12–15 & 20–23.30 Uhr; 🛜) In dem gemütlichen Lokal werden die mit regionalen Zutaten zubereiteten Gerichte mit einem deutschen Einschlag versehen. So gibt es z. B. geräucherte Schweinerippchen mit *chukrut* (Sauerkraut), ein herzhaftes Gulasch mit Spätzle und ein Rehragout. Wer mit Freund einem kommt, für den empfiehlt sich das *arróz de montaña* (eine Art Risotto mit Wildpilzen) und *morcilla* (Blutwurst).

La Marmite — ARGENTINISCH $$

(☎ 0294-442-3685; http://lamarmite.com.ar; Av Bartolomé Mitre 329; Hauptgerichte 220–398 Arg$; ⊙ 12–1 Uhr; 🛜) Eine zuverlässige Adresse für patagonische Klassiker wie Forelle und Wild. Von den anderen Restaurants unterscheidet sich das La Marmite durch seine Fondues, klassisch mit Käse oder dekadent mit Schokolade (620 Arg$ für zwei Pers.) – falls man Schokolade immer noch mag.

★ Butterfly — FUSION $$$

(☎ 0294-446-1441; www.butterflypatagonia.com.ar; Hua Huan 7831, nahe Av Bustillo, Km 7,8; Degustationsmenü 1500 Arg$; ⊙ Essenszeiten Mo–Sa 19.45 & 21.30 Uhr; 🛜) Ein sanft schaukelnder Kronleuchter wirft leichte Schatten auf die rohen Steinwände. Im Kamin knistert ein Feuer und im Saal herrscht eine andächtige Stille wenn die Gäste das siebengängige Menü genießen. Das wechselt regelmäßig, könnte aber z. B. aus Rotkohl, Ziegenkäse und Mandelsalat, Shrimps mit Panko-Panade und einem wunderbaren Filetsteak mit Mango-Emulsion bestehen.

Huacho — PARRILLA $$$

(☎ 0294-452-6525; www.facebook.com/Huachobariloche; Salta 217; Hauptgerichte 290–380 Arg$; ⊙ Mo–Sa 20–24 Uhr; 🛜) Der verlockende Geruch von Holzfeuer und gegrilltem Fleisch zieht die Straße entlang und lockt in diese winzige *parrilla* – eine der besten der Stadt. Die Speisekarte ist übersichtlich: zur Auswahl stehen Lamm vom Spieß, drei verschiedene Sorten Steak, Forelle und hausgemachte Nudeln, dazu ein patagonisches Bier oder einen gut ausgewählten Wein. Perfekt.

Don Molina — STEAK $$$

(☎ 0294-443-6616; San Martín 609; Hauptgerichte 260–370 Arg$; ⊙ 11.30–24 Uhr) Der große Ziegelsaal ist der perfekte Treffpunkt für alle Fleischfans, sogar die Stühle sind mit Kuhfell bezogen. Spezialität des Hauses sind *cordero al palo* (Lamm vom Spieß) oder ein dickes, saftiges Steak (wer nicht sein Körpergewicht in Form einer Fleischportion essen möchte, kann auch eine halbe bestellen). Die Weinkarte ist umfangreich und bietet vor allem Weine kleiner unabhängiger Weingüter.

Ausgehen & Nachtleben

Bariloche ist der Mittelpunkt der regionalen Craft-Bier-Bewegung, daher findet man hier jede Menge ausgezeichneter Brauereien und Kneipen, die ihr eigenes Bier herstellen.

★ Cervecería Manush — MIKROBRAUEREI

(☎ 0294-442-8905; www.cervezamanush.com.ar; Neumeyer 20; ⊙ 17.30–3 Uhr; 🛜) Seit 2011 gibt es das beliebte Lokal, das nicht nur einige der besten Biere (Stout, Porter, Pale Ale und Kölsch) der Region braut, sondern dazu auch köstliche Tapas und *picadas* liefert – dem professionellen Ehepaar in der Küche sei Dank. Entweder man geht früh hin oder richtet sich auf eine gewisse Wartezeit ein; das Lokal ist sehr beliebt!

Cervecería La Cruz — BIERGARTEN

(☎ 0294-444-2634; http://cervecerialacruz.com.ar; Nilpi 789; ⊙ Di–So 18–1 Uhr; 🛜) Die Mikrobrauerei mit Biergarten ist schon fast ein Pilgerziel für die Bierliebhaber der Region. Sie strömen allabendlich in Bariloches Vorort, um das erstklassige Workingman Porter, die IPAs und die Livemusik (am Wochenende) zu genießen.

Cervecería Lowther — BRAUEREI

(☎ 0294-441-3435; www.facebook.com/CervezaLowther; Av Bartolomé Mitre 1160; ⊙ 18–2 Uhr; 🛜) Ursprünglich handelte es sich um einen Ein-Mann-Betrieb – heute ist die mit Preisen ausgezeichnete Brauerei regional für ihre etwa ein Dutzend Spezialitäten (besonders dunkle Biere wie Porter, Cream Stout und Milk Stout) bekannt.

1. Lago Nahuel Huapi (S. 415)
Der prächtige See ist ein über 100 km langes Überbleibsel eines Gletschers; er bedeckt mehr als 500 km².

2. Cerro Catedral (S. 418)
Der 2388 m hohe Gipfel zählt zu den wichtigsten Wintersportzentren der Region.

3. Parque Nacional Los Arrayanes (S. 425)
Der zauberhafte kleine Nationalpark schützt die verbliebenen Exemplare des *arrayán*.

EIN RUNDGANG DURCH BARILOCHES BRAUEREIEN

Schokolade ist nicht die einzige kulinarische Köstlichkeit in Bariloche – die Stadt ist das Zentrum der regionalen Craft-Bier-Bewegung, die in jüngster Zeit boomt. Sowohl in der Stadt als auch auf dem Circuito Chico findet man ausgezeichnete Brauereien und Kneipen mit hausgebrautem Bier. Hier sind einige Adressen, die Bierliebhaber nicht verpassen sollten:

Cervecería Manush Die beliebteste Mikrobrauerei der Stadt, die dazu servierten Snacks sind ebenso gut wie das Stout und das Porter.

Cervecería La Cruz Biergarten am Rand von Bariloche mit ausgezeichnetem Porter und IPAs sowie Livemusik am Wochenende.

Cervecería Lowther Ursprünglich ein Ein-Mann-Betrieb; die Brauerei wird wegen ihrer dunklen Biere – die Stouts und Porter – sehr geschätzt.

Cervecería Blest (0294-489-1894; www.cervezablest.com.ar; Av Bustillo, Km 11,5; 12–24 Uhr;) Argentiniens urtypische Kneipe mit Hausbrauerei, in der die *picadas* (Aufschnittplatten) perfekt zum Scotch Ale, Amber Ale und Bockbier passen.

Cervecería Patagonia (S. 417) Mikrobrauerei/Bierstube mit toller Atmosphäre, einer schönen Terrasse mit Seeblick und sanft geschmortem Essen zum böhmischen Pils oder Golden Ale.

Cervecería Berlina (0294-452-3336; https://cervezaberlina.com; Av Bustillo, Km 12; 12–1 Uhr;) Die preisgekrönte Brauerei ist bekannt wegen der 15 Biersorten; bei Kennern besonders beliebt sind das Rauchbier und das helle Ale Colonia Suiza.

Das Essen ist weniger begeisternd, aber *la buena onda* (gute Atmosphäre) und gute Musik machen das mehr als wett.

La Estepa Cafe KAFFEE
(VA ÓConnor 511; Mo-Sa 8–20 Uhr;) Die Lattes, Ristrettos und Cappuccinos in diesem Café werden von einem Pärchen aus Buenos Aires serviert, das die Kaffeekultur der Großstadt in das Seengebiet gebracht hat. Der Ort ist beliebt bei jungen, iPad-süchtigen Leuten und Familien (es gibt auch eine Spielecke für die Kids) und neben einem Frühstück bekommt man hier auch Empanadas oder Gebäck.

Cervecería Bachmann CRAFT-BIER
(0294-442-2249; www.cerveceriabachmann.com.ar; Elflein 90; Mo-Sa 12–1, So 18–24 Uhr;) Besonders beliebt wegen des bayerischen *negra schwarzbier*, des schottischen Amber Ale, des Cream Stout und des Kölsch – in dem netten Pub mit Brauerei werden zum Bier auch leckere Burger, *picadas* (Aufschnittplatten) und Pizza serviert.

Cervecería Wesley CRAFT-BIER
(0294-428-3664; www.cervezawesley.com; 20 de Febrero 451; Mo-Sa 19–24 Uhr) In einem Mini-Wald beim Paseo de la Colina mitten in Bariloche befindet sich diese Kneipe mit der Brauerei der Wesley-Brüder. Sie gehört zur üblichen Craft-Bier-Tour: Auf der Terrasse mit Blick über den See kann man hier ein Golden Ale, ein Special Bitter oder ein Glas mit einem der beiden IPAs genießen.

Los Vikingos BAR
(www.facebook.com/losvikingosbar; Ecke Juramento & 20 de Febrero; Mo-Sa 19–3 Uhr) Eine entspannte kleine Eckbar mit einer guten Auswahl an lokalen Bieren aus Mikrobrauereien zu guten Preisen. Die Musik ist gut, die Einrichtung eklektisch. Am Wochenende legen DJs auf.

Shoppen

Bariloche ist berühmt für seine Schokoladenspezialitäten; Dutzende von Geschäften im Stadtzentrum – von großen Ketten bis zu kleinen Tante-Emma-Läden – verkaufen Schokolade in jeder nur erdenklichen Form. Die Qualität ist jedoch unterschiedlich; mit billigem Zeug kann man sich leicht den Magen verderben.

★ Mamuschka SCHOKOLADE
(0294-442-3294; Av Bartolomé Mitre 298; 8.30–23 Uhr) Mit wenigen Worten: ganz einfach die beste Schokolade der Stadt. Im Ernst: Hier sollte man zuschlagen!

Paseo de los Artesanos KUNSTHANDWERK
(Ecke Villegas & Perito Moreno; ⊗ Mo–Sa 10–19 Uhr) Einheimische Handwerker zeigen alles, was man aus Wolle, Holz, Leder, Silber und anderen Materialien herstellen kann.

❶ Orientierung

Das Geschäftszentrum liegt an der Avenida Bartolomé Mitre. Achtung: Die VA O'Connor (auch bekannt als Vicealmirante O'Connor oder Eduardo O'Connor) wird oft mit der John O'Connor verwechselt. Beide Straßen kreuzen sich in der Nähe des Sees. Ebenso kreuzen sich die Perito Moreno und die Ruiz Moreno am östlichen Ende des Stadtzentrums in der Nähe der Diagonal Capraro.

❶ Praktische Informationen

Im Stadtzentrum gibt es überall Banken mit Geldautomaten, mehrere allein an der Perito Moreno.

Cambio Sudamérica (Av Bartolomé Mitre 63; ⊗ Mo–Fr 9–20, Sa 9–13 Uhr) Umtausch von Bargeld und Reiseschecks.

Chilenisches Konsulat (☎0294-443-1680; Juan Manuel de Rosas 180; ⊗ Mo–Fr 9–14 Uhr) Für alle, die ein Visum für Chile brauchen.

Hospital Ramón Carrillo (☎0294-442-6100; Perito Moreno 601) Lange Wartezeiten; keine Behandlungskosten.

Post (Perito Moreno 175; ⊗ Mo–Fr 8–18, Sa 9–13 Uhr)

TOURISTENINFORMATION

ACA (Automóvil Club Argentino; ☎0294-442-3001; Av 12 de Octubre 785; ⊗ Mo–Fr 9–16, Sa 9–13 Uhr) Argentiniens Automobilclub bietet gute Straßenkarten der Provinz.

Asociación de Pesca y Caza Nahuel Huapi (S. 403) Stellt Angelerlaubnisscheine aus und kann Fragen zum Thema beantworten.

Club Andino Bariloche (☎0294-442-2266; www.clubandino.org; 20 de Febrero 30; ⊗ 9–13.30 & 15–19 Uhr) Ausgezeichnete, detaillierte Informationen zu Trekkingtouren und *refugios* im Parque Nacional Nahuel Huapi. Verkauft auch sehr gute Wanderkarten.

Nationalparkbüro Nahuel Huapi (☎0294-442-3111; San Martín 24; ⊗ ganzjährig Mo–Fr 8–18 Uhr, Jan. & Feb. auch Sa & So 9–15 Uhr) Hier bekommt man alle notwendigen Informationen für den Besuch des nahe gelegenen Nationalparks.

Städtische Touristeninformation (☎0294-442-3022; Centro Cívico; ⊗8–21 Uhr) Hier erhält man kostenlos nützliche Dinge wie Karten und den sehr kommerziellen, aber brauchbaren *Guía Busch*. Dieser Führer erscheint halbjährlich und steckt voller nützlicher Informationen über Bariloche und das Seengebiet.

Touristeninformation der Provinz (☎0294-442-3188, 0294-442-3189; securrn@bariloche.com.ar; Ecke Av 12 de Octubre & Emilio Frey; ⊗9–19 Uhr) Bietet zahlreiche Informationen über die Provinz inklusive einer ausgezeichneten Karte und nützlicher Broschüren in englischer und spanischer Sprache.

❶ An- & Weiterreise

BUS

Bariloches **Busbahnhof** (☎0294-443-2860) und der Bahnhof befinden sich östlich der Stadt auf der anderen Seite des Río Ñireco an der RN 237. Während der Hauptsaison sollte man die Karten zumindest einen Tag im Voraus kaufen.

Die Hauptstrecke nach Chile führt über den Pass Cardenal A Samoré (Puyehue) nach Osorno (600–700 Arg$, 5¼ Std.) und weiter nach Puerto Montt (600–720 Arg$, 8 Std.). Von dort hat man Anschlussverbindungen nach Nord- und Südchile. Die Strecke wird u. a. von Andesmar bedient.

Nach San Martín de los Andes und Junín de los Andes fahren Busse von Albus, Transportes Ko-Ko und **Turismo Algarrobal** (☎0294-442-7698; www.turismoalgarrobal.com; Terminal de Ómnibus Bariloche) – im Sommer über die landschaftlich reizvolle (aber oftmals staubige) Ruta de los Siete Lagos (RN 40), ansonsten über die längere, aber asphaltierte Ruta La Rinconada (RN 237).

Während der Hauptsaison von Dezember bis Februar verkehren die Busse von **Chaltén Travel** (☎0294-442-3809; www.chaltentravel.com; Av Bartolomé Mitre 442; ⊗ Mo–Sa 9–13 &

Busse ab Bariloche

REISEZIEL	FAHRPREIS (AR$)	FAHRZEIT (STD.)	HÄUFIGKEIT
Bahía Blanca	1175	12¾–14	4-mal tgl.
Buenos Aires	851–1905	20½–24½	5-mal tgl.
Córdoba	1912	22¼	tgl. 14 Uhr
El Bolsón	95	2¼	14-mal tgl.
Esquel	232–380	4½–5½	6-mal tgl.
Junín de los Andes	227	3	2-mal tgl.
Mendoza	1650–1800	19½	2-mal tgl.
Neuquén	523-613	5½	7-mal tgl.
San Martín de los Andes	265	4	2-mal tgl.
San Rafael	1375–1580	15¾	2-mal tgl.
Villa la Angostura	90	1¼	8-mal tgl.

> **ⓘ BUSFAHRKARTEN IN BARILOCHE**
>
> Fürs Busfahren innerhalb von Bariloche braucht man eine aufladbare Magnetkarte von Santa Fé oder Sube, die in den Verkaufsstellen Avenida Bartolomé Mitre 91 und Moreno 480 sowie Moreno 69 und Morales 501 erhältlich ist. Am Busbahnhof gibt es auch praktische *horarios* (Fahrpläne) für alle Destinationen. Die Magnetkarten kosten 20 Arg\$ (und lassen sich mit einer bestimmten Summe aufladen). Die meisten Strecken kosten 10 Arg\$, die teuerste Strecke liegt bei 25 Arg\$ (für die Buslinie 55). Einige Hostels verleihen gegen eine Kaution Karten an ihre Gäste.

17–21 Uhr) auf der legendären RN 40 bis nach El Calafate im Süden. Ab Bariloche gibt es mehrere Abfahrtstermine in der Woche.

FLUGZEUG

Vom **Internationalen Flughafen San Carlos de Bariloche** (☎ 0294-440-5016) starten täglich mindestens ein Dutzend Flüge mit Aerolíneas Argentinas, GOL und LATAM nach Buenos Aires. LADE fliegt nach Esquel, Mar de Plata, Comodoro Rivadavia, El Calafate und Puerto Madryn. Außerdem gibt es saisonbedingt Flüge mit LATAM nach São Paulo sowie mit Aerolíneas Argentinas nach Salta, Mendoza, Ushuaia und Puerto Iguazú.

SCHIFF

Wer möchte, kann mit Boot und Bus mit Cruce de Lagos (S. 406) nach Chile reisen.

ZUG

Wenn er fährt, fährt der **Tren Patagonico** (☎ 0294-442-3172; www.trenpatagonico-sa.com.ar) ab dem **Bahnhof** (☎ 0294-442-3172) neben dem Busbahnhof auf der anderen Seite des Río Ñireco. Normalerweise startet er von Bariloche nach Viedma (16 Std.) am Sonntag (manchmal auch montags) um 17 Uhr; der Fahrpreis schwankt zwischen 930 Arg\$ in der *primera* (1. Kl. Sitzplatz) und 1560 Arg\$ in der *camarote* (1. Kl. Schlafwagen). Unbedingt vor Antritt der Reise an der Touristeninformation über die Abfahrtszeiten erkundigen!

ⓘ Unterwegs vor Ort

AUTO

In Bariloche gibt es an allen Ecken und Enden die üblichen Autovermieter, die Mietpreise zählen zu den günstigsten in Argentinien. Sie variieren je nach Saison und Nachfrage, normalerweise kostet ein Auto bei unbegrenzter Kilometerzahl etwa 700 Arg\$ pro Tag.

Andes (☎ 0294-443-1648; www.andesrentacar.com.ar; San Martín 162; ☉ 9–18 Uhr)

Budget (☎ 0294-444-2482; www.budgetbariloche.com; Av Bartolomé Mitre 717; ☉ 9–19 Uhr)

Hertz (☎ 0294-442-3457; www.hertz.com.ar; Elflein 190; ☉ 9–21 Uhr)

BUS

Von der **größten Bushaltestelle der Stadt** an der Perito Moreno (zwischen Rolando & Palacios) fahren Busse der Unternehmen Codao del Sur und Ómnibus 3 de Mayo stündlich nach Cerro Catedral. Die Busse von Codao halten an der Avenida de los Pioneros, während die Busse von Ómnibus 3 de Mayo über die Avenida Bustillo fahren.

Von 6 Uhr früh bis Mitternacht fährt die städtische Buslinie 20 von der Hauptbushaltestelle alle 20 Minuten in die hübschen Seebäder Llao Llao und Puerto Pañuelo. Die Buslinie 10 fährt 14-mal täglich zur Colonia Suiza. Im Sommer fahren drei der Busse (diejenigen um 8.05, 12 und 17.40 Uhr) weiter nach Puerto Pañuelo und bieten so die Möglichkeit, den größten Teil des Circuito Chico mit öffentlichen Bussen zu fahren. Die Abfahrtszeiten von Puerto Pañuelo zurück nach Bariloche über die Colonia Suiza sind 9.40, 13.40 und 18.40 Uhr. Man kann allerdings auch ein Stück die Straße entlangwandern und jederzeit einen Bus an der Strecke anhalten.

Die Buslinien 50 und 51 von Ómnibus 3 de Mayo fahren alle 30 Minuten zum Lago Gutiérrez. Im Sommer bietet die Gesellschaft dreimal täglich „Línea Mascardi"-Verbindungen nach Villa Mascardi/Los Rápidos an.

Die „Línea El Manso" von Ómnibus 3 de Mayo fährt freitags zweimal nach Río Villegas und El Manso an der südwestlichen Grenze des Parque Nacional Nahuel Huapi.

Die Buslinien 70, 71 und 83 halten an der Hauptbushaltestelle und verbinden das Stadtzentrum mit dem Busbahnhof.

VOM/ZUM FLUGHAFEN

Der Flughafen von Bariloche liegt 15 km östlich der Stadt an der RN 237 und RP 80. Eine *remise* (Taxi) kostet etwa 280 bis 300 RP\$. Die Buslinie 72 (20 Arg\$) fährt ab der großen Bushaltestelle an der Perito Moreno.

TAXI

Ein Taxi vom Busbahnhof ins Stadtzentrum kostet etwa 90 Arg\$; für eine Taxifahrt vom/zum Flughafen werden zwischen 280 und 300 Arg\$ verlangt. Normalerweise sollte eine Taxifahrt in der Stadt nicht mehr als 50 Arg\$ kosten.

Parque Nacional Nahuel Huapi

📞 0294

Nahuel Huapi (📞 0294-442-3111; Erw./Stud. 250/130 Arg$) ist einer der meistbesuchten Nationalparks des Landes. Das 7500 km² große Schutzgebiet liegt im gebirgigen Südwesten der Provinz Neuquén und im Westen der Provinz Río Negro. Die Kernzone des Parks bildet der Lago Nahuel Huapi, ein Relikt der letzten Eiszeit: Er ist mehr als 100 km lang und bedeckt eine Fläche von rund 500 km². Im Westen markiert ein hoher Gebirgskamm die Grenze zwischen Argentinien und Chile.

Der höchste Berg des Parks ist der 3554 m hohe Monte Tronador, ein erloschener Vulkan. Er macht seinem Namen („Donnerer") alle Ehre, wenn Eisbrocken unter großem Getöse von seinen Gletschern abbrechen. Während der Sommermonate sind die Bergwiesen mit bunten Wildblumenteppichen übersät.

Der Nationalpark wurde zum Schutz der patagonischen Andenwälder und einiger seltener Tiere eingerichtet. Zu den hier heimischen Tieren gehören der *huemul* (Andenhirsch) und der Zwerghirsch *pudú*. Besucher sehen sie jedoch eher selten, aber es gibt mehrere eingeführte Wildarten, wie etwa Rot- und Damhirsche sowie Rehe, die man häufiger zu Gesicht bekommen kann. Ähnliches gilt für die im Park lebenden einheimischen Vögel.

ℹ Praktische Informationen

Ganz ausgezeichnete Informationen über den Park bietet das Nationalparkbüro Nahuel Huapi (S. 403) in Bariloche. Bei Permits, Informationen zu den Wanderwegen, Reservierungen in den *refugios* und anderen Fragen hilft der Club Andino Bariloche (S. 413); er verkauft auch detaillierte Karten des Parks.

Trekkingkarten und Informationen zu den verschiedenen Wanderungen in der Region bietet der Lonely-Planet-Führer *Trekking in the Patagonian Andes*. Für alle, die der spanischen Sprache mächtig sind, ist auch der Reiseführer *Las Montañas de Bariloche* von Toncek Arko und Raúl Izaguirre lesenswert, das Buch kann vor Ort gekauft werden.

ℹ An- & Weiterreise

Cerro Catedral, Cerro Otto und Teile des Circuito Chico erreicht man von Bariloche aus mit dem Bus. Wer den Monte Tronador und Pampa Linda erkunden möchte, benötigt ein eigenes Fahrzeug. Alternativ kann man von Bariloche aus auch im Rahmen einer Tagestour in diese Gegend reisen.

ℹ Unterwegs vor Ort

Auskünfte über die Straßenverhältnisse in den Nationalparks und auf den Zufahrtsstraßen können gebührenfrei beim **Parque Nacional Estado de Rutas** (www.vialidad.gov.ar) unter 105 erfragt werden; die Nationalparkbüros informieren ebenfalls. Der Circuito Chico lässt sich gut mit dem Rad erkunden.

Circuito Chico

📞 0294

Einer der beliebtesten und landschaftlich reizvollsten Ausflüge, der 65 km lange Circuito Chico, beginnt an der Avenida Bustillo in den Außenbezirken von Bariloche und führt zunächst in den Ferienort **Llao Llao**. In Cerro Campanario kann man mit dem Sessellift von **Aerosilla Campanario** (📞 0294-442-7274; Av Bustillo, Km 18; hin & zurück 220 Arg$; ⊙ 9–17.30 Uhr) zu einem Aussichtspunkt über den Lago Nahuel Huapi gleiten.

In Llao Llaos **Puerto Pañuelo** legen die Schiffe der kombinierten Boots- und Busexpedition über die Anden nach Chile und die Ausflugsboote zum Parque Nacional Los Arrayanes auf der Halbinsel Quetrihué, zur Isla Victoria und nach Puerto Blest ab.

Von Llao Llao bietet sich ein Abstecher nach **Colonia Suiza** an, der Ort wurde nach seinen Schweizer Gründern benannt.

An der Straße liegt auch der Ausgangspunkt für Wanderungen zum 2076 m hohen **Cerro López** und der Schutzhütte **Refugio López** (📞 0294-15-458-4459; B 26 US$; ⊙ Mitte Dez.–Mitte April), dem Ausgangspunkt für mehrere lange Wanderungen.

Während der Fahrt über den bergigen, baumbestandenen Rundkurs sollte man in einigen der vielen Craft-Bier-Brauereien Bariloches und dem einen oder anderen der ausgezeichneten Restaurants einkehren.

👉 Geführte Touren

Bootsausflüge Puerto Pañuelo BOOTSAUSFLÜGE

(Av Bustillo, Km 25) Mehrere Veranstalter bieten unterhaltsame Touren auf dem Lago Nahuel Huapi an. Zu den Zielen zählen die Isla Victoria, Puerto Blest (hier kann man eine Nacht in einem wunderschönen Hotel verbringen) und Peulla in Chile. Fahrkarten bekommt man in den Verkaufsstellen oder in der Touristeninformation.

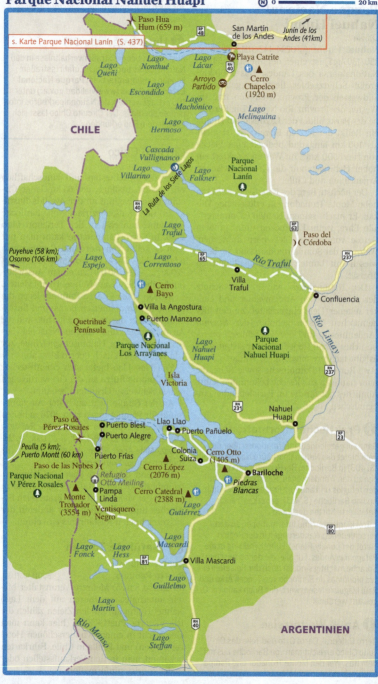

🛏️ Schlafen

Hostería Katy   PENSION $
(📞 0294-444-8023; www.hosteriakaty.com; Av Bustillo, Km 24,3; EZ/DZ 44/76 US$; 📶) Die mehrsprachigen Besitzer Dirk und Adrianna begrüßen ihre Gäste als wären sie Familienmitglieder. Die Pension ist liebenswert: Hier bekommt man makellose Zimmer mit Teppichen und Daunendecken, ein ausgezeichnetes Frühstück und Mountainbikes. Gratis dazu die gute Lage zu vielen Attraktionen am Circuito Chico.

⭐Aldebaran Hotel & Spa   BOUTIQUEHOTEL $$
(📞 0294-444-8678; http://aldebaranpatagonia.com; Av Bustillo, Km 20,4; Zi./Suite 141/197 US$; 📶🏊) Wer möchte nicht in einer gemütlichen Lounge mit rauen Steinwänden am lodernden Feuer sitzen oder mit einem lieben Menschen ein heißes Bad genießen und den Sternenhimmel über dem Lago Nahuel Huapi bewundern? Das intime Aldebaran bietet all das und noch mehr: ein Frühstück nach Wunsch, einen unaufdringlichen, professionellen Service, elegante Räumlichkeiten und nachts eine wunderbare Stille.

⭐Hotel Llao Llao   HOTEL $$$
(📞 0294-444-8530; www.llaollao.com.ar; Av Bustillo, Km 25; DZ ab 374 US$; ❄️📶🏊) Das Llao Llao ist sicherlich das bekannteste Hotel Argentiniens – es liegt herrlich auf einer Klippe mit Blick über den Lago Moreno. Hier wird dem Gast alles geboten, was er erwartet: wunderschön ausgestattete Zimmer, ein aufmerksamer Service und jede Menge wunderbarer Extras wie etwa der beheizte Infinity Pool, das fantastisches Essen sowie Ausrüstung für diverse Outdooraktivitäten (Mountainbikes, Ski) zu allen Jahreszeiten. Sehr beliebt ist das Hotel bei Hochzeitsreisenden.

🍴 Essen & Ausgehen

Der Circuito Chico bietet einige der besten Mikro-Brauereien der Region, dazu zählen die Cervecería Blest (S. 412) und die Cervecería Berlina (S. 412).

⭐Il Gabbiano   ITALIENISCH $$
(📞 0294-444-8346; Av Bustillo, Km 24; Hauptgerichte 180–250 Arg$; ⏱ Mi-Mo 19.30–23.30 Uhr; 📶🅿️) Im besten italienischen Restaurant der Region bereitet Mimi Barchetta jedes Gericht mit viel *amore* zu und das merkt man dem Essen an. Zu ihren Spezialitäten gehören Gnocchi mit Tintenfischragout, *tagliatelle alla boscaiola* (mit Pilzen und Tomaten), die Rigatoni mit Lammragout und das Fleisch in fantastischer Qualität. Die Atmosphäre ist entspannt und fröhlich; ein wunderbarer Ort für ein romantisches Tête-à-tête.

Rincón Patagónico   PARRILLA $$
(📞 0294-446-3063; www.rinconpatagonico.com.ar; Av Bustillo, Km 14,2; Hauptgerichte 180–260 Arg$; ⏱ 12–24 Uhr; 📶) Das Restaurant im Blockhausstil verzückt schon seit Jahren die kulinarisch versierten Gäste. Zu den Spezialitäten zählen patagonisches Lamm am Spieß, geschmorter Hirsch in Rotwein und die Steaks mit Wildpilzsoße. Die Portionen sind reichlich bemessen, Wein und Bier fließen in Strömen.

⭐Cervecería Patagonia   BIERSTUBE
(📞 0294-445-0124; www.cervezapatagonia.com.ar; Av Bustillo, Km 24,7; ⏱ 12–24 Uhr; 📶) Laternen, Zapfhähne aus Kupfer und Aussicht auf den Lago Moreno – bekannt ist diese Bierstube aber wegen ihres guten Biers und des Essens, z. B. geschmortes Lamm und riesige Sandwiches.

Bei gutem Wetter kann man auf der Terrasse am Wasser ein Glas Porter, böhmisches Pils oder ein Golden Ale genießen.

ℹ️ An- & Weiterreise

Von Bariloche fährt die Buslinie 20 alle 20 Minuten nach Llao Llao und Puerto Pañuelo, die Buslinie 10 fährt 14-mal am Tag nach Colonia Suiza.

Wer ein eigenes Fahrzeug hat, ist flexibler. Den Circuito kann man auch gut mit dem Fahrrad erkunden. Wer die landschaftlich nicht so reizvollen Abschnitte meiden möchte, fährt mit dem Bus bis Km 18,6 und leiht sich dort ein Rad bei **Bike Cordillera** (📞 0294-452-4828; www.cordillerabike.com; Av Bustillo, Km 18,6; Std./Tag 150/420 Arg$; ⏱ 9–18 Uhr). Das sollte allerdings vorab telefonisch reserviert werden.

Cerro Otto

 0294

Die 8 km lange Wanderung zum Cerro Otto (1405 m) führt über eine Schotterpiste, die westlich von Bariloche beginnt. Es sind genug Fahrzeuge zum Trampen unterwegs und ganz Harte bezwingen die steile, aber lohnenswerte Strecke mit dem Rad.

Einfacher bringt der **Teleférico Cerro Otto** (📞 0294-444-1035; www.telefericobariloche.com.ar; Av de Los Pioneros, Km 5; Erw./6–11 Jahre 400/250 Arg$; ⏱ 10–17.30 Uhr) Wanderer auf den Gipfel, von dem man einen weiten Blick auf den Lago Nahuel Huapi hat.

Ein 1,3 km langer Wanderweg führt vom Gipfel des Cerro Otto zum **Refugio Berghof** (0294-414-6018; www.facebook.com/BerghofRefugio; B 20 US$) auf 1240 m. In der Schutzhütte des Club Andino finden regelmäßig Veranstaltungen statt und man kann auch hier übernachten, allerdings nicht immer. In dieser Schutzhütte befindet sich außerdem das **Museo de Montaña Otto Meiling** (0294-414-6018; www.facebook.com/BerghofRefugio; Führung 50 Arg$; unterschiedliche Öffnungszeiten), das nach einem Bergsteigerpionier benannt wurde.

ⓘ An- & Weiterreise

Ein Gratisbus verkehrt etwa 12-mal täglich von Bariloche (Abfahrt ist an der Kreuzung Bartolomé Mitre und Villegas oder Perito Moreno und Independencia) zur Talstation der Seilbahn.

Cerro Catedral

0294

Der 2388 m hohe Gipfel 20 km südwestlich von Bariloche ist das wichtigste Skigebiet der Region. Mehrere Sessellifte und die **Seilbahn Aerosilla Cerro Bellavista** (0294-440-9000; 480 Arg$; 9–17 Uhr) bringen die Fahrgäste auf 2000 m Höhe. Hier befindet sich auch ein Restaurant (*confitería*) mit einem wunderbaren Panoramablick. Vier ausgezeichnete **Wanderwege** führen über die Berge, zwei davon sind ganzjährig begehbar.

Aktivitäten

★ Cerro Catedral SKIFAHREN
(0294-440-9000; www.catedralaltapatagonia.com; Mitte Juni–Mitte Okt.) Der 2388 m hohe Gipfel 20 km südwestlich von Bariloche ist das wichtigste Skigebiet der Region. Mehr als ein Dutzend Sessellifte, drei Schlepplifte und zwei Seilbahnen bringen Skifahrer zu den Pisten. Es gibt 120 km Skipisten für fortgeschrittene Fahrer und Könner sowie einige schwarze Abfahrten am Gipfel und baumbestandene Hänge am Fuß, zu denen noch ein Anfängerhügel kommt.

Die Preise für den Skipass variieren je nach Saison. Einfache Skiausrüstungen können günstig geliehen werden, hochwertige sind teurer. Im Skigebiet befinden sich auch mehrere Skischulen.

Wandern

Vier Wanderstrecken durchziehen den Cerro Catedral. Die beiden letzten der nachfolgend angegebenen Wege sind zwischen Mai und Oktober geschlossen, im April und November ist mit schwierigen Bedingungen wegen Schnee zu rechnen.

Gutiérrez–Frey Der relativ einfache Weg (etwa fünf bis sechs Std.) beginnt am Campingplatz Lago Gutiérrez und führt durch Coihue-Wälder bis zum Refugio Emilio Frey.

Villa Catedral–Frey Diese einfache, gut ausgeschilderte vierstündige Wanderung beginnt in der Nähe der Bergstation des Lifts zum Cerro Catedral und führt über einen Fluss zum Refugio Emilio Frey.

Lynch–Frey Die steile, direkte Wanderung zum Refugio Emilio Frey (vier Std.) beginnt am Refugio Lynch in der Nähe des Gipfels des Cerro Catedral und führt über einen Geröllhang und dann steil bergab Richtung Laguna Schmoll.

Frey–Jacob Diese sechsstündige Wanderung steigt vom Refugio Emilio Frey steil bergan zur Laguna Schmoll, überquert das felsige „Fußballfeld" und führt an den Hängen des Cerro Brecha Negra bergauf bevor es bergab Richtung Laguna Jacob und Refugio San Martín geht.

Felsklettern

Das Refugio Emilio Frey befindet sich in einem der besten Klettergebiete Argentiniens. Wer mehr Informationen zum Felsklettern in der Region sucht, inklusive geführter Touren und Verleih von Ausrüstung, sollte sich an den Club Andino Bariloche (S. 413) in Bariloche wenden.

🛏 Schlafen

Refugio Emilio Frey HOSTEL $
(0294-15-431-1112; http://refugiofreybariloche.com; B 20 US$, Vollpension 39 US$) Eine einfache vierstündige Wanderung beginnt an der Bergstation des Cerro Catedral und führt zum Refugio Emilio Frey des Club Andino. Der *refugio* liegt am Ufer der landschaftlich schönen Laguna Tonchek und bietet 40 Betten sowie einfache Mahlzeiten oder Küchenbenutzung für Selbstversorger (70 Arg$). Der *refugio* selbst befindet sich in ungeschützter Lage, aber die kostenlosen Zeltplätze liegen geschützt.

ⓘ An- & Weiterreise

Die öffentlichen Busverbindungen von Bariloche zur Talstation sind ausgezeichnet; direkt im Stadtzentrum starten im Stundentakt Busse von Ómnibus 3 de Mayo mit dem Fahrziel „Catedral".

Monte Tronador & Pampa Linda

📱 0294

Zwei staubige, einspurige Straßen führen ins Zentrum des Parque Nacional Nahuel Huapi. Pampa Linda, das auf jeden Fall mindestens einen Besuchstag wert ist, erreicht man über eine landschaftlich besonders schöne Piste, die am Ufer des Lago Mascardi vorbei zum spektakulären Ventisquero Negro und zum Fuß des Monte Tronador (3554 m) führt. Besucher werden mit dem Blick auf Dutzende von Wasserfällen, die an den Hängen des erloschenen Vulkans in die Tiefe stürzen, belohnt. Pampa Linda ist der Ausgangspunkt für neun Wanderungen mit unterschiedlicher Länge und verschiedenen Schwierigkeitsgraden.

🎯 Sehenswertes

★ Ventisquero Negro   GLETSCHER

(Black Glacier; RP 82; ⊙ 24 Std.) Von Pampa Linda fährt man 6 km auf einer Piste mit Schlaglöchern (oder wandert über eine Stunde) bis zum Aussichtspunkt Ventisquero Negro. Der Ausblick ist überwältigend: Der graue Gletschersee ist von spitzen, mit Schnee durchzogenen Gipfeln umgeben, riesige Eisbrocken kalben aus dem abschüssigen Gletscher.

Cascada de Los Alerces   WASSERFALL

(RP 81) Der 20 m hohe Wasserfall lohnt allein wegen der spektakulären Umgebung einen Besuch. Mit viel Fantasie kann man in den Fällen den ausgebreiteten Rock einer Frau aus dem 19. Jh. erkennen.

Aktivitäten

Pampa Linda ist der Ausgangspunkt für eine ganze Reihe von großartigen Wanderungen. Dazu gehören:

Saltillo de las Nalcas Eine einfache, 800 m lange (halbstündige) Tour, an deren Ende ein kleiner Wasserfall lockt.

Glaciar Castaño Overo Diese ziemlich einfache Wanderung (9,5 km) dauert etwa 2½ Stunden. Man überquert auf einer Fußgängerbrücke den Río Castaño Overo und kommt dann zu einem Aussichtspunkt mit Blick auf den Gletscher.

Laguna Ilón Eine mäßig anstrengende Wanderung (14 km), bei der man durch den Río Alerce watet und anschließend ein steiler, anstrengender Abschnitt zu dem wunderschönen See führt. Dauer vier Stunden pro Strecke.

Refugio Otto Meiling Eine Schotterpiste führt zu einer Fußgängerbrücke über den Río Castaño Overo, von wo aus sich ein Fußweg durch einen Coihue-Wald windet und weiter über ungeschützte Felsen zum *refugio* führt. Für die 18 km lange Wanderung benötigt man etwa fünf Stunden.

Refugio Viejo del Tronador Die mittelschwere, 25 km lange Wanderung (pro Strecke acht Std.) darf nur mit einem Bergführer unternommen werden. Ein Teil der Strecke überquert die Grenze nach Chile. Für die Übernachtung in einer Schutzhütte muss man alles mitnehmen.

Paso de Las Nubes Bei dieser einfachen zweitägigen Wanderung werden zwei Flüsse auf Fußgängerbrücken überquert. Ein steiler Anstieg führt zu der Wiese, auf der der Refugio Agostino Rocca für die Übernachtung steht, und der schöne Abstieg geht durch einen Lenga-Wald zum Lago Frías. Im *refugio* kauft man das Schiffsticket nach Puerto Pañuelo, von dort geht es mit dem Bus zurück nach Bariloche.

Bergsteiger, die den **Monte Tronador** bezwingen wollen, müssen sich auf eine drei- bis viertägige schwierige Klettertour einstellen, die Erfahrung mit Fels, Schnee und Eis erfordert.

🛏 Schlafen & Essen

★ Refugio Agostino Rocca   HOSTEL $

(📱 0294-15-465-5903; www.facebook.com/refugioagostinorocca; B 33 US$, Vollpension 127 US$; ⊙ Nov.–Ende April) Die gemütliche Berghütte bietet Platz für 80 Gäste, die in acht gemischten Schlafsälen unterkommen. Warmes Essen wird gegen Bezahlung angeboten, aber wer möchte, kann auch die Küche benutzen. Der *refugio* ist ein ausgezeichneter Ausgangspunkt für mehrere Wanderungen mit unterschiedlicher Länge, vom dreistündigen Ausflug zum Glaciar Frias bis zur zweitägigen Überquerung des Paso de las Nubes.

★ Refugio Otto Meiling   HÜTTE $

(📱 0294-15-421-3921; http://refugiomeiling.com; B 20 US$) Den *refugio* des Club Andino an der Schneegrenze erreicht man nach einer fünfstündigen Wanderung von Pampa Linda aus. Er bietet Platz für 60 Personen (manchmal wird es sehr gemütlich!); Schlafsack muss mitgebracht werden. Auf Wunsch sind Essen, Bier und Wein erhältlich. Während der Hochsaison gibt es einen täglichen

Transfer von Bariloche nach Pampa Linda. Bergführer bieten sich für die unterschiedlichsten Exkursionen an.

Hotel Tronador
HOTEL $$

(☏0294-449-0556; www.hoteltronador.com; RP 82; EZ/DZ ab 107/121 US$; ⊙Nov.–Mitte April; 🛜) Ein besonderes Erlebnis ist ein Aufenthalt in dem einsam gelegenen Hotel Tronador, das sich am nordwestlichen Ende des Lago Mascardi an der Straße nach Pampa Linda befindet. Es bietet helle, holzgetäfelte Zimmer, jede Menge Outdoorabenteuer, von Ausritten bis zum Wildwasserraften, sowie ein gutes Restaurant mit argentinischer und europäischer Küche.

Hostería Pampa Linda
HOTEL $$$

(☏0294-449-0517; www.hosteriapampalinda.com.ar; RP 82; EZ/DZ inkl. Halbpension 180/250 US$; 🛜) Im Zentrum des Parque Nacional Nahuel Huapi liegt an den südlichen Ausläufern des Cerro Tronador dieses Hotel, das eine gute Basis für Wanderer ist. In die gemütlichen, gut geheizten Zimmer zieht man sich gerne nach dem Essen im Hotelrestaurant zurück, das auch bei Tagesausflüglern beliebt ist.

❶ Praktische Informationen

Das Eintrittsgeld (Erw./Studenten 250/130 Arg$) muss an der **Rangerstation** (⊙8–18 Uhr) bei Villa Mascardi bezahlt werden (der Bus hält extra dafür). Eine zweite Rangerstation befindet sich bei Pampa Linda.

❶ An- & Weiterreise

Die Schmutz- und Schotterpiste voller Schlaglöcher vom Eingang des Parque Nacional Nahuel Huapi teilt sich nach 9 km bei Los Rápidos. Die linke Abzweigung führt nach 17 km zur Cascada de Los Alerces, die rechte erreicht nach 29 km Pampa Linda.

Beide Straßen sind sehr eng und die Durchfahrt ist zeitlich beschränkt. Bis 14 Uhr ist die Fahrt nach Pampa Linda erlaubt. Um 16 Uhr dürfen die Autos Pampa Linda für die Rückfahrt verlassen. Zufahrt nach Los Alerces ist nur zwischen 14 und 17 Uhr, Rückfahrt nur zwischen 11 und 13 Uhr. Außerhalb dieser Zeiten ist das Befahren in beide Richtungen gestattet. Vom Abzweig an der RN 40 nach Pampa Linda benötigt man etwa eine Stunde, die Fahrt nach Cascada de Los Alerces dauert etwa 45 Minuten.

Der Club Andino Bariloche bietet im Sommer (Ende November bis April) für 200 Arg$ pro Strecke eine Transportmöglichkeit nach Pampa Linda an, Abfahrt ist täglich um 8.30 Uhr, Rückfahrt gegen 17 Uhr. Die Busse fahren vor dem Club Andino ab und benötigen für die 90 km lange Fahrt etwa 2½ Stunden. Mehrere Reiseveranstalter in Bariloche bieten Tagesausflüge nach Pampa Linda an.

El Bolsón

☏0294 / 17 061 EW. / 304 M

Es ist nicht schwer nachzuvollziehen, warum sich hier seit den 1970er-Jahren so viele Hippies niedergelassen haben. El Bolsón ist ein ruhiges, kleines Städtchen, malerisch zwischen zwei Gebirgsketten gelegen. Lediglich im Sommer fallen ganze Horden von argentinischen Touristen ein, die hier bündelweise Geld ausgeben und dann wieder verschwinden.

Während der letzten drei Jahrzehnte wurde El Bolsón sowohl zur „atomwaffenfreien Zone" als auch zur „ökologischen Gemeinde" für die Spontis und Rucksackreisenden erklärt. Direkt vor der Stadt beginnen ausgezeichnete, leicht erreichbare Wanderwege und Mountainbike-Trails, die durch eine der schönsten Landschaften Argentiniens führen. Backpacker lieben den Ort, da man hier nach Herzenslust vegetarisch essen und auch das exzellente Bier, Süßigkeiten, Marmeladen und Honig genießen kann.

⊙ Sehenswertes & Aktivitäten

★ Feria Artesanal
MARKT

(Plaza Pagona; ⊙Di, Do, Sa & So 10–16 Uhr) ⌖ Einheimische Handwerker bieten ihre Waren auf diesem Markt am östlichen Ende der Plaza Pagano an. Angeblich sollen es mehr als 300 Kunsthandwerker sein, die von geschnitzten Holzbrettchen und handgefertigten Kalebassen für Mate (einem bitteren, traditionellen Tee) bis hin zu Schmuck, Flöten und Marionetten fast alles herstellen und verkaufen. Dazu kommen noch jede Menge Imbissstände und da auf diesem Markt nur selbst hergestellte Produkte verkauft werden dürfen, bietet sich hier eine gute Möglichkeit, diverse einheimische Spezialitäten zu probieren. An sonnigen Sonntagen findet die *feria* (Markt) allerdings nur mit etwa der Hälfte der Stände statt.

Grado 42
OUTDOOR

(☏0294-449-3124; www.grado42.com; Av Belgrano 406; ⊙Mo–Sa 8.30–20.30, So 10.30–13 & 17–19 Uhr) Wenn es um Abenteuertouren geht, ist man bei dieser Agentur genau richtig. Sie bietet Trekking- und Mountainbiketouren, Gleitschirmfliegen, Ausritte und andere

Touren rund um El Bolsón an, außerdem Rafting auf dem Río Manso. Touren auf dem Manso a la Frontera (Schwierigkeitsgrad II bis IV) kosten 2200 Arg$ (inkl. Frühstück).

Feste & Events

★ El Lúpulo al Palo BIER
(⊙ Mitte Feb.) Das ausgezeichnete einheimische Bier steht während des viertägigen Nationalen Hopfenfestes Mitte Februar im Mittelpunkt des Geschehens.

Schlafen

Reisende mit kleinem Budget sind in El Bolsón mehr als willkommen; hier gibt es mehrere Hostels und Campingplätze, Mittelklassehotels und *cabañas* sind reichlich vorhanden.

★ La Casona de Odile HOSTEL $
(☎ 0294-449-2753; www.odile.com.ar; B/DZ 170/600 Arg$; @ 🛜) 🅿 Fünf Kilometer nördlich des Stadtzentrums befindet sich nahe der Avenida San Martín auf einem zwei Hektar großen parkähnlichen Grundstück am Fluss eines der besten Hostels Argentiniens. Der reiseerfahrene Besitzer weiß, was seine Gäste wünschen und brauchen – gute Infrastruktur, komfortable Schlafsäle und Zimmer, eine eigene Hausbrauerei, Yogakurse, Massagen, Fahrradverleih und günstiges, herzhaftes Essen. Viele Gäste wollen nur ein paar Tage übernachten und bleiben dann für Wochen.

★ Earthship Patagonia BOUTIQUEHOTEL $
(☎ 0294-448-3656; www.earthshippatagonia.com; Azcuénaga 754; DZ 35 US$; 🅿 ❄ 🛜) 🅿 Zum Bau des Hauses wurden Ziegel aus Lehm, recycelte Glasflaschen, Metalldosen und Solarpaneele verwendet – Earthship Patagonia ist eine Herzensangelegenheit. Die aus Amerika stammenden Besitzer Trent und Natalie bieten ihren Gästen schick ausgestattete mongolische Jurten und gelegentlich gemeinsame Mahlzeiten mit Bio-Gemüse aus dem eigenen Garten, außerdem werden Mountainbiketouren und Yogakurse angeboten.

Hostel Kaly Do Sur HOSTEL $
(☎ 0299-404-1692; www.facebook.com/kalydosurhostel; 25 de Mayo 2731; B/DZ 16/45 US$; ❄ 🛜) *La buena onda* (gute Schwingung) durchdringt das gemütliche, absolut zentral gelegene Hostel im Zentrum von El Bolsón. Lila und Juan sorgen wunderbar für ihre Gäste, das üppige Frühstück bietet eine solide Grundlage für die Aktivitäten des Tages wie Wandern, Radfahren und andere Outdoorabenteuer.

Cabañas Tulquelen CABAÑAS $
(☎ 0294-448-3251; www.cabanastunquelen.com; Feliciano 771; 2-Pers. Cabaña 40 US$; 🅿 ❄ 🛜) Die freundlichen Besitzer kümmern sich um die gemütlichen *cabañas*, die nur ein paar Häuserblocks vom Hauptplatz in El Bolsón entfernt liegen. Alle bieten eine Küchenzeile mit Essplatz im Erdgeschoss sowie kuschelige Schlafplätze im Obergeschoss.

La Posada de Hamelin PENSION $$
(☎ 0294-449-2030; Granollers 2179; EZ/DZ 77/100 US$; 🛜) Diese mit Schlingpflanzen bewachsene Pension in einem üppig grünen Garten scheint direkt aus einem Märchen entsprungen zu sein. Es gibt hier lediglich vier Zimmer, die mit ihren freigelegten Balken und rauen Steinwänden beeindrucken. Der sonnige Speiseraum im Obergeschoss ist ein wunderbarer Ort, um eine *empanada* (herzhafter gerollter Pfannkuchen) zu genießen.

Hostería La Escampada BOUTIQUEHOTEL $$
(☎ 0294-448-3905; www.laescampada.com; Azcuénaga 561; EZ/DZ ab 69/103 US$; 🛜) La Escampada besteht nur aus zehn Zimmern hinter einer lachsfarbenen Fassade, begeistert aber durch liebenswürdigen Service und Liebe zum Detail. Die Betten sind sehr bequem, das Frühstück ist ausgezeichnet und die Superior Zimmer bieten sogar eine Whirlpool-Badewanne.

✖ Essen

Bei den Restaurants in El Bolsón gibt es längst nicht eine so große Auswahl wie in Bariloche, aber die Qualität des Essens ist gut, wenn nicht sogar hervorragend. Das liegt an den frischen regionalen Zutaten und der sorgfältigen Zubereitung. Regenbogenforelle (*Trucha arco iris*) ist die lokale Spezialität.

Jauja CAFÉ, EISDIELE $
(☎ 0294-449-2448; www.heladosjauja.com; Av San Martín 2867; Eis ab 35 Arg$; ⊙ 8–23 Uhr; 🛜) Diese *confitería* (Café mit kleinen Gerichten) ist bekannt für ihre gute Küche. Es gibt die üblichen Gerichte, daneben aber auch Besonderheiten wie etwa selbst gebackenes Brot und Erdbeersaft. Die angebotenen Tagesgerichte sind immer lohnend – das Risotto mit Lamm und Wildpilzen ist einfach göttlich. Die daneben liegende Eisdiele ist

El Bolsón

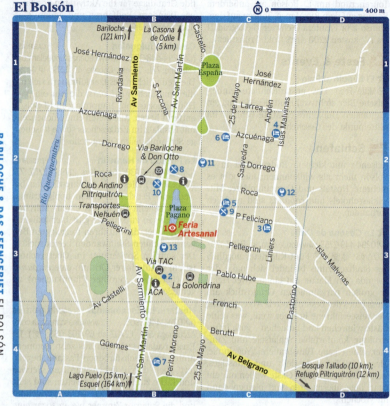

El Bolsón

⦿ Highlights
1 Feria Artesanal B3

✪ Aktivitäten, Kurse & Touren
2 Grado 42 .... B3

🛏 Schlafen
3 Cabañas Tulquelen C3
4 Earthship Patagonia C2
5 Hostel Kaly Do Sur C2
6 Hostería La Escampada C2
7 La Posada de Hamelin B4

✖ Essen
  Feria Artesanal .... (s. 1)
8 Jauja B2
9 La Gorda C3
10 Tomaticán B2

🍸 Ausgehen & Nachtleben
11 Awka Cervecería C2
12 Otto Tipp C2
13 Patio Cervecero El Bolsón B3

🛍 Shoppen
  Monte Viejo .... (s. 2)

legendär – man sollte unbedingt noch etwas Platz für eine riesengroße Portion Eis zum Nachtisch lassen.

Feria Artesanal MARKT $
(Plaza Pagano; Snacks ab 35 Arg$; ⊙ Di, Do, Sa & So 10–16 Uhr) 🌿 Der Markt ist für Hungrige die beste und preiswerteste Möglichkeit, um sich in El Bolsón zu versorgen. Zu den angebotenen Köstlichkeiten gehören frisches Obst, belgische Waffeln mit Beeren und Sahne, riesige *empanadas* für 35 Arg$, Sandwiches, *frittatas*, *milanesa de soja* (Sojaschnitzel), Bier sowie regionale Desserts.

⭐ La Gorda INTERNATIONAL $$
(☎ 0294-472-0559; 25 de Mayo 2709; Hauptgerichte 150–345 Arg$; ⊙ Di–So 19–23.30 Uhr; 📶🌿) Das ist ein unbedingtes Muss in El Bolsón: riesige Portionen, gut zubereitet und alles in einer entspannten, stylischen Atmosphäre. Auch für Vegetarier ist gesorgt, dazu kommen einige asiatische Gerichte, leckere Fleischspezialitäten und interessante Beilagen. Bei schönem Wetter sollte man unbedingt im Garten sitzen. Das Lokal ist sehr beliebt, daher empfiehlt es sich, vorher zu reservieren.

Tomaticán ARGENTINISCH $$
(☎ 0294-472-0545; Av San Martín 2760; Hauptgerichte 125–350 Arg$; ⊙ 12–16 & 20–24 Uhr; 📶) Das Restaurant ist geschmückt mit hübschen Wandgemälden mit argentinischen Motiven und bietet eine kleine, aber gute Speisekarte mit Fleisch- und Nudelgerichten (dazu gehören auch Ravioli, gefüllt mit geräuchertem Lachs). Über die Nudeln gibt es unterschiedliche Meinungen, aber wir wissen, dass der Koch perfekte Steaks zaubert. Dazu passt der rote Hauswein oder ein Craft-Bier aus Patagonien.

Ausgehen & Unterhaltung

Otto Tipp BRAUEREI
(☎ 0294-449-3700; Ecke Roca & Islas Malvinas; ⊙ Dez.–Feb. 12–1 Uhr, März–Nov. Mi–Sa 20–1 Uhr; 📶) Nach einem anstrengenden Urlaubstag mit zahlreichen Aktivitäten (oder ohne) gibt es kaum eine bessere Art, den Tag zu beenden als mit den selbst gebrauten Bieren in El Bolsóns Mikrobrauerei. Gäste dürfen die sechs Sorten, dazu gehören ein rauchiges Stout, Weizenbier und ein helles Ale, zunächst kostenlos probieren. Das Essen spielt eine Nebenrolle.

Patio Cervecero El Bolsón BIERGARTEN
(www.facebook.com/Patio Cervecero El Bolson Centro; Av San Martín 2400; ⊙ 12–1 Uhr; 📶) Bierliebhaber sollten sich an einem warmen Tag einen Platz auf der Terrasse suchen und sich ein IPA, ein rauchiges *negra ahumada* (extra dunkles Bockbier), ein pilsähnliches *rubia* oder eines der saisonal unterschiedlich aromatisierten Biere gönnen. Drinnen gibt's Fußball im Fernsehen, Rockmusik und halbwegs genießbare Pizza und Burger.

Awka Cervecería CRAFT-BIER
(www.facebook.com/awka.cerveceria.5; Ecke Perito Moreno & Dorrego; ⊙ 18–3 Uhr; 📶) Abends drängen sich hier die Einheimischen und Touristen und genießen das hiesige Outmeal Stout, belgisches Tripel Bier, ein hopfiges IPA oder einen Dickschädel verursachenden Gerstenwein.

Shoppen

El Bolsón ist ein wahres Paradies für alle, die handgefertigte Sachen lieben. Neben der bekannten *feria artesanal* (S. 422) gibt es auch eine Reihe von Geschäften, die sich auf regionale Kunst und Kunsthandwerk spezialisiert haben.

Monte Viejo KUNSTHANDWERK
(Ecke Pablo Hube & Av San Martín; ⊙ 9–18 Uhr) Qualitativ hochwertige Keramikartikel, Holzschnitzereien, Silber und Mapuche-Textilien.

🛈 Praktische Informationen

ACA (Automóvil Club Argentino; ☎ 0294-449-2260; Ecke Av Belgrano & San Martín; ⊙ Mo–Sa 8.30–20, So 9–20 Uhr) Der Automobilclub bietet auch Straßenkarten der Provinz.

Banco de la Nación (Ecke Av San Martín & Pellegrini) und **Banco Patagonia** (Av San Martín 2821) haben Geldautomaten.

Club Andino Piltriquitrón (CAP; ☎ 0294-449-2600; www.facebook.com/capbolson; Av Sarmiento, zw. Roca & Feliciano; ⊙ 18–20 Uhr) Wer die Berge der Umgebung erkunden möchte, bekommt hier Informationen über Wanderwege und -bedingungen sowie über geöffnete *refugios*. Während der Wandersaison unterhält der Club auch einen Informationsschalter in der Touristeninformation.

Post (Av San Martín 2806; ⊙ Mo–Fr 8–18, Sa 9–13 Uhr)

Touristeninformation (☎ 0294-449-2604; www.elbolson.gov.ar; Nähe Plaza Pagano; ⊙ 8–20 Uhr) Hilfsbereit, jede Menge nützlicher Informationen über Unterkünfte, Touren und mehr; außerdem Karten der Region.

🛈 An- & Weiterreise

El Bolsón besitzt keinen zentralen Busbahnhof. Die Busse von **Via Bariloche** (☎ 0294-445-5554; www.viabariloche.com.ar; Ecke Onelli & Roca) und **Don Otto** (☎ 0294-449-3910; http://donotto.com.ar; Ecke Onelli & Roca) fahren von der Kreuzung Onelli und Roca ab, die Busse von **Via TAC** (☎ 0294-449-3124; www.viatac.com.ar; Ecke Avs Belgrano & San Martín) fahren ab Belgrano und San Martín. Alle drei bedienen ähnliche Ziele; Don Otto ist allerdings das einzige Unternehmen, das nach Comodoro Rivadavia fährt. Wer nach Trelew und Puerto Madryn möchte, muss in Esquel umsteigen, bei Zielen im Norden ist der Umsteigeort Neuquén.

Busse ab El Bolsón

REISEZIEL	FAHRPREIS (ARG$)	FAHRZEIT (STD.)	HÄUFIGKEIT
Bariloche	95–115	2	14-mal tgl.
Comodoro Rivadavia	875–1000	2½	tgl. 17.15 Uhr
Esquel	138–220	2¼–3½	6-mal tgl.
Neuquén	618–749	8½	tgl. 11.15 Uhr

❶ Unterwegs vor Ort

BUS

In den Sommermonaten gibt es viele Busverbindungen zu den nahe gelegenen Sehenswürdigkeiten, im Herbst und Winter dünnt das Angebot jedoch ziemlich aus, sodass man auf ein Taxi oder eine organisierte Tour ausweichen muss. Die Touristeninformation hat die aktuellsten Angebote. Busse innerhalb der Stadt kosten 10 Arg$.

Die Busse von **Transportes Nehuén** (✆ 0294-449-1831; Ecke Av Sarmiento & Feliciano) fahren im Sommer viele Orte an, die in der näheren Umgebung liegen.

La Golondrina (✆ 0294-449-2557; Ecke Pablo Hube & Perito Moreno) fährt zur Cascada Mallín Ahogado, Abfahrt ist am Südende der Plaza Pagano. Von der Ecke Avenida San Martín und Dorrego fahren Busse zum Lago Puelo.

FAHRRAD

Maputur (✆ 0294-449-1440; Perito Moreno 2331; ⊙ Mo–Sa 9–18, So 10–16 Uhr) verleiht Mountainbikes für 100/180 Arg$ pro halbem/ganzen Tag.

TAXI

Remises (Taxis) sind eine günstige Möglichkeit, um zu den nahe gelegenen Ausgangspunkten der Wanderwege und zu den Campingplätzen zu kommen. Zu den Taxiunternehmen gehören u. a. **Remises Buen Viaje** (✆ 0294-449-3103) und **La Unión** (✆ 0294-449-2858).

Rund um El Bolsón

✆ 0294

Rund um El Bolsón gibt es herrliche Berge, Wasserfälle und Wälder – zahlreiche lohnenswerte Ziele für alle Wanderer und Radfahrer.

Zu den beliebtesten Zielen gehören die **Cabeza del Indio**, ein 7 km von der Stadt entfernter Aussichtspunkt, und die **Cascada Mallín Ahogado**, ein kleiner Wasserfall 10 km nördlich der Stadt. Von hier aus erreicht man den Refugio Perito Moreno des Club Andino Piltriquitrón, der sich als großartiger Ausgangspunkt für Wanderungen eignet.

In der Provinz Chubut, 15 km südlich von El Bolsón, liegt der **Parque Nacional Lago Puelo**. Der geschwungene, azurblaue See lädt zum Schwimmen, Angeln, Bootfahren, Wandern und Camping ein. Am See liegt die Barkasse **Juana de Arco** (✆ 0294-449-8946; www.interpatagonia.com/lagopuelo/sailing-lake-puelo.html; RP 16; ⊙ Abfahrt 14 Uhr). Sie bringt Passagiere in drei Stunden über den See zu Argentiniens Tor zum Pazifik an der chilenischen Grenze. Von hier aus wandern Hartgesottene nach Chile.

◉ Sehenswertes & Aktivitäten

Bosque Tallado   WALD
(Skulpturenwald; Jan., Feb. & Ostern 100 Arg$) Ein ausgeschilderter Weg führt von der RN 40 die bewaldeten Hänge des Cerro Piltriquitrón hinauf. Vom Ende der Straße wandert man noch 40 Minuten bis zum Skulpturenwald, in dem einheimische Künstler Baumstümpfe in mythologische und groteske Skulpturen verwandelt haben.

Wandern

Vom Refugio Perito Moreno führt eine 2½-stündige Wanderung zum 2206 m hohen Gipfel des Cerro Perito Moreno. Hier befindet sich ein kleines Skigebiet mit einer Talstation auf 1000 m Höhe.

Ambitionierte Wanderer zieht es zum 2260 m hohen Cerro Piltriquitrón, einem Granitkamm mit einer unvergleichlichen Aussicht über das Tal des Río Azul bis zum Andenkamm an der chilenischen Grenze. Auf halbem Weg erreicht man den Bosque Tallado und das Refugio Piltriquitrón des Club Andino. Vom *refugio* sind es dann weitere zwei Stunden Wanderung bis zum Gipfel. Auf der Strecke nach oben gibt es zwar Trinkwasser, es empfiehlt sich aber, auf jeden Fall an die Trinkflasche zu denken und Essen für das Picknick auf dem Gipfel mitzubringen.

Eine andere beliebte Wanderung in dem Gebiet ist der Rundweg Cerro Hielo Azul, der wunderbare Ausblicke auf die Gletscher bietet.

Detailliertere Informationen zu diesen und zu weiteren Wanderungen sowie zu den Betriebszeiten der *refugios* bietet der Club Andino Piltriquitrón (S. 423) in El Bolsón.

🛏 Schlafen

In der Region rund um den Lago Puelo gibt es zahlreiche Campingplätze und außerdem auch noch einige *cabañas*. Der Club Andino Piltriquitrón (S. 423) betreibt zwei *refugios* in den Bergen, für die man aber vorher reservieren sollte.

Refugio Perito Moreno HÜTTE $
(in El Bolsón 0294-448-3433; B 16 US$;) Die Cascada Mallín Ahogado, ein kleiner Wasserfall am Arroyo del Medio, befindet sich 10 km nördlich von El Bolsón, abzweigend von der RN 40, westlich der RN 258. Hinter den Wasserfällen führt eine Schotterpiste zum Refugio Perito Moreno des Club Andino Piltriquitrón, das ein großartiger Ausgangspunkt für mehrere faszinierende Wanderungen im Sommer ist; im Winter kann man hier Skifahren. Der *refugio* bietet Platz für 80 Personen; Essen wird für 80 Arg$ angeboten.

Refugio Piltriquitrón HÜTTE $
(in El Bolsón 0294-448-3433; B 14 US$, Zelten frei) Die Betten im Refugio Piltriquitrón des Club Andino sind sehr gut, aber man muss seinen eigenen Schlafsack mitbringen. Auch preisgünstige Mahlzeiten werden angeboten. Der *refugio* ist ein fantastischer Ausgangspunkt für Wanderungen. Man erreicht ihn über eine ausgeschilderte Straße von der RN 40. Vom Ende der Straße führt eine einstündige Wanderung bis zum *refugio*.

ⓘ An- & Weiterreise

Im Sommer fahren regelmäßig Busse von El Bolsón zum Lago Puelo, sonntags und in der Nachsaison ist die Verbindung allerdings eingeschränkt. Eine gute Alternative für die Anfahrt sind Mountainbikes; sie werden u. a. von **Maputur** in El Bolsón verliehen.

Villa la Angostura

📞 0294 / 11 063 EW. / 850 M

Der exklusive Urlaubsort mit zahlreichen Hotels und guter Infrastruktur liegt am nordwestlichen Ufer des Lago Nahuel Huapi. Nicht weit ist es zum Cerro Bayo, einem kleinen, beliebten Wintersportgebiet. Die Anhäufung von Schokoladengeschäften auf der Hauptstraße lässt den Ort wie eine Miniaturausgabe von Bariloche erscheinen.

Auch in der Sommerzeit lohnt sich ein Abstecher hierher. Man kann beispielsweise Boot fahren oder im kleinen, aber landschaftlich vielfältigen Parque Nacional Los Arrayanes wandern. Villa la Angostura ist außerdem der südliche Ausgangspunkt, um die atemberaubende Fahrt auf der Ruta de los Siete Lagos zu unternehmen.

Der Ort besteht aus zwei Stadtteilen: El Cruce, dem Geschäftszentrum am Highway, und La Villa, das 3 km weiter südlich am See liegt. La Villa ist in erster Linie eine Wohnsiedlung, aber es gibt hier auch Hotels, Geschäfte, verschiedene Dienstleistungsunternehmen und – im Gegensatz zu El Cruce – einen direkten Zugang zum See. In Puerto Manzano, das zu La Villa gehört, fahren auch die Ausflugsboote zum Parque Nacional Los Arrayanes ab.

⊙ Sehenswertes & Aktivitäten

Mehrere Veranstalter im Ort bieten Trekkingtouren, Ausritte und geführte Mountainbiketouren an; die Touristeninformation verfügt über alle wichtigen Informationen dazu. Das Mountainbike ist ein großartiges Fortbewegungsmittel, um die nähere Umgebung zu erkunden. Zwischen Juni und September bildet das Skigebiet die Hauptattraktion.

★ Parque Nacional Los Arrayanes NATIONALPARK
(www.parquesnacionales.gob.ar; Erw./Student 259/130 Arg$; ⊙ 8–19 Uhr) Dieser kleine Nationalpark umfasst die gesamte Halbinsel Quetrihué, die in den Lago Nahuel Huapi hineinreicht. Hier gibt es noch Bestände an *arrayán*-Bäumen. Die Myrtenbäume sind an ihren zimtfarbenen Rinden zu erkennen. In Mapudungun (der Sprache der Mapuche) bedeutet der Name der Halbinsel deswegen auch „Ort der *arrayánes*". Die Parkvorschriften verlangen, dass Wanderer den Park bis mittags betreten und im Winter bis 16 Uhr verlassen müssen (im Sommer zwischen 18 und 19 Uhr). Der Park befindet sich nahe dem Boulevard Nahuel Huapi, etwa 12 km Fahrt mit Auto oder Rad von Villa la Angostura entfernt.

Die Parkverwaltung befindet sich am südlichen Ende der Halbinsel in der Nähe von **El Bosque**, wo die meisten *arrayánes* wachsen. Der Ort gleicht einem Zauberwald, einige der langsam wachsenden Bäume sind mindestens 600 Jahre alt. Eine 12 km lange Wanderung, die etwa drei Stunden dauert, führt an die Spitze der Halbinsel. Sie ist gleichzeitig ein ausgezeichneter **Naturlehrpfad**, der an zwei Seen vorbeiführt. Von den beiden Buchten am Parkeingang fahren mehrmals täglich Ausflugsboote zur Spitze der Halbinsel; man kann mit dem Boot hinfahren und dann zurückwandern.

Vom nördlichen Eingang bei La Villa führt eine sehr steile 20-minütige Wanderung zu zwei **Panorama-Aussichtspunkten** mit herrlichem Blick auf den Lago Nahuel Huapi.

Cerro Belvedere WANDERN

(Av Siete Lagos) Der 4 km lange Wanderweg beginnt an der Avenida Siete Lagos, nordwestlich der Touristeninformation, und führt zu einem **Aussichtspunkt** mit gutem Ausblick auf den Lago Correntoso, Nahuel Huapi und die umliegenden Berge. Vom Aussichtspunkt sind es weitere 3 km zum 1992 m hohen Gipfel. Wer sich am Aussichtspunkt „sattgesehen" hat, geht einige Schritte zurück zu einer nahe gelegenen Kreuzung, die zur **Cascada Inayacal** führt, einem 50 m hohen Wasserfall. Wanderer, die diese Tour unternehmen möchten, sollten sich bei der Touristeninformation eine Wanderkarte besorgen, denn die Wegführung ist etwas verwirrend.

Centro de Ski Cerro Bayo SKIFAHREN

(☎0810-345-0168; www.cerrobayo.com.ar; Tagespass 570–940 Arg$) Von Ende Juni bis Ende September bringen Lifte Skifahrer von der Talstation auf 1050 m ins Skigebiet auf 1700 m. Das „Boutique"-Skigebiet (meint: klein, aber teuer) liegt 9 km nordöstlich von El Cruce an der RP 66. Es gibt 24 Abfahrten (keine schwarzen) und eine Piste für Freestyler. Vor Ort bekommt man alles, was man braucht, auch die notwendige Skiausrüstung (etwa 380 Arg$).

Der wichtigste Lift ist auch außerhalb der Skisaison für Wanderer geöffnet (von 9 bis 17 Uhr; Erw./Kind 420/360 Arg$).

Cabalgatas Correntoso AUSRITTE

(☎0294-15-451-0559; www.facebook.com/cabalgatacorrentoso.com.ar; Cacique Antriao 1850) Für Pferdefans (Halbtages- bis mehrtägige Ausritte). Tero Bogani ist der richtige Ansprechpartner für alle, die einmal Gaucho spielen möchten. Die Preise beginnen bei 800 Arg$ für einen zweistündigen Ausritt zum Nahuel Huapi und Río Bonito.

Schlafen

Übernachten ist teuer in Angostura, es sei denn, man zeltet oder steigt in einem der vielen Hostels ab. Während des Sommers gibt es so gut wie keine Einzelzimmer – Alleinreisende müssen mit dem Preis für ein Doppelzimmer rechnen. *Hosterías* und Hotels gibt es im Überfluss.

★Hostal Bajo Cero HOSTEL $

(☎0294-449-5454; www.bajocerohostel.com; Río Caleufu 88; B/DZ 29/68 US$; @🛜) Das tolle Hostel liegt nur einen guten Kilometer nordwestlich des Busbahnhofs und bietet große, gut geplante Schlafsäle und hübsche Doppelzimmer mit Daunendecken. Dazu kommen ein netter Garten, eine Küche und angenehm luftige Gemeinschaftsräume. Außerdem werden Fahrräder verliehen.

La Roca de la Patagonia BOUTIQUEHOTEL $$

(☎0294-449-4497; www.larocadelapatagonia.com.ar; Pascotto 155; EZ/DZ 65/94 US$; ❄🛜) Nettes kleines Hotel mit nur sechs Zimmern abseits der Touristenroute. Es befindet sich in einem großen, zum Hotel umgebauten Haus und bietet dementsprechend großzügige Räume. Die Einrichtung ist sehr patagonisch – verwendet wird viel Holz und Stein. Von der Terrasse aus bietet sich eine fantastische Aussicht auf die Berge.

Hotel Angostura HOTEL $$

(☎0294-449-4224; www.hotelangostura.com; Blvd Nahuel Huapi 1911, La Villa; EZ/DZ ab 72/83 US$; 🛜) Die Inneneinrichtung mit den Lampengestellen aus Hirschgeweihen ist etwas gewöhnungsbedürftig, aber die Lage ist ein Traum. Das Hotel liegt auf einem Felsvorsprung mit Blick auf den See und den Nationalpark Parque Nacional Los Arrayanes – man kann den Blick gar nicht abwenden. Das Hotel verleiht seinen Gästen auch Fahrräder.

Verena's Haus BOUTIQUEHOTEL $$

(☎0294-449-4467; www.verenas-haus.com.ar; Los Taiques 268, El Cruce; EZ/DZ 85/101 US$; 🛜) Das ideale Haus für verliebte Paare, die einen ruhigen, romantischen Ort suchen: Es gibt jede Menge Herzen und Blümchentapeten. Die makellosen Zimmer sind groß und gemütlich eingerichtet, die selbst gemachte Marmelade und das Brot schmecken ausgezeichnet.

Encanto del Rio HOTEL $$$

(☎0294-447-5357; www.encantodelrio.com.ar; RN 40, Km 1110; Zi./Hütte/Apt. 151/159/223 US$; ❄🛜) Auf halber Strecke zwischen dem Zentrum und Puerto Manzano liegt diese außerordentlich schöne Unterkunft mit diversen Unterbringungsmöglichkeiten. Die

Zimmer sind gut ausgestattet und geräumig und bieten Blick auf die Berge oder auf den Fluss. Die Hütten haben alle eine gut ausgestattete Küche und viel Privatsphäre. Auch die Apartments sind schön, allerdings etwas überteuert.

Essen

Gran Nevada
ARGENTINISCH $

(0294-449-4512; Av Arrayanes 106; Hauptgerichte 130–210 Arg$; 12–23.30 Uhr) Der riesige Fernseher (meistens läuft darin Fußball) und die preiswerten, großen Tagesgerichte (Eintöpfe, gegrillter Fisch) locken auch die Einheimischen in dieses Lokal. Hier geht bestimmt niemand hungrig raus.

★ Pistach'
FUSION $$

(0294-449-5203; Cerro Inacayal 44; Hauptgerichte 210–350 Arg$; Di 20–23.30, Mi–So 12–15 & 20–23.30 Uhr;) Ein munterer Newcomer in der Restaurantszene, die von *parrillas* und Pizzerien dominiert wird. Pistach' bietet in eleganter Umgebung eine Speisekarte, die von der Herkunft und den Reisen des Kochs inspiriert wurde und deren Gerichte aus frischen Zutaten des Marktes gezaubert werden. Das Curry mit Shrimps und Fisch ist köstlich, außerdem gibt es hausgemachte Hamburger, Pad Thai und geschmortes Lamm in Malbec-Soße.

Nicoletto
ITALIENISCH $$

(0294-449-5619; Pascotto 165; Hauptgerichte 140–230 Arg$; 12–15 & 20.30–23.30 Uhr) In diesem bescheidenen Familienbetrieb abseits der Hauptstraße gibt es die besten Nudeln weit und breit. Alles ist lecker – frisch zubereitet und mit tollen Soßen, aber ganz besonders zu empfehlen ist Forelle *sorrentino* mit Lauchsoße.

Tinto Bistro
INTERNATIONAL $$

(0294-449-4924; Av Arrayanes 256; Hauptgerichte 200–450 Arg$; Mo–Sa 12–23.30 Uhr;) Nicht nur, dass das Essen (regionale Küche mit europäischem Touch) ausgezeichnet ist – der Besitzer Martín Zorreguieta ist der Bruder von Máxima, der Königin der Niederlande. Besonders zu empfehlen ist die Forelle mit gegrillten Endivien und Hirsch-Carpaccio.

La Luna Encantada
ARGENTINISCH $$$

(0294-449-5515; Cerro Belvedere 69, El Cruce; Hauptgerichte 200–500 Arg$; 12–16 & 20–24 Uhr;) Das nette kleine Landhaus bietet eine große Auswahl an patagonischen und argentinischen Spezialitäten. Das Essen wird sorgfältig zubereitet und hübsch angerichtet, die Atmosphäre ist warmherzig und einladend. Die hier servierte Pizza und das Fondue gehören zu den besten der Stadt, außerdem gibt es noch eine gute Auswahl an einheimischen Bieren und Wein, die die Gerichte begleiten.

❶ Praktische Informationen

Banco de la Provincia (Ecke Las Frambuesas & Av Nahuel Huapi; Mo–Fr 9–13 Uhr) Geldautomat.

Post (Las Fuschias 121; Mo–Fr 8–18, Sa 9–13 Uhr) In einem Einkaufszentrum hinter dem Busbahnhof.

Touristeninformation (0294-449-4124; www.villanagostura.gov.ar; Ecke Av Siete Lagos & Arrayanes; 8–21 Uhr) Informationen über die Stadt und ihre Umgebung.

❶ An- & Weiterreise

Der **Busbahnhof Terminal de Omnibus Villa la Angostura** (0294-449-5104; Ecke Av Siete Lagos & Av Arrayanes) befindet sich gegenüber der Touristeninformation. Einige Busse halten in El Cruce auf der Fahrt von Bariloche nach San Martín de los Andes.

Andesmar (www.andesmarchile.cl) fährt über den Paso Cardenal Samoré nach Osorno in Chile (555 Arg$, 4 Std., 2-mal tgl.).

Busse ab Villa la Angostura

REISEZIEL	FAHRPREIS (ARG$)	FAHRZEIT (STD.)	HÄUFIGKEIT
Bariloche	90	1¼	8-mal tgl.
Neuquén	855–1084	6¾	2-mal tgl.
San Martín de los Andes	177	2¼	2-mal tgl.
Villa Traful	102	2	tgl.

❶ Unterwegs vor Ort

BUS

Innerorts kostet eine Busfahrt 10 Arg$. Busse von Transportes 15 de Mayo verkehren stündlich vom Busbahnhof nach La Villa (15 Min.). Sie fahren über die Avenida Siete Lagos zum Lago Correntoso (15 Min.) und Richtung Süden über die Avenida Arrayanes nach Puerto Manzano am Lago Nahuel Huapi (15 Min.).

Von Juli bis Ende September und von Dezember bis Ende März fahren die Busse von 15 de Mayo 6- bis 7-mal täglich zum Skigebiet am Cerro Bayo (80 Arg$, 1 Std.).

FAHRRAD

Aquiles (0294-448 8345; www.facebook.com/aquiles.rental; Av Arrayanes 150; 9–13 & 16–20 Uhr) verleiht für 150 Arg$ pro Tag gute Mountainbikes.

SCHIFF

Fünf Reedereien bieten täglich Fährverbindungen vom Hafen (am Hotel Angostura in La Villa) zur Spitze der Halbinsel Quetrihué im Parque Nacional Los Arrayanes an (einfach/hin und zurück etwa 495/650 Arg$, plus 250 Arg$ Parkeintrittsgebühr). Abfahrt ist normalerweise um 11 und 14.30 Uhr. Es empfiehlt sich, die Schiffskarten schon vor einer Wanderung zu kaufen, um einen sicheren Platz für die Rückfahrt zu haben. Die Fahrt dauert etwa 45 Minuten, Fahrräder können aufs Boot mitgenommen werden.

TAXI

Taxis (oder eigene Räder jeder Art) sind die einfachste Möglichkeit, um zu den Ausgangspunkten der Wandertouren zu kommen, auch wenn einige von Bussen angesteuert werden. Sowohl Busse als auch Taxis starten am **Terminal de Omnibus Villa La Angostura** an der Avenida Siete Lagos, direkt nördlich der Avenida Arrayanes.

Villa Traful

0294 / 360 EW. / 720 M

Der kleine Ort besticht durch seine atemberaubend schöne Lage am südlichen Ufer des Lago Traful inmitten der Berge. Im Januar, Februar und zu Ostern ist Villa Traful geradezu überlaufen, deswegen ist es empfehlenswert, für diese Zeit seinen Aufenthalt etwa drei Monate im Voraus zu buchen. Während der übrigen Zeit ist es hier herrlich einsam. Vor allem November, Dezember, März und April sind fantastische Reisezeiten.

Sehenswertes & Aktivitäten

Cascada Coa Có   WASSERFALL

Dieser Wasserfall liegt auf einem relativ einfachen zweistündigen Rundweg, der von Villa Traful aus ohne Führer unternommen werden kann. Wanderer folgen der Straße, die neben dem *guardaparque* (Parkranger-Büro) den Berg hinaufführt. Der Weg ist ausgeschildert. Auf freiem Feld trifft man auf eine Gabelung. Um zu den 30 m hohen Cascadas Coa Có zu gelangen, nimmt man den linken Weg und erreicht den Wasserfall nach 500 m. Wer auch die kleineren Cascadas de los Arroyos Blancos aufsuchen möchte, muss bis zur Gabelung zurückgehen und den anderen Weg nehmen. Nach 1 km taucht dann der Wasserfall auf. Noch viel beeindruckender als die Wasserfälle selbst sind die Aussichtspunkte entlang der Strecke.

Lagunas las Mellizas   WANDERN

Die Tour, die auch für weniger geübte Wanderer geeignet ist, beginnt mit einer Bootsfahrt über den See. Danach folgt ein 2½-stündiger Aufstieg durch den Zypressenwald, der mit wunderbaren Blicken auf die Lagunas Azul und Verde (Blaue und Grüne Lagune) belohnt wird. Wer dann noch Kondition hat, durchquert einen Bach und gelangt in ein Gebiet, das mit einer Vielzahl gut erhaltener, ungefähr 600 Jahre alter Tehuelche-Felsmalereien aufwartet. Wegen der vielen verschiedenen Wege ist ein ortskundiger Führer hilfreich.

Schlafen & Essen

Albergue & Camping
Vulcanche   HOSTEL, CAMPINGPLATZ $

(0294-447-9028; www.vulcanche.com; Stellplatz pro Pers. 7 US$, B 15 US$;) Der Campingplatz mit Hostel liegt in einem schönen Waldgebiet am östlichen Rand von Villa Traful. Er bietet Stellplätze auf Gras, das Hostel hat anständige Schlafräume und eine gute Küche. Zusätzlich werden gemütliche, voll ausgestattete *dormis* (Holzhütten) für bis zu vier Personen angeboten.

Hostería Villa Traful   HOTEL $$

(0294-447-9005; www.hosteriavillatraful.com; RP 65; EZ/DZ ab 96/114 US$;) Eine kleine angenehme Familienpension am westlichen Stadtrand. Die Zimmer sind etwas abgewohnt, aber gemütlich. Zum Hotel gehört ein gutes Restaurant, der Besitzer organisiert Boots- und Angeltouren. Für Gruppen gibt es auch *cabañas*.

Ñancú Lahuén   ARGENTINISCH $$

(0294-447-9017; Hauptgerichte 190–260 Arg$; 11.30–23 Uhr;) Ein nettes kleines Restaurant im Blockhüttenstil direkt im Ortszentrum. Die Spezialität des Hauses sind Forellengerichte (besonders lecker in Mandelsoße), aber auf der Speisekarte stehen auch *parrilla* und jede Menge Salate.

Praktische Informationen

Die Banco de la Provincia de Neuquén im Ortszentrum hat einen Geldautomaten, der auch Visa- und MasterCard annimmt.

Touristeninformation (☏ 0294-447-9099; ⊙ Dez.–Feb. tgl. 9–20 Uhr, März–Nov. Sa–Mi 9–20 Uhr) Teilt sich die Geschäftsstelle im Ortszentrum mit dem *guardaparque* (Park Ranger).

❶ An- & Weiterreise

Im Sommer (Dezember bis Februar) sind die Busverbindungen nach Villa Traful besser als im übrigen Jahr. La Araucana fährt täglich nach Villa la Angostura (102 Arg$, 2 Std.) und im Sommer auch nach San Martín de los Andes (165 Arg$, 2½ Std.). Im Sommer gibt es außerdem eine tägliche Verbindung nach Bariloche (86 Arg$, 2 Std.).

Für alle, die selbst fahren – die Fahrt allein ist schon das halbe Vergnügen; Villa Traful befindet sich 80 km nördlich von Bariloche, die Straße (RP 65) ist nicht asphaltiert.

San Martín de los Andes

☏ 02972 / 33 600 EW. / 645 M

San Martín wird, ebenso wie Bariloche, zweimal im Jahr von Urlaubern frequentiert: Im Winter kommen die Touristen zum Skifahren am Cerro Chapelco, im Sommer zum Wandern und Bergsteigen im nahen Parque Nacional Lanín. Ganz Mutige wagen sich auch in das eisige Wasser des Lago Lácar westlich der Stadt. Außerhalb dieser Zeiten ist San Martín ein ruhiger, kleiner Ort vor spektakulärer Kulisse, der viel von jenem Charme und der architektonischen Geschlossenheit behalten hat, die einst auch die Besucher von Bariloche faszinierte. Eine Schifffahrt auf dem See ist ein Muss für alle Besucher. Wer die Stadt in der schneefreien Jahreszeit (ab November) Richtung Süden verlässt, sollte die landschaftlich sehr schöne Ruta de los Siete Lagos (RN 40) in Richtung Villa la Angostura, Lago Nahuel Huapi und Bariloche nehmen.

Sehenswertes

In San Martín de los Andes lässt sich fast alles vom *centro cívico* aus zu Fuß erreichen. Der schattige Park am See und der Schiffsanleger sind wunderbare Plätze, um einen Nachmittag zu verbringen.

Museo Primeros Pobladores   MUSEUM
(☏ 02972-427347; M Rosas s/n; 50 Arg$; ⊙ Mo–Fr 8–17, Sa 16–18 Uhr) Das Museum zeigt archäologische und ethnografische Ausstellungsstücke aus der Region, darunter Pfeil- und Speerspitzen, Keramik und Musikinstrumente. Manchmal gibt es gute Wechselausstellungen.

La Pastera Museo del Che   MUSEUM
(☏ 02972-411994; Ecke Sarmiento & Roca; ⊙ Mo–Sa 9.30–14 & 17–20 Uhr) GRATIS Das kleine Museum befindet sich in einer ehemaligen Scheune, in der Che Guevara Ende Januar 1952 einige Nächte verbracht hat, während er auf einer Reise mit dem Motorrad unterwegs war. Durch seine *The Motorcycle Diaries* wurde diese Reise unsterblich. Man kann einen kurzen Film über Che sehen sowie die Strohballen bewundern, auf denen er angeblich geschlafen hat.

🏃 Aktivitäten

★ Ruta de los Siete Lagos   AUTOTOUR
(Sieben-Seen-Route) Von San Martín de los Andes aus führt die RN 40 vorbei an zahlreichen Hochgebirgsseen nach Villa la An-

---

SKIFAHREN AUF DEM CERRO CHAPELCO

Das 20 km südöstlich von San Martín gelegene Skigebiet **Cerro Chapelco** (☏ 02972-427845; www.chapelco.com; RP 19; Tagespass Erw. 930–1330 Arg$, Kind 750–1070 Arg$; ⊙ Mitte Juni–Anfang Okt.) zählt zu den wichtigsten Wintersportregionen Argentiniens und bietet 28 Abfahrten für Anfänger und Fortgeschrittene. Der höchste Punkt liegt bei 1920 m; Wintersportausrüstungen werden vermietet (780 Arg$ pro Tag). Die Busse von Transportes Ko-Ko (S. 435) fahren dreimal täglich (90 Arg$ hin & zurück) während der Skisaison vom Busbahnhof in San Martín zum Skigebiet.

Das alljährlich gefeierte Skifestival **Fiesta Nacional del Montañés** findet in der ersten Augusthälfte statt. Die Skipisten sind von Mitte Juni bis Anfang Oktober geöffnet. Als Nachsaison wird die Zeit von Mitte Juni bis Anfang Juli und vom 28. August bis Mitte Oktober festgelegt; als Hauptsaison gelten die letzten beiden Wochen im Juli. Die Wintersportausrüstung wird in San Martín günstiger vermietet. Die Reisebüros in San Martín bieten auch Pauschalangebote mit Shuttledienst oder nur den Shuttle an (150 Arg$); die Gäste werden direkt am Hotel abgeholt.

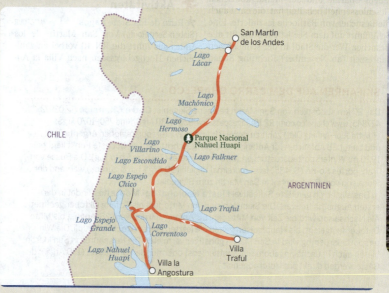

 # La Ruta de los Siete Lagos

TAG 1

Die 110 km lange Strecke führt vorbei an schneebedeckten Berggipfeln, kristallklaren Seen und dichten Nadelwäldern und gilt als Klassiker im Seengebiet. Sie lässt sich per Bus oder mit dem Auto am Stück bewältigen oder in Etappen aufteilen – nur auslassen sollte man sie auf keinen Fall.

Von **San Martín de los Andes** (S. 429) aus auf der RN 40 streift man die Ufer des **Lago Lácar** (S. 436) und passiert die Mapuche-Stadt Curruhuinca. Nach 20 km ist der Aussichtspunkt bei Arroyo Partido erreicht.

Von dort 5 km bergab zu einer Brücke über den Río Hermoso. Weitere 5 km und zwei kurze Steigungen später erblickt man das Blau des Lago Machónico. Noch einmal 5 km bis zu einer Abzweigung nach rechts; dort führt eine 2 km lange Schotterpiste zum **Lago Hermoso**. Vorsicht beim Waldspaziergang wegen der vielen Jäger.

Vom Eingang zum **Parque Nacional Nahuel Huapi** (S. 415) sind es 15 km bis zur Cascada Vullignanco, einem 20 m hohen Wasserfall des Río Filuco. Nach weiteren 2 km führt die Straße zwischen **Lago Villarino** und **Lago Falkner** hindurch; Letzterer hat einen weitläufigen Sandstrand.

Noch einmal 2 km, und man steht am Lago Escondido; im Zickzack geht es 8 km bergab bis zu einer Abzweigung zur Linken. Die Schotter(neben)straße führt 2 km nach Norden und endet am Lago Traful.

Nach 30 km auf der Hauptstrecke gelangt man zur Abzweigung nach **Villa Traful** (S. 428) – von hier sind es noch 27 km auf einer guten Schotterpiste bis zu diesem Urlaubsort. Unterwegs gibt es schöne Campingplätze am Seeufer. Wer auf der Hauptstraße bleibt, streift den Lago Correntoso und erblickt nach 20 km eine Brücke und eine ehemalige *hostería*.

Für einen Abstecher direkt vor der Brücke nach rechts auf die Straße, die bergauf führt; nach 2 km endet sie am Lago Espejo Chico.

Auf der Weiterfahrt Richtung Süden liegt rechts hinter Bäumen der Lago Espejo Grande. Nach 15 km kommt eine Kreuzung; dort links und nach 10 km auf einer Asphaltstraße ist **Villa la Angostura** (S. 425) erreicht.

Oben: Radtour entlang des Lago Traful
Unten: La Ruta de los Siete Lagos

San Martín de Los Andes

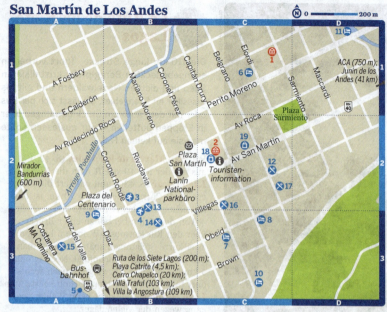

San Martín de Los Andes

🔵 Sehenswertes
1 La Pastera Museo del Che C1
2 Museo Primeros Pobladores C2

🟢 Aktivitäten, Kurse & Touren
3 Andestrack B2
4 Lanín Turismo B3
5 Naviera A3

🛏 Schlafen
6 El Oso Andaluz Hostel C1
7 Hostería Hueney Ruca C3
8 Hostería La Masía C3
9 Hotel Antiguos A3

10 La Raclette C3
11 Rotui Apart Hotel D1

❌ Essen
12 Bamboo Brasas C2
13 Corazón Contento B2
14 El Mesón de la Patagonia B3
15 Morphen A3
16 Nobuko Restoran & Sushi Bar C2
17 Ulises C2

🛍 Shoppen
18 Artesanías Neuquinas C2
19 Patalibro C2

gostura. Die landschaftlich einzigartige Strecke führt über eine schmale und teilweise staubige Piste. Die Ruta de los Siete Lagos (S. 431) ist wegen ihrer spektakulären Szenerie eine der größten Attraktionen der Region. Im Winter werden regelmäßig Teile der Strecke wegen heftigen Schneefalls gesperrt. Die beste Reisezeit ist von Dezember bis Mai, man sollte sich aber vorher über die Straßenverhältnisse informieren.

Von San Martín, Villa la Angostura und Bariloche starten regelmäßig Tagestouren, die Route lässt sich aber auch mit dem öffentlichen Bus befahren. Auch mit dem eigenen Auto oder dem Fahrrad ist die Strecke zu bewältigen.

Mirador Bandurrias WANDERN
Ein 2,5 km langer steiler, staubiger Weg wird schließlich nach dem Aufstieg mit einer atemberaubenden Sicht auf den Lago Lácar belohnt; man sollte aber unbedingt ausreichend Verpflegung mitnehmen. Trainierte Radfahrer schaffen die Strecke über Schotter zum *mirador* (Aussichtspunkt) in etwa einer Stunde.

Lanín Turismo OUTDOOR
(02972-425808; www.laninturismo.com; Av San Martín 437; Mo-Sa 9–13 & 17–21 Uhr) Der Veranstalter organisiert zahlreiche Outdooraktivitäten, dazu gehört auch Rafting auf dem Río Chimehuin oder dem Río Aluminé. Außerdem werden Besteigungen des Volcán Lanín und mehrtägige Wanderungen angeboten.

Andestrack OUTDOOR
(02972-420588; www.andestrack.com.ar; Coronel Rohde 782; Mo-Sa 9–13 & 15–20 Uhr) Der Parque Nacional Lanín bietet ausgezeichnete Möglichkeiten zum Wandern und Bergsteigen. Der neue, engagierte Veranstalter ist für Touren mit dem Mountainbike und Bergsteigen an den Vulkanen Lanín, Domuyo und Tromen sowie andere Abenteuer sehr zu empfehlen.

Geführte Touren

Naviera BOOTSTOUREN
(02972-427380; https://lagolacarynonthue.com; Costanera MA Camino s/n; Mo-Sa 9.30–19.30, So 10.30–19.30 Uhr) Naviera veranstaltet lohnenswerte siebenstündige Bootsexkursionen nach Hua Hum (1100 Arg$ pro Pers.) sowie 30-minütige Ausflüge nach Quila Quina (380 Arg$ pro Pers.).

Feste & Events

Fiesta de Fundación KULTUR
(4. Feb.) San Martín de los Andes feiert seine Gründung am 4. Februar mit Ansprachen, Paraden und anderen Festlichkeiten. Die Parade selbst ist eine seltsame, aber unterhaltsame Mischung aus Soldaten, Feuerwehrleuten, Gauchos, Polospielern und Fuchsjägern.

Schlafen

In San Martín mangelt es nicht an Unterkünften. Sie sind jedoch alle ziemlich teuer, besonders während der Hochsaison im Sommer (Januar bis März) und der besten Zeit zum Skifahren (Mitte Juli bis August). Dann ist es auch unbedingt notwendig, zu reservieren. Die Qualität der Unterkünfte ist meistens sehr gut. In der Nachsaison können die Preise dann um bis zu 40 % niedriger ausfallen.

Adventure Bed & Bike HOSTEL $
(02972-413236; http://adventurebedandbike.com-losandes.info; Atahualpa Yupanqui 289; B 20 US$, DZ mit/ohne Bad 61/56 US$;) Meistens trifft man den geselligen Besitzer Indiana im Gespräch mit seinen Gästen (hauptsächlich Radfahrern) beim üppigen Frühstück oder im Lounge-Bereich; dabei gibt er viele Tipps zu den schönsten Strecken der Umgebung. Die holzgetäfelten Zimmer sind gemütlich und man muss auch kein Radfahrer sein, um hier übernachten zu dürfen. Das Haus liegt etwa auf halber Strecke zwischen San Martín und Lago Lolog, in den Ort gibt es eine Busverbindung.

Hotel Antiguos HOTEL $
(02972-411876; www.hotelantiguos.com.ar; Diaz 751; DZ/3BZ ab 67/92 US$;) Nicht weit von der Hauptstraße entfernt liegt das hübsche Hotel im typischen San-Martín-Stil mit viel Holz und Stein. Einige Zimmer bieten eine umwerfende Aussicht auf den Garten und die Berge; alle sind geräumig und luxuriös ausgestattet. Das Kaminfeuer in der Lounge bietet ein warmes Willkommen an kalten Wintertagen.

El Oso Andaluz Hostel HOSTEL $
(02972-413010; www.elosoandaluz.com.ar; Elordi 569; B/DZ ab 15/46 US$;) Das gemütliche unter den kleinen Hostels in der Innenstadt von San Martín bietet eine angemessene Anzahl an Bädern, behagliche Gemeinschaftsräume und Doppelzimmer, die ihr Geld wert sind.

★ La Raclette HOTEL $$
(02972-427664; www.laraclette.com.ar; Coronel Pérez s/n; Zi. 96 US$;) Im Haus mit den Türmchen führen enge, niedrige Flure zu geräumigen, komfortablen Zimmern. Besonders schön sind die Aufenthaltsräume: Rund um einen offenen Kamin gruppieren sich die Lounge mit Bar sowie gemütliche Sitzecken.

★ Hostería La Masía HOTEL $$
(02972-427688; www.hosterialamasia.com.ar; Obeid 811; EZ & DZ 99 US$, 3BZ 142 US$;) Das La Masía bietet alpenländische Atmosphäre auf Spitzenniveau mit viel dunklem Holz, dicken Holzbalken, Spitzbogentüren und gusseisernen Lampen. Die Zimmer sind groß und komfortabel, die meisten bieten einen Blick auf die Berge. In der Lobby brennt ein Kaminfeuer und die aufmerksamen Besitzer kümmern sich darum, dass sich ihre Gäste wirklich wohlfühlen. Erstklassig.

Hostería Hueney Ruca HOTEL $$
(02972-421499; www.hosteriahueneyruca.com.ar; Ecke Obeid & Coronel Pérez; EZ/DZ 74/86 US$;

🛜) Die großen Zimmer mit Terrakottaböden in dem von Araukarien beschatteten Haus gehen nach hinten auf einen hübsch gepflegten Hof hinaus. Die Betten sind groß und die Matratzen hart, die Bäder sind angenehm geräumig und haben Duschkabinen aus Glas. Der gemütliche Kamin im Gemeinschaftsraum ist ein Segen in der kälteren Jahreszeit.

Rotui Apart Hotel HOTEL $$$
(📞 02972-429539; www.rotui.com.ar; Perito Moreno 1378; Apt. ab 228 US$; ❄🛜) Ein hübsches Landhaus mit viel Holz und Stein in einem perfekt gepflegten Garten mit Blick auf das Flüsschen Arroyo Pochulla. Die Apartments, die Platz für bis zu fünf Personen bieten, sind üppig ausgestattet und bieten King-size Betten, polierte Holzböden und warme Daunendecken.

Essen

Corazón Contento CAFÉ $
(📞 02972-412750; Av San Martín 467; Hauptgerichte 100 Arg$; ⏲ 9–23 Uhr; 🛜) Die nette kleine Bäckerei mit Café bietet eine gute Auswahl an Snacks, z. B. Empanadas und Quiche, sowie günstige Tagesgerichte. Die Salate sind fantastisch, die frisch gebackenen Scones und Muffins ein Hit.

⭐ El Mesón de la Patagonia INTERNATIONAL $$
(📞 02972-424970; Rivadavia 885; Hauptgerichte 190–280 Arg$; ⏲ 12–15 & 20–23.30 Uhr) Dieses nette kleine Restaurant bietet eine der kreativsten Speisekarten der Stadt. Darauf stehen zahlreiche Forellengerichte, hausgemachte Nudeln und Fleischgerichte wie etwa Lamm mit Minzsoße. Nette Kleinigkeiten, z. B. *amuse-bouches* sowie ein selbst gemachter Likör nach dem Essen runden das Ganze ab.

⭐ Morphen FUSION $$
(📞 02972-422545; www.morphen.com.ar; Av San Martín 151; Hauptgerichte 225–340 Arg$; ⏲ 20–23.30 Uhr; 🛜📶) Wer das Morphen betritt, kommt in ein Wunderland mit Graffiti von Banksy, surrealen Skulpturen, wirbelnden Wandmalereien und seltsamen Mobiles, die von der Decke hängen. Das Essen bietet eine angenehme Abwechslung zu den fleischlastigen Menüs der meisten Restaurants. Auf der Speisekarte finden sich vegane „Hamburger", Pizza-Caccia mit Pesto und Kürbisravioli mit Shrimps in Currysoße; dazu gibt's ein Craft-Bier.

Ulises ARGENTINISCH $$
(📞 02972-428734; www.facebook.com/ulisesrestaurante; Belgrano 940; Hauptgerichte 170–450 Arg$; ⏲ Di–So 12–15 & 19.30–23.30 Uhr; 🛜) Die Stärken dieses kleinen, schicken, familiengeführten Restaurants liegen in den Feinheiten: der höchst aufmerksame Service, eine kleine, aber feine Speisekarte mit hausgemachten Nudeln, *bife de chorizo* auf verschiedene Arten zubereitet und mehrere Forellengerichte, dazu kommt eine sehr sorgfältig zusammengestellte Weinkarte. Die *sorrentinos* (große Ravioli) mit unterschiedlichen Füllungen schmecken ganz besonders gut.

Nobuko Restoran & Sushi Bar JAPANISCH $$
(📞 02972-414910; www.facebook.com/NobukoRestaurantSmandes; Coronel Pérez 910; Hauptgerichte 180–320 Arg$; ⏲ Di–Sa 20–23.45 Uhr; 🛜) Minimalistische, japanisch angehauchte Einrichtung und die kreative Verwendung regionaler Zutaten bei den japanischen und Fusion-Gerichten unterscheiden dieses Restaurant von den sonst üblichen Angeboten in San Martín. Es gibt eine große Auswahl an Sushi und neben Sake auch argentinischen Wein.

⭐ Bamboo Brasas PARRILLA $$$
(📞 02972-420042; Ecke Belgrano & Villegas; Hauptgerichte 210–350 Arg$; ⏲ 12–15.30 & 20–24 Uhr; 🛜) Wie erwartet wird in dieser gehobenen *parrilla* erstklassiges Fleisch serviert – von Steaks bis zu *morcilla* und Chorizo. Manche behaupten sogar, dass es hier das beste Fleisch Argentiniens gibt. Ob das stimmt, muss jeder selbst ausprobieren, aber wir waren mit dem Essen mehr als zufrieden.

Shoppen

Artesanías Neuquinas KUNSTHANDWERK
(📞 02972-428396; M Rosas 790; ⏲ Mo–Sa 9–18 Uhr) Die Mapuche Cooperative bietet schöne, qualitativ hochwertige Webarbeiten und Holzschnitzereien an, die bestens als Souvenir geeignet sind.

Patalibro BÜCHER
(📞 02972-421532; Av San Martín 866; ⏲ 9–20 Uhr) hier ist eine gute Auswahl an spanischen Büchern über Patagonien zu finden; außerdem gibt es einige englischsprachige Lonely-Planet-Reiseführer sowie Romane. Die ausgezeichneten Nationalparkwanderkarten *Sendas y Bosques* sind hier ebenfalls erhältlich.

❶ Praktische Informationen

ACA (Automóvil Club Argentino; ✆ 02972-429194; Av Koessler 2175; ⏱ 24 Std.) Hier gibt es gute Straßenkarten der Provinz.

Andina Internacional (✆ 02972-427871; Capitán Drury 876; ⏱ 9–18 Uhr) Geldwechsel, auch Einlösen von Reiseschecks ist möglich.

Banco de la Nación (Av San Martín 687; ⏱ Mo–Fr 9–13 Uhr) Geldautomat.

Krankenhaus Ramón Carrillo (✆ 02972-427211; Ecke Coronel Rohde & Av San Martín) Einfache medizinische Versorgung.

Post (Ecke Coronel Pérez & Roca; ⏱ Mo–Fr 8–18, Sa 9–13 Uhr)

Touristeninformation (✆ 02972-427347; www.sanmartindelosandes.gov.ar; Ecke Av San Martín & M Rosas; ⏱ 8–20:30 Uhr) Hier erhält man überraschend ehrliche Informationen über Hotels und Restaurants, dazu ausgezeichnete Broschüren und Karten.

Verwaltung des Parque Nacional Lanín (Intendencia del Parque Nacional Lanín; ✆ 02972-427233; www.pnlanin.org; Plaza San Martín; ⏱ Mo–Fr 8–15 Uhr) Bietet eine begrenzte Auswahl an Karten an, außerdem Broschüren und Informationen über die Straßenverhältnisse auf der Ruta de los Siete Lagos.

❶ An- & Weiterreise

BUS

Der **Terminal de Omnibus** (✆ 02972-427044; Ecke Villegas & Juez del Valle) befindet sich einen Block südlich der RN 40 und 3½ Blocks südwestlich der Plaza San Martín.

La Araucana (✆ 02972-420285; Terminal de Omnibus) fährt im Sommer täglich nach Villa Traful (165 Arg$, 2½ Std.). Wer im Sommer in die Städte Villa la Angostura oder Bariloche reisen möchte, der kann mit Albus über die landschaftlich schöne Ruta de los Siete Lagos (RN 40) fahren und muss nicht die längere, weniger kurvenreiche Rinconada-Strecke nehmen.

Busse ab San Martín de los Andes

REISEZIEL	FAHRPREIS (ARG$)	FAHRZEIT (STD.)	HÄUFIGKEIT
Bariloche	177	3½–4	2-mal tgl.
Buenos Aires	842–1886	20¼–23	3-mal tgl.
Junín de los Andes	53–95	¾	7-mal tgl.
Neuquén	570–950	6¾	4-mal tgl.
Villa la Angostura	216	2¼	2-mal tgl.
Zapala	391–495	3¾	3-mal tgl.

Die Fahrt nach Aluminé geht nur mit Umsteigen in Zapala oder Junín de los Andes (von dort gibt es 3-mal wöchentlich Abfahrten).

Igi-Llaima (✆ 02972-428878; www.igillaima.cl; Terminal de Omnibus) fährt auf der RP 60 über den Paso Tromen (auch bekannt als Mamuil Malal) nach Pucón, Chile (360 Arg$, 5 Std., tgl. um 6 Uhr). Die Fahrt führt am Volcán Lanín vorbei; auf der linken Seite hat man die beste Sicht.

Von San Martín besteht im Sommer eine Direktverbindung über die RN 231 über den Paso Cardenal A Samoré (Puyehue) nach Osorno und Puerto Montt in Chile.

Pro Tag gibt es mehrere Verbindungen zu den hier genannten Zielen.

FLUGZEUG

Vom **Flughafen Chapelco** (✆ 02972-428388; RN 40) gibt es regelmäßig Flüge nach Buenos Aires mit Aerolíneas Argentinas. Der Flughafen befindet sich zwischen San Martín und Junín. Jeder Bus, der von San Martín Richtung Norden fährt, kann Fahrgäste am Eingang absetzen.

SCHIFF

Die Schiffe von **Naviera** (S. 433) legen täglich mittags von den **Landungsbrücken** (Muelle de Pasajeros; Costanera MA Camino) ab und machen eine Rundfahrt zu allen Orten am Ufer des Lago Lácar. Dabei wird irgendwann auch Paso Hua Hum an der chilenischen Grenze angelaufen – hier können Passagiere, die nach Chile wollen, aussteigen und zu Fuß weitergehen. Die Abfahrtszeiten ändern sich ständig; die genauen Zeiten kennen die Reederei und die Touristeninformation. Die siebenstündige Hin- und Rückfahrt kostet 1100 Arg$.

❶ Unterwegs vor Ort

In der Nebensaison sind die Reisemöglichkeiten eingeschränkt. Im Sommer fährt **Transportes Ko-Ko** (✆ 02972-427422; Terminal de Omnibus) zweimal täglich nach Puerto Canoa am Lago Huechulafquen (80 Arg$) und hält an allen Campingplätzen an der Strecke. **Albus** (✆ 02972-428100; www.albus.com.ar; Terminal de Omnibus) steuert mehrmals täglich den Strand von Playa Catrite am Lago Lácar (55 Arg$) an, während Transportes Ko-Ko viermal täglich zum Lago Lolog (46 Arg$) fährt, allerdings nur im Sommer.

In San Martín gibt es jede Menge Autovermieter, dazu gehören **Alamo** (✆ 02972-410811; Av San Martín 836, 2. St.; ⏱ 9–18 Uhr) und **Sur** (✆ 02972-429028; Villegas 830; ⏱ Mo–Fr 9–18, Sa & So 9–14 Uhr).

Mit dem Mountainbike lässt sich ausgezeichnet die Umgebung erkunden und auch die Ruta de los Siete Lagos kann man prima mit dem Rad befahren. Mountainbikes werden von **HG Rodados** (✆ 02972-427345; Av San Martín

1061; ◉ Mo–Fr 9–13 & 16–20, Sa 9–20 Uhr) vermietet; der Preis beträgt etwa 70/200 Arg$ pro Std./Tag.

Parque Nacional Lanín

♪ 02972

Von allen Orten entlang der chilenischen Grenze ist der schneebedeckte Kegel des 3776 m hohen Volcán Lanín zu sehen. Er ist das Prunkstück des gleichnamigen **Nationalparks** (www.pnlanin.org; Erw./Stud. 250/130 Arg$), der sich über 150 km vom Parque Nacional Nahuel Huapi im Süden bis zum Lago Ñorquinco im Norden erstreckt.

Der 3790 km² große Parque Nacional Lanín schützt den patagonischen Wald. Hier wachsen viele Baumarten, die eigentlich eher in den südlichen patagonischen Wäldern vorkommen, wie etwa die Südbuchenarten Lenga (Nothofagus pumilio), Ñire (Nothofagus antárctica) und Coihue (Nothofagus dombeyi). Eine botanische Besonderheit der Gegend sind die ausgedehnten Bestände der breitblättrigen, laubabwerfenden Baumart Raulí (Nothofagus procera), ebenfalls eine Südbuchenart, und die eigenwilligen Pehuén/Araukarien (Araucaria araucana). Die pinienartige Konifere trägt Nüsse, die lange Zeit zu den Grundnahrungsmitteln der Pehuenche und Mapuche gehörten.

Die Besteigung des Volcán Lanín ist die beliebteste Herausforderung, die der Park zu bieten hat, aber es gibt außerdem auch fantastische Wanderwege rund um die Seen des Parks.

Aktivitäten

Die meisten Wanderwege im Nationalpark sind zwischen Dezember und April offen, allerdings ist Schneefall das ganze Jahr über möglich. Einige Wanderwege sind das ganze Jahr geöffnet, erfordern aber Erfahrung im Geländegehen, andere sind außerhalb der Hauptsaison gesperrt. Bei den meisten Wanderungen sollte man sich vor deren Antritt in der nächst gelegenen Parkstation anmelden. Bei einer Besteigung des Volcán Lanín ist die Registrierung obligatorisch; es empfiehlt sich auch, einen verlässlichen Bergführer zu engagieren.

❶ Praktische Informationen

Der Volcán Lanín befindet sich zwischen dem Lago Huechulafquen und dem Lago Tromen im Zentrum des Parks, zu dem auch die schwer zugänglichen Seen Lago Curruhue und Lago Epulafquen gehören. Lago Lácar und Lago Lolog befinden sich im südlichen Teil, während Lago Quillén, Lago Ruca Choroi und Lago Ñorquinco den nördlichen Bereich bilden.

Die Städte San Martín de los Andes, Junín de los Andes und Aluminé sind die beste Ausgangsbasis, um den südlichen, den mittleren Teil bzw. den nördlichen Teil des Lanín zu erkunden.

Die Nationalparkverwaltung Lanín (S. 435) in San Martín gibt Broschüren zu den Themen Camping, Wandern und Klettern im Park heraus. Im Park verteilt befinden sich mehrere Rangerstationen, bei denen man aktuelle Informationen über den Zustand der Wege erhalten kann. Auf der Website des Nationalparks (www.pnlanin.org) befinden sich jede Menge nützlicher Informationen. Während der Recherchen für dieses Buch war eine Eintrittsgebühr für den Park nur dann fällig, wenn man in Richtung Puerta Canoa unterwegs war.

Achtung: Im Park gibt es keinen Telefonempfang.

❶ An- & Weiterreise

Obwohl der Park in der Nähe von San Martín de los Andes und Junín de los Andes liegt, ist die Verbindung mit öffentlichen Verkehrsmitteln schlecht. Während der Hauptsaison im Januar und Februar verbinden zwei bis drei Busse täglich Junín und San Martín mit dem Lago Huechulafquen und Junín mit dem Lago Tromen; außerhalb dieser Zeit benötigt man ein eigenes Fahrzeug. Mit etwas Geduld kann man in der Hauptsaison trampen. Die Busse ab San Martín und Junín über den Hua Hum und Tromen Pass nach Chile halten unterwegs für ihre Passagiere, sind aber meistens schon voll.

Lago Lácar & Lago Lolog

♪ 02972

Von San Martín de los Andes am Ostende des Lago Lácar verkehrt regelmäßig ein Bus auf der RP 48 am Ufer des Sees entlang bis zur chilenischen Grenze beim Paso Hua Hum. Man kann überall entlang des Sees aussteigen oder alternativ bis nach Hua Hum fahren und von dort zur **Cascada Chachín** (♪ 24 Std.) GRATIS wandern. Den Busfahrer kennen den Haltepunkt. Von der Straße führen eine 3 km lange Schotterpiste und anschließend noch ein Trampelpfad (weitere 20 Min. Fußmarsch) zu dem Wasserfall. Es ist ein wirklich wunderbarer Ort für ein Picknick.

Der Lago Lolog – etwa 15 km nördlich von San Martín de los Andes gelegen – bietet auch gute Angelmöglichkeiten in unberührter Natur.

Parque Nacional Lanín

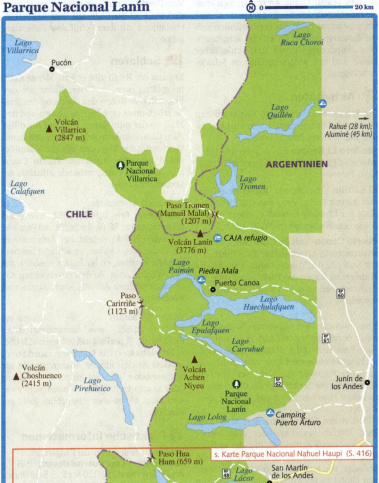

Schlafen

Der einfach ausgestattete **Camping Puerto Arturo** (☎ 02972-426353; Stellplatz pro Pers. 10 US$) ist die einzige Unterkunftsmöglichkeit am Lago Lolog; die nächsten Unterkünfte befinden sich erst wieder in Martín de los Andes.

❶ An- & Weiterreise

Die Busse von Transportes Ko-Ko (S. 435) fahren im Sommer 4-mal täglich von San Martín de los Andes zum Lago Lolog (58 Arg$). Busse nach Chile stoppen auf Wunsch nahe der Cascada Chachín.

Lago Huechulafquen

☎ 02972

Der größte See des Parque Nacional Lanín liegt in dem Teil, der am zentralsten und am leichtesten zugänglich ist. Von San Martín de los Andes und – noch besser – von Junín de los Andes ist er, trotz der insgesamt schlechten Anbindungen mit öffentlichen Verkehrsmitteln, gut zu erreichen. Die RP 61 zweigt an einer Kreuzung nördlich von Junín nach Westen zum Huechulafquen und dem kleineren Lago Paimún ab. Diese Strecke bietet unvergleichliche Ausblicke auf den Volcán Lanín. An der kleinen, auseinandergezogenen Siedlung Puerto Canoa am westlichen Ende des Sees befinden sich die Ausgangspunkte für etliche ausgezeichnete Wanderungen von unterschiedlicher Länge und mit unterschiedlichem Schwierigkeitsgrad.

Aktivitäten

Die Wanderwege ab Puerto Canoa reichen vom kurzen Spaziergang bis zu anstrengenden Tagestouren; dazu gehören:

Sendero El Bosque Ein wunderschöner 20-minütiger Wanderweg in der Nähe des Lago Paimún.

El Saltillo Eine einfache Wanderung (hin und zurück 1 Std.) von Camping Piedra Mala zur Cascada El Saltillo, einem nahe gelegenen Wasserfall im Wald.

Puerto Canoa–Volcán Cara Sur Die anstrengende, achtstündige Tour führt zur Südseite des Volcán Lanín. Für die Wanderung haben die Parkranger die Aufbruchszeit zwischen 8 und 11 Uhr festgelegt.

Eine weitere lohnenswerte Wanderung führt durch das Hinterland rund um den Lago Paimún. Für die Gesamtstrecke sollten ab Puerto Canoa zwei Tage eingeplant werden; der Rückweg zur Nordseite des Sees führt über eine Seilbrücke, die die Engstelle zwischen Huechulafquen und Paimún überwindet.

Mit einem Führer kann man auch zum Paso Tromen wandern oder noch weiter bis zum Nuevo Refugio Militar, der sich auf halbem Weg zum Gipfel des Volcán Lanín befindet; von hier aus kann man versuchen, den Gipfel zu bezwingen. Der Weg beginnt auf einer verlassenen Straße und führt nach etwa 40 Minuten in den Wald, wo er sich an einem Arroyo Rucu Leufu, einem schönen Gebirgsfluss, entlangschlängelt. Auf halber Strecke zum *refugio* befindet sich ein ausgedehnter *Pehuén*-Wald. Die Bäume haben hier ihre südlichste Verbreitungsgrenze im Park. Auch wenn die Zeit für die ganze Strecke fehlt, dieser Wald ist der Höhepunkt. Für den Weg zum *refugio* benötigt man etwa sieben Stunden.

Geführte Touren

José Julian BOOTSFAHRT
(02972-428029; www.catamaranjosejulian.com.ar; Bootsausflüge Erw./4–11 Jahre 550/420 Arg$)
Von Puerto Canoa aus werden auch wunderbare Bootsausflüge auf dem Lago Huechulafquen mit dem Schiff *José Julian* angeboten.

Schlafen

Entlang der RP 61 gibt es jede Menge Campingplätze; wer in freier Natur an den Engstellen zwischen den Seen und der Straße zeltet, muss eine Latrine graben und den Müll wieder mitnehmen. Wer auf die offiziellen Campingplätze geht, unterstützt damit gleichzeitig die Mapuche, die die Campingplätze betreuen. Rund um Puerto Canoa gibt es mehrere ansprechende Mittelklasse-Lodges für Angler.

Refugio del Pescadór HOTEL $$
(in Buenos Aires 011-5254-2392; www.refugiodelpescador.com; RP 61, Km 56; Zi. pro Pers. inkl. Vollpension 91 US$) Beliebt bei Angeltouren; die Lodge bietet kleine, gemütliche holzverkleidete Zimmer, einige haben Ausblick auf den Volcán Lanín. Zu den angebotenen Aktivitäten gehören Ausritte sowie Angel- und Bootstouren.

Hostería Paimún LODGE $$$
(02972-491758; www.hosteriapaimun.com.ar; RP 61, Km 58; Zi. pro Pers. inkl. Vollpension 137 US$; Nov.–Mitte April) Die Lodge aus rauen Steinblöcken ist eine idealer Ausgangspunkt für Stubenhocker, die mal ausreiten, wandern oder angeln wollen. Die Zimmer sind zwar eher klein, bieten aber eine schöne Sicht auf den See.

Praktische Informationen

Den Eintritt zahlt man an der Rangerstation **Guardaparque Lago Huechulafquen** (RP 61, Km 22; Erw./Kind 250/130 Arg$; 8–18 Uhr) am Ostende des Lago Huechulafquen. Am Lago Paimún befindet sich eine weitere Rangerstation, **Guardaparque Lago Paimún** (RP 61, Km 58; 8–18 Uhr), hier erhält man auch Informationen über den Zustand der Wanderwege. Bevor man zu einer Wanderung aufbricht, sollte man sich hier anmelden.

An- & Weiterreise

Das in Junín de los Andes beheimatete Unternehmen **Transporte Castelli** (02972-491557; http://transportecastelli.com.ar) fährt im Januar und Februar dreimal täglich bis zur Hostería Paimún. Die Busse der Firma Transportes Ko-Ko (S. 435) verbinden im Sommer täglich den Busbahnhof in San Martín de los Andes Piedra mit Mala. In den übrigen Monaten benötigt man ein eigenes Fahrzeug; die 56 km lange Strecke von Junín nach Puerto Canoa führt überwiegend über die nicht asphaltierte, kurvige, aber landschaftlich sehr schöne RP 61.

Lago Tromen & Volcán Lanín

 02972

Der Lago-Tromen-Abschnitt des Parque Nacional Lanín ist hauptsächlich für die Wanderer interessant, die die spektakulärsten Touren der Region unternehmen wollen. Der nördliche Zugang zum Volcán Lanín liegt an der argentinisch-chilenischen Grenze. Hier beginnt die kürzeste Aufstiegsroute, die auch als erste im Jahr für Wanderer und Bergsteiger geöffnet wird.

Aktivitäten

Neben der anspruchsvollen Besteigung des Lanín bieten sich zwei ausgezeichnete kürzere Wanderungen an der Rangerstation an. Die eine ist ein 10 km langer Rundweg, der durch einen wunderbaren Araukarienwald sowie einen ñire-Wald hinunter zum Lago Tromen führt. Eine weitere Möglichkeit bietet der 2,5 km lange Wanderweg zum Fuß der Nordseite des Volcán Lanín (pro Strecke etwa 40 Minuten).

★ **Volcán Lanín** WANDERN
Der beeindruckende, schneebedeckte Vulkan (3776 m) ist das Prunkstück des Parque Nacional Lanín und des Seengebiets. Sein perfekter Kegel lockt zahllose Wanderer und Bergsteiger und seine Zugänglichkeit trägt natürlich auch dazu bei. Die Besteigung der Nordseite des Vulkans wird normalerweise auf zwei Tagesetappen verteilt; sie ist eine anstrengende Herausforderung, aber für trainierte Wanderer ist sie durchaus zu bewältigen.

Wer kein erfahrener Bergsteiger ist, sollte den Aufstieg nicht ohne einen Bergführer unternehmen. Andestrack (S. 433) organisiert Gruppenwanderungen und die Parkverwaltungen in San Martín und Junín haben ein Verzeichnis mit zugelassenen Bergführern. Vor der Besteigung muss man sich in der Rangerstation am Lago Tromen registrieren lassen. Um zu beweisen, dass man angemessen ausgerüstet ist, muss die gesamte Ausrüstung inklusive Kocher, Helm, Steigeisen und Eispickel sowie Sonnenbrille, Sunblocker, Handschuhe, Hut und wasserfester, wattierter Jacke vorgezeigt werden.

Die Registrierung und der Beginn des Aufstiegs müssen vor 11 Uhr erfolgen. Vom Startpunkt des Trails an der Rangerstation geht man etwa eine Stunde bis zum Fuß des Vulkans, eine weitere Stunde lang führt der Weg über die mäßig ansteigende Espina de Pescado („Fischgräte"), bevor man dann den steilen Camino de Mulas („Maultierweg") angeht, der sich etwa über drei Stunden erstreckt. An seinem Ende befindet sich der Nuevo Refugio Militar (2450 m), der Platz für 20 Personen bietet. Die kurze nächtliche Ruhepause im mitgebrachten Schlafsack dauert nur bis 2 Uhr früh, denn dann beginnt der Aufstieg. Nach etwa 40 Minuten wird der alte CAJA *refugio* (heute dient er nur noch als Schutzraum) auf 2600 m Höhe erreicht; oberhalb dieses Punktes geht nichts mehr ohne Hochgebirgsausrüstung. Der letzte Abschnitt ist sehr steil und anstrengend und man benötigt etwa sechs Stunden, um auf den Gipfel zu gelangen. Nachdem man die wirklich fantastische Aussicht ausgiebig genossen hat, wird der Rückweg angetreten.

Wer den Vulkan gerne im Winter besteigen möchte, der heuert bei Andestrack einen erfahrenen Bergführer an, der mit seinen Kunden den Berg besteigen und anschließend auf Skiern oder mit dem Snowboard abfahren wird.

Schlafen

In der Nähe der Rangerstation befindet sich ein einfach ausgestatteter Campingplatz, der von Mapuche betrieben wird; auf dem Weg zum Gipfel des Volcán Lanín befindet sich noch ein *refugio*.

Praktische Informationen

Andestrack (S. 433) oder das Nationalparkbüro Lanín (S. 435) in San Martín de los Andes organisieren Bergführer für die Besteigung des Lanín.

Wer eine kürzere Wanderung im Gebiet des Lago Tromen unternehmen möchte, sollte sich bei der **Guardaparque Lago Tromen** (RP 60, Km 67; ⊙ 8–18 Uhr), der hilfsbereiten Rangerstation, über den Zustand der Wanderwege erkundigen und sich hier vor jeder Wanderung anmelden.

An- & Weiterreise

Von Junín de los Andes fahren zweimal täglich Busse zum Lago Tromen. Den Lago Tromen erreicht man auch mit jedem Bus, der nach Chile fährt; die entsprechende Haltestelle ist dann in Tromen.

Die RP 60 ist eine schön asphaltierte Straße, nur die letzten 10 km vor der chilenischen Grenze sind eine Schotterpiste.

Nördliche Seen

☏ 02972

Inmitten des dichtesten *Pehuén*-Waldes des Parks liegt der einsame **Lago Quillén**. Zu erreichen ist er über eine Schotterpiste von Rahué aus, das 17 km südlich von Aluminé liegt. Weitere Seen in der Umgebung sind der **Lago Ruca Choroi** direkt westlich von Aluminé und der **Lago Ñorquinco** an der Nordgrenze des Parks. In Ruca Choroi und in Quillén befinden sich Reservate der Mapuche. Die drei Seen bestechen durch ihre wunderschöne Umgebung und ihre absolute Einsamkeit.

Verschiedene Wanderwege mit unterschiedlichen Schwierigkeitsgraden führen rund um die Seen, keiner ist besonders anstrengend und die längste der Wanderungen dauert pro Strecke etwa sechs Stunden. Man kann auch vom Lago Quillén zum Lago Ruca Choroi wandern.

An allen drei Seen befindet sich eine Rangerstation.

❶ An- & Weiterreise

Wer die drei Seen besuchen möchte, braucht ein eigenes Fahrzeug. Der Lago Ñorquinco ist Teil der landschaftlich schönen Strecke Circuito Pehuenia, die durch Villa Pehuenia führt. Die unbefestigten Straßen nach Lago Quillén und Lago Ruca Choroi sind ziemlich schlecht und voller Schlaglöcher.

Junín de los Andes

☏ 02972 / 12 621 EW. / 800 M

Diese Stadt wirkt wesentlich bescheidener als die anderen Orte, die sich im Seengebiet befinden, sie genießt aber bei den Fliegenfischern eine außerordentliche Beliebtheit. Junín bezeichnet sich selbst als „Forellenhauptstadt der Provinz Neuquén". Übertriebenermaßen sind sogar die Straßenschilder in Forellenform gestaltet. Von hier aus lassen sich einige schöne Rundfahrten um den Lago Huechulafquen unternehmen, die zu Mapuche-Dörfern führen. Deren Bewohner zeichnen sich durch ihre besondere Gastfreundlichkeit aus. Wer sich außerhalb der Hochsaison auf den Weg macht, fährt am besten mit dem eigenen Fahrzeug (oder als trainierter Sportler auch mit dem Fahrrad). Doch auch die lokalen Reiseveranstalter bieten günstige Touren an. Junín ist auch ein idealer Ausgangspunkt für die Erkundung der interessantesten Abschnitte des Parque Nacional Lanín.

⦿ Sehenswertes

Museo Mapuche MUSEUM

(Domingo Milanesio 751; Eintritt Spende; ⊙ Mo–Fr 8.30–12.30 & 14–19, Sa 9–12.30 Uhr) Das kleine, aber interessante Museum zeigt Keramikerzeugnisse der Mapuche sowie Pfeifen, *piñon* (Nüsse der Araukarie)-Mühlen und Musikinstrumente. Außerdem werden Dinosaurierknochen ausgestellt.

Vía Cristi WAHRZEICHEN

(⊙ 24 Std.) Etwa 2 km vom Stadtzentrum entfernt am Ende der Avenida Antártida Argentina führt die Vía Cristi auf den Cerro de la Cruz. Mit 22 Skulpturen, Basreliefs und Mosaiken, die sich den Weg hinaufwinden, schildert sie eindrucksvoll die Eroberung der Wüste, dokumentiert Mapuche-Legenden, christliche Themen und die Geschichte der Einheimischen.

🛏 Schlafen & Essen

Es gibt mehrere Restaurants im Ort. Zu den regionalen Spezialitäten gehören Forelle, Wildschwein und Wild, die manchmal angeboten werden.

Hostería Chimehuín HOTEL $

(☏ 02972-491132; www.interpatagonia.com/hosteriachimehuin; Ecke Coronel Suárez & 25 de Mayo; EZ & DZ 71 US$, 3BZ 77 US$77; 🛜) Eine tolle Unterkunft nur wenige Minuten vom Stadtzentrum entfernt. Wer rechtzeitig reserviert, bekommt mit Glück vielleicht ein Zimmer mit Balkon zum Fluss. Auf jeden Fall sind die Zimmer groß, warm und gemütlich, so wie das ganze Haus.

Sigmund ARGENTINISCH $$

(☏ 02972-492189; www.facebook.com/sigmund.restaurante.3; Juan M de Rosas 690; Hauptgerichte 130–230 Arg$; ⊙ 12–15 & 20–24 Uhr; 🛜) Ein bekanntes, angesagtes Restaurant mit buntem Dekor, gesundem Essen und einer tollen *onda* (Atmosphäre). Auf der Karte stehen unendlich viele Arten von Pizza, Pasta, Sandwiches und Salaten; und alles wird mit einer außerordentlichen Freundlichkeit serviert.

🛍 Shoppen

Paseo Artesanal KUNSTHANDWERK

(Domingo Milanesio s/n; ⊙ Mo–Sa 9–17 Uhr) Unterschiedliche Kunsthandwerksgegenstände, hergestellt von den Mapuche, darunter befinden sich auch wunderschöne glänzende Holzarbeiten sowie kompliziert gewebte Stücke.

❶ Praktische Informationen

Banco de la Provincia de Neuquén (Av San Martín, zwischen Coronel Suárez & General Lamadrid; ⊙ Mo–Fr 9–13 Uhr) Gegenüber der Plaza San Martín.

Club Andino Junín de los Andes (Domingo Milanesio 362; ⊙ Di–Fr 16–18, Sa 11–13 Uhr) Der Bergsteigerclub bietet Informationen über die Besteigung des Volcán Tromen und über andere Exkursionen im Parque Nacional Lanín.

Nationalparkbüro Lanín (☏ 02972-491160; Ecke Domingo Milanesio & Coronel Suárez; ⊙ 8–21 Uhr) In der Touristeninformation. Hier gibt es Informationen über den Parque Nacional Lanín.

Touristeninformation (☏ 02792-491160; www.junindelosandes.gov.ar; Ecke Domingo Milanesio & Coronel Suárez; ⊙ 8–21 Uhr) Hilfreiche Mitarbeiter verteilen Karten, stellen Angelscheine aus und haben ein Verzeichnis der autorisierten Angelführer.

❶ An- & Weiterreise

BUS

Der **Terminal de Omnibus** (☏ 02792-492038; Ecke Olavarría & Félix San Martín) liegt drei Blöcke von der Hauptplaza entfernt.

Transporte Castelli (S. 438) fährt im Januar und Februar 2-mal täglich zum Lago Tromen und 3-mal täglich zum Lago Huechulafquen.

FLUGZEUG

Der Flughafen Chapelco (S. 435) liegt genau zwischen Junín und San Martín de los Andes. Es gibt regelmäßig Flüge nach Buenos Aires und Neuquén. Ein *remise* (Taxi) in die Stadt sollte etwa 150 Arg$ kosten. Wer das nicht ausgeben möchte, geht zu Fuß 1 km bis zum Highway und hält dort einen Bus an (45 Arg$, 25 Min.).

❶ Unterwegs vor Ort

Ciclismo Mavi (Félix San Martín 415; ⊙ 9–13 & 15–18 Uhr) Verleiht Mountainbikes für 70/250 Arg$ pro Std./Tag.

Aluminé

☏ 02942 / 4600 EW. / 400 M

In Aluminé scheint die Zeit stehen geblieben zu sein. Auch wenn es sich mittlerweile zu einem bedeutenden touristischen Ziel entwickelt hat, so wird es doch weniger häufig besucht als die Orte weiter im Süden. Die Stadt liegt 103 km nördlich von Junín de los Andes an der RP 23 und ist ein beliebtes Ziel für Fliegenfischer. Von Aluminé aus ist der selten besuchte Nordteil des Parque Nacional Lanín am besten zu erreichen. Und der Río Aluminé bietet hervorragende Möglichkeiten zum Wildwasser-Rafting und zum Kajakfahren.

◎ Sehenswertes & Aktivitäten

Die Touristeninformation in Aluminé besitzt ein Verzeichnis aller verfügbaren **Angelführer** und verkauft Erlaubnisscheine zum Angeln (630/1890/2520 Arg$ pro Tag/Woche/Saison).

Mali Viajes (☏ 02942-496310; Christian Jouvert s/n; ⊙ Mo–Sa 9–18 Uhr) bietet während des Sommers landschaftlich schöne Touren auf Nebenstraßen des Circuito Pehuenia (S. 442) an.

Salazar   DORF
(RP 16) Das Mapuche-Dorf liegt an der 26 km langen Schotterpiste zum Lago Ruca Choroi (im Parque Nacional Lanín). Die Bewohner verkaufen traditionelle Webwaren, Nüsse der Araukarien und im Sommer *comidas tipicas* (typische Speisen). Salazar ist durch einen 12 km langen Radweg von Aluminé leicht zu erreichen – einfach immer dem Fluss folgen.

Aluminé Rafting   OUTDOOR
(☏ 02942-496322; www.interpatagonia.com/aluminerafting; Conrado Villegas 610; ⊙ Mo–Sa 9–18 Uhr) Die ideale Adresse für Rafting auf dem Río Aluminé (die besten Monate dafür sind November und Dezember) sowie Kajakfahren, Fliegenfischen, Wandern und Klettern.

🛏 Schlafen & Essen

★ El Hostal del Río   HOTEL $$
(☏ 02942-15-696808; www.elhostaldelrio.com.ar; RP 23 s/n; EZ & DZ 57 US$, 3BZ 80 US$; 🛜) Einige Kilometer nördlich der Stadt liegt die bezaubernde Lodge, gestaltet mit viel Holz und Stein. Sie bietet guten Komfort und von der Terrasse hat man eine fantastische Aussicht auf den Río Aluminé. Die Zimmer sind geräumig und makellos, der schattige Garten und die Gemeinschaftsräume werden liebevoll gepflegt.

La Posta del Rey   ARGENTINISCH $$
(☏ 02942-496347; Christian Jouvert 336; Hauptgerichte 100–250 Arg$; ⊙ 12–15.30 & 20.30–23.30 Uhr; 🛜) Das Restaurant in der Hostería Aluminé bietet das beste Essen der Stadt. Auf der Speisekarte finden sich alle argentinischen Klassiker, dazu patagonische Spezialitäten wie Lamm, Wild und Forelle. Einen

Versuch wert ist auch die Spezialität des Hauses – hausgemachte *pastas patagónicas* in einer Soße mit Wildpilzen und *piñon* (Araukarie-Nuss).

ⓘ Praktische Informationen

Banco del Provincia del Neuquén (Ecke Villegas & Mordarelli; ⊙ Mo–Fr 9–13 Uhr) Bank mit Geldautomat.

Touristeninformation (☏ 02942-496001; info@alumine.gov.ar; Plaza San Martín; ⊙ 8–21 Uhr) Bietet ein Verzeichnis aller Unterkünfte vor Ort, außerdem Karten, Angelscheine und Informationen zu den aktuellen Straßenverhältnissen.

ⓘ An- & Weiterreise

Alluminés **Busbahnhof** (☏ 02941-496048; Av 4 de Caballeria s/n) liegt direkt unterhalb der Plaza und nicht weit von den Hotels entfernt. Campana Dos und Albus fahren mindestens einmal täglich nach Neuquén (627 Arg$, 5½ Std.), Zapala (321 Arg$, 2¾ Std.), San Martín de los Andes (283 Arg$, 3 Std.) und Villa Pehuenia (198 Arg$, 1¾ Std.).

Die RP 23 ist eine Schotterpiste in gutem Zustand, die Richtung Süden führt, allerdings ist sie manchmal sehr schmal und kurvig.

Villa Pehuenia

☏ 02942 / 700 EW. / 1200 M

Villa Pehuenia ist ein idyllischer kleiner Ort am Ufer des Lago Aluminé. Er befindet sich 102 km nördlich von Junín de los Andes (über die RP 23 und Aluminé) und 120 km westlich von Zapala (über die RP 13). In der Nähe liegen mehrere Mapuche-Dörfer, dazu gehört auch Puel zwischen dem Lago Aluminé und dem Lago Moquehue. Hauptanziehungspunkte sind hier das Wandern im Sommer und Skifahren im Winter. Der Ort gehört zum Circuito Pehuenia, einer landschaftlich beeindruckenden Rundfahrt auf einer guten Schotterpiste.

Villa Pehuenia liegt im Zentrum der Region Pehuen, die ihren Namen den zahlreichen *Pehuén*-Bäumen (Araukarien) in diesem Gebiet verdankt.

🏃 Aktivitäten

★ Circuito Pehuenia  LANDSCHAFTSTOUR

Reisende mit eigenem Auto sollten sich unbedingt auf den Circuito Pehuenia wagen; die vier- bis sechsstündige Rundfahrt beginnt in Villa Pehuenia und führt über den Lago Moquehue, Lago Ñorquinco, Lago Pulmarí und zurück um den Lago Aluminé. Die Fahrt bietet wunderschöne Bergseen und Araukarien-Wälder in einer der einsamsten Gegenden des Seengebiets.

Volcán Batea Mahuida WANDERN

(nahe der RP 13; ⊙ Dez.–März) Vom Gipfel des Vulkans bietet sich ein Blick auf acht weitere Vulkane (vom Lanín im Süden bis zum Copahue im Norden), die sich in Argentinien und in Chile befinden. Auf dem Batea Mahuida befindet sich ein kleiner Kratersee. Wer möchte, kann bis kurz unterhalb des Gipfels fahren (nur im Sommer möglich) und von dort bequem in zwei Stunden zu Fuß zum Gipfel (1948 m) wandern.

🛏 Schlafen

Hostel Andino HOSTEL $

(☏ 02942-524420; www.hostelandino.com.ar; Arroyo Pehuen-co & Arroyo Chañy; B 23 US$; 📶) Eine einfache Radtour von 3 km Länge führt vom Ortszentrum zu diesem hübschen Hostel, das sich rührend um Backpacker kümmert. Die Besitzer Claudia und Javier bieten jede Menge Informationen zu allem, was in der Gegend interessant ist; die drei Schlafräume verfügen über eigene Bäder und Schließfächer und es gibt jede Menge Extras – einen Grillplatz, eine gut ausgestattete Küche, DVDs, Spiele, Wii und einen Billardtisch.

★ La Escondida BOUTIQUEHOTEL $$$

(☏ 02942-15-691166; www.posadalaescondida.com; Zi./Hütten ab 234/265 US$; 📶) Die kleine *posada* (Gasthof) liegt versteckt am Seeufer. Es gibt nur sechs Zimmer, die aber alle schön eingerichtet sind und eine Terrasse zum See hin haben. Die Aufenthaltsräume sind luxuriös und das dazu gehörige Restaurant zählt zu den besten im Ort. Für Gruppen gibt es auch preiswerte Hütten (allerdings ohne Seeblick).

🍴 Essen & Ausgehen

Sorrento's ARGENTINISCH $$

(☏ 02942-551166; www.facebook.com/SorrentosVillaPehuenia; Manzana C III Lote 13; Hauptgerichte 198–265 Arg$; ⊙ 19.30–23 Uhr; 📶) Herzhafte regionale Gerichte wie mit Forelle gefüllte *sorrentinos* (Ravioli) oder Lammgulasch mit Spätzle stehen hier auf der Speisekarte, außerdem überraschenderweise ein *Dublin Coddle* (Eintopf mit Würstchen). Die Portionen sind groß und es gibt eine solide Weinkarte mit argentinischen Rotweinen, die zum Essen passen.

Estación de la Montaña ARGENTINISCH $$
(☏02942-410678; abseits der RP 13, Centro Comercial; Hauptgerichte 170–240 Arg$; ⊙12–23 Uhr; 🖥) In dem stimmungsvollen, holzgetäfelten Waggon mit Bildern und Werbung aus den 20er-Jahren fühlt man sich zurückversetzt in eine andere Zeit. Auf der Karte stehen argentinische Klassiker, der freundliche Besitzer wendet gerne sein Schulenglisch an und die Einrichtung erhält Bestnoten.

Borravino WEINBAR
(☏02942-598701; www.facebook.com/borravino wine; Los Maitenes s/n; ⊙12.30–15 & 19.30–23.30 Uhr; 🖥) Zur ausgezeichneten Weinkarte passt die kleine Karte mit einfallsreichen Salaten und herzhaften Kleinigkeiten. In der Bar am Seeufer ist immer viel los.

❶ Praktische Informationen

Banco de la Provincia del Neuquén (Los Condores; ⊙Mo-Fr 9–13 Uhr) Neben der Polizei; Geldautomat.

Oficina de Turismo (☏02942-498044; www.villapehuenia.gov.ar; RP 13 s/n; ⊙8–20 Uhr) Am Ortseingang gelegen; bietet viele nützliche Karten der Region und viele Informationen über den Ort.

❶ An- & Weiterreise

Ohne Auto ist die Fortbewegung in dieser Region eher schwierig, auch wenn im Sommer Trampen gut möglich ist. **Destinos Patagónicos** (☏02942-498067; Centro Comercial) ist der Vertreter für Albus, die einzige Busgesellschaft, die zur Zeit in diesen Ort fährt. Ein einziger Bus fährt täglich zu ungewöhnlicher Zeit (23 Uhr) über Aluminé (198 Arg$, 1½ Std.) und Zapala (510 Arg$, 4¼ Std.) nach Neuquén (815 Arg$, 7 Std.).

Caviahue

☏02948 / 610 EW. / 1600 M

Am Westufer des Lago Caviahue und am südöstlichen Fuß des aktiven Volcán Copahue liegt der Wintersportort Caviahue. Den Hintergrund bilden schneebedeckte Berggipfel und überall ragen schirmähnliche Araukarienbäume in den Himmel – Caviahue könnte landschaftlich kaum schöner liegen. Der Ort erfreut sich wachsender Beliebtheit, deswegen schießen überall Berghütten wie Pilze aus dem Boden. In der Zeit zwischen der Skisaison und dem Sommer (Oktober und November) ist der Ort allerdings so tot wie der Zentralfriedhof von Chicago.

Aktivitäten

Zwischen Mitte Juni und Mitte September dreht sich in Caviahue alles um Skifahren, Schneeschuhgehen, Unternehmungen im Schnee und sogar um Schlittenhunderennen. Während des Sommers (Dezember bis März) dient Caviahue als Tor zu den heißen Quellen in Copahue; wenn der Schnee geschmolzen ist, eignet sich die Gegend auch wunderbar zum Wandern.

Cascadas Agrio WANDERN
Die einfache Wanderung führt zu sechs hintereinander liegenden Wasserfällen, den Cascadas Agrio. Sie beginnt nahe der RP 26 an der Brücke zum Ortseingang von Caviahue und schlängelt sich zwischen Araukarien hindurch. Für den Hin- und Rückweg benötigt man mehrere Stunden, je nachdem, wie viele Wasserfälle man gerne besuchen möchte.

Laguna Escondida WANDERN
Der wunderschöne See, in dem sich die Rauchfahne des Volcán Copahue und die hier wachsenden Araukarien spiegeln, liegt 4 km von Caviahue entfernt. Der Startpunkt der einfachen Wanderung ist am oberen Ende der Calle Volcán Copahue.

Centro de Ski Cerro Caviahue SKIFAHREN
(☏02948-495043; www.caviahue.com; Skipass Erw. 705–1130 Arg$; ⊙Mitte Juni–Mitte Sept.) Knapp 2 km westlich von Caviahue liegt das Skigebiet mit vier Sesselliften, neun Schleppliften und 22 Abfahrten, einige bringen die Skifahrer bis auf den Gipfel des aktiven Volcán Copahue (2953 m). Die Skisaison dauert von Mitte Juni bis Mitte September, der Preis für den Skipass schwankt je nach Saison.

🛌 Schlafen

Hebe's House Hostel HOSTEL $
(☏02948-495138; www.hebeshouse.com.ar; Ecke Mapuche & Puesta del Sol; B/DZ 17/40 US$; ⊙Dez.–Sept.; 🖥) Hier werden die Gäste in gemütlichen, aber engen Schlafsälen untergebracht. Das nette Haus im alpenländischen Stil bietet Küchenbenutzung, Waschmaschine und jede Menge Informationen für Touristen. Im Winter sollte man frühzeitig reservieren.

Grand Hotel Caviahue HOTEL $$
(☏02948-495044; www.grandhotelcaviahue.com; 8 de Abril s/n; EZ/DZ 57/77 US$; 🖥) Ein weitläufiges, altmodisches Hotel am Ende der

Skipisten mit Blick über den Ort, den See und die Berge. Das Hotel war zur Zeit der Recherchen wegen Renovierung geschlossen, sollte aber irgendwann im Jahr 2018 wieder öffnen.

🍴 Essen & Ausgehen

Trois — TAPAS $$
(☎ 0299-15-411-0720; Los Ñires s/n; Hauptgerichte 180–290 Arg$; ⓒ 20–1 Uhr; 🛜) Die Speisekarte im anspruchsvollsten Restaurant von Caviahue wechselt täglich – einen Tag wird Fondue angeboten, dann wieder Tacos oder Sushi. Einheimisches Craft-Bier und eine gesellige Stimmung sorgen dafür, dass die Party lange dauert. Reservierung empfehlenswert.

Gringa Cervecería Artesanal de Montaña — BRAUEREI
(☎ 02948-495149; Los Ñires s/n; ⓒ 17–23.30 Uhr; 🛜) Neben dem beliebten Rauch-Porter bietet die Brauerei auch Weizenbier nach deutscher Art, Stout und noch einige andere einheimische Biere. Neben der Brauerei ist das Lokal auch Pizzeria, in der außerdem große Aufschnittplatten serviert werden. Besonders voll ist es hier während der Skisaison.

Cervecería Las Bruscas — CRAFT-BIER
(☎ 02942-15-554179; Los Ñires s/n; ⓒ 16 Uhr bis spät; 🛜) In der netten kleinen Bar gibt es fünf einheimische Biere, darunter ein Stout, ein Amber Ale mit gerösteten Araukarien-Nüssen und das wunderbare rauchige *ahumada*. Abends trifft sich hier die Après-Ski-Szene.

ℹ️ Praktische Informationen

Oficina de Turismo (☎ 02948-495408; www.caviahue-copahue.gov.ar; RP 26; ⓒ 8–20 Uhr) Am Ortseingang; hier gibt es Karten von Caviahue und Umgebung.

ℹ️ An- & Weiterreise

AUTO
Wer nach Chos Malal fahren möchte, muss die unasphaltierte, aber landschaftlich wunderschöne RP 21 nehmen – die Straße ist wenig befahren. Von der RN 21 nimmt man besser die RN 6, nicht die RN 4.

BUS
Cono Sur (☎ 02942-432607; Los Pehuenches) Drei Busse fahren täglich um 5, 10 und 16 Uhr über Zapala (376 Arg$, 3 Std.) nach Neuquén (632 Arg$, 6 Std.). Wer nach Chos Malal möchte, nimmt einen der beiden ersten Busse und steigt in Las Lajas (276 Arg$, 2½ Std.) um.

Im Sommer (Dezember bis Ende Februar) fahren mehrmals täglich Busse nach Copahue.

Copahue
☎ 02948 / 2030 M

Der kleine Kurort mit Thermalquellen liegt an der nordöstlichen Seite des gleichnamigen Vulkans – umgeben von dampfenden Schwefelseen und einem Becken mit blubberndem heißen Schlamm – der beliebten Laguna del Chancho. Die Lage in einer Art natürlichem Amphitheater, das von den Bergen gebildet wird, ist spektakulär.

Copahue hat sich zu einem beliebten Ziel für argentinische Touristen entwickelt, was sich auch am Wachstum der Infrastruktur ablesen lässt. Allerdings kann der Ort nur zwischen Anfang Dezember und Ende April besucht werden, die übrige Zeit ist er eingeschneit.

Im Mittelpunkt stehen die großen, modernen **Termas de Copahue** (☎ 0299-442-4140; www.termasdecopahue.com.ar; Ortiz Velez; Bad 180 Arg$, Anwendungen ab 280 Arg$), in denen die unterschiedlichsten Anwendungen angeboten werden.

🏃 Aktivitäten

★ Laguna Termal — WANDERN
Für diese schöne Tagestour benötigt man normalerweise etwa acht Stunden und man kann sie gut von Copahue aus alleine unternehmen. Wegen des Schneefalls ist die Strecke nur zwischen Dezember und April begehbar, es sei denn, man besitzt eine spezielle Ausrüstung. **Caviahue Tours** (☎ 02948-495138; www.caviahuetours.com; Los Pehuenches s/n; ⓒ 9–13 & 16–20 Uhr) ist einer der vielen Veranstalter, die Führer für die Tour anbieten.

🛏️ Schlafen & Essen

Hotel Termas de Copahue — HOTEL $$
(☎ 02948-495525; www.hoteltermascopahue.com.ar; Doucloux s/n; EZ/DZ ab 86/120 US$; ⓒ Dez.–April; ❄️🛜) Eine der bequemsten Unterkünfte im Ort, denn das Hotel liegt nur eine Minute Fußweg vom Thermalbad entfernt. Es bietet moderne Zimmer, gemütliche Aufenthaltsräume und ein ausgezeichnetes Restaurant mit klassischer argentinischer Küche und regionalen Spezialitäten.

Parrilla Nito — PARRILLA $$
(☎ 02948-495040; Jara s/n; Hauptgerichte 190–280 Arg$; ⓒ Dez.–April 12–15 & 20–23 Uhr; 🛜)

Das Lokal ist auf jeden Fall die mit Abstand beliebteste *parrilla* (Grillrestaurant) des Ortes.

❶ An- & Weiterreise

Während der Hauptsaison fahren mehrmals täglich Busse von Caviahue nach Copahue. Wer nach Neuquén möchte, muss in Caviahue umsteigen und fährt über Zapala.

Chos Malal

📞 02948 / 13.100 EW. / 842 M

In der kargen, wüstenähnlichen Landschaft nördlich von Zapala erwarten die wenigsten Reisenden, eine solch hübsche kleine Stadt vorzufinden, die ihren Namen den Mapuche verdankt, die sie wegen der umliegenden gelben Felsen so benannt haben. Die Stadt am Zusammenfluss von Río Neuquén und Río Curi Leuvú bietet zwei große Plazas, die die Namen der beiden großen argentinischen Helden tragen – San Martín und Sarmiento. Eine Vielzahl historischer Gebäude ist rund um die Plaza San Martín zu bewundern. Unter ihnen die Festung Fuerte IV Division, von deren Rückseite sich ein wunderbarer Blick über das Tal bietet. Fünf Blocks weiter südlich erreicht man die Plaza Sarmiento mit Banken und Geschäften.

🛏 Schlafen & Essen

Hosteria La Farfalla   HOTEL $$
(📞 02948-421349; www.farfalla.com.ar; Ecke Salta & Islas Malvinas; EZ/DZ 85/114 US$; ❄🛜) Die hübsche kleine Lodge, die einige Blocks südlich der Plaza Sarmiento liegt, ist die gemütlichste Unterkunft in ganz Chos Malal. Die Zimmer sind groß und komfortabel, aber das absolute Highlight ist der wunderbare große Garten.

Restaurant Petit   ARGENTINISCH $$
(📞 02948-421718; 25 de Mayo 1251; Hauptgerichte 170–250 Arg$; ⊙ Mo-Sa 20–24 Uhr) Das gemütliche und, wie der Name schon besagt, kleine Lokal wird von einer freundlichen Einheimischen geführt, die klassische argentinische Gerichte kocht und anschließend Desserts wie aus einem Feinschmecker-Magazin serviert.

❶ Praktische Informationen

Banco de la Nación (Ecke Sarmiento & Urquiza; ⊙ Mo–Fr 9–13 Uhr) Hat einen Geldautomaten.

Krankenhaus Zonal Gregorio Avárez (📞 02948-421400; Flores 650; ⊙ 24 Std.) Das Karnkenhaus bietet eine einfache medizinische Versorgung, es wird hier auch Englisch gesprochen.

ABSEITS DER ÜBLICHEN PFADE

NÖRDLICH VON CHOS MALAL

Die Gegend nördlich von Chos Malal bietet einige selten besuchte, aber lohnenswerte Attraktionen – in der Nähe des Ortes Varvarco gibt es heiße Quellen und Geysire sowie eine archäologische Fundstätte mit Höhlenzeichnungen der Pehuenche. Allerdings besteht so gut wie keine öffentliche Busverbindung; wer sich jedoch mit Zeit und Geduld auf den Weg macht, wird reich belohnt.

Parque Arqueológico Colomichicó (⊙ 24 Std.) Diese kleine archäologische Fundstätte bietet eine der wichtigsten Sammlungen von Höhlenzeichnungen der Pehuenche in Patagonien. Über 600 Zeichnungen zeigen symbolische Figuren und abstrakte Muster. Zum Park führt von der RP 39 eine 8 km lange Schotterpiste; die ausgeschilderte Abzweigung befindet sich 9 km südlich von Varvarco an der Escuela Colo Michi-Co. Die Fundstätte darf nur mit einem Führer besucht werden; auf Anfrage organisiert die **Touristeninformation** (📞 02948-421329; RP 43; ⊙ Mo–Fr 8–14 Uhr) gerne einen Guide.

Aguas Calientes (RP 43) Diese lohnenswerten natürlichen heißen Quellen befinden sich in einem 20 km² großen Areal am Fuß des Volcán Domuyo und bestehen aus drei Hauptorten. Die Hauptquelle **Villa Aguas Calientes** eignet sich zum Baden; **Las Olletas** ist eine Ansammlung von blubbernden Schlammlöchern und **Los Tachos** bietet Geysire, die bis zu 2 m hoch schießen. Das Gebiet befindet sich 40 km nördlich von Varvarco.

Wer kein eigenes Fahrzeug hat, kann sich an **Señora La Gallega** (📞 02948-421329) wenden, die ein Auto mit Fahrer organisiert.

Oficina de Turismo Municipal (📞02948-421425; turnorte@neuquen.gov.ar; 25 de Mayo 89; ⊙8–21 Uhr) Die städtische Touristeninformation bietet gute Karten der Stadt und der Umgebung.

Oficina de Turismo Provincial (📞02948-421991; RN 40 s/n; ⊙8–21 Uhr) Die Touristeninformation der Provinz bietet nützliche Informationen über die Provinz und außerdem Karten.

ℹ An- & Weiterreise

AUTO

Wer nach Varvarco fährt, nimmt besser die Schotterpiste RP 43 als die RP 39 – die ist in einem besseren Zustand.

BUS

Vom **Busbahnhof** (📞02948-422676; Ecke Neuquén & Paz) fahren regelmäßig Busse über Zapala (412 Arg$, 3½ Std.) nach Neuquén (719 Arg$, 6 Std., mind. 9-mal tgl.). Einmal täglich fährt ein Bus von Cono Sur nach Varvarco (243 Arg$, 3 Std.); Abfahrt wochentags jeweils um 14.30 Uhr. Ein bis zwei Minibusse von Norte Neuquino fahren täglich nach Buta Ranquil (143 Arg$, 2 Std.), hier kann man in einen Bus Richtung Mendoza umsteigen.

Parque Nacional Laguna Blanca

Inmitten der faszinierenden Vulkanwüste des Nationalparks befindet sich die Laguna Blanca auf einer Höhe von 1275 m. Der See ist nur 10 m tief, er hat sich unterirdisch gebildet, als zwei kleine Bäche durch Lavaströme gestaut wurden. Für Fische ist das Wasser zu alkalisch (sauer), aber eine Vielzahl an Vogelarten nistet hier, darunter auch südamerikanische Blesshühner, Enten, Lappentaucher, Andengänse, Möwen und sogar ein paar Flamingos. Der 112,5 km² große Park (nur 30 km südwestlich von Zapala gelegen) wurde ganz wesentlich zum Schutz der seltenen Schwarzhalsschwäne geschaffen, die hier das ganze Jahr über leben und brüten.

Die meisten Vögel lassen sich am besten in der Zeit zwischen November und März beobachten. Vom Besucherzentrum aus führt ein kurzer Wanderweg durch die Steppe zum Seeufer hin.

ℹ Praktische Informationen

Centro de Visitantes Laguna Blanca (⊙ Mitte Dez.–März tgl. 9–19 Uhr, April–Mitte Dez. Sa & So 9–19 Uhr) Das gute und hilfreiche Besucherzentrum bietet neben Informationen auch Wanderkarten.

ℹ An- & Weiterreise

Rund 10 km südlich von Zapala beginnt die asphaltierte und gut beschilderte RP 46, die direkt durch den Park nach Aluminé führt. Mehrere Busse fahren nachmittags am Park vorbei; man kann den Fahrer bitten, am Besucherzentrum anzuhalten, allerdings muss man dann bis zum nächsten Tag im Park bleiben. Wer kein eigenes Fahrzeug hat, kann auch im Nationalparkbüro in Zapala anfragen, ob er morgens mit einem Ranger mitfahren kann. Ein Taxi zum Park kostet etwa 650 Arg$, inklusive zwei Stunden Wartezeit.

Neuquén

📞 0299 / 231 200 EW. / 265 M

Es gibt zwei Gründe für einen Halt in Neuquén – die bedeutenden paläontologischen Fundstätten in der Umgebung und die ausgezeichneten Weingüter direkt vor der Stadt. Doch auch sonst ist die Stadt mit ihren breiten Alleen und den vielen grünen, baumbestandenen Plätzen, den guten Restaurants und sehenswerten Museen sehr attraktiv.

Die östlichste Stadt der Provinz liegt am Zusammenfluss von Río Neuquén und Río Limay. Die meisten Reisenden kommen auf dem Weg zu den Traumzielen in Patagonien oder dem Seengebiet durch Neuquén hierher. Die Stadt ist der zentrale Verkehrsknotenpunkt mit guten Verbindungen nach Bariloche und zu anderen Destinationen im Seengebiet, in den Süden und nach Chile. Von hier aus führen asphaltierte Straßen nach Osten ins Río-Negro-Tal, nach Zapala im Westen und Richtung Südwesten nach Bariloche.

⦿ Sehenswertes

Museo Nacional de Bellas Artes MUSEUM (📞0299-443-6268; www.mnbaneuquen.gov.ar; Ecke Bartolomé Mitre & Santa Cruz; ⊙Mo-Fr 9.30–20, Sa 9.30–14 & 17–21, So 17–21 Uhr) GRATIS Dies ist ein Ableger des Museums für bildenden Künste in Buenos Aires; das MNBA zeigt regionale Kunstwerke, außerdem Beispiele aus mehreren europäischen Kunstrichtungen und es besitzt eine ausgezeichnete Abteilung für moderne Kunst. Dazu kommen häufig noch sehenswerte Wechselausstellungen.

DAS LAND DER DINOSAURIER

Neuquén ist einer der bedeutendsten Pilgerorte für Dinosaurier-Fans. In der Region wurden seit 1988 zahlreiche bedeutende Fossilien gefunden, dazu gehören die Überreste des zweitgrößten Pflanzenfressers der Welt sowie des größten Fleischfressers, der je die Erde bevölkerte. Hier befinden sich, nur wenige Stunden Fahrt von der Stadt Neuquén entfernt, drei bedeutende paläontologische Fundstellen – Plaza Huincul, Villa El Chocón und das Centro Paleontológico Lago Barreales, die jeden begeistern, der auch nur ein bisschen Interesse an Dinosauriern hat.

1989 entdeckte Guillermo Heredia aus Neuquén auf seinem Besitz 7 km östlich der Stadt **Plaza Huincul** einen Dinosaurierknochen. Paläontologen untersuchten den Fundort und fanden bei Grabungen ein Dutzend Knochen eines Tieres, das später *Argentinosaurus huinculensis* genannt wurde – der damals größte Dinosaurier der Welt. Der gewaltige Pflanzenfresser, der aus der mittleren Kreidezeit stammt, war unvorstellbare 40 m lang und 18 m hoch. Allein die Größe des *Argentinosaurus huinculensis* ist schwer vorstellbar. Der Besuch im **Museo Municipal Carmen Funes** (0299-496-5486; Córdoba 55, Plaza Huincul; 40 Arg$; Mo–Fr 9.30–19.30, Sa & So 10–20 Uhr) und ein Blick auf das nachgebaute Skelett machen einem klar, was wirkliche Größe ist.

Etwa 80 km südwestlich der Stadt Neuquén befindet sich das **Museo Municipal Ernesto Bachmann** (0299-490-1230; Natali s/n, Villa El Chocón; 50 Arg$; 8–20 Uhr) mit den Überresten eines 100 Millionen Jahre alten, 13 m langen und 8 t schweren, fleischfressenden *Gigantosaurus carolinii*, des größten bekannten Fleischfressers. Er wurde 1993 vom Fossilienjäger Rubén D. Carolini entdeckt und ist sogar noch größer als der bekannte *Tyrannosaurus rex* aus Nordamerika. In El Chocón befinden sich auch gigantische Dinosaurierfußabdrücke entlang des Ufers des Stausees Ezequiel Ramos Mexía. Wer ein echtes Interesse an Paläontologie hat, kann einen Besuch oder sogar einen mehrtägigen Aufenthalt im **Centro Paleontológico Lago Barreales** (Proyecto Dino; 0299-420-9875; www.proyectodino.com; Costa Dinosaurio; geöffnet nach Vereinbarung) arrangieren, das sich 90 km nordwestlich von Neuquén befindet. Da es nicht genügend finanzielle Mittel besitzt, kann es nicht durchgehend für Besucher geöffnet sein, allerdings finden Forscher und Studenten der Paläontologie immer eine offene Tür. Es lohnt sich, sich mit dem bekannten Paläontologen und Leiter eines bilingualen Projekts Jorge Calvo in Verbindung zu setzen und nachzufragen, ob ein Besuch möglich ist. Hier befindet sich eine aktuelle Forschungsstelle, bei der Freiwillige mithelfen können, Knochen aus der Kreidezeit zu entstauben und Fossilien zu sammeln und die Nächte in der Stille der Wüste genießen können. Das Museum auf dem Gelände bietet einige wunderbare Fundstücke, darunter den Kieferknochen des *Gigantosaurus carolinii*, Dinosauriereier und noch viel mehr.

Wahre Dinosaurierfans, die zwischen Chos Malal und Neuquén unterwegs sind, sollten sich für die längere Strecke entscheiden und das **Museo Municipal Argentino Urquiza** (0299-532-4970; Juluy s/n, Rincón de Los Sauces; 40 Arg$; Mo–Sa 8–12 & 16–20, So 16–20 Uhr) besuchen, um einen Blick auf die einzig bekannten Überreste eines *Titanosaurus* zu werfen sowie auf versteinerte *Titanosaurus*-Eier.

Vom Busbahnhof in Neuquén fahren regelmäßig Busse nach Plaza Huincul (138 Arg$, 1½ Std., 5-mal tgl.), Villa El Chocón (107 Arg$, 1¼ Std., 3-mal tgl.) und Rincón de Los Sauces (290 Arg$, 4 Std., 5- bis 7-mal tgl.). Das Centro Paleontológico Lago Barreales erreicht man nur mit einem eigenen Fahrzeug; dabei sollte man die RP 51 nehmen, nicht die RN 7.

Schlafen & Essen

Die zahlreichen *confiterías* an der Avenida Argentina bieten sich zum Frühstücken oder für einen Kaffee an. Die Restaurantszene gehört zu den abwechslungsreichsten der Region, mit Ausnahme von Bariloche.

Punto Patagonico Hostel HOSTEL $
(0299-447-9940; www.puntopatagonico.com; Periodistas Neuquinas 94; B/EZ/DZ 26/57/69 US$; @) Neuquéns bestes Hostel ist eine wirklich gute Wahl – es bietet komfortable Schlafsäle, einen großzügigen Aufenthaltsraum und einen schönen Garten; und –

NICHT VERSÄUMEN

NEUQUÉNS WEINGÜTER

Neuquén liegt im Zentrum einer der südlichsten Weinbauregionen Argentiniens. Entlang der Richtung Norden führenden RP 7 befinden sich wie an einer Perlenschnur einige der besten Weingüter, die trotz des Halbwüstenklimas dank einer guten Grundwasserversorgung Wein anbauen können. Die Region ist bekannt für Sorten wie Malbec, Sémillon und Chardonnay, die in kühlerem Klima reifen, aber auch einige der bekanntesten Pinot Noirs sowie die meisten Schaumweine Argentiniens kommen von hier. Die Weingüter sind das ganze Jahr geöffnet, die beste Zeit für einen Besuch ist jedoch während der Weinlese von Februar bis April, denn dann kann man sehen, wie der Wein hergestellt wird.

Die fünf Weingüter, die auch als Bodegas de Neuquén bekannt sind, liegen zwischen 40 und 60 km nördlich der Stadt, direkt im Norden des kleinen Ortes San Patricio del Chañar. Zwei der fünf, die **Bodega Patritti** (www.bodegaspatritti.com.ar) und die **Bodega Secreto Patagónico** (www.secretopatagonico) haben Geschäfte, in denen man die Weine des Gutes kaufen kann; die drei anderen Güter bieten Führungen an. Meistens werden die Kosten für eine Führung erstattet, wenn man auf dem Gut Wein kauft oder im hauseigenen Restaurant isst.

Bodega Familia Schroeder (0299-489-9600; www.familiaschroeder.com; Calle 7 Nte, San Patricio del Chañar; Führung 50 Arg$; 10–17 Uhr) Das mit Preisen ausgezeichnete Weingut produziert neun verschiedene Weine, von denen zwei nach den auf dem Weingut gefundenen Überresten eines Dinosauriers – *Panamericansaurus schroederi* – benannt wurden. Das ausgezeichnete Restaurant serviert ein dreigängiges Mittagsmenü (500 Arg$).

Bodega Malma (0299-489-7500; www.bodegangn.com.ar; RP 7, Picada 15; Führung 70 Arg$; Di–So 10–16 Uhr) In dem herrlichen Weingut kann man bei den stündlichen Führungen fünf verschiedene hauseigene Weine verkosten. Das ausgezeichnete Restaurant ist bekannt für Steaks und Nudelgerichte.

Bodega del Fin del Mundo (0299-580-0414; www.bodegadelfindelmundo.com; RP 8, Km 9, San Patricio del Chañar; Führung 50 Arg$; Di–So 10–16 Uhr) Patagoniens größtes Weingut bietet 45-minütige Führungen an, bei denen auch eine Weinprobe mit Weinen von den 12 verschiedenen Lagen des Gutes eingeschlossen ist.

Östlich von Neuquén befinden sich drei weitere Weingüter, die unter der Bezeichnung Bodegas de Río Negro firmieren. Dabei ist die **Bodega Humberto Canale** (0294-143-3879; www.bodegahcanale.com; Humberto Canale s/n; Führungen 40 Arg$; Di–Sa 10–16 Uhr) an der RN 22 die einzige, die Führungen anbietet. Dabei erfährt man alles über die Weinherstellung, Höhepunkt der Tour ist jedoch die Weinverkostung im hauseigenen Museum (vorher reservieren).

Ohne ein eigenes Fahrzeug ist ein Besuch der Weingüter fast unmöglich, allerdings bietet **Turismo Arauquen** (0299-442-6476; www.arauquen.com; Yrigoyen 720; Mo–Fr 9–19, Sa 9–13 Uhr) Touren an, häufig in Verbindung mit einer paläontologischen Tour.

---

auch nicht uninteressant: In der Nachbarschaft befinden sich mehrere Restaurants und Mikrobrauereien.

Hotel Neu
HOTEL $$

(0299-443-0084; www.hotelneu354.com; Rivadavia 354; EZ/DZ 110/120 US$; ❄ 📶) Das Neu ist eines der besseren, auch für Geschäftsleute geeigneten Hotels in der Stadt. Es zeichnet sich aus durch ein frisches und modernes Design. Die Größe der Zimmer ist durchschnittlich. Ein Pluspunkt ist aber seine außerordentlich zentrale Lage und es verfügt auch über ein Fitnessstudio. Das WLAN des Hotels ist allerdings leider sehr unzuverlässig.

La Nonna Francesca
INTERNATIONAL $$

(0299-430-0930; www.lanonnafrancesca.com.ar; 9 de Julio 56; Hauptgerichte 160–270 Arg$; Mo–Sa 11–15 & 20.30–24 Uhr; 📶) Die französisch-italienische Trattoria ist derzeit eines der besten Restaurants in Neuquén - die Nudelgerichte schmecken alle wirklich ausgezeichnet, besonders erwähnenswert sind die *fusilli al proscuito* und die leckere Lasagne. Der Service ist allerdings verbesserungswürdig und könnte ruhig etwas liebenswürdiger ausfallen.

★ Casa Tinta FUSION $$$
(0299-517-6304; Fotheringham 166; Gedeck 400 Arg$; 20-23.30 Uhr;) In dem intimen kleinen Restaurant, das mit alten Laternen dekoriert ist, wird jeden Abend ein festes Drei-Gänge-Menü angeboten, dazu gibt es eine übersichtliche Weinkarte mit Weinen von Winzern in der Nähe. Das Menü ändert sich jeden Abend, aber es könnte aus Tatar von der Forelle, Risotto mit Shrimps und Pfirsich in Weinsoße bestehen. Einfach köstlich.

Busse ab Neuquén

REISEZIEL	FAHR-PREIS (ARG$)	FAHRZEIT (STD.)	HÄUFIG-KEIT
Aluminé	627	6	tgl. 19.20 Uhr
Bahía Blanca	629	7-8½	8-mal tgl.
Buenos Aires	632-1414	15-18¾	10-mal tgl.
Chos Malal	567-719	6	tgl. 23.20 Uhr
Córdoba	1395-1593	16½	tgl. 12.15 Uhr
El Bolsón	618-749	8	tgl. 17.40 Uhr
Esquel	815-978	10¼	tgl. 19.50 Uhr
Junín de los Andes	565-837	6	4-mal tgl.
Mendoza	1100-1505	11¼-12¾	2-mal tgl.
Puerto Madryn	760-1075	11	7-mal tgl.
San Martín de los Andes	570-950	6½-8	4-mal tgl.
San Rafael	800-1125	7¾-9½	5-mal tgl.
Viedma	780	8¼-9	2-mal tgl.
Villa la Angostura	855-1084	6¼	2-mal tgl.
Zapala	249-316	3	5-mal tgl.

Shoppen

Artesanías Neuquinas KUNSTHANDWERK
(www.facebook.com/artesanias.neuquinas; Brown 280; Mo-Fr 8-13 & 17-21, Sa 9-13 Uhr) Die Provinzregierung unterstützt dieses Kunsthandwerksgeschäft, das eine große Auswahl an hochwertigen Mapuche-Textilarbeiten, Silberschmuck und Holzschnitzereien anbietet.

Paseo de los Artesanos KUNSTHANDWERK
(Av Independencia, Parque Central; Mi-So 10-21 Uhr) Das Outlet nördlich des alten Bahnhofs bietet Neuquéns größte Auswahl an traditionellem Kunsthandwerk.

Praktische Informationen

Mehrere Banken an der Ecke Avenida Argentina und Juan B Justo haben Geldautomaten.

ACA (Automóvil Club Argentino; 0299-442-2325; Ecke Diagonal 25 de Mayo & Rivadavia; Mo-Fr 8-20, Sa 8-14 Uhr) Argentiniens Automobilclub; eine gute Quelle für Straßenkarten der Provinz.

Cambio Pullman (Ministro Alcorta 144; Mo-Sa 9-19 Uhr) Geldwechsel.

Hospital Provincial Neuquén (0299-449-0800; www.hospitalneuquen.org.ar; Buenos Aires 450; 24 Std.) Notfalldienst.

Post (Ecke Rivadavia & Santa Fe; Mo-Fr 8-18, Sa 9-13 Uhr)

Touristeninformation der Provinz (0299-442-4089; www.neuquentur.gov.ar; San Martín 182; 7-21 Uhr) Tolle Karten und Broschüren. Etwas zentraler liegt ein **Informationsstand** (8-20 Uhr) im Parque Central.

An- & Weiterreise

BUS

Neuquén ist ein Verkehrsknotenpunkt für alle regionalen und internationalen Busverbindungen. Deswegen ist der **Terminal de Omnibus Neuquén** (0299-445-2300; www.terminal neuquen.com.ar; Ecke Solalique & RN 22) auch mit Restaurants, Souvenirläden und sogar einem Gepäckband gut ausgestattet. Er befindet sich etwa 3,5 km westlich des Parque Central. Ins Stadtzentrum fahren Pehueche-Busse (10 Arg$; Fahrkarten gibt's im Local 41) oder Taxis (90 Arg$).

Für Verbindungen nach Chile sorgen mehrere Unternehmen: **Via Bariloche** (www.viabariloche.com.ar) fährt nach Temuco (510 Arg$, 11 Std., tgl. 9 Uhr).

Neuquén ist das Einfallstor für alle Ziele tief im Süden Patagoniens. Wer nach Norden (Catamarca, San Juan, Tucumán, Salta und Jujuy) fahren möchte, muss möglicherweise in Mendoza umsteigen, kann aber die durchgehende Fahrkarte in Neuquén kaufen.

FLUGZEUG

Der **Aeropuerto Internacional de Neuquén** (☎ 0299-444-0525; www.anqn.com.ar) liegt westlich der Stadt an der RN 22. **Aerolíneas Argentinas** (www.aerolineas.com.ar) fliegt mindestens sechsmal täglich nach Buenos Aires, zusätzlich bedient auch **LATAM** (www.latam.com) die Strecke nach Buenos Aires. **Austral** (www.austral.com.ar) fliegt täglich nach Mendoza, Bahía Blanca, Córdoba und Comodoro Rivadavia. Internationale Flüge nach Santiago de Chile bietet LATAM regelmäßig an.

❶ Unterwegs vor Ort

Die Innenstadt von Neuquén lässt sich gut zu Fuß erkunden, aber wer die Umgebung kennenlernen möchte, ist auf ein eigenes Fahrzeug angewiesen. Reisende sollten allerdings wissen, dass die RN 22, sowohl östlich des Río-Negro-Tals als auch westlich Richtung Zapala, stark von Lastwagen befahren wird. Am Flughafen befinden sich Schalter von allen großen internationalen Autovermietern.

Patagonien

Inhalt ➜
Puerto Madryn 454
Reserva Faunística
Península Valdés ... 462
Trelew 469
Puerto Deseado 481
Puerto San Julián ... 485
Río Gallegos 487
Parque Nacional
Perito Moreno 505
El Chaltén 507
Parque Nacional Los
Glaciares (Nordteil) 514
El Calafate 521
Parque Nacional Los
Glaciares (Südteil) . 532
Punta
Arenas (Chile) 536
Parque Nacional
Torres del Paine 552

Gut essen
➜ En Mis Fuegos (S. 459)
➜ Maffía (S. 512)
➜ Pura Vida (S. 529)

Schön übernachten
➜ Aguas Arriba (S. 529)
➜ Oceano Patagonia (S. 469)
➜ Puesto Cagliero (S. 536)

Auf nach Patagonien!

Wild, karg und schön offenbart sich die Natur in Südamerikas südlichster Region. Ihre Ebenen sind so gewaltig wie die Stille, die sie erfüllt. Die erste Begegnung mit solch einer Leere fasziniert ebenso wie der Anblick von Patagoniens zerklüfteten Gipfeln, unberührten Flüssen und staubigen Dörfern. Mit seinem riesigen Ausmaß verspricht Patagonien ein reiches Spektrum an Landschaften und Erlebnissen.

Mittlerweile sind die meisten Abschnitte der einsamen RN 40 asphaltiert. Dennoch bleibt sie die kultige Fernstraße, die einst so unterschiedliche Charaktere wie Butch Cassidy und Bruce Chatwin beeindruckte. An der Ostküste verläuft die asphaltierte RN 3 Richtung Süden und verbindet Ölstädte, alte versteinerte Wälder, walisische Siedlungen und die herrliche Península Valdés miteinander. Patagonien besitzt auch trendige Orte mit mehr Kunstpelzträgern als Guanakos, z. B. El Calafate und El Chaltén. Beide sind spektakulär, aber eine völlig andere Welt als die der einsamen Steppen.

Reisezeit
El Calafate

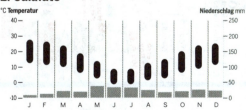

Nov.–März Die wärmsten Monate, ideal für den Besuch von *estancias* und Fahrten auf der RN 40.

Juni–Mitte Dez. Die Glattwale machen ihre Luftsprünge vor der Küste der Península Valdés.

Mitte Sept.–Anfang März Die maritime Tierwelt blüht auf, darunter Pinguine, Seevögel und Seelöwen.

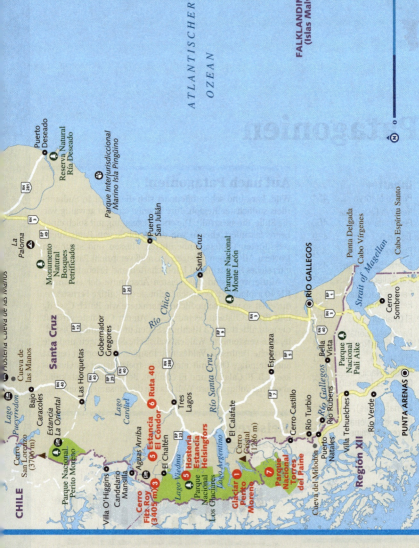

Highlights

❶ Der bläulich schimmernde **Glaciar Perito Moreno** (S. 532), von dem mit Donnergetöse riesige Eisbrocken herabfallen.

❷ Die jahrtausendealten Wälder und die kristallklaren Seen im schier endlos grünen **Parque Nacional Los Alerces** (S. 496).

❸ Wanderungen durch die Berglandschaft am Fuß des **Cerro Fitz Roy** (S. 514), dessen spitze Gipfel nahe Argentiniens Trekking-Metropole El Chaltén in die Höhe ragen.

❹ Die Südlichen Glattwale, die vor der Küste der **Reserva Faunística Península Valdés** (S. 462) ihre Luftsprünge machen.

❺ Ein Ritt über das weitläufige Gelände einer **Estancia**

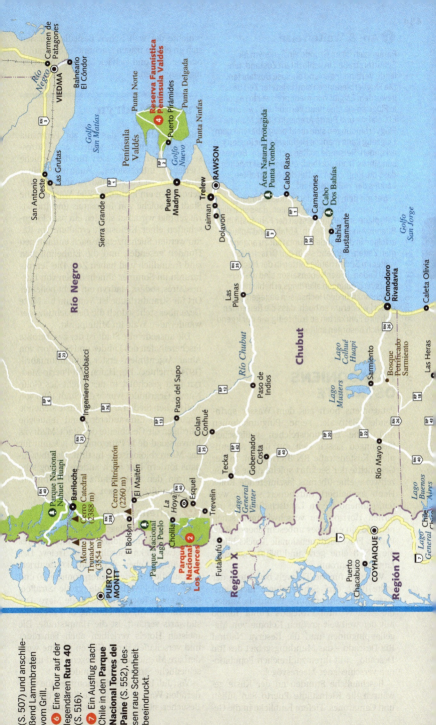

❶ An- & Weiterreise

Patagonien ist im Grunde ein Synonym für Schotterstraßen in schlechtem Zustand, fehlende Verbindungen und endlose Busfahrten. Die Flugverbindungen sind in letzter Zeit besser geworden. Es gibt nun mehr preiswerte regionale Flüge sowie eine neue Verbindung zwischen El Calafate und Punta Arenas in Chile. Manche Flugverbindungen sind nicht billig, aber mit dem Flugzeug kann man die Highlights der Region gut erkunden. Reisende sollten sich bei der Bemessung ihres Transportbudgets bewusst machen, dass die Region ein Drittel des achtgrößten Landes der Welt ausmacht.

Wer mit dem Bus an der Ostküste entlangfährt, wird schon bald feststellen, dass sich die Fahrpläne an den Interessen der Fahrgäste in Buenos Aires orientieren. Abfahrt und Ankunft erfolgen in der Landeshauptstadt zu angenehmen Zeiten, während sie in den Ortschaften weiter im Süden häufig mitten in der Nacht stattfinden. In der Nebensaison sind die Verkehrsverbindungen allerdings erheblich eingeschränkt. In der Hochsaison dagegen ist der Bedarf wiederum so hoch, dass die Reisenden sich ihre Fahrkarten so frühzeitig wie nur irgend möglich besorgen sollten.

PATAGONIENS OSTKÜSTE

Patagoniens hoch aus dem Wasser springende Glattwale, seine Pinguinkolonien und seine traditionsreichen walisischen Siedlungen lassen sich gut über Argentiniens Küstenstraße RN 3 erreichen. In der Geschichte der Seefahrt spielte diese Straße zeitweise eine überaus faszinierende Rolle. Heute asphaltiert, durchquert sie die weiten, gähnend leeren Landschaften, die am fernen Horizont zu verschwimmen scheinen wie ein endloses unbeschriebenes Blatt Papier. Für überdimensionale Trucks bildet die RN 3 eine gern und häufig genutzte Langstreckenroute.

Wer sich für die Tierwelt begeistert, der sollte diese drei Schutzgebiete nicht auslassen: die weltberühmte Península Valdés, die Área Natural Protegida Punta Tombo mit der weltweit größten Kolonie von Magellanpinguinen und die Reserva Natural Ría Deseado – das Mündungsgebiet des Río Deseado – mit ihren zahlreichen Populationen verschiedener Meeresvögel.

Beschauliche Stunden an der Küste gewähren die Kleinstädte Puerto San Julián und Camarones. Tiefere Einblicke in die Geschichte der walisischen Besiedlung lassen sich an einem trägen Nachmittag bei traditionellem Tee und Gebäck im Städtchen Gaiman gewinnen.

Puerto Madryn

☏ 0280 / 94 000 EW.

Puerto Madryn ist das Tor zur Península Valdés und damit Patagoniens erste Adresse für Reisende, die sich für das örtliche Tierleben interessieren. Aufgrund seiner Strandlage ist Puerto Madryn auch für sich genommen ein lohnendes Ziel. Während die Stadt als solche von Tourismus und Industrie geprägt wird, hat sie sich ein paar Eigenschaften einer Kleinstadt erhalten: Im Radio werden Suchanzeigen nach entlaufenen Hunden gesendet, und die Einheimischen sind freundlich und haben Zeit. Die Temperaturen im Sommer ähneln denen von Buenos Aires, sodass Madryn ein recht beliebter Ort für Strandurlaube ist. Von Juni bis Mitte Dezember steht jedoch die Beobachtung der wandernden Wale im Mittelpunkt.

Die ausgedehnte Stadt ist der zweitgrößte Fischereihafen des Landes und Standort von Aluar, Argentiniens erster Aluminiumfabrik (1974 errichtet). Der Hafen von Puerto Madryn liegt geschützt in der Bucht des Golfo Nuevo. Gegründet wurde die Stadt 1886 von walisischen Siedlern. An der Küste stehende Statuen von Einwanderern und Tehuelche würdigen die Geschichte der Stadt. Madryns Universidad de la Patagonia ist bekannt für das Meeresbiologische Institut. Darüber hinaus fördern hier auch andere ökologische Zentren den Naturschutz und vermitteln naturkundliches Wissen.

⦿ Sehenswertes

Puerto Madryn liegt direkt östlich der RN 3 – 1371 km südlich von Buenos Aires und etwa 65 km nördlich von Trelew. Das geschäftige Leben der Stadt konzentriert sich auf die *costanera* (Uferpromenade) und zwei parallel verlaufende große Straßen, die Avenida Roca und die 25 de Mayo. Der Bulevar Brown, der entlang den Stränden südwärts verläuft, ist die Hauptstraße. Die meisten Hotels verleihen auch Fahrräder und verschaffen ihren Gästen so eine wunderbare Möglichkeit, die Gegend und unterschiedliche Strände zu erkunden.

Von Juli bis September kommen die wandernden Wale so nah an die Küste, dass die Besucher sie ganz ohne eine kommerzielle

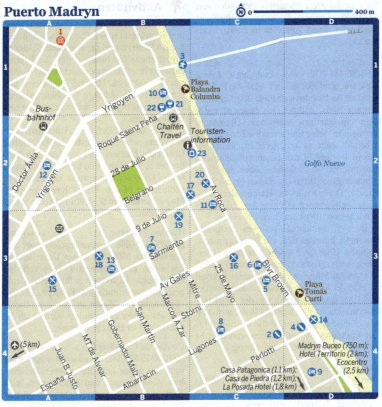

Puerto Madryn

◎ Sehenswertes
1 Museo Oceanográfico y de
  Ciencias Naturales A1

✪ Aktivitäten, Kurse & Touren
2 Lobo Larsen C4
  Napra Club .... (s. 14)
3 Regina Australe B1
4 Scuba Duba D4

🛏 Schlafen
5 Chepatagonia Hostel C3
6 Dazzler C3
7 El Gualicho B3
8 El Retorno C4
9 Hi Patagonia Hostel D4
10 Hotel Bahía Nueva B1
11 Hotel Piren C2
12 La Casa de Tounens A2

13 La Tosca B3

🍴 Essen
14 Bistro de Mar Nautico D4
  Coiron .... (s. 6)
15 El Almendro A3
16 En Mis Fuegos C3
17 Guiseppe C2
18 La Milonga B3
19 Mr Jones B3
20 Olinda C2

🍸 Ausgehen & Nachtleben
21 James Beer B1
22 Margarita Bar B1

🛍 Shoppen
23 Boutique del Libro C2

Tour beobachten können – entweder von einem Küstenabschnitt 20 km nördlich der Stadt oder direkt vom Pier in Puerto Madryn aus.

EcoCentro   MUSEUM
(0280-445-7470; www.ecocentro.org.ar; J Verne 3784; Erw./Kind 250/180 Arg$; Mi–Mo 17–21, an Tagen mit Bootsfahrten auch 10–13 Uhr) Auf meisterhafte Weise widmet sich dieses Museum dem einzigartigen maritimen Ökosystem der Region. Seine umfassenden Forschungsarbeiten stellt es mit geradezu künstlerischem Feingefühl dar. Seine Ausstellungen informieren beispielsweise über das Fortpflanzungsverhalten der Südkaper, die Sprache der Delfine und die Harems der Südlichen See-Elefanten. Als eine Art „maritimer Streichelzoo" dient ein Gezeitenbecken.

Da sich manchmal Wale in Sichtweite tummeln, lohnt es sich, ein Fernglas mitzunehmen. Über die hübsche *costanera* (Uferpromenade) lässt sich das EcoCentro zu Fuß in etwa 40 Minuten oder mit dem Fahrrad in etwa 15 Minuten erreichen. Ein Shuttlebus fährt dreimal täglich von der Touristeninformation in der Avenida Roca zum Museum; eine Alternative ist die Buslinie 2 bis zur Endhaltestelle zu nehmen, von dort ist es dann noch einmal 1 km Fußweg.

Observatorio Punta Flecha   NATURSCHUTZGEBIET
(bei Flut) GRATIS Dieser von der Fundación Patagonia Natural betriebene Aussichtspunkt für die Walbeobachtung liegt 17 km nördlich von Puerto Madryn an der Playa el Doradillo. Die Einrichtung unterhält unter anderem eine Touristeninformation, öffnet aber nur bei Flut, wenn mehr Wale (und Touristen) zu sehen sind.

Museo Oceanográfico y de Ciencias Naturales   MUSEUM
(0280-445-1139; Ecke Domecq García & Menéndez; Mo–Fr 9–19, Sa 15–19 Uhr) GRATIS Besucher können hier ganz plastisch Seetang anfassen und sich einen konservierten Oktopus ansehen. Das 1917 erbaute Chalet Pujol stellt Land- und Meeressäugetiere aus, außerdem kuriorserweise auch walisisches Geschirr. Die spanischsprachigen Erläuterungen richten sich vor allem an naturwissenschaftliche Schulklassen. Aber Reisende können sich aufgrund der plastischen Exponate gut selbst ein Bild machen. Wer bis hinauf in die Kuppel geht, wird mit einem schönen Blick auf den Hafen belohnt.

Aktivitäten

Dank der spannenden Unterwasserwelt und interessanter Schiffswracks haben sich Puerto Madryn und die Península Valdés zu Argentiniens Hochburgen des Tauchsports entwickelt. Schnuppertauchkurse kosten um die 800 Arg$. Manche Tauchbasen bieten neben den üblichen Tauchkursen auch Nachttauchgänge und mehrtägige Tauchexkursionen an.

Während der Hochsaison kann man in einer Hütte neben dem Bistro de Mar Nautico Unterricht buchen. Hier werden auch Surfbretter in Standard- und breiter Ausführung sowie Kajaks stundenweise verliehen. Die südlich der Muelle Piedra Buena gelegene **Playa Tomás Curti** ist ein beliebter Windsurfer-Spot.

Huellas y Costas   KAJAK FAHREN
(0280-447-0143; www.huellasycostas.com; 3-tägige Kajaktour 1085 US$) Dieses Unternehmen hat einen exzellenten Ruf. Es organisiert mehrtägige Kajaktouren für kleine Gruppen mit zweisprachigen Führern. Die Beobachtung von Walen ist ein wesentliches Element dieser Exkursionen. Außerhalb der Saison gibt es günstigere Preise.

Costas de Patagonia   ABENTEUERSPORT
(0280-15-472-1142; www.costasdepatagonia.com) Das ganze Jahr über können Reisende hier Wanderungen und Kajaktouren, komplett mit Seelöwenbeobachtung, buchen. Das Unternehmen bietet auch Trips mit Geländewagen sowie mehrtägige Expeditionen zum Golfo San José an, einem guten Ort, um das örtliche Tierleben kennenzulernen.

Lobo Larsen   TAUCHEN
(0280-15-451-6314, 0280-447-0277; www.lobolarsen.com; Av Roca 885, Local 2) Ein zuverlässiger lokaler Ausrüster mit mehrsprachigem Personal. Bietet für Anfänger sogenannte „Tauf-Exkursionen" an.

Regina Australe   SCHIFFSTOUR
(0280-445-6447; www.reginaaustrale.com.ar; Muelle Piedra Buena; Erw./Kind 4–12 Jahre 600/500 Arg$; Fahrkartenschalter 10–13 & 14–19 Uhr) Das Passagierschiff mit etwa 300 Plätzen legt im Hafen von Madryn am Kai ab, an dem sich auch der Kartenschalter befindet. Samstag, Sonntag, Mittwoch und an Feiertagen startet jeweils um 13 Uhr die dreistündige Schiffstour durch den Golfo Nuevo zur Punta Loma und wieder zurück. Das Schiff verfügt über drei Decks und eine Bar mit Schnellimbiss.

Napra Club
WASSERSPORT

(☏ 0280-445-5633; www.napraclub.com; Bulevar Brown 860; ⊙ 9–18 Uhr) Dieser Verleiher in der Nähe des Bistro de Mar Nautico hat Fahrräder (pro Tag 300 Arg$), Stehpaddelboards (pro Stde. 450 Arg$) sowie geführte Kajaktouren aufs Meer (pro 2 Std. 550 Arg$) im Repertoire. Bei Bedarf können auch Neoprenanzüge ausgeliehen werden.

Madryn Buceo
TAUCHEN

(☏ 0280-15-456-4422; www.madrynbuceo.com; Bulevar Brown 1900) „Tauchertaufen" für Anfänger, Schnorcheln mit Seelöwen und regelmäßige Ausflüge. Kunden werden bei Bedarf von ihrer Unterkunft abgeholt.

Scuba Duba
TAUCHEN

(☏ 0280-445-2699; www.scubaduba.com.ar; Bulevar Brown 893) Ein zuverlässiger Tipp für Liebhaber des Gerätetauchens.

☞ Geführte Touren

Zahllose Tourveranstalter organisieren Tagesausflüge zur Península Valdés für rund 1200 Arg$ (zzgl. 415 Arg$ Eintrittsgebühr vor Ort) oder Walbeoachtungstouren (um 1400 Arg$). Auch die meisten Hotels und Hostels veranstalten derartige Ausflugsfahrten. Angesichts der Vielfalt lohnt es sich, vor der Buchung andere Reisende nach ihren Ausflugserfahrungen zu fragen. Als geführte Tour wird auch ein Besuch bei den See-Elefanten und Pinguinen an der Punta Ninfas geboten.

Entscheidende Fragen bei der Auswahl des Tourveranstalters sind beispielsweise: Wie hoch ist Anzahl der Teilnehmer pro Gruppe? Welche Sprache außer Spanisch spricht der Tourbegleiter? Wie wird die Versorgung mit Essen und Getränken gehandhabt? Da sich die Besichtigungsprogramme der einzelnen Tourveranstalter mehr oder weniger stark unterscheiden, ist auch die Frage nach den Haltepunkten wichtig. Und nicht zuletzt: ein eigenes gutes Fernglas mitzunehmen, es lohnt sich, unabhängig vom Veranstalter, auf jeden Fall.

Von Puerto Madryn kosten die Ausflüge zum Tierschutzreservat Punta Tombo genauso viel (1200 Arg$) wie von Trelew aus, doch von dort dauert die Fahrt länger, sodass vor Ort dann weniger Zeit für die Pinguine bleibt.

Gezeiten und Wetter spielen bei der Ausflugsplanung eine wichtige Rolle – detaillierte Informationen finden sich unter http://peninsulavaldes.org.ar/mareas.

🛏 Schlafen

Puerto Madryn verfügt über ein gutes Angebot für Übernachtungsgäste. Interessenten sollten jedoch im Voraus buchen, besonders Doppelzimmer. Die Touristeninformation hat eine umfassende Liste mit Unterkünften, von nahe gelegenen *estancias* bis hin zu Ferienapartments, komplett mit Preisangaben.

Alle Hostels besitzen Küchen und viele holen ihre Gäste gerne am Busbahnhof ab. Die meisten sind allerdings bequem zu Fuß zu erreichen.

★ Hi Patagonia Hostel
HOSTEL $

(☏ 0280-445-0155; http://hipatagonia.com; Av Roca 1040; B 19 US$, DZ mit/ohne Bad 65/53 US$; 🖥) Der wunderbare Service macht dieses zentral gelegene Hostel zu einer idealen Basis für Abenteuer. Die Fenster mit Doppelverglasung garantieren eine erholsame Nachtruhe, während ein grüner Innenhof inklusive Grillbereich für eine gesellige Atmosphäre sorgt. Das Hostel verleiht Fahrräder und Autos, informiert über schöne Ausflüge, und der Besitzer Gaston gibt präzise Informationen über Wetter und Gezeiten.

La Tosca
HOSTEL $

(☏ 0280-445-6133; www.latoscahostel.com; Sarmiento 437; B 18 US$, DZ mit/ohne Bad 71/44 US$; @ 🖥) In dem gemütlichen Hostel sprechen die Besitzer und das Personal jeden Gast mit seinem Namen an. Die moderne, behagliche Unterkunft mit grasbewachsenem Innenhof, guten Matratzen und vielfältigem Frühstück, darunter selbst gebackener Kuchen, Joghurt und Früchte, sind das Werk eines reiseerfahrenen Ehepaares. Eine echte Bereicherung sind die Doppelzimmer mit renoviertem Duschbad. Gäste können sich Fahrräder ausleihen.

Casa Patagonica
B&B $

(☏ 0280-445-1540; www.casa-patagonica.com.ar; Av Roca 2210; DZ/3BZ 53/82 US$; @ 🖥) Eine warme und entspannte Unterkunft. Zum Frühstück gibt es hausgemachten Kuchen und zum Kochen oder Grillen steht ein *quincho* (ein strohgedecktes Gebäude) zur Verfügung. Die makellosen Zimmer befinden sich in einem Backsteingebäude mit Gewölbedecken fünf Häuserblocks vom Strand und 1 km südlich des Stadtzentrums.

El Retorno
HOSTEL $

(☏ 0280-445-6044; www.elretornohostel.com.ar; Mitre 798; B/EZ/DZ inkl. Frühstück 21/35/41 US$; @ 🖥) Die unvergleichliche Besitzerin Gladys hat schon Reisende aus aller Herren Länder bemuttert. Neben den Schlafsälen und gemütlichen Doppelzimmern gehören ein Solarium, der Grillbereich und Fahrradverleih zu den Annehmlichkeiten. Außerdem gibt es hier noch schöne, zentral gelegene Apartments zu mieten.

Chepatagonia Hostel
HOSTEL $
(☎ 0280-445-5783; www.chepatagoniahostel.com.ar; Storni 16; B 18 US$, DZ mit/ohne Bad 59/53 US$; @ ⛔) Besitzer des stylishen, hübschen Hostels ist ein freundliches Ehepaar, das für die Gäste Touren organisiert und zweimal in der Woche eine Grillparty veranstaltet. Weitere Vorteile sind die bequemen Betten und die Chance, Wale vom Balkon aus zu beobachten. Gäste können ihre Wäsche waschen, die Küche benutzen und auch Fahrräder (350 Arg$ pro Tag) ausleihen.

La Casa de Tounens
HOSTEL $
(☎ 0280-447-2681; www.lacasadetounens.com; Passaje 1 de Marzo 432; EZ/DZ mit Bad 45/60 US$, B/EZ/DZ ohne Bad 15/40/50 US$; @ ⛔) Ein sehr netter Schlupfwinkel in der Nähe des Busbahnhofs im Besitz eines französisch-argentinischen Paares. Aufgrund der wenigen Zimmer ist eine persönliche Atmosphäre garantiert. Besonders schön sind die gemütliche Steinterrasse mit Hängematten, der Gemeinschaftssalon mit Pooltisch, der Grillbereich und das hausgemachte Brot zum Frühstück.

El Gualicho
HOSTEL $
(☎ 0280-445-4163; www.elgualicho.com.ar; Marcos A Zar 480; B 17 US$, DZ mit/ohne Bad 65/53 US$; P @ ⛔) Dieses schicke, modern eingerichtete und stilvolle Hostel bietet aus unerfindlichen Gründen nur billige Matratzen. Dafür entschädigen die riesige Küche und die großzügigen Gemeinschaftsbereiche mit Billardtischen und Hängematten. Die hohe Zahl von 120 Betten sorgt für eine etwas unpersönliche Atmosphäre. Die Doppelzimmer verfügen über TV-Geräte. Gäste können Fahrräder mieten und sich am Schwarzen Brett umfassend über mögliche Aktivitäten informieren.

★ Casa de Piedra
B&B $$
(☎ 0280-447-3521, 0280-15-499-1611; www.laspiedrashosteria.com; Arenales 82; DZ/3BZ inkl. Frühstück 88/110 US$; @ ⛔) Das wunderschöne B&B zeichnet sich durch seinen freundlichen, aufmerksamen Service aus. Sein kunsthandwerklich talentierter Besitzer hat selbst Hand angelegt und jedes Detail sorgfältig gestaltet, angefangen bei den gemusterten Pflasterwegen über die Holzarbeiten bis hin zu einem überdimensionalen Schaukelpferd. Jedes der makellosen Zimmer hat einen eigenen Zugang zum betonierten Innenhof und ist mit Flachbildfernseher, Schließfach, Mini-Kühlschrank und nützlichen Utensilien zum Kaffee- oder Teekochen ausgestattet.

Hotel Piren
HOTEL $$
(☎ 0280-445-6272; www.hotelpiren.com.ar; Av Roca 439; DZ 88–182 US$; ⛔) Dieses anständige Hotel liegt gemeinsam mit Eigentumswohnungen in einem Hochhaus am Wasser. Das Personal ist sehr stolz auf den Glasaufzug, der zehn Stockwerke hinauf zu einem schwindelerregenden Ausblick führt. Die Gemeinschaftsbereiche sind schick gestaltet, wobei es jedoch einen großen Unterschied zwischen dem alten und dem neuen Teil gibt.

La Posada Hotel
GASTHAUS $$
(☎ 0280-447-4087; www.la-posada.com.ar; Mathews 2951; DZ 100–120 US$; @ ⛔ ⛱) Dieses moderne Gasthaus inmitten sanfter grüner Wiesen ist eine ruhige Alternative zu den Unterkünften in der Stadt. Das Posada ist sauber, die hellen Zimmer mit bunten Akzenten verfügen über Kabel-TV. Im Garten locken ein Pool und ein Grill. Das Gasthaus liegt 2 km südlich des Stadtzentrums.

Hotel Bahía Nueva
HOTEL $$
(☎ 0280-445-0045, 0280-445-0145; www.bahianueva.com.ar; Av Roca 67; EZ/DZ/3BZ inkl. Frühstück 92/108/134 US$; P @ ⛔) Mit der Bibliothek im Foyer und seinem etwas verspielten Ambiente erinnert das Hotel an einen englischen Landsitz. Von den 40 gut gepflegten Zimmern haben nur einige wenige Ausblick aufs Meer. Zu den Highlights zählen eine Bar mit Billardtisch und einem Fernseher (meist laufen Spiel- und Dokumentarfilme) sowie die ausführlichen Informationen über Ausflüge.

★ Hotel Territorio
BOUTIQUEHOTEL $$$
(☎ 0280-447-1496; www.hotelterritorio.com.ar; Bulevar Brown 3251; Suite 200 US$; @ ⛔) Seine Lage hinter schönen Dünen und inklusive Blick auf den Ozean macht dieses Haus mit 36 Zimmern zu einem wirklich guten Tipp. Das Ambiente ist auf minimalistische Art und Weise schick und setzt sich zusammen aus poliertem Beton, üppigem modernen Mobiliar und einer kompletten Wirbelsäule eines Wals in der riesigen Halle. Für Kinder

gibt es ein großes Spielzimmer. Die Lage an der Punta Cuevas bedeutet eine kleine Wanderung von der Stadt aus, Gäste werden aber mit einer coolen Cocktailbar und einem Wellnessbereich belohnt.

Dazzler HOTEL $$$
(☏0280-447-5758; Bulevar Brown 637; DZ mit Blick auf Stadt/Meer 150/190 US$; 🛜) Dieses gehobene neue Hotel im zeitgenössischen minimalistischen Stil verfügt über 95 sehr geräumige Zimmer mit tollem Meerblick, große Betten und alle modernen Annehmlichkeiten. Das Solarium auf dem Dach und der Wellnessbereich sind willkommene zusätzliche Attraktionen. Das Hotelrestaurant hat einen guten Ruf, aber seiner Lage in der Lobby mangelt es an Ruhe und Atmosphäre.

Essen

La Milonga PIZZA $
(☏0280-447-0363; 9 de Julio 534; Pizzas 200 Arg$; ⊙Di-So 19-0.30 Uhr) Die Einheimischen strömen in diese Pizzeria im Retrostil, um von der großen Karte unterschiedlicher Steinofenpizzas mit Belägen wie *tapenade* (Creme aus marinierten Oliven) oder Rucola auszuwählen.

Mr Jones INTERNATIONAL $
(☏0280-447-5368; 9 de Julio 116; Hauptgerichte 100-200 Arg$; ⊙20 Uhr bis spät) Dieser zuverlässige und beliebte Pub bietet eine große Auswahl an Biersorten und Rotwein, hausgemachte Pasteten und Fish and Chips. Der Service ist sehr freundlich, manchmal jedoch etwas langsam.

Bistro de Mar Nautico MEERESFRÜCHTE $$
(☏0280-447-4289; Bulevar Brown 860; Hauptgerichte 110-450 Arg$; ⊙8-24 Uhr) Mit seiner unschlagbaren Strandatmosphäre und einer emsigen Bedienung alter Schule ist dieses gut besuchte Bistro eine tolle Location. Ganz zu schweigen von dem traumhaft schönen Ausblick aufs Meer, den nur wenige Restaurants in Puerto Madryn bieten können. Liebhaber von Fisch und Meeresfrüchten können hier gegrillten Fisch oder knusprige Calamari genießen. Aber auch Burger, Pizzas und sogar Frühstück stehen auf der Speisekarte. Nach 20 Uhr gibt es allerdings nur eine eingeschränkte Abendkarte.

El Almendro INTERNATIONAL $$
(☏0280-447-0525; MT de Alvear 409; Hauptgerichte 110-240 Arg$; ⊙Di-So 20 Uhr bis spät) Nicht nur wegen des häufig kostenlosen Aperitifs ist dieses gemütliche, elegante Restaurant in Familienbesitz eine gute Wahl. Ebenso attraktiv sind die faszinierende Karte, der aufmerksame Service und die anständige Weinauswahl. Besonders empfehlenswert sind etwa die Gnocchi mit Kürbiskernen oder die mit Balsamico glasierten Steaks.

Giuseppe ITALIENISCH $$
(☏0280-445-6891; 25 de Mayo 381; Hauptgerichte 100-220 Arg$; ⊙12-16 & 20-1 Uhr) Dieses italienische Bistro trifft mit frischer Pasta, Gnocchi und Pizza *a la piedra,* alles serviert auf klassisch rot-weiß-karierten Tischtüchern, genau ins Schwarze. Wer es gerne einmal etwas exotischer mag, sollte das *risotto de langostinos* kosten.

Coiron ARGENTINISCH $$
(☏0280-447-5758; Bulevar Brown 637; Hauptgerichte 230-300 Arg$; ⊙19-23.30 Uhr) Dieses gehobene, etwas nüchterne Restaurant im Hotel Dazzler serviert anständige und nett angerichtete Gourmetküche. Die in Speck eingewickelten Steakmedaillons sind ebenso wie der Salat sichere Empfehlungen. Die Pastagerichte hingegen sind eher eine Enttäuschung.

Olinda ARGENTINISCH $$
(☏0280-447-0304; Av Roca 385; Hauptgerichte 130-250 Arg$; ⊙12-16 & 19.30-1 Uhr) Dieses moderne Restaurant bietet seinen Gästen schöne Tische auf der Terrasse und eine hübsche Kerzenlicht-Atmosphäre. Gäste sollten vor allem aus den Tagesgerichten wählen und dazu Limonade aus Krügen oder Gin und Tonic trinken. Die Zutaten für patagonisches Lamm, mit Meersalz gegrillte Shrimps und hausgemachtes Brot kommen aus der Gegend und sind absolut frisch. Die festen Menüs sind eine gute Wahl, die ausgefeilten Desserts reichen locker für zwei.

★ En Mis Fuegos PATAGONISCH $$$
(☏0280-445-8740; Av Gales 32; 4-Gänge-Menü 400 Arg$; ⊙Di-So 20.30-24 Uhr) Eigentlich bekommt man als typisch patagonisches Gericht immer Lammbraten vorgesetzt. Das Vier-Gänge-Menü hier verarbeitet frische Zutaten, ist jedoch sehr abwechslungsreich und wechselt häufiger. Gerichte wie Brühe aus Seetang, die exquisite Forelle mit hausgemachten Pickles, superzartes Schweinefleisch und das herausragende Kaninchen-Confit repräsentieren die Vielfalt der patagonischen Küche. Und der Service ist wunderbar unaufdringlich. Die Preise sind entsprechend.

🍷 Ausgehen

James Beer   CRAFT-BIER
(☎ 0280-15-483-4428; Ecke Av Roca & Roque Sáenz Peña; ⊕ So–Do 19–2, Fr & Sa bis 4 Uhr) Mit ihrem modernen Ambiente und zwölf Craft-Bieren aus ganz Argentinien im Ausschank ist diese Hipster-Bar der neueste Schrei in Madryns Nachtleben. Gäste können auch Pub-Essen wie Burger und Würstchen bekommen (Hauptgerichte 105–165 Arg$). Demnächst wird Craft-Bier aus der eigenen Hausbrauerei ausgeschenkt werden.

Margarita Bar   PUB
(☎ 0280-447-2659; Roque Sáenz Peña 15; ⊕ 11–4 Uhr) Diese angesagte, ein wenig dunkle Kneipe in einem Backsteinhaus hat eine umfassende Cocktailauswahl, nettes Personal und anständiges Essen. Besonders beliebt ist der Sushi-Mittwoch. Freitags und samstags wird nach 1.30 Uhr getanzt.

Shoppen

Boutique del Libro   BÜCHER
(☎ 0280-445-7987; Ecke 28 de Julio & Av Roca, Portal de Madryn 208; ⊕ Mo–Fr 9.30–13.30 & 15.30–21, Sa 9.30–21.30, So 11–21 Uhr) Buchhandlung mit guter Auswahl an Büchern über Patagonien und regionalen Karten. Bietet auch einige englischsprachige Romane und Reiseführer. Sie befindet sich im ersten Stock des Einkaufszentrums neben der Touristeninformation.

ℹ️ Praktische Informationen

Argentina Vision (☎ 0280-445-5888; http://argentinavision.com; Av Roca 536; ⊕ Mo–Fr 8–20.30, Sa 9–12.30 & 17–20.30 Uhr) Der einzige Touranbieter in Puerto Madryn organisiert unter anderem Besuche auf der Estancia San Lorenzo und ihrer Pinguinkolonie auf der Península Valdés.

Banco de la Nación (☎ 0280-445-0465; 9 de Julio 117; ⊕ Mo–Fr 8–13 Uhr) Besitzt einen Geldautomaten und löst Reiseschecks ein.

Flamenco Tour (☎ 0280-445-5505; www.flamencotour.com; Belgrano 25; ⊕ Mo–Fr 9–13 & 16.30–20.30, Sa 9–13 Uhr) Das Repertoire reicht hier von der üblichen Walbeobachtung und Schnorchelausflügen bis hin zu Geländewagentrips inkl. Sternegucken (Teleskope und zweisprachige Führung inbegriffen).

Hospital Subzonal (☎ 0280-445-1999; R Gómez 383)

Post (Ecke Belgrano & Gobernador Maíz; ⊕ Mo–Fr 8–13 & 16–19 Uhr)

Touristeninformation (☎ 0280-445-3504; https://madryn.travel; Av Roca 223; ⊕ Dez.–Febr. 8–21 Uhr, April–Nov. eingeschränkte Öffnungszeiten) Unter dem hilfsbereiten und effizienten Personal findet sich gewöhnlich immer jemand, der Englisch oder Französisch spricht. Das *libro de reclamos* (Beschwerdebuch) enthält authentische Ratschläge von anderen Reisenden. Am Busbahnhof findet sich eine weitere nützliche Touristeninformation (in der Hochsaison 7–21 Uhr).

ℹ️ An- & Weiterreise

Wegen der eingeschränkten Verbindungen ist es ratsam, im Voraus zu buchen, vor allem, wenn die Anden das Ziel sind.

BUS

Puerto Madryns Busbahnhof (☎ 0280-445-1789; www.terminalmadryn.com; Ecke Ciudad de Nefyn & Dr Ávila) hinter der aus dem Jahr 1889 stammenden historischen Estación del Ferrocarril Patagónico verfügt praktischerweise über einen Geldautomaten, ein Café und eine hilfsbereite Touristeninformation. Die Busfahrpläne sind leicht zu finden, und es gibt eine Gepäckaufbewahrung.

Die wichtigsten Busunternehmen sind **Andesmar** (☎ 0280-447-3764), **Don Otto** (☎ 0280-445-1675), **Mar y Valle** (☎ 0280-445-0600), **Que Bus** (☎ 0280-445-5805), **Via TAC** (☎ 0280-445-5805) und **TUS** (☎ 0280-445-1962). Die Firma **Chaltén Travel** (☎ 0280-445-4906; Av Roca 115) unterhält Buslinien nach Esquel, von wo aus es weitere Verbindungen nach Norden auf der RN 40 (nach Bariloche) oder nach Süden (nach Perito Moreno und El Chaltén) gibt.

Der Mar-y-Valle-Bus nach Puerto Pirámides (114 Arg$, 1½ Std.) fährt um 9.45 und um 17 Uhr ab und kehrt um 11 und um 18 Uhr wieder zurück nach Madryn. Von Montag bis Freitag gibt es außerdem Fahrten um 6.30 und 16 Uhr. Die

Busse ab Puerto Madryn

REISEZIEL	FAHRPREIS (ARG$)	FAHRZEIT (STD.)
Bariloche	1200–1600	15
Buenos Aires	1650–1900	18–20
Comodoro Rivadavia	800	6–8
Córdoba	1600–2300	18
Esquel	1000	9
Mendoza	1900–2900	23–24
Neuquén	1100	12
Río Gallegos	2000	15–20
Trelew	67	1
Viedma	650	5–6

Abfahrtszeiten können sich in Abhängigkeit von der Saison jedoch ändern. Also am besten vorher informieren.

FLUGZEUG

Obwohl Puerto Madryn mit dem **Aeropuerto El Tehuelche** (☏ 0280-445-6774) 5 km westlich der Stadt einen eigenen modernen Flughafen besitzt, kommen die meisten Flüge immer noch an Trelews **Airport Almirante Marcos A Zar** (☏ 0280-443-3443; RN 3, Km 1450) 65 km südlich von Puerto Madryn an.

Die regionale Fluggesellschaft **Andes** (☏ 0280-447-5877; www.andesonline.com; Belgrano 41; ◉ Mo–Sa 7–19, So 12–20 Uhr) fliegt mehrmals die Woche Buenos Aires' Aeroparque an (1800 Arg$). **Aerolíneas Argentinas** (☏ 0280-445-1998; Av Roca 427; ◉ Mo–Fr 16–20, Sa 9.30–13 Uhr) und **LADE** (☏ 0280-445-1256; Av Roca 119; ◉ Mo–Fr 9–16 Uhr) fliegen von Trelew aus, haben aber beide auch Schalter in Puerto Madryn.

Seit 2018 bietet auch **Alas del Sur** (www.alasdelsurla.com) regionale Flüge an. Weitere neue regionale Angebote finden sich auf einer entsprechenden Karte auf der website von **Aviación Civil Argentina** (ANAC; www.anac.gob.ar).

ⓘ Unterwegs vor Ort

Um vor Ort mobil zu sein, empfiehlt sich ein Leihfahrrad, das man unter anderem bei **Na Praia** (☏ 0280-455-633; Bulevar Brown 860; ◉ 9–19 Uhr) bekommt.

Taxis sind die beste Möglichkeit, um nach Puerto Pirámides (2000 Arg$) und Punta Loma/Doradillo (900 Arg$) zu gelangen.

ZUM/VOM FLUGHAFEN

Airport Almirante Marcos A Zar Die 28 de Julio-Busse in südlicher Richtung, die von Montag bis Samstag zwischen 6 und 22 Uhr stündlich verkehren, halten bei Bedarf am Flughafen von Trelew. **Transfer Aeropuerto** (☏ 0280-15-487-3000, 0280-443-3443; zum Flughafen Trelew 300 Arg$) betreibt einen Shuttleservice zum Flughafen von Trelew.

Aeropuerto El Tehuelche Funktaxis, z. B. die von **La Nueva Patagonia** (☏ 0280-447-6000), kosten etwa 900 Arg$ vom/zum Flughafen.

AUTO

Eine Rundfahrt zur Península Valdés ist etwas mehr als 300 km lang. Für Reisegruppen kann ein Mietwagen eine vernünftige und vor allem zeitsparende Alternative zu einer Busfahrt sein. Dies gilt jedoch nur, wenn man nicht für Extrakilometer zusätzlich zahlen muss. Also die Mietbedingungen unbedingt genau prüfen.

Die Preise sind recht unterschiedlich. Sie hängen ab von den inbegriffenen Kilometern sowie dem Alter und Zustand des Autos. Der beste Tipp für günstige Preise und einen freundlichen und umfassenden Service ist **Hi Patagonia Rent-a-Car** (☏ 0280-445-0155; www.hipatagonia.com; Rawson 419; ◉ nach Vereinbarung). Die von einer Familie betriebene Agentur **Centauro** (☏ 0280-15-340400; www.centaurorentacar.com.ar; Av Roca 733; ◉ Mo–Sa 9–20 Uhr) bekommt normalerweise ebenfalls gute Bewertungen. Einfache Autos sind ab 1600 Arg$ pro Tag zu haben, dann sind 200 km und die Versicherung bereits inbegriffen.

Rund um Puerto Madryn

Wer die Küste in der Umgebung von Puerto Madryn erkundet, kann die raue Einsamkeit genießen und sich am maritimen Tierleben erfreuen. Eine Seelöwen- und eine Kormorankolonie haben sich dauerhaft in der **Reserva Faunística Punta Loma** (185 Arg$) angesiedelt. Zu dem 17 km südöstlich von Madryn gelegenen Tierschutzgebiet führt eine gut ausgebaute, allerdings kurvenreiche Schotterstraße. Nur 15 m trennen den Beobachtungsposten von den Tieren, die am besten bei Ebbe, wenn sie ruhen, zu sehen sind. Viele Reisebüros organisieren interessante zweistündige Beobachtungstouren in das Schutzgebiet, wobei sich die Abfahrt jeweils nach den Gezeiten richtet. Wer sich per Leihwagen, Taxi oder Fahrrad auf den Weg machen will, sollte sich vorher unbedingt über die Gezeiten informieren.

Fährt man auf dieser Straße weiter, gelangt man zur **Punta Ninfas**, einer Klippe mit einem markanten Leuchtturm, die unter dem Schutz der Unesco steht. Faszinierend ist hier der Ausblick auf den Strand, an dem sich See-Elefanten tummeln. Ebenfalls beobachten lässt sich eine Pinguinkolonie. Besucher sollten sich generell zurückhalten und auch Fotos nur aus einer Entfernung machen, bei der die Tiere nicht gestört werden. Von Puerto Madryn bis zur Punta Ninfas sind es etwa 78 km auf der bereits erwähnten staubigen Schotterstraße.

Das Observatorium von Punta Flecha, von Puerto Madryn aus 20 km über die RP 1 in nördlicher Richtung, ist ein sehr günstiger Ort für Reisende, die Wale beobachten möchten.

🛏 Schlafen

⭐ **El Pedral** ESTANCIA $$$
(☏ 0280-447-3043; www.reservaelpedral.com; camino a Punta Ninfas; EZ/DZ inkl. Verpflegung & Transfer 400/550 US$; ◉ Mitte Sept.–Mitte Apr.; 🚐) El Pedral ist eine private *estancia* und

gleichzeitig ein Naturschutzgebiet mit einer wachsenden Kolonie aus Magellanpinguinen. Die Gäste logieren in sehr schönen Zimmern in einem historischen Haus an der Küste. Die Zimmer verfügen über eigene Bäder und elegantes Holzmobiliar. Das *caseo* (Haupthaus) besitzt einen Turm, von dem aus Gäste wunderbar den Sternenhimmel betrachten können. Es gibt außerdem ein gemütliches Wohnzimmer mit Kamin. Das von einem lokalen Koch zubereitete Essen ist ausgezeichnet.

❶ An- & Weiterreise

Die Reisenden kommen üblicherweise im Rahmen organisierter Touren in diese Gegend. Wer jedoch einen Mietwagen (vorzugsweise einen Geländewagen) hat, der kann sich seinen eigenen Zeitplan machen. Bei dieser Option sollten jedoch unbedingt vorher die Einheimischen über den aktuellen Zustand der Straßen befragt werden, weil Starkregen und der schlechte Straßenzustand einige Routen unpassierbar machen können.

Reserva Faunística Península Valdés

Die von der Unesco zum Weltnaturerbe erklärte Península Valdés gehört zu den schönsten Tierschutzgebieten Südamerikas. Auf der Halbinsel leben Seelöwen, See-Elefanten, Guanakos, Nandus, Magellanpinguine und zahllose Meeresvögel. Jährlich besuchen mehr als 80 000 Menschen dieses Refugium, das eine Fläche von 3600 km² umfasst und eine Küstenlänge von mehr als 400 km aufweist.

> **LANGLEBIGE ALERCE**
>
> Die Alerce, die im Aussehen und Wuchs dem in Kalifornien vorkommenden Riesenmammutbaum ähnelt, gedeiht in den gemäßigten Wäldern Westpatagoniens. Innerhalb von 20 Jahren wächst sie lediglich 1 cm. Als eine der langlebigsten Pflanzen der Erde kann sie mehrere tausend Jahre alt werden. Einige dieser wunderschönen Bäume können einen Durchmesser von mehr als 4 m und eine Höhe von 60 m erreichen. Wegen ihres wertvollen Holzes erging es der Alerce wie dem Riesenmammutbaum: Ihre Bestände wurden Opfer der übermäßigen Ausbeutung.

Die Tierwelt der Halbinsel zu beobachten, ist wirklich ein außergewöhnliches Erlebnis. Die unbestreitbar größte Attraktion bildet der im Bestand gefährdete *ballena franca austral* (Südkaper, auch Südlicher Glattwal genannt). Zwischen Juni und Dezember sind die wärmeren, geschützten küstennahen Gewässer im Golfo Nuevo und Golfo San José sowie bei Caleta Valdés (von Punta Norte bis Punta Hércules) die wichtigsten Aufzuchtgebiete dieser Wale.

Das Binnenland der Halbinsel ist Weideland, das von den *estancias*, die Schafzucht betreiben, bewirtschaftet wird. Außerdem befinden sich auf der Halbinsel die Salztonebenen Salina Grande und Salina Chica. Sie liegen 42 m unter dem Meeresspiegel und zählen damit zu den tiefsten Landsenken der Welt. In Puerto Pirámides, dem einzigen Dorf der Península Valdés, wurde um 1900 das aus der Salina Grande gewonnene Salz zum Transport auf Schiffe verladen.

◉ Sehenswertes

Im Frühjahr wälzen sich See-Elefanten auf den langen Schotterstrand an der **Punta Cantor**, der geschützten Bucht 43 km nördlich von Punta Delgada. Im September kommen die Jungtiere auf die Welt, während die männlichen Robben ihren Harem beschützen – ein absolut beeindruckendes Schauspiel von den höher gelegenen Hügeln aus. Mit ein wenig Glück können Besucher am Strand sogar Guanakos sehen.

Ein paar Kilometer nördlich der privaten Estancia La Elvira lebt eine recht große Kolonie von Magellanpinguinen.

Reserva Faunística Península Valdés NATURSCHUTZGEBIET
(☎ 0280-445-0489; http://peninsulavaldes.org.ar; Erw./Kind 5–12 Jahre 415/210 Arg$; ⊗ 8–20 Uhr) Diese komisch geformte Halbinsel an Argentiniens karger patagonischer Küste beherbergt ein außergewöhnlich vielfältiges Tierleben. See-Elefanten, Magellanpinguine, südliche Glattwale, Guanakos, Gürteltiere und Füchse gehören zu den Arten, die Reisende hier in der Hauptsaison praktisch unter Garantie zu sehen bekommen. Wer Wale beobachten möchte, ist in dieser Gegend ebenfalls richtig. Von Februar bis April kann man bei Flut sogar Orkas sehen. Es gibt Filmaufnahmen, die sie dabei zeigen, wie sie Robben am Strand jagen. Das ganze Jahr über halten sich See-Elefanten, Seelöwen und Delfine in den hiesigen Küstengewässern auf.

Reserva Faunística Península Valdés

Punta Norte
NATURSCHUTZGEBIET

Am äußeren Ende der Península Valdés rühmt sich die einsam gelegene Punta Norte einer enorm großen Kolonie von Seelöwen und See-Elefanten. Die abseitige Lage garantiert, dass nur selten Besuchergruppen hierher kommen. Die Hauptattraktion ist jedoch die Möglichkeit, von Februar bis Mitte April sogar Orkas zu sichten. Die Killerwale kommen zu dieser Zeit, um sich an den sorglosen Seelöwen satt zu fressen. Attacken in Strandnähe kann man hier nur mit sehr viel Glück sehen. Aber die durch das Wasser schneidenden Rückenflossen dieser Raubtiere reichen für eine Gänsehaut schon vollkommen aus.

Centro de Visitantes Istmo Carlos Ameghino
KULTURZENTRUM

(☉ 8–20 Uhr) GRATIS Dieses Kulturzentrum 22 km hinter dem Eingang zum Naturschutzgebiet konzentriert sich auf Naturkunde. Zu den Exponaten gehört das vollständige Skelett eines Glattwals. Ferner ist Material über die Kolonisierung der Halbinsel zu sehen, von der ersten spanischen Siedlung in Fuerte San José bis hin zur späteren Suche nach Bodenschätzen. Besucher sollten auf keinen Fall den faszinierenden Panoramablick vom Aussichtsturm aus verpassen.

Punta Delgada
NATURSCHUTZGEBIET

(geführte Tour Erw./Kind 120/60 Arg$) In der südöstlichsten Ecke der Península Valdés, 76 km südöstlich von Puerto Pirámides, sind von der Punta Delgada aus Seelöwen und, im Frühling, eine riesige Ansammlung von See-Elefanten zu sehen. Besucher müssen eine Gebühr bezahlen, weil man nur über den Grund des Faro Punta Delgada Hotels zu diesem Aussichtspunkt gelangen kann. Hotel- und Restaurantgäste werden allerdings nicht zur Kasse gebeten.

Aktivitäten

Estancia San Lorenzo TIERBEOBACHTUNG

(www.pinguinospuntanorte.com.ar; Punta Norte; Erw./Kind 5–12 Jahre 900/450 Arg$; ☉ Sept.–März 10–18 Uhr) Eine *estancia* auf der Península Valdés, ideal für die Beobachtung der örtlichen Tierwelt. Buchung über Argentina Vision (S. 460) in Puerto Madryn.

Geführte Touren

Zonotrikia OUTDOOR

(✆ 0280-445-5888; www.zonotrikia.com.ar; ganztägige Tour pro Person 3500 Arg$; ☉ Sept.–Nov.) Aktive Reisende können die Península Valdés in einem Mercedesvan mit einem zweisprachigen Führer erkunden, in der Bucht von San José mit Kajaks aufs Meer

Tierwelt in Patagonien

Dank der tiefen Meeresströmungen, die Nährstoffe und ausreichend Nahrung anspülen, ist die Küste Südargentiniens ein Lebensraum vieler Meerestiere. Sie in freier Wildbahn zu beobachten, bringt einem das Wunder des Lebens an dieser einsamen Atlantikküste besonders nahe.

Magellan-Pinguine

Sehr modern geht es bei den Pinguinen zu; beide Elternteile kümmern sich um den Nachwuchs. Zu beobachten z. B. in Punta Tombo (S. 475), Ría Deseado (S. 484) und Bahía Bustamante (S. 478).

Mähnenrobben

Die quirligen Schwimmer finden sich ganzjährig an der Südküste Argentiniens und ernähren sich von Tintenfischen, verschmähen aber auch einen Pinguin nicht.

Commerson-Delfine

Die kleinen Delfine kommen gern nah an Boote heran. Ganzjährig sieht man sie an der Playa Unión (S. 471), in Ría Deseado (S. 484) und Puerto San Julián (S. 485).

Südliche Glattwale

Im Frühling ziehen die Gewässer vor der Península Valdés (S. 462) diese Riesen an, die hier ihre Jungen zur Welt bringen.

Killerwale

Um die Natur aus nächster Nähe mitzuerleben, strömen Besucher nach Punta Norte (S. 463) auf der Península Valdés, wo die Orcas fast bis an den Strand schwimmen, um von Mitte Februar bis Mitte April Seelöwen zu jagen.

Südliche See-Elefanten

Diese Riesentiere sind vollendete Taucher und fast das ganze Jahr über draußen im Meer. Im Frühling der Südhalbkugel sieht man ihre Kolonien bei Punta Delgada (S. 463) auf der Península Valdés.

1. Magellanpinguine, Punta Tombo 2. Mähnenrobben 3. Commerson-Delfine 4. Südliche Glattwale, Península Valdés

> **WALE IN NOT**
>
> Weltweit sind die Bestände des Südlichen Glattwals (auch Südkaper genannt) gewachsen, doch zahlreiche Bedrohungen gefährden seine weitere Existenz. So verzeichnet die Internationale Walfangkommission (IWC) beispielsweise in dem Aufzuchtgebiet dieser Wale vor der Küste der Península Valdés bei den Jungtieren eine bisher nicht gekannte hohe Sterberate. Darüber hinaus hat das **Instituto de Conservación de Ballenas** (ICB; www.icb.org.ar) in einer Langzeitstudie einen deutlichen Geburtenrückgang aufgrund von Nahrungsmangel festgestellt. Genauer gesagt, weil sich infolge der Klimaerwärmung der Krillbestand in den Nahrungsgründen der Glattwale nahe der South Georgia Islands verringert hat. Das gemeinnützige Institut widmet sich seit Langem der Walforschung und hat seit 1971 mehr als 3000 Individuen der Südlichen Glattwale in Fotos dokumentiert. Eine seiner Studien zeigt auch ein eigenartiges regionales Problem: Vor der Küste der Península Valdés picken Möwen den zum Luftholen auftauchenden Walen Hautstücke aus dem Rücken und fressen sie. Damit verursachen sie nicht nur Verletzungen, sondern beeinträchtigen auch das Verhalten der Wale. Mitglieder der örtlichen Walbeobachtungs-Community unterstützen das ICB, indem sie Daten sammeln und Fotos machen, die dazu beitragen, den genannten Problemen auf den Grund zu gehen. Ausführliche Informationen, inklusive Links zu wissenschaftlichen Publikationen, finden sich auf der Website des ICB. Und wer den Glattwalen helfen möchte, kann über die Website auch eine Patenschaft für einen Wal übernehmen.

hinausfahren und Wale beobachten oder auf relativ einfachen Sandstraßen mountainbiken. Zu den Touren gehört ein Grillen unter freiem Himmel. Das Unternehmen bietet auch Kombinationen aus Wanderungen und Fahrten mit dem Geländewagen an. Interessenten sollten online reservieren. Zonotrikia ist verbunden mit der Agentur Argentina Vision (S. 460) in Puerto Madryn.

Schlafen & Essen

Estancia Rincón Chico ESTANCIA $$$
(0280-447-1733; www.rinconchico.com.ar; Punta Delgada; DZ pro Person mit Vollpension 475 US$; Mitte Sept.–März) Diese feine Unterkunft ist eine ideale Basis für die Tierbeobachtung und zählt Meeresbiologen, Forscher und Touristen zu ihren Gästen. Diese wohnen in einem modernen Bauernhaus aus Wellblech mit gut ausgestatteten Doppelzimmern und einem *quincho* zum Grillen. Es gibt geführte Touren, wer sich lieber selbstständig macht, findet auch auf eigene Faust Wege zum Wandern oder Mountainbiken. Mindestaufenthalt zwei Nächte.

Faro Punta Delgada Hotel HOTEL $$$
(0280-445-8444, 02965-15-406304; www.puntadelgada.com; Punta Delgada; EZ/DZ inkl. Frühstück & Ausflügen 236/280 US$, Mittagessen Erw./Kind 500/250 Arg$) Ein Luxushotel in einem Leuchtturmkomplex, der früher der argentinischen Post gehörte. Zu den hier möglichen Aktivitäten zählen Reiten, Ausfahrten mit dem Geländewagen und noch vieles mehr. Man kann auch nur das feine Restaurant besuchen, um die wunderbare *estancia*-Küche zu genießen. In der Hauptsaison gibt es Naturwanderungen mit Guides hinunter zum Strand.

Parador La Elvira ARGENTINISCH $
(0280-494-5011; Punta Cantor; Hauptgerichte 80–150 Arg$; 9.30–20 Uhr) Dieses einfache Café bietet Schutz vor dem starken Wind und darüber hinaus argentinisches Fastfood wie *milanesas* (panierte Kotletts), Burger oder ein festes Menü mit gegrilltem Lammfleisch.

An- & Weiterreise

Etwa 17 km nördlich von Puerto Madryn zweigt die gepflasterte RP 2 von der RN 3 ab und führt über den Istmo Carlos Ameghino zum Eingang des Naturschutzgebietes. Von Puerto Madryn aus gibt es eine Busverbindung nach Puerto Pirámides. Die meisten Besucher kommen jedoch mit Leihwagen oder als Teilnehmer an geführten Touren.

Unterwegs vor Ort

Aufgrund der Ausdehnung der Halbinsel kommen Besucher am besten mit organisierten Touren oder mit dem Leihwagen.

Wer mit dem eigenen Wagen anreist, sollte es ruhig angehen lassen. Es geht über Schotter- und Waschbrettpisten, zudem gibt es sandige

Abschnitte. Wer sich einen Leihwagen nimmt, sollte also unbedingt auf die Versicherungsbedingungen achten. Die Gegend ist für Anhalter überhaupt nicht geeignet und Radfahrer müssen sich auf eine entnervend lange und windige Fahrt einstellen.

Puerto Pirámides

🎵 0280 / 565 (MENSCHLICHE) EW., 400–2700 WALE

Der alte Salzexporthafen liegt, von Sandklippen umgeben, am strahlend blauen Meer. In dem einst verschlafenen Ort wimmelt es heute von Touristenbussen und Besuchern in orangefarbenen Rettungswesten. Dieser stetig wachsende Touristenboom ist den Walen zu verdanken. Doch am Ende des Tages verschwinden die Busse, das Treiben legt sich, und das Leben in dem Drei-Straßen-Dorf geht seinen gewohnten trägen Gang weiter.

Von der Hauptstraße, der Avenida de las Ballenas, zweigt die Primera (1era) Bajada ab, die direkt zum Strand führt und an der sich alle hiesigen Tourveranstalter niedergelassen haben.

Die Walbeobachtung ist hier nach wie vor die größte Attraktion, aber es gibt mehr und mehr neue Alternativen für Reisende auf Abenteuersuche. Wer aus Puerto Madryn kommen möchte, um Wale zu sehen, sollte sich zunächst über das Wetter erkundigen, da der Hafen aufgrund heftiger Winde und Stürme geschlossen sein könnte.

Aktivitäten

Besucher können Fahrräder oder Kajaks mieten, und die *estancias* der Gegend haben **Reiten** im Angebot. Auch zum Mountainbiken ist die Gegend ideal geeignet. Eine weitere Möglichkeit besteht in einer Wanderung hinauf zu der Seelöwen-Kolonie weniger als 5 km von der Stadt entfernt. Wanderer können hier einen wunderbaren Sonnenuntergang genießen und gelegentlich gibt es auch Wale zu sehen. Man sollte jedoch die Gezeiten berücksichtigen, weil die Seelöwen bei Flut hinaus ins Meer schwimmen.

Traccion a Sangre MOUNTAINBIKEN
(📞 0296-549-5047, WhatsApp +54 9280-434-3512; www.traccion-asangre.com.ar; Av de las Ballenas s/n; geführte halbtägige Tour 1100 Arg$) Verleiht Mountainbikes (pro Tag 500 Arg$) und veranstaltet geführte Touren auf der Península Valdés. Das Unternehmen unterhält ein gemeinsames Büro mit dem Veranstalter Patagonia Scuba.

Geführte Touren

Faszinierend ist es, auf einer **Walbeobachtungsfahrt** (Erw./Kind 1400/700 Arg$) zu erleben, wie die Wale den Kopf aus dem Wasser strecken, um Ausschau zu halten (dieses Verhalten wird Spyhopping genannt). Es ist eine unglaubliche Erfahrung, wenn die Tiere hoch aus dem Wasser emporschießen und wieder steil eintauchen, sodass die gewaltige Fluke einen Moment lang senkrecht aus dem Wasser ragt. Buchen lassen sich solche Fahrten in Puerto Madryn oder Puerto Pirámides. Die Standardtour dauert ungefähr anderthalb Stunden, es sind aber auch längere Ausflüge möglich.

Vor der Buchung einer Tour sollte man sich über die vom Veranstalter eingesetzten Boote informieren. Kleinere Schlauchboote mit Außenbordmotor bieten mehr Intimität als die größeren Bootsvarianten, sind allerdings weniger bequem. Laut Gesetz dürfen sich die Boote den Walen nur bis auf 100 m nähern. In dieser Entfernung muss der Bootsführer zudem den Motor abstellen. Die Tiere zu verfolgen oder in irgendeiner anderen Weise zu bedrängen, ist natürlich strengstens verboten.

Es schadet auch keinesfalls, einen genaueren Blick auf die Geschäftsbedingungen des Tourveranstalters zu werfen: Wenn die Boote wegen schlechten Wetters nicht auslaufen können, findet die gebuchte Tour in der Regel am folgenden bzw. nächstmöglichen Tag statt (an solchen Tagen herrscht dann allerdings mehr Betrieb). Außerhalb der Walsaison (Juni bis Dez.) sind solche Bootsfahrten nur für die Leute interessant, die sich für Seelöwen und Küstenvögel begeistern können.

⭐ **Patagonia Explorers** KAJAK FAHREN
(📞 0280-15-434-0618; www.patagoniaexplorers.com; Av de las Ballenas; Tagestrip 120 US$) Diese Truppe organisiert erstklassige geführte Touren und Ausfahrten mit dem Kajak aufs Meer. Die dreitägige Exkursion am Golfo San José ermöglicht Begegnungen mit Seelöwen und Tierbeobachtung sowie Campen in der Wildnis. Es gibt außerdem Touren bei Vollmond oder bei Sonnenuntergang. Details sind über die Website oder im (gemeinsam mit Hydrosport genutzten) Büro zu erfahren.

Southern Spirit WALBEOBACHTUNG
(📞 0280-449-5094; www.southernspirit.com.ar; 1era Bajada; Erw./Kind 2800/1400 Arg$) Dieser Veranstalter genießt einen sehr guten

Ruf. Kunden können die Tierwelt ganz konventionell oder unter Wasser von dem semi-tauchfähigen *Yellow Submarine* aus bewundern. Es handelt sich um kein echtes U-Boot, aber die unter der Wasserlinie liegende Kammer für die Passagiere ermöglicht es, bei guter Sicht Wale unter Wasser zu beobachten. Das Boot ist für 35 bis 40 Passagiere geeignet. Southern Spirit bietet außerdem eine Wanderung mit Übernachtung an, bei der die Teilnehmer abends mit ein wenig Glück Walen bei ihren Gesängen zuhören können.

Bottazzi WALBEOBACHTUNG
(0280-449-5050; www.titobottazzi.com; 1era Bajada) Ein empfehlenswertes Unternehmen mit seiner eigenen Agentur in Puerto Madryn, das schon in der zweiten Generation in Familienbesitz ist. Für die besonders beliebten und persönlicheren Fahrten bei Sonnenuntergang gibt es extra ein etwas kleineres Boot. Besonders für Tierfotografen perfekt geeignet.

Patagonia Scuba TAUCHEN
(0280-15-457-8779; http://patagonia-scuba.negocio.site; Av de las Ballenas s/n) Ein von PADI zertifizierter Veranstalter, der Tauchtrips und Schnorcheln mit Seelöwen im Angebot hat. Im August ist die Sicht unter Wasser am besten. Patagonia Scuba verleiht auch Kajaks. Weitere Informationen sind auf der Facebook-Seite zu finden.

Hydrosport WALBEOBACHTUNG
(0280-449-5065; www.hydrosport.com.ar; 1era Bajada) Neben Walbeobachtung können Reisende bei Hydrosport Ausfahrten zu Delfinen buchen. Die Boote verfügen über Audiosysteme mit Informationen zur maritimen Tierwelt.

Whales Argentina WALBEOBACHTUNG
(0280-449-5015; www.whalesargentina.com.ar; 1era Bajada) Sehr interessante Exkursionen mit zweisprachigen Führern. Bietet zusätzlich intimere Fahrten mit einem viersitzigen Schlauchboot an.

Schlafen

Wer in Puerto Pirámides logiert, befindet sich näher am örtlichen maritimen Tierleben. Es gibt hier jedoch nur ein begrenztes Angebot an Unterkünften und abends ist nur wenig geboten. Camper schwärmen allerdings von den Walgesängen bei Nacht, eine wirklich höchst außergewöhnliche Erfahrung.

Wer das Naturschutzgebiet besuchen möchte, sollte sich bei seinem Hotel vorher einen Voucher besorgen, damit nicht sowohl beim Verlassen als auch beim Eintritt in das Naturschutzgebiet jeweils die entsprechende Gebühr bezahlt werden muss. An der Hauptstraße weisen Schilder auf Unterkünfte hin. Das WLAN ist in dieser Gegend sehr schwach, unabhängig davon, wo man wohnt.

Hidden House PENSION $
(0280-15-464-4380, 0280-449-5078; hiddenhouse@gmail.com; Segunda Bajada; DZ/3BZ 71/88 US$; P※🕾) Dieses schöne, luftige Hotel liegt hinter den Dünen ist mit seinen Blumenkästen, zutraulichen Hunden und den Liegestühlen in den Dünen ein wirklich entspanntes Ziel. Der Gastgeber Mumo sorgt für einen sehr persönlichen Service. Er kocht bei Bedarf und ist ein Meister am Grill, das Frühstück ist jedoch nicht inbegriffen.

Der Weg ist nicht gekennzeichnet. Es handelt sich um die zweite Straße mit Zugang zum Meer. Weitere Informationen auf der Facebook-Seite.

De Luna PENSION $
(0280-449-5083; www.deluna.com.ar; Av de las Ballenas s/n; DZ/Hütte inkl. Frühstück 65/90 US$) Eine helle und fröhliche Unterkunft. Gäste können zwischen geräumigen und einladenden Zimmern im Haupthaus und einer engen, aber charaktervollen Hütte oberhalb des Hauses inkl. tollem Blick wählen. Das Hotel hat kein eigenes Schild. Check-in im De Nomade nebenan.

La Casa de la Tía Alicia PENSION $
(0280-449-5046; info@hosteriatiaalicia.com.ar; Av de las Ballenas s/n; DZ inkl. Frühstück 71 US$; 🕾) 🌿 Gemütlich und ideal für Paare. Dieses pink gestrichene Haus verfügt nur über drei hüttenähnliche Zimmer in Wachsmalstiftfarben, die um einen netten Garten herum angeordnet sind. Der Room Service bringt Tee. Das ökologisch orientierte Management legt großen Wert auf das Recycling von Wasser und die Kompostierung der Abfälle.

La Reserva HÜTTEN $$
(0280-449-5049, 0280-15-466-1629; www.cabañasenelmar.com; Av de las Ballenas; 4-/5-Pers.-Hütte 132/165 US$; P※🕾) Das La Reserva befindet sich genau im Zentrum der Action (es liegt genau dort, wo die Straße zum Meer führt). Die Gäste schlafen in komfortablen, relativ neuen Hütten, allesamt

makellos, schick und gut ausgestattet. Die Schlafzimmer haben TV-Geräte zu bieten, die Küchen Kühlschränke und Herde.

★ Oceano Patagonia   APARTMENTS $$$

(✆ 0280-11-5258-8767; http://oceanopatagonia.com; 1era Bajada; DZ 180–370 US$; ☎) ✦ Diese luxuriösen Apartments am Wasser bringen einen Hauch von Miami ins schläfrige Pirámides. Die elf Einheiten haben eigene Terrassen, Kitchenettes, Fernseher und es gibt einen rund um die Uhr verfügbaren Concierge-Service. Das Design basiert auf minimalistischem Schick, kunstvoll gealterten hölzernen Details, gemütlichen Überdecken und absichtlich abblätternder Farbe, damit alles wirklich cool ist. Hat vor kurzem eine Zertifizierung durch LEED erfahren.

★ Del Nomade Hostería Ecologica   HÜTTE $$$

(✆ 0280-449-5044; www.ecohosteria.com.ar; Av de las Ballenas s/n; DZ inkl. Frühstück 150 US$; @ ☎) ✦ Ein bekannter argentinischer Naturfotograf ist der Besitzer dieser Öko-Lodge. Ihre acht stylishen Zimmer sind in einem behaglichen minimalistischen Stil eingerichtet. Zum Frühstück wird hausgemachte Kost serviert. Um die Lodge so umweltfreundlich wie nur möglich zu gestalten, wurden große Anstrengungen unternommen. Das reicht von der Verwendung von Holz umgestürzter Bäume und natürlicher Reinigungsmittel über Kompostieren bis hin zur Solaranlage und zum Recyceln von Wasser. Naturfotografien an den Wänden und ausgelegte Exemplare des Magazins *National Geographic* machen Lust auf eigene Naturerlebnisse.

BA Haus & Finnis Terrae   APARTMENTS $$$

(✆ 0280-456-2855; www.bahouse.com.ar; Av de las Ballenas s/n; 4-Bett-Apt. 200 US$; P ☎) Diese wunderbaren zweistöckigen Apartments sind eine komfortable und stilvolle Unterkunft für kleine Reisegruppen, die etwas Platz haben möchten. Es gibt ein großzügiges Wohnzimmer, LCD-TV, eine voll ausgestattete Küche, eine kleine Terrasse und Parkplätze an der Straße.

✕ Essen & Ausgehen

El Viento Viene   CAFÉ $

(✆ 0280-449-5047; 1era Bajada; Hauptgerichte 110–175 Arg$; ⊙ 9–20 Uhr; ✦) Dieses kleine Lokal ist ein netter Ort für Kaffee, Sandwiches und selbst gebackenen Kuchen. Die Gäste können auch Kunsthandwerk kaufen.

★ Guanaco   PUBESSEN $$

(✆ 0280-449-5046; Av de las Ballenas s/n; Hauptgerichte 140–200 Arg$; ⊙ Mo, Di, Do & Fr 19–23.30, Sa & So 12–15.30 & 19–23.30 Uhr) Eine überdachte Veranda mit Kunstinstallationen kennzeichnet diese abgefahrene *cervecería* (Bierlokal, Pub). Hernán, der Betreiber, schenkt hier sein selbst gebrautes Bier und andere regionale Biersorten aus. Die Gerichte wie beispielsweise Lammravioli, Fisch mit Butter und Kräutern sowie die riesigen Salate schmecken gut. Manchmal funktioniert der Service ein wenig langsam, aber es ist eben ein kleiner Betrieb. Wie gut die Kneipe läuft, zeigt sich daran, dass sie mitunter schließen muss, weil die Vorräte ausgegangen sind.

El Origen   CAFÉ $$

(✆ 0280-449-5049; Av de las Ballenas s/n; Hauptgerichte 150–200 Arg$; ⊙ 8.30–19 Uhr) Wer einen schnellen Happen braucht, bekommt in diesem niedlichen Café hausgemachte Sandwiches, Salate und Pizza. Gegen den Durst gibt es organisch angebauten Kaffee, frisch aufgebrühten Tee oder biologisch produzierte Säfte. Die Besitzer achten auf gesunde Produkte wie Chiasamen und das Kokosmilch-Dessert.

❶ Praktische Informationen

Banco del Chubut (Av de las Ballenas; ⊙ Mo–Fr 10–15 Uhr) Hat einen Geldautomaten.

Touristeninformation (✆ 0280-449-5048; www.puertopiramides.gov.ar; 1era Bajada; ⊙ 8–20 Uhr) Dieses kleine Büro hilft Reisenden bei allen Fragen.

❶ An- & Weiterreise

Die Bushaltestelle befindet sich auf einem Platz hinter der YPF-Tankstelle, der zu einem Busbahnhof ausgebaut werden soll. Busse von Mar y Valle fahren Montag bis Freitag um 8.10 und 18 Uhr von Puerto Pirámides nach Puerto Madryn (114 Arg$, 1½ Std.). Samstag und Sonntag verkehrt nur der 18-Uhr-Bus. Bei manchen Bustouren ab Puerto Madryn können Reisende, die lediglich nach Puerto Pirámides wollen, mitfahren und dort aussteigen.

Trelew

✆ 0280 / 98 600 EW.

Trelew mit seiner walisischen Tradition ist eine unspektakuläre mittelgroße Stadt, dafür aber ein wichtiges Drehkreuz für viele Attraktionen. Der nüchterne Ort ist das wirtschaftliche Zentrum der Region und

Trelew

Trelew

◉ **Highlights**
1 Museo Paleontológico Egidio Feruglio C1

◉ **Sehenswertes**
2 Museo de Artes Visuales A3
3 Museo Regional Pueblo de Luis C2

Aktivitäten, Kurse & Touren
4 Nievemar C3

Schlafen
5 Patagonia Suites & Apart C1

Essen
6 Majadero A1
7 Miguel Angel C2
8 Sugar A2

Ausgehen & Nachtleben
9 Boru Irish Pub & Restobar B3
10 Touring Club C2

eine gute Ausgangsbasis, um die walisischen Dörfer Gaiman und Dolavon zu besuchen. Ebenfalls einen Besuch wert ist das erstklassige Dinosaurier-Museum.

Gegründet wurde die Stadt im Jahr 1886 als Eisenbahnknotenpunkt. Seinen mitunter falsch ausgesprochenen Namen verdankt Trelew (tre-*ley*-uh) der walisischen Verbindung der Wörter *tre* (walisisch: Stadt, Heimstätte) und *lew* (nach Lewis Jones, der den Ausbau der Eisenbahn förderte). Im Verlauf der folgenden 30 Jahre erreichte die Bahnstrecke Gaiman und erbauten die heimwehkranken Waliser ihren Salón San David (einen Nachbau der Saint David's Cathedral in Pembrokeshire). Außerdem siedelten sich spanische und italienische Einwanderer in der Gegend an. Als die Regierung im Jahr 1956 die industrielle Entwicklung Patagoniens förderte, stieg die Einwohnerzahl von Trelew sprunghaft an.

◉ Sehenswertes

Die Touristeninformation hat gelegentlich eine interessante Broschüre, in Spanisch oder Englisch, mit einem informativen Stadtspaziergang zur Hand, der an den meisten historischen Gebäuden Trelews vorbeiführt.

★ **Museo Paleontológico Egidio Feruglio**   MUSEUM
(📞0280-443-2100; www.mef.org.ar; Av Fontana 140; Erw./Kind 120/85 Arg$; ⏰Mo–Fr 9–18, Sa & So 10–18 Uhr) Dieses naturkundliche Museum ist stolzer Eigentümer der wichtigsten Fossilienfunde Patagoniens. Besucher bekommen herausragende lebensgroße Dinosaurier

und mehr als 1700 Fossilien von Pflanzen und Meerestieren zu sehen. Natürliche Geräusche und ein Video ergänzen die informativen Plaketten, und es gibt Führungen in mehreren Sprachen. Das aufregendste Stück des Museums ist der erst kürzlich ausgegrabene Patagotitan, wahrscheinlich das größte Landtier, das jemals auf der Erde gelebt hat. Um ihn angemessen ausstellen zu können, wird man wohl ein ganz neues Gebäude bauen müssen.

Zur Sammlung zählen weitere Dinosaurier aus der Region, z. B. der Tehuelchesaurus, Patagosaurus und Titanosaurus. Gemeinsam mit einem internationalen Team haben die Forscher des Museums eine neue Spezies entdeckt: den *Brachytrachelopan mesai*, einen Sauropoden mit einem für diese Sauriergruppe ungewöhnlich kurzen Hals. Der Namensgeber des Museums, der italienische Paläontologe Egidio Feruglio, kam 1925 nach Argentinien, um als Geologe für das Erdgas- und Erdölunternehmen YPF zu arbeiten.

Das Programm *Exploradores en Pijama* (Forscher im Schlafanzug) lädt Kinder zwischen acht und zwölf Jahren ein, im Museum zu übernachten und dessen Räume im Schein von Taschenlampen auszukundschaften. Das Museum fördert auch geführte Gruppenfahrten zum Geoparque Paleontológico Bryn Gwyn. Der Geopark liegt in den Badlands (einer stark erodierten Verwitterungslandschaft) am Ufer des Río Chubut (25 km von Trelew oder 8 km südlich von Gaiman über die RP 5). Während der dreistündigen Führung machen die Teilnehmer eine Art Wanderung durch die Zeit. Dabei sehen sie z. B. freigelegte Fossilien, die aus dem Tertiär stammen, also rund 40 Mio. Jahre alt sind.

Playa Unión — STRAND
(Puerto Rawson) Die Playa Unión, der größte Spielplatz der Region, besteht aus einem langen weißen Sandstrand mit Sommerhäusern und Restaurants, die knusprige, frische *rabas* (Calamari) servieren. Die Hauptattraktion sind die mit ein wenig Glück von April bis Dezember zu sehenden *toninas overas* (Commerson-Delfine).

Museo de Artes Visuales — MUSEUM
(0280-443-3774; Mitre 351; 35 Arg$; Mo–Fr 9–19, Sa & So 14–20 Uhr) Dieses kleine Kunstmuseum direkt neben der Touristeninformation zeigt Leihgaben aus dem Museo Nacional de Bellas Artes in Buenos Aires sowie Überreste der walisischen Besiedlung.

Museo Regional Pueblo de Luis — MUSEUM
(0280-442-4062; Ecke Av Fontana & Lewis Jones; 35 Arg$; 8–20 Uhr) In einem ehemaligen Bahnhof zeigt dieses kleine Museum historische Fotografien, Kleidungsstücke, Möbel der walisischen Siedler und Überreste der Kulturen der eingeborenen Völker.

Geführte Touren

Mehrere Reisebüros in Trelew organisieren Busausflüge zur Área Natural Protegida Punta Tombo (1200 Arg$, zzgl. Eintritt). Bestehen gerade gute Beobachtungschancen, legen manche Busse auf dem Rückweg in Puerto Rawson einen Halt ein, damit die Ausflügler die *toninas overas* (Commerson-Delfine) sehen können. An der Punta Tombo beträgt die Aufenthaltsdauer nur anderthalb Stunden. Ganztagestouren auf die Península Valdés (1200 Arg$, zzgl. Eintritt) werden in Trelew ebenfalls angeboten. Doch es bringt Vorteile, nach Puerto Madryn zu fahren und dort solch eine Tour zu buchen: Die Preise sind zwar identisch, aber dafür ist die Auswahl größer und die Fahrtzeit ist kürzer.

Zu den empfehlenswerten lokalen Agenturen gehören die Amex-Vertretung **Nievemar** (0280-443-4114; www.nievemartours.com.ar; Italia 20; Mo–Fr 8.30–12.30 & 15.30–20.30, Sa 9–13 Uhr), die Reisechecks einlöst, sowie **Explore Patagonia** (0280-443-7860; Roca 94; Mo–Fr 10–13 & 15–19, Sa 10–13 Uhr).

Estación Marítima — BOOTSFAHRTEN
(estacionmaritima@gmail.com; Rawson; Erw./Kind 1000/500 Arg$) Empfehlenswerte Fahrten zur Beobachtung von Delfinen von Puerto Rawson aus. Kontaktaufnahme ausschließlich über E-Mail.

Toninas Adventure — BOOTSFAHRTEN
(0280-449-8372, 0280-15-467-5741; www.facebook.com/ToninasAdventure; Rawson; Erw./Kind 1000/500 Arg$) Von April bis Dezember starten diese Fahrten zur Delfinbeobachtung ebenfalls von Puerto Rawson aus.

Feste & Events

Gwyl y Glaniad — KULTUR
 Die Ankunft der ersten walisischen Siedler hier wird gefeiert, indem in den zahlreichen Kapellen Tee getrunken wird.

Eisteddfod de Chubut — KULTUR
(Ende Okt.) Ein walisisches Literatur- und Musikfestival, das traditionellerweise seit 1875 stattfindet.

> **WALISISCHES ERBE**
>
> Im Jahr 1865 setzten Waliser zum ersten Mal einen Fuß auf patagonischen Boden. Ihre neu gewonnene Freiheit kam sie jedoch teuer zu stehen. Nur wenige der Einwanderer hatten Erfahrung in der Landwirtschaft und obendrein besaßen Patagoniens ausgedörrte Steppen keinerlei Ähnlichkeit mit der fruchtbaren Erde ihres Heimatlandes. Dem Hungertod nahe, überlebten die Waliser nur mit Hilfe der Tehuelche und besiedelten wahrscheinlich das gesamte untere Chubut-Tal. Sie gründeten die Städte Rawson, Trelew, Puerto Madryn und Gaiman, in denen sie später Teestuben eröffneten.
>
> Heute fließt in den Adern von etwa 20 % der Bewohner der Provinz Chubut walisisches Blut. Durch eine Wiederbelebung der walisischen Kultur wird versucht, das walisische Erbe der Vergessenheit zu entreißen. Das British Council (Großbritanniens internationale Organisation für Kultur und Bildung) organisiert jährlich Zusammenkünfte von Walisischlehrern und fördert den patagonisch-britischen Studentenaustausch. Doch im Zuge des Brexits wurde die Finanzierung vieler Programme gestrichen. Wissbegierige walisische Touristen reisen an, um eine Zeitreise in ihre eigene Kultur zu unternehmen – ein Erlebnis, das Patagoniens lang währender Isolation zu verdanken ist.

Schlafen

La Casona del Río B&B $
(📞 0280-443-8343; www.lacasonadelrio.com.ar; Chacra 105; DZ/3BZ 71/88 US$; @) Dieses B&B im englischen Stil liegt 5 km vom Stadtzentrum entfernt am Ufer des Río Chubut. Dieser reizende Zufluchtsort verwöhnt seine Gäste mit schicken, hellen Zimmern, einer Bibliothek, einem Tennisplatz, einem Gazebo und Leihfahrrädern. Die Casona del Rio liegt neben der Capitan Murga.

Hostel El Agora HOSTEL $
(📞 0280-442-6899; www.hostelagora.com.ar; Edwin Roberts 33; B /DZ 19/50 US$; ❄@📶) Eine Oase für Rucksacktouristen ist das hübsche, lang gestreckte Backsteinhaus mit seinen hellen Räumen und dem kleinen Innenhof. Vorhanden sind auch eine kleine Leihbibliothek und eine Wäscherei. Für Gäste werden geführte Fahrradtouren organisert. Das Hostel liegt zwei Blocks von der Plaza Centenario und vier Blocks vom Busbahnhof entfernt.

⭐ **La Casa de Paula** B&B $$
(📞 0280-15-435-2240; www.casadepaula.com.ar; Marconi 573; DZ/3BZ/4BZ inkl. Frühstück 94/106/115 US$; P❄📶) Nach einem Tag in Sonne und Wind ist das Haus der Künstlerin Paula eine wahre Oase der Entspannung. Das freundliche Ambiente zeigt sich in modernen, mit Liebe zum Detail eingerichteten Räumen und riesigen Doppelbetten mit Daunendecken und gewebten Überwürfen. In den gemütlichen Aufenthaltsbereichen stapeln sich Modemagazine und aus dem Radio erklingt Jazzmusik. Ein wunderschöner Garten und ein hervorragendes Frühstück mit hausgemachter Marmelade runden die Vorzüge ab.

Die neueren Suiten mit Balkon oder Veranda sind für Familien mit Kindern besonders gut geeignet.

Patagonia Suites & Apart APARTMENTS $$
(📞 0280-442-1345, 0280-453-7399; www.patagoniansuites.com; Matthews 186; DZ ab 65 US$; 📶) Eine clevere Bereicherung der örtlichen Unterkunftsszene sind die 13 modernen Apartments, in denen Holz das Ambiente prägt. Die Auswahl reicht von Einzimmerapartments bis hin zu Wohnungen mit mehreren Schlafzimmern – alle mit voll eingerichteter Küche, Kabelfernsehen, Haartrockner und Tagesdecken aus Cordsamt. Der Gebäudekomplex liegt an der Plaza Centenario.

Essen

Tia Camila ARGENTINISCH $
(📞 0280-443-2950; 25 de Mayo 951; Hauptgerichte 90–180 Arg$; ⏱ Do–Mo 12.30–15 & 20.30–23.45 Uhr) Zu den Gästen des bescheidenen Restaurants zählen hauptsächlich Bewohner des Stadtviertels. Serviert wird einfache, sättigende Kost, die Auswahl reicht von hausgemachter Pasta bis hin zu köstlichen *costillitas* (Spareribs) mit Kartoffelpüree und Salat. Die Gerichte kann man auch mitnehmen.

Miguel Angel ITALIENISCH $$
(📞 0280-443-0403; Av Fontana 246; Hauptgerichte 230 Arg$; ⏱ Di–So 12–15 & 20–24 Uhr) Das schicke Speiselokal mit gemütlichen,

in Weiß gehaltenen Nischen zeichnet sich durch besonders schmackhafte Gerichte aus, wie z. B. Gnocchi mit Wildpilzen oder eine dünne, knusprige Pizza mit Schinken und Basilikum.

Sugar MODERN ARGENTINISCH $$
(0280-442-1210; 25 de Mayo 247; Hauptgerichte 130–230 Arg$; 7–1 Uhr;) Das moderne Speiselokal an der Plaza Independencia peppt die klassische argentinische Kost mit innovativen Gerichten auf, beispielsweise *milanesas* mit Quinoa, Geschnetzeltes aus der Pfanne, gegrilltes Gemüse oder Fisch mit Kräutern. Auch Salate und frische Obstsäfte sind erhältlich. Ein Gourmetrestaurant ist es zwar nicht, aber es bringt eine angenehme Abwechslung in den althergebrachten Trott der argentinischen Küche.

Majadero ARGENTINISCH $$$
(0280-443-0548; Av Gales 250; Hauptgerichte 130–340 Arg$; Mo-Sa 20–24, So 12–18 Uhr) Lampen aus Eisen und Backsteinambiente bewahren die Romantik der Getreidemühle aus dem Jahr 1914, in der sich heute das Majadero befindet. Zweifellos zählt es zu den hübschesten Restaurants der Stadt. Am Wochenende werden auf der mit Holz befeuerten *parrilla* (Grillstelle) fleißig Fleisch und sogar Gemüse gegrillt.

Ausgehen

Touring Club CAFÉ
(Av Fontana 240; Snacks 12 Arg$; 6.30–2 Uhr) Der Geist der Vergangenheit trieft hier förmlich aus allen Poren dieser historischen *confitería* (Café, das auch kleine Gerichte anbietet). Die Nostalgie reicht von dem Wanted-Plakat, auf dem Butch Cassidy prangt, über die Reliefkacheln an der Decke bis hin zu der antiquierten Rückwand der Bar. Selbst die Kellner im Smoking wirken, als seien sie längst vergangenen Zeiten entsprungen. Nicht gerade berauschend sind der Service und die Sandwiches, doch das Ambiente ist einmalig und allemal einen Besuch wert.

Boru Irish Pub & Restobar PUB
(0280-442-3755; Belgrano 341; 8–16 Uhr) Das attraktive Boru ist derzeit gerade sehr angesagt. Der Pub mit seiner schönen Holzbar und seinen gemütlichen roten Nischen ist tatsächlich sehr attraktiv und hebt sich deutlich vom Üblichen ab, das Bier wird eiskalt serviert und auf den Tellern türmen sich die Pommes Frites.

Orientierung

Das Stadtzentrum ordnet sich rund um die Plaza Independencia an. Die meisten wichtigen Adressen finden sich an der Calle 25 de Mayo und der Calle San Martín sowie an der restaurierten Avenida Fontana. Die von Osten nach Westen führenden Straßen tragen auf den beiden Seiten der Avenida Fontana unterschiedliche Namen.

Praktische Informationen

Im Stadtzentrum und in der Umgebung der Plaza Independencia herrscht kein Mangel an Geldautomaten.

ACA (Automóvil Club Argentino; 0280-435197; Ecke Av Fontana & San Martín; Mo–Fr 9–18 Uhr) Argentiniens Automobilclub ist eine gute Adresse für Straßenkarten der Provinz.

Post (Ecke 25 de Mayo & Mitre; 8–13 & 16–18 Uhr)

Touristeninformation (0280-442-0139; www.trelew.gov.ar; Ecke San Martín & Mitre; Mo–Fr 8–20, Sa & So 9–21 Uhr;) Sehr nützlich und gut ausgestattet mit Informationsmaterial. Ein Teil des Personals spricht Englisch.

An- & Weiterreise

BUS

Trelews **Busbahnhof** (0280-442-0121; Urquiza 150) befindet sich sechs Häuserblocks nordöstlich des Stadtzentrums.

28 de Julio (0280-443-2429) fährt Gaiman (23 Arg$) zwischen 7 und 23 Uhr insgesamt 18-mal täglich an (am Wochenende weniger häufig). Die meisten Linien führen dann noch weiter bis

Busse ab Trelew

REISEZIEL	FAHRPREIS (ARG$)	FAHRZEIT (STD.)
Bahía Blanca	1150	12
Bariloche	1500	13–16
Buenos Aires	850	18–21
Comodoro Rivadavia	680	5–6
Córdoba	800	19
Esquel	872	8–9
Mar del Plata	1940	17–21
Mendoza	2000	24
Neuquén	1200	10
Puerto Madryn	70	1
Río Gallegos	1300	14–17
Viedma	700	8

nach Dolavon (45 Arg$, 30 Min.). Die Busse zur Playa Unión (35 Arg$) fahren einmal pro Stunde.

Mar y Valle (0280-442-4119) und 28 de Julio fahren beide einmal pro Stunde nach Puerto Madryn. Mar y Valle fährt jeden Tag um 8.15 Uhr nach Puerto Pirámides (70 Arg$, 2½ Std.), im Sommer gibt es Zusatzfahrten. **El Ñandú** (0280-442-7499) fährt Montag, Mittwoch und Freitag nach Camarones (250 Arg$, 4 Std.).

Die wichtigsten Fernbusunternehmen sind **El Cóndor** (0280-443-1675), **Que Bus** (0280-442-2760), **Andesmar** (0280-442-2402), **TAC** (0280-443-9207), **TUS** (0280-442-1343) und **Don Otto/Transportes Patagonia** (0280-442-9496). Don Otto betreibt die komfortabelste und schnellste Verbindung nach Buenos Aires, und auch nur Don Otto unterhält eine Verbindung nach Mar del Plata. La Plata wird von TAC bedient. TAC und Andesmar fahren die meisten Städte an. TAC, Don Otto und Andesmar bedienen Comodoro Rivadavia, und alle Unternehmen fahren auch noch weiter nach Río Gallegos.

FLUGZEUG

Trelews Flughafen Almirante Marcos A Zar (S. 461) liegt 5 km nördlich der Stadt neben der RN 3. Der Service **Transfer Aeropuerto** (0280-487-7300; 300 Arg$) bedient Puerto Madryn. Ein **Taxi** (0280-442-0404) vom Flughafen zum Stadtzentrum kostet 130 Arg$ (1100 Arg$ nach Puerto Madryn).

Es folgen die Kosten für Basistickets für den einfachen Flug: **Aerolíneas Argentinas** (0280-442-0222; Rivadavia 548; Mo–Fr 9–17 Uhr) fliegt direkt nach Buenos Aires (4160 Arg$) und mehrmals in der Woche nach Ushuaia (2500 Arg$) und El Calafate (3590 Arg$).

LADE (0280-443-5740; Italia 170; Mo–Fr 8–15 Uhr) fliegt einmal pro Woche nach Rivadavia. Ab Mitte 2018 werden voraussichtlich Billigfluglinien von Trelew aus kleinere Städte in der Provinz anfliegen. **Aviación Civil Argentina** (ANAC; www.anac.gob.ar) zeigt eine Karte mit neuen Strecken und Fluggesellschaften.

Unterwegs vor Ort

Lokale Busse (9 Arg$) durchqueren die gesamte Stadt. Am Flughafen finden sich Vertretungen der Autovermieter **Hertz** (0280-447-5247) und **Rent a Car Patagonia** (0280-442-0898; www.rentacarpatagonia.com.ar).

Gaiman

0280 / 9600 EW.

Cremetorte, feines Teegebäck, *torta negra* (ein reichhaltiger Früchtestollen) und heißer schwarzer Tee zählen zu Gaimans Spezialitäten. Davon verzehren die meisten Besucher dieser walisischen Ortschaft in dem idyllischen Flusstal eine ordentliche Ration. Voller Stolz erzählen die Einheimischen von dem Tag, an dem 1995 Lady Diana, Princess of Wales, Gaiman besuchte, um hier einen Tee zu trinken. Ein Drittel von Gaimans heutigen Einwohnern hat walisische Vorfahren und die althergebrachte walisische Teestubentradition ist hier nach wie vor fest verankert.

Der Name des Städtchens bedeutet „steinerne Spitze" oder „Pfeilspitze" und stammt von den Tehuelche, die früher in dem Tal überwinterten. Nachdem zugewanderte Waliser im Jahr 1874 hier ihr erstes Haus errichtet hatten, lebten die beiden Gruppen eine Zeit lang friedlich zusammen. Später siedelten sich auch *criollos*, Deutsche und Engländer an. Nach einem ausgiebigen Teestubenbesuch bleibt nicht sehr viel mehr, als auf gemächlichen Spaziergängen die hiesigen Backsteinhäuser mit ihren Rosengärten zu bewundern.

Sehenswertes

Gaiman eignet sich ausgezeichnet für einen gemütlichen Spaziergang, der an wunderschönen alten Häusern vorbeiführt; Rosen ranken malerisch an den schmiedeeisernen Zäunen. Architektonisch auffallende Kirchen und Kapellen liegen über den ganzen Ort verstreut. Die **Primera Casa** (Ecke Av Eugenio Tello & Evans; 30 Arg$; 11–18 Uhr) ist das allererste Wohnhaus des Ortes – es wurde 1874 von David Roberts gebaut. Der 1906 errichtete **Colegio Camwy** (M. D. Jones 490) gilt als die erste weiterführende Schule Patagoniens.

Museo Histórico Regional Gales   MUSEUM
(0280-449-1007; Ecke Sarmiento & 28 de Julio; 20 Arg$; Dez.–März tgl. 15–20 Uhr, April–Nov. Di–So 15–19 Uhr) Der alte Bahnhof beherbergt dieses schöne kleine Museum über die Pionierzeit Gaimans.

Schlafen

★ **Yr Hen Ffordd**   B&B $
(0280-449-1394; www.yrhenffordd.com.ar; MD Jones 342; EZ/DZ/3BZ inkl. Frühstück 47/53/59 US$;) Ein junges Ehepaar betreibt dieses reizvolle B&B. Ihre Gäste erhalten Hausschlüssel, sodass sie nach Belieben kommen und gehen können. Die einfachen, aber gemütlichen Zimmer verfügen über Kabelfernsehen und ein eigenes Bad mit einer tollen Dusche. Wer beim Frühstück die

köstlichen hausgemachten Scones in vollen Zügen genießen möchte, der sollte sich vorher auf irgendeine Art erst mal ordentlich Appetit holen.

Hostería Gwesty Tywi　　　　　　B&B $

(☏ 0280-449-1292; www.hosteria-gwestytywi.com.ar; Chacra 202; EZ/DZ/3BZ 55/70/85 US$; @ 🛜) Diego und Brenda führen dieses wundervolle walisische B&B mit großem Garten und behaglichen, herausgeputzten Zimmern. Ihren Gästen helfen sie gerne bei der Reiseplanung und heizen zu deren Freude immer wieder mal den Grill im Garten an. Zum Frühstück gibt es u. a. verschiedene Marmeladensorten, Aufschnitt und Brot. Allerdings liegt das B&B etwas weit entfernt vom Stadtzentrum.

Camping Bomberos
Voluntarios　　　　　　　　CAMPINGPLATZ $

(☏ 0280-449-1117; Ecke Av Yrigoyen & Moreno; Camping pro Person 3 US$) Ein netter Campingplatz mit heißen Duschen und Feuerstellen.

 Essen & Ausgehen

Tarten afal, tarten gwstard, cacen ffrwythau, spwnj jam und *bara brith* und eine unerschöpfliche Teekanne – immer noch hungrig? In Gaiman ist die nachmittägliche *teatime* geradezu ein Sakrament, obwohl ganze Busladungen von Touristen ohne jede Vorwarnung in Teehäusern abgeladen werden. Am besten sucht man also nach Teehäusern, vor denen keine Busse parken. Die Teezeit reicht meist von 14 bis 19 Uhr und ist, wie in Großbritannien üblich, Ersatz für eine vollwertige Mahlzeit. Danach gibt es nur noch wenige Restaurants, die zudem nicht sonderlich lange geöffnet haben.

Siop Bara　　　　　　　　　BÄCKEREI $

(☏ 0280-449-1082; Av Eugenio Tello 505; Snacks 80 Arg$; ⊙ 8–13 & 15–19 Uhr) Diese walisische Bäckerei ist ideal, um sich rasch mit leckerem Gebäck, Eis und exzellenten Sandwiches zu versorgen.

Gwalia Lan　　　　　　ARGENTINISCH $$

(☏ 0280-436-5840; Ecke Av Eugenio Tello & MD Jones; Hauptgerichte 180–250 Arg$; ⊙ Di–Sa 12.30–15 & 19.30–24, So 12.30–15 Uhr) Das Gwalia Lan ist vermutlich Gaimans bestes Restaurant. Es bietet eine exzellente Alternative zur Teestunde, wenn man die schon einmal kennengelernt hat. Die ausgezeichneten selbst gemachten Nudeln und das lecker gewürzte Fleisch sind zuverlässig gut, der Service ist sehr aufmerksam.

⭐ Ty Gwyn　　　　　　　　　TEEHAUS

(☏ 0280-499-1009; 9 de Julio 111; ⊙ 14–19.30 Uhr) Dieses bei den Einheimischen sehr beliebte Teehaus serviert Kuchen, Marmelade und Brot, die allesamt hausgemacht und immer, wirklich immer, superfrisch sind (Teestunde Erw./Kind 350/200 Arg$).

Plas y Coed　　　　　　　　　TEEHAUS

(☏ 0280-449-1133; www.plasycoed.com.ar; MD Jones 123; ⊙ 14–19.30 Uhr) Das Plas y Coed, in einem schönen Backsteinhaus gelegen, wird heute von der Enkelin des Gründers betrieben. Der freundliche Service, die frischen Kuchen und die dampfenden Teekannen (Teestunde Erw./Kind 300/150 Arg$) machen einen Besuch zu einem einzigen Vergnügen für den Gaumen und die Sinne. Es gibt auch einige Gästezimmer.

❶ Praktische Informationen

An der Plaza Roca gibt es an der Banco del Chubut einen Geldautomaten. Der funktioniert jedoch nicht immer, weshalb Reisende sicherheitshalber genug Bargeld dabei haben sollten.

Post (Ecke Evans & Yrigoyen; ⊙ Mo–Fr 8–16 Uhr) Direkt nördlich der Brücke über den Fluss.

Touristeninformation (☏ 0280-449-1571; www.gaiman.gov.ar; Ecke Rivadavia & Belgrano; ⊙ Dez.–März 9–20 Uhr, April–Nov. 9–18 Uhr; 🛜) Sehr hilfsbereit und informativ.

❶ An- & Weiterreise

Das kleine Gaiman liegt 17 km westlich von Trelew an der RN 25. In der Woche fahren Busse von 28 de Julio von der Plaza Roca regelmäßig nach Trelew (23 Arg$, 7–23 Uhr, seltener am Wochenende). Die meisten Busse nach Dolavon (23 Arg$) benutzen die Autobahn, einige nehmen aber auch die deutlich längere Schotterstraße durch das Tal.

Die geführten Touren aus Trelew und Puerto Madryn kommend legen in Gaiman einen Zwischenstopp ein.

Área Natural Protegida Punta Tombo

Das Naturschutzgebiet **Área Natural Protegida Punta Tombo** (Erw./Kind 320/165 Arg$; ⊙ Sept.–April 8–18 Uhr) beherbergt die größte Pinguinbrutstätte auf dem südamerikanischen Festland. In der Kolonie leben bis zu eine Million Magellanpinguine. Doch auch zahlreiche andere Vogelarten bevölkern das Areal, vor allem Kormorane wie Königs- und Felsenscharben, Riesensturmvögel, Dominikanermöwen, Dampfschiffenten und Klippen-Austernfischer. Aufgrund strenger Vorschriften der Verwaltung darf der Besuch der Kolonie nur in Begleitung von Rangern erfolgen.

In Trelew bieten Reisebüros Tagestouren an. Um den Besuchermassen zu entgehen, lohnt es sich, am frühen Morgen das Schutzgebiet aufzusuchen. In dem rund 200 ha großen Areal sind die meisten Brutgebiete eingezäunt. Besucher sollten die Begrenzungen unbedingt respektieren. Nicht zuletzt, weil die so niedlichen Pinguine ziemlich kräftig zubeißen können, wenn sie sich gestört fühlen.

❶ Praktische Informationen

Centro Tombo (◷ 8–18 Uhr) Ein informatives Besucherzentrum mit einem Café. Hier starten die Shuttlebusse zur Pinguin-Kolonie.

❶ An- & Weiterreise

Punta Tombo liegt 110 km südlich von Trelew und 180 km südlich von Puerto Madryn über die gut in Schuss gehaltene Schotterstraße RP 1 und einen kurzen südöstlichen Abzweig. Wer selbst motorisiert ist, kann noch weiter nach Süden über das malerische, aber einsame Cabo Raso nach Camarones fahren.

Geführte Touren aus Puerto Madryn und Trelew kommen häufig hierher. Eine Alternative besteht darin, selbst eine kleine Reisegruppe zusammenzustellen und dann mit einem Mietwagen aus Puerto Madryn oder Trelew zu kommen.

Besucher parken am Centro Tombo und nehmen den Shuttle zur Pinguin-Kolonie. Der Takt des Shuttles hängt von der Nachfrage ab, ist morgens jedoch auf jeden Fall dichter.

Camarones

☏ 0297 / 1300 EW.

In dem harten Wettbewerb um den Titel des verschlafensten Küstendorfes holt Camarones die Goldmedaille. Das ist aber nicht nur negativ zu sehen. Wer einfach einmal davonlaufen möchte, findet hier ein geeignetes Ziel. Die leeren Strände sind ideal für Spaziergänge, und die Bewohner sind wahre Meister darin, es langsam angehen zu lassen. Außerdem ist Camarones eine gute Basis, um das weniger bekannte Naturschutzgebiet Cabo Dos Bahías zu besuchen.

An der Küste von Camarones ging der spanische Entdecker Don Simón de Alcazaba y Sotomayor 1545 vor Anker und erklärte den Ort geradewegs zum Teil seiner geplanten Provincia de Nueva León. Als die Wollindustrie Fuß fasste, entwickelte sich Camarones zum wichtigsten Regionalhafen. Die hohe Qualität der regionalen Wolle blieb dem Friedensrichter Don Mario Tomás Perón nicht verborgen. Er baute die größte *estancia* der Region auf, der er den Namen Porvenir gab. Dort tollte sein Sohn Juanito – der spätere Präsident Juan Domingo Perón – in seiner Kindheit herum. Der Hafen florierte, doch nachdem der gewaltige Hafen von Comodoro Rivadavia fertiggestellt worden war, verödete Camarones.

⊙ Sehenswertes

Museo Perón MUSEUM
(☏ 0297-496-3014; JM Estrada s/n; ◷ Di–Sa 11–18 Uhr) GRATIS Dieses relativ neue mehrstöckige Museum dokumentiert das Leben des ehemaligen Präsidenten Juan Domingo Perón.

🎉 Feste & Events

Fiesta Nacional del Salmón KULTUR
(◷ Feb.) Ein Wochenende voller Hochseeangel-Wettbewerbe inklusive einem kostenlosen Meeresfrüchte-Mittagessen am Sonntag und der Krönung von Miss Salmoncito.

🛏 Schlafen & Essen

Las Cabañas HÜTTEN $
(☏ 0297-15-422-2270, 0280-487-6980; alma patagonicacamarones@gmail.com; Ecke Roca & Estrada; DZ 56 US$) Diese pastellfarbenen, Schuhkartons ähnelnden Hütten bieten wirklich viel fürs Geld. Sie sind noch wie neu und besitzen kleine, saubere Zimmer mit Bad und einer Kitchenette. Alternativ können Gäste für denselben Preis auch in dem zweistöckigen Haupthaus nebenan wohnen. Wenn gerade niemand vor Ort ist, können Neuankömmlinge sich im Alma Patagonica melden, dem Restaurant, das diese Hütten betreibt.

Camping Camarones CAMPINGPLATZ $
(☏ 0297-15-436-9174; San Martín; Camping pro Person/Fahrzeug 8/6 US$8, EZ/DZ Hütte 28/54 US$; 🛜) Direkt am Hafen betreibt ein freundliches älteres Paar diesen friedlichen Campingplatz mit heißen Duschen und Stromversorgung. Ein kleiner Shop verkauft Lebensmittel und Eiscreme.

★ El Faro Casas de Mar APARTMENTS $$
(☏ 0297-414-5510; www.elfaro-patagonia.com.ar; DZ 65 US$, 2-/4-Pers.-Haus 94/112 US$) Diese blitzenden Wellblech-Häuser mit Holzak-

ABSEITS DER ÜBLICHEN PFADE

DOLAVON

Wer ein authentisches walisisches Landstädtchen erleben möchte, fährt nach **Dolavon** (2800 EW.; www.dolavon.com.ar). Es liegt 19 km westlich von Gaiman und ist über die befestigte RN 25 zu erreichen.

Die vom Tourismus noch unberührte Ortschaft, deren walisischer Name „Wiese am Fluss" bedeutet, ist eine wahrhaft ländliche Idylle. Hölzerne Wasserräder reihen sich an dem von schwankenden Pappeln gesäumten Bewässerungskanal. Historische Backsteinbauten in Hülle und Fülle prägen das Bild im Ortszentrum, darunter die **Molino Harinero** (0280-449-2290; romanogi@infovia.com.ar; Maipú 61; unterschiedl.), eine Kornmühle von 1880 mit einem immer noch funktionstüchtigen Mahlwerk. Im Café-Restaurant der Mühle, **La Molienda** (0280-449-2290; Hauptgerichte 130–200 Arg$), wird selbst gebackenes Brot und hausgemachte Pasta mit Wein und Käse aus der Region serviert. Über die Öffnungszeiten gibt der Besitzer Romano Giallatini gerne telefonisch Auskunft.

Die von Trelew kommenden, regelmäßig verkehrenden Busse halten in Gaiman und fahren anschließend weiter nach Dolavon (45 Arg$, 30 Min.).

---

zenten und Meerblick sind eine ausgezeichnete Wahl. Die Gäste können entweder ein komfortables Haus mitsamt Küche, Grill und Terrasse oder ein Zimmer für zwei mieten, beides ist mit Satelliten-TV ausgestattet. Die Anlage hat keine Straßenadresse. Sie befindet sich vor der historischen Casa Rabal in der Nähe des Hafens.

Alma Patagonica CAFÉ $$
(0297-422-2270; Ecke Sarmiento & Roca; Hauptgerichte 165–255 Arg$; Mo-Sa 10–14 & 19.30–23 Uhr) Diese restaurierte, jahrhundertealte Bar bemüht sich, lokale Traditionen zu bewahren. Die hausgemachten mit Fisch gefüllten Teigtaschen (*empanadas*) sind wunderbar, dazu passt perfekt ein großes kaltes Bier. Das Café betreibt auch die einen Häuserblock weiter liegenden Las Cabañas (S. 476).

❶ Praktische Informationen

Touristeninformation (0297-496-3013; www.camarones.gob.ar; San Martín 570; Dez.–Mai 8–20 Uhr) Sehr nützlich, Karten, gute Tipps für Ausflüge und Informationen zu Unterkünften.

❶ An- & Weiterreise

An einer Kreuzung mit Tankstelle 180 km südlich von Trelew zweigt die RP 30 von der RN 3 ab und führt über 72 km in östlicher Richtung nach Camarones.

In Camarones fahren Busse vom **Busbahnhof** (Ecke 9 de Julio & Rivadavia) ab. Die Busse von El Ñandú fahren montags, mittwochs und freitags um 16 Uhr nach Trelew (250 Arg$, 4 Std.).

Etap stellt dienstags und donnerstags um 13 Uhr die Verbindung nach Comodoro Rivadavia (230 Arg$, 3½ Std.) her.

Die örtlichen Taxis benötigen für die Fahrt zum Cabo Dos Bahías etwa 30 Minuten.

Cabo Dos Bahías

Raue 30 km südöstlich von Camarones zieht die isolierte Pinguinkolonie **Cabo Dos Bahías** (185 Arg$; ganzjährig) deutlich weniger Besucher an als die Punta Tombo. Wer sich für diese Alternative entscheidet, wird mit Orcas, im Frühling und im Sommer einer riesigen Kolonie aus 9000 brütenden Pinguinpärchen, und im Winter mit Walen und einer hohen Zahl an Guanakos und Nandus belohnt. Seevögel, Seelöwen, Füchse und Seebären sind das ganze Jahr über zu sehen.

Am Cabo Dos Bahías Club Naútico oder an den Stränden auf dem Weg von Camarones dürfen kostenlos Zelte aufgestellt werden. Davon abgesehen finden sich in Camarones die am nächsten gelegenen Unterkünfte.

Comodoro Rivadavia

0297 / 177 000 EW.

Comodoro (wie es gewöhnlich genannt wird) liegt am Ostende des Corredor Bioceánico, der nach Coyhaique in Chile führt. Die Stadt ist umgeben von trockenen Hügeln voller Bohrtürme, Öltanks und Windenergieanlagen. Touristen kommen eigentlich nur hierher, um von einem Bus in einen anderen umzusteigen. Diese moderne, hart arbeitende Stadt ist im Wesentlichen ein Tor zu nahe gelegenen Attraktionen inklusive einer anständigen Infrastruktur (wie z. B. einem Walmart).

Comodoro wurde 1901 als Umschlagplatz für die landwirtschaftlichen Produkte der Farmen des benachbarten Sarmiento gegründet. Als man 1907 nach Trinkwasser bohrte und stattdessen auf Erdöl stieß, brach in Comodoro auf einen Schlag der Wohlstand aus. Mit der ersten großen Ölquelle des Landes vor der Haustür avancierte die Stadt zum Hätschelkind der Regierung. Sie bekam einen deutlich größeren Hafen, einen großen Flughafen und asphaltierte Straßen. Heute bildet die Stadt das Machtzentrum der Erdölindustrie. Mittlerweile erlangten ihre Bewohner den zweifelhaften Ruf, die eifrigsten Käufer von Plasma-TV-Bildschirmen in ganz Argentinien zu sein.

Auch wenn der Abschwung in der Ölindustrie nichts Gutes ahnen lässt, florieren die Kasinos nach wie vor und durch die Straßen rasen immer noch teure frisierte Autos.

Sehenswertes

Museo Nacional del Petróleo MUSEUM
(☏ 0297-455-9558; 120 Arg$; ◐ Di-Fr 9-17, Sa 15-18 Uhr) Das Museum gibt einen Einblick in die sozialen und historischen Hintergründe der Erdölerschließung – aus Insidersicht. Ausgewogene, objektive Betrachtungen in Sachen Erdöl darf man hier also nicht erwarten, schließlich wurde es von dem ehemaligen stattlichen Erdölunternehmen YPF

NICHT VERSÄUMEN

BAHÍA BUSTAMANTE

Etliche Meeres- und Küstenschutzgebiete geben Einblicke in Patagoniens vielfältige Meereswelt. Doch nur bei wenigen zeigt sich dieses Ökosystem in solch einer grandiosen Schönheit wie auf der historischen **Estancia Bahía Bustamante** (☏ 0297-480-1000, in Buenos Aires 011-4778-0125; www.bahiabustamante.com; Cottages mit Meerblick EZ/DZ/-3BZ inkl. Vollpension & Aktivitäten 450/590/720 US$, einfaches 3-Pers.-Cottage 135 US$; ☎). Sie liegt zwischen Trelew und Comodoro Rivadavia. Auf ihrem 80 ha großen Gelände erstrecken sich eine weite Steppe, wellige Grasdünen und ein langer Kiesstrand. Nicht nur Romantiker werden sich in diese Landschaft verlieben und mit wohligem Gefühl in den langsamen Lebensrhythmus an dieser einsamen Küste eintauchen. Geführte Touren finden in Begleitung umsichtiger Naturkundler (die auch Englisch sprechen) statt. Auf dem Ausflugsprogramm stehen z. B. Seekajaktouren, Wanderungen zu dem nahen 65 Millionen Jahr alten versteinerten Wald sowie Bootsfahrten, um Magellanpinguine, Seelöwen und Meeresvögel zu beobachten.

Mit der Bahía Bustamante verbindet sich zugleich eine der kauzigen Fußnoten der patagonischen Geschichte: Ein eingewanderter Andalusier mit unternehmerischen Ambitionen gründete einst die *estancia*. Er nutzte die Algenmassen in der Bucht, um daraus Agar Agar (ein Geliermittel) herzustellen. Zeitweise ging die Anzahl der Arbeiter in die Hunderte. Da alle auf der *estancia* lebten, entstand eine kleine Ortschaft inklusive Polizeistation mit Gefängniszelle – beinahe wie im Wilden Westen. Bevor die ersten weißen Siedler hierher kamen, durchstreiften Tehuelche das Gebiet und hinterließen Werkzeuge und Abfallhaufen als historische Spuren.

Für Tierbeobachtungen eignet sich die Zeit zwischen Mitte September und Anfang März, wobei im Januar und Februar Wetter und Meer auch zum Baden einladen. Brütende Vögel sind im November das Highlight, während im Januar die Seelöwen mit ihren frisch geborenen Jungen faszinieren.

Und noch etwas gibt an der Bahía Bustamante zu entdecken: die „Mysteries", eine Installation aus Tierknochen, die der Wind zum Klingen bringt. Angefertigt hat das Kunstwerk der französische Bildhauer Christian Boltanski für die Bienalsur, die südamerikanische Version der weltweit gefeierten Kunstbiennale.

Zur Bahía Bustamante gelangt man nur mit einem eigenen Fahrzeig. Die meisten Besucher fliegen nach Comodoro Rivadavia und machen von dort aus den Abstecher zur Bucht. Wer sich im nahe gelegenen Camarones aufhält und über ein Fahrzeug verfügt, fährt am besten über die malerische Küstenroute (nur Schotterstraßen).

ABSEITS DER ÜBLICHEN PFADE

CABO RASO

Am Cabo Raso schlägt noch der Puls des alten Patagoniens. An seiner felsigen, trockenen Küste verbergen sich nicht nur nahezu unbekannte Surfplätze, sondern auch eine Geisterstadt ist hier zu neuem Leben erwacht.

In den späten 1800er-Jahren gründeten Schafzüchter am Cabo Raso eine rasch prosperierende Siedlung, die allerdings in den 1950er-Jahren von allen Bewohnern verlassen wurde. Mit nachhaltigem Tourismus versucht nun eine engagierte argentinische Familie, den Ort wiederzubeleben. Acht Jahre mühsamer Arbeit hat es gedauert, bis die Küste von jahrzehntealtem Müll befreit war und sich jetzt wieder als wundervolle Naturschönheit zeigt. Zahlreiche Küstenpfade laden zu Wanderungen und zu Vogelbeobachtungen ein. Weitere verlockende Aktivitäten sind Kajakfahren, Angeln – und Surfen, wobei die besten Bedingungen im August herrschen, wenn hier der Nordwind bläst.

Zum Cabo Raso gelangt man nur mit dem eigenen Fahrzeug oder man vereinbart im Voraus eine Abholung am Punta Tombo. Das Kap liegt 55 km südlich der Halbinsel Punta Tombo und 80 km nördlich von Camarones, von dort geht die Fahrt über Schotterstraßen weiter.

Wer sich wirklich den Weg machen möchte, findet am einsam gelegenen **El Cabo** (0280-15-467-3049, 0280-442-0354; www.caboraso.com.ar; RP 1, Km 294; Zeltplatz pro Pers. US$6, Hostería/Bus mit Gemeinschaftsbad pro Pers. 47/41 US$, 2–6-Pers.-Hütte 88–106 US$) eine Unterkunft, z. B. in einer Pension. Mieten kann man auch eines der einfachen Steinhäuser der ursprünglichen Siedlung, die kunstvoll mit umfunktionierten recycelten Materialien restauriert wurden. Reisende mit schmalem Geldbeutel haben die Wahl zwischen coolen altmodischen Bussen, die zu „Schlafsälen" umgebaut wurden, oder Campen. Der Campingplatz liegt an einem ehemaligen Militärbunker – umgebaut zu einem *quincho* (Grillhütte) mit geschützten Kochgelegenheiten für Camper.

Die Antwort auf die Reservierung bzw. Anfragen über die Website kann eine Weile dauern, da es vor Ort weder Handyempfang noch WLAN gibt.

---

errichtet und steht heute unter der Obhut der Universidad Nacional de Patagonia. Im Gegensatz zu den interessanten historischen Fotos begeistern sich wohl eher nur eingeschworene Fans der Thematik für die detaillierten Modelle von Tankern, Raffinerien und des gesamten Fördergeländes. Auf Wunsch finden auch Führungen statt.

Dieses Museum befindet sich im Vorort General Mosconi, etwa 3 km nördlich des Stadtzentrums. Wer keinen Chauffeur-Dienst *(remise)* in Anspruch nehmen will, kann mit der Buslinie 7 Richtung Laprida oder der Linie 8 Richtung Palazzo fahren und muss dann am Supermarkt La Anónima aussteigen.

👉 Geführte Touren

Mehrere Agenturen bieten Ausflüge zum Bosque Petrificado Sarmiento und zur Cueva de las Manos an.

Ruta 40   GEFÜHRTE TOUREN
(0294-452-3378; www.ruta-40.com) Wer an einer wirklich zünftigen Autotour interessiert ist, sollte sich an den Tourveranstalter Ruta 40 wenden. Das kleine Unternehmen mit mehrsprachigen Tourbegleitern hat seinen Sitz in Bariloche. Einige der Touren beginnen in Comodoro, z. B. die achttägige Autotour auf der Ruta 40 mit Zwischenstopps in Puerto Deseado, an der Cueva de las Manos und auf mehreren reizvollen *estancias*, bis sie dann schließlich in El Calafate endet. Über die aktuellen Preise und Termine informiert die Website bzw. eine Anfrage über das Kontaktformular.

Circuito Ferroportuario   GEFÜHRTE TOUREN
Die kostenlose städtische Zugfahrt Circuito Ferroportuario startet an der Touristeninformation und führt vorbei an Containern, Lagerhäusern und Fabriken am Hafen.

🛏 Schlafen

Comodoro verfügt über Unterkünfte für zwei Gästegruppen: Geschäftsreisende und Arbeiter auf Montage. Folglich teilen sie sich in die Kategorien nobel und einfach. Die florierende Wirtschaft hier bedeutet, dass die Unterkünfte teuer und häufig ausgebucht sind, also bei Bedarf im Voraus reservieren.

WAM
BOUTIQUEHOTEL $$

(☎0297-406-8020; www.wamhotel.com.ar; Av Hipólito Yrigoyen 2196; DZ 112 US$; P✳@☎✱) Eher eine industrielle Boutique mit einem unattraktiven Äußeren wie ein Bürogebäude. Die modernen Zimmer haben dafür frische weiße Textilien, neutrale Farbtöne und Badewannen aus Glas. Es gibt ein Restaurant, eine Sporthalle und einen Wellnessbereich. Das WAM liegt südlich des Stadtzentrums unmittelbar neben der *costanera*.

Hotel Victoria
HOTEL $$

(☎0297-446-0725; www.hotelvictoriacrd.com.ar; Belgrano 585; EZ/DZ/3BZ inkl. Frühstück 68/87/100 US$; P☎) Das freundlichste Hotel der Stadt. Es verfügt über ruhige, geräumige Zimmer mit guten Doppelbetten, Schreibtischen und Kabel-TV. Wenn der Duft der Backwaren ein Indikator ist, muss das Frühstück gut sein. Parken kostet extra.

Lucania Palazzo Hotel
HOTEL $$$

(☎0297-449-9300; www.lucania-palazzo.com; Moreno 676; DZ inkl. Frühstück 185 US$; @☎) Dieser mondäne Palazzo ist Comodoros Antwort auf den Trump Tower. Alle Zimmer verfügen über Meerblick und eine geschmackvolle, moderne Ausstattung. Allerdings könnte die Belüftung besser sein. Im Grunde genommen hat das Hotel jedoch nicht mehr zu bieten als ein Haus einer Hotelkette. Das hoteleigene Restaurant ist akzeptabel und das eifrige Personal gibt gerne hilfreiche Tipps.

Essen

Die Ölindustrie hat zu einer Nachfrage nach Spitzengastronomie geführt, die in gehobenen Hotels auch zu finden ist. Der in Hotels erhältliche kostenlose Restaurantführer *Sabores del Sur* nennt die entsprechenden Adressen.

★ La Tradición
PARRILLA $$

(☎0297-446-5800; Mitre 675; Hauptgerichte 120-260 Arg$; ⏰Mo-Sa 12-15 & 20.30-24 Uhr) Ein Favorit der Einheimischen. Diese elegante *parrilla* grillt exzellentes Rindfleisch und ganze Lämmer, dazu gibt es dünne Pommes Frites, das Ganze in einem Ambiente aus weißen Tischtüchern und Ölgemälden (buchstäblich, da es sich bei den Motiven um Bohrtürme handelt).

Hilario
CAFÉ $$

(☎0297-444-2516; Belgrano 694; Hauptgerichte 180-260 Arg$; ⏰Di-Sa 10-24, So 17-24 Uhr) Ein modernes Café mit unverputzten Backsteinwänden und Glühbirnen als Beleuchtung. Die Einheimischen kommen jedoch vor allem wegen der knusprigen Fleischpasteten, Pizza und der Pfefferminz-Ingwer-Limonade. Es findet sich sogar Quinoa auf der Karte. Alles in allem eine gute Alternative zur traditionellen argentinischen Küche.

Bajo Belgrano Resto Bar
ARGENTINISCH $$

(☎0297-444-2116; Belgrano 556; Hauptgerichte 200-360 Arg$; ⏰11.30-14 & 20-23 Uhr) Dieses niedliche Restaurant serviert gute Pasta, *milanesa* oder gefüllten gebratenen Kürbis.

ⓘ Praktische Informationen

ACA (Automóvil Club Argentino; ☎0297-446-0876; Ecke Dorrego & Alvear; ⏰8-14 Uhr) Straßenkarten und Informationen zum Straßenzustand.

Banco de la Nación (Ecke Av San Martín & Güemes; ⏰10-15 Uhr)
Die meisten Banken und Geldautomaten, darunter diese, finden sich an der Avenida San Martín oder der Avenida Rivadavia.

Hospital Regional (☎0297-444-2287; Av Hipólito Yrigoyen 950)

Post (Ecke Av San Martín & Moreno; ⏰Mo-Fr 8-16.30 Uhr)

Touristeninformation (☎0297-444-0664; www.comodoroturismo.gob.ar; Parque Soberanía; ⏰Mo-Fr 8-20, Sa & So 9-15 Uhr) Freundlich, viel Informationsmaterial und gut organisiert.

ⓘ An- & Weiterreise

Der Corredor Bioceánico – RN 26, RP 20 und RP 55 – verbindet Comodoro direkt mit der chilenischen Stadt Coyhaique und dem Pazifikhafen Puerto Chacabuco. Diese wirtschaftlich wichtige Transportroute wird als Alternative zum Panamakanal gefeiert, weil die Strecke das ganze Jahr über befahrbar ist und den Kontinent an der Stelle durchquert, an der die Entfernung zwischen einem Atlantik- und einem Pazifikhafen am kürzesten ist. Die befestigten Straßen RN 26, RP 20 und RN 40 führen nach Esquel und Bariloche.

BUS

Nahezu sämtliche Busse fahren den chaotischen **Busbahnhof** (Pellegrini 730) von Comodoro an.

Die meisten Busfahrpläne sind in zwei Rubriken unterteilt: Die eine enthält die Abfahrtszeiten in Richtung Norden, die andere die Abfahrtszeiten in Richtung Süden. Die Busse des Unternehmens **Andesmar** (☎0297-446-8894) fahren fünfmal täglich – zwischen 1.15 und 15 Uhr – Richtung Norden und steuern dabei unterschiedliche Zielorte an, darunter Trelew, Rawson und Puerto Madryn.

Die gleiche, nordwärts führende Route bedient auch **TAC** (☎ 0297-444-3376), allerdings fahren die Busse weiter nach Buenos Aires. Die Busse von **Etap** (☎ 0297-447-4841) fahren einmal täglich nach Esquel und Río Mayo sowie viermal täglich nach Sarmiento. Mittwochs und samstags startet ein Etap-Bus um 8 Uhr nach Coyhaique (Chile).

Sportman (☎ 0297-444-2988) bietet eine Busverbindung über Perito Moreno (Stadt) nach Los Antiguos. Dort gibt es Anschlussbusse nach Chile Chico. Die Busse von **Taqsa/Marga** (☎ 0297-447-0564) starten abends nach Bariloche und El Calafate.

Die Busfahrpläne ändern sich ständig, deshalb muss man sich rechtzeitig im Busbahnhof am Schalter des jeweiligen Busunternehmens nach den aktuellen Abfahrtszeiten erkundigen.

Busse ab Comodoro Rivadavia

REISEZIEL	FAHRPREIS (ARG$)	FAHRZEIT (STD.)
Bariloche	1015–1200	12
Buenos Aires	2375	24
Coyhaique (Chile)	1060	11
El Calafate	1415	14
Esquel	960	10
Los Antiguos	550	5
Puerto Deseado	400	4
Puerto Madryn	782	6
Río Gallegos	1150	10–12
Río Mayo	390	3½
Sarmiento	230	2
Trelew	679	5

FLUGZEUG

Der Aeropuerto General Mosconi (☎ 0297-454-8190) liegt 9 km nördlich der Stadt. Neue Billigfluglinien fliegen seit Mitte 2018 nach Buenos Aires, Río Gallegos und Trelew. **Aviación Civil Argentina** (ANAC; www.anac.gob.ar) präsentiert auf seiner Website eine Karte mit neuen Strecken und Fluggesellschaften.

Aerolíneas Argentinas (☎ 0297-444-0050; www.aerolineas.com.ar; Av Rivadavia 156; ☉ Mo–Fr 8–12 & 15–19 Uhr) und **LATAM** (☎ 0297-454-8160; www.latam.com) fliegen mehrmals am Tag nach Buenos Aires (einfacher Flug ab 4328 Arg$).

Comodoro ist das Drehkreuz von **LADE** (☎ 0297-447-0585; www.lade.com.ar; Av Rivadavia 360; ☉ Mo–Fr 8–20, Sa 10–17 Uhr). Diese Fluglinie bedient mindestens einmal pro Woche El Calafate, Río Gallegos, Trelew, Ushuaia, Buenos Aires sowie zwischen diesen Destinationen liegende Ziele. Leider verändern sich die Flugpläne und Strecken so häufig, wie der Wind sich dreht.

❶ Unterwegs vor Ort

Bus 8, Directo Palazzo' fährt von Comodores Busbahnhof direkt zum Flughafen. Ein Taxi aus der Innenstadt zum Flughafen kostet 160 Arg$.

Der Expreso Rada Tilly verbindet den Busbahnhof wochentags alle 20 Minuten und am Wochenende alle 30 Minuten mit dem nahe gelegenen Badeort (9 Arg$).

Mietwagen bekommen Reisende bei Bedarf bei **Avis** (☎ 0297-454-9471; Flughafen) und **Localiza** (☎ 0297-446-1400; Flughafen). **Dubrovnik** (☎ 0297-444-1844; www.rentacardubrovnik.com; Moreno 941; ☉ 8–12 & 15–19.30 Uhr) verleiht Fahrzeuge mit Allradantrieb.

Puerto Deseado

☎ 0297 / 14 200 EW.

Die Hauptattraktion des ruhigen Tiefseefischereihafens Puerto Deseado ist die unter Wasser liegende Mündung des Ría Deseado. Die maritime Tierwelt ist hier außerordentlich vielfältig. Sie besteht u. a. aus Seevögeln, Delfinen und den wild aussehenden Felsenpinguinen. Das hübsche historische Stadtzentrum schreit eigentlich nach einer Wiederbelebung, allerdings dauern Veränderungen hier unendlich lange. Beweise dafür sind auch die altmodischen Autos, die wie am Strand gestrandete Wale am Straßenrand vor sich hinrosten. Der Atem der Geschichte ist in Puerto Deseado noch deutlich zu spüren. Hernando de Magallanes suchte hier z. B. 1520 Schutz. Später wurde der Hafen eine Basis für Walfänger und Robbenjäger. Charles Darwin war ebenfalls schon hier.

Puerto Deseado liegt zwei Stunden südöstlich der Kreuzung der RN 3 am Fitz Roy, von wo aus die in der Stadt endende RN 281 weiterführt. Das Zentrum der Aktivität in der Stadt ist die aus den Straßen San Martín und Almirante Brown gebildete Achse.

Geschichte

In dieser Mündung fand Hernando de Magallanes (Ferdinand Magellan) im Jahr 1520 mit seiner von einem Sturm angeschlagenen Flotte eine Zuflucht, die es ihm ermöglichte, seine Schiffe zu reparieren. Er nannte das Mündungsgebiet daher *Río de los Trabajos* (Fluss der Arbeit).

Als 1586 der englische Freibeuter Thomas Cavendish die Mündung erkundete, gab er ihr den englischen Namen seines Schiffes: *Desire* (span. *deseo, deseado*), den sie bis heute (auf Spanisch) trägt. Flotten aus aller Welt zog es in den Hafen, um von hier aus zum Wal- und Robbenfang auszulaufen. Daher sah sich die spanische Krone gezwungen, eine Schwadron Kolonisten unter dem Kommando von Antonio de Viedma in den Hafen zu entsenden. Nach einem strengen Winter starben 30 Kolonisten an Skorbut. Die Überlebenden zogen landeinwärts und gründeten die Kolonie Floridablanca, die aber nicht lange existierte. Im Jahr 1834 erforschte Darwin die Flussmündung.

Sehenswertes & Aktivitäten

Ein Spaziergang auf eigene Faust ist ein guter Start, um die Atmosphäre von Puerto Deseado kennenzulernen. Hierbei hilft die Karte *Guía Historica* (auf Spanisch) der Dirección Municipal de Turismo (S. 483).

Estación del Ferrocarril Patagónico　　　　HISTORISCHE STÄTTE
(Eintritt: Spende erwünscht; ⊙ Mo–Sa 16–19 Uhr) Eisenbahnfans wird der imposante Bahnhof nahe der Avenida Oneto begeistern. Er wurde im Jahr 1908 von serbokroatischen Steinmetzen im englischen Stil gebaut. Puerto Deseado war einst der Endbahnhof einer bedeutenden Eisenbahnstrecke zur Güter- und Personenbeförderung: Die Züge transportierten Schafwolle und Blei aus den chilenischen Minen in Pico Truncado und im etwa 280 km nordwestlich gelegenen Las Heras an die Küste.

Vagón Histórico　　　　WAHRZEICHEN
(Ecke San Martín & Almirante Brown; ⊙ 17–20 Uhr) Dieser restaurierte Eisenbahnwaggon von 1898 ist der berühmte Waggon, in dem der Rebellenführer Facón Grande die „Patagonische Rebellion" vorbereitete. Als im Jahr 1979 der Waggon verkauft und verschrottet werden sollte, blockierten Bürger der Stadt die Straßen und schafften es so, das Vorhaben zu verhindern. Einige Blocks weiter westlich liegt die schöne 1915 erbaute **Sociedad Española** (San Martín 1176).

Museo Municipal Mario Brozoski　　　　MUSEUM
(☏ 0297-487-1358; Ecke Colón & Belgrano; ⊙ Mo–Fr 8–17, Sa 15–18 Uhr) GRATIS Hier werden Überreste der englischen Corvette *Swift* gezeigt, die 1776 vor der Küste von Deseado gesunken ist. Nach wie vor holen Taucher Artefakte aus diesem 1982 entdeckten Wrack an die Oberfläche.

ABSTECHER

BOSQUE PETRIFICADO SARMIENTO

Eine helle Sandsteinlandschaft, übersät mit gefallenen Baumriesen – so zeigt sich dieser **versteinerte Wald** (⊙ 10–18 Uhr) GRATIS, der sich 30 km südöstlich von Sarmiento erstreckt. Die bis zu 100 m langen und 1 m dicken versteinerten Stämme wurden vor etwa 65 Millionen Jahren von reißenden Flüssen aus den Bergregionen an ihren heutigen Platz geschwemmt. Für Besucher ist dieser versteinerte Wald bei Sarmiento leichter zugänglich als das weiter südlich gelegene Monumento Natural Bosques Petrificados.

Wer nicht über einen Mietwagen verfügt, kann sich in der Touristeninformation in Sarmiento nach einer *remise* (Taxi) und deren Preise für eine etwa anderthalbstündige Rundfahrt erkundigen. Die Besucher sollten möglichst bis zum Sonnenuntergang bleiben, um zu erleben, wie die letzten Sonnenstrahlen die gestreiften Felsen des Cerro Abigarrado und die mehrfarbigen Gesteinshänge zum Leuchten bringen.

Das hilfsbereite Personal der Touristeninformation in Sarmiento informiert über *Remise*-Tarife und versorgt die Besucher mit Kartenmaterial sowie Informationen über Unterkünfte.

Sarmiento liegt 148 km westlich von Comodoro, die Route verläuft über die RN 26 und die RP 20. Busse von **Etap** (☏ 0297-489-3058; Ecke Av San Martin & 12 de Octubre, Sarmiento) fahren täglich nach Comodoro Rivadavia (230 Arg$, 2 Std.). Außerdem startet täglich ein Etap-Bus um 9.30 Uhr nach Río Mayo (230 Arg$, 1½ Std.). Für den Besuch des versteinerten Waldes benötigt man ein eigenes Fahrzeug oder ein Taxi oder man schließt sich einer der regional angebotenen geführten Touren an.

🕭 Geführte Touren

Darwin Expediciones ABENTEUER
(📞 0297-15-624-7554; www.darwin-expeditions.com; Av España 2601; Exkursion zur Isla Pingüinos 120 US$) Hat Kajakfahrten auf dem Meer, Tierbeobachtung und mehrtägige naturkundliche und archäologische Touren mit kompetenten Führern im Angebot. Der Bestseller ist die EcoSafari durch die Reserva Natural Ría Deseado (60 US$). Diese Exkursion zur Tierbeobachtung ermöglicht mit ein wenig Glück das Sichten von Delfinen, Seelöwen, Magellanpinguinen und zahlreichen Seevogel-Spezies.

Los Vikingos ABENTEUER
(📞 0297-487-0020, 0297-15-624-4283, 0297-15-624-5141; www.losvikingos.com.ar; Moreno & Prefectura Naval) Trips zu Land und zu Wasser, einige werden von Meeresbiologen geführt. Unter anderem geht es zur Reserva Natural Ría Deseado. Kontakt über die Website oder telefonisch.

🛏 Schlafen & Essen

Die Touristeninformation hat Informationen über (relativ) nahe gelegene *estancias*.

Tower Rock APARTMENTS $$
(📞 011-3935-0150, in Buenos Aires 011-3935-0188; www.tower-rock.com; Pueyrredón 385 oder Almirante Zar 305; Apt. 85–165 US$; ❄🛜) Ruhe und Privatsphäre bieten sowohl die Einzimmerapartments als auch die Apartments mit mehreren Schlafzimmern. Die komfortablen Unterkünfte sind voll eingerichtet, inklusive gut ausgestatteter Küche, Flachbildfernseher und Safe. Für die Sauberkeit sorgt ein täglicher Reinigungsdienst. Auf Fragen der Gäste geben die Betreiber Patricia und Jorge gerne Auskunft.

Hotel Los Acantilados HOTEL $$
(📞 0297-475-2539; losacantiladoshotel@speedy.com.ar; Ecke Pueyrredón & Av España; DZ Superior 97 US$; 🅿@🛜) Dieses auf einer Klippe stehende Hotel macht von außen mehr her als von innen. Aber immerhin gibt es einen großen Salon mit Kamin, perfekt zum Entspannen. Die Matratzen sind fest und komfortabel. Der Blick vom Speisesaal aus geht aufs Wasser. Die Zimmer, die ebenfalls Meerblick haben, sind immer schnell ausgebucht.

Lo de Piola CAFÉ $$
(📞 0297-487-2644; San Martín 1280; Hauptgerichte 120–220 Arg$; ⊙ Mo–Sa 11.30–22 Uhr) Einheimische empfehlen diese unprätentiöse *confitería* und ihre satt machenden Mahlzeiten und Snacks, die vor allem viel gegrilltes Fleisch beinhalten, zu dem sowohl Bier als auch Wein passen.

Puerto Cristal MEERESFRÜCHTE $$
(📞 0297-487-0387; Av España 1698; Hauptgerichte 110–260 Arg$; ⊙ Do–Di 12–15 & 20–24 Uhr) Dieses beliebte Fischlokal serviert seinen Gästen großzügige Portionen gegrillten Fisch, gebackene Calamari und eine umfangreiche Weinauswahl.

ⓘ Praktische Informationen

Geldautomaten und Banken, darunter die **Banco de la Patagonia** (San Martín & Almirante Brown; ⊙ Mo–Fr 10–15 Uhr), finden sich vor allem an der Calle San Martín.

CIS Tours (📞 0297-487-2864; www.cistours.com.ar; San Martín 916; ⊙ Mo–Fr 8–20 Uhr) Kümmert sich um lokale Touren- und Flugreservierungen.

Dirección Municipal de Turismo (📞 0297-487-0220; http://deseado.gob.ar/turismo/lugares-turisticos; San Martín 1137; ⊙ 8–20 Uhr) Nützliche Karten. Am Busbahnhof gibt es ein weiteres englischsprachiges Büro, die Öffnungszeiten sind dort allerdings kürzer. Die Facebook-Seite informiert über Veranstaltungen.

Hospital Distrital (📞 0297-487-0200; España 991)

Post (San Martín 1075; ⊙ Mo–Fr 8–16.30 Uhr)

ⓘ An- & Weiterreise

Der Busbahnhof (Sargento Cabral 1302) befindet sich an der nordöstlichen Seite der Stadt, neun Häuserblocks und leicht bergauf von der San Martín und der Avenida Oneto aus. **Taxis** (📞 0297-487-2288, 0297-487-0645) berechnen den Fahrpreis nach Taxameter.

Es gibt täglich jeweils fünf Fahrten nach Comodoro Rivadavia (400 Arg$, 4 Std.) mit **La Unión** (📞 0297-487-0188) oder **Sportman** (📞 0297-487-0013). Sportman fährt außerdem zweimal am Tag nach Río Gallegos (1223 Arg$, 13 Std.). Da sich die Fahrpläne häufiger ändern, sollten Reisende sich zunächst am Busbahnhof genauer erkundigen.

Ungefähr 125 km südöstlich der RN 3-Kreuzung windet sich die RN 281 durch Täler aus pinkfarbenen Felsen und vorbei an Guanakos auf buschigem Grasland bis nach Puerto Deseado. Wer im gottverlassenen Nest Fitz Roy aussteigen möchte, um von hier aus nach Comodoro oder Río Gallegos zu gelangen, sollte sich das noch einmal gut überlegen. Die Busse kommen zu nachtschlafender Zeit an und die einzigen Übernachtungsmöglichkeiten sind auf dem Campingplatz hinter dem Multirubro La Illusión zu finden.

Reserva Natural Ría Deseado & Parque Interjurisdiccional Marino Isla Pingüino

Das von Sandklippen flankierte aquamarinblaue Wasser schafft ein Meerespanorama, das kein Besucher so schnell vergessen wird. Darüber hinaus zählt diese Landschaft zu Patagoniens wichtigsten Meeresschutzgebieten. Die Ría Deseado entstand durch die Überflutung des Mündungstrichter (Ría), wodurch das Wasser des Atlantiks etwa 40 km tief ins Landesinnere vordringen und sich ein geschützter Lebensraum für Meeresbewohner bilden konnte. Der zum Nationalpark erklärte Parque Interjurisdiccional Marino Isla Pingüino bildet ein weiteres Highlight.

In diesen geschützten Gebieten leben Meerestiere in Hülle und Fülle. Etliche Inseln und Uferbereiche bieten zahlreichen Seevögeln geeignete Nistplätze, darunter Magellanpinguinen, Sturmvögeln, Austernfischern, Reihern, Seeschwalben sowie fünf Kormoranarten. Die Isla Chaffers ist die Domäne der Pinguine, während auf dem Banco Cormorán – wie der Name schon sagt – zwei Kormoranarten, die Felsenscharbe und die markante Buntscharbe, Schutz finden. Auf der Isla Pingüino nisten Felsenpinguine, die Mitte Oktober hier eintreffen, außerdem ziehen Seelöwen dort ihre Jungtiere auf. Neben den Seelöwen können auf einer sehenswerten Tour durch die Ría Deseado auch noch Commerson-Delfine, Guanakos und Nandus beobachtet werden.

Die Monate von Dezember bis April sind die am besten geeignete Zeit für einen Besuch der Schutzgebiete.

Aktivitäten

Darwin Expediciones (S. 483) veranstaltet Touren inklusive Delfinbeobachtung, auf der Isla Chaffers, dem Banco Cormorán und einen Spaziergang zu einer Pinguinkolonie. Die Felsenpinguine sind die Hauptattraktion der ganztägigen Exkursionen zur Isla Pingüinos. Die Tour ermöglicht jedoch auch die Beobachtung anderer Tierarten, einen Segeltörn und eine Wanderung (Mindestteilnehmerzahl vier Personen). Los Vikingos (S. 483) hat ganz ähnliche Trips – mit zweisprachigen Führern – im Angebot und organisiert darüber hinaus noch Überlandfahrten.

❶ An- & Weiterreise

Die Reserva Natural Ría Deseado liegt neben Puerto Deseado. Von hier aus können Reisende die Attraktionen dieses Naturschutzgebiets also gut erreichen. Manchmal ist eine Bootsfahrt erforderlich.

Monumento Natural Bosques Petrificados

Im Jura (vor etwa 150 Mio. Jahren) herrschte in dieser Gegend ein feuchtwarmes Klima. Bei verschiedenen Vulkanausbrüchen wurden die üppig-grünen Wälder unter einem dicken Ascheregen begraben und im Laufe der Jahrmillionen fossilisiert. Durch Erosion (Wind und Regen) wurden die Bäume nach und nach wieder freigelegt. Sie haben teilweise einen Durchmesser von bis zu 3 m und eine Länge von 35 m. Die Bäume stammen aus der Familie der *Proaraucariaceae*, den Vorfahren der heutigen Araukarien (Andentannen), die nur in der südlichen Hemisphäre wachsen.

Heute besitzt das 150 km² große **Monumento Natural Bosques Petrificados** (Naturdenkmal Versteinerter Wald; 185 Arg$; ⊙ 9–21 Uhr) ein kleines Besucherzentrum, eine Broschüre in englischer Sprache und einen kurzen Lehrpfad von der Verwaltung des Parks zur größten Ansammlung versteinerter Bäume.

Bis die Region 1954 den Status eines Nationalparks verliehen bekam, wurden in diesem Gebiet immer wieder Teile von versteinerten Bäumen gestohlen. Besucher sollten diese üble Tradition auf keinen Fall fortsetzen.

Das Naturmonument liegt 157 km südwestlich von Caleta Olivia und ist über die gute Schotterstraße RP 49 erreichbar. Die Abzweigung von der RN 3 liegt bei Km 2074, von dort geht es etwa 50 km Richtung Westen. Es gibt leider keine öffentlichen Busverbindungen. Die Busse von Caleta Olivia lassen Fahrgäste zwar an der Kreuzung aussteigen, doch dann kann es häufig mehrere Stunden dauern, bis ein Auto anhält. Alternativ hat der Veranstalter Los Vikingos (S. 483) organisierte Fahrten von Puerto Deseado aus im Angebot.

Etwa 20 km vor der Parkverwaltung befindet sich bei La Paloma ein einfacher Campingplatz. Hier werden auch ein paar Grundnahrungsmittel und Trinkwasser verkauft. Im Park selbst ist das Zelten jedoch verboten.

Puerto San Julián

📞 02962 / 7900 EW.

Für einen ambitionierten Kunstfilm wäre dieses öde und dennoch sehr atmosphärische Nest ein ideales Ambiente. Etwa 350 km südlich von Caleta Olivia liegt diese kleine Stadt, in helles Licht und Staub getaucht – in schönem Kontrast zum Blau der Bucht. Der Hafen von San Julián gilt als Wiege der patagonischen Geschichte. Im Jahr 1520 ankerte Ferdinand Magellan, der berühmte portugiesische Seefahrer, als Erster im Hafen von San Julián. Magellans Begegnung mit den einheimischen Tehuelche verdankt die Region ihren mythischen Namen. Auch Francisco de Viedma, Francis Drake und Darwin wagten sich auf diese sandige Landzunge. Letzterer suchte hier nach Fossilien.

Während Menschen Geschichte schrieben, erzählt die Landschaft von einer geologischen Revolution, die sich an den verschiedenfarbigen Gesteinsschichten, den weiten, sanft auslaufenden Hügeln und den goldfarbenen Klippen ablesen lässt. Hier kann man, neben anderen Mineralien, auch Kupfererze finden.

Die ersten nicht-einheimischen Siedler kamen mit dem Wollboom des späten 19. Jhs. von den Falkland-Inseln (Islas Malvinas) nach Puerto San Julián. Als Nächste kamen Schotten mit der San Julián Sheep Farming Company, die für fast ein Jahrhundert der wirtschaftliche Motor der Region war. Heute entwickelt sich die Stadt rasant weiter und profitiert von Bergbau, fischverarbeitender Industrie und einer Universität. Für Reisende ist Puerto San Julián ein entspannter Zwischenstopp und ein guter Ort, um Commerson-Delfine zu sehen.

Sehenswertes & Aktivitäten

Puerto San Juliáns beliebteste Attraktionen sind das Museo Nao Victoria und die Pinguinkolonie. Ebenfalls sehr schön ist eine Wanderung entlang der Küste, um sich das bunte Vogelleben anzusehen. Die Touristeninformation im Busbahnhof oder die Filiale an der Autobahn stellen weitere Informationen zur Verfügung.

Museo Nao Victoria   MUSEUM
(50 Arg$; ⊙ 8–21.30 Uhr) Besucher können in diesem Museum mit Freizeitparkelementen Magellans Ankunft nachempfinden. Die lebensgroßen Figuren in voller Rüstung, die dargestellt sind, wie sie die Messe feiern oder eine Meuterei bekämpfen, vermitteln einen wunderbar plastischen Eindruck. Das Museum befindet sich im Hafen auf einer Nachbildung von Magellans Schiff.

Circuito Costero   AUTOTOUR
Reisende, die einen Mietwagen zur Verfügung haben, können auf einer unbefestigten Straße die unbeschreiblich malerische 30 km lange Fahrt entlang der Bahía San Julián genießen. Eine Reihe goldener Landzungen trennt wunderschöne Strände (Vorsicht: starke Gezeiten) voneinander. Die Region beherbergt eine der unvermeidlichen Seelöwen-Kolonien und die Pilgerattraktion Monte Cristo (mit den Stationen des Kreuzwegs).

👉 Geführte Touren

Banco Cormorán   TIERWELT
(150 Arg$ pro Pers.; ⊙ Okt.–April) Gemäß der letzten Zählung leben rund 130 000 Pinguine in diesem Teil der Bahía San Julián. Für Besucher werden Bootstouren angeboten. Unter bestimmten Bedingungen dürfen Tourteilnehmer eine der Inseln betreten und die Tiere beim Schwimmen, Dösen oder Brüten beobachten. Von Dezember bis März bestehen sehr gute Chancen, Commerson-Delfine – die weltweit kleinste Delfinart – zu beobachten.

Das Ausflugsboot macht auch an der Banco Justicia Halt, auf der sich eine Kormorankolonie befindet.

Expediciones Pinocho   GEFÜHRTE TOUREN
(📞 02962-454600; www.pinochoexcursiones.com.ar; Costanera s/n; ⊙ Jan. & Febr. 9–21 Uhr) Die zweistündigen Exkursionen von Expediciones Pinocho an der Bahía San Julián werden von einem Team betreut, das von einem Meeresbiologen angeführt wird. Das Büro befindet sich in einer kleinen Hütte am Wasser.

🛏 Schlafen & Essen

Hostería Miramar   PENSION $
(📞 02962-454626; hosteriamiramar@uvc.com.ar; San Martín 210; DZ inkl. Frühstück 50–71 US$; @ 🌐) Dieser nette Familienbetrieb am Wasser bietet viel natürliches Licht. Die elf Zimmer, darunter auch ein für eine Familie bestens geeignetes Apartment, sind makellos sauber, besitzen Fernsehgeräte, anständige Betten und Teppichboden. Die Duschen haben ordentlichen Wasserdruck.

Hotel Bahía HOTEL $$
(02962-453145; hotelbahiasanjulian@gmail.com; San Martín 1075; EZ/DZ/3BZ inkl. Frühstück 68/86/94 US$; @) Dieses Hotel wirkt mit seiner Glasfassade in einem Ort wie San Julián fast ein wenig dekadent. Die Zimmer sind modern eingerichtet, die Betten schön fest. Die TV-Geräte und der Wäschereiservice sind weitere Vorteile. Die Café-Bar ist auch für Gäste offen, die nicht im Hotel wohnen.

★**Naos** MEERESFRÜCHTE $$
(02962-452714; Costanera s/n; Hauptgerichte 100–220 Arg$; 8–23 Uhr) Das beste Restaurant der Stadt liegt am Wasser, hat aber keinen Meerblick. Die ausgezeichneten Weinempfehlungen, der frische Fisch und die tollen Salate sind Unterhaltung genug. Die Gerichte aus frischem Fisch oder Wild, wie mit Guanakofleisch gefüllte *empanadas* oder die panierten Jumboshrimps, sind herausragend. Der Service ist ebenfalls gut. Es ist ratsam, früh herzukommen, weil es rasch voll wird.

Shoppen

Centro Artesanal Municipal KUNSTHANDWERK
(02962-414882; Costanera s/n; Mo–Fr 9–19 Uhr) Eine Genossenschaft, die in cooler Atmosphäre handgemachte Keramik, Textilien und einen ausgezeichneten, aber starken Kirschlikör vertreibt.

❶ Praktische Informationen

Banco Santa Cruz (02962-452460; Ecke San Martín & Moreno; 10–15 Uhr) Hat einen LINK-Geldautomaten.

Dirección de Turismo (02962-454396; www.sanjulian.gov.ar; San Martín 1552; Mo–Fr 8–22, Sa & So 11–20 Uhr) Die Hauptfiliale liegt im Busbahnhof. Das Personal ist sehr freundlich und hilfsbereit.

Post (Ecke San Martín & Belgrano; Mo–Fr 8–16.30 Uhr)

❶ An- & Weiterreise

Die meisten Busse, die die RN 3 befahren, halten an San Juliáns **Busbahnhof** (San Martín 1552), allerdings zu unmöglichen Zeiten. Deshalb sollten Reisende, bevor sie um 4 Uhr morgens von einem Bus am Hafen abgeladen werden, die Angebote von **Don Otto** (02962-452072) prüfen. Dieses Unternehmen setzt seine in südlicher Richtung reisenden Fahrgäste zu verträglicheren Abendzeiten in San Julián ab. **Via Tac** (02962-454049) fährt nach Puerto Madryn (990 Arg$, 12 Std.), **Andesmar** (02962-454403) nach Comodoro Rivadavia (337 Arg$, 6 Std.), **Taqsa/Marga** (02962-454667) nach Bariloche (1250 Arg$, 14 Std.) und Río Gallegos (317 Arg$, 4½ Std.), wo Reisende um 4 Uhr morgens bei Bedarf immerhin in Busse umsteigen können, die weiter nach Süden fahren.

Die Busfahrpläne können sich ändern, es empfiehlt sich also, sich vor Fahrtantritt zu informieren.

Parque Nacional Monte León

Dieser großartige Küstennationalpark wurde im Jahr 2004 eröffnet. Auf einer Fläche von etwa 600 km² schützt er atemberaubende Landvorsprünge und eine charakteristische patagonische Steppe. Sein etwa 40 km langer, umwerfend schöner Küstenabschnitt besticht mit Buchten, Stränden und Wattflächen. In diesem Gebiet gingen einst nomadisierende Ureinwohner auf die Jagd, später siedelten sich Tehuelche an. Bevor es zum Nationalpark erklärt wurde, gehörte das weitläufige Gelände zu einer *estancia*. Heute beheimatet es unzählige Magellanpinguine, Seelöwen, Guanakos und auch einige Pumas. Bei den erstklassigen Möglichkeiten zu Tierbeobachtungen sollte niemand das Fernglas vergessen.

Von der Hauptstraße zweigen Naturpfade in Richtung Küste ab. Der **Pinguinpfad** überquert die Steppe und führt zu einem Aussichtspunkt, von dem aus die Kolonie nicht zu übersehen ist. Es ist verboten, den Pfad zu verlassen. Aber auch so kann man die rund 75 000 Pinguinpärchen gut beobachten. Die Rundwanderung dauert etwa eineinhalb Stunden. Mit dem Auto zu erreichen ist die Klippe **Cabeza de León** (Löwenkopf). Von dort aus sind es nur 20 Minuten zu Fuß bis zur Seelöwenkolonie.

Wer sich für Bootsfahrten interessiert oder Stahlkopfforellen angeln möchte, sollte sich mit der Parkverwaltung (0296-249-8184; www.parquesnacionales.gob.ar/areasprotegidas/region-patagonia-austral/pn-monteleon; 9–20 Uhr) in Verbindung setzen.

◉ Sehenswertes & Aktivitäten

Wenn die Ebbe weite Bereiche des sandigen und steinigen Strands freigibt, lohnt sich eine Wanderung entlang der Küste, die außergewöhnliche geografische Besonderheiten aufweist, am meisten. Eine der markantesten Attraktionen des Parks, **La**

Olla (eine riesige Brandungshöhle), hielt im Oktober 2006 den gewaltigen Kräften der Gezeiten nicht länger stand und stürzte in sich zusammen.

Bei Ebbe kann auch die **Isla Monte León**, die der Küste vorgelagert ist, betreten werden. Von ihren hohen Felsen wurde zwischen 1933 und 1960 intensiv Guano abgebaut. Heute leben hier wieder Kormorane, Dominikanermöwen, Raubmöwen und andere Seevögel. Vorsicht, der Tidenhub ist hier sehr groß, das Wasser kehrt also rasend schnell zurück. Jeder, der am Strand unterwegs sein will, muss sich deshalb vorher immer genau über die Tidezeiten informieren. Die bei Flut unter Wasser stehenden Felsen sind bei Ebbe glitschig!

Schlafen

Doraike ESTANCIA $$
(Hostería Monte León; in Buenos Aires 011-6155-1360; DZ 97 US$, ohne Bad ab 74 US$; Nov.–April) Ein renoviertes, jahrhundertealtes *casco* (Bauernhaus) auf einer 1895 gegründeten *estancia*. Das Haus mit seinen vier Gästezimmern hat sich den spartanischen und gleichzeitig eleganten Stil einer patagonischen Ranch erhalten. Die Eisenstangen-Betten, der Kamin mit den handbemalten Kacheln und die geschmackvolle Originalmöblierung schaffen eine ganz eigene Atmosphäre. Gäste können hier auch essen, und es gibt eine wundervolle Sammlung aus Fossilien, Knochen und Fotoalben zu bestaunen.

An- & Weiterreise

Es gibt keine öffentlichen Busse zum Nationalpark, dafür setzen die die RN 3 befahrenden Busse ihre Passagiere bei Bedarf in fußläufiger Entfernung zum Park ab.

Der Eingang zum Park befindet sich 30 km südlich von Comandante Luis Piedrabuena oder 205 km nördlich von Río Gallegos, unmittelbar neben der RN 3. Die Beschilderung ist schlecht, Besucher müssen also ihre Augen offen halten. Nach schweren Regenfällen, wenn die Lehmstraßen unpassierbar sind, gibt es keinen Zugang zum Strand.

Río Gallegos

02966 / 95 800 EW.

Mit der Verschiffung von Kohle, den Ölraffinerien und den Kränen zum Verladen von Wolle wirkt der geschäftige Hafen von Río Gallegos nicht besonders anziehend auf Touristen.

Unter der Regierung von Néstor Kirchner blühte die Hauptstadt seiner Heimatprovinz zu einem blitzblank aufpolierten Wirtschaftszentrum auf. Sie ist eher ein Zwischenstopp als ein touristisches Ziel. Die Attraktionen für Besucher liegen in der näheren Umgebung der Stadt: einige der besten Fischgründe des Kontinents zum Fliegenfischen, außerdem traditionelle *estancias* und eine Küste mit extrem ausgeprägten Gezeiten (das Wasser weicht 14 m zurück). Obwohl es in der Stadt an Dienstleistungen für Reisende nicht mangelt, fahren die meisten auf dem Weg nach El Calafate, Puerto Natales oder Ushuaia geradewegs durch.

Heute stehen die nahe gelegenen Erdölfelder im Mittelpunkt der wirtschaftlichen Interessen der Stadt, während die Kohle größtenteils zu den Hochseefrachtern in Punta Loyola geschafft wird. Als Standort einer großen Militärbasis spielte Río Gallegos während des unseligen Falklandkrieges eine wichtige Rolle. Die Hauptstraße, einst die Roca, wurde zu Ehren des ehemaligen Staatspräsidenten Néstor Kirchner (1950-2010) umbenannt.

Sehenswertes

Museo Provincial Padre Jesús Molina MUSEUM
(02966-426427; Ecke Av San Martín & Ramón y Cajal; Mo-Fr 9–17, Sa & So 11–19 Uhr) GRATIS Dieses Museum zu den Themen Anthropologie, Paläontologie, Geologie und schöne Künste bietet ein breites Spektrum von Exponaten. Von Dioramen zur Dinosaurierwelt bis hin zu modernen Kunstwerken. Die Ausstellung zum Volk der Tehuelche umfasst u. a. faszinierende Fotoaufnahmen und Stücke zur Lokalgeschichte.

Museo Malvinas Argentinas MUSEUM
(02966-437618; Ecke Pasteur & Av San Martín; Mo-Fr 11–18, Sa & So 10–17 Uhr) GRATIS Dieses Museum widmet sich den argentinischen Ansprüchen auf die Falkland-Inseln. Zu den neueren Ausstellungsstücken gehören von Ex-Soldaten hergestellte Schilder und ein Video zum Thema in englischer Sprache.

Plaza San Martín PLATZ
Eine schöne Plaza mit ruhigen Bänken im Schatten von Pappeln und blühenden Palisanderbäumen.

Museo de los Pioneros MUSEUM
(02966-437763; Ecke Elcano & Alberdi; 10-17 Uhr) GRATIS Dieses Museum in einem in England produzierten metallverkleideten

Río Gallegos

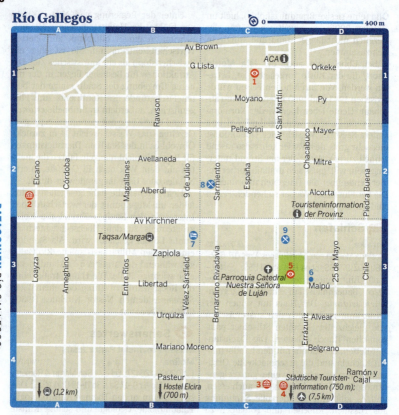

Río Gallegos

👁 Sehenswertes
1 Funda Cruz C1
2 Museo de los Pioneros A2
3 Museo Malvinas Argentinas C4
4 Museo Provincial Padre Jesús
    Molina C4
5 Plaza San Martín C3

✪ Aktivitäten, Kurse & Touren
6 Al Sur Turismo D3

🛏 Schlafen
7 Hotel Aire de Patagonia B3

🍴 Essen
8 La Lechuza C2
9 Pizza Express C3

Fertighaus aus den 1890er-Jahren präsentiert eine interessante Ausstellung über die Lebensbedingungen der ersten Siedler.

Funda Cruz
KULTURZENTRUM

(☎ 02966-424812; G Lista 60; ⏰ Fr–So 16–20 Uhr) Ein schönes importiertes Fertighaus aus Holz. Früher diente es als Zollbüro, heute wird es als Kulturzentrum und gleichzeitig als *salón de té* genutzt.

Reserva Provincial Cabo Vírgenes
NATURSCHUTZGEBIET

(☎ 02966-457829) Magellanpinguine brüten hier, in Argentiniens zweitgrößter Pinguinkolonie, im Zeitraum von September bis März. Das Reservat umfasst außerdem einen Leuchtturm und eine während der Saison geöffnete Snackbar. Das Tierschutzreservat befindet sich 140 km über Schotterpisten entfernt von Río Gallegos. Die einfache Fahrt dorthin kann bis zu drei Stunden in Anspruch nehmen.

Diverse Reisebüros in Río Gallegos bieten den Touristen ab Mitte November organisierte Tagesausflüge zur *estancia* und zum Reservat an.

👉 Geführte Touren

Die große Pinguin-Kolonie am Cabo Vírgenes, 140 km südöstlich von Río Gallegos, kann von Oktober bis März besucht werden. Exkursionen bucht man am besten bei **Al Sur Turismo** (📞 02966-436743; www.alsurturismo.com.ar; Errázuriz 194). Ein achtstündiger Trip kostet pro Person 3250 Arg$, die Mindestteilnehmerzahl liegt bei drei.

🛏 Schlafen & Essen

Die meisten Hotels wenden sich an Geschäftsreisende, preiswerte Unterkünfte sind eher Mangelware.

Hostel Elcira   HOSTEL $
(📞 02966-429856; Zuccarino 431; B/DZ 15/32 US$; 🛜) Ein kitschiger, aber makelloser, freundlicher Familienbetrieb. Er ist relativ weit vom Stadtzentrum entfernt, dafür sind es nur zehn Minuten zu Fuß bis zum Busbahnhof.

Hotel Aire de Patagonia   BOUTIQUEHOTEL $$
(📞 02966-444950; www.hotelairepatagonia.com.ar; Vélez Sársfield 58; DZ inkl. Frühstück 95 US$; 🛜) Modern, aber schon ein wenig abgewohnt, bietet dieses freundliche Boutiquehotel Zimmer mit weichen Baumwolllaken, hellen Böden und Flachbildfernsehern. Die niedliche *confitería* ist ein schöner Zufluchtsort für einen ruhigen Espresso oder ein Brettspiel.

Pizza Express   PIZZA $
(📞 02966-434400; Av San Martín 650; Pizzas 75–210 Arg$; ⊙ 11 Uhr bis spät) Diese Pizzeria ist preiswert und locker, das Personal ist freundlicher als sonst in Río Gallegos üblich. Folglich kommen Studenten und Familien hierher, um neben Pizza Burger, Gnocchi und Salate zu essen, während die älteren Herrschaften sich mit einem kalten Quilmes-Bier erfrischen.

⭐ La Lechuza   ARGENTINISCH $$
(📞 02966-425421; Sarmiento 134; Hauptgerichte 165–250 Arg$; ⊙ 11.30–16 & 20–24 Uhr) Dieses schicke Restaurant inklusive Pizzeria, das zuvor schon in El Calafate erfolgreich war, besitzt das schönste Ambiente aller Restaurants in Río Gallegos. Der Speisesaal ist spärlich beleuchtet, die Wände werden von alten Zeitungen und Weinkisten geschmückt. Es gibt eine umfangreiche Pizzakarte, als Beläge stehen u. a. Spinat, Caprese und patagonisches Lammfleisch sowie Champignons zur Auswahl. Das La Lechuza schenkt auch Wein und andere Spirituosen aus.

ℹ️ Praktische Informationen

Die Banken an der Avenida Kirchner besitzen Geldautomaten.

ACA (Automóvil Club Argentino; 📞 02966-420477; Orkeke 10; ⊙ Mo–Fr 10–14 Uhr) Tankstelle, Straßenkarten und weitere Services.

Chilenisches Konsulat (📞 02966-422364; Moreno 148; ⊙ Mo–Fr 9–13 Uhr) Für Visas für Chile.

Hospital Regional (📞 02966-420289; José Ingenieros 98)

Einwanderungsbehörde (📞 02966-420205; Urquiza 144; ⊙ Mo–Fr 9–15 Uhr)

Städtische Touristeninformation (📞 02966-436920; www.turismo.riogallegos.gov.ar; Av Beccar 126; ⊙ Mo–Fr 7–21, Sa & So 8–14 & 16–20 Uhr) Eine nützliche Touristeninformation außerhalb des Stadtzentrums. Im Busbahnhof gibt es einen weiteren, allerdings nur sporadisch besetzten Informationsschalter.

Post (Ecke Av Kirchner & San Martín; ⊙ Mo–Fr 9–16.30 Uhr)

Touristeninformation der Provinz (📞 02966-437412; www.santacruzpatagonia.gob.ar; Av Kirchner 863; ⊙ Mo–Fr 9–15 Uhr) Sehr hilfsbereit, es gibt Karten, detaillierte Informationen und zweisprachiges Personal.

ℹ️ An- & Weiterreise

BUS

Der **Busbahnhof** von Río Gallegos (Ecke RN 3 & Av Eva Perón) liegt etwa 3 km südwestlich vom Stadtzentrum. Zu den Busunternehmen hier gehören **El Pingüino** (📞 02966-442169), **Don Otto** (📞 02966-442160), **Bus Sur** (📞 02966-442687), **Andesmar** (📞 02966-442195), **Sportman** (📞 02966-442595) und **TAC** (📞 02966-442042). Strecken nach Chile bedienen die Busgesellschaften **Ghisoni** (📞 02966-457047), **Pacheco** (📞 02966-442765) und **Tecni-Austral** (📞 02966-442427). **Taqsa/Marga** (📞 02966-442003; www.taqsa.com.ar; Estrada 71) fährt auf dem kürzesten Weg vom Flughafen nach Puerto Natales und El Calafate.

FLUGZEUG

Río Gallegos' **Piloto Civil Norberto Fernández International Airport** (📞 02966-442340; RN 3, km 8) liegt 7 km nordwestlich der Stadt. Seit Kurzem bieten Billigflieger Verbindungen nach Buenos Aires, El Calafate und Comodoro Rivadavia an. **Aviación Civil Argentina** (ANAC; www.anac.gob.ar) zeigt auf der Website eine Karte mit den neuen Routen und Anbietern.

Aerolíneas Argentinas (📞 0810-2228-6527; Av San Martín 545; ⊙ Mo–Fr 9.30–17, Sa bis 12 Uhr) fliegt einmal pro Tag nach Buenos Aires

Busse ab Río Gallegos

REISEZIEL	FAHRPREIS (ARG$)	FAHRZEIT (STD.)
Buenos Aires	2750	36–40
Comodoro Rivadavia	725	9–11
El Calafate	400	4
El Chaltén	440	9
Esquel	1930	18
Puerto Madryn	1157	15–20
Puerto San Julián	337	4½
Punta Arenas (Chile)	540	5-6
Río Grande	850	8–10
Trelew	1270	14–17
Ushuaia	920	12

(einfacher Flug 2900 Arg$) und ziemlich häufig nach Ushuaia (7027 Arg$). **LADE** (02966-422316; Fagnano 53; Mo–Fr 8–15 Uhr) fliegt mehrmals in der Woche nach Buenos Aires, Río Grande, El Calafate, Comodoro Rivadavia und Ushuaia. **LATAM** (02966-457189; www.latam.com) unterhält einen eigenen Schalter am Flughafen.

Unterwegs vor Ort

Es ist einfach, in kleinen Gruppen Taxis (100 Arg$) zwischen Stadtzentrum, Busbahnhof und Flughafen zu benutzen und sich den Fahrpreis zu teilen. An der Avenida Kirchner stehen Busse mit den Bezeichnungen ‚B' oder ‚Terminal', die das Stadtzentrum mit dem Busbahnhof verbinden (14 Arg$).

Mietwagen sind aufgrund des schlechten Straßenzustands zu den meisten Sehenswürdigkeiten teuer. Trotz der Geldwechselgebühren können Leihwagen in Punta Arenas in Chile günstiger sein. Der zuverlässigste örtliche Autovermieter ist **Riestra Rent A Car** (02966-421321; www.riestrarentacar.com; Av San Martín 1508; Mo–Fr 9–13 & 15–19, Sa 10–13 Uhr).

PATAGONIENS BINNENLAND

Mit Ausnahme der Verkehrsdrehkreuze El Calafate und El Chaltén führen die RN 40 und ihre Abzweigungen tief hinein in die kleinen Nester von Patagoniens Hinterland. Die RN 40 ist die ultimative Überlandstraße und verläuft parallel zum Rückgrat der Anden, wo Nandus durch Wermutsträucher streifen und Lkw Staub aufwirbeln.

Die RN 40 beginnt im Norden von Bariloche und verläuft entlang der mächtigen Andenkette bis an die chilenische Grenze in der Nähe von Puerto Natales. Dort macht die Straße einen abrupten Schwenk Richtung Osten zum Atlantischen Ozean hin. Zu den Highlights auf dieser Strecke gehören die Nationalparks Perito Moreno und Los Glaciares sowie die Cueva de las Manos mit ihren Felsenmalereien und einige einsam gelegene *estancias*.

Esquel

02945 / 32 400 EW. / HÖHE 570 M

Wer von Bariloches Läden mit all ihrer Schokolade und den Zwergen ebenso genug hat wie von der Postkartenidylle des argentinischen Seengebiets, dem wird das gute alte Esquel wie eine frische Brise vorkommen. Die Stadt liegt in den westlichen Gebirgsausläufern der Provinz Chubut, einer traumhaft schönen Landschaft mit ausgezeichneten Wandermöglichkeiten. Esquel ist ein bequemer Ausgangspunkt für den Besuch des Parque Nacional Los Alerces und für weitere erlebnisreiche Aktivitäten – der ideale Ort, um sich von den Strapazen der Fahrt auf der RN 40 zu erholen.

Die um die Wende des 20. Jhs. gegründete Stadt ist das Viehhandels- und Wirtschaftszentrum der Region. Außerdem befindet sich hier die südliche Endstation von *La Trochita*, der historischen Schmalspurdampfeisenbahn. Der Name der Stadt stammt aus dem Mapudungun, der Sprache der Mapuche, und bedeutet „Sumpf" oder „Ort der Disteln".

Die RN 259 schlängelt sich durch die Stadt, bis sie auf die RN 40 stößt, die in nördlicher Richtung nach El Bolsón und südwärts nach Comodoro Rivadavia führt. Südlich der Stadt zweigt von der RN 259 auf der Strecke Richtung Trevelin eine Straße zum Parque Nacional Los Alerces ab.

Sehenswertes & Aktivitäten

Esquels größter Pluspunkt ist die Vielfalt an Outdooraktivitäten, insbesondere im Parque Nacional Los Alerces und im Skigebiet La Hoya. Die Seen und Flüsse in der näheren Umgebung der Stadt bieten ausgezeichnete Fischgründe, um beispielsweise dem **Fliegenfischen** zu frönen. Die Angelsaison reicht von November bis April. Angelscheine verkauft z. B. das Büro des ACA (argentinischer Automobilclub; S. 494) in der YPF-Tankstelle. **Mountainbiken** ist eine ausgezeichnete Möglichkeit, um die Hügellandschaft und die Wege vor den Toren der Stadt zu erkunden.

Museo del Tren
MUSEUM
(✆ 02945-451403; Ecke Roggero & Urquiza; ⊙ Mo, Mi & Fr 9.30–12 Uhr) `GRATIS` Dieses Bahnmuseum befindet sich direkt am Stadtrand in der Bahnstation der Ferrocarril Roca. Hier hält auch *La Trochita*, Argentiniens berühmte Schmalspurdampfeisenbahn. In den Sommermonaten verkaufen mehrere Reisebüros in Esquel Fahrkarten für eine Rundfahrt mit diesem historischen Zug.

Cerro La Hoya
WINTERSPORT
(✆ 02945-453018; www.cerrolahoya.com; Lift Erw./Kind 600/450 Arg$; ⊙ Skisaison Juni–Okt.) Das Skiresort befindet sich nördlich von Esquel auf etwa 1350 m Höhe. Trotz seiner weiten Senken und einiger der besten Pulverschneepisten Argentiniens nimmt sein Bekanntheitsgrad bisher nur allmählich zu. Im Vergleich zu den Skigebieten bei Bariloche ist La Hoya preisgünstiger und weniger überfüllt, aber insgesamt auch kleiner. Außerdem bewegen sich die Schwierigkeitsgrade seiner Pisten eher im moderaten Bereich. Für Familien eignet sich das Skiresort allerdings hervorragend. Skiausrüstungen kann man sich direkt in La Hoya oder in den Sportgeschäften in Esquel ausleihen. Es gibt einen Transfer ins Skigebiet mit Minibus oder Taxi. Das Skigebiet liegt 13 km nördlich von Esquel.

Coyote Bikes
RAD FAHREN
(✆ 02945-455505; www.coyotebikes.com.ar; Rivadavia 887; pro Tag 180 Arg$; ⊙ Mo–Fr 9–13 & 16–20.30, Sa 9–13 Uhr) Coyote Bikes verleiht im Sommer Mountainbikes und informiert über interessante Strecken.

👉 Geführte Touren

Circuito Lacustre
BOOTSFAHRTEN
Zahlreiche Reisebüros verkaufen Fahrkarten für die Bootsexkursion Circuito Lacustre im Parque Nacional Los Alerces. Wer in Es-

---

LA TROCHITA: DER ALTE PATAGONIENEXPRESS

Im heutigen Jet-Zeitalter wirkt Ferrocarril Rocas **La Trochita** (✆ 02945-451403; www.latrochita.org.ar; 750 Arg$) wie ein Anachronismus. Argentiniens berühmte Schmalspurdampfeisenbahn erreicht auf ihrer kurvenreichen Strecke zwischen Esquel und Nahuel Pan gerade einmal ein Tempo von knapp 30 km/h – sofern der Zug Höchstgeschwindigkeit fährt. Der Zug – von Paul Theroux ironisch *Der alte Patagonienexpress* genannt – ist eher eine Touristenattraktion als ein öffentliches Verkehrsmittel. In der Hauptsaison im Januar und Februar fährt der Zug fast täglich, in der Nebensaion nur einmal in der Woche.

Wie bei vielen staatlichen Projekten zog sich auch die Fertigstellung dieser Eisenbahnlinie endlos in die Länge – der Streckenbau dauerte von 1906 bis 1945. Die Schmalspurbahn musste einige der merkwürdigsten Unglücksfälle der Eisenbahngeschichte erleiden: In den späten 1950er-Jahren bis Anfang der 1960er hoben Windböen den Zug dreimal aus den Gleisen. Vereiste Gleise führten zu weiteren Zugentgleisungen. 1979 kollidierte der Zug südlich von El Maitén bei Km 243 mit einer Kuh – der Lokführer hieß passenderweise Señor Bovino (Herr Rind).

La Trochitas' 402 km lange Originalstrecke zwischen Esquel und Ingeniero Jacobacci war vermutlich eine der am längsten in Betrieb gehaltenen Dampfzuglinien der Welt. An der Strecke lagen ein Dutzend Stationen und neun *apeaderos* (Bedarfshaltestellen). Der Betrieb wurde 1993 eingestellt. Alle 40 bis 45 km wurden die 4000 l fassenden Wassertanks der belgischen Baldwin- und der deutschen Henschel-Loks an strategisch günstig platzierten *parajes* (Pumpen) aufgefüllt. Die meisten der mit Holzöfen beheizbaren Personenwaggons stammen wie die Güterwagen von 1922.

Die Fahrt von Esquel zur 20 km weiter östlich gelegenen Bahnstation Nahuel Pan (früher die erste Station auf der Gesamtstrecke) dauert 45 Minuten. Eine frühzeitige Buchung lohnt sich, da die Tour vor allem bei Gruppen sehr beliebt ist. Gegen einen kleinen Aufpreis organisieren die Reisebüros in Esquel die Rückfahrt mit einem Minibus.

quel seine Karte vorher kauft, bekommt garantiert einen Platz bei diesem sehr beliebten Trip. Die ganztägigen Ausflüge inklusive Fahrt über den See führen zum Aussichtspunkt im Nationalpark (1800 Arg$) oder zum Glacier Torre Sillas (2400 Arg$). Im Kartenpreis ist der Transfer zum und vom Park inbegriffen.

EPA ABENTEUER

(Expediciones Patagonia Aventura; 02945-457015; www.epaexpediciones.com; Av Fontana 484; 9–13 & 17–20.30 Uhr) EPA hat Floßfahrten, Canyoning, Ausritte und Wanderungen im Angebot. Reisende, die an der Weißwasser-Floßfahrt (halber Tag 1500 Arg$ inkl. Transport) auf dem Río Corcovado (90 km entfernt) teilnehmen, können in dem empfohlenen Hotel am Flussufer übernachten. Touren durch die Baumwipfel, Ausritte und Wanderungen beinhalten Übernachtungen im Bergzentrum, einer schöne Holzhütte im Parque Nacional Los Alerces. Die Gäste können hier Kajaks nutzen, außerdem ist Camping möglich.

Feste & Events

Semana de Esquel KULTUR

(Feb.) Die jährliche Veranstaltung zur Feier der Stadtgründung im Jahr 1906 dauert eine Woche.

Fiesta Nacional de Esquí SPORT

(Nationales Skifestival; Mitte Sept.) Findet statt in La Hoya, inklusive Skiwettbewerben am Cerro La Hoya, Gourmetessen und sogar einer Modenschau.

Schlafen

Esquel verfügt über viele Unterkünfte. Die Touristeninformation (S. 494) stellt Listen zur Verfügung, auf denen auch Hütten und Apartments für Skitouristen zu finden sind.

★ Sol Azul HOSTEL $

(02945-695556; www.hostelsolazul.com.ar; Rivadavia 2869; B 15 US$; @ 🕾) Dieses gemütliche Hostel ähnelt einer schönen Berghütte. Gäste finden sogar eine türkische Sauna und eine voll ausgestattete Küche in Industriestandard vor, komplett mit Gewürzauswahl. Hin und wieder werden Abendessen aus lokalen Zutaten serviert. Die Schlafräume sind in einem Haus hinten. Sie verfügen über Fußbodenheizung und kleine, aber saubere Bäder. Das Sol Azul liegt am Nordrand der Stadt. Um in die Stadt zu kommen ist ein Taxi am einfachsten.

Planeta Hostel HOSTEL $

(02945-456846; www.planetahostel.com; Av Alvear 1021; B/DZ inkl. Frühstück 24/82 US$; 🕾) Dieses alte, bunt bemalte Haus im Stadtzentrum hat einen netten Service, aber enge Zimmer. Dafür liegen die Daunendecken, die makellose Gemeinschaftsküche und das TV-Zimmer über dem Durchschnitt.

Hostería Canela B&B B&B $$

(02945-453890; www.canelaesquel.com; Ecke Los Notros & Los Radales, Villa Ayelén; DZ/3BZ inkl. Frühstück 135/170 US$, 4-Pers.-Apt. 244 US$; 🕾) Veronica und Jorge betreiben dieses feine B&B in einem Kieferwäldchen 2 km außerhalb von Esquels Stadtzentrum. Das Haus ist elegant und komfortabel und ideal für ältere Gäste. Die englischsprachigen Gastgeber bringen bei Bedarf Tee auf die Zimmer, die bequemen Betten sind mit blendend weißen Laken bezogen.

Hostería La Chacra B&B $$

(02945-452802; www.lachacrapatagonia.com; RN 259, km 5; DZ/3BZ inkl. Frühstück 85/100 US$; @ 🕾 ≋) Wer ein wenig lokale Kultur möchte, ist in diesem Landhaus aus den 1970er-Jahren mit hellen Zimmern, amerikanischem Frühstück und dicken Daunenbetten genau richtig. Der Besitzer Rini ist ein wunderbarer Gastgeber und ein Kenner der Geschichte der walisischen Besiedlung. Gäste erreichen das Hotel mit einem Shuttle, mit dem Taxi oder dem Bus nach Trevelin, der einmal in der Stunde fährt.

Sur Sur HOTEL $$

(02945-453858; www.hotelsursur.com; Av Fontana 282; DZ/3BZ inkl. Frühstück 88/118 US$; 🕾) Dieses beliebte Hotel im Familienbesitz verströmt Wärme und Gemütlichkeit. Die kleinen gefliesten Zimmer haben TV-Geräte, Ventilatoren und Haartrockner. Die Flure sind dekoriert mit Fotos der Gegend von ehemaligen Hotelgästen. Frühstücksbüfett.

Hostería Angelina GASTHAUS $$

(02945-452763; www.hosteriaangelina.com.ar; Av Alvear 758; DZ/Apt. ab 76/107 US$; @ 🕾) Gastfreundlich und schick und mit dem Brunnen im Innenhof entspricht das Angelina internationalem Standard. Dies gilt auch für den professionellen Service und das gute Frühstücksbüfett.

★ Las Bayas Hotel BOUTIQUEHOTEL $$$

(02945-455800; www.lasbayashotel.com; Av Alvear 985; DZ/3BZ inkl. Frühstück ab 186/204 US$; 🕾) Dieses elegante Boutiquehotel ragt aus der örtlichen Szene heraus. Das geschmackvolle Design basiert auf Holzakzenten, warmen Wolltextilien und modernen Elementen. Die geräumigen Zimmer sind ausgestattet mit Flachbildschirm-TV, DVDs, Kitchenettes und Badewannen mit Massagedüsen. Es gibt außerdem ein Wellnessangebot. Das Gourmetrestaurant bietet eine interessante Karte (Hauptgerichte 195–300 Arg$) mit Schwerpunkt auf lokalen Zutaten, Wild und Forelle.

Essen

Quillen VEGETARISCH $
(02945-400212; Av Fontana 769; Hauptgerichte 120–200 Arg$; Di 9–15, Do–Sa 9–15 & 20–1 Uhr;) Für Pizza, Pasta, frische Limonade und andere kulinarische Genüsse werden hier Bioprodukte verwendet und das Bier stammt aus einer Mikrobrauerei. Damit passt das Quillen eigentlich besser in das hippe Stadtviertel Palermo von Buenos Aires als in die Vorgebirgslandschaft der Anden. Nun denn, das Quillen gibt es und seine leichten veganen und vegetarischen Gerichte sind ein Glücksfall – ganz besonders für jene, die gerade gerädert von der RN 40 kommen.

Dimitri BÄCKEREI $
(02945-15-584410; Rivadavia 805; Hauptgerichte 45–80 Arg$; Mo–Sa 9–20 Uhr) Dieses wunderbare, pastellfarbene Café serviert große Salate, Backwaren und Sandwiches, bei denen man aus drei unterschiedlichen Brotsorten wählen kann. Die Gäste bekommen hier in lockerer Atmosphäre sowohl Bier als auch Café in Barista-Qualität.

Don Chiquino ITALIENISCH $$
(02945-450035; Av Ameghino 1641; Hauptgerichte 190 Arg$; 12–15.30 & 20–24 Uhr) Pasta ist in Argentinien wahrlich keine Sensation mehr. Aber der Besitzer, der die Gäste mit Zaubertricks unterhält, ist es schon. Das Ambiente ist auf nette Art überladen, die Gerichte wie *sorrentinos* mit Rucola sind anständig.

La Esquina ARGENTINISCH $$
(02945-455362; 25 de Mayo 602; Hauptgerichte 140–270 Arg$; 7.30–2 Uhr;) Diese lebhafte Mischung aus Restaurant und Bar mit Lederbänken und karierten Fliesen hat all die Eigenschaften eines Cafés in Buenos Aires. Die Gäste können hier Bier vom Fass, *cafe con leche* mit *medialunas* (Milchkaffee mit Croissants), Salate und auch deftigere Kost bekommen. Ebenfalls ein guter Ort für ein Frühstück mit Eiern und Speck, wenn einem der Sinn danach steht.

★ **Legua 50** INTERNATIONAL $$$
(02945-452875; Ecke Belgrano & San Martín; Hauptgerichte 220–300 Arg$; Mo–Sa 11–15 & 20–24 & So 11–15 Uhr) Das Legua 50 gilt als Esquels bestes Restaurant. Es handelt sich in jedem Fall um die eleganteste Adresse der Stadt mit elfenbeinfarbenen Ledernischen, Lichtkaskaden und Buntglas in der Bar. Die hervorragenden Rib-Eye-Steaks, die grünen Salate und Forelle in schwarzer Butter werden allesamt höchst kunstvoll angerichtet. Es gibt eine ausgezeichnete Weinkarte, und der Service ist absolut erstklassig. Auch die Cocktails überzeugen.

Ausgehen

Heiskel HAUSBRAUEREI
(02945-15-507177; Chacabuco 2311; Di–Sa 19–23.30 Uhr) Diese winzige Bar ist häufig gut gefüllt. Ihr Schwerpunkt liegt auf der Einfachheit. Das Heiskel serviert eine Reihe von selbst gebrauten Biersorten (das IPA ist besonders empfehlenswert) und dazu gibt es Platten mit Fleisch und Käse. Die Gäste können durch große Fenster beim Brauen zusehen.

Charla Cafe CAFÉ
(02945-400714; 25 de Mayo 602; 8–21 Uhr) Dieses stilvolle Café serviert ausgezeichneten Kaffee, dazu Scones und selbst gebackene Kuchen sowie *alfajores* (keksähnliche Sandwiches, die meist mit Milchkaramell gefüllt sind). Es gibt ein paar Tische an der frischen Luft.

El Bodegón BAR
(02945-15-428117; Rivadavia 905; 11–15 & 19 Uhr bis spät) El Bodegón ist eine gemütliche Restobar mit Tischen an der Straße und Krügen gefüllt mit kaltem Bier. Im Sommer gibt es täglich, außerhalb der Saison einmal in der Woche Veranstaltungen mit Livemusik. Dargeboten wird alles vom argentinischem Rock bis hin zu Blues und Alternative Music.

Unterhaltung

Dirección Municipal de Cultura LIVEVERANSTALTUNGEN, KINO
(02945-451929; https://es-la.facebook.com/CulturaEsquel; Belgrano 330) Dirección Municipal de Cultura widmet sich der Musik, dem Kino, Theater und Tanz.

🛈 Praktische Informationen

ACA (Automóvil Club Argentino; ☏ 02945-452382; Ecke 25 de Mayo & Av Ameghino; ⊙ tagsüber) In der YPF-Tankstelle. Verkauft auch Angellizenzen.

Banco de la Nación (☏ 02945-450005; Av Alvear 866; ⊙ 8–13 Uhr) Besitzt einen Geldautomaten und löst Reiseschecks ein.

Banco del Chubut (Av Alvear 1147; ⊙ 8–13 Uhr) Besitzt einen Geldautomaten.

Chilenisches Konsulat (☏ 02945-451189; Molinari 754; ⊙ nach Vereinbarung)

Hospital Regional (☏ 02945-450009; 25 de Mayo 150)

Post (☏ 02945-451865; Av Alvear 1192; ⊙ Mo-Fr 8–13 & 16–19 Uhr) Neben der Touristeninformation.

Touristeninformation (☏ 02945-451927; www.esquel.tur.ar; Ecke Av Alvear & Sarmiento; ⊙ Mo-Fr 8–20, Sa & So 9–20 Uhr) Gut organisiert, hilfsbereit und mehrsprachig. Verfügt über ein eindrucksvolles Spektrum an Karten und Broschüren.

🛈 An- & Weiterreise

AUTO

Mietwagen der Kompaktklasse sind ab etwa 1600 Arg$ pro Tag zu bekommen, wobei üblicherweise 100 km und die Versicherung inbegriffen sind. **Los Alerces Rent A Car** (☏ 02945-456008; http://losalercesrentacar.com.ar; Sarmiento 765; ⊙ Mo–Fr 9.30–13.30 & 16.30–20.30, Sa 9.30–13.30 Uhr) hat eine anständige Auswahl an Fahrzeugen.

BUS

Esquels **Busbahnhof** (Ecke Av Alvear & Brun) befindet sich in der Nähe des Stadtzentrums.

Transportes Jacobsen (☏ 02945-454676) fährt montags und freitags jeweils um 8 und um 18 Uhr nach Futaleufú in Chile (105 Arg$, 1½ Std.). Die Busse nach Trevelin (30 Arg$, 30 Min.) fahren einmal in der Stunde und halten auf ihrem Weg aus der Stadt an der Ecke Avenida Alvear und 25 de Mayo.

In den Sommermonaten fahren die Busse von **Transportes Esquel** (☏ 02945-453529; www.transportesesquel.com.ar) durch den Parque Nacional Los Alerces zum Lago Futalaufquen (1¼ Std.). Abfahrt ist täglich 8 Uhr (im Januar zusätzlich um 14 und 18 Uhr). Der 8-Uhr-Bus fährt weiter zum Lago Puelo (6 Std.) und hält unterwegs um 10.30 Uhr am Lago Verde und um 12 Uhr in Cholila (150 Arg$). Mit einem Pauschalticket kann man die Fahrt auf der Strecke zwischen Esquel und Lago Puelo beliebig oft unterbrechen (sowohl hin als auch zurück). Außerhalb der Saison verkehren die Busse seltener.

Von Dezember bis April nimmt der Touristen-Busservice **Chaltén Travel** (www.chaltentravel.com) an ungeraden Tagen des Monats Fahrgäste an der Rotunda an der Kreuzung der RN 40 an Bord und fährt dann über die RN 40 nach El Chaltén, El Calafate (2140 Arg$2140) sowie zu Zielen zwischen diesen beiden Orten.

FLUGZEUG

Esquels **Flughafen** (☏ 02945-451676) liegt 20 km östlich der Stadt neben der RN 40. Reisende kommen mit dem Taxi (400 Arg$) in die Stadt. Neue Billigfluglinien, u. a. **Norwegian Air** (www.norwegian.com/ar), fliegen seit Mitte 2018 von hier aus Buenos Aires an.

Aerolíneas Argentinas (☏ 02945-453614; Av Fontana 406; ⊙ Mo–Fr 9–17 Uhr) fliegt mehrmals pro Woche nach Buenos Aires (einfacher Flug ab 3490 Arg$).

ZUG

Der Schmalspurdampfzug La Trochita (S. 491) fährt von dem kleinen Bahnhof Roca (Ecke Roggero & Urquiza; ⊙ Mo–Sa 8–14 Uhr) ab. Es gibt eine recht häufig fahrende Linie nach Nahuel Pan, die vor allem auf Touristen abzielt. Vor der Fahrt sollten Interessenten sich sicherheitshalber online oder bei der Touristeninformation über den aktuellen Fahrplan erkundigen.

Busse ab Esquel

REISEZIEL	FAHRPREIS (AR$)	FAHRZEIT (STD.)
Bariloche	330	4¼
Buenos Aires	2300	25
Comodoro Rivadavia	830	8
El Bolsón	190	2½
Neuquén	815	10
Puerto Madryn	882	7–9
Río Gallegos	1930	18
Trelew	871	8–9

Trevelin

☏ 02945 / 7900 EW. / HÖHE 735 M

Der Name des historischen Städtchens Trevelin (zweite Silbe lang und betont) setzt sich aus den walisischen Wörtern für Stadt *(tre)* und Mühle *(velin)* zusammen. Es ist die einzige Ortschaft, die im Hinterland der Provinz Chubut einen ausgeprägten walisischen Charakter aufweist. Wer dem Getümmel von Esquel (nicht vergessen, hier ist alles relativ) ausweichen will, sucht sich in dieser ruhigen und idyllischen Postkartenschönheit eine nette Unterkunft. Zumindest lohnt sich ein Tagesausflug, um ein Tässchen Tee zu trinken und um die nähere Umgebung zu erkunden – die nur darauf wartet, entdeckt zu werden.

Trevelin liegt 22 km südlich von Esquel, der Weg dorthin führt über die asphaltierte RN 259. Wie die Speichen eines Rades gehen von der zentralen Plaza Coronel Fontana acht Straßen ab. Dazu gehört auch die Avenida San Martín, die Hauptdurchgangsstraße und zugleich die südliche Verlängerung der RN 259. Nach einem Schwenk in westliche Richtung führt die RN 259 zur 50 km entfernten chilenischen Grenze. Nach weiteren 12 km ist Futaleufú erreicht.

Feste & Events

Eisteddfod KULTUR
(⊙Ende Okt.) Das größte walisische Fest des Jahres. Bei dieser mehrsprachigen Veranstaltung wetteifern Barden in Musik und Dichtung.

Schlafen

Hostería Casa de Piedra LODGE $$
(☎02945-480357; www.casadepiedratrevelin.com; Brown 244; DZ inkl. Frühstück 100 US$; ✻🛜) Ein Paradies für Angler und Freunde des Allradantriebs. Diese elegante Steinlodge begeistert mit einem riesigen Kamin und rustikalen Akzenten. In manchen Zimmern stehen Heimtrainer, und das Frühstücksbüfett ist u. a. mit Joghurt, selbst gebackenem Brot, Kuchen und Obst bestückt. Bezahlung mit Kreditkarte möglich.

Cabañas Wilson HÜTTEN $$
(☎02945-480803; www.wilsonpatagonia.com.ar; RN 259 at RP 71; 4-/6-Pers.-Hütte 147/190 US$; 🛜) Gäste können in diesen Hütten aus Holz und Backstein am Stadtrand vor allem die Ruhe genießen. Zum Paket gehören die tägliche Reinigung, zusätzliche Bettdecken, Holzmobiliar und eine Grillterrasse. Das üppige Frühstück ist optional.

Cabañas Oregon HÜTTEN $$
(☎02945-480408; www.oregontrevelin.com.ar; Ecke Av San Martín & JM Thomas; 4-Pers.-Hütte 94 US$; 🛜) Diese hübschen Holzhütten liegen verstreut in einer Apfelplantage am Südrand der Stadt. Sie sind komplett ausgestattet mit handgemachten Holzmöbeln, Küche und TV. Man ist hier kinderfreundlich, es gibt sogar eine Schaukel. Das zum Anwesen gehörende Grillrestaurant (Büfettgrill 250–350 Arg$, Di geschl.) gilt als das beste Lokal der Stadt für Fleischliebhaber und hat einen guten Service.

Essen & Ausgehen

Trevelin besitzt mehrere anständige Restaurants. Und so, wie Besucher von Trelew nach Gaiman streben, so kommen die Besucher von Esquel nach Trevelin, um die walisische *teatime* zu genießen. Die Teehäuser haben meist von etwa 15 bis 20 Uhr geöffnet. Die Portionen sind häufig so groß, dass zwei Personen sie sich teilen können. Die Gäste sollten allerdings vorher fragen, ob das in Ordnung ist.

★ Nikanor ARGENTINISCH $$
(☎02945-480400; Libertad 56; Hauptgerichte 190–280 Arg$; ⊙12.30–14.30 & 20.30–23 Uhr) Das Besitzerehepaar tischt in diesem historischen Haus aus dem 20. Jh. ausgezeichnete hausgemachte Gerichte auf. Zu den Empfehlungen gehören mit Lammfleisch gefüllte Ravioli, hausgemachtes eingelegtes Gemüse und Paté sowie flambierte Crêpes zum Nachtisch. Die Weinkarte legt das Schwergewicht auf Argentinien. Die liebevoll renovierte Umgebung begeistert mit offen liegenden Backsteinen und Balken und einem Fenster in der Wand, das die ursprüngliche Konstruktion aus Lehm und Bambus zeigt.

La Mutisia TEEHAUS
(☎02945-480165; www.casadetelamutisia.com.ar; Av San Martín 170; ⊙15.30–20.30 Uhr) Gäste können sich in diesem Teehaus (Teatime pro Person 280 Arg$) darauf verlassen, dass alles selbst gebacken und gekocht ist. Für den kleinen Hunger können die Gerichte auch geteilt werden, wenn man um eine Extratasse (50 Arg$) bittet.

Nain Maggie TEEHAUS
(☎02945-480232; www.nainmaggie.com; Perito Moreno 179; ⊙15.30–20 Uhr) Trevelins ältestes Teehaus ist in einem modernen Gebäude untergebracht, hat aber hohe traditionelle Standards. Neben einer nie versiegenden Teekanne gibt es hier Sahnekuchen, *torta negra* und Scones (Teatime 310 Arg$).

Shoppen

Mercado de Artisanos MARKT
(⊙9–15 Uhr) Dieser Kunsthandwerkermarkt füllt im Sommer jeden Sonntag und den Rest des Jahres über an jedem zweiten Sonntag die Plaza Coronel Fontana.

Praktische Informationen

Banco del Chubut (Ecke Av San Martín & Brown; ⊙Mo–Fr 8–13 Uhr) Unmittelbar südlich von Trevelins Plaza, inklusive Geldautomat.

Gales al Sur (📞 02945-480427; www.galesalsur.com.ar; Patagonia 186; ⊘ Mo–Sa 9–12 & 15.30–20.30 Uhr) Arrangiert Touren in der Region.

Post (Av San Martín; ⊘ Mo–Fr 8.30–15 Uhr) Unmittelbar südlich von Trevelins Plaza.

Touristeninformation (📞 02945-480120; www.trevelin.gov.ar; ⊘ 8–20 Uhr) Sehr hilfsbereit, mit einem kostenlosen Stadtplan, Informationen zu lokalen Wandermöglichkeiten und englischsprachigem Personal.

❶ An- & Weiterreise

Am besten lässt sich die landschaftlich sehr schöne Umgebung von Trevelin mit dem Mietwagen erkunden. In der Nähe von **Gales del Sur** (📞 02945-480427; RN 259) gibt es allerdings auch eine Bushaltestelle (RN 259). Von hier aus fährt jede Stunde Busse nach Esquel (19 Arg$, 30 Min.) sowie Busse nach Futaleufú und Comodoro Rivadavia.

Die Busse überqueren die Grenze ins chilenische Futaleufú (84 Arg$, 1. Std.) montags und freitags um 8.30 und 16 Uhr, im Sommer auch mittwochs.

Parque Nacional Los Alerces

Dieses Ensemble aus reißenden Bächen, bewaldeten Bergen und spiegelglatten Seen erfüllt praktisch alle Anden-Klischees. Der Nationalpark (www.parquesnacionales.gob.ar/areas-protegidas/region-patagonia/pn-los-alerces; Erw./Kind 250/60 Arg$) liegt westlich von Esquel und bedeckt eine Fläche von 2630 km². Er schützt einige der weltweit größten Wälder der alten Baumsorte Alerce *(Fitzroya cupressoides)*, der Patagonischen Zeder oder Zypresse, die noch erhalten sind. Der Park wurde 2017 dank dieser bis zu 4000 Jahre alten Bäume in die Liste des Unesco-Welterbes aufgenommen. Während die Wildnis dieses Nationalparks auch den nur selten zu sehenden Südlichen Huemul (Südanden-Hirsch) und andere wilde Tiere beherbergt, handelt es sich bei Los Alerces in erster Linie um eine botanische Schatzkammer.

Die meisten Wanderer besuchen die bekannteren Parks im Norden und Süden und verpassen so dieses Juwel. Das macht die Erfahrung für diejenigen, die hierher kommen, umso schöner. Da die Anden hier relativ niedrig sind, laden aus Westen kommende Stürme in dieser Gegend pro Jahr fast 3000 mm Regen ab. Der östliche Teil des Parks ist deutlich trockener. Die Temperaturen im Winter liegen bei durchschnittlich 2 °C. Das bedeutet, dass es durchaus noch deutlich kälter werden kann. Die durchschnittliche Höchsttemperatur im Sommer pendelt sich bei 24 °C ein, die Abende sind jedoch meist kühl.

Aktivitäten

Neben Segeln und Wandern haben die Reisebüros in Esquel auch Aktivitäten wie Angeln, Kanufahren, Mountainbiken, Schnorcheln und Reiten im Repertoire.

Boot fahren

Der **Circuito Lacustre** ist traditionell die populärste Exkursion in Los Alerces. Die Barkassen fahren von Puerto Chucao (1½ Std.) zu dem Naturpfad **El Alerzal**, von wo aus man am einfachsten Alerces sehen kann. Besucher können Puerto Chucao bei Bedarf ebenfalls über einen sehr malerischen 1500 m langen Pfad erreichen, der die Brücke über den Río Arrayanes überquert.

Das Boot liegt etwa eine Stunde am Beginn des Pfades El Alerzal. Das reicht aus für eine halbwegs gemächliche Wanderung über den Rundpfad, der am **Lago Cisne** und einem attraktiven Wasserfall vorbeiführt, um schließlich an **El Abuelo** (Großvater) zu enden, einer 57 m hohen, 2600 Jahre alten Alerce.

Die Exkursionen von Puerto Chucao aus (1200 Arg$) starten um 11.30 Uhr und kehren gegen 17 Uhr zurück. Im Sommer sollten Reisende sich vorher eine Karte in Esquel kaufen um sicherzugehen, dass sie einen Platz bekommen.

Zusätzlich gibt es Kajaktrips auf vielen der Seen in dem riesigen Naturpark. Motorboote sind heute auf dem Lago Futalaufquen oder dem Río Arrayanes nicht mehr erlaubt.

Kayak Soul Aventuras   KAJAKFAHREN
(📞 02945-15-415669; www.kayaksoul.com.ar; Geführte Touren ab 840 Arg$; ⊘ Nov.–März) Veranstaltet geführte Ausflüge mit dem Kajak und längere Expeditionen auf verschiedenen Seen im Parque Nacional Los Alerces.

Wandern

Wanderer müssen sich in einer der Rangerstationen registrieren lassen, bevor sie sich auf den Weg machen.

Eintageswanderungen können von mehreren ausgeschilderten Pfaden in der Nähe des **Lago Futalaufquen** aus unternommen werden. Es gibt zusätzlich eine 25 km lange Strecke von **Puerto Limonao** aus entlang am Südufer des Lago Futalaufquen zur **Hos-**

Parque Nacional Los Alerces

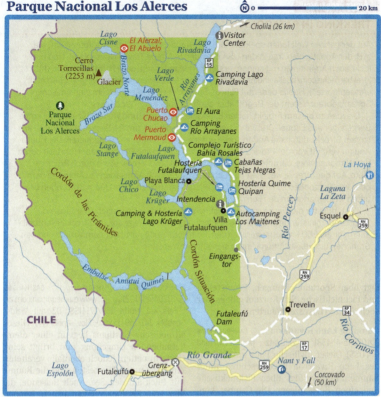

tería Lago Krüger. Geübte Wanderer schaffen das an einem Tag, andere können auch eine Nacht an der **Playa Blanca** campen.

Wer sich für längere Wanderungen interessiert, sollte sich den englischsprachigen Lonely-Planet-Führer *Trekking in the Patagonian Andes* besorgen.

Schlafen & Essen

Auf dem Weg zum Nationalpark weisen Schilder auf den Verkauf von Nahrungsmitteln hin, die sich gut für Picknicks eignen, z. B. hausgebackenes Brot, köstliche Käsespezialitäten der Provinz Chubut, frisches Obst und walisische Süßigkeiten. In Villa Futalaufquen gibt es einige einfache Lebensmittelläden und ein Restaurant, das aber nur im Sommer geöffnet hat. Am besten ist es jedoch, den Proviant selbst mitzubringen.

Der Nationalpark Los Alerces verfügt über mehrere gut ausgestattete Campingplätze (13 US$ pro Pers.). Duschen gehören hier zum Standard. Lebensmittelläden und Restaurants befinden sich entweder direkt auf dem Gelände oder in geringer Entfernung. Im näheren Umkreis dieser kostenpflichtigen Campingplätze gibt es meistens auch sehr einfach ausgestattete Plätze sowie kostenlose Campingmöglichkeiten ohne irgendeine Ausstattung.

Während der Saison haben auch eine Reihe von Gasthäusern und gehobenen Unterkünften geöffnet. Mit einer Gruppe kann das Mieten einer *cabaña* eine sinnvolle Lösung sein.

Complejo Turístico Bahía
Rosales CAMPINGPLATZ $
(02945-15-403413, 02945-471044; http://bahiarosales.com; Zeltplatz pro Erw./Kind 12/6 US$, 4-/6-Pers.-Hütte 100/129 US$; Dez.–März) Dieser großzügige Campingplatz liegt am Nordufer des Lago Futalaufquen, etwa 1,5 km von der Hauptstraße entfernt an einem unbefestigten Pfad. Der Komplex ver-

NICHT VERSÄUMEN

TREKKING IN PATAGONIEN

Auf der ganzen Welt laden spektakuläre Fernwanderwege zu Trekking-Touren ein, wie z. B. der Appalachian Trail in den USA oder der Te Araroa Trail in Neuseeland. Und nun lockt auch Argentinien mit seinem ersten Fernwanderweg, dem **Huella Andina** (http://trekbariloche.com/huella-andina-trek.php) – dem Andenwanderweg (wörtlich übersetzt: „Andenfährte"). *Huella* bedeutet Fährte, Spur oder (Fuß-)Abdruck, im heimischen Sprachgebrauch steht der Begriff aber auch für Fuß- oder Wanderweg.

Die Idee zu diesem Projekt hatten Estefanía Chereguini und Walter Oszust, zwei junge Bergsteiger aus Esquel. Drei Jahre benötigten die beiden, um die Wege auf einer 430 km langen Strecke durch die Anden sowie unterwegs 31 Stationen zu markieren. Die Huella Andina verläuft von der Provinz Neuquén bis in die Provinz Chubut, dabei führt sie durch fünf Nationalparks, darunter den Parque Nacional Los Alerces, sowie durch Privatgebiete. Auf der Strecke wechselt das Landschaftsbild von Araukarien- zu Alercewäldern oder von Berghöhen zu Flusstälern und kristallklaren Seen. Zwei Querbalken, oben blau, unten weiß, markieren den Fernwanderweg.

Zuständig für den Fernwanderweg ist heute das Ministerio Nacional de Turismo (Tourismusministerium). Durch die Anbindung weiterer Wege soll die Strecke eventuell auf mehr als 600 km verlängert werden. Eine detaillierte Karte mit dem Verlauf und den Stationen des Huella Andina findet sich auf der Website.

---

fügt über Sporteinrichtungen, Feuerstellen und Picknicktische. Seit Kurzem gibt es hier auch *domos* (Luxuszelte/Jurten).

Camping Lago Rivadavia CAMPINGPLATZ $
(02945-454381; Zeltplatz pro Erw./Kind 6/4 US$) Dieser idyllische Platz am Südufer des Lago Rivadavia liegt geschützt unter Bäumen und verfügt über Picknicktische und einen Bootsanleger. Die Camper können sich ans Stromnetz anschließen. Der Platz liegt 42 km nördlich von Villa Futalaufquen.

Autocamping Los Maitenes CAMPINGPLATZ $
(02945-471006; Zeltplatz Erw./Kind 13/8 US$) Dieser Campingplatz liegt auf einer Grasfläche zwischen der Hauptstraße und dem See und bietet Campern einen schönen Blick aufs Wasser, Schatten, bei Bedarf Strom und Feuerstellen.

Cabañas Tejas Negras HÜTTEN $$
(02945-471046, 02945-471012; 4-/-5Pers.-Hütte 129/165 US$) Die Cabañas Tejas Negras haben einen Rasen wie ein Golfplatz und eine Handvoll schöner Nurdachhäuser. Die Besitzer Nilda and Hector betreuen schon seit 40 Jahren zufriedene Gäste. Es geht bewusst ruhig zu, auf dem Rasen wird definitiv kein Fußball gespielt. Deshalb ein Hinweis an Eltern: Hier werden nur gut erzogene Kinder akzeptiert. Der Mindestaufenthalt beträgt drei Nächte. Kontaktaufnahme am besten telefonisch, da das Internet hier langsam ist.

Hostería Quime Quipan GASTHAUS $$
(02945-471021; www.quimequipan.com.ar; 5-Pers.-Apt./Hütte 159/171 US$, DZ mit Wald-/Seeblick 147/159 US$; Nov.–April;) Dieses altmodische Gasthaus liegt in einer atemberaubenden Umgebung und bringt seine Gäste in netten, jedoch ebenfalls veralteten Zimmern unter. Die besten sind die Räume mit Blick auf den See. Auch Reisende, die hier kein Zimmer gebucht haben, können es sich in dem gemütlichen, sonnigen Restaurant gut gehen lassen. WLAN gibt es nur im Foyer.

★ Hostería Futalaufquen GASTHAUS $$$
(02945-471008; www.hosteriafutalaufquen.com; DZ inkl. Frühstück mit See-/Waldblick 185/145 US$, 3 Pers.-Hütte 240 US$;) Der exklusive, elegante Landgasthof liegt am ruhigeren Westufer des Lago Futalaufquen rund 4,5 km nördlich von Villa Futalaufquen. An dem Anwesen endet auch die Straße. Zur Wahl stehen gut ausgestattete Doppelzimmer und Blockhütten ohne Küche. Die vielfältigen Aktivitäten reichen hier vom Kajakfahren bis zum Abseilen an Felswänden. Nach einem erlebnisreichen Tag kann man sich zum Relaxen mit dem Dessert an einen offenen Kamin zurückziehen. In der Lobby gibt es WLAN.

Die unterschiedlich großen Hütten bieten Platz für bis zu acht Personen. Reservierungen dafür lassen sich in Esquel in der Avenida Sarmiento 635 vornehmen.

El Aura
HÜTTEN $$$

(Lago Verde Lodge; in Buenos Aires 011-5512-2611; www.elaurapatagonia.com; 2-/4-Pers.-Hütte 294/447 US$, 2-/4-Pers.-Zelte 94/124 US$, Nov.–April) Rustikal und doch schick, zeichnen sich diese aus Stein gebauten *cabañas* durch große und gemütliche Betten, Panoramablick auf den Wald und naturverbundene Motive aus. Die *domos* (Jurten) stellen eine preiswerte Alternative dar. Angler können sich motorisierte Flöße mieten, um auf dem Lago Futalaufquen die Angel auswerfen zu können. Geführte Wanderungen, Ausritte und organisierte Angeltrips sind ebenfalls im Angebot. Das dazu gehörige Gourmetrestaurant und das Teehaus bewirten sowohl die Hausgäste als auch andere Reisende. Die Anlage befindet sich 35 km nördlich von Villa Futalaufquen.

Praktische Informationen

Centro de Visitantes (02945-471015; im Sommer 8–21, Rest des Jahres 9–16 Uhr) In Villa Futalaufquen befindet sich dieses Besucherzentrum, in dem Ranger die Besucher kompetent über Wanderstrecken, Campingmöglichkeiten und geführte Exkursionen informieren. Außerdem stellen sie die erforderlichen Angelscheine aus. Die Einrichtung beherbergt auch das naturkundliche **Museo y Centro del Interpretación**. Das Besucherzentrum am Nordrand des Nationalparks ist nur von Dezember bis Februar geöffnet.

An- & Weiterreise

Die meisten Besucher kommen mit dem Auto hierher, es gibt jedoch auch Busse von Transportes Esquel (S. 494), die zwischen Cholila und Esquel (150 Arg$) verkehren, und die am Park halten. Diese Busse fahren mittwochs, samstags und sonntags; in der Hochsaison im Januar und Februar täglich. Die Busse nach Norden halten um 9.15 in Villa Futalaufquen, die nach Süden um 7.45 Uhr.

Gobernador Costa

02945 / 2400 EW.

Nach Gobernado Costa verirren sich kaum Touristen, dementsprechend werden sie dann bestaunt. Das verschlafene Nest liegt an der gähnend langweiligen Strecke zwischen Esquel und Río Mayo – an der Kreuzung der RN 40 mit der RP 20, die Richtung Sarmiento und Comodoro Rivadavia führt. Touristisch orientierte Einrichtungen sind zwar nur dünn gesät, diese sind dafür dann aber ganz in Ordnung.

Etwa 20 km westlich der Stadt führt die RP 19 zum **Lago General Vintter** sowie einer Reihe kleinerer Seen in der Nähe der chilenischen Grenze. An den Ufern ist Camping erlaubt.

An- & Weiterreise

Vom **Busbahnhof** (Av Roca s/n) aus fahren jeden Tag, außer Samstag, um 3.45 Uhr Busse nach Esquel (2 Std.) und dann weiter nach Bariloche. Die Busse nach Comodoro Rivadavia (8 Std.) starten täglich außer Sonntag um 23.30 Uhr.

Río Mayo

02903 / 2800 (MENSCHLICHE) EW., 800 000 SCHAFE

Dieses Dorf mitten im Nirgendwo hat für Reisende nur wenig zu bieten. Die argentinische Hauptstadt des Schafscherens ist ein Inbegriff der Langeweile, wenn man einmal von den Arbeitern aus der Ölindustrie und den Gauchos absieht, die Touristinnen hinterherpfeifen. Río Mayo liegt 200 km südlich von Gobernador Costa und 135 km nördlich von Perito Moreno.

Schlafen & Essen

Das Restaurantangebot ist ausgesprochen dürftig. Die YPF-Tankstelle ist ein guter Tipp für ein schnelles Sandwich und einen Kaffee.

Estancia Don José ESTANCIA $$$

(GuenGuel; 0297-15-624-9155, 02903-420015; www.turismoguenguel.com.ar; pro Person 200 US$; Okt.–April;) Diese gastfreundliche *estancia*, die Ausritte, Angelausflüge und Wanderungen zu Höhlenmalereien für ihre Gäste organisiert, ist eine gute Alternative zum öden, 2,5 km entfernten Río Mayo. Die wahre Hauptattraktion besteht jedoch darin, dass es sich um den einzigen Ort handeln dürfte, an dem Reisende sehen können, wie Guanakos geschoren werden. Sie und auch Nandus werden auf dieser *estancia* gezüchtet. Im Preis sind die unterschiedlichen Aktivitäten und das hausgemachte Essen mit Bio-Fleisch inbegriffen.

An- & Weiterreise

Jeden Tag fahren morgens vom **Busbahnhof** (02903-420174; Ecke Fontana & Yrigoyen) Busse nach Comodoro Rivadavia (430 Arg$, 4½ Std.) und Sarmiento (230 Arg$, 2 Std.). Zweimal pro Woche, Mittwoch und Samstag, gibt es eine Verbindung nach Coyhaique in Chile

(6 Std.). Da sich die Fahrpläne immer wieder ändern, sollten Reisende sich vor Fahrtantritt am Busbahnhof informieren.

In Richtung Norden existiert eine Verbindung nach Esquel (610 Arg$, 6 Std.). In Richtung Süden führen 43 km unbefestigter Straße nach Perito Moreno. Auf diesem rauen Teilstück der RN 40 gibt es nur im Sommer Shuttles für Rucksacktouristen.

Perito Moreno
📞 02963 / 4620 EW.

Für eine Ortschaft an der RN 40 können sich die touristisch orientierten Einrichtungen in Perito Moreno alle sehen lassen. Aber Achtung: bloß nicht verwechseln! Hier handelt es sich nicht um den gleichnamigen atemberaubenden Nationalpark oder den Gletscher in der Nähe von El Calafate. Innerhalb dieser Ortschaft besteht die einzige Touristenattraktion aus einem feuchtfröhlichen Kneipenbesuch am Samstagabend. Als Zwischenstopp auf dem Weg in die freundlichere Andenoase Los Antiguos ist Perito Moreno jedoch recht gut geeignet. Außerdem liegen Highlights wie die Cueva de las Manos und der Parque Nacional in der Nähe des Ortes. Ein anderes ehrgeiziges Projekt schreitet langsam voran: das Museo Gradin, ein archäologisches Museum, das in seinen Ausstellungen Fundstücke aus dem Río de las Pinturas zeigen soll. Die Fertigstellung eines solchen Museums dürfte die Attraktivität der Stadt deutlich steigern.

Ruhm erlangte die Kleinstadt im Jahr 1898, als der Forscher und Geologe Perito Moreno die chilenische Definition der Landesgrenze austrickste: Chile forderte *divortum aquarum continental*, was in der Praxis bedeutete: Alle Quellgebiete jener Flüsse, die in den Pazifik fließen, gehören zu Chile. Das betraf auch den durch die Stadt fließenden Río Fénix. Kurzerhand leitetet Moreno diesen Fluss zum Río Deseado um – und der mündet in den Atlantik. So blieb die Region samt Fluss bei Argentinien und die Stadt erhielt zum Dank den Namen des findigen Gelehrten.

👉 Geführte Touren

Zoyen GEFÜHRTE TOUREN
(📞 02963-432207; www.zoyenturismo.com.ar; San Martín 1055; ⊙ 9–13 & 17–21 Uhr) Dieses gute lokale Reisebüro veranstaltet Tagesausflüge zur Cueva de las Manos (S. 504; 1100 Arg$) und betreibt die Hostería Cueva de las Manos (S. 504).

Hugo Campañoli GEFÜHRTE TOUREN
(📞 02963-432336) Hugo Campañoli ist ein einheimischer Guide, der Gruppen ab drei Personen auf Tagestrips zur Cueva de las Manos (S. 504) bringt.

GuanaCondor Tours GEFÜHRTE TOUREN
(📞 02963-432303; jarinauta@yahoo.com.ar; Perito Moreno 1087; ⊙ Mo–Mi & Sa 10–12 & 16–20, So 17–20 Uhr) Dieser erfahrene Tourveranstalter organisiert im Sommer Touren zur Cueva de las Manos (S. 504). Dabei ist der Weg in den Park mit einer anstrengenden Wanderung verbunden. Im Programm sind auch eine Tour zum Monte Zeballos, einem Tafelberg mit herrlichem Ausblick, sowie ein Ausflug zum Paso Tehuelche mit Übernachtung.

🛏 Schlafen & Essen

Neben ein paar Restaurants finden sich einige *panaderías* (Bäckereien) mit gutem Angebot sowie Supermärkte an der San Martín.

Hotel Americano HOTEL $
(📞 02963-432074; www.hotelamericanoweb.com.ar; San Martín 1327; EZ/ DZ inkl. Frühstück 41/ 59 US$, DZ Superior 82 US$; 🅿 🛜) Die Zimmer in dem gut gehenden Americano sind sehr unterschiedlich. Einige haben keine Fenster, andere sind durchaus gemütlich. Gäste sollten sich ihr Zimmer vor der Buchung also ansehen. Das Hotel betreibt ein anständiges Grillrestaurant und ein Café, in denen es abends lebhaft zugeht.

Camping Municipal CAMPINGPLATZ $
(Laguna de los Cisnes; Zelt 4 US$, zusätzlich Fahrzeug ab 4 US$, 4-Pers.-cabañas 36 US$) Dieser Campingplatz mit rustikalen Hütten am Südrand der Stadt, neben der Mariano Moreno, ist die günstigste Übernachtungsmöglichkeit für Rucksacktouristen. Er liegt schön schattig unter Pappeln und besitzt heiße Duschen. Nach einer kürzlich durchgeführten Renovierung könnten die Preise etwas angezogen haben.

★ Chacra Kaiken Lodge B&B $$
(📞 0297-15-408-6996, 02963-432079; www.chacrakaiken.com.ar; Yrigoyen 2012; EZ/DZ/3BZ inkl. Frühstück 97/130/162 US$; ⊙ Okt.–März; 🛜) Dieses B&B mit vier Zimmern ist eine neuere, sehr solide Option. Es wird betrieben von Petty und Coco, die ihr ganzes Leben in der Gegend verbracht haben und bis vor Kurzem eine bekannte *estancia* hatten. Neben ruhigem Schlaf finden Gäste hier eine nette Umgebung und ein Gefühl für das echte Patagonien.

AUF BUTCH CASSIDYS SPUREN IN CHOLILA

Cholila ist ein Dorf im Grenzland zu Chile. Der kleine malerische Ort liegt gleich abseits der RN 40 vor dem nordöstlichen Eingang des Parque Nacional Los Alerces. Bis heute hält er die Erinnerung an eine legendäre, kuriose Geschichte wach: Mit der Absicht, nunmehr ein rechtschaffenes Leben zu führen, ließ sich das Gaunertrio Butch Cassidy, Sundance Kid und Etta Place in der Nähe der ruhigen, bäuerlichen Gemeinde nieder. Die Idylle der drei währte jedoch nur wenige Jahre. In seinem Reisebuchklassiker *In Patagonien* erzählt der britische Schriftsteller Bruce Chatwin die Geschichte dieser drei Banditen. Deren teilweise restauriertes Wohnhaus steht heute noch 8 km nördlich von Cholila abseits der RP 71 bei Km 21. Eine hilfreiche regionale Karte sowie eine genaue Wegbeschreibung erhalten Besucher von dem engagierten, hilfsbereiten Personal in Cholilas **Casa de Informes** (02945-498040, 02945-498208; www.turismocholila.gov.ar; Kreuzung RP 71 mit RP 15; Dez–März, unregelmäßige Öffnungszeiten).

Für Erkundungstouren ist die Berglandschaft rund um Cholila ideal. In der Umgebung von Cholia und in der Region Río Pico liegen weltbekannte Gewässer zum Fliegenfischen. Geführte Angeltouren kann man bei **Trekking for Trout** (02945-553545; www.facebook.com/trekandtrout) buchen.

Die Busse von Transportes Esquel halten auf der Strecke zwischen dem Lago Puelo und Esquel um 17.10 Uhr in Cholia (150 Arg$, 4 Std.). Das ist die langsamere Route durch den Parque Nacional Los Alerces. Die nordwärts fahrenden Busse machen um 12 Uhr in Cholia Halt.

Salón Iturrioz — CAFÉ $

(Ecke Rivadavia & San Martín; Sandwiches 40–150 Arg$; 8–23 Uhr;) Mit seinem Cappuccinos, den Snacks und dem WLAN ist dieses reizende Eckcafé wahrlich ein Gottesgeschenk an der RN 40. Außerdem bekommen Reisende hier die besten Informationen über das Museo Gradin direkt auf der anderen Straßenseite.

❶ Praktische Informationen

Banco de Santa Cruz (Ecke San Martín & Rivadavia; Mo–Fr 9–15 Uhr) Besitzt einen Geldautomaten und löst Reiseschecks ein.

Hospital Distrital (02963-432040; Colón 1237)

Post (Ecke JD Perón & Belgrano; Mo–Fr 8–16.30 Uhr)

Touristeninformation (02963-432732; peritomoreno@santacruzpatagonia.gob.ar; San Martín s/n; Mo–Fr 7–23.30, Sa & So 8–15 Uhr) Sehr nützlich, mit einem überraschend großen Angebot an Broschüren sowie Informationen zu Privatunterkünften. Die Touristeninformation unterhält außerdem einen Schalter am Busbahnhof (an der Zufahrtsstraße zur RN 43).

❶ An- & Weiterreise

LADE (02963-432055; San Martín 1065; Mo–Fr 9–17 Uhr) fliegt nach El Calafate, Río Gallegos, Río Grande und Ushuaia.

Die Hauptstraße, San Martín, führt im Norden zur RP 43 und im Süden zur RN 40. Die Stadt liegt 128 km südlich von Bajo Caracoles und 135 km nördlich von Río Mayo.

Der **Busbahnhof** (an der Zufahrtsstraße der RN 43) liegt hinter dem YPF-Rundbau am nördlichen Ende der Stadt. Taxis sind das einzige Beförderungsmittel zwischen Busbahnhof und Stadtzentrum. Die Alternative ist ein Fußmarsch, der bei strammem Tempo etwa 15 Minuten dauert. Mehrmals täglich fahren Busse nach Los Antiguos (118 Arg$, 40 Min.). Auf den Fahrplan ist jedoch kein Verlass, da sich die Abfahrtszeiten nach den Bussen richten, die von der RN 40 kommen – und diese haben häufig Verspätung. Um 15.50 Uhr starten mehrere Busse nach Comodoro Rivadavia (500 Arg$, 6 Std.) und Río Gallegos (1240 Arg$, 14 Std.); sie nehmen die Route über die RN 3.

Mehrere Tourveranstalter bieten neben ihrem Ausflugsprogramm auch einen Touristen-Shuttleservice für verschiedene Streckenabschnitte der RN 40 an. Die Busse von **Chaltén Travel** (02902-492212; www.chaltentravel.com) fahren von November bis April. Die Abfahrt (ebenso die Ankunft) erfolgt vor dem Hotel Belgrano in Perito Moreno. Der Bus Richtung Norden nach Bariloche (11 Std.) startet an jedem geraden Tag um 20 Uhr. Der südwärts nach El Chaltén (11 Std.) fahrende Bus fährt an jedem ungeraden Tag um 8 Uhr ab.

Das Busunternehmen **Taqsa/Marga** (02963-432675) bedient ebenfalls die ganze RN-40-Strecke zwischen El Calafate und Bariloche. Ab Ende Oktober bis zum Ende der Saison verkehren die Busse mehrmals in der Woche. Unterwegs halten sie in El Chaltén, Bajo Caracoles, Perito Moreno (1260 Arg$) und Esquel. Die Strecke zwischen Perito Moreno und El Calafate kostet 1300 Arg$ (12 Std.).

Los Antiguos
02963 / 3360 EW.

Die landwirtschaftliche Oase Los Antiguos liegt am windigen Ufer des Lago Buenos Aires. Reisende entdecken hier Obstplantagen mit Kirschen, Erdbeeren, Äpfeln, Aprikosen und Pfirsichen. Vor der europäischen Kolonisierung hieß der Ort bei den Tehuelches I-Keu-khon (Platz der Ältesten). Los Antiguos ist ein schönes Tor nach Chile. Auf beiden Seiten der Grenze gibt es eine wunderschöne Landschaft, unter anderem im neuen Parque Nacional Patagonia. Direkt außerhalb des Ortes beginnt ein Pfad hinauf zur Mesa.

Im Jahr 1991 bedeckte der Ausbruch des chilenischen Volcán Hudson das Städtchen mit einem Ascheregen. Die Obstplantagen haben sich jedoch davon erholt. Im Sommer ist der Lago Buenos Aires, der zweitgrößte See in ganz Südamerika, halbwegs warm genug zum Schwimmen. Der beeindruckende Río Jeinemeni ist bei Forellen- und Lachsanglern sehr beliebt. Und der Straßenabschnitt zwischen Perito Moreno und Los Antiguos hat spektakuläre Panoramen zu bieten.

Sehenswertes & Aktivitäten

Parque Nacional Patagonia NATURSCHUTZGEBIET
(02966-1562-2852; www.parquesnacionales.gob.ar/areas-protegidas/region-patagonia-austral/parque-nacional-patagonia; RN 41) Dieser Nationalpark draußen in der Steppe bedeckt eine Fläche von 530 km² und wurde 2015 eingerichtet, vor allem zum Schutz der *maca tobiano*, einer bedrohten Vogelart aus der Familie der Taucher, die von eingeschleppten Nerzen fast ausgerottet worden ist. Der Park ist ein großartiges Ziel für Wanderer und zur Vogelbeobachtung. Die Infrastruktur des Parks weist noch Lücken auf, wird aber stetig verbessert. Besucher können auf dem Campingplatz El Sauco übernachten. Wildes Campen ist am Río Blanco erlaubt, der 190 km von Los Antiguos entfernt über die RN 40 und die RN 41 (Paso Zeballos) zu erreichen ist. Von Portal La Ascensión aus gibt es ebenfalls Campingmöglichkeiten und Wanderwege.

Dieser neue Nationalpark ist nur ein Element eines viel größeren Projekts mit dem Ziel, ein argentinisch-chilenisches binationales Naturschutzgebiet einzurichten, um einheimische Arten, Ökosysteme und das natürliche Erbe zu schützen, darunter die Schluchten in der Umgebung der Cueva de las Manos.

★**Portal La Ascensión** NATUSCHUTZGEBIET
(02966-652577; www.florayfaunaargentina.org; Okt.–März 9–19 Uhr) Diese historische *estancia* am Lago Buenos Aires ist eine ausgezeichnete Ergänzung des Parque Nacional Patagonia. Sie bietet ein Informationszentrum, einen Campingplatz am Seeufer und einen 25 km langen Rundwanderweg, der entlang eines Bergbachs hinauf auf das Plateau führt. Ein gutes Ziel für Rucksacktouristen: Auf dem Rundweg gibt es zwei Campingplätze sowie einen kuppelförmigen Unterstand mit Wasser, einem Kochbereich und Latrinen.

Maca Tobiano RADFAHREN, KAJAKFAHREN
(0297-15-5014-4444; kayakmacatobiano@hotmail.com.ar; Costanera s/n) Dieser Fahrradverleih befindet sich am Seeufer. Neben Fahrrädern vermietet er auch Kajaks und Neoprenanzüge für wassersportliche Aktivitäten. Außerdem organisiert er eine Mountainbike-Tour auf den Monte Zeballos hinauf – verbunden mit einer rasanten Abfahrt, bei der das Adrenalin aus allen Poren schießt. Ausführliche Informationen dazu finden sich auf der Facebook-Seite von Maca Tobiano.

Geführte Touren

Chelenco Tours GEFÜHRTE TOUREN
(02963-491198; www.chelencotours.tur.ar; Av 11 de Julio Este 584; 10–13 & 16.30–21.30 Uhr) Dieser zuverlässige Veranstalter mit einem Büro in einer Holzhütte organisiert Wanderungen zur Cueva de Las Manos (80 US$) sowie Ausflüge zur Tierbeobachtung an der landschaftlich reizvollen Straße zum Monte Zeballos (90 US$). Zusätzlich sind lohnende Wanderungen zum Parque Nacional Perito Moreno und zum Lago Posadas im Angebot. Chelenco Tours holt Flugreisende auf Wunsch von Comodoro Rivadavia ab und zeigt ihnen bei dieser Gelegenheit auch gleich noch den Bosque Petrificado Sarmiento.

🎉 Feste & Events

Fiesta de la Cereza KULTUR
(⊙ Jan.) Die Fiesta de la Cereza am zweiten Wochenende im Januar beinhaltet Rodeos, Livemusik und die Krönung der Kirschenkönigin Argentiniens. Besucher können Kunsthandwerk kaufen, und die *peñas folklóricas* (Konzerte mit argentinischer Volksmusik) auf den privaten Bauernhöfen dauern die ganze Nacht. Weitere Details bei der Touristeninformation.

🛌 Schlafen & Essen

Cabañas Rincon de los Poetas HÜTTEN $
(☏ 02963-491051; Patagonia Argentina 226; DZ/3BZ/4BZ 60/71/82 US$; 🛜) Diese gemütlichen, kitschigen Holzhütten mit Kitchenettes sind nichts Besonderes, aber eine preiswerte Option für Reisegruppen und Familien. Sie liegen zwei Häuserblocks vom Stadtzentrum entfernt.

Hostería Antigua Patagonia HOTEL $$
(☏ 02963-491038; www.antiguapatagonia.com.ar; RP 43 Acceso Este; EZ/DZ inkl. Frühstück 107/128 US$; 🛜♨) Dieser in toller Umgebung liegende Komplex am Seeufer ist auf komfortable Weise rustikal. Die Gäste schlafen in stabilen Betten mit Betthimmel, bringen ihr Gepäck in hölzernen Kommoden unter und können sich bei Bedarf wie eine Katze vor den Kamin kuscheln. Gäste sollten jedoch das Erdgeschoss meiden, weil die Terrassentüren nur windige Schlösser besitzen. Der Service ist dagegen gut, und es gibt einen Pool und eine Sauna sowie Fahrräder und Kajaks. Das Hotel befindet sich 2 km östlich der Stadt an dem Polizei-Checkpoint.

Hotel Mora HOTEL $$
(☏ 0297-15-420-7472; www.hotelmorapatagonia.com; Av Costanera 1064; EZ/DZ inkl. Frühstück 76/106 US$; 🛜) Mit seiner Wellblechfassade und der hübschen Terrasse sieht das Hotel Mora ein wenig zwiespältig aus. Die besten Zimmer sind die Doppelzimmer mit Seeblick. Manche andere sind schon ein wenig abgewohnt und haben durchgelegene Matratzen und mickrige Duschen. Die Terrasse mit Blick auf die Seepromenade ist jedoch definitiv ideal für ein gemütliches Bier bei Sonnenuntergang.

Taura ARGENTINISCH $$
(☏ 0297-15-6250912; Av 11 de Julio 500; Hauptgerichte 180–330 Arg$; ⊙ 12–15 & 19–23 Uhr) Dieses argentinische Restaurant mit schönen weiß gedeckten Tischen und Platz für eine ganze Busladung Gäste serviert eine überdurchschnittlich gute Küche. Die als komplette Mahlzeit geeigneten Salate mit Zutaten wie Mais, Kirschtomaten und Hühnchenfleisch sind frisch und lecker angemacht. Die ganze filettierte Forelle mit frischem Basilikum und Tomaten ist etwas ganz Besonderes.

Viva El Viento CAFÉ $$
(☏ 02963-491109; www.vivaelviento.com; Av 11 de Julio 477; Hauptgerichte 90–270 Arg$; ⊙ 9–21 Uhr; 🛜) In dem stylishen Café-Restaurant mit freundlichem Service kommen Liebhaber von starkem Kaffee auf ihre Kosten. Auf der Speisekarte stehen frisch gepresste Säfte, knackige Salate, leckere Gnocchi und gute Steaks. Nicht zu empfehlen sind die Forellen, sie schmecken ein wenig zu „fischig" und sind sehr trocken. Die Küche ist gerne bereit, auf die Wünsche von Vegetariern einzugehen.

ℹ️ Praktische Informationen

Banco de Santa Cruz (Av 11 de Julio 531; ⊙ Mo–Fr 9–17 Uhr) Besitzt einen 24 Stunden zugänglichen Geldautomaten mit einer Verbindung mit LINK.

Parques Nacionales (☏ 02966-622852; www.sib.gob.ar; Av Tehuelches s/n; ⊙ Mo–Fr 9–16 Uhr) Diese Parkverwaltung ist zuständig für den Parque Nacional Patagonia und hilft Reisenden mit Tipps zum Campen und Wegbeschreibungen.

Touristeninformation (☏ 02963-491261; turismolosantiguos@gmail.com; Av 11 de Julio 446; ⊙ 8–20 Uhr) Sehr nützlich mit einem Stadtplan und einer Liste von Höfen, die frische landwirtschaftliche Produkte verkaufen. Neuigkeiten gibt es auf der Facebook-Seite Los Antiguos Santa Cruz Patagonia.

Post (☏ 02963-491355; Gregores 19; ⊙ Mo–Fr 8–16.30 Uhr)

ℹ️ An- & Weiterreise

Die meisten Angebote finden sich an oder in der Nähe der von Osten nach Westen verlaufenden Avenida 11 de Julio, die in westlicher Richtung an die chilenische Grenze bei Chile Chico führt, dem bequemsten Grenzübergang der gesamten Region. Perito Moreno und die RN 40 liegen 60 km östlich.

Chelenco Tours (S. 502) bietet einen Transferservice zum nächstgelegenen Flughafen, dem von Comodoro Rivadavia, an. Der Transfer ist mit einer Besichtigung des Bosque Petrificado Sarmiento (150 US$) verbunden.

Vom **Busbahnhof** (Av Tehuelches s/n) fahren mehrmals täglich Busse ins nahe gelegene Perito Moreno (118 Arg$, 40 Min.). Wer einfach rasch weiterreisen möchte, der findet dort Verbindungen und Anschlüsse in andere Regionen Patagoniens.

Von Mitte November bis März fahren Busse von **Chaltén Travel** (0297-623-4882; www.chaltentravel.com; Av Tehuelches s/n) an jedem geraden Tag des Monats um 9 Uhr nach El Chaltén. Ein Zwischenstopp wird in Perito Moreno eingelegt.

Das chilenische Busunternehmen **Martín Pescador** (in Chile +56-997865285; Chile Chico) bedient einmal pro Tag die Strecke von Los Antiguos nach Chile Chico.

Sportman (02963-491175; Av Tehuelches s/n) fährt jeden Tag nach Río Gallegos, El Calafate und Comodoro Rivadavia.

GRENZÜBERGANG

Ein Grenzübergang nach Chile befindet sich auf dem Weg ins chilenische Chile Chico. Die Busverbindungen über die Grenze sind allerdings relativ unzuverlässig und werden auch schon einmal eingestellt. Am besten sich vor Fahrtantritt gut informieren. Von Los Antiguos zur argentinischen Grenze sind es etwa 1,5 km, dann noch einmal 1 km bis zur chilenischen Grenzstation und dann liegt Chile Chico noch weitere 5 km entfernt.

Eine von **Somarco** (67-241-1093; www.barcazas.cl/barcazas/wp/region-de-aysen/lago-general-carrera; Muelle Chile Chico; Passagiere/Automobile 2250/19 500 CH$) betriebene chilenische Fähre überquert den Lago General Carrera fast täglich von Chile Chico nach Puerto Ingeniero Ibañez, eine große Abkürzung für Reisende, die nach Coyhaique möchten.

ⓘ Unterwegs vor Ort

Sur de Oro (0297-15-6249150, 02963-491210) ist ein Taxiunternehmen, das sehr nützlich ist, wenn es schüttet und man ins Hotel möchte.

Cueva de Las Manos

Die sagenhaften Höhlenmalereien in der **Cueva de las Manos** (Höhle der Hände; www.cuevadelasmanos.org; 200 Arg$; ⓘ 9–19 Uhr) hat die Unesco zum Weltkulturerbe erklärt. Die mehrfarbigen Felsbilder bedecken Einbuchtungen und Nischen der nahezu senkrechten Höhlenwände. Aus der Zeit um 7370 v. Chr. stammen die Darstellungen von Abdrücken menschlicher Hände und von Guanakos. In einer späteren Periode sind auch eine Reihe abstrakterer Motive entstanden. Mehr als 90 % der rund 800 Abbildungen zeigen linke Hände, darunter eine Hand mit sechs Fingern.

Die Fundación Flora y Fauna hat 600 ha Grund für die Vergrößerung des sie umgebenden Patagonischen Nationalparks gestiftet und wird noch drei neue Rundwanderwege einrichten, einen mit einer *condorera* (Brutgebiet für Kondore), und möglicherweise auch noch einen Campingplatz.

Führer in Perito Moreno und Los Antiguos organisieren Tagesausflüge. Der Trip von Perito Moreno dauert etwa 3½ Stunden (Hinweg) und führt über felsige Straßen. In den Höhlen selbst können Besucher an 45-minütigen kostenlosen Führungen mit sehr kompetenten Erklärungen teilnehmen.

Aktivitäten

Cañon de las Pinturas　　WANDERN

Wanderer können über den Cañon de las Pinturas mit seinen beeindruckenden Schluchten und der malerischen Landschaft eine wunderschöne eintägige Wanderung zur Cueva de las Manos unternehmen. Der Zugang ist sowohl von Norden (via Hostería Cueva de las Manos) als auch von Westen (via Estancia Casa de Piedra; wer dort nicht wohnt, zahlt 60 Arg$ Eintritt) möglich. Wanderer sollten früh aufbrechen und Proviant mitbringen.

Man kann Führer buchen, aber diese Wanderung lässt sich auch ohne Guide bewältigen.

Von der Estancia Casa de Piedra sind es 12 km zum Canyon, dann weitere 6 km bis zur Höhle. Wanderer sollten also etwa zehn Stunden für den Rundweg einplanen.

🛏 Schlafen & Essen

Es gibt eine einfache *confitería* und ein sporadisches Angebot an dem Rezeptionshäuschen am Südeingang. Wanderer sollten sicherheitshalber selbst ihre Verpflegung mitbringen.

Hostería Cueva de las Manos　　ESTANCIA $
(02963-432207; www.cuevadelasmanos.net; B/EZ/DZ/3BZ inkl. Frühstück 25/80/100/130 US$, 4–6-Pers.-Hütte ab 180 US$; ⓘ Nov.–April) An der Türschwelle zu Argentiniens bestem Ort für Höhlenmalereien liegt 60 km über die RN 40 südlich von Perito Moreno die Hostería Cueva de las Manos. Die letzten 4 km führen über Schotterpisten. Die Gäste in dieser ehemaligen *estancia* wohnen in Hütten mit Hartholzdekor, in der *hostería* oder schlafen in Schlafsälen. Das auch für Nicht-Gäste offene Restaurant serviert ein festes Menü (300 Arg$) aus Klassikern der Landküche.

Unabhängige Wanderer und Teilnehmer an geführten Wanderungen gelangen auf einem malerischen, aber anspruchsvollen Pfad (nur im Sommer offen), der hinunter in den Canyon führt und den Río de las Pinturas überquert, zur Cueva de las Manos. Autofahrer fahren von der *hostería* aus 18 km auf einer Schotterstraße, müssen die letzten 2,5 km jedoch ebenfalls zu Fuß zurücklegen.

❶ An- & Weiterreise

Besucher können individuell mit dem Auto oder als Teilnehmer einer organisierten Tour kommen. Der Weg führt über raue, malerische Provinzstraßen neben der RN 40, die an den Río de las Pinturas angrenzen. Bitte vorsichtig fahren, da es in der Gegend viele wild lebende Guanakos gibt. Es existieren drei Zugangsmöglichkeiten: eine 28 km lange unbefestigte Straße von der RN 40, direkt, aber von losem Schotter bedeckt; eine Route über Bajo Caracoles, 46 km über Schotterstraßen; und eine aus Norden von der Hostería Cueva de las Manos (geschlossen außerhalb der Saison) aus, 22 Schotterkilometer und dann weitere 4 km zu Fuß über eine Fußgängerbrücke.

Bajo Caracoles

Seit Bruce Chatwin Bajo Caracoles 1975 in *In Patagonia* „eine Kreuzung von geringer Bedeutung mit Straßen in allen Richtungen, die anscheinend ins Nichts führen" genannt hat, hat sich hier nicht viel verändert. Wer beim Fahren nicht aufpasst, übersieht diesen staubigen Tankstopp. Reisende, die weiter nach Süden wollen, sollten hier aber noch einmal volltanken, da es sich um die einzige zuverlässige Tankstelle zwischen Perito Moreno (128 km nördlich) und Tres Lagos (409 km südlich) handelt. Außerdem führt von hier aus die RP 39 in westlicher Richtung zum Lago Posadas und dem Paso Roballos nach Chile.

🛏 Schlafen & Essen

Bajo Caracoles besitzt keine Attraktionen, aber die Menschen übernachten hier, weil es der einzige Stopp innerhalb vieler Meilen ist. Es gibt ein paar Unterkünfte. Die einzige, die zuverlässig geöffnet hat, ist jedoch das **Hotel Bajo Caracoles** (📞 02963-490100; RN 40 s/n; DZ mit/ohne Bad 59/47 US$; 🛜).

Die Reisende können sich in dem Gemischtwarenladen gegenüber des Hotels Bajo Caracoles für die Fortsetzung der Tour mit Proviant eindecken.

❶ An- & Weiterreise

Es fahren – im Sommer häufiger – durchaus einige Busse auf dieser Route auf der RN 40. Es gibt allerdings keinen Grund – abgesehen von der Tankstelle –, warum Reisende in Bajo Caracoles anhalten sollten. In Richtung Süden sind es 128 km bis nach Gobernador Gregores.

Parque Nacional Perito Moreno

Für Abenteuerlustige ist der verwilderte, vom Wind zerzauste **Parque Nacional Perito Moreno** (⊙ Anmeldung der Besucher 9–20 Uhr; Park Okt.–April geöffnet) ein Traum. Von der Steppe aus gesehen, ragen die massiven, schneebedeckten Gipfel der Sierra Colorada wie Wachposten in die Höhe. Guanakos streifen durch das büschelige Gras, Kondore ziehen am Himmel ihre Kreise, während der Wind die Wasseroberfläche der aquamarin- und kobaltblauen Seen kräuselt. Wer hierherkommt, zählt zu den jährlich etwa 1000 Besuchern des Parks – das bedeutet: weit und breit keine Menschenseele, Einsamkeit führt das Regiment. Nur die örtlichen *estancias* bieten ihre Dienste an, ansonsten ist jeder auf sich allein gestellt.

Der abgelegene, aber zunehmend beliebter werdende Nationalpark trägt den Namen seines Gründers. Er umfasst eine Fläche von 1150 km^2 und liegt 310 km südwestlich der Stadt Perito Moreno (diesen Park nicht mit dem weiter südlich gelegenen, berühmten Parque Nacional Los Glaciares und dessen Perito-Moreno-Gletscher verwechseln!).

◎ Sehenswertes & Aktivitäten

Das Sedimentgestein der Sierra Colorada leuchtet in allen erdenklichen rötlichen Farbtönen. Jenseits der Parkgrenzen überragen hohe Berge mit gletscherbedeckten Gipfeln die Landschaft, darunter der 3706 m hohe **Cerro San Lorenzo**, der höchste Berg der Region. Der höchste Berg innerhalb des Parkgebiets ist der Cerro Mié mit 2254 m.

Da die Niederschläge Richtung Westen zunehmen, geht der patagonische Steppe an der östlichen Parkgrenze allmählich in subantarktische Wälder mit Südbuchen, Lenga und Coihue über. Auch die am niedrigsten liegenden Parkareale sind mindestens 900 m hoch – entsprechend schlecht kann das Wetter sein. Im Sommer sind die Temperaturen in der Regel angenehm, aber warme und wetterfeste Kleidung ist immer ratsam.

Wandern

Hinter dem Informationszentrum führt ein markierter Weg innerhalb einer Stunde zu den **Pinturas Rupestres**. Diese etwas vernachlässigten Höhlenmalereien werden auf den Informationstafeln auch auf Englisch erläutert. Die Parkranger geben Auskunft über Rucksacktouren und geführte Wanderungen zu den Felsmalereien nahe der **Casa de Piedra** am Lago Burmeister und zur **Playa de los Amonites** am Lago Belgrano, wo es Fossilien zu sehen gibt.

Die Wanderung zum Lago Burmeister dauert hin und zurück gut acht Stunden. Auf der Halbinsel des **Lago Belgrano** lassen sich zwei schöne Wanderungen unternehmen: eine Tagestour, die rund um die Halbinsel führt, und eine insgesamt fünfstündige Wanderung zu einem See im Inneren der Halbinsel. Bei sehr windigem Wetter sollte man besser sowohl die Seen als auch die Berggipfel meiden. Sinnvoller sind dann die zuvor genannten geschützteren Ziele oder die Estancia El Rincón (im Zweifelsfall einen Parkranger fragen).

Von der Estancia La Oriental dauert die Wanderung zum Gipfel des 1434 m hohen **Cerro León** etwa dreieinhalb Stunden – und wird mit einem unglaublich schönen Panoramablick belohnt. Unmittelbar östlich des Gipfels bildet der vulkanische Aufschluss (erkaltete Lavaströme) des **Cerro de los Cóndores** ein Nistgebiet der Kondore. Hier kreist eine große Anzahl dieser Vögel über einer 300 m hohen Klippe. Ganz vereinzelt wurden hier auch schon Pumas gesichtet. In dem tiefer liegenden Terrain lassen sich Guanakos beobachten.

Schlafen & Essen

Gebührenfreie Campingplätze liegen in der Steppe am Lago Burmeister, 16 km vom Informationszentrum (malerisch und gut geschützt inmitten der dichten Lenga-Südbuchenwaldes); ein zweiter befindet sich 15 km weiter südlich auf dem Gelände der Estancia El Rincón (Feuermachen verboten). Auf allen Plätzen gibt es Plumpsklos, Picknicktische und Trinkwasser. Wichtig: Jeder muss seinen Abfall mitnehmen!

Eine nahe gelegene *estancia* kann einer begrenzten Anzahl an Gästen Unterkunft bieten.

Das Wasser hier ist sehr sauber und trinkbar, alle anderen Vorräte müssen aber mitgebracht werden. Wer von Norden kommt, hat in Perito Moreno die letzte Chance, sich mit Proviant zu versorgen. Von Süden aus ist die letzte Einkaufsmöglichkeit in Gobernador Gregores.

Refugio Río Lacteo   HÜTTEN $

(kostenlos) Der Zugang zu diesen Hütten führt einen 12 km langen, landschaftlich schönen Pfad (4-5 Std. Hinweg) am Nordufer des Río Lacteo entlang, mit tollem Blick auf das San-Lorenzo-Massiv. Die Hütten am Ende des Weges sind für sechs bis acht Personen geeignet. In der Nähe steht eine Hütte zum Kochen – der selbst mitgebrachten Lebensmittel. Wer hier schlafen möchte, muss sich zuvor an der Rangerstation anmelden.

Estancia La Oriental   ESTANCIA $

(☎ 011-15-407197, in Buenos Aires 011-4152-6901; laorientalpatagonia@yahoo.com.ar; 3-Pers.-Zelte 30 US$, 4-Pers.-Schlafsaal 70 US$, EZ/DZ/3BZ/4BZ 140/175/230/260 US$; ⊘ Nov.–März; ✈) Das La Oriental am Fuß des Cerro León am Ende der Straße am Nordufer des Lago Belgrano ist die ideale Basisstation für die Erkundung des abwechslungsreichen Hinterlands des Parque Nacional Perito Moreno. Diese Ranch spricht vor allem Gruppen an. Das Essen ist anständig, es gibt Ausflüge mit Geländewagen und Ausritte. Mindestaufenthalt zwei Nächte.

🛈 Praktische Informationen

Besucher des Nationalparks müssen sich bei ihrer Ankunft im Informationszentrum am Ostrand registrieren. Das Zentrum hält viele nützliche Karten und Broschüren bereit. Informationen gibt es auch in der Nationalparkverwaltung (Intendencia del Parque Nacional Perito Moreno; ☎ 02962-491477; Paseo 9 de Julio 610; ⊘ Mo–Fr 9–16 Uhr) in Gobernador Gregores.

🛈 An- & Weiterreise

Im Winter ist die RN 37, die Zufahrtsstraße zum Park, unpassierbar – und der Park ohnehin geschlossen. Während der gesamten Nebensaison kann es auf dieser Straße immer wieder zu unpassierbaren Streckenabschnitten kommen. Besucher sollten sich deshalb vor Fahrtantritt im Nationalparkbüro in Gobernador Gregores über die Straßenverhältnisse genau informieren.

Öffentliche Verkehrsmittel halten nur an der Kreuzung der RN 40 mit der RN 37. Trampen ist im Park schwierig, u. a. weil die Ausgangspunkte der Wanderwege weit entfernt vom Informationszentrum liegen. Am besten fährt man mit einem Geländewagen, denn der Zustand der Straßen kann schlecht sein. Wer mit dem Auto unterwegs ist, sollte sich großzügig mit gefüllten Benzinkanistern und Ersatzreifen eindecken.

Gobernador Gregores

📞 02962 / 4500 EW.

Das verschlafene Städtchen Gobernador Gregores ist, trotz der hier herrschenden Ruhe, einer der besseren Zwischenstopps entlang der RN 40, da es einige nette Hotels und Läden besitzt.

Gregores liegt 60 km östlich der RN 40 an der RP 25. Es ist die am nächsten zum Parque Nacional Perito Moreno gelegene Stadt (aber immerhin 200 km in westlicher Richtung entfernt) und ideal, um sich mit Vorräten einzudecken und den Transport zu organisieren.

Die RP 29 führt zu dem rund 70 km westlich der Stadt gelegenen **Lago Cardiel,** den Angler als Fischgrund für Lachse und Regenbogenforellen sehr schätzen. Von der Abzweigung zum See sind es dann noch einmal 116 km bis nach **Tres Lagos,** wo ein nettes Ehepaar eine YPF-Tankstelle betreibt. 123 km weiter westlich liegt El Chaltén.

🛏 Schlafen

Cañadón León HOTEL $

(📞 02962-491082; Roca 397; EZ/DZ/3BZ inkl. Frühstück 35/59/77 US$; 🛜) Das Cañadón León hat 25 ordentliche Zimmer mit festen Betten. Es gibt hausgemachte Gerichte, u. a. exzellente, selbst gemachte Pasta. Reservierung empfohlen. Das Hotel verleiht auch Autos und organisiert den Transport in der Region.

ℹ Praktische Informationen

Gobernador Gregores besitzt eine sehr enthusiastische und hilfreiche Touristeninformation (📞 02962-491024; www.santacruz.tur.ar/corredores/localidades/Gregores/index.html; San Martin 514; ⊙ Mo–Fr 8–14 Uhr) mit umfassenden Informationen über die örtlichen Unterkünfte. Die Nationalparkverwaltung ist hilfreich, wenn es in den Parque Nacional Perito Moreno gehen soll.

ℹ An- & Weiterreise

In nördlicher Richtung auf der RN 40 gibt es immer noch einen Abschnitt unbefestigter Straße zwischen Gobernador Gregores und dem nützlichen Tankstopp Tres Lagos, obwohl diese Lücke nach und nach geschlossen wird.

In nächster Zukunft soll es auch einen neuen Busbahnhof geben. **Taqsa/Marga** (📞 in Río Gallegos 02966-442003; Paradelo 956) fährt täglich nach Río Gallegos (670 Arg$, 6. Std.) und mit einem etwas unregelmäßigen Fahrplan nach Esquel (1130 Arg$, 13½ Std.).

El Chaltén

📞 02962 / 1630 EW.

Vom farbenfrohen Dorf El Chaltén fällt der Blick auf den atemberaubend schönen Nordteil des Parque Nacional Los Glaciares. Im Sommer erkunden Tausende Wanderer von hier aus den Park. Kein Wunder: Vor den Toren des Dorfes beginnen Wanderwege, die zu den schönsten Routen weltweit zählen.

El Chaltén wurde 1985 im Eilverfahren als Grenzort gegründet, um Chiles Besitzansprüche an diesem Landstrich abzuschmettern. Mit seiner schlechten Infrastruktur, den streunenden Hunden und einem leichten Hang zu Werten der Hippiekultur ist es ein Grenzort geblieben, wenn auch kein gewöhnlicher. Immer mehr Touristen strömen Jahr für Jahr dorthin und veranstalten einen Mordstrubel (wenn auch nur in den Sommermonaten). Im Winter (Mai–September) schließt ein Großteil der Hotels und der anderen touristischen Einrichtungen. Auch die Verkehrsverbindungen sind dann auf ein Minimum reduziert.

El Chaltén ist der Tehuelche-Name für den Cerro Fitz Roy. Er bedeutet „Feuergipfel" oder „rauchender Berg" – eine passende Beschreibung für den andauernd in Wolken gehüllten Gipfel. Perito Moreno und Carlos Moyano tauften ihn später Fitz Roy. So hieß der Kapitän, der 1834 Darwins Expeditionsschiff, die *Beagle,* den Río Santa Cruz flussaufwärts steuerte. Dabei gelang es ihm, das Schiff bis auf 50 km an die Gebirgskette heranzubringen.

Die Website www.elchalten.com bietet einen guten Überblick über das Dorf.

⊙ Sehenswertes & Aktivitäten

Der das Dorf umgebende Parque Nacional Los Glaciares ist quasi der Spielplatz von El Chaltén: Im nördlichen Teil des Parks gibt es unterschiedliche Optionen, Abenteuer zu erleben (S. 514).

Capilla de los Escaladores KAPELLE

Eine einfache Kapelle im österreichischen Stil erinnert an die vielen Bergsteiger, die seit 1953 auf den gefährlichen Gipfeln ums Leben gekommen sind.

Spa Yaten GESUNDHEIT & WELLNESS

(📞 02962-493394; spayaten@gmail.com; Av San Martín 36; 1stündige Massage 1300 Arg$; ⊙ 10–20 Uhr) Das Spa Yaten verwöhnt seine Gäste

> ### ESTANCIAS IN PATAGONIEN
>
> Die meisten Menschen nehmen an, auf den *estancias* (Farmen) drehe sich alles nur um das liebe Vieh. Doch die nachfolgend aufgeführten *estancias* bieten darüber hinaus noch ganze besondere Erlebnisse.
>
> #### Eine reiche Tierwelt
>
> → Die Nachbarn der Estancia Rincón Chico (S. 466) auf der Península Valdés sind Pinguine, See-Elefanten, Seevögel und zahlreiche andere Tiere.
>
> → Dutzende Exemplare der namensgebenden Vogelart lassen sich auf der Estancia El Cóndor (S. 530) beobachten. Die raue Bergranch liegt nördlich von El Chaltén.
>
> → Die Estancia Doraike (Hostería Monte León, S. 487) ermöglicht faszinierende Einblicke in eine vielfältige Tierwelt, in der Magellanpinguine, Seelöwen, Guanakos und Pumas leben.
>
> #### Atemberaubende Schönheit
>
> → Umgeben von Gletschern, Seen und dem hoch aufragenden Cerro Fitz Roy bietet die exklusive Hostería Estancia Helsingfors (S. 534) luxuriösen Komfort.
>
> → An der wunderschönen Bahía Bustamante (S. 478) locken Ausflüge zu einem spektakulären versteinerten Wald und zu menschenleeren Inseln, auf denen nur Vögel, Pinguine und Seelöwen leben.
>
> #### Wie Indiana Jones
>
> Von der Hostería Cueva de las Manos (S. 504) führt ein Serpentinenweg durch den rötlich schimmernden Canyon des Río de las Pinturas zur Cueva de las Manos, einer Unesco-Weltkulturerbestätte.
>
> #### Für schmale Geldbeutel
>
> → Wer seinen Allerwertesten in ein Etagenbett schwingt, kann einiges an Geld sparen: Die Estancia El Cóndor (S. 530), Hostería Cueva de las Manos (S. 504) und die **Estancia Casa de Piedra** (✆02963-432207, 0297-504-6785; abseits der RN 40; Zeltplatz pro Pers. 8 US$; ⊙ Jan & Feb) verfügen über preisgünstige *refugios* (rustikale Hütten; Schlafbaracken. Manche der Unterkünfte bieten zu einem höheren Preis auch Arrangements mit Vollpension und Ausflügen – dabei bekommt man viel für sein Geld.

mit Duschen, Bademänteln und Pantoffeln, sodass müde Wanderer sich hier wunderbar von den Strapazen erholen können. Das Angebot umfasst Anwendungen, Massagen, Sauna und Jacuzzis in einem Gemeinschaftsbereich. Die Massagen am besten im Voraus buchen.

Geführte Touren

Zona Austral GEFÜHRTE TOUREN
(✆02902-489755; http://zonaaustralturismo.com; Av MM de Güemes 173; Tour 60 US$) Bietet Kajakfahrten auf dem Meer und die Glaciar Vespignani-Tour am Lago del Desierto an.

El Relincho REITEN
(✆02962-493007, in El Calafate 02902-491961; www.elrelinchopatagonia.com.ar; Av San Martín 505) Der Veranstalter El Relincho bringt die Reiter zu dem schönen Tal des Río de las Vueltas (3 Std.). Es gibt außerdem anspruchsvollere Ausritte den Berg Vizcacha hinauf. Anschließend wird auf einer traditionellen Ranch gegrillt. Relincho vermittelt auch Hütten.

Camino Abierto GEFÜHRTE TOUREN
(✆02962-493043; www.caminoabierto.com) Dieses Unternehmen organisiert Wanderungen in ganz Patagonien und geführte Touren zur Villa O'Higgins. Es ist neben der Avenida San Martín zu finden.

Patagonia Mágica OUTDOORABENTEUER
(✆02962-486261; www.patagoniamagica.com; Fonrouge s/n) Der freundliche Veranstalter Patagonia Mágica bietet eintägige Workshops im Felsklettern für Anfänger an den entsprechenden Wänden in der Nähe von El

Chaltén an. Erfahrene Kletterer können mit zertifizierten Führern auf anspruchsvollere Expeditionen gehen.

Feste & Events

Fiesta Nacional de Trekking SPORT
(☉ März) Diese Veranstaltung unterhält Outdoorfreaks mit Wettbewerben im Felsenklettern, Steinschneiden, Laufen und Mountainbiken.

Schlafen

Das Spektrum reicht hier von Unterkünften für die kleine Urlaubskasse bis hin zu Highend-Hotels. Für die Hauptsaison im Januar und Februar sollte mindestens einen Monat im Voraus gebucht werden. Im Sommer ist es schwer, preiswerte Betten in Schlafsälen zu bekommen. Wer ein solides Zelt mitbringt, findet jedoch immer ein Plätzchen auf einem der Campingplätze.

Albergue Patagonia HOSTEL $
(Patagonia Travellers' Hostel; ☎ 02962-493019; www.patagoniahostel.com.ar; Av San Martín 376; DZ/3BZ inkl. Frühstück 105/130 US$, B/EZ/DZ ohne Bad 25/60/75 US$; ☉ Sept.–Mai; @ 🛜) Das Hauptgebäude des einladenden Hostels ist ein wunderschönes Farmhaus aus Holz. In einem separaten Gebäude befinden sich moderne, geräumige Schlafsäle. Für die Gäste der B&B-Zimmer mit eigenem Bad und Küchenbenutzung wird ein üppiges Frühstücksbüfett im Fuegia Bistro aufgebaut. Zu den Vorzügen zählen hilfsbereites Personal, insgesamt ein guter Service und eine gesellige Atmosphäre

Das Hostel verleiht außerdem Fahrräder und hat auch eine einzigartige, gut geführte Fahrradtour zum wunderschönen Lago del Desierto (1100 Arg$) im Programm (auf Wunsch mit Shuttle-Service).

Condor de Los Andes HOSTEL $
(☎ 02962-493101; www.condordelosandes.com; Ecke Río de las Vueltas & Halvor Halvorsen; B/DZ 28/91 US$; @ 🛜) Dieses heimelige Hostel hat mit seinen abgewetzten Betten, den warmen Zimmern und dem Kaminfeuer die Atmosphäre einer Skihütte. Der Preissprung zu den stilvollen Doppelzimmern ist enorm. Die den Gästen zur Verfügung stehende Küche ist sauber, es gibt komfortable Salons.

Lo de Trivi HOSTEL $
(☎ 02962-493255; www.lodetrivi.com; Av San Martín 675; DZ 80 US$, B/DZ ohne Bad 19/76 US$; 🛜) Eine gute Wahl für den kleinen Geldbeutel. Dieses umgebaute Haus hat zusätzliche Schiffscontainer zum Wohnen und Terrassen mit alten Betten zum draußen sitzen. Das Ganze ist ein kleines Tohuwabohu, funktioniert aber. Es gibt eine ganze Reihe kleiner Gemeinschaftsbereiche mit oder ohne TV. Am wichtigsten ist die große Küche im Industriestandard, die die Gäste zur Verfügung haben. In den Doppelzimmern in den Containern gibt es kaum genügend Platz für das Bett.

Rancho Grande Hostel HOSTEL $
(☎ 02962-493005; www.ranchograndehostel.com; Av San Martín 724; B/DZ/3BZ/4BZ 35/147/170/194 US$; @ 🛜) In dieser Unterkunft für Rucksacktouristen geht es ziemlich geschäftig zu, denn das Hostel dient gewissermaßen auch als Chalténs Hauptbahnhof. Hier halten die Chaltén-Travel-Busse und es bietet jedem Besucher etwas – von der Busreservierung über Internetzugang (kostenpflichtig) bis hin zum Café (24 Std.). In den sauberen Vierbettzimmern stapeln sich mollige Decken und in den Gemeinschaftsbädern mangelt es auch nicht an Duschkabinen. Etliche Doppel- und Dreibettzimmer verfügen auch über ein eigenes Badezimmer.

Camping El Relincho CAMPINGPLATZ $
(☎ 02962-493007; www.elrelinchopatagonia.com.ar; Av San Martín 545; Camping pro Person/Fahrzeug/Wohnmobil 9/3/5 US$, 4-Pers.-Hütte 118 US$; 🛜) Ein privater Campingplatz mit windigen, ungeschützten Zeltplätzen, dafür aber mit einem eingezäunten Kochbereich.

★ Nothofagus B&B B&B $$
(☎ 02962-493087; www.nothofagusbb.com.ar; Ecke Hensen & Riquelme; EZ/DZ/3BZ 74/94/106 US$, ohne Bad 59/71/99 US$; ☉ Okt.–April; @ 🛜) 🌿 Dieses schöne Gasthaus im Chalet-Stil und das aufmerksame Personal machen das Nothofagus zu einem schönen Zufluchtsort mit einem reichhaltigen Frühstück. Die nachhaltige Bewirtschaftung hat diesem B&B das Sello Verde (Grünes Siegel) verschafft. Voraussetzungen dafür sind u. a. Mülltrennung und die Tatsache, dass die Handtücher nur bei Bedarf gewechselt werden. Die Zimmer sind sehr stilvoll und besitzen hölzerne Deckenbalken, Teppiche und einige einen schönen Blick. Die Zimmer ohne Bad teilen sich das Gemeinschaftsbad mit nur einem anderen Zimmer. Die Besitzer, ehemalige Touristenführer, geben bei Bedarf gerne Tipps für Wanderungen.

El Chaltén

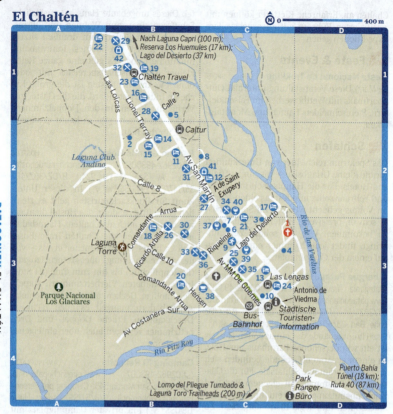

Anita's House
HÜTTEN $$

(☏ 02962-493288; www.anitashouse.com.ar; Av San Martín 249; 2-/3-/4.Pers.-Hütte 118/129/141 US$, 6-Pers.-Kabine 188 US$; ☏) Wenn der Wind bläst, sind diese modernen Hütten mitten im Stadtzentrum eine gemütliche Zuflucht für Gruppen, Paare und Familien. Die Hütten werden von den Besitzern mit makellosem Service betrieben. Die Küchen sind komplett ausgestattet, es gibt Zimmerservice und Kabel-TV. Die größeren zweistöckigen Hütten sind geradezu großzügig zu nennen.

El Barranco
GASTHAUS $$

(☏ 02962-493006; www.posadaelbarranco.com; Calle 2, No 45; DZ/3BZ/4BZ inkl. Frühstück 150/165/175 US$; ☏) Dieses Gasthaus trifft mit den zehn schicken Zimmern, den Glasduschen, Flachbildfernsehern und Schliessfächern genau den richtigen Ton. Das ausgefeilte Heißwassersystem garantiert, dass die Gäste niemals auf ihre heiße Dusche verzichten müssen. Im Angebot sind auch drei Hütten mit Kitchenettes draußen auf dem Rasen. Die Rezeption ist rund um die Uhr besetzt.

Pudu Lodge
HOTEL $$

(☏ 02962-493365; www.pudulodge.com; Calle Las Loicas 97; DZ inkl. Frühstück 90 US$; P@☏) Diese komfortable Unterkunft im modernen Stil verwöhnt ihre Gäste mit freundlichem Service und 20 geräumigen Zimmern mit festen Matratzen. Für El Chaltén sind die Preise moderat. Das Frühstücksbüfett wird in einem Speisesaal mit einer kathedralenhohen Decke serviert.

Inlandsis
PENSION $$

(☏ 02962-493276; www.inlandsis.com.ar; Lago del Desierto 480; DZ 84–99 US$; ◷ Okt.–April; ☏) Diese kleine entspannte Pension in einem Backsteingebäude bringt seine Gäste in Zimmern mit Doppelstockbetten (einige sind eher stickig; also vor der Buchung anse-

El Chaltén

⊙ Sehenswertes
1 Capilla de los Escaladores C3

⊕ Aktivitäten, Kurse & Touren
2 Camino Abierto B2
3 Casa de Guias C3
4 Chaltén Mountain Guides C3
5 El Relincho B1
6 Fitzroy Expediciones C3
7 Patagonia Aventura C3
8 Patagonia Mágica C2
9 Spa Yaten C3
10 Zona Austral C3

⊜ Schlafen
11 Albergue Patagonia B2
12 Anita's House C2
Camping El Relincho .... (s. 5)
13 Condor de Los Andes C3
14 El Barranco B2
15 Hostería El Puma B2
16 Hotel Poincenot B1
17 Inlandsis C2
18 Kaulem B3
19 Lo de Trivi B1
20 Nothofagus B&B B3
21 Posada Lunajuim C3
22 Pudu Lodge A1
23 Rancho Grande Hostel B1
24 Senderos Hostería C3

⊗ Essen
25 Ahonikenk C3
26 Cúrcuma B3
27 Domo Blanco C2
28 Don Guerra B1
29 El Muro B1
30 Estepa B3
31 La Cervecería B2
32 La Oveja Negra B1
33 La Tapera B3
34 Maffía C2
35 Patagonicus C3
36 Techado Negro C3

⊙ Ausgehen & Nachtleben
37 Fresco C3
38 La Chocolatería C3
39 La Vinería C3
40 Laguna los Tres C2

⊙ Shoppen
41 Chalteños C2
42 Viento Oeste B1

hen) oder größeren, teuereren Zimmern mit zwei Einzelbetten oder einem Doppelbett unter. Reisende können außerdem in Hütten über zwei Ebenen mit Badewanne, Küche und DVD-Player wohnen. Im Angebot sind tolle Extras wie Kuchen am Nachmittag oder Wein, Lunchboxen für Wanderer und der Transport in und aus der Stadt.

Posada Lunajuim GASTHAUS $$
(☏ 02962-493047; www.lunajuim.com; Trevisán 45; EZ/DZ/3BZ inkl. Frühstück ab 112/136/163 US$; ⚘) Dieses ungewöhnliche moderne Gasthaus stellt die Kunstwerke des Besitzers aus. Es hat ein wenig von seinem Charme eingebüßt, als es auf die doppelte Größe ausgebaut wurde. Es handelt sich jedoch immer noch um eine gute Wahl. Die 26 Zimmer sind unterschiedlich groß. Für Regentage stehen ein steinerner Kamin und eine Bibliothek zur Verfügung. Zu den netten Annehmlichkeiten hier gehören DIY-Lunchboxen und das Frühstücksbüfett.

★ Senderos Hostería B&B $$$
(☏ 02962-493336; www.senderoshosteria.com.ar; Perito Moreno 35; EZ/DZ inkl. Frühstück ab 125/150 US$) Für Wanderer und andere Gäste, die auf ihr leibliches Wohl besonderen Wert legen, wird in dem modernen Haus mit Wellblechfassade bestens gesorgt. Das hauseigene Restaurant mit zuvorkommendem Service lockt mit exquisiten Gourmetgerichten und ausgezeichneten Weinen – wahre Muntermacher nach einem anstrengenden Tag im Freien. Einige der hübschen Zimmer haben bei klarem Wetter Ausblick auf den Cerro Fitz Roy. In allen Räumen gibt es Schließfächer und solide Betten, die mit weichen weißen Laken bezogen sind.

Kaulem BOUTIQUEHOTEL $$$
(☏ 02962-493251; www.kaulem.com.ar; Ecke Av Antonio Rojo & Comandante Arrua; DZ inkl. Frühstück 155 US$, 2-Pers.-Hütte 135 US$; ⚘) Dieses rustikale und stilvolle Hotel verwöhnt seine Gäste mit einer gemütlichen Atmosphäre, einem Café und einer öffentlichen Kunstgalerie. Es hat nur vier Zimmer, alle mit Blick auf den Fitz Roy, sowie eine Hütte, die mit einer Küche ausgestattet ist. Das reichhaltige Frühstücksbüfett umfasst u. a. Joghurt, selbst gebackenes Brot und Obst. Die Gäste teilen sich einen großen offenen Wohn- und Essbereich, in dem (gute) Musik aus der Konserve zu hören ist und Bücher und Schachbretter zum Zeitvertreib zur Verfügung stehen.

Hostería El Puma LODGE $$$
(☏ 02962-493095; www.hosteriaelpuma.com.ar; Lionel Terray 212; EZ/DZ/3BZ 146/164/191 US$; P 🛜) In der luxuriösen Lodge mit zwölf komfortablen Zimmern herrscht eine exklusive, aber keineswegs versnobte Atmosphäre. Angenehm ist auch das riesige Frühstücksbüfett. In der Lounge hängen Bilder von Gipfelbesteigungen, Berggipfeln und Bergkarten, die zu eigenen Bergtouren inspirieren. Abends an dem großen offenen Kamin zu sitzen, ist hier die schönste Art, den Tag ausklingen zu lassen.

Hotel Poincenot HOTEL $$$
(☏ 02962-493252; www.hotelpoincenot.com; Av San Martín 668; DZ 175–200 US$; ⊙ Okt.–April; 🛜) Dieses lebhafte, moderne Hotel ist besonders bei Reisegruppen beliebt. Es besitzt 20 Zimmer mit Flachbildfernsehern sowie bequemen Betten mit Daunendecken und farbenfrohen Überdecken. Die geräumigen Zimmer bestehen aus einem Wohnbereich mit einer kathedralenhohen Decke, einem Essbereich und einer Bar. Der Service ist professionell und aufmerksam.

Essen

Techado Negro CAFÉ $
(☏ 02962-493268; Av Antonio Rojo; Hauptgerichte 90–180 Arg$; ⊙ 12–24 Uhr; 🌱) 🍴 In dem schlichten Café passt alles zum Charakter von El Chaltén, seien es die Gemälde mit regionalen Motiven an den Wänden, die hellen, kräftigen Farben oder die raue, kumpelhafte Atmosphäre. Auf den Tisch kommt üppige, preiswerte und manchmal sogar richtig gesunde argentinische Kost, wie z. B. hausgemachte Empanadas, mit *humitas* gefüllter Kürbis (süße *tamale*) sowie vegetarische Gerichte mit Naturreis, Suppen und Pastagerichte. Auch Lunchpakete sind erhältlich.

Cúrcuma VEGAN $
(☏ 02902-485656; Av Rojo 219; Hauptgerichte 160 Arg$; ⊙ 10–22 Uhr; 🌱) Dieses vegane, glutenfreie Lokal besitzt eine begeisterte Fangemeinde. Die meisten Gerichte sind zum Mitnehmen gedacht, Adzukibohnenburger, Vollkornpizzas, gefüllte Auberginen mit Couscous und Rucola. Salate, Kokosmilch-Risotto und Smoothies sind in Patagonien so selten zu finden wie bedrohte Tierarten. Reisende sollten diese besondere Gelegenheit im Cúrcuma also nutzen. Wanderer können mit einem Tag Vorlauf eine Lunchbox für unterwegs bestellen.

Patagonicus PIZZA $
(☏ 02962-493025; Av MM de Güemes 57; Pizza 100–160 Arg$; ⊙ Nov.–April 11–24 Uhr) Hier werden 20 unterschiedliche Pizzavariationen serviert, dazu Salate und selbstverständlich Wein. Die Gäste sitzen an stabilen Holztischen und haben einen schönen Blick aus großen Fenstern. Das Patagonicus ist bei den Einheimischen nicht umsonst sehr beliebt. Die Kuchen und der Kaffee sind ebenfalls empfehlenswert.

Domo Blanco EISDIELE $
(Av San Martín 164; Snacks 90 Arg$; ⊙ 14–24 Uhr) Exzellentes selbst produziertes Speiseeis mit Geschmacksrichtungen wie Zitrone-Ingwer und Beeren-Mascarpone. Die Zutaten stammen von einer lokalen *estancia* und Calafatebüschen in der Stadt.

★ Maffía ITALIENISCH $$
(☏ 02966-449574; Av San Martín 107; Hauptgerichte 180–360 Arg$; ⊙ 11–23 Uhr) Für den großen Hunger. In einem Zuckerbäckerhaus kocht dieser Pasta-Spezialist köstliche gefüllte *panzottis* und *sorrentinos* mit kreativen Füllungen wie Forelle, Aubergine und Basilikum oder Fondue. Auf der Karte stehen außerdem leckere Suppen und Gartensalate. Der Service ist professionell und freundlich. Als Nachtisch ist der hausgemachte Flan ein sicherer Tipp.

Estepa ARGENTINISCH $$
(☏ 02962-493069; Ecke Cerro Solo & Av Antonio Rojo; Hauptgerichte 100–300 Arg$; ⊙ 11.30–14 & 18–23 Uhr) Der lokale Favorit Estepa kocht zuverlässig leckere Gerichte wie Lamm mit Calafatebeeren-Soße, Forellenravioli oder Spinatcrêpes. Die Portionen sind eher klein, aber kunstvoll angerichtet. Das Gemüse stammt aus dem eigenen Gewächshaus. Für einen schnellen Snack gibt es Gerichte zum Mitnehmen.

Don Guerra INTERNATIONAL $$
(☏ 011-15-6653-5746; Av San Martín s/n; Hauptgerichte 190–230 Arg$; ⊙ 12–23 Uhr) Typisch patagonisch bis in seine hölzernen Knochen, mit Schafsfellstühlen an einer Bar in der Mitte des Lokals und gemütlichen Sitznischen. Das Don Guerra schenkt Biere von Brauereien aus Esquel aus und serviert eine schöne Auswahl leckerer Gerichte, von *milanesas* bis zu Pfannengerichten und Fajitas.

La Oveja Negra GRILL $$
(☏ 02962-271437; Av San Martin 226; Hauptgerichte 180–240 Arg$; ⊙ 12–23.30 Uhr) Ein klassisches argentinisches Grillrestaurant in ei-

nem schönen Holzhaus. Die Küche serviert über dem Holzfeuer gegrilltes Lammfleisch, Rindfleisch und Würste. Vegetarier haben nur die Auswahl zwischen gegrilltem Gemüse und gegrilltem Gemüse. Zu trinken gibt es Craft-Biere und Wein.

La Cervecería   PUBESSEN $$
(☏02962-493109; Av San Martín 320; Hauptgerichte 100–190 Arg$; ⊗12–24 Uhr) Das kühle Bier nach der Wanderung wird in diesem lebhaften Pub leicht zu einer ganzen Nacht. Das Personal ist sehr freundlich, vor allem die temperamentvolle Herrin über die Zapfhähne. Besonders zu empfehlen sind das ungefilterte Pils oder das trübe Bockbier mit Pasta oder *locro* (ein deftiger Eintopf aus Mais, Bohnen, Rind- und Schweinefleisch und Wurst).

El Muro   ARGENTINISCH $$
(☏02962-493248; Av San Martín 912; Hauptgerichte 90–210 Arg$; ⊗12–15 & 19–23 Uhr) Wem der Sinn nach deftiger Gebirgsküche (Pfannengerichte, Filet Stroganoff oder Forelle mit knusprigem gegrilltem Gemüse) steht, der ist in diesem kleinen Lokal am Ende der Straße genau richtig.

Ahonikenk   ARGENTINISCH $$
(☏02962-493070; Av MM de Güemes 23; Hauptgerichte 130–240 Arg$; ⊗12–15 & 19–23 Uhr) Dieses kleine Holzrestaurant ist für sein gutes Preis-Leistungs-Verhältnis bekannt. Busfahrer essen sich hier an *milanesas* satt, die für eine vierköpfige Familie reichen. Forelle, Pasta, Pizza und Salate sind ebenfalls gut.

★ La Tapera   ARGENTINISCH $$$
(☏02962-493195; Antonio Rojo 74; Hauptgerichte 260–330 Arg$; ⊗Okt.–April 12–15 & 18.30–23 Uhr) In Chipos Laden, der an eine Holzhütte mit offenem Kamin erinnert, kann man eigentlich nicht viel falsch machen. Die zarten Steaks in Balsamico-Soße, die superfrischen Forellen aus dem Lago del Desierto und die Weingläser so groß wie ein Kinderkopf sind allesamt empfehlenswert. Die vegetarischen Alternativen fallen demgegenüber deutlich ab. Der Service ist flott, die Portionen großzügig und die Weinauswahl begeistert.

🍷 Ausgehen

La Vinería   WEINBAR
(☏02962-493301; Lago del Desierto 265; ⊗Okt.–April 14.30–3 Uhr) Diese quasi aus Alaska importierte gemütliche Weinbar hat über 70 argentinische Weine, 70 Craft-Biere und wunderbare Appetithäppchen auf der Karte. 50 Weine werden als offene Weine ausgeschenkt, es gibt sogar eine gute Gin-Karte. Manche Wanderer mussten nach einem Abend hier am nächsten Tag einen Ruhetag einlegen.

La Chocolatería   CAFÉ
(☏02962-493008; Lago del Desierto 105; ⊗Nov.–März Mo–Fr 11–21, Sa & So 9–21 Uhr) Diese unwiderstehliche Schokoladenfabrik erzählt an ihren Wänden die Geschichten legendärer einheimischer Bergsteiger. Die Auswahl reicht von heißem Kakao mit Schuss bis hin zu Wein und Fondue. Heiße Schokolade und Kaffee kosten 90 Arg$.

Laguna los Tres   BAR
(Trevisán 42; ⊗18–2 Uhr) Wem nach etwas Rock- und Reggaemusik und Tischtennis zumute ist, der ist in dieser etwas zerzausten Bar an der richtigen Adresse. Am Wochenende gibt es Livemusik, Einzelheiten auf der Facebook-Seite.

Fresco   BAR
(Cabo García 38; ⊗Mo–Sa 17–24 Uhr) Diese einfache Bar in einem Wellblechhaus wird sehr lebhaft, wenn Liveacts auftreten. Ausgeschenkt wird u. a. La Zorra-Bier vom Fass, eines der besten Biere Patagoniens.

🛍 Shoppen

Chalteños   SCHOKOLADE
(Av San Martín 249; ⊗10–13 & 16–21 Uhr) Wer handgemachte *alfajores* gefüllt mit *dulce de leche* oder selbst gemachte Marmelade als Mitbringsel kaufen möchte, bekommt hier alles, was er braucht.

Viento Oeste   BÜCHER
(☏02962-493200; Av San Martín 898; ⊗10–23 Uhr) Bücher, Karten und Souvenirs. Wie in einer Reihe anderer Geschäfte in der Stadt gibt es hier außerdem Campingequipment zu mieten.

ℹ Praktische Informationen

El Chaltén hat ein wenig Zeit gebraucht, um in der modernen Welt anzukommen, besitzt mittlerweile jedoch zwei mit LINK verbundene Geldautomaten sowie Mobilfunkempfang und – langsames – Internet.

Reisende, die aus El Calafate kommen, sollten sicherheitshalber genug Bargeld dabei haben, falls die Geldautomaten nicht funktionieren oder das Geld ausgegangen ist.

Die **Banco de Santa Cruz** (⊗24 Std.) unterhält im Busbahnhof einen LINK-Geldautomaten. Der zweite findet sich vor dem Busbahnhof.

Neue Regelungen verpflichten Hotels und Restaurants dazu, Kreditkarten zu akzeptieren. Die lokale Szene wird für diese Umstellung jedoch noch ein wenig Zeit brauchen. Am Stadteingang gibt es eine Tankstelle, an der Reisende nur bar zahlen können. Euro und US-Dollar werden jedoch häufig akzeptiert.

Chaltén Travel (02962-493092; www.chaltentravel.com; Av MM de Güemes 7; 7–12 & 17–21 Uhr) Bucht Flugtickets (vom Flughafen Calafate) und Busfahrscheine für Linien auf der RN 40.

Park-Ranger-Büro (02962-493024, 02962-493004; pnlgzonanorte@apn.gob.ar; Sept.–April 9–17, Mai–August 10–17 Uhr) Viele Busse halten hier, um sich in diesem zweisprachigen Informationsbüro kurz vor der Brücke über den Río Fitz Roy zu orientieren. Die Ranger stellen einen Stadtplan zur Verfügung und geben gute Erklärungen zu den ökologischen Aspekten des Parque Nacional Los Glaciares. Um 14 Uhr wird täglich ein Dokumentarfilm über das Bergsteigen vor Ort gezeigt – ein guter Tipp für einen Regentag.

Post (Mo–Fr 8–16.30 Uhr)

Puesto Sanitario (02962-493033; AM De Agostini 70) Kümmert sich um kleinere Erkrankungen.

Städtische Touristeninformation (02962-493370; www.elchalten.tur.ar; Bus Terminal; 8–20 Uhr) Freundlich, sehr hilfsbereit und englischsprachig. Reisende bekommen hier eine Liste mit Unterkünften sowie umfassende Informationen zur Stadt und möglichen Touren.

❶ An- & Weiterreise

El Chaltén liegt 220 km über gute befestigte Straßen von El Calafate entfernt. Ein Radweg führt von der Stadt zur Hostería El Pilar im Parque Nacional Los Glaciares. Vor Ort gibt es mehrere Fahrradverleiher.

Alle Busse fahren zum **Terminal de Omnibus** (02962-493370) in der Nähe der Einfahrt in die Stadt. Wer die Stadt wieder verlassen möchte, muss eine gesonderte Abfahrtsgebühr (20 Arg$) bezahlen.

Das Ziel El Calafate (600 Arg$, 3½ Std.) wird von **Chaltén Travel** (s. oben) im Sommer mehrmals täglich, um 7.30, 13 und 18 Uhr, angesteuert. **Caltur** (02962-493150; Av San Martín 520) und **Taqsa/Marga** (02962-493130; Busbahnhof) befahren diese Strecke ebenfalls. Außerhalb der Saison ist der Fahrplan ein wenig ausgedünnt.

Las Lengas (02962-493023; Antonio de Viedma 95) unterhält einen Shuttleservice zum Flughafen von El Calafate (600 Arg$), allerdings nur in der Hauptsaison. Das Unternehmen betreibt außerdem Minibusse zum Lago del Desierto (Rundfahrt 450 Arg$), die an der Hostería El Pilar und am Río Eléctrico halten.

Chaltén Travel fährt in der Hauptsaison an den ungeraden Tagen des Monats nach Bariloche (2425 Arg$, 2 Tage) inklusive einer Übernachtung unterwegs (Unterkunft und Verpflegung kosten extra).

Taqsa fährt ebenfalls nach Bariloche (2020 Arg$), zu Stopps an der RN 40 auf dem Weg sowie nach Ushuaia (2150 Arg$).

Parque Nacional Los Glaciares (Nordteil)

Diese surreale und atemberaubende Gebirgslandschaft trotzt jeder Logik. Im Nordteil des Parks liegt zweifellos Argentiniens Bergsteiger-Eldorado – das Bergmassiv Fitz Roy mit seinen schroffen Felsen und steilen, spitzen Gipfeln, die wie Haifischzähne in den Himmel ragen. Weltklasse-Bergsteiger versuchen sich hier an der schwierigen Besteigung des Cerro Torre und des Cerro Fitz Roy – für viele Meilensteine in ihrer Bergsteigerkarriere. Beide Berge sind jedoch wegen ihrer brutalen Witterungsverhältnisse berüchtigt. Wem solch extreme Herausforderungen nicht liegen, der kann auf zahlreichen, gut markierten Wanderwegen das atemberaubende Panorama bewundern – sofern sich die Wolken einmal verziehen und den Blick freigeben.

Der Parque Nacional Los Glaciares besteht aus einem Nord- und einem Südteil, die geografisch voneinander getrennt liegen. El Chaltén liegt am Eingang zum nördlichen Teil des Parks. El Calafate ist das Tor zum Südteil, in dem auch der Perito-Moreno-Gletscher liegt. Die beiden Teile sind nicht durch Wege miteinander verbunden und stellen im Prinzip zwei völlig getrennte Parks dar.

 Aktivitäten

Bevor sich Wanderer auf den Weg in den Park machen, sollten sie sich im Parkrangerbüro in El Chaltén nach dem aktuellen Zustand der Wege erkundigen. Die besten Wetterverhältnisse zum Wandern herrschen hier nicht im Sommer, sondern eher im März und April, wenn der Wind weniger stark bläst (und darüber hinaus weniger Menschen im Park unterwegs sind). Von Mai bis September müssen Wanderer sich vor und nach der Wanderung im Rangerbüro registrieren. Während der Wintermonate Juni und Juli können die Wege ganz oder teilweise gesperrt sein oder Hochwasser kann die Brücken überfluten – deshalb sollte man sich unbedingt vor Antritt der Wanderung im Rangerbüro eingehend informieren.

Wanderungen in entlegene Parkareale sollten nur Rucksacktouristen mit gutem Orientierungssinn und viel Trekkingerfahrung unternehmen. Für derartige Touren sind der Informationsaustausch mit den Rangern und die Registrierung unbedingt erforderlich. Ausführliche Informationen über Wanderungen in dieser Region bietet der englischsprachige Lonely-Planet-Reiseführer *Trekking in the Patagonian Andes*.

★ Laguna de Los Tres   WANDERN

Die Wanderung (10 km, Hinweg 4 Std.) zu diesem hoch gelegenen Bergsee führt zu einem der fotogensten Orte im Parque Nacional Los Glaciares. Die ziemlich anstrengende Tour erfordert eine sehr gute körperliche Kondition. Bei schlechtem Wetter müssen Wanderer ganz besonders vorsichtig sein, denn die Wege sind sehr steil.

Die Route beginnt an einer gelb überdachten Packstation. Nach etwa einer Stunde trifft der Wanderpfad auf eine Wegkreuzung, an der ein markierter Weg abzweigt, der ins Hinterland zu einem ausgezeichneten, gebührenfreien **Campingplatz** an der Laguna Capri führt. Der Hauptpfad dagegen verläuft durch windzerzauste Wälder und an kleinen Seen vorbei, bis er auf die Lagunas Madre und den Sendero Madre e Hija trifft. Weiter geht es durch einen vom Wind gebeutelten Ñire-Wald (kleine, laubabwerfende Art der Antarktischen Südbuche) und über ein morastiges Gelände bis zum **Río Blanco** (3 Std.) sowie zu dem bewaldeten, von Mäusen geplagten **Campamento Poincenot**. Am Río Blanco gabelt sich der Weg Richtung Río Eléctrico. Wanderer halten sich hier links, um zu einem Basiscamp der Bergsteiger zu gelangen. Von dort führt ein Wanderweg im steilen Zickzack zum Gletschersee **Laguna de los Tres**. An dem See herrscht eine unheimliche Stille und der Blick fällt auf den 3405 m hohen Cerro Fitz Roy, der zum Greifen nah zu sein scheint. Auf der Route müssen Wanderer mit gefährlichen Windböen rechnen und sollten deshalb genügend zeitlichen Spielraum einplanen.

Laguna Torre   WANDERN

Zu den Highlights dieses 18 km langen Rundwanderwegs zählt ein Blick auf die faszinierende Felsnadel des Cerro Torre. Bei gutem Wetter – sprich: wenig Wind – und klarem Himmel sollten Wanderer der Tour zur Laguna Torres (einfache Wegstrecke 3 Std.) den Vorrang geben, um einen Blick auf die Gipfelzacken des Cerro Torre zu haschen. Bei keinem anderen Berg in der Gegend besteht angesichts der vielen stürmischen Tagen eine so geringe Chance, den Gipfel komplett zu sehen.

Zwei Wanderwege, die sich unterwegs vereinen, führen zur Laguna Torre. Der eine Weg beginnt am nordwestlichen Rand von El Chaltén: Von dem Wegweiser an der Avenida San Martín geht es auf der Avenida Eduardo Brenner in westlicher Richtung, bis rechter Hand der beschilderte Ausgangspunkt des Laguna-Torre-Wegs auftaucht. Der Weg windet sich westwärts um riesige Felsbrocken auf Hängen, die mit typischen patagonischen Pflanzenarten bedeckt sind. Nach einer 35- bis 45-minütigen Wanderung verläuft er in südwestlicher Richtung und führt an einer Feuchtwiese vorbei zu einer Kreuzung, wo er auf einen von links kommenden Weg trifft.

Der zweite Weg startet im Süden von El Chaltén und folgt zunächst dem westlich des Stadtrandes gelegenen Ufer des Lago del Desierto, bis er an einem kleinen Kraftwerk vorbei hinunter zum Flussbett führt. An einem Wegweiser entfernt sich der Pfad vom Fluss und verläuft durch verstreut liegende Lenga- und Ñire-Haine. Nach dem Überklettern eines merkwürdigen Drahtzaunes vereint sich der Pfad schließlich mit dem zuvor beschriebenen bekannteren und markierten Weg.

An einem runden Felsen vorbei geht es nun weiter hinauf zum **Mirador Laguna Torre**. Dieser Bergkamm eröffnet den ersten freien Blick über das Tal hinüber zur 3128 m hohen Gipfelspitze des Cerro Torre, die sich aus den weiten Gletschermassen erhebt.

Anschließend führt der sanft absteigende Weg durch Lenga-Haine und durchquert eine Flussebene mit struppigem Buschwerk sowie alten Moränen, auf denen sich wieder Pflanzen angesiedelt haben. Nach etwa 40 bis 50 Minuten erreicht der Wanderweg eine Wegkreuzung, an der der Sendero Madre e Hija, eine Abkürzung zum Campamento Poincenot, abzweigt. Um ins Tal zu gelangen, geht es weiter bergab bis zur nächsten Weggabelung. Hier hält man sich links, klettert über eine bewaldete Böschung und durchquert die angrenzende schmale Schwemmlandebene, um dann dem träge dahinfließenden Gletscherwasser des Río

GUTE REISE AUF DER LEGENDÄREN RUTA NACIONAL 40

Die Autofahrt auf Patagoniens RN 40 ist für viele Reisende der ultimative Trip. Niemand kommt hier schnell voran – heimtückisch schlägt das Wetter um und die Windstärken haben es in sich. Es scheint, als würde die Fahrt niemals enden. Doch sie überrascht auch mit magischen Momenten, wenn in der schier endlosen flachen Steppenlandschaft wie aus dem Nichts eisbedeckte Gipfel und glitzernde Seen ins Blickfeld rücken. Seit die RN 40 weitgehend asphaltiert ist, fällt das Fahren leichter. Wer jedoch auf die Nebenstraßen fährt, um die Umgebung zu erkunden, muss mit schlechten Schotterpisten rechnen.

Ausrüstung

Außerhalb der Städte haben Handys keinen Empfang. Reisende sind also auf sich selbst angewiesen – und nicht zuletzt auf einen durchdacht bestückten Werkzeugkoffer. Wer einen Wagen mietet, sollte genau überprüfen, ob die Reifen (inkl. Ersatzreifen), Scheinwerfer, Stoßdämpfer und die Bremsen in einwandfreiem Zustand sind. Da die Tankstellen an der RN 40 dünn gesät sind, sollte man bei jeder Gelegenheit, die sich bietet, volltanken. Unverzichtbar sind auch Proviant und Trinkwasser in großzügiger Menge.

Straßenverkehrsregeln

Sowohl das Anlegen von Sicherheitsgurten als auch das Einschalten des Abblendlichts bei Tag sind in Argentinien gesetzlich vorgeschrieben. Unbedingt zu beachten ist das Tempolimit, das mit 65 km/h auf Schotterpisten und maximal 80 km/h auf Asphaltstrecken in einem recht sicheren Geschwindigkeitsrahmen liegt. Schafe haben *immer* „Vorfahrt". Gefahrenquellen sind auch Guanakos und Nandus. Deshalb: runter vom Gaspedal und Abstand halten, bis die Tiere das Feld geräumt haben. Außerdem sollte man auf die unbeschilderten *guardaganados* (Weideroste bzw. bodengleiche Viehsperren) achten.

Einfach anderen das Fahren überlassen

Eine Reihe von Reisebüros organisiert zwei- bis fünftägige Minivan-Fahrten auf der RN 40, die von El Calafate über El Chaltén, Perito Moreno und Los Antiguos nach Bariloche führen. Die Touren finden von Mitte Oktober bzw. Anfang November bis Anfang April statt, sind aber abhängig vom Wetter, den Straßenverhältnissen und der Nachfrage. Ziemlich teuer sind die geführten Touren, die mehr als vier oder fünf Tage dauern.

Eine zünftige zehntägige Autotour auf der RN 40 in Begleitung mehrsprachiger Reiseführer bietet z. B. der kleine Tourveranstalter **Ruta-40** (S. 479) an. Die Fahrt führt von Bariloche nach El Calafate. Zwischenstops sind die Cueva de las Manos sowie die *estancias* El Cóndor und La Oriental. Telefonisch oder über die Website sind die aktuellen Preise und Termine zu erfahren.

Wer zügiger und zielgerichteter auf der RN 40 reisen möchte, kann die Busse von **Chaltén Travel** nutzen. Das Unternehmen hat Filialen in El Calafate (S. 521), **El Chaltén** (02962-493092, 02962-493005; Av San Martín 635), Puerto Madryn (S. 454) und Bariloche (S. 402). Für eine Zweitagestour Richtung Norden mit Übernachtung in Perito Moreno fahren die Busse um 8 Uhr in El Calafate ab. In Bariloche starten an ungeraden Tagen um 6.45 Uhr die Busse für eine Dreitagestour Richtung Süden mit Übernachtung in Perito Moreno und El Chaltén. Diese Busse halten auch in Los Antiguos. In der Regel finden die Bustouren von November bis März statt. Die eintägige Fahrt zwischen El Calafate und Bariloche (2425 Arg$ pro Pers.) umfasst weder Verpflegung noch Übernachtung. Unterwegs können die Reisenden die Fahrt nach Belieben unterbrechen und mit einem der nächsten Busse weiterfahren – in dem allerdings eine Platzreservierung nicht möglich ist. Für nordwärts Reisende gibt es auch eine Kombi-Tour nach Puerto Madryn.

Manche Reisende haben auch gute Erfahrung mit dem Busunternehmen Taqsa/Marga (S. 501) gemacht. Zu etwas günstigeren Preisen pendeln dessen Busse während der Hochsaison zwischen El Calafate und Bariloche (28 Std., Okt.–April). Unterwegs machen die Busse in El Chaltén, Perito Moreno und Esquel Halt.

Fitz Roy zu folgen. Nach weiteren 50 bis 90 Minuten ist dann der **Campamento De Agostini** (ehemals Campamento Bridwell) erreicht. Auf diesem gebührenfreien Campingplatz (mit Klohäuschen) herrscht reger Betrieb. Er dient den Bergsteigern, die den Cerro Torre bezwingen wollen, als Basislager. In der näheren Umgebung gibt es nur noch einen anderen Campingplatz. Er liegt am Fluss in einem schönen Lenga-Hain am Fuß des Cerro Solo.

Der Weg entlang des Nordufers des Sees (Dauer 1 Std.) führt zum **Mirador Maestri**; Zelten ist hier nicht erlaubt.

Piedra del Fraile   WANDERN
Bei dieser Wanderung umfasst der Hin- und Rückweg insgesamt 16 km (einfache Strecke 3 Std.). Der durchweg gut markierte Weg verläuft durch das Valle Eléctrico. Unterwegs müssen die Wanderer einige Flüsschen durchqueren und dabei über massive Baumstämme kraxeln und einmal über eine Brücke gehen. Von der **Hostería El Pilar** wandert man zunächst auf der Hauptstraße 1 km in nordöstlicher Richtung bis zu einer großen Eisenbrücke, wo der markierte Weg zum Piedra del Fraile (Mönchsstein) beginnt.

Der Wanderweg führt zunächst durch Weideland und schwenkt dann nach links ins Flusstal des **Río Eléctrico** ein, das von blanken Felswänden gesäumt wird. Schließlich erreicht der Pfad die privat geführte Lodge Los Troncos (S. 519). Dort befindet sich ein Restaurant, aber keine Küche für Gäste. Ein Bett im Schlafsaal ist noch preisgünstiger, wenn man seinen eigenen Schlafsack mitbringt. Besucher müssen Eintritt (300 Arg$) bezahlen. Da es hier kein Telefon gibt, ist eine Reservierung nicht möglich – also einfach auf gut Glück vorbeischauen. Der Campingplatz bietet einen Kiosk, ein Restaurant und einen hervorragenden Service. Über empfehlenswerte Wanderrouten in der näheren Umgebung geben die Besitzer des Anwesens gerne Auskunft.

Die Busse zum Lago del Desierto lassen Wanderer an der Brücke am Río Eléctrico aussteigen.

Lago del Desierto & Chile   WANDERN
Nahe der chilenischen Grenze, etwa 37 km nördlich von El Chaltén (eine Autostunde auf einer Schotterstraße), liegt der Lago del Desierto. Dort führt ein 500 m langer Weg zu einem Aussichtspunkt mit herrlichem Ausblick auf den See und die Gletscherlandschaft. Am östlichen Seeufer entlang verläuft ein Wanderweg, der bis nach Candelario Mansilla in Chile reicht.

Zunehmend beliebter werden hier die Abstecher über die chilenische Grenze. Im Rahmen von ein- bis dreitägigen Trekking- oder Radtouren fahren immer mehr Reisende mit der Fähre nach Villa O'Higgins, wo die Carretera Austral endet. Radfahrer müssen allerdings auf einem Großteil der Strecke nicht nur ihr Fahrrad tragen, sondern zeitweise auch noch ihr Gepäck schultern, weil manche steile Stellen zu eng sind für den Durchgang mit Fahrradtaschen. Bis der Plan, in der Gegend eine Straße zu bauen, verwirklicht ist, vergehen wahrscheinlich noch Jahrzehnte.

Lomo del Pliegue Tumbado & Laguna Toro   WANDERN
Die Wanderroute (Hinweg 4–5 Std.) beginnt am Parkrangerbüro von El Chaltén und verläuft südwestwärts an der Ostwand des Loma del Pliegue Tumbado entlang bis zum Río Túnel. Dort schwenkt der Pfad nach Westen und führt zur Laguna Toro. Auf diesem Weg sind weniger Wanderer unterwegs als auf den Hauptrouten. Es ist eine leichte Wanderung, allerdings muss man mit starkem Wind rechnen. Wichtig: unbedingt ausreichend Trinkwasser mitnehmen!

Diese Wanderung ist die einzige in der gesamten Region, auf der sowohl der Cerro Torres als auch der Cerro Fitz Roy gleichzeitg zu sehen sind.

Geführte Touren
Eisklettern & Trekking
Mehrere Tourveranstalter bieten Eiskletterkurse sowie Eistrekkingtouren an. Bei einigen der angebotenen Touren kommen Schlitten mit Schlittenhunden (Sibirische Huskys) zum Einsatz. Das Gefühl, auf einer Polarexpedition zu sein, vermitteln die mehrtägigen Wanderungen über den Campo de Hielo Patagónico Sur (südliches Kontinentaleis). Solche Touren eignen sich aber nur für Bergwanderer, die alle Techniken des Bergsteigens sicher beherrschen – inklusive dem Klettern mit Steigeisen – und auch strapaziöse Flussüberquerungen meistern können.

Fitzroy Expediciones   TREKKING
(Adventure Patagonia; ☏ 02962-436110; www.fitzroyexpediciones.com.ar; Av San Martín 56, El Chaltén; ⊙ 9–13 & 14–20 Uhr) Bietet verschiedene Trekkingtouren, Gletscherwanderungen

Parque Nacional Los Glaciares (Nordteil)

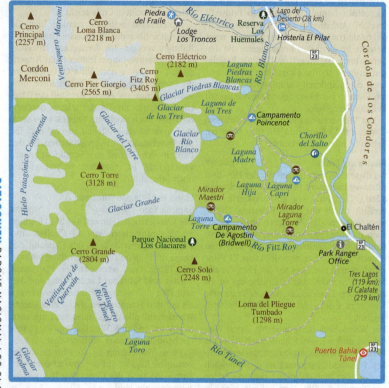

auf dem Glaciar Cagliero, Kajaktouren und eine fünftägige Tour mit Bergwanderungen im Bereich des Fitz Roy und Cerro Torre. Im Gegensatz zu vielen anderen Tourveranstaltern in der Stadt akzeptiert Fitzroy Expediciones Kreditkarten.

Casa de Guias — BERGSTEIGEN
(02962-493118; www.casadeguias.com.ar; Lago del Desierto 470, El Chaltén; 10–13 & 16.30–21 Uhr) Dieser freundliche und professionelle Tourveranstalter hat sich auf Bergwanderungen und Bergbesteigungen in kleinen Gruppen spezialisiert. Seine Bergführer sprechen Englisch und sind AAGM-zertifiziert (Asociación Argentina de Guías de Montaña, Argentiniens offizieller Bergführerverband). Angeboten werden auch Klettertouren mit Quergang (waagerecht verlaufender Abschnitt einer Kletterroute), die allerdings neben einer sehr guten Kondition auch viel Erfahrung im Felsklettern voraussetzen.

Patagonia Aventura — ABENTEUERTOUREN
(02962-493110; www.patagonia-aventura.com; Av San Martín 56, El Chaltén) Bietet Bootsfahrten auf dem Lago Viedma (1100 Arg$) zum Glaciar Viedma und Wanderungen auf der Halbinsel (2100 Arg$) mit Ausblick auf den Gletscher. Auch eine Kombination beider Ausflüge (2400 Arg$) ist möglich. Gletscherwanderungen auf dem Glaciar Viedma können wegen des Gletscherschwunds nicht mehr durchgeführt werden. Die Touren starten am Puerto Bahía Túnel.

Chaltén Mountain Guides — BERGWANDERN
(02962-493329; www.chaltenmountainguides.com; Rio de las Vueltas 212, El Chaltén) Die zertifizierten Bergführer organisieren und begleiten Gletscherbegehungen sowie Bergwanderungen und Bergbesteigungen. Je größer die Teilnehmergruppe, desto günstiger ist der Preis pro Person, allerdings ist die Gruppengröße beschränkt. Das Büro des Tourveranstalters befindet sich im Hotel Kaulem.

Fliegenfischen

Verschiedene Tourveranstalter bieten Angelausflüge zum Lago del Desierto. Darunter sind auch Tagestouren, die einen mehrstündigen Aufenthalt an der Laguna Larga einschließen. Die Angelausrüstung wird den Teilnehmern gestellt.

Reiten

Ein Ritt durch die Stadt ist ebenso möglich wie ein Reitausflug mit Führer (Preis ist Verhandlungssache) und Packpferd. Nicht erlaubt sind jedoch Ausritte innerhalb des Nationalparks ohne die Begleitung eines zugelassenen Guides. Der Tourveranstalter El Relincho (S. 508) organisiert Ausritte in das schöne Tal des Río de las Vueltas. Seine anspruchsvolleren Reittouren umfassen ein Grillfest auf einer Ranch. El Relincho vermietet auch Unterkünfte in Hütten.

Wassersport

Im gleichen Maße wie El Chaltén wächst, erhöht sich auch die Anzahl der Anbieter von Wassersportaktivitäten. Fitzroy Expediciones veranstaltet eine halbtägige Kajaktour auf dem Río de las Vueltas mit Mittagessen im Abenteuercamp des Unternehmens. Dieses Camp liegt 17 km nördlich von El Chaltén und bietet auch Unterkünfte in einer Holzlodge und in acht Hütten – ausführliche Auskünfte darüber gibt das Büro von Fitzroy Expediciones in El Chaltén. Auf dem Programm des Tourveranstalters steht auch eine zweitägige Kajaktour auf dem Río La Leona mit Übernachtung auf einem Campingplatz.

Ganztägige Kajaktouren auf dem Lago del Desierto (1075 Arg$) bietet Zona Austral (S. 508); im Preis inbegriffen ist der Transfer zwischen El Chaltén und dem See. **Snorkel Chalten** (02966-15-499375; http://snorkelchalten.wixsite.com/anfibio) veranstaltet Schnorcheltouren ebenfalls zum Lago del Desierto, dessen Wasser in wunderschönen Farbtönen schimmert. Beeindruckend ist auch die Unterwasservegetation, die sich z. B. auf ins Wasser gestürzten Bäumen angesiedelt hat.

Bootsfahrten auf dem See

Patagonia Aventura bietet Bootsfahrten auf dem Lago Viedma mit beeindruckendem Ausblick auf die 40 m hohe Gletscherstirn des Glaciar Viedma. Unterwegs besteht die Möglichkeit, eine kleine Wanderung am Ufer zu unternehmen. Das Boot startet am Puerto Bahía Túnel und die Tour dauert zweieinhalb Stunden.

Exploradores Lago del Desierto BOOTSTOUR (02962-493081; www.receptivochalten.com; Gletschertour inkl. Bustransfer 1450 Arg$) Bietet Bootsausflüge zum Glaciar Vespignani und Überfahrten für Wanderer, die den Lago del Desierto überqueren möchten, um nach Chile zu gelangen.

Felsklettern

Mehrere Sportgeschäfte in El Chaltén verleihen die fürs Felsklettern benötigte Ausrüstung. Patagonia Mágica (S. 508) veranstaltet einen eintägigen Felskletterkurs für Anfänger. Erfahrene Felskletterer können in Begleitung zertifizierter Bergführer eine Klettertour auf den Glaciar Laguna Torre unternehmen.

Schlafen

Die gebührenfreien Campingplätze im Inneren des Nationalparks sind lediglich mit einer Trockentoilette ausgestattet. Auf manchen Plätzen liegt Totholz herum, aus dem sich ein Windschutz basteln lässt. Feuermachen ist allerdings streng verboten! Das Wasser ist so klar wie das Schmelzwasser der Gletscher, deshalb sollten Wasch- und Abwaschaktionen nur ein Stück weit flussabwärts vom Campingplatz erfolgen. Wichtig: Auf keinen Fall Müll hinterlassen, sondern alles einpacken und mitnehmen!

Lodge Los Troncos LODGE $
(Zeltplatz pro 20 US$, B 50 US$) Da die Lodge Los Troncos kein Telefon hat, ist eine Reservierung nicht möglich – also einfach auf gut Glück vorbeischauen. Der Campingplatz bietet einen Kiosk, ein Restaurant und einen hervorragenden Service.

Hostería El Pilar ESTANCIA $$$
(02962-493002; www.hosteriaelpilar.com.ar; RP 23, Km 17; EZ/DZ inkl. Frühstück 160/180 US$; Nov.–März, nur mit vorheriger Reservierung) Am Südufer des Lago del Desierto können Reisende in einem der zehn gemütlichen *estancia*-Zimmer übernachten oder als Ausflügler einfach nur in dem einladenden Restaurant die ausgezeichnete *cocina de autor* (Gourmetküche) genießen. Von der *estancia* führen Wanderwege in den Nationalpark oder zum Valle Río Eléctrico. Die Hostería El Pilar liegt 17 km von El Chaltén entfernt.

❶ An- & Weiterreise

Der Parque Nacional Los Glaciares erstreckt sich vor El Chalténs Toren. Die meisten Wanderwege beginnen am Stadtrand und erfordern daher

ⓘ TREKKINGTOUR NACH CHILE

Besonders abenteuerlustige Reisende können eine Trekkingtour unternehmen, die am Campo de Hielo Patagónico Sur (südliches Eisfeld, Patagoniens größtes Gletschergebiet) vorbeiführt. Der Ausflug beginnt an Argentiniens Parque Nacional Los Glaciares bzw. in El Chaltén und endet in Villa O'Higgins, der südlichsten und letzten Ortschaft an Chiles Carretera Austral. Durchführen lässt sich die Ein- bis Dreitagestour nur von November bis März (in der Nebensaison ist der Grenzposten geschlossen). Zur unerlässlichen Ausrüstung zählen Proviant, Bargeld in chilenischer Währung, der Reisepass sowie Regenkleidung. Da auf die (nötigen) Bootsverbindungen keinerlei Verlass ist, muss man mit Übernachtungen rechnen. Deshalb sollten der Proviant und die chilenischen Pesos keinesfalls zu knapp bemessen sein. Hier die Eckdaten der Tour:

➜ Mit dem Shuttlebus geht es von El Chaltén an das 37 km entfernte Südufer des Lago del Desierto (450 Arg$, 1 Std.).

➜ Es folgt eine Fahrt mit der Fähre oder einem Ausflugsboot ans Nordufer des Lago del Desierto (1025 Arg$, 1 Std. bzw. 4½ Std.). Eine Alternative ist die Wanderung auf einem schönen Bergweg (15 km, 5 Std.), der teilweise am Seeufer verläuft. Hinweis: Radwanderer müssen ihr Fahrrad auf dieser Strecke an zahlreichen Stellen tragen, weil der Weg eng und überwuchert ist. Am Nordufer erfolgen Passkontrolle und Zollformalitäten durch die argentinischen Grenzposten. Campen ist nur auf dem Gelände der Grenzstation erlaubt.

Vom Nordufer des Lago del Desierto geht es zu Fuß oder zu Pferd zur Laguna Larga (1½ Std.) – Campen ist hier nicht erlaubt.

➜ Von hier führt die Wanderung (1½ Std.) oder der Ritt gleich weiter zur Laguna Redonda (Campen ebenfalls verboten).

➜ Die nächste Station der Wanderung (2 Std.) oder des Ritts ist Candelario Mansilla. In dem Grenzort bietet eine Familie Unterkünfte in einem Farmhaus an. Sie organisiert auch geführte Wanderungen und verleiht Pferde (Reit- oder Packpferd 30 000 Chil$ pro Tag). In Candelario Mansilla erfolgen die Passkontrolle und Zollformalitäten durch die chilenischen Grenzposten.

➜ Von Candelario Mansilla (am Südufer des Lago O'Higgins) fährt der Hielo-Sur-Katamaran El Quetru nach Puerto Bahamondez 36 000, 4 Std.) – mit der Möglichkeit zu einem Abstecher zum Glaciar O'Higgins (40 000 Chil$). Der Katamaran startet ein- bis dreimal pro Woche, in der Regel am Samstag, manchmal auch zusätzlich montags oder mittwochs. Von Puerto Bahamondez fährt ein Bus nach Villa O'Higgins (2500 Chil$).

➜ **Ruedas de la Patagonia** (📱 mobil 9-7604-2400; www.turismoruedasdelapatagonia.cl; Padre Antonio Ronchi 28; ⓒ 9–21 Uhr) bedient die Strecke zwischen Candelario Mansilla und Puerto Bahamondez mit einem kleineren, schnelleren Boot (1 Std. 40 Min., 35 000 Chil$) und mit anschließendem Transfer nach Villa O'Higgins.

In Villa O'Higgins bietet **El Mosco** (📱 67-243-1819, mobil 9-7658-3017; www.patagoniaelmosco.blogspot.com; Carretera Austral, Km 1240; Zeltplatz pro Pers. 6000 Chil$, B 9000 Chil$, DZ 45 000 Chil$ inkl. Frühstück, EZ/DZ mit Bad 18 000/30 000 Chil$, 4-Pers.-Hütte 50 000 Chil$) gute Unterkunftsmöglichkeiten. Informationen über den chilenischen Fährverkehr sind bei **Robinson Crusoe** (📱 67-243-1811; www.robinsoncrusoe.com; Carretera Austral s/n; Gletschertour 99 000 Chil$; ⓒ Nov.–März Mo–Sa 9–13 & 15–19 Uhr) in Villa O'Higgins erhältlich.

keinerlei Transportmittel. Tourveranstalter und Taxis bieten außerdem oft auch den Transfer zu weiter entfernten Startpunkten von Wanderungen an, allerdings mitunter zu exorbitanten Preisen.

Minibusse des Unternehmens **Las Lengas** (📱 02962-493023; Antonio de Viedma 95, El Chaltén) bedienen die Strecke zum Lago del Desierto (hin und zurück 450 Arg$. 2 Std.). In El Chaltén startet täglich ein Bus, jeweils um 8, 12 und 15 Uhr.

Im Fährverkehr an der chilenisch-argentinischen Grenze ist der Grenzposten Candelario Mansilla, Chile, ein Haltepunkt des Katamarans von **Hielo Sur** (📱 in Chile +56-0672-431821; www.villaohiggins.com).

El Calafate

📞 02902 / 21 130 EW.

Wer die Beeren des Calafatestrauches isst, der dieser Stadt den Namen gab, kommt garantiert nach Patagonien zurück, sagt der Volksmund. Jedoch eine andere unwiderstehliche Attraktion lockt Besucherscharen nach El Calafate: der Glaciar Perito Moreno im 80 km entfernt liegenden Parque Nacional Los Glaciares. Die Popularität dieses großartigen und absolut sehenswerten Gletschers hat das einst so idyllische El Calafate in ein Schickimicki-Urlaubsziel verwandelt. Mit seinen zahlreichen Dienstleistern und touristischen Einrichtungen macht der Ort aber immer noch Spaß. Aufgrund ihrer strategisch günstigen Lage zwischen El Chaltén und den Torres del Paine (Chile) bildet die Stadt fast zwangsläufig einen Zwischenstopp auf der Reise Richtung Süden.

El Calafate liegt 320 km nordwestlich von Río Gallegos und 32 km westlich der Kreuzung, an der die RP 11 auf die nach Norden führende RN 40 stößt. Die Stadt erstreckt sich am Südufer des Lago Argentino. Ihre Hauptstraße ist gespickt mit Souvenirshops, Süßwarenläden, Restaurants und Büros von Tourveranstaltern. Abseits dieser Flaniermeile schmilzt die ganze Pracht allerdings schnell dahin. Schlammige Straßen führen zu planlos aus dem Boden gestampften Gebäuden und zu offenem Weideland. Januar und Februar sind die beliebtesten (und teuersten) Monate für den Besuch von Calafate. Doch auch in der Nebensaison nimmt die Besucherzahl beständig zu.

⊙ Sehenswertes & Aktivitäten

★ Glaciarium   MUSEUM
(📞 02902-497912; www.glaciarium.com; Erw./Kind 300/-120 Arg$; ⊙ Sept.–Mai 9–20 Uhr, Juni–Aug. 11–20 Uhr) Einzigartig und sehr spannend ist das neue Museum, das die Welt des ewigen Eises unter verschiedenen Aspekten beleuchtet. Ausstellungen und zweisprachige Filme zeigen, wie Gletscher entstehen, und dokumentieren Expeditionen auf dem Kontinentaleis. Auch der Klimawandel ist ein großes Thema. In Pelzumhänge gehüllt, können Erwachsene die *bar de hielo* (240 Arg$ inkl. Getränk) besuchen. Bei Temperaturen unter Null Grad wird im blau schimmernden Licht der „Eisbar" Wodka oder eine Cola mit Fernet serviert – selbstverständlich in Gläsern aus Eis.

Der Museumsladen verkauft handgefertigte, umweltfreundliche Produkte argentinischer Kunsthandwerker. Im Museum finden auch internationale Filmfeste statt. Das Glaciarium liegt 6 km von Calafate entfernt an der Strecke Richtung Parque Nacional Los Glaciares. Von der Avenida 1 de Mayo (im Abschnitt zwischen der Avenida Libertador und der Avenida Roca) fährt stündlich ein kostenloser Shuttlebus zum Museum.

Reserva Natural Laguna
Nimez   VOGELSCHUTZGEBIET
(150 Arg$; ⊙ bei Tageslicht) Das Schutzgebiet liegt nördlich von El Calafate am Ufer der Laguna Nimez und ist ein erstklassiges Vogelbiotop mit einem Lehrpfad. In einer Casa-Verde-Informationshütte können sich Besucher ein Fernglas leihen. Zum Beobachten von Flamingos eignet sich das Gebiet besonders gut. Andere Vogelarten kann man genauso gut in El Calafate am Ufer des Lago Argentino betrachten.

Centro de Interpretacíon
Historico   MUSEUM
(📞 02902-497799; www.museocalafate.com.ar; Brown & Bonarelli; 170 Arg$; ⊙ Sept.–Mai 10–20 Uhr, Juni–Aug. 11–17 Uhr) Das kleine, aber informative Museum zeigt ein Skelett eines *Austroraptor cabazaii*, das hier in der Nähe gefunden wurde. Im Mittelpunkt der Ausstellungen steht die Geschichte Patagoniens. Ein Museumsführer lädt die Besucher nach der Führung zu einer Tasse Mate ein.

Hielo y Aventura   EISWANDERUNGEN, BOOTSFAHRTEN
(📞 02902-492205, 02902-492094; www.hieloy aventura.com; Libertador 935) Safari Náutico (500 Arg$, 1 Std.) nennt der Tourveranstalter die herkömmliche Rundfahrt durch den Brazo Rico, den Lago Argentino und den südlichen Abschnitt des Canal de los Témpanos. Die Katamarane, auf denen sich bis zu 130 Personen drängen, legen stündlich zwischen 10.30 und 16.30 Uhr vom Anleger im Puerto Bajo de las Sombras ab. Vor allem für die begehrten Nachmittagstouren lohnt es sich, in der Hochsaison die Karten im Voraus zu kaufen.

Hielo y Aventura veranstaltet auch geführte Touren mit Gletscherwanderungen auf dem Glaciar Perito Moreno: die Mini-Trekkingtour (2700 Arg$, weniger als 2 Std. auf dem Eis) sowie die längere und anspruchsvollere Big Ice Tour (5200 Arg$, 4 Std. auf dem Eis). Beide Touren umfassen eine Schnellbootfahrt ab dem Puerto Bajo de las Sombras, eine Wanderung durch

Patagonien extrem

Vor über 130 Jahren gab die englische Journalistin Lady Florence Dixie der High Society den Laufpass, um durch die Steppe von Patagonien zu reiten. Auch heute noch kann man sich den Traum erfüllen, namenlose Gipfel zu erklimmen, inmitten von Seelöwen umherzupaddeln oder einen Gletscher zu erwandern.

Reiten

Estancias (Ranches) lassen den Besucher erleben, wie schön es ist, in freier Wildbahn zu reiten, die Wärme eines Lagerfeuers zu spüren und unter freiem Himmel zu schlafen.

Eisklettern

Ein echter Adrenalin-Kick! Wer das echte Abenteuer sucht, für den ist Eisklettern bzw. eine Eiswanderung auf dem Glaciar Perito Moreno im Norden des Parque Nacional Los Glaciares (S. 532) vielleicht genau das Richtige.

Gletscherwandern

Mehr als nur eine Wanderung – es ist ein ästhetisches Erlebnis. Eisskulpturen bestaunt man im Torres del Paine oder im Parque Nacional Los Glaciares. Möglichkeiten zum Eiswandern bietet auch die Reserva Los Huemules (S. 535), neuerdings auch auf dem Glaciar Cagliero.

Tauchen

Klares Wasser, Schiffswracks, coole Meerestiere machen die Península Valdés (S. 462) zum Taucherparadies.

Kajakfahren auf dem Meer

In Ría Deseado (S. 484) und Bahía Bustamante (S. 478) paddelt man mit Pinguinen und Commerson-Delfinen oder beobachtet das Spiel der Seelöwen vor der Península Valdés (S. 462).

Auf der Ruta Nacional 40

Es gibt keinen weiteren Himmel als auf dieser Straße entlang der Anden – ein Sinnbild langsamen Reisens.

Wanderung auf dem Glaciar Perito Moreno (S. 532) **2.** Reiten am go Viedma **3.** Eiskletterer auf dem Glaciar Perito Moreno

El Calafate

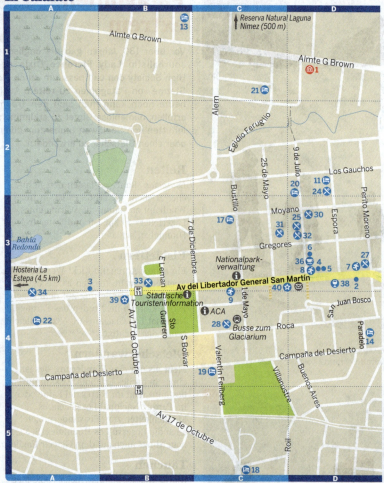

Lenga-Wälder, eine kleine Einführung in die Gletscherkunde und die Gletscherwanderung, bei der Steigeisen zum Einsatz kommen. Kinder unter acht Jahren dürfen an diesen Touren nicht teilnehmen. Eine frühzeitige Reservierung ist erforderlich. Proviant muss jeder Teilnehmer selbst mitbringen. Und wichtig: warme Regenbekleidung mitnehmen, da es in der Gletscherlandschaft häufig schneit. Wer durchnässt unterwegs ist, friert schnell und holt sich am Ende womöglich auf dem zugigen Bootsdeck eine Erkältung. Transfers zum/vom Hafen kosten extra (1000 Arg$).

☞ Geführte Touren

Etwa 40 Reisebüros organisieren Touren zum Gletscher Perito Moreno und zu anderen Attraktionen in der näheren Umgebung. Dazu zählen auch Ausflüge zu regionalen Estancias, wo Besucher wandern, reiten und entspannen können. Im Preis für die Tour zum Glaciar Perito Moreno ist allerdings der Parkeintritt nicht enthalten! Es lohnt sich jedoch, die Tourveranstalter oder andere Reisende nach möglichen vorteilhaften Extras zu fragen, etwa Zwischenstopps, Bootsfahrten, mehrsprachige Führer oder Verleih von Ferngläsern.

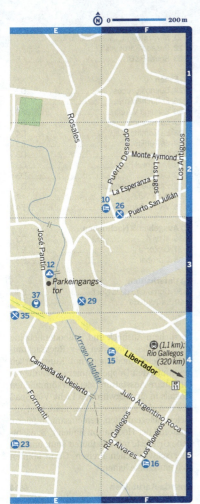

Tour mit Schwerpunkt auf Land und Leuten beinhaltet einen traditionellen *asado* (Grillmahlzeit) auf einer *estancia* sowie den Besuch des Glaciar Perito Moreno zu weniger besucherreichen Zeiten.

Die Touren werden von Oktober bis April durchgeführt, sofern das Wetter mitspielt.

Chaltén Travel GEFÜHRTE TOUREN
(☎ 02902-492212; www.chaltentravel.com; Libertador 1174; ⊗ 9–21 Uhr) Veranstaltet empfehlenswerte Touren zum Glaciar Perito Moreno mit Stopps zu Tierbeobachtungen (Ferngläser werden gestellt). Ist außerdem auch auf RN-40-Touren spezialisiert. Einige geführte Touren lässt das Unternehmen von **Always Glaciers** (☎ 02902-493861; www.alwaysglaciers.com; Libertador 924) ausführen.

Calafate Fishing ANGELN
(☎ 02902-496545; www.calafatefishing.com; Libertador 1826; ⊗ Mo–Sa 10–19 Uhr) Bringt Angler zum Fliegenfischen an den Lago Roca (halber Tag 170 US$) oder Lago Strobbel. Einem Gerüchte zufolge schwimmen in diesen Seen die größten Regenbogenforellen der Welt. Ob das stimmt, kann hier jeder selbst testen. Angeboten werden auch mehrtägige Ausflüge zu weiter entfernten Angelplätzen.

Overland Patagonia GEFÜHRTE TOUREN
(☎ 02902-492243, 02902-491243; www.glaciar.com; Gletschertour 52 US$). Der Tourveranstalter betreibt ein Büro im Hostel del Glaciar Libertador (S. 527) sowie im Hostel del Glaciar Pioneros (S. 527). Organisiert eine abwechslungsreiche Gletschertour zum Glaciar Perito Moreno, die auch den Besuch einer *estancia*, eine einstündige Wanderung im Nationalpark sowie auf Wunsch eine Bootsfahrt auf dem See (500 Arg$ extra) umfasst.

Caltur GEFÜHRTE TOUREN
(☎ 02902-491368; www.caltur.com.ar; Libertador 1080) Hat sich auf Touren rund um El Chaltén und die dazu passenden Übernachtungsarrangements spezialisiert.

Schlafen

Obwohl El Calafate über sehr viele Unterkünfte verfügt, ist es ratsam, insbesondere beliebte Unterkünfte frühzeitig zu reservieren. Die Kernzeit der Hochsaison sind die Monate Januar und Februar, an etlichen Orten der Stadt herrscht aber von Mitte Oktober bis April Hochbetrieb. Viele der Luxushotels wurden im Eilverfahren hochgezogen, deshalb haben nicht alle den gleichen guten Standard. In der Nebensaison werden

★ **Glaciares Sur** ABENTEUER
(☎ 02902-495050; www.glaciarsur.com; 9 de Julio 57; pro Pers. 250 US$; ⊗ 10–20 Uhr) Eine der empfohlenen Tagestouren führt in einen sehr wenig besuchten Teil des Parque Nacional Los Glaciares. Fern der Besuchermassen lässt sich die atemberaubende Schönheit der Gletscher genießen: In Begleitung eines sachkundigen Führers fährt immer nur eine kleine Gruppe zum Lago Rocas, um sich den Glaciar Frias anzusehen.

Zu den weiteren Abenteuertouren, die von Glaciar Sur angeboten werden, zählt auch eine vierstündige Wanderung. Eine

El Calafate

Sehenswertes
1 Centro de Interpretacíon Historico D1

Aktivitäten, Kurse & Touren
2 Always Glaciers D3
3 Calafate Fishing A3
4 Caltur.. D3
5 Chaltén Travel D3
6 Glaciares Sur D3
7 Hielo y Aventura D3
   Mar Patag..(s. 9)
8 Solo Patagonia SA D3
9 Southern Spirit.. C4

Schlafen
10 America del Sur F2
11 Bla! Guesthouse......................................D2
12 Camping El Ovejero...............................E3
13 Cauquenes de Nimez..............................B1
14 Hostal Schilling......................................D4
15 Hostel del Glaciar Libertador F4
16 Hostel del Glaciar Pioneros F5
17 Hotel Posada Los Álamos.....................C3
18 I Keu Ken Hostel....................................C5
19 Las Cabañitas...C4
20 Madre Tierra..D2
21 Miyazato Inn...C1
22 Posada Karut Josh.................................A4
23 South B&B..E5

Essen
24 Buenos Cruces.......................................D2
25 El Cucharón...D3
26 Esquina Varela.......................................F2
27 La Anónima..D3
28 La Cantina..C4
29 La Tablita...E3
30 Mi Rancho..D3
31 Morphi al Paso......................................C3
32 Olivia..D3
33 Panaderia Don Luis...............................B3
34 Pura Vida...A4
35 Viva la Pepa...E4

Ausgehen & Nachtleben
36 el ba'r...D3
37 La Zorra...E3
38 Librobar...D3

Unterhaltung
39 Don Diego de la Noche B4
40 La Toldería..C3

erhebliche Rabatte gewährt, es lohnt sich auf jeden Fall, vorher gründlich zu recherchieren.

In der Städtischen Touristeninformation gibt es eine Liste mit *cabañas* und Apartmenthotels – für Gruppen und Familien eignen sich derartige Unterkünfte besonders gut. Die meisten Hostels lassen ihre Gäste vom Busbahnhof abholen.

Hostal Schilling PENSION $
(02902-491453; http://hostalschilling.com; Paradelo 141; B 26 US$, DZ ohne Bad 65 US$, EZ/DZ/3BZ mit Bad 65/82/106 US$;) Reisende treffen mit dieser preisgünstigen, zentral gelegenen Pension eine gute Wahl. Zu ihrer freundlichen Atmosphäre trägt die Besitzerfamilie wesentlich bei. Aufmerksam umsorgen sie ihre Gäste, sei es mit einer Tasse Tee oder der Hilfe bei logistischen Fragen. Zum Frühstück gehören auch Rühreier, Joghurt und Kuchen. Mehrere Aufenthaltsräume, in denen z. B. Spiele liegen.

Das Personal hilft auch gerne bei der Reservierung von Unterkünften auf der Estancia El Cóndor (S. 530).

America del Sur HOSTEL $
(02902-493525; www.americahostel.com.ar; Puerto Deseado 151; B 30 US$, DZ & 4BZ 140 US$; @) Das schicke logdeähnliche Hostel mit herrlichem Ausblick und Fußbodenheizung zählt zu den Favoriten der Rucksacktouristen. Seine modernen, mit Kunstwerken geschmückten Doppelzimmer setzen die rudimentäre Ausstattung der herkömmlichen Hostels in ein fragwürdiges Licht. Viel Spaß machen die gesellige Atmosphäre und die vielen Gelegenheiten, gemeinsam zu feiern. Während der Hochsaison finden z. B. nächtliche Grillfeste mit Salatbüffett statt, und das zu erschwinglichen Preisen. Gäste können sich ein E-Bike leihen.

Posada Karut Josh B&B $
(02902-496444; www.posadakarutjosh.com.ar; Calle 12, Nr. 1882, Barrio Bahía Redonda; DZ 71 US$;) Ein italienisch-argentinisches Ehepaar betreibt dieses friedliche B&B in einem Haus mit Aluminiumfassade, hellen Zimmern und einem hübschen Garten mit Ausblick auf den See. Neben einem üppigen Frühstück sind auch recht gute Hauptgerichte (280 Arg$) erhältlich.

Las Cabañitas HÜTTEN $
(02902-491118; www.lascabanitascalafate.com; Valentín Feilberg 218; 2-/3-Pers.-Hütte 60/70 US$, 4-Pers.-Apt. 80 US$, jeweils mit Frühstück; Sept.-Mai; @) Auf dem ruhigen Gelände stehen Giebeldachhütten wie aus dem Bilderbuch. In den gemütlichen Hütten führen

Wendeltreppen zu Hochbetten oder zu den mit LED-Fernsehern ausgestatteten Apartments. Betrieben werden Las Cabañitas von Eugenia, der hilfsbereiten Tochter des ursprünglichen Besitzers. Zu den weiteren Pluspunkten zählen der Grillbereich, die Kochmöglichkeit für Gäste und der Garten, in dem der Echte Lavendel wächst.

Hostel del Glaciar Libertador HOSTEL $
(02902-492492; www.glaciar.com; Libertador 587; B/EZ/DZ 25/77/88 US$; @ 🛜) Die beste Wahl sind hier die Schlafräume mit den Etagenbetten, auf denen dicke Decken liegen. Hinter einer viktorianischen Fassade verbergen sich moderne Einrichtungen. Dazu zählen eine Küche im Dachgeschoss, Fußbodenheizung, Computer und ein geräumiger Gemeinschaftsbereich mit einem Plasmafernseher, auf dem anscheinend nur der Sportkanal funktioniet. Für Nutzer der Schlafsäle kostet das Frühstück zusätzlich 84 Arg$.

I Keu Ken Hostel HOSTEL $
(02902-495175; www.patagoniaikeuken.com.ar; FM Pontoriero 171; B 24 US$, Hütte pro Pers. inkl. Frühstück 70 US$; @ 🛜) Das eigenwillige Hostel mit hilfsbereitem Personal, Bier aus einer Mikrobrauerei und Terrassensitzplätzen auf riesigen Sprungfedern findet bei Reisenden großen Anklang. Einladende Gemeinschaftsbereiche, eine Veranda zum Chillen und erstklassige Grillfeste runden das bunte Bild ab. Das Hostel mit herrlichem Ausblick liegt hoch oben am Hang eines steilen Hügels, was den Weg hinauf oder hinunter zu einem zünftigen Workout macht. Das Taxi für die Strecke zwischen Busbahnhof und Hostel kostet 80 Arg$.

Bla! Guesthouse HOSTEL $
(02902-492220; www.blahostel.com; Espora 257; B 21 US$, DZ/3BZ 88/106 US$; 🛜) Wer sich wundert, wo all die Hipster stecken, sollte sich mal in diesem kleinen, hübschen Designhostel umgucken. Während es in den Schlafsälen ziemlich eng zugeht, sind die Doppel- und Dreibettzimmer komfortabler, auch wenn die Wände dünn sind.

Hostel del Glaciar Pioneros HOSTEL $
(02902-491243; www.glaciar.com; Los Pioneros 251; B/EZ/DZ 20/53/59 US$; ⊙Nov.–März; @ 🛜) Das Hostel – eines der ältesten in El Calafate – liegt 15 Fußminuten vom Stadtrand entfernt. In dem weitläufigen, renovierten roten Haus mit komfortablen Gemeinschaftsräumen und gemütlichen Schlafsälen herrscht eine gesellige Atmosphäre. In seinem kleinen Restaurant werden hausgemachte Gerichte serviert.

Camping El Ovejero CAMPINGPLATZ $
(02902-493422; www.campingelovejero.com.ar; José Pantín 64; Zeltplatz pro Pers. 7 US$; @ 🛜) Auf dem bewaldeten, gut gepflegten (ein wenig lauten) Campingplatz mit makellosen Duschen gibt es rund um die Uhr heißes Wasser. Einheimische behaupten, in dem Restaurant auf dem Campingplatz gäbe es die besten Grillgerichte der Stadt. Zu den Extras zählen der eigene Tisch an fast jedem Zeltplatz, Stromanschlüsse und Grills. El Ovejero liegt an dem Bach nördlich der Brücke, die zur Stadt führt.

Cauquenes de Nimez B&B $$
(02902-492306; www.cauquenesdenimez.com.ar; Calle 303, Nr. 79; DZ/3BZ inkl. Frühstück 100/124 US$; ✳ 🛜) 🌿 Modern und rustikal zugleich ist Gabriels einladende einstöckige Lodge mit Ausblick auf den Lago Argentino. Dort halten sich ab November den ganzen Sommer über Flamingos auf, die sich von der Lodge aus gut beobachten lassen. In den hübschen Zimmern mit Fernseher, Schließfach und Kordsamtdecken schmücken Naturfotografien die Wände. So sympathisch wie der individuelle Service sind auch das kostenlose Teegedeck mit Lavendelmuffins und der kostenlose Fahrradverleih. (Spenden – als kleines Dankeschön – unterstützen das Naturschutzgebiet.)

South B&B B&B $$
(02902-489555; www.southbb.com.ar; Av Juan Domingo Perón 1016; DZ/3BZ/4BZ inkl. Frühstück 85/120/150 US$; ⊙Okt.–April; P 🛜) Welch einen spektakulären Ausblick auf den Largo Argentino können die Gäste hier genießen! Nur noch eine Drohne könnte so ein wunderschönes Panoramabild vom See einfangen. Das große B&B (vor dem Umbau einst ein riesiges Hotel) liegt hoch oben an einem Hang. Seine Zimmer sind geräumig, farbenfroh und hell, aber größtenteils ohne WLAN-Empfang. Geführt wird das B&B von einer fürsorglichen Familie – deren Zwergpudeltrio Wache hält. Lunchpakete sind für 15 US$ erhältlich.

Hosteria La Estepa BOUTIQUEHOTEL $$
(02902-496592; www.hosterialaestepa.com; Libertador 5310; EZ/DZ inkl. Frühstück ab 130/150 US$; @ 🛜) In dem gemütlichen, rustikalen Hotel mit bäuerlichen Antiquitäten und Panoramablick auf den See dürften die Gäs-

te sich richtig wohlfühlen. Von den 26 Zimmern hat allerdings nur eine Handvoll Ausblick aufs Wasser. In den De-luxe-Zimmern gibt es jeweils einen kleinen Wohnbereich. Der große Gemeinschaftsbereich im ersten Stock ist geradezu übersät mit regionalen Karten und Brettspielen. Im dazu gehörigen Restaurant kommt Hausmannskost auf den Tisch. Die *hosteria* liegt 5 km vom Stadtzentrum entfernt Richtung Parque Nacional Los Glaciares.

Miyazato Inn B&B $$
(02902-491953; www.miyazatoinn.com; Egidio Feruglio 150, Las Chacras; EZ/DZ inkl. Frühstück 100/120 US$; P@) Für seinen guten, individuellen Service verdient dieses elegante B&B, das an einen schlichten japanischen Gasthof erinnert, extra Pluspunkte. Süßigkeiten und *medialunas* (Croissants) sind Bestandteile des Frühstücks. Gäste, die einen Ausflug unternehmen, erhalten sogar eine Thermosflasche mit heißem Kaffee oder Tee für unterwegs. Das Miyazato Inn liegt nur fünf Gehminuten vom Stadtzentrum entfernt.

Madre Tierra BOUTIQUEHOTEL $$$
(02902-489880; www.madretierrapatagonia.com; 9 de Julio 239; DZ inkl. Frühstück 165 US$) Typische Stoffe aus den Anden und rustikale Einfachheit verleihen dem Hotel ein besonderes Flair. Sein größter Anziehungspunkt ist der Aufenthaltsraum im ersten Stock; hier stehen gemütliche Sofas und an kühlen Tagen prasselt das Feuer im Holzofen. Das Haus verfügt nur über sieben Zimmer, die alle in einem klaren, modernen Stil geschmackvoll eingerichtet sind, teilweise mit übergroßen Kommoden. Geführt wird das Hotel von Natacha und Mariano, die langjährige Tourenführer in der Region gewesen sind. Für ihre Gäste organisieren sie Geländewagentouren und auf Wunsch auch Transfers. Eine Zimmerreservierung ist erforderlich.

Hotel Posada Los Álamos RESORT $$$
(02902-491144; www.posadalosalamos.com; Moyano 1355; EZ/DZ inkl. Frühstück 248/270 US$; @) Gemessen an dem Komfort, den Calafates ältestes Resort bietet, sind die Preise durchaus angemessen. Feudale Zimmer, dick gepolsterte Sofas, spektakuläre Gartenanlagen, Tennisplätze, Putting Greens und ein Wellnessbereich lassen den ein oder anderen Gast vielleicht sogar den geplanten Besuch des Glaciar Perito Moreno völlig vergessen.

Essen

Die vielfältige Gastro-Szene in El Calafate hat für jeden Geldbeutel etwas zu bieten. In den Seitenstraßen der Avenida Libertador verkaufen kleine Läden ofenfrisches Brot, köstlichen Käse, Süßigkeiten und Wein – genau die richtigen Zutaten für ein Picknick. Lebensmittel und preiswertes Essen zum Mitnehmen gibt es bei La Anónima (Ecke Libertador & Perito Moreno; Gerichte zum Mitnehmen 120 Arg$; 9–22 Uhr).

Olivia CAFÉ $
(02902-488038; 9 de Julio 187; Snacks 40–120 Arg$; 10–20 Uhr;) In dem charmanten Coffee Shop Olivia mit seiner pastellfarbenen Einrichtung können die Gäste in einer entspannten Lounge-Atmosphäre z. B. *croque monsieur* (ein Sandwich mit gegrilltem Schinken und mit Käse überbacken) und frische Donuts genießen. Für den ausgesprochen guten Espresso werden frisch gemahlene kolumbianischee Kaffeebohnen verwendet. Wärmend für Leib und Seele sind die warm servierten Käsescones mit Sahne.

Viva la Pepa CAFÉ $
(02902-491880; Amado 833; Hauptgerichte 85–200 Arg$; Mo–Sa 12–21 Uhr) Das nette mit Kinderzeichnungen geschmückte Café hat sich auf Crêpes spezialisiert. Lecker sind aber auch seine Sandwiches aus hausgemachtem Brot (unbedingt die Version mit Hühnchen, Apfel und Blauschimmelkäse probieren), frische Fruchtsäfte und Mate (in einer Kalebasse serviert).

Morfi al Paso FASTFOOD $
(911-3143-6005; 25 de Mayo 130; Hauptgerichte 50–150 Arg$; Mo–Sa 12–1 Uhr) Auch außerhalb der Öffnungszeiten vieler anderer Speiselokale in El Calafate bietet die saubere Imbissstube frisch gebratene *milanesas* (panierte Schnitzel), Hotdogs und Burger. Platz nehmen können die Gäste auf Barhockern an langen Wandtischen. *Morfi* bedeutet „Mahlzeit, Essen" in Lunfardo, einer argentinischen Slangsprache, deren Wortschatz aus verschiedenen anderen Sprachen stammt. Beispielsweise der Begriff *morfi* soll einem Dialekt entstammen, der in der Lombardei (Italien) gesprochen wird.

Panaderia Don Luis BÄCKEREI $
(Libertador 2421; Snacks 70 Arg$; 7–21 Uhr) *Medialunas* (Croissants) und viele andere leckere Backwaren verkauft diese riesige Bäckerei.

★ Buenos Cruces   ARGENTINISCH $$

(02902-492698; Espora 237; Hauptgerichte 130–280 Arg$; Mo-Sa 19–23 Uhr;) Das von einer tatkräftigen Familie geführte Restaurant bringt frischen Wind in die klassische argentinische Küche. Empfehlenswert als Vorspeise ist beispielsweise der warme Rote-Bete-Salat mit Balsamico-Reduktion. Serviert werden große, sättigende Portionen, seien es die Forelle mit Nusskruste, der Guanako-Hackbraten oder die Ravioli mit knusprigen Rändern und mit Roquefort überbacken. Der Service ist ausgezeichnet und für die Kinder gibt es eine Spielecke.

★ Pura Vida   ARGENTINISCH $$

(02902-493356; Libertador 1876; Hauptgerichte 130–240 Arg$; Do-Di 7.30–23.30 Uhr;) Ein seltener Genuss: In dem unkonventionellen, schummerig beleuchteten Speiselokal wird unverfälschte argentinische Hausmannskost serviert. Seine langjährigen Besitzer packen selbst mit an und bereiten beispielsweise würzige Pasteten mit Hühnerfleischfüllung zu oder schenken den Gästen Wein ein. Mit Naturreis, Gemüse aus dem Wok und Salaten kommen hier auch Vegetarier nicht zu kurz. Die Portionen sind einfach riesig. Das unschlagbares Dessert ist der Schokoladenkuchen mit Eiscreme und warmer Beerensoße. Eine Tischreservierung ist hier erforderlich.

Esquina Varela   ARGENTINISCH $$

(02902-490666; Puerto Deseado 22; Hauptgerichte 190–245 Arg$; Do-Di 19 Uhr bis spätnachts;) Ein guter Auftakt in dem Restaurant mit Wellblechfassade sind die frittierten Calamari und ein Bier. Seine kleine Speisekarte lockt mit Lammeintopf, Steak und hausgemachter Pasta sowie einigen vegetarischen Gerichten – serviert in sättigenden Portionen. Livemusik sorgt für die Unterhaltung der Gäste.

La Tablita   PARRILLA $$

(02902-491065; www.la-tablita.com.ar; Rosales 24; Hauptgerichte 130–300 Arg$; 12–15.30 & 19–24 Uhr) Saftige Steaks und Lamm vom Spieß sind die kulinarischen Highlights dieser *parrilla*, die wegen ihrer üppigen Portionen sehr beliebt ist. Für den Durchschnittshunger reicht ein halbes Steak mit frischem Salat oder Knoblauchpommes und dazu ein guter Malbec-Wein.

La Cantina   ITALIENISCH $$

(02902-491151; Roca 1299; Hauptgerichte 140–180 Arg$; Mo-Sa 12–15 & 19–23.30 Uhr) Spezialität des freundlichen, familiengeführten Speiselokals ist die *piadina (Plural: piadine)*, ein italienisches Fladenbrot, das mit Käse, Gemüse und anderen Zutaten belegt und wie ein Taco zusammengeklappt wird. Die großen *piadine* im La Cantina machen unglaublich satt, aber man kann auch eine kleinere Version davon bestellen. Lecker schmecken hier auch die vegetarischen *humitas* (gefüllte Maisblätter). Passend zu dem lässigen, bohèmehaften Ambiente sorgen ein altmodischer Plattenspieler und Schallplatten für die musikalische Untermalung. Donnerstags und samstag wird live Blues gespielt.

ABSTECHER

AGUAS ARRIBA

Ein herrliches Refugium bildet diese exklusive **Naturlodge** (in Buenos Aires 11-15-6134-8452; www.aguasarribalodge.com; Lago del Desierto; EZ/DZ inkl. Vollpension und Aktivitäten 700/1020 US$) am abgelegenen Lago del Desierto an der chilenische Grenze. Umgeben ist die Lodge von einem stillen Wald aus Lenga-Südbuchen, in dem Huemuls (Andenhirsche; eine stark gefährdete Tierart) umherstreifen. Im Haus der Lodge gibt es nur fünf Gästezimmer sowie Terrassen mit Blick auf den gewaltigen Glaciar Vespignani. An klaren Tagen ist in der Ferne der Cerro Fitz Roy zu sehen. Zu den gebotenen Aktivitäten zählen Fliegenfischen im Rahmen einer geführten Tour sowie geführte Wanderungen auf einem ausgedehnten Netz an Wegen mit Wasserfällen, Aussichtspunkten und abgeschiedenen Ruhebänken. Auf dem „Öko-Programm" stehen Kompostieren, Recycling und nachhaltiges Bauen. Mit ihrer herzlichen Begrüßung der Gäste krönen die Lodgebesitzer Pato und Ivor dieses kleine Paradies. Dorthin zu gelagen, erfordert allerdings etwas Zeit. Die Anreise der Gäste erfolgt erst mit einem Fahrzeug und dann per Boot. Ideal ist ein Aufenthalt mit drei Übernachtungen. Mitreisende Kinder müssen mindestens zwölf Jahre alt sein.

NICHT VERSÄUMEN

ESTANCIA EL CÓNDOR

Die abgelegene *estancia* (☏ in Buenos Aires 011-4735-7704, Satellitentelefon 011-4152-5400; www.cielospatagonicos.com; Lago San Martín; EZ/DZ inkl. Vollpension und Ausflüge 290/440 US$; ⊙ Okt.–März) liegt am Ufer des Lago San Martín und gleicht einem Paradies. Ein Landschaftsensemble aus gelbbrauner Steppe, vermoostem Buchenwald und Berggipfeln mit Gletscherhauben bedeckt dieses private, 400 km² große Naturschutzgebiet.

Selbst für patagonische Verhältnisse scheint hier alles überdimensional zu sein – nicht nur der riesige türkisfarbene See, der auf chilenischer Seite Lago O'Higgins heißt. In der Landschaft wachsen tatsächlich 13 unterschiedliche Orchideenarten und über mächtigen zerklüfteten Felsen ziehen imposante Kondore ihre Kreise.

Die *estancia* hat es sogar zu einer kuriosen Fußnote der patagonischen Geschichte gebracht: Im *puesto* (Wohnstätte) La Nana lebte einst Jimmy Radburne, ein berühmt-berüchtigter Brite, der die Tehuelche-Frau Juana entführte. Eigentlich folgte Juana ihm freiwillig, denn ihr Vater hatte sie in der Zeit davor verkauft, um eine Spielschuld zu begleichen. Mit ihr kam Jimmy um die Wende des 20. Jhs. an diesen extrem abgeschiedenen Ort, um eine Familie zu gründen. Vom *casco* (Haupthaus, Farmhaus) der *estancia* lässt sich der *puesto La Nana* derzeit nur mit einer Tageswanderung oder einem langen Ritt erreichen.

Die Unterkünfte auf der Estancia El Cóndor sind komfortabel, aber nicht luxuriös. Mahlzeiten und Ausflüge sind im Preis inbegriffen. Die sechs Zimmer im *casco* verfügen über ein eigenes Bad und einen großen offenen Kamin. Und in jedem liegt eine kleine Auswahl an Literatur über die Region bereit. Preisgünstiger, aber rustikaler sind die Unterkünfte in der Schlafbaracke. Preise und Verfügbarkeit kann man per E-Mail erfragen.

Ambitionierte Reiter können eine Woche lang die Gegend durchstreifen, ohne das Terrain der *estancia* zu verlassen. Mit ihrer Berghütte La Nana bietet die *estancia* eine zusätzliche Unterkunft, die sogar noch tiefer in der Wildnis liegt. Auch für Wandertouren eignet sich das Gebiet. Wanderungen mit Flussüberquerungen sollte man allerdings nie ohne einen ortskundigen Führer unternehmen. Ein Highlight ist die Tagestour zur *condorera*, wo Kondore nisten.

Besucher können auf eigene Faust anreisen oder den fünfstündigen Transfer (pro Pers. 140 US$) von El Calafate zur *estancia* nutzen, der montags und freitags angeboten wird. El Cóndor liegt drei Autostunden von Tres Lagos entfernt bzw. 118 km abseits der RN 40 auf der Strecke Richtung El Chaltén. Derzeit gibt es in der Gegend keinen offiziellen Grenzübergang nach Chile.

Mi Rancho   ARGENTINISCH $$$

(☏ 02902-490540; Moyano 1089; Hauptgerichte 180–310 Arg$; ⊙ 12–15.30 & 20–24 Uhr) In einer inspirierenden, behaglichen Atmosphäre wartet das Restaurant mit leckeren Gerichten auf, darunter riesige Portionen Ossobuco, köstliche Pasta mit Königskrabben gefüllt, tolle Salate und Toast mit Kalbsbries und blanchierten Spinatblättern. Desserts wie Eisparfait mit Schokoladenglasur oder Passionsfrüchten und ähnliche Schlemmereien sind wirklich jede Kaloriensünde wert.

Mi Rancho befindet sich in einem kleinen Backsteinhaus aus den Gründerjahren der Stadt und hat nur wenige Plätze, deshalb ist eine frühzeitige Tischreservierung unbedingt erforderlich.

Mi Rancho betreibt in El Calafte noch ein weiteres Restaurant, aber wir, die Autoren, bevorzugen auf jeden Fall das Ambiente des Originals.

El Cucharón   ARGENTINISCH $$$

(☏ 02902-495315; 9 de Julio 145; Hauptgerichte 180–290 Arg$; ⊙ 12–15 & 20–23 Uhr) Ein noch verhältnismäßig unbekanntes gastronomisches Kleinod ist dieses raffinierte, kleine Speiselokal, das sich ein paar Blocks abseits der Hauptstraße von El Calafate in einem Winkel versteckt. Es eignet sich ausgezeichnet, um regionale Klassiker wie *cazuela de cordero* (Lammeintopf) auszuprobieren. Köstlich schmeckt hier auch die Forelle mit Zitronensoße und gegrilltem Gemüse als Beilage.

🍷 Ausgehen & Nachtleben

⭐ La Zorra MIKROBRAUEREI
(☏ 02902-490444; Av San Martin s/n; ⊗ Di–So 18–2 Uhr) An langen, schmalen Tischen genießen hier Einheimische und Reisende das wohl beste Craft-Bier in Patagonien: La Zorra. Sowohl das Porter (ein dunkles obergäriges Bier) als auch das Double IPA (India Pale Ale) schmecken ausgezeichnet. Auch kleine Gerichte wie Pommes und Würstchen.

Librobar BAR
(Libertador 1015; ⊗ 11–3 Uhr; 📶) Die hippe „Buchladen-Bar" befindet sich im Aldea de los Gnomos („Wichteldorf"), einem Vergnügungs- und Einkaufsviertel der Stadt. Hier können die Gäste im ersten Stock bei Kaffee, Craft-Bier und ziemlich teuren Cocktails in großen Bildbänden über Patagoniens Tier- und Pflanzenwelt schmökern. Wer seinen Laptop mitbringt, kann kostenlos das WLAN nutzen. Auch auf der Terrasse im zweiten Stock kann man Platz nehmen.

el ba'r CAFÉ
(9 de Julio s/n; ⊗ Do–Di 11–22 Uhr) Das Patio-Café ist ein beliebter Treffpunkt, um sich in geselliger Runde zu entspannen. Auf seiner Karte stehen u. a. Espresso, *submarino* (heiße Milch mit einem Riegel Bitterschokolade), Grüner Tee, Sandwiches und glutenfreie Snacks (Hauptgerichte 80–180 Arg$).

⭐ Unterhaltung

La Tolderia LIVEMUSIK
(☏ 02902-491443; www.facebook.com/LaTolderia; Libertador 1177; ⊗ Mo–Do 12–4, Fr–So 12–6 Uhr) Vom Abend bis in den frühen Morgen sind in dem Club mit riesigen Fenstern zur Straße Tanzvergnügen und Live-Auftritte angesagt. Vermutlich ist er die beste Location in der Stadt, um sich mal richtig auszutoben.

Don Diego de la Noche LIVEMUSIK
(Libertador 1603; ⊗ 20 Uhr bis spätabends) In dem Dauerfavoriten der Nachtschwärmer steht bis tief in die Nacht Livemusik wie Tango, Gitarrenklänge und *folklórico* (argentinische Folkloremusik) auf dem Programm. Wer will, kann sich zum Auftakt mit einem Abendessen stärken.

ℹ️ Praktische Informationen

GELD

Vorausschauende Leute decken sich vor dem Wochenende mit ausreichend Bargeld ein, denn am Sonntag sind die meisten Geldautomaten in der Stadt bereits leer. Auch wer anschließend nach El Chaltén weiterreist, sollte genügend Bargeld mitnehmen.

Banco Santa Cruz (Libertador 1285; ⊗ Mo–Fr 8–13 Uhr) Geldautomat, Einlösen von Reiseschecks.

MEDIZINISCHE VERSORGUNG

Hospital de Alta Complejidad SAMIC (☏ 02902-491889; www.hospitalelcalafate.org; Jorge Newbury 453) Befindet sich im höher gelegenen Stadtviertel von El Calafate, nicht sehr weit vom Stadtzentrum entfernt.

POST

Post (Libertador 1133; ⊗ Mo–Fr 8–16.30 Uhr)

REISEBÜROS

Fast alle Reisebüros vor Ort befassen sich ausschließlich mit Touren in die nähere Umgebung. Über andere Regionen wissen die Mitarbeiter meistens nur wenig.

Tiempo Libre (☏ 02902-492203; www.tiempolibreviajes.com.ar; Gregores 1294; ⊗ Mo–Fr 10–13 & 16–20 Uhr) Flugbuchungen.

TOURISTENINFORMATION

ACA (Automóvil Club Argentino; ☏ 02902-491004; Valentin Feilberg 51; ⊗ 24 Std.) Zweigstelle von Argentiniens Automobilclub, gute Quelle für regionale Straßenkarten.

Nationalparkverwaltung (☏ 02902-491545; Libertador 1302; ⊗ Dez.–April 8–20 Uhr, Mai–Nov. 8–18 Uhr) Bietet Broschüren über den Parque Nacional Los Glaciares und eine recht gute Karte des Parks. Vor dem Parkbesuch sollte man sich hier über die aktuellen Gegebenheiten im Park informieren.

Städtische Touristeninformation (☏ 02902-491090, 02902-491466; www.elcalafate.tur.ar; Libertador 1411; ⊗ 8–20 Uhr) Bietet Stadtpläne und allgemeine Informationen über die Stadt. Hat auch einen Informationsstand im Busbahnhof. An beiden Standorten gibt es Mitarbeiter, die Englisch sprechen.

ℹ️ An- & Weiterreise

BUS

El Calafates **Busbahnhof** (☏ 02902-491476; Jean Mermoz 104; ⊗ 24 Std.) liegt auf einem Hügel und ist zu Fuß leicht über die Treppe an der Ecke Avenida Libertador und Avenida 9 de Julio erreichbar. In der Hochsaison ist eine Platzreservierung sehr wichtig, da die Busplätze häufig schnell ausgebucht sind.

Busse von **Taqsa/Marga** (☏ 02902-491843; Jean Mermoz 104) und **Andesmar** (☏ 02902-494250; Jean Mermoz 104) fahren viermal täglich nach Río Gallegos. Wer nach Bariloche oder Ushuaia will, muss meistens mitten in der Nacht von El Calafate abfahren und in Río Gallegos in den entsprechenden Bus umsteigen. Die Busse von **Sportman** (02902-492680; Jean Mermoz 104) steuern mehrere Orte in Patagonien an.

Täglich fahren um 8, 14 und 18 Uhr Busse nach El Chaltén. Im Sommer bedienen **Caltur** (02902-491368; www.caltur.com.ar; Jean Mermoz 104) und Chaltén Travel (S. 525) die Strecke nach El Chaltén und auch die Route über die RN 40 nach Bariloche (2425 Arg$, 2 Tage). Im Winter dauert die Fahrt nach Bariloche länger, da die Busse dann die Route über die Küstenstraße nehmen.

Die Busse von **Cootra** (02902-491444; Jean Mermoz 104) und **Turismo Zahhj** (02902-491631; Jean Mermoz 104) fahren in der Hochsaison täglich um 8 bzw. 8.30 Uhr nach Puerto Natales (Chile). In der Nebensaison verkehren die Busse nur dreimal in der Woche. Die Grenze überqueren sie bei Villa Cerro Castillo, wo auch mitunter eine Möglichkeit zur Fahrt zum Parque Nacional Torres del Paine besteht.

FLUGZEUG

Der moderne **Aeropuerto El Calafate** (02902-491220) liegt 23 km östlich der Stadt abseits der RP 11. Neue Billigfluggesellschaften bieten Flüge nach Buenos Aires, Ushuaia und Río Grande an. Eine Karte mit den neuen Routen und Fluggesellschaften ist bei **Aviación Civil Argentina** (ANAC; www.anac.gob.ar) erhältlich.

Im Folgenden sind die Preise für ein One-Way-Ticket angegeben. **Aerolíneas Argentinas** (02902-492814, 02902-492816; Libertador 1361; Mo–Fr 9.30–17, Sa 10–13 Uhr) fliegt täglich nach Bariloche (ab 1860 Arg$), Ushuaia (1800 Arg$), Trelew (4000 Arg$) und zum Aeroparque de Ezeiza in Buenos Aires (ab 4400 Arg$).

LADE (02902-491262; Jean Mermoz 160) nach Río Gallegos, Comodoro Rivadavia, Ushuaia, Esquel, Puerto Madryn, Buenos Aires sowie zu kleineren regionalen Flughäfen. **LATAM** (02902-495548; 9 de Julio 81; Mo–Fri 9–20 Uhr) fliegt einmal in der Woche nach Ushuaia. **Aerovías DAP** (61-261-6100; www.aeroviasdap.cl; O'Higgins 891) steuert in der Hochsaison (Dezember bis März) einmal wöchentlich Punta Arenas an.

Unterwegs vor Ort

Der Flughafenshuttle von **Ves Patagonia** (02902-494355; www.vespatagonia.com.ar; Flughafentransfer einfache Strecke 160 Arg$) bietet einen Tür-zu-Tür-Service zwischen Flughafen und Unterkünften in El Calafate. Die Alternative ist ein Taxi (480 Arg$, einfache Strecke). Im Flughafengebäude befinden sich mehrere Autovermietungen. Die Autovermieter **Localiza** (02902-491398; www.localiza.com.ar; Libertador 687; 9–20 Uhr) und **Servi Car** (02902-492541; www.servi4x4.com.ar; Libertador 695; Mo–Sa 9.30–12 & 16–20 Uhr) haben ihre Büros im Stadtzentrum.

Mit dem Fahrrad lässt sich die Umgebung von El Calafate auf den Schotterstraßen rund um den See ausgezeichnet erkunden. Fahrräder werden in vielen Unterkünften und in einigen Geschäften im Stadtzentrum verliehen.

Parque Nacional Los Glaciares (Südteil)

Die absolute Attraktion im südlichen Teil des **Parque Nacional Los Glaciares** bildet der atemberaubende **Glaciar Perito Moreno** – einer der dynamischsten und am leichtesten zugänglichen Gletscher der Welt. Er ist 30 km lang, 5 km breit und 60 m hoch. Außergewöhnlich sind jedoch nicht seine Ausmaße, sondern die Tatsache, dass er immer noch wächst. Täglich schiebt er sich um 2 m vorwärts und kalbt dabei riesige Eisbrocken. Das bedeutet: Haushohe Eisberge brechen von seiner Gletscherzunge ab – ein einzigartiger Anblick! Allerdings kommt dieses spektakuläre Ereignis nicht alle Tage vor.

Der Gletscher entstand, als eine flache Vertiefung in den Anden den von Niederschlägen begleiteten Pazifikstürmen ermöglichte, ihre nassen Ladungen östlich des Gebirgskamms als Schnee abzuladen. Der Schnee sammelte sich in der Vertiefung und wurde durch sein enormes Gewicht über Jahrtausende zu Eis gepresst. Mit der Zeit bewegten sich die Eismassen langsam ostwärts. Die 1600 km² große Mulde des **Lago Argentino**, der größten zusammenhängenden Süßwassermasse des Landes, beweist, dass der Gletscher einst eine viel größere Fläche bedeckte als heute. Während bei den meisten Gletschern weltweit das Eis schwindet (Gletscherschmelze), bleibt der Glaciar Perito Moreno in sich konstant.

Aktivitäten

Glaciar Perito Moreno Boardwalks

In diesem Abschnitt des Parque Nacional Los Glaciares sind Boote das einzige Transportmittel. Ein einsamer Fußweg führt lediglich nahe der Bootsanlegestelle am Seeufer entlang und hinauf zu den Aussichtsplattformen. Die Bootsfahrten vermitteln einen intensiven Eindruck von der gewaltigen Größe des Glaciar Perito Moreno – aus sicherer Distanz. Nicht enthalten im Preis der Touren sind der Transfer zum/vom Parque Nacional Los Glaciares und der Eintritt.

Rund um El Calafate & PN Los Glaciares (Südteil)

Southern Spirit BOOTSRUNDFAHRT
(☏ 02902-491582; www.southernspiritfte.com.ar; Libertador 1319, El Calafate; einstündige Bootsfahrt 1800 Arg$; ⓘ 9–13 & 16–20 Uhr) Southern Spirit bietet ein- bis dreistündige Bootsrundfahrten auf dem Lago Argentino im südlichen Teil des Parque Nacional los Glaciares an. In den Touren inbegriffen ist ein Abstecher zum Glaciar Perito Moreno. Manche dieser Rundfahrten schließen auch noch eine Wanderung mit ein.

Glaciar Upsala & Lago Onelli
Der 595 km² große Glaciar Upsala ist etwa 60 km lang und stellenweise bis zu 4 km breit. Majestätische, bizarr geformte Eisberge umgeben diese monumentalen Eismassen. Bewundern lässt sich die Eislandschaft allerdings leider nur von einem großen Katamaran aus, auf dessen Deck sich die Passagiere drängen, ganz nach dem Motto: die Natur und ich – und 300 meiner engsten Freunde.

Der Glaciar Upsala liegt an einer Verlängerung des Brazo Norte (Nordarm) des Lago Argentino. Von Puerto Punta Bandera fährt ein Katamaran dorthin. Der Hafenort liegt 45 km westlich von Calafate (über die RP 11 und RP 8). Der Bustransfer ab El Calafate ist im Preis der Tour nicht enthalten.

Mar Patag BOOTSRUNDFAHRT
(☏ 02902-492118; www.crucerosmarpatag.com; Libertador 1319, El Calafate; Tagestour 2550 Arg$; ⓘ 7–21 Uhr) Zum Komfort der De-luxe-Touren von Mar Patag zählen die Gourmetmahlzeiten an Bord, die der Küchenchef persönlich serviert. Das Schiff legt am Privathafen La Soledad ab. Die Tagestour – mit Vier-Gänge-Menü an Bord – führt zum Glaciar Upsala. Die Zweitagestour (ab 1050 US$ pro Pers.) findet fünfmal im Monat statt und schließt noch zusätzlich den Glaciar Mayo und den Glaciar Perito Moreno ein. Der Transfer ab El Calafate (550 Arg$) ist nicht im Preis inbegriffen.

Solo Patagonia SA BOOTSRUNDFAHRT
(02902-491115; www.solopatagonia.com; Libertador 867, El Calafate; ⊙9–12.30 & 16–20 Uhr) Unter der Bezeichnung „Circuito Ríos de Hielo Express" (1350 Arg$) bietet Solo Patagonia eine Bootsrundfahrt, die vom Puerto Punta Bandera zum Glaciar Upsala, Glaciar Spegazzini und zum Glaciar Perito Moreno führt. Je nach Wetterlage kann sich die Route ändern. Der Transfer von El Calafate zum Hafen (450 Arg$) ist im Preis nicht inbegriffen.

Lago Roca
Uferwälder und Berge säumen den stillen Südarm des Lago Argentino. In diesem Abschnitt des Nationalparks, Los Glaciares, in dem nur wenige Besucher unterwegs sind, befinden sich gute Wanderwege, schöne Campingplätze und Unterkünfte auf einer *estancia*. Eintrittsgeld wird hier nicht erhoben. An- und Rückfahrt kann der Tourveranstalter Caltur (S. 525) organisieren.

Cabalgatas del Glaciar REITEN
(02902-495447; www.cabalgatasdelglaciar.com; ganzer Tag 2250 Arg$) Cabalgatas veranstaltet eintägige Ausritte und mehrtägige Reitausflüge zum Lago Rocas und Paso Zamora an der chilenischen Grenze. Unterwegs beeindrucken die Panoramablicke auf die Gletscherlandschaft. Der Transfer ab El Calafate und ein Steak-Mittagessen sind im Preis inbegriffen. Der Veranstalter hat kein Büro in El Calafate; Buchung und Bezahlung der Touren erfolgen online oder bei Caltur in El Calafate.

Cerro Cristal WANDERN
In einer etwa dreieinhalbstündigen Bergwanderung lässt sich der Cerro Cristal auf eigene Faust erklimmen. Auch wenn die Wege felsig und steinig sind, lohnt sich die Tour. An klaren Tagen sind der Glaciar Perito Moreno und die Torres del Paine zu sehen. Die Route beginnt am Ausbildungslager La Jerónima, kurz vor dem Eingang zum Campingplatz Lago Roca, 55 km südwestlich von El Calafate an der RP 15.

🛏 Schlafen & Essen

★Camping Lago Roca CAMPINGPLATZ $
(02902-499500; www.losglaciares.com/camping lagoroca; pro Pers. 14 US$, Hütte B pro 2/4 Pers. 88/59 US$) Dieser voll ausgestattete Campingplatz mit Bar-Restaurant liegt nur ein paar Kilometer vom Ausbildungscamp entfernt. Für Erkundungstouren in die Umgebung bildet er einen ausgezeichneten Ausgangspunkt. Die sauberen Schlafräume mit Betonwänden sind eine gute Alternative zum Campen. Rund um den Campingplatz verlaufen zahlreiche Wanderwege. Die Campingplatzverwaltung verleiht Angelausrüstungen und Fahrräder, außerdem organisiert sie Ausritte zu der nahe gelegenen Estancia Nibepo Aike.

★Estancia Cristina ESTANCIA $$$
(02902-491133, in Buenos Aires 011-4803-7352; www.estanciacristina.com; DZ 2 Nächte inkl. Vollpension & Aktivitäten 1738 US$; ⊙Okt.–April) Sachkundige Einheimische behaupten, die Umgebung der *estancia* sei das schönste Trekkinggebiet der Region. Die Gästeunterkünfte sind helle und moderne Hütten mit herrlichen, weit reichenden Ausblicken. Geboten werden neben verschiedenen geführten Aktivitäten auch eine Bootstour zum Glaciar Upsala. Die *estancia* befindet sich am nördlichen Ausläufer des Lago Argentino und ist nur mit dem Boot von Punta Bandera aus erreichbar.

Hostería Estancia Helsingfors ESTANCIA $$$
(Satellitentelefon 011-5277-0195; www.helsing fors.com.ar; pro Pers. inkl. Vollpension, Transfer & Aktivitäten 395 US$; ⊙Okt.–April) Rundum spektakulär ist die Lage der *estancia* mit dem weiten Blick über den Lago Viedma bis hin zum imposanten Cerro Fitz Roy. Doch damit nicht genug: Diese ehemalige von finnischen Siedlern gegründete Ranch zählt zu den renommierten Luxusunterkünften in der gesamten Region. Trotz allem luxuriösen Komfort herrscht eine wohltuend zwanglose Atmosphäre mit persönlichem Touch und ohne jedes „Getue". Die Gäste vertreiben sich die Zeit mit landschaftlich malerischen, aber anstrengenden Bergwanderungen, Ausritten oder Ausflügen zum Glaciar Viedma.

Dienstags, donnerstags und sonntags bietet die *estancia* einen regelmäßigen Transferservice. Bei rechtzeitiger Voranmeldung ist auch an jedem Tag der Woche ein individueller Transport möglich. Die *estancia* liegt am Südufer des Lago Viedma, etwa 170 km von El Chaltén und rund 180 km von El Calafate entfernt.

Eolo LUXUSHOTEL $$$
(in Buenos Aires 011-4700-0075; www.eolopata gonia.com; RP 11; DZ All-inclusive-Arrangement ab 823 US$; ❄) Das luxuriöse Relais & Châteaux liegt inmitten der weiten patagonischen

Steppe. Seine doppelt verglasten Fenster lassen das rustikale Leben seiner Umgebung nicht eindringen. Bei ihrer Ankunft betreten die Gäste als Erstes einen Innenhof voller Lavendel. Anschließend warten 17 geschmackvoll eingerichtete Zimmer und Annehmlichkeiten wie eine Sauna, ein kleiner Pool und ein vielseitiger Spa-Bereich. Wunderschöne antike Möbel im *estancia*-Stil, eine Sammlung alter regionaler Karten und reichlich Lesestoff tragen mit zu der behaglichen Atmosphäre bei. Transfer, Mahlzeiten und Aktivitäten sind im Preis inbegriffen.

Estancia Nibepo Aike ESTANCIA $$$

(☎ 02902-492797, in Buenos Aires 011-5272-0341; www.nibepoaike.com.ar; RP 15, Km 60; DZ pro Pers. inkl. Vollpension & Aktivitäten ab 152 US$; ⊙ Okt.–April; ☎) Aus Kroatien stammende Siedler haben einstmals diese Schaf- und Rinderfarm gegründet, die heute noch voll in Betrieb ist. In einigen Räumlichkeiten geben ausgezeichnete Fotos einen Einblick in die regionale Geschichte. Neben ihren sehr hübschen Zimmern bietet Nibepo Aike auch die ganze Palette der Highlights einer aktiven *estancia*, wie Einblicke in die tägliche Farmarbeit und Ausritte in Begleitung eines Führers, der auch Englisch spricht. Darüber hinaus können die Gäste auch mit dem Fahrrad die Umgebung erkunden. Der Transfer zwischen der *estancia* und El Calafate ist im Preis inbegriffen.

Die *estancia* bietet auch einen Tagesausflug (1300 Arg$), der die Demonstration einer Schafschur und ein Essen vom Grill umfasst. Der Transfer von El Calafate zur *estancia* und wieder zurück kostet zusätzlich 450 Arg$.

Adventure Domes CAMPINGPLATZ $$$

(☎ 02962-493185; http://adventure-domes.com; All-inclusive-Arrangement mit 2 Übernachtungen DZ 360–740 US$) Über dieses All-inclusive-Naturcamp gehen die Meinungen weit auseinander. Seinen Gästen bietet es geführte Wanderungen, darunter eine Gletscherwanderung, sowie Unterkünfte in Kuppelzelten mit bequemen Betten und heißen Duschen. Im Preis inbegriffen sind sämtliche Mahlzeiten, inklusive Lunchpakete für die Tagestouren. Auf Wunsch wird auch der Transfer organisiert.

❶ An- & Weiterreise

El Calafate ist der Hauptausgangspunkt für den Besuch des Südteils des Parque Nacional Los Glaciares. In der Stadt finden sich die meisten Tourveranstalter und Aktivitätsangebote. Der Glaciar Perito Moreno liegt 80 km westlich von El Calafate und ist über die asphaltierte RP 11 erreichbar. Die Fahrt führt durch die atemberaubende Landschaft am Lago Argentino. Im Sommer finden regelmäßig Bustouren zum Gletscher (Rundfahrt 650 Arg$) statt. Die Busse starten in El Calafate frühmorgens (Rückkehr ist gegen 12 Uhr) und nachmittags (Rückkehr ungefähr 19 Uhr).

Im Nationalpark verkehrt ein kostenloser Shuttlebus zwischen dem Parkplatz und den Aussichtsstegen.

Reserva Los Huemules

Mit seinen markierten Wegen von insgesamt 25 km Länge bildet das 56 km² große, private Schutzgebiet Los Huemules eine ruhigere Alternative zum angrenzenden Parque Nacional Los Glaciares. Es folgt einem ökologischen Grundkonzept, das fordert: wenige private Wohnstätten in einem Schutzgebiet sowie nachhaltiger Umweltschutz als oberstes Gebot. Die Gäste müssen sich als Erstes im Besucherzentrum registrieren lassen. Zur Tierwelt des Gebiets zählen Arten wie Sturzbachente, Magellanspecht, Kondor, Rotfuchs und Puma. Sein bemerkenswertester Bewohner ist der stark gefährdete Huemul, der Südandenhirsch. Durch den Erhalt seines Lebensraums und unterstützt von wissenschaftlichen Studien bemüht man sich hier intensiv, den Huemul vor dem Aussterben zu bewahren. Seine Brunft- und Aufzuchtgebiete sind für Besucher nicht zugänglich. Als Übernachtungsmöglichkeit für Wanderer auf der Trekkingtour zum Glaciar Cagliero wurde der Puesto Cagliero, eine Berghütte, eröffnet. In Planung sind außerdem bei der Parkverwaltung eine *via ferrata* (Klettersteig) und eigene geführte Gletscherwanderungen.

Aktivitäten

Vom Besucherzentrum führt eine einfache Wanderung zur **Laguna Diablo** (7 km, einfache Strecke 3 Std.) und endet an dem Bergsee mit Blick auf den Glaciar Cagliero. Hier liegt auch die Berghütte und es bestehen Möglichkeiten für Gletscherwanderungen, die von verschiedenen Tourveranstaltern in El Chaltén organisiert werden.

Eine kürzere Wanderung führt zur **Laguna Azul**. Schön ist auch eine Wanderung zum **Lago Eléctrico**, von wo aus Verbindungswege zum Parque Nacional Los Glaciares abzweigen.

Schlafen

★ Puesto Cagliero BERGHÜTTE $$$
(WhatsApp +54 911-4152-5300; www.puesto cagliero.com; EZ/DZ/3BZ/4BZ inkl. Vollpension 90/170/250/330 US$) Die schicke Berghütte mit Blick auf den Glaciar Cagliero liegt an einem Bergsee. Erreichbar ist sie nur über den 7 km langen Wanderweg, der am Besucherzentrum beginnt. Übernachtungsgäste und auf Vorbestellung auch Tagesausflügler versorgt die Küche vor Ort mit hausgemachter Kost. Auch die Mehrbettzimmer sind mit Bettwäsche und Decken ausgestattet. Duschen sind ebenfalls vorhanden. Im Aufenthaltsraum trägt ein Holzofen zur gemütlichen Atmosphäre bei. Eine Reservierung ist unbedingt erforderlich.

❶ Praktische Informationen

Besucherzentrum & Museum (⊙ 9–18 Uhr)
Wer im Reserva Los Huemules unterwegs sein will, muss sich als Erstes im Besucherzentrum registrieren und die Eintrittsgebühr bezahlen. Hier informiert ein ausgezeichnetes Museum über das Ökosystem und die Tierwelt des Schutzgebietes. Außerdem widmet es sich der Geschichte der Ureinwohner und der Pioniere in der unmittelbaren und weiteren Umgebung. Wenn vom Personal niemand da ist, können Besucher einen Ranger per Funk herbeirufen.

❶ An- & Weiterreise

Das Reserva Los Huemules liegt 17 km von El Chaltén entfernt gleich abseits vom Río Eléctrico. Die Minibusse von Las Lengas, die zum Lago del Desierto fahren, machen auf Wunsch am Besucherzentrum Halt.

CHILENISCHES PATAGONIEN

Wilde Meereslandschaften, gesäumt von eisbedeckten Gipfeln, das atemberaubende Bergmassiv Torres del Paine und eine weite Steppe, durch die ein heulender Wind fegt, kennzeichnen die andere (westliche) Seite der Anden. Für Argentinienreisende, die sich in der Nähe aufhalten, lohnt es sich, die Grenze zu überqueren. Das Chilenische Patagonien umfasst eine vom stetig wehenden Westwind gemeißelte Gebirgslandschaft, die sich bis in die abgelegenen Regionen Aisén und Magallanes erstreckt. Zwischen diesen beiden Regionen befindet sich das südliche Kontinentaleisfeld (Hielo Patagónico Sur). Im Folgenden werden die Städte Punta Arenas und Puerto Natales sowie der spektakuläre Parque Nacional Torres del Paine vorgestellt. Ausführliche Informationen über Chile bietet der Lonely-Planet-Reiseführer *Chile & Osterinsel*.

Reisende aus Deutschland, Österreich und der Schweiz benötigen kein Visum für die Einreise nach Chile. Beim Grenzübertritt stellt die Zollbehörde eine kostenlose Touristenkarte, die *tarjeta de turismo*, aus. Sie ist 90 Tage lang gültig und kann bei Bedarf (gegen Gebühr) um weitere 90 Tage verlängert werden. Mit Formalitäten nehmen es die chilenischen Behörden sehr genau, deshalb sollte jeder auf seine Touristenkarte genau so gut aufpassen wie auf seinen Reisepass.

Kälteempfindliche Reisende werden bald einen gravierenden Unterschied zwischen Chile und dem mit Energie gut versorgten Argentinien feststellen: Ein Großteil der öffentlichen Gebäude und viele der preiswerten Unterkünfte besitzen keine Zentralheizung. Wärmende Bekleidung spielt daher häufig auch für den Aufenthalt in Räumen eine wichtige Rolle.

US-Dollar werden nicht überall akzeptiert. Im Nachfolgenden sind die Preise in chilenischen Pesos angegeben (Chil$) – nur dort nicht, wo Hotels oder Touranbieter ihre Preise in US-Dollars ausweisen.

Punta Arenas

061 / 124 500 EW.

Die weitläufige Metropole an der Magellanstraße widersetzt sich jeglicher einfacher Charakterisierung. Mit seinen schicken Villen aus der Ära des Wollbooms, dem modernisierten Hafen und der Zersiedlung der Landschaft bildet Punta Arenas eine eigenartige Mixtur aus alter Grandezza und heutigem Kommerz. Unbeirrt und sogar von der unwirtlichen Natur gefördert, wird die lokale Kultur nach wie vor von der magellanischen Gastfreundlichkeit geprägt. In den letzten Jahren haben die Ansiedlung der Ölindustrie und eine wachsende Bevölkerung nicht nur Wohlstand mit sich gebracht, sondern auch den früheren Ruf als raubeinige Stadt gemildert. Für Reisende ist die Stadt der bequemste Ausgangspunkt, um die abgelegene Región de Magallanes zu erkunden. Dazu tragen auch die zahlreichen guten touristischen Dienstleister bei.

Punta Arenas wurde im Jahr 1848 als Strafkolonie und Militärgarnison gegründet. Während des Goldrauschs erwies sich sein

Hafen als günstiger Zwischenstopp für die Schiffe, die Alta California ansteuerten. In den ersten Jahren dümpelte die Wirtschaft der Stadt vor sich hin, bis sie gegen Ende des 19. Jhs. Aufwind bekam: Der Gouverneur der Region genehmigte den Kauf von 300 reinrassigen Schafen von den Falklandinseln. Dieses erfolgreich verlaufende Experiment heizte die Gründung von Schaffarmen an. Bereits um die Jahrhundertwende weideten fast 2 Mio. Schafe auf dem Gebiet rund um Punta Arenas.

Sehenswertes & Aktivitäten

Cementerio Municipal FRIEDHOF
(Haupteingang an der Av Bulnes 949; ⊙7.30–20 Uhr) GRATIS Mit seiner Mischung aus bescheidenen Gräbern von Einwanderern und imposanten Grabmälern gehört der städtische Friedhof zu Südamerikas faszinierendsten Begräbnisstätten. Das extravagante Grabmal des Wollbarons José Menéndez ist – laut Bruce Chatwin – eine maßstabsgetreue Kopie des Denkmals für Vittorio Emanuele in Rom. An der Innenseite des Haupttores hängt ein Lageplan.

Wer von der Plaza in nordöstlicher Richtung geht, erreicht den *Cementerio Municipal* in knapp 15 Fußminuten. *Taxis colectivos* (Sammeltaxis mit fester Fahrtroute) Richtung Friedhof fahren direkt vor dem Museo Regional Braun-Menéndez in der Avenida Magallanes ab.

Museo Regional de Magallanes MUSEUM
(Museo Regional Braun-Menéndez; ☎61-224-4216; www.museodemagallanes.cl; Magallanes 949; ⊙Jan.–April Mi–Mo 10.30–17 Uhr, Mai–Dez. Mi–Mo 10.30–14 Uhr) GRATIS Die stattliche Villa bezeugt den Reichtum und die Macht der Pioniere der Schafzucht, die im späten 19. Jh. hier lebten. In den gut gepflegten Innenräumen befindet sich ein Museum für Regionalgeschichte (Broschüren auf Englisch sind erhältlich). Zu sehen ist auch noch ein Großteil des originalen Inventars der Familie, die dieses Haus einst bewohnte. Die Exponate reichen von Möbeln in exquisitem französischem Jugendstil über Fußböden mit feinen Holzintarsien bis hin zu chinesischen Vasen.

Im oberen Stockwerk, wo früher die Unterkünfte der Bediensteten lagen, wurde ein Café für die Besucher eingerichtet. Ein hübscher Ort, um bei einem Pisco sour die Pracht vergangener Zeiten auf sich wirken zu lassen!

Museo Naval y Marítimo MUSEUM
(Seefahrt- und Marinemuseum; ☎61-220-5479; www.museonaval.cl; Pedro Montt 981; Erw./Kind 1000/300 Chil$; ⊙Di–So 9.30–12.30 & 14–17 Uhr) Das Museum zeigt Ausstellungen zur Geschichte der Seefahrt und der Marine, darunter eine ausgezeichnete über die chilenische Mission, der es gelang, die Mannschaft des englischen Entdeckungsreisenden Sir Ernest Shackleton aus der Antarktis zu retten. Das fantasievollste Ausstellungsstück ist der Nachbau eines Schiffes mit Details wie Brücke, Seekarten und Funkkabine.

Plaza Muñoz Gamero PLAZA
Stattliche Villen und herrliche Koniferen säumen diese zentral gelegene Plaza. An der Nordseite des Platzes residiert in der **Casa Braun-Menéndez** (☎61-224-1489; ⊙Di–Fr 10.30–13 & 17–20.30, Sa 10.30–13 & 20–22, So 11–14 Uhr) GRATIS der private Club de la Unión. Das Clublokal im Obergeschoss ist auch für das allgemeine Publikum geöffnet Das nahe gelegene **Denkmal** hat der Wollbaron José Menéndez 1920 zu Ehren des 400. Jahrestages von Ferdinand Magellans Reise gestiftet. Östlich davon liegt die ehemalige **Sociedad Menéndez Behety**, in der jetzt die Büros von Turismo Comapa untergebracht sind. Die **Kathedrale** ist im Westen der Plaza.

Museo Río Seco MUSEUM
(☎mobil 9-5335-0707; www.museodehistorianaturalrioseco.org; Río Seco; ⊙Mo–Fr 15–18, Sa & So 10–12 & 15–18 Uhr) GRATIS Das urige Museum haben die Brüder Caceres selbst eingerichtet, es ist ihr Lieblingsprojekt. Fans der Naturgeschichte können sich hier auf eine reizvolle Entdeckungstour begeben. Mit seinen informationsreichen Ausstellungen gibt das Museum einen Einblick in die Tier- und Pflanzenwelt an der Magellanstraße. Die Exponate reichen von hervorragenden naturkundlichen Zeichnungen bis hin zu sorgfältig restaurierten Skeletten von Seevögeln, Seelöwen und Walen. Besucher sollten sich vorher telefonisch anmelden, weil das gesamte Personal manchmal irgendwo draußen ist, um Walknochen zu reinigen.

Freiwillige Helfer sind willkommen, sollten aber für mindestens eine Woche zur Verfügung stehen.

Reserva Forestal Magallanes PARK
(⊙bei Tageslicht) GRATIS Das 8 km von der Stadt entfernt gelegene Naturschutzgebiet bietet hervorragende Möglichkeiten zum Wandern und Mountainbiken durch dichte Lenga- und Coihue-Wälder.

Punta Arenas

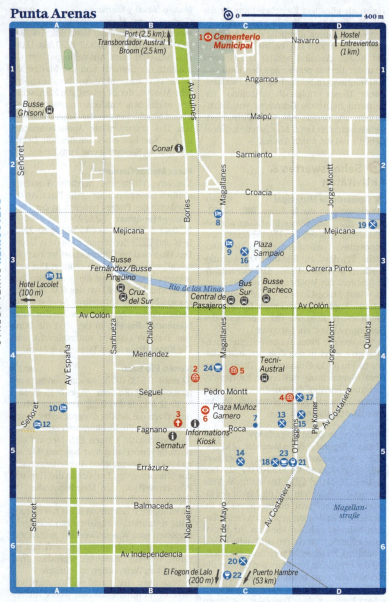

👉 Geführte Touren

In Punta Arenas organisieren viele Tourveranstalter Ausflüge in den Parque Nacional Torres del Paine. Wegen der Entfernung kann es ein extrem langer Tag werden. Bequemer ist die Tour von Puerto Natales aus.

Zu den empfehlenswerten Tagesausflügen zählen der Besuch des **Parque del Estrecho de Magallanes** (☏ 61-272-3195; www.phipa.cl; Km 56 südlich; Erw./Kind 14 000/ 6000 Chil$; ⏱ 9.30–17.15 Uhr), in dem auch Nachbauten der ersten Ansiedlungen in der

Punta Arenas

◎ Highlights
1. Cementerio Municipal C1

◎ Sehenswertes
2. Casa Braun-Menéndez B4
3. Cathedral B5
4. Museo Naval y Marítimo C4
5. Museo Regional de Magallanes C4
6. Plaza Muñoz Gamero C5

◉ Aktivitäten, Kurse & Touren
Turismo Aonikenk .... (s. 8)
7. Turismo Comapa C5

⌇ Schlafen
8. Hospedaje Magallanes C3
9. Hostal Innata C3
10. Hotel Patagonia A5
11. Ilaia Hotel A3
12. La Yegua Loca A5

✕ Essen
13. Café Almacen Tapiz C5
14. Fuente Hamburg C5
15. La Cuisine D5
16. La Marmita C3
17. La Mesita Grande D4
18. La Vianda C5
19. Los Inmigrantes D3
20. Mercado Municipal C6

◉ Ausgehen & Nachtleben
21. Bar Clinic D5
22. Bodega 87 .... C6
23. Cafe Wake Up C5
24. Meraki Cafe C4

Umgebung der Stadt zu sehen sind: Fuerte Bulnes und Puerto Hambre. In den meisten Unterkünften hilft das Personal beim Organisieren einer geführten Tour, manche veranstalten sie auch selbst.

Wer genügend Zeit hat, kann als Alternative zum Besuch der Pinguinkolonie am Seno Otway den weitaus stimmungsvolleren Bootsausflug zu der Magellanpinguinkolonie auf der Isla Magdalena im Schutzgebiet Monumento Natural Los Pingüinos (S. 544) unternehmen.

Kayak Agua Fresca KAJAKFAHREN
(✆ mobil 9-9655-5073; www.kayakaguafresca.com; 4½-Std.-Tour 70 000 Chil$) An den wenigen Tagen, an denen es in Punta Arenas windstill und das Meer ruhig ist, kann eine Seekajak-Tour ein spektakuläres Erlebnis sein. Das Unternehmen bietet auch Ausflüge mit einem (Zodiac-)Schlauchboot an. Es gibt kein Büro; ausführliche Informationen finden sich auf der Website.

Turismo Aonikenk GEFÜHRTE TOUREN
(✆ 61-222-8616; Magallanes 570) Gemeinsame Planung im persönlichen Gespräch ist bei diesem empfehlenswerten Tourveranstalter inzwischen Voraussetzung für die Teilnahme an einer seiner geführten Touren. Angeboten werden Trekkingtouren zum Cabo Froward und zur Königspinguinkolonie auf Tierra del Fuego (Feuerland) sowie preisgünstigere Exkursionen, die aber sehr viel Trekkingerfahrung erfordern. Manche der Tourführer sprechen neben Spanisch auch Englisch, Deutsch oder Französisch.

Patagonia Diving TAUCHEN
(✆ mobil 9-8982-4635; www.patagoniadiving.cl; Calle Juan Williams s/n, Río Seco; ⊙ unterschiedl.) PADI-zertifizierte Tauchführer begleiten alle Tauchgänge, z. B. zu Schiffswracks, Korallenriffen und zu beeindruckenden Algenwäldern sowie zum Tauchen mit Seelöwen oder Delfinen. Neben den Tauchausflügen veranstaltet die Tauchbasis auch Tauchkurse. Bei Bedarf werden professionelle Tauchausrüstungen zur Verfügung gestellt. Sie befindet sich 13 km nördlich von Punta Arenas Richtung Flughafen.

⌇ Schlafen

Da Punta Arenas auf dem Kurs der Kreuzfahrtschiffe liegt, verfügt es über eine Fülle an Hotels, aber nur über wenige preisgünstige Unterkünfte. Ausländische Touristen müssen keine Mehrwertsteuer (18 %) zahlen, wenn sie die Hotelrechnung in bar mit US-Dollar oder mit Kreditkarte bezahlen. In der Nebensaison (Mitte April bis Mitte Oktober) sind die Preise günstiger. Bei den nachfolgend beschriebenen Unterkünften ist das Frühstück im Preis inbegriffen.

Hostel Entrevientos HOSTEL $
(✆ 61-237-1171; www.hostelentrevientos.cl; Jorge Montt 0690; inkl. Frühstück, B 21 US$, DZ/3BZ 56/80 US$; ❄) Das geräumige Hostel steht nahe am Meer, das bei Sonnenschein herrlich funkelt und glitzert. Es ist A-förmig gebaut (ein sog. Nurdachhaus), d. h. das Dach reicht bis zum Boden herab. Im ersten Stock befindet sich ein urgemütlicher Aufenthaltsraum mit spektakulärem Ausblick aufs Meer. Außer

KLEINE GLETSCHERKUNDE

Ganz gleich, ob die Eisflächen einem glatt gespannten Bettlaken gleichen oder ob sie von Wind und Wetter modelliert und vom Druck gespalten sind: Die majestätische Schönheit der Gletscher fasziniert und raubt einem den Atem.

Gletscher nehmen ihren Anfang in einem Nährgebiet (Akkumulationsgebiet). Wenn Schnee fällt, sammelt sich dieser im Nährgebiet an und wird mit der Zeit zu Eis gepresst. Die Schwerkraft zwingt die Eismassen, sich hangabwärts zu bewegen, wobei sich die Eisschichten durch die Topografie des Geländes verformen. Zugleich vermischt sich das unter dem Gletscher abfließende Schmelzwasser mit dem Gestein und der Erde des Untergrunds. Ein Teil der Mixtur wird zu einer Art Schmiermittel zerrieben, auf dem sich der Gletscher vorwärtsschiebt. Nicht zermahlenes Geröll wird zur Seite gedrückt und bildet Seitenmoränen. Die Bewegungsvorgänge verursachen auch die Oberflächenverformungen und die Gletscherspalten.

Der Bereich, in dem der Gletscher schmilzt, heißt Ablations- oder Zehrgebiet. Wenn die im Nährgebiet gefallene Schneemenge (die Akkumulation) größer ist als die im Zehrgebiet abgeschmolzene Eismenge (die Ablation), dehnt sich der Gletscher aus. Schmilzt im Zehrgebiet mehr Eis als an Schnee im Nährgebiet hinzukommt, schrumpft der Gletscher. Die globale Erderwärmung trägt zu dem verstärkten Gletscherschwund bei, der seit etwa 1980 weltweit auffällig zutage tritt.

Ein wahres Wunderwerk ist auch die Farbe der Gletscher. Wie entsteht ihr Blau? Antwort: Durch die Wellenlänge des Lichts und die Luftblasen. Kompaktes Eis besitzt kaum Luftblasen, sodass von dem Spektrum des eindringenden Lichtes nur das kurzwellige Blau reflektiert, also sichtbar, wird. In den Lufteinschlüssen des weniger kompakten Eises überlagern sich die Wellenlängen der Farben, wodurch der Gletscher weiß erscheint. An den Stellen, an denen der Gletscher abschmilzt und kalbt, tritt Gletscherwasser aus. Dieses Gletschermilch genannte Wasser ist grau und milchig, weil es fein zerriebenes Gestein mit sich führt. In manchen Seen setzt sich dieses Sediment nicht ab und reflektiert das Sonnenlicht – so entsteht eine ganze Palette verblüffender Farben, die von Türkis über Blassgrün bis Azurblau reicht.

---

den Schlafsälen gibt es auch komfortable Zimmer im Obergeschoss. Den Gästen steht eine große Küche zur Verfügung. Der freundliche Besitzer hält sein Hostel gut in Schuss. Er verleiht auch Fahrräder (pro Tag 7000 Chil$). Der Nachteil: Zu Fuß dauert der Weg ins Stadtzentrum 25 Minuten, aber immerhin fährt ein Bus.

Hotel Lacolet   BOUTIQUEHOTEL $$
(61-222-2045; www.lacolet.cl; Arauco 786; DZ inkl. Frühstück 125–145 US$; P) Das Hotel in einem wunderschönen denkmalgeschützten Backsteinhaus liegt im Vorland des Cerro de la Cruz. Seine Räume sind mit Parkettboden ausgelegt. In jedem der fünf komfortablen Gästezimmer mit gefliestem Bad gehören Fernseher und Haartrockner zur Ausstattung. Der Service ist gut und das Frühstücksbüfett dürfte eines der besten in Patagonien sein. Fünf Sorten hausgemachtes Brot sowie Rhabarbermarmelade, Eier, Obst, Wurstaufschnitt und Käse aus der Region lassen kaum Wünsche offen.

Hospedaje Magallanes   B&B $$
(61-222-8616; www.hospedaje-magallanes.com; Magallanes 570; DZ mit Bad 60 000 Chil$, B/DZ ohne Bad 20 000/45 000 Chil$; @) Besitzer dieses tollen, preiswerten B&B ist ein deutsch-chilenisches Ehepaar, das auch Touren zum Parque Nacional Torres del Paine begleitet und dem auch ein örtliches Reisebüro gehört. Es vermietet nur wenige, aber ruhige Zimmer. Vor einer Kletterwand im Innenhof finden häufig gemeinschaftliche Abendessen oder gesellige Grillfeste statt. Dunkles Brot und starker Kaffee sind feste Bestandteile des schmackhaften Frühstücks.

Hotel Patagonia   HOTEL $$
(61-222-7243; www.patagoniabb.cl; Av España 1048; DZ inkl. Frühstück 85–125 US$; P) Die Zimmer in dem soliden Mittelklassehotel sind in einem einfachen, sachlichen Stil eingerichtet und die Betten mit weißer Leinenbettwäsche bezogen. Der Service könnte etwas freundlicher sein. Zum Eingang führt eine lange Auffahrt hinter dem Haupthaus.

★ Ilaia Hotel BOUTIQUEHOTEL $$$
(☎ 61-272-3100; www.ilaia.cl; Carrera Pinto 351; EZ/DZ/3BZ inkl. Frühstück 110/150/200 US$; ⊗ Sept.–April; [P][🌐]) ❡ Das moderne Boutiquehotel mit verspieltem Touch und besonderem Konzept umgibt seine Gäste mit familiärer Wärme. An den Wänden stehen schlaue Sinnsprüche in Spiegelschrift. Die Zimmer sind eher schlicht gehalten, aber sehr schick. Wunderschön ist der verglaste Aufenthaltsraum mit Blick auf die Magellanstraße. Das gesunde Frühstück umfasst Chapati (Fladenbrot), hausgemachte Marmelade, Avocados, Joghurt und andere bekömmliche Zutaten. Nur eines suchen die Gäste hier vergeblich: einen Fernseher. Das Hotel legt Wert auf Recycling und Kompostieren.

★ La Yegua Loca BOUTIQUEHOTEL $$$
(☎ 61-237-1734; www.yegualoca.com; Fagnano 310; Zi 200–220 US$) In dem wunderschönen Boutiquehotel spiegelt sich durch geschickt integrierte Einrichtungsgegenstände und dekorative Elemente aus dem traditionellen bäuerlichen Leben das Lokalkolorit der Gegend wider. Themen wie Schafschur, Tischlern und Melken prägen das Ambiente der geräumigen Zimmer mit komfortablen Betten und Zentralheizung. Der Service ist sehr zuvorkommend. La Yegua liegt an einem Hang mit herrlichem Blick auf die Stadt. Auch ein hauseigenes Restaurant gehört mit dazu.

Hostal Innata PENSION $$$
(☎ cell 9-6279-4254; www.innatapatagonia.com; Magallanes 631; DZ/Apt. 97 000/120 000 Chil$; [P][🌐]) Die hübsche, zentral gelegene Pension befindet sich in einem schicken Gebäude. Ihre elf Zimmer sind mit LED-Fernseher und Daunendecken ausgestattet. Die Apartments liegen in einem neuen Trakt hinter dem Haus. Auf Wunsch ist ein Frühstück erhältlich oder auch eine Frühstücksbox für Gäste, die sehr früh zu einer Tour aufbrechen wollen. Eine frühzeitige Zimmerreservierung ist zu empfehlen.

Essen

Punta Arenas' breit gefächerte Gastronomie-Szene reicht von preisgünstigen Möglichkeiten bis hin zu Gourmetrestaurants. Der Fisch und die Meeresfrüchte aus tagesfrischem Fang sind ein wahrer Gaumenschmaus. Die *centolla* (Königskrabbe) hat zwischen Juli und November Saison, die *erizos* (Seeigel) stehen von November bis Juli auf der Speisekarte.

La Vianda MARKT $
(Errázuriz 928; Snacks 4000 Chil$; ⊗ Mo–Fr 10.30–18.30 Uhr) Wer ein Picknick machen will oder eine Fahrt mit dem Fernbus vor sich hat, kann sich auf diesem Markt bestens mit Proviant versorgen. Die Auswahl an Brotsorten, inklusive süßer und Sauerteigvarianten, ist groß. Lecker schmecken auch die frisch gekochten Suppen, der frische Rhabarbersaft und die Rhabarbermarmelade. Auch recht gute fertige Sandwiches sind erhältlich.

Mercado Municipal MARKT $
(21 de Mayo 1465; Hauptgerichte 3000–6000 Chil$; ⊗ 8–15 Uhr) Im ersten Stock des Fisch- und Gemüsemarkts befinden sich *cocinerías* (Speiselokale), die zu einem günstigen Preis köstliche Gerichte aus Fisch und Meeresfrüchten anbieten.

La Mesita Grande PIZZA $
(☎ 61-224-4312; O'Higgins 1001; Hauptgerichte 4000–9000 Chil$; ⊗ Mo–Sa 12–23, So 13–20 Uhr) Die moderne Pizzeria mit unverputzten Backsteinwänden muss einen Vergleich mit den besten ihrer Art nicht scheuen. Die hervorragenden knusprig-dünnen Pizzas sind mit Bio-Produkten belegt und das Bier stammt aus einer örtlichen Brauerei. Ebenfalls köstlich schmeckt der Caesar Salad und für die hausgemachte Eiscreme zum Nachtisch sollte man unbedingt auch noch etwas Platz lassen. Das Hauptlokal befindet sich in **Puerto Natales** (☎ mobil 9-6141-1571; www.mesitagrande.cl; Arturo Prat 196; Pizza 4000–9000 Chil$; ⊗ Mo–Sa 12.30–15 & 19–23.30, So 13–15 & 19–23.30 Uhr).

Los Inmigrantes CAFÉ $
(☎ 61-222-2205; www.inmigrante.cl; Quillota 559; Hauptgerichte 5000 Chil$; ⊗ 14.30–21 Uhr) Das Café liegt im historischen kroatischen Stadtviertel von Punta Arenas. In seinem Gastraum voller interessanter Gegenstände, die von dalmatischen Einwanderern stammen, werden geradezu dekadente Kuchen serviert.

Café Almacen Tapiz CAFÉ $
(☎ mobil 9-8730-3481; www.cafetapiz.cl; Roca 912; Hauptgerichte 5000 Chil$; ⊗ 9–21.30 Uhr; [🌐]) Das mit Alerceholz getäfelte Café mit lebhafter Atmosphäre eignet sich bestens für eine stärkende Kaffeepause. Neben den traumhaften Schichttorten locken auch Salate und Fladenbrot-Sandwiches, die z. B. mit Ziegenkäse, Fleisch oder geröstetem Gemüse belegt sind.

Fuente Hamburg
CHILENISCH $

(☏ 61-224-5375; Errázuriz 856; Hauptgerichte 3000–6500 Chil$; ⊗ Mo–Fr 10.30–20.30, Sa 10.30–3 Uhr) Glänzende Barhocker säumen einen gewaltigen Grill, der den hungrigen Gästen pausenlos gegrillte Happen liefert. Empfehlenswert ist ein *churrasco* (dünne Fleischscheiben), der mit Tomaten, grünen Bohnen und frischer Mayonnaise auf einem Softbrötchen serviert wird.

La Marmita
CHILENISCH $$

(☏ 61-222-2056; www.marmitamaga.cl; Plaza Sampaio 678; Hauptgerichte 8000–12 000 Chil$; ⊗ Mo–Sa 12.30–15 & 18.30–23.30 Uhr; ✎) Seine große Beliebtheit verdankt das klassische Bistro seiner zwanglosen Atmosphäre und seinem köstlichen Essen. Auf den Tisch kommen frische Salate, ofenwarmes Brot und herzhafte Gerichte wie Eintöpfe oder Fischgerichte, die nach traditioneller chilenischer Hausfrauenart zubereitet sind. Auf der Speisekarte stehen auch gute vegetarische Gerichte und alle Gerichte gibt es auch zum Mitnehmen.

La Cuisine
FRANZÖSISCH $$

(☏ 61-222-8641; O'Higgins 1037; Hauptgerichte 8000–13 000 Chil$; ⊗ Mo–Sa 12.30–14.45 & 19.30–23 Uhr) Mit vegetarischer Kost jenseits der üblichen Kartoffel-Nudel-Gemüse-Tristesse wartet das schlichte französische Restaurant auf. Gedämpftes Gemüse, grüner Salat oder Ratatouille sind auch die Beilagen der Gerichte aus Fisch und Meeresfrüchten. Gut schmeckt auch die hausgemachte Pastete und die offenen Weine sind preiswert.

El Fogon de Lalo
GRILL $$

(☏ 61-237-1149; 21 de Mayo 1650; Hauptgerichte 7000–12 000 Chil$; ⊗ Di–So 20–23 Uhr) Perfekt gegrilltes, regionales Lamm- und Rindfleisch, serviert mit guten Salaten und anderen leckeren Beilagen, sind die Spezialität dieses lauten Grillrestaurants. Der sachkundige Saisonkeller schwatzt den Gästen auch gern mal noch Vorspeisen und einen Pisco Sour auf.

🍷 Ausgehen & Nachtleben

★ Bodega 87
BAR

(☏ 61-237-1357; 21 de Mayo 1469; ⊗ So–Do 20.30–1.30, Fr & Sa 20.30–2.30 Uhr) Die freundliche Nachbarschaftsbar bringt quirliges Leben ins Stadtzentrum. Kredenzt werden Bier aus einer örtlichen Brauerei und kunstvoll gemixte Cocktails. Empfehlenswert ist z. B. der nicht zu süß schmeckende Calafate-Mojito.

Bar Clinic
PUB

(☏ 61-237-1250; Errázuriz 970; ⊗ Mo–Sa 18–2.30 Uhr) Die tolle Eckkneipe mit Lederelementen und auf Hochglanz poliertem Fußboden hat neun Leben. In ihrem derzeitigen Leben ist sie gerade ein Franchise-Ableger der Santiago-Bar und nach dem politischen Satiremagazin „The Clinic" benannt. Die Vorgeschichte interessiert die wenigsten Gäste, entscheidend sind die guten Cocktails, die zudem von Montag bis Donnerstag von 18 bis 21 Uhr nur den halben Preis kosten.

Meraki Cafe
CAFÉ

(☏ 61-224-4097; Magallanes 922; ⊗ Mo–Sa 9–20 Uhr) Wer gerne einen guten Espresso trinkt, ist in dem schlichten Café mit eigenem Kaffeeröster genau richtig. Sandwiches und Kuchen sind erhältlich. Fans von Filterkaffee sollten sich eine Tüte frisch gerösteter Kaffeebohnen (auf Wunsch auch gemahlen) mitnehmen.

Cafe Wake Up
CAFÉ

(☏ 61-237-1641; Errázuriz 944; ⊗ Mo–Fr 7–20, Sa 9–16, So 10–16 Uhr) Ist vielleicht ein Kumpel vor Ort verschwunden? Keine Sorge, möglicherweise sitzt er gerade gemütlich in diesem Café im Industriedesign und trinkt genüsslich einen Double Choc Latte Macchiato. Erhältlich sind hier außerdem kleine Gerichte zu einem passablen Preis.

ℹ️ Praktische Informationen

Banken mit Geldautomaten finden sich in der ganzen Stadt verteilt. Wie in etlichen Reisebüros kann man bei **Sur Cambios** (☏ 61-271-0317; Navarro 1001; ⊗ Mo–Fr 9–19, Sa 9.30–13 Uhr) auch Geld umtauschen.

Bei Sernatur gibt es eine Liste mit empfehlenswerten Ärzten. Medizinische Versorgung im Notfall bietet das **Hospital Regional** (☏ 61-220-5000; Ecke Arauco & Angamos).

Polizei (☏ 61-224-1714; Errázuriz 977)

Sernatur (☏ 61-224-1330; www.sernatur.cl; Fagnano 643; ⊗ Mo–Fr 8.30–18, Sa 10–16 Uhr) Freundliches, mehrsprachiges, gut informiertes Personal; bietet Listen mit Unterkünften und Transportmöglichkeiten; in der Nebensaison sind die Öffnungszeiten eingeschränkt.

Touristeninformation (☏ 61-220-0610; Plaza Muñoz Gamero; ⊗ Dez.–Feb. Mo–Sa 8–19, So 9–19 Uhr) Befindet sich der Südseite der Plaza Muñoz Gamero.

Conaf (☏ 61-223-0681; Av Bulnes 0309; ⊗ Mo–Fr 9–17 Uhr) Informiert ausführlich und kompetent über die Nationalparks in der Umgebung.

❶ An- & Weiterreise

In der Touristeninformation erhalten Besucher hilfreiche Broschüren mit detaillierten Informationen über alle öffentlichen und sonstigen Verkehrsmittel vor Ort.

BUS

Die Busse fahren vor den Büros der Busunternehmen ab, die fast alle innerhalb von ein oder zwei Blocks im Umkreis der Avenida Colón liegen. Reisende sollten ihre Busfahrkarten einige Stunden vor der Abfahrt kaufen, besser noch ein paar Tage vorher. Die **Central de Pasajeros** (61-224-5811; Ecke Magallanes & Av Colón) ist so etwas Ähnliches wie die zentrale Vorverkaufsstelle.

Nach Puerto Natales fahren z. B. die Busse von **Buses Fernandez** (61-224-2313; www.busesfernandez.com; Sanhueza 745) und **Bus Sur** (61-261-4224; www.bus-sur.cl; Av Colón 842).

Busverbindungen nach Argentinien bieten z. B. **Buses Ghisoni** (61-224-0646; www.busesbarria.cl; Av España 264), **Buses Pacheco** (61-224-2174; www.busespacheco.com; Av Colón 900) und **Tecni-Austral** (61-222-2078; Navarro 975).

Busfahrten in den Seendistrikt von Chile stehen beispielsweise bei **Cruz del Sur** (61-222-7970; www.busescruzdelsur.cl; Sanhueza 745) auf dem Fahrplan.

FLUGZEUG

Der Flughafen von Punta Arenas (PUQ) liegt 21 km nördlich der Stadt.

Aerovías DAP (S. 532) bietet Flüge in die Antarktis (Tagestour 5500 US$), Charterflüge zum Cabo de Hornos und zu anderen Zielorten in Patagonien sowie nach Ushuaia und Calafate (beide Argentinien). Von November bis März fliegt die DAP von Montag bis Samstag mehrmals täglich nach Porvenir (hin und zurück 55 000 Chil$) sowie Montag bis Samstag jeweils um 10 Uhr nach Pampa Guanaco (Tierra del Fuego) und nach Puerto Williams (hin und zurück 143 000 Chil$). Das Gepäck ist auf 10 kg pro Person beschränkt.

Sky Airline (61-271-0645; www.skyairline.cl; Roca 935) und **LATAM** (61-224-1100; www.latam.com; Bories 884) bedient die Route nach Santiago de Chile mit Zwischenlandung in Puerto Montt. Zum Zeitpunkt der Recherche für dieses Buch hatte LATAM die Absicht, in Zukunft auch Ushuaia anzufliegen. Bei Aerolineas Argentinas stehen Inlandsflüge auf dem Plan, aber auch einige Auslandsflüge.

SCHIFF/FÄHRE

Transbordador Austral Broom (61-272-8100; www.tabsa.cl; Av Bulnes 05075). betreibt mit drei Fähren die Verbindungen nach Tierra del Fuego (Feuerland). Die Passagier- und Au-

Busse ab Punta Arenas

REISEZIEL	FAHRPREIS (CHIL$)	FAHRZEIT (STD.)
Osorno	35 000	30
Puerto Natales	7000	3
Río Gallegos	20 000	5–8
Río Grande	30 000	7
Ushuaia	35 000	10

tofähre verkehrt täglich zwischen Punta Arenas und Porvenir (pro Pers./Fahrzeug 6200/39 800 Chil$, 2½–4 Std.). In der Regel legt sie um 9 Uhr ab und meist zusätzlich auch nachmittags – die aktuellen Abfahrtszeiten stehen auf der Website. Die Fähren für die schnellste tägliche Verbindung – die Primera-Angostura-Route – nach Porvenir (pro Pers./Fahrzeug 1700/15 000 Chil$, 20 Min.) legen nordöstlich von Punta Arenas ab. Zwischen 8.30 und 23.45 Uhr verkehren die Fähren alle 90 Minuten. Drei- oder viermal im Monat fährt donnerstags (Rückfahrt am Samstag) eine Broom-Fähre nach Puerto Williams auf der Isla Navarino (Liegesitz/Mehrbettkajüte 108 000/151 000 Chil$ inkl. Verpflegung, 30 Std.).

Cruceros Australis (in Santiago 2-442-3110; www.australis.com; Sept.–Mai) bietet luxuriöse vier- und fünftägige Schiffstouren nach Ushuaia und wieder zurück.

In Punta Arenas führt das Reisebüro **Turismo Comapa** (61-220-0200; www.comapa.com; Lautaro Navarro 1112; Mo–Fr 9–13 & 14.30–18.30 Uhr) die Buchung der Fähren aus.

❶ Unterwegs vor Ort

AUTO

Mit dem Auto lässt sich der Nacional Parque Torres del Paine ausgezeichnet erkunden. Doch mit einem in Chile gemieteten Auto die Grenze nach Argentinien zu überqueren, kostet aufgrund der internationalen Versicherungsbestimmungen sehr viel Geld. Wer Richtung El Calafate fahren will, mietet sich also besser ein Fahrzeug in Argentinien.

Im chilenischen Patagonien sind die Mietwagenpreise in Punta Arenas am günstigsten. Zudem ist der Service bei den örtlichen Unternehmen häufig besser. Beispielsweise bietet der empfehlenswerte Autoverleiher **Adel Rent a Car** (61-222-4819; www.adelrentacar.cl; Pedro Montt 962; Mo–Fr 9.30–13 & 15.30–18, Sa 9.30–13 Uhr) einen zuvorkommenden Service, günstige Preise, Abholung vom Flughafen und gute Reisetipps. Zu den weiteren Mietwagenunternehmen zählen **Hertz** (61-224-8742; O'Higgins 987) und **Lubag** (61-271-0484; www.lubag.cl; Magallanes 970).

BUS & TAXI COLECTIVO

Die *taxis colectivos*, (Sammeltaxis mit festgelegten, nummerierten Routen) kosten nur geringfügig mehr als die Busse (etwa 500 Chil$, spätabends und sonntags etwas teurer), sind aber wesentlich bequemer und außerdem schneller unterwegs.

VOM/ZUM FLUGHAFEN

Vom Flughafen fährt ein Bus direkt nach Puerto Natales. **Patagon Transfer** (mobil 9-5096-3329; www.transferaustral.com; 5000 Chil$) betreibt einen Haus-zu-Haus-Shuttlebus-Service (5000 Chil$) zwischen Flughafen und Stadtzentrum, der auf den Flugplan abgestimmt ist. **Buses Fernández** bedient die Route im Linienverkehr (4000 Chil$).

Monumento Natural Los Pingüinos

Ein Besuch der lebhaften Magellanpinguinkolonien auf der Isla Magdalena und der Isla Marta im Schutzgebiet **Monumento Natural Los Pingüinos** (www.conaf.cl/parques/monumento-natural-los-pinguinos; Erw./Kind 7000/3500 Chil$; Nov.–März) lohnt sich, und ganz besonders, wenn man noch nie Pinguine in freier Natur beobachtet hat. Die Inseln liegen 35 km nordöstlich von Punta Arenas. Eine Tour mit der Fähre (Erw./Kind 50 000/25 000 Chil$) dauert ungefähr fünf Stunden und schließt einen einstündigen Inselaufenthalt ein. Die Fähre startet von Dezember bis Februar an jedem Dienstag, Donnerstag und Samstag im Hafen von Punta Arenas. Über die genauen Abfahrtszeiten informiert das Reisebüro Turismo Comapa, das auch die Buchungen ausführt. Es empfiehlt sich, Proviant für ein Picknick mitzunehmen.

Parque Nacional Pali Aike

Schroffe vulkanische Steppenlandschaften mit Kratern, Höhlen und bizarren Gesteinsformationen prägen den Parque Nacional Pali Aike. Sein Name entstammt der Sprache der Tehuelche und bedeutet „Land des Teufels". Die karge Landschaft des 50 km^2 großen **Nationalparks** (www.conaf.cl/parques/parque-nacional-pali-aike; Erw./Kind unter 12 Jahren 3000/1000 Chil$) erstreckt sich entlang der argentinischen Grenze. Je nach ihrem Mineraliengehalt sind die Lavafelsen rot, gelb oder graugrün. Zur Tierwelt des Parks zählen zahllose Guanakos und Nandus sowie Graufüchse und Gürteltiere.

In den 1930er-Jahren legte Junius Bird bei Ausgrabungen die etwa 17 m tiefe **Cueva Pali Aike** (Pali-Aike-Höhle) frei. In der Höhle fand er die ersten paläoindianischen Artefakte, die Hinweise auf die neuweltliche Fauna gaben, beispielsweise auf das Milodon (Riesenfaultier) und das Urpferd *Onohippidium*.

Im **Nationalpark** verlaufen mehrere Wanderwege, darunter der 1,7 km lange Pfad, der das zerklüftete Lavafeld des **Escorial del Diablo** durchquert und zu dem beeindruckenden **Cráter Morada del Diablo** führt. Feste Schuhe sind auf dieser Route ein absolutes Muss, um zu vermeiden, dass die scharfkantige Lava die Füße verletzt. Hunderte Krater sind auf diesem Weg zu sehen, von denen manche die Höhe eines vierstöckigen Hauses erreichen. Ein etwa 9 km langer Wanderweg verläuft von der Cueva Pali Aike bis zur **Laguna Ana**. Von dort führt ein kürzerer Pfad zu einer Ausgrabungsstätte an der Hauptstraße (rund 5 km vom Parkeingang entfernt).

Der Parque Nacional Pali Aike liegt etwa 200 km nordöstlich von Punta Arenas. Die Strecke zum Park führt über die RN 9, die Ch 255 und eine Schotterpiste, die an der Cooperativa Villa O'Higgins, 11 km nördlich der Estancia Kimiri Aike, beginnt. Eine andere Zufahrtsstraße beginnt an dem chilenischen Grenzposten Monte Aymond. Mit öffentlichen Verkehrsmitteln ist der Park nicht zu erreichen, doch die Reisebüros in Punta Arenas bieten Tagestouren an.

Puerto Natales

61 / 18 000 EW.

Das ehemalige ruhige Fischerdorf am Seno Última Esperanza hat sich zu einem turbulenten Ausgangspunkt für den Besuch des Parque Nacional Torres del Paine entwickelt. Scharen von Besuchern in wetterfester Kleidung tummeln sich in der Stadt, für die der Tourismus ein wichtiger Wirtschaftsfaktor geworden ist. In der Art eines All-you-can-eat-Festessens mit ungebrochener Nachfrage hat sich das Gesicht der Stadt gewandelt. Biertrinker und Weinverkoster verdrängen den Nachmittagstee. Sportgeschäfte ersetzen die Kneipen, in denen die Erzähler von Seemannsgarn einst zahlreiche Gäste anlockten. Während die Anzahl der Unterkünfte und Dienstleister, die dem internationalen Standard entsprechen, in Puerto Natales beständig wächst, finden sich dennoch nostalgische Nischen. Beispielsweise bieten die

Wand an Wand aufgereihten Wellblechhäuser Unterkünfte im gemütlichen alten Stil. Trotz des schier endlosen Touristenstroms hat sich die Stadt den besonderen Charme, der das Leben seit jeher in Patagonien ausmacht, bewahrt.

Puerto Natales befindet sich 250 km nordwestlich von Punta Arenas (über die Ruta 9) an dern Ufern des Seno Última Esperanza. Die Ausblicke auf die umliegende Berglandschaft sind hier wunderschön. Es ist der Hauptstadt der Provinz und der südlichste Fährhafen für Schiffstouren durch die chilenischen Fjorde.

Sehenswertes & Aktivitäten

Museo Histórico — MUSEUM
(61-241-1263; Bulnes 28; 1000 Chil$; Mo–Fr 8–19, Sa & So 10–13 & 15–19 Uhr) Wie in einem Crashkurs gibt das historische Museum Einblick in die regionale Geschichte. Zu den Ausstellungsstücken zählen archäologische Funde, ein Kanu der Yahgan, Bolas (Wurfwaffen) der Tehuelche und historische Fotografien.

Estancia La Peninsula — OUTDOORAKTIVITÄTEN
(mobil 9-6303-6497; www.estanciaspatagonia.com; Peninsula Antonio Varas; Tagestour 130 000 Chil$) Geführt wird diese klassische, auf der Halbinsel gelegene *estancia* von einer Familie mit regionalen Pionierwurzeln. Tagesausflüglern bietet sie diverse Aktivitäten wie Wandern und Reiten oder eine Vorführung, die zeigt, wie eine Schafschur vonstatten geht und wie die Hunde die Schafherde hüten. Ein Höhepunkt des Besuchs ist das köstliche Mittagessen mit Lammbraten vom Grill. Wer möchte, kann auch eine mehrtägige Trekkingtour unternehmen und mit allen Sinnen erleben, wie es sich anfühlt, am Ende der Welt zu sein. Treffpunkt für den Tagesausflug ist der Kai am Singular Hotel.

Mandala Andino — SPA
(mobil 9-9930-2997; mandalaandino@yahoo.com; Bulnes 301; Massage ab 25 000 Chil$; Nov.–März 10–21 Uhr) In dem empfehlenswerten, gut ausgestatteten Wellnesscenter liegt ein Schwerpunkt auf den Massagen sowie auf Wannenbädern und verschiedenen Anwendungen, die Gesundheit und Wohlbefinden fördern. Hier werden auch interessante Souvenirs und darunter auch kunsthandwerkliche Produkte aus der Region verkauft.

Geführte Touren

Antares/Bigfoot Patagonia — ABENTEUERTOUREN
(61-241-4611; www.antarespatagonia.com; Costanera 161, Av Pedro Montt; Lago Grey Kajaktour 66 000 Chil$) Der Tourveranstalter hat sich auf geführte Touren durch den Parque Nacional Torres del Paine spezialisiert. Er hilft bei der Beschaffung von Genehmigungen zum Bergsteigen und organisiert auch individuell gestaltete Ausflüge. Seine Schwesterfirma Big Foot betreibt eine Niederlassung im Nationalpark und besitzt die Konzession für Aktivitäten am Lago Grey, wie z. B. Eiswanderungen auf dem Glaciar Grey und Kajaktouren.

Baqueano Zamora — REITEN
(61-261-3530; www.baqueanozamora.cl; Baquedano 534; 10–13 & 15–19 Uhr) Organisiert empfehlenswerte Reittouren durch den Parque Nacional Torres del Paine, auf denen die Möglichkeit besteht, Wildpferde zu beobachten.

Pingo Salvaje — REITEN
(Mobiltelefon 9-6236-0371; www.pingosalvaje.com; Estancia Laguna Sofia; halbtägiger Ausritt 40 000 Chil$; Okt.–April) Die reizvolle, idyllisch gelegene *estancia* bietet Ausritte und die Möglichkeit Kondore zu beobachten. Wer möchte, kann in einer komfortablen Gemeinschaftshütte (pro Pers 22 000 Chil$; Schlafsack ist mitzubringen) übernachten. Eine Alternative dazu ist der Campingplatz (pro Pers. 8000 Chil$) in einem Waldstück. Er bietet Grillplätze, Tische und heiße Duschen.

Pingo Salvaje liegt 30 km von Puerto Natales entfernt; der Transfer kostet 12 000 Chil$ pro Person.

Chile Nativo — ABENTEUERTOUREN
(61-241-1835, mobil 9-9078-9168; www.chilenativo.cl; Eberhard 230, 1. Stock) Der kompetente Tourveranstalter organisiert Besuche bei örtlichen Gauchos, Fotosafaris und auf persönliche Abenteuerträume zugeschnittene Touren.

Turismo 21 de Mayo — GEFÜHRTE TOUREN
(61-261-6420; www.turismo21demayo.com; Eberhard 560; Okt.–März 8–22 Uhr) Organisiert Tagesausflüge mit dem Boot und Wandertouren zum Balmaceda und Serrano Gletscher (90 000 Chil$) sowie Ausritte zum nahe der Stadt gelegenen Cerro Dorotea (30 000 Chil$).

Puerto Natales

🛏 Schlafen

Über Unterkünfte verfügt die Stadt im Überfluss. Die meisten bieten Frühstück, Wäscheservice und in der Nebensaison niedrigere Preise. Von November bis März sollte man die Unterkunft frühzeitig buchen. Viele Hostels verleihen Ausrüstungen aller Art und organisieren Fahrten zum Nationalpark.

★ Wild Patagonia　　　　　　HOSTEL $

(📱 mobil 9-7715-2423; www.wildhostel.com; Bulnes 555; inkl. Frühstück DZ 85 US$, B/DZ ohne Bad 24/70 US$; ⊘ Sept.–April; 🕿) In dem Hostel herrscht eine fröhliche Atmosphäre. Seine hübschen Zimmer und Hütten mit Wellblechfassade säumen einen Innenhof mit Feuerstelle. Das Frühstück umfasst u. a. frisch gebackenes Brot, Joghurt und Marmelade. Das hosteleigene Café ist ab 15 Uhr auch für Nichtgäste geöffnet. Seine regionaltypischen Burger aus Rindfleisch schmecken köstlich. Abends wird häufig Livemusik gespielt. Die weltgewandten Hostelbesitzer sprechen mehrere Sprachen und erklären den Gästen hilfsbereit die im Nationalpark zur Verfügung stehenden Dienstleistungen. Sie verleihen auch Ausrüstungen für verschiedene Aktivitäten.

Puerto Natales

◎ Sehenswertes
1 Museo Histórico C3

✪ Aktivitäten, Kurse & Touren
2 Antares/Bigfoot Patagonia B1
3 Baqueano Zamora E3
4 Chile Nativo B2
5 Erratic Rock E5
6 Mandala Andino C2
7 Turismo 21 de Mayo D2

🛏 Schlafen
8 Hostal Dos Lagunas B2
9 Hotel IF Patagonia C2
10 Hotel Vendaval C2
11 Kau B1
12 Singing Lamb E5
13 Vinn Haus D2
14 We Are Patagonia B2
15 Wild Patagonia D2

✖ Essen
16 Afrigonia C2
17 Aluen B2
18 Cafe Kaiken E4
   La Forestera .... (s. 14)
19 La Guanaca C2
20 La Mesita Grande D2
21 Santolla B1

🍸 Ausgehen & Nachtleben
22 Baguales C2
23 Last Hope E2

🛍 Shoppen
24 Oneaco C2
25 Wine & Market C1

stücksbüfett aufgebaut. Ein gemütlicher Innenhof lädt die Gäste zum entspannten Chillen ein.

Singing Lamb HOSTEL $
(☏ 61-241-0958; www.thesinginglamb.com; Arauco 779; B 23–28 US$, DZ 80 US$ inkl. Frühstück; @ 🛜) 🌿 In diesem sauberen, umweltbewussten Hostel legt man Wert auf umweltfreundliche Maßnahmen, wie z. B. Komposthaufen, Sammelbehälter für Regenwasser und Einkaufstaschen aus Leinen. Der Preis für die Schlafräume richtet sich nach der Anzahl der Betten (max. neun). Die Gemeinschaftsräume sind großzügig bemessen. Zu den Annehmlichkeiten zählen Zentralheizung und ein Frühstück mit hausgemachten Zutaten. Die Avenida Raimírez, die einen Block hinter der Plaza O'Higgins verläuft, führt direkt zum Singing Lamb.

★ Vinn Haus BOUTIQUEHOTEL $
(☏ mobil 9-8269-2510; http://vinnhaus.com; Bulnes 499; B/DZ inkl. Frühstück 24/80 US$; ☼ Sept.–Mai; 🛜) Übernachten im Schlafsaal auf neuem Niveau hat hier ein chilenisch-finnisches Unternehmen verwirklicht. Mit alten Koffern, antiken Fliesen und abgewetztem Leder setzt das Konzept einerseits auf Vintage-Design. Andererseits zeigen die USB-Anschlüsse und diversen Steckerleisten in jedem Schlafsaal sein neues, modernes Gesicht. In der Kombination aus Weinbar und Café wird einer der besten kolumbianischen Kaffees serviert – und am Morgen das Früh-

Hostal Dos Lagunas
GUESTHOUSE $
(📱 mobil 9-8162-7755; hostaldoslagunas@gmail.com; Ecke Barros Arana & Bories; B/DZ ohne Bad & inkl. Frühstück 13 000/35 000 Chil$; 📶) Alejandro und Andrea sind aufmerksame Gastgeber; beide sind in Puerto Natales geboren. Ihre Gäste verwöhnen sie mit einem üppigen Frühstück und Duschen, deren Wasserdruck tatsächlich konstant bleibt. Außerdem geben sie gute Reisetipps. Die makellose Pension gehört zu den am längsten bestehenden Unterkünften in der Stadt.

We Are Patagonia
B&B $
(📱 mobil 9-7389-4802; www.wearepatagonia.com; Barros Arana 155; B inkl. Frühstück 25 US$; 📶) Minimalistisches skandinavisches Design und ein begrünter Hinterhof verleihen dem kunstinspirierten Hostel seinen Charme. In dem kleinen Haus befinden sich Schlafsäle (teilweise ohne Geschlechtertrennung) mit insgesamt 30 Betten, alle versehen mit Daunendecken, sowie fünf Gemeinschaftsbäder und eine kleine offene Küche. Die Rezeption ist rund um die Uhr besetzt und die Gäste können sich Fährräder leihen (pro Std. 2000 Chil$).

Hotel Vendaval
BOUTIQUEHOTEL $$
(📱 61-269-1760; http://hotelvendaval.com; Eberhard 333; DZ inkl. Frühstück 125 US$; 📶) Das Vendaval gehört zur neuen Generation der Unterkünfte in Puerto Natales. Auf seine ganz eigene Art ist das Natalino-Hotel mit seiner Metallfassade eine Schönheit. In den Innenräumen prägen glänzende Betonfußböden, Radierungen mit folkloristischen chilenischen Motiven und andere Kunstwerke maritimer Themen das Ambiente. Seine 23 Zimmer verteilen sich auf vier Etagen und sind mit Zentralheizung, verglasten Duschen und bequemen Betten ausgestattet. Auf der Dachterrasse können die Gäste einen wunderschönen Panoramablick genießen. Zur Zeit der Recherche für dieses Buch war ein Restaurant in Arbeit.

Kau
B&B $$
(📱 61-241-4611; www.kaulodge.com; Costanera 161, Av Pedro Montt; DZ inkl. Frühstück 72 000–88,500 Chil$; 📶🏊) 🌿 In seiner konsequenten Schlichtheit erinnert das coole, gemütliche B&B ein wenig an ein stylishes Kabinenhotel. Dicke Bettüberwürfe aus Wolle, ein Picknicktisch im Frühstücksraum sowie die Einrichtung aus abgenutztem, recyceltem Holz schaffen eine lässige Atmosphäre. Die Zimmer haben Fjordblick, Zentralheizung sowie Schließfächer und im Bad mangelt es nicht an Toilettenartikeln. In der dazugehörigen Espressobar **Coffee Maker** gibt es köstliche Kaffeespezialitäten und ein Personal, das so gut wie alles über erlebnisreiche Ausflüge in die Umgebung weiß.

Singular Hotel
BOUTIQUEHOTEL $$$
(📱 61-241-4040, bookings in Santiago 22-387-1500; www.thesingular.com; RN 9, Km 1,5; DZ inkl. Frühstück 530 US$, DZ inkl. Vollpension & Ausflügen 1630 US$; 🅿@📶🏊) Dieses Hotel befindet sich in einem Wahrzeichen der Stadt: dem historischen Fleischlagerhaus am Sund, wo früher Fleisch für die Verschiffung verpackt wurde. Ausgeprägtes Industriedesign, beispielsweise die aus alten Heizkörpern hergestellten Sessel in der Lobby, mischt sich mit historischen Fotografien und Antiquitäten. Panoramafenster gewähren in den gemütlichen Zimmern einen Blick aufs Wasser. In dem sehr angesehenen Bar-Restaurant stehen regionale Wildgerichte auf der Speisekarte. Ebenso wie das angrenzende Museum ist auch das Restaurant für Nicht-Gäste zugänglich.

Die Hausgäste können den Wellnessbereich mitsamt Swimmingpool nutzen oder sich Fahrräder und Kayaks ausleihen, um die nähere Umgebung zu erkunden. Das Hotel liegt etwa 6 km vom Stadtzentrum entfernt am Puerto Bories.

Simple Patagonia
BOUTIQUEHOTEL $$$
(📱 mobil 9-9640-0512; www.simplepatagonia.cl; Puerto Bories; DZ inkl. Frühstück 250–290 US$; 📶) 🌿 Dem Ruhe ausstrahlenden modernen Hotel verleihen recycelte Straßenlaternen, polierter Beton und Elemente aus Lenga-Holz einen liebenswerten Reiz. Geführt wird es von einer warmherzigen chilenischen Familie. Seine elf Zimmer haben Meerblick, Fußbodenheizung sowie einen Safe und der Haartrockner fehlt in keinem Bad. Im hauseigenen Restaurant wird ein Abendessen in Gourmetqualität serviert und auf Wunsch können die Gäste hier auch ihr Frühstück einnehmen. Fahrräder stehen kostenlos zur Verfügung. Das Hotel liegt 4,5 km von Puerto Natales entfernt.

Hotel IF Patagonia
BOUTIQUEHOTEL $$$
(📱 61-241-0312; www.hotelifpatagonia.com ; Magallanes 73; EZ/DZ inkl. Frühstück 150/160 US$; 🅿📶) 🌿 Auf Gastfreundschaft (IF steht für Isabel und Fernando) wird in dem hübschen Hotel mit minimalistischem Touch besonders großer Wert gelegt. Auf den Betten seiner hellen, modern eingerichteten Zimmer

liegen Woll- und Dauendecken. Eine Terrasse sowie etliche Räume bieten Ausblick auf den Fjord. Im Garten gibt es eine Sauna und einen mit Holz verkleideten Whirlpool.

Essen

Cafe Kaiken CHILENISCH $

(☏ mobil 9-8295-2036; Baquedano 699; Hauptgerichte 7800–11 000 Chil$; ⊙ Mo–Sa 13–15.30 & 18.30–23 Uhr) Gemütlicher geht es nicht: lediglich fünf Tische und ein Ehepaar, das kocht, serviert und mit den Gästen plaudert. Um dem Leben auf der Überholspur in Santiago zu entkommen, die beiden nach Natales zogen und gehen die Dinge nun gemächlicher an. Als ihr Gast passt man sich ihnen am besten einfach an. Auf ihre Gerichte wie langsam gebratenes Lamm oder hausgemachte, mit Räucherlachs gefüllte Ravioli lohnt es sich auf jeden Fall, geduldig zu warten. Um einen Platz zu ergattern, muss man so frühzeitig wie möglich kommen.

La Forestera BURGER $

(☏ mobil 9-7389-4802; Barros Arana 155; Hauptgerichte 6900 Chil$; ⊙ Di–So 13–15 & 19.30–23 Uhr) Hier stehen die Leute Schlange, so gefragt sind diese Gourmetburger. Neben der Standardversion lohnt es sich, auch die anderen Varianten zu probieren, wie z. B. Lammburger oder Burger aus Linsen und Roter Bete – alle serviert auf einer luftigen Brioche. Köstlich schmecken auch die deftig gewürzten Chicken Wings und die knusprigen Zwiebelringe. Das leckere Bier stammt aus aus einer örtlichen Brauerei. In dem Lokal stehen nur wenige Tische, aber man kann alle Gerichte auch mitnehmen.

Aluen EISCREME $

(Barros Arana 160; Eiscreme 2000 Chil$; ⊙ Di–So 14–19.30 Uhr) Ob säuerlicher Naturjoghurt, *arroz con leche* (Milchreis) oder Eiscreme mit Calafate-Beeren, all die köstlichen Schlemmereien werden hier vor Ort selbst zubereitet.

La Guanaca PIZZA $$

(☏ 61-241-3245; Magallanes 167; Hauptgerichte 5000–16 000 Chil$; ☏) Ob knusprige Holzofenpizzas, Crêpes oder marinierte Pilze, das Essen schmeckt hier gut und macht richtig schön satt. Die Auswahl an Salaten in großdimensionalen Portionen ist groß und vielfältig, dazu gehört z. B. Quinoa mit geröstem Gemüse. Dazu werden Biere aus einer Mikrobrauerei und verschiedene Weine ausgeschenkt.

Afrigonia FUSION $$

(☏ 61-241-2877; Magallanes 247; Hauptgerichte 12 000–14 000 Chil$; ⊙ 13–15 & 18.30–23 Uhr) Im Afrigonia werden hervorragende, authentische Gerichte der afrochilenischen Küche serviert, die selbst auf New Yorker Speisekarten nicht zu finden sind. Ob Duftreis, frische Ceviche oder saftiger, mit Minze gewürzter Lammbraten, die Betreiber dieses romantischen gastronomischen Kleinods bereiten alle Gerichte mit großer Sorgfalt zu. Auch die Desserts sind ein Highlight. Eine Tischreservierung ist zu empfehlen.

★ Singular Restaurant CHILENISCH $$$

(☏ 61-272-2030; Puerto Bories; Hauptgerichte 12 000–18 000 Chil$; ⊙ 8–23 Uhr) Teils Dinner Club der alten Schule, teils modernes Bistro, und das mit exquisitem Essen und aufmerksamer Bedienung, das ist der perfekte Hafen im Sturm. Ledersofas und poliertes Holz kontrastieren mit freigelegten Holzbalken und klare Blicke treffen auf den Sound, in dem dieses Restaurant tickt. Chefkoch Hernan Vaso belebt die regionalen Zutaten: zu superfrischer Ceviche, zarten Lammmedaillons und köstlichen Salaten gesellen sich originelle Beilagen und edle chilenische Weine. Auch die vegetarischen Gerichte sind ausgezeichnet.

★ Santolla FISCH & MEERESFRÜCHTE $$$

(☏ 61-241-3493; Magallanes 77; Hauptgerichte 15 000–22 000 Chil$; ⊙ Mo–Sa 19–23 Uhr) Wer hervorragende Gerichte aus Fisch und Meeresfrüchten schätzt, braucht nicht lange zu suchen: Das vom Besitzer selbst geführte Container-Restaurant trifft es auf den Punkt. Den Gaumen verwöhnen köstliche Salate und einheimische Königskrabben in unterschiedlicher Zubereitungsart – eine besonders leckere Version: in Weißwein gedünstet und mit *merken* (geräucherten Chilis) und Petersilie gewürzt. Zu den Alternativen für Nicht-Fischesser zählen z. B. Steaks oder Kaninchen in Trüffelsoße.

Ausgehen & Nachtleben

★ Last Hope DISTILLE

(☏ mobil 9-7201-8585; www.lasthopedistillery.com; Esmeralda 882; ⊙ Mi–So 17–2 Uhr) Zwei Australier haben ihren Job an den Nagel gehängt, um am Ende der Welt Whisky und Gin zu brennen. Mit sicherem Gespür führen sie ihre Bar und locken mit wechselnden Menüs und tollen Cocktails Einheimische und Reisende gleichermaßen an. Ihre unverwechselbare Spezialität ist Gin Tonic mit

Calafate-Beeren. Vor dem kleinen Lokal bilden sich Warteschlangen, deshalb sollte man sich eine Daunenjacke anziehen.

Baguales — MIKROBRAUEREI
(www.cervezabaguales.cl; Bories 430; ⏰ Mo–Sa 18–2.30 Uhr; ☎) Miteinander befreundete Kletterer haben die Mikrobrauerei eröffnet, um ein besonders edles Bier zu brauen, und das ist ihnen gelungen. Aufgrund der großen Nachfrage mussten sie sogar die Brauerei um ein Stockwerk erweitern. In der Brauerei-Kneipe wird „Gringo-Kost" (Burger, Tacos u. Ä.) serviert, deren Qualität allerdings mittelmäßig ist.

Shoppen

Wine & Market — WEIN
(☎ 61-269-1138; www.wmpatagonia.cl; Magallanes 46; Verkostung 20 000 Chil$; ⏰ Mo–Sa 10–22 Uhr) Wer ein Picknick machen will, hat hier eine reiche Auswahl: köstliche Gourmetprodukte aus ganz Chile, edle Weine und Biersorten aus Mikrobrauereien. Immerhin ist Chile ein Weinland, deshalb lohnt es sich, an einer der täglichen Verkostungen, bei der ein Sommelier vier klassische chilenische Weine vorstellt, teilzunehmen.

Oneaco — SPORTGESCHÄFT
(Ecke Eberhard & Magallanes; ⏰ Mo–Sa 10–21, So 11–14 & 16–20.30 Uhr) In dem Geschäft gibt es Daunenjacken, Wanderschuhe und Bergsteigerausrüstung von internationalen Markenherstellern. Die Preise sind im Schnitt doppelt so hoch wie in manch anderen Ländern. Doch für jemand, der ewig auf sein verloren gegangenes Gepäck warten muss, ist der Laden die Rettung.

❶ Praktische Informationen

Die meisten Banken in der Stadt verfügen über Geldautomaten. **La Hermandad** (Bulnes 692; ⏰ Mo–Fr 10–19 Uhr) bietet in der Regel einen günstigen Kurs beim Umtausch von Geld und Reisechecks

www.torresdelpaine.cl. ist das beste zweisprachige Internetportal (Englisch und Spanisch).

Conaf (☎ 61-241-1438; www.parquetorresdelpaine.cl; Baquedano 847; ⏰ Mo–Fr 8.30–12.45 & 14.30–17 Uhr) Ist die Forstbehörde der chilenischen Nationalparks. Unter ihrer Verwaltung stehen auch die Campingplätze im Nacional Parque Torres del Paine. Zeltplätze kann man auf der Website buchen. Eine frühzeitige Reservierung ist erforderlich.

Fantastico Sur (S. 556) Betreibt die Refugios Torres, El Chileno und Los Cuernos im Nacional Parque Torres del Paine. Organisiert geführte Touren und Trekkingtouren durch den Nationalpark; hilft auch bei der Planung von Touren auf eigene Faust.

Sernatur (☎ 61-241-2125; infonatales@sernatur.cl; Costanera 19, Av Pedro Montt; ⏰ Mo–Fr 9–19, Sa & So 9.30–18 Uhr) Bietet nützliche Karten, darunter auch einen Stadtplan. Während der Hochsaison gibt es eine Zweigstelle an der Plaza de Armas.

Städtische Touristeninformation (☎ 61-261-4808; Busbahnhof; ⏰ Di–So 8.30–12.30 & 14.30–18 Uhr) Bietet eine Liste von Unterkünften in der ganzen Region.

Turismo Comapa (☎ 61-241-4300; www.comapa.com; Bulnes 541; ⏰ Mo–Fri 9–13 & 14–19, Sa 10–14 Uhr) Buchung von Navimag-Fähren und Flügen sowie von Arrangements für Übernachtungen im Nationalpark Torres del Paine.

Vertice Patagonia (☎ 61-241-2742; www.verticepatagonia.com; Bulnes 100; ⏰ Mo–Fr 9–13 & 14.30–18, Sa 9.30–12 Uhr) Betreibt im Nationalpark Torres del Paine die Refugios Grey, Dickson und Paine Grande sowie Camping Perros. Eine frühzeitige Buchung ist unbedingt erforderlich.

Hospital (☎ 61-241-1582; Pinto 537) Notfallversorgung.

Post (Eberhard 429; ⏰ Mo–Fr 9–13 & 15–18 Uhr)

❶ An- und Weiterreise

BUS

Start- und Ankunftspunkt der Busse ist der **Rodoviario**, der Busbahnhof am Stadtrand. Die meisten Busunternehmen verkaufen Fahrkarten auch in ihren Büros im Stadtzentrum. Wichtig ist, die Karten mindestens einen Tag vor der Abfahrt zu kaufen, vor allem für die Busse, die am frühen Morgen abfahren. In der Nebensaison ist der Busverkehr stark eingeschränkt. Zwischen Punta Natales und Punta Arenas verkehren mehrere Buslinien. Busverbindungen zu Reisezielen innerhalb von Argentinien bieten z. B. **Turismo Zaahj** (☎ 61-241-2260; www.turismozaahj.co.cl; Arturo Prat 236/270), **Cootra** (☎ 61-241-2785; Baquedano 244), **Bus Sur** (☎ 61-242-6011; www.bus-sur.cl; Baquedano 668) oder **Buses Pacheco** (☎ 61-241-4800; www.busespacheco.com; Ramírez 224).

Busverbindungen zum Parque Nacional Torres del Paine bieten z. B. **Buses Fernandez** (☎ 61-241-1111; www.busesfernandez.com; Ecke Esmeralda & Ramírez), **Buses Gomez** (☎ 61-241-5700; www.busesgomez.com; Arturo Prat 234), **Buses JBA** (☎ 61-241-0242; Arturo Prat 258) und Turismo Zaahj. Die Busse zum Nationalpark Torres del Paine fahren zwei- oder dreimal täglich, und zwar um 7, 8 und 14.30 Uhr. Wer in der Nebensaison zur Mountain Lodge Paine

Grande fahren möchte, muss den Morgenbus nehmen, um den Katamaran zu erwischen. Die Fahrkarten gelten auch für Transfers innerhalb des Parks, deshalb gut aufheben. Da sich die Busfahrpläne sehr schnell ändern, sollte sich jeder vorher genau über die aktuellen Abfahrtszeiten informieren.

Busse ab Puerto Natales

REISEZIEL	FAHRPREIS (CHIL$)	FAHRZEIT (STD.)
El Calafate	17 000	5
Punta Arenas	7000	3
Torres del Paine	8000	2
Ushuaia	38 000	13

FLUGZEUG

Puerto Natales kleiner **Flughafen** (Aeropuerto Teniente Julio Gallardo; Ruta 9) bietet nur unregelmäßig Flugverbindungen nach Punta Arenas, dann aber in der Regel mit Anschluss an weitere Flüge. Nur in der Hochsaison bietet LATAM (S. 543) zweimal in der Woche Direktflüge nach Santiago. Maschinen von **Sky Airline** (gebührenfrei in Chile 600-600-2828; www.skyairline.cl; Bulnes 682) fliegen nach Santiago mit Zwischenlandung in Puerto Montt.

SCHIFF/FÄHRE

Navimag -Fähre

Ein Highlight für viele Reisende ist die Fahrt durch Chiles spektakuläre Fjorde an Bord der **Navimag-Fähre** (61-241-1421, Rodoviario 61-241-1642; www.navimag.com; Costanera 308, Av Pedro Montt; Mo–Fr 9–13 & 14.30–18.30 Uhr). Da diese 4- oder 5-tägige Tour Richtung Norden sehr beliebt ist, muss man sie sehr frühzeitig buchen. Wer einfach mal sein Glück versuchen will, kann sich ein paar Tage vor seiner Ankunft in Puerto Natales an **Turismo Comapa** (S. 550) oder an das Navimag-Büro wenden und fragen, ob noch Plätze auf der Navimag-Fähre frei sind. Turismo Comapa betreibt ein zweites Büro im **Rodoviario** (Busbahnhof; 61-241-2554; Av España 1455; 6.30–24 Uhr).

Die Fähre für die Fjord-Tour startet donnerstags um 8 Uhr und hält in Puerto Edén (in Gegenrichtung südwärts am Glaciar Pía XI), anschließend erreicht sie dann Puerto Montt am Freitag um 8 Uhr. Die Abfahrts- bzw. Ankunftszeiten richten sich grundsätzlich nach den Wetterbedingungen und den Gezeiten. Wer aussteigen will, muss an Bord bleiben, solange bis die Frachtgüter ein- und ausgeladen sind. Zusteigende Passagiere müssen die Nacht an Bord verbringen.

Die Hochsaison für diese Tour reicht von November bis März, die Übergangsmonate (Schultersaison) sind Oktober und April, die Nebensaison von Mai bis Sepember. Kriterien für die Höhe der Preise sind: Innen- oder Außenkabine (mit Ausblick), Kabinengröße, eigenes oder Gemeinschaftsbad. Im Preis inbegriffen sind alle Mahlzeiten (Wunsch nach vegetarischer Kost bei der Buchung angeben) sowie alle Informationsveranstaltungen, z. B. Vorträge. Auf jeden Fall ist zu empfehlen, Snacks, Wasser und ggf. andere Getränke selbst mitzubringen. In der Hochsaison reichen die Preise pro Person von 450 US$ für eine Mehrbettkabine bis zu 2100 US$ für eine De-luxe-Kabine. Studenten und Senioren erhalten 10 bis 15 % Rabatt. Aktuelle Abfahrtszeiten und Preise auf der Navimag-Homepage.

Puerto-Yungay-Fähre

Die neue Fähre verkehrt zwischen Puerto Natales und Puerto Yungay und verbindet damit zwei patagonische Regionen, die durch keinerlei Straßen verbunden sind. Transbordador Austral Broom (TABSA) betreibt **Puerto-Yungay-Fähre** (Cruz Australis; 61-241-5966; www.tabsa.cl; Costanera s/n; pro Pers./Fahrrad 120 000/10 000 Chil$). Die Fähre ist 41 Stunden unterwegs und macht in Puerto Eden einen Zwischenstopp. Die Häufigkeit der Fahrten wechselt von Monat zu Monat, aber in der Hochsaison fährt die Fähre ungefähr 10-mal im Monat.

Wichtig: Nach dem derzeitigen Fahrplan erreicht die Fähre in der Regel spätnachts sowohl Puerto Eden als auch Puerto Yungay (wo es keinerlei Einrichtungen oder Dienstleistungen gibt). Deshalb sollte man rechtzeitig im Voraus eine Unterkunft in Puerto Eden buchen und eine Stirn- oder Taschenlampe mitnehmen, um sich im Dunkeln zurechtfinden zu können.

🛈 Unterwegs vor Ort

Zahlreiche Hostels vermieten Fahrräder. Generell zu empfehlen ist, das Fahrzeug in Punta Arenas zu mieten. Ein Mietwagenverleiher vor Ort ist z. B. **Emsa/Avis** (61-261-4388; Barros Arana 118; 9–13 & 14.30 & 19 Uhr). Wissenswert für Selbstfahrer: Die direkteste der beiden Routen zum Nationalpark Torres del Paine ist die Schotterstraßenstrecke, vorbei an Lago Toro. Bei **Reliable Radio Taxi** (61-241-2805; Ecke Arturo Prat & Bulnes) kann man auch nach Geschäftsschluss ein Taxi bestellen.

Parque Nacional Bernardo O'Higgins

Der nur schwer zugängliche **Parque Nacional Bernardo O'Higgins** (www.conaf.cl/parques/parque-nacional-bernardo-ohiggins) ist auch heute noch eine weitgehend unberührte Ansammlung von Gletschern. Reisende können ihn ausschließlich vom Wasser her erreichen. Von Puerto Natales aus führen organisierte, ganztägige Bootstouren (90 000 Chil$, inkl. Mittagessen) des Unternehmens Turismo 21 de Mayo (S. 545) zum Fuß des Glaciar Serrano.

Derselbe Anbieter veranstaltet Touren zum Glaciar Serrano, die die Torres del Paine mit dem Boot anfahren. Nach dem Besuch des Gletschers steigen die Teilnehmer in ein Zodiac (ein Schlauchboot mit Außenbordmotor) um, nehmen ihr Mittagessen auf der Estancia Balmaceda ein und fahren dann weiter auf dem Río Serrano, bis sie schließlich gegen 17 Uhr das Südende des Parks erreichen. Diese Tour ist auch auf dem Weg aus dem Park heraus möglich, dann ist es jedoch meist nötig, im Park zu zelten, um den Zodiac morgens um 9 Uhr zu erwischen.

Parque Nacional Torres del Paine

Die Granitsäulen der Torres del Paine (Türme von Paine) erheben sich majestätisch über die patagonische Steppe und dominieren auf diese Weise Südamerikas wohl schönsten **Nationalpark** (www.parquetorresdelpaine.cl; 3-Tage-Ticket Hoch-/Vorsaison 21 000/11 000 Chil$). Dieses 1810 km² große Schutzgebiet gehört seit 1978 zu den Biosphärenreservaten der Unesco und besitzt neben den Torres del Paine viele weitere Attraktionen. Die äußerst abwechslungsreiche Landschaft reicht von blaugrünen und azurblauen Seen über smaragdgrüne Wälder, reißende Flüsse bis hin zu dem leuchtend blauen Gletscher. Guanakos durchstreifen hier die Steppe, während Andenkondore hoch oben über den Gipfeln fliegen.

Zum Glück müssen Wanderer bei der Erkundung des Nationalparks nicht auf Komfort verzichten. Sie können das ganze „W" absolvieren und trotzdem in Betten schlafen, warmes Essen zu sich nehmen, duschen und den Tag bei einem Pisco Sour ausklingen lassen. Der Park ist jedoch nicht völlig gezähmt. Das Wetter kann so wechselhaft sein, dass man an einem Tag alle vier Jahreszeiten inklusive plötzlicher Regenstürme und starker Winde, die einen buchstäblich umwerfen, erleben kann.

Die große Popularität des Parks hat die Infrastruktur in der letzten Zeit so sehr überfordert, dass für die Übernachtungsgäste ein striktes Reservierungssystem eingeführt worden ist.

Aktivitäten

Die 2800 m hohen Granitgipfel der Torres del Paine sind das Ziel von Wanderern aus aller Welt. Die meisten entscheiden sich für

---

ABSTECHER

CUEVA DEL MILODÓN

In den 1890er-Jahren entdeckte der deutsche Abenteurer Hermann Eberhard in einer Höhle 25 km nordwestlich von Puerto Natales die Überreste eines prähistorischen Riesenfaultiers – das als Mylodon (spanisch: *Milodón*) identifiziert wurde. Angeblich inspirierte der 4 m große, schwerfällige Pflanzenfresser Bruce Chatwin zu seinem Reisebuch *In Patagonien*. In der 30 m hohen **Cueva del Milodón** (www.cuevadelmilodon.cl; Erw./Kind bis 12 Jahre 4000/500 Chil$; ⊙ Okt.–April 8–19 Uhr, Mai–Sept. 8.30–18 Uhr) erinnert eine lebensgroße Rekonstruktion des Tieres an den früheren Bewohner. Sonderlich geschmackvoll ist die Plastik nicht, dennoch lohnt es sich, die beeindruckende Höhle zu besuchen und sich ihre urzeitliche Vergangenheit durch den Kopf gehen zu lassen. Außerdem führt von der Höhle ein leichter Weg zu einem schönen Aussichtspunkt.

Übernachtungsmöglichkeiten gibt es im Umkreis der Höhle nicht, aber von Puerto Natales lässt sie sich leicht im Rahmen eines Tagesausflugs erreichen. Besucher sollten ausreichend Proviant mitnehmen. Ein Picknickplatz steht zur Verfügung und Trinkwasser ist vor Ort erhältlich.

Einige Busse halten auf ihrer Route zum Nationalpark Torres del Paine etwa 8 km von der Höhle entfernt am Eingang zu dem Höhlengelände. Einige Tourveranstalter in Puerto Natales bieten ab und zu Touren direkt zur Höhle an. Eine Alternative ist eine Fahrt mit einem *taxi colectivo* (20 000 Chil$). Außerhalb der Hochsaison verkehren die Busse nur unregelmäßig.

den **Paine Circuit** oder **das „W"**, um dieses tolle Panorama zu bewundern. Der Paine Circuit (das „W" plus die Rückseite der Berge) dauert sieben bis neun Tage, während das „W" allein (so benannt nach dem Aussehen der Route auf der Landkarte) nur vier bis fünf Tage erfordert. Hinzu kommen zuvor ein oder zwei Tage, um in die Region zu gelangen.

Wanderer starten ihre Tour üblicherweise an der **Laguna Amarga** oder nehmen den Katamaran von Pudeto zum Lago Pehoé und gehen von hier aus los. Wer grob von Südwesten nach Nordosten das „W" entlangwandert, hat häufiger den Blick auf die Los Cuernos (2200 bis 2600 m) genannten schwarzen Sedimentgipfel.

Reisende, die in der Vorsaison kommen, sollten darauf gefasst sein, dass die Route wegen schlechten Wetters gesperrt ist. Und es wird dringend davon abgeraten, diesen Weg alleine zu wandern, vor allem nicht an der Rückseite des Rundwegs. Die Conaf (Corporación Nacional Forestal; Nationale Forstgesellschaft) verbietet dies manchmal ausdrücklich.

Die Conaf verlangt aus Sicherheits- und aus Haftungsgründen außerdem von allen Besuchern des Nationalparks die Unterzeichnung eines Vertrags, der die Parkregeln und Strafen für Verstöße gegen eben diese auflistet.

Wandern auf dem „W"

Die Wanderung von Westen nach Osten bietet die besten Blicke auf Los Cuernos, vor allem zwischen Lago Pehoé und Valle Francés. Die meisten Wanderer benutzen den Katamaran über den Lago Pehoé und gehen dann in Richtung Mountain Lodge Paine Grande. Diese Strecke ist etwa 71 km lang. Eine andere Möglichkeit besteht darin, ein Boot vom Hotel Lago Grey zum Refugio Grey zu nehmen, um zu vermeiden, Teile der Strecke wieder zurückgehen zu müssen.

Die folgenden Entfernungen gelten nur für den Hinweg:

Von der Guardería Paine Grande zum Refugio Lago Grey (10 km, 4 Std.) Dieser relativ einfache Weg vom Lago Pehoé besitzt ein paar anspruchsvollere Steigungen und an beiden Enden gibt es *refugios*. Der Aussichtspunkt auf den Gletscher liegt noch einmal eine halbe Stunde weiter. Im Jahr 2011 gab es einen Brand an dieser Strecke, die seither immer noch nicht ganz wiederhergestellt ist. Der Rückweg erfolgt über dieselbe Route.

Von der Guardería Paine Grande zum Valle Francés (13 km, 5 Std.) Von der Mountain Lodge Paine Grande aus befindet sich der Fähranleger auf der rechten Seite. Die spektakulären Cuernos ragen auf der linken Seite in die Höhe, der Lago Skottsberg wird auf der rechten Seite passiert. Anschließend geht es hinunter ins Valle Francés und über eine Hängebrücke zum Campamento Británico.

Vom Valle Francés nach Los Cuernos/-Lago Pehoé (10 km, 5 Std.) Bei klarem Wetter ist das die schönste Strecke. Sie verläuft zwischen dem 3050 m hohen Cerro Paine Grande im Westen und den niedrigeren, dennoch spektakulären Torres del Paine und Los Cuernos im Osten. Und auf der ganzen Tour: Gletscher so weit das Auge reicht. Im Herzen des Tals liegen der Campamento Italiano und der Campamento Británico. Am Eingang des Tals befindet sich der Campamento Francés.

Von Los Cuernos zum Refugio Las Torres (12 km, 7 Std.) Wanderer sollten hier den unten liegenden Pfad benutzen, weil sich auf dem höher gelegenen Pfad, der in Karten nicht verzeichnet ist, viele verlaufen. Es gibt ein Hotel, einen Campingplatz und ein *refugio*. Selbst im Sommer können hier sehr starke Winde wehen.

Vom Refugio Las Torres zum Mirador Las Torres (8 km, 4 Std.) Eine gemäßigte Wanderung den Río Ascencio hinauf zu einem baumlosen kleinen Bergsee unterhalb der Ostflanke der Torres del Paine mit direktem Blick auf die Türme. Die letzte Stunde geht über ein Geröllfeld mit großen Felsbrocken (im Winter knie- bis hüfthoch mit Schnee bedeckt). Es gibt Campingplätze und *refugios* bei Las Torres und Chileno. Rückkehr über dieselbe Route.

Von der Guardería Paine Grande zur Administración (16 km, 5 Std.) Dieser Weg ist nur vom 1. Mai bis zum 30. September geöffnet und stellt eine Alternative zur Fähre von Pudeto aus dar. Die Route führt um den Lago Pehoé herum und dann durch Grasland am Río Grey entlang. Die Mountain Lodge Paine Grande kümmert sich bei Bedarf per Funk gerne um einen Bus von der Administración zurück nach Puerto Natales. Wanderer, die von Osten nach Westen gehen möchten, können auf diesem Weg in das „W" einsteigen.

Das „W"

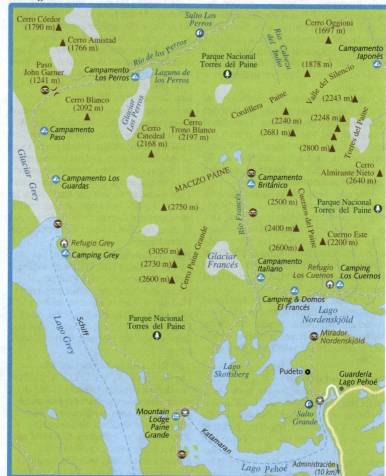

Wandern auf dem Paine Circuit

Wer die Einsamkeit schätzt und nachts einen wunderschönen Sternenhimmel sowie harte Herausforderungen liebt, der kann diese längere Trekkingtour unternehmen. Der insgesamt 112 km lange Rundweg umfasst das „W" sowie die nördliche Strecke zwischen dem Refugio Grey und dem Refugio Las Torres. Die Landschaft ist sehr karg, aber einfach wunderschön. Am **Paso John Gardner**, dem extrem schwierigen Teil dieser Route, müssen sich die Wanderer allerdings mitunter durch knietiefen Schlamm und Schnee kämpfen.

Conaf rät Wanderern, diese Route entgegen dem Uhrzeigersinn zu gehen. Deshalb sollten die Besucher (mit dem Bus) zur Laguna Amarga im Park kommen und den Rundweg im Valle Francés und bei Los Cuernos beenden, und anschließend zur Bushaltestelle Refugio Las Torres gehen. Der Paine Circuit ist im Winter geschlossen.

Entfernungen gelten nur für den Hinweg:

Von der Laguna Amarga zum Campamento Serón (15 km, 4–5 Std.) Sanfter Einstieg in die Wanderung mit weitgehend offenem Terrain. Wanderer können auch am Refugio Las Torres starten.

auch Schnee zu bieten. Ihr physikalischer und psychologischer Höhepunkt ist der Paso John Gardner (1241 m). Wanderer sollten sich nicht verwirren lassen und das, was direkt hinter dem Passübergang liegt, für einen Zeltplatz halten, sondern weitergehen, bis zu einem Schuppen.

Vom Campamento Paso zum Refugio Lago Grey (10 km, in Richtung Süden 2 Std.) Dieser steil bergab führende Abschnitt belohnt Wanderer mit großartigen Gletscher-Panoramen. Wanderstöcke sind hier zur Entlastung der Knie sehr zu empfehlen. Die Strecke umfasst drei Hängebrücken (früher waren es Treppen) über enge Schluchten.

Tageswanderungen

Eine leichte Wanderroute führt von der Guardería Lago Pehoé über den Hauptweg des Parks zum **Salto Grande**, einem gewaltigen Wasserfall zwischen dem Lago Nordenskjöld and Lago Pehoé. Nach einer weiteren leichten, einstündigen Wanderung ist der **Mirador Nordenskjöld**, erreicht, der wunderschöne Ausblicke auf den See und die Berge bietet.

Für eine Tageswanderung mit einer größeren Herausforderung bietet sich die vierstündige Tour zum **Lago Paine** an, die durch eine stille, atemberaubend schöne Landschaft führt. Das Nordufer des Sees lässt sich allerdings nur von der Laguna Azul aus zu erreichen.

Kajakfahren & Bootfahren

Bigfoot Patagonia (✆ 61-241-4611; www.bigfootpatagonia.com; Kajakfahren 66 000 Chil$, Eiswanderung 105 000 Chil$; ⊙ Okt.–April) führt im Sommer mehrmals täglich zweieinhalbstündige Wanderungen am von Eisbergen bedeckten Lago Grey durch, eine großartige Möglichkeit, Gletschern richtig nahe zu kommen. Eine anspruchsvollere fünfstündige Tour (160 000 Chil$) startet am Río Pingo. Von hier aus geht es mit Kajaks über den Fluss zum von Eisbergen umrahmten Glaciar Grey. Die Tour endet am Río Serrano.

Von Oktober bis April können Besucher der Region auf dem Katamaran *Grey III* am **Navegación Glaciar Grey** (Glaciar Grey-Rundfahrt; ✆ 61-271-2100; www.lagogrey.com; Erw./Kind Rundfahrt 75 000/37 500 Chil$, einfache Fahrt 65 000 Chil$; ⊙ Okt.–April) teilnehmen, einer dreistündigen Rundfahrt. Die Passagiere kommen dem Gletscher hier sehr nahe und es gibt einen Stopp, an dem Wanderer aus- oder zusteigen können. In der Hauptsaison

Vom Campamento Serón zum Campamento Lago Dickson (19 km, 6 Std.) Der Weg um den Lago Paine kann von heftigen Winden gepeitscht werden; die Streckenführung ist teils schwer zu erkennen. Wanderer sollten auf dem Weg bleiben, der am weitesten vom See entfernt ist.

Vom Campamento Dickson zum Campamento Los Perros (9 km, etwa 4½ Std.) Ein relativ einfacher, dafür aber windiger Abschnitt.

Vom Campamento Los Perros zum Campamento Paso (12 km, 4 Std.) Diese Route hat viel Matsch und manchmal

Parque Nacional Torres del Paine

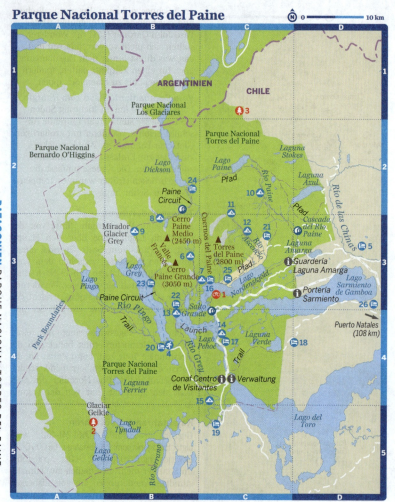

fährt die Grey III täglich viermal, die letzten beiden Fähren gehen zum Gletscher und dann zur Haltestelle für Wanderer.

Fantastico Sur (☎ 61-261-4184; www.fantasticosur.com; Esmeralda 661; ⊙ Mo–Fr 9–13 & 15–18 Uhr) bietet familientaugliche Floßfahrten auf dem sanften Río Serrano an.

Reiten

Wegen der Eigentumsverhältnisse können Reiter nicht zwischen den westlichen Teilen (Lago Grey, Lago Pehoé und Río Serrano) und dem in Privatbesitz befindlichen östlichen Sektor Reserva Cerro Paine (Camping Francés ist die ungefähre Grenze) wechseln.

Baqueano Zamora (S. 545) veranstaltet Exkursionen zur Laguna Azul, zum Valle Frances, zum Dickson-Gletscher und zu noch entlegeneren Zielen. Es gibt eintägige und mehrtägige Touren.

Das Hotel Las Torres (S. 560) bietet seinen Gästen ganztägige Reitausflüge um den Lago Nordenskjöld und darüber hinaus.

Eiswandern

Eine spannende Wanderung durch eine Landschaft aus Eisskulpturen, die ganz ohne einschlägige Erfahrung möglich ist. Bigfoot Patagonia ist die einzige Firma mit einer Konzession für Eiswanderungen auf dem

Parque Nacional Torres del Paine

Sehenswertes
1 Mirador Nordenskjöld C3
2 Parque Nacional Bernardo
   O'Higgins A5
3 Parque Nacional Torres del Paine C1

Aktivitäten, Kurse & Touren
4 Navegación Glaciar Grey B4

Schlafen
5 Awasi D3
6 Campamento Británico B3
7 Campamento Italiano C3
  Campamento Lago Dickson .... (s. 24)
8 Campamento Los Perros B3
9 Campamento Paso B3
10 Campamento Serón C2
11 Campamento Torres C2
12 Camping Chileno C3
   Camping Francés .... (s. 16)
   Camping Grey .... (s. 23)
   Camping Las Torres .... (s. 21)
   Camping Los Cuernos .... (s. 25)
13 Camping Paine Grande B4
14 Camping Pehoé C4
15 Camping Río Serrano C4
16 Domos El Francés C3
17 Explora C4
18 Hostería Mirador del Payne D4
19 Hotel Cabañas del Paine C5
20 Hotel Lago Grey B4
21 Hotel Las Torres C3
22 Mountain Lodge Paine Grande B3
23 Refugio Grey B3
24 Refugio Lago Dickson B2
   Refugio Las Torres .... (s. 21)
25 Refugio Los Cuernos C3
26 Tierra Patagonia D3

Glaciar Grey. Das Haus von Conaf (ehemals Refugio Grey) markiert den Startpunkt. Diese fünfstündige Exkursion kann von Oktober bis April gebucht werden und findet in der Hochsaison dreimal am Tag statt.

Schlafen

Im Jahr 2017 erlassene Bestimmungen verpflichten alle Wanderer, die den Paine Circuit oder das „W" absolvieren wollen, alle Übernachtungen, sowohl in *refugios* als auch auf Campingplätzen (selbst, wenn sie kostenlos sind), im Voraus zu buchen. Dies ist ein etwas nerviges Unterfangen, weil keine zentrale Website für diese Buchungen existiert. Besucher (oder deren Reisebüros) müssen also getrennt bei den beiden lizensierten Unternehmen und Conaf buchen. Für die Reservierungen sind Angaben aus dem Reisepass erforderlich, die das Parkpersonal bei der Ankunft scannen und verifizieren kann.

Die unten aufgelisteten Telefonnummern sind die für die Büros in Puerto Natales.

Refugios & Domos

Wer „das W" oder den Paine Circuit durchwandert, muss unterwegs entweder in *refugios* (Berghütten), in *domos* (Jurten) oder auf Campingplätzen übernachten. Es ist erforderlich, die Unterkünfte im Voraus zu reservieren – und bei Bedarf zugleich den Wunsch nach vegetarischen Mahlzeiten anzumelden. Die Reservierung sollte so schnell wie möglich nach der Buchung der ausgewählten Tour erfolgen.

Die *refugios* verfügen über Schlafräume mit jeweils vier bis acht Etagenbetten, heiße Duschen und eine Gemeinschaftsküche (nur für Logiergäste und nur zu bestimmten Uhrzeiten). Um Bettwanzen zu vermeiden, stellen die Unterkünfte im Allgemeinen Bettzeug oder Schlafsäcke zur Verfügung. Mahlzeiten kosten extra. Falls ein *refugio* überbucht wurde, stellt das Personal die nötige Campingausrüstung zur Verfügung. Die meisten *refugios* schließen Ende April und öffnen erst wieder zur Hauptsaison. Die aus Zeltstoff oder Plastik bestehenden *domos* sind mit Etagenbetten oder Pritschen ausgestattet, stehen aber möglicherweise nicht die gesamte Saison über zur Verfügung.

Mit Wasser und Strom sollten die Gäste sehr sparsam umgehen. Auf den Zimmern sind leider keine Steckdosen vorhanden, deshalb sollte man für Handy & Co. ein Solar-Aufladegerät oder einen zusätzlichen Akku mitnehmen.

Einige *refugios* verlangen zur Bestätigung der Reservierung beim Einchecken eine Fotokopie des Reisepasses und der Touristenkarte des Gastes. Um den Check-in zu beschleunigen, lohnt es sich, diese Dokumente im Voraus (jeweils eine Kopie für jede Unterkunft) selbst zu kopieren. In manchen Fällen kann das Personal per Funk die Reservierungsbestätigung an die nächste Unterkunft weitergeben. Da die Wanderer zu bestimmten Uhrzeiten in Scharen eintrudeln, lassen sich Warteschlangen nicht vermeiden – ein wenig Zen-Praxis kann da recht nützlich sein.

DER KLEINE PRINZ

Von Europas Schlachtfeldern ins Exil getrieben, schrieb und illustrierte der französische Pilot und Schriftsteller Antoine de Saint-Exupéry 1941 in einem Apartment in Manhattan eine märchenähnliche Erzählung: *Der kleine Prinz*. Das kleine Buch erwickelte sich zu einem der erfolgreichsten Werke der Weltliteratur. In den vorhergehenden 20 Jahren hatte sich der damals 40-jährige Saint-Exupéry hauptsächlich der Fliegerei gewidmet. Er flog über die Sahara, die Pyrenäen, über Ägypten und Patagonien, wo er von 1929 bis 1931 Direktor der Aeropostal Argentina war. Bilder, die sich ihm auf seinen Flügen über die windige, karge Landschaft Patagoniens einprägten, spiegeln sich in den Berichten des kleinen Prinzen über seinen Heimatplaneten Asteroid B612 wider.

Zu der gezeichneten Boa, die gerade einen Elefanten verdaut (die „großen Leute" bezeichnen es als Hut), hat den Autor angeblich die Form der Isla de los Pájaros vor der Küste der Península Valdés inspiriert. Und vermutlich verdanken die Vulkane auf dem Asteroiden ihre perfekte konische Form den Vulkanen, die Saint-Exupéry auf dem Flug nach Punta Arenas (Chile) gesehen hatte.

Leider hat Antoine de Saint-Exupéry die vielfältige Wirkung seines Buches *Der kleine Prinz* nicht mehr erlebt. 1944, kurz nach der Erstveröffentlichung, kehrte er von einem Aufklärungsflug im Auftrag der in Algerien stationierten Forces françaises libres (Freie französische Streitkräfte) nicht mehr zurück.

Sofern überhaupt vorhanden, kostet drahtloses Internet gewöhnlich eine Zusatzgebühr.

Mountain Lodge Paine Grande   LANDHAUS $
(61-241-2742; www.verticepatagonia.cl; B ab 50 US$, inkl. Vollpension 100 US$;) Dieses Haus ist sehr groß, aber besser als die meisten, nicht zuletzt wegen des großartigen Blicks auf Los Cuernos aus allen Zimmern. Die Tatsache, dass diese Hütte das ganze Jahr über geöffnet ist, ist für kalte, nasse Winterwanderer ein Gottesgeschenk, auch wenn es im Winter (Mai–Sept.) kein warmes Essen gibt. Es besteht auch die Möglichkeit, zu campen, ein Kiosk verkauft einfache Lebensmittel und wer es etwas luxuriöser mag, kann unter *domos* (Kuppelzelten) schlafen.

Das Landhaus liegt zwischen dem Lago Grey und dem Valle Francés und ist von beiden aus in etwa einem Tag zu erreichen, ebenso mit der Fähre über den Lago Pehoé. Reservierung erforderlich.

Refugio Grey   LANDHAUS $
(61-241-2742; www.verticepatagonia.cl; B ab 32 US$, inkl. Vollpension 82 US$; ganzjährig) Diese Unterkunft für Wanderer liegt von den Seen aus gesehen im Binnenland. Ihre Hauptattraktionen sind ein herausgeputzter Salon mit Ledersofas und Bar, eine an Restaurantqualität heranreichende Küche und gemütliche Schlafsäle für insgesamt 60 Gäste sowie ausreichend Platz, um seine Rucksäcke abzustellen. Hinzu kommen noch ein praktischer Gemischtwarenladen und überdachte Kochgelegenheiten für die Camper.

Im Winter (Mai–Sept.) gibt es auch hier keine warmen Mahlzeiten.

Die Anreise ist mit dem Katamaran *Grey III* möglich. Reservierung erforderlich.

Refugio Lago Dickson   LANDHAUS
(61-241-2742; B ab 32 US$, inkl. Vollpension 82 US$; Nov.–März) Eines der ältesten *refugios* und mit 30 Betten eines der kleinsten. Dafür liegt es landschaftlich ganz fantastisch am Paine Circuit in der Nähe des Glaciar Dickson. Reservierung erforderlich.

Refugio Las Torres   LANDHAUS $$
(61-261-4184; www.fantasticosur.com; B 120 US$, inkl. Vollpension 200 US$; ganzjährig;) Ein großes, attraktives Basiscamp mit 60 Betten, komfortablem Salon, Restaurant und Bar. In der Hochsaison wird ein in der Nähe gelegenes älteres Gebäude geöffnet, um zu vergünstigten Preisen weiteren Wanderern ein Obdach bieten zu können.

Refugio Los Cuernos   LANDHAUS $$$
(61-261-4184; www.fantasticosur.com; B inkl. Vollpension 170 US$, 2-Pers.-Hütte 310 US$, inkl. Vollpension 470 $; ganzjährig) Dieses *refugio* in der Mitte des „W" ist häufig recht voll, weil hier Wanderer in beiden Richtungen aufeinandertreffen. Mit acht Betten pro Zimmer ist es durchaus gemütlich. Getrennte Duschen und Bäder für die Camper sorgen für recht gute Verhältnisse. Etwas mehr

Privatsphäre bieten die Hütten mit gemeinsamem Badezimmer und einem schönen hölzernen Whirlpool mit heißem Wasser.

Domos El Francés
DOMOS $$$

(61-261-4184; www.fantasticosur.com; B 130 US$, inkl. Vollpension 210 US$; Okt.–April) Relativ neue Kuppelzelte mit einem gemeinsamen Speisesaal bei Camping Francés, etwa 40 Fußminuten von Los Cuernos entfernt. Jedes *domo* besitzt vier Betten, Zentralheizung und ein eigenes Badezimmer mit Dusche. Reservierung erforderlich.

Camping

Im Park gibt es gebührenpflichtige Campingplätze mit einer gewissen Infrastruktur und die Möglichkeit kostenlos zu campen. Conaf verbietet es jedoch, länger als eine Nacht auf einem kostenlosen Campingplatz zu verbringen. Aufgrund neuer Bestimmungen ist in beiden Fällen eine Reservierung im Voraus erforderlich. Ohne eine solche werden Wanderer abgewiesen.

Refugios und einige *domos* verleihen Ausstattung: Zelte (25 US$ pro Nacht), Schlafsäcke (17 US$) und Schlafmatten (7 US$). Die Qualität kann aber sehr mäßig sein. Kleine Kioske verkaufen teure Pasta, Instantsuppen und Butangas. Bei schlechtem Wetter sind die überdachten Kochgelegenheiten (auf einigen Zeltplätzen) sehr praktisch.

Die Zeltplätze sind meist von Mitte Oktober bis Mitte März geöffnet. Die auf der Rückseite des Paine Circuit öffnen bei schlechtem Wetter manchmal sogar erst im November. Die Entscheidung trifft Conaf.

Reservierungen sind möglich bei Vertice Patagonia (www.verticepatagonia.com) für **Camping Paine Grande** (Zeltplatz pro Pers. 10 US$, inkl. Vollpension 60 US$), **Camping Grey** (Zeltplatz pro Pers. 8 US$, inkl. Vollpension 58 US$), **Campamento Lago Dickson** (Zeltplatz pro Pers. 8 US$; etwa Nov.–März), **Campamento Los Perros** (Zeltplatz pro Pers. 8 US$; etwa Nov.–März) und **Paine Grande**. Fantastico Sur (www.fantasticosur.com) ist der Eigentümer von **Camping Las Torres** (Zeltplatz pro Pers. ab 13 000 Chil$, EZ/DZ-Camping auf Plattform 50/80 US$, inkl. Vollpension 130/240 US$), **Camping Chileno** (EZ/DZ-Camping auf Plattform 50/80 US$, inkl. Vollpension 130/240 US$), **Camping Francés** (Zeltplatz pro Pers. 13 000 Chil$, EZ/DZ-Camping auf Plattform 50/80 US$, inkl. Vollpension 130/240 US$; Okt.–April), **Camping Los Cuernos** (Zeltplatz pro Pers. inkl. Vollpension ab 70 000 Chil$) und **Campamento Serón** (Zeltplatz pro Pers. ab 13 000 Chil$; Okt.–April).

Die von Conaf bewirtschafteten kostenlosen Campingplätze (www.parquetorresdelpaine.cl) sind sehr einfach: Es gibt hier keine Leihausstattung und auch keine Duschen. Zu diesen Plätzen gehören: **Campamento Británico**, **Campamento Italiano**, **Campamento Paso**, **Campamento Torres** und **Camping Guardas**. Kostenpflichtige private Campingplätze sind **Camping Pehoé** (in Punta Arenas 61-224-9581; http://campingpehoe.com; Zeltplatz pro Pers. 11 000 Chil$, EZ/DZ-domo inkl. Frühstück 60 000/90 000 Chil$) und **Camping Río Serrano** (kostenloser Anruf 600-510-0000; www.cajalosandes.cl/turismo-y-recreacion/centros-turisticos/rio-serrano; Zeltplatz für 6 Pers 3000 Chil$, Reisemobil 50 000 Chil$).

Ratten und andere Nager halten sich gerne in der Nähe von Campingplätzen auf. Wanderer sollten deshalb ihre Lebensmittel lieber in einen Baum hängen.

★ Patagonia Camp
JURTE $$$

(in Puerto Natales 61-241-5149; www.patagoniacamp.com; DZ all inclusive inkl. Touren und Transport für 3 Nächte 3800 US$; Sept.–Mitte Mai;) Dieser Luxus-Campingplatz garantiert ein authentisches Erlebnis der Wildnis fernab der Touristenmassen. Miteinander vernetzte Bohlenwege verbinden eine Reihe geräumiger und komfortabler Jurten mit Blick auf den Lago del Toro. Sie liegen auf einer 100 000 Morgen großen privaten *estancia*, die auch Kajakfahren, Stehpaddeln, Wandern und Angeln anbietet. Sowohl der Service als auch die Küche sind erstklassig. Zu den ökologischen Vorzügen zählt eine Wasseraufbereitungsanlage.

Das Patagonia Camp liegt bei km 74 der unbefestigten Straße zum Park, die an der Cueva del Milodon vorüberführt.

Hotels

Bei der Hotelauswahl sollte die Lage im Vordergrund stehen. Unterkünfte am „W" garantieren mehr Flexibilität. Die meisten bieten mehrtägige Pakete. Günstigere Hotels finden sich vor allem an dem Sektor des **Pueblito Río Serrano**, der unmittelbar vor dem Park an der Schotterstraße von Puerto Natales liegt. Von hier aus haben Reisende einen atemberaubenden Blick auf das gesamte Paine-Massiv. Dafür kann man die Wanderwege jedoch nicht zu Fuß erreichen.

★ Tierra Patagonia
LANDHAUS $$$

(in Santiago 22-207-8861; www.tierrapatagonia.com; DZ für 3 Nächte inkl. Vollpension und Transport ab 5267 US$; Okt.–Mai;) Mitten in die weite Steppe schmiegt sich diese schicke und definitiv einladende Luxuslodge. In der runden Bar mit einer großen Feuerstelle in der Mitte herrscht eine lebendige, gesellige Atmosphäre – genauso wie in dem hübschen Aufenthaltsbereich. Besonders faszinierend ist die überdimensionale, künstlerisch gestaltete Karte des Nationalparks. Jedes der großen, geschmackvoll eingerichteten Zimmer gewährt Ausblicke auf das Torre del Paine-Massiv. In den All-inclusive-Preisen sind Flughafentransfer, tägliche Ausflüge, Nutzung des Wellnessbereichs, Mahlzeiten und Getränke enthalten.

Tierra Patagonia liegt auf dem Gelände der *estancia* Cerro Guido, die dem Hotel ermöglicht, seinen Gästen ein spannendes „Ranch-Programm" anzubieten. Die Lodge befindet sich am Lago Sarmiento, gleich außerhalb des Parque Nacional Torres del Paine und etwa 20 km von der Laguna Amarga entfernt.

★ Awasi LANDHAUS $$$
(☎ in Santiago 22-233-9641; www.awasipatagonia.com; 3 Nächte all inclusive pro Pers. 3200 US$; 🛜) Das Awasi beeindruckt mit seinem modernen, zurückhaltenden Stil und seiner entlegenen Lage inmitten der Wildnis. Villas mit eigenen Heißwasser-Whirlpools rahmen das Haupthaus ein, in dem die Gäste gutes Essen, Gemeinschaftsbereiche und WLAN finden. Die einzelnen Gebäude sind über Funk miteinander verbunden. Das Awasi kombiniert rustikalen Schick mit gutem Service und der Möglichkeit, sich ganz individuelle Wandertouren organisieren zu lassen. Die Preise gelten jeweils pro Person im Doppelzimmer.

Das Awasi liegt außerhalb des Parks an der Nordseite des Lago Sarmiento in dem privaten Schutzgebiet Tercera Barranca. Die Anreise erfordert ein wenig Geduld, da diese Unterkunft in einiger Distanz über Schotterstraßen von den Hauptattraktionen entfernt liegt. Das Awasi kümmert sich dafür um den Transfer.

Explora HOTEL $$$
(☎ in Santiago 2-2395-2800; www.explora.com; DZ 3 Nächte, inkl. Vollpension & Transfers ab 5736 US$; @🛜) Die mondäne Unterkunft thront hoch oben über dem Wasserfall Salto Chico am Ausfluss des Lago Pehoé. Ringsherum, quasi aus jedem Winkel, gewähren Fenster Ausblicke auf das Torres del Paine-Massiv. Der Wellnessbereich wartet mit beheiztem, rundem Swimmingpool, Sauna, Massageraum und Whirlpools im Freien auf. Im Preis inbegriffen sind Flughafentransfers, Vollpension in Gourmetqualität und ein breit gefächertes Programm an Touren, die von jungen, spanisch und englisch sprechenden Führern begleitet werden.

Hotel Lago Grey HOTEL $$$
(☎ 61-271-2100; www.lagogrey.cl; Buchungsadresse Lautaro Navarro 1061, Punta Arenas; EZ/DZ inkl. Frühstück ab 305/360 US$; @🛜) Dieses geschmackvolle Hotel hat das ganze Jahr über geöffnet und bietet gemütliche kleine Hütten, die durch einen erhöhten Bohlenweg miteinander verbunden sind. Die Deluxe-Zimmer sind besonders nett und bieten einen Blick auf den See und modernen Schick. Das (auch für die Öffentlichkeit geöffnete) Restaurant hat ebenfalls einen prächtigen Ausblick. Das Lago Grey organisiert geführte Exkursionen und den Transfer innerhalb des Parks. Die Gletscher-Bootsfahrten halten am anderen Ufer des Lago Grey an, um dort Wanderer abzusetzen bzw. an Bord zu nehmen.

Hotel Las Torres HOTEL $$$
(☎ 61-261-7450; www.lastorres.com; Buchungsadresse Magallanes 960, Punta Arenas; EZ/DZ inkl. Frühstück ab 382/437 US$; ⊙ Juli–Mai; 🛜) 🌿 Ein gastfreundliches und gut geführtes Hotel nach internationalem Standard mit Jacuzzi und empfehlenswerten geführten Trips. Vielleicht am bemerkenswertesten ist, dass das Hotel einen Teil seiner Einkünfte der im Park aktiven Umweltschutzorganisation AMA spendet. Das Büfett serviert Biogemüse aus dem Gewächshaus und Biofleisch von nahe gelegenen Höfen. Die hohen Preise in der Hauptsaison spiegeln die große Nachfrage nach Übernachtungsmöglichkeiten zu dieser Zeit wider.

Hostería Mirador del Payne GASTHAUS $$$
(☎ 61-222-8712; www.miradordelpayne.cl; Laguna Verde; EZ/DZ/3BZ 200/245/265 US$) Die komfortable *hostería* liegt auf dem Gelände der Estancia El Lazo, die sich wiederum in dem wenig besuchten Gebiet an der Laguna Verde befindet. Sie ist bekannt für ihre ruhige Lage, die spektakulären Aussichtspunkte in ihrer unmittelbaren Nähe und ihren erstklassigen Service – aber nicht für einen leichten Zugang zu den meisten der beliebten Wanderwege. Zu den angebotenen Aktivitäten zählen Vogelbeobachtungen, Ausritte und Sportfischen. Nach vorherigem Anruf werden die Gäste von der Straßenkreuzung abgeholt.

Hotel Cabañas del Paine HÜTTEN $$$
(☎ 61-273-0177; www.hoteldelpaine.cl; Pueblito Río Serrano; DZ inkl. Frühstück 200 US$) Diese Hütten am Ufer des Río Serrano sind besonders geschmackvoll in die Landschaft integriert und verwöhnen ihre Gäste mit einem großartigen Blick. Die Anlage besitzt eine Bar und ein Restaurant, und die Gäste können Fahrräder mieten. Das Hotel bietet außerdem einen Shuttleservice an.

ⓘ Praktische Information

Der **Parque Nacional Torres del Paine** (S. 552) ist das ganze Jahr über geöffnet, wobei es ein wenig schwierig sein kann, ihn überhaupt zu erreichen. Und leider umfasst Conafs National Parks Pass nicht den Eintritt in diesen Park. Die Eintrittskarte für den Park gilt dafür drei Tage. Wer während seines Aufenthalts außerhalb des Parks übernachten möchte, sollte sich beim Verlassen des Parks sein Ticket stempeln lassen, damit man ohne Zusatzkosten wieder hinein darf.

Außerhalb der Hauptsaison ist der Transfer zum Park schwieriger und die Auswahl an Unterkünften und Services ist deutlich eingeschränkter. Auf der anderen Seite sind die Monate November und März fast ideal für Wanderungen, da es dann im Park deutlich leerer ist und die starken Winde gewöhnlich im März nachlassen. Sicherheitshalber sollten Reisende sich aber vor der Anreise über die Verfügbarkeit der Services informieren, da sie stark von den Wetterbedingungen abhängen. Die Website www.parquetorresdelpaine.cl enthält viele nützliche Informationen.

Der Haupteingang zum Park, wo auch der Eintritt erhoben wird, ist die **Portería Sarmiento** (☉ bei Tageslicht). Das **Conaf Centro de**

FALKLAND-INSELN (ISLAS MALVINAS)

Die Falklandinseln bilden einen beliebten Abstecher vieler Antarktisreisen. Mit ihren spektakuläre Pinguin-, Robben- und Albatroskolonien ist diese Inselgruppe aber auch einen separaten Besuch wert. Sie liegt 490 km von der patagonischen Küste entfernt im Südatlantik und umfasst neben den beiden Hauptinseln Ost- und Westfalkland mehr als 700 kleinere bis winzige Inseln. Insgesamt erstreckt sich der Archipel über 12 173 km^2. Franzosen gründeten die erste Ansiedlung, bald darauf übernahm Spanien die Herrschaft über die Inseln, gefolgt von Großbritannien und Argentinien (das die Inselgruppe Islas Malvinas nennt). Seit 1833 sind die Falklandinseln ein britisches Überseegebiet mit innerer Autonomie. Genauso lange erhebt Agentinien Anspruch auf den Archipel, kämpfte in einem Krieg vergeblich darum, hält ihn aber bis heute beharrlich aufrecht.

Mit dem Aufkommen großer Schaffarmen Ende des 19. Jhs. entstanden winzige Dörfer im Einzugsbereich geschützter Naturhäfen, in denen die Schafwolle auf Küstenschiffe verladen wurde. Ihren ländlichen Charakter haben die Falklandinseln bis heute behalten. Ihr Straßennetz ergibt zusammengenommen 400 km – ohne eine einzige Verkehrsampel. Interessant sind die sogenannten „Steinströme" aus bizarren Quarzitblöcken an vielen Hängen der Hügelketten auf Ost- und Westfalkland. Sie wirken, als würden sie wie ein Fluss vom Gipfel ins Tal fließen.

Auf den Inseln brüten insgesamt fünf Pinguinarten: der Magellan-, Felsen-, Goldschopf-, Esels- und Königspinguin. Darüber hinaus leben hier zahlreiche andere Vogelarten, die genauso interessant und etwas Besonderes sind.

Zu den 13 endemischen Pflanzenarten zählen einige selten vorkommende Pflanzen, z. B. die *Nassauvia serpens* (auch Schlangenpflanze genannt) mit ihren langen Stängeln und winzigen Blättern. Bis vor Kurzem dachte man, die *Calandrinia feltonii* (Feltons Blume) sei ausgestorben; die einjährige Pflanze trägt purpurfarbene Blüten, die nach Karamell duften. Ebenfalls endemisch, aber auf den Falklandinseln weit verbreitet und dennoch bemerkenswert ist die *Leuceria suaveolens* (Vanillegänseblümchen), deren Blüten nach Schokolade schmecken. Endemische Landsäugetiere sind auf den Inseln nicht vorhanden.

Die meisten Besucher kommen mit dem Schiff, häufig mit einem Kreuzfahrtschiff, das auch die Insel Südgeorgien und die Antarktische Halbinsel ansteuert. LATAM Airways (S. 543) fliegt einmal die Woche (samstags; Hin- und Rückflug 530 000 Chil$) von Punta Arenas, Chile, zum Mount Pleasant International Airport (MPN), dem Flughafen der Hauptstadt Stanley auf Ostfalkland. Hin und wieder erfolgt eine Zwischenlandung in Rio Gallegos, Argentinien.

Visitantes (◷ Dez.–Febr. 9–18 Uhr), 37 km von der Portería Sarmiento entfernt, informiert über die Ökologie des Parks und den Zustand der Wanderstrecken.

Die Administración (☏ 61-236-0496; Villa Monzino; ◷ 8.30–20 Uhr) befindet sich ebenfalls hier. Es gibt eine kleine Cafeteria in **Pudeto** und noch eine an der Südspitze des Lago Grey. Die **Portería & Guardería Río Serrano** liegt am Zugangspunkt zum Río Serrano.

Erratic Rock (☏ 61-241-4317; www.erraticrock.com; Baquedano 955; ◷ 10–13 & 14–23 Uhr) hat auf seiner Website eine hilfreiche Liste notwendiger Ausrüstungsgegenstände für Wanderer. Zusätzlich gibt es jeden Tag um 15 Uhr eine ausgezeichnete Informationsveranstaltung an dem Standort dieser Einrichtung im Puerto Natales Base Camp. Hier erhalten Reisende sehr nützliche Tipps zum Zustand der Wanderwege und zum Campen. **Fantastico Sur** (S. 556) bietet ebenfalls täglich Informationsveranstaltungen um 10 und 15 Uhr in seiner Filiale in Puerto Natales an.

Wanderkarten von JLM und Luis Bertea Rojas sind praktisch nahezu überall in Puerto Natales erhältlich.

ⓘ An- & Weiterreise

Der Parque Nacional Torres del Paine liegt 112 km nördlich von Puerto Natales. Eine unbefestigte Alternativroute von Puerto Natales zur Administración ermöglicht eine kürzere, direktere Anreise von Süden aus über Pueblito Río Serrano.

Argentinien liegt zwar ganz in der Nähe, es gibt jedoch keine direkte Verbindung vom Park aus. Etwa 40 km südlich des Haupteingangs ermöglicht der nur während der Saison geöffnete Grenzübergang Cancha Carrera den Grenzübertritt nach Argentinien bei Cerro Castillo. Wer an einem Tag vom Park aus El Calafate besuchen möchte, sollte entweder an einer organisierten Tour teilnehmen oder aber sehr sorgfältig im Voraus planen, da es keine direkte Verbindung mit öffentlichen Verkehrsmitteln gibt. Die beste Option besteht darin, nach Puerto Natales zurückzufahren.

ⓘ Unterwegs vor Ort

Shuttles (4000 Chil$) im Park halten an der Laguna Amarga, am Katamaran-Anleger in Pudeto und an der Administración.

Der Katamaran **Hielos Patagónicos** (☏ 61-241-1133; www.hipsur.com; Pudeto; einfache Fahrt/Rundfahrt 18 000/28 000 Chil$; ◷ Sept.–April) verbindet Pudeto mit der Mountain Lodge Paine Grande.

Wanderer können gut die Rundfahrt **Navegación Glaciar Grey** (S. 555) nutzen, die das Refugio Grey mit dem Hotel Lago Grey verbindet und als Bonus tolle Blicke auf den Gletscher bietet.

Feuerland (Tierra del Fuego)

Inhalt ➡

Ushuaia 566
Parque Nacional
Tierra del Fuego 582
Tolhuin &
Lago Fagnano 585
Río Grande 586
Puerto Williams
(Chile) 588
Porvenir (Chile) 590

Gut essen

➡ Kalma Resto (S. 574)
➡ Kaupé (S. 579)
➡ María Lola Restó (S. 580)
➡ Chiko (S. 579)
➡ Don Peppone (S. 587)

Schön übernachten

➡ Galeazzi-Basily B&B (S. 574)
➡ Antarctica Hostel (S. 573)
➡ Estancia Las Hijas (S. 588)
➡ Yendegaia House (S. 591)
➡ Los Cauquenes Resort & Spa (S. 575)

Auf nach Feuerland!

Die Südspitze Amerikas ist eine schöne windgepeitschte Inselgruppe. Die Faszination geht nicht nur von der Vergangenheit aus, einer Geschichte von Schiffskatastrophen, gescheiterten Missionsgründungen und der beinahe vollständigen Ausrottung der Ureinwohner. Auch die Natur zeigt sich von einer rauen Seite – von den kargen Ebenen, Torfmooren und moosigen Südbuchenwäldern bis zu den schneebedeckten Gebirgsketten. Es ist zwar abgelegen und schwer erreichbar, aber dennoch ist Feuerland keineswegs vom Kontinent isoliert, wenngleich die argentinische Hälfte weiter entwickelt ist. Dort herrscht in den Häfen lebhaftes Treiben und auf den Flughäfen treffen abenteuerlustige Gäste ein – zum Wandern, Fliegenfischen oder zur Weiterreise in die Antarktis. Die argentinisch-chilenische Grenze teilt Feuerlands große Hauptinsel, die Isla Grande, in zwei ungleiche Hälften, während die Isla Navarino und die kleineren Inseln größtenteils zu Chile gehören.

Reisezeit
Ushuaia

Nov.–März Die wärmsten Monate sind ideal zum Wandern, Pinguinbeobachten und für Aufenthalte auf einer *estancia* (Ranch).
Mitte Nov.–Mitte April Die beste Saison zum Fliegenfischen.
Juli–Sept. Optimaler Zeitraum zum Ski-, Snowboard- oder Hundeschlittenfahren.

Highlights

❶ Parque Nacional Tierra del Fuego (S. 582) Ein Streifzug durch die alten feuerländischen Wälder in diesem Nationalpark an der Küste.

❷ Hundeschlittenfahrt (S. 570) Ein unvergessliches Abenteuer in den gefrorenen Tälern rund um Ushuaia.

❸ Estancias (S. 587) Beim Fliegenfischen auf einer Ranch bei Río Grande kann man den Fang seines Lebens machen.

❹ Museo Marítimo & Museo del Presidio (S. 568) In Ushuaias berüchtigtem Gefängnis, das zu einem Museum umgebaut wurde, kann man die düsteren Zeiten nachempfinden.

❺ Cerro Castor (S. 570) Ski- und Snowboardfahren im südlichsten Skigebiet der Erde mit absolut grandiosen Ausblicken.

❻ Porvenir (S. 590) Stilles Hafenstädtchen im chilenischen Teil Feuerlands – eine Zeitreise in längst vergangene Zeiten.

❼ Dientes de Navarino (S. 589) Spektakuläre fünftägige Trekkingtour durch die schroffen Gipfel und die zerklüfteten Landschaften nahe bei Puerto Williams.

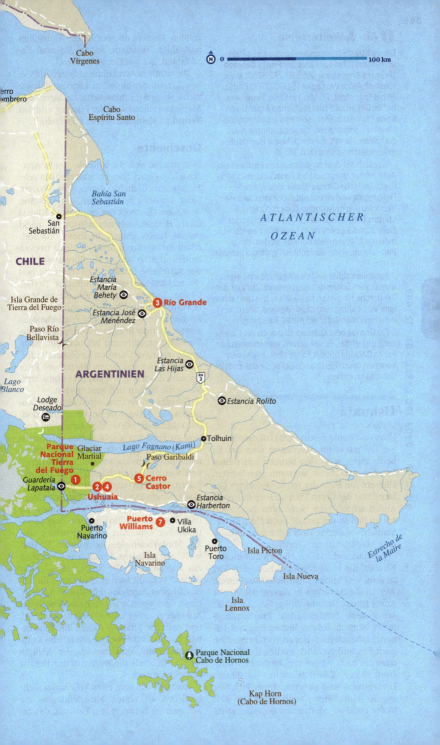

❶ An- & Weiterreise

Die wichtigste Überlandverbindung von Patagonien aus führt zur Fähre bei **Punta Delgada** (Primera Angostura; ☎ 56 61-272-8100; www.tabsa.cl; Auto/Passagier 15 000/1700 Chil$; ⊙ bei Tageslicht, 20 Min.) in Chile. Feuerland hat im Gegensatz zum restlichen Argentinien keine Provinzstraßen, sondern ausschließlich kleinere Landstraßen, die sogenannten *rutas complementarias*, die durch kleine Buchstaben gekennzeichnet sind (z. B. RC-a).

Wer sich auf dem argentinischen Festland ein Auto mietet, überquert bis Feuerland mehrfach die chilenische Grenze. Dafür sind spezielle Dokumente und eine zusätzliche internationale Versicherung notwendig. Zudem dürfen bestimme Dinge (besonders Obst, Milchprodukte, Fleisch und Samen) nicht eingeführt werden. Die meisten Autovermieter erledigen den leidigen Papierkram, wenn sie rechtzeitig darum gebeten werden.

Auf chilenischer Seite wird gerade eine eigene Straße zum Süden der Insel gebaut. Zur Zeit der Recherche für diesen Reiseführer bestand schon eine Verbindung zum Lago Fagnano, allerdings benötigte man dafür ein Allrad-Fahrzeug.

Rio Grande oder Ushuaia sind auch per Flugzeug erreichbar. Busse setzen vom chilenischen Punta Delgada mit der Fähre über; alle Linien kommen durch Río Grande bevor sie das Endziel Ushuaia erreichen.

Ushuaia

☎ 02901 / 57 000 EW.

Ushuaia ist eine geschäftige Hafenstadt und ein Treffpunkt für Abenteurer aller Art. Es bildet einen schmalen Streifen mit steilen Straßen und bunt zusammengewürfelten Häusern am Fuße der schneebedeckten Gebirgskette des Cerro Martial. Hier fallen die Anden schroff zum berühmten Beagle-Kanal ab und lassen gerade noch Platz für die Stadt, bevor sie das Meer mit seinen aufbäumenden Strömungen erreichen.

Ushuaia zieht vollen Nutzen aus diesem Nimbus, die letzte Stadt am Ende der Welt zu sein, weil immer mehr Schiffe auf ihrem Weg in die Antarktis in diesem Hafen vor Anker gehen. Der übereifrige Geschäftsgeist kennt keine Peinlichkeiten: Ein Souvenirladen ist nach Jemmy Button benannt (einem Einheimischen, der zu Vorführzwecken nach England entführt wurde), das Skizentrum ist nach einem extrem zerstörerischen invasiven *castor* (Biber) benannt. Vor diesem Hintergrund lässt sich mit einem Pint Bier aus der südlichsten Kleinbrauerei der Welt in der Hand wunderbar aus dem überwältigenden Angebot an sportlichen Aktivitäten auswählen: Wandern, Segeln, Ski- und Kajakfahren, ja sogar Gerätetauchen.

Die relativ hohen Löhne in Feuerland ziehen Argentinier aus allen Landesteilen an; nicht wenige Einheimische beklagen den Mangel an städtebaulicher Planung und den Verlust an kleinstädtischem Lokalkolorit.

Geschichte

1870 machte sich die britische South American Missionary Society (Südamerikanische Missionsgesellschaft) daran, die Yaghan (oder Yámana) zu bekehren, ein Volk von Nomaden, die trotz des grimmigen Klimas ihrer Heimat nahezu vollständig nackt durchs Leben gingen. In ihren provisorischen Behausungen ließ sich nichts trocken halten, und so waren sie überzeugt, dass der natürliche Fettfilm ihrer Haut sie besser schützte als ein durchnässtes Tierfell. Charles Darwin hatte sie als „die niedrigste Form des Menschentums auf Erden" bezeichnet, ein Urteil, das der englische Missionar Thomas Bridges widerlegen konnte. Nachdem er jahrelang bei und mit ihnen gelebt hatte, verfasste er Ende des 19. Jhs. ein yaghanisch-englisches Wörterbuch über ihre Sprache, das zeigte, wie komplex und scharfsinnig die Yaghan sich ausdrückten.

Ushuaia wurde zum ersten festen Außenposten der Missionare in Feuerland, doch die Yahgan, die 6000 Jahre lang ohne Kontakt zu Fremden gelebt hatten, reagierten auf die von den Neuankömmlingen eingeschleppten Krankheiten sehr empfindlich und wurden immer häufiger von Robbenjägern, Siedlern und Goldschürfern attackiert. Schon 1830 hatte der britische Marinekapitän Robert FitzRoy vier Ureinwohner nach England entführt, um sie dort in europäischer Lebensart zu unterrichten und als Musterbeispiele „kultivierter Wilder" vorführen zu lassen. Unter ihnen war auch ein Jugendlicher, der später als „Jemmy Button" bekannt wurde, ein Vorbild für Michael Endes Jugendbuchhelden Jim Knopf. Einer der Deportierten starb bald nach der Ankunft an einer ansteckenden Krankheit, und nachdem FitzRoys Aktion ihm monatelang hauptsächlich heftige öffentliche Kritik beschert hatte, erklärte sich der Kapitän schließlich bereit, die Yaghan in ihre Heimat zurückzubringen.

Heute ist von dem alten Volk kaum mehr geblieben als einige Muschelhaufen, ein Museum im Zentrum von Ushuaia, das be-

ANTARKTIS: IM EWIGEN EIS

Für viele Reisende ist die Reise in die Antarktis ein Abenteuer, das sie sich nur einmal gönnen. Eine solche Reise hat mehr zu bieten als die Gelegenheit, den sechsten Kontinent abzuhaken. Hier erlebt man mehrere Hundert Meter dicke, in Schnee eingehüllte Land- und Eisschelfe, Gletscher, die sich von Gebirgshängen ins Meer schieben, und Eisberge, die haushohe Skulpturen bilden. Genauso faszinierend ist die Tierwelt mit Tausenden Pinguinen und einer außergewöhnlichen Vielfalt an Vögeln, Robben und Walen.

Mehr als 90 % der Schiffe, die die Antarktis ansteuern, kommen durch Ushuaia; während der Saison 2014–2015 beförderten sie fast 40 000 Touristen – ein Vielfaches der gerade einmal 5000 Wissenschaftler und Techniker (im Sommer) oder 1200 (im Winter). Das Reisen ist jedoch nicht ohne Risiko. Am 23. November 2003 rammte die MS *Explorer* einen Eisberg und sank, konnte jedoch vorher noch evakuiert werden. Bei diesem Unglück waren ungewöhnliche Umstände im Spiel, dennoch hatte es zusätzliche Sicherheitsmaßnahmen zur Folge. Wer einige Wochen Zeit hat, kann ein Kreuzfahrtschiff ins Eis besteigen. Während einige Schiffe auch die Falklandinseln und Südgeorgien (10 bis 20 Einwohner und schätzungsweise zwei bis drei Millionen Pinguine) ansteuern, fahren andere direkt zur Antarktischen Halbinsel; wieder andere folgen den Spuren historischer Expeditionen. Eine kleine Schar von Reisenden besucht die Antarktis mit Privatfahrzeugen: Segelboote (mit Hilfsmotoren). Die Saison dauert von Mitte Oktober bis Mitte März, je nach Eisverhältnissen. Früher waren die Überfahrten nur zur Hochsaison ausgebucht, heute sind es fast alle rund ums Jahr. Wer nach einem Angebot sucht, sollte überlegen: Wie viele Tage wird das Schiff in der Antarktis sein? Hin- und Rückfahrt können jeweils bis zu zwei Tage dauern. Wie viele Landgänge sind vorgesehen? Je kleiner das Schiff, desto öfter können die Passagiere von Bord gehen. Die Veranstalter nehmen Preise zwischen 7000 und 70 000 US$; es gibt auch Sonderangebote für 5000 US$ für zehn Tage. Die nötige Versicherung kostet dann aber extra (rund 800 US$). Man sollte darauf achten, ob das Schiff seine Passagiere mit warmer und wetterfester Kleidung versorgt.

Weil Ushuaia so nahe bei der Antarktischen Halbinsel liegt, legen die meisten Schiffe von hier ab. Wer auf der Suche nach Sonderangeboten ist, sollte sich von Südamerika aus bereits einige Wochen im Voraus bei den Reisebüros erkundigen. Last-Minute-Buchungen können beim hilfsbereiten Personal von **Freestyle Adventure Travel** (02901-609792, 02901-606661; www.freestyleadventuretravel.com; Gobernador Paz 866) getätigt werden. 1 % Rabatt für Planet Members und Preisnachlässe für Ausflüge zum Kap Hoorn. **Ushuaia Turismo** (02901-436003; www.ushuaiaturismoevt.com.ar; Gobernador Paz 865) nimmt ebenfalls Last-Minute-Buchungen vor. Andere Reisebüros und Tourenveranstalter, die ganze Reisepakete bereithalten, sind etwa **Rumbo Sur** (02901-421139; www.rumbosur.com.ar; Av San Martín 350; Mo–Fr 9–19 Uhr), **All Patagonia** (02901-433622; www.allpatagonia.com; Juana Fadul 48; Mo–Fr 10–19, Sa bis 13 Uhr) und Canal Fun (S. 571), aber es gibt natürlich noch viele mehr.

Der gewählte Anbieter sollte Mitglied in der **International Association of Antarctic Tour Operators** (IAATO; www.iaato.org) sein, die ihren Mitgliedern strenge Richtlinien für verantwortungsvolles Reisen in der Antarktis auferlegt. Nachfolgend nur einige wenige Unternehmen für Reisen in die Antarktis:

Adventure Associates Cruise (61-2 6355 2022; www.adventureassociates.com) Der älteste australische Arktis-Anbieter mit vielen Schiffen und verschiedenen Reisezielen.

National Geographic Expeditions (www.nationalgeographicexpeditions.com) Der wohl renommierteste Anbieter mit guten Naturkundlern und anderen Experten an Bord der *National Geographic Explorer*. die Platz für 148 Passagiere bietet.

Peregrine Adventures (61-3 8594 3905; www.peregrineadventures.com) Einzigartige Reisen, z. B. zum Südlichen Polarkreis mit Möglichkeiten zum Kajakfahren und Campen.

WildWings Travel (www.wildwings.co.uk) Britischer Veranstalter, der sich auf die Beobachtung von Vögeln und anderen Tieren in der Antarktis spezialisiert hat.

Aktuelle Infos und Artikel auf http://polarconservation.org. In Ushuaia ist die Oficina Antárctica (S. 581) am Pier eine große Hilfe.

Ushuaia

rühmte Wörterbuch ihrer Sprache von Thomas Bridges und ein nach Jemmy Button benannter Souvenirladen.

Von 1884 bis 1947 diente Ushuaia dem argentinischen Staat als Strafkolonie für politische Gefangene und besonders berüchtigte Kriminelle – so wie die abgelegene Isla de los Estados vor der Ostspitze Feuerlands. Nach Auflösung des Straflagers wurde die Stadt seit 1950 zu einem wichtigen Stützpunkt der Marine.

Sehenswertes

Im Touristenbüro gibt es einen kostenlosen Stadtplan mit Infos zu den historischen Gebäuden der Stadt.

Museo Marítimo & Museo del Presidio
MUSEUM

(02901-437481; www.museomaritimo.com; Ecke Yaganes & Gobernador Paz; Erw./Stud./Fam. 300/200/650 Arg$; ⊙ April-Nov. 10–20 Uhr, Dez.-März 9–20 Uhr, letzter Einlass 19.30 Uhr) Als 1906 Strafgefangene von der Isla de los Estados nach Ushuaia verlegt wurden, mussten sie sich ihr Staatsgefängnis erst selbst bauen. Im Jahr 1920 war es fertig. Die düsteren Zellen waren für 380 Insassen ausgelegt; tatsächlich saßen hier jedoch vor der endgültigen Schließung 1947 bis zu 800 Mann ein, darunter so berühmte Leute wie der Schriftsteller Ricardo Rojas und der Anarchist Simón Radowitzky. Die Beschreibung des Alltagslebens der Gefangenen ist faszinierend, allerdings ausschließlich in Spanisch. Exponate zum Thema Meer liefern einen einzigartigen Einblick in die Geschichte.

Im Hof stehen die Überreste der weltweit schmalsten Schmalspurbahn für Gütertransporte. Sie transportierte einst Gefangene zwischen Stadt und Arbeitsstätten hin und her. Von Dezember bis März finden Führungen um 11.30 und 16.30 Uhr statt (auch auf Englisch).

Die Ergebnisse werden im Kunstzentrum des Parks und an den vielen Wanderwegen ausgestellt.

🏃 Aktivitäten

Zusätzlich zum Bootfahren, das ganzjährig möglich ist, gibt es noch Möglichkeiten zum Gerätetauchen im Beagle-Kanal, Reiten, Zip-Lining und Felsklettern. Somit ist Ushuaia eine der besten Outdoorregionen Südargentiniens.

Aeroclub Ushuaia RUNDFLÜGE
(☎ 02901-421717, 02901-421892; www.aeroclub ushuaia.com; Luis Pedro Fique 151; pro Pers. 70/205 US$ für 15/60 Min.) Bietet Panoramarundflüge über den Kanal und die Cordillera Darwin. Abflug ist vor 13 Uhr; drei Tage im Voraus bestätigen! Das Wetter kann hier sehr schnell umschlagen, sodass der Flug auch mal verspätet starten oder ganz gestrichen werden kann.

Cruceros Australis KREUZFAHRT
(☎ in Buenos Aires 11-5128-4632; www.australis.com; 3 Nächte & 4 Tage ab 1190 US$ pro Pers.; ⊗ Ende Sept.–Anfang April) Luxuskreuzfahrt mit drei bis vier Übernachtungen von Ushuaia nach Punta Arenas (Chile) mit Besichtigungsprogramm und Möglichkeit am Kap Hoorn von Bord zu gehen.

Rayen Aventura ABENTEUER
(☎ 02901-15-580517, 02901-437005; www.rayen aventura.com; Av San Martín 611) Ist bekannt für seine peppigen Geländewagentouren zum Lago Fagnano, mit Möglichkeiten zum Wandern oder Kajakfahren und Besuchen auf einer *estancia*. Es gibt auch ein Winterprogramm.

Wandern

Gelegenheiten zum Wandern gibt es nicht nur im Parque Nacional Tierra del Fuego; mit seinen Seen und Flüssen ist die ganze Gebirgskette hinter Ushuaia ein Paradies für Wanderfreunde. Die Wege sind allerdings meist spärlich oder überhaupt nicht markiert, und manch einer, der problemlos hinaufgewandert ist, hat sich auf der Suche nach dem Rückweg schon jämmerlich verlaufen. Zu ihrer eigenen Sicherheit sollten sich Wanderer, die außerhalb des Nationalparks unterwegs sein wollen, bei der Touristeninformation (S. 581) bei Aufbruch und Rückkehr melden. Der Club Andino Ushuaia (S. 581) stellt Kartenmaterial zur Verfügung und gibt gute Informationen mit auf den Weg. Im Notfall sollte man sich an den

Museo del Fin del Mundo MUSEUM
(☎ 02901-421863; www.tierradelfuego.org.ar/museo; Ecke Av Maipú & Rivadavia; 130 Arg$; ⊗ 10–19 Uhr) In diesem ehemaligen Bankgebäude aus dem Jahre 1903 gibt es eine Ausstellung zur Naturgeschichte Feuerlands mit ausgestopften Vögeln, Fotos von Einheimischen und von der frühen Strafkolonie sowie einige Nachbildungen, die nur von mäßigem Interesse sind. Führungen gibt es um 11 und 15.30 Uhr.

Parque Yatana PARK
(Fundación Cultiva; ☎ 02901-425212; Ecke Magallanes & 25 de Mayo; ⊗ Mo–Fr 9–12 Uhr) Dieser Südbuchenwald von der Größe eines Häuserblocks ist teilweise ein Kunstprojekt, teilweise eine grüne Oase. Er wurde glücklicherweise vor dem rücksichtslosen Wachstum der Stadt gerettet. Der Wald, dessen Name aus der Sprache der Yaghan übersetzt „weben" heißt, ist ein Ort, an dem die Ureinwohner ihr Kunsthandwerk ausüben.

Ushuaia

◎ Sehenswertes
1 Museo del Fin del Mundo E4
2 Museo Marítimo & Museo del
   Presidio F3
3 Parque Yatana D2

✪ Aktivitäten, Kurse & Touren
4 Canal Fun D3
  Che Turismo Alternativo .... (s.5)
5 Patagonia Adventure
   Explorer D4
6 Piratour C3
7 Rayen Aventura D3
8 Tierra A3
9 Tolkar E3
  Tres Marías Excursiones .... (s. 5)
10 Turismo Comapa D3
11 Ushuaia Turismo C3

🛌 Schlafen
12 Antarctica Hostel E3
13 Galeazzi-Basily B&B E1
14 Hostel Cruz del Sur E3
15 La Casa de Tere B&B E1
16 Los Cormoranes B1
17 Martín Fierro B&B C3
18 Mysten Kepen E1
19 Posada Fin del Mundo E1
20 Torre al Sur C3
21 Yakush B3

✖ Essen
22 Almacen Ramos Generales C4
23 Bodegón Fueguino C3
24 Cafe Bar Banana E3
25 Chiko D4
26 Christopher C4
27 El Turco A4
28 Kalma Resto E2
29 Kaupé D2
30 Küar 1900 .... D3
31 La Anónima E3
32 La Estancia E3
33 Lomitos Martinica F4
34 María Lola Restó B3
35 Paso Garibaldi E3
36 Placeres Patagónicos E3
37 Tante Sara E3
38 Tante Sara C3
39 Volver F4

🍸 Ausgehen & Nachtleben
40 Dublin Irish Pub C3
41 Viagro D4

★ Unterhaltung
42 Cine Pakawaia F3

🛍 Shoppen
43 Boutique del Libro B4
44 Paseo de los Artesanos D4
45 Quelhue Wine Shop E3

Zivilschutz (📞 02901-22108, 103) wenden. Bei den Planungen sollte berücksichtigt werden, dass das Wetter schnell umschlagen kann.

Cerro Martial & Glaciar
Martial   OUTDOORAKTIVITÄTEN
Der fantastische Rundblick über Ushuaia und den Beagle-Kanal ist eindrucksvoller als der kleine Gletscher selbst. Wegen des wechselhaften Wetters sind warme Kleidung und festes Schuhwerk angebracht. Man kann hier wandern oder auch Baumkronentouren unternehmen. Die Anreise zum Cerro Martial erfolgt mit dem Taxi oder einem Minibus; Letzterer fährt von 8.30 bis 18.30 Uhr alle halbe Stunde von der Ecke Avenida Maipú und Juana Fadul ab.

Ski- & Schlittenfahren
Wenn sich die Berggipfel rundum in dichten Pulverschnee hüllen, ist es Zeit, die örtlichen Skigebiete kennenzulernen, die alle gut über die RN 3 zu erreichen sind und sowohl Abfahrtspisten als auch Langlaufloipen bieten. Die Skisaison dauert von Juni bis September; am meisten Betrieb herrscht jedoch während der Winterferien im Juli. Fahrten mit dem Hundeschlitten (von Huskys gezogen) sind eine weitere winterliche Aktivität und ideal für Familien, die mit Kindern unterwegs sind.

Cerro Castor   SKIFAHREN
(📞 02901-499301; www.cerrocastor.com; Tagesticket für den Skilift Neben-/Hochsaison 885/1120 Arg$; ⊙ Mitte Juni–Mitte Okt.) Dieses große Skigebiet 26 km von Ushuaia ist ungeheuer schön und über die RN 3 erreichbar. Hier gibt es 15 Pisten in einem 400 ha großen Areal, wunderschöne Hütten und mehrere Restaurants. Skier und Snowboards können geliehen werden. Beim Kauf von Skipässen für mehrere Tage und in der Zwischensaison gibt es einen Rabatt. An besonders kalten Tagen werden die Skilifte mit durchsichtigem Windschutz versehen. Im August sind unglaublich gute Schneebedingungen am ehesten garantiert.

👉 Geführte Touren

Zahlreiche Reisebüros bieten Touren in der Region an. Zur Auswahl stehen Ausritte, Wanderungen, Kanufahrten, Ausflüge zu den Seen Lago Escondido und Lago Fagnano, Aufenthalte auf einer *estancia* oder Vogel- und Biberbeobachtungen.

Wer auf dem Boot über die grauen Gewässer des Beagle-Kanals schippert, erlebt die fernen Gletscher, die felsigen Inseln und das reichhaltige Tierleben aus einer ganz anderen Perspektive. Hafenrundfahrten (etwa 750 Arg$) sind entweder vierstündige Morgen- oder Nachmittagsexkursionen zu Seelöwen und Kormoranen. Die mögliche Anzahl der Passagiere, die Art der Verpflegung und die eingeschobenen Wandermöglichkeiten sind je nach Anbieter verschieden. Ein Highlight ist ein Zwischenstopp auf einer Insel, um zu den *conchales,* (den Müll- oder Muschelhaufen des indigenen Volkes der Yahgan) zu wandern. Die Schiffe der verschiedenen Anbieter liegen am Eingang zum Pier von Ushuaia aufgereiht vor Anker.

★ Tierra ABENTEUERTOUREN
(02901-15-486886, 02901-433800; www.tierraturismo.com; Büro 4C, Onas 235) Diese kleine Agentur wurde von äußerst netten und mehrsprachigen ehemaligen Tourführern gegründet, um damit individuelle Reiseerlebnisse zu ermöglichen. Sie bietet Abenteuertouren mit ungewöhnlichen, auf die Bedürfnisse der jeweiligen Teilnehmer zugeschnittenen Ausflügen an. Zu den Angeboten zählen Geländewagentouren in Kombination mit Kajakfahrten und Wanderungen, Trekkingtouren im Parque Nacional Tierra del Fuego und Besuchen auf der Estancia Harberton.

Canal Fun ABENTEUERTOUREN
(02901-435777; www.canalfun.com; Roca 136;) Zum vielgefragten Programm dieser von jungen, mehrsprachigen Tourführern geleiteten Agentur gehören ganztägige Unternehmungen wie Wandern und Kajakfahren im Parque Nacional Tierra del Fuego, die berühmten Geländewagenfahrten rund um den Lago Fagnano und ein Ausflug zur Estancia Harberton mit verschiedenen sportlichen Angeboten wie Kajakfahren und einem Besuch bei einer Pinguinkolonie.

Piratour BOOTSTOUREN
(02901-15-604646, 02901-435557; www.piratour.net; Av San Martín 847; Fahrt zur Pinguinkolonie 2500 Arg$ plus Hafengebühr 20 Arg$; 9–21 Uhr) Veranstaltet Ausflüge für bis zu 20 Personen zur Isla Martillo mit Wanderung zu den Magellan- und Eselspinguinen und einem Besuch in Harberton. Dies ist die einzige Agentur, die eine Wanderung auf der Insel anbietet – bei anderen Agenturen sieht man die Pinguine nur vom Boot aus. Zusätzlich fahren auch Schiffe nach Puerto Williams (Chile; Dezember bis März). Ein zweites Büro gibt es am Touristenpier.

Canopy Tours ABENTEUERTOUREN
(02901-503767; www.canopyushuaia.com.ar; Refugio de Montaña, Cerro Martial; lange/kurze Strecke 600/450 Arg$; Okt.–Juni 10–17 Uhr) Diese familienfreundlichen Baumkronentouren beinhalten eine lange (neun Seilstrecken und zwei Hängebrücken) und eine kürzere Strecke (sieben Seilstrecken), auf denen man durch den Wald schweben kann. Nur nach vorheriger Anmeldung möglich. Auf dem Gelände befindet sich außerdem ein niedliches Café, das Sandwiches, Desserts und heiße Getränke anbietet, mit denen sich die Besucher vor der Wanderung zum Glaciar Martial stärken können.

Patagonia Adventure Explorer BOOTSTOUREN
(02901-15-465842; www.patagoniaadvent.com.ar; Touristenpier) Komfortable Schiffe mit Imbiss und kurzer Wanderung auf der Isla Bridges. Für ein besonderes Erlebnis auf dem Beagle-Kanal setzt man Segel in dem 5 m langen Segelboot. Ganz- und mehrtägige Segeltörns mit Wein und Gourmethäppchen sind ebenfalls möglich.

Che Turismo Alternativo BOOTSTOUREN
(02901-15-517967; www.facebook.com/elcheturismoalternativo; Touristenpier; Halbtagestour 1200 Arg$) Auf dieser Tour über den Beagle-Kanal fährt der Betreiber selbst zur Isla Bridges hinaus und führt dort eine Wanderung. Auf der Rückfahrt zum Hafen wird frisches heimisches Bier gezapft – sehr beliebt bei Rucksackreisenden. Vor dem Ablegen aus dem Hafen muss zusätzlich eine Hafengebühr von 20 Arg$ entrichtet werden. Die Touren finden täglich ab 10 Uhr statt und dauern vier Stunden.

Compañía de Guías de Patagonia ABENTEUERTOUREN
(02901-437753; www.companiadeguias.com.ar; ganztägige Wanderung 105 US$) Dieses renommierte Unternehmen organisiert Expeditionen und mehrtägige Wanderungen rund um Ushuaia, auf der Isla Navarino und weiter hinaus in entlegenere Teile Feuerlands. Es organisiert außerdem Gletscherwanderungen, Mountainbiketouren und Ausflüge in die Antarktis kombiniert mit Kajakfahrten auf dem Meer.

ABSEITS DER ÜBLICHEN PFADE

ESTANCIA HARBERTON

Harberton (Skype estanciaharberton.turismo; www.estanciaharberton.com; Erw./Kind 240 Arg$/gratis, B 50 US$, EZ/DZ mit Vollpension & Aktivitäten 325/580 US$; ⊘ 15. Okt.–15. April 10–19 Uhr) wurde 1886 vom britischen Missionar Thomas Bridges und seiner Familie gegründet und ist Feuerlands erste *estancia*. Berühmt wurde das Anwesen durch das Buch *Uttermost Part of the Earth*, die bewegenden Memoiren von Bridges' Sohn Lucas über seine Jugendjahre unter den heute ausgestorbenen Völkern der Selk'nam und Yahgan. Das Buch ist auf Englisch erhältlich und bietet eine hervorragende Einführung in die Geschichte dieser Region und das Leben ihrer Ureinwohner.

Die herrlich gelegene *estancia* gehört bis heute den Nachfahren des einstigen Gründers Thomas Bridges. Besucher (Tages- und Übernachtungsgäste) können bei einer Führung u. a. das älteste Haus der Insel und den Nachbau einer Yaghan-Behausung besichtigen, im Restaurant essen und die Pinguinkolonie in der Reserva Yecapasela besuchen. Wer gerne Vögel beobachtet, kommt hier ohnehin auf seine Kosten.

Auf dem Gelände befindet sich auch das eindrucksvolle **Museo Acatushún** (www.estanciaharberton.com/museoacatushunenglish.html; Eintritt mit Besuch der Estancia Erw./Kind 240 Arg$/gratis), das Natalie Prosser Goodall, eine nordamerikanische Biologin, die in die große Bridges-Familie eingeheiratet hatte, eingerichtet hat. Den Schwerpunkt bilden die Meeressäuger der Region sowie Tausende Säugetiere und Vogelarten, darunter der äußerst seltene Hector-Schnabelwal, die hier alle inventarisiert wurden. Ein großer Teil des riesigen Bestands wurde in der Bahía San Sebastián nördlich von Río Grande gefunden, wo sich das Meer bei Ebbe bis zu 11 km weit vom Land zurückzieht, wobei häufig zahlreiche Tiere strandeten. Bitte die Öffnungszeiten des Museums vor dem Besuch noch einmal bei der Estancia Harberton erfragen.

Harberton liegt 85 km östlich von Ushuaia und ist von dort in 1½–2 Stunden über die RN 3 und die holprige RC-j zu erreichen. In Ushuaia starten auch Shuttlebusse, die um 9 Uhr an der 25 de Mayo gegenüber der Avenida Maipú abfahren und um etwa 15 Uhr dorthin zurückkehren. Einige Agenturen vor Ort bieten Tagestouren mit dem Katamaran zur *estancia* an.

Turismo Comapa   GEFÜHRTE TOUREN
(02901-430727; www.comapa.com; Av San Martín 409) Bei diesem seit Jahren existierenden Reisebüro in Chile können Reisende ihre Buchungen bei den Reedereien Navimag und Cruceros Australs bestätigen lassen, aber auch die üblichen Touren und Schiffsfahrten nach Puerto Williams (Chile) werden hier angeboten.

Tierra Mayor   ABENTEUERTOUREN
(Anartur; 02901-430329; http://antartur.com.ar; RN 3, Km 3018; geführte Hundeschlittenfahrten 50 US$) Tierra Mayor bietet vergleichsweise preiswerte Abenteuertouren an und hat eine eigene Niederlassung in den Bergen selbst. Mit Schneeschuhen geht es durch wunderschöne Gebirgstäler oder mit Hundeschlitten durch die Tierra Mayor. Wenn man diese Abenteuer dann noch mit einer abendlichen Feuerwerksdarbietung verbindet, werden daraus wirklich unvergessliche Erlebnisse (130 bis 145 US$). Gleiches gilt für die geführten Fahrten mit einer Schneekatze oder eine Tagestour mit dem Geländewagen zum Lago Fagnano, kombiniert mit einer Kanufahrt und Grillen. Das Ganze gibt es 19 km von Ushuaia und ist über die RN 3 erreichbar.

Tres Marías Excursiones   BOOTSTOUREN
(02901-15-611199, 02901-436416; www.tresmariasweb.com; Touristenpier) Dies ist der einzige Tourveranstalter, der eine Erlaubnis besitzt, auf der Isla „H" im Naturschutzgebiet Isla Bridges mit ihren Muschelhaufen und einer Kolonie von Felsenscharben (Felsenkormoranen) anzulanden. Das kleine, malerische Segelboot, auf dem diese Ausflüge stattfinden, bietet lediglich Platz für acht Tourteilnehmer.

Tolkar   GEFÜHRTE TOUREN
(02901-431408, 02901-431412; www.tolkarturismo.com.ar; Roca 157) Eine beliebte Agentur mit hilfsbereitem Personal und vielseitigem Allround-Programm; sie gehört zum Busunternehmen Tecni-Austral (S. 581).

⭐ Feste & Events

**Festival Nacional de la
Noche Más Larga** KULTURFESTIVAL
(Längste Nacht (Wintersonnenwende); ◉ Mitte Juni) Das Festival fällt auf den Tag der Wintersonnenwende. Es finden in der ganzen Stadt Shows und Musikveranstaltungen (von Tango über Jazz bis hin zu Pop) sowie andere kostenlose Events statt. Traditionellerweise gibt es ein „Fuego de los Deseos" (Feuer der Wünsche) bei dem die Teilnehmer aufschreiben, was sie an der Erfüllung ihrer Träume hindert. Die Zettel werden dann in einem großen Freudenfeuer verbrannt. Weitere Infos bei der städtischen Touristeninformation (S. 581).

Marcha Blanca SPORT
(www.marchablanca.com; ◉ Mitte August) Seit einem Vierteljahrhundert wird mit einer Langlauftour durchs Gelände alljährlich an General San Martíns historische Überquerung der Anden am 17. August 1817 erinnert. Dazu gibt es einen Meisterkurs für Skibegeisterte, den Bau von Schneeskulpturen und einen nordischen Skimarathon.

🛏️ Schlafen

Von Januar bis Anfang März sollte man Unterkünfte weit im Voraus buchen. Dabei fragt man am besten auch gleich, ob das Haus einen kostenlosen Abholdienst bietet. Im Winter fallen die Preise etwas und einige Häuser schließen sogar ganz, obwohl der Wintertourismus immer beliebter wird.

Die städtische Touristeninformation führt ein Verzeichnis von B&Bs und *cabañas* (Hütten). Groß ist das Angebot an Hostels, die allesamt mit Küchen und meist auch mit Internetanschluss ausgestattet sind. Außerhalb der Saison (April bis Oktober) fallen die Preise üblicherweise um bis zu 25 %.

★ Antarctica Hostel HOSTEL $
(☏ 02901-435774; www.antarcticahostel.com; Antártida Argentina 270; B/DZ 26/97 US$; @ 🛜) In diesem freundlichen Rucksacktreff finden die Gäste eine herzliche Atmosphäre und hilfsbereites Personal vor. Die offene Raumgestaltung und das Bier vom Fass erleichtern die Kontaktmöglichkeiten unter den Gästen. Im Gemeinschaftsraum unterhalten sich die Gäste oder spielen Karten, und eine schicke Balkonküche lädt zum Kochen ein. Die nüchternen Betonschlafzimmer sind sauber und geräumig und mit wärmenden Heizstrahlern ausgestattet.

Hostel Cruz del Sur HOSTEL $
(☏ 02901-434099; www.xdelsur.com.ar; Deloquí 242; B 25 US$; @ 🛜) Zwei renovierte Häuser (aus den Jahren 1920 und 1926) – orangerot gestrichen und über einen Durchgang verbunden – bilden dieses Hostel, in dem es ganz leger zugeht. Die Preise der Schlafsaalbetten richten sich nach der Auslastung des Hauses. Einziger Nachteil ist, dass das Bad unter Umständen in einem anderen Stockwerk liegt. Es gibt auch eine hübsche Innenhofterrasse, denn die Gemeinschaftsräume im Inneren des Hauses sind eher knapp bemessen. Wer länger als vier Nächte bleibt, darf auf Preisnachlass hoffen.

Torre al Sur HOSTEL $
(☏ 02901-430745; www.torrealsur.com.ar; Gobernador Paz 855; B/DZ 20/35 US$; 🛜) Das Schwester-Hostel des Cruz del Sur (s. oben) macht von außen vielleicht nicht viel her, aber drinnen herrscht eine herzliche Atmosphäre mit farbenfrohen Zimmern, renovierten Bädern und einer gut ausgestatteten Küche. Die freundliche Gastgeberin des Hostels heißt Marisa.

La Posta HOSTEL $
(☏ 02901-444650; www.lapostahostel.com.ar; Perón Sur 864; B/DZ 22/65 US$; @ 🛜) Dank seines freundlichen Service, der gemütlichen Einrichtung und der makellos gepflegten offenen Küche ist dieses behagliche Hostel mit Pension am Stadtrand besonders bei jungen Leuten sehr beliebt. Ein Nachteil ist die große Entfernung zur Innenstadt, die aber mit Bus oder Taxi gut zu erreichen ist.

Camping Municipal CAMPINGPLATZ
(RN 3; Zeltplätze sind gratis) GRATIS Dieser Campingplatz liegt etwa 10 km westlich der Stadt an der Strecke zum Parque Nacional Tierra del Fuego und kann sich einer idyllischen Lage rühmen, hat aber nur eine einfache Ausstattung.

Los Cormoranes HOSTEL $
(☏ 02901-423459; www.loscormoranes.com; Kamshen 788; B 31–40 US$; DZ/3BZ/4BZ 107/132/155 US$; @ 🛜) Dieses freundliche, locker-lässige HI-Hostel liegt zehn Gehminuten (bergan) nördlich vom Stadtzentrum. Die Sechsbettzimmer mit Fußbodenheizung liegen an Außenkorridoren mit Bretterböden; einige haben ein eigenes Bad. Die Doppelzimmer sind mit blankpolierten Betonböden und Daunendecken ausgestattet – am schönsten ist das Zimmer 10, mit Aussicht auf die Bucht. Die Bettwäsche könnte neuer sein

und die Gemeinschaftsräume sind so lala. Das Frühstück macht man selbst; es besteht unter anderem aus Eiern und frisch gepresstem Orangensaft.

Yakush HOSTEL $
(02901-435807; www.hostelyakush.com; Piedrabuena 118; B 23–25 US$, DZ mit/ohne Bad 85/75 US$; ⊙ Mitte Okt.–Mitte April; @ 🛜) Dieses farbenfrohe Hostel erscheint etwas teuer für das, was es bietet, wirkt jedoch freundlich und ist zentral gelegen.

★ Galeazzi-Basily B&B B&B $$
(02901-423213; www.avesdelsur.com.ar; Valdéz 323; EZ/DZ ohne Bad 45/65 US$, Hütten für 2/4 Pers. 110/140 US$; @ 🛜) Das beste an dieser eleganten Unterkunft aus Holz ist die warmherzige und gastfreundliche Familie der Eigentümer, die es den Gästen gemütlich macht. Die Zimmer sind klein, aber mit persönlicher Note eingerichtet. Paare, die im Doppelbett schlafen wollen, sollten eine der modernen Hütten hinterm Haus mieten, denn im Hauptgebäude gibt es nur Einzelbetten. Hier ist es ganz friedlich und die Gäste können ihr Englisch, Französisch, Italienisch und Portugiesisch auffrischen.

Familia Piatti B&B B&B $$
(02901-15-613485, 02901-437104; www.familiapiatti.com; Bahía Paraíso 812, Bosque del Faldeo; DZ 80 US$, Ste. 139–190 US$; @ 🛜) 🍴 Wer sich nach einem ruhigen Plätzchen im Wald sehnt, ist in diesem gastlichen B&B, nur fünf Minuten vom Stadtzentrum entfernt, genau richtig: Hier warten warme Daunendecken und Möbel aus heimischem Südbuchenholz. Wanderwege in die Berge beginnen gleich in der Nähe. Die freundlichen Eigentümer sprechen mehrere Sprachen (Englisch, Italienisch, Spanisch und Portugiesisch) und arrangieren auf Wunsch Fahrgelegenheiten und geführte Touren. Die Website gibt Infos für die Anreise.

Mysten Kepen GUESTHOUSE $$
(02901-430156, 02901-15-497391; http://mystenkepen.blogspot.com; Rivadavia 826; DZ/DBZ/VBZ 94/144/175 US$; 🛜) Wer das Leben einer echten argentinischen Familie miterleben möchte, ist hier genau richtig. Die Gastgeber Roberto und Rosario erzählen Geschichten ihrer Lieblingsgäste vergangener Jahre, und in ihrem makellos geführten Vier-Personen-Haushalt (mit zwei Kindern) geht es in einem guten Sinne geschäftig und lebendig zu. Die Zimmer sind relativ neu ausgestattet; helle Kordbettdecken und praktische Regale am Bett für die Nachtlektüre. Flughafentransfer und reduzierte Winterpreise sind möglich.

Martín Fierro B&B B&B $$
(02901-430525; www.martinfierrobyb.com.ar; 9 de Julio 175; EZ/DZ 70/110 US$; ⊙ Sept.–April; P 🛜) Die Nacht in diesem bezaubernden Gasthaus fühlt sich an, als würde man in einer kühlen Berghütte bei einem weltoffenen Freund übernachten, der eine umfangreiche Büchersammlung hat und morgens einen starken Kaffee macht. Der Eigentümer Javier hat das Innere mit heimischem Holz und Stein selbst gebaut; hier herrscht eine freundlich-lässige Atmosphäre, und die Reisenden werden morgens beim Frühstück in tiefgründige Gespräche verwickelt.

Posada Fin del Mundo B&B $$
(02901-437345; www.posadafindelmundo.com.ar; Ecke Rivadavia & Valdéz; DZ 140 US$) Dieses geräumige Haus strahlt guten Geschmack und Charme aus, angefangen vom gemütlichen Salon mit folkloristischer Kunst und weitem Blick aufs Wasser bis hin zu dem freundlichen schokobraunen Labrador. Jedes der neun Zimmer hat seinen eigenen Stil (einige sind jedoch recht klein); die besten liegen im Obergeschoss. Das Frühstück ist reichhaltig, und nachmittags gibt es sogar Tee und Kuchen. Im Winter quartieren sich manchmal Wintersport-Teams ein. Dann ist es schnell ausgebucht.

La Casa de Tere B&B B&B $$
(02901-422312; www.lacasadetere.com.ar; Rivadavia 620; DZ mit/ohne Bad 120/85 US$) Im Tere werden die Gäste mit aufmerksamem Service überhäuft, man lässt die Gäste in dem hübschen modernen Haus mit wundervoller Aussicht aber auch großzügig schalten und walten. Die drei gepflegten Zimmer sind immer schnell belegt. Kochen ist erlaubt, und im Wohnzimmer gibt es Kabelfernsehen und einen Kamin. Der Weg vom Stadtzentrum zum B&B ist zwar kurz, aber steil.

Arakur HOTEL $$$
(02901-442900; www.arakur.com; Cerro Alarken; DZ mit Tal-/Meerblick 370/400 US$; P ✱ @ 🛜 ☒) Das Arakur thront über der Stadt auf einer bewaldeten Landzunge und ist das neueste unter den Luxushotels der Stadt. Den Einheimischen ist es wegen des jährlich dort stattfindenden Musikfestivals wohlbekannt. Es wirkt durch die neutralen Farbtöne sehr gepflegt und modern und bietet einen ganz

persönlichen Service. Die Ausblicke sind unvergleichlich schön. In den Zimmern gibt es Bedienungsfelder mit elektronischen Steuerungen und schicke Bäder mit gläsernen Wänden. Der Infinity Pool geht von drinnen nach draußen und ist ganzjährig schön warm.

Los Cauquenes Resort & Spa RESORT $$$
(02901-441300; www.loscauquenes.com; DZ ab 275 US$; @ 🖥 🏊) Diese exklusive geräumige Holzlodge liegt direkt am Beagle-Kanal auf privatem Gelände mit Zufahrt über eine Schotterstraße. Die Zimmer sind geschmackvoll eingerichtet und gut ausgestattet; zu den Besonderheiten zählt ein Hobbyraum mit Spielen für Kinder und Terrassenplätze mit gläsernen Windschutzwänden und atemberaubendem Ausblick auf den Kanal. Alle paar Stunden pendeln kostenlose Shuttle-Fahrzeuge ins Stadtzentrum. Zum Flughafen sind es von hier aus 4 km in östliche Richtung.

Außerdem bietet es einen Spa-Bereich, eine Sauna und ein Innen- sowie ein Außenschwimmbecken. Im Spa gibt es Yerba-Mate-Abreibungen und andische Torfmasken.

Cabañas del Beagle HÜTTEN $$$
(02901-15-511323, 02901-432785; www.cabanas delbeagle.com; Las Aljabas 375; Hütte für 2 Pers. 140 US$) Mit ihrem rustikalen Schick sind diese Blockhütten ein romantisches Plätzchen für Paare. Für Komfort sorgen beheizte Steinfußböden, knisternde Kaminfeuer und täglich frisch mit Brot, Kaffee und anderen Leckereien bestückte Küchen. Der sympathische Eigentümer Alejandro wird für seinen aufmerksamen Service immer sehr gelobt. Das Areal liegt 13 Blocks oberhalb des Stadtzentrums und ist über die Avenida Leandro Alem zu erreichen. Der Mindestaufenthalt beträgt vier Nächte.

Cabañas Aldea Nevada HÜTTEN $$$
(02901-422851; www.aldeanevada.com.ar; Martial 1430; Hütten für 2/4 Pers. ab 140/190 US$; @ 🖥) Es scheint, als würden hier jeden Moment die Elfen auftauchen: In einem wunderschönen 6 ha großen Stückchen Südbuchenwald liegen diskret verteilt 13 Blockhütten mit Grillplätzen. Die Innenräume sind rustikal, aber modern eingerichtet, mit praktischen Küchen, Holzöfen und Hartholzmöbeln. Grob gezimmerte Bänke stehen an beschaulichen Teichen, und es gibt einen Aussichtspavillon mit Aussicht auf den Beagle-Kanal. Der Mindestaufenthalt beträgt zwei Nächte.

Cumbres del Martial GASTHOF $$$
(02901-424779; www.cumbresdelmartial.com. ar; Martial 3560; DZ/Hütten 220/340 US$; @ 🖥) Dieses stilvolle Haus liegt am Fuße des Glaciar Martial. Während die Standardzimmer sich am englischen Landhausstil orientieren, begeistern die zweistöckigen Holzhütten mit steinernen Kaminen, Whirlpools und wundervollen gewölbten Fenstern. Zu den besonderen Annehmlichkeiten gehören feudale Bademäntel, auf Wunsch auch Massagen (gegen Aufpreis) und eine Zeitung aus der Heimat im Briefkasten.

Essen

★ Almacen Ramos Generales CAFÉ $
(02901-424-7317; Av Maipú 749; Hauptgerichte 73–175 Arg$; ⏱ 9–24 Uhr) Mit seinen skurrilen Erinnerungsstücken und Aushängen zu Umweltfragen der Region bietet dieser gastfreundliche und heimelige Gemischtwarenladen einen Einblick in das wahre Ushuaia. Einheimische halten hier auch schon mal ihren Familienrat ab. Croissants und knusprige Baguettes werden täglich frisch gebacken. Es gibt hier aber auch heimisches Bier vom Fass, eine Weinkarte und leichte Speisen wie Sandwiches, Suppen und Quiche.

Cafe Bar Banana CAFÉ $
(02901-435035; Av San Martín 273; Hauptgerichte 80–150 Arg$; ⏱ 8–1 Uhr nachts) Dieses Café ist bei den Einheimischen wegen seiner guten, aber preiswerten Küche zum abendlichen Essen mit Freunden sehr beliebt. Serviert werden hausgemachte Burger und Pommes, Sandwiches, Steaks und Eier.

El Turco CAFÉ $
(02901-424711; Av San Martín 1410; Hauptgerichte 70–130 Arg$; ⏱ 12–15 & 20–24 Uhr) Dieses schlichte, klassische, etwas altmodische argentinische Café verzaubert jedoch mit vernünftigen Preisen und flinken Kellnern mit Fliegen, die den Touristen gerne ihre Französischkenntnisse beweisen wollen. Zu den Standardgerichten zählen *milanesa* (paniertes Fleisch), Pizzas, knusprige Pommes und Brathähnchen.

Lomitos Martinica ARGENTINISCH $
(02901-432134; Av San Martín 68; Hauptgerichte 85–125 Arg$; ⏱ Mo–Sa 11.30–15 & 20.30–24 Uhr) Dieser preiswerte und fröhliche Schnellimbiss mit Sitzplätzen am offenen Grill serviert riesige Sandwiches mit *milanesa* und in der Mittagszeit ein günstiges Tagesgericht. Die Einheimischen strömen scharenweise her.

1. Snowboard fahren in Ushuaia (S. 570)
Zur Freude aller Winterurlauber sind die Gipfel rund um die Stadt mit herrlichem Schnee bedeckt.

2. El Tren del Fin del Mundo (S. 584)
Der Zug diente einst dem Transport von Gefangenen in Arbeitslager, heute befördert er Touristen mitten hinein in den spektakulären Parque Nacional Tierra del Fuego.

3. Martial-Berge (S. 570)
Schneebedeckte Berge bilden eine majestätische Kulisse der Hafenstadt Ushuaia, einer Stadt am Ende der Welt.

4. Estancia Harberton (S. 572)
Harberton, Feuerlands älteste Estancia, wurde 1886 von dem Missionar Thomas Bridges gegründet.

FEUERLÄNDISCHE INITIATIONSRITEN

Reisen nach Feuerland sind immer auch verbunden mit der Suche nach der mystischen, geheimnisvollen Vergangenheit der Region. Souvenirläden verkaufen eine Postkarte mit abstrakter Botschaft: ein nackter Mann, der schwarz angemalt ist. Feine horizontale Linien in Weiß führen über seinen Körper, und zwar von der Brust bis zu den Füßen. Sein Gesicht bleibt verdeckt. Was soll das nur bedeuten?

Für Menschen, die den Elementen ausgesetzt waren und sich auf Verstand und Mut verlassen mussten, waren Initiationsriten eine große Sache. Die Riten des Seefahrervolkes der Yaghan (oder Yámana) ähnelten erstaunlich stark denen der wilden Nachbarn im Norden, mit denen sie wenig zu tun haben wollten, der nomadischen Jäger der Selk'nam (oder Ona, wie die Yaghan sie nannten). Beide Völker zelebrierten einen Ritus für die männlichen Mitglieder des Volkes, der den Übergang vom Knaben zum Mann begleitete. Dabei gab es viel Unruhe, und die Männer stahlen die Geheimnisse der Frauen, um Macht über sie zu gewinnen. Bei der Kina versuchten die Männer der Yahgan die Geister zu deuten, indem sie ihre Körper mit schwarzer Kohle anmalten und mit dem weißen oder roten Lehm der Gegend Streifen oder Punkte darauf setzten. Die Selk'nam führten ihre Hain-Zeremonie ganz ähnlich bemalt durch und nahmen die jungen Männer in Hütten mit, wo sie von Geistern angegriffen wurden. In dazugehörigen Zeremonien bewiesen die Männer ihre Kraft gegenüber den Frauen, indem sie in theatralischen Darbietungen die Geister niederzuringen versuchten. Jeder agierte dabei mit den typischen Eigenschaften eines bestimmten Geistes. Diese Darbietungen männlicher Kraft hatten nicht immer den gewünschten Effekt der Unterjochung: Es gibt Berichte, in denen Geister entsandt wurden, um die Lager von Frauen zu bedrohen, stattdessen aber ausgelassene Fröhlichkeit heraufbeschworen.

Unter dem Einfluss der Europäer wurden diese Zeremonien sehr verkürzt und verloren viel von ihrer ursprünglichen Bedeutung. Als der letzte Hain Anfang des 20. Jhs. in Anwesenheit von Missionaren durchgeführt wurde, war er kaum noch ein Ritual, sondern eher eine Theateraufführung.

La Anónima
SUPERMARKT $
(Ecke Gobernador Paz & Rivadavia; 9–22 Uhr) Ein Lebensmittelladen mit einem preiswerten Imbiss.

Volver
MEERESFRÜCHTE $$
(02901-423977; Av Maipú 37) Dieses Restaurant wird von einem charismatischen Chefkoch geführt, den die Einheimischen abgöttisch lieben. Es preist sich selbst als Lokal für *ceviche de la puta madre* (höflich übersetzt als „fantastische Meeresfrüchte") an. Das Essen wirkt zwar einfach, es ist aber unglaublich gut. Wer bisher dachte, er mag keine Königskrabben, der sollte ihnen hier unbedingt eine zweite Chance geben: Es werden keine zusätzlichen Soßen gereicht und die Zubereitung der Krabben ist absolut perfekt.

Bodegón Fueguino
PATAGONISCH $$
(02901-431972; Av San Martín 859; Hauptgerichte 130–250 Arg$; Di–So 12–14.45 & 20–23.45 Uhr) Dies ist der ideale Ort, um herzhafte patagonische Hausmannskost zu probieren oder sich bei Wein und Vorspeisenhäppchen zu treffen. Dieses hundertjährige typisch feuerländische Haus mit seinem pfirsichfarbenem Anstrich besitzt durch seine mit Schafsleder bezogenen Sitzbänke, die Fässer aus Zedernholz und die Farne ein richtig behagliches Ambiente. Auf einer *picada*, der Vorspeisenplatte für zwei Personen, sind Auberginen, Lammfleischspießchen, Krabben und Pflaumen im Speckmantel zu finden.

Christopher
PARRILLA $$
(02901-425079; www.christopherushuaia.com.ar; Av Maipú 828; Hauptgerichte 120–280 Arg$; 12–15 & 20–24, Sa bis 1 Uhr; P) Dieses klassische Grillrestaurant mit Braustube ist zu Recht bei den Einheimischen ausgesprochen beliebt. Herausragend schmecken die Rippchen vom Grill, die üppigen Salatportionen und die Burger. Man bekommt wirklich viel für sein Geld; die Portionen sind oft so reichlich, dass zwei davon satt werden können. Und ein talentierter Barkeeper mixt einfallsreiche Cocktails. Von den Tischen an den Fenstern aus hat man einen fantastischen Blick auf den Hafen.

Paso Garibaldi ARGENTINISCH $$
(☏02901-432380; Deloquí 133; Hauptgerichte 180–290 Arg$; ⊙Di–Sa 12–14.30 & 19–23.30, So 19–23.30 Uhr) Dieses neue Restaurant ist erfrischend authentisch und serviert herzhafte Speisen aus der Region, darunter Eintopf mit schwarzen Bohnen, leckere Salate und gebratenen Seehecht. Die recycelte Ausstattung wirkt etwas zu improvisiert, aber der Service und die Preise sind gut.

Placeres Patagónicos ARGENTINISCH $$
(☏02901-433798; www.facebook.com/Placeres-Patagonicos-Ushuaia-178544198846139; 289 Deloquí; Snacks 65 Arg$, Gerichte vom Holzbrett ab 100 Arg$; ⊙12–24 Uhr) Dieses modische Delikatessen-Café serviert auf *tablas* (Holzbrettern) Berge an selbst gebackenem Brot mit superleckeren Spezialitäten aus der Region wie geräucherte Forelle oder Wildschwein. Ein idealer Ort, um Mate (ein bitterer Tee) zu schlürfen und einen Teller *tortas fritas* (frittiertes Brot) zu genießen. Der Kaffee wird dampfend in einer Tasse serviert, die fast so groß ist wie eine Schüssel.

La Estancia STEAKHAUS $$
(☏02901-431421; Ecke Godoy & Av San Martín; Hauptgerichte 120–240 Arg$; ⊙12–15 & 20–23 Uhr) Wer einen echten argentinischen *asado* (Grillrestaurant) sucht, kommt an diesem soliden und preiswerten Haus nicht vorbei. An der Hauptstraße gibt es noch viele andere, aber dies ist das einzige, das beständig gute Speisen serviert. Wer mit viel Hunger einkehrt, sollte das *tenedor libre* (All you can eat) wählen. Einheimische und Touristen sitzen hier zusammen und lassen sich Lammbraten, saftige Steaks, brutzelnde Rippchen und pikante Salate schmecken.

Chiko MEERESFRÜCHTE $$
(☏02901-431736; www.chikorestaurant.com.ar; 25 de Mayo 62; Hauptgerichte 140–300 Arg$; ⊙Mo–Sa 12–15 & 19.30–23.30 Uhr) Eine Freude für Liebhaber von Meeresfrüchten. Knusprige, übergroße Kalamares, *paila marina* (Schellfischtopf) und Fischgerichte wie *abadejo a pil pil* (Seelachs in Knoblauchsoße) sind so gut gemacht, dass man über den recht langsamen Service hinwegsieht. Eine kuriose Sammlung chilenischer Souvenirs soll den Wirtsleuten aus Chile über das Heimweh hinweghelfen.

Tante Sara CAFÉ $$
(☏02901-423912; www.tantesara.com; Ecke Av San Martín & Juana Fadul; Hauptgerichte 154–265 Arg$; ⊙8–2 Uhr) Dieses Eckbistro, das von Touristen und Einheimischen gleichermaßen besucht wird, serviert die üblichen Klassiker in gastfreundlicher Atmosphäre. Wer noch zu später Stunde ein Häppchen essen möchte, ist hier genau richtig – nirgends sonst ist die Küche bis 2 Uhr nachts geöffnet. Das Burgermenü ist kreativ und umfangreich. In der **Filiale** (☏02901-433710; cnr Rivadavia & Av San Martín; Hauptgerichte 60–130 Arg$; ⊙Mo–Do 8–20.30, Fr & Sa bis 21 Uhr) kann man leckeres Gebäck genießen und am Wochenende brunchen.

Küar Resto Bar PUB $$
(☏02901-437396; http://kuar.com.ar; Av Perito Moreno 2232; Hauptgerichte 115–300 Arg$; ⊙18 Uhr–spätabends) In dieser schicken Blockhausbar wird einheimisches Bier ausgeschenkt; es werden Käsebretter und Tapas, aber auch komplette Abendgerichte mit frischen Meeresfrüchten serviert. Das Innere der Bar ist ziemlich modern, aber das eindeutige Highlight ist der atemberaubende Blick aufs Wasser, und das besonders bei Sonnenuntergang. Ein Taxi braucht von der Innenstadt hierher etwa fünf Minuten. Alternativ lockt das **Küar 1900** (☏02901-436807; http://kuar.com.ar; 2. Stock, Av San Martín 471; Hauptgerichte 120–180 Arg$; ⊙Mo–Sa 12–15.30 & 18.30–24 Uhr), ein kleineres Lokal in der Innenstadt, spezialisiert auf Tapas.

★ Kalma Resto INTERNATIONALE KÜCHE $$$
(☏02901-425786; www.kalmaresto.com.ar; Valdéz 293; Hauptgerichte 350–470 Arg$, 5-gängiges Degustationsmenü 950 Arg$; ⊙Mo–Sa 19–23 Uhr) In diesem kleinen Juwel werden feuerländische Spezialitäten wie Krabben und Tintenfisch in kreativen neuen Kombinationen präsentiert. Da bekommt der Schwarze Sägebarsch eine herbe Tomatensoße als Gegengewicht, da gibt es gefülltes Lamm mit Pfeffer und Rosmarin abgeschmeckt, und die Sommergemüse und essbaren Blüten kommen frisch aus dem Garten. Das ist Gourmetkost in aller Bescheidenheit. Die Weinkarte ist fantastisch. Der Service ist himmlisch – der junge Chefkoch Jorge macht regelmäßig seine Runden und teilt seine Begeisterung für die einheimischen Zutaten mit. Als Nachtisch zergeht einem ein nicht zu süßer, zerlegter Schokoladenkuchen auf der Zunge.

★ Kaupé INTERNATIONALE KÜCHE $$$
(☏02901-422704; www.kaupe.com.ar; Roca 470; Hauptgerichte 300–500 Arg$) Bei Kerzenschein und mit Blick auf die Bucht erwartet die

Gäste hier eine fast schon spirituelle Erfahrung beim Genuss der Meeresfrüchte. Reservierungen sind angebracht. Chefkoch Ernesto Vivian verwendet nur die allerfrischesten Zutaten, auch der Service ist erstklassig. Das köstliche Tagesgericht umfasst neben dem Hauptgang – mit Spitzengerichten wie einem Eintopf aus Königskrabben mit Spinat oder Schwarzem Sägebarsch in brauner Butter – zwei Vorspeisen und den Nachtisch.

Chez Manu
INTERNATIONALE KÜCHE $$$

(02901-432253; www.chezmanu.com; Martial 2135; Hauptgerichte 190–300 Arg$) Auf dem Weg zum Glaciar Martial ist dieses gastronomische Juwel ein absolutes Muss. Es liegt nur 2 km vor der Stadt, aber dennoch fühlt man sie hier wie mitten in der Natur. Chefkoch Emmanuel verleiht frischen Zutaten aus der Region wie feuerländischem Lamm oder gemischten kalten *fruits de mer* eine französische Note. Der Service ist herausragend. Das dreigängige Mittagsmenü ist immer eine gute und günstige Wahl.

Den unglaublichen Ausblick gibt es noch gratis dazu.

María Lola Restó
ARGENTINISCH $$$

(02901-421185; www.marialolaresto.com.ar; Deloquí 1048; Hauptgerichte 250–400 Arg$; Mo-Sa 12–24 Uhr; P) Dieses kreative, caféartige Restaurant liegt am Kanal. Einheimische strömen wegen der hausgemachten Nudeln mit Meeresfrüchten oder der Steaks mit üppiger Pilzsoße hierher. Das Tagesgericht während der Woche kostet inklusive Getränk 500 Arg$. Der Service ist gut, und die Portionen sind gigantisch: Ein Dessert reicht locker für zwei. Eines der wenigen Restaurants in der Innenstadt mit eigenem Parkplatz.

Ausgehen & Nachtleben

Dublin Irish Pub
PUB

(02901-430744; 9 de Julio 168; 19–4 Uhr) Dublin scheint in diesem spärlich beleuchteten Pub gar nicht so weit entfernt zu sein. Hier herrscht der Geist lebhaften Kneipengeplänkels und jeder Menge Alkohol. Gelegentlich gibt es hier auch Livemusik, und man sollte auf jeden Fall wenigstens eines der drei heimischen Beagle-Biere probieren. Möglichst vor 21 Uhr dort sein, um noch einen Sitzplatz zu ergattern.

Viagro
BAR

(02901-421617; Roca 55; 20–4 Uhr) Wer sich nicht an dem etwas unglücklichen Namen stört, findet in dieser Cocktailbar bei gedämpftem Licht den perfekten Ort für ein Rendezvous; hier werden exotische Erfindungen und Appetit anregende Tapas serviert, um die Nacht so richtig anzuheizen. Samstagabends gibt es Tanz.

Unterhaltung

Cine Pakewaia
KINO

(02901-436500; www.cinepackewaia.com; Ecke Yaganes & Gobernador Paz; Karten 100 Arg$) In diesem voll restaurierten Filmtheater im Flugzeughallenstil des Museo del Presidio werden die neuesten Kinofilme gezeigt.

Shoppen

Paseo de los Artesanos
MARKT

(Plaza 25 de Mayo) Auf diesem überdachten Kunsthandwerkermarkt bekommt man handgemachten Schmuck, Wollsachen, traditionelle Mates und vielerlei Haushaltsartikel. Die meisten Händler akzeptieren nur argentinische Pesos; also immer ausreichend Bargeld dabei haben! Die Öffnungszeiten sind je nach Saison und Händlern unterschiedlich, aber die meisten Stände haben zwischen 12 und 19 Uhr geöffnet. Der Markt befindet sich nicht am Haupthafen.

Quelhue Wine Shop
WEIN

(02901-435882; www.quelhue.com.ar; Av San Martín 253; 9.30–21.15 Uhr) Im ganzen Laden wird man wohl keine einzige schlechte Flasche Wein finden. Er ist ein Paradies für Weinliebhaber mit deckenhohen Regalen voller Rot-, Weiß- und Schaumweine. Nur die besten des Landes! Verkauft werden auch die wichtigsten Zutaten für ein perfektes Picknick: getrocknetes Fleisch, verschiedenste Käsesorten und hochwertige Schokolade.

Boutique del Libro
BÜCHER

(02901-424750; Av San Martín 1120) Diese Buchhandlung bietet ein herausragendes Angebot an Literatur, Reiseführern und Bildbänden über Patagonien und die Antarktis (auch auf Englisch).

Praktische Informationen

EINREISE

Einwanderungsbehörde (02901-422334; Fueguia Basket 187; Mo–Fr 9–12 Uhr) Argentinisches Büro für Einwanderungsbelange.

GELD

An den Avenidas Maipú und San Martín liegen mehrere Banken mit Geldautomaten.

MEDIZINISCHER SERVICE

Hospital Regional (ext 107, 02901-423200; Ecke Fitz Roy & 12 de Octubre) Bietet Notfallversorgung. Es liegt südwestlich des Stadtzentrums und ist über die Avenida Maipú zu erreichen.

POST

Post (Ecke Av San Martín & Godoy; Mo–Fr 9–18 Uhr)

PRAKTISCHE INFORMATIONEN

Oficina Antarctica (02901-430015; www.tierradelfuego.org.ar/antartida; Av Maipú 505; wenn Schiffe im Hafen liegen 9–17 Uhr) Liegt ganz ideal direkt am Pier.

Asociación Caza y Pesca (02901-422423, 02901-423168; www.cazaypescaushuaia.org; Av Maipú 822) An die Asociación Caza y Pesca sollte man sich wenden, wenn man eine Angelerlaubnis der 1. Kategorie benötigt, die in der gesamten Provinz außer im Parque Nacional Tierra del Fuego gültig ist. Auf der Website steht der Gezeitenkalender.

Automóvil Club Argentino (ACA; www.aca.org.ar; Ecke Malvina Argentinas & Onachaga) Argentiniens Automobilclub; eine gute Bezugsquelle für Straßenkarten der einzelnen Provinzen.

Club Andino Ushuaia (02901-422335, 02901-440732; www.clubandinoushuaia.com.ar; Refugio Wallner, LN Alem 2873; Mo–Fr 10–13 & 15–20 Uhr) Der Club verkauft eine Karte und einen zweisprachigen Trekking-, Bergwander- und Mountainbikeführer. Gelegentlich organisiert er auch Wanderungen und kann Führer empfehlen. Liegt 5 km westlich von Ushuaia.

Instituto Fueguino de Turismo (Infuetur; 02901-421423; www.tierradelfuego.org.ar; Av Maipú 505) Touristenbüro für Feuerland. Hier gibt es die neuesten Infos zur Entwicklung der Trekkingrouten der Insel (Huella del Fin del Mundo). Befindet sich im Erdgeschoss des Hotel Albatros.

Städtische Touristeninformation (02901-437666; www.turismoushuaia.com; Prefectura Naval 470; 8–21 Uhr) Die äußerst hilfsbereiten Mitarbeiter sprechen auch Englisch und Französisch; es gibt ein Schwarzes Brett und mehrsprachige Informationsbroschüren sowie nützliche Auskünfte zu Unterkünften, Freizeitaktivitäten und Verkehrsmitteln. Auch nach der Schließung hängt draußen noch eine Liste der verfügbaren Unterkünfte aus. Eine Filiale gibt es auch am **Flughafen** (02901-423970; www.turismoushuaia.com; Flughafen; wenn Flüge ankommen).

Nationalparkverwaltung (02901-421315; Av San Martín 1395; Mo–Fr 9–17 Uhr) Bietet umfassende Informationen zum Parque Nacional Tierra del Fuego.

An- & Weiterreise

BUS

In Ushuaia gibt es keinen Busbahnhof. Busfahrkarten sollten so früh wie möglich im Voraus gebucht werden; besonders in der Hochsaison haben schon zahlreiche Besucher in der Stadt festgesessen. Mit etwas Pech verbringt man außerdem lange Wartezeiten an den Grenzen.

Bus Sur (02901-430727; http://bussur.com; Av San Martín 245) Die Busse von Bus Sur fahren dreimal in der Woche um 8 Uhr nach Punta Arenas und Puerto Natales (Chile) mit Anschluss an die Busse von Montiel. Das Unternehmen teilt sich ein Büro mit Turismo Comapa, das auch Touren und Fähren in Chile organisiert.

Tecni-Austral (02901-431408; www.busbud.com; Roca 157) Die Busse dieses Unternehmens fahren täglich über Tolhuin nach Río Grande und Río Gallegos sowie dreimal pro Woche nach Punta Arenas. **Taqsa** (02901-435453; www.taqsa.com.ar; Juana Fadul 126) betreibt ebenfalls Busse, die um 7 Uhr morgens über Tolhuin nach Río Grande und Rio Gallegos fahren; nach Punta Arenas und Puerto Natales dreimal in der Woche und nach Río Gallegos, El Calafate und Bariloche täglich.

Lider (02901-442264, 02901-436421; http://lidertdf.com.ar; Gobernador Paz 921) betreibt Minibusse, die sechs- bis achtmal täglich von Tür zu Tür nach Tolhuin und Río Grande fahren; an Sonntagen seltener. **Montiel** (Transporte Montiel; 02901-421366; Gobernador Paz 605) bietet einen ganz ähnlichen Service.

Busse ab Ushuaia

REISEZIEL	FAHRPREIS (ARG$)	FAHRZEIT (STD.)
El Calafate	1190	18
Punta Arenas, Chile	920	12
Río Gallegos	785	13
Río Grande	410	3½
Tolhuin	260	1½

FLUGZEUG

LAN ist die beste Wahl für Flüge nach Buenos Aires; Tickets gibt es bei den örtlichen Reisebüros.
Aerolíneas Argentinas (0810-2228-6527; www.aerolineas.com.ar; Ecke Av Maipú & 9 de Julio) fliegt mehrmals täglich nach Buenos Aires (3½ Std. eine Strecke), manchmal mit Zwischenlandung in El Calafate (70 Minuten).

LADE (02901-421123, in Buenos Aires 011-5353-2387; www.lade.com.ar; Av San Martín 542) fliegt Buenos Aires, El Calafate, Río Grande und manchmal auch andere Orte an.

SCHIFF

Einige Privatjachten bieten Chartertouren auf dem Beagle-Kanal, zum Kap Hoorn und in die Antarktis an. Diese Fahrten müssen weit im Voraus organisiert werden.

Ushuaia Boating (2901-609030; www.ushuaiaboating.com; Touristenpier s/n; einfache Fahrt 120 US$) fährt täglich mit stabilen Motorschlauchbooten nach Puerto Williams (Chile). Die Fahrkarten sind nicht nur für die 40-minütige Fahrt, sondern auch für den Bustransfer ab Puerto Navarino gültig. Achtung: Bei ungünstigem Wetter fallen diese Überfahrten oft aus. Zur Wahl stehen Abfahrtszeiten um 9.30 Uhr und bei ausreichend großer Nachfrage auch noch um 18 Uhr. Eine weitere Möglichkeit, um nach Puerto Williams zu gelangen, bietet sich durch **Piratour** (S. 571).

Eine kleine Einschiffungssteuer (*tasa de embarque*) wird am Pier entrichtet.

❶ Unterwegs vor Ort

Taxifahrten zum/vom modernen Flughafen 4 km südwestlich des Stadtzentrums kosten 120 Arg$. Taxis können auch für längere Zeit gemietet werden und kosten dann rund 1300 Arg$ für drei Stunden. Entlang der Avenida Maipú verkehrt ein Stadtbus.

Die Mietpreise für Kleinwagen einschließlich Versicherung beginnen bei rund 800 Arg$ pro Tag; als gute Adresse gilt **Localiza** (02901-430739; www.localiza.com; Av Maipú 768). Einige Verleihfirmen verzichten auf den üblichen Zuschlag, der fällig würde, wenn man das Auto in anderen Orten im argentinischen Teil Feuerlands abgibt.

An der Ecke Juana Fadul and Av Maipú fahren täglich von 9 bis 14 Uhr Skibusse (hin und zurück 250 Arg$) in die Skigebiete an der RN 3. Darüber hinaus betreibt jedes Skigebiet einen eigenen Zubringerdienst von und nach Ushuaia.

Parque Nacional Tierra del Fuego

Die duftenden stillen Wälder im Süden Feuerlands türmen sich steil am Beagle-Kanal auf und sind ein atemberaubendes Terrain für Entdeckungstouren. Westlich von Ushuaia etwa 12 km an der RN 3 erstreckt sich der **Parque Nacional Tierra del Fuego** (www.parquesnacionales.gob.ar; 350 Arg$, Kasse 8–20 Uhr) auf 630 km² vom Beagle-Kanal im Süden bis jenseits des Lago Fagnano im Norden und war der erste Küstennationalpark Argentiniens.

Öffentlich zugänglich ist der südliche Teil des Parks mit malerischen Wanderungen an Buchten und Flüssen entlang, oder aber durch dichten Urwald. Spektakuläre Farbenspiele sind im Herbst zu beobachten, wenn die Scheinbuchen ganze Hügel in flammendes Rot tauchen.

Besonders an der Küste gibt es eine reiche und vielfältige Vogelwelt. Hier leben Kondore, Albatrosse, Kormorane, Möwen, Seeschwalben, Austernfischer, Lappentaucher, Kelpgänse und die flugunfähigen, lustig aussehenden Dampfschiffenten mit ihren orangefarbenen Schnäbeln, die sich wie Raddampfer bewegen. Als Eindringlinge haben sich u. a. europäische Kaninchen und nordamerikanische Biber breitgemacht, die zwar putzig anzusehen sind, aber gewaltige ökologische Schäden anrichten. Gelegentlich sind auch Grau- und Rotfüchse zu beobachten, die die reichlich vorhandenen Kaninchen zu schätzen wissen.

🛌 Schlafen & Essen

Im Nationalpark gibt es ein *refugio* und mehrere, größtenteils kostenlos nutzbare Zeltplätze. Die meisten sind oft überlaufen und dann sehr schnell unglaublich schmutzig. Also ist es umso wichtiger, den eigenen Müll aus dem Park mitzunehmen und dort keine Spuren zu hinterlassen.

Wildes Campen ist an vielen Stellen möglich. **Camping Ensenada** liegt 16 km hinter dem Parkeingang ganz in der Nähe des Küstenwanderwegs Senda Costera und **Camping Río Pipo** 6 km vom Parkeingang entfernt. Er kann leicht über die Straße zum Cañadon del Toro oder den Wanderweg Senda Pampa Alta erreicht werden. Die Zeltplätze **Camping Laguna Verde** und **Camping Los Cauquenes** verteilen sich über die Inseln im Río Lapataia. Auf diesen Plätzen gibt es keine Versorgungseinrichtungen; weitere Informationen beim **Centro de Visitantes Alakush** (Besucherzentrum des Parks; 9–19 Uhr, März–Nov. kürzer).

Der Park hat den kostenpflichtigen Campingplatz am Lago Roca geschlossen, plant jedoch einen neuen mit Duschen. Der Standort ist noch offen.

Man muss eigene Verpflegung fürs Picknick und Campen mitbringen. Auf dem Platz gibt es einen winzigen (teuren) Lebensmittelladen, der in der Hochsaison geöffnet hat.

❶ An- & Weiterreise

Wenn sich mehrere Leute zusammentun, ist eine Taxifahrt in den meisten Fällen genauso preiswert wie eine Busfahrkarte. Private Ausflugsbusse fahren ebenfalls hierher.

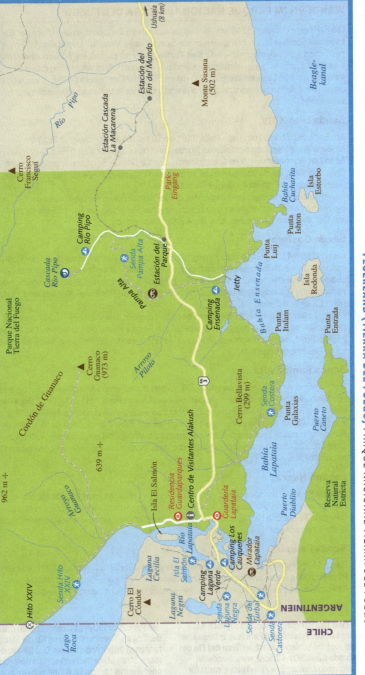

WANDERN IM PARQUE NACIONAL TIERRA DEL FUEGO

Die RN 3 erreicht nach 3242 km ab Buenos Aires ihren Endpunkt an den Ufern der Bahía Lapataia. Von hier aus schlängeln sich die Spazierwege **Mirador Lapataia** (500 m, mit herrlichen Ausblicken) und **Senda Del Turbal** (400 m) durch Lenga-Südbuchenwälder weiter die Bucht entlang. Ähnlich kurz sind u. a. der durch Torfmoore führende Naturlehrpfad **Senda Laguna Negra** (950 m) und **Senda Castorera** (400 m), von wo aus an einigen Teichen beeindruckend große und mittlerweile verlassene Biberdämme zu sehen sind.

Senda Hito XXIV

Am Ende der Straße zum Lago Roca führt ein 10 km langer Rundweg (4 Std.) ohne größere Steigungen am bewaldeten Nordostufer des Lago Roca von Hito XXIV – auf Spanisch *veinticuatro* – dem Grenzpfosten, der die Grenze zwischen Argentinien und Chile markiert. Sie zu überqueren ist strengstens untersagt. Regelmäßige Patrouillen überwachen die Einhaltung dieses Verbots.

Am selben Ausgangspunkt beginnt auch der Aufstieg zum **Cerro Guanaco** (973 m); ein nach ihm benannter steiler und beschwerlicher Bergpfad von 8 km Länge führt hinauf. Der Weg ist anstrengend, aber die Aussicht ist herrlich.

Senda Costera

Dieser 8 km (4 Std.) lange Wanderweg führt westlich der Bahía Ensenada an der Küste entlang. Mit wachem Auge kann man die von Gras überwucherten alten *conchales* (archäologisch wertvolle Muschelhaufen der Yahgan) entdecken. Ein Stückchen östlich der Parkaufsicht (*guardería*) in Lapataia trifft der Weg auf die RN 3. Von hier aus sind es nur noch 1,2 km zur Senda Hito XXIV.

Es ist zwar verführerisch, die Ärmel hochzukrempeln, um Muscheln zu sammeln, aber man sollte wissen, dass gelegentlich überall am Beagle-Kanal die *marea roja* (rote Algenpest) auftritt, die alle Weichtiere (inklusive der essbaren Muscheln) vergiftet. Dieser Weg ist ab Dezember begehbar.

Senda Pampa Alta

Trotz einer eher mäßigen Höhe (rund 315 m) bietet die Pampa Alta einen großartig weiten Ausblick über den Beagle-Kanal auf die Isla Navarino und Isla Hoste. Der Wanderweg kreuzt die RN 3 1,5 km westlich des Río Pipo und auch die Verbindungsstraße zur Bahía Ensenada (3 km vom Parkeingang). Vorbei an einem Biberdamm steigt der 5 km lange Rundweg zunächst auf einen Hügel zu einem Aussichtspunkt mit eindrucksvoller Aussicht an. 300 m weiter beginnt ein Pfad, der parallel zum Río Pipo mit einigen Wasserfällen verläuft.

Laguna Negra

Von der Straße 2 km südwestlich von Lapataia führt ein Wanderweg Richtung Norden am westlichen Ufer des Río Lapataia zu einer Angelstelle auf der Höhe der Isla El Salmón. Die Laguna Negra, ein hübscher Waldsee, ist über eine 1 km lange Schleife ganz leicht zu erreichen.

Senda Palestra

Diese 4 km lange (3-stündige) Rundwanderung von der Bahía Ensenada führt über einen Pfad Richtung Osten an einer alten Kupfermine vorbei zur beliebten Kletterwand von Palestra, unweit eines *refugio* (rustikale Herberge), der nicht mehr in Betrieb ist.

Eine Touristenattraktion und zugleich das langsamste Vehikel zum Park (sogar langsamer als Joggen) schlechthin ist der **Tren del Fin del Mundo** (✆ 02901-431600; www.trendelfin delmundo.com.ar; Erw./Kind plus Eintritt für den Park 790/150 Arg$). Ursprünglich diente der Zug als Transportfahrzeug für die Strafgefangenen in ihre Arbeitslager. Das Bähnchen (ohne Strafgefangene) verkehrt im Sommer drei oder viermal täglich, im Winter nur ein- oder zweimal am Tag. Startpunkt ist die Estación del Fin del Mundo, 8 km westlich von Ushuaia gelegen.

Während der einstündigen Fahrt auf Schmalspurgleisen durch malerische Landschaften sind Erläuterungen zur Geschichte auf Englisch und Spanisch zu vernehmen. Im Januar und Februar empfiehlt sich die Vorabreservierung, weil sich der Zug dann mit den Passagieren der Kreuzfahrtschiffe füllt. Natürlich ist es auch möglich, den Zug nur für eine Fahrt zu benutzen und für den Rückweg den Minibus zu nehmen. Allerdings kostet die Rückfahrkarte mit dem Zug genauso viel wie die einfache Fahrt.

Trampen ist auch kein Problem, doch viele Autos sind auf dieser Strecke oft schon voll besetzt.

Tolhuin & Lago Fagnano

✆ 02901

Das kleine Uferstädtchen Tolhuin (2000 Einwohner) im Herzen Feuerlands, 132 km südlich von Río Grande und 104 km nordöstlich von Ushuaia, verdankt seinen Namen dem Volk der Selk'nam: In ihrer Sprache heißt *tolhuin* „herzförmig". Matschige Straßen und abgeholzte Wälder prägen dieses rasch wachsende Grenzstädtchen am Ostufer des Lago Fagnano, auch unter dem Namen Lago Kami bekannt. Der Lago Fagnano ist mit seinem zwanglosen Freizeitangebot für Reiter, Mountainbiker, Bootsfahrer und Angler ein ruhiger Ferienort am See.

Die Uferlinie des Gletschersees teilt sich Argentinien mit Chile; sie bietet 117 km Strand, der großteils abgelegen und ohne Straßenanbindung ist. Es gibt jedoch Pläne zum Bau einer Straßenverbindung von chilenischer Seite aus und zur Einrichtung eines Katamaranverkehrs auf dem See.

◉ Sehenswertes

Museo Histórico Kami MUSEUM
(tdf@gmail.com; Lago Fagnano s/n; ⓢ Di–So 15–19 Uhr) GRATIS Wer in Tolhuin Zwischenstation macht, sollte sich dieses Museum anschauen, besonders lohnend für Spanisch sprechende Besucher. Das kleine Gebäude war eine Polizeistation aus den 1920er-Jahren und ist heute der Regionalgeschichte, angefangen mit dem indigenen Volk der Selk'nam, gewidmet. Eine Ausstellung dokumentiert die Geschichte dieses Volkes aus der nicht allzu fernen Zeit der Pioniere. Das Museum liegt neben dem Camping Hain am Lago Fagnano. Man sollte sich nicht scheuen, nach einer Führung zu fragen.

Parque Hain VERGNÜGUNGSPARK
(Parque de Diversiones Reciclado; Lago Fagnano s/n; Erw./Kind 50/20 Arg$; ⓢ 9–17 Uhr; ⓟ) Dieser eher ungewöhnliche Vergnügungspark ist das Produkt eines kreativen Geistes, denn alles ist aus recycelten Materialien gebaut, soll heißen aus 5000 Holzpaletten und Autoreifen, die in Spielgeräte verwandelt, sowie Flaschen, aus denen dekorative Gegenstände gefertigt wurden. Der Schöpfer dieses Parks ist Roberto Barbel, der auch den Campingplatz auf der anderen Straßenseite betreibt, auf dem sich ebenfalls solche skurrilen Dinge befinden, deren Betrachtung einfach Spaß macht.

🛌 Schlafen & Essen

Camping Hain CAMPINGPLATZ $
(✆ 02964-15-603606; Lago Fagnano; Zeltplatz pro Pers. 6 US$, Hütte für 3/6 Personen 58/105 US$) Camping Hain liegt am Lago Fagnano und bietet heiße Duschen, Rasenflächen mit Windschutzwänden aus Holz, einen riesigen Grillplatz und ein *fogon* (geschützte Feuerstelle mit Kochbereich). Es gibt viel Kreatives zu tun, aber mit Absicht kein Internet: Einfach den Stecker rausziehen und genießen! Der Inhaber holt die Gäste auf Wunsch von der Panadería La Unión ab.

Hostería Ruta Al Sur HOTEL $$
(✆ 02901-492278; RN 3, Km 2954; DZ mit Frühstück 125 US$; ⓢ Mitte Oktober–April; @ 🛜 🏊) Wenn man bedenkt, dass diese hübsche Lodge, umgeben von alten Buchen, an der Hauptstraße liegt, ist man etwas überrascht. Genauso überraschend ist der holprige Service. Es gibt blitzblanke Zimmer, einen geräumigen Salon und ein Restaurant, in dem ein einfaches Fühstück serviert wird. Die Preise sollten im Voraus ausgehandelt werden, da Ausländer manchmal mehr bezahlen müssen (fairerweise gibt es eben auch Preise für Feuerländer).

Panadería La Unión BÄCKEREI $
(✆ 02901-492202; www.panaderialaunion.com.ar; Jeujepen 450; Snacks 100 Arg$; ⓢ 24 Std.) Erstklassige *facturas* (süßes Gebäck) und zweitklassiger Instant-Cappuccino sorgen in diesem Lokal an der Straße für regen Betrieb. Die Porträts argentinischer Berühmtheiten an den Wänden sagen Gästen aus Europa vermutlich eher nichts (Hinweis: Die Herren sind alternde Rockstars). Busse legen hier oft eine Pause ein, um Passagiere aufzunehmen und heißes Wasser für Mate zu besorgen.

❶ Praktische Informationen

Banco de Tierra del Fuego (☏ 02901-492030; Minkiol s/n; ⏲ Di–Fr 10–15 Uhr) Hier gibt es einen Geldautomaten.

Touristeninformation (☏ 02901-492125; www.tierradelfuego.org.ar; Av de los Shelknam 80; ⏲ Mo–Fr 8–22 Uhr) Gibt Auskunft über Wanderwege, Reitausflüge und Ausrüstungsverleiher. Sie liegt hinter der Tankstelle. Wer aus Ushuaia kommt, hat bei der dortigen Touristeninformation möglicherweise mehr erfahren.

❶ An- & Weiterreise

Den ganzen Tag über halten Busse und Minibusse, die auf der RN 3 (sie sind in der Hochsaison oft schon voll) nach Ushuaia oder Río Grande unterwegs sind, an der Bäckerei Panadería La Unión (280 Arg$).

Río Grande

☏ 02964 / 66 500 EW.

Eine riesige Forellenskulptur am Ortseingang zeigt den Besuchern gleich an, dass sie sich hier quasi in der Hauptstadt des Fliegenfischens in Feuerland befinden, mit einigen der besten preisgekrönten Angelgründen für den Meerforellenfang weltweit. Wer keine Angelrute im Gepäck und auch keine entsprechenden Ambitionen hat, der wird aus dem windgepeitschten Río Grande Reißaus nehmen und schnell mit dem nächsten Bus ins 230 km entfernte Ushuaia weiterfahren.

Nachdem Wollbaron José Menéndez Ende des 19. Jhs. in der Umgebung seine ersten Schaffarmen gegründet hatte, entwickelte sich Río Grande rasch zu einem behelfsmäßigen, aber zunehmend wichtigen Dienstleistungszentrum. 1893 errichtete der Salesianerorden eine Missionsstation unter der Leitung von Monsignore Fagnano – nicht zuletzt im vergeblichen Bemühen um den Schutz der einheimischen Selk'nam vor der wachsenden Verfolgung durch Goldsucher und Farmer. Als Ölhafen und Raffineriestandort ist die Stadt heute eindeutig industriell geprägt. Selbst die Kunstwerke im öffentlichen Raum sehen aus wie grobschlächtig zusammengezimmerte Riesenspielzeuge. Der zollfreie Status, der die Entwicklung der örtlichen Wirtschaft fördern sollte, hat zur Ansiedlung von Elektronikfabriken und Gerätegroßmärkten geführt. In den Hotels und Gaststätten verkehren darum größtenteils Geschäftsleute und sorgen für ein hohes Preisniveau. Während des Falklandkriegs war der Ort zudem ein wichtiger Militärstützpunkt. Heute erinnern mehrere Gedenkstätten an die gefallenen Soldaten.

Aktivitäten

Hollywoodstars, ehemalige US-Präsidenten und andere Staatsoberhäupter strömen in Scharen ins öde Umland von Río Grande, um einen richtig großen Fang zu machen. Meistens haben sie Glück. Bach-, Meer- und Regenbogenforellen sowie Bachsaiblinge wurden in den 1930er-Jahren in den Flüssen rund um Río Grande ausgesetzt. Nicht zuletzt wegen der geringen Entfernung zum Atlantik, wo die Meerforellen einen Großteil ihres Lebens verbringen, ist die Gegend heute eines der besten Fangreviere der Welt für diese Art. Einige der hier geangelten Exemplare wiegen bis zu 16 kg, Regenbogenforellen manchmal bis zu 9 kg.

Die meisten Angeltouren in und nach Feuerland werden von Reisebüros im Ausland (großteils in den USA) organisiert. Zu den für jedermann zugänglichen Flüssen, die von Tourveranstaltern angesteuert werden, gehören Fuego, Menéndez, Candelaria, Ewan und MacLennan. In der oberen Preisklasse logieren die Hobbyfischer dagegen meist auf *estancia*s, die sich Exklusivrechte auf einige der ergiebigsten Wasserläufe gesichert haben.

Es gibt zwei Arten von Angelerlaubnisscheinen. Der erste gilt in der gesamten Provinz außer im Parque Nacional Tierra del Fuego. Anlaufstellen sind die **Asociación Caza y Pesca** (S. 581) in Ushuaia (auf der Webseite finden sich auch die Tidezeiten). Die zweite Art von Lizenz gilt für den Parque Nacional Tierra del Fuego und Patagonien. Anlaufstelle hierfür ist die Verwaltung des Nationalparks (S. 581) in Ushuaia; weitere Informationen zur Sportfischerei in Argentinien sind auch unter dem Online-Portal **Pesca Argentina** (www.pescaargentina.com.ar) abrufbar. Hier weitere nützliche Tipps:

Fliegen Gummibeine und Woolly Buggers.
Gebühren für die Angelerlaubnis 270 Arg$ pro Tag oder 1080 Arg$ für die Saison, je nachdem wo man angeln möchte.
Mengenbegrenzung Ein Fisch pro Person und Tag, ansonsten gilt: fangen und wieder freilassen.
Angelarten Spinn- und Fliegenfischen; Angeln in der Nacht ist verboten.
Saison 1. November bis 15. April, vom 1. bis 15. April gibt es sogar Mengenbeschränkungen beim „Fangen und Freilassen".

🛏 Schlafen & Essen

Hotel Villa `HOTEL $`
(☏ 02964-424998; www.hotelvilla-riogrande.com; Av San Martín 281; DZ/3BZ 57/77 US$; P @ 🛜) Dieses renovierte Hotel ist zugleich auch ein beliebtes Restaurant und liegt gegenüber dem Casino Status. Es verfügt über ein Dutzend geräumiger und stilvoll eingerichteter Zimmer, ausgestattet mit Daunendecken. Zum Frühstück werden auch *medialunas* (Croissants) serviert.

Posada de los Sauces `HOTEL $$`
(☏ 02964-432895; http://posadadelossauces.com; Elcano 839; DZ 97 US$; @ 🛜) Die Posada de los Sauces ist ein Hotel für eher betuchte Angler. Das einladende professionell geführte Hotel strahlt die Atmosphäre einer Lodge aus samt frischem Duft und forstlichen Akzenten. Zu den Deluxe-Zimmern gehören Jacuzzis. Das Bar-Restaurant im Obergeschoss ist in dunklem Holz und baumgrünen Farben ausgestattet und wartet nur darauf, mit Zigarrenduft und Geschichten erfüllt zu werden.

Don Peppone `ITALIENISCH $$`
(☏ 02964-432066; Perito Moreno 247; Hauptgerichte 180–250 Arg$; ⊘ Di-So 12–24 Uhr) An den Wochenenden geht es im Don Peppone fast schon verrückt zu. Eine gut besuchte Pizzeria mit Kreationen aus dem Steinofen, aber auch vielen verschiedenen Nudel- und Fleischgerichten. Kreditkarten werden akzeptiert.

Tante Sara `CAFÉ $$`
(☏ 02964-421114; Av San Martín 192; Hauptgerichte 120–280 Arg$; ⊘ So-Do 8–1, Fr & Sa bis 2 Uhr) Dieses Café gehört zu einer gehobenen Kette in Feuerland und ist dennoch sehr gemütlich. Es bietet den Damen Tee und Kuchen und den Herren an der auf Hochglanz polierten Theke Bier und Burger. Die Salate (römischer Salat oder Salat mit Eiern, Blauschimmelkäse oder Bacon) sind erstaunlich lecker, aber der Service ist manchmal eher etwas träge.

ℹ Praktische Informationen

Instituto Fueguino de Turismo (Infuetur; ☏ 02964-426805; www.tierradelfuego.org.ar; Av Belgrano 319; ⊘ 9–21 Uhr) Gibt Informationen zum gesamten argentinischen Teil Feuerlands.

Städtischer Touristenkiosk (☏ 02964-431324; turismo@riogrande.gob.ar; Rosales 350; ⊘ 9–20 Uhr) Nützlicher Kiosk, der an der Plaza Almirante Brown liegt und Landkarten, Broschüren über *estancias* sowie detaillierte Auskünfte für Angler bereithält.

ℹ An- & Weiterreise

BUS

Busse der folgenden Busunternehmen fahren vom **Terminal Fuegina** (Finocchio 1194) ab:

Buses Pacheco (☏ 02964-421554) Busse nach Punta Arenas; dreimal pro Woche jeweils um 10 Uhr.

Taqsa/Marga (☏ 02964-434316) Busse über Tolhuin nach Ushuaia.

Bus Sur (☏ 02964-420997; www.bus-sur.cl; 25 de Mayo 712) Busse nach Ushuaia, Punta Arenas und Puerto Natales; dreimal pro Woche um 5.30 Uhr mit Anschlussbussen des Unternehmens Montiel. (Dafür gibt es einen eigenen Fahrkartenverkauf an der 25 de Mayo.)

Tecni-Austral (☏ 02964-430610) Busse nach Ushuaia über Tolhuin; dreimal pro Woche um 8.30 Uhr; auch nach Río Gallegos und Punta Arenas; dreimal pro Woche.

Andere Busse:

Lider (☏ 02964-420003; www.lidertdf.com.ar; Av Belgrano 1122) Die beste Möglichkeit, um nach Ushuaia und Tolhuin zu kommen, ist dieser Minivan-Service von Tür zur Tür; mehrere Abfahrten täglich. Telefonische Reservierung ist notwendig.

Montiel (☏ 02964-420997; 25 de Mayo 712) Busse nach Ushuaia und Tolhuin.

FLUGZEUG

Der **Flughafen** (☏ 02964-420699) liegt nur eine kurze Taxifahrt von der Stadt entfernt, abseits der RN 3. **Aerolíneas Argentinas** (☏ 02964-424467; Av San Martín 607; ⊘ Mo–Fr 9.30–17.30 Uhr) fliegen von dort täglich nach Buenos Aires. **LADE** (☏ 02964-422968; Lasserre 429; ⊘ Mo–Fr 9–15 Uhr) fliegt mehrmals in der Woche nach Río Gallegos, El Calafate und Buenos Aires. Neue Billig-Airlines werden demnächst ebenfalls Flüge nach Buenos Aires, Ushuaia und El Calafate anbieten. **Aviación Civil Argentina** (ANAC; www.anac.gob.ar) bietet online eine Übersichtskarte mit neuen Strecken und Airlines.

Estancias rund um Río Grande

In Feuerland gab es zahlreiche riesige Schaffarmen, die unter dem Begriff *estancias* bekannt sind. Heute haben sich viele dieser Betriebe zumindest in kleinerem Rahmen dem Tourismus geöffnet und bieten die einzigartige Möglichkeit, etwas über die

Geschichte und den Zauber der Region zu erfahren. Außerdem sind sie exklusive Ziele für Fliegenfischer.

Aktivitäten

Estancia María Behety ANGELN
(☎ in USA 800-669-3474; www.theflyshop.com; einwöchiges Paket Angeln & Unterkunft pro Person 7900 US$; ☉ Dez.–April) Diese höchst exklusive Lodge und noch aktiv bewirtschaftete Ranch nimmt zahlungskräftige Angler auf. Sie wird von The Fly Shop, einem in Kalifornien ansässigen Veranstalter, verwaltet. Wollbaron José Menéndez gründete diese 1500 km² große *estancia*, und gab ihr den Namen seiner Frau. Sie liegt 17 km westlich von Río Grande und ist über die RC-c erreichbar. Außer dem Superlativ, dass sie die weltweit größte Scheune zur Schafschur besitzen soll, soll man hier am besten rekordverdächtige Meerforellen fangen können.

Schlafen

Estancia Las Hijas ESTANCIA $$
(☎ 02901-554462; www.estancialashijas.com.ar; RP 16; Übernachtung inkl. Halbpension 90 US$ pro Person oder Tagesausflug inkl. Transfer hin und zurück 300 US$) Diese viel gepriesene *estancia* richtet sich an Familien oder kleinere Gruppen (im Voraus Erkundigungen einholen, weil evtl. verschiedene Gruppen koordiniert werden müssen). In dieser Gegend gelten die Eigentümer der *estancia* als *"locos divinos"* (verrückt, aber göttlich). Nach Reitausflügen, Besuchen bei den Schafen und Grillabend können die Gäste in einfachen Unterkünften, allerdings ohne eigenes Bad, übernachten. Bei Abholung von Ushuaia oder Río Grande müssen aber mindestens zwei Personen gemeinsam fahren.

Die Estancia Las Hijas liegt 33 km nördlich von Tolhuin, 7 km auf der staubigen Straße RP 16 (ehemals „G").

Estancia Rolito ESTANCIA $$$
(☎ 02901-432419, 02901-437351; RC-a, Km 14; EZ/DZ mit Vollpension 330/550 US$) Die faszinierende rustikale Estancia Rolito ist argentinisch und einladend. Die Gäste schwärmen von Wanderungen durch Lenga-Südbuchenwälder. Tagesausflügler aus Ushuaia (von Turismo de Campo organisiert) legen hier einen Zwischenstopp zum Mittag- oder Abendessen und für verschiedene Freizeitaktivitäten ein. Die Preise gelten bei Doppelbelegung. Rolito liegt 100 km von Río Grande und 150 km von Ushuaia entfernt.

An- & Weiterreise

Besucher können mit dem eigenen Fahrzeug anreisen oder ein Paket mit Transfer buchen.

Puerto Williams (Chile)

☎ 061 / 1680 EW.

Ein echtes Feeling für das Ende der Welt bekommt man auf der entlegenen Isla Navarino. Deswegen kommen die Gäste auch ohne jegliche Werbeaktionen scharenweise hierher. Sie liegt südlich von Ushuaia jenseits des Beagle-Kanals und ist eine absolut unbewohnte Wildnis mit Torfmooren, Lenga-Südbuchenwäldern und zerklüfteten, gezackten Felsgipfeln, die unter dem Namen Dientes del Navarino bekannt sind, aber auch mit einer berühmten Trekkingroute. Puerto Williams ist die einzige Stadt, der offizielle Einreisehafen für Schiffe auf dem Weg um das Kap Hoorn und in die Antarktis. Hier wohnt auch der letzte noch lebende Sprecher der Yaghan-Sprache.

Mitte des 19. Jhs. siedelten sich auf der Insel die ersten Europäer dauerhaft an: Missionare, denen während des Goldrauschs in den 1890er-Jahren die Glücksritter folgten. Heute wohnen hier noch Angehörige der chilenischen Marine, Stadtangestellte sowie Tintenfisch- und Krabbenfischer. Die noch verbliebenen Nachfahren des indigenen Volkes der Yaghan, die sich mit den Einheimischen vermischt haben, leben in dem kleinen Dorf Villa Ukika an der Küste, das 15 Gehminuten östlich von Puerto Williams gelegen ist.

Die 150 km Wanderwege auf der Insel bekommen langsam einen internationalen Ruf, allerdings sind sie stellenweise schlecht markiert und auch recht anspruchsvoll. Beim Wandern sollte man immer einen Gefährten dabei haben und sich bei den *carabineros* (Polizei) registrieren lassen.

Sehenswertes

Museo Martín Gusinde MUSEUM
(☎ 61-262-1043; www.museomartingusinde.cl; Ecke Araguay & Gusinde; Spende erbeten; ☉ Di–Fr 9.30–13 & 15–18.30, Sa & So 14.30–18.30 Uhr, in der Nebensaison kürzere Öffnungszeiten) Das ansprechende Museum erinnert an den deutschen Priester und Ethnologen Martin Gusinde, der von 1918 bis 1923 bei den Yaghans tätig war. Den Schwerpunkt bilden völkerkundliche und naturgeschichtliche Ausstellungsstücke. In der Bibliothek gibt es öffentliches WLAN.

Club de Yates Micalvi LANDMARKE
(☉ Ende Sept.–Mai) 1976 wurde das gesunkene deutsche Lastschiff *Micalvi* in ein Marinemuseum umgewidmet, fand schließlich aber eine viel bessere Nutzung in Form einer schwimmenden Bar, die von den Marineleuten und Jachtbesitzern besucht wurde. Leider ist die Bar nicht für die Öffentlichkeit zugänglich.

Yelcho Replica LANDMARKE
In der Nähe des Eingangs zum örtlichen Militärgelände ist der originale Bug des Schiffes aufgestellt, das im Jahr 1916 die Mitglieder der von Ernest Shackleton geleiteten Antarktisexpedition von Elephant Island rettete.

Aktivitäten

Winterwanderungen sind nur für erfahrene Bergwanderer zu empfehlen. Informationen zu Trekkingrouten sind im englischsprachigen Lonely-Planet-Führer *Trekking in the Patagonian Andes* zu finden.

★ Dientes de Navarino WANDERUNGEN
Dieser Rundwanderweg führt vor der Kulisse der gezackten Türmchen der Insel Navarino zu rauen und windgepeitschten Aussichtspunkten. Ausgangspunkt der 53,3 km langen Route ist der Jungfrauenaltar vor den Toren der Stadt. Danach windet sich der Weg durch eine spektakuläre Wildnis von nackten Felsen und eingeschlossenen Seen. Geübte Wanderer schaffen das in (relativ) trockenen Sommermonaten in vier Tagen. Die Wegmarkierungen sind eher spärlich vorhanden: GPS plus Wanderkarten sollten als Navigationshilfe auf jeden Fall im Gepäck sein.

Cerro Bandera WANDERUNGEN
Dieser vierstündige Rundweg mit weiten Ausblicken auf den Beagle-Kanal bildet den Anfang des Navarino Circuit. Der Weg verläuft steil durch Lenga-Südbuchenwälder hinauf auf steinige Anhöhen, über denen die chilenische Flagge weht.

Lago Windhond WANDERUNGEN
Weniger bekannt als der Rundweg in den Dientes bietet dieser abgelegene See Wanderern eine Alternative. Die Strecke verläuft über geschützere Pfade durch Wälder und Torfmoore. Die viertägige Trekkingtour ist bei stürmischem Wetter die bessere Wahl. Details sind bei Turismo Shila zu erfahren; die Begleitung durch einen ortskundigen Führer ist oft von Vorteil.

 Geführte Touren

Denis Chevallay GEFÜHRTE TOUREN
(📱 Mobiltelefon 9-7876-6934; denischevallay@gmail.com; Ortiz 260; ☉ nach Vereinbarung) Denis Chevallay führt auf Französisch, Deutsch und Englisch und kennt sich gut in Botanik und Geschichte aus. Er leitet Trekkingtouren oder hilft bei der Logistik. Er organisiert Gepäckträger und ein Satellitentelefon. Tagesausflüge zu archäologischen Stätten sind auch im Programm.

🛏 Schlafen

Hostal Pusaki PENSION $
(📱 Mobiltelefon 9-9833-3248; pattypusaki@yahoo.es; Piloto Pardo 222; DZ mit Frühstück 75 US$, Zi ohne Bad 28 US$ pro Pers.) Die Hausherrin Patty lädt ihre Gäste mit einer schon legendär gewordenen Herzlichkeit in ihr heimeliges Haus ein, in dem sich komfortable, mit Teppich ausgelegte Zimmer mit eigenem Bad befinden. Sie organisiert Gruppenessen, an denen auch Nichtgäste teilnehmen können.

Refugio El Padrino HOSTEL $
(📱 61-262-1136, Mobiltelefon 9-8438-0843; Costanera 276; Camping pro Pers. 25 US$, B inkl. Frühstück 13 US$) Dieses saubere freundliche Hostel für Selbstversorger ist ideal, um Kontakte zu knüpfen und fungiert mit seiner quirligen Gastgeberin Cecilia als sozialer Treffpunkt. Die Schlafsäle liegen direkt am Kanal.

Lakutaia Lodge HOTEL $$$
(📱 61-262-1733; www.lakutaia.cl; EZ/DZ/3BZ 233/292/349 US$) Diese moderne Lodge liegt rund 3 km östlich der Stadt Richtung Flughafen und bietet Erholung in einer wunderschönen ländlichen Umgebung. Es gibt ein Restaurant mit Rundumservice, und die Bibliothek enthält Bücher zur Geschichte und Natur der Gegend. Es werden zudem Trekkingtouren und Reitausflüge angeboten. Einziger Nachteil des Hauses ist die einsame Lage: Man reist unter Umständen wieder ab, ohne viel von der lebendigen Stadt mitbekommen zu haben.

✗ Essen & Ausgehen

Puerto Luisa Cafe CAFÉ
(📱 Mobiltelefon 9-9934-0849; Costanera 317; Snacks 3000 Chil$; ☉ Nov.–März Mo–Fr 10–13 & 16–21, Sa 8.30–21 Uhr; 🖥) Direkt neben den Docks lädt dieses himmlische Café mit seiner heimeligen Atmosphäre, den übergroßen Stühlen und dem großartigen Meerblick zu Espresso, Schokolade und Gebäck ein.

El Alambique PUB

(Piloto Pardo 217; Di-Sa 20–1 Uhr nachts) Dieser schlichte Pub mit seinen vielen Wandmalereien serviert gute hausgemachte Nudeln (und an Freitagen gibt es so viel Pizza, wie man essen kann). Es ist das einzige Lokal, das abends die Atmosphäre eines Pubs vermittelt.

Praktische Informationen

Städtische Touristeninformation (www.ptowilliams.cl/turismo.html; Centro Comercial; Mo-Fr 9–13 & 14.30–18, Sa 9–13 Uhr) Hat Stadtpläne, Wanderkarten und aktuelle Infos zum Wetter und dem Zustand der Trekkingwege am Lago Windhond und in den Dientes de Navarino. Ist in einem kleinen Kiosk untergebracht.

Turismo Shila (Mobiltelefon 9-7897-2005; www.turismoshila.cl; O'Higgins 220; Mo-Sa 9–13.30 & 16–20 Uhr) Sehr hilfreiche Anlaufstelle für Wanderer. Vermittelt ortskundige Führer, den Verleih von Wohnwagen, Fahrrädern, Schneeschuhen, Angelausrüstung und GPS-Karten. Hier kauft man auch die Schiffsfahrkarten und bucht Charterflüge nach Ushuaia.

An- & Weiterreise

Puerto Williams ist mit dem Flugzeug oder dem Schiff erreichbar, allerdings gibt es wegen des Wetters oft Verspätungen. Empfehlenswert ist es, genügend Zeit für die Anreise zur oder Abreise von der Insel einzuplanen.

Aerovías DAP (61-262-1052; www.aeroviasdap.cl; Centro Comercial s/n; eine Strecke 75 000 Chil$; Mo-Fr 9–13 & 14.30–18.30, Sa 10–13.30 Uhr) Fliegt von November bis März von Montag bis Samstag nach Punta Arenas (68 000 Chil$, 1¼ Std.), im Winter weniger häufig. Man sollte vorher reservieren, weil eine große Nachfrage besteht. DAP-Flüge in die Antarktis legen gelegentlich einen Zwischenstopp in Puerto Williams ein.

Transbordador Austral Broom (61-272-8100; www.tabsa.cl; Liegesitz/Koje 108 000/151 000 Chil$ inkl. Mahlzeiten, 32 Std.) Viermal im Monat legt donnerstags eine Fähre von Tres Puentes, dem Fährhafen von Punta Arenas, nach Puerto Williams ab; die Rückreise von Puerto Williams nach Punta Arenas erfolgt am Samstag. Nur die Schlafkojen können im Voraus reserviert werden; die Sitze sind bis zur letzten Minute den Einheimischen vorbehalten, aber wenn man danach fragt, bekommt man in der Regel auch einen. Urlauber geraten oft ins Schwärmen, wenn sie von der Reise erzählen: Bei gutem Wetter bieten sich auf der Fahrt von Punta Arenas herrliche Ausblicke auf Gletscher und manchmal von Dezember bis April Begegnungen mit Delfinen oder Walen. Auf der Rückfahrt von Puerto Williams passiert man die Gletscher bei Nacht.

Ushuaia Boating (in Argentinien 02901-436-193; www.ushuaiaboating.com; ein Weg 120 US$; Überfahrten Okt.–April Mo–Sa) bietet sporadische Bootsfahrten an, die in der Hochsaison in der Regel täglich mit Schlauchbooten erfolgen. Die Fahrkarte beinhaltet manchmal eine holprige abenteuerliche 40-minütige Überfahrt plus einem Überlandtransfer nach/von Puerto Navarino. Achtung: Schlechtes Wetter führt oft zu Stornierungen und Verschiebungen auf unbestimmte Zeit.

Porvenir (Chile)

061 / 5910 EW.

Wer Feuerland möglichst unverfälscht erleben will, ist hier richtig. Die meisten Besucher kommen von Punta Arenas nur auf einen Tagesausflug hierher, oft seekrank von der Überfahrt. Dabei bietet eine Übernachtung hier nicht nur die Chance, zwischen den viktorianischen Häusern mit Metallverkleidungen etwas vom Flair des Dorfes mitzunehmen, sondern auch die Gelegenheit zur Erkundung der benachbarten Buchten. Vogelfreunde finden ganz in der Nähe Königspinguine sowie ganze Kolonien von Kormoranen, Gänsen und Seevögeln. Porvenir gilt als verkehrstechnisch schwer erreichbar (es gibt keine Busverbindung hierher), aber die Fertigstellung der Straßen durch den südlichen Teil des chilenischen Feuerlands eröffnet den Besuchern eine gänzlich unberührte Wildnis.

Porvenirs Bevölkerung erreichte ihre heutige Heimat in mehreren Wanderungswellen. Als 1879 in der Gegend Gold entdeckt wurde, kamen Scharen von Glückssuchern, viele davon aus Kroatien. Ein verlässlicheres Auskommen versprach wenige Jahre später die Schafzucht bei den neu gegründeten *estancias*. Diese Farmen und die Fischerei zogen damals vor allem Chilenen von der Insel Chiloé an. Die heutige Einwohnerschaft ist daher eine einzigartige Mixtur aus diesen beiden Gruppen.

Sehenswertes

Museo de Tierra del Fuego MUSEUM

(61-258-1800; Jorge Schythe 71; 1000 Chil$; Mo-Do 8–17, Fr bis 16, Sa & So 10.30–13.30 & 15–17 Uhr) Dieses faszinierende Museum an der Plaza de Armas präsentiert einige außergewöhnliche Exponate, darunter Schädel und Mumien der Ureinwohner (Selk'nam),

Musikinstrumente, die von den Indianern der Missionsstation auf der Isla Dawson benutzt wurden, und eine Ausstellung über die frühe chilenische Filmtechnik.

Geführte Touren

Bei der Touristeninformation von Porvenir können Aktivitäten wie Goldwaschen, Ausritte und Fahrten im Geländewagen gebucht werden.

Far South Expeditions OUTDOORAKTIVITÄTEN
(www.fsexpeditions.com) Touren der Extraklasse für Naturliebhaber, mit Transfer von Punta Arenas aus. Bietet Tagestouren, aber auch mehrtägige Exkursionen zur Kolonie der Königspinguine, aber auch Pauschalpakete.

Schlafen & Essen

Hotel Yagan PENSION $
(61-258-0936; Philippi 296; EZ/DZ 62/80 US$;) In den elf sauberen und angenehmen Zimmern befinden sich Heizung und Kabelfernseher; einige bieten auch einen wunderschönen Ausblick. Das Restaurant, das unter anderem frische Meeresfrüchte serviert, ist zu den Mahlzeiten immer recht voll.

★ **Yendegaia House** B&B $$
(61-258-1919; http://yendegaiahouse.com; Croacia 702; EZ/DZ/3BZ mit Frühstück 67/100/120 US$;) Hier gibt es alles, was zu einem guten B&B gehört: naturkundliche Bücher (darunter einige eigene Werke des Hausherrn), ein reichhaltiges Frühstück, Aussicht auf die Magellanstraße und geräumige Zimmer mit dicken Daunendecken. Das historische Gebäude im regionalen Stil (das älteste Wohngebäude Porvenirs) wurde hübsch renoviert, und die Gastfamilie ist sehr hilfsbereit. Die hauseigene Reiseagentur Far South Expeditions hat sich auf Exkursionen mit naturkundlicher Begleitung spezialisiert. Es stehen auch Fahrräder zum Verleih bereit.

Das dazu gehörige Café hat Espresso, Sandwiches und Pizza zur Stärkung im Angebot.

Club Croata MEERESFRÜCHTE $$
(61-258-0053; Señoret 542; Hauptgerichte 5000–12 000 Chil$; Di-So 11–16 & 19–22.30 Uhr) Hier geht es traditionellerweise förmlich zu, jedoch gibt es in diesem besten Restaurant der Stadt gute Gerichte mit Meeresfrüchten zu akzeptablen Preisen. Es gibt auch kroatische Spezialitäten wie Schweinekoteletts mit *chucrut* (Sauerkraut). Die Bar ist bis 3 Uhr nachts geöffnet.

ⓘ Praktische Informationen

Infos für Touristen gibt es im **Kiosk** (Jan.–Febr.) vor dem Parque Yugoslavo.

BancoEstado (Ecke Philippi & Croacia; Mo-Fr 10–13 Uhr) Hier gibt es einen Geldautomaten, der rund um die Uhr zugänglich ist.

Die **Post** (Philippi 176; Mo–Fr 9–13 & 15–17 Uhr) liegt an der Plaza.

ⓘ An- & Weiterreise

Von Punta Arenas kann man mit **Aerovías DAP** (061-261-6100; www.aeroviasdap.cl; Ecke Señoret & Philippi) hierher fliegen, oder man nimmt die Fähre der Reederei **Transbordador Austral Broom** (061-258-0089; www.tabsa.cl; Passagier/Fahrzeug Porvenir–Punta Arenas 6200/39 800 Chil$).

Eine gute Schotterstraße (Rte 257) verläuft nach Osten entlang der Bahía Inútil zur argentinischen Grenze bei San Sebastián. Die Fahrt kann rund vier Stunden dauern. Wer von San Sebastián (hier gibt es Benzin und ein Motel) nordwärts fahren will, sollte den direkten Weg über die stark befahrene, ziemlich ramponierte LKW-Piste meiden und stattdessen die Strecke von Onaisín zur Erdölstadt Cerro Sombrero nehmen. Unterwegs kommt man an der Querungsstelle der Magellanstraße von Punta Delgada nach Puerto Espora vorbei.

Uruguay

3,4 MIO. EW.

Inhalt ➡
Montevideo	593
Colonia del Sacramento	616
Mercedes	626
Salto	627
Valle Edén	633
Punta del Este	635
La Pedrera	644
Punta del Diablo	647
Parque Nacional Santa Teresa	649
Uruguay verstehen	651
Praktische Informationen	654

Auf nach Uruguay!

Uruguay wirkt wie eine Traube, die zwischen dem riesigen Daumen Brasiliens und dem langen Zeigefinger Argentiniens eingeklemmt ist, und es wurde lange vernachlässigt. Nachdem das kleinste Land Südamerikas rund 200 Jahre im Schatten seiner Nachbarn stand, wird ihm aber nun endlich die wohlverdiente Anerkennung zuteil. Das fortschrittliche, stabile, sichere und kultivierte Uruguay bietet seinen Besuchern vielerlei Gelegenheiten, das wahre Leben jenseits des Tourismus kennenzulernen.

Wer sich nur kurze Zeit hier aufhält, kann sich im kosmopolitischen Montevideo, im malerischen Colonia und in der Partyhochburg Punta del Este in vielerlei Aktivitäten stürzen. Aber es lohnt sich auch, tiefer zu schürfen. Es macht Spaß, an der Atlantikküste Tiere zu beobachten, am Río Uruguay von einem Thermalbad zum nächsten zu hüpfen oder im Landesinneren einen Ausritt durch das Meer von wogenden Feldern zu unternehmen.

Gut essen

- ➡ Charco Bistró (S. 622)
- ➡ Café Picasso (S. 634)
- ➡ Parador La Huella (S. 640)
- ➡ Escaramuza (S. 607)
- ➡ La Fonda (S. 604)

Schön übernachten

- ➡ La Posadita de la Plaza (S. 619)
- ➡ Estancia Panagea (S. 632)
- ➡ Casa Zinc (S. 638)
- ➡ El Galope Horse Farm & Hostel (S. 618)

Reisezeit
Montevideo

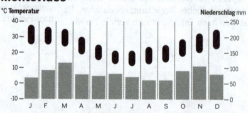

Feb. Straßentheater und Getrommel halten Montevideo während des Karnevals in Atem.

März Gaucho-Festival in Tacuarembó; niedrigere Preise an der immer noch sonnigen Atlantikküste.

Okt. Es locken die Thermalquellen von Salto oder aber das Tangofestival in Montevideo.

MONTEVIDEO

🎵 2 / 1,3 MIO EW.

In der Hauptstadt des Landes lebt fast die Hälfte der Bevölkerung Uruguays. Montevideo ist eine pulsierende, bunte Stadt mit einem reichen Kulturangebot. Die Stadt mit den vielen Gesichtern erstreckt sich 20 km von West nach Ost – vom Industriehafen bis zur exklusiven Vorstadt Carrasco am Strand unweit des Flughafens. Im Geschäftsviertel der historischen Innenstadt drängen sich Jugendstil- und neoklassizistische Gebäude und heruntergekommene Wolkenkratzer, sie wirken, als hätte man sie geradewegs aus Havanna oder aus Rumänien zur Zeit Ceaușescus eingeflogen. Weiter im Südosten erinnern die Shoppingmalls und modernen Hochhäuser von Strandgemeinden wie Punta Carretas und Pocitos eher an Miami oder die Copacabana. Die Musik-, Theater- und Kunstszene ist lebendig und niveauvoll – von eleganten älteren Theatern und gemütlichen kleinen Tango-Bars bis hin zu modernen Diskos direkt am Strand ist alles geboten. Es herrscht hier ein internationales Flair, was den vielen ausländischen Kulturzentren und Montevideos Status als Verwaltungszentrum des Mercosur – Südamerikas führender Wirtschaftsvereinigung – zu verdanken ist.

⦿ Sehenswertes

Ein wichtiger Hinweis vorab: Viele Museen in Montevideo sind unter ihrer Abkürzung bekannt. Die meisten Exponate werden nur in spanischer Sprache erläutert.

⦿ Ciudad Vieja

★ Teatro Solís   THEATER

(Karte S. 600; 📞 1950-3323; www.teatrosolis.org.uy; Buenos Aires 678; Führungen 90 Ur$, Mi frei; ⊙ Führungen Di & Do 16, Mi, Fr & So 11, 12 & 16, Sa 11, 12, 13 & 16 Uhr) Das nur wenige Schritte von der Plaza Independencia entfernte, elegante Teatro Solís gilt als die beste Bühne Montevideos. Das 1856 eröffnete Theater wurde so etwa in den letzten zehn Jahren komplett renoviert und verfügt über eine sagenhafte Akustik. Die regelmäßig angebotenen Führungen bieten eine gute Gelegenheit, Bühne und Zuschauerraum zu besichtigen, ohne eine Vorstellung anzusehen.

★ Mercado del Puerto   MARKT

(Karte S. 600; Pérez Castellano) Kein Besucher sollte in Montevideo das alte Marktgebäude am Hafen am Ende der der Straße Pérez Castellano verpassen. Die beeindruckende Dachkonstruktion aus Schmiedeeisen beherbergt einen Schwung quirlige *parrillas* (Grill-Restaurants). Vor allem am Wochenende herrscht hier nachmittags ein lebhaftes, buntes Treiben, denn dann finden sich auch die Künstler, Kunsthandwerker und Straßenmusikanten Montevideos hier ein.

Plaza Matriz   PLAZA

(Karte S. 600) Auf dem auch unter dem Namen Plaza Constitución bekannten Platz mit einer Grünanlage schlug zur Kolonialzeit das Herz Montevideos. An seiner Westseite ragt die Iglesia Matriz (Karte S. 600; Plaza Matriz) auf, das älteste öffentliche Gebäude Montevideos. Der Bau der Kirche begann 1784, vollendet wurde sie im Jahr 1799. Ihr gegenüber steht der Cabildo (Karte S. 600; Juan Carlos Gómez 1362), ein klassizistisches Steingebäude, das 1812 fertiggestellt wurde. Bänke unter den Bäumen und allerlei Speiselokale mit Tischen auf den Bürgersteigen rund um die Plaza bieten sich für eine nette Mittagspause an.

Museo de los Andes   MUSEUM

(Karte S. 600; 📞 2916-9461; www.mandes.uy; 619 Rincón; 200 Ur$; ⊙ Mo-Fr 10–17, Sa bis 15 Uhr) Das 2013 eröffnete Museum ist wirklich etwas Besonderes. Es dokumentiert nämlich den Flugzeugabsturz, der sich 1972 in den Anden ereignete. 29 Urugayer kamen damals ums Leben, was die Seele der Nation zutiefst verstörte (das Unglück wurde übrigens auch durch das Buch *Überleben! bekannt*). Die Ausstellung präsentiert originale Objekte und Fotos von der Absturzstelle und erzählt die Geschichte der 16 Überlebenden, die 72 Tage lang allen Widrigkeiten trotzten, um dann – zur allgemeinen Verblüffung – in die Heimat zurückzukehren. Das Museum wurde mit viel Herzblut vom derzeitigen Direktor Jörg Thomsen ins Leben gerufen. Er ist mit vielen der von diesem Unglück betroffenen Familien gut befreundet.

Museo del Carnaval   MUSEUM

(Karte S. 600; 📞 2916-5493; www.museodelcarnaval.org; Rambla 25 de Agosto 218; 100 Ur$; ⊙ April-Nov. Do-So 11–17 Uhr, Dez.-März tgl.) Dieses Museum beherbergt eine herrliche Sammlung von Kostümen, Trommeln, Masken, Tonaufnahmen und Fotos, welche die mehr als einhundertjährige Geschichte des Karnevals in Montevideo (S. 605) dokumentieren. Hinter dem Museum befinden sich ein Café und ein Patio, in dem die Zuschauer in den Som-

Highlights

1 Karneval (S. 605) Bei den etwa einmonatigen Feiern wird in Montevideo getanzt.

2 Punta del Diablo (S. 647) Sich an der wilden Küste Uruguays in die Wellen stürzen oder an einer Strandparty zu später Stunde teilnehmen.

3 Thermalbäder (S. 628) Die müden Muskeln in den heißen Quellen bei Salto entspannen.

4 Valle del Lunarejo (S. 650) Abseits ausgetretener Pfade das Naturschutzgebiet erkunden.

5 Colonia del Sacramento (S. 616) In dieser malerischen Stadt auf der Stadtmauer (18. Jh.) ein Sonnenbad nehmen oder durch die Straßen bummeln.

6 Cabo Polonio (S. 645) Sich durch die Sanddünen treiben lassen und vom Leuchtturm Seelöwen beobachten.

7 Museo de la Revolución Industrial (S. 627) Uruguays zum Weltkulturerbe ernannte Stätte besichtigen, die historische Fleischverarbeitungsfabrik El Anglo in Fray Bentos.

8 Punta del Este (S. 635) Sich tagsüber ins Strandleben stürzen und nachts in die Clubs.

9 Tacuarembó (S. 632) Auf dem Pferderücken Rinder hüten und den Alltag auf einer *estancia* erleben.

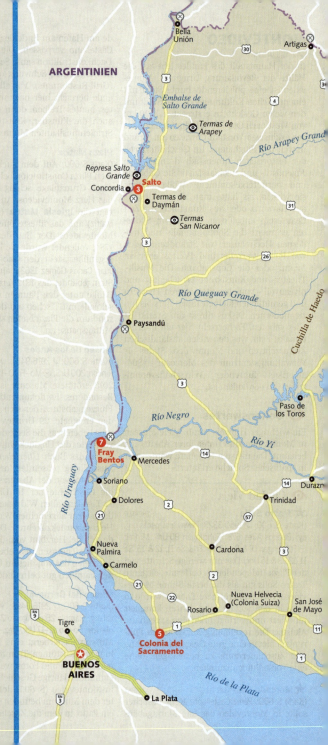

Montevideo

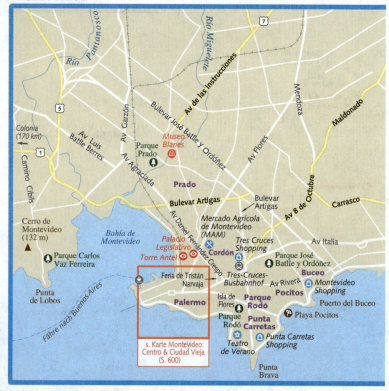

mermonaten auch Vorstellungen anschauen können. Einige interaktive Exponate, die 2014 ergänzt wurden, geben eher spärliche Erklärungen auf Englisch.

Museo y Archivo Histórico Municipal   MUSEUM
(Stadtarchiv & Historisches Musum; Karte S. 600; 2915-9685; www.cabildo.montevideo.gub.uy; Juan Carlos Gómez 1362; Mo-Fr 12–17.45, Sa 11–17 Uhr) GRATIS Das kostenlose Historische Museum am Hauptplatz in der Ciudad Vieja präsentiert Gemälde, die Montevideo im 18. Jh. zeigen, sowie andere Exponate von den Anfängen der Stadt.

Museo de Arte Precolombino e Indígena   MUSEUM
(MAPI; Karte S. 600; 2916-9360; www.mapi.uy; 25 de Mayo 279; 100 Ur$; Mo-Sa 10.30–18 Uhr) Das Museum zeigt in einer Dauerausstellung Artefakte und Informationen zu den ersten Einwohnern Uruguays, außerdem sind Wechselausstellungen zu sehen, die sich mit den indigenen Stämmen Nord- und Südamerikas beschäftigen.

Museo de Artes Decorativas   MUSEUM
(Karte S. 600; 2915-1101; www.mec.gub.uy; Calle 25 de Mayo 376; Mo-Fr 12.30–17.30 Uhr) GRATIS Der Palacio Taranco, das ehemalige Domizil eines reichen Kaufmanns aus dem Jahr 1910, wurde von den berühmten französischen Architekten Charles Girault und Jules Chifflot entworfen. Das Anwesen ist vollgestopft mit aufwendigen Stilmöbeln und Gemälden europäischer Künstler, beispielsweise Ghirlandaio und Goya.

Casa Rivera   MUSEUM
(Karte S. 600; 2915-1051; www.museohistorico.gub.uy; Rincón 437; Mi-So 12–17.45 Uhr) GRATIS Das klassizistische Gebäude aus dem Jahr 1802 beherbergt das ehemalige Domizil von Fructuoso Rivera (Uruguays erstem Präsidenten und Gründer der Colorado-Partei).

Die Casa Rivera ist das Kernstück von Montevideos Historischem Nationalmuseum und präsentiert eine Sammlung von Gemälden, Dokumenten, Möbeln und Artefakten, die die Geschichte Uruguays vom 19. Jh. bis zur Unabhängigkeit nachspüren.

Verschiedene andere historische Gebäude in der Ciudad Vieja gehören offiziell mit zu diesem Museum; sie sind allerdings eher selten für Besucher geöffnet.

⊙ Centro

★ Museo del Gaucho MUSEUM
(Karte S. 600; 2900-8764; Av 18 de Julio 998; Mo–Fr 10–16 Uhr) GRATIS Das Museum im pompösen Palacio Heber vermittelt sehr anschaulich die tiefe Bindung, die zwischen den Gauchos, ihren Tieren und ihrem Land besteht. Die exquisite Sammlung an historischen Artefakten umfasst Pferdegeschirr und Silberarbeiten sowie *mates* und *bombillas* in extravaganten Designs, also Mate-Gefäße und Metallhalme (mit Filter) zum Trinken des Mate-Tees, eines leicht bitteren Ritualtees.

Plaza Independencia PLAZA
(Karte S. 600) Montevideos größte Plaza in der Innenstadt ehrt José Artigas (1764–1850), den Helden beim Kampf um die Unabhängigkeit, mit einer 17 m hohen und 30 t schweren Statue sowie mit dem unterirdischen **Mausoleo de Artigas** (Karte S. 600; 9–17 Uhr); eine Ehrenwache bewacht dort 24 Stunden am Tag seine sterblichen Überreste. Weitere sehenswerte Gebäude rund um den Platz sind die **Puerta de la Ciudadela** (Karte S. 600), ein einsames Steintor, das als einziges Relikt der 1833 abgerissenen Zitadelle erhalten geblieben ist, der **Palacio Estévez** (Karte S. 600) aus dem 19. Jh. sowie der **Palacio Salvo** (Karte S. 600), der mit einer Höhe von 26 Stockwerken bei seiner Eröffnung im Jahr 1927 das höchste Gebäude des Kontinents war und bis heute als klassisches Wahrzeichen Montevideos gilt.

⊙ Nördlich vom Centro

Palacio Legislativo HISTORISCHES GEBÄUDE
(2142; www.parlamento.gub.uy; Av General Flores s/n; Führungen 3 US$; Mo–Fr 10.30–15 Uhr) Das Gebäude aus dem Jahr 1908 beherbergt bis heute Uruguays Asamblea General (Legislative). Das dreistöckige, klassizistische Parlamentsgebäude kann montags bis freitags um 10.30 und 15 Uhr im Rahmen einer Führung besichtigt werden.

Torre Antel TURM
(2928-8517; Guatemala 1075; Führungen Mo, Mi & Fr 10.30–12 Uhr im 30-Minutentakt) GRATIS Ein toller Blick über die Stadt eröffnet sich, wenn man mit dem Lift auf den spannendsten modernen Wolkenkratzer hinauffährt, den Montevideo zu bieten hat.

⊙ Östlich vom Centro

Museo del Fútbol MUSEUM
(2480-1259; www.estadiocentenario.com.uy/site/footballMuseum; Estadio Centenario, Av Ricaldoni s/n, Parque José Batlle y Ordóñez; 150 Ur$; Mo–Fr 10–17 Uhr) Dieses Museum ist ein Muss für jeden *Fútbol*-Fan. Zu bestaunen sind Erinnerungsstücke aus den Jahren 1930 und 1950, als Uruguay die Fußballweltmeisterschaft gewann. Die Besucher können auch die Tribünen besichtigen.

URUGUAY IN ...

... zwei Tagen

Nur Zeit, um ein paar Tage von Buenos Aires aus in Uruguay vorbeizuschauen? Dann aber nicht übertreiben! Am besten konzentriert man seine Energien auf die legere, malerische, historische Stadt Colonia (S. 616) mit ihrem Flusshafen oder auch auf die urbanen Attraktionen von Montevideo (S. 593), zwei Städte, die sich problemlos von der Hauptstadt Argentiniens per Fähre erreichen lassen.

... einer Woche

Wer eine Woche zur Verfügung hat, fährt an der Atlantikküste entlang weiter in Richtung Nordosten, um einige der schönsten Strände Uruguays anzuschauen: den Ferienort Piriápolis (S. 633) aus dem frühen 20. Jh., das glamouröse Punta del Este (S. 635), das einsame Cabo Polonio (S. 645), die surferfreundlichen Ortschaften La Paloma (S. 643) und La Pedrera (S. 644) oder auch die Strandparty-Hochburg Punta del Diablo (S. 647) mit Hippieflair. Es besteht auch die Möglichkeit, am Río Uruguay entlang flussaufwärts zu den Wasserfällen von Iguazú (im Dreiländereck Argentinien, Brasilien, Paraguay) zu fahren, und zwar über die Weingüter von Carmelo (S. 624), das kuriose Industriemuseum in Fray Bentos (S. 627) und die Thermalquellen von Salto (S. 628).

... zwei Wochen

Und wer ganze zwei Wochen Zeit hat, sollte auch das Landesinnere von Uruguay erkunden, auf einer Touristen-*estancia* (S. 639) zum Reiten gehen und sich unter der unendlichen Weite des Himmels von Tacuarembó (S. 632) oder im Valle del Lunarejo (S. 650) eine Weile dem gemächlicheren Tempo hingeben.

Espacio de Arte Contemporáneo   GALERIE
(2929-2066; www.eac.gub.uy; Arenal Grande 1930; Mi–Sa 14–20, So 11–17 Uhr) GRATIS Diese Galerie nutzt die zum Nachdenken anregenden Zellen eines Gefängnisses aus dem 19. Jh., um für die Wechselausstellungen zeitgenössischer Kunst einen avantgardistischen Rahmen zu schaffen.

⊙ Parque Rodó, La Rambla & die Strände im Osten

La Rambla, Montevideos mehrere Kilometer lange Promenade, prägt den Charakter der Hauptstadt. Sie verbindet die Innenstadt mit den Vierteln am Strand: Punta Carretas, Pocitos, Buceo und Carrasco.

Hier spielt sich am Sonntagnachmittag das gesellschaftliche Leben der Hauptstädter ab, denn dann treffen sie sich hier mit ihren Freunden. Unverzichtbares Utensil ist eine Thermoskanne mit Mate.

★ Museo Nacional de Artes Visuales   MUSEUM
(MNAV; 2711-6124; www.mnav.gub.uy; Giribaldi 2283, Parque Rodó; Di–So 14–19 Uhr) GRATIS Uruguays größte Gemäldesammlung befindet sich in diesem Museum im Parque Rodó. Die weitläufigen Räumlichkeiten zieren Werke von Blanes, Cúneo, Figari, Gurvich, Torres García und anderen berühmten Uruguayern. Wer sich mit einzelnen Künstlern eingehender beschäftigen möchte, sollte dem **Museo Torres García** (Karte S. 600; 2916-2663; www.torresgarcia.org.uy; Sarandí 683; 120 Ur$; Mo–Sa 10–18 Uhr), dem **Museo Figari** (Karte S. 600; 2915-7065; www.museofigari.gub.uy; Juan Carlos Gómez 1427; Di–Fr 13–18, Sa 10–14 Uhr) GRATIS und dem **Museo Gurvich** (Karte S. 600; 2915-7826; www.museogurvich.org; Sarandí 524; 150 Ur$, Di frei; Mo–Fr 10–18, Sa 11–15 Uhr) in der Ciudad Vieja oder auch dem **Museo Blanes** (2336-2248; www.blanes.montevideo.gub.uy; Av Millán 4015; Di–So 12–17.45 Uhr) GRATIS, im Viertel Prado nördlich vom Centro gelegen, einen Besuch abstatten.

Castillo Pittamiglio   HISTORISCHES GEBÄUDE
(2710-1089; www.castillopittamiglio.org; Rambla Gandhi 633; Führungen 125 Ur$) An der Rambla (Uferpromenade) zwischen Punta Carretas und Pocitos beeindruckt das exzentrische Vermächtnis des einheimischen Alchimisten und Architekten Humberto Pittamiglio. Allein schon die kuriose Fassade lohnt einen Blick. Wer die Räumlichkeiten eingehender

in Augenschein nehmen möchte, nimmt an einer Führung (auf Spanisch) teil; die Website enthält ein Monatsprogramm mit Öffnungszeiten und Veranstaltungen.

Museo Naval MUSEUM
(☏ 2622-1084; Ecke Rambla Presidente Charles de Gaulle & Av L.A. de Herrera; 60 Ur$; ⊗ Fr–Mi 9–12 & 14–18 Uhr) Das Marinemuseum im Osten der Stadt, direkt am Wasser in Buceo, beschäftigt sich mit der Rolle, die Boote und Schiffe in der Geschichte Uruguays spielten – von der Kanukultur der Charrúa bis hin zum dramatischen Untergang der *Graf Spee* in den Gestaden Montevideos im Jahr 1939.

 Aktivitäten

Eines der großen Vergnügen in Montevideo bietet der kombinierte Fuß-, Jogging- und Radweg, der neben der Rambla am Wasser entlangführt. Nach ein paar Kilometern erstreckt sich östlich vom Zentrum die Playa Pocitos – der schönste Strand, um zu **schwimmen**. Außerdem spielen wie meistens auch gerade ein paar Leute **Beach-Volleyball** – einfach mitmachen! Ein paar Buchten weiter besteht die Möglichkeit, im Jachthafen von Buceo, genau gesagt im Jachtclub, Unterricht im **Windsurfen** zu nehmen. Die ganze Rambla bietet sich für einen malerischen Streifzug an; sonntags trifft sich hier jede Menge Volk, um den Nachmittag zu verbringen.

Orange Bike RADFAHREN
(Karte S. 600; ☏ 2908-8286; www.orangebike. com.uy; Pérez Castellano 1417bis; Fahrradverleih pro 4/24 Std. 10/20 US$; ⊗ Nov.–April 9–19 Uhr, Mai–Okt. 10–17.30 Uhr) Das Geschäft oberhalb vom Mercado del Puerto verleiht hochwertige Fahrräder. Man kann das Rad gleich dort im Büro mitnehmen oder es sich sogar bis vor die Tür bringen lassen.

 Kurse

Academia Uruguay SPRACHE
(Karte S. 600; ☏ 2915-2496; www.academiauru guay.com; Juan Carlos Gómez 1408; Gruppenunterricht pro Woche 245 US$, Einzelunterricht pro Std. 30 US$) Hier wird Spanisch-Einzel- und Gruppenunterricht mit stark kultureller Ausrichtung erteilt. Das Institut organisiert auch Aufenthalte bei Gastfamilien, Apartments und Freiwilligenarbeit.

Joventango TANZ
(Karte S. 600; ☏ 2908-6813; www.joventango.com; Aquiles Lanza 1290; pro Unterrichtsstunde 225 Ur$)

NICHT VERSÄUMEN

MONTEVIDEO – HIGHLIGHTS AM WOCHENENDE

Am Wochenende ist die Zeit gekommen, um sich bei einigen für Montevideo typischen Aktivitäten zu amüsieren. Ein Hinweis: Die Ciudad Vieja, d. h. die Altstadt außerhalb vom Mercado del Puerto, gleicht an Sonntagen praktisch einer Geisterstadt, denn dann sind alle Geschäfte geschlossen und das pralle Menschenleben spielt sich in Richtung Osten an der langen Rambla am Wasser ab.

Samstagvormittag Auf dem wunderbaren Antiquitätenmarkt auf der Plaza Matriz (S. 593) herumstöbern.

Samstagnachmittag Seiner „Fleischeslust" bei einem Mittagessen im Mercado del Puerto (S. 606) zu frönen.

Samstagabend Sich eine Vorstellung im Teatro Solís (S. 609) oder in der Sala Zitarrosa (S. 609) ansehen, ein paar *uvitas* (Süßweingetränk) schlürfen und im Fun Fun (S. 609) Livemusik hören, Tapas und Cocktails in der Baker's Bar (S. 609) genießen oder die ganze Nacht in den Nachtclubs der Stadt durchfeiern.

Sonntagmorgen Das Labyrinth aus Marktständen auf der Feria de Tristán Narvaja (S. 612) erkunden.

Sonntagnachmittag Sich unter die Einheimischen mischen, die auf der etwa 20 km langen Rambla am Strand entlang ihrem Mate-Ritual frönen.

Sonntagnachmittag Sich in den Straßen von Palermo oder im Parque Rodó vor dem Karneval eine Trommelprobe anhören oder um 19.30 Uhr zu einem einem „Café-Konzert" mit Tangomusik von Joventango im Mercado de la Abundancia (S. 612) gehen.

Montevideo: Centro & Ciudad Vieja

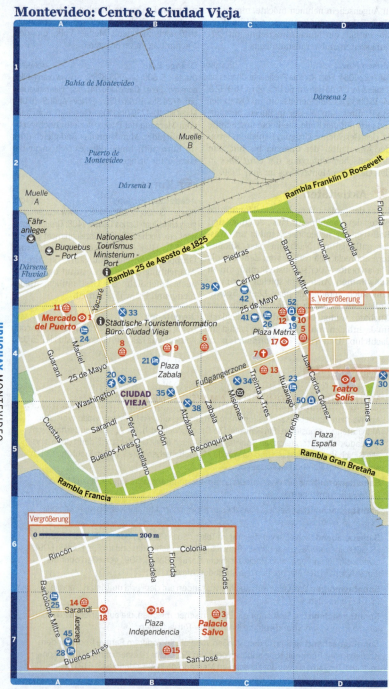

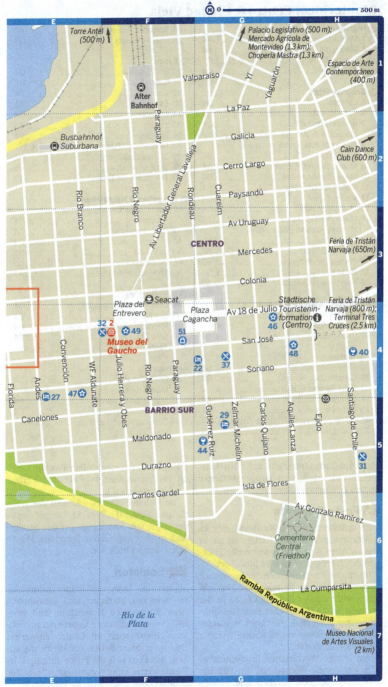

Montevideo: Centro & Ciudad Vieja

◎ Highlights
1. Mercado del Puerto A4
2. Museo del Gaucho F4
3. Palacio Salvo C7
4. Teatro Solís D4

◎ Sehenswertes
5. Cabildo D4
6. Casa Rivera C4
7. Iglesia Matriz C4
   Mausoleo de Artigas .... (s. 16)
8. Museo de Arte Precolombino e Indígena B4
9. Museo de Artes Decorativas B4
10. Museo de los Andes D4
11. Museo del Carnaval A4
12. Museo Figari C4
13. Museo Gurvich C4
14. Museo Torres García A7
    Museo y Archivo Histórico Municipal .... (s. 5)
15. Palacio Estévez B7
16. Plaza Independencia B7
17. Plaza Matriz C4
18. Puerta de la Ciudadela A7

✪ Aktivitäten, Kurse & Touren
19. Academia Uruguay C4
    Joventango .... (s. 48)
20. Orange Bike B4

🛏 Schlafen
21. Alma Histórica B4
22. Caballo Loco Hostel G4
23. Casa Sarandi Guesthouse C4
24. Don Hotel A4
25. Hotel Palacio A7
26. Punto Berro Hostel Ciudad Vieja C4
27. Smart Hotel E4
28. Spléndido Hotel A7
29. Ukelele Hostel G5

✖ Essen
30. Bar Tasende D4
31. Candy Bar H5
32. Comi.K F4
33. Es Mercat B4
34. Estrecho C4
35. Jacinto B4
36. La Fonda B4
    Mercado del Puerto .... (s. 1)
37. Shawarma Ashot G4
38. Sin Pretensiones B5
39. Toledo Bar de Tapas C3

✪ Ausgehen & Nachtleben
40. Barón: la Barbería que Esconde un Secreto H4
41. Café Brasilero C4
42. La Farmacia C3
43. La Ronda D5
44. Museo del Vino G5
45. Shannon Irish Pub A7

✪ Unterhaltung
46. Cinemateca Uruguaya G4
47. Fun Fun E4
48. Mercado de la Abundancia H4
49. Sala Zitarrosa F4
    Teatro Solís .... (s. 4)

🛍 Shoppen
50. La Pasionaria D4
    Manos del Uruguay .... (s. 34)
51. Manos del Uruguay F4
52. Pecarí C4
    Samstags-Flohmarkt .... (s. 17)

Hier wird Tangounterricht auf allen Leistungsniveaus erteilt, vom blutigen Anfänger bis zum erfahrenen Könner.

🎉 Feste & Events

Beim spätsommerlichen **Karneval** geht es in Montevideo erheblich fetziger zu als in Buenos Aires – er ist das kulturelle Highlight des Jahres, auf den alles hinfiebert.

Im Parque Prado, nördlich der Innenstadt gelegen, finden im Rahmen der Festlichkeiten während der Semana Criolla in der **Semana Santa** (Karwoche) auch Geschicklichkeitsvorführungen von Gauchos, *asados* auf großen Grillrosten und andere typische Veranstaltungen statt.

Am letzten Wochenende im September oder am ersten Wochenende im Oktober öffnen alle Museen, Kirchen und historischen Häuser kostenlos ihre Pforten. Gefeiert werden die **Días del Patrimonio** („Tage des Nationalerbes").

Im Oktober geht es während des zehntägigen **Festival „Viva El Tango"** unter der Regie von Joventango auf den Straßen und in den angesagten Locations Montevideos immer hoch her.

Schlafen

Montevideo kann mit immer zahlreicheren schicken Boutique- und Luxushotels, einer florierenden Hostelszene und einer Fülle von zuverlässigen Quartieren im mittleren Preisbereich im Centro aufwarten. Da immer mehr Betten zur Verfügung stehen, gestalten sich die Preise aufgrund des Wettbewerbs immer günstiger; die besten Schnäppchen findet man im Internet.

🛏 Ciudad Vieja

★ Hotel Palacio HOTEL $
(Karte S. 600; ☏ 2916-3612; www.hotelpalacio.com.uy; Bartolomé Mitre 1364; Zi. ohne Frühstück & ohne/mit Balkon 45/50 US$; ✴ 🛜) Wer die Chance hat, eines der beiden Zimmer im sechsten Stock dieses alteingesessenen Familienbetriebs – lediglich einen Block von der Plaza Matriz entfernt – zu ergattern, der sollte sofort zuschlagen. Sie verfügen über Klimaanlage und Balkon und bieten einen herrlichen Blick über die Dächer der Ciudad Vieja. Aber auch das Preis-Leistungs-Verhältnis der anderen Zimmer in diesem Hotel stimmt. Zur Verfügung stehen Holzböden, antike Möbel, ein nostalgischer Lift und Service der alten Schule.

Spléndido Hotel HOTEL $
(Karte S. 600; ☏ 2916-4900; www.splendidohotel.com.uy; Bartolomé Mitre 1314; DZ 40–55 US$, DZ ohne Bad 30–45 US$, EZ ohne Bad 25–38 US$; @ 🛜) Das etwa verblasste, flippige Spléndido bietet Budget-Reisenden, denen ihre Privatphäre wichtiger ist als ein Hostel mit Partystimmung, wirklich viel fürs Geld. Die besseren Zimmer besitzen 5 m hohe Decken und Flügeltüren, die auf einen Balkon hinausgehen; drei Zimmer (Nr. 106, 220 & 221) bieten eine hübsche Aussicht direkt aufs Teatro Solís. Manche Zimmer sind allerdings etwas beengt und wirken erheblich weniger einladend. Am besten lässt man sich deshalb das Zimmer vor dem Bezug zeigen. In den Kneipen auf der Straße unten kann es häufig ziemlich laut werden.

Punto Berro Hostel Ciudad Vieja HOSTEL $
(Karte S. 600; ☏ 2914-8600; www.puntoberrohostel.com; Ituzaingó 1436; B/DZ inkl. Abendessen ab 17/33 US$; @ 🛜) Das Hostel in den beiden obersten Etagen eines älteren Gebäudes, das in der Ciudad Vieja liegt, befindet sich bloß ein paar Schritte von den Sehenswürdigkeiten im Altstadt entfernt. Oben verlockt eine hübsche Dachterrasse, auf der *asados* (Gegrilltes) angeboten werden. Minuspunkte gibt es für den allgemeinen Mangel an Sauberkeit und Organisation.

★ Casa Sarandi Guesthouse PENSION $$
(Karte S. 600; ☏ 2400-6460, 099-707068; www.casasarandi.com; Buenos Aires 558, 3. St.; Zi. ohne Frühstück 85 US$; 🛜) Die beiden attraktiven Gästezimmer in einer nostalgischen Wohnung mit Küche und gemütlichem Wohnzimmer, samt Kunstwerken aus Uruguay und Parkettboden, befinden sich einen Block südlich der Plaza Matriz. Es empfiehlt sich, frühzeitig einen Termin mit den walisisch-argentinischen Inhabern zu vereinbaren; diese wohnen zwar nicht hier, kommen aber mit dem Schlüssel vorbei und bringen auch gleich noch jede Menge topaktueller Tipps zu Restaurants, Unterhaltung und Transportmitteln mit.

Don Hotel BOUTIQUEHOTEL $$
(Karte S. 600; ☏ 2915-9999; www.donhotelmontevideo.com.uy; Piedras 234; DZ 125–149 US$, Suite 305–330 US$; ✴ @ 🛜) Das moderne Boutiquehotel direkt gegenüber vom Mercado del Puerto und dem Fähranleger ist ein Ausbund an edlem Schwarz, Weiß und Silber mit iberischen Tapeten und Kacheln im ganzen Gebäude; von den nach vorne hinausgehenden Superior-Zimmern, mit Whirlpools und Panoramaaussicht, blickt man u. a. auf die kunstvollen Dächer der Markthalle. Ein Pool, ein Solarium und eine Dachbar mit Aussicht auf den Hafen von Montevideo tragen ein Übriges zum komfortablen, stilvollen Flair dieses Hotels bei.

Alma Histórica BOUTIQUEHOTEL $$$
(Karte S. 600; ☏ 2914-7450; www.almahistoricahotel.com; Solis 1433, Plaza Zabala; Zi. 185–285 US$, Suite 240–300 US$; ✴ 🛜) Das noble, im Jahr 2014 eröffnete Boutiquehotel unter italienischer Leitung beeindruckt mit seinen mit Antiquitäten vollgestopften Zimmern, deren Dekor berühmte Bewohner Uruguays ehrt – Künstler, Schriftsteller, Sportstars etc. An Annehmlichkeiten warten feudale Schweizer Matratzen, Bettwäsche aus ägyptischer Baumwolle, gemütliche Kissen, Safes in der Größe eines Laptops sowie YouTube- und Netflix-Streaming auf Fernsehern mit großem Flachbildschirm.

Zum edlen Ambiente tragen beispielsweise die originale Marmortreppe (errichtet um 1900) sowie die elegante Bibliothek bei, in der Unmengen von Kunstbänden und Reiseführern zu finden sind.

🛏 Centro

Caballo Loco Hostel HOSTEL $
(Karte S. 600; ☏ 2902-6494; www.caballolocohostel.com; Gutierrez Ruiz 1287; B 14–24 US$; ✴ 🛜) Das nette Hostel in einem aufgepeppten historischen Gebäude erfreut sich einer unschlagbaren Lage mitten in der Stadt, genau gesagt nur einen Katzensprung von der grünen Plaza Cagancha und den Bushaltestel-

len zum Busbahnhof und zu den Stränden von Montevideo entfernt. Insgesamt sechs Schlafsäle, mit vier bis zehn Betten, gruppieren sich um einen einladenden Aufenthaltsbereich mit hohen Decken samt Gästeküche, Billardtisch und TV-Lounge. Weitere Pluspunkte gibt es für die netten Inhaber und den angeschlossenen Fahrradverleih.

Ukelele Hostel   HOSTEL $
(Karte S. 600; 2902-7844; www.ukelelehostel.com; Maldonado 1183; B 14–24 US$, DZ 40–70 US$; @🌐❄🏊) Zu den attraktiven Elementen in diesem Hostel, das aus einem Familiendomizil aus den 1920er-Jahren hervorging, zählen beispielsweise die nostalgischen architektonischen Details und eine Grünfläche mit Swimmingpool und Patio zum Entspannen. Geboten ist eine gute Mischung aus Schlafsälen und Privatzimmern, und an einladenden Aufenthaltsbereichen verlocken eine Bar sowie ein Musikzimmer mit hohen Decken und Holzböden.

Smart Hotel   HOTEL $$
(Karte S. 600; 2903-3222; www.smarthotelmontevideo.com; Andes 1240; Zi. 65–115 US$; ❄@🌐) „Smart" beschreibt perfekt das moderne Ambiente, die weiße Möblierung mit klaren Linien und das helle Holzdekor dieses gut gelegenen Neuzugangs in der Hotelszene unweit der Plaza Independencia. Alle Zimmer sind mit einem Kühlschrank, einem Sofa und einem Kaffeetisch ausgestattet; die teureren Wohneinheiten verfügen auch über ein Schlafsofa, Mikrowelle und manchmal über eine Terrasse. Die Eck-Lofts, in denen auch ein Schreibtisch steht, bieten wirklich viel zusätzlichen Platz. Ein Restaurant gehört mit dazu, ebenso eine Parkgarage – und bei längeren Aufenthalten gibt es Rabatt.

🛏 Parque Rodó, La Rambla & Strände im Osten

Buenas Vibras Hostel   HOSTEL $
(2407-5015; www.buenasvibrashostel.com; Maldonado 2077; B 14–17 US$, DZ 50 US$; 🌐) Dieses neuere, kleinere Hostel im Trendviertel Parque Rodó beeindruckt auf den ersten Blick nicht gerade durch seine Ästhetik, doch der freundliche Empfang macht das mehr als wett. Der Inhaber und Manager Matias organisiert Grillfeste, preiswerte Ausflüge zu den Fußballspielen vor Ort und andere Events, um die Leute zusammenzubringen und den interkulturellen Austausch zu fördern. Während der Recherchen zu diesem Reiseführer wurde das 18-Betten-Hostel gerade ausgebaut, um einen vierten Schlafsaal und ein Privatzimmer zu schaffen.

Cala di Volpe   BOUTIQUEHOTEL $$
(2710-2000; www.hotelcaladivolpe.com.uy; Ecke Rambla Gandhi & Parva Domus, Punta Carretas; Zi. 83–168 US$, Suite 139–228 US$; ❄@🌐🏊) Das feudale Hotel gegenüber vom Strand bietet Annehmlichkeiten, die ein Boutiquehotel auszeichnen, in Hülle und Fülle: gemütliche Sofas, Schreibtische, gefliese Marmorbäder, die nur so spiegeln, sowie Panoramafenster vom Boden bis zur Decke hinauf, beispielsweise mit Aussicht auf den Río de la Plata. Auf dem Dach locken ein kleiner Swimmingpool und ein nettes Restaurant.

Sofitel Montevideo Casino Carrasco & Spa   CASINOHOTEL $$$
(2604-6060; www.sofitel.com; Rambla Republica de Mexico 6451, Carrasco; Zi. 220–357 US$, Suite ab 408 US$; ❄@🌐🏊) Das von oben bis unten renovierte und 2013 als Luxushotel wiedereröffnete historische Kasino von Carrasco ist mit Sicherheit die protzigste Unterkunft, die die Stadt zu bieten hat. Das monumentale Gebäude aus dem frühen 20. Jh. – seit Langem ein Wahrzeichen dieses beutchten Viertels – bietet 116 Zimmer, darunter 23 exquisite Suiten. Mit dazu gehören ein Kasino, ein Spa mit Innen- und Außenpools – und das üppigste Frühstück, das in ganz Uruguay serviert wird.

🍴 Essen

Wer in Montevideo gern zum Essen gehen möchte, hat wahrlich die Qual der Wahl. Hier gibt es alles – von Cafés aus dem 19. Jh. bis hin zu modernen, trendigen Bistros und von fleischlastigen *parrillas* bis zu vegetarischen und veganen Lokalen; und in allen ist ein breiteres Angebot an internationaler Küche erhältlich, als dies irgendwo sonst in Uruguay der Fall ist. Die Restaurantszene in der Ciudad Vieja floriert besonders, vor allem da die früheren Bedenken hinsichtlich der Sicherheit in diesem Viertel immer mehr in den Hintergrund treten.

🍴 Ciudad Vieja

⭐ La Fonda   VEGAN, GESUNDES ESSEN $$
(Karte S. 600; 2917-1559; www.facebook.com/pg/lafondauy; Pérez Castellano 1422; Hauptgerichte 350–450 Ur$; ⊙ Di & Mi 19–23, Do–So 12–16 & 19–23 Uhr; 🌐) Am besten schnappt man sich einen Tisch in der zur Fußgängerzone um-

gestalteten Straße oder geht ins Lokal mit hohen Decken und Ziegelwänden hinein, um den Köchen mit verstrubbelten Haaren zuzuschauen, wie sie bei coolem Jazz ihre Witze reißen und dabei selbst gemachten Nudelteig ausrollen, sorgsam Spargelspitzen auf dem Risotto anrichten oder aus den Behältern mit Bioprodukten, die sich in der offenen Küche befinden, die Zutaten entnehmen. Auf der ständig wechselnden Speisekarte, die auf einer großen Schiefertafel geschrieben steht, findet sich immer auch ein vegetarisches Gericht.

★ Estrecho   INTERNATIONAL $$

(Karte S. 600; 2915-6107; www.estrecho.uy; Sarandí 460; Hauptgerichte 340–470 Ur$; Mo-Sa 12-16 Uhr) Die Gäste können sich in diesem gemütlichen Lokal in der Ciudad Vieja, das nur Mittagessen serviert, einfach an den langen Tresen am Herd setzen und den Küchenchefs zusehen, wie sie die köstlichen Spezialitäten des Tages zaubern. Auf der internationalen Speisekarte stehen u.a. Baguettes, die mit Steaks oder Räucherlachs belegt sind, allerlei Salate, der frische Fisch des Tages und himmlische Desserts.

Sin Pretensiones   CAFÉ $$

(Karte S. 600; 2916-9972; www.sinpretensiones.com.uy; Peatonal Sarandí 366; Hauptgerichte 280–540 Ur$; Mo-Fr 9.30-18.30 Uhr) Die Inhaberin Guillermina, eine junge Unternehmerin aus Argentinien, hat sich diese nette Café-Boutique in der verkehrsfreien Hauptstraße in der Ciudad Vieja einfallen lassen. Die großzügigen Räumlichkeiten laden die Gäste ein, es sich beim Frühstück mit Gebäck gemütlich zu machen, ein paar Gläser Wein oder *grappamiel* (Traubenbrandy mit Honig) zu trinken und nachmittags einen Tee oder Mate zu genießen – und außerdem gibt es zu jeder Tageszeit kleinere Gerichte (das reinste Eldorado für Ausländer, die sich an die späten Abendessenszeiten in Uruguay noch nicht gewöhnt haben).

NICHT VERSÄUMEN

KARNEVAL IN MONTEVIDEO

Wer der Meinung war, Brasilien sei die einzige Hochburg des Karnevals in ganz Südamerika, muss sich wirklich eines Besseren belehren lassen. Bei den *montevideanos* geht jedes Jahr im Januar/Februar so richtig die Post ab. Dann ist einen ganzen Monat lang Musik, Tanz und freches Kabarett angesagt.

Auf keinen Fall verpassen sollte man Anfang Februar den **Desfile de las Llamadas**, einen Umzug von *comparsas* (Karnevalsgesellschaften der einzelnen Viertel), der aufgrund seiner enormen Beliebtheit gleich an zwei Abenden stattfindet. Beide Umzüge führen durch die Straßen der Viertel Palermo und Barrio Sur, unmittelbar südöstlich vom Centro. *Comparsas* bestehen aus *negros* (Menschen afrikanischer Abstammung) und *lubolos* (Weiße, die sich im Karneval das Gesicht schwarz anmalen – was in Uruguay eine lange Tradition hat). Die Rivalität zwischen den einzelnen Vierteln wird deutlich, wenn Welle um Welle die Tänzer und Tänzerinnen zu den elektrisierenden Rhythmen des traditionellen afro-uruguayischen *Candombe*-Getrommels herbeiwirbeln und einander zu übertrumpfen versuchen. Die Trommeln werden auf drei verschiedenen Tonhöhen geschlagen: *chico* (Sopran), *repique* (Alt) und *piano* (Tenor). Kernstück der Umzugsroute ist die Straße Isla de Flores zwischen Salto und Gaboto. Die Zuschauer können sich einen Sitzplatz am Gehsteig kaufen oder versuchen, einen freien Platz auf den Balkonen von Privathäusern zu ergattern, von denen aus sich natürlich ein ganz besonders toller Blick auf das karnevalistische Geschehen bietet.

Ein weiteres Schlüsselelement des Karnevals von Montevideo sind die *murgas*, Gruppen mit 15 bis 17 schrill gekleideten Sänger-Kabarettisten, darunter auch drei Trommler, die originelles Musiktheater mit oftmals satirischem oder politischem Hintergrund vorführen. Während der Diktatur in Uruguay waren die *murgas* für ihre subversiven Kommentare berühmt. Alle *murgas* verwenden die gleichen Instrumente, nämlich: *bombo* (Basstrommel), *redoblante* (Schnarrtrommel) und *platillos* (Zymbal/Becken). *Murgas* treten in der ganzen Stadt auf und nehmen im Februar auch an einem Wettbewerb im **Teatro de Verano** (S. 612) im Parque Rodó teil.

Die faszinierende Geschichte des Karnevals in Montevideo ist im sehenswerten **Museo del Carnaval** (S. 593) hervorragend dokumentiert.

Toledo Bar de Tapas
TAPAS $$

(Karte S. 600; 2915-3006; www.facebook.com/pg/ToledoBardeTapas; Cerrito 499; Tapas 195–410 Ur$; Mo-Sa 12–16 Uhr) Diese nette Eckbar bringt einen Hauch von Spanien in die Ciudad Vieja. Serviert wird eine gute Mischung klassischer Gerichte von der iberischen Halbinsel – von Gazpacho und *arroz con mariscos* (Reis mit Meeresfrüchten) bis zu *tortilla española* (Kartoffelomelette), *croquetas de jamón* (Schinkenkroketten) und Spargel mit leicht pikanter Romesco-Soße. Einfach lecker!

★ Mercado del Puerto
PARRILLA $$$

(Karte S. 600; www.mercadodelpuerto.com; Pérez Castellano; Hauptgerichte 300–700 Ur$; ganzjährig tgl. 12–17 Uhr, Nov.–Feb. bis 23 Uhr) Der umfunktionierte Markt am Wasser in der Ciudad Vieja ist und bleibt ein Klassiker in Montevideo, selbst wenn die vielen Kreuzfahrtschiffe, die am Hafen gleich nebenan anlegen, die Preise kräftig haben steigen lassen. Am besten sucht man sich unter den voll besetzten *parrillas* einfach eine aus und schnappt sich dann gleich einen Stuhl. An den Wochenenden kann man die pulsierende Energie des Marktes am schönsten auf sich wirken lassen.

Es Mercat
MEERESFRÜCHTE $$$

(Karte S. 600; 2917-0169; www.esmercat.com.uy; Colón 1550; Hauptgerichte 310–850 Ur$; tgl. 9–17.30, Do-Sa 20–24 Uhr) Leute, die gerne Fisch essen, sind im Es Mercat goldrichtig. Also nichts wie hin zu diesem Restaurant in dieser Ecke der Ciudad Vieja, genau gesagt einen Block unterhalb vom fleischlastigen Mercado del Puerto, wo ein halbes Dutzend fangfrische Fische tagtäglich auf der Schiefertafel angeschrieben werden – von *merluza* (Seehecht) bis *abadejo* (Barsch) reicht die wechselnde Palette. Welcher besonders lecker ist? Einfach Küchenchef und Inhaber Roberto und seinen Sohn Facundo um Erklärungen und Empfehlungen bitten.

Jacinto
INTERNATIONAL $$$

(Karte S. 600; www.jacinto.com.uy; Ecke Sarandí & Alzáibar; Sandwiches 280–390 Ur$, Hauptgerichte 590–610 Ur$; Mo-Sa 10–24 Uhr) Das frisch gebackene Brot, die geschmackvollen Salate und Suppen, die köstlichen salzigen Kuchen und Sandwiches und anderen lukullischen Köstlichkeiten von Lucía Soria erfreuen den Gaumen der Einwohner schon seit 2012, als Soria dieses Speiselokal mit hohen Decken und Schachbrett-Boden in der Ciudad Vieja eröffnete. Das Essen schmeckt eigentlich immer lecker – und Sorias Aufstieg zum Fernsehstar in *MasterChef* 2017 verleiht allem noch zusätzlichen Glanz.

Centro

★ Candy Bar
TAPAS, BURGER $

(Karte S. 600; 2904-3179; www.facebook.com/CandyBarPalermo; Durazno 1402; Tapas 120 Ur$, Hauptgerichte 270–300 Ur$; Di-Sa 12.30–1, So 12–14 Uhr) Dieses coole Ecklokal hat draußen auf dem Gehsteig bunte Klappstühle unter einer riesigen Platane aufgestellt. Drinnen mixen die Köche hinter dem Tresen, über dem künstlerisch angehauchte Lampen hängen, Drinks, zaubern Mahlzeiten und jonglieren mit frisch gebackenem Brot herum. Tapas und Burger zu vernünftigen Preisen prägen die Speisekarte (für Fleischfans und Vegetarier); dazu schmecken ein Craft-Bier oder ein Mixgetränk. Der Brunch am Sonntag ist besonders beliebt.

Shawarma Ashot
ARABISCH $

(Karte S. 600; www.facebook.com/ShawarmaAshot; Zelmar Michelini 1295; Sandwiches 150–230 Ur$; Mo-Fr 11–17, Sa 12–16 Uhr) Die vortrefflich zubereiteten Klassiker aus dem Nahen Osten wie Falafel und Shawarma locken mittags scharenweise Gäste in dieses unauffällige kleine Lokal. Eine Köstlichkeit, die man sich nicht entgehen lassen sollte, ist die Spezialität am Samstag für 250 Ur$: Lamm aus heimischer Zucht mit Reis-Pilaw!

Bar Tasende
PIZZA $

(Karte S. 600; Ecke Ciudadela & San José; Pizzaschnitte 100 Ur$; So–Do 10–13, Fr & Sa bis 2 Uhr) Diese klassische Eckkneipe mit ihren hohen Decken lockt bereits seit 1931 jede Menge Stammgäste an, vor allem mit ihrem *muzzarella al tacho*, der Spezialität des Hauses, aber auch mit einfachen leckeren Pizzaschnitten, die vor Mozzarella nur so triefen – der perfekte Snack zu jedem Bier, ganz egal zu welcher Uhrzeit.

Comi.K
BRASILIANISCH $$

(Karte S. 600; 2902-4344; www.facebook.com/COMIKRestaurante; Av 18 de Julio 994, 2. St.; Spezialangebote inkl. Getränk & Dessert 380 Ur$; Mo-Fr 9–21, Sa bis 16 Uhr) Die preislich akzeptablen Mahlzeiten im brasilianischen Kulturzentrum – beispielsweise die Samstagsspezialität *feijoada* (typisch brasilianischer Eintopf mit Fleisch und schwarzen Bohnen) – werden im eleganten Salon im zweiten Stockwerk (mit hohen Decken und Buntglas) serviert. Am Freitag abend lockt brasilianische Livemusik.

Parque Rodó, La Rambla & Strände im Osten

El Club del Pan BÄCKEREI $
(www.facebook.com/pg/clubdelpan; Ecke Pablo de María & Muller; ⊙ Di-Fr 10-19, Sa bis 15 Uhr) Nachdem Gonzalo Zubirí sich von Bäckern auf der ganzen Welt Anregungen geholt hatte, kehrte er in seine Heimatstadt Montevideo zurück, um 2017 diese nette Bäckerei nur einen Katzensprung vom Parque Rodó entfernt zu eröffnen. Ein wahres Füllhorn an himmlischen Backwaren kommt nun täglich aus seinem Backofen – von Croissants bis zu Focaccia und *pain au chocolat*. Mittags sollte man die täglichen Sandwich-Spezialitäten nicht versäumen; das Angebot reicht von vegan bis zu Fleisch und Wurst.

★ Escaramuza CAFÉ $$
(☎ 2401-3475; www.escaramuza.com.uy; Pablo de María 1185; Hauptgerichte 250-430 Ur$; ⊙ Mo-Sa 9-21 Uhr) Das Escaramuza, das sich in einem wunderschön restaurierten Privathaus in Cordón befindet, beeindruckt in vielerlei Hinsicht. Wer über die Schwelle tritt, kann eines der attraktivsten Buchgeschäfte in ganz Montevideo erkunden.

Nur ein paar Schritte weiter, und dann steht man auch schon in einem verführerischen Café mit hohen Decken und einem Restaurant im rückwärtigen Patio, wo die Stammgäste es sich bei exquisit zubereiteten Spezialitäten aus Uruguay mit gesundem Touch zu vernünftigen Preisen gemütlich machen, also beispielsweise *milanesa*s (paniertes Kotelett) und buttrigem Karfoffelpüree oder auch Grünkohlsalat.

La Pulpería PARRILLA $$
(☎ 2710-8657; www.facebook.com/LaPulperiaMvdeo; Ecke Lagunillas & Nuñez, Punta Carretas; Hauptgerichte 295-445 Ur$; ⊙ Di-Sa 19-24, So 12-24 Uhr) Das Lokal an der Ecke ist der Inbegriff einer persönlichen *parrilla* im Viertel, die keinerlei Werbung für sich macht (wer vor 19 Uhr kommt, findet nicht einmal ein Schild draußen vor). Man konzentriert sich hier lieber auf das perfekte Grillen der hochwertigsten Stücke Fleisch – und verlässt sich darauf, dass die Mundpropaganda ein Übriges tut. Am besten schnappt man sich einen Barhocker am knisternden Feuer oder einen Tisch draußen auf dem Gehsteig.

Casitanno URUGUAYISCH $$
(☎ 2409-7236; www.facebook.com/casitanno; Maldonado 2051, Parque Rodó; Hauptgerichte 180-360 Ur$; ⊙ So, Mo & Mi 9-14, Do-Sa 20-3 Uhr) Das lebhafte Ecklokal mit einer bunten Liste an Cocktails, einem intimen Barareal und einer Veranda, vor dem Haus an der Straße, lockt mit seinem Designer-Comfortfood und seinen Drinks ein jugendliches Volk zu später Stunde an. Die Gourmet-*chivitos* (Uruguays klassisches Sandwich mit Rinderfilet, Käse, Tomaten, Speck, Oliven und Mayonnaise) sind die Hauptattraktionen; serviert wird das alles auf einem Ciabatta-Brötchen mit pikanten Zutaten wie Rucola, karamelisierten Zwiebeln und Grillpaprika; Vegetarier können sich eine fleischlose Variante zwischen die Zähne schieben.

El Berretín URUGUAYISCH $$
(☎ 2716-0609, 091-453131; www.facebook.com/elberretinbar; Guipuzcoa 496; ⊙ 12-16 & 20-1 Uhr) Hier kommt eine gute Mischung aus Fleisch vom Grill und auch leichteren Gerichten wie Caesar Salad auf den Tisch. Der historische Art-déco-Gemischtwarenladen wurde 2016 in eine beliebte Resto-Bar umgestaltet. Ihr charakteristischstes Merkmal ist der *berretín*, ein unterirdisches Geheimversteck, das bis in die 1970er-Jahre von den Tupamaro-Aufständischen genutzt wurde; entdeckt wurde es während der Renovierungsmaßnahmen von den Bauarbeitern, zu bestaunen ist es im Hinterzimmer durchs Glas.

Foc FUSIONKÜCHE $$$
(☎ 091-654227; www.facebook.com/restaurante foc; Ramón Fernández 285, Punta Carretas; mehrgängige Menüs ab 1000 Ur$; ⊙ Mo-Sa 20-24 Uhr) Nachdem der Küchenchef Martín Lavecchia seine kulinarischen Techniken neun Jahre lang in diversen Restaurants mit Michelin-Sternen in Katalonien verfeinert hatte, ist er nun wieder nach Montevideo zurückgekehrt, um dieses himmlische Restaurant zu eröffnen. Die Fünf- bis Sieben-Gänge-Menüs bieten Köstlichkeiten aus dem Meer wie Muschel-Tintenfisch-Risotto oder Garnelen in Kokosmilch mit Koriander, Limette und *Guindilla*-Chilis, gefolgt von so wahnwitzigen Desserts wie Zitronenmousse mit Mandarineneis und Brause-Streuseln.

La Perdiz PARRILLA $$$
(☎ 2711-8963; www.laperdizrestaurant.com; Guipúzcoa 350, Punta Carretas; Hauptgerichte 350-600 Ur$; ⊙ 12-16 & 19.30-0.30 Uhr) In dieser seit ewigen Zeiten beliebten *parrilla*, einen Block von der Uferpromenade entfernt

MERCADO AGRÍCOLA DE MONTEVIDEO

Eine der neueren **kulinarischen Attraktionen** (MAM; ☎ 2200-9535; www.mam.com.uy; José Terra 2220; ⊗ 9–22 Uhr) in Montevideo ist dieses Marktgebäude aus dem frühen 20. Jh. – ein historisches Nationalmonument, 2,5 km nördlich vom Zentrum. Es wurde komplett renoviert und öffnete 2013 seine Pforten. Heute beherbergt es über 100 Händler, u. a. Obst- und Gemüseverkäufer, Cafés, Restaurants, Feinkostgeschäfte und eine **Mikrobrauerei**.

in der Nähe der Shoppingmall von Punta Carretas, empfiehlt es sich auf alle Fälle, zu reservieren. Hier kann man die wohl beste Fleischkultur genießen, die Uruguay zu bieten hat, und zwar entweder an einem Tisch direkt neben dem offenen Grillfeuer oder auch an einem der größeren Tische im Umkreis. Auf jeden Fall sollte man sich noch etwas Platz lassen für den Nachtisch, beispielsweise eine der Spezialitäten des Hauses wie *Dulce-de-leche*-Mousse (Karamellmousse) oder *frutillas con nata* (Erdbeeren mit Schlagsahne).

Ausgehen & Nachtleben

Montevideo bietet eine überaus spannende Mischung aus altehrwürdigen Cafés und trendigen Nachtlokalen. Bars finden sich geballt in der Bartolomé Mitre in der Ciudad Vieja, südlich der Plaza Independencia im Centro und in der Nähe der Ecke Canelones/Juan Jackson, wo die Viertel Parque Rodó und Cordón aneinandergrenzen.

 Ciudad Vieja

★ **Café Brasilero** CAFÉ
(Karte S. 600; ☎ 2917-2035; www.facebook.com/cafebrasilerouy; Ituzaingó 1447; ⊗ Mo–Fr 9–20, Sa bis 18 Uhr) Das nostalgische Café aus dem Jahr 1877 mit Vertäfelung aus dunklem Holz und historischen Fotos an den Wänden ist reizend, um morgens eine Tasse Kaffee oder nachmittags einen Tee zu trinken. Es lohnt sich auch, zum Mittagessen hierher zu kommen, denn es verlocken *menus ejecutivos* (Tagesspezialitäten mit drei Gängen plus Getränk, 400 Ur$) zu einem prima Preis-Leistungs-Verhältnis.

La Farmacia CAFÉ
(Karte S. 600; Cerrito 550; ⊗ Mo–Fr 9–20 Uhr) Das Café, das sich in der Ciudad Vieja in einer historischen Apotheke (um 1870) aus dem 19. Jh. befindet, öffnete im Jahr 2017 seine Pforten und verströmt viel Charme.

Die glatten Tischplatten aus grünem Marmor, die Fußböden mit Zierfliesen und die eingebauten Holzschränke, die noch aus der alten Apotheke stammen, geben ein wunderbares Ambiente für einen starken, heißen Kaffee am Morgen oder einen deftigen Snack am Nachmittag ab.

Shannon Irish Pub PUB
(Karte S. 600; www.theshannon.com.uy; Bartolomé Mitre 1318; ⊗ Mo–Fr 18 Uhr–open end, Sa & So ab 19 Uhr) Im Shannon ist immer etwas los. Serviert wird die ganze Palette von Bieren aus den Mikrobrauereien Uruguays, außerdem gibt es zur Vervollständigung noch jede Menge Biere aus mehr als einem Dutzend Ländern. Livemusik wird hier im Shannon Irish Pub an 365 Tagen im Jahr gespielt – von Rock bis zu traditionellen irischen Gruppen ist absolut alles dabei.

 Centro

Barón: la Barbería que Esconde un Secreto COCKTAILBAR
(Karte S. 600; Santiago de Chile 1270; ⊗ Di–Sa 18–2 Uhr) Der „Friseurladen, der ein Geheimnis birgt" mutet wie eine Reise nach Amerika zur Zeit der Prohibition an. Die geheime Cocktailbar versteckt sich hinter einem unauffälligen Schaufenster. Man geht an den nostalgischen Frisierstühlen vorbei, und dann öffnet man die Geheimtür zu einem der coolsten neuen Nachtlokale, die Montevideo zu bieten hat – und ja, die Haare kann man sich hier tatsächlich schneiden lassen!

La Ronda BAR
(Karte S. 600; www.facebook.com/larondacafe; Ciudadela 1182; ⊗ So–Do 18–1, Fr & Sa bis 2 Uhr) In dieser beliebten Bar zwischen der Plaza Independencia und dem Wasser haben die Gäste die Qual der Wahl zwischen der schummrigen Gaststube, in der der Barmann alte Schallplatten auflegt, oder Tischen am Gehsteig – die Brise, die von der Rambla herüberweht, sorgt für Erfrischung.

Museo del Vino WEINBAR
(Karte S. 600; ☎ 2908-3430; www.museodelvino.com.uy; Maldonado 1150; ⊗ Mi–Sa 13–17 & 21–1 Uhr) Tagsüber ist diese Location in der Innenstadt eine Weinhandlung, am Abend

finden hier häufig Tangovorführungen statt – und dazu wird eine erlesene Auswahl an Weinen aus Uruguay ausgeschenkt.

Nördlich vom Centro

Chopería Mastra   MIKROBRAUEREI
(www.mastra.com.uy; Mercado Agrícola de Montevideo, Local 17; ⊙11–23 Uhr) Die gesellige Kneipe im Agrarmarkt von Montevideo ist die Vorzeigelocation von Uruguays allseits geschätzter Mikrobrauerei Mastra. Es steht ein Dutzend Biere zur Auswahl; mehr Sinn macht es daher vielleicht, sich für die *tabla degustación* zu entscheiden, ein Gedeck mit vier Bieren zum Verkosten, das es allerdings nur an Wochentagen gibt. Mastra betreibt in der ganzen Stadt noch zig andere Kneipen, beispielsweise in der Nähe vom Strand in **Pocitos** (www.mastra.com.uy; Ecke 26 de Marzo & Pérez; ⊙Di–Sa 19–2 Uhr).

Cain Dance Club   GAY
(www.caindance.com; Cerro Largo 1833, Cordón; ⊙Fr & Sa 12.30 Uhr–Morgengrauen) Das Cain, Montevideos angesagtestes schwules Nachtlokal (das sich aber auch heterofreundlich gibt), ist ein Club auf mehreren Ebenen mit zwei Tanzflächen; gespielt wird (fast) alles – von Techno bis Latin.

Parque Rodó, La Rambla & Strände im Osten

Montevideo Brew House   MIKROBRAUEREI
(☏2705-2763; www.mbh.com.uy; Libertad 2592; ⊙Mo–Sa 19 Uhr bis open end) Diese Eckkneipe in Pocitos zählt zu den beliebtesten Lokalen, um etwas zu trinken. Ausgeschenkt werden sechs Biere, die vor Ort gebraut werden (darunter ein hervorragendes herbes Dunkles im Stil von Guinness), sowie ein halbes Dutzend Biere aus der in Montevideo ansässigen Mikrobrauerei Davok.

Baker's Bar   BAR
(☏098-652646; www.facebook.com/BakersBar; Pablo de María 1198; ⊙Mo–Mi 12–2, Do–Sa bis 3 Uhr) Die Bar gehört zu den neueren angesagten Kneipen in Montevideo und liegt mitten im Herzen des Amüsierviertels Cordón–Parque Rodó. Die beiden Gründer Santiago Urquhart und Charlie Sarli, die vom renommierten Bar-Restaurant La Huella an der Atlantikküste hierher umgezogen sind, versorgen dieses coole Lokal mit bestens gemixten Drinks und leckeren Tapas und lassen gute Musik auflegen.

Philomène   TEEHAUS
(☏2711-1770; www.philomenecafe.com; Solano García 2455, Punta Carretas; ⊙Mo–Fr 8–20.30, Sa 11–20.30 Uhr) Die Spezialitäten in diesem gemütlichen Teehaus sind große Kannen mit heißem Tee sowie knuspriges Gebäck und kleinere Mahlzeiten, die in zwei Räumen in der Größe eines Salons samt farbenfrohen Tapeten serviert werden.

Unterhaltung

Empfehlenswerte Websites in spanischer Sprache mit zahlreichen Veranstaltungshinweisen sind beispielsweise www.cartelera.com.uy, www.vivomontevideo.com/cartelera, www.yamp.com.uy/agenda sowie www.socioespectacular.com.uy.

Livemusik & Tanz

Die Tangolegende Carlos Gardel verbrachte einige Zeit in Montevideo, wo der Tango ebenso beliebt ist wie in Buenos Aires. In der Innenstadt von Montevideo gibt es Musik- und Tanzlokale zuhauf.

★**Fun Fun**   LIVEMUSIK
(Karte S. 600; ☏2904-4859; www.barfunfun.com; Soriano 922, Centro; ⊙Di–Sa 20 Uhr bis open end) Bereits seit 1895 wird in diesem freundlichen, legeren Lokal schon die berühmte *uvita* (ein Süßweingetränk) serviert, während auf der winzigen Bühne Tango und andere Musik präsentiert werden.

Das Fun Fun zog 2014 vorübergehend um, wird aber nach Abschluss der Renovierungsarbeiten aller Wahrscheinlichkeit nach wieder an seinen traditionellen Standort im Mercado Central zurückkehren.

★**Teatro Solís**   DARSTELLENDE KÜNSTE
(Karte S. 600; ☏1950-3323; www.teatrosolis.org.uy; Buenos Aires 678, Ciudad Vieja; ab 150 Ur$) Das Teatro Solís gilt als die Topadresse der darstellenden Künste und ist auch die Heimat des Philharmonieorchesters von Montevideo. Hier finden in festlichem Rahmen Konzerte mit klassischer Musik, Jazz, Tango und anderen Musikrichtungen statt, außerdem Musikfestivals sowie Schauspiel-, Ballett- und Opernaufführungen.

Sala Zitarrosa   DARSTELLENDE KÜNSTE
(Karte S. 600; ☏1950-9241; www.salazitarrosa.com.uy; Av 18 de Julio 1012, Centro) Montevideos bester Konzertsaal mittlerer Größe steht für große Namen in Sachen Musik und Tanzdarbietungen, darunter Tango, Rock, Flamenco, Reggae und *zarzuela* (traditionelle spanische Operette).

1. Colonia del Sacramento (S. 616)
Die hübsche Stadt am Fluss ist Unesco-Weltkulturerbe.

2. Punta del Este (S. 635)
Das von Promis gern besuchte Resort zählt zu den glamourösesten in ganz Südamerika.

3. Museo de la Revolución Industrial (S. 627)
Die einstige Fabrik für Brühwürfel ist heute ein faszinierendes Museum.

4. Carnaval, Montevideo (S. 605)
Im Februar dreht sich in der Hauptstadt alles um Tanz und Musik.

> **TROMMEL-SESSIONS**
>
> Eine tolle Möglichkeit, außerhalb der Saison in den Karneval hineinzuschnuppern, bieten die legeren Candombe-Übungssessions, die in den Stadtvierteln das ganze Jahr über stattfinden. Eine gute Location ist der Parque Rodó, in dem sich die ausschließlich aus Frauen bestehende Gruppe La Melaza an der Ecke Blanes und Gonzalo Ramírez trifft, um dann die San Salvador hinunterzuziehen. In der Regel beginnt das Getrommel am Sonntag so etwa um 18 Uhr. Palermo und das Barrio Sur sind ebenfalls gute Viertel, um sich so eine Session anzusehen.
>
> Eine vollständigere Liste mit Karnevalsgruppen, die regelmäßig in den Straßen von Montevideo Übungssessions abhalten, findet sich unter www.descubrimontevideo.uy/es/candombe-por-los-barrios.

Mercado de la Abundancia LIVEMUSIK
(Karte S. 600; Ecke San José & Aquiles Lanza, Centro; Sa frei, So 180 Ur$; ⊙ Sa 22 Uhr bis open end, So 20 Uhr bis open end) Am Samstagabend strömen die Einheimischen ab 22 Uhr in Scharen in die obere Etage dieses historischen Marktes, um zu Livemusik Tango zu tanzen. Wer mag, macht einfach mit oder beobachtet das rege Treiben von einem der angrenzenden Restaurants aus.

An Sonntagen veranstaltet Joventango (mit Standort im Markt) – die wohl führende Tangoorganisation in Montevideo – regelmäßig Tangoshows um 20 Uhr; ab 21.30 Uhr steht die Tanzfläche dann allen Gästen und Tanzwilligen offen.

Teatro de Verano LIVEMUSIK
(www.teatrodeverano.org.uy; ab 210 Ur$) Im Januar und Februar liefern sich alljährlich *murgas* einen Wettstreit im Teatro de Verano im Parque Rodó. Diese Karnevalsgruppen bestehen aus 15 bis 17 kunterbunt gekleideten Künstlern, darunter drei Schlagzeugern, die politisches oder satirisches Musiktheater präsentieren. Der Wettbewerb hat drei Runden; Juroren legen fest, welche Gruppe weiterkommt und welche ausscheidet.

Kino

Die drei großen Shoppingmalls, die östlich der Innenstadt liegen – namentlich Punta Carretas, Montevideo und Portones – verfügen alle über einen modernen Kinokomplex mit mehreren Sälen.

Cinemateca Uruguaya KINO
(Karte S. 600; ☎ 2900-9056; www.cinemateca.org.uy; Av 18 de Julio 1280, Centro; Kinokarten Mitglieder/Nicht-Mitglieder frei/220 Ur$) Der Filmclub verlangt einen bescheidenen Mitgliedsbeitrag (470 Ur$ pro Monat, plus 230 Ur$ einmalige Aufnahmegebühr), dann können Filmkunstfans unbegrenzt in den vier Kinos Filme schauen; Nicht-Mitglieder bezahlen einen geringfügigen Eintritt pro Film. Im März oder April findet hier zwei Wochen lang das Festival Cinematográfico Internacional del Uruguay statt.

Zuschauersport

Fútbol, die große Leidenschaft der Uruguayer, mobilisiert regelmäßig die Massen. Das wichtigste Stadion in Montevideo, das **Estadio Centenario** (Av Ricaldoni, Parque José Batlle y Ordóñez), hat im Jahr 1930 anlässlich der ersten Fußball-Weltmeisterschaft seine Pforten geöffnet; damals schlug Uruguay im Endspiel Argentinien mit 4:2.

Fanáticos Fútbol Tours (☎ 099-862325; www.futboltours.com.uy) bietet auf die Wünsche der Kunden zugeschnittene Touren an, die von kundigen, mehrsprachigen *fútbol aficionados* (Fußballanhänger) geführt werden. Im Preis inbegriffen ist ein Spiel der Wahl samt Transport vom/zum Hotel. Als gute Alternative bietet sich Matias vom Buenas Vibras Hostel (S. 604) an; dieser veranstaltet informelle Ausflüge zu Spielen der einheimischen Mannschaften.

🛍 Shoppen

Die traditionelle Einkaufsstraße in der Innenstadt von Montevideo ist die Avenida 18 de Julio. Die Einheimischen strömen aber auch gern zu den diversen Shoppingmalls östlich des Zentrums, beispielsweise ins Punta Carretas Shopping, Tres Cruces Shopping (über dem Busbahnhof) und ins Montevideo Shopping in Pocitos/Buceo.

Feria de Tristán Narvaja MARKT
(Tristán Narvaja, Cordón; ⊙ So 9–16 Uhr) Dieser lebhafte, bunte Markt, der immer sonntags unter freiem Himmel abgehalten wird, kann auf eine jahrzehntelange Tradition zurückblicken, die von Einwanderern aus Italien ins Leben gerufen worden war. Der Markt zieht sich von der Avenida 18 de Julio in Richtung Norden an der Calle Tristán

Narvaja entlang und breitet sich in mehrere Seitenstraßen aus. Hier sind an zahlreichen provisorisch zusammengezimmerten Ständen alte Bücher, Musik, Bekleidung, Schmuckstücke, lebendige Tiere, Antiquitäten und Souvenirs erhältlich.

Flohmarkt am Samstag MARKT
(Karte S. 600; Plaza Matriz, Ciudad Vieja; ⊗ Sa 8-13 Uhr) Jeden Samstag ist der Hauptplatz in der Ciudad Vieja in den Händen von Händlern, die antike Türklopfer, Sättel, Haushaltswaren und so ziemlich alles, was man sich überhaupt nur vorstellen kann, feilbieten. Wochentags lassen sich auf der Plaza auch ein paar Händler sehen.

Manos del Uruguay KLEIDUNG
(Karte S. 600; ☎ 2914-5164; www.manos.com.uy; Sarandí 458; ⊗ Mo-Fr 10-18, Sa bis 14 Uhr) Diese landesweite Kooperative – und Mitglied der World Fair Trade Organization – ist bekannt für ihre hochwertigen Wollsachen.

Neben der Filiale in der Ciudad Vieja gibt es auch in der Innenstadt ein Geschäft und ebenso in den Einkaufszentren Montevideo Shopping und Punta Carretas Shopping östlich vom Zentrum.

Pecarí MODE & ACCESSOIRES
(Karte S. 600; ☎ 2915-6696; www.pecari.com.uy; Juan Carlos Gómez 1412; ⊗ Mo-Fr 10-19, Sa 10.30-13.30 Uhr) Für qualitativ hochwertige Lederwaren aus Uruguay wie Jacken, Handtaschen, Schuhe und Accessoires sollte man in diesem Geschäft gleich bei der Plaza Matriz in der Ciudad Vieja vorbeischauen.

La Pasionaria KUNST & KUNSTHANDWERK
(Karte S. 600; ☎ 2915-6852; www.lapasionaria.com.uy; Reconquista 587, Ciudad Vieja; ⊗ Mo-Fr 10-18, Sa 11-17 Uhr) Dieser farbenfrohe Laden in der Ciudad Vieja verkauft in seiner Boutique im Obergeschoss Kleidung und in der unteren Etage Kunsthandwerk aus Uruguay.

Im zugehörigen Café kommen leckere Suppen, Salate und Tagesgerichte auf den Tisch; Speisen für Vegetarier und Veganer stehen ebenfalls zur Auswahl.

Hecho Acá KUNST & KUNSTHANDWERK
(☎ 2622-6683; www.hechoaca.com.uy; Montevideo Shopping, 1. Stock, Local 147; ⊗ 10-22 Uhr) Wollsachen und andere handgearbeitete Artikel, die aus dem ganzen Land stammen werden hier hübsch präsentiert.

Manos del Uruguay KLEIDUNG
(Karte S. 600; ☎ 2900-4910; www.manos.com.uy; San José 1111, Centro; ⊗ Mo-Fr 10.30-18.30, Sa 10-14 Uhr) Innenstadtfiliale der landesweiten Kooperative, die Wollsachen herstellt.

❶ Orientierung

Montevideo liegt am Río de la Plata fast direkt gegenüber von Buenos Aires. Für viele Besucher ist die Ciudad Vieja (Altstadt) die interessanteste Gegend, d. h. die zur Kolonialzeit schachbrettartig angelegten Straßen, die sich an der Westspitze der Halbinsel zwischen dem geschützten Hafen und dem breiten Fluss erstrecken. Gleich östlich vom alten Stadttor beginnt an der von historischen Gebäuden aus der republikanischen Zeit (1836/37) gesäumten Plaza Independencia das Centro (Innenstadt). Die Avenida 18 de Julio, Montevideos Einkaufsstraße, verläuft gen Osten an der Plaza del Entrevero, der Plaza Cagancha und der Intendencia (Rathaus) vorbei in Richtung Busbahnhof Tres Cruces; von dort an heißt sie dann Avenida Italia und führt weiter nach Osten zum Carrasco International Airport und zur Interbalnearia, der Schnellstraße nach Punta del Este.

Westlich vom Hafen war der 132 m hohe Cerro de Montevideo einst ein Orientierungspunkt für die Seefahrer; bis heute bietet sich von der Anhöhe ein sagenhafter Blick über die Stadt. Gen Osten verläuft die Rambla an Montevideos malerischem Ufer entlang; sie schlängelt sich am attraktiven Parque Rodó vorbei und durch diverse weitläufige Vororte am Strand – Punta Carretas, Pocitos, Buceo und Carrasco; sie alle sind bei den *montevideanos* im Sommer, am Wochenende und abends überaus beliebt.

❶ Praktische Informationen

GEFAHREN & ÄRGERNISSE

Für lateinamerikanische Verhältnisse ist Montevideo eine verhältnismäßig ruhige Stadt, aber natürlich sollte man auch hier gewisse Vorsicht walten lassen wie in jeder anderen Großstadt auch. Die im Jahr 2013 in der ganzen Ciudad Vieja und im Centro installierten Überwachungskameras haben jedenfalls einen radikalen Rückgang an Bagatelldelikten bewirkt. Die *policia turística* (Touristenpolizei) von Montevideo geht in den Straßen Streife und hilft gerne weiter, wenn Probleme auftreten.

GELD

Banken, Geldautomaten und Wechselstuben wie **Indumex** (www.indumex.com; Busbahnhof Tres Cruces; ⊗ 6-24 Uhr) gibt es überall und somit natürlich auch am Flughafen und Busbahnhof; in der Innenstadt finden sie sich geballt in der Avenida 18 de Julio.

INFOS IM INTERNET

guruguay.com Eine hervorragende Infoquelle für Leute, die Englisch können, ist die von

Karen Higgs, der Inhaberin des **Casa Sarandi Guesthouse** (S. 603) entwickelte Website. Sie bietet Unmengen nützliche Insider-Informationen zu Montevideo und ganz Uruguay.

INTERNETZUGANG

In den meisten Unterkünften steht in der Lobby ein Gästecomputer, in den Zimmern gibt es kostenloses WLAN – oder sogar beides zugleich. Viele Restaurants und Cafés bieten ebenfalls kostenloses WLAN an.

MEDIEN

Zeitungen Montevideos führende Tageszeitungen sind *El País* (www.elpais.com.uy) und *El Observador* (www.elobservador.com.uy). Auch die wöchentlich erscheinende *Búsqueda* (www.busqueda.com.uy) ist eine ausgezeichnete Informationsquelle.

MEDIZINISCHE VERSORGUNG

Hospital Británico (2487-1020; www.hospitalbritanico.com.uy; Av Italia 2420) Eine überaus empfehlenswerte Privatklinik mit Ärzten, die auch Englisch sprechen; 2,5 km östlich der Innenstadt gelegen.

NOTFALL

Krankenwagen (105)
Polizei (911)

POST

Praktische Postämter:
Centro (Karte S. 600; Canelones 1358; Mo–Fr 9–18 Uhr)
Ciudad Vieja (Karte S. 600; Misiones 1328; Mo–Fr 9–18 Uhr)
Busbahnhof Tres Cruces (Ecke Bulevar Artigas & Av Italia; Mo–Fr 9–22, Sa & So 10–22 Uhr)

TELEFON

Uruguays staatliche Telefongesellschaft Antel verfügt über Filialen in der ganzen Stadt:
Centro (San José 1101; Mo–Fr 10–17 Uhr)
Ciudad Vieja (Rincón 501; Mo–Fr 10–17 Uhr)
Busbahnhof Tres Cruces (Local 14B, Terminal Tres Cruces; 8–22 Uhr)

TOURISTENINFORMATION

Die Städtische Touristeninformation hält Stadtpläne, allgemeine Informationen zu Montevideo sowie einen Stadtführer auf Englisch, Spanisch und Portugiesisch bereit, den man sich herunterladen kann.

Centro (Karte S. 600; 1950-1830; www.descubrimontevideo.uy; Ecke Av 18 de Julio & Ejido; 9–17 Uhr) Die Touristeninformation liegt in der Innenstadt im Erdgeschoss des Rathauses von Montevideo.

Ciudad Vieja (Karte S. 600; 2916-8434; www.descubrimontevideo.uy; Piedras 252; 10–16 Uhr) Gleich beim Mercado del Puerto.

Das Ministerium für Tourismus verfügt über Informationen zu Montevideo und zu Destinationen in ganz Uruguay.

Carrasco Airport (2604-0386; www.turismo.gub.uy; 8–20 Uhr)
Hafen (Karte S. 600; 2188-5111; www.turismo.gub.uy; Rambla 25 de Agosto & Yacaré; Mo–Fr 9–17 Uhr)
Busbahnhof Tres Cruces (2409-7399; Ecke Bulevar Artigas & Av Italia; 8–20 Uhr)

 An- & Weiterreise

BUS

Montevideos moderner **Busbahnhof Tres Cruces** (2401-8998; www.trescruces.com.uy; Ecke Bulevar Artigas & Av Italia) liegt rund 3 km östlich der Innenstadt. Er verfügt über eine Touristeninformation, saubere Toiletten, eine Gepäckaufbewahrung, Geldautomaten sowie über eine Shoppingmall im Obergeschoss.

Ein Taxi vom Busbahnhof in die Innenstadt kostet 170 bis 200 Ur$. Wer Geld sparen möchte, nimmt den Stadtbus CA1; dieser fährt direkt vor dem Busbahnhof (Ostseite) ab und verkehrt über die Avenida 18 de Julio (24 Ur$, 15 Min.) in die Ciudad Vieja.

Zu den Vierteln am Strand, Punta Carretas und Pocitos, nimmt man den Stadtbus 174 bzw. 183, die beide vor dem Busbahnhof abfahren (33 Ur$). Ein Taxi in diese beiden Viertel kostet zwischen 170 und 200 Ur$.

Alle Reiseziele in Uruguay werden täglich angesteuert, die meisten sogar mehrmals am Tag. Eine geringfügige *tasa de embarque* (Busgebühr) wird auf den Preis der Fahrkarte aufgeschlagen. Bei den genannten Fahrzeiten handelt es sich um ungefähre Angaben.

EGA (2402-5164; www.ega.com.uy) verfügt über das breiteste Angebot an Verbindungen in die Nachbarländer. Zu den Reisezielen in Argentinien zählen Paraná, Santa Fe und Mendoza (alle 1-mal wöchentl., Fr), zudem Córdoba und Rosario (jeweils 4-mal wöchentl.). Von EGA verkehren auch einmal die Woche Busse nach Florianópolis und São Paulo /Brasilien nach Santiago/Chile (Mo) und /Brasilien (So), zweimal wöchentlich nach Asunción/Paraguay (Mi & Sa) und täglich nach Porto Alegre/Brasilien.

Die Verbindungen nach Buenos Aires sind häufiger, da **CITA** (2402-5425; www.cita.com.uy) und verschiedene andere Konkurrenzunternehmen mehrmals pro Nacht dorthin abfahren.

FLUGZEUG

Montevideos schicker, moderner Carrasco International Airport (S. 657) wird von Iberia und Air

Europa ab Madrid angesteuert. Von vielen Städten in Deutschland, Österreich und der Schweiz gibt es Zubringerflüge. Außerdem besteht die Möglichkeit, mit Lufthansa über São Paulo nach Montevideo zu fliegen oder auch mit Air France über Paris und São Paulo.

Wer plant, Argentinien und Uruguay zu besuchen, sollte bedenken, dass es zum Flughafen Ezeiza von Buenos Aires mehr Direktflüge gibt als nach Carrasco und dass auch das Angebot an Fluglinien erheblich größer ist.

Während der Recherchen zu diesem Reiseführer wurden in Uruguay keinerlei Inlandsflüge durchgeführt.

SCHIFF

Buquebus (130; www.buquebus.com.uy) bietet täglich Verbindungen von Montevideo nach Buenos Aires mit dem Schnellboot *Francisco* (2¼ Std.); das Boot ist übrigens nach Papst Franziskus benannt. Der volle Fahrpreis in der *Turista*-Klasse beträgt 3485 Ur$. Buquebus hat auch weniger teure Kombiverbindungen mit Bus und Schiff von Montevideo nach Buenos Aires via Colonia (1220–2259 Ur$, 4½ Std.) im Angebot. Alle genannten Verbindungen kommen bei Vorausbuchung über das Internet billiger; es besteht zudem die Möglichkeit, direkt an den Schaltern von Buquebus am **Hafen von Montevideo** (Karte S. 600; Terminal Fluvio-Marítima; 9–19.30 Uhr) und am **Busbahnhof Tres Cruces** (Fahrkartenschalter 28 & 29; 6.30–2 Uhr) zu buchen.

Seacat (Karte S. 600; 2915-0202; www.seacatcolonia.com.uy; Río Negro 1400; Mo–Fr 9.30–18.30 Uhr) und **Colonia Express** (2401-6666; www.coloniaexpress.com; Busbahnhof Tres Cruces, Fahrkartenschalter 31A; 5.30–22.30 Uhr) bieten beide preiswertere Bus-Schiff-Verbindungen von Montevideo nach Buenos Aires via Colonia (4¼ Std.) an. Die billigsten Preise für die einfache Fahrt liegen bei beiden Unternehmen unter 1000 Ur$.

Cacciola Viajes (2407-9657; www.cacciolaviajes.com; Busbahnhof Tres Cruces Bus, Fahrkartenschalter 25B; 8.30–23.30 Uhr) bietet zwei- bis dreimal täglich eine malerische Bus-Schiffsverbindung von Montevideo nach Buenos Aires an, und zwar über das am Río de la Plata gelegene Städtchen Carmelo in den argentinischen Vorort Tigre. Die achtstündige Fahrt kostet einfach 900 Ur$.

❶ Unterwegs vor Ort

AUTO

Die meisten internationalen Mietwagenfirmen verfügen über einen Schalter am Flughafen Carrasco. In der Innenstadt von Montevideo kann man aber auch die folgenden uruguayischen Unternehmen ausprobieren (mit Zweigstellen im ganzen Land):

Busse ab Montevideo

REISEZIEL	FAHRPREIS (UR$)	FAHRZEIT (STD.)
INTERNATIONAL		
Asunción, Paraguay	4290–5240	20
Buenos Aires, Argentinien	1512	10
Córdoba, Argentinien	2915–3580	14
Florianópolis, Brasilien	3995–4700	18
Porto Alegre, Brasilien	2630–3375	11¾
São Paulo, Brasilien	5630–7095	30
NATIONAL		
Carmelo	501	3¼
Colonia	350	2¾
La Paloma	481	3½
La Pedrera	501	4
Mercedes	561	4
Paysandú	781	4½
Piriápolis	202	1½
Punta del Diablo	601	5
Punta del Este	282	2¼
Salto	1021	6½
Tacuarembó	781	4½

Multicar (2902-2555; www.redmulticar.com; Colonia 1227, Centro; ⊙ Mo–Fr 9–19, Sa bis 13 Uhr)

Punta Car (2900-2772; www.puntacar.com.uy; Cerro Largo 1383, Centro; ⊙ Mo–Fr 9–18.30, Sa bis 13 Uhr)

BUS

Die von **Cutcsa** (19333; www.cutcsa.com.uy) betriebenen Stadtbusse in Montevideo bringen ihre Fahrgäste für 33 Ur$ pro Fahrt zu so ziemlich jedem gewünschten Ziel. Informationen zu den Busverbindungen auf der Basis des aktuellen Standorts und des Fahrziels erhält man auf der spanischsprachigen Website Como Ir (www.montevideo.gub.uy/aplicacion/como-ir)

TAXI

Die schwarz-gelben Taxis in Montevideo sind alle mit einem Gebührenzähler ausgestattet. In den Autos gibt es zwei offizielle Preislisten: Eine gilt wochentags, die andere (20 % höher) in der Nacht von 22 bis 6 Uhr sowie an Sonn- und Feiertagen. Die Grundgebühr beträgt 39 Ur$ (nachts und sonntags 49 Ur$), und anschließend sind dann rund 2 Ur$ pro Block zu bezahlen. Selbst eine lange Fahrt dürfte also kaum mehr als 200 Ur$ kosten – außer zum Flughafen Carrasco hinaus. Wer ein Taxi bestellen möchte, ruft bei **Radio Taxi 141** (141; www.141.com.uy) oder **Radio Taxi Montevideo** (1711; www.radiotaximontevideo.com.uy) an. Taxis lassen sich an jeder Ecke auch heranwinken, indem man die Hand hebt – einfach nach dem beleuchteten Schild Ausschau halten, auf dem an der Windschutzscheibe „Libre" (frei) steht.

ZUM/VOM FLUGHAFEN

Carrasco International Airport Busse, Gemeinschaftsshuttles, Taxis und *remises* (Privatwagen) fahren die 20 km lange Strecke vom Flughafen nach Montevideo hinein. Am billigsten sind die Stadtbusse von Copsa und Cutcsa (58 Ur$, 45 Min.), die an der Haltestelle direkt vor der Ankunftshalle abfahren und unterwegs zum **Terminal Suburbana** (Karte S. 600; 1975; Ecke Río Branco & Galicia), fünf Blocks nördlich der Plaza del Entrevero, häufig anhalten. Schneller und komfortabler ist der Direktbus von COT, der zwischen dem Flughafen (181 Ur$, 30 Min.) und dem Busbahnhof Tres Cruces verkehrt. Einfach beim Verlassen der Ankunftshalle auf der Bushaltestelle auf der rechten Seite Ausschau halten.

Gemeinschaftsshuttles (mind. 5 Pers.) verkehren ebenfalls vom Flughafen ins Zentrum (400 Ur$ pro Pers.); die Fahrkarten sind am Taxischalter (taxisaeropuerto.com) in der Ankunftshalle erhältlich.

Flughafentaxis (2604-0323; www.taxisaeropuerto.com) mit Festpreis verlangen 1200 bis 1700 Ur$ (je nach angesteuertem Ziel) für die 30- bis 45-minütige Fahrt vom Flughafen nach Montevideo. Eine weniger teure und zudem bequemere Möglichkeit, in die Innenstadt zu gelangen, bietet ein vorgebuchtes *remise* einer Firma wie **B&B Remise** (096-603780; www.bybremises.com).

Fährterminal Die Fähren aus Argentinien legen unmittelbar nördlich vom Mercado del Puerto an; die Unterkünfte in der Ciudad Vieja lassen sich zu Fuß in fünf bis zehn Minuten erreichen. Busse in andere Stadtviertel (33 Ur$) fahren über die Calle Cerrito, zwei Blocks südlich vom Hafen. Es stehen Taxis direkt vor der Fährhafen, die für 250 Ur$ oder weniger jedes Ziel in der Stadt ansteuern.

DER WESTEN

Von Colonia mit seinen Kopfsteinpflastergassen im Schatten großer Bäume bis hin zu den heißen Quellen von Salto geht es in den Städten am Fluss im Westen von Uruguay überall recht beschaulich und angenehm entspannt zu, auch einige Sehenswürdigkeiten haben sie zu bieten. Der Río de la Plata und der Río Uruguay markieren die Grenze zu Argentinien – die Gegend wird im Allgemeinen einfach nur als *el litoral* (die Küste) bezeichnet.

Weiter landeinwärts findet sich der Kern dessen, was viele als das „unverfälschte" Uruguay betrachten: das Land der Gauchos, das rund um Tacuarembó erstreckt. Hier liegen auch einige *estancias* – verstreut über das Land oder eingebettet in einigen der herrlichen, aber selten besuchten Naturschutzgebiete (*áreas protegidas*).

Colonia del Sacramento

452 / 26 230 EW.

Am Ostufer des Río de la Plata, 180 km westlich von Montevideo, aber mit der Fähre nur 50 km von Buenos Aires entfernt, liegt Colonia, eine unglaublich malerische Stadt, die von der Unesco ins Weltkulturerbe aufgenommen wurde. Das Barrio Histórico, ein Wirrwarr aus schmalen Gassen mit Kopfsteinpflaster aus der Kolonialzeit, nimmt eine kleine Halbinsel ein, die in den Fluss ragt. Platanenalleen sorgen im Sommer für Schutz vor der Hitze; am Fluss sind die spektakulären Sonnenuntergänge ganz besonders schöne Momente (in Uruguay ist es üblich beim Untergang der Sonne zu applaudieren). Der Charme der Stadt, aber auch ihre Nähe zu Buenos Aires locken

Tausende Besucher aus Argentinien an. Am Wochenende steigen vor allem in den Sommermonaten die Preise, und es ist dann gar nicht so einfach, ein Quartier zu finden.

Geschichte

Colonia wurde 1680 von Manuel Lobo, dem portugiesischen Gouverneur von Río de Janeiro, gegründet. Die Siedlung hatte durch ihre Lage fast exakt gegenüber von Buenos Aires eine strategisch wichtige Position am Río de la Plata. Die Stadt gewann an Bedeutung, als von hier aus geschmuggelte Handelswaren vertrieben wurden. Damit wurde Spaniens eifersüchtig verteidigtes Handelsmonopol unterlaufen, was in der Folge immer wieder zu Belagerungen und Schlachten zwischen Spanien und Portugal führte.

Im Jahr 1750 ging Colonia in den spanischen Besitz über, doch erst 1777 konnten die Spanier die Stadt wirklich unter ihre Kontrolle bringen. Von diesem Zeitpunkt an verringerte sich die wirtschaftliche Bedeutung Colonias, denn nun wurden die ausländischen Waren direkt nach Buenos Aires auf der anderen Flussseite transportiert.

Sehenswertes

Barrio Histórico

Der Barrio Histórico (Historische Altstadt) von Colonia strotzt nur so vor optischen Highlights. Malerische Ecken, die zum Bummeln einladen, sind die **Calle de los Suspiros** (Seufzerstraße) mit ihrem Kopfsteinpflaster aus dem 18. Jh., gesäumt von Kolonialgebäuden mit Stuck und Kacheln, der **Paseo de San Gabriel** am westlichen Flussufer, der **Puerto Viejo** (Alter Hafen) sowie die beiden Hauptplätze im historischen Zentrum: die weitläufige **Plaza Mayor 25 de Mayo** und die schattige **Plaza de Armas** (auch unter dem Namen Plaza Manuel Lobo bekannt).

Eine einzige Eintrittskarte zu 50 Ur$ ermöglicht den Besuch der acht historischen Museen von Colonia. Sie haben alle dieselben Öffnungszeiten, jedoch unterschiedliche Ruhetage. Die Eintrittskarten werden im Museo Municipal verkauft.

Faro LEUCHTTURM
(25 Ur$; 10 Uhr–Sonnenuntergang) Eines der bekanntesten Wahrzeichen der Stadt ist der noch in Betrieb befindliche Leuchtturm aus dem 19. Jh., von dem sich ein herrlicher Blick über die Altstadt und den Río de la Plata bietet. Der Faro ragt aus den Ruinen des **Convento de San Francisco**, der aus dem 17. Jh. stammt, an der Südwestecke der Plaza Mayor 25 de Mayo auf.

Portón de Campo TOR
(Manuel Lobo) Den beeindruckendsten Zugang zum Barrio Histórico gewährt dieses rekonstruierte Stadttor aus dem Jahr 1745. Von hier verläuft eine dicke Wehrmauer in Richtung Süden am Paseo de San Miguel entlang zum Fluss; die Grünflächen am Ufer sind bei Sonnenanbetern beliebt.

Museo Portugués MUSEUM
(4523-1237; www.museoscolonia.com.uy; Plaza Mayor 25 de Mayo 180; Eintritt in alle 8 historischen Museen 50 Ur$; 11.15–16.45 Uhr, Mi & Fr geschl.) In diesem alten Gebäude am Hauptplatz von Colonia sind allerlei Relikte der Portugiesen zu bestaunen, beispielsweise Porzellan, Möbel, Landkarten, der Familienstammbaum von Manuel Lobo sowie ein altes Steinwappen, das einstmals den Portón de Campo (1745) schmückte.

Museo Municipal MUSEUM
(4522-7031; www.museoscolonia.com.uy; Plaza Mayor 25 de Mayo 77; Eintritt in alle 8 historischen Museen 50 Ur$; 11.15–16.45 Uhr, Di geschl.) Das Stadtmuseum beherbergt eine bunte Sammlung von Schätzen, darunter das Skelett eines Wals, einen nachempfundenen Salon aus der Kolonialzeit, historische Gezeitentabellen sowie ein maßstabsgetreues Modell von Colonia (um 1762).

Casa Nacarello MUSEUM
(4523-1237; www.museoscolonia.com.uy; Plaza Mayor 25 de Mayo 67; Eintritt in alle 8 historischen Museen 50 Ur$; 11.15–16.45 Uhr, Di geschl.) Das winzige koloniale Privatdomizil ist ein Sinnbild für die Anfänge Colonias; es beeindrucken Stilmöbel, dicke weiß getünchte Mauern, gerifteltes Glas und die originalen Türstöcke (Kopf einziehen!).

Centro Cultural Bastión del Carmen KULTURZENTRUM
(www.facebook.com/centroculturalbastiondel carmen; Rivadavia 223; 12–18 Uhr) GRATIS In diesen Komplex mit einem Theater und einer Galerie sind die historischen Wehranlagen der Stadt integriert; er befindet sich neben dem Puerto Viejo und präsentiert wechselnde Kunstausstellungen und in regelmäßigen Abständen Konzerte.

Die Grünflächen hinter dem Haus am Fluss mit Skulpturen und einem Indus-

ABSTECHER

ESTANCIA-AUFENTHALT FÜR WENIG GELD

Was kommt heraus, wenn man eine Touristen-*estancia* mit einem Hotel kreuzt? Das lässt sich leicht im **El Galope Horse Farm & Hostel** (099-105985; www.elgalope.com.uy; Colonia Suiza; B 25 US$; DZ mit/ohne Bad 75/68 US$;) herausfinden, einem einzigartigen Quartier auf dem Land, das 115 km westlich von Montevideo und 60 km östlich von Colonia liegt. Die erfahrenen Weltreisenden Mónica und Miguel geben ihren Gästen Gelegenheit, sich einfach einmal richtig auszuklinken und sich ein paar Tage lang auf den entspannten Rhythmus des Landlebens einzulassen.

Die Ausritte für Reiter aller Leistungsniveaus (40 US$ für Anfänger innerhalb der eigenen Ländereien, 80 US$ für erfahrene Reiter bei längeren Ausritten) werden vom kundigen Miguel höchstpersönlich geleitet; außerdem gibt es hier noch eine Sauna (10 US$) und einen kleinen Swimmingpool, um am Abend die malträtierten Muskeln zu entspannen. Das Frühstück ist im Preis inbegriffen; weitere Mahlzeiten – vom Mittagessen (9 US$) bis hin zu umfangreichen *asados* (Grillspezialitäten) oder Fondue-Essen (15 US$) – sind erhältlich. Auf Wunsch können sich die Gäste im nahen Colonia Valdense von der Bushaltestelle abholen lassen (10 US$).

---

trieschornstein, der aus dem Jahr 1880 stammt, geben einen malerischen Flecken für eine Pause am Nachmittag ab.

Museo Indígena MUSEUM
(4523-1237; www.museoscolonia.com.uy; Ecke Del Comercio & Av General Flores; Eintritt in alle 8 historischen Museen 50 Ur$; 11.15–16.45 Uhr, Mo & Do geschl.) Das Museum beherbergt die Privatsammlung von Roberto Banchero: Steinwerkzeuge der Charrúa, diverse Ausstellungsstücke zur Geschichte der indigenen Bevölkerung und eine amüsante Landkarte im Obergeschoss, die zeigt, wie viele Länder Europas in das Staatsgebiet von Uruguay hineinpassen würden – es sind mindestens sechs Staaten!

Museo del Azulejo MUSEUM
(4523-1237; www.museoscolonia.com.uy; Ecke Misiones de los Tapes & Paseo de San Gabriel; Eintritt in alle 8 historischen Museen 50 Ur$; 11.15–16.45 Uhr, Fr geschl.) Dieses schnuckelige Steingebäude aus dem 17. Jh. beherbergt eine kleine Auswahl an Kacheln, die aus Frankreich und Katalonien kommen.

Archivo Regional MUSEUM
(4523-1237; www.museoscolonia.com.uy; Misiones de los Tapes 115; Eintritt in alle 8 historischen Museen 50 Ur$; Mo–Fr 11.15–16.45 Uhr) Das winzige Regionalarchiv, welches am nordwestlichen Rand der Plaza Mayor 25 de Mayo liegt, präsentiert historische Dokumente sowie Töpferei und Glas, das aus der ganz in der Nähe gelegenen Casa de los Gobernadores (18. Jh.) stammt.

Iglesia Matríz KIRCHE
(Plaza de Armas) Die älteste Kirche Uruguays ist das Prunkstück an der hübschen Plaza de Armas. Die Portugiesen begannen im Jahr 1680 mit den Bauarbeiten, dann wurde das Gotteshaus unter der Herrschaft der Spanier zweimal komplett umgestaltet.

An der Plaza befinden sich auch die Fundamente eines Hauses, das auf die Zeit der Portugiesen zurückgeht.

Real de San Carlos
Zu Beginn des 20. Jhs. ließ der argentinische Unternehmer Nicolás Mihanovich 1,5 Mio. US$ in einen gigantischen Touristenkomplex in Real de San Carlos fließen, etwa 5 km nördlich von Colonia gelegen. Zur Anlage gehörte eine Stierkampfarena mit 10 000 Plätzen, ein *Frontón*-Platz für 3000 Zuschauer, um die baskische Sportart *jai alai* zu pflegen, ein Hotel mit einem Kasino sowie eine Pferderennbahn.

Heute ist nur noch die Rennbahn in Betrieb, allerdings geben die Ruinen der verbliebenen Gebäude ein interessantes Ausflugsziel ab – und der Strand nebenan ist an Sonn- und Feiertagen vor allem bei den Einheimischen sehr beliebt.

Museo Paleontológico MUSEUM
(4523-1237; www.museoscolonia.com.uy; José Roger Balet; Eintritt in alle 8 historischen Museen 50 Ur$; 11.15–16.45 Uhr) Dieses aus zwei Räumlichkeiten bestehende Museum präsentiert Glyptodon-Panzer, Knochen aller Art und andere vor Ort ausgegrabene Fund-

stücke, die aus der Privatsammlung des Paläontologen Armando Calcaterra (1912–1990) – eines Autodidakten – stammt.

 Geführte Touren

Walking Tours STADTSPAZIERGÄNGE
(☎ 099-379167; asociacionguiascolonia@gmail.com; Führung pro Pers. auf Spanisch/in anderen Sprachen 150/200 Ur$) Die Touristeninformation (S. 623) vor dem historischen Stadttor Colonias organisiert Stadtspaziergänge unter der Regie von einheimischen Führern. Die Führungen auf Spanisch beginnen ganzjährig täglich um 11 und 15 Uhr. Die Führungen in anderen Sprachen (Englisch, Französisch, Italienisch und Portugiesisch) werden auf Wunsch ab zwei Personen durchgeführt; einfach in der Touristeninfo anfragen.

🛏 Schlafen

Colonia kann mit ausgezeichneten Übernachtungsmöglichkeiten aufwarten; im Hinterkopf behalten sollte man, dass viele Hotels freitags bis sonntags höhere Preise verlangen. Im Sommer sollte man am Wochenende im Voraus buchen.

El Viajero Hostel HOSTEL $
(☎ 4522-2683; www.elviajerohostels.com; Washington Barbot 164; B 15–19 US$, DZ 50–70 US$; ❄@⛱) Das Hostel, mit Fahrradverleih, einer Bar für die Gäste und Klimaanlagen in allen Zimmern, ist heller, pfiffiger und irgendwie auch gemütlicher als die Konkurrenz. Und die Lage zwei Block östlich der Plaza de Armas könnte besser nicht sein.

Remus-Art Hostel B&B $
(☎ 092-066985; www.facebook.com/remusarthostel; 18 de Julio 369; Zi. 80–90 US$) Das neue B&B im Privatdomizil der deutschen bildenden Künstlerin Christiane Brockmeyer bietet drei gemütliche, farbenfrohe Zimmer mit Gemeinschaftsbad sowie eine großzügige Dachterrasse, auf der die Gäste ein Sonnenbad nehmen, nach den überhängenden Platanenblättern greifen oder auch die Candlelight-Dinner (25 US$ pro Person inkl. Wein) mit selbst gekochten Speisen genießen können. Zu den Spezialitäten gehören Raclette und Fondue aus der Schweiz, wo Christiane etwa 20 Jahre lang gelebt hat.

★ La Posadita de la Plaza B&B $$
(☎ 4523-0502; www.posaditadelaplaza.com; Misiones de los Tapes 177; Zi. 125–180 US$; ⛱) In dieser extravaganten Pension am ältesten Platz von Colonia hat der nette brasilianische Fotograf Eduardo sein kreatives Genie darauf verwendet, ein zauberhaftes Ambiente zu schaffen, das einer lebensgroßen Joseph-Cornell-Collage ähnelt. Die drei Zimmer, der Innenhof mit Veranda und hübschen Altstadtansichten sowie die gemütliche Bibliothek-Lounge sind mit Fundstücken dekoriert, die Eduardo von seinen Weltreisen mitgebracht hat. Zum üppigen Frühstück gehört auch frisch gepresster Orangensaft.

Le Moment BOUTIQUEHOTEL $$
(☎ 4520-2404; www.lemomentposadaboutique.com; Ruta 21, Km 186; Zi. 140–230 US$; ❄⛱☀) An einem klaren Tag kann man von diesem stilvollen Hotel, der etwa 15 km nördlich von Colonia auf dem Land liegt, die Wolkenkratzer von Buenos Aires auf der anderen Seite des Flusses in der Ferne glitzern sehen. Die netten französischen Expats Sylvaine und Bruno (alte Hasen als B&B-Inhaber) verhätscheln ihre Gäste mit acht individuell gestalteten, modernen Zimmern, die durch allerlei Schnickschnack zur Entspannung ergänzt werden: einen Swimmingpool, eine Resto-Bar im Haus – und Fernseher gibt es hier mit voller Absicht keine.

Las Terrazas BOUTIQUEHOTEL $$
(☎ 4522-4776; www.posadalasterrazas.com; Manuel Lobo 281; Zi. 115–150 US$; ⛱☀) Das Boutiquehotel in der Nähe vom malerischen Portón del Campo bietet Verlockungen zuhauf: eine freundliche Rezeption, einen schmalen mit Sonnenenergie beheizten Swimmingpool im Freien und einen großzügigen Aufenthaltsbereich, in dem es kostenlosen Tee, Mate, Liköre und Grappa gibt, den der Inhaber aus Argentinien selbst herstellt. Es lohnt sich, ein paar Scheine mehr auszugeben für ein Zimmer im Obergeschoss; sie haben alle Terrasse – wie das Hotel ja auch heißt – und bieten einen tollen Blick über die farbenfrohen Dächer Colonias.

Nova Posada HOTEL $$
(☎ 4522-2952; www.novaposada.com; Rivadavia 463; DZ 85–100 US$, 3BZ/4BZ 150/180 US$; ❄@⛱) Das Hotel mit seinem schillernden modernen Dekor und den geräumigen Zimmern mit bequemen Betten, Minibar und Kabel-TV ist eine gute Wahl für Leute, die modernem Komfort statt Kolonialcharme bevorzugen. Es verlocken ein hübscher Garten mit Patio zum Frühstücken und ein gemütliches Wohnzimmer mit Kamin, der auch gern befeuert wird. Die durch Durchgangstüren verbundenen Zimmer im Erdgeschoss sind prima für Familien.

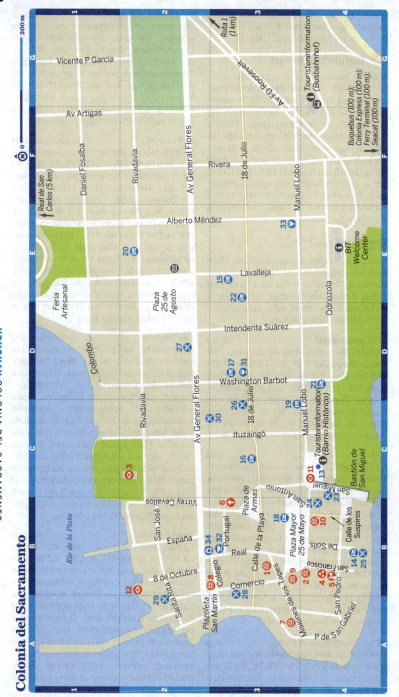

Colonia del Sacramento

Sehenswertes
1. Archivo Regional B3
2. Casa Nacarello B4
3. Centro Cultural Bastión del Carmen C2
4. Convento de San Francisco B4
5. Faro... B4
6. Iglesia Matríz B3
7. Museo del Azulejo A3
8. Museo Indígena B3
9. Museo Municipal B3
10. Museo Portugués B4
11. Portón de Campo C4
12. Puerto Viejo B2

Aktivitäten, Kurse & Touren
13. Walking Tours C4

Schlafen
14. Charco Hotel B4
15. Colonia Suite E3
16. El Capullo C3
17. El Viajero Hostel D3
18. La Posadita de la Plaza B3
19. Las Terrazas C3
20. Nova Posada E2
21. Posada del Ángel D4
22. Remus-Art Hostel E3

Essen
23. Bocadesanto C4
24. Buen Suspiro B4
25. Charco Bistró B4
26. Don Joaquín C3
27. El Portón D2
28. La Bodeguita B3
29. Lentas Maravillas A2
30. Los Farolitos C3

Ausgehen & Nachtleben
31. Barbot D3
32. Ganache B3
33. Missfusion E3

Shoppen
34. Malvón B2

Posada del Ángel
HOTEL $$

(☎4522-4602; www.posadadelangel.net; Washington Barbot 59; Zi. 85–125 US$; ❄@🌐≋) Dieses kleine Hotel, das praktisch zwischen dem Fährhafen und dem Stadttor Colonias, das aus dem 18. Jh. stammt, liegt, kann mit Daunendecken für kühle Nächte aufwarten sowie mit einem grünen Hof hinter dem Haus, in dem ein Swimmingpool für heiße Tage verlockt. Im Innern schmücken Engel die Decken und Wände.

Den günstigsten Zimmern, die auf den Innenhof hinausgehen, mangelt es an jeglichem Charme; die Zimmer im Obergeschoss sind dafür heller und haben Fenster zum vorderen Bereich; in einigen Räumen befinden sich sogar Himmelbetten.

★Colonia Suite
B&B $$$

(☎098-618966; www.coloniasuite.com; Lavalleja 169; Zi. 100–190 US$; ❄🌐) Mit drei geräumigen Suiten im Obergeschoss und einem „Gartenhaus", d. h. einem Bungalow hinter dem Gebäude, ist dieses B&B eine der ganz besonderen Unterkünfte in Colonia. Hier verlocken jede Menge anheimelnde Kleinigkeiten wie Armsessel, bunte Teppiche, TV mit Flachbildschirm und Kunstwerke aus Uruguay. Zum gemütlichen Ambiente tragen zudem ein Holzofen in einer der Wohneinheiten (L'Atelier) und gut ausgestattete Kitchenettes in zwei anderen (Joan Miró und Frida Kahlo) bei.

Charco Hotel
BOUTIQUEHOTEL $$$

(☎4523-5000; www.charcohotel.com; San Pedro 116; Zi. 210–400 US$, Rancho 383–450 US$; ❄🌐) Das schickste Hotel in Colonia kann mit einer unvergleichlichen Lage in der Altstadt aufwarten, einer Restaurant-Bar am Wasser und einer wunderschönen parkähnlichen Gartenanlage. Die sieben noblen Zimmer in einem elegant renovierten historischen Gebäude lassen ein leuchtend weißes Dekor und unverputzte Stein- und Ziegelwände sehen. Wirklich außergewöhnlich sind jedoch die Suite, mit einer Terrasse am Fluss, und der Rancho, ein historisches Haus mit Küche aus der Zeit der Portugiesen, in dem bis zu sechs Personen übernachten können.

Wer im Voraus bezahlt oder gleich mehrere Nächte hier absteigt, kann mit einem guten Rabatt rechnen.

El Capullo
HOTEL $$$

(☎4523-0135; http://elcapullo.com; 18 de Julio 219; DZ 135–180 US$, Apt. 205–250 US$; ❄@🌐≋) Das El Capullo („Der Kokon"), das sich im Schatten einer von Platanen gesäumten Straße in Bestlage im Barrio Histórico befindet, bietet seinen Gästen eine Oase der Ruhe fern des allgemeinen Trubels in der Umgebung. Die günstigsten Zimmer haben kein Fenster nach draußen; somit ist ein Quartier im Obergeschoss oder an der Grünfläche hinter dem Haus die Mehrausgabe durchaus wert. Die hellen Aufenthaltsbereiche und der großzügige Hof hinter dem Haus mit Swimmingpool sind hier die großen Attraktionen.

Essen

★ Don Joaquín PIZZA $
(☏ 4522-4388; www.facebook.com/donjoaquin artesanalpizza; 18 de Julio 267; Pizzas 155–240 Ur$; ⊙ Di–So 20–24) Nach 13 Jahren in Europa sind Yancí und Pierina, zwei gebürtige Colonier, mit einem original neapolitanischen Ofen im Schlepptau wieder nach Hause zurückgekehrt. Das Ergebnis ist ein fröhliches Lokal mit hohen Decken, in dem die Gäste zuschauen können, wie der *pizzaiolo* (Pizzabäcker) knusprige Köstlichkeiten mit leckerem selbst gemachtem Belag kreiert. Nicht entgehen lassen sollte man sich die Pizza *carbonara* mit Käse, Ei und prima krossem Speck oder auch die Pizza *pescatore* mit Muscheln und Garnelen.

Los Farolitos FASTFOOD $
(Av General Flores 272; Sandwiches 45–225 Ur$; ⊙ 23.30–1 Uhr) Der einfache Stand am Straßenrand ist für seine *chivitos* bekannt, verkauft aber auch anderes preiswertes, leckeres Fastfood wie Hot Dogs und *milanesas*.

Buen Suspiro URUGUAYISCH $$
(☏ 4522-6160; www.buensuspiro.com; Calle de los Suspiros 92; Picadas für 2 Pers. 360–670 Ur$; ⊙ 11–24 Uhr) Beim Betreten dieses gemütlichen Restaurants, das sich auf *picadas* (Platten mit Käse und Aufschnitt für mehrere Personen) spezialisiert hat, sollte man vorsichtshalber den Kopf einziehen, um nicht gegen die Holzbalken zu rumpeln. Weine aus der Region werden in der Flasche oder offen ausgeschenkt, dazu munden Spinat-Lauch-Kuchen, Ricotta-Walnuss-„Trüffel", einheimischer Käse, Wurst, Suppen und Salate. Wer im Winter gern am Kamin sitzen möchte, sollte unbedingt einen Tisch reservieren; im Sommer lässt sich im beschaulichen Patio hinter dem Haus herrlich der ganze Nachmittag verbringen.

Bocadesanto BURGER $$
(☏ 099-296022; www.bocadesanto.com; Paseo de San Miguel 81; Burger 390 Ur$; ⊙ Di–Do 12–19, Fr–Mo bis 16.30 & 20–23 Uhr) Der Newcomer Bocadesanto konzentriert all seine Energien darauf, den besten Burger von Colonia zu zaubern: mit hochwertigstem Rindfleisch aus Uruguay, zu dem sich die Zutaten türmen wie gegrillte Paprika, karamellisierte Zwiebeln, Emmentaler, Speck, Rucola, eingelegtes Gemüse und in der Sonne getrocknete Tomaten. Und dazu gibt es ein gutes Bier aus einer einheimischen Mikrobrauerei vom Fass. Schmecken lassen kann man sich alles in einem gemütlichen Kolonialgebäude aus Stein oder auch auf dem sonnigen Patio, der sich hinter dem Haus befindet.

Lentas Maravillas INTERNATIONAL $$
(☏ 4522-0636; lentasmaravillas@gmail.com; Santa Rita 61; Hauptgerichte 300–395 Ur$; ⊙ Mo, Di & Fr 13.30–18.30, Sa & So bis 19.30 Uhr) In diesem Lokal ist es so gemütlich wie bei Freunden zu Hause. Jedenfalls ist das Lentas Maravillas nett, um sich bei Tee und Gebäck zu entspannen oder auch um eine selbst gemachte Limonade zu trinken, zu der Sandwiches, eine Suppe oder Gulasch schmecken. Dabei kann man einen Kunstband aus der Privatbibliothek der Inhaberin Maggie Molnar durchblättern und den wunderschönen Blick über den Fluss genießen, und zwar entweder vom Wohnzimmer in der oberen Etage oder auf einem der Stühle, die unten auf dem Rasen stehen.

La Bodeguita INTERNATIONAL $$
(☏ 4522-5329; www.labodeguita.net; Del Comercio 167; Minipizzas 180 Ur$, Hauptgerichte 340–550 Ur$; ⊙ Di–Fr 20–24, Sa 12.30–16 & 20–24, So 12.30–16 Uhr) Am besten schnappt man sich einen Tisch hinter dem Haus auf der sonnigen Veranda (auf zwei Ebenen) und lässt dann die sagenhafte Aussicht über den Fluss auf sich wirken, während man einen Sangria trinkt oder eine Minipizza, das Markenzeichen des La Bodeguita, verspeist, die auf einem Holzbrettchen serviert wird. Auf der vielseitigen Speisekarte stehen auch Pasta, Salate, Steaks und *chivitos*.

El Portón PARRILLA $$
(☏ 4522-5318; www.facebook.com/parrilladaelporton; Av General Flores 333; Hauptgerichte 300–550 Ur$; ⊙ Di–Sa 12–15.30 & 20–24 Uhr, So 12–15.30 Uhr) Das Restaurant mit seinem fröhlichen orangeroten und gelben Dekor im Innern und den Tischen auf dem Gehsteig im Freien ist schon seit ewigen Zeiten wegen des leckeren Fleisches vom Grill – zu anständigen Preisen – beliebt.

★ Charco Bistró INTERNATIONAL $$$
(☏ 4523-5000; www.charcohotel.com; San Pedro 116; Hauptgerichte 420–680 Ur$; ⊙ 12–15.30 & 20–23 Uhr) Das helle, luftige Speiselokal mit moderner Ästhetik ist sowohl wegen seiner Lage als auch wegen des Essens etwas ganz Besonderes. Es liegt etwas versteckt in ei-

ner Straße mit Kopfsteinpflaster und bietet eine großzügige Veranda mit Blick über die Grünflächen am Ufer des Río de la Plata. Es werden verlockende Köstlichkeiten wie Steak mit Chimichurri, Lachs vom Grill und selbst gemachte Ravioli serviert, zu denen sagenhaft gut gemixte Cocktails und das eine oder andere Glas Tannat, ein edler Rotwein aus Uruguay, munden.

 Ausgehen & Nachtleben

★ Missfusion COCKTAILBAR
(☎ 092-187501; www.barmissfusion.com; Ecke Alberto Mendez & Manuel Lobo) Die lebhafte junge Inhaberin und Barkeeper Erika Valecillos Spinetti verließ ihre Heimat Venezuela, um 2016 diese bunt gestrichene Eckbar mit hohen Decken zu eröffnen – und dafür ist Colonia nun wirklich der goldrichtige Ort.

Kreative Cocktails und selbst gemachte Tapas, die Erika noch aus ihrer Zeit als Caterer kennt, kombinieren sich mit einer Mischung aus moderner Musik und Oldies, wodurch eine einladende Atmosphäre entsteht, in der die Gäste dann gern viel länger verweilen als ursprünglich geplant.

Ganache CAFÉ
(☎ 4522-6386; www.facebook.com/Ganache Colonia; Real 178; ⊗ 10–20 Uhr, April–Okt. Do geschl.) Das Ganache ist das ganze Jahr über ein einladendes Café, um eine Kaffeepause einzulegen. Bei schönem Wetter werden Tische draußen auf das Kopfsteinpflaster gestellt. Wer in den Wintermonaten oder an einem verregneten Tag hierher kommt, macht es sich gern drinnen in der reizenden Gaststube gemütlich, wo die Blumen auf den Tischen, die gepolsterten Stühle, der Parkettboden und das Kaminfeuer die kühle und zuweilen auch feuchte Brise vom Río de la Plata vertreibt.

Barbot MIKROBRAUEREI
(☎ 4522-7268; www.facebook.com/barbotcerveceria; Washington Barbot 160; ⊗ Mo–Do 18–2, Fr–So 12–16 Uhr; 🛜) Die schicke Brauereikneipe lohnt den Besuch allein schon wegen der ständig wechselnden Sammlung von 15 vor Ort gebrauten Bieren. Wer sich zu keiner Entscheidung aufraffen kann, nimmt einfach das Verkostungsangebot mit vier verschiedenen Biersorten.

 Shoppen

Malvón KLEIDUNG
(☎ 4522-1793; Av General Flores 100; ⊗ 10–19 Uhr) Hier sind Wolldecken und Kleidung der staatlichen Kooperative Manos del Uruguay erhältlich, aber es gibt auch noch anderes Kunsthandwerk aus Uruguay.

🛈 Praktische Informationen

GELD
BBVA (Av General Flores 299; ⊗ Mo–Fr 13–17 Uhr) Einer von mehreren Bankautomaten in der Avenida General Flores.

POST
Post (Lavalleja 226; ⊗ Mo–Fr 10–16, Sa 9–12 Uhr)

TELEFON
Antel (www.antel.com.uy; Ecke Lavalleja & Rivadavia; ⊗ Mo–Fr 10–17, Sa 9–14 Uhr)

TOURISTENINFORMATION
BIT Welcome Center (☎ 4522-1072; www.bitcolonia.com; Odriozola 434; ⊗ 9–18 Uhr; 🛜) Das moderne Center in einem schillernden Gebäude mit Glaswänden am Hafen wird von Uruguays Ministerium für Tourismus unterhalten. Hier bekommt man Touristeninformation, es gibt interaktive Bildschirme, und dann wäre da noch die überteuerte (50 Ur$) Videopräsentation „Welcome to Uruguay". Mit dazu gehören ein Reisebüro und Schließfächer fürs Gepäck.

Touristeninformation (☎ 4522-8506; www.coloniaturismo.com; Manuel Lobo 224; ⊗ März–Dez. 9–18 Uhr, Jan. & Feb. bis 19 Uhr) Die städtische Touristeninformation am Rand des Barrio Histórico organisiert gute Stadtspaziergänge (S. 619) unter der Leitung von einheimischen Führern.

Touristeninformation (Ecke Manuel Lobo & Av FD Roosevelt; ⊗ 9–18 Uhr) Eine weitere Zweigstelle befindet sich am Busbahnhof.

🛈 An- & Weiterreise

BUS
Colonias moderner **Busbahnhof** (☎ 4523-0288; http://terminalcolonia.com.uy; Ecke Manuel Lobo & Av FD Roosevelt) liegt praktisch gleich in der Nähe vom Hafen und lässt sich vom Barrio Histórico locker in zehn Minuten zu Fuß erreichen. Hier gibt es eine Touristeninformation und eine Gepäckaufbewahrung, eine Wechselstube und Internetzugang.

SCHIFF
Vom Fährhafen unten an der Rivera verkehren von **Buquebus** (☎ 130; www.buquebus.com.uy; ⊗ 9–22 Uhr) drei oder mehr Schnellboote (920–2079 Ur$, 1¼ Std.) täglich nach Buenos Aires. Demselben Unternehmen gehört auch **Seacat** (☎ 4522-2919; www.seacatcolonia.com.uy; ⊗ 8–21 Uhr), das etwas schnellere und oft-

mals billigere Fährverbindungen auf derselben Route anbietet (ab 780 Ur$, 1 Std.).

Ein drittes Unternehmen mit ähnlichem Service ist **Colonia Express** (📞 4522-9676; www.coloniaexpress.com; ⊙ 9–22 Uhr); es betreibt drei Schnellboote pro Tag (ab 773 Ur$, 70 Min.).

Alle drei Unternehmen geben Ermäßigung für Kinder, Senioren sowie bei Vorausbuchung.

Die Einreiseformalitäten für beide Länder werden am Hafen abgewickelt, bevor die Passagiere an Bord gehen.

❶ Unterwegs vor Ort

Im kompakten Colonia macht es Spaß, die Stadt zu Fuß zu erkunden, aber auch Motorräder, Fahrräder und mit Gas betriebene Golf-Buggies sind eine beliebte Alternative. **Thrifty** (📞 4522-2939; www.thrifty.com.uy; Av General Flores 172; Fahrrad/Motorroller/Golf-Buggy pro Std. 6/12/18 US$, pro 24 Std. 24/40/66 US$; ⊙ 9–19 Uhr) verleiht alles – von hochwertigen Fahrrädern bis hin zu Motorrollern und Golf-Buggies. Diverse andere Firmen in der Nähe vom Busbahnhof und vom Fährhafen haben Leihwägen und Leihmotorräder im Angebot, beispielsweise **Multicar** (📞 4522-4893; www.multicar.com.uy; Manuel Lobo 505; ⊙ 9–19 Uhr), **Motorent** (📞 4522-9665; www.motorent.com.uy; Manuel Lobo 505; ⊙ 9–19 Uhr), **Punta Car** (📞 4522-2353; www.puntacar.com.uy; Ecke 18 de Julio & Rivera), **Avis** (📞 4522-9842; www.avis.com.uy; Bus Terminal; ⊙ 24 Std.) und **Europcar** (📞 4522-8454; www.europcar.com.uy; Av Artigas 152; ⊙ Mo–Fr 9–19, Sa bis 13 Uhr). Bei den letzten beiden Autovermietern kann man das Fahrzeug in Colonia übernehmen und in Montevideo zurückgeben oder natürlich auch umgekehrt.

Die Stadtbusse von COTUC fahren über die Avenida General Flores zu den Stränden und zur Stierkampfarena in Real de San Carlos (22 Ur$).

Carmelo

📞 454 / 18 040 EW.

Das 1816 gegründete Carmelo ist ein beschauliches Städtchen mit Straßen aus Kopfsteinpflaster und niedrigen alten Häusern. Es gilt als beliebtes Zentrum für Segler und Angler sowie als günstiger Ausgangspunkt, um das Delta des Paraná zu erkunden. Weil der Ort inmitten von Weinbergen liegt, ist er mittlerweile ein beliebtes Ziel für Weingenießer. Er liegt rechts und links des Arroyo de las Vacas, eines kleinen Flusslaufs, der sich unterhalb vom Zusammenfluss des Río Uruguay mit dem Río de la Plata zu einem geschützten Hafen verbreitert. Das Stadtzentrum, sieben Blocks nördlich des Arroyo (Bach), bildet die Plaza Independencia. Südlich des Arroyo befindet sich auf der anderen Seite der Brücke ein hübscher Strand, die Playa Seré, mit einem großen Park dahinter. Hier kann man schwimmen gehen und zelten und für Freunde des Glücksspiels ist sogar ein riesiges Kasino vorhanden. Es verkehren täglich Boote von Carmelo nach Tigre, einem Vorort von Buenos Aires.

Aktivitäten

Der Arroyo, an dem große, rostige Boote vertäut liegen, bietet sich für einen tollen Spaziergang an; es macht aber auch Spaß, eine halbe Stunde zum Strand zu marschieren. Die Weine aus dieser Region genießen einen hervorragenden Ruf; kein Wunder also, dass der Besuch eines Weinguts hier eine beliebte Freizeitbeschäftigung darstellt.

Bodega Campotinto   WEIN
(📞 4542-7744; www.campotinto.com; Camino de los Peregrinos, Colonia Estrella; Verkostung 15 US$; ⊙ 11–19 Uhr) Die Bodega Campotinto bürgt für eine der vergnüglicheren Weinverkostungen in Carmelo, und noch dazu zu vernünftigen Preisen. Das Weingut lädt seine Gäste ein, auf einem 500 m langen Pfad durch die Weinstöcke zu einem Familiendomizil aus dem 19. Jh. zu spazieren, das in eine nagelneue *sala de degustación* (Verkostungsraum) umgestaltet wurde.

Bodega El Legado   WEIN
(📞 098-307193, 099-111493; Ramal Ruta 97; ⊙ 11–19 Uhr) Die beiden freundlichen Zeitgenossen Bernardo Marzuca und María Marta Barberis stehen zusammen mit ihren Söhnen diesem kleinen, aber expandierenden Weingut nördlich von Carmelo vor – ein richtiger Familienbetrieb eben. Bernardo veranstaltet informelle Führungen zu den Weingärten, in denen Tannat und Syrah gedeihen; anschließend gibt es eine Verkostung (25 US$ inkl. einer guten Auswahl an Käse und kaltem Braten) im geräumigen, attraktiven Verkostungsraum vorne.

Bodega Irurtia   WEIN
(📞 4542-2323, 098-874281; www.irurtia.com.uy; Av Paraguay, Km 2,3) Ein paar Kilometer östlich der Stadt produziert das größte Weingut der Region, das von der Familie Irurtia schon seit dem Jahr 1913 geführt wird, prämierte Tannats und Pinot noirs. Nach vorheriger Vereinbarung können Besucher an einer etwa 45-minütigen Führung durch die Weinkeller teilnehmen (auf Anfrage in englischer oder französischer Sprache), wor-

an sich Verkostungen von einem bis zu fünf Weinen anschließen (10–35 US$, je nach Anzahl der probierten Weine).

Almacen de la Capilla — WEIN
(4542-7316; www.almacendelacapilla.wix.com/almacendelacapilla; Camino de los Peregrinos, Colonia Estrella; 11–18 Uhr) Der historische Gemischtwarenladen inmitten von Weingärten befindet sich an der Kreuzung zweier Landstraßen, etwa 5 km nördlich von Carmelo. Die Familie Cordano produziert hier schon in der fünften Generation Wein – genauer gesagt seit 1870. Verkostungen (25 US$) finden statt, doch es macht ebenso viel Spaß, einfach nur die Atmosphäre auf sich wirken zu lassen, während man in den Regalen mit Esswaren aus der Region herumstöbert. Man kann übrigens auch anfragen, ob die Möglichkeit besteht, den winzigen Weinkeller, der sich hinter einer Falltür hinter dem Tresen versteckt, zu besichtigen.

Und so kommt man hin: Nach dem Abzweig rund 2 km nordwestlich von Carmelo Ausschau halten, in der Nähe vom Kilometerstein Km 257 an der Ruta 21.

Schlafen & Essen

Ah'Lo Hostel Boutique — HOSTEL $
(4542-0757; www.ahlo.com.uy; Treinta y Tres 270; B 30–35 US$, DZ 90–135 US$, DZ ohne Bad 75–84 US$, 4BZ ohne Bad 115–124 US$; ✱ ☏) Carmelos beste Alternative in der Innenstadt ist diese Mischung aus Hostel und Posada, die dem Zusatz „Boutique" im Namen alle Ehre macht. Geboten sind gemütliche Schlafsäle mit sieben Betten samt feudalen Federbetten und gut gepflegten Gemeinschaftsbädern, aber auch Privatzimmer, eine gut ausgestattete Gästeküche und ein geräumiger Aufenthaltsbereich in der Mitte.

Das alles befindet sich in einem attraktiven, sorgfältig restaurierten Kolonialgebäude, sieben Blocks vom Fährhafen und zwei Blocks vom Hauptplatz entfernt.

Posada Campotinto — GASTHOF $$
(4542-7744; www.campotinto.com; Camino de los Peregrinos, Colonia Estrella; Zi. 144–200 US$; ✱ ☏) Dieser beschauliche Gasthof auf dem Grundstück des Weinguts Campotinto bürgt für einen reizenden Aufenthalt und liegt gerade einmal 5 km nördlich von Carmelo. Zu den vier Zimmern in der *casa de campo* (historisches Landhaus, das als Hauptgebäude fungiert) kommen noch acht moderne Wohneinheiten im rückwärtigen Bereich, die erst 2017 neu errichtet wurden. Der Gasthof liegt in Laufweite zum Verkostungsraum des Weinguts und zur malerischen Capilla de San Roque aus dem 19. Jh.

Piccolino — URUGUAYISCH $
(4542-4850; Ecke Calle 19 de Abril & Roosevelt; Gerichte 140–320 Ur$; Mi–Mo 10.30–24 Uhr) Im Piccolino, einem netten Ecklokal, gibt es anständige *chivitos* mit guter Aussicht auf den Hauptplatz von Carmelo.

Comedor Lo'Korrea — URUGUAYISCH $$
(4542-6583, 099-530459; Colonia Estrella; Menü 470 Ur$; Sa 20.30–24, So 12–15 Uhr) Am Sonntagnachmittag strömen die Familien nur so zu diesem typisch uruguayischen Speiselokal im Weinland von Carmelo, um es sich bei einem Menü aus selbst gemachten Ravioli, Pâté und Wein gemütlich zu machen. Je nach Wetter zieht es den einen oder anderen in den riesigen Speiseraum, aber natürlich kann man es sich auch an den Picknicktischen auf dem Rasen gemütlich machen, während die Kids wie die Wilden in der Hüpfburg nebenan herumtollen.

★ Bodega y Granja Narbona — ITALIENISCH $$$
(4540-4778; www.narbona.com.uy; Ruta 21, Km 268; Gerichte 25–34 US$; 12–24 Uhr) Das Restaurant inmitten von Wein- und Obstgärten, etwa 13 km von Carmelo entfernt, befindet sich in einem restaurierten Farmgebäude aus dem Jahr 1908. Serviert werden hier Gourmet-Pasta, Rindfleisch aus Uruguay, vielerlei Biogemüse sowie ein sagenhafter Tannat und *grappamiel* (alkoholisches Mixgetränk) aus den preisgekrönten Weinkellern des Narbona. Im Haus können die Besucher in den Regalen herumstöbern, die vom Boden bis zur Decke mit Olivenöl aus der Region, eingemachten Pfirsichen und *dulce de leche* (Karamellcreme) reich bestückt sind. In der **Narbona Wine Lodge** (4540-4778; www.narbona.com.uy/en/lodge; Ruta 21, Km 268; Suite 242–363 US$; ☏) gleich nebenan stehen Luxusquartiere zum Übernachten zur Verfügung.

❶ Praktische Informationen

Casa de la Cultura (4542-2001; www.carmeloturismo.com.uy; Calle 19 de Abril 246; März–Nov. 9–18 Uhr, Dez.–Feb. bis 19 Uhr) Drei Blocks südlich vom Hauptplatz und acht Blocks nordöstlich vom Anlegesteg.

Post (Uruguay 360; Mo–Fr 9–17 Uhr)

Scotiabank (Uruguay 401; Mo–Fr 13–17 Uhr) Einer von mehreren Geldautomaten gegenüber vom Hauptplatz.

❶ An- & Weiterreise

BUS

Die beiden wichtigsten Busunternehmen befinden sich an oder in der Nähe der Plaza Independencia. **Berrutti** (4542-2504; www.berruttiturismo.com/horarios.htm; Uruguay 337) hat die meisten Verbindungen nach Colonia im Angebot; **Chadre** (4542-2987; www.agenciacentral.com.uy; Calle 18 de Julio 411) empfiehlt sich für alle anderen Fahrziele.

Busse ab Carmelo

REISEZIEL	FAHRPREIS (UR$)	FAHRZEIT (STD.)
Colonia	161	1½
Mercedes	201	2
Montevideo	481	3½
Paysandú	481	5
Salto	715	7

SCHIFF

Cacciola (4542-4282; www.cacciolaviajes.com; Wilson Ferreyra 263; Fähre Carmelo–Tigre einfache Fahrt Erw./Kind 770/670 Ur$, Shuttlebus Tigre–Buenos Aires 30 Ur$; Kartenschalter 3.30–4.30 & 8.30–20 Uhr) Das Unternehmen betreibt zweimal täglich Schiffe nach Buenos Aires, genau gesagt in den Vorort Tigre, und zwar montags bis samstags um 4.30 und 13.30 Uhr sowie am Sonntag um 12.30 und 18.30 Uhr. Im Sommer werden manchmal auch drei Verbindungen pro Tag angeboten. Die Fahrt von 2½ Stunden durch das Delta des Paraná ist die malerischste Schiffspassage von Uruguay nach Argentinien.

Mercedes

453 / 42 000 EW.

Die Hauptstadt der Provinz Soriano, etwa 280 km nordwestlich der Landeshauptstadt Montevideo gelegen, ist ein Zentrum des Viehhandels. Rund um den Hauptplatz, die Plaza Independencia in der Stadtmitte, wo sich auch die Kathedrale aus dem 18. Jh. befindet, verlaufen eine kleine Fußgängerzone und Straßen mit Kopfsteinpflaster. Die schönste Besonderheit der Stadt ist aber sicherlich die herrlich grüne Flusspromenade am Südufer des Río Negro entlang, an der sich angenehm flanieren lässt.

🛏 Schlafen & Essen

⭐ **Estancia La Sirena** ESTANCIA $$$
(4530-2271, 099-532698; www.lasirena.com.uy/hosteria.html; Ruta 14, Km 4,5; Zi. pro Pers. inkl. Halb-/Vollpension, Ausritte & andere Aktivitäten 110/135 US$) Diese *estancia*, 15 km flussaufwärts von Mercedes, liegt inmitten einer weitläufigen, hügeligen Landschaft. Sie ist eine der ältesten in Uruguay und heißt ihre Gäste besonders herzlich willkommen. Das geräumige Farmhaus aus dem Jahr 1830 mit gemütlichem Salon und Kaminen eignet sich perfekt, um in abgeschiedener Lage einmal richtig auszuruhen, am Spätnachmittag ein bisschen unter den Eukalyptusbäumen zu plaudern, nachts in die Sterne zu gucken oder einen Ausflug hoch zu Ross zum nahen Río Negro zu unternehmen. Die Hausmannskost, die hier auf den Tisch kommt, ist im Preis inbegriffen.

Martiniano Parrilla Gourmet PARRILLA $$
(4532-2649; Rambla Costanera s/n; Gerichte 220–390 Ur$; Di-So 11–15 & 19.30–24 Uhr) Zur hervorragenden Lage direkt am Fluss am unteren Ende der 18 de Julio kommt eine abwechslungsreiche Speisekarte, auf der selbst gemachte Pasta, Grillfleisch, Fisch, Gourmet-Burger und *chivitos* stehen.

Shoppen

⭐ **Lanas de Soriano** KLEIDUNG
(4532-2158; Colón 60; Mo & Mi-Fr 9–12 & 15–18.30, Di 9–12 Uhr) In diesem farbenfrohen Geschäft, das sich in einem Wohnviertel in der Nähe vom Wasser versteckt, gibt es ein wahres Kaleidoskop an wunderschönen, handgearbeiteten Wollsachen.

❶ Praktische Informationen

Post (Ecke Rodó & 18 de Julio; Mo–Fr 9–17 Uhr)
Scotiabank (Giménez 719; Mo-Fr 13–17 Uhr) Geldautomat an der Plaza Independencia.
Städtische Touristeninformation (4532-2201, Nebenst. 2501; turismo@soriano.gub.uy; Plaza El Rosedal, Av Asencio zw. Colón & Artigas; Mo-Fr 9–19 Uhr) Im El Rosedal-Park, vier Blocks östlich der Brücke, die zum Campingplatz von Mercedes führt.

❶ An- & Weiterreise

Der moderne, klimatisierte **Busbahnhof** (Plaza General Artigas) von Mercedes liegt rund zehn Blocks von der Plaza Independencia entfernt in einem Einkaufszentrum, in dem es auch Geldautomaten, eine Post, kostenlose Toiletten, eine Gepäckaufbewahrung und eine Klinik für Notfälle gibt. Der Stadtbus (22 Ur$) hält direkt vor dem Busbahnhof und fährt auf einem Rundkurs durch die Innenstadt; Abfahrt ist immer zehn Minuten nach der vollen Stunde von 7.10 bis 21.10 Uhr.

Salto

♪ 473 / 104 000 EW.

Salto, die drittgrößte Stadt Uruguays und die nördlichste Grenzstadt nach Argentinien, wurde in der Nähe der Wasserfälle errichtet – dort, wo der Río Uruguay einen „riesigen Satz" (auf Spanisch *salto grande*) macht. Die Ortschaft ist ein wichtiges Handelszentrum für Getreide und Gemüse.

Der gemütliche Ort kann mit Architektur aus dem 19. Jh. und einer hübschen Flusspromenade aufwarten. Die meisten Besucher kommen nach Salto, um in den nahe gelegenen heißen Quellen zu baden oder um sich in dem Gebiet oberhalb des gewaltigen Staudamms des Salto Grande von den Strapazen des Alltags zu erholen.

◉ Sehenswertes

Sämtliche Museen in der Stadt haben im Januar geschlossen.

Museo de Bellas Artes y Artes Decorativas   MUSEUM

(Uruguay 1067; ⊙ Feb.–Dez. Di-Sa 13-19, So 16-19 Uhr) GRATIS In diesem stattlichen Herrschaftshaus mit einem Obergeschoss samt einem imposanten Treppenhaus, hübschem Buntglas und einem üppigen grünen Garten

---

ABSTECHER

DER KLEINE WÜRFEL, DER UM DIE WELT GING

Im Jahr 1865 eröffnete die Liebig Extract of Meat Company ihre erste Fabrik in Südamerika in der Nähe der Stadt Fray Bentos am Río Uruguay, etwa 35 km westlich von Mercedes. Sie sollte rasch zum bedeutendsten Industriekomplex Uruguays aufsteigen. In den 1920er-Jahren übernahm El Anglo, eine Firma unter britischer Leitung, die Geschäfte, bis zum Zweiten Weltkrieg hatte die Fabrik bereits rund 4000 Angestellte, die ungefähr 200 Rinder pro Tag schlachteten – eine astronomisch hohe Zahl.

Wer heute die aufgelassene Fabrik sieht, wird sich keinesfalls vorstellen können, dass das wichtigste Produkt, der Oxo-Brühwürfel, einmal das Leben von Millionen Menschen auf allen Kontinenten beeinflusst hat. Oxo-Brühwürfel ernährten im Ersten Weltkrieg die Soldaten in den Schützengräben; Jules Verne sang ein Loblied auf das Produkt in seinem berühmten Roman *Reise um den Mond* (1870), Henry Morton Stanley nahm sie auf seine Suche nach dem Forscher Livingstone mit, Scott und Hillary hatten sie in der Antarktis und auf dem Mount Everest dabei. Mehr als 25 000 Menschen aus über 60 Ländern arbeiteten hier, und zu ihrer Blütezeit exportierte die Fabrik fast 150 Produkte, wobei sämtliche Teile des Rindes Verwendung fanden.

Die Fabrikanlage, die im Juli 2015 von der Unesco zu Uruguays jüngstem Weltkulturerbe erklärt wurde, ist heute ein Museum – das **Museo de la Revolución Industrial** (museo.anglo@rionegro.gub.uy; 50 Ur$, inkl. Führung 120 Ur$; ⊙ Di-So 9.30-17 Uhr). Dutzende kunterbunter Exponate – oftmals witzig, manchmal ergreifend – erwecken die Geschichte der Fabrik zu neuem Leben, beispielsweise eine gigantische Viehwaage, auf der sich nun ganze Schulklassen wiegen können, oder auch die alten Büroräume der Fabrik im Obergeschoss, die sich in genau dem Zustand befinden wie 1979, als die Fabrik geschlossen wurde – sogar die Rillen im Boden sind noch vorhanden, die von den Füßen eines Buchhalters stammen, der jahrzehntelang an ein und demselben Schreibtisch saß. Die meisten Ausstellungsstücke sind nur auf Spanisch erklärt.

Im Rahmen einer Führung von ein bis zwei Stunden Dauer (unterschiedl. Zeiten) erhalten Interessierte Zugang zum komplexen Labyrinth aus Durchgängen, Koppeln und aufgelassenen Schlachthäusern hinter dem Museum. Donnerstags, samstags und sonntags um 11 Uhr können die Besucher auch an einer Führung durch die Casa Grande teilnehmen, das Herrenhaus, in dem einst der Manager der Fabrik wohnte.

In der angrenzenden Stadt Fray Bentos, in der es eine hübsche, beschauliche Flusspromenade gibt, befindet sich der südlichste Grenzübergang auf dem Landweg über den Río Uruguay nach Argentinien.

Fray Bentos liegt mit dem Bus etwa 45 Minuten von Mercedes (60 Ur$), zwei Stunden von Paysandú (226 Ur$), vier Stunden von Colonia (441 Ur$) oder Buenos Aires (1450 Ur$) und 4½ Stunden von Montevideo (621 Ur$) entfernt.

NICHT VERSÄUMEN

DIE THERMALQUELLEN VON SALTO

Rund um Salto blubbern zahlreiche heiße Quellen.

Termas San Nicanor (☎ 4730-2209; www.sannicanor.com.uy; Ruta 3, Km 475; Stellplatz pro Pers. 8,50 US$, B 30–40 US$, DZ 110–150 US$, 4-Pers.-Hütte 230 US$; 🛜🏊) Inmitten einer idyllischen Landschaft mit Kühen, Feldern und Wasser, die ein wenig an flämische Malerei erinnert, liegt der beschaulichste Thermalort von Salto. Er bietet zwei riesige Thermalbecken im Freien, ein Restaurant und Unterkünfte für jeden Geldbeutel, darunter Campingplätze, Schlafsäle ohne viel Schnickschnack, Hütten für vier Personen und Privatzimmer in einem *Estancia*-Gebäude mit hohen Decken, großen Kaminen und Pfauen, die ziellos über das Grundstück stolzieren.

Tagsüber kostet die Nutzung der Thermalquellen (nur Fr–So 8–22 Uhr) 150 Ur$ (100 Ur$ in der Nebensaison).

Die 12 km lange, unbefestigte Straße beginnt an der Ruta 3, 10 km südlich von Salto. Es verkehren gelegentlich **Shuttles** (☎ Fahrer Martín Lombardo 099-732368; einf. Fahrt 500 Ur$) nach San Nicanor, die in Salto (Ecke Larrañaga/Artigas) und an den Termas de Daymán abfahren. Die Zeiten sind unterschiedlich, deshalb sollte man sich vorher telefonisch nach der genauen Abfahrtszeit erkundigen.

Termas de Daymán (☎ 4736-9711; www.termasdedayman.com; 130 Ur$; ⏲ 8–22.30 Uhr) Rund 8 km südlich von Salto präsentiert sich Daymán als total erschlossenes Disneyland mit Thermalbädern samt einem Wasserpark für die Kids. Die Thermen sind bei Touristen aus Uruguay und Argentinien beliebt, die im Bademantel über die einen Block lange Hauptstraße spazieren. Als komfortables Quartier in der Nähe der Thermalquellen empfiehlt sich **La Posta del Daymán** (☎ Campingplatz 4736–9094, Hotel 4736–9801; www.lapostadeldayman.com; Stellplatz pro Pers. 7 US$, Zi. pro Pers. inkl. Frühstück 37–55 US$; 🛜🏊).

Busse der Empresa Cossa fahren im Stundentakt von Salto zu den Bädern (32 Ur$); sie verkehren vom Hafen in Salto über die Avenida Brasil jeweils zur halben Stunde (7.30–22.30 Uhr) und fahren immer zur vollen Stunde (7–23 Uhr) zurück.

Termas de Arapey (☎ 4768-2101; www.termasarapey.com; 150 Ur$; ⏲ 7–23 Uhr) Rund 90 km nordöstlich von Salto befindet sich der älteste Thermalort Uruguays. Geboten sind vielerlei Pools inmitten von Gärten mit Brunnen und Wegen, die zum Río Arapey Grande führen. Das **Hotel Municipal** (☎ 4768-2441; www.viatermal.com/hotelarapey; EZ/DZ/3BZ 57/78/92 US$; ❄🛜🏊) liegt unten nicht weit vom Fluss entfernt und kann mit Unterkünften aufwarten, die das beste Preis-Leistungs-Verhältnis in dieser Gegend aufweisen. Von **Argentur** (☎ 099-734003, 4732-9931; www.minibusesargentur.blogspot.com) verkehren täglich zwei Busse ab Salto (190 Ur$, 1½ Std.).

---

hinter dem Anwesen gibt es eine schöne Sammlung von Malerei und Skulpturen aus Uruguay zu bestaunen.

Museo del Hombre y la Tecnología MUSEUM (Ecke Av Brasil & Zorrilla; ⏲ Feb.–Dez. Mo–Fr 13–19, Sa 14–19 Uhr) GRATIS Das Museum in einem historischen Marktgebäude präsentiert hervorragende Ausstellungen zur kulturellen Entwicklung und Geschichte im Obergeschoss sowie eine kleinere archäologische Ausstellung im Erdgeschoss.

Represa Salto Grande STAUDAMM (www.saltogrande.com/visitas.php; ⏲ 7–16 Uhr) GRATIS Der gewaltige hydroelektrische Staudamm, 14 km nördlich von Salto, liefert mehr als 50 % der Energie Uruguays und ist der Stolz des Landes. Im Rahmen einer kostenlosen, 1½-stündigen Führung (im 30-Minutentakt) können Interessierte die uruguayische wie auch die argentinische Seite besuchen. Mit dem Taxi ist man von Salto in 20 Minuten dort (1200 Ur$ für die Hin- & Rückfahrt mit dem Taxi). Unterwegs lohnt ein Stopp an einem der Stände, die selbst gemachte Empanadas und frisch gepressten, einheimischen Orangensaft verkaufen – 2 l kosten gerade einmal 60 Ur$!

🛏 Schlafen & Essen

Gran Hotel Concordia HOTEL $ (☎ 4733-2735; www.facebook.com/granhotelconcordia; Uruguay 749; EZ/DZ 31/-58 US$; ❄🛜) Dieses etwas verblasste Relikt aus den

1860er-Jahren ist ein historisches Nationalmonument – und seit jeher die preiswerteste Unterkunft mit dem größten Flair in der Innenstadt von Salto. Der Tangosänger Carlos Gardel, der einmal im Zimmer 32 übernachtet hatte, dirigiert als lebensgroße Holzfigur die Gäste einen Marmorkorridor hinunter zu einem grünen Patio voller Wandmalereien und Skulpturen. Darum herum gruppieren sich die eher etwas schlichten und muffigen Zimmer mit hohen Sprossenfenstern und Fensterläden.

★ Art Hotel Deco BOUTIQUEHOTEL $$
(🕿 4732-8585; www.arthoteldeco.com; Sarandí 145; EZ/DZ/Suite 90/120/150 US$; ❄🖃) Nur ein paar Schritte vom Stadtzentrum entfernt liegt dieses stilvolle Boutiquehotel, das die anderen Übernachtungsmöglichkeiten im Zentrum von Salto locker in den Schatten stellt. Das liebevoll renovierte historische Gebäude strotzt nur so vor alten Stilelementen wie beispielsweise hohen Decken, Parkettböden, Tür- und Fensterrahmen im Jugendstil und einem eleganten Aufenthaltsraum – dazu ein wild wuchernder Garten hinter dem Haus.

An besonderen Annehmlichkeiten warten Bettwäsche aus ägyptischer Baumwolle, Kabel-TV, eine Sauna und ein Fitnessstudio.

La Caldera PARRILLA $
(🕿 4732-4648; Uruguay 221; Gerichte 195–395 Ur$; ⓢ Di-So 12–15 & 20–24 Uhr) Die *parrilla* mit einer sonnigen Terrasse, auf der eine frischen Brise weht, ist ideal, um dort zu Mittag zu essen; ebenso viel Flair hat aber die Gaststube mit Blick auf das Kaminfeuer, das beim Abendessen brennt.

Casa de Lamas URUGUAYISCH $$
(🕿 4732-9376; Chiazzaro 20; Gerichte 225–495 Ur$; ⓢ Mi 20–24, Do-Mo 12–14.30 & 20–24 Uhr) Das protzigste Speiselokal Saltos befindet sich in einem Gebäude aus dem 19. Jh. mit einer schönen Gewölbedecke und Steinmetzarbeiten. Das *menú de la casa* (Menü mit Vorspeise, Hauptgericht, Nachtisch und Getränk) ist für 475 Ur$ erhältlich.

La Trattoria URUGUAYISCH $$
(🕿 4733-6660; www.facebook.com/LaTrattoria salto; Uruguay 754; Gerichte 225–495 Ur$; ⓢ 12–1 Uhr) Die Einheimischen kommen in Massen in dieses Speiselokal, das in der Innenstadt liegt. Der Grund: köstliche Fisch-, Fleisch- und Pastagerichte. Man kann im Speiseraum, mit seinen hohen Decken und der Holzvertäfelung, Platz nehmen oder sich an einen Tisch auf dem Gehsteig in der quirligen Calle Uruguay setzen, um das muntere Völkchen zu beobachten.

> **ⓘ BLOSS NICHT SONNTAGS IN SALTO STRANDEN!**
>
> Man sollte unbedingt beachten, dass von Salto nach Argentinien sonntags keinerlei Fähren oder Busse verkehren. Wer die Grenze überqueren möchte, kann das von Montag mit Samstag tun, ansonsten wird eine saftige Rechnung für die Fahrt mit dem Taxi fällig.

ⓘ Praktische Informationen

BBVA (Ecke Uruguay & Lavalleja; ⓢ Mo–Fr 13–17 Uhr) Eine von mehreren Banken an dieser Kreuzung.

Post (Ecke Artigas & Sarandí; ⓢ Mo–Fr 9–17 Uhr)

Touristeninformation – Busbahnhof (🕿 4733-4096; turismo@salto.gub.uy; Salto Shopping Center, Ecke Avenidas Blandengues & Batlle; ⓢ 8–22 Uhr)

Touristeninformation – Centro (🕿 4733-4096; turismo@salto.gub.uy; Uruguay 1052; ⓢ Mo–Sa 8–19 Uhr)

ⓘ An- & Weiterreise

BUS

Der **Busbahnhof** (Salto Shopping Center, Ecke Av Blandengues & Av Batlle) von Salto in einem hypermodernen Shoppingcenter, 2 km östlich der Innenstadt, verfügt über einen Infokiosk für Touristen, Geldautomaten, Interneteinrichtungen, öffentliche Toiletten und einen Supermarkt.

Busse ab Salto

REISEZIEL	FAHRPREIS (UR$)	FAHRZEIT (STD.)
Buenos Aires, Argentinien	1155	7
Colonia	921	8
Concordia, Argentinien	146	1
Montevideo	1021	6½
Paysandú	252	2
Tacuarembó	576	4

SCHIFF

Von **Transporte Fluvial San Cristóbal** (🕿 4733-2461; Ecke Av Brasil & Costanera

Die Strände von Uruguay

Von Montevideo bis nach Brasilien erstrecken sich 300 km Strand an der Mündung des Río de la Plata und am Atlantik entlang. Es ist für jeden etwas dabei: die Punta del Este mit Glanz und Glamour oder die ländliche Ruhe des Cabo Polonio.

Cabo Polonio

Cabo Polonio (S. 645) mit seinem Leuchtturm ist der Traum eines jeden Naturliebhabers – nicht zuletzt wegen der dort dösenden Seelöwen. Schon die Anfahrt durch die Dünen mit einem Geländewagen ist ein Vergnügen.

La Paloma

Das familienfreundliche La Paloma (S. 643), versteckt hinter Sanddünen, ist der Inbegriff eines schlichten, ungetrübten Strandvergnügens.

Punta del Este

Punta del Estes Halbinsel (S. 635), genau zwischen dem Atlantik und dem Río de la Plata gelegen, verwandelt sich mit ihren Hochhäusern und tollen Stränden Jahr für Jahr vom verschlafenen Strandnest in eine sommerliche Party-Location.

Punta del Diablo

Punta del Diablo (S. 647) liegt am Ende der Küstenlinie. Einige Schritte weiter und man ist in Brasilien, aber die meisten Leute bleiben, weil hier die Wellen, die Imbissbuden, die Strandfeuerwerke und der Nationalpark so verführerisch sind.

Piriápolis

In Piriápolis (S. 633) werden die Besucher in die 1930er-Jahre zurückversetzt: Grandhotel an der Strandpromenade und Blick aufs Meer vom Sessellift aus.

La Pedrera

Dieser weite Blick auf die gesamte Atlantikküste von Uruguay ist nirgendwo so schön wie von den Klippen La Pedreras aus (S. 644).

1. La Pedrera 2. Punta del Este 3. Piriápolis 4. Cabo Polonio

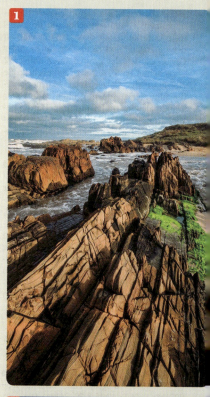

Norte) verkehren Schiffe über den Fluss nach Concordia/Argentinien (Erw./Kind 160/70 Ur$, 15 Min.), genauer gesagt von Montag bis Samstag dreimal täglich von 8.45 bis 18 Uhr (sonntags keine Verbindungen).

Tacuarembó

📞 463 / 54 800 EW.

Das in den sanften Hügeln der Cuchilla de Haedo gelegene Tacuarembó gilt als das Land der Gauchos. Und zwar nicht von irgendwelchen Schaustellern, die sich für ein paar Pesos in Positur schmeißen, sondern von echten, kernigen Kerlen. Hier soll auch die Tangolegende Carlos Gardel im Jahr 1887 geboren worden sein.

Als Provinzhauptstadt bietet Tacuarembó reizvolle, von Pappeln gesäumte Straßen und attraktive Plazas. Das Stadtzentrum liegt rund um die Plaza 19 de Abril mit den beiden wichtigsten Verkehrsadern, der 25 de Mayo und der 18 de Julio.

Sehenswertes

Museo del Indio y del Gaucho MUSEUM
(Ecke Flores & Artigas; ⊙ Di–Sa 10–17 Uhr) GRATIS
Das Museum ist eine romantische Hommage an die Gauchos von Uruguay und die indigenen Völker des Landes. Zur Sammlung zählen Schemel aus Pferde- und Rinderknochen, elegant gearbeitete Silbersporen und andere Gegenstände, die zum entbehrungsreichen Landleben gehören.

Feste & Events

Fiesta de la Patria Gaucha KULTUR
(www.patriagaucha.com.uy; ⊙ Anfang Mai) Das farbenfrohe, authentische und typisch uruguayische Fest dauert fünf Tage. Es ist das größte Gaucho-Festival der Welt, das mit seinen Präsentationen traditioneller Gaucho-Fertigkeiten, Musik und anderer Aktivitäten Teilnehmer aus Argentinien, Südbrasilien und natürlich auch aus ganz Uruguay anlockt. Das Festival findet im Parque 25 de Agosto statt, im Norden der Stadt.

Schlafen & Essen

Hotel Internacional HOTEL $
(📞 4632-3324; Ituzaingó 211; EZ/DZ 30/55 US$) Die neuen Inhaber dieses zentral gelegenen Hotels in der Innenstadt haben ihre Wohneinheiten mit eigenem Badezimmer mit einem Kübel frischer Farbe und einer Klimaanlage aufgepeppt. Verhältnismäßig spartanisch ist es hier dennoch, aber das Hotel ist praktisch, um sein müdes Haupt zu betten, wenn man unbedingt in Tacuarembó übernachten möchte.

★**Estancia Panagea** ESTANCIA $$
(📞 099-836149, 4630-2670; www.panagea-uruguay.blogspot.com.uy; Ruta 31, Km 189; B pro Pers. inkl. Vollpension, Farmaktivitäten, Ausritte & Transport 65 US$) Ein wirklich toller, authentischer Einblick ins Landleben von Uruguay bietet sich auf dieser knapp 970 ha großen *estancia*, rund 40 km nordwestlich von Tacuarembó, einem ganz normalen Betrieb. Juan Manuel, der hier geboren wurde und auch aufgewachsen ist, seine Schweizer Frau Susanne und der Gaucho Bilinga heißen die Gäste herzlich willkommen, um am Leben auf der Farm teilzunehmen. Die Aktivitäten reichen von so alltäglichen Verrichtungen wie der Kennzeichnung und Impfung von Tieren bis hin zu klassischen Tätigkeiten wie hoch zu Ross die Rinder zu hüten.

Die Gäste übernachten in einfachen Zimmern im Stil von Schlafsälen, bekommen täglich drei deftige, hausgemachte Mahlzeiten (beispielsweise Eier mit Speck, die auf dem Holzofen zubereitet werden), können sich auf dem Basketball- und Volleyballplatz bei Sonnenuntergang sportlich betätigen und sich abends am Kaminfeuer zusammensetzen. Man sollte unbedingt vorher anrufen, um die Termine abzustimmen und um den Transfer vom Busbahnhof in Tacuarembó zur *estancia* zu vereinbaren.

★**Yvytu Itaty** ESTANCIA $$
(📞 099-837555, 4630-8421; www.viviturismorural.com.uy; EZ inkl. Vollpension, Farmaktivitäten & Ausritte 85 US$, pro Pers. ab 2 Pers. 75 US$) 🌿 Pedro und Nahir Clarigets schlichtes Zuhause im Stil einer Ranch, rund 50 km südwestlich von Tacuarembó gelegen, ermöglicht einen unverfälschten Einblick ins echte Gaucho-Leben. Die Gäste werden eingeladen, Pedro und seine netten Hütehunde bei einem Ausritt über die etwa 636 ha große, gut organisierte *estancia* zu begleiten, an den üblichen Alltagstätigkeiten teilzunehmen und bei Sonnenuntergang auf dem Patio einen *Mate*-Tee zu trinken – in froher Erwartung der leckeren, herzhaften Hausmannskost, die von Nahir zubereitet wird.

Am besten ist es, vorher anzurufen, um sich die Anfahrt mit dem Auto erklären zu lassen oder um die Abholung vom Busbahnhof in Tacuarembó zu vereinbaren (1700 Ur$ hin & zurück, unabhängig von der Gruppengröße).

El Mirador Resto-Pub KNEIPENESSEN $

(📞 4634-2491; Sarandí 349; Kneipenessen ab 250 Ur$; ⊗ Mi–So 19–3 Uhr) Das nette Resto-Pub schenkt acht verschiedene Sorten des in Tacuarembó gebrauten Cabesas-Biers vom Fass aus, zu denen *chivitos*, Pizza, *picadas* (Vorspeisenplatte für mehrere Personen) und anderes Kneipenessen munden.

🛈 Praktische Informationen

Banco Santander (18 de Julio 258; ⊗ Mo–Fr 13–17 Uhr) Einer von mehreren Geldautomaten in der Nähe der Plaza Colón.

Post (Ituzaingó 262; ⊗ Mo–Fr 9–17 Uhr)

Touristeninformation (📞 4632-7144; www.tacuarembo.gub.uy; Ecke Ruta 5 & Av Victorino Pereira; ⊗ Mo–Fr 7–20, Sa 8–12 Uhr) Im Busbahnhof.

🛈 An- & Weiterreise

Der **Busbahnhof** (📞 4632-4441; Ecke Ruta 5 & Av Victorino Pereira) befindet sich 1 km nordöstlich vom Zentrum. Ein Taxi in die Stadt kostet etwa 80 Ur$.

Busse ab Tacuarembó

REISEZIEL	FAHRPREIS (UR$)	FAHRZEIT (STD.)
Montevideo	781	4½
Paysandú	483	3½
Salto	564	4

Valle Edén

Im Valle Edén, einem üppigen Tal 24 km südwestlich von Tacuarembó, ist das **Museo Carlos Gardel** (📞 099-107303; 25 Ur$; ⊗ Do–So 9.30–17.30 Uhr) zu Hause. Es lässt sich mit dem Auto über eine Furt erreichen, über die sich eine hölzerne Hängebrücke für Fußgänger spannt. Das Museum befindet sich in einer ehemaligen *pulpería,* einem Krämerladen mit Bar, wie sie früher auf vielen *estancias* betrieben wurden. Das Museum belegt anhand von Dokumenten, weshalb Tacuarembó für sich in Anspruch nimmt, der Geburtsort des hochverehrten Tangosängers Carlos Gardel zu sein – eine Behauptung, die ihm sowohl Argentinien als auch Frankreich mit Vehemenz streitig machen!

🛏 Schlafen

Übernachten kann man im Valle Edén im **Camping El Mago** (📞 4632-7144; Stellplatz pro Zelt/Pers. 3,50/1,50 US$) oder in der **Posada Valle Edén** (📞 4630-2345, 098-800100; www.posadavalleeden.com.uy; DZ 50–74 US$; ❄); dort wohnen die Gäste im hübschen historischen Hauptgasthof, der aus Lehm und Stein errichtet wurde, oder auch in modernen *cabañas* auf der anderen Straßenseite.

🛈 An- & Weiterreise

Ein Bus von Empresa Calebus verkehrt täglich am frühen Morgen und am Spätnachmittag von Tacuarembó zum Valle Edén (68 Ur$, 20 Min.); allerdings fahren beide Busse bei einem Tagesausflug für den Besuch des Museums zu ungünstigen Zeiten ab. Ideal wäre somit ein eigener fahrbarer Untersatz.

DER OSTEN

Östlich von Montevideo zieht sich ein rund 340 km langer Küstenstreifen mit Stränden, Dünen, Wäldern und Lagunen bis zur brasilianischen Grenze – dieses Gebiet zählt zu den Naturschätzen des Landes.

Diese Region ist eigentlich nur den Uruguayern und ihren unmittelbaren Nachbarn bekannt: Rund zehn Monate im Jahr liegt die Küste in einer Art Dornröschenschlaf, erst in den Sommermonaten (also zwischen Weihnachten und Karneval) erwacht die Gegend zum Leben. Wem der Sinn einfach nur nach Sonne und Unterhaltung steht, der ist hier in der Hochsaison genau richtig. Wer nur wenige Wochen vorher oder nachher (also im März oder in den ersten drei Dezemberwochen) dorthin fährt, kann die Schönheit und die Ruhe dieses Landstrichs für den halben Preis genießen.

In der Nähe der brasilianischen Grenze liegen verlassene Festungen auf den Hügeln, auch Schiffswracks sind stumme Zeugnisse einer Zeit, als sich Spanier und Portugiesen um die Herrschaft auf dem Kontinent stritten. Wo einstmals Beobachtungsposten den weiten Horizont nach einfallenden Armeen absuchten, haben sich heute neue, zeitgemäße „Invasoren" breitgemacht: Touristen, die im Cabo Polonio mit dem Fernglas Wale beobachten, und Paparazzi, die in Punta del Este mit gezückter Kamera nach Prominenten Ausschau halten.

Piriápolis

📞 443 / 8800 EW.

Mit seinem prächtigen alten Hotel und der Strandpromenade vor der Kulisse niedrigerer Berge erinnert Piriápolis etwas an einen Ferienort am Mittelmeer und verströmt auch das Flair eines traditionellen Seebads. Das Städtchen wurde im frühen 20. Jh. von dem urugayischen Unternehmer Francisco Piria als Ferienort konzipiert. Er errichtete auch das besagte Argentino Hotel, ein imposantes Wahrzeichen von Piriápolis, sowie sein exzentrisches Domizil in den Hügeln, das Castillo de Piria (Pirias-Burg).

Das gesamte Geschehen spielt sich in einem Abschnitt von nur zehn Blocks am Strand zwischen der Avenida Artigas – man nimmt die Zufahrt von der Ruta 9 aus – und der Avenida Piria ab – dort vollzieht die Küste eine weite Biegung in Richtung Süden. Die Straßen, die hinter dem Strand ihren Ausgangspunkt haben, gehen rasch in reine Wohngebiete über.

In der näheren Umgebung befindet sich viel Interessantes, darunter zwei der höchsten Berge Uruguays.

Sehenswertes & Aktivitäten

Schwimmen und **Sonnenbaden** gehören in Piriápolis sicherlich zu den beliebtesten Freizeitaktivitäten, allerdings kann man bei dem felsigen Abschnitt am Ende des Strands, wo die Rambla de los Argentinos in die Rambla de los Ingleses übergeht, auch sehr gut **angeln**.

Schlafen & Essen

Hostel de los Colores HOSTEL $
(4432-6188; www.hosteldeloscolores.com.uy; Simón del Pino 1137; B 18–29 US$, DZ 50–90 US$, DZ ohne Bad 45–80 US$; @ 🕿) Direkt gegenüber dem offiziellen HI-Hostel (240 Betten) in Piriápolis liegt das erheblich kleinere, ganzjährig geöffnete Hostel de los Colores, lediglich zwei Blocks vom Strand entfernt. Geboten sind saubere, farbenfrohe Schlafsäle mit vier bis sechs Betten sowie drei Doppelzimmer. Neben Fahrrädern (400 Ur$ pro Tag) kann man hier auch Kajaks (500 Ur$ pro Tag) mieten.

Argentino Hotel HISTORISCHES HOTEL $$$
(4432-2791; www.argentinohotel.com; Rambla de los Argentinos s/n; DZ inkl. Frühstück/Halbpension ab 215/235 US$; ❄ @ 🕿 ☰) Selbst wer nicht hier logiert, sollte diesem eleganten Spa-Hotel mit 350 Zimmern im europäischen Stil einen Besuch abstatten. Geboten sind zwei Meerwasserpools, ein Kasino, eine Eislaufbahn und anderer Luxus.

★ Café Picasso MEERESFRÜCHTE $$
(4432-2597; Ecke Rojas & Caseros; Hauptgerichte 270–590 Ur$; ⊙ Mai–Nov. Mo–Do & So 12–15.30, Fr & Sa 12–15.30 & 20–23.30 Uhr) Mehrere Blocks vom Meer entfernt liegt etwas versteckt in einem Wohngebiet dieses Café. Hier hat der etwa 70 Jahre alte Küchenchef und Inhaber

---

RUND UM PIRIÁPOLIS

In den Hügeln nördlich der Stadt präsentiert das **Castillo de Piria** (4432-3268; Ruta 37, Km 4; ⊙ April–Nov. Di–So 8–15.30 Uhr, Dez.–März bis 18 Uhr) GRATIS Francisco Pirias bombastisches ehemaliges Domizil, das im Stil einer Burg gehalten ist, Ausstellungen zur Geschichte von Piriápolis in spanischer Sprache. Etwa 1 km weiter landeinwärts können Wandervögel den vierthöchsten „Gipfel" (389 m) Uruguays erklimmen, den **Cerro Pan de Azúcar** (Ruta 37, Km 5; ⊙ 7–20.30 Uhr) GRATIS. Der Wanderweg (2½ Std. hin & zurück) beginnt am Parkplatz der Reserva de Fauna Autóctona; die staubige Straße geht allmählich in einen steilen Pfad über, der mit einem roten Pfeil gekennzeichnet ist.

Das private Naturschutzgebiet **Sierra de las Ánimas** (SMS nur 094-419891; www.sierradelasanimas.com; Ruta 9, Km 86; 130 Ur$; ⊙ Sa & So 9 Uhr bis Sonnenuntergang, plus Karneval- & Osterwoche, Mai–Okt. ab 10 Uhr) 🌿 liegt gleich an der Interbalnearia (Küstenschnellstraße), etwa 25 km in Richtung Montevideo von Piriápolis. Es verlocken zwei gute Wanderwege, die sich jeweils in drei bis vier Stunden (hin & zurück) bewerkstelligen lassen: Einer führt zum 501 m hohen Gipfel (dem zweihöchsten Uruguays), der andere zum **Cañadón de los Espejos**, mehreren Wasserfällen und natürlichen Schwimmbecken, die vor allem nach einem kräftigen Regenguss beeindrucken. Weitere Freizeitaktivitäten hier sind Zelten in rustikaler Umgebung (50 Ur$ pro Pers., nur nach vorheriger Vereinbarung) und Mountainbiken. Wer von Montevideo mit dem Bus kommt, bittet den Fahrer, bei Km 86 zu halten; dort steigt man aus und überquert die Schnellstraße. Bei Kälte oder Regenwetter sollte man vor dem Aufbruch eine SMS hinschicken, um sich zu vergewissern, dass auch wirklich geöffnet ist.

Carlos seinen Autostellplatz und das Vorderzimmer in ein legeres, farbenfroh gestaltetes Restaurant mit einem Grill im Freien umfunktioniert. Die Einheimischen sitzen gemütlich auf Plastikstühlen, plaudern und hören Tangoaufnahmen an, während Carlos so ziemlich den besten Fisch zubereitet, den man an der Atlantikküste Uruguays finden kann; an Sonntagen bereitet er zusätzlich auch Paella (590 Ur$) zu.

Praktische Informationen

Banco de la República (Rambla de los Argentinos, zw. Sierra & Sanabria; Mo–Fr 13–18 Uhr) Praktischer Geldautomat.

Post (Av Piria s/n; Mo–Fr 9–17 Uhr) Zwei Blocks vom Strand entfernt.

Touristeninformation (4432-5055; www.costaserrana.uy; Rambla de los Argentinos; April–Nov. Mi–Mo 10–18 Uhr, Dez. & März tgl. 9–20 Uhr, Jan. & Feb. bis 24 Uhr) Hilfsbereite Mitarbeiter und öffentliche Toiletten am Wasser in der Nähe vom Argentino Hotel.

An- & Weiterreise

Der **Busbahnhof** (4432-4526; Ecke Misiones & Niza) liegt ein paar Blocks zurückversetzt vom Strand. Von COT und COPSA verkehren häufig Busse nach Montevideo (202 Ur$, 1½ Std.) und Punta del Este (135 Ur$, 50 Min.).

Punta del Este

42 / 9300 EW.

Okay, der Plan gestaltet sich folgendermaßen: bräunen, enthaaren, im Fitnesscenter den Body stählen – um ihn dann am Strand von „Punta" zur Schau zu stellen. Und wenn das alles abgehakt ist, dann nichts wie ab in einen der berühmten Clubs der Stadt.

Punta del Este – mit seinen vielen Stränden, eleganten Domizilen am Meer, dem Jachthafen, den Apartmenthochhäusern, Nobelhotels und schicken Restaurants – ist einer der exklusivsten Ferienorte Südamerikas und steht bei Argentiniern und Brasilianern enorm hoch im Kurs. Außerdem ist Punta der teuerste Ort Uruguays.

Jedenfalls haben hier Leute, die gern nach Berühmtheiten Ausschau halten, einen Vollzeitjob. Punta strotzt nur so vor großen Namen, und die Regenbogenpresse führt Tabellen, wer wo mit wem gesehen wurde. Vom Mythos Punta profitieren dann natürlich auch die umliegenden Ortschaften wie die berühmte Clubzone La Barra im Osten oder Punta Ballena weiter westlich.

Sehenswertes

★ **Casapueblo** GALERIE
(4257-8041; www.carlospaezvilaro.com.uy/nuevo/museo-taller; 280 Ur$; 10 Uhr–Sonnenuntergang) Die in der Sonne gleißend weiße, kapriziöse Villa (mit Kunstgalerie) des uruguayischen Künstlers Carlos Páez Vilaró sieht aus, als würde sie über neun Etagen die Klippen hinunterstürzen. Sie liegt oben auf der Punta Ballena, einer Landzunge etwa 15 km westlich von Punta del Este. Die Besucher können fünf Räume besichtigen, sich einen Film über das Leben und die Reisen des Künstlers ansehen und die sagenhaften Sonnenuntergänge in der Cafeteria-Bar oben auf sich wirken lassen.

Ein Hotel und ein Restaurant befinden sich direkt daneben. Von der Kreuzung, an der die Busse der Línea 8 von Codesa halten, sind es nur noch 2 km zu Fuß.

★ **La Mano en la Arena** SKULPTUR
(„Die Hand im Sand"; Playa Brava) Das berühmteste Wahrzeichen von Punta ist die monströs große Skulptur einer Hand, die an der Playa Brava aus dem Sand ragt. Das Gebilde aus Stahlbeton des chilenischen Künstlers Mario Irarrázabal gewann im Jahr 1982 den ersten Preis bei einem riesigen Kunstwettbewerb und gehört seitdem quasi zum Inventar von Punta del Este.

Die Hand übt alljährlich eine geradezu magische Anziehungskraft auf Tausende von Besuchern aus, die auf die Finger klettern, herunterhüpfen und für Fotos mit der riesigen Skulptur posieren. Einfach ein Stück südöstlich vom Busbahnhof nach der Hand im Sand Ausschau halten.

Stadtstrände

Auf der Westseite der Halbinsel (d. h. am Río de la Plata) schlängelt sich die Rambla Gral Artigas an der beschaulichen **Playa Mansa** entlang, führt dann am quirligen **Jachthafen** vorbei, der vor Booten, Restaurants und Nachtclubs nur so überquillt, um in Richtung Osten auf den offenen Atlantik zu treffen. Auf der Ostseite der Halbinsel sind die Wellen und Strömungen dann stärker, was schon am Namen **Playa Brava** („Wilder Strand") deutlich wird – und natürlich an den Surfern, die in Scharen mit ihren Brettern zur **Playa de los Ingleses** und zur **Playa El Emir** strömen.

Entlegenere Strände

Von der Playa Mansa in Richtung Westen, an der Rambla Williman entlang, erstrecken

Punta del Este

URUGUAY PUNTA DEL ESTE

636

Punta del Este

🔴 Highlights
1 La Mano en la Arena F3

🔵 Sehenswertes
2 Playa Brava G3
3 Playa de los Ingleses C3
4 Playa El Emir D3
5 Playa Mansa F1
6 Yacht Harbor C2

🔵 Aktivitäten, Kurse & Touren
7 Crucero Samoa C2
8 Dimar Tours C2
9 Sunvalleysurf G3
10 Sunvalleysurf (Playa El Emir) E3

🟢 Schlafen
11 Bonne Étoile D2
12 Conrad Resort & Casino G1
13 Tas D'Viaje Hostel E3

🟠 Essen
14 Cuatro Mares B2
15 Guappa D2
16 Il Baretto B2
17 Lo de Tere C2
18 Olivia C3
    Pizza al Taglio ....(s. 13)
19 Rustic E3

🟢 Ausgehen & Nachtleben
20 Capi Bar D3
21 Moby Dick C2
22 Soho C2

🟣 Shoppen
23 Manos del Uruguay E3

ⓘ Information
24 Städtische Touristeninformation D3
25 Städtische Touristeninformation
    Playa Mansa F2
26 Nationales Tourismus Ministerium E3

---

sich die Strände La Pastora, Marconi, Cantegril, Las Delicias, Pinares, La Gruta an der Punta Ballena und Portezuelo.

An der Rambla Lorenzo Batlle Pacheco in Richtung Osten sind die besten Strände La Chiverta, San Rafael, La Draga und Punta de la Barra. In den Sommermonaten bieten hier alle *paradores* (kleine Lokale) auch einen Service am Strand.

Isla de Lobos   INSEL
Die kleine, etwa 10 km vom Festland entfernt gelegene Insel beherbergt die zweitgrößte Seelöwenkolonie der Welt – bei der letzten Zählung waren es mindestens 200 000 Tiere –, aber auch Kolonien mit Südlichen Seebären (eine Pelzrobbenart) sowie den höchsten Leuchtturm Südamerikas.

Die Insel steht unter Naturschutz und kann nur im Rahmen eines organisierten Ausflugs vom Schiff aus in Augenschein genommen werden; es tummeln sich aber auch sehr viele Tiere im Wasser, oftmals sogar in Nähe des Schiffes.

Isla Gorriti   INSEL
Etwa im 30-Minuten-Takt (in der Hochsaison tgl., in der Nebensaison nur am Wochenende) fahren vom Jachthafen in Punta del Este Boote in 15 Minuten zu dieser nahe gelegenen Insel hinüber, die mit herrlichen Sandstränden, ein paar Restaurants und den Ruinen der Baterías de Santa Ana aufwarten kann, einem alten Fort aus dem 18. Jh.

🏃 Aktivitäten

In den Sommermonaten besteht an der Playa Mansa die Möglichkeit zum **Parasailing**, **Wasserski-** und **Jetskifahren**. Anbieter finden sich am Strand auf Höhe der Rambla Claudio Williman zwischen den *paradas* (Haltestellen) 2 und 20.

Sunvalleysurf   SURFEN
(☏ 4248-1388; www.sunvalleysurf.com; Parada 3½, Playa Brava; ⊙ 11–19 Uhr) Neoprenanzüge, Surfbretter, Bodyboards und Unterricht gibt es hier im Hauptgeschäft an der Playa Brava, aber auch in den Filialen an der **Playa El Emir** (Calle 28, zw. Calles 24 & 26; ⊙ 11–19 Uhr) und in **La Barra** (☏ 4277-0943; Ruta 10, Km 160, La Barra; ⊙ 11–23 Uhr).

👉 Geführte Touren

Dimar Tours   BOOTSAUSFLÜGE
(☏ 094-410899; www.isladelobos.com.uy; Puerto; Erw./Kind zur Isla Gorriti 350/250 Ur$, zur Isla de Lobos 50/30 US$) Das Unternehmen veranstaltet während der Hochsaison täglich Ausflüge vom Hafen von Punta zur Isla de Lobos und zur Isla Gorriti; in der Nebensaison werden sie nur am Wochenende durchgeführt. Ein Highlight der Exkursion zur Isla de Lobos ist die Gelegenheit, mit den Seelöwen zu schwimmen. Andere Tourenveranstalter wie **Crucero Samoa** (☏ 099-545847; www.crucerosamoa.com; Puerto) haben ihre Büros am selben Steg; am besten dreht

man einfach eine Runde und vergleicht die Angebote. Während der Hochsaison empfiehlt es sich, den Ausflug vorzubuchen.

🛏 Schlafen

Im Sommer ist das mondäne Punta überfüllt, die Preise schießen in astronomische Höhen – sogar die Hostels verdoppeln im Januar ihre Tarife. Im Winter gleicht Punta hingegen einer Geisterstadt; die Unterkünfte, die dann noch offen haben, gewähren erhebliche Ermäßigungen. In der Hochsaison verlangen sogar Mittelklasse-Unterkünfte Preise wie ein Luxushotel. Außerhalb der Saison entspricht die Preisgestaltung weitgehend dem Durchschnitt.

★ Tas D'Viaje Hostel   HOSTEL $

(☎ 4244-8789; www.tasdviaje.com; Calle 24 zw. Calle 28 & 29; B 15–35 US$, DZ 50–100 US$; ❄@🔊) Nur einen Block von der Playa El Emir entfernt, wird das wohl beste und auch am günstigsten gelegene Hostel stets besser, was den umsichtigen Inhabern und den regelmäßigen Investitionen in die Infrastruktur geschuldet ist. Seit 2017 sind nun alle Schlafsäle mit einer Klimaanlage ausgestattet, und es verlocken eine geräumige neue Veranda, eine Bar mit Strohdach hinter dem Haus und eine Pizzeria im vorderen Bereich, die sich in der Nähe zur Grillstelle für die Gäste befindet.

Es stehen sieben Privatzimmer mit eigenem Bad, TV mit Flachbildschirm und sieben Schlafsäle (jeweils 3–10 Betten) zur Auswahl, die für jeden Geldbeutel etwas bieten.

Bemerkenswert sind die Frühstücksveranda mit Meerblick, das einladende Wohnzimmer mit Kamin und die attraktive Gästeküche. Die Leihräder und -surfbretter kosten pro Tag 15 US$.

Hostel Punta Ballena   HOSTEL $

(☎ 4257-7665; www.hostelpuntaballena.uy; Ecke San Francisco & Sierra de la Ballena, Punta Ballena; B 14–22 US$) Das verschwiegene Hotel, in den Hügeln oberhalb von Punta Ballena, ist ideal für Gäste, die sehr preisbewusst sind und die schlichte Gesellschaft am Kamin der Partyszene von Punta vorziehen. Die Schlafsäle mit sechs bis acht Betten entsprechen so ziemlich dem Standard (über die dreistöckigen Etagenbetten sollten sich Leute mit Höhenkoller Gedanken machen); die dazugehörige Bar-Restaurant lädt zu netten Gesprächen beim Grillen ein. Der Strand (Playa Portezuelo) ist nur ein kurzes Stück bergab zu Fuß erreichbar.

Camping San Rafael   CAMPINGPLATZ $

(☎ 4248-6715; www.campingsanrafael.com.uy; Saravia s/n; Stellplatz pro Pers. 12,50 US$, plus pro Fahrzeug 3 US$; ⊘Nov.–Ostern) Dieser Campingplatz, in der Nähe der Brücke nach La Barra gelegen, bietet gepflegte Einrichtungen in einem bewaldeten Areal. Mit dazu gehören ein Laden, ein Restaurant, eine Wäscherei, heißes Wasser rund um die Uhr und andere Annehmlichkeiten.

Bonne Étoile   HOTEL $$

(☎ 4244-0301; www.hotelbonneetoile.com; Calle 20, zw. Calle 23 & 25; März–Dez. B 60–85 US$, Jan. & Feb. 128–160 US$; ❄@🔊) Das Hotel in einem Strandhaus aus den 1940er-Jahren, neben einem moderneren sechsstöckigen Turm, bietet saubere, geräumige Zimmer, von denen einige Blick auf das Wasser haben. In der Nebensaison zählen die Preise zu den besten der Stadt, und die Lage zwischen der Gorlero und dem Hafen lässt sich kaum überbieten.

★ Casa Zinc   BOUTIQUEHOTEL $$$

(☎ 4277-3003, 099-620066; www.casazinc.com; Calle 9, La Barra; April–Okt. Zi. 140–260 US$, Nov.–März 235–470 US$; @🔊) Dieses zauberhafte Boutiquehotel in La Barra ist voll mit nostalgischen Möbeln, Badewannen mit Klauenfüßen und Marmorböden im Schachbrettmuster. Geboten sind sechs luxuriöse Zimmer mit hohen Decken, die alle unter einem Motto stehen, also beispielsweise „Bibliothek", das von Licht durchflutete „Architektenstudio" und „Wieder in der Schule" mit Doppelbetten und altmodischen Schiefertafeln. Die Gäste des Hauses können sich bis 16 Uhr ihr Frühstück schmecken lassen, sich in der fantastisch ausgestatteten Küche ihr Abendessen selbst zubereiten oder in den Kunstbänden blättern, die das Hotel zusammengetragen hat.

★ Las Cumbres   BOUTIQUEHOTEL $$$

(☎ 4257-8689; www.cumbres.com.uy; Ruta 12, Km 3,5, Laguna del Sauce; DZ 160–308 US$, Suite 287–533 US$; ❄@🔊🏊) In der Nähe von Punta Ballena ist das Las Cumbres ein luxuriöses, aber nicht protziges Paradies oben auf einem Hügel, das kunterbunt mit allen möglichen Schätzen ausgestattet ist, die die Inhaber von ihren Weltreisen mitgebracht haben. Die geräumigen Zimmer eine Fülle von Extras wie einen Schreibtisch, einen Kamin und einen Whirlpool im Freien. Die Gäste können die Kureinrichtungen, Strandliegen und Sonnenschirme, aber auch

NICHT VERSÄUMEN

ESTANCIA-TOURISMUS IN URUGUAY

Estancias, die riesigen Farmen im Landesinneren von Uruguay, sind ein nationales Kultursymbol. Das Ministerium für Tourismus von Uruguay hat die „Estancia Turística" als eigene Unterkunftskategorie eingeführt; seitdem haben Dutzende dieser *estancias* ihre Tore für Touristen geöffnet – von traditionellen Farmen, auf denen ganz normal gearbeitet wird, bis hin zu historischen Landhotels. Die typische *estancia* organisiert jeden Tag Aktivitäten, wobei der Schwerpunkt auf Ausritten liegt; in vielen gibt es Übernachtungsmöglichkeiten. Die meisten lassen sich ohne eigenes Fahrzeug leider nur schwer erreichen; die Gäste werden jedoch manchmal nach vorheriger Vereinbarung abgeholt.

Eine der beeindruckendsten *estancias* ist San Pedro de Timote (4310-8086; www.sanpedrodetimote.com; Ruta 7, Km 142, Cerro Colorado; Zi. inkl. Vollpension & alle Aktivitäten ab 340 US$;) in herrlicher Lage – es geht 14 km eine Staubstraße hinauf, die durch 253 ha sanft hügeliges Weideland führt. Zum besonderen Reiz der *estancia* trägt der historische Gebäudekomplex bei. Einige Häuser datieren aus der Mitte des 19. Jhs.: eine hübsche weiße Kapelle, ein Hof mit hoch in den Himmel ragenden Palmen, eine Bibliothek mit herrlichen Kacheln sowie eine runde Steinkoppel. Die Aufenthaltsräume haben Parkettboden, große Kamine und gemütliche Lederarmsessel, außerdem gibt es zwei Pools und eine Sauna. Im Preis für die Vollpension sind drei Mahlzeiten, Tee am Nachmittag und zwei Ausritte pro Tag enthalten sowie gelegentlich ein Lagerfeuer und Spaziergänge bei Vollmond. Die Abzweigung zur *estancia* befindet sich ein Stück außerhalb der Stadt Cerro Colorado, 160 km nordöstlich von Montevideo an der Ruta 7.

Weitere beliebte Touristen-*estancias* sind die Estancia La Sirena (S. 626) in der Nähe von Mercedes, Guardia del Monte (S. 648) unweit der nordöstlicheren Atlantikküste, die Estancia Panagea (S. 632) nordwestlich von Tacuarembó sowie Yvytu Itaty (S. 632), die im Südwesten von Tacuarembó zu finden ist.

In Montevideo hat sich das Reisebüro Lares (2901-9120; www.lares.com.uy; WF Aldunate 1341; Mo-Fr 9.30–18.30 Uhr) auf *Estancia*-Tourismus spezialisiert.

---

die kostenlosen Mountainbikes nutzen. Von der Terrasse des Teezimmers (öffentl. zugänglich) bietet sich ein herrlicher Blick.

L'Auberge   HOTEL $$$
(4248-8888; www.laubergehotel.com; Ecke Carnoustie & Av del Agua; Zi. 200–490 US$;) Das optisch auffällige Anwesen aus den 1940er-Jahren besteht aus mehreren Gebäuden im nachgemachten Tudorstil und gilt als das architektonische Wahrzeichen von Punta del Este. Hier verlocken weitläufige Rasenflächen, ein Turm mit 13 Stockwerken wie aus dem Märchen sowie ein Teehaus, das am Nachmittag Tee und Waffeln auftischt – eine Tradition, die auf den Gründer des Hotels, einen Belgier, zurückgeht. Die Zimmer im Obergeschoss haben besonders viel Flair; die Fenster gehen auf einen Pinienwald und aufs Meer hinaus.

Conrad Resort & Casino   KASINOHOTEL $$$
(4249-1111; www.conrad.com.uy; Parada 4, Playa Mansa; DZ 170–456 US$; Suite ab 488 US$;) Das 5-Sterne-Hotel in einem Hochhaus in der Innenstadt gilt schon lange als Institution, aber auch als Dreh- und Angelpunkt des sommerlichen Gesellschaftslebens von Punta – sehen und gesehen werden lautet hier die Devise. Die besseren Zimmer haben eine Terrasse mit Meerblick, der Pool und der Spa-Komplex sind sagenhaft, und das Kasino kann mit einem extravaganten Unterhaltungsprogramm aufwarten.

Essen

Die Restaurantpreise in Punta del Este sind in der Regel exorbitant. Die Wirte der Stadt wissen, dass ihre Gäste betucht sind, und kassieren dementsprechend ab. Allerdings gibt es Speiselokale, die überwiegend auf Einheimische ausgerichtet sind, die in der Stadt arbeiten; eine gute Anlaufstelle ist die Calle 29 (zwischen Gorlero und Calle 24).

Pizza al Taglio   PIZZA, BURGER $
(Calle 24 zw. Calle 28 & 29; Hauptgerichte 200–350 Ur$; Nov.–April 20 Uhr bis open end) Wo geht man in Punta del Este am besten hin zum Essen, ohne gleich das Sparschwein zu schlachten? Bei milden Temperaturen muss

ABSTECHER

JOSÉ IGNACIO

Die Reichen und Berühmten strömen in Scharen zu diesem total angesagten Ferienort am Meer mit seinem hübschen Leuchtturm und seinen langen, feinkörnigen Sandstränden, 30 km östlich von Punta del Este. Die gesamte Küste um den Ort ist mit exklusiven Domizilen und ein paar feudalen Hotels und Restaurants gespickt, dennoch ist die allgemeine Atmosphäre hier weiterhin eher zwanglos. Im Gegensatz zum nahen Punta del Este, in dem die Losung „sehen und gesehen werden" dominiert, ist José Ignacio eher ein Ort, in dem die Berühmtheiten gern untertauchen und vom Radar verschwinden.

Wer sich zu den Normalsterblichen ohne dickes Portfolio zum Verprassen zählt, kann zumindest einen Tag an den schönen Stränden von José Ignacio verbringen und anderswo übernachten oder auch auf die Ferienhäuser im weniger exklusiven, angrenzenden Wohnviertel La Juanita ausweichen.

Der Stadtbus 14 von Codesa (S. 642) verkehrt siebenmal täglich von Punta del Este nach José Ignacio (70 Ur$, 50 Min.). COPSA bietet täglich zwei Fernbusse (115 Ur$, 40 Min.) auf derselben Strecke.

Einen klassischen Einblick ins exklusive Flair von José Ignacio vermittelt ein Besuch im **Parador La Huella** (4486-2279; www.paradorlahuella.com; Playa Brava; Hauptgerichte 520–760 Ur$; Mai–Okt. Fr & Sa 12–15 & 20–24, So 12–15 Uhr), einem schicken Speiselokal am Strand, in dem man sich zu den Beauty People von José Ignacio gesellen kann, um Sushi, Fisch vom Grill und Pizza aus dem Holzofen zu genießen – alles wird bei traumhaftem Meerblick und mit musikalischer Untermalung, die von Leonard Cohen bis David Byrne reicht, serviert.

---

man bei dieser coolen Pizzeria am Patio vor dem Haus des Hotels Tas D'Viaje Hostel nicht lang überlegen. Hier dreht sich alles um Pizza, Burger, *chivitos* und Pommes – gut zubereitet, zu vernünftigen Preisen und mit einem Bier vom Fass zum Hinunterspülen. Womit eigentlich genug gesagt ist.

Rustic INTERNATIONAL $

(092-007457; www.facebook.com/Rusticbarpuntadeleste; Calle 29, zw. Juan Gorlero & Calle 24; Hauptgerichte 250–390 Ur$; ganzjährig tgl. 11–6 Uhr, plus März–Nov. Fr & Sa 20 Uhr bis open end, Dez.–Feb. tgl.) Rustikale Holztische, unverputzte Ziegelwände, Retro-Dekor und leckeres Essen zu erschwinglichen Preisen machen das Rustic zu einem der attraktivsten Lokale auf der Halbinsel, um dort Mittag zu essen. Die netten jungen Inhaber Luciana und Sebastian sind stets freundlich, wenn sie von Tisch zu Tisch gehen, um *chivitos*, *milanesas*, *quesadillas*, Salate und den Fisch des Tages zu servieren. Jeden Tag wird mittags ein besonderes Gericht für 200 Ur$ angeboten (keine Kartenzahlung).

Olivia INTERNATIONAL $$

(4244-5121; Calle 21, zw. Rambla Artigas & Gorlero; Hauptgerichte 370–540 Ur$; 12–24 Uhr) Das freundliche kleine Speiselokal mit hellen Holztischen und rot-weißen Stühlen ist für seine abwechslungsreiche Speisekarte und seine moderaten Preise (zumindest für Punta) bekannt. Serviert werden Tacos, Salate, Sandwiches und gehaltvollere Fisch- und Fleischgerichte, aber auch Caipirinhas, Mojitos, Sangria oder frische Limonade mit Ingwer und Minze. Wenn das Wetter schön ist, können die Gäste auf der malerischen Dachterrasse Platz nehmen – die Aussicht auf den Hafen ist herrlich.

El Chancho y la Coneja URUGUAYISCH $$$

(4277-2497; Calle 12/Nina Miranda, La Barra; Hauptgerichte 460–600 Ur$; Dez.–Feb. tgl. 20–24 Uhr, März–Nov. nur Fr & Sa) Die Inhaber Horacio (El Chancho, d. h. „das Schwein") und Karina (La Coneja, also „die Häsin") nannten ihr rustikales Lokal in einer Seitengasse nach ihrem chinesischen Sternzeichen. Die wohlgewählten Blues- und Jazztitel, die gelben Backsteinwände, die künstlerisch angehauchten Leuchtkörper und die auf alt getrimmten Holzbänke geben ein stimmungsvolles Ambiente für das köstliche Fleisch und den Fisch vom Grill und die selbst gemachte Pasta (die mit Ricotta, Basilikum, Walnuss und Speck-*pierogi* probieren, die auf die polnische Großmutter von Karina zurückgeht).

Lo de Tere
INTERNATIONAL $$$

(☎ 4244-0492; www.lodetere.com; Rambla Artigas unweit Calle 21; Hauptgerichte 620–1290 Ur$; ⊙ 12–15 & 19–24 Uhr) Selbst mit einem Preisnachlass für Gäste, die frühzeitig kommen (20–40 %, 12–13 & 19–20 Uhr) ist das Lo de Tere noch ein Frontalangriff auf die Brieftasche, aber exquisiteres Essen wird man in Punta nirgendwo sonst finden. Auf der umfangreichen Speisekarte stehen beispielsweise schwarze Krabben-Ravioli, ein Garnelen-Risotto mit Orangenaroma, Steak aus Uruguay mit Steinsalz und selbst gemachtem Chimichurri (Grillsoße) sowie Lammrücken – und das alles mit einem wunderschönen Blick über den Hafen.

Cuatro Mares
MEERESFRÜCHTE $$$

(☎ 4244-8916; www.cuatromares.com.uy; Ecke Calle 7 & 10; Hauptgerichte 500–800 Ur$; ⊙ Mi-Fr 20–23, Sa & So 12–23 Uhr) Frischer Fisch ist die Hauptattraktion im Restaurant „Vier Meere", das in der Nähe vom Leuchtturm in einem älteren Wohnviertel von Punta liegt. Es gibt täglich drei oder vier köstliche Spezialitäten vom Grill; wer jetzt nicht der große Fischliebhaber ist, bekommt beispielsweise auch Hühnchen mit Polenta oder Lauch-, Brie- und Gemüseomelettes.

Guappa
URUGUAYISCH $$$

(☎ 4244-0951; www.guappa.com.uy; Rambla Artigas zw. Calle 27 & 28; Hauptgerichte 540–1090 Ur$; ⊙ 12–24 Uhr) Wer Meeresfrüche, Salate, Pasta, Panini oder *chivitos* in einem der attraktivsten Lokale am Meer goutieren möchte, sollte sich an einen Tisch auf der Terrasse am Strand setzen und dann genüsslich zuschauen, wie die Kellner sich um eine würdevolle Miene bemühen, wenn sie mit ihren vollbeladenen Tabletts die Straße überqueren. Ein beliebtes Lokal, um sich den Sonnenuntergang anzuschauen.

Il Baretto
ITALIENISCH $$$

(☎ 4244-5565; www.ilbarettopunta.com; Ecke Calle 9 & 10; Pizza 290–440 Ur$, Gerichte 580–850 Ur$; ⊙ Mitte Dez.–Karneval tgl. 11–16 & 20 Uhr bisopen end, restl. Jahr Sa & So 11–16 & Mi–So 18–24 Uhr) Die Polstersessel und Sofas im vom Kerzen beleuchteten Garten geben ein romantisches Ambiente für einen Drink nach dem Strand ab, zu dem die Pasta, die Pizza und die Desserts schmecken.

🍷 Ausgehen & Nachtleben

Eine Reihe von Clubs in der Hafengegend von Punta haben ganzjährig geöffnet, in der Nebensaison allerdings nur an den Wochenenden. Während der absoluten Hochsaison, von Weihnachten bis Ende Januar, eröffnen weitere Strandclubs an der Playa Brava sowie an der Küstenstraße nach La Barra – die Namen wechseln ständig.

Noch ein Hinweis: Einen Nachtclub sollte man nicht vor 2 Uhr in der Nacht aufsuchen. Die Bars in Punta haben im Allgemeinen geöffnet, solange noch feierfreudige Gäste da sind; manchmal wird an den Wochenenden auch Livemusik gespielt.

Capi Bar
BAR

(www.facebook.com/capipde; Calle 27, zwischen Gorlero & Calle 24; ⊙ Mo–Fr 18–3, Sa & So 13–3 Uhr nachts) Die erste Brauereikneipe von Punta del Este ging im Jahr 2015 in Betrieb und serviert ihr selbst gebrautes Capitán, jedoch auch allerlei andere Craft-Biere aus ganz Uruguay. Das feudale und schummrige Ambiente ist aber auch nett, um sich in aller Ruhe ein preislich akzeptables Fischgericht mit Pommes, *rabas* (frittierten Tintenfisch) und andere kleinere Speisen und Snacks an der Bar schmecken zu lassen.

Moby Dick
PUB

(www.mobydick.com.uy; Rambla Artigas, zwischen Calle 10 & 12; ⊙ Mo–Do 18–5, Fr–So 12–5 Uhr) In diesem klassischen Pub, in der Nähe des Jachthafens gelegen, startet das dynamische Szenevolk allabendlich ins ausgelassene Nachtleben. Das Moby Dick hat ganzjährig geöffnet; gespielt wird eine Mischung aus Livemusik und DJ-Rhythmen.

Ocean Club
CLUB

(www.facebook.com/OceanClubPunta; Rambla Batlle Parada 12; ⊙ 1–7 Uhr) In den Dünen zwischen Punta und La Barra liegt dieser Strandclub – eine der besten und zuverlässigsten Adressen zum Abfeiern.

Soho
CLUB

(www.facebook.com/SohoPuntaUy; Rambla Artigas, zw. Calle 10 & 12; ⊙ 23–6 Uhr) Ein beliebtes Tanzlokal, das zuverlässig das ganze Jahr über geöffnet hat. Hier treten regelmäßig Livebands auf, oder es legen DJs aus dem In- und Ausland auf.

⭐ Unterhaltung

Medio y Medio
JAZZ

(☎ 4257-8791; www.medioymedio.com; Av del Parador Viejo, Punta Ballena; ⊙ Nov.–März tgl. 12 Uhr bis open end, April–Okt. Do–Mo 12–24 Uhr) Dieser Jazzclub mit Restaurant, das sich in der

Nähe vom Strand von Punta Ballena befindet, präsentiert Topmusiker aus Uruguay, Argentinien und Brasilien.

Shoppen

Manos del Uruguay KLEIDUNG
(☎ 4244-1953; www.manos.com.uy; Gorlero zw. Calle 30 & 31; ⊙ März–Dez. 11–19 Uhr, Jan. & Feb. 10–24 Uhr) Die hiesige Filiale der landesweiten Kooperative verkauft edle Wollsachen.

🅘 Orientierung

Punta del Este ist relativ klein; es liegt auf einer schmalen Halbinsel, die die Trennlinie zwischen dem Río de la Plata und dem Atlantik bildet. Die Stadt weist zwei getrennte Straßennetze auf: Nördlich einer schmalen Landenge und gleich östlich des Jachthafens befindet sich die Hotelzone mit Hochhäusern; der südliche Bereich ist eher ein Wohngebiet. Auf den Straßenschildern stehen sowohl Namen als auch Nummern, wobei die Einheimischen die Straßen nur nach ihrer Nummer benennen. Eine Ausnahme stellt die Avenida Juan Gorlero (Calle 22) dar, die Haupteinkaufsstraße, die allgemein nur als „Gorlero" bezeichnet wird (nicht zu verwechseln mit der Calle 19, der Comodoro Gorlero).

Die Rambla Claudio Williman und die Rambla Lorenzo Batlle Pacheco sind zwei Hauptverkehrsstraßen, die an der Küste entlang verlaufen und von Nordwesten bzw. Nordosten kommend an der Landenge aufeinandertreffen. Die verschiedenen Locations entlang der Ramblas werden anhand der Nummer der *paradas* (am Wasser entlang ausgeschilderte Bushaltestellen) angegeben.

Praktische Informationen

Die zahlreichen Banken, Geldautomaten und Wechselstuben in Punta liegen geballt in der Haupteinkaufsstraße „Gorlero".

Banco de la República Oriental (Ecke Gorlero & Calle 25; ⊙ Mo-Fr 13–18 Uhr) Einer von zwei Geldautomaten an dieser Ecke.

Städtische Touristeninformation (☎ 4244-6510; www.maldonado.gub.uy; Plaza Artigas; ⊙ Mitte Dez.–Feb. 8–23 Uhr, restl. Jahr 10–18 Uhr) Büro mit Komplettservice am Hauptplatz von Punta mit angeschlossenem Schalter für Hotelbuchungen.

Städtische Touristeninformation – Playa Mansa (Liga de Fomento; ☎ 4244-6519; Ecke Calles 18 & 31; ⊙ Dez.–März 9–22 Uhr, restl. Jahr 10–16 Uhr)

Staatliches Tourismusministerium (☎ 4244-1218; www.uruguaynatural.com; Gorlero 942; ⊙ Mo-Sa 10–17 Uhr)

Post (Calle 30, zw. Gorlero & Calle 24; ⊙ Mo-Fr 9–17 Uhr)

🅘 An- & Weiterreise

BUS

Vom **Busbahnhof** (☎ 4249-4042; Ecke Calle 32 & Bulevar Artigas) von Punta del Este fahren täglich Dutzende Busse über die Küstenstraße nach Montevideo. Von COT verkehren zwei Busse täglich in Richtung Nordosten die Küste entlang zur brasilianischen Grenze mit Zwischenstopps in Rocha (dort umsteigen nach La Paloma, La Pedrera und zum Cabo Polonio) und in Punta del Diablo.

FLUGZEUG

Der Punta del Este International Airport (S. 657) befindet sich an der Laguna del Sauce, 20 km westlich von Punta del Este. Direktflüge gibt es beispielsweise von Aerolíneas Argentinas zum Aeroparque in Buenos Aires sowie von **LATAM** (☎ 000-4019-0223; www.latam.com) nach São Paulo.

🅘 Unterwegs vor Ort

AUTO

Die bekanntesten internationalen Mietwagenfirmen sowie einheimische Autoverleiher wie **Punta Car** (☎ 4248-2112; www.puntacar.com.uy; Bulevar Artigas 101; ⊙ 10–18.30 Uhr) und **Multicar** (☎ 4244-3143; www.redmulticar.com; Gorlero 860; ⊙ Jan. & Feb. 9–21 Uhr, März–Dez. 10–19 Uhr) verfügen über einen Schalter am Flughafen von Punta del Este. In der Innenstadt befinden sich sämtliche Leihwagenfirmen in der Gorlero und der Calle 31.

BUS

Bus 14 von **Codesa** (☎ 4266-9129; www.codesa.com.uy) verkehrt vom Busbahnhof in Punta über die östlichen Strände nach La Barra (57 Ur$, 10 Min.) und José Ignacio (60 Ur$, 50 Min.); andere Busse von Codesa steuern ganzjährig Ziele weiter westlich an, darunter Punta Ballena.

Busse ab Punta del Este

REISEZIEL	FAHRPREIS (UR$)	FAHRZEIT (STD.)
Carrasco Airport	298	1¾
Montevideo	298	2¼
Piriápolis	135	1
Punta del Diablo	407	3
Rocha	213	1½

VOM/ZUM FLUGHAFEN

Punta del Este International Airport AB Transporte (☎ 099-903433, 099-904420;

Transfer auf der Strecke Flughafen–Busbahnhof oder Hafen 250 Ur$, zwischen Flughafen und Hotel 350 Ur$) bietet Von-Tür-zu-Tür-Transfers mit dem Minivan zum Flughafen von Punta del Este. Eine Alternative ist es, einen der Busse mit dem Fahrtziel Montevideo zu nehmen; sie halten am Flughafeneingang an der Hauptschnellstraße (94 Ur$), rund 250 m vom Flughafengebäude entfernt.

La Paloma

447 / 3500 EW.

La Paloma liegt auf einer kleinen Halbinsel, 225 km östlich von Montevideo, in der recht ländlichen Provinz Rocha. Die ausgedehnte Ortschaft ist relativ nichtssagend, aber die Strände in der Nähe können dafür mit so ziemlich den besten Surfbedingungen in ganz Uruguay aufwarten. Im Sommer veranstaltet das Städtchen oft kostenlose Konzerte am Strand; dann ist es wichtig, rechtzeitig im Voraus ein Quartier zu reservieren.

Sehenswertes & Aktivitäten

Laguna de Rocha NATURSCHUTZGEBIET
GRATIS Das ökologische Naturschutzgebiet untersteht dem einheimischen SNAP-Programm (S. 650). Das weitläufige, wunderschöne Feuchtgebiet, rund 10 km westlich von La Paloma, beherbergt Populationen von Schwarzhalsschwänen, Störchen, Löfflern und anderen Wasservögeln.

El Faro del Cabo Santa María LEUCHTTURM
(25 Ur$; 15 Uhr bis Sonnenuntergang) Die Fertigstellung des Leuchtturms im Jahr 1874 markiert La Palomas Aufstieg zum Ferienort im Sommer. Der erste, unvollendete Leuchtturm stürzte bei einem schweren Sturm ein und riss 17 Arbeiter aus Frankreich und Italien in den Tod, die nun in der Nähe begraben liegen. Im Freien befindet sich eine Sonnenuhr, die mit Hilfe des Schattens, den der Leuchtturm wirft, die Zeit anzeigt.

Peteco Surf Shop SURFEN
(4479-6172; www.facebook.com/PetecoSurfShop; Av Nicolás Solari, zwischen Av El Sirio & Av del Navío; Do-Mo 10–20, Di & Mi bis 18 Uhr) Dieser nette Surferladen vermietet alles an Ausrüstung, was man benötigt – also Shortboards, Longboards, Bodyboards, Sandboards, Neoprenanzüge und Kajaks; außerdem bekommen Interessierte auch gleich noch einen einheimischen Lehrer gestellt. Zu denbesten Stränden zum Surfen zählen Los Botes, Solari und Anaconda, im Südwesten der Ortschaft, sowie La Aguada und La Pedrera, im Nordosten von La Paloma.

Schlafen & Essen

Hostel Arazá HOSTEL $
(4479-9710; www.facebook.com/HostelArazaLaPaloma; Orion s/n; B 12–23 US$, DZ 72–92 US$;) Das praktisch in der Nähe der Bushaltestelle von La Paloma gelegene, neuere Hostel ist wegen der tollen Inhaber etwas so Besonderes – sie scheuen keine Mühe, damit sich ihre Gäste hier wirklich wie zu Hause fühlen. Eine ganze Reihe Annehmlichkeiten beflügelt das gesellige Beisammensein, beispielsweise der Swimmingpool, die Grillstelle und der Volleyballplatz. Und das Tüpfelchen auf dem i sind das leckere Frühstück und der hohe Standard an Sauberkeit.

Beach Hostel La Balconada HOSTEL $
(4479-6273; www.labalconadahostel.com.uy; Centauro s/n; B 12–35 US$, DZ 50–80 US$, DZ ohne Bad 40–65 US$;) Das surferfreundliche Hostel verfügt über eine beneidenswerte Lage, nur einen Katzensprung vom La-Balconada-Strand und rund 1 km südwestlich vom Zentrum entfernt. Man kann von der Bushaltestelle ein Taxi nehmen, denn das Hostel begleicht die Rechnung.

Hotel Bahía HOTEL $$
(4479-6029; www.elbahia.com.uy; Ecke Avs del Navío & del Sol; DZ 65–130 US$;) Das Hotel Bahía ist wegen seiner zentralen Lage und seines umfassenden Komforts kaum zu überbieten. Die Zimmer sind sauber und hell, die Betten haben feste Matratzen, und praktische Leselampen am Bett sind auch noch vorhanden. Das Fisch- und Meeresfrüchte-Restaurant im Erdgeschoss (Hauptgerichte 325–575 Ur$, Di geschl.) ist schon seit 1936 gut im Geschäft und wird von den Einheimischen regelmäßig als das beste in ganz La Paloma empfohlen.

Punto Sur MEERESFRÜCHTE $$
(099-624630, 4479-9462; Centauro s/n; Gerichte 325–525 UR$; 12–1 Uhr) Das Lokal an der Playa La Balconada mit Meerblick ist die richtige Adresse für ein angemessenes Essen. Serviert werden Tapas, Paella, Fisch vom Grill und selbst gemachte Pasta.

Lo de Edinson PARRILLA, PIZZA $$
(4479-8178; www.facebook.com/LoDeEdinson; Av Nicolás Solari, zw. Antares & de la Virgen; Hauptgerichte 195–375 UR$; Mi-Mo 8-23 Uhr) Das beliebte Speiselokal im Herzen von La Palo-

ma ist vor allem für sein Fleisch vom Grill bekannt, es gibt aber auch leckere Pizza, und in der gut sortierten Backerei verlocken allerlei Köstlichkeiten zum Mitnehmen.

ⓘ Praktische Informationen

Banken, die Post und Telefonläden finden sich allesamt in der Hauptstraße, der Avenida Nicolás Solari.

Touristeninformation (☏ 4479-6088; www.lapalomauruguay.comuy; Av Nicolás Solari; ⊗ Mitte Dez.–Ostern tgl. 10–22 Uhr, restl. Jahr Mo-Sa 10.30–16.30 Uhr) Am Kreisverkehr im Herzen der Stadt; die Filiale im Busbahnhof hat nur während der Saison geöffnet.

ⓘ An- & Weiterreise

Vom **Busbahnhof** in La Paloma (Aries s/-n), etwa 500 m nordwestlich des Zentrums, fahren alle Busse von COT, Cynsa und Rutas del Sol häufig nach Montevideo (481 Ur$, 4 Std.). Außerdem gibt es viele lokale Verbindungen nach La Pedrera (60 Ur$, 15 Min.). Rutas del Sol steuert zweimal täglich den Abzweig zum Cabo Polonio (120 Ur$, 45 Min.) und einmal am Tag Punta del Diablo (240 Ur$, 2 Std.) an. Für andere Reiseziele nimmt man den Bus in die Provinzhauptstadt Rocha (65 Ur$, 30 Min., häufig), von wo im Stundentakt die Busse die Küste hinauf- und hinunterfahren.

La Pedrera

230 EW.

La Pedrera gilt schon lange als Eldorado für Surfer. Der beschauliche Ort liegt oben auf einer Steilklippe mit einem sagenhaften Panoramablick über die Strände, die sich gen Norden über Cabo Polonio und gen Süden nach La Paloma erstrecken. Zwischen Weihnachten und Karneval stellen sich jede Menge Besucher und Besitzer von Feriendomizilen ein, denn dann werden Sonne, Strand und Surferfreuden zelebriert. Im übrigen Jahr ist La Pedrera ein richtig verschlafenes Nest; deshalb sind von April bis November die meisten Hotels und touristischen Einrichtungen geschlossen.

🛏 Schlafen & Essen

El Viajero La Pedrera Hostel HOSTEL $
(☏ 099-470542; www.elviajerolapedrera.com; Venteveo, zw. Pirincho & Zorzal; B 15–33 US$, DZ 62–83 US$; ⊗ Dez.–Mitte März; @ 🕾) Das gut gelegene Hostel zählt zur größten Hostelkette Uruguays. Es liegt etwas versteckt in einer Seitenstraße, fünf Gehminuten von der Bushaltestelle und 500 m vom Strand entfernt.

Brisas de la Pedrera BOUTIQUEHOTEL $$$
(☏ 093-955795; www.brisasdelapedrera.com; DZ 150–300 US$; ❋ 🕾) Das älteste Quartier in La Pedrera, das komplett im Boutiquestil umgebaut und 2009 von der argentinisch-amerikanischen Inhaberin Laura Jauregui wiedereröffnet wurde, umwirbt seine Gäste mit sonnigen, geräumigen Zimmern, feudalen Einrichtungen (aber keine TVs) und herrlichem Meerblick von den Wohneinheiten im Obergeschoss mit eigener Terrasse.

La Pe MEERESFRÜCHTE $$
(☏ 094-408955; www.facebook.com/Restaurant LaPe; Av Principal; Hauptgerichte 340–510 Ur$; ⊗ Dez.–März 13–16 & 20.30–0.30 Uhr) „P" steht für Pasta, Paella und – auf Spanisch – *pescado* (Fisch). In diesem beliebten Restaurant, das sich direkt im Herzen der Hauptstraße von La Pedrera befindet, werden genau diese Speisen serviert; Tische unter Bäumen sowie ein hübscher Kinderspielplatz sind ebenfalls vorhanden. Einfach nach dem roten, von Kletterpflanzen umrankten Gebäude mit dem Fisch-Logo Ausschau halten.

ABSEITS DER ÜBLICHEN PFADE

HOCH ZU ROSS ÜBER DIE HÜGEL

Eine Stunde landeinwärts von La Pedrera liegt die Sierra de Rocha, eine wunderschöne Landschaft mit grauen Felsblöcken, die sich aus den sanften Hügeln erheben. **Caballos de Luz** (☏ 099-400446; www.caballosdeluz.com; Ausritte pro Pers. ab 50 US$, EZ/DZ inkl. Ausritt & Vollpension 150/270 US$), unter der Leitung des mehrsprachigen österreichisch-uruguayischen Paares Lucie und Santiago, bietet Ausritte durch die Hügel an, die von 2½ Stunden bis zu eine Woche dauern; mit dazu gehören drei köstliche vegetarische Mahlzeiten am Tag und die Übernachtung in einem Landhaus mit Reetdach, einem Kuppelzelt oder in einem privaten Doppelzimmer. Wer vorher anruft, kann sich von der Bushaltestelle in Rocha (20 US$) abholen lassen oder aber natürlich auch mit dem eigenen Wagen hinfahren; von der Schnellstraße 9 ist man in etwa einer halben Stunde dort.

Costa Brava MEERESFRÜCHTE $$
(Hauptgerichte 295–525 Ur$; ⊙ Dez.–März tgl. 12–15 & 20–24 Uhr, April-Nov. Fr & Sa 20–24, Sa & So 12–15 Uhr) In diesem Restaurant, hoch oben auf den Steilklippen, dreht sich alles um Meeresfrüchte – und einen wunderbaren Blick auf den Atlantik gibt es mit dazu.

Lajau MEDITERRAN, MEERESFRÜCHTE $$$
(☏ 099-922091; Hauptgerichte 360–650 Ur$; ⊙ 13–16 & 21–1 Uhr) In diesem gemütlichen Restaurant – einem Familienbetrieb – führt der Küchenchef – mit Nikolausbart – aus dem Baskenland Regie. Das Lajau befindet sich einen Block von der Uferpromenade entfernt und bietet eine knappe, aber leckere Speisekarte, auf der Pasta und Meeresfrüchte stehen. Vor Ort gefangene Krabben, Rochen, Haifische und Garnelen wandern für die Spezialitäten des Hauses in den Kochtopf – beispielsweise *fidegua* (ein Gericht im Stil von Paella mit Fisch und Schalentieren, aber Nudeln anstelle von Reis).

❶ Praktische Informationen

Die nächsten Geldautomaten befinden sich in La Paloma.
Touristeninformation (☏ 4472-3100; Av Principal s/n; ⊙ Dez.–Ostern 10–18 Uhr, Jan.–Karneval bis 22 Uhr) Die nur während der Saison geöffnete Info-Stelle befindet sich nur wenige Blocks vom Strand entfernt. Sie ist in einem kleinen Holzkiosk neben den OSE-Wassertürmen, dem höchsten Wahrzeichen der Ortschaft, untergebracht.

❶ An- & Weiterreise

Busse, die in Richtung Südwesten nach Montevideo (501 Ur$) und in Richtung Nordosten zur Abzweigung nach Cabo Polonio (74 Ur$) verkehren, halten in der Nähe der Touristeninformation in der Hauptstraße von La Pedrera. Die Fahrpläne richten sich nach der jeweiligen Saison; eine Übersicht hängt an der Touristeninformation aus. Es verkehren auch häufig Busse nach Rocha (100 Ur$), wo dann Anschluss in Richtung Norden und Süden besteht.

Cabo Polonio
60 EW.

Nordöstlich von La Paloma befindet sich bei Km 264,5 an der Ruta 10 die Abzweigung zum Cabo Polonio, einem der wildesten und ursprünglichsten Gebiete Uruguays. Neben dem winzigen, in den Sanddünen versteckten Fischerdorf auf einem windgepeitschten Kap, über das ein einsamer Leuchtturm wacht, lebt die zweitgrößte Seelöwenkolonie des Landes. Die Region wurde 2009 zum Nationalpark erklärt und untersteht nun dem staatlichen SNAP-Naturschutzprogramm (S. 650). Trotz des ständig steigenden Zustroms an Touristen (und des relativ unpassenden, schicken Eingangsportals) hat sich Cabo Polonio als eines der rustikalsten Küstendörfer erhalten.

Banken mit den entsprechenden Dienstleistungen gibt es hier überhaupt nicht, und der auch nicht überall vorhandene elektrische Strom wird von Generatoren aus Wind- und Sonnenenergie geliefert.

◉ Sehenswertes & Aktivitäten

In der Hochsaison bietet die **Surf-Schule** (☏ 099-212542) am Cabo Polonio, die von den beiden Anwohnern Mario und Ruben betrieben wird, Surfunterricht an; auch Surfbretter kann man hier leihen.

Faro Cabo Polonio LEUCHTTURM
(25 Ur$; ⊙ 10–13 & 15 Uhr–Sonnenuntergang) Vom markanten 27 m hohen Leuchtturm von Cabo Polonio, aus dem Jahr 1881, bietet sich eine sagenhafte Perspektive auf die Landzunge, die Seelöwenkolonie und die umliegenden Dünen und Inseln.

★Cabalgatas Valiceras REITEN
(☏ 099-574685; www.cabalgatasvaliceras.com.uy; Barra de Valizas) Der hervorragende Veranstalter, im nahen Barra de Valizas gelegen, bietet Ausritte in den Nationalpark, durch die Dünen und über die Strände nördlich von Cabo Polonio an, darunter auch romantische Ausritte bei Vollmond.

Wildlife-Watching
Die Bedingungen, um Tiere zu beobachten, sind in Cabo Polonio das ganze Jahr über hervorragend. Unterhalb vom Leuchtturm aalen sich Mähnenrobben (*Otaria flavescens*) und Südamerikanische Seebären (*Arctocephalus australis*) auf den Felsen. Von August bis Oktober lassen sich zudem Südliche Glattwale sehen, von Mai bis August bevölkern Pinguine den Strand, und von Januar bis März statten Südliche Seeelefanten *(Mirounga leonina)* der nahen Isla de la Raza einen Besuch ab.

🛌 Schlafen & Essen

Viele Einheimische vermieten Zimmer und Häuser. Am schwierigsten gestaltet sich die

Quartiersuche in den beiden ersten Januarwochen. Von April bis November fallen die Preise drastisch (40–70 %).

Cabo Polonio Hostel — HOSTEL $
(☎ 099-445943; www.cabopoloniohostel.com; B/DZ Mitte Dez.–Feb. 33/100 US$, restl. Jahr 18/50 US$; ⊙ Okt.–April) 🌿 Die nette Gabi leitet dieses rustikale Hostel direkt am Strand. Es wurde unlängst ausgebaut und verfügt nun über eine größere, hellere Küche und einen nagelneuen Schlafsaal mit Meerblick. Das Hostel ist jedenfalls ein Klassiker am Cabo Polonio. Geboten sind ein Patio mit Hängematten und ein Holzofen für stürmische Nächte. Der verwaiste TV in den Dünen vor dem Haus und das eigens angefertigte NoFi-Logo sind ein Sinnbild für die Low-Tech-Philosophie des Inhabers Alfredo: Den Stecker ziehen und langsamer machen!

Casitas de Marta y Hector — FERIENHAUS $
(☎ 098-533427; Zi. 30–70 US$, Häuser April–Nov. 30 US$, Dez.–März 150 US$) Marta und Hector, ein nettes einheimisches Fischerpaar, vermieten zwei reizende Doppelzimmer und ein Haus für Selbstversorger, in dem bis zu sieben Personen übernachten können. Alle sind mit einem Herd, einem mit Gas betriebenen Kühlschrank und mit von Sonnenenergie gespeisten Steckdosen zum Aufladen von Telefonen ausgestattet. Einfach nach dem lachs-orangefarbenen Haus mit der grünen Fahne gleich nördlich vom Halt der geländegängigen LKWs Ausschau halten (und dem „Hay-Pescado"-Schild, wenn gerade Fisch zum Verkauf steht).

Pancho Hostal del Cabo — HOSTEL $
(☎ 099-307870; Jan. & Feb. B 30 US$, März–Dez. B 11 US$) Panchos beliebtes Hostel mit schlichten Schlafsälen auf zwei Etagen lässt sich kaum übersehen. Einfach nach dem gelben Wellblechbau Ausschau halten, auf dem mit riesigen roten Buchstaben der Name steht – und zwar von der Lkw-Haltestelle in Richtung Strand. An netten Einrichtungen gibt es eine geräumige neue Küche, einen Lounge-Bereich, der zum Strand hinausgeht, sowie einen Schlafsaal, im zweiten Stock unter dem Spitzdach, mit einer kleinen Terrasse und direktem Meerblick.

Mariemar — HOTEL $$
(☎ 099-875260, 4470-5164; posadamariemar@hotmail.com; DZ Dez.–Feb. 150 US$, März–Nov. 42 US$) Das Hotel liegt etwas versteckt unterhalb des Leuchtturms. Durch die rückwärtige Tür haben die Gäste direkten Zugang zum Strand. Das Hotel-Restaurant zählt zu den ältesten Lokalen, die am Cabo Polonio ganzjährig geöffnet haben. Die einfachen Zimmer haben alle Meerblick, wobei die Wohneinheiten in der oberen Etage vorzuziehen sind. Das zugehörige Restaurant (Hauptgerichte 320–570 Ur$) serviert alles – vom Snack am Nachmittag (frittierte Algen und ein kühles Bier) bis zu kompletten Mahlzeiten mit Meeresfrüchten.

Lo de Dany — URUGUAYISCH $$
(Hauptgerichte 160–420 Ur$; ⊙ 9–22 Uhr) Dieses schlichte orangefarbene Imbisslokal in der Nähe der Haltestelle der geländegängigen Lkws führt eine der wenigen Familien am Cabo Polonio, die hier das ganze Jahr über wohnt. Das einladende, erschwingliche Lokal bietet alles – von selbst gemachten *buñuelos de algas* (frittierten Algenkroketten) bis zu *rabas* (frittiertem Tintenfisch) und *chivitos*.

El Club — PARRILLA, INTERNATIONAL $$
(☎ 098-353165; www.facebook.com/elclubcabopolonio; Hauptgerichte 300–480 Ur$; ⊙ Mitte Dez.–Ostern 11 Uhr bis open end) Das farbenfroh gestaltete, umweltbewusste Speiselokal kombiniert die kreativen Bemühungen der kolumbianischen Künstlerin Camila, ihres uruguayischen Partners Fernando und der verschiedenen Köche. Zu den Spezialitäten zählen Frisch vom Grill, Craft-Biere, Holzofenpizza und ein Fondue, das auf recycelten Blechdosen zubereitet wird. Das Lokal fungiert auch als geselliger Club, in dem sich die Leute treffen, um Schach zu spielen und Livemusik zu hören. Unter den *Platos del día* (Tagesgerichte; 420 Ur$) finden sich auch einige vegetarische Speisen.

Ausgehen & Nachtleben

Lo de Joselo — BAR
(⊙ 18 Uhr bis open end) Für ein urtypisches Erlebnis in Cabo Polonio bürgt diese baufällige Bar, die von dichtem Gebüsch und blühenden Weinreben überwuchert ist. Der blinde Barkeeper Joselo, der in der flippigen Gaststube bei Kerzenschein Regie führt, serviert *licor de butia* (Likör aus einheimischen Dattelpalmfrüchten), *grappamiel* und einen stark alkoholhaltigen *caña* (Zuckerrohrschnaps). Die Bar befindet sich ein paar Schritte von der Lkw-Haltestelle entfernt in Richtung Leuchtturm.

ℹ An- & Weiterreise

Von Rutas del Sol verkehren täglich zwei bis fünf Busse von Montevideo nach Cabo Polonio, d. h.

zur Einfahrt an der Ruta 10 (601 Ur$, 4½ Std.). Dort steigt man in einen Lastwagen mit Allradantrieb um, der dann über Stock und Stein und die Dünen in den Ort (218 Ur$ Hin- & Rückfahrt, 30 Min. pro Strecke) rumpelt.

Eine Haltestelle der geländegängigen Lkws befindet sich in der Ortsmitte.

Punta del Diablo

820 EW.

Das ehemals verschlafene Fischerdorf Punta del Diablo, seit geraumer Zeit einer der beliebtesten Ferienorte der Uruguayer und Argentinier, hat sich als Zentrum der Backpackerszene an der Meeresküste etabliert. In den letzten Jahren wurde am Ufer, aber auch landeinwärts, schubweise leider sehr viel, vor allem unkontrolliert gebaut. Doch die herrliche Küste und vor allem das Hippieflair üben weiterhin ihren Reiz aus. Wer Menschenmassen nicht so mag, sollte besser nicht in der Zeit zwischen Weihnachten und Februar hierher kommen: Die Hölle ist in den ersten beiden Januarwochen los, wenn sage und schreibe 30 000 Urlauber die Ortschaft überschwemmen.

Vom traditionellen Ortszentrum, einer sandigen „Plaza", 200 m landeinwärts vom Meer, gehen mehrere schmale Staubstraßen in alle Himmelsrichtungen ab.

Sehenswertes & Aktivitäten

Am Hauptstrand besteht die Möglichkeit, tagsüber ein Surfbrett oder ein Pferd zu mieten. Auch eine rund einstündige Wanderung zum Parque Nacional Santa Teresa macht Spaß. Nach einem - oft spektakulären - Sonnenuntergang geht hier dann die Post ab: Straßenkünstler treten auf, am Strand wird getrommelt, Lagerfeuer flackern in der Dunkelheit - und es wird ausgiebig gefeiert.

Schlafen

Punta del Diablo kann mit einer Fülle von Übernachtungsmöglichkeiten aufwarten - von Hostels über *posadas* bis zu *cabañas*; unter diesem Begriff findet sich so ziemlich alles - von rustikalen bis schon schäbigen Hütten, aber auch eigens errichtete Designeranlagen mit jeglichen modernen Annehmlichkeiten. Die meisten *cabañas* verfügen über eine Küche; in einigen muss man eigenes Bettzeug mitbringen. Wer bei der Suche Hilfe braucht, fragt im Supermercado El Vasco in der Ortsmitte an oder schaut im Internet unter www.portaldeldiablo.com.uy. nach. Von Weihnachten bis Februar schießen die Preise nur so in die Höhe.

★**El Diablo Tranquilo** HOSTEL $
(4477-2647; www.eldiablotranquilo.com; Av Central; B 28-40 US$, Dez.-Ostern DZ 80-160 US$, restl. Jahr B/DZ ab 14/44 US$; @ ⓈⓇ) Immer dem knallroten Leuchten nach, und schon befindet man sich in einem der reizvollsten Hostels, die Südamerika zu bieten hat. Zu den endlosen Annehmlichkeiten gehören einladende Bereiche zum Chillen, ein Fahrrad- und Surfboardverleih, Yoga- und Sprachunterricht, Ausritte und vieles mehr. In der Dependance, den Playa Suites am Strand, bieten die Zimmer im Obergeschoss einen unverstellten Meerblick; im angeschlossenen Bar-Restaurant gibt es Mahlzeiten und einen Strandservice, und spät nachts spielt sich dort die Partyszene ab.

La Casa de las Boyas HOSTEL $
(4477-2074; www.lacasadelasboyas.com.uy; Playa del Rivero; B 15-35 US$, Dez. -März DZ 60-120 US$, April-Nov. DZ 50-70 US$; @ ⓈⓇ≋) Das Hostel, nur einen Katzensprung vom Strand und vom Zentrum zehn Minuten zu Fuß in Richtung Norden entfernt, bietet einen Pool, zwei Gästeküchen, Schlafsäle unterschiedlicher Größe (ausschließlich im Sommer) und ganzjährig Apartments und Lofts mit eigenem Bad, Kitchenette und Satelliten-TV. Außerdem verlocken ein Restaurant, ein Spielezimmer, ein Fahrrad- und Surfboardverleih sowie Ausflüge hoch zu Ross.

Posada Nativos BOUTIQUEHOTEL $$
(099-641394; www.nativos.com.uy; Ecke Santa Teresa & General San Martín; Zi. 88-154 US$; Ⓡ) Das strohgedeckte Boutiquehotel des Künstlers Eduardo Vigliola wurde von ihm mit viel Liebe gestaltet. Es lässt wunderschöne Elemente aus einheimischem Stein und Holz sehen und liegt inmitten eines Landschaftsgartens mit Seerosen, Papyrus, Ess- und Heilpflanzen, einem kleinen Bach und einem japanisch anmutenden Teich. Die Casa Nativos hinter dem Anwesen mit vier Zimmern, einem Wohnzimmer und einer Küche gehört mit zum Hotel, das frei stehende Haus kann jedoch auch als Feriendomizil angemietet werden.

Essen & Ausgehen

Die Kneipenszene von Punta del Diablo dreht sich um die Playa de los Pescadores; dort gibt es zahlreiche Strandbars.

> **ABSTECHER**
>
> ## LAGUNA DE CASTILLOS
>
> Nordwestlich des Cabo Polonio steht an der Laguna de Castillos, einer ausgedehnten Lagune in Küstennähe, die größte Konzentration an *ombúes* unter Naturschutz – anmutige, baumartige Pflanzen, deren beinahe schon als anarchisch zu bezeichnendes Wachstumsmuster fantastische Formen hervorbringt. In einigen Teilen Uruguays gedeiht der *ombú* als Solitär, die Exemplare hier – einige sind ein paar hundert Jahre alt – wachsen dagegen in Gruppen. Die Lagune bewahrt sie davor, von Rindern niedergetrampelt zu werden, was der Pflanze anderswo den Garaus bereitet hat.
>
> Busse von Rutas del Sol, die vom Cabo Polonio in Richtung Norden fahren, setzen Interessierte an der Monte de Ombúes-Mole ab, gleich nördlich der Brücke über den Arroyo Valizas (Km 267 an der Ruta 10).
>
> **Monte de Ombúes** (099-295177; Touren mit mindestens 5 Pers. ab 500 Ur$ pro Pers.) Am Westufer der Laguna de Castillos (unweit Km 267 an der Ruta 10) bieten die Brüder Marcos und Juan Carlos Olivera, deren Vorfahren das Land im Jahr 1793 von der portugiesischen Krone erhielten, zwei- bis dreistündige Exkursionen in die Natur an. Die Ausflüge beginnen mit einer 20-minütigen Bootsfahrt durch ein Sumpfgebiet, in dem beispielsweise Kormorane, Ibisse, Kraniche und Schwarzschwäne heimisch sind. Anschließend wandern die Teilnehmer durch den *Ombú*-Wald.
>
> Im Sommer finden diese Exkursionen häufig statt – sobald fünf Teilnehmer zusammengekommen sind, geht es los; in den anderen Jahreszeiten sollte man reservieren. In der Nebensaison lassen sich – nach vorheriger Vereinbarung – auch längere Exkursionen zur Vogelbeobachtung an der Lagune arrangieren.
>
> **Guardia del Monte** (099-872588, 4470-5180; www.guardiadelmonte.com; Ruta 9, Km 261,5; Zi. pro Pers. inkl. Frühstück/Halb-/Vollpension 110/150/180 US$) Am Nordufer der Laguna de Castillos liegt diese beschauliche Bleibe, die im 18. Jh. von einem spanischen Wachposten gegründet wurde, um den Camino Real und die Grenze an der Küste vor Piraten und portugiesischen Plünderern zu schützen. Das hübsche *Estancia*-Gebäude steckt voller Geschichte und Geschichtchen – vom Salon mit Landkarten aus dem 18. Jh. und Zeichnungen von Vögeln bis hin zur Küche mit einem dänischen Holzofen, der im Jahr 1884 aus einem Schiffswrack geborgen wurde.
>
> Im Übernachtungspreis inbegriffen sind der Nachmittagstee und die Mahlzeiten, die auf dem alten steinernen Patio oder auch im gemütlichen Speisezimmer mit Kamin serviert werden. An Freizeitaktivitäten stehen Ausritte (30 US$) und Spaziergänge an der Lagune oder im nahen *Ombú*-Wald auf dem Programm. Die Guardia del Monte befindet sich am Ende einer unegfähr 10 km langen Sackstraße, die von der Ruta 9 abzweigt, etwa 4 km südlich der Ortschaft Castillos.

⭐ **Resto-Pub 70** ITALIENISCH $
(099-103367; www.facebook.com/pub70; Playa de los Pescadores; Hauptgerichte 260–350 Ur$; ⊙ Ende Dez.–März tgl. 12–15 & 19.30–23 Uhr, restl. Jahr nur Sa & So) Das am Hafen gelegene Speiselokal wird von einer italienischen Familie, die aus dem Veneto stammt, geführt.

Auf den Tisch kommt beispielsweise himmlisch schmeckende, selbst gemachte Pasta wie *lasagne alle cipolle* (vegetarische Lasagne mit Walnüssen und karamellisierten Zwiebeln) zu wirklich anständigen Preisen; dazu mundet ein Glas Hauswein (50 Ur$). Hinterher sollte man sich die *cantucci con vino dolce* (Mandel-Biscotti in Süßwein) und den *limoncino* (hausgemachten Likör aus aromatischen Zitronen aus Uruguay) nicht entgehen lassen.

Empanada-Stände EMPANADAS $
(Feria Artesanal, Playa de los Pescadores; Empanadas 75 Ur$; ⊙ Jan. & Feb. tgl. 10–16 Uhr, März–Dez. nur Sa & So) Zwischen den Ständen der Kunsthandwerker am Hafen stehen die Schwestern Alba, Mónica und Noelia Acosta an ihren drei Ständen ohne viel Schnickschnack, an denen die leckersten Snacks in Punta del Diablo erhältlich sind – *empanadas*, die frisch frittiert und u. a. mit Muscheln, Fleisch, Käse und Oliven gefüllt sind.

Cero Stress
INTERNATIONAL $$
(📞 4477-2220; Av de los Pescadores; Hauptgerichte 320–490 Ur$; ⊗12–24 Uhr; 📶🐕) Das größte Plus dieses entspannten Speiselokals ist die Veranda mit einem sagenhaften Ausblick auf den Atlantischen Ozean. Jedenfalls ist sie ideal, um bei Sonnenuntergang einen eiskalten Caipirinha zu schlürfen und sich dabei die anstehende Abendgestaltung durch den Kopf gehen zu lassen. Gelegentlich wird hier auch Livemusik gespielt.

Il Tano
INTERNATIONAL $$$
(📞 096-589389; www.iltanocucina.com; Calle 5 zw. Calle 20 & Coronilla; Hauptgerichte 370–530 Ur$; ⊗Mo–Do 19–22, Fr 19–23, Sa 12–16 & 19–23, So 12–16 Uhr) Das nobelste Restaurant in Punta del Diablo befindet sich in diesem gemütlichen Haus mit umlaufender Veranda, die auf einen hübschen Garten hinausgeht; aus ihm kommen allerlei Gemüse und Kräuter, die die italienisch inspirierte Speisekarte mit Pasta, Fleisch und Meeresfrüchten ergänzen. Zu den Spezialitäten zählen selbst gemachte Garnelen-Zucchini-Ravioli, Schinken-Käse-Agnolotti mit cremiger Wildpilzsoße sowie Schweineschulter in süß-saurer Soße mit Dattelpalmfrüchten.

❶ Praktische Informationen

In Punta del Diablo gibt es nur einen saisonalen Geldautomaten, nämlich den von **Redbrou** (Calle 9), der jeden Sommer am Paseo del Rivero aufgestellt wird. Man sollte sich deshalb für den Besuch ausreichend Bargeld einstecken. Es nehmen auch nur einige Geschäfte Kreditkarten an, und die nächste Bank befindet eine Stunde entfernt in Castillos (40 km südwestl.) bzw. in Chuy (45 km nordöstl.).

❶ An- & Weiterreise

Rutas del Sol, COT und Cynsa bieten alle Verbindungen zum drögen Busbahnhof von Punta del Diablo, der sich 2,5 km westlich der Ortschaft befindet. Von hier sind es noch fünf bis zehn Minuten mit dem Shuttle (25 Ur$) oder Taxi (100 Ur$) in den Ort hinein.

Busse ab Punta del Diablo

REISEZIEL	FAHRPREIS (UR$)	FAHRZEIT (STD.)
Castillos	79	1
Chuy	99	1
Montevideo	601	5
Punta del Este	407	3
Rocha	200	1½

Mehrere Direktbusse verkehren täglich nach Montevideo und Chuy an der Grenze zu Brasilien. Wer in andere Orte an der Küste möchte, muss in der Regel in Castillos oder Rocha umsteigen.

Parque Nacional Santa Teresa

Dieser von der Armee verwaltete **Nationalpark** (📞 4477-2101; www.sepae.webnode.es; Ruta 9, Km 302; ⊗Dez.–März 8–20 Uhr, April–Nov. Bis 18 Uhr) GRATIS, etwa 35 km südlich der brasilianischen Grenze gelegen, lockt mit seinen verhältnismäßig gering frequentierten Stränden, beispielsweise der **Playa Grande**, der **Playa del Barco** und der **Playa de las Achiras** zahlreiche Besucher aus Uruguay und auch aus Brasilien an.

In der **Capatacía** (Parkzentrale), 1 km östlich der Ruta 9, befinden sich ein Telefonladen von Antel, eine Post, ein Markt, eine Bäckerei sowie ein Restaurant, außerdem ein winziger Zoo und ein Treibhaus.

Die eigentliche Hauptattraktion des Nationalparks, 4 km nördlich von der Parkzentrale an der Ruta 9, ist sicherlich die auf einem Hügel gelegene **Fortaleza de Santa Teresa** (30 Ur$; ⊗Dez.–März 10–19, April–Nov. Mi–So bis 17 Uhr). Die Portugiesen begannen im Jahr 1762 mit dem Bau dieser Festung; sie wurde dann von den Spaniern vollendet, nachdem sie die Anlage 1793 eingenommen hatten. In der Nordostecke des Parks ragt der **Cerro Verde** auf, eine Steilklippe am Meer, die den Meeresschildkröten einen wichtigen Lebensraum bietet. Direkt gegenüber vom Parkeingang, an der Westseite der Ruta 9, führt eine 5 km lange, unbefestigte Sackgasse zur **Laguna Negra**, einer ausgedehnten Lagune, in der Flamingos, Capybaras (Wasserschweinart) und andere Wildtiere beobachtet werden können.

🛏 Schlafen & Essen

Im Park verstreut liegen 2000 Zeltstellplätze zwischen Eukalyptusbäumen und Pinien, außerdem gibt es ein einfaches Hostel; es werden auch verschiedene *cabañas* für vier bis zehn Personen vermietet.

Capatacia Restaurant
URUGUAYISCH $
(Hauptgerichte 150–420 Ur$; ⊗10–22 Uhr) Das Restaurant in der Capatacía (Zentrale des Parque Nacional Santa Teresa) bringt Gerichte aus Uruguay ohne viel Schnickschnack auf den Tisch, beispielsweise *chivitos*, Steaks und *milanesas*.

ABSEITS DER ÜBLICHEN PFADE

NATURSCHUTZGEBIETE IN URUGUAY – ABSEITS DER TOURISTENPFADE

Uruguay mit seinen ewigen Weiten ist der Traum eines jeden Naturfreundes. Die Regierung von Uruguay hat mehrere ausgewiesene Gebiete unter den Schutz des sogenannten **SNAP-Programms** (Sistema Nacional de Áreas Protegidas; www.mvotma.gub.uy/-portal/-snap) gestellt. Die Gelder fließen spärlich, und die touristische Infrastruktur ist minimal, doch werden unerschrockene Reisende in diesen kaum besuchten Gegenden belohnt. Das Valle del Lunarejo und die Quebrada de los Cuervos sind die beiden Naturschutzgebiete, die den Geist des wilden Gaucho-Landes am schönsten einfangen. Weitere SNAP-Naturschutzgebiete an der Atlantikküste sind Cabo Polonio (S. 645), Cerro Verde und die Laguna de Rocha (S. 643).

Quebrada de los Cuervos

Die versteckt gelegene kleine Schlucht verläuft 40 km nordwestlich von Treinta y Tres (325 km nordöstl. von Montevideo) durch eine sanfte Hügellandschaft und bietet vielerlei Pflanzen und Tieren einen unerwartet kühlen und feuchten Lebensraum. Es gibt zwei markierte Wanderwege, die auf eigene Faust begehbar sind: Bei dem einen handelt es sich um einen Rundweg von 2½ Stunden, der durch die Schlucht führt (50 Ur$ Eintrittsgebühr für den Park), der andere ist ein Privatweg, auf dem man zur Cascada de Olivera gelangt, einem Wasserfall direkt vor dem Park (30 Min. pro Strecke, 30 Ur$).

Der perfekte Standort, um diese Region zu erkunden, ist das **Cañada del Brujo** (☎ 099-297448, 4452-2837; www.pleka.com/delbrujo; per person inkl. Frühstück/Halb-/Vollpension 25/42/57 US$), ein rustikales Hostel in einem alten Schulhaus, etwa 8 km vom Park und etwa 14 km von der Ruta 8 entfernt. Der Hostelinhaber Pablo Rado veranstaltet Wanderungen (300 Ur$) und Ausritte (500 Ur$) zu einem Wasserfall in der Nähe, dem Salto del Brujo, und macht seine Gäste auch gern mit dem Leben eines Gauchos bekannt: Mate trinken, einfache Gerichte vom Holzofen essen und die spektakulären Sonnenuntergänge am weiten Himmel beobachten. Nach vorheriger Vereinbarung organisiert Pablo den Transport zum Hostel ab Treinta y Tres oder auch von der Abzweigung bei Km 306,7 an der Ruta 8.

Von Nuñez (nunez.com.uy) und **EGA** (www.ega.com.uy) verkehren häufig Busse von Montevideo nach Treinta y Tres (581 Ur$, 4¼ Std.).

Valle del Lunarejo

Das wunderschöne Tal, das sich ungefähr 95 km nördlich von Tacuarembó erstreckt, ist ein himmlischer Hort der Ruhe und Abgeschiedenheit; hier hört man lediglich den Gesang der Vögel und das Rauschen des Wassers.

Besucher können in der reizenden **Posada Lunarejo** (☎ 4650-6400; www.facebook.com/posada.lunarejo.7; Ruta 30, Km 238; Zi. pro Pers. inkl. Vollpension Mo–Do 69 US$, Fr–So 79 US$) übernachten, einem restaurierten Gebäude aus dem Jahr 1880, 2 km von der Hauptstraße, 3 km vom Fluss und nur ein paar Schritte von einer Vogelkolonie entfernt, in der es vor *garzas* (Reihern) und *espátulas rosadas* (Rosalöfflern) nur so wimmelt. Die Posada organisiert Wanderungen und Ausritte in die nähere Umgebung.

CUT (www.cutcorporacion.com.uy) bietet die praktischsten Busverbindungen zum Valle del Lunarejo an, nämlich den Bus, der täglich auf der Strecke Montevideo–Tacuarembó–Artigas verkehrt; er fährt in Montevideo um 12 Uhr (933 Ur$, 6 Std.) und in Tacuarembó um 16.50 Uhr (159 Ur$, 1½ Std.) ab. Ein Mitarbeiter der Posada Lunarejo holt die Gäste nach telefonischer Vereinbarung am Bus ab.

ⓘ An- & Weiterreise

Busse von Punta del Diablo (53 Ur$, 15 Min.) lassen die Fahrgäste bei Km 302 an der Ruta 9 aussteigen; von dort ist es noch 1 km zu Fuß Richtung Osten bis zur Capatacía (Parkzentrale). Alternativ geht man von Punta del Diablo ein paar Kilometer am Strand entlang in Richtung Nordosten, wo man dann am Südrand des Parks die **Playa Grande** erreicht.

URUGUAY VERSTEHEN

Uruguay aktuell

Zu den heißen Themen, die momentan in Uruguay diskutiert werden, zählen die Einführung des bahnbrechenden Marihuana-Gesetzes, die Neubelebung der Ciudad Vieja und die rosigen Zukunftsaussichten der Fußballnationalmannschaft.

Uruguays Schritt in Richtung Legalisierung von Marihuana wurde 2013 erstmals beschlossen und nahm 2017 eine weitere Hürde, als vom Staat anerkannte Apotheken begannen, Gras an uruguayische Staatsbürger zu verkaufen. Mitte Juli versorgten 16 Apotheken mehr als 5000 registrierte Nutzer mit ihrer ersten legalen Dosis von 10 g in staatlichen Treibhäusern angebautem Cannabis. Die Kosten hierfür? 187 Ur$ oder so etwa 6,50 US$ pro Person. Alles lief rund auf einheimischem Level; es trat dann allerdings ein internationales Problem auf, als US-Banken, die wegen des Drogenhandels Bedenken hatten, mit Sanktionen gegen jede Bank in Uruguay drohten, die mit den teilnehmenden Apotheken Geschäfte machten. Das Ergebnis ist, dass besagte Apotheken und ihre Marihuana konsumierenden Kunden bis auf Weiteres gezwungen sind, sämtliche Geschäfte mit Bargeld zu tätigen.

Montevideos Ciudad Vieja erlebte in den vergangenen zwei Jahren eine enorme Revitalisierung, da die Bemühungen von Seiten der Stadt und des Staats, Bagatelldiebstähle in diesem Viertel zu unterbinden, langsam Erfolge zeigten. Mehrere neue Restaurants und Hotels machten auf, und die Geschäfte haben nun auch länger geöffnet, da die Sicherheitsbedenken allmählich in den Hintergrund treten. All das hat dem historischen Zentrum Montevideos einen Aufwärtstrend in Sachen Tourismus beschert.

Nach der erfolgreichen Qualifikation zur Fußball-Weltmeisterschaft 2018 – die Mannschaft hatte sich bei der Südamerika-Qualifikation den zweiten Platz hinter Brasilien gesichert – zeigten sich die einheimischen Fußballfans begeistert und hofften auf ein gutes Abschneiden ihrer geliebten „Celeste" bei der WM in Russland. Und die Fans wurden auch keinesfalls enttäuscht. Angeführt von den Topstürmern Luis Suárez und Edinson Cavani kamen die „Urus" bis ins Viertelfinale, wo sie schließlich gegen den späteren Weltmeister Frankreich verloren.

Geschichte

Die Ureinwohner Uruguays waren die an der Küste lebenden Charrúa sowie die Guaraní nördlich des Río Negro. Die Charrúa, Jäger und Sammler, widersetzten sich der europäischen Besiedlung über ein Jahrhundert lang, indem sie 1516 den spanischen Forschungsreisenden Juan de Solís und einen Großteil seiner Leute umbrachten. Zudem gab es hier wenig, was die Spanier hätte anlocken können; sie schätzten das ebene Land am Río de la Plata hauptsächlich als Zugangsweg zu Gold und anderen Reichtümern weiter im Landesinneren.

Die ersten Europäer, die sich an der Banda Oriental (Ostküste) niederließen, waren jesuitische Missionare. Sie siedelten sich in der Nähe des heutigen Soriano am Río Uruguay an. Als Nächstes kamen die Portugiesen, die im Jahr 1680 das heutige Colonia als Brückenpfeiler für den Schmuggel von Waren nach Buenos Aires gründeten. Spanien reagierte darauf mit dem Bau einer Zitadelle in Montevideo im Jahr 1726. In den folgenden 100 Jahren kämpften die Spanier und Portugiesen um die Vorherrschaft am Ostufer des Río de la Plata.

Napoleons Invasion auf der Iberischen Halbinsel Anfang des 19. Jhs. beschleunigte dann den Machtverfall der Spanier und Portugiesen und rief in der gesamten Region starke Unabhängigkeitsbewegungen auf den Plan. Uruguays bedeutendster Nationalheld José Gervasio Artigas trug sich anfangs mit

> **FESTE & EVENTS**
>
> Der Karneval von Uruguay dauert über einen Monat und ist viel umtriebiger als sein Gegenstück in Argentinien. Die Semana Santa (Karwoche) heißt mittlerweile Semana del Turismo (Woche des Tourismus) – dann fahren viele Uruguayer aus der Stadt heraus, und dementsprechend schwierig gestaltet es sich, zu dieser Zeit eine Unterkunft zu finden. Weitere interessante Events sind die Fiesta de la Patria Gaucha (S. 632) in Tacuarembó und die im ganzen Land begangenen Días del Patrimonio Anfang Oktober; dann dürfen Besucher die bedeutendsten historischen und kulturellen Monumente des Landes kostenlos besichtigen.

dem Gedanken, eine Allianz mit dem heutigen Argentinien und Südbrasilien einzugehen, sah sich schließlich jedoch gezwungen, nach Paraguay zu fliehen. Hier stellte er sich neu auf und gründete die berühmten „33 Orientales", eine Gruppe von überzeugten uruguayischen Patrioten unter General Juan Lavalleja, die mit der Unterstützung Argentiniens dann am 19. April 1825 den Río Uruguay überquerte und Uruguay allmählich von der Vorherrschaft der Brasilianer befreite. 1828 wurde Uruguay nach dreijährigem Ringen in einem von den Briten vermittelten Vertrag als kleiner, unabhängiger Pufferstaat zwischen den aufstrebenden Kontinentalmächten etabliert.

Mehrere Jahrzehnte lang war die Unabhängigkeit Uruguays ein zerbrechliches Gut. Zwischen den beiden jungen politischen Parteien, den Blancos und den Colorados (benannt nach den weißen bzw. roten Armbinden, die sie trugen), herrschte Bürgerkrieg. Argentinien belagerte Montevideo zwischen 1838 und 1851, Brasilien stellte eine ständige Bedrohung dar. In der zweiten Hälfte des 19. Jhs. konsolidierte sich die Lage dann durch die Anerkennung der Unabhängigkeit Uruguays in der Region und durch das Erstarken der Wirtschaft, die im Wesentlichen auf der Rindfleischindustrie und Wollproduktion basierte.

Anfang des 20. Jhs. führte der fortschrittliche Staatspräsident José Batlle y Ordóñez, ein Mann mit großen Visionen, Innovationen wie Renten, Farmkredite, Arbeitslosenhilfe und den achtstündigen Arbeitstag ein. Staatliche Intervention führte zur Verstaatlichung vieler Industrien, zu neuen Wirtschaftszweigen – und zu einer Epoche allgemeinen Wohlstands. Die bedeutenden Reformen Batlles wurden größtenteils durch die Besteuerung der Viehwirtschaft finanziert, und als dann in der Mitte des Jahrhunderts die Exporte zurückgingen, fing der Wohlfahrtsstaat an zu zerbröckeln.

Anfang der 1970er-Jahre begann eine Epoche der Militärdiktatur, in der Folter zur Tagesordnung gehörte. Mehr als 60 000 Bürger wurden willkürlich inhaftiert, bis dann die 1980er-Jahre die Rückkehr zur Demokratie mit sich brachten.

In den vergangenen zehn Jahren sind in Kultur und Politik in Uruguay bemerkenswerte Entwicklungen zu verzeichnen. Nach fast 200 Jahren, in der die beiden traditionellen Parteien, die Blancos und die Colorados, abwechselnd regierten, wählten die Uruguayer 2004 die linke Frente Amplio (Breite Front) ins Amt und dann erneut 2009 und 2014. In diesem Zeitraum leitete die Frente-Amplio-Regierung zahlreiche gesellschaftliche Veränderungen ein, beispielsweise die Legalisierung von Marihuana, von Abtreibungen und von gleichgeschlechtlichen Ehen; in den schulischen Sektor wurden viele Gelder investiert.

Kultur

Eines stellen die Uruguayer sofort klar: Dass sie mit ihren Vettern jenseits des Río de la Plata, den *porteños,* absolut nichts gemein haben. Während die Argentinier manchmal dreist und arrogant wirken, gibt sich der Uruguayer eher bescheiden und entspannt. Und während Argentinien stets eine regionale Supermacht war, stand Uruguay immer im Schatten des großen Nachbarn. Witze, dass Punta del Este eine Vorstadt von Buenos Aires sei, werden auf dieser Seite des Río de la Plata jedenfalls nicht so leicht geschluckt. Dennoch gibt es natürlich auch viele Ähnlichkeiten: die generelle Wertschätzung von Kunst, der italienische Einfluss und das Erbe der Gauchos.

Die Uruguayer lassen sich nicht so leicht aus der Ruhe bringen und behaupten mit Stolz, das Gegenteil der hitzköpfigen Latinos zu sein. Der Sonntag bleibt der Familie und Freunden vorbehalten; dann wird eine halbe Kuh auf der *parrilla* geworfen, alle machen es sich gemütlich und nippen an ihrem Mate. Der Bildungsstand der Bevölkerung ist hoch und die Kluft zwischen Arm und Reich längst nicht so krass wie in anderen Ländern Lateinamerikas.

Bevölkerung

Mit etwa 3,4 Mio. Einwohnern ist Uruguay das kleinste spanischsprachige Land Südamerikas. Die Bevölkerung ist überwiegend weiß (88 %), 8 % sind Mestizen (Menschen mit spanischem und indigenem Blut), 4 % sind Farbige. Indigene Völker sind praktisch nicht mehr vorhanden. Die durchschnittliche Lebenserwartung der Menschen liegt bei gut 77 Jahren und ist somit eine der höchsten Lateinamerikas. Lesen und schreiben können 98,5 %, was ebenfalls sehr hoch ist; das Bevölkerungswachstum ist mit 0,27 % hingegen eher niedrig. Die Bevölkerungsdichte beträgt ungefähr 19 Einwohner pro Quadratkilometer.

> **TYPISCHE SPEISEN & GETRÄNKE**
>
> **Asado** Uruguays kulinarische Leidenschaft sind gemischte Grillspezialitäten vom Holzkohlegrill, bestehend aus verschiedenen Stücken Rind- und Schweinefleisch, Chorizo, *morcilla* (Blutwurst) und vielem mehr.
>
> **Chivito** Eine Cholesterinbombe von einem Steak-Sandwich, auf dem sich Schinken, Speck, gebratenes oder gekochtes Ei, Käse, grüner Salat, Tomaten, Oliven, eingelegtes Gemüse, Paprika und Mayonnaise nur so türmen.
>
> **Ñoquis** Entsprechen den Kartoffelklößchen, die bei den Italienern *gnocchi* heißen und traditionell am 29. eines Monats serviert werden.
>
> **Buñuelos de algas** Pikante Algen im Schmalzteigmantel – eine Spezialität an der Küste von Rocha.
>
> **Tannat** Uruguays geliebter, international renommierter Rotwein.
>
> **Grappamiel** Ein starker Weinbrand, der dem italienischen Grappa ähnelt, durch den süßen Honig aber ziemlich mild schmeckt.

Religion

Uruguay hat in Relation zur Gesamtbevölkerung mehr bekennende Atheisten und Agnostiker (17 %) als jedes andere Land in Lateinamerika. Rund 47 % bezeichnen sich als römisch-katholisch, 11 % rechnen sich anderen christlichen Bekenntnissen zu. Außerdem gibt es noch eine kleine jüdische Minderheit von rund 20 000 Gläubigen, die nahezu alle in Montevideo leben.

Sport

Die Uruguayer sind – wie die meisten Lateinamerikaner – verrückt nach *fútbol* (Fußball). Uruguay hat zweimal die Weltmeisterschaften gewonnen, darunter das erste Turnier 1930 in Montevideo. Die Nationalmannschaft (genannt „La Celeste" – die Hellblauen) macht immer wieder auf internationaler Ebene von sich reden; sie gewann 2011 die Copa America, spielte bei der WM 2014 (Achtelfinale) und erreichte bei der WM 2018 das Viertelfinale.

Die beiden bedeutendsten *fútbol*-Mannschaften sind Nacional und Peñarol, die beide in Montevideo beheimatet sind. Wer ein Spiel dieser beiden Mannschaften besuchen möchte, sollte sich dort lieber einen Platz auf der Tribüne bzw. an den Seitenlinien suchen und nicht hinter den Toren – es sei denn, man findet es toll, sich von den fanatischen Fans aufmischen zu lassen.

Die **Asociación Uruguayo de Fútbol** (www.auf.org.uy) in Montevideo hält detaillierte, zahlreiche Informationen zu den Spielen und Spielstätten bereit.

Kunst & Kultur

Viele Einwohner hat Uruguay zwar nicht, dafür aber eine beeindruckende literarische und künstlerische Tradition. Als größter Philosoph und Essayist des Landes gilt José Enrique Rodó. Sein Essay *Ariel* – ein Klassiker der Landesliteratur – vergleicht die beiden Zivilisationen Nord- und Südamerika. Zu den bedeutenden modernen Schriftstellern zählen Juan Carlos Onetti (1909–1994), Mario Benedetti (1920–2009) und Eduardo Galeano (1940–2015). Das Theater ist ebenfalls überaus populär, und Dramatiker wie Mauricio Rosencof (geb. 1933) sind dementsprechend prominent.

Zu den renommiertesten Malern Uruguays zählen Juan Manuel Blanes (1830–1901), Pedro Figari (1861–1938) und Joaquín Torres García (1874–1949), deren Werken in Montevideo jeweils ein Museum gewidmet ist. Unter den Bildhauern ist besonders José Belloni (1882–1965) zu nennen; seine lebensgroßen Bronzen sind in den Parks von Montevideo zu bewundern.

Tango steht in Montevideo hoch im Kurs. Die Uruguayer nehmen die Tangolegende Carlos Gardel als Sohn des Landes für sich in Anspruch, und einer der bekanntesten Tangos, *La Cumparsita*, wurde von dem Uruguayer Gerardo Matos Rodríguez komponiert. Im Karneval vibrieren die Straßen von Montevideo beim energiegeladenen Getrommel von *candombe*, einem Rhythmus, der eigentlich aus Afrika stammt und von den Sklaven ab 1750 in Uruguay heimisch gemacht wurde; außerdem treten in der ganzen Stadt *murgas*, satirische Musiktheatergruppen auf. In der aktuellen, zeitgenössischen Musikszene haben mehrere Rockbands aus Uruguay auf beiden Seiten des Río de la Plata eine große Fangemeinde, beispielsweise die Buitres, La Vela Puerca und No Te Va Gustar.

> **PREISE: ESSEN**
>
> Die folgenden Preise gelten für ein Standard-Hauptgericht.
>
> $ weniger als 300 Ur$
> $$ 300–500 Ur$
> $$$ mehr als 500 Ur$

Essen & Trinken

In der Küche von Uuguay dreht sich alles um Fleisch vom Grill. *Parrillas* (Restaurants mit gigantischen Holzkohlegrills, auf denen das Fleisch brutzelt) gibt es an jeder Ecke, und am Wochenende gehören *asados* zur Tradition des Landes. *Chivitos* sind enorm beliebt, ebenso *chivitos al plato, die* auf dem Teller mit Pommes serviert werden anstatt im Brötchen. In ländlichen Gegenden müssen sich Vegetarier oft mit der allgegenwärtigen Pizza oder Pasta begnügen, wobei vegetarier- und veganerfreundliche Lokale mittlerweile aber vor allem in Montevideo und Colonia del Sacramento auf dem Vormarsch sind. Die Meeresfrüchte sind an der Küste hervorragend. Die Desserts strotzen nur so vor Meringe, *dulce de leche*, geschmolzenem Zucker und Vanillesoße.

Leitungswasser kann man fast überall trinken. Die Weine aus Uruguay – allen voran die roten Tannats – sind hervorragend. Neben den in Massenproduktion hergestellten traditionellen Bieren, beispielsweise Patricia, Pilsen und Zillertal, gibt es nun langsam auch immer mehr Craft-Bier.

Die Uruguayer konsumieren noch mehr Mate-Tee (ein leicht bitterer Tee, der nur in Südamerika gedeiht) als die Argentinier. Wenn sich die Gelegenheit bietet, sollte man ihn auf jeden Fall probieren – es gibt nichts Schöneres, als einen Nachmittag mit neuen Freunden zu vertrödeln und dabei die Mate-Kalabasse kreisen zu lassen.

Die meisten Restaurants stellen das *cubierto* in Rechnung – eine geringfügige Gebühr für das Gedeck und den Korb mit dem Brot vor dem Essen.

Natur & Umwelt

Uruguay ist zwar eines der kleinsten Länder Südamerikas, nach europäischen Maßstäben aber trotzdem recht groß. Das Staatsgebiet umfasst 176 215 km² und ist damit etwa halb so groß wie Deutschland.

Im Landesinnern verlaufen zwei Gebirgszüge: die Cuchilla de Haedo westlich von Tacuarembó und die Cuchilla Grande im Süden von Melo; keiner der Berge übersteigt die Höhe von 500 m. Westlich von Montevideo ist das Land recht flach. Der Río Negro fließt durch die Landesmitte und schafft eine natürliche Trennlinie zwischen Nord und Süd. Die Atlantikküste kann mit beeindruckenden Stränden, Dünen, Landzungen und Lagunen aufwarten, die Steppen und Wälder Uruguays erinnern an die argentinische Pampa oder an Südbrasilien. Im Osten, entlang der brasilianischen Grenze, haben sich Areale mit Palmensavanne erhalten.

Uruguay bietet einer Fülle von Vögeln einen Lebensraum, und zwar vor allem in der Provinz Rocha mit ihren vielen Lagunen. Die meisten großen Landsäugetiere sind verschwunden, aber gelegentlich flitzt noch ein Nandu durchs Grasland im Nordwesten des Landes. Wale, Robben und Seelöwen lassen sich häufig an der Küste sehen.

PRAKTISCHE INFORMATIONEN

ⓘ Allgemeine Informationen

AKTIVITÄTEN

Die Wellen in Punta del Diablo, La Paloma, La Pedrera und Punta del Este eignen sich hervorragend zum Surfen. Cabo Polonio und die Lagunen an der Küste der Provinz Rocha bieten ausgezeichnete Gelegenheiten, Wale und Vögel zu beobachten. Die Strandszene von Punta del Este gibt sich mondäner mit kostspieligeren Freizeitbeschäftigungen wie Parasailing, Paragliding und Jetskifahren.

Im Landesinneren sind Ausritte beliebt, die meisten Touristen-*estancias* bieten sie an (auch für Anfänger).

BOTSCHAFTEN & KONSULATE

Die hier angegebenen Institutionen befinden sich alle in Montevideo.

Argentinische Botschaft (2902-8166; www.eurug.cancilleria.gov.ar; Cuareim 1470; ☉ Mo–Fr 10–18 Uhr); **Konsulat** (2902-8623; www.cmdeo.mrecic.gov.ar; WF Aldunate 1281; ☉ Mo–Fr 13–15 Uhr)

Bolivien (2708-3573, Dr. Prudencio del Pena 2469, ☉ Mo–Fr 9.30–17 Uhr)

Brasilien (2707-2119; http://montevideu.itamaraty.gov.br; Bulevar de General Artigas 1394; ⊗ Mo–Fr 10–13 & 15–18 Uhr); **Konsulat** (2901-2024; http://cgmontevideu.itamaraty.gov.br; Convención 1343, 6. Stock; ⊗ Mo–Fr 9–15 Uhr)

Chile (2916-4090; 25 de Mayo 575, ⊗ Mo–Do 9–13.30 & 15–17.30, Fr 9–13.30 & 15–17 Uhr)

Deutschland (2902-5222; www.montevideo.diplo.de; La Cumparsita 1435; ⊗ Mo & Mi–Fr 9–11.30, Di 13–15.30 Uhr)

Ecuador (2711-0448; Juan María Perez 2810; ⊗ Mo–Fr 9–17 Uhr)

Österreich (2915-5431; Misiones 1381; ⊗ Di 10–12, Do 15–17 Uhr)

Paraguay (2400-2215; Bulevar de General Artigas 1191; ⊗ Mo–Fr 9–17.30 Uhr)

Peru (2707-1420; Obligado 1384; ⊗ Sommer 9–15 Uhr, Winter 9–13 & 14–16 Uhr)

Schweiz (2711-5545; www.eda.admin.ch/montevideo; Ing. Federico Abadie 2936/40, 11. Stock; ⊗ Mo–Fr 9–12 Uhr)

USA (2707-6507; https://uy.usembassy.gov; Dr. Lauro Müller 1776; ⊗ Mo–Fr 8.30–17.30 Uhr)

FEIERTAGE

Año Nuevo (Neujahr) 1. Januar

Día de los Reyes (Dreikönigstag) 6. Januar

Viernes Santo/Pascuas (Karfreitag/Ostern) März/April (Termine unterschiedlich)

Desembarco de los 33* (Rückkehr der 33 Exil-Uruguayer) 19. April; zu Ehren der Exilanten, die 1825 nach Uruguay zurückkehrten, um mit Hilfe der Argentinier das Land von der brasilianischen Herrschaft zu befreien

Día del Trabajador (Tag der Arbeit) 1. Mai

Batalla de Las Piedras* (Schlacht von Las Piedras) 18. Mai; gedenkt dieser wichtigen Schlacht beim Kampf um die Unabhängigkeit

Natalicio de Artigas* (Geburtstag von General Artigas) 19. Juni

Jura de la Constitución (Jahrestag der Verfassung) 18. Juli

Día de la Independencia (Unabhängigkeitstag) 25. August

Día de la Raza* (Jahrestag der Entdeckung Amerikas durch Kolumbus) 12. Oktober

Día de los Muertos (Allerseelen) 2. November

Navidad (Weihnachtstag) 25. Dezember

Feiertage, die mit einem Sternchen gekennzeichnet sind, werden am darauffolgenden Montag begangen, wenn auf diese Weise ein *puente* (verlängertes Wochenende) entsteht.

FRAUEN UNTERWEGS

Frauen werden generell mit großem Respekt behandelt. In Uruguay als Frau allein zu reisen ist erheblich sicherer als in vielen anderen Ländern Lateinamerikas.

FREIWILLIGENARBEIT

Bei allen Organisationen in Uruguay, die Volontäre annehmen, müssen sich die Interessenten für mindestens einen Monat verpflichten; zumindest Grundkenntnisse der spanischen Sprache werden erwartet.

Eine lohnende Gruppe, die regelmäßig Freiwillige aus dem In- und Ausland sucht, ist **Karumbé** (www.karumbe.org); sie setzt sich für den Schutz der Meeresschildkröten im Parque Nacional Santa Teresa ein.

GELD

Geldautomaten sind weit verbreitet; Kreditkarten genießen große Akzeptanz.

Geldautomaten

Selbst im kleinsten Städtchen im Landesinneren gibt es keine Probleme, mit der Maestro-EC-Karte oder Kreditkarte Bargeld zu ziehen. Die Geldautomaten sind mit einem grünen Banred- oder einem blauen Redbrou-Logo gekennzeichnet und an die wichtigsten internationalen Bankensysteme angeschlossen. Die Automaten geben Geldscheine aus, und zwar jeweils ein Vielfaches von 100 Pesos. An vielen mit US$ gekennzeichneten Geldautomaten lassen sich auch Dollar ziehen, allerdings ebenfalls immer nur in einem Vielfachen von 100 US$.

Kreditkarten

Die meisten gehobenen Hotels, Restaurants und Geschäfte nehmen Kreditkarten an. Visa ist die meistakzeptierte Karte, gefolgt von der MasterCard. American-Express-Karten sind in der Nutzung eingeschränkter.

Wechselkurse

Argentinien	1 AR$	1,66 Ur$
Brasilien	1 R$	8,92 Ur$
Chile	100 CH$	4,63 Ur$
Euro-Zone	1 €	34,00 Ur$
Schweiz	1 CHF	28,99 Ur$
USA	1 US$	29,15 Ur$

Wechselstuben

Casas de cambio gibt es in Montevideo, Colonia, in den Ferienorten am Meer und in Grenzstädten, beispielsweise Chuy. Sie haben längere Öffnungszeiten als Banken, bieten dafür aber oft schlechtere Kurse.

Trinkgeld

Restaurants Man gibt 10 % der Rechnung.

Taxis Im Allgemeinen rundet man den Fahrpreis ein paar Pesos auf.

GESUNDHEIT

Das öffentliche Gesundheitssystem in Uruguay ist gut. Leitungswasser kann gefahrlos getrunken werden. Impfungen sind nicht erforderlich. Seit März 2016 treten Fälle von Dengue-Fieber auf; über den aktuellen Stand informiert die Website des Auswärtigen Amts (www.auswaertiges-amt.de).

INTERNETZUGANG

WLAN-Zonen sind in Städten und größeren Ortschaften an der Tagesordnung. Antel-Läden (staatliche Telefongesellschaft) verkaufen für freie Handys SIM-Karten mit preislich akzeptablen Datentarifen und bieten auch oftmals kostenloses WLAN.

ÖFFNUNGSZEITEN

Banken Mo–Fr 13–18 Uhr
Bars, Kneipen und Clubs 18 Uhr bis open end; so richtig los ist aber erst was ab Mitternacht.
Restaurants 12–15 & 20–24 Uhr oder später; wenn es Frühstück gibt, wird es ab etwa 8 Uhr angeboten
Geschäfte Mo–Sa 9–13 & 15–19 Uhr; in größeren Städten haben die Läden über Mittag und/oder sonntags geöffnet.

POST

Correo Uruguayo (www.correo.com.uy), die Postbehörde des Landes, hat Zweigstellen in ganz Uruguay.

RECHTSFRAGEN

Uruguay hat so ziemlich die liberalsten Drogengesetze in ganz Lateinamerika. Der Besitz von kleineren Mengen Marihuana oder anderen Drogen für den persönlichen Gebrauch wurde legalisiert – was allerdings nicht für Touristen gilt! Der Verkauf von Drogen ist aber generell auch weiterhin strafbar.

REISEN MIT BEHINDERUNG

Mittlerweile richtet sich Uruguay immer mehr auf das Wohl von Reisenden mit Behinderung ein. In Montevideo beispielsweise finden sich neu gebaute Rampen und Toiletten mit Sonderausstattung an so exponierten Locations wie der Plaza Independencia und dem Teatro Solís; außerdem bieten einige Buslinien behindertengerechte Einstiege, und es gibt immer mehr Geldautomaten, die auch Personen mit Sehbehinderung bedienen können. Dennoch bleibt noch viel zu tun. Websites (auf Spanisch) mit nützlichen Informationen für Menschen mit Behinderung sind pronadis.mides.gub.uy, www.accesibilidad.gub.uy und www.discapacidad.gub.uy.

SCHWULE & LESBEN

Uruguay gilt allgemein als das LGBTQ-freundlichste Land Lateinamerikas. 2008 erkannte Uruguay als erstes Land Lateinamerikas gleichgeschlechtliche Verbindungen an, und 2013 wurden gleichgeschlechtliche Ehen legalisiert. In Montevideo ist die **Friendly Map** (www.friendlymap.com.uy) erhältlich, ein Taschenbuch, das schwulenfreundliche Unternehmen im ganzen Land auflistet.

STROM

In Uruguay werden dieselben Stecker verwendet wie in Argentinien.

TELEFON

Die Landesvorwahl von Uruguay ist 598. **Antel,** (www.antel.com.uy) die staatliche Telefongesellschaft, unterhält Filialen in jeder Stadt.

In Uruguay haben alle Festnetz-Telefonnummern acht Ziffern; in Montevideo beginnen sie mit der Zahl 2, im übrigen Land mit 4. Handy-Nummern bestehen aus einer dreistelligen Kennung (am häufigsten 099), gefolgt von der sechsstelligen Nummer. Bei einem Inlandsgespräch entfällt die erste Null.

Handys

Drei Anbieter – **Antel** (www.antel.com.uy), **Claro** (www.claro.com.uy) und **Movistar** (www.movistar.com.uy) – bieten in Uruguay einen Handy-Service an. Anstatt teure Roaminggebühren zu bezahlen, bringen viele Reisende ein freies Handy mit – oder kaufen sich ein billiges Gerät vor Ort – und legen dann eine einheimische SIM-Karte mit Prepaid-System ein. SIM-Karten sind in allen Antel-Läden erhältlich; das Guthaben kann an jeder Kasse im Supermarkt, in den Shoppingmalls und an den Straßenkiosken im ganzen Land aufgeladen werden.

TOURISTENINFORMATION

Das **Staatliche Tourismusministerium** (Ministerio de Turismo y Deporte; www.turismo.gub.uy) unterhält zehn Niederlassungen im ganzen Land. Es sind hier hervorragende, kostenlose Landkarten zu jeder der 19 Provinzen Uruguays erhältlich, außerdem gibt es Spezialbroschüren zu den Themen *Estancia*-Tourismus, Karneval, Surfen und anderen für Uruguay-Reisende interessanten Bereichen. Die meisten Ortschaften

---

> **PREISE: ÜBERNACHTEN**
>
> Die folgenden Preise gelten für ein Doppelzimmer mit Bad in der Hochsaison. Das Frühstück ist im Preis im Allgemeinen inbegriffen.
>
> **$** weniger als 75 US$
> **$$** 75–150 US$
> **$$$** mehr als 150 US$

verfügen über eine städtische Touristeninformation, die sich häufig am Hauptplatz oder am Busbahnhof befindet.

UNTERKUNFT

Uruguay verfügt über ein hervorragendes Netz an Hostels und Campingplätzen, und zwar vor allem an der Atlantikküste. Weitere günstige Unterkünfte sind *hospedajes* (Privatzimmer) und *residenciales* (Budgethotels).

Posadas (Gasthöfe) gibt es in allen Preisklassen, sie sind meist gemütlicher als Hotels. Die wiederum sind je nach Ausstattung mit einem bis zu fünf Sternen klassifiziert.

Auf dem Land bieten *estancias turísticas* (mit dem blauen Logo des Nationalen Tourismusministeriums gekennzeichnet) Übernachtungsmöglichkeiten auf einer Farm.

VERSICHERUNG

Eine weltweite Reiseversicherung ist erhältlich unter www.lonelyplanet.com/travel-insurance. Sie kann jederzeit online gekauft, erweitert und geltend gemacht werden, selbst wenn man bereits unterwegs ist. Alternativ kann man zu Hause eine Versicherung abschließen; es sind auch kombinierte Kranken-, Gepäck- und Reiserücktrittskostenversicherungen erhältlich.

VISUM

Staatsbürger aus Deutschland, Österreich, der Schweiz und vielen anderen Ländern Westeuropas erhalten bei der Einreise automatisch eine Touristenkarte, die 90 Tage gültig ist und sich um weitere 90 Tage verlängern lässt. Staatsbürger anderer Länder benötigen ggf. ein Visum. Die offizielle Liste mit den derzeitigen Visabestimmungen findet sich nach Nationalitäten geordnet unter https:/-/.migracion.minterior.gub.uy.

ZEIT

Die Zeit in Uruguay liegt – wie in Argentinien – vier Stunden hinter der MEZ zurück. Während der europäischen Sommerzeit ergibt sich ein Zeitunterschied von fünf Stunden. Die Sommerzeit wurde 2015 in Uruguay abgeschafft.

❶ An- & Weiterreise

Die meisten Reisenden, die mit dem Schiff von Buenos Aires übersetzen, kommen in Colonia, Montevideo oder in Carmelo an. Ein paar Fluglinien wie Iberia, Air Europa und Air France bieten Direktflüge nach Montevideo an; Lufthansa fliegt über São Paulo nach Montevideo, diverse andere Fluglinien über Buenos Aires. Außerdem gibt es noch drei Brücken, die über den Río Uruguay nach Argentinien führen, sowie sechs große Grenzübergänge nach Brasilien. Flüge, Autos und Exkursionen lassen sich online buchen unter www.lonelyplanet.com/bookings.

Grenzübergänge

VON	NACH	ROUTE
ARGENTINIEN		
Buenos Aires	Montevideo	Schiff (Buquebus)
Buenos Aires	Colonia	Schiff (Buquebus, Colonia Express, Seacat)
Tigre	Carmelo	Schiff (Cacciola)
Gualeguaychú	Fray Bentos	Puente General San Martín (Brücke)
Colón	Paysandú	Puente General Artigas (Brücke)
Concordia	Salto	Represa Salto Grande (Staudamm)
Concordia	Salto	Schiff (Transporte Fluvial San Cristóbal)
BRASILIEN		
Chuí	Chuy	Schnellstraße BR-471/UR-9
Jaguarão	Río Branco	Schnellstraße 116/UR-26
Aceguá	Aceguá	Schnellstraße BR-153/UR-8
Santana do Livramento	Rivera	Schnellstraße BR-293/UR-5
Quaraí	Artigas	Schnellstraße BR-377/UR-30
Barra do Quaraí	Bella Unión	Schnellstraße BR-472/UR-3

FLUGZEUG

Am **Carrasco International Airport** (☎ 2604-0329; www.aeropuertodecarrasco.com.uy) von Montevideo kommen die meisten Reisenden an. Einige wenige Flüge von Argentinien und Brasilien steuern auch den **Punta del Este International Airport** (Aeropuerto de Punta del Este; ☎ 4255-9777; www.puntadeleste.aero) an.

Seit der Pleite der Fluglinien Pluna und Alas Uruguay verfügt das Land über keine eigene Fluggesellschaft mehr; kommerzielle Inlandsflüge existieren nicht.

LANDWEG

Uruguay grenzt an die argentinische Provinz Entre Ríos und den südbrasilianischen Bundesstaat Rio Grande do Sul. Die wichtigsten Schnellstraßen und Busverbindungen sind generell gut, wobei Busse von Montevideo nach Buenos Aires langsamer und weniger komfortabel sind als die Fähren über den Río de la Plata. Wer die

> **JEDE MENGE WIRBEL: URUGUAYS NEUES CANNABIS-GESETZ**
>
> Im Dezember 2013 legalisierte Uruguay als erstes Land der Welt Cannabis in vollem Umfang. Uruguayische Staatsbürger dürfen nun bis zu sechs Marihuana-Pflanzen im Jahr für den persönlichen Gebrauch anpflanzen, außerdem ist es ihnen gestattet, bis zu 40 g im Monat in einheimischen Apotheken zu kaufen, die dem staatlichen Verteilungssystem angeschlossen sind.
>
> Inzwischen ist es auch legal, in der Öffentlichkeit überall dort Marihuana zu rauchen, wo auch das Rauchen von Zigaretten gestattet ist – was für jeden gilt, und somit auch für Ausländer. Paradox ist, dass Nicht-Uruguayer Marihuana nicht kaufen dürfen.

Iguazú-Wasserfälle besuchen möchte, sollte die Route über Argentinien wählen, denn sie ist schneller, billiger und unkomplizierter als die Anreise über Brasilien.

SCHIFF

Zwischen Argentinien und Uruguay bestehen mehrere Fährverbindungen; am beliebtesten ist die einstündige Überquerung des Río de la Plata auf der Strecke Buenos Aires–Colonia del Sacramento. Weitere Routen sind von Buenos Aires nach Montevideo, von Tigre nach Carmelo und von Concordia nach Salto.

ⓘ Unterwegs vor Ort

ANKUNFT IN URUGUAY

Carrasco International Airport (Montevideo) Stadtbusse (58 Ur$), Expressbusse (181 Ur$), Shuttlevans (400 Ur$), Taxis (1200–1700 Ur$) und *remises* legen die etwa 20 km lange Fahrt vom Flughafen nach Montevideo in 30 bis 45 Minuten zurück.

Fährterminal (Colonia del Sacramento) Die meisten Hotels in Colonia lassen sich zu Fuß in zehn bis 15 Minuten oder mit dem Taxi in fünf Minuten vom Fährterminal erreichen. Der Busbahnhof für den Fernverkehr liegt einen Block nordöstlich vom Hafen. Mietwagenfirmen finden sich zwischen dem Fährterminal und dem Busbahnhof.

Fährterminal (Montevideo) Die Fähren aus Argentinien legen nördlich vom Mercado del Puerto in der Ciudad Vieja an. Ein Taxistand befindet sich vor dem Fährterminal; man kommt innerhalb von fünf bis zehn Minuten mit dem Taxi überall in der Stadt hin (100–250 Ur$, je nach Fahrtziel).

AUTO & MOTORRAD

Reisende, die sich weniger als 90 Tage in Uruguay aufhalten, benötigen den gültigen Führerschein ihres Heimatlands. Die Uruguayer pflegen für Lateinamerika einen überaus rücksichtsvollen Fahrstil, und sogar im quirligen Montevideo geht es im Vergleich zu Buenos Aires noch geruhsam zu.

Aufgrund einer staatlichen Verordnung verlangen sämtliche Tankstellen, so auch die allgegenwärtigen staatlichen Ancap-Tankstellen, denselben Preis für Treibstoff. Während der Recherchen zu diesem Reiseführer kostete der Liter bleifreies Benzin 45,90 Ur$ und der Liter Super 47,60 Ur$.

Mietwagen

Preiswerte Mietwagen kosten in Uruguay während der Hauptsaison ab 1500 Ur$ pro Tag, wobei Steuer und Versicherung bereits inbegriffen sind. Buchungen über das Internet kommen oftmals erheblich billiger, als ein Auto vor Ort zu mieten. Die bei den meisten Kreditkartenunternehmen automatisch inbegriffene Versicherung (Vollkasko, Diebstahl) gilt auch für Mietwagen in Uruguay.

Straßenverkehrsregeln & Gefahren

Es ist Pflicht, tagsüber auf allen Schnellstraßen die Scheinwerfer einzuschalten. In den meisten Städten sind Einbahnstraßen, die abwechselnd in die eine bzw. andere Richtung zu befahren sind, die Norm; die gestattete Fahrtrichtung zeigt ein Pfeil an.

Außerhalb von Montevideo gibt es an den meisten Kreuzungen keine Stoppschilder oder Ampeln; Vorfahrt hat, wer zuerst an der Ecke ankommt – eine Nervenprobe für Leute ohne Fahrpraxis in Uruguay!

Die Schnellstraßen, die von Montevideo in alle Himmelsrichtungen verlaufen, sind generell in hervorragendem Zustand, was vor allem für die Ruta 1 nach Colonia del Sacramento sowie die Ruta 9 (die Interbalnearia) nach Punta del Este gilt. Außerhalb der Hauptstadt und der Touristenzentren am Meer ist der Verkehr minimal und stellt kaum ein Problem dar; im Landesinnern sind manche Straßen allerdings ramponiert. Jedenfalls sollte man auf umherlaufendes Vieh und wilde Tiere achten.

Geschwindigkeitsbegrenzungen sind deutlich ausgeschildert, werden jedoch kaum durchgesetzt. Willkürliche Polizeikontrollen sind allerdings selten.

BUS

Die Busse in Uruguay sind im Allgemeinen komfortabel, die amtlich festgesetzten Fahrpreise halten sich im Rahmen, und die Entfernungen sind verhältnismäßig kurz. Zahlreiche Busunternehmen bieten im Fahrzeug sogar ein kostenloses WLan an.

In einigen Ortschaften, die über keinen eigenen Busbahnhof verfügen, unterhalten die verschiedenen Busnternehmen ihre Büros in Gehweite voneinander entfernt, meist zentral am Hauptplatz.

Es ist nicht unbedingt notwendig, einen Sitzplatz zu reservieren – außer in der Hochsaison und zur Hauptferienzeit. In der Hauptreisezeit setzen die Unternehmen, zur Bewältigung des höheren Fahrgastaufkommens, oftmals mehrere Busse gleichzeitig zu einer der häufig nachgefragten Destinationen ein – auf der Fahrkarte ist dann jeweils auch die Nummer des entsprechenden Busses vermerkt. Beim Einsteigen sollte man sich also beim Fahrer rückversichern, dass man in den richtigen Bus einsteigt, sonst kann es leicht passieren, dass man womöglich auf dem richtigen Sitzplatz, aber im falschen Bus sitzt und der Sitzplatz von einem anderen Fahrgast beansprucht wird.

In den meisten Städten Uruguays, die einen Busbahnhof besitzen, gibt es dort auch eine Möglichkeit zur Gepäckaufbewahrung und das in der Regel zu moderaten Preisen.

NAHVERKEHR

Taxis, *remises* und Lokalbusse funktionieren etwa so wie in Argentinien auch. Taxis verfügen über einen Gebührenzähler. In der Zeit von 22 Uhr bis 6 Uhr sowie an Sonn- und Feiertagen gelten allerdings um 20 % höhere Fahrpreise als sonst. Für mitgeführtes Gepäck wird ein geringfügiger Aufschlag berechnet.

Man gibt dem Fahrer üblicherweise ein Trinkgeld, indem sie den Fahrpreis auf den nächsthöheren glatten Betrag oder auch auf einen Fünfer oder Zehner aufrunden. Uber oder ähnliche Mitfahrzentralen sind in Montevideo aktiv.

Das städtische Busnetz ist in Montevideo und anderen urbanen Gebieten hervorragend ausgebaut; in kleineren Küstenorten wie La Paloma wird der bescheidenere öffentliche Nahverkehr mit *micros* (Minibussen) gewährleistet.

Argentinien verstehen

ARGENTINIEN AKTUELL..................662
Inmitten einer wirtschaftlichen Achterbahnfahrt tritt ein neuer Präsident das Erbe der zwölfjährigen Kirchner-Amtszeit an, die das Land tief gespalten hat.

GESCHICHTE..................664
Spanischer Kolonialismus, Unabhängigkeit von Europa, die Goldenen Jahre, der Aufstieg Peróns und eine Reihe von Militärdiktaturen: Argentiniens turbulente Geschichte wird Schritt für Schritt erklärt.

SO LEBT MAN IN ARGENTINIEN..................676
Enge Bindungen an die Familie, *fútbol* und das wöchentliche Grillen – dies und mehr prägt den Alltag der Menschen.

ARGENTINISCHE MUSIK..................679
Die knisternde Erotik des Tango ist nur eine Facette der argentinischen Musik; daneben gibt es auch Rock, Folk, Jazz und Electronica.

LITERATUR & FILM..................682
In den letzten hundert Jahren hat Argentinien nicht nur ein reiches literarisches Erbe angehäuft, sondern auch eine lebendige Filmindustrie hervorgebracht.

NATUR & UMWELT..................685
Küsten, Bergketten, Grasland und eine ungeheuer reiche Flora und Fauna – die Natur des Landes ist einfach atemberaubend.

Argentinien aktuell

Das Leben in Argentinien ist wie eine Achterbahnfahrt, aber die Einwohner sind daran gewöhnt. Mal steht das Land ganz oben, mal ganz unten. Doch dieses ewige Drama hinterlässt Spuren. Mit Präsident Mauricio Macri bewegt sich das Land zur Zeit nach rechts. Das Modewort heißt wirtschaftliche Erholung, aber die Öffentlichkeit ist eher verhalten als optimistisch. Es gibt viele Proteste gegen die strengen Sparmaßnahmen, während die Regierung versucht, die zügellose Inflation im Zaum zu halten. Unterdessen verfolgt Papst Franziskus auf der Weltbühne weiter seinen revolutionären Kurs.

Die besten Bücher

Das Gift (Samanta Schweblin, 2014) Wurde für den Man Booker Prize vorgeschlagen; erzählt, wie die Kräfte einer jungen Frau schwinden.

Der Kuss der Spinnenfrau (Manuel Puig, 1976) Eine Beziehung zwischen zwei sehr unterschiedlichen Insassen eines Gefängnisses in Buenos Aires; 1985 ebenfalls preisgekrönt.

In Patagonien. Reise in ein fernes Land (Bruce Chatwin; 1977) Ein lesenswertes Buch über die Geschichte und die Mythen Patagoniens.

The Motorcycle Diaries: Latinoamericana. Tagebuch einer Motorradreise 1951/52 (Ernesto Che Guevara et al., 1993) Basiert auf dem Reisetagebuch des Revolutionärs.

Die schönsten Filme

La historia oficial (Die Verschwundenen; 1985) Preisgekrönter Film über den „Schmutzigen Krieg".

Nueve reinas (Die neun Königinnen; 2000) Zwei Betrüger planen das ganz große Ding.

El secreto de sus ojos (In ihren Augen; 2009) Erhielt 2010 den Oscar als bester ausländischer Film.

Relatos salvajes (Wild Tale – Jeder dreht mal durch!, 2014) Schwarze Komödie in sechs Episoden.

Vino para robar (zu Deutsch: Wein zum Stehlen, 2013) Gaunerkomödie, gedreht in der Gegend von Mendoza.

Neuanfang: ein gespaltenes Volk

Im Dezember 2015 übernahm Mauricio Macri die Präsidentschaft in Argentinien. In einer aufreibenden Wahl gewann er knapp vor Cristina Kirchners Wunschkandidaten und beendete damit die zwölfjährige Phase eher populistischen Regierens. Macri war seit 2007 Bürgermeister von Buenos Aires und ein Kandidat, der für Wirtschaft und freie Marktwirtschaft stand. Außerdem war er Präsident des Fußballvereins Boca Juniors.

Macri versprach einen drastischen Wandel in der Wirtschaftspolitik: Die Devisenkontrolle wurde aufgehoben (womit der Schwarzmarkt für US-Dollars verschwand) und Exportsteuern wurden gesenkt, überwiegend, um den Handel mit landwirtschaftlichen Produkten zu beflügeln. Mit diesen Maßnahmen hofft Argentinien, das Wirtschaftswachstum anzukurbeln, ausländische Investoren ins Land zu locken und die hohe Inflationsrate zu senken. Zudem möchte die Regierung die Beziehungen zu Wirtschaftsmächten wie Brasilien und den USA stärken. Im Wirtschaftssektor ist nun die Zeit gekommen, sich der Welt zu öffnen und die wirtschaftliche Isolation zu beenden.

Doch nicht alle schauen zuversichtlich in die Zukunft. Den Importmarkt zu öffnen, hat der heimischen Wirtschaft Einbußen beschert. Vielen Bürgern gehen die Sparmaßnahmen zu weit und belasten das verwundbare, hart erkämpfte Sozialsystem unverhältnismäßig stark. 28 bis 30 % der Bevölkerung leben unterhalb der Armutsgrenze. Es ist gegenüber der Vorgängerregierung eine komplette Kehrtwende. Die hatte auf starke staatliche Eingriffe und Staatsausgaben gesetzt und Fortschritte im Bereich der Rechte des Einzelnen errungen.

Argentinien ist mittlerweile eine gespaltene Gesellschaft: *la grieta,* ein immer breiter werdender Graben, hat sich zwischen denen gebildet, die eine stärkere Staatskontrolle mit mehr Schutz für den Einzelnen wollen, und jenen, die Fortschritt mit der Förderung des freien Marktes verknüpfen. Wenn es überhaupt ein verbindendes Prinzip zwischen den beiden Seiten gibt, ist es, dass fast jeder gegen Korruption ist.

Die Abrechnung

Argentinien hat langsam begonnen, mit den düsteren Kapiteln seiner Vergangenheit abzuschließen. Im November 2017 hat ein fünf Jahre dauernder Prozess endlich Gerechtigkeit für Familien und Freunde der Opfer der Militärdiktatur gebracht. Ehemalige Militäroffiziere wurden wegen Folter, Mord und der Verschleppung von 759 Menschen (Ort dieser Verbrechen: ESMA, die Technikschule der Marine) angeklagt und teils zu lebenslanger Haft verurteilt. Diese Abrechnung ist die Fortsetzung der anfänglichen Prozesse im Jahre 1983 und hilft, die tiefen Wunden in der argentinischen Gesellschaft zu heilen.

Argentinische Politik ist und bleibt jedoch unerbittlich. Im Dezember 2017 klagte ein argentinischer Richter Cristina Kirchner wegen Verrats an. Es stand der Vorwurf im Raum, ihre Regierung habe Beweise für die größte Terrorattacke in der Geschichte des Landes unterschlagen, nur um die Wirtschaftsbeziehungen zum Iran zu fördern. Diese Vorwürfe kommen noch zu den normalen Anklagen wegen Korruption innerhalb ihrer Amtszeit dazu.

Der Papst des Volkes

Nachdem Kardinal Jorge Mario Bergoglio, der Erzbischof von Buenos Aires, im März 2013 zum Papst gewählt wurde, nahm er den Namen Franziskus an. Er ist der erste Papst vom amerikanischen Kontinent und der erste, der dem Jesuitenorden entstammte. Mit Sicherheit ist er außerdem der erste Papst, der mit Mate großgeworden ist, der in *milongas* Tango getanzt hat und der den Fußballverein San Lorenzo leidenschaftlich unterstützt.

Bergoglio lebte schon als Bischof sehr bescheiden. Als Papst ist er diesen Gewohnheiten treu geblieben und folgt damit seinem Namenspatron, dem heiligen Franziskus, der einst weltlichen Besitz verschmähte. Dank dieser Bescheidenheit und seiner warmherzigen Art wurde Franziskus ein sehr beliebtes Kirchenoberhaupt.

Einige Äußerungen des Papstes haben allerdings für Kontroversen bei konservativen Kirchenvertretern und politischen Parteien gesorgt. Franzsikus hatte Kapitalismus und Konsumsucht kritisiert und sich gegen den Klimawandel und für den Umweltschutz ausgesprochen. Andererseits spricht er sich weiterhin gegen die Ordination von Frauen, gegen Schwangerschaftsabbruch und gleichgeschlechtliche Ehen aus.

Weil dieser Papst sich für die Wiederbelebung der dipolmatischen Beziehungen zwischen den USA und Kuba eingesetzt hat, sich für Barmherzigkeit ausspricht und den Dialog mit anderen Religionen sucht, hat er aber viel Anerkennung auch über den Kreis der Gläubigen hinaus geerntet.

FLÄCHE: **2,8 MIO. KM²**

EINWOHNER: **44 MIO.**

BIP: **545 MRD. US$**

INFLATION: **42 %**
(INOFFIZIELL)

ARBEITSLOSIGKEIT: **8,5 %**

Wenn in Argentinien 100 Menschen lebten, wären ...

92 römisch-katholisch
2 Juden
2 Protestanten
4 Sonstige

Ethnische Herkunft

(% der Bevölkerung)

97 Europäer
2 Ureinwohner oder Asiaten
1 Sonstiger

Einwohner pro km²

ARGENTINIEN
RUSSLAND
USA

≈ 5 Personen

Geschichte

Weil Argentinien ein riesiges Land mit einer sehr inhomogenen Bevölkerung ist, hat es eine stürmische Geschichte aufzuweisen, zuweilen geprägt von Tyrannei, Korruption und großer Not. Es gab in Argentiniens Historie aber durchaus auch glanzvolle Zeiten, beispielsweise den erfolgreichen Kampf gegen die spanische Kolonialmacht, um danach zumindest eine Zeit lang eine weltweit bedeutende Wirtschaftsmacht zu werden. Argentinien ist das Geburtsland von internationalen Ikonen wie dem Gaucho, Evita Perón und Che Guevara. Kenntnisse in der Geschichte des Landes sind außerordentlich hilfreich, um die Gegenwart und vor allem die Argentinier selbst besser zu verstehen.

Indigene Völker

Auf dem Gebiet des heutigen argentinischen Staates gab es einstmals viele indigene Völker. In den weiten Pampas lebten die Querandí, ein Volk von Jägern und Sammlern. Im Norden waren die Guaraní zu Hause; dieses halbsesshafte Volk betrieb bereits Ackerbau und Fischfang. Im Seengebiet und in Patagonien siedelten die Pehuenches und die Puelches, die sich von den Samen („Pinienkernen") der Araukarie (einer Nadelbaumart) ernährten, während die Mapuche aus dem Westen in diese Region vordrangen und die Spanier gleichzeitig südwärts vorstießen. Heute gibt es noch einige Mapuche-Reservate, vor allem in der Gegend rund um Junín de los Andes.

Bevor sie von den Europäern ausgelöscht wurden, lebten indigene Völker wie die Selk'nam, Haush, Yámana und Kawesqar auch im tiefen Süden, in Feuerland (Tierra del Fuego), und zwar als nomadisierende Jäger und Sammler. Trotz des häufig rauen Klimas trugen sie nur wenig oder gar keine Kleidung, weshalb sie häufig brennende Feuerstellen unterhielten. So kam die Region auch zu ihrem Namen.

Als die fortschrittlichste Region galt der Nordwesten des Landes. Einige dieser indigenen Völker, insbesondere die Diaguita, betrieben in den Tälern der östlichen Ausläufer der Anden Bewässerungsfeldbau. Diese Völker waren stark beeinflusst von der fortschrittlichen Aymara-Kultur von Tiahuanaco (Bolivien) und vom mächtigen Inka-Reich, welches sich

---

Argentiniens Ureinwohner jagten Guanakos und Nandus (große straußenartige Vögel) mit unterschiedlichen Waffen, darunter *boleadoras*. Diese an Stricken befestigten schweren Steinkugeln warf man um die Beine der Beutetiere. Heute werden Repliken dieser alten Jagdwaffen überall im Land hergestellt und angeboten.

ZEITACHSE

10 000 v. Chr.
Nachfahren der Menschen, die rund 20 000 Jahre zuvor die Beringstraße überquert hatten, erreichen das heutige Argentinien. Damit endet eine der größten Wanderungen in der Geschichte der Menschheit.

7370 v. Chr.
In der berühmten Cueva de las Manos hinterlassen Angehörige der Toldense-Kultur erste Abbildungen von menschlichen Händen. Die Bilder zeigen, wie lange diese Region schon besiedelt ist.

4000 v. Chr.
Die Yámana (Yaghan), auch bekannt als Feuerland-Indianer, lassen sich auf den südlichsten Inseln nieder. Damit war die Wanderung abgeschlossen; weiter konnten Menschen nicht vordringen.

im 15. Jh. von Peru aus südwärts ausbreitete. In der heutigen argentinischen Provinz Salta befindet sich die beeindruckende Ruinenanlage von Quilmes, eine der besterhaltenen Stätten der Prä-Inka-Kultur.

Ankunft der Spanier

Über ein Jahrzehnt nachdem Christoph Kolumbus zufällig den amerikanischen Kontinent „entdeckt" hatte, zogen die ersten Europäer die Flussmündung des Río de la Plata hinauf. Auslöser für die Erkundungen der Region waren Gerüchte über große Silbervorkommen. Der Spanier Sebastian Cabot nannte den Fluss hoffnungsvoll „Río de la Plata" (Silberfluss), und euphorisch taufte man Teile des neuen Territoriums auf das lateinische Wort für Silber *(argentum)*. Die wertvollen Bodenschätze, die die Spanier im Inkareich von Peru fanden, wurden hier, in diesem irrtümlich falsch benannten Land, allerdings niemals entdeckt.

Den ersten Versuch einer Siedlungsgründung an der Flussmündung unternahm im Jahr 1536 der spanische Adelige Pedro de Mendoza. Er landete dort, wo sich heute Buenos Aires befindet. Nachdem die Siedler versucht hatten, von den Querandí Nahrungsmittel zu stehlen, zeigten die Ureinwohner sich allerdings gnadenlos: Nach weniger als nur vier Jahren floh Mendoza zurück nach Spanien – und zwar ohne ein einziges Gramm Silber in der Tasche. Die zurückgelassenen Truppen zogen daraufhin flussaufwärts in die friedlichere Umgebung von Asunción, wo die heutige Hauptstadt von Paraguay gelegen ist.

The Mission (1986) mit Robert de Niro und Jeremy Irons ist ein Historienfilm über die Zeit der Jesuitenmissionen und Missionare im Südamerika des 18. Jhs. Eine ideale Einstimmung auf eine Reise zu den Missionsstationen im Norden des Landes!

Die Überlegenheit des Nordwestens

Obwohl die spanische Armee Buenos Aires im Jahr 1580 neu gegründet hatte, blieb diese Siedlung im Vergleich zu den Neugründungen in den Anden tiefste Provinz. Die Siedlungen in den Anden wurden von einer anderen spanischen Truppe gegründet, die von Alto Perú (dem heutigen Bolivien) aus nach Süden vorrückte. Dank enger Verbindungen zur Festung von Lima und mit genügend Finanzmittel durch die Silbermine von Potosí konnten die Spanier zwei Dutzend Städte gründen, darunter auch das weit südlich gelegene Mendoza (1561). Dies alles geschah in der zweiten Hälfte des 16. Jhs.

Die zwei wichtigsten Zentren waren Tucumán (gegründet 1571) und Córdoba (gegründet 1573). Tucumán lag im Herzen einer reichen Agrarregion und versorgte Alto Perú mit Getreide, Baumwolle und Vieh. Córdoba wurde zum wichtigen Wissenschaftszentrum, und die Jesuitenmissionare gründeten *estancias* (riesige Farmen) in den Sierras, um Alto Perú mit Maultieren, Essen und Wein zu versorgen.

Córdobas Manzana Jesuítica (Jesuitenblock) ist heute das am besten erhaltene Ensemble von Kolonialgebäuden im ganzen Land. Einige jesuitische *estancias* in den Pampinen Sierren sind ebenfalls gut erhal-

1480 n. Chr.	1536	1553	1561
Das Reich der Inka erstreckt sich bis in die Anden im Nordwesten des heutigen Argentiniens. Damals blühen hier die am weitesten entwickelten indigenen Kulturen des Landes, darunter die der Diaguita und Tafí..	Pedro de Mendoza gründet Puerto Nuestra Señora Santa María del Buen Aire an Ufer des Río de la Plata. Allerdings verderben es sich die Spanier mit den Ureinwohnern, die die Siedler schnell wieder verjagen.	Francisco de Aguirre gründet Santiago del Estero und betreibt die spanische Kolonisierung Argentiniens von Alto Perú aus. Der Ort gilt heute als älteste durchgehend bewohnte Stadt im ganzen Land.	Die Spanier gründen Mendoza. Sie suchen nach einem Zugang zum Río de la Plata, der eine Versorgung mit Nachschub und Truppen gewährleisten soll.

ten – zusammen mit den Hauptplazas von Salta (gegründet 1582) gehören sie zu den schönsten und eindrucksvollsten Bauwerken der Kolonialarchitektur in Argentinien.

Buenos Aires: vom Schwarzhandel zur reichen Metropole

Während der Nordwesten aufblühte, litt Buenos Aires fast zwei Jahrhunderte lang unter den Handelsbeschränkungen der spanischen Krone. Da der Hafen für den Handel geeignet war, begannen frustrierte Kaufleute mit dem Schmuggel, der illegale Handel mit dem portugiesischen Brasilien und den nicht-spanischen europäischen Mächten florierte. Der Reichtum trieb das Wachstum der Stadt voran.

Mit dem Niedergang der Silberminen in Potosí im späten 18. Jh. war die spanische Krone gezwungen, Buenos Aires Bedeutung im transatlantischen Handel anzuerkennen: Spanien musste die Beschränkungen aufweichen und ernannte Buenos Aires 1776 sogar zur Hauptstadt des neuen Vizekönigreichs Río de la Plata, zu dem auch Paraguay, Uruguay und die Minen in Potosí gehörten. Die in dem neuen Vizekönigreich aufflammenden Streitigkeiten über Handelsrechte wurden rasch in den Hintergrund gedrängt, als die Briten mehrere erfolglose Versuche (1806 und 1807) unternahmen, Buenos Aires zu besetzen (während der Napoleonischen Kriege trachteten die Briten danach, die spanischen Kolonien zu unterwerfen). Der erfolgreiche Widerstand gegen die Angreifer kam ohne spanische Hilfe zustande, die Briten wurden zurückgeschlagen.

Im Zuge des spanischen Sklavenhandels kamen im 18. und 19. Jh. zahlreiche Menschen afrikanischen Ursprungs nach Argentinien, insbesondere in die Provinz Buenos Aires, um in der Landwirtschaft und im Haus zu arbeiten. Obwohl durch Cholera und Gelbfieber sowie den Kampf im argentinischen Unabhängigkeitskrieg ein Großteil der afrikanischen Bevölkerungsgruppe ausgelöscht wurde, hat sie doch wesentliche Beiträge zur argentinischen Kultur geleistet.

Ab der Mitte des 18. Jhs. betraten in den Pampas die Gauchos die Bildfläche. Die geschickten Reiter, die das südamerikanische Gegenstück zu den nordamerikanischen Cowboys darstellen, verdienten ihren Lebensunterhalt als Viehhirten und betrieben auch Pferdehandel, indem sie verwilderte Pferde einfingen. Diese Tiere waren die Nachkommen jener Vierbeiner, die einstmals von den spanischen Konquistadoren in Amerika eingeführt worden waren.

Unabhängigkeit & innere Unruhen

Gegen Ende des 18. Jhs. wuchs unter den *criollos* (den in Argentinien geborenen Kolonisten) die Unzufriedenheit; ihre Geduld mit den spa-

---

Eine der bekanntesten zeitgenössischen Darstellungen aus der Zeit kurz nach der Unabhängigkeit ist Domingo Faustino Sarmientos *Das Leben in der Argentinischen Republik in den Tagen des Tyrannen* (1868). Großartig ist auch das Werk *Barbarei und Zivilisation. Das Leben des Facundo Quiroga* (1845).

1573	1580	1609	1767
Der Gouverneur von Tucumán, Jerónimo Luis de Cabrera, gründet die Stadt Córdoba. Der Ort wird zum wichtigen Knotenpunkt der Handelsstraßen zwischen Chile und Alto Perú.	Spanische Truppen gründen die Siedlung Buenos Aires ein zweites Mal. Im Vergleich zu den Festungen Mendoza, Tucumán und Santiago del Estero bleibt die spätere Hauptstadt aber noch relativ unbedeutend.	Die Jesuiten beginnen im Nordosten des Landes mit dem Bau von Missionsstationen, darunter San Ignacio Miní (1610), Loreto (1632) und Santa Ana (1633). Die Guaraní werden in *reducciones* angesiedelt.	Die spanische Krone vertreibt die Jesuiten aus ihren südamerikanischen Besitzungen; die Missionsgemeinden verfallen hierauf schnell.

nischen Autoritäten war aufgebraucht. Die Vertreibung der britischen Truppen aus Buenos Aires gab den Menschen des Río de la Plata neues Selbstvertrauen und die Gewissheit, auch ohne Spanien existieren zu können. Nachdem Napoleon 1808 in Spanien eingefallen war, erklärte Buenos Aires am 25. Mai 1810 seine Unabhängigkeit.

Die Unabhängigkeitsbewegungen in ganz Südamerika waren sich schließlich einig in dem Wunsch, die Spanier ganz loszuwerden. Unter der Führung von General José de San Martín und anderen erklärten die Vereinten Provinzen von Río de la Plata (der Vorläufer der Republik Argentinien) offiziell am 9. Juli 1816 in Tucumán ihre Unabhängigkeit.

Trotz ihres neuen Status gehörten die Provinzen nur dem Namen nach zusammen. Es gab keine Zentralgewalt, und die regionalen Unterschiede innerhalb Argentiniens, die unter spanischer Herrschaft weniger auffällig gewesen waren, wurden unübersehbar. Lokale Machthaber gewannen zunehmend an Einfluss; sie widersetzten sich Buenos Aires genauso heftig, wie Buenos Aires sich Spanien widersetzt hatte.

In Argentiniens Politik standen sich zwei Parteien gegenüber – die Föderalisten, die für eine Autonomie der Provinzen eintraten, und die Unitaristen in Buenos Aires, die für eine starke Zentralgewalt waren. Fast 20 Jahre lang gab es blutige Konflikte zwischen den beiden Fraktionen.

> Von 1833 bis 1835 erforschte der junge Naturforscher Charles Darwin auf seiner Reise um die Welt auch Argentinien. Er beobachtete dabei menschliche Bräuche, die heimische Flora und Fauna, Fossilien und geologische Aspekte der Region.

Die Herrschaft Rosas'

Juan Manuel de Rosas wurde in der ersten Hälfte des 19. Jhs. in der Provinz Buenos Aires als Caudillo bekannt. Er vertrat die Interessen der ländlichen Eliten und der Landeigentümer, seit 1829 im Amt des Gouverneurs dieser Provinz. Zwar machte er sich für den Föderalismus stark, setzte sich aber auch dafür ein, die politische Macht in Buenos Aires zu zentralisieren. So verlangte er, dass der internationale Handel über Buenos Aires laufen müsse. Er hielt sich über 20 Jahre an der Macht (bis 1852), und manche seiner „Errungenschaften" waren erste Vorboten für die unheilvolle Zukunft des Landes: Er begründete die Geheimpolizei, die berüchtigte *mazorca*, und führte die Folter ein.

Unter Rosas beherrschte Buenos Aires den neuen Staat. Doch seine Radikalität brachte viele gegen ihn auf, darunter seine ehemals wichtigsten Verbündeten. Schließlich stellte ein rivalisierender Caudillo namens Justo José de Urquiza eine mächtige Armee zusammen und vertrieb den Gouverneur. Urquizas erste Amtshandlung war die Ausarbeitung einer Verfassung, die am 1. Mai 1853 in Santa Fe angenommen wurde.

Ein kurzes Aufblühen

Bartolomé Mitre, der im Jahr 1862 zum ersten offiziellen Präsidenten der Republik Argentinien gewählt wurde, wollte den Aufbau der Nation vorantreiben und die Infrastruktur des Landes stärken. Diese Ziele

1776	1806/07	25. Mai 1810	9. Juli 1816
Spanien ernennt Buenos Aires zur Hauptstadt des neuen Vizekönigreichs Río de la Plata. Das Staatsgebiet umfasst Teile der heutigen Länder Paraguay und Uruguay und die Bergwerke von Potosí in Bolivien.	Zur Zeit der Koalitionskriege versucht Großbritannien, sich die spanischen Besitzungen in Südamerika einzuverleiben. 1806 und 1807 greifen britische Truppen Buenos Aires an, werden aber zurückgeschlagen.	Buenos Aires erklärt seine Unabhängigkeit von Spanien, auch wenn es noch einige Jahre dauern wird, bis die Unabhängigkeit wirklich auf allen Ebenen umgesetzt ist.	Nachdem die Unabhängigkeitsbestrebungen überall in Südamerika erfolgreich waren, lösen sich auch die Vereinigten Provinzen von Río de la Plata in Tucumán formell von Spanien.

musste er jedoch dem Tripel-Allianzkrieg gegen Paraguay (1864–1870) unterordnen. Erst als Domingo Faustino Sarmiento (1811–1888), ein Pädagoge und Journalist aus San Juan, das Präsidentenamt übernahm, ging die Entwicklung tatsächlich zügig voran.

Die Wirtschaft von Buenos Aires boomte und zog viele Einwanderer aus Spanien, Italien, Deutschland und Osteuropa an. Die Neuankömmlinge wohnten dicht gedrängt in den Mietshäusern des Hafenviertels. In den dortigen Freudenhäusern und in den rauchgeschwängerten Kneipen und Cafés entstand der berühmte Tanz von Buenos Aires: der Tango. In anderen Teilen des Landes stellten Basken und Iren die ersten Schafhirten; der Export von Schafen und Schafwolle sollte sich in dem Zeitraum zwischen 1850 und 1880 verzehnfachen.

Der Zugang in den Süden der Pampas und nach Patagonien blieb den Siedlern zunächst noch verwehrt, da die Mapuche und Tehuelche erbitterten Widerstand leisteten. Im Jahr 1878 begann General Julio Argentino Roca mit einem wahren Vernichtungsfeldzug gegen jene indigenen Völker, der Conquista del Desierto („Eroberung der Wüste") genannt wird. Mit der gewaltsamen Eroberung des Südens wurden in Patagonien neue Siedlungsgebiete erschlossen.

An der Wende zum 20. Jh. verfügte Argentinien über ein gut entwickeltes Eisenbahnnetz, das zum Großteil mit britischem Geld finanziert worden war und das sich von Buenos Aires aus in alle Himmelsrichtungen erstreckte. Trotzdem zeichnete sich bald schon eine Wirtschaftskrise bedrohlich ab, denn die Industrie konnte den ungebremsten Zuzug von Einwanderern ganz einfach nicht mehr kompensieren. Arbeiterunruhen waren die Folge, die Importrate übertraf die der Exporte.

Mit der Weltwirtschaftskrise riss das Militär schließlich in einem Staatsstreich die Macht an sich. Juan Domingo Perón, ein gewiefter und gerissener Offizier, war der erste, der versuchte, die wirtschaftlichen Probleme in den Griff zu bekommen.

> Die faszinierende, fiktive Biografie von Tomás Eloy Martínez, *The Perón Novel* (1998), über den Expräsidenten Juan Perón gipfelt in seiner Rückkehr nach Buenos Aires im Jahr 1973.

Juan Perón

Juan Perón wurde in den 1940er-Jahren zum meistverehrten, aber auch verhasstesten Politiker Argentiniens. Bekannt wurde er als Arbeitsminister, nachdem ein Militärputsch die Regierung 1943 entmachtete. Mit der Unterstützung von Eva Duarte („Evita"), seiner zweiten Ehefrau, gewann er die Präsidentschaftswahlen von 1946.

Bei seinen Reisen durch das faschistische Italien und Deutschland hatte Perón gelernt, wie wichtig Großauftritte im öffentlichen Leben waren, und so entwickelte er seinen eigenen Faschismus-Stil in sehr lockerer Anlehnung an Mussolini. Vom Balkon der Casa Rosada herab nahm er riesige Truppenparaden ab, die gleichermaßen charismatische Evita stets an seiner Seite. Obwohl sie überwiegend mittels Erlassen regier-

1829	1852	1862	1864–1870
Caudillo Juan Manuel de Rosas wird Gouverneur der Provinz Buenos Aires und damit faktisch Regent der argentinischen Konföderation. 20 Jahre lang führt er ein strenges Regiment.	Rosas' ehemaliger Verbündeter Justo José de Urquiza besiegt den Gouverneur in der Schlacht von Caseros. 1853 erhält Argentinien seine erste Verfassung.	Bartolomé Mitre wird zum Präsidenten der neuen Republik Argentinien gewählt. Er lässt das Schienennetz anlegen, sorgt für die Gründung der Post und stellt eine Armee auf.	Es kommt zum Tripel-Allianz-Krieg zwischen Paraguay auf der einen und Argentinien, Brasilien und Uruguay auf der anderen Seite. Der Krieg endet mit einer Niederlage Paraguays.

ten und keinen politischen Konsens suchten, legalisierten die Peróns die Gewerkschaftsbewegung, stärkten die politischen Rechte der Arbeiter, sicherten den Frauen das Wahlrecht und öffneten geeigneten Bewerbern aus allen Schichten der Bevölkerung den freien Zugang zu einem Universitätsstudium. Natürlich machte er sich mit dieser Art der Sozialpolitik unter den Konservativen und den Angehörigen der wohlhabenden Schichten nicht unbedingt Freunde.

EVITA, HOFFNUNG DER ARMEN

„Ich komme wieder und werde Millionen sein."
Eva Perón, 1952

Die aus einfachen Verhältnissen stammende María Eva Duarte de Perón stieg an der Seite von Präsident Juan Perón bis an die höchste Spitze der Macht. Zweifellos zählt sie zu den meistverehrten politischen Gestalten der Geschichte. Die vom Volk liebevoll Evita genannte First Lady Argentiniens überstrahlt heute auch ihren Ehemann, der das Land in den Jahren zwischen 1946 und 1955 regierte.

Im Alter von 15 verließ Eva Duarte ihre Heimatstadt Junín Richtung Buenos Aires, um dort als Schauspielerin zu arbeiten. Schließlich landete sie beim Rundfunk. Im Jahr 1944 nahm sie bei einem Benefizkonzert im Luna Park in Buenos Aires teil und traf dort Oberst Juan Perón, der sich in sie verliebte und sie ein Jahr später heiratete.

Kurz nachdem Perón 1946 die Präsidentschaftswahlen gewonnen hatte, begann Evita mit ihrer Tätigkeit im Arbeits- und Sozialministerium. Während der zwei Amtsperioden Peróns unterstützte Evita ihren Ehemann durch ihr Charisma und ihre Fürsorge für die Armen, von denen sie glühend verehrt wurde. Sie ließ Armenhäuser bauen, sie richtete Hilfsprogramme für Kinder ein und ließ Kleidung und Essen an die Bedürftigen verteilen. Ihr soziales Engagement war vorbildlich, sie setzte sich für die Rechte alter Menschen ein und sprach sich erfolgreich für das Frauenwahlrecht aus.

Noch im gleichen Jahr, als Perón den Wahlkampf für seine zweite Amtszeit gewann, starb Evita 1952 im Alter von nur 33 Jahren an Krebs. Ihr Tod war ein schwerer Schlag für das Land und die Präsidentschaft ihres Mannes.

Obwohl man mit Evitas Namen vor allem soziale Gerechtigkeit für jene Menschen verbindet, die sie *descamisados* (die Hemdlosen) nannte, war die Regierungszeit an der Seite ihres Mannes sehr umstritten. Beide regierten das Land mit eiserner Faust. Sie ließen Oppositionelle verhaften und Zeitungen wie das *Time Magazine* verbieten, die es gewagt hatte, sie als „uneheliches Kind" zu bezeichnen. Trotzdem lässt sich nicht bestreiten, dass sie die Gleichberechtigung der Frauen auf allen Ebenen der argentinischen Gesellschaft ausweitete und den Armen des Landes half.

Heute genießt Evita beinahe schon einen Heiligenstatus. Wer mehr über sie wissen möchte, dem sei der Besuch des Museo Evita empfohlen. Ihr Grab liegt auf Friedhof Recoleta. Lesenswert ist die mit Hilfe eines Ghostwriters geschriebene Biografie *La razón de mi vida* (Die Mission meines Lebens; 1951).

1865
Mehr als 150 Immigranten aus Wales erreichen an Bord der *Mimosa* die Küste Patagoniens; in der Provinz Chubut entsteht die erste walisische Kolonie auf argentinischem Boden.

1868
Domingo Faustino Sarmiento aus San Juan wird zum Präsidenten gewählt. Er wirbt international um Zuwanderer, reformiert das Bildungswesen und bemüht sich, den europäischen Charakter des Landes zu festigen.

1869–1895
Die argentinische Wirtschaft boomt, und der Zustrom von Einwanderern aus Italien und Spanien schwillt an. Die Einwohnerzahl von Buenos Aires wächst von 90 000 auf 670 000. In der Hauptstadt kommt der Tango in Mode.

1926
Ricardo Güiraldes veröffentlicht *Don Segundo Sombra*, ein Werk, das schon bald zum Klassiker der Gaucho-Literatur avanciert. Das Buch verdeutlicht die Bedeutung des Gauchos für die argentinische Gesellschaft.

Viele Nationalsozialisten, darunter auch SS-Leute, die nach dem Zweiten Weltkrieg auf der Flucht waren, wurden von Perón in Argentinien herzlich aufgenommen. Die meisten verbrachten hier ein ruhiges Leben, ohne jemals erkannt zu werden. Im Jahr 1960 wurde Adolf Eichmann, Drahtzieher der Endlösung der Nationalsozialisten, von Mossad-Agenten aus dem Verkehr gezogen und musste sich in Israel vor Gericht verantworten. Josef Mengele floh weiter nach Paraguay.

Wirtschaftliche Not und Inflation schwächten Juan Perón in seiner zweiten Amtszeit im Jahr 1952, und Evitas Tod im selben Jahr versetzte sowohl dem Land selbst als auch der Beliebtheit des Präsidenten einen schweren Schlag. Nach dem Militärputsch im Jahr 1955 musste er ins Exil nach Spanien fliehen. Nun sollten 30 lange Jahre einer schrecklichen Militärdiktatur folgen.

Im Exil schmiedete Juan Perón Pläne für seine Rückkehr nach Argentinien. In den späten 1960er-Jahren kam es zu einer Verschlechterung der wirtschaftlichen Situation, zu Streiks, politisch motivierten Entführungen und Guerrillakriegen. Während dieser turbulenten Ereignisse kehrte Perón nach Argentinien zurück.

Im Jahr 1973 wurde er erneut zum Staatspräsidenten gewählt. Allerdings blieb seine Amtszeit, nach 18-jährigem Exil, blass und ohne Erfolge. Chronisch krank, starb Perón Mitte 1974 und hinterließ ein in sich zerrissenes Land und seine unqualifizierte dritte Ehefrau, Isabel.

Militärdiktatur & die Verschwundenen

In den späten 1960er- und frühen 1970er-Jahren war die regierungsfeindliche Stimmung auf ihrem vorläufigen Höhepunkt angekommen. Aus blutigen Straßenkämpfen und gewaltsamen Demonstrationen wurden schließlich schwere Unruhen. Bewaffnete Guerillagruppen bekämpften das Militär, die politische Elite und den unbeliebten US-Einfluss in Lateinamerika. Terroristische Aktivitäten links- und rechtsextremer Gruppen waren bald schon an der Tagesordnung. Hinzu kam die erdrückend hohe Korruption und Isabel Peróns unübersehbare Inkompetenz – Argentinien taumelte dem Abgrund entgegen.

Am 24. März 1976 kommandierte Armeegeneral Jorge Rafael Videla (1925–2013) zusammen mit Admiral Emilio Massera und Luftwaffengeneral Agosti einen Militärputsch und übernahm die Staatskontrolle. Damit läutete er eine brutale Epoche des Terrors und der Gewalt ein. Videlas erklärtes Ziel war die Vernichtung der Guerrillabewegungen und die Wiederherstellung der gesellschaftlichen Ordnung.

Während dieser Zeit fand der vom Regime euphemistisch so bezeichnete „Prozess der Nationalen Reorganisation" statt. Gemeint waren über dass Land marodierende Militäreinheiten, die jeden einsperrten, folterten und töteten, der auf ihrer Liste verdächtiger Linker stand.

Nunca más (Nie wieder, 1984) ist der offizielle Bericht der Nationalkommission über das Verschwinden von Personen. Er enthält zahllose Details über schändliche Übergriffe des Militärs zwischen 1976 und 1983, also in der Zeit des „Schmutzigen Krieges".

Hectór Oliveras Film *Schmutziger Kleinkrieg* (1983) ist eine erschütternde, aber hervorragende schwarze Komödie, die kurz vor dem Militärputsch von 1976 in einer fiktiven Stadt spielt.

1946	1952	1955	1976–1983
Juan Perón gewinnt die Präsidentschaftswahl; er setzt rasch einschneidende Reformen der politischen Strukturen durch. Eva Perón engagiert sich für Frauen und Kinder der Armen.	Eva Perón stirbt am 26. Juli im Alter von 33 Jahren an Krebs, nur ein Jahr nach Beginn der zweiten Amtszeit ihres Ehemannes. Der Tod seiner populären Frau schwächt Juan Perón auch in politischer Hinsicht.	Als die Wirtschaft in eine Phase der Rezession gerät, verliert Präsident Perón weiter an Rückhalt; nach einem Militärputsch wird er seines Amtes enthoben und ins spanische Exil verabschiedet.	Unter General Jorge Videla übernimmt eine Militärjunta die Regierungsgewalt und entfacht den „Schmutzigen Krieg". Innerhalb von acht Jahren „verschwinden" schätzungsweise 30 000 Menschen.

In den Jahren zwischen 1976 und 1983, in einer Zeit, die heute Guerra Sucia, „Schmutziger Krieg" genannt wird – bei dem staatliche Sicherheitskräfte gegen innenpolitische Gegner und Widerstandsbewegungen vorgingen –, „verschwanden" laut Schätzungen ungefähr 30 000 Menschen. Der „Schmutzige Krieg" sollte erst enden, als das argentinische Militär einen echten Krieg führte: den Versuch, die britischen Falklandinseln (Islas Malvinas) zu annektieren.

DIE MÜTTER VON DER PLAZA DE MAYO

1977 waren unter General Jorge Rafael Videla besonders viele brutale Menschenrechtsverletzungen in Argentinien zu beklagen. Eines Tages zogen 14 Mütter gemeinsam zur Plaza de Mayo in Buenos Aires: Sie wussten sehr genau, dass die Militärregierung öffentliche Versammlungen strikt untersagt hatte und wirkliche oder vermeintliche Dissidenten keine Gnade zu erwarten hatten – Folter und Tod waren allgegenwärtig. Die Mütter aber versammelten sich trotzdem und verlangten Aufklärung über das Schicksal ihrer Kinder, die im Zuge der Ausschaltung jeglicher Opposition einfach verschwunden waren.

Die Gruppe, die sich selbst den Namen „Las Madres de la Plaza de Mayo" („Die Mütter von der Plaza de Mayo") gab, wurde bald zur Keimzelle einer mächtigen sozialen Bewegung. Diese Mütter waren die einzige politische Bewegung, die den mächtigen Generälen offen trotzte. Ihr Protest war gerade auch deshalb so wirkungsvoll, weil sie in ihrer Rolle als Mütter auftraten – das machte sie in der argentinischen Öffentlichkeit praktisch unangreifbar. Hier zeigten Frauen erstmals sehr entschieden ihre Macht; heute geht man davon aus, dass nicht zuletzt dieser Protest einen wichtigen Beitrag zur Ablösung der Militärdiktatur in Argentinien geleistet hat.

Auch nachdem Argentinien 1983 wieder von einer zivilen Regierung geleitet wurde, blieb das Schicksal vieler Verschollener ungeklärt, die Mütter setzten ihre Protestzüge fort und forderten weiter Aufklärung und Vergeltung. Im Jahr 1986 teilte sich die Bewegung in zwei Gruppierungen: Eine davon, Línea Fundadora, die den Gründerinnen näherstand, setzte sich für die Suche nach den sterblichen Überresten der Verschleppten ein und forderte vehement, die Täter vor Gericht zu stellen.

Die zweite Gruppe, bekannt als Asociación Madres de Plaza de Mayo, hielt im Januar 2006 den letzten ihrer alljährlichen Protestzüge ab, denn die Mütter gaben sich damit zufrieden, dass der Staatspräsident nun auf ihrer Seite stand.

Allerdings versammeln sich jeden Donnerstagnachmittag noch immer Angehörige der Línea Fundadora zum stillen Gedenken an die zahlreichen Opfer der Militärjunta – und aus Protest gegen andere soziale Ungerechtigkeiten.

Die Hoffnungen sind auch heute nicht ganz unbegründet: Im Jahr 2014 fand eine der berühmtesten Großmütter, Estela Carlotta, schließlich nach etwa 36 Jahren des Suchens ihren Enkel. Das ganze Land freute sich mit ihr – vielleicht in der Hoffnung auf weitere glückliche Familienzusammenführungen.

1982
Als die Wirtschaft wieder einmal vor dem Zusammenbruch steht, besetzt General Leopoldo Galtieri die britischen Falklandinseln. Im Überschwang nationaler Begeisterung vergessen viele die Misere des Landes.

1983
Nach dem Scheitern des Falklandkrieges und angesichts einer kollabierenden Wirtschaft übernimmt Raúl Alfonsín das Präsidentenamt – als erster Zivilist seit 1976.

1989
Der Peronist Carlos Menem folgt Alfonsín als Präsident; durch marktwirtschaftliche Reformen bändigt er die Hyperinflation, die 200 % pro Monat erreicht hatte.

1999–2000
Fernando de la Rua ist als Menems Amtsnachfolger mit einer angeschlagenen Volkswirtschaft konfrontiert. Die Agrarexporte gehen zurück. Der IWF gewährt Argentinien einen Kredit von 40 Mio. US$.

Der Krieg um die Falklandinseln (Malvinas)

> Der Falklandkrieg ist in Argentinien noch heute ein sensibles Thema. Man sollte in Gegenwart von Argentiniern nicht von den Falklandinseln sprechen, sondern diese Inselgruppe stattdessen nur „Malvinas" nennen.

Mit Argentiniens Wirtschaft ging es unter der Militärherrschaft weiter bergab bis zum völligen Zusammenbruch. Zu einer wirksamen „Nationalen Reorganisation" kam es nicht. Ende 1981 wurde General Leopoldo Galtieri neuer Präsident. Um sich trotz der Wirtschaftskrise und der sozialen Unruhen an der Macht zu halten, spielte Galtieri die nationalistische Karte aus und startete im April 1982 eine Invasion der Falklandinseln (ein britisches Überseegebiet), um die Briten endgültig von dieser Inselgruppe zu verjagen, die Argentinien schon seit rund 150 Jahren als Islas Malvinas für sich allein beanspruchte. Weil sie bereits seit 1840 britische Kolonie war, sprachen die meisten Inselbewohner Englisch und sprachen sich einhellig für die britische Oberhoheit aus.

Galtieri hatte allerdings die britische Premierministerin Margaret Thatcher unterschätzt; nach nur 74 Tagen mussten die kaum ausgebildeten, schlecht motivierten und hauptsächlich aus Teenagern bestehenden argentinischen Truppen kläglich aufgeben. Das Militärregime brach nach der Niederlage in sich zusammen, und im Jahr 1983 wurde Raúl Alfonsín zum Präsidenten gewählt.

Folgen des „Schmutzigen Krieges"

> Argentinien verdankt der Wirtschaftskrise mindestens zwei neue Ausdrücke: *El corralito* (wörtlich: ein Stück Weideland) kam während der Wirtschaftskrise in Argentinien („La Crisis") auf und wurde umgangssprachlich für die Deckelung von Bargeldabhebungen gebraucht. *Cacerolazo* (vom Wort *cacerola* abgeleitet, das Tiegel oder Pfanne bedeutet) steht für den lautstarken Lärm auf Demonstrationen, der mit Töpfen und Pfannen erzeugt wird.

Die von Präsident Alfonsín 1983 in Auftrag gegebene Untersuchung über die schwerwiegenden Menschenrechtsverletzungen des Militärs während des „Schmutzigen Krieges" war sehr erfolgreich. Zahlreiche hochrangige Offiziere wurden wegen Entführungen, Folter und Mord angeklagt. Die Einführung von Militärreformen mündete in einen versuchten Staatsstreich durch das Militär. Daraufhin erließ die Regierung Amnestiegesetze für die Verbrechen des Militärs. In dem Ley de la Obediencia Debida (Gesetz über die Gehorsamspflicht) wurden ehemalige Mitglieder des Militärregimes bis zum Rang eines Brigadegenerals von der Strafverfolgung ausgenommen. Durch das Ley de Punto Final (Schlussstrichgesetz) wurde eine Frist für die Eröffnung neuer Verfahren gegen die ehemaligen Mitglieder der Militärregierung festgelegt. Jahre später, 2003, wurden diese umstrittenen Gesetze annulliert.

Die Verbrechen während des „Schmutzigen Krieges" wurden danach wieder verfolgt. Seit 2003 wurden mehrere Offiziere wegen ihrer Verbrechen während des „Schmutzigen Krieges" angeklagt und verurteilt. Ungeachtet dessen blieben viele führende Militärs aus jener Zeit sowohl in Argentinien selbst als auch im Ausland auf freiem Fuß. Ende 2017 zog das Bundesgericht in Buenos Aires mit den sieben Jahre dauernden ESMA-Verschleppungsprozessen einen Schlussstrich, indem es 54 Menschen anklagte und 29 ehemalige Militäroffiziere wegen Menschenraubs, Folter und Mord zu lebenslanger Haft verurteilte.

2002
Präsident Eduardo Duhalde wertet den Peso ab und stellt die Tilgung der internationalen Verbindlichkeiten in Höhe von 140 Mrd. US$ ein. Es handelt sich um die wohl größte Insolvenz der Weltgeschichte.

2003
Nachdem Carlos Menem sich nach anfänglichen Erfolgen aus dem Rennen um eine erneute Präsidentschaft zurückgezogen hat, wird Néstor Kirchner zum Präsidenten des Landes gewählt.

2007
Cristina Fernández de Kirchner gewinnt die Präsidentschaftswahl.

2010–2011
Néstor Kirchners Tod ist in schwerer Schlag für die Familie, denn man hatte allgemein mit einer erneuten Kandidatur gerechnet. Stattdessen wird Cristina Kirchner 2011 wiedergewählt.

Die Jahre unter Carlos Menem

Carlos Saúl Menem wurde 1989 ins Präsidentenamt von Argentinien gewählt. Rasch setzte Menem eine Politik der radikalen Deregulierung von Märkten ins Werk. Indem er den Wechselkurs des Peso an den US-Dollar band, erzeugte er eine ökonomische Scheinstabilität; die Entwicklung kam damals der Mittelschicht zugute, die von einem ungeahnten Aufschwung profitierte. Diese Jahre – mit ihrer Privatisierung von Staatsunternehmen – gelten aber mittlerweile als eine der Ursachen für den Zusammenbruch der argentinischen Wirtschaft im Jahr 2002; damals musste der überbewertete Peso drastisch abgewertet werden.

Menem blieb bis 1999 Präsident. Im Jahr 2003 bewarb er sich erneut um dieses Amt, musste sich allerdings nach dem ersten Wahlgang geschlagen geben. Im Jahr 2005 zog er für seine Heimatprovinz La Rioja in den Senat ein; zwei Jahre später scheiterte er allerdings mit dem Versuch, Gouverneur zu werden. Überhaupt war Menems Karriere nach Ende seiner Präsidentschaft von Skandalen überschattet. Bereits 2001 stand er unter dem Verdacht des gesetzwidrigen Waffenhandels mit Kroatien und Ecuador; nach fünf Monaten wurden die Untersuchungen eingestellt (2008 wurde erneut Anklage erhoben, die Anklage wurde aber wieder fallen gelassen). 2009 warf man ihm Bestechung und Behinderung der Justiz vor, und zwar in Bezug auf den Bombenanschlag auf das AMIA-Gebäude, ein jüdisches Gemeindezentrum in Buenos Aires, im Jahr 1994. Der Prozess wurde lange hinausgezögert, aber im Dezember 2015 wurde Menem wegen Veruntreuung öffentlicher Gelder in den 1990er-Jahren zu 4½ Jahren Haft verurteilt. Es sah so aus, als wären Menems goldene Jahre in der Politik endgültig vorüber.

> Carlos Menems syrische Herkunft brachte ihm den Spitznamen „El Turco" („Der Türke") ein. Im Jahr 2001 heiratete er die 35 Jahre jüngere Cecilia Bolocco, eine ehemalige Miss Universum; mittlerweile ist das Paar wieder geschieden.

„La Crisis"

Im Jahr 1999 stand Argentinien vor einer drohenden Wirtschaftskrise. Menems Amtsnachfolger Fernando de la Rua übernahm ein schweres Erbe: eine extrem instabile Wirtschaftslage und 114 Mrd. US$ Auslandsschulden. Da der Peso ja fest an den Dollarkurs gebunden war, konnten argentinische Unternehmen sich international nicht mehr behaupten, der Export ging drastisch zurück. Gleichzeitig fielen die Preise für Agrarprodukte auf dem Weltmarkt – ein schwerer Schlag für ein Land, das so stark von Agrarexporten abhängig war.

Im Jahr 2001 stand die argentinische Wirtschaft vor dem Kollaps. Die Regierung, insbesondere Wirtschaftsminister Domingo Cavallo, versuchte der Defizitfinanzierung und der hohen Staatsausgaben Herr zu werden. Doch dies misslang. Daraufhin begannen die Argentinier, speziell die Mittelschicht, ihre Bankkonten zu plündern. Um die Kapitalflucht zu vehindern, führte Cavallo das System zur Beschränkung des Bargeld-

2012	Januar 2015	November 2015	2017
Die Inflationsrate liegt bei über 25 %, auch wenn seitens der Behörden nur knapp 10 % eingeräumt werden. Kirchner schränkt den Handel mit US-Dollars ein, erzeugt damit aber einen riesigen Schwarzmarkt.	Sonderstaatsanwalt Alberto Nisman wird in seiner Wohnung ermordet. Er hatte Cristina Kirchner beschuldigt, die Ermittlungen zum Bombenanschlag auf das jüdische Gemeindezentrum im Jahr 1994 zu behindern.	Mauricio Macri, der Bürgermeister von Buenos Aires, gewinnt die Präsidentenwahl gegen Daniel Scioli.	Ein U-Boot der Marine verschwindet vor der Küste von Patagonien. Seine Fehlfunktion wirkt für die Öffentlichkeit wie ein Weckruf, der auf den Verfall der militärischen Infrastruktur hinweist.

umlaufs ein, d. h. es durften höchstens 250 Pesos Bargeld pro Woche abgehoben werden – dies war der Anfang vom Ende.

Mitte Dezember war die Arbeitslosenquote auf 18,3 % gestiegen, die Gewerkschaften riefen zu landesweiten Streiks auf. Schließlich erreichten die Proteste und Demonstrationen am 20. Dezember ihren Höhepunkt, als die Mittelschicht lautstark gegen de la Ruas Wirtschaftspolitik protestierte. Schwere Unruhen griffen auf das ganze Land über und Präsident de la Rua trat zurück. Danach drückten sich drei Interimspräsidenten gegenseitig die Klinke in die Hand, bevor Eduardo Duhalde im Januar 2002 die Amtsgeschäfte aufnahm – als fünfter Präsident innerhalb von nur zwei Wochen! Duhalde ordnete die Abwertung des argentinischen Peso an und ließ verlauten, dass sich die Auslandsschulden Argentiniens auf 140 Mrd. US-Dollar beliefen.

Néstor Kirchner

Die Abwertung des Peso wirkte sich letztendlich positiv aus, die konkurrenzfähigeren Preise auf dem Weltmarkt ermöglichten einen wahren Exportboom für argentinische Produkte. Dafür explodierten in Argentinien die Preise und stürzten dabei weite Teile der leidgeprüften argentinischen Mittelschicht in die Armut. Bei den Präsidentschaftswahlen im April 2003 besiegte Néstor Kirchner, der Gouverneur von Santa Cruz, den Gegenkandidaten Carlos Menem, den Ex-Präsidenten.

Gegen Ende seiner Amtszeit im Jahr 2007 war Kirchner einer der beliebtesten Präsidenten des Landes. Er hob die Amnestiegesetze zugunsten der Mitglieder der Militärregierung (1976-1983) auf und ließ die während des „Schmutzigen Krieges" begangenen Verbrechen wieder verfolgen. Er bekämpfte die staatliche Korruption und löste die strikte Ausrichtung an der US-Wirtschaft (er orientierte sich lieber an den Nachbarstaaten Argentiniens). Schließlich beglich er 2005 die argentinischen Schulden beim IWF. Gegen Ende seiner Amtszeit lag die Arbeitslosigkeit bei unter 9 % – 2002 waren es noch knapp 25 % gewesen.

Trotzdem war nicht alles rosig. Dass Argentinien seine Schulden begleichen konnte, war zwar großartig, doch folgte daraus nicht zwangsläufig wirtschaftliche Stabilität. Während Kirchners Amtszeit traten eine Reihe von Problemen auf: eine hohe Inflationsrate als Folge zunehmender Energieknappheit; eine ungleiche Verteilung des Wohlstands; eine stetig wachsende Kluft zwischen Arm und Reich, die allmählich zur Auflösung der Mittelschicht führte.

Nachdem sich die Argentinier mit Néstor Kirchners Politik insgesamt trotzdem sehr zufrieden zeigten, wurde die Kandidatur seiner Ehefrau, der Senatorin Cristina Fernández de Kirchner, für die Wahlen 2007 allgemein begrüßt. Cristina gewann schließlich die Wahlen mit einem Vorsprung von 22 % vor dem nächsten Kandidaten und wurde die erste frei gewählte Präsidentin des Landes.

Irrungen & Wirrungen unter Cristina Kirchner

Eine schwache Opposition und der anhaltende Einfluss ihres Mannes trugen zu Cristinas eindeutigem Sieg bei; klare politische Stellungnahmen hatte sie während ihres Wahlkampfes eher vermieden. Mit ihr bekam Argentinien zwar nicht zum ersten Mal ein weibliches Staatsoberhaupt (Isabel Perón bekleidete nach dem Tod ihres Ehemannes dieses Amt knapp zwei Jahre lang, sie wurde aber als Vizepräsidentin ohne eine allgemeine Wahl zur Nachfolgerin bestimmt); Cristina war jedenfalls die erste Frau, die in Argentinien direkt vom Volk in das höchste Staatsamt gewählt wurde. Man hat die Anwältin und Senatorin oftmals mit der ehemaligen US-Außenministerin Hillary Clinton verglichen; als modebewusste Politikerin mit einer Vorliebe für elegante Kleidung und Designer-Handtaschen erinnert sie aber auch ein wenig an Evita.

Am 27. Oktober 2010 starb Néstor Kirchner unerwartet an den Folgen eines Herzinfarkts. Das war ein schwerer Schlag für die Kirchner-Dynastie. Das Land fühlte jedoch mit Cristina in ihrer Trauer mit, und somit wurde sie Anfang 2011 mühelos wiedergewählt. Ihr Wahlversprechen war allerdings sehr populistisch; so versprach sie, die Einkommen zu steigern, die Industrie zu stärken und Argentiniens Wirtschaftsboom nachhaltig zu festigen. Diese Ankündigungen wirkten wie ein Zauber, der aber nicht lange währen sollte.

Ab Oktober 2011 forderte die Regierung die argentinische Bevölkerung auf, ihre Käufe von US-Dollar mit dem Ziel nachzuweisen, die Kapitalflucht ins Ausland einzudämmen. Dadurch war nämlich bis dahin der Schwarzmarkt für US-Dollar entstanden, eine Währung, die wegen ihrer Stabilität sehr gesucht war. Und der Immobilienmarkt kam zum Erliegen, weil die Transaktionen fast immer in US-Dollar getätigt wurden.

Cristinas turbulente Amtszeiten waren überschattet von Skandalen, unpopulären Entscheidungen und dramatisch schwankenden Zustimmungsraten; hinzu kam eine Inflation, die nach inoffiziellen Schätzungen 30 % erreichte. Doch gibt es auch Positives aus Cristinas Amtszeit zu vermelden: Während der ersten Jahre unter der Präsidentin Kirchner wuchs die Wirtschaft sichtlich; Sozialprogramme wurden auf den Weg gebracht, und seit Juli 2010 sind in Argentinien gleichgeschlechtliche Eheschließungen möglich.

Bei der Präsidentenwahl 2015 gewann Mauricio Macri, Mitglied der konservativen Partei Propuesta Republicana (PRO) und ehemaliger Bürgermeister von Buenos Aires, mit knappem Vorsprung (51,34 %) in der Stichwahl gegen den von Cristina Kirchner unterstützten Daniel Scioli.

So lebt man in Argentinien

In ganz Lateinamerika gelten die Argentinier als selbstverliebt. „Wie begeht ein Argentinier Selbstmord?" lautet ein uralter Witz. „Indem er von seinem Ego herunterspringt." Obwohl ein Körnchen Wahrheit in diesem Klischee steckt – was besonders auf die *porteños* (die Bewohner von Buenos Aires) zutrifft – merkt man auf der anderen Seite schnell, dass die warmherzige und gesellige Ader sehr viel typischer für das Wesen der Argentinier ist. Außerdem sind die Argentinier Meister im Überleben, die würdevoll und selbstbewusst alle Höhen und Tiefen ihrer Wirtschaft aushalten.

Regionale Identität

In Argentinien sind Wangenküsse zur Begrüßung ganz selbstverständlich – auch unter Männern. Bei formellen Anlässen und geschäftlichen Zusammenkünften ist der Handschlag allerdings vorzuziehen.

Argentinier sind eigensinnig, forsch und leidenschaftlich und deshalb auch sehr geprächig: Ein Plausch nach dem Abendessen oder bei einer Tasse Kaffee kann sich leicht bis in die frühen Morgenstunden hinziehen. Für Außenstehende liegt ein besonderer Reiz in der menschlichen Wärme und der Bereitwilligkeit der Leute, sich zu unterhalten. Die Argentinier sind vermutlich die redseligsten Menschen ganz Südamerikas, aber sie neigen auch durchaus zum Grübeln, was sich in der Melancholie des Tangos und ihrer stimmungsvollen Literatur niederschlägt. Dieser Wesenszug wurzelt in einem Zynismus, den sich die Argentinier im Laufe ihrer Geschichte angewöhnt haben – beim Blick auf ihr Land, das gegen Ende des 19. Jhs. und im frühen 20. Jh. zu den führenden Wirtschaftsmächten der Welt zählte und schließlich in einem Sumpf internationaler Schulden versank. Argentinier sind Kämpfer, die ihre Lage stets verbessern wollten, aber jede finanzielle Erholung war bisher labil. Sie haben diverse Militärputsche und staatliche Unterdrückung erlebt und mussten zusehen, wie ihr Land von korrupten Politikern ausgeplündert wurde. Aber diese melancholische Stimmungslage ist nur ein Teil des Gesamtbildes. Man muss alles zusammen betrachten, denn erst dann lässt sich erkennen, dass die Gesellschaft aus Menschen besteht, die fröhlich, feurig und stolz sind. Und man wird lernen, sie dafür zu lieben.

Lebensart

Von den Erwerbstätigen in Argentinien sind über 55 % Frauen, und mehr als 40 % der Sitze im Kongress werden derzeit ebenfalls von Frauen eingenommen.

Obwohl mehr als ein Drittel der Gesamtbevölkerung in Buenos Aires lebt, unterscheidet sich die Hauptstadt doch überraschend deutlich vom Rest Argentiniens, wenn nicht gar Lateinamerikas. Wie überall in Argentinien wird der individuelle Lebensstil meist über den Geldbeutel bestimmt: Ein modernes Apartment einer jungen Kreativen im Viertel Las Cañitas von Buenos Aires steht im krassen Gegensatz zu einem Familienhaus in einem der armen Viertel der Metropole, wo bereits Strom und sauberes Wasser Luxus sind.

Auch Geografie und ethnische Herkunft spielen eine bedeutende Rolle: Denn das Leben in Buenos Aires hat sehr wenig mit dem einer indianischen Familie zu tun, die in einem Lehmziegelhaus in einem einsamen Tal der nordöstlichen Anden lebt. Dort wird die Existenz noch durch

Subsistenzlandwirtschaft gesichert. In Regionen wie beispielsweise den Pampas, der Provinz Mendoza oder Patagonien wird der Alltag noch sehr stark von der Natur, den Jahreszeiten und vom Aufenthalt im Freien geprägt, und die Menschen dort sind bodenständig und freundlich.

In Patagonien fühlen sich viele Menschen ihren chilenischen Nachbar-Ranchern auf demselben Breitengrad eher verbunden als ihren Brüdern und Schwestern in der Hauptstadt.

Argentinien besitzt eine relativ starke Mittelschicht, die allerdings in den zurückliegenden Jahren merklich geschrumpft ist; die Armut im Land hat zugenommen. Dennoch kann sich das Land im Vergleich mit den anderen lateinamerikanischen Ländern eines guten öffentlichen Bildungsstandards, eines guten Gesundheitssystems und einer guter höheren Bildung rühmen. Auf der anderen Seite des Spektrums gibt es aber auch durchaus erstaunlich viele reiche Stadtbewohner, die sich den Umzug in sogenannte *countries* (abgetrennte und speziell gesicherte Viertel) leisten können und einen Lebensstil pflegen, der mit den internationalen Standards mithalten kann.

Eines jedenfalls ist allen Argentiniern gemeinsam: die starke Familienverbundenheit. Normale Angestellte aus der Stadt besuchen am Wochenende ihre Familien zum Essen, und der Cafébesitzer in San Juan trifft sich sonntags mit Freunden draußen auf der Familien-*Estancia* (Ranch) zum *asado* (Grillen). Und vor allem in den ärmeren Haushalten wohnen die Kinder normalerweise bei den Eltern, bis sie selbst heiraten.

> Jimmy Burns' Buch *Die Hand Gottes* (1998) ist immer noch das Buch schlechthin über die Fußballlegende Diego Maradona. Man lernt daraus eine Menge, selbst wenn man nicht zu den fanatischen Fußballfans gehört.

ETIKETTE

Was die Umgangsformen betrifft, schadet es nie, ein paar landestypische Regeln parat zu haben.

Immer gut

→ Man begrüßt die Menschen mit *buenos días* (guten Morgen), *buenas tardes* (guten Tag) oder *buenas noches* (guten Abend).

→ In kleineren Dörfern grüßt man die Menschen auf der Straße, und man grüßt beim Betreten eines Ladens.

→ In einer Gruppe wird jeder einzeln mit einem Kuss begrüßt.

→ Man gibt und erhält Wangenküsse *(besos)*.

→ Im Gespräch mit Älteren oder bei eher förmlichen Gelegenheiten gebraucht man die Anredeform *usted*.

→ Auf angemessene Kleidung achten; in Buenos Aires tragen nur Sportler und Touristen Shorts.

Auf keinen Fall

→ Die Islas Malvinas sollte hier niemand „Falklandinseln" nennen; außerdem spricht man Fremde nicht auf den „Schmutzigen Krieg" an.

→ Niemals behaupten, Brasilien sei im *fútbol* eigentlich besser als Argentinien und Pelé sei ein größerer Fußballer als Maradona. Und niemals das Wort *soccer* in den Mund nehmen!

→ In Bars lässt man sich nicht vor Mitternacht blicken, in Clubs erscheint man ab 3 Uhr, und zu einer Essenseinladung kommt man nie ganz pünktlich, sondern immer ein wenig verspätet.

→ Wenn man von Leuten aus den USA spricht, werden diese niemals „Amerikaner" bzw. *americanos genannt*; üblich ist die Bezeichnung *estadounidenses* (oder *norteamericanos*). „Amerikaner" sind schließlich auch die Argentinier – so wie alle Bewohner Süd- und Mittelamerikas.

Der Sport

Fútbol (Fußball) ist ein wichtiger Bestandteil des argentinischen Alltags, und Spieltage erkennt man am lauten Jubel bzw. an Ausrufen des Entsetzens, die aus Läden und Cafés auf die Straße schallen. Die Nationalmannschaft stand schon fünfmal im Finale einer Weltmeisterschaft und hat zweimal den WM-Titel geholt – 1978 und 1986. Daneben hat die Mannschaft aus Argentinien schon zweimal olympisches Gold gewonnen, nämlich bei den Spielen von 2004 und 2008. Die beliebtesten Mannschaften der Ersten Liga sind die Boca Juniors und River Plate; insgesamt gibt es allein in Buenos Aires rund zwei Dutzend Profi-Mannschaften. Berüchtigt sind die fanatischen Hooligans, hier *barra brava* genannt; sie stehen den europäischen Fanatikern in nichts nach. Zu den bekanntesten Spielern des Landes zählen Diego Maradona, Gabriel Batistuta und natürlich Lionel Messi, der bereits fünfmal zum Weltfußballer des Jahres gewählt wurde.

Rugby wird in Argentinien immer populärer – spätestens, seit Los Pumas, das Nationalteam, bei der Weltmeisterschaft 2007 den Gastgeber Frankreich im Eröffnungsspiel besiegt hat – und noch ein zweites Mal im „kleinen Finale" um den dritten Platz. 2015 kamen die Pumas immerhin ins Halbfinale des World Cups.

Beliebt sind aber auch Pferderennen, Tennis, Basketball, Golf und Boxen. Die weltbesten Polopferde und -spieler kommen aus Argentinien, und die berühmte Dakar-Rallye (früher: Paris–Dakar) findet seit 2009 überwiegend auf argentinischem Boden statt.

Argentiniens traditionelle Sportart heißt Pato. Es handelt sich dabei um ein Spiel für Reiter; dabei mischen sich Elemente aus Polo und Basketball. Ursprünglich war das Spielgerät eine Ente *(pato);* heute verwendet man zum Glück einen Ball, der in einer Halterung aus Ledergurten steckt. Der Sport hat zwar eine ehrwürdige Tradition, er spielt heute aber keine große Rolle mehr.

Argentinische Musik

In Argentinien ist eine Vielzahl musikalischer Genres bekannt, besonders wenn es um den Hauptexportschlager, den Tango, geht. Das Land hat jedoch auch eine Rock-'n'-Roll-Kultur, die stark von der rebellischen Tradition in Großbritannien und den USA bestimmt ist und großen Respekt vor den Blues-Wurzeln des Rocks hat. Getanzt wird aber auch zu ganz anderen Melodien, ob nun zum *chamamé* in Corrientes, zum *cuarteto* in Córdoba oder zur *cumbia villera* in den ärmeren Vierteln von Buenos Aires.

Tango

Wer in den Zauber des Tango eintauchen möchte, sollte das mit Hilfe der Tango-Legende Carlos Gardel (1887–1935) versuchen. Er war Franzose aus Toulouse und sein tragischer Tod bei einem Flugzeugabsturz am Höhepunkt seiner Karriere besiegelte seinen Status als Nationalheld. Viele seiner Tangomelodien, wie etwa *Volver, Por una Cabeza* und *Madreselva*, sind durch die Jahre hindurch von verschiedenen Künstlern neu interpretiert worden und zu einem national bedeutsamen Kulturgut geworden.

Der Violinvirtuose Juan d'Arienzo beherrschte mit seinem Orchester in den 1930er- und bis Anfang der 1940er-Jahre den Tango, bis er von den Bandleadern Osvaldo Pugliese und Héctor Varela abgelöst wurde. Der eigentliche Held der Tango-Szene jener Jahre war jedoch der *Bandoneón*-Spieler Aníbal Troilo mit seinem akkordeonartigen Instrument.

Der Star von heute ist Astor Piazzolla, der den Tango als Erster aus den Tanzsälen in die Konzerthallen geholt hat. Sein *tango nuevo* (ein traditioneller Tango mit modernem Einschlag) richtet sich vor allem an Zuhörer. Piazzolla, auch ein meisterhafter *Bandoneón*-Spieler, war damit auch ein Vorläufer von Stilmischungen, die in den 1970er-Jahren auftauchten und von Neo-Tango-Gruppen wie Gotan Project, Bajofondo Tango Club und Tanghetto verbreitet wurden.

Wer sich als Tango-Interessierter in Buenos Aires aufhält, sollte auf das Orquesta Típica Fernández Fierro achten, das die althergebrachten Tangostücke auf ganz neue Weise interpretiert, aber auch eigene Neukompositionen zur Aufführung bringt. Lohnend sind zudem das junge Orquesta Típica Imperial und El Afronte.

Bedeutende Tangosänger der Gegenwart sind Susana Rinaldi, Daniel Melingo, Adriana Varela und die bereits im Jahr 2005 verstorbene Eladia Blásquez.

> *Murga* ist eine Form von körperbetontem Musiktheater mit Sängern und Perkussionisten. Bei der ursprünglich aus Uruguay stammenden *murga* wird in Argentinien der Schwerpunkt eher auf Tanz denn auf Gesang gelegt. Vor allem während des Karnevals ist diese aufregende Musikdarbietung zu erleben.

Folkmusik

Die Folkmusik (in Argentinien *folklore* oder *folklórico* genannt) ist von der Musik der nordwestlichen Anden und den Ländern im Norden, vor allem Bolivien und Peru inspiriert. Ihre Wurzeln liegen sowohl bei den indigenen Völkern als auch bei den afro-hispanischen Kolonialvölkern. Daraus erwuchs eine Bandbreite an Stilrichtungen, darunter *chacarera*, *chamamé* und *zamba*. Tango und der europäische Folk haben das Genre ebenfalls beeinflusst.

Atahualpa Yupanqui (1908–1992)war zweifellos der bedeutendste zeitgenössische Folklore-Musiker Argentiniens. Seine besondere Art von Musik hat sich aus der Musik-Bewegung des *nueva canción* („neues Lied") entwickelt, die in den 1960er-Jahren ganz Lateinamerika überschwemmte. Diese neue Musikrichtung war in der Folklore-Musik verwurzelt und behandelte in ihren Texten häufig soziale und politische Themen. Ihre Grande Dame war die Argentinierin Mercedes Sosa (1935–2009) aus Tucumán; sie hat auch mehrere Latin Grammys gewonnen. Sie gilt als die Stimme der Stimmlosen und machte auf die Kämpfe der Vergessenen des gesamten Kontinents aufmerksam. Die Zeit der Militärdiktatur verbrachte sie im europäischen Exil. Ihre bekannteste Aufnahme ist *Gracias a La Vida* und dieses Stück ist eine Hommage an die chilenische Sängerin Violeta Parra.

Zu den zeitgenössischen argentinischen *folklórico*-Musikern zählt auch der Akkordeonist Chango Spasiuk, ein virtuoser Vertreter der *chamamé*-Musik. Horacio Guarany ist ein zeitgenössischer Sänger, Songwriter und Gitarrist, der für sein Album *Cantor de Cantores* im Jahr 2004 für den Latin Grammy in der Kategorie „Best Folk Album" nominiert worden war.

Die Sängerin und Schlagzeugerin Mariana Baraj experimentiert mit der traditionellen Folk-Musik Lateinamerikas, mischt aber auch Elemente aus Jazz und klassischer Musik sowie ihre eigenen Improvisationen hinein. Und die beiden ersten Alben von Soledad Pastorutti waren die bestverkauften Titel, die Sony jemals in Argentinien auf den Markt gebracht hat.

Weitere renommierte Vertreter des argentinischen *folklórico* sind Eduardo Falú, Víctor Heredia, Los Chalchaleros und León Gieco (auch bekannt als der argentinische Bob Dylan).

Rock & Pop

Argentinien war immer schon, anders als viele seiner lateinamerikanischen Nachbarländer, die eher für die tropischen Rhythmen von Salsa und Merengue zu haben waren, eine Rock-'n'-Roll-Nation. Auf diesem Gebiet war das Land führend in der Region und brachte den pfiffigen und mitreißenden *rock en español* in alle Ecken Lateinamerikas. Seine Blütezeit war in den 1980er-Jahren. Musiker wie Charly García, Fito Páez und Luis Alberto Spinetta sind Ikonen des *rock nacional* (argentinischer Rock). Soda Stereo, Sumo, Los Pericos und die Grammy-Gewinner Los Fabulosos Cadillacs rockten in Argentinien bereits in den 1980er-Jahren. Bersuit Vergarabat ist immer noch eine der besten Rockbands Argentiniens – mit einer musikalischen Komplexität, die ihresgleichen sucht. Die R&B-Band Ratones Paranoicos trat 1995 als Vorgruppe der Rolling Stones auf, während die Band La Portuaria – die 2006 mit David Byrne zusammenarbeitete – einen Mix aus Latin, Jazz und R&B spielt.

Andere bekannte argentinische Bands sind Babasónicos, die Punk-Rocker Attaque 77, die Fusion-Rockbands Los Piojos, außerdem Los Redonditos de Ricota, Los Divididos, Catupecu Machu und Gazpacho. Illya Kuryaki und die Valderramas vertreten eine Mischung aus Metal und Hip-Hop, während Miranda! einen recht eingängigen Electro-Pop produziert. Der stilistisch nicht eindeutig festgelegte Kevin Johansen singt auf Englisch und Spanisch.

Der in Córdoba Anfang der 1940er-Jahre entstandene *cuarteto* ist Argentiniens ursprüngliche Popmusik. Vom Bürgertum und der Oberschicht wird sie wegen ihrer starken Rhythmen und des Off-beat verachtet, ebenso natürlich wegen der proletarischen Liedtexte. Es ist also eher eine Musik vom Rand der Gesellschaft. Zwar ist der Stil eindeutig *cordobés* (aus Córdoba), die Musik wird aber in Arbeiterkneipen, Clubs und Stadien überall im Land gespielt.

Cumbia villera ist ein vergleichsweise modernes Musikphänomen: eine Mischung aus *cumbia* und Gangsta-Rap mit etwas Punk und einer Prise Reggae. Entstanden ist dieser Musikstil in den Slums von Buenos Aires. In den aggressiven Texten geht es um Ausgrenzung, Armut, Drogen, Sex und die argentinische Wirtschaftskrise.

Electrónica & mehr

Electrónica schlug in den 1990er-Jahren wie eine Bombe in Argentinien ein und hat im Bereich der Popmusik mittlerweile ganz unterschiedliche Formen angenommen.

Immer beliebter werden Tanzclubs mit DJs; dazu zählen Aldo Haydar (Progressive House), Bad Boy Orange (Drum 'n' bass), Diego Ro-K („der Maradona unter Argentiniens DJs") and Gustavo Lamas (mit einer Mixtur aus Pop und Electro-House). Der preisgekrönte Hernán Cattáneo ist schon mit Paul Oakenfold aufgetreten und hat auf dem Burning-Man-Festival gespielt.

Música tropical – ein lebendiger, afro-lateinamerikanischer Sound aus Salsa, *merengue* und vor allem *cumbia* – hat Argentinien seit einigen Jahren fest im Griff. Die *cumbia* stammt ursprünglich aus Kolumbien; sie verbindet ansteckende Tanzrhythmen mit munteren Melodien.

Eines der interessantesten Musikspektakel in Buenos Aires ist La Bomba de Tiempo, eine Gruppe von Perkussionisten, die explosive Darbietungen improvisiert. Der Sound erinnert an die Musik eingeborener Stämme und sogar an elektronische Tanzmusik. Sie spielen montagabends im Ciudad Cultural Konex in Buenos Aires.

In der argentinischen Musik ist häufig zu beobachten, dass Elemente der elektronischen Musik mit traditionelleren Klängen vermischt werden. So verleihen die sanften Harmonien von Onda Vaga dem traditionellen Folk einen Hauch von Jazz, und Juana Molinas Electrónica-Musik mit einer Prise Avantgarde wurde schon mit den Klängen von Björk verglichen. Chancha Via Circuito steht dagegen für eine Mischung aus electrónica und *cumbia*.

Literatur & Film

Argentinien hat ein bedeutendes literarisches Erbe hervorgebracht, und viele zeitgenössische Autoren lassen sich gerade von den dunkelsten Episoden der Vergangenheit inspirieren. Das Land besitzt aber auch eine lebendige Filmindustrie und hat bereits zweimal einen Oscar für den besten fremdsprachigen Film errungen (1986 und 2010), was bisher keinem der lateinamerikanischen Nachbarstaaten gelungen ist.

Literatur

Zum Begründer der argentinischen *Gauchesco*-Literatur wurde der Dichter, Journalist und Politiker José Hernández (1831–1886) der mit seinem erfolgreichen Epos *Martín Fierro* (1872) den Gaucho-Mythos im Land ins Leben rief. Trotz einer faszinierenden Geschichte erreichte die argentinische Literatur aber erst in den 1960er- und 1970er-Jahren ein internationales Publikum, als die Werke von Autoren wie Jorge Luis Borges, Luisa Valenzuela, Julio Cortázar, Ernesto Sabato, Adolfo Bioy Casares und Silvina Ocampo erstmals in viele Sprachen übersetzt wurden.

Jorge Luis Borges (1899–1986) gilt als der strahlendste Stern am literarischen Firmament Argentiniens. Er ist weltbekannt für die fantastischen Welten in seinen vielschichtigen und differenzierten Erzählungen. In seinen frühen Erzählungen wie *Der Tod und der Kompass* ging er spielerisch mit typisch argentinischen Themen um. Seine späteren Werke wie *Die Bibliothek von Babel, Die Kreisförmigen Ruinen* und *Der Garten der Pfade* werden der Fantastischen Literatur zugerechnet. 1999 erschien mit *Gesammelte Werke* eine umfassende Ausgabe in zwölf Bänden.

Ein weiterer berühmter argentinischer Autor ist Julio Cortázar (1914–1984), der von Borges entdeckt wurde und anfangs sehr von ihm beeinflusst war, sich später aber ganz anders entwickelt hat. Seine Erzählungen und Romane sind eher anthropologisch fundiert und beschäftigen sich mit normalen Menschen in einer Welt, in der das Surreale schon fast alltäglich geworden ist. Sein berühmtestes Buch trägt den Titel *Rayuela*.

Ein weiterer großer Schriftsteller ist Ernesto Sabato (1911–2011), dessen komplexe und kompromisslosen Romane einen bedeutenden Einfluss auf die spätere argentinische Literatur ausüben sollten. *Der Tunnel* (1948) ist ein fesselnder existenzialistischer Roman, der von einem besessenen und geistig verwirrten Maler handelt.

Adolfo Bioy Casares' (1914–1999) Science-Fiction-Roman *Morels Erfindung* (1940) inspirierte nicht nur Alain Resnais zu seinem Filmklassiker *Letztes Jahr in Marienbad*, sondern enthielt auch die Idee für das Holodeck, das in den diversen *Star-Trek*-TV-Episoden häufig eine Rolle spielt.

Das Werk der heutigen Generation argentinischer Autoren ist eher realitätsbezogen, behandelt häufig den Einfluss der Volkskultur und setzt sich mit den politischen Konflikten Argentiniens in den 1970er-Jahren auseinander. Eine ihrer herausragenden Gestalten ist Manuel Puig (1932–1990), Autor von *Der Kuss der Spinnenfrau*. Wie viele andere argentinische Autoren auch, hat Puig viele seiner Werke im Exil geschrieben, weil er in der Perón-Ära flüchten musste und sich schließlich in Mexiko niederließ, wo er auch sterben sollte.

Victoria Ocampo (1890–1979) war eine berühmte Schriftstellerin, Verlegerin und Intellektuelle, die in den 1930er-Jahren *Sur*, eine renommierte Kulturzeitschrift, gründete. Ihre Villa bei Buenos Aires kann besichtigt werden.

Osvaldo Soriano (1943-1997) war der wohl beliebteste zeitgenössische argentinische Autor; seine bekanntesten Werke heißen *A Funny Dirty Little War* (1986) und *Winterquartiere* (1989). Als Verfasser von Kurzgeschichten und Kriminalromanen hat sich Juan José Saer (1937-2005) einen Namen gemacht. Der jüngste unter den argentinischen Erfolgsautoren ist Rodrigo Fresán (geb. 1963), dessen Roman *The History of Argentina* (1991) zum international beachteten Bestseller wurde.

Der Roman *Zama* (1956) von Antonio Di Benedetto (1922-1986) wurde verfilmt und kam 2017 in die Kinos. Zu den weiteren bemerkenswerten zeitgenössischen Autoren zählen Ricardo Piglia, Tomás Eloy Martínez, Andrés Neuman, César Aira, Oliverio Coelho, Pedro Mairal, Iosi Havilio und Samanta Schweblin.

Kino

Als einer der bedeutendsten Beiträge Argentiniens zum Film gilt Luis Puenzos *Die offizielle Geschichte* (1985), eine Geschichte, die auf wahren Ereignissen während des sogenannten „Schmutzigen Krieges" basiert. Ein anderer international bekannter Streifen ist Héctor Babencos *Kuss der Spinnenfrau* (1985), eine Verfilmung des Romans von Manuel Puig. Beide Filme gewannen Oscars und andere Auszeichnungen.

Der neue argentinische Film sorgte in den 1990er-Jahren für großes Aufsehen, in denen die Wirtschaftskrise und diverse politische Themen die vorherrschenden Sujets waren. Zu den herausragenden Spielfilmen dieser cineastischen Bewegung zählen Martín Rejtmans *Rapado* (1992) und *Pizza, birra, faso* (*Pizza, Bier, Zigaretten*; 1998) von Adrián Caetano und Bruno Stagnaro.

Pablo Trapero ist einer von Argentiniens wichtigsten Filmemachern. Zu seinen Werken zählen der preisgekrönte Film *Mundo grúa* (1999), das Roadmovie *Familia rodante* (*Rolling Family*; 2004) und *Nacido y criado* (2006), eine nüchterne Geschichte über einen Patagonier, der in Ungnade fällt. Sein Film noir von 2010 *Carancho* lief beim Festival von Cannes; im Jahr 2015 gewann *El Clan* den Silbernen Löwen bei den internationalen Filmfestspielen in Venedig.

Von Daniel Burman stammen unter anderem die Filme *Esperando al mesías* (2000), *El abrazo partido* (2004) und *Derecho de familia* (2006). Sein jüngster Film, *El misterio de la felicidad* (2015), ist eine herzliche Komödie über Liebe, Freundschaft und Glück. Burman ist auch bekannt als Coproduzent von Walter Salles' von Che Guevara inspiriertem *The Motorcycle Diaries* (*Die Reise des jungen Che*; 2004).

Einen bemerkenswerten Beitrag zum argentinischen Film hat auch der leider früh verstorbene Fabián Bielinsky (1959-2006) geleistet. Sein schmales, aber beeindruckendes Werk umfasst die preisgekrönten *Nueve reinas* (*Nine Queens – Die Neun Königinnen*; 2000). Sein letzter Film, *El Aura* (2005), war Argentiniens offizieller Beitrag für den Academy Award, die Oscar-Verleihung des Jahres 2006.

Lucrecia Martels (geb. 1966) Debüt von 2001 *La Ciénaga* (*Der Morast*) und *La Niña Santa* (*Das heilige Mädchen*; 2004) befassen sich mit Themen des gesellschaftlichen Verfalls, der argentinischen Bourgeoisie und der Sexualität im Zeichen des Katholizismus. Ihr eindrucksvolles *La Mujer sin Cabeza* (*Die Frau ohne Kopf*; 2008) wurde in Cannes präsentiert. Die Dramen eines weiteren renommierten Regisseurs, Carlos Sorin (geb. 1944) – darunter *Historias Mínimas* (2002), *Bombón el Perro* (*Bombón, eine Geschichte aus Patagonien*; 2004), *La Ventana* (2008) und *Días de Pesca* (2012) –, sind in Patagonien angesiedelt.

Juan José Campanellas (geb. 1959) *El Hijo de la Novia* (*Der Sohn der Braut*) wurde 2001 in der Kategorie Bester fremdsprachiger Film für einen Oscar nominiert. *Luna de Avellaneda* (2004) ist eine kluge Geschichte über einen Club und jene, die in retten wollen. Im Jahr 2010

> *Metegol* (Underdogs; 2013) ist ein 3D-Film von Juan José Campanella; er kostete 22 Millionen US$ und ist damit der teuerste argentinische Film, der jemals produziert wurde.

> *Operation Finale* des Regisseurs Chris Weitz ist ein lang erwarteter Film zur Ergreifung Adolf Eichmanns in Buenos Aires. Er ist für 2018 angekündigt.

erhielt Campanella den Oscar für den besten fremdsprachigen Film für *El Secreto de sus Ojos* (*In ihren Augen*; 2009). 2010 gewann *El Hombre de al Lado* (2009) von Mariano Cohn und Gastón Duprat einen Preis für die beste Kameraführung beim Sundance Film Festival.

Weitere bemerkenswerte Filme sind Lucía Puenzos (geb. 1976) *XXY* (2007), die Geschichte eines 15-jährigen Hermaphroditen, und Juan Diego Solanas' (geb. 1966) *Nordeste* (*Ein weiter Weg zum Glück*; 2005), der sich mit schwierigen gesellschaftlichen Themen wie Kinderhandel befasst. Beide wurden in Cannes gezeigt. Im Jahr 2013 führte Puenzo bei *Wakolda* Regie, einer wahren Geschichte über eine Familie, die ohne das zu wissen, mit Josef Mengele während seines Exils in Südamerika lebte. *Vino para Robar* (zu Deutsch: Wein zum Stehlen; 2013) ist eine weitere lohnenswerte Geschichte zweier konkurrierender Diebe.

Und schließlich noch die schwarze Komödie *Relatos Salvajes* (*Wild Tales – Jeder dreht mal durch*; 2014) von Damián Szifron (geb. 1975): Das Werk gewann 2014 die Goldene Palme in Cannes, 2015 wurde es in der Kategorie Bester fremdsprachiger Film für den Oscar nominiert.

Natur & Umwelt

Argentinien. Jeder, der mit Abenteuergeschichten oder Expeditionsberichten aufgewachsen ist, hat bei dem Land die wildesten Bilder vor Augen: Magellanpinguine vor der Atlantaikküste, die sturmumtoste Landschaft Patagoniens und Feuerlands, die unendlichen Weiten der Pampas, die schneebedeckten Gipfel der Anden und die donnernden Iguazú-Fälle. Das von den Subtropen bis zum Beagle-Kanal reichende Land ist mit Naturwundern ohnegleichen gesegnet.

Geografie

Mit einer Gesamtfläche von knapp 2,8 Mio. km² ist Argentinien das achtgrößte Land der Erde und das zweitgrößte des südamerikanischen Kontinents. Es erstreckt sich von La Quiaca an der bolivianischen Grenze im Norden, wo die Sommer brütend heiß werden können, bis nach Ushuaia in Feuerland, einem Ort, an dem nur wahrhaft hartgesottene Einheimi-

Oben Iguazú-Wasserfälle (S. 216)

Gletscher Perito Moreno (S. 532)

sche und ein paar verrückte Reisende den Winter aushalten. Dazwischen liegen annähernd 3500 km Land, die völlig unterschiedliche Landschaften, Geländeformen und Vegetationszonen aufweisen.

Die Zentralen & die Nördlichen Anden

Im äußersten Norden des Landes liegt der südliche Ausläufer des bolivianischen *Altiplano,* eine nur dünn besiedelte Hochebene zwischen 3000 und 4000 m Höhe, die von noch höheren Vulkanen überragt wird. Obwohl es hier tagsüber erstaunlich heiß werden kann, fallen die Temperaturen nachts fast immer unter den Gefrierpunkt. Der andine Nordwesten Argentiniens wird auch als Puna bezeichnet.

Weiter südlich, in den trockenen Provinzen San Juan und Mendoza, erreichen die Anden mit 6962 m im Cerro Aconcagua ihre größte Höhe. Der Gipfel, der wegen der starken Winde keine Eiskappe trägt, ist gleichzeitig auch der höchste Berg der westlichen Hemisphäre (Halbkugel). Im Winter zeigen sich die Gipfelgrate schneebedeckt. Die Regenmengen an den Osthängen reichen zwar nicht aus, um Nutzpflanzen anzubauen, bringen aber beständig wasserführende Bäche und Flüsse hervor, mit denen die Weinbaugebiete in den Provinzen Mendoza, San Juan und San Luis bewässert werden. Der Winter in der Provinz San Juan ist die Jahreszeit der *zonda:* Der heiße, von den Andengipfeln fallende trockene Föhnwind lässt die Temperaturen dramatisch ansteigen.

Der Chaco

Östlich der Anden und ihrer Vorgebirge besteht ein Großteil Nordargentiniens aus subtropischen Niederungen. Diese heiße Region, bekannt als argentinischer Chaco, ist Teil der viel größeren Region Gran Chaco, einer sehr zerklüfteten, weitgehend unbewohnten Landschaft, die sich bis nach Bolivien, Paraguay und Brasilien zieht.

Die Mündung des Río de la Plata ist erstaunliche 200 km breit und damit die breiteste Flussmündung weltweit; manche Geografen sprechen allerdings eher von einem Mündungstrichter.

Der Gran Chaco mit seinen Trockenwäldern und Savannen grenzt im Süden an die Pampas. Der argentinische Chaco erstreckt sich über die Provinzen Chaco, Formosa und Santiago del Estero, die östlichen Bezirke der Provinzen Jujuy, Catamarca und Salta sowie die nördlichsten Teile der Provinzen Santa Fe und Córdoba.

Der Chaco hat eine ausgeprägte Wintertrockenzeit, die Sommer sind dort überall sehr heiß. Von Osten nach Westen nimmt die Regenmenge ab. Der feuchte Chaco – der Ostteil der Provinzen Chaco und Formosa und der Nordwesten der Provinz Santa Fe – erhält mehr Regen als der trockene Chaco. Er erstreckt sich wiederum über das Zentrum und den Westen der Provinz Chaco, die Provinz Formosa, einen Großteil der Provinz Santiago del Estero und Teile der Provinz Salta.

Mesopotamia

Diese Region wird auch als Litoral (Ufer- oder Küstenregion) bezeichnet und umfasst den Nordosten Argentiniens zwischen Río Paraná und Río Uruguay. Hier ist das Klima mild – in den Provinzen Entre Ríos und Corrientes, aus denen Mesopotamia im Wesentlichen besteht, fällt der Niederschlag in großen Mengen. Heiß und feucht ist es in Misiones, einer politisch wichtigen Provinz, die an drei Seiten von Brasilien und Paraguay umgeben wird. Hier liegen Teile der Iguazú-Fälle, die vom südbrasilianischen Paraná-Plateau herabstürzen.

Kleinere sommerliche Überflutungen sind in ganz Mesopotamia und im östlichen Chaco an der Tagesordnung, im Westen werden jedoch nur die unmittelbaren Flussniederungen überschwemmt.

Die Pampas & die Atlantikküste

Die Pampas sind Argentiniens landwirtschaftliches Kernland. Sie werden vom Atlantik und Patagonien begrenzt und erstrecken sich fast bis in die Provinz Córdoba und die Pampinen Sierren. Verwaltungspolitisch umfasst die Region die Provinzen Buenos Aires und La Pampa sowie (kleine) südliche Teile der Provinzen Santa Fe und Córdoba.

Das Gebiet teilt sich in die eher feuchten Pampas an der Küste und die trockenen Pampas im westlichen Landesinneren und im Süden. Über ein Drittel der argentinischen Bevölkerung lebt in und um Buenos Aires. Die Jahresniederschlagsmenge liegt bei 900 mm, doch schon einige Hundert Kilometer Richtung Westen zeigt die Säule nur noch die Hälfte an.

Da die Landschaft sehr flach ist, kommt es in manchen Gegenden in der Nähe der wenigen Flüsse häufig zu Überschwemmungen. Nur die aus Granitgestein bestehende Sierra de Tandil (484 m) und die Sierra de la Ventana (1273 m) im Südwesten der Provinz Buenos Aires sowie die Sierra de Lihué Calel lockern das ansonsten eher eintönige Landschaftsbild der von Gras bedeckten Ebene ein wenig auf.

Entlang der Atlantikküste besitzt die Provinz Buenos Aires viele Sandstrände, die häufig von Dünen eingefasst sind; diese Landschaft begünstigte den Ausbau von mehreren Badeorten. Südlich von Viedma tauchen Klippen auf, aber ansonsten bleibt die Landschaft bis nach Patagonien im tiefen Süden insgesamt eher eintönig.

Patagonien & das Seengebiet

Das immer aufs Neue lockende Patagonien beginnt südlich des Río Colorado, der vom Südostabhang der Anden kommt und nördlich an der Stadt Neuquén vorbei Richtung Meer fließt. Die Seenregion ist ein Teil Patagoniens, zu dem die Provinzen Neuquén, Río Negro, Chubut und Santa Cruz gehören. Die Anden trennen es vom chilenischen Patagonien.

Die Anden ragen so hoch auf, dass die Stürme vom Pazifik das meiste ihrer Niederschlagsfracht bereits auf der chilenischen Seite verloren haben. Am südlichsten Rand von Patagonien gibt es allerdings so viel Eis

---

Die Iguazú-Fälle bestehen aus mehr als 275 einzelnen Fällen, wovon einige über 80 m hoch sind. Sie sind knapp 3 km breit und gelten als die wohl beeindruckendsten Wasserfälle auf der Erde.

Parque Nacional Tierra del Fuego (S. 582)

> Der größte Dinosaurier, der je entdeckt wurde, ist der *Patagotitan mayorum*, auf den man in der Provinz Chubut gestoßen ist. Der Pflanzenfresser hat eine Länge von 37 m und ist 6 m groß; er wiegt 85 Tonnen.

und Schnee, dass hier die größten Gletscher der südlichen Hemisphäre, außerhalb der Antarktis, entstehen konnten.

Östlich der Anden-Vorgebirge weiden auf den trockenen und kühlen Steppen Patagoniens zahlreiche Schafherden. Für eine so weit südlich gelegene Gegend sind die Temperaturen jedoch relativ gemäßigt, sogar im Winter, wenn gleichmäßiger Luftdruck die stürmischen Winde, die sonst fast das ganze Jahr über wehen, etwas abmildert.

Außerhalb von Städten wie Comodoro Rivadavia und Río Gallegos ist Patagonien nur sehr dünn besiedelt. Die starken Gezeiten an der Atlantikküste lassen keine größeren Häfen zu. Im Tal des Río Negro und an der Flussmündung des Río Chubut (unweit der Stadt Trelew) wird dank des milden Klimas sogar Obst angebaut.

Feuerland (Tierra del Fuego)

Das südlichste dauerhaft besiedelte Gebiet der Welt ist Feuerland (Tierra del Fuego), das aus einer großen Insel (Isla Grande) besteht. Das Gebiet zwischen Chile und Argentinien ist ungleich aufgeteilt (der chilenische Westteil ist gut doppelt so groß) und besteht aus vielen kleinen Inseln.

Als die Europäer zum ersten Mal die Magellanstraße durchquerten (sie trennt die Isla Grande vom patagonischen Festland), erhellten die vielen Feuerstellen der Yaghan die Küste – daher der Name Feuerland.

Die nördliche Hälfte der Isla Grande, die den patagonischen Steppen ähnelt, gehört ganz den grasenden Schafen, die südliche Hälfte hingegen ist bergig und teilweise von Wäldern und Gletschern bedeckt. Ähnlich wie in Patagonien sind die Winter nur selten streng.

Flora & Fauna

Ein so riesiges und vielfältiges Land wie Argentinien bietet natürlich eine artenreiche Tier- und Pflanzenwelt. Der subtropische Regenwald,

Lamas

die Palmensavannen, die Hochwüste (Puna), die flachen Steppen, das feuchte Weideland, alpiner und subantarktischer Wald und die Küstengebiete besitzen jeweils eine ganz eigene Flora und Fauna.

Tiere

Argentiniens Nordosten bietet die vielfältigste Tierwelt des ganzen Landes. Eine der besten Regionen Südamerikas, um Tiere in freier Wildbahn zu beobachten, sind die sumpfigen Esteros del Iberá, eine Reserva Natural in der Provinz Corrientes, wo man überall Tiere wie Zackenhirsche, Wasserschweine und Kaimane sowie etliche Zugvögel oder den seltsamen Wehrvogel zu Gesicht bekommt. Das Gelände ist vergleichbar mit dem berühmten Pantanal in Brasilien – landschaftlich gesehen aber vielleicht sogar noch schöner!

Im trockeneren Nordwesten ist das auffälligste Tier ein Haustier, nämlich das Lama, aber seine wilden Verwandten – Guanako und Vikunja – bekommt man ebenfalls zu sehen. Bei einer Fahrt nach Salta durch den Parque Nacional Los Cardones ist die Chance am größten, diese Tiere mit dem markanten rötlich ockergelben Fell zu erspähen. Zahlreiche Vögel, darunter Flamingos, sind an den hoch gelegenen Salzseen im Nordwesten der Anden heimisch.

In den weniger dicht besiedelten Gebieten, zu denen die trockenen Pampas der Provinz La Pampa gehören, sind Guanakos und Füchse nicht ungewöhnlich. Die zahlreichen Gewässer bieten der vielfältigen Vogelwelt einen hervorragenden Lebensraum.

Vor allem in Patagonien und Feuerland gibt es viele frei lebende Wildtiere – von den Magellanpinguinen, Kormoranen, Tölpeln und Möwen bis hin zu Seelöwen, Pelzrobben, See-Elefanten und sogar Walen und Orkas. In mehreren Küstenschutzgebieten von der Provinz Río Negro bis nach Feuerland ist die Erhaltung unzähliger Tiere gesichert.

> Die Península Valdés ist einer der wenigen Orte der Welt, an dessen Küste man Schwertwale (Orcas) dabei beobachten kann, wie sie sich bei der Robbenjagd bis unmittelbar an den Strand vorwagen. Um dieses Naturschauspiel sehen zu können, muss man allerdings sehr viel Glück haben.

Die südlichen Küsten zählen zu den größten Besucherattraktionen der jeweiligen Region. Im Inneren der patagonischen Steppe wie auch im Nordwesten ist das lamaähnliche Guanako heimisch. Flugunfähige, straußenähnliche Nandus, die zur Familie der Laufvögel gehören, eilen in kleinen Gruppen über die Ebenen.

Pflanzen

Die wohl vielfältigste Pflanzenwelt befindet sich im Nordosten Argentiniens, in der Seenregion, in den patagonischen Anden und den subtropischen Wäldern des Nordwestens.

In den hohen nördlichen Anden besteht die Vegetation aus spärlichen Grasbüscheln und niedrigen, weitläufig verteilten Sträuchern. In den Provinzen Jujuy und La Rioja wachsen hingegen riesige, säulenförmig verzweigte *Cardón*-Kakteen, die der sonst leeren Landschaft einen eigentümlichen Reiz verleihen. In der Anden-Vorkordillere – zwischen dem Chaco und den eigentlichen Anden – liegt ein Streifen dichten, subtropischen Nebelwalds, die sogenannten *Yungas*. Hier gedeihen die Pflanzen dank des Sommerregens sehr üppig, das Gebiet zählt zu den Regionen mit der höchsten Biodiversität des Landes.

Der feuchte Chaco besteht aus Grasland und Galeriewäldern mit vielen Baumarten, beispielsweise dem *quebracho colorado* und der Carandaypalme. Der trockene Chaco trägt trotz seiner Ausgedörrtheit immer noch eine reiche Vegetation. Hier findet man einen dichten Unterwuchs aus niedrigem Dorngebüsch.

Im niederschlagsreichen Mesopotamia wachsen Sumpfwälder ebenso wie Savannen (in höheren Lagen). Die ursprüngliche Vegetation der Provinz Misiones besteht aus dichten subtropischen Wäldern, in den höheren Lagen wachsen Araukarien.

Die vormals dicht mit Gras überzogenen argentinischen Pampas haben durch Überweidung (ca. 60 % des argentinischen Viehbestandes sind hier) und den großflächigen Anbau von Pflanzen- und Getreidearten, wie Weizen und Sojabohnen, gelitten. Heute gibt es kaum noch natürliche Vegetation – außer an Wasserläufen wie dem Río Paraná.

Ein Großteil von Patagonien liegt im Regenschatten der chilenischen Anden, sodass die Steppen im südöstlichen Argentinien den kargen Weiden des trockenen Andenhochlands ähneln. Zur Grenze hin stößt man auf dichte Ansammlungen von *Nothofagus* (Südbuche in mehreren Arten) und auf Nadelwälder der Araukarie, die ihre Existenz den Winterstürmen verdanken, die über die Kordilleren fegen. Der

CAPYBARAS

Mit seinen Schwimmhäuten zwischen den Zehen rangiert das Wasserschwein oder Capybara, ein semiaquatisch lebendes Säugetier, dem man in Esteros del Iberá begegnet, auf dem schmalen Grat zwischen einem niedlichen und einem hässlichen Wesen. Das größte heute lebende Nagetier der Erde kann mehr als 75 kg schwer werden und wird auf Spanisch *carpincho* genannt.

Die zu Wasser wie zu Land heimischen und irgendwie drolligen Tiere ernähren sich von großen Mengen an Wasserpflanzen und Gräsern. Die Nagetiere leben in kleinen Herden, bestehend aus vier bis sechs Weibchen und jeweils einem dominanten Männchen. Die Männchen besitzen auf der Schnauzenspitze eine markante Duftdrüse, mit der sie ihr Territorium markieren. Der putzige Nachwuchs stellt sich meist im Frühjahr ein.

Im Iberá-Gebiet steht das Wasserschwein unter Schutz; in anderen Gegenden wird es als Nutztier gehalten bzw. wegen seiner Haut – von professionellen Jägern (*carpincheros*) – gejagt, die zu weichem und geschmeidigem Leder verarbeitet wird. Das Fleisch der Capybaras gilt in traditionell geprägten Gegenden sogar als Delikatesse.

NATUR & UMWELT FLORA & FAUNA

Oben Seelöwe in Feuerland

Unten Kaktus, Purmamarca (S. 282)

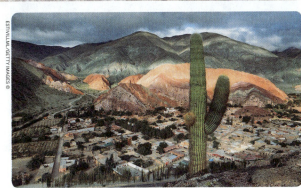

Norden von Feuerland ist praktisch eine Fortsetzung der patagonischen Steppe, die starken Niederschläge an den Berghängen im Süden lassen dort Wälder mit Südbuchen gedeihen.

Argentiniens Schutzgebiete

Argentiniens National- und Provinzparks bieten eine große Vielfalt an unterschiedlichen Landschaften, von den feucht-heißen Tropen des Parque Nacional Iguazú über die herabstürzenden Gletscherbrocken des Parque Nacional Los Glaciares bis hin zu den artenreichen Küstengewässern der Reserva Faunística Península Valdés.

Argentinien zählt zu den ersten Staaten Lateinamerikas, die Nationalparks eingerichtet haben; in Argentinien entstand der erste Park bereits Anfang des 20. Jhs., als der Geograf und Entdecker Francisco P. Moreno (1852–1919) ein Areal bei Bariloche mit einer Fläche von etwa 75 km² an den Staat übertrug – unter der Bedingung, dass dieses Land erhalten bleibe und der Freude und Erholung aller Bürger des Landes diene. Im Jahr 1934 wurde diese Fläche ein Bestandteil des Parque Nacional Nahuel Huapi, des ersten argentinischen Nationalparks.

Seither hat das Land zahlreiche weitere Parks und Schutzgebiete ausgewiesen – die meisten davon, aber nicht alle, in den Anden. Daneben unterhalten auch die Provinzen eigene wichtige Parks und Schutzgebiete, beispielsweise die Reserva Faunística Península Valdés, die dem Verband der Nationalparks nicht angehört, aber dennoch Beachtung verdient. Einige der Nationalparks sind sogar stärker auf Besucherzahlen ausgelegt als die Provinzparks; das sind allerdings Ausnahmen.

Wer sich zu Beginn seiner Argentinienreise in Buenos Aires aufhält, kann dort die zentrale Verwaltung der Nationalparks (www.parquesnacionales.gob.ar) aufsuchen und sich dort mit Karten und Broschüren eindecken; die Informationszentren der Parks sind mit diesem Material manchmal nur recht knapp bestückt.

Der Einsatz von Drohnen ist in den Parks verboten.

Praktische Informationen

ALLGEMEINE INFORMATIONEN.. 694
Arbeiten in Argentinien.. 694
Botschaften & Konsulate............... 694
Ermäßigungen 695
Feiertage 695
Frauen unterwegs 695
Freiwilligendienst 695
Geld 696
Gesundheit 697
Internetzugang......... 698
Karten & Stadtpläna 698
Kurse 698
Öffnungszeiten 699
Post................... 699
Rechtsfragen........... 699
Reisen mit Behinderung. 699
Schwule & Lesben 700
Sicher reisen........... 700
Strom..................701
Telefon 701
Toiletten............... 703
Touristeninformation.... 703
Unterkunft............. 703
Versicherung........... 705
Visum................. 705
Zeit 706
Zoll 706

VERKEHRSMITTEL & -WEGE...........707
AN- & WEITERREISE 707
Einreise 707
Mit dem Flugzeug 708
Auf dem Landweg 709
Auf dem Fluss.......... 709
Übers Meer 710
UNTERWEGS VOR ORT ...710
Auto & Motorrad 711
Bus 711
Fahrrad.................712
Flugzeug 713
Nahverkehr 713
Schiff 714
Trampen................714
Zug 714

SPRACHE.......... 716

Allgemeine Informationen

Arbeiten in Argentinien

➜ Wer nicht eine spezielle Befähigung, einen ausgefallenen Beruf und/oder gute Spanischkenntnisse vorweisen kann, der wird sich schwer damit tun, in Argentinien einen bezahlten Job zu finden. Zu den wenigen Möglichkeiten, hier zu arbeiten zählt das Unterrichten von Deutsch oder Englisch und vielleicht noch ein Job in einem Hostel oder in einer Expat-Bar.

➜ Das Unterrichten in einer Sprachenschule ist eine der wenigen Möglichkeiten, die sich Ausländern bieten. Mehr als 20 Stunden unterrichtet kaum jemand, denn durch Vor- und Nachbereitungszeiten kommen da pro Tag schnell mal ein bis zwei zusätzliche Stunden zusammen, die nicht bezahlt werden. Frustrierend ist häufig die Arbeit mit unfreundlichen Kollegen, die Zeit, die man zum Einlösen der Gehaltsschecks auf der Bank verbringt sowie die über den Tag verteilten und immer wieder auch mal ausfallenden Unterrichtsstunden. Entsprechend hoch ist auch die Fluktuation, nur wenige Lehrer unterrichten länger als ein Jahr.

➜ Ein international anerkanntes TEFL-Sprachzeugnis kann für angehende Sprachlehrer ganz hilfreich sein, wird aber nicht zwingend verlangt (siehe www.teflbuenosaires.com). Mehr Geld lässt sich mit Privatunterricht verdienen, dabei stellt sich aber das Problem, dass man sich selbst um eine ausreichende Zahl an Schülern kümmern muss. Dazu kommen die Unterrichtsausfälle während der Ferienzeiten wie die Monate Dezember bis Februar, wenn die meisten Einheimischen die Hauptstadt in Richtung Sommerurlaub verlassen.

➜ Wer immer noch die Absicht hat, als Sprachlehrer zu arbeiten, der sollte die Sprachenschulen anrufen, sich in Expat-Bars umhören und sich ein eigenes Netzwerk aufbauen. Im März stellen die Sprachenschulen in der Regel ihr Kursprogramm zusammen, dann findet man am schnellsten eine Anstellung. Viele Lehrer arbeiten mit einem 3-Monats-Touristenvisum und müssen daher alle drei Monate nach Uruguay ausreisen, um bei der Rückkehr ein neues Touristenvisum zu bekomen. Die Alternative dazu ist die Verlängerung des Visums über die Einwanderungsbehörde.

➜ Jobanzeigen sind unter http://buenosaires.en.craigslist.org zu finden oder einfach selbst in den Expat-Facebookgruppen oder in Foren der Expat-Website www.baexpats.org nachfragen.

Botschaften & Konsulate

Die Botschaften und Konsulate befinden sich in Buenos Aires. In einigen Städten des Landes (besonders in denen in der Nähe der Grenze) haben manche Länder auch zusätzlich noch Konsulate.

Bolivien (☎011-4394-1463; www.embajadadebolivia.com.ar; Av Corrientes 545; ☺Mo–Fr 9.30–17.30 Uhr; ⓢLínea B Florida)

Brasilien Konsulat (☎011-4515-6500; www.conbrasil.org.ar; Carlos Pellegrini 1363, 5. Stock; ☺Mo–Fr 9–13 Uhr; ⓢLínea C San Martín)

Chile (☎011-4808-8601; www.chile.gob.cl/argentina; Tagle 2762; ☺Mo–Fr 9–13 & 14–17 Uhr; ⓢLínea H Las Heras)

Deutschland (☎011-4778-2500; www.buenosaires.diplo.de; Villanueva 1055; ☺Mo–Fr 8.30–11 Uhr; ⓢLínea D Olleros)

Italien Konsulat (☎011-4114-4800; www.consbuenosaires.esteri.it; Reconquista 572; ☺Mo, Di, Do & Fr 8–14 Uhr; ⓢLínea B Alem)

Österreich (☎011-4809-5800; www.bmeia.gv.at/oeb-buenos-aires/; Calle French 3671; ☺Mo–Do 9–12 Uhr; ⓢL)

Schweiz (☎011-4311-6491; www.eda.admin.ch/buenosaires; Av Santa Fe 846, 12° piso; ☺Mo–Fr 9–12 Uhr; 🚇)

Uruguay (☎011-6009-4020; www.embajadadeluruguay.com.ar; Paraguay 1571; ⓢMo–Fr 9–15 Uhr; Ⓢ Línea D Tribunales)

Ermäßigungen

➸ Die internationale Studentenkarte (International Student Identity Card; ISIC) erhält man über die Website: www.isic.org. Mit diesem Studentenausweis gibt es Ermäßigungen bei Fahrten mit öffentlichen Verkehrsmitteln und bei Museumseintritten. Alle offiziell aussehenden (nationalen) Studentenausweise werden als Ersatz akzeptiert – allerdings kann man sich nicht darauf verlassen.

➸ Die HI-Karte (Jugendherbergsausweis) ist in jedem **HI hostel** (www.hihostels.com) erhältlich, mit ihr bekommt man in allen HI-Unterkünften einen Preisnachlass. Mit der **HoLa-Karte** (www.holahostels.com) werden vergleichbare Vergünstigungen für ein anderes Netz an Hostels gewährt.

➸ Reisende, die älter als 60 Jahre sind, erhalten teilweise einen Seniorenrabatt in Museen und ähnlichen Einrichtungen. In der Regel genügt dafür die Vorlage des Passes mit dem Geburtsdatum als Nachweis.

Feiertage

Die Regierungsbehörden und Geschäfte bleiben an vielen der argentinischen Feiertage geschlossen. Wenn ein Feiertag auf die Wochenmitte oder einen Tag am Wochenende fällt, wird er oft auf den nächstliegenden Montag verschoben. Fällt er auf einen Dienstag oder Donnerstag, werden die Brückentage zu einem arbeitsfreien Tag..

An Feiertagen sind die öffentlichen Verkehrsmittel (Züge, Fernbusse) häufig ausgebucht und sollten daher frühzeitig gebucht werden. Auch Unterkünfte in Hotels sollte man für diesen Zeitraum frühzeitig reservieren.

Bei den folgenden Feiertagen handelt es sich nur um nationale Feiertage, dazu kommen noch die Provinzfeiertage, die von Provinz zu Provinz deutlich voneinander abweichen.

1. Januar Año Nuevo, Neujahr.

Februar/März Karneval. Das Datum variiert von Jahr zu Jahr, die Feierlichkeiten finden Montag und Dienstag statt.

24. März Día de la Memoria; Gedenktag. An diesem Tag wird an den Beginn der Diktatur 1976 und den darauffolgenden „Schmutzigen Krieg" erinnert.

März/April Semana Santa, Karwoche. Das Datum variiert, viele Geschäfte schließen am Gründonnerstag und Karfreitag. Haupreisewoche.

2. April Día de las Malvinas. An diesem Tag gedenkt man der Gefallenen des Falklandkriegs 1982.

1. Mai Día del Trabajador; Tag der Arbeit.

25. Mai Día de la Revolución de Mayo. Erinnert an die Revolution von 1810 gegen Spanien.

20. Juni Día de la Bandera; Flaggentag. An diesem Tag starb Manuel Belgrano. Der militärische Führer hat die Staatsflagge geschaffen.

9. Juli Día de la Independencia; Unabhängigkeitstag.

August (3. Mo im Monat) Día del Libertador San Martín. Todestag von José de San Martín (1850).

12. Oktober (2. Mo im Monat) Día del Respeto a la Diversidad Cultural. An diesem Tag gedenkt man der kulturellen Vielfalt der Nation.

20. November (4. Mo im Monat) Día de la Soberanía Nacional; Tag der nationalen Souveränität.

8. Dezember Día de la Concepción Inmaculada. Tag der unbefleckten Empfängnis der Jungfrau Maria.

25. Dezember Navidad; Weihnachten.

Heiligabend und Silvester sind nur halbe Feiertage, manche Geschäfte haben daher nur einen halben Tag geschlossen.

Frauen unterwegs

➸ Argentinien ist für reisende Frauen manchmal eine Herausforderung, vor allem dann, wenn sie jung sind oder alleine reisen. In mancherlei Hinsicht ist das Land jedoch sicherer als viele Orte in Europa, den USA oder viele andere lateinamerikanische Länder, aber der Umgang mit der Macho-Kultur kann doch sehr aufreibend sein.

➸ Die seltsamen Pfiffe können einem ganz schön auf die Nerven gehen. Zur verbalen Anmache gehören vulgäre Aussprüche, Zischtöne, Pfiffe und *piropos* (anzügliche Kommentare).

➸ So sehr man auch geneigt ist, zu antworten, ist es doch das Beste, diese Kommentare einfach zu ignorieren.

➸ Zu den ritterlichen Tugenden des Machotums gehört, dass Männer den Frauen häufig die Tür aufhalten und sie immer zuerst eintreten lassen, ihnen im Bus einen Sitzplatz überlassen oder der weiblichen Begleitung beim abendlichen Ausgehen den Stuhl zurechtrücken.

Freiwilligendienst

➸ Argentinien bietet zahlreiche Freiwilligendienste an, von der Lebensmittelausgabe in den *villas miserias* (Slums) bis hin zur Mitarbeit auf einer Biofarm. Einige Anbieter freuen sich allein über die Zeit, die die Freiwilligen einsetzen, andere wünschen eine kleine Spende – und manche verlangen sogar Hunderte von Dollars (von denen ein mehr oder weniger großer Teil direkt an die Bedürftigen fließt). Vor der endgültigen Entscheidung für eine Organisation sollte man sich mit anderen Freiwilligen über ihre Erfahrungen austauschen.

Aldea Luna (www.aldealuna.com.ar) Arbeit auf einer Farm in einem Naturschutzgebiet.

Anda Responsible Travel (www.andatravel.com.ar/en/volunteering) Reisebüro in Buenos Aires, das einheimische Gemeinschaften unterstützt.

Centro Conviven (http://centroconviven.blogspot.com) Hilft Kindern in den Slums (*villas*) von Buenos Aires.

Conservación Patagonica (www.conservacionpatagonica.org) Mithilfe beim Aufbau eines Nationalparks.

Eco Yoga Park (www.ecoyogavillages.org/volunteer-programs) Mitarbeit auf einer Biofarm, Bau von Ökohäusern und Unterrichten der einheimischen Bevölkerung.

Fundación Banco de Alimentos (www.bancodealimentos.org.ar) Kurzfristige Mitarbeit in einer Lebensmittelausgabe.

Habitat for Humanity Argentina (www.hpha.org.ar) Hilft bei der Beschaffung von günstigem Wohnraum.

WWOOF Argentina (www.wwoofargentina.com) Biofarmen in Argentinien.

Geld

Geldautomaten sind weit verbreitet, geben jedoch in touristischen Gegenden wegen des großen Andrangs oftmals kein Geld mehr heraus. In den meisten Hotels und Restaurants werden Kreditkarten akzeptiert.

PREISKATEGORIEN FÜR ESSEN

Die folgenden Preise beziehen sich auf ein Standard-Hauptgericht.

$ unter 165 Arg$

$$ 165–260 Arg$

$$$ über 260 Arg$

STEUERN

Ausländische Besucher sind von der Mehrwertsteuer (IVA) in Höhe von 21 % auf Unterkünfte befreit, wenn sie mit einer Kreditkarte oder US-Dollar bezahlen. Obwohl das gesetzlich so ist, behaupten kleinere Unterkünfte oft, dass sie kein Kartenlesegerät haben (oder dass es kaputt ist).

Bargeld

➔ Die argentinische Währung ist der Peso (Arg$).

➔ Die Scheine sind mit folgendem Nominalwert im Umlauf: 2, 5, 10, 20, 50, 100, 200, 500 und 1000 Pesos.

➔ Ein Peso entspricht 100 *centavos*; Münzen sind im Wert von 1, 2, 5, 10, 25 und 50 *centavos* im Umlauf.

➔ Derzeit akzeptieren die meisten touristischen Betriebe US$, man sollte sich aber nicht darauf verlassen.

➔ Keine Angst bei dreckigen oder völlig zerfledderten argentinischen Banknoten: sie werden ohne Zögern überall akzeptiert. Einige Geschäfte/Unterkünfte verweigern aber die Annahme von beschädigten oder beschrifteten ausländischen Banknoten, Devisen aus dem Ausland sollten daher möglichst druckfrisch mitgenommen werden.

➔ In den letzten Jahren sind gefälschte inländische wie ausländische Banknoten zu einem Problem geworden, aus diesem Grund sind Geschäftsleute sehr skeptisch bei der Zahlung mit großen Scheinen. Gleiches gilt für deren Annahme: Bei jedem Schein mit einem größeren Betrag sollte man auf das Wasserzeichen achten und sich schon vor der Ankunft im Land mit dem Aussehen der verschiedenen Scheine vertraut machen. Eine Hilfe dabei bietet die Website www.landingpadba.com/ba-basics-counterfeit-money. Die Erfahrung zeigt, dass man vor allem in Nachtclubs und bei nächtlichen Taxifahrten große (und möglicherweise gefälschte) Scheine angedreht bekommt.

➔ Wer große Scheine mit dem Kauf von Kleinigkeiten loswerden will, wird möglicherweise Schwierigkeiten bekommen – am einfachsten geht es noch in großen Supermärkten und in Restaurants. Generell sollte man immer genug Wechselgeld dabei haben – in kleinen Scheinen und Münzen.

Geldautomaten

➔ *Cajeros automáticos* (Geldautomaten) stehen in fast allen Städten des Landes zur Verfügung und können auch mit den wichtigsten Kreditkarten zur Bargeldentnahme genutzt werden. Geldautomaten sind der beste Weg, um an Geld zu kommen; fast alle Automaten bieten eine englische Gebrauchsanweisung. Die Begrenzung bei der Abhebung kann schon bei recht niedrigen Beträgen liegen – manchmal nur 115 US$, und die Bearbeitungsgebühr kann recht hoch sein (dazu kommen dann noch Gebühren seitens der Hausbank). Abgehoben werden kann mehrmals am Tag, jedesmal fallen allerdings von Neuem die Gebühren der lokalen Hausbank an. Die Geldautomaten von Banelco erlauben in der Regel auch das Abheben höherer Beträge.

➔ Nicht alle ausländischen Karten funktionieren in den Geldautomaten. Es ist daher besser, wenn man mehrere Karten zur Auswahl hat. Man sollte außerdem der Hausbank mitteilen, dass man in Argentinien auf Reisen ist.

→ In Patagonien sind in Orten wie El Calafate und El Chaltén in der Hauptsaison die Geldautomaten immer schnell „leer".

Geldwechsel

→ US-Dollar sind die beliebteste ausländische Währung, an der Grenze ist aber auch der Umtausch von Pesos aus Chile bzw. Uruguay möglich.

→ Bargeld in Euro oder Dollar kann in größeren Städten sowohl in Banken als auch in *cambios* (Wechselstuben) getauscht werden, das Tauschen anderer Währungen wird jedoch außerhalb der Hauptstadt schwierig.

→ Wer Geld tauschen möchte, muss sich mit seinem Reisepass ausweisen. Generell sollte man Angebote, auf der Straße schwarz zu tauschen, ablehnen.

Kreditkarten

→ Viele (aber nicht alle!) touristischen Dienstleister, größere Geschäfte, Hotels und Restaurants – vor allem in den größeren Städten – akzeptieren Kreditkarten von namhaften Instituten wie Visa und MasterCard.

→ Die gängigsten Kreditkarten sind Visa und MasterCard, American Express und einige andere Karten werden z. T. angenommen. Vor der Abreise sollte man unbedingt sein Kreditinstitut und die Heimatbank über den Zeitraum informieren, in dem man sich in Argentinien (oder einem anderen Land) aufhält.

→ Einige Geschäfte berechnen bei der Zahlung mit Kreditkarte einen *recargo* (Aufschlag) in Höhe von 5 bis 10 % auf die fällige Summe. Zu bedenken ist auch, dass schlussendlich nicht der Wechselkurs des Kauftages, sondern derjenige des Abrechnungsdatums zugrunde gelegt wird – manchmal vergehen bis dahin Wochen.

→ Wer seine Restaurantrechnung mit Kreditkarte bezahlen will, sollte wissen, dass das Trinkgeld in der Regel nicht auf die Rechnung aufgeschlagen werden kann. Viele einfache Hotels und private Tour-Unternehmen akzeptieren von Haus aus keine Kreditkarten. Anderswo erhält man wiederum einen kleinen Nachlass bei Barzahlung.

REISEPLANUNG BEI INFLATION

Lonely Planet möchte seinen Lesern so genaue Preisangaben machen wie möglich. Hier werden Hotels oder Restaurants nicht nur in vage Preiskategorien eingeteilt, sondern die wirklichen Preise angegeben, wie sie die einzelnen Häuser und Unternehmen zur Zeit der Recherche genannt haben. Ein Problem dabei ist, dass die offizielle Inflationsrate in Argentinien zum Zeitpunkt der Niederschrift dieses Reiseführers bei rund 20 % lag. Inoffiziell liegt sie schätzungsweise noch höher. Weil Leser konkrete Zahlen bevorzugen, sind hier dennoch Preise aufgeführt, und der Leser kann sich auf der Grundlage die inflationsbedingten Unterschiede selbst ausrechnen.

Argentinien bleibt ein recht gut kalkulierbares Reiseziel, aber die hier angegebenen Preise sind nicht identisch mit den Erfahrungen, die Leser vor Ort gemacht haben. Daher gilt folgender Rat: Immer einige Websites von Hotels oder Reiseveranstaltern aufrufen, bevor man das Budget für die eigene Reise überschlägt. So bekommt man einen guten Überblick über die jeweils aktuellen Preise.

Trinkgeld

Wichtig zu wissen: Wenn das Servicepersonal die Rechnung mit dem Geld wegträgt und *gracias* sagt, bedeutet das, dass es das Wechselgeld behalten wird. Wer als Gast sein Wechselgeld zurückhaben möchte, sagt statt *„gracias"* *„cambio, por favor"* (das Wechselgeld, bitte).

Trinkgeld kann in Argentinien bei Kreditkartenzahlung nicht einfach so zur Rechnungssumme addiert werden – das Trinkgeld muss in diesem Fall bar bezahlt werden. Das *cubierto,* das in einigen Restaurants als eigener Posten auf der Rechnung erscheint, ist nicht das Trinkgeld, sondern ein Aufschlag, der für Gedeck und Brot erhoben wird.

Restaurants und Cafés Es ist üblich, rund 10 % der Rechnungssumme als Trinkgeld für einen guten Service zu geben.

Hotelpersonal, Gepäckträger bei Bussen, Auslieferungspersonal, Hotelgepäckträger und Taxifahrer Ein paar Scheine.

Restaurantbedienung und Spas 15 %.

Gesundheit

Die öffentliche Gesundheitsversorgung ist zufriedenstellend und kostenlos, sogar für Ausländer. Häufig muss man allerdings lange auf eine Behandlung warten und muss sich darüber im Klaren sein, dass die Qualität von Ort zu Ort unterschiedlich sein kann. Wer die finanziellen Möglichkeiten hat, nutzt die privaten, qualitativ besseren Gesundheitseinrichtungen. Dort muss man sowohl Ärzte als auch Krankenhäuser meist in bar bezahlen. Das medizinische Personal spricht oft Englisch.

Denguefieber

→ Denguefieber ist eine Virusinfektion und in ganz Südamerika verbreitet. Übertragen wird das Fieber von der Aedes-Stechmücke, die tagsüber sticht und vor allem in künstlichen Wasserbehältern wie Kanistern, Zisternen, Plastikeimern und ausrangierten Autoreifen ihre Eier ablegt. Daher ist das Fieber vor allem in dicht besiedelten städtischen Gegenden verbreitet.

➡ Aus den Provinzen Misiones und Formosa wurden 2017 fast 5000 Fälle gemeldet; das war seit dem letzten Ausbruch im Norden des Landes im Jahre 2009 mit fast 27 000 Fällen von Denguefieber die größte Krankheitswelle.

➡ Die Symptome erinnern an eine klassische Grippe: Fieber, Bauch-, Muskel-, Gelenk- und Kopfschmerzen, gefolgt von einem Ausschlag. Die Bauchschmerzen sind sehr unangenehm für den Patienten, klingen aber meist nach ein paar Tagen ab.

Internetzugang

➡ WLAN ist in vielen (aber nicht allen) Hotels, Cafés, Restaurants und Flughäfen verfügbar, in der Regel meist mit gutem Empfang und kostenlos.

➡ Internetcafés und *locutorios* (Telefonzentralen) mit einem einigermaßen schnellen Zugang finden sich in fast allen argentinischen Städten.

➡ Um den sogenannten Klammeraffen @ *(arroba)* auf einer argentinischen Tastatur zu finden, muss man die Alt-Taste gedrückt halten oder AltGr-2 schreiben. Sollte es nicht klappen, fragt man die Angestellten *¿Cómo se hace la arroba?'* (Wie kann ich das @-Zeichen schreiben?

➡ In entlegenen Orten wie El Chaltén und anderen Teilen Patagoniens kann der WLAN-Empfang durchweg schlecht sein.

Karten & Stadtpläne

➡ Die Touristeninformationen im ganzen Land stellen Gratis-Stadtpläne zur Verfügung, die für eine Stadtbesichtigung ausreichend detailliert sind.

➡ Man kann auch eine Karten-App wie z. B. maps. me herunterladen mit den entsprechenden Regionalkarten, mit denen man dann auch offline navigieren kann.

➡ Der argentinische Automobilclub **Automóvil Club Argentino** (ACA; 011-4808-4040; www.aca.org.ar; Av del Libertador 1850; Mo–Fr 9–16 Uhr; 130, 62, 93) unterhält Büros in fast allen Städten und verlegt hervorragende Provinzkarten und Stadtpläne, die vor allem für Autofahrer sehr hilfreich sind. Mitglieder ausländischer Automobilclubs erhalten beim Kauf der Karten eine Ermäßigung. Dafür ist die Mitgliedskarte vorzulegen.

➡ Geografisch Interessierte können beim **Instituto Geográfico Nacional** (Karte S. 78; 011-4576-5545; www.ign.gob.ar; Av Cabildo 381; Mo–Fr 8–14 Uhr; Línea D Ministro Carranza) in Buenos Aires hervorragende topografische Karten erwerben.

Kurse

➡ Argentinien ist eine beliebte Destination, um Spanisch zu lernen. Die Mehrzahl der Sprachenschulen finden sich in Buenos Aires, aber es gibt auch hervorragende in größeren Städten wie Mendoza und Córdoba.

➡ Tango-Kurse sind in Buenos Aires sehr beliebt und nachgefragt, auch Kochkurse werden in der Hauptstadt angeboten – sowohl für die argentinische als auch für die internationale Küche.

➡ Es lohnt sich, vor Ort andere Reisende nach ihren Erfahrungen und Empfehlungen zu fragen, auf diese Weise findet man am einfachsten die für einen persönlich optimale Sprachenschule und die besten Tango- und Kochkurse.

PRAKTISCH & KONKRET

Adressen Das Wort *local* in argentinischen Adressangaben bezieht sich auf eine Wohnung oder ein Büro. Der Adresszusatz „s/n" – die Abkürzung *sin numero* (ohne Nummer) – verweist auf eine Adresse ohne Hausnummer.

Wäscherei Preisgünstige *lavanderías* gibt es überall im Land.

Zeitungen Die größten Zeitungen des Landes sind die gemäßigte *Clarín* (www.clarin.com.ar), die konservative *La Nación* (www.lanacion.com.ar) und die eher linke *Página 12* (www.pagina12.com.ar). Der *Argentina Independent* (www.argentinaindependent.com) ist eine hervorragende englischsprachige Onlinezeitung.

Fotografieren Viele Fotoläden können Digitalbilder preiswert von der Kamera auf einen Stick laden oder ausdrucken. Auch klassische Negativ- und Diafilme können gekauft und entwickelt werden.

Rauchen Rauchen ist am Arbeitsplatz, in geschlossenen öffentlichen Räumen, Schulen, Krankenhäusern, Museen und Theatern sowie in öffentlichen Verkehrsmitteln verboten.

Maße & Gewichte Es gilt das metrische System.

Öffnungszeiten

Die allgemeingültigen Öffnungszeiten sind:

Banken Mo–Fr 8–15/16 Uhr, teilweise Sa bis 13 Uhr.

Bars 20/21 bis 4 oder 6 Uhr früh.

Cafés Täglich 6–24 Uhr, teilweise auch deutlich länger.

Geschäftszeiten 8–17 Uhr.

Läden Mo–Sa 9/10 bis 20/-21 Uhr

Nachtclubs Fr und Sa 1/2 bis 6 oder 8 Uhr früh.

Postämter Mo–Fr 8–18, Sa 9–13 Uhr.

Restaurants 12–15.30 und 20–24 oder 1 Uhr (am Wochenende auch länger).

Post

➡ Die häufig unzuverlässig arbeitende **Correo Argentino** (www.correoargentino.com.ar) ist der staatliche Postdienst.

➡ Wichtige Sendungen sollte man als Einschreiben – *certificado* – verschicken.

➡ Pakete mit einem Gewicht unter 2 kg können von jedem Postamt verschickt werden, schwerere Sendungen müssen über den Zoll (*aduana*) versendet werden. In Buenos Aires liegt das Zollamt in der Nähe des Busterminals Retiro, nach Correo Internacional fragen. Wer etwas verschicken möchte, weist sich mit seinem Reisepass aus und zeigt die zu verschickende Ware dem Zollbeamten.

➡ Argentinische Kurierdienste wie Andreani (www.andreani.com.ar) und **OCA** (Karte S. 62; ☎ 011-4311-5305; www.oca.com.ar; Viamonte 526; ⊙ Mo–Fr 8–18 Uhr; Ⓢ Línea C Lavalle) sowie internationale Kurierdienste wie DHL und FedEx sind weitaus zuverlässiger als die Post. Allerdings sind sie auch wesentlich teurer. Die beiden letzteren betreiben ihre Niederlassungen nur in den größten Städten, die ersten beiden werden von ihnen meist für Sendungen ins Hinterland genutzt.

➡ Wer ein Paket erwartet, sollte sich in Geduld üben. Fast alle Pakete kommen zunächst im internationalen Retiro-Büro in der Nähe des Terminals Buquebus an. Wer etwas abholen muss, sollte sich auf lange Wartezeiten (manchmal Stunden) einstellen, zunächst einmal, um überhaupt das Gebäude betreten zu dürfen, dann um den Inhalt vom Zoll prüfen zu lassen. Zudem wird eine Gebühr fällig. Auf keinen Fall sollte man sich Wertsachen schicken lassen oder selbst welche verschicken.

Rechtsfragen

➡ Die argentinischen Polizeibeamten sind befugt, zu jeder Zeit und ohne Angabe von Gründen nach dem Personalausweis oder dem Reisepass zu fragen – was aber in der Realität recht selten vorkommt. Es empfiehlt sich, immer eine Kopie des Reisepasses bei sich zu tragen und – noch viel wichtiger – *immer* sehr höflich und kooperativ zu sein.

➡ Drogen und die meisten anderen Substanzen, die in den USA und in Europa illegal sind, sind auch in Argentinien verboten. Eine Ausnahme besteht bei Marihuana, das in Argentinien etwas entkriminalisiert wurde (in Uruguay kann es legal konsumiert werden).

➡ Wer verhaftet wird, der hat ein Recht auf einen Anwalt, auf einen Telefonanruf und zur Aussageverweigerung (außer den Angaben zum Namen, der Nationalität, dem Alter und der Reisepassnummer). Auf keinen Fall sollte man irgendetwas unterschreiben, bevor man sich mit einem Anwalt abgesprochen hat. Wer nicht Spanisch spricht, der bekommt einen Übersetzer zur Seite gestellt.

Reisen mit Behinderung

➡ Als Reisender mit Behinderung hat man es in Argentinien nicht leicht. Besonders Rollstuhlfahrer werden schnell feststellen, dass die engen, unebenen und stark frequentierten Gehsteige nur schwer zu befahren sind. Das Überqueren einer Straße ist schwierig, da nicht jede Straßenecke Rampen hat (und wenn es sie gibt, sind sie oft in schlechtem Zustand). Dazu kommt, dass argentinische Autofahrer wenig Geduld mit langsamen Fußgängern und Rollstuhlfahrern haben.

➡ Nur wenige Busse haben *piso bajo*: Sie können die Einstiegsrampen so weit absenken, dass man mit dem Rollstuhl hineinfahren kann und auch innen ausreichend Platz zum Abstellen hat. Die U-Bahn (Subte) in Buenos Aires ist nicht für Rollstuhlfahrer geeignet.

➡ Internationale Hotelketten und einige andere Hotels bieten behindertengerechte Zimmer. Einige Restaurants, touristische Sehenswürdigkeiten und öffentliche Gebäude haben ebenfalls Rampen, selten sind aber die Toiletteräume mit einem Rollstuhl erreichbar. In größeren Städten findet man in den Einkaufszentren entsprechend gebaute Räumlichkeiten.

➡ In Buenos Aires bietet **QRV Transportes Especiales** (☎ 011-15-6863-9555, 011-4306-6635; www.qrvtransportes.com.ar) private Transporte und Stadtrundfahrten in rollstuhlgerecht umgebauten Vans an.

➡ Einmal abgesehen von Informationen in Brailleschrift bei Geldautomaten, hat sich für Blinde leider wenig zur Verbesserung ihrer Situation getan. Selbst Ampeln sind nur selten mit einem akustischen Warnsignal ausgerüstet.

→ Die **Biblioteca Argentina Para Ciegos** (Argentinische Bibliothek für Blinde, BAC; ☎ 011-4981-0137; www.bac.org.ar; Lezica 3909; ⊗ Mo–Fr 12–19 Uhr; Ⓢ Línea A Castro Barros) in Buenos Aires bietet eine Reihe von Büchern (auf Spanisch) und weitere Hilfsmittel in Brailleschrift an.

→ Man kann auch gratis den Reiseführer Accessible Travel von Lonely Planet von http://lptravel.to/AccessibleTravel herunterladen.
Hilfreich sind auch folgende internationale Organisationen:

Flying Wheels Travel (www.flyingwheelstravel.com)
Mobility International USA (www.miusa.org)
Society for Accessible Travel & Hospitality (www.sath.org)

Schwule & Lesben

→ Im Jahre 2010 war Argentinien das erste Land Lateinamerikas, das gleichgeschlechtliche Eheschließungen erlaubte. Das Land ist in den letzten Jahren immer schwulenfreundlicher geworden. Buenos Aires zählt heute zu den Top-Destinationen für Schwule – mit ausgewiesenen Hotels und B&Bs, Bars und Nachtclubs. Alljährlich findet in der Hauptstadt Südamerikas größte Schwulenparade statt.

→ Auch wenn Buenos Aires (und mit Abstrichen auch die anderen argentinischen Großstädte) immer toleranter werden, fühlt sich die Mehrheit der Argentinier beim Thema Homosexualität nach wie vor sehr unwohl. Homophobie äußert sich dabei selten in Form von physischer Gewalt. Die meisten schwulen Reisenden verlassen Argentinien daher mit durchwegs positiven Eindrücken.

→ Argentinische Männer stellen ihre Körperlichkeit deutlich offener zur Schau als Europäer. Ein Begrüßungskuss auf die Wange unter Männern oder eine herzliche Umarmung finden auch eingefleischte Heteros völlig in Ordnung. Lesben, die Hand in Hand durch die Straßen gehen, werden kaum Aufsehen erregen, da das auch viele (heterosexuelle) Argentinierinnen tun. Schwule sollten darauf lieber verzichten. Im Zweifelsfall verhält man sich am besten diskret.

Sicher reisen

→ Für Ausländer ist Argentinien eines der sichersten Länder Lateinamerikas. Das heißt allerdings nicht, dass man nachts betrunken mit der teuren Spiegelreflexkamera um den Hals durch die Straßen ziehen sollte.

→ Mit gesundem Menschenverstand ist man aber in argentinischen Großstädten ähnlich sicher unterwegs wie in London, Paris oder New York. Andererseits sollte auch nicht unerwähnt bleiben, dass die Kriminalitätsrate steigt.

BEGEHRTE ELEKTRONIK

Achtung: Der Kauf eines Smartphones, vor allem eines iPhones, ist in Argentinien extrem teuer, was an den hohen Importsteuern liegt – und es gibt sie auch nur selten in den Geschäften. Daher sind sie begehrtes Diebesgut. Wer sein eigenes Smartphone dabei hat, sollte es nicht unnötig herumzeigen und es schon gar nicht unbeaufsichtigt liegen lassen. Gleiches gilt für Tablets und Laptops.

Kleinkriminalität

→ Die Wirtschaftskrise 1999–2001 hat viele Menschen in die Armut gestoßen, die Straßenkriminalität (Taschendiebstahl, Wegreißen von Handtaschen oder Rucksäcken und bewaffnete Überfälle) ist gestiegen, allen voran in Buenos Aires. Vor allem dort sollte man sich vor Taschendieben in überfüllten Bussen, der Subte (U-Bahn) oder gut besuchten Straßenmärkten (*ferias*) in Acht nehmen. Dennoch fühlen sich die meisten Besucher in den Großstädten sicher. Und in den Kleinstädten in der Provinz muss man ohnehin schon suchen, um einen Ganoven zu finden, der einen ausraubt ...

→ Busbahnhöfe sind naturgemäß neuralgische Punkte, wo schon manchem sein Gepäck abhanden gekommen ist. Von Haus aus sind Busbahnhöfe sicher: Hier trifft man auf Familien, die auf Reisen gehen oder jemanden verabschieden. Gleichzeitig haben es Diebe in dem Gewühl oft ziemlich leicht, Straftaten zu begehen. Die wichtigste Maßnahme ist daher, immer sein Hab und Gut im Auge zu behalten. Das gilt insbesondere für den Bahnhof Retiro in Buenos Aires.

→ In Straßencafés und an Restauranttischen sollte man immer darauf achten, dass man seine Tasche nah am Körper hat bzw. sie fühlen kann. Hilfreich ist auch, einen Gurt um das Bein oder Stuhlbein zu binden. Eine weitere Sicherheitsmaßnahme ist, offensichtlich teure Elektronikgeräte wie Laptops, iPods oder iPads so wenig wie möglich in der Öffentlichkeit zu nutzten. Weitere neuralgische Punkte sind Sehenswürdigkeiten und Touristenattraktionen sowie überfüllte öffentliche Verkehrsmittel.

→ In Buenos Aires stellt die **Touristenpolizei** (Comisaría del Turista; ☎ 0800-999-5000,

011-4309-9000, Durchwahl 6422; turista@policiafederal.gov.ar; Av Corrientes 436; ⏱24 Std.; Ⓢ Línea B Florída) Übersetzer und hilft Opfern von Raubüberfällen und Diebstählen.

Mahnwachen & Demonstrationen

➜ Proteste auf öffentlicher Straße gehören inzwischen zum Straßenbild in Argentinien, vor allem in der Hauptstadt rund um die Plaza de Mayo. Touristen bemerken von solchen Protesten in Buenos Aires häufig nicht viel mehr, als dass der Verkehr behindert ist (oder zum Erliegen kommt) und in Form von Schwierigkeiten, die Plaza de Mayo und die Casa Rosada zu besuchen.

➜ Im Land gibt es zahllose *gremios* und *sindicatos* (Gewerkschaften); gefühlt streikt jeden Tage eine andere von ihnen. Wenn die Verkehrsbetriebe bestreikt werden, ist man als Tourist möglicherweise auch direkt davon betroffen, weil man unter Umständen nicht rechtzeitig zum Flughafen oder Busbahnhof kommt oder Flüge, Zug- oder Busfahrten ausfallen. Von daher ist es sinnvoll, sich vor einer Reise über die aktuelle Nachrichtenlage zu informieren.

Autofahren

➜ Als Fußgänger auf Argentiniens Straßen unterwegs zu sein, ist möglicherweise das größte Risiko auf der gesamten Reise. Viele Autofahrer steigen aufs Gas, sobald die Ampeln auf Grün zu wechseln scheinen, sie fahren extrem schnell und wechseln unkalkulierbar die Fahrbahn. Auch wenn Fußgänger an Straßenecken und Zebrastreifen offiziell im Recht sind, kümmert das die wenigsten hinter ihrem Steuer. Kaum einer nimmt den Fuß vom Gas, nur weil ein Fußgänger die Straße queren will. Großen Respekt sollte man auch vor den Bussen haben, sie sind allein schon durch ihre schiere Größe lebensgefährlich und ihre Fahrer verhalten sich extrem rücksichtslos.

Polizei & Militär

➜ Polizei und Militär stehen im Ruf, korrupt und/oder verantwortungslos zu sein, was sich aber im Umgang mit Ausländern nicht unbedingt bestätigen lässt. Wer (vor allem als Autofahrer) das Gefühl hat, um Bestechungsgeld gebeten zu werden, zahlt entweder gleich aus freien Stücken oder er bittet die Beamten höflich, ihn zur nächsten Polizeistation zu begleiten, um dort den Vorfall in Ruhe zu klären. Beim Stichwort Polizeiwache wird in den meisten Fällen dann nicht weiter nachgehakt – es kann aber auch passieren, dass man dadurch erst recht ins Labyrinth des argentinischen Polizeisystems gerät. Manchmal ist es hilfreich, so zu tun, als würde man kein Spanisch verstehen.

Type H
230V/50Hz

Strom

➜ Die Stromspannung liegt bei 220 V, 50 Hz. Die notwendigen Adapter erhält man in fast allen Haushaltswarenläden (*ferretería*).

➜ Die meisten elektronischen Geräte (etwa Kameras, Telefone oder Computer) haben eine duale oder automatische Netzanpassung. Auf Ladegeräten von Laptops, Tablets, Handys, Kameras, elektrischen Zahnbürsten usw. findet sich meistens der Hinweis: „INPUT: 100–240 V, 50/60 Hz". Diese Ladegeräte können in Argentinien genutzt werden.

Telefon

➜ Wer von einem öffentlichen Telefon aus telefonieren will, bezahlt entweder mit Peso-Münzen oder *tarjetas telefónicas* – Telefonkarten, die es an vielen Kiosken zu kaufen gibt. Vor einem Telefonat sollte man darauf achten, ein ausreichend großes Guthaben auf der Karte bzw. genügend Münzen zu haben: Die Zeit, die man telefonieren kann, bevor die Leitung getrennt wird, ist relativ kurz.

Type C
220V/50Hz

➜ Gratisnummern beginnen mit 0800, mit ihnen kann man ausschließlich innerhalb des Landes telefonieren. Für alle Telefonnummern, die mit einer 0810 beginnen, wird nur der Ortstarif berechnet,

EIN ANRUF IN ARGENTINIEN

Bei einem Anruf aus dem Ausland in Argentinien wählt man zunächst die internationale Vorwahl von Argentinien ☏0054, dann die Regionalvorwahl (ohne 0) und zuletzt die Anschlussnummer des gewünschten Teilnehmers. Wer aus Europa beispielsweise einen Teilnehmer in Buenos Aires anruft, wählt:

➔ ☏0054 (Ländervorwahl), dann die ☏11 (Vorwahl von Buenos Aires), anschließend die Teilnehmernummer.

➔ Eine Festnetznummer in Buenos Aires (sie ist in der Regel achtstellig) sieht also wie folgt aus: ☏0054-11-xxxx-xxxx

Wer aus dem europäischen Ausland eine Handynummer anrufen möchte, wählt die Ländervorwahl ☏0054, dann eine ☏9 (ohne 0) und schließlich die Teilnehmernummer, allerdings ohne die ☏15, mit der die meisten argentinischen Handynummern beginnen. Eine Handynummer in Buenos Aires, die aus Europa angerufen wird, sieht wie folgt aus:

➔ ☏0054-9-11-xxxx-xxxx

Vom Handy anzurufen ist in Argentinien etwas schwieriger als in anderen Ländern. Die Mobiltelefonnummern beginnen hier immer mit „15". Wer vom Festnetz aus eine Handynummer wählen will, muss erst die „15" wählen (falls nötig, kommt vor der „15" noch die Vorwahlnummer für die Region). Wenn man von Handy zu Handy telefonieren möchte, kann man die „15" weglassen. Beim Versenden einer Textnachricht entfällt die „15" ebenfalls.

WhatsApp ist mittlerweile auch eine beliebte Art und Weise, kostenlos Text- oder Sprachnachrichten zu schicken.

---

ganz egal, von welchem Ort aus man in Argentinien telefoniert.

➔ Auslandsgespräche lassen sich am günstigsten über Online-Services wie Skype oder Google Voice führen, die Alternative dazu ist eine Telefonkarte. Internationale Telefongespräche können auch von den *locutorios* geführt werden, das ist aber die teuerste Variante.

➔ Bei einem Auslandsgespräch wird zunächst die Vorwahlnummer 00 gewählt, danach die jeweilige Landesnummer (Deutschland 49, Schweiz 41, Österreich 43), anschließend die Ortsvorwahl (ohne 0) und zuletzt die Rufnummer des gewünschten Teilnehmers.

Telefonauskunft	☏110
Feuerwehr	☏100
Medizinischer Notfall	☏107
Polizei	☏101 ☏911 in einigen größeren Städten
Touristenpolizei (Buenos Aires)	☏011-4346-5748, ☏0800-999-5000

Mobiltelefon

➔ Am einfachsten telefoniert man, wenn man ein entsperrtes Tri- oder Quad-Band-Handy mitnimmt. Für dieses kauft man eine günstige SIM-Karte (mit einer argentinischen Telefonnummer) und außerdem ein Guthaben (*carga virtual*) in gewünschter Höhe.

➔ Alle SIM-Karten müssen nun registriert werden, bevor sie aktiviert werden können. Theoretisch kann auch ein Ausländer eine SIM-Karte mit Vorlage seines Ausweises aktivieren, aber die Erfahrung hat gezeigt, dass es einfacher geht, wenn ein Einheimischer, den man kennt, sich bereit erklärt, das Telefon auf seinen Namen, mit seinem Ausweis und seiner Adresse anzumelden.

➔ Sowohl die SIM-Karten als auch das Guthaben können an zahlreichen Kiosken oder *locutorios* erworben werden. Schilder wie „*recarga facil*" oder „*saldo virtual*" weisen auf diese Möglichkeit hin. Wer sein Handy entsperren lassen möchte, sollte vor Ort nach einem entsprechenden Laden fragen. Es ist auch möglich, Mobiltelefone mit SIM-Karten zu kaufen.

➔ Vorsicht ist geboten, beim Angebot, Handys auszuleihen, denn meistens ist es am Ende preiswerter, gleich eines zu kaufen.

➔ Wer keine argentinische SIM-Karte nutzen möchte, sollte einen internationalen Mobilfunkvertrag abschließen, damit er am Ende nicht von den Roaming-Gebühren erschlagen wird.

Telefonkarten

➔ Telefonkarten werden an Kiosken verkauft; mit ihnen sind In- und Auslandsgespräche preiswerter, als wenn man direkt anruft. Das funktioniert allerdings nur von einem festen Anschluss aus, wie einem Privathaushalt oder Hotel (sofern man aus dem Hotel direkt herauswählen darf).

➔ Wer eine entsprechende Telefonkarte kaufen möchte, der sollte dem Geschäft das Land benennen, in das er telefonieren möchte, damit er auch die richtige Karte bekommt.

Locutorios & Internetcafés

→ Ein *locutorio* ist ein kleines Telefonbüro mit privaten Anrufkabinen. Es gibt sie in den abgelegeneren Orten, wo Internet und Telefonnetze schlecht sind.

→ Wer von einem *locutorio* aus ein Auslandsgespräch führen möchte, sollte sich nach den günstigsten Zeiten dafür erkundigen, in der Regel ist das nach 22 Uhr sowie an den Wochenenden. Günstiger ist das Telefonat über das Internet (Skype); viele Internetcafés haben die notwendige Software installiert.

Toiletten

→ Öffentliche Toiletten sind in Argentinien besser als in vielen anderen südamerikanischen Ländern, aber auch hier gibt es die Ausnahmen von der Regel. Empfindliche Menschen sollten vielleicht lieber in besseren Restaurants und Cafés einkehren. Auch die großen Einkaufszentren haben häufig öffentliche Toiletten, Gleiches gilt für die internationalen Fastfood-Ketten.

→ Toilettenpapier sollte man grundsätzlich immer selbst mitbringen, man kann nicht davon ausgehen, dass welches vorhanden ist. Auch muss man damit rechnen, dass es weder Seife noch Papierhandtücher noch warmes Wasser gibt.

→ In kleineren Städten wird teilweise eine kleine Gebühr für die Benutzung öffentlicher Toiletten erhoben. Für Reisende mit Kleinkindern ist wichtig zu wissen: Möglichkeiten zum Wechseln von Windeln sind nicht überall zu finden.

→ In einigen Hotels gibt es zusätzlich zur Toilette auch Bidets. Bei diesen sollte man den Wasserhahn vorsichtig aufdrehen, um keine unliebsamen Überraschungen zu erleben.

HOCHSAISON

Hochsaison herrscht in der Regel im Januar und Februar (die Sommerferien in Argentinien), in der Semana Santa (Karwoche) sowie im Juli und August. In Patagonien liegt die Hauptsaison von Oktober bis März. In dieser Zeit sollte man Unterkünfte unbedingt im Voraus buchen. Außerhalb dieser Zeiten fallen die Preise unter Umständen um 20 bis 50 %.

Touristeninformation

→ Argentiniens nationale Tourismusbehörde ist das **Ministerio de Turismo** (www.turismo.gob.ar), es hat seine Hauptniederlassung in Buenos Aires.

→ In fast jeder Stadt oder Kleinstadt findet man eine Touristeninformation, die ihr Büro meist in der Nähe des Hauptplatzes oder des Busbahnhofes unterhält. Sämtliche Provinzen betreiben zudem eine eigene Vertretung in der Hauptstadt. Die meisten von ihnen sind sehr gut organisiert; sie pflegen einen Datenbestand mit touristischen Informationen und lohnen auf jeden Fall einen Besuch vor der Reise durchs Land.

Unterkunft

Das Spektrum an Übernachtungsmöglichkeiten reicht von Zeltplätzen bis zu 5-Sterne-Luxushotels. In der Regel ist in den Unterkünften auch WLAN und ein Frühstück inbegriffen. Für die regional geltende Hochsaion ist eine Reservierung empfehlenswert. Wer in bar bezahlt, kann manchmal einen Preisnachlass von 10 % erwirken (in der Regel in Mittelklasse- und Luxushotels). Bei Kreditkartenzahlung kann allerdings eine Gebühr fällig werden.

Hotels Gibt es in der Kategorie einfach bis hin zu luxuriös. Die Preisspanne ist enorm.

B&Bs Verbreitet in größeren Städten und Touristenzentren. Sie sind in der Regel der Mittelklasse zuzuordnen.

Hospedajes Unterbringung in einem Privathaus, manchmal mit eigenem Bad. Ähnlich wie eine *pensión* oder *residencial*.

Estancias Unterkunft auf einer Ranch, die ganz einfach, aber auch sehr luxuriös sein kann.

Hostels Preiswerte Schlafsäle für junge Leute.

Cabañas

→ In einigen touristischen Gegenden – vor allem am Strand und im Landesinneren – werden *cabañas* vermietet. Dabei handelt es sich in der Regel um hüttenartige Unterkünfte, von denen fast alle eine eingerichtete Küche besitzen. *Cabañas* sind vor allem für Gruppen bzw. Familien interessant, da sie häufig mehrere Schlafräume haben. Allerdings liegen sie oft etwas abgelegen, sodass man fast immer ein eigenes Fahrzeug benötigt, um dorthin zu kommen. Die Touristeninformationen vor Ort sind die besten Anlaufstellen, um sich über *cabañas* in der Gegend zu informieren.

Campingplätze & Refugios

→ Zelten bzw. Campen kann eine traumhafte Möglichkeit sein, Argentinien kennenzulernen – vor allem im Seengebiet und in Patagonien, wo es entsprechend viele gute Zeltplätze gibt.

→ In vielen argentinischen Städten finden sich zudem ansprechende städtische Campingplätze – allerdings in sehr unterschiedlicher Qualität: Manche liegen herr-

> ### PREISKATEGORIEN FÜR UNTERKÜNFTE
>
> Die folgenden Preise gelten für ein Doppelzimmer in der Hochsaison. Wenn nicht anders angegeben, beinhalten die Preise ein Zimmer mit Bad und Frühstück.
>
> **$** unter 75 US$
>
> **$$** 75–150 US$
>
> **$$$** über 150 US$
>
> Viele Hotels akzeptieren eine Bezahlung mit US-Dollar und tauschen sie auch zu einem Kurs, der dem offiziellen recht ähnlich ist.

lich unter schattigen Bäumen, andere sind überfüllt und wenig gepflegt.

➡ Private Zeltplätze haben meist eine gute Infrastruktur: heiße Duschen, Toiletten, Waschgelegenheiten, Grillplätze, Restaurants oder *confiterías* (Cafés) und einen kleinen Lebensmittelladen. Die kostenlosen Zeltplätze sind oft hervorragend gepflegt, vor allem diejenigen im Seengebiet. Meist fehlt es aber an Infrastruktur. Städtische Zeltplätze sind peiswert, vor allem an den Wochenenden beliebte Party-Orte.

➡ Argentinische Campingausrüstung ist häufig teurer und qualitativ schlechter, als man es von Europa her gewöhnt ist.

➡ Die Kocher funktionieren meist mit Butankartuschen, die jedoch nicht im Flugzeug transportiert werden dürfen.

➡ Lästig sind auch die Heerscharen an Mücken, aber fast überall sind Mückenschutzmittel erhältlich.

➡ In und rund um Nationalparks, vor allem im Seengebiet und im Süden des Landes, findet man viele Zeltplätze und Möglichkeiten zum Übernachten. Einige Parks bieten kostenlose oder günstige *refugios* (einfache Schutzräume bzw. Schutzhütten) an, in denen Wanderer Kochmöglichkeiten und rustikale Lager vorfinden.

Estancias

➡ Es gibt kaum eine typischere Übernachtungsmöglichkeit als eine argentinische *estancia* (eine traditionelle Ranch, die im Nordwesten auch *finca* genannt wird). Manche sind sehr einfach ausgestattet, besonders, wenn sie ihren Wurzeln als rustikale Landsitze treu bleiben. *Estancias* sind eine wunderbare Gelegenheit, in einem abgelegenen Landesteil zu übernachten – Wein, Pferde und *asados* (traditionelle Grillfeiern) sind dort fast immer selbstverständlich.

➡ *Estancias* finden sich vor allem in der Region um Buenos Aires, in der Nähe von Esteros del Iberá, überall im Seengebiet und in Patagonien. Vor allem in Patagonien sind sie häufig auf Angler und Sportfischer ausgerichtet. Die Übernachtung ist nicht gerade billig. Der Preis schließt aber in der Regel Vollpension und einige Aktivitäten mit ein.

Hospedajes, Pensiones & Residenciales

➡ Die preiswertesten Unterkünfte sind die Hostels, die in ganz unterschiedlicher Ausprägung anzutreffen sind.

➡ Bei einer *hospedaje* handelt es sich meist um ein großes Familienwohnhaus, in dem einige Zimmer (in der Regel mit Gemeinschaftsbad) an Touristen vermietet werden.

➡ Vergleichbar damit ist auch die *pensión*, die ebenfalls Kurzaufenthalte in einem Familienhaus anbietet, das unter Umständen aber zusätzlich auch ständige Mieter hat.

➡ *Residenciales* sind in der Regel Gebäude, die für kurzfristige Übernachtungen konzipiert sind. Einige von ihnen – euphemistisch als *albergues transitorios* bezeichnet – richten sich an Kunden, die nur *sehr, sehr* kurz bleiben, meist nur zwei Stunden. Die *albergues transitorios* werden meist von jungen argentinischen Pärchen aufgesucht, die zu Hause keine Privatsphäre haben.

➡ Die Zimmer und deren Ausstattung sind bescheiden, oft sogar sehr einfach, aber meist sauber. Am preiswertesten sind die Zimmer, die über ein Gemeinschaftsbad verfügen.

Hostels

➡ Hostels sind im Land weit verbreitet – mal sind sie extrem einfach möbliert, mal wunderschön eingerichtet und mit einer Ausstattung versehen, die die vieler einfacher Hotels übertrifft. Die meisten Hostels liegen in ihrer Ausstattung zwischen den genannten Extremen, alle haben sie aber eine Gemeinschaftsküche, Gemeinschaftsbäder, Aufenthaltsräume und Schlafsäle. Die Mehrzahl von ihnen vermietet auch ein paar Doppelzimmer mit oder ohne Bad.

➡ In Hostels trifft man oft andere Reisende, sowohl aus Argentinien als auch aus anderen Ländern, und das vor allem, wenn man alleine unterwegs ist. Oftmals werden auch soziale Events wie *asados* veranstaltet, und es werden Ausflüge in die Umgebung angeboten. Man sollte jedoch bedenken, dass Argentinier Nachteulen sind und die Hostelgäste es ihnen meistens gleichtun. Also am besten Ohrstöpsel mitbringen.

➡ Mitglieder entsprechender Organisationen und Dachverbände, darunter z. B.

Hostelling International (www.hihostels.com) und **HoLa** (www.holahostels.com) erhalten Ermäßigungen.

Hotels

→ Argentinische Hotels erlebt man in ganz unterschiedlicher Ausprägung – von bedrückenden 1-Stern-Häusern bis hin zu luxuriösen 5-Sterne-Tempeln mit einem hervorragenden Service. Was die Wahl noch schwerer gestaltet, ist die Tatsache, dass manche 1- oder 2-Sterne-Hotels besser sind als die 3- oder 4-Sterne-Unterkünfte.

→ Generell vermieten die meisten Hotels Zimmer mit Bad, häufig finden sich in den Zimmern auch ein Telefon und ein Fernseher mit Kabelprogrammen; manche Hotels bieten ihren Gästen sogar Mikrowellen und/oder Küchenzeilen. Einige Hotels haben eigene *confiterías* oder Restaurants, fast alle servieren morgens ein Frühstück (und sei es in Form von ein paar *medialunas* (Croissants) und Kaffee oder als komplettes amerikanisches Frühstücksbüfett).

Rentals & Homestays

→ Wer bei einem geplanten längeren Aufenthalt gleich ein Haus oder eine Wohnung mietet, kommt – vor allem in der Gruppe – möglicherweise günstiger weg. Das gilt vor allem während der Hochsaison in Urlaubsorten wie Bariloche oder in Badeorten an der Atlantikküste (es empfiehlt sich, sehr frühzeitig zu buchen). Wer sich dafür interessiert, dem helfen die Touristinformationen mit Ansprechpartnern weiter.

→ Während der Urlaubsmonate vermieten viele Familien im Landesinneren Zimmer an Gäste. Oft sind das richtige Schnäppchen, weil man meist auch die Möglichkeit zum Kochen und Waschen hat und als Bonus noch in Kontakt mit den Einheimischen kommt. Die Touristeninformationen in kleineren Orten haben manchmal Adresslisten ausliegen und können Empfehlungen geben.

Versicherung

→ Es lohnt sich auf alle Fälle, eine Reiseversicherung abzuschließen, die Diebstahl, Verlust, medizinische Probleme und die Stornierung einer Reise bzw. deren Ausfall abdeckt. Einige Policen schließen dezidiert „gefährliche Aktivitäten" wie Tauchen, Skifahren, Klettern und teilweise sogar Wandern (Trekking) aus – entsprechend sorgfältig sollte man das Kleingedruckte lesen. Und ganz wichtig ist auch, sicherzustellen, dass mit der Reiseversicherung die Kosten für einen Krankenhausaufenthalt bzw. einen medizinisch notwendigen Heimflug gedeckt sind.

→ Wichtig ist es auch, alle Papiere zu sammeln, die für eine Rückerstattung von verauslagten Kosten relevant sind. Wird der Flug mit einer Kreditkarte bezahlt, ist automatisch schon eine (eingeschränkte) Reiseversicherung enthalten – in diesem Fall sollte mit der Kreditkartengesellschaft geklärt werden, welche Kosten gedeckt sind.

→ Weltweit gültige Reiseversicherungen lassen sich über www.lonelyplanet.com/travel-insurance abschließen. Diese können online gekauft und erweitert werden – selbst wenn man schon auf Reisen ist.

Visum

→ Deutsche, Österreicher und Schweizer brauchen für die Einreise nach Argentinien kein Visum. Bei der Ankunft erhält man einen 90 Tage gültigen Stempel im Reisepass.

→ Minderjährige Kinder, die mit nur einem Elternteil reisen, brauchen ein notariell beglaubigtes Schriftstück, in dem sich der nicht mitreisende Elternteil damit einverstanden erklärt, dass das Kind mit dem anderen Elternteil unterwegs ist. Eltern sollten auch ggf. eine Kopie der Sorgerechtsdokumente dabei haben. In den meisten Fällen wird aber nach keinem Dokument gefragt.

→ Deutsche, Österreicher und Schweizer brauchen auch für die Einreise in die Nachbarländer Brasilien, Bolivien Paraguay und Uruguay kein Visum. Da sich die Bestimmungen aber jederzeit ändern können, sollte man sich vorab auf den Webseiten der jeweiligen Botschaften informieren.

Visumsverlängerung

→ Wer länger als 90 Tage im Land bleiben will, muss sich auf einen bürokratischen Marathon gefasst machen und das Einwanderungsbüro in Buenos Aires aufsuchen: **Dirección Nacional de Migraciones** (www.migraciones.gov.ar). Die fällige Gebühr beträgt momentan 600 Arg$ für alle Nicht-Mercosur-Nationen (also Besucher aus Ländern, die nicht Argentinien, Brasilien, Paraguay und Uruguay sind). Interessanterweise beträgt die Strafgebühr für Visumsüberziehungen auch

---

UNTERKÜNFTE ONLINE BUCHEN

Weitere Hotelempfehlungen und Anmerkungen von Lonely-Planet-Autoren bietet der Service auf http://lonelyplanet.com/hotels/. Dort finden sich unabhängige Bewertungen und Insidertipps. Und das Beste: Man kann die Unterkünfte gleich online buchen.

ARGENTINIENS TASA DE RECIPROCIDAD

Von den Bürgern einiger Staaten wird bei ihrer Ankunft eine Gebühr *(tasa de reciprocidad)* verlangt. Diese Gebühr entspricht in etwa dem, was von Argentiniern umgekehrt bei der Ankunft in den entsprechenden Ländern verlangt wird (z. B. bei der Einreise in die USA, Kanada oder Australien). Die Gebühr kann auch per Kreditkarte bezahlt werden, weitere Informationen finden sich unter: www.migraciones.gov.ar/accesibleingles (auf „Reciprocity Fee" klicken).

Es empfiehlt sich, aktuelle Infos einzuholen, weil die Regelungen sich stetig ändern können.

nur 600 Arg$ (das kann sich natürlich jederzeit ändern). Wer länger als drei Monate im Land bleiben möchte, der sollte überlegen, ob er alternativ nicht einfach ein bis zwei Tage, bevor das Visum abläuft, die Grenze nach Colonia oder Montevideo (beide in Uruguay; Colonia lässt sich bequem im Rahmen eines Tagesausflugs besuchen) oder nach Chile überschreitet, um dann anschließend mit einem neuen 90-Tage-Visum wieder einzureisen. Das funktioniert natürlich nur, wenn für die Einreise in das andere Land kein Visum benötigt wird.

Zeit

➡ Der Zeitunterschied zur MEZ beträgt vier Stunden, während der europäischen Sommerzeit 5 Stunden. Wenn es in Argentinien also 12 Uhr ist, dann ist es in Deutschland, Österreich und der Schweiz schon 16 Uhr, während der Mitteleuropäischen Sommerzeit 17 Uhr.

➡ Argentinien zählt die Uhrzeit offiziell nach dem 24-Stunden-System (im Schriftverkehr), aber auch das 12-Stunden-System wird verwendet.

Zoll

➡ Argentinische Beamte verhalten sich gegenüber ausländischen Touristen in der Regel höflich und der Situation angemessen. Elektronische Geräte, dazu zählen Laptops, Kameras und Handys, dürfen zollfrei ins Land eingeführt werden – vorausgesetzt, sie werden auch wieder ausgeführt, sprich nicht im Land verkauft. Wer viele elektronische Geräte mit sich führt, sollte für diese vorab eine Liste erstellen (inklusive Seriennummern) und diese ausgedruckt mitnehmen; alternativ kann man auch die Kaufbelege mitführen.

➡ Je nachdem, aus welchem Nachbarland man nach Argentinien einreist, hat der Zoll einen anderen Schwerpunkt: Wer aus den zentralen Andenstaaten einreist, muss damit rechnen, auf Drogen kontrolliert zu werden, bei den anderen Nachbarstaaten liegt der Fokus auf Obst und Gemüse, dass meist vor dem Grenzübertritt konfisziert wird. Wer illegal Drogen mit sich führt, muss mit erheblichen Schwierigkeiten rechnen – egal, aus welchem Land er einreist.

Verkehrsmittel & -wege

AN- & WEITERREISE

Flüge, Autos und Touren können online über die Website lonelyplanet.com/bookings gebucht werden.

Einreise

➡ Die Einreise nach Argentinien ist problemlos, die Einwanderungsbeamten an den Flughäfen arbeiten in der Regel schnell im Vergleich zu ihren Kollegen an den sonstigen Grenzübergängen. Die benötigen oft deutlich länger, um Reisepapiere und Gepäck zu überprüfen.

Reisepass

➡ Alle in Argentinien einreisenden Ausländer brauchen einen Reisepass, der ab dem Einreisedatum noch mindestens sechs Monate lang gültig ist. Eine Gültigkeit über das geplante Ausreisedatum hinaus wird empfohlen.

➡ Innerhalb des Landes ist die Polizei berechtigt, sich jederzeit den Personalausweis oder den Reisepass zur Überprüfung der Identität vorzeigen zu lassen; sie tun das allerdings nur selten ohne berechtigten Anlass.

KLIMAWANDEL & REISEN

Der Klimawandel stellt eine ernste Bedrohung für unsere Ökosysteme dar. Zu diesem Problem tragen Flugreisen immer stärker bei. Lonely Planet sieht im Reisen grundsätzlich einen Gewinn, ist sich aber der Tatsache bewusst, dass jeder seinen Teil dazu beitragen muss, die globale Erwärmung zu verringern.

Fliegen & Klimawandel

Fast jede Art der motorisierten Fortbewegung erzeugt CO_2 (die Hauptursache für die globale Erwärmung), doch Flugzeuge sind mit Abstand die schlimmsten Klimakiller – nicht nur wegen der großen Entfernungen und der entsprechend großen CO_2-Mengen, sondern auch, weil sie diese Treibhausgase direkt in den hohen Schichten der Atmosphäre freisetzen. Die Zahlen sind erschreckend: Zwei Personen, die von Europa in die USA und wieder zurück fliegen, erhöhen den Treibhauseffekt in demselben Maße wie ein durchschnittlicher Haushalt in einem ganzen Jahr.

Emissionsausgleich

Die englische Website www.climatecare.org und die deutsche Internetseite www.atmosfair.de bieten sogenannte CO_2-Rechner. Damit kann jeder ermitteln, wie viel Treibhausgase seine Reise produziert. Das Programm errechnet den zum Ausgleich erforderlichen Betrag, mit dem Reisende nachhaltige Projekte zur Reduzierung der globalen Erwärmung unterstützen können, beispielsweise Projekte in Indien, Honduras, Kasachstan und Uganda.

Lonely Planet unterstützt gemeinsam mit Rough Guides und anderen Partnern aus der Reisebranche das CO_2-Ausgleichsprogramm von climatecare.org.

Alle Reisen von Mitarbeitern und Autoren von Lonely Planet werden ausgeglichen. Auf der Homepage des Verlages – www.lonelyplanet.com – gibt es weitere Informationen zu diesem Thema.

TIPPS FÜR DIE ANKUNFT: AEROPUERTO INTERNACIONAL MINISTRO PISTARINI (EZEIZA)

→ Wer nach seiner Ankunft auf dem Flughafen Ezeiza Geld wechseln möchte, der sollte wissen, dass die Wechselstuben (*cambios*) am Flughafen generell zu schlechten Kursen tauschen.

→ Bessere Kurse bieten dagegen die Schalter der lokalen Banken. Nach dem Passieren des Zolls betritt man die Ankunftshalle, wendet sich dort scharf rechts und stößt auf den kleinen Schalter der Banco de la Nación. Die Bank hat auch einen Geldautomaten, der rund um die Uhr zugänglich ist, vor dem sich allerdings immer lange Schlangen bilden. Im Flughafengebäude stehen weitere Geldautomaten, die alle den offiziellen Wechselkurs berechnen.

→ Ein Schalter der Touristeninformation befindet sich gleich beim Taxistand von Taxi Ezeiza.

→ Shuttlebusse und Taxis fahren in regelmäßigen Abständen von Ezeiza ins Stadtzentrum. Wer einen Anschlussflug zu einem anderen argentinischen Flughafen hat, sollte sich bei der Airline erkundigen, ob das Flugticket den Transfer zwischen den Flughäfen einschließt.

→ Wer von Ezeiza ins Ausland fliegt, sollte zwei bis drei Stunden vor der Abflugzeit am Flughafen sein. An den Sicherheits- und Passkontrollen entstehen oft lange Schlangen, außerdem ist der Verkehr auf der Strecke nach Ezeiza oft sehr zähfließend – es kann über eine Stunde dauern, aus dem Zentrum von Buenos Aires die 35 km lange Strecke zum Flughafen zurückzulegen.

Aus diesem Grund sollte man immer zumindest eine Kopie des Reisepasses mit sich führen. Davon abgesehen benötigt man den Ausweis auch zum Betreten eines Regierungsgebäudes, zur Erstattung der Mehrwertsteuer in Tax-Free-Läden, zum Tausch von Geld in Banken etc.

Rück- oder Weiterreiseticket

→ Wer mit dem Flugzeug einreist, muss offiziell ein Rückreiseticket vorweisen können, was aber nur selten von den Beamten kontrolliert wird, wenn man erst einmal im Land ist. Dagegen wird es in der Regel von den Fluggesellschaften im Heimatland gefordert. Die Mehrheit der Fluggesellschaften verweigern das Betreten des Flugzeugs ohne einen Nachweis über die Weiterreise – egal, ob die Person ein One-way-Ticket gekauft hat oder nicht. Hintergrund dieser strikten Regelung ist die Verpflichtung der Airline, ihre Passagiere wieder heimfliegen zu müssen, sollte diesen die Einreise nach Argentinien verwehrt werden. Details im Einzelfall sind am besten bei der Fluggesellschaft zu erfragen.

Mit dem Flugzeug

→ Argentinien kann von Nordamerika, Großbritannien, Europa, Australien und Südafrika sowie von fast allen südamerikanischen Ländern direkt angeflogen werden. Man kann allerdings auch in ein Nachbarland wie Brasilien oder Chile fliegen und dann auf dem Landweg weiter nach Argentinien reisen.

→ Wer nach der Einreise in Argentinien direkt in eine der Provinzen weiterfliegen möchte, sollte prüfen, ob die Tickets auf denselben Flughafen ausgestellt sind. Ansonsten muss man genügend Zeit zwischen den Flügen einplanen, sodass man 40 Minuten bis zu zwei Stunden Zeit hat, von einem zum anderen Flughafen zu kommen.

Flughäfen & Fluglinien

→ Die meisten internationalen Flüge kommen am **Aeropuerto Internacional Ministro Pistarini** (Ezeiza; ☎011-5480-6111; www.aa2000.com.ar) nach Buenos Aires an, der etwa 35 km außerhalb liegt und mit dem Shuttlebus oder Taxi in 40 bis 60 Minuten zu erreichen ist.

→ In der Nähe der Innenstadt von Buenos Aires liegt der **Aeroparque Internacional Jorge Newbery** (☎011-5480-6111; www.aa2000.com.ar; Av Rafael Obligado; 🚌33,45) auf dem die meisten der Inlandsflüge, aber auch einige wenige internationale Flüge aus den Nachbarländern abgewickelt werden.

→ Es gibt noch einige andere internationale Flughäfen im Land. Die wichtigsten Infos zu den meisten argentinischen Flughäfen lassen sich online bei **Aeropuertos Argentina 2000** (www.aa2000.com.ar) abrufen.

→ **Aerolíneas Argentinas** (www.aerolineas.com.ar) ist

die staatliche Fluglinie und hat international einen ganz ordentlichen Ruf.

Auf dem Landweg
Grenzübergänge

Es gibt zahlreiche Grenzübergänge zu den Nachbarstaaten Bolivien, Brasilien, Chile, Paraguay und Uruguay. Die Formalitäten an der Grenze sind in der Regel schnell erledigt, wenn alle Reisepapiere in Ordnung sind (S. 707).

BOLIVIEN

Von La Quiaca nach Villazón Viele Busse aus Jujuy und Salta nach La Quiaca überqueren die Grenze an diesem Übergang. Alle Grenzgänger begeben sich zu Fuß über eine Brücke hinüber zum bolivianischen Grenzposten.

Von Aguas Blancas nach Bermejo Ab Orán, wohin man mit dem Bus von Salta und Jujuy reist, nimmt man den Bus nach Aguas Blancas und weiter nach Bermejo. Von dort fahren Busse nach Tarija.

Von Salvador Mazza (Pocitos) nach Yacuiba Busse von Jujuy und Salta fahren nach Salvador Mazza an der bolivianischen Grenze. Wenn man diese überschritten hat, nimmt man sich ein Gemeinschaftstaxi nach Yacuiba.

BRASILIEN

→ Der meistgenutzte Grenzübergang ist derjenige von Puerto Iguazú nach Foz do Iguaçu. In den Kapiteln über die beiden Orte finden sich Hinweise auf die Grenzformalitäten. Ein weiterer Grenzübergang ist der von Paso de los Libres nach Uruguaiana (Brasilien).

CHILE

Zwischen Argentinien und Chile gibt es eine ganze Reihe von Grenzübergängen. Mit Ausnahme von Patagonien müssen dabei jedoch auf dem Landweg immer die Anden überquert werden. Abhängig von den Wetterverhältnissen sind einige höher gelegene Passstraßen im Winter geschlossen – selbst die viel befahrene Strecke Mendoza–Santiago entlang der RN 7 kann immer mal wieder wegen schwerer Stürme gesperrt sein. Vor allem bei Reisen über die Anden sollte man sich vorab über die Wetterprognosen informieren. Die hier genannten Übergänge werden am häufigsten genutzt:

→ **Von Bariloche nach Puerto Montt** Der Grenzübergang über die Anden nach Chile ist in der Regel kein Problem. Sehr gefragt ist die fantastische, landschaftlich faszinierende zwölfstündige kombinierte Bus-/Bootsreise, die im Winter ganze zwei Tage dauert.

→ **Von El Calafate nach Puerto Natales und zum Parque Nacional Torres del Paine** Die wohl populärste Route der Region führt vom Glaciar Perito Moreno (bei El Calafate) zum Parque Nacional Torres del Paine (bei Puerto Natales). Im Sommer sind täglich mehrere Busse auf der Strecke unterwegs, in der Nebensaison ein bis zwei Fahrzeuge pro Tag.

→ **Von Los Antiguos nach Chile Chico** Wer von Chile aus nach Argentinien einreist, kann über die anstrengende RN 40 Richtung El Chaltén und El Calafate weiterreisen. Die Fahrt empfiehlt sich allerdings nur im Sommer, wenn öffentliche Busse auf der Strecke unterwegs sind.

→ **Von Mendoza nach Santiago** Die beliebteste Busverbindung zwischen den beiden Andenstaaten führt am 6962 m hohen Aconcagua vorbei.

→ **Von Salta nach San Pedro de Atacama (via Jujuy, Purmamarca und Susques)** Die zehnstündige Bustour über den Altiplano präsentiert eine grandiose Landschaft.

→ **Von Ushuaia nach Punta Arenas** Im Sommer fahren täglich Busse, im Winter nur einige wenige. Je nach Wetter dauert die Fahrt zehn bis 12 Stunden, unterwegs muss auf die Fähre entweder in Porvenir oder Punta Delgada/Primera Angostura umgestiegen werden.

PARAGUAY & URUGUAY

→ Es gibt zwei direkte Grenzübergänge zwischen Argentinien und Paraguay: von Clorinda nach Asunción und von Posadas nach Encarnación. Auch von der argentinischen Seite (Puerto Iguazú) kann man via Brasilien nach Ciudad del Este in Paraguay reisen.

→ Grenzübergänge zwischen Argentinien und Uruguay sind u. a.: Gualeguaychú nach Fray Bentos, Colón nach Paysandú und Concordia nach Salto. Da der Rio Uruguay der Grenzfluss ist, muss jeweils eine Brücke überquert werden. Busse von Buenos Aires nach Montevideo und zu anderen Küstenstädten brauchen länger und sind weniger komfortabel als die Fähren oder die Bus-Fähre-Kombinationen über den Río de la Plata.

Bus

→ Von allen Nachbarländern ist eine Einreise mit dem Bus möglich. Die Busse sind in der Regel komfortabel, modern und sauber. Mit gültigen Einreisepapieren ist der Grenzübertritt problemlos.

Auf dem Fluss

Zwischen Uruguay und Buenos Aires verkehren mehrere Fähren und Tragflächenboote, teilweise ist eine Busfahrt eingeschlossen.

→ **Von Buenos Aires nach Colonia** Täglich legen Fähren (Fahrzeit 1–3 Std.) nach

ABFLUGSTEUER

Die Abflugsteuer ist im Ticketpreis enthalten.

Colonia ab, von dort gibt es einen Busanschluss nach Montevideo (weitere 3 Std.).

➜ **Von Buenos Aires nach Montevideo** Hochgeschwindigkeitsfähren bringen die Fahrgäste in nur 2¼ Std. vom Zentrum in Buenos Aires in die Hauptstadt Uruguays.

➜ **Von Tigre nach Carmelo** Regelmäßig fahrende Passagierfähren rasen von Buenos Aires' Vorort Tigre nach Carmelo (2½ Std., ab Tigre auch nach Montevideo).

Übers Meer

Der Zugang nach Argentinien übers Meer erfolgt in der Regel durch Kreuzfahrtschiffe der Reederei **Cruceros Australis** (Buenos Aires 11-5128-4632; www.australis.com; 3 Nächte & 4 Tage ab 1190 US$ pro Person; Ende Sept.–Anfang April), die eine malerische viertagestour zwischen Ushuaia und Punta Arenas anbieten.

UNTERWEGS VOR ORT

Auto & Motorrad

➜ Da das Land riesig ist, sind viele Landesteile nur mit einem eigenen Fahrzeug erreichbar – trotz des sehr gut ausgebauten Bus- und Bahnnetzes. Das gilt vor allem für Patagonien, wo die Distanzen riesig sind und die Busse nur sehr unregelmäßig fahren.

Autokauf

➜ Für Ausländer gestaltet sich der Kauf eines Autos kompliziert. Grundvoraussetzung sind eine feste Wohnadresse in Argentinien, ein Documento Nacional de Identidad (DNI; eine Art Ausweis) und die Barzahlung. Wer einen Gebrauchtwagen kaufen will, muss die Fahrzeugpapiere in entsprechenden Büros von einem Halter auf den nächsten überschreiben lassen, dabei muss der alte Halter anwesend sein und alle notwendigen Papiere vorzeigen können. Vor dieser Überschreibung sollte man sicherstellen, dass alle Versicherungen, Strafzettel und Steuern vom Vorbesitzer/Halter bezahlt wurden.

➜ Spanischkenntnisse sind beim Autokauf sehr hilfreich. Ein Auto zu versichern, ist ohne DNI extrem schwierig, wenn nicht gar unmöglich. Als Ausländer ohne DNI kann man zwar ein Auto besitzen, aber man darf theoretisch nicht ohne notarielle Beglaubigung aus dem Land fahren. Diese Beglaubigung ist aber nur sehr schwer zu bekommen.

➜ Wer nach all den Hinweisen immer noch ein Fahrzeug kaufen möchte, sollte sich über die aktuelle Situation im Internet und bei den Botschaften erkundigen.

Automobilclubs

➜ Wer plant, mit einem Auto durch das Land zu reisen, sollte Mitglied des argentinischen Automobilclubs **Automóvil Club Argentino** (ACA; 011-4808-4040; www.aca.org.ar; Av del Libertador 1850; Mo-Fr 9-16 Uhr; 130, 62, 93) werden. Der Club unterhält Büros, Tankstellen und Werkstätten im ganzen Land und bietet einen Pannen- und Abschleppdienst in und rund um die wichtigsten touristischen Ziele an. ACA erkennt die Mitgliedschaft der meisten Automobilclubs in Europa an und gewährt deren Mitgliedern Vorteile wie Pannendienst und Ermäßigungen beim Kauf von Karten bzw. bei Unterkünften. Unbedingt daran denken, den Mitgliedsausweis mitzunehmen!

Mit dem eigenen Auto

➜ Wer ein eigenes Auto in Südamerika einführen will, sollte das am besten über Chile tun. Möglich ist aber auch die direkte Verschiffung. Das Auto durch den Zoll zu bringen, erfordert eine Menge Papierkram.

Benzin

➜ Die Preise für *nafta* (Benzin) lagen bei Redaktionsschluss um etwa ein Drittel unter den deutschen, österreichischen und Schweizer Preisen. Normalbenzin (*común*) ist von schlechter Qualität und soll abgeschafft werden; daher unbedingt Super oder Super Plus tanken. In Patagonien sind die Benzinpreise noch einmal um etwa ein Drittel günstiger als in den restlichen Landesteilen.

➜ *Estaciones de servicio* (Tankstellen) gibt es überall, allerdings sollte man außerhalb der Städte immer einen Blick auf die Tankanzeige werfen und an jeder Tankstelle den Tank wieder auffüllen. In Patagonien empfiehlt sich sogar die Mitnahme von Reservekanistern, da die Tankstellen nicht immer zuverlässig mit Benzin beliefert werden.

Führerschein & sonstige Dokumente

➜ Streng genommen braucht jeder ausländische Autofahrer neben seinem nationalen auch den internationalen Führerschein. Doch die wenigsten Mietwagenfirmen fragen danach. Bei einer Verkehrskontrolle wird nach den Fahrzeugpapieren, den Versicherungsunterlagen und den Unterlagen zur KFZ-Steuer gefragt, sie sollten alle gültig sein.

➜ Fahrer argentinischer Fahrzeuge müssen die grüne Karte *(tarjeta verde)* vorlegen. Bei einem Leihwagen sollte man sich unbedingt *vor* Fahrtantritt vergewissern, dass sie im Handschuhfach liegt. Bei ausländischen Fahrzeugen zeigt man stattdessen die Zollzulassung.

➜ Es besteht Versicherungspflicht, und die Polizei kontrolliert auch mit großer Vorliebe den Nachweis.

Mietwagen

→ Wer einen Wagen mieten will, muss mindestens 21 Jahre alt sein, eine Kreditkarte und einen gültigen nationalen Führerschein vorlegen können. Die Mietwagenfirmen fragen nur selten nach einem Internationalen Führerschein.

→ Bei Abschluss eines Vertrages sollte man genau prüfen, wie viele Freikilometer enthalten sind. Es gibt zwar Verträge mit unbegrenzter Kilometerzahl, die aber erheblich teurer sein können (abhängig vom Fahrziel). Deutlich günstiger ist es, ein Auto schon im Heimatland zu reservieren. Alternativ kann man Websites wie www.despegar.com oder www.webcarhire.com nutzen.

→ Günstigere Mietpreise findet man oft bei einer Reservierung über eine der international tätigen Mietwagenfirmen im Heimatland, online kann man es über Websites wie www.despegar.com versuchen.

→ Zu den günstigsten Orten, einen Wagen zu leihen, zählt Bariloche. Die Stadt bietet sich z. B. an, wenn man mit einem Mietwagen nach Patagonien fahren will. Wer mit dem Leihwagen nach Chile reisen möchte, muss mit zusätzlichen Kosten rechnen.

→ Für das Leihen eines Motorrades muss der Fahrer mindestens 25 Jahre alt sein; ein empfehlenswerter Anbieter in Buenos Aires (oder Neuquén) ist **Motocare** (011-4761-2696; www.motocare.com.ar/rental; Esteban Echeverría 738, Vicente López). Zu den beliebtesten Modellen zählt z. B. eine Honda Transalp 700s. Am besten ist es, seinen eigenen Helm und die Schutzkleidung von zu Hause mitzubringen. Motorräder sind vor allem für lange Fahrten über Land empfehlenswert.

→ Wer mit einem Mietwagen aus Argentinien nach Chile einreisen möchte oder umgekehrt, sollte beachten,

FÜR AUTOFAHRER

Eine sehr nützliche Website für alle, die mehr über die Straßen in Argentinien erfahren wollen, ist die Seite www.ruta0.com. Hier kann man beispielsweise zwei Punkte angeben und bekommt Strecken vorgeschlagen (man kann u. a. zwischen Pisten und geteerten Straßen wählen), und es werden die jeweiligen Entfernungen (in Kilometern), Fahrzeiten und sogar die Benzinkosten genannt.

dass die meisten Leihfirmen Wert darauf legen, dass das Fahrzeug im Ursprungsland wieder abgegeben wird.

Straßenverkehrsordnung & Gefahren

→ Wer darüber nachdenkt, in Argentinien mit einem Auto zu reisen, sollte bedenken, dass die Argentinier sehr aggressive Fahrer sind und generell Geschwindigkeitsbeschränkungen, Straßenschilder und teilweise sogar Ampeln ignorieren.

→ Von Nachtfahrten wird grundsätzlich abgeraten, in vielen Gegenden liegen Tiere auf der Straße, weil es dort angenehm warm ist.

→ Im Auto sollten sich immer ein gut leuchtendes Warnsignal (*balizas*) und ein Feuerlöscher (*matafuego*) befinden.

→ Die Fahrzeuge sollten über Kopfstützen verfügen, Gurte sind für alle Insassen verpflichtend (obwohl viele Einheimische sich nicht daran halten).

→ Ebenfalls verpflichtend sind Motorradhelme, allerdings wird die Einhaltung nicht ernsthaft verfolgt.

→ Auf den Highways fahren nur wenige Verkehrspolizisten Patrouille, sie stehen aber an wichtigen Straßenkreuzungen und Straßenposten und kontrollieren peinlich genau die Dokumente und das Equipment. Oft dienen diese Kontrollen als Vorwand für eine Bestechung. Wer sich unsicher ist, kann höflich darauf bestehen, die Botschaft oder das Konsulat zu kontaktieren. Wer zahlen will, um seine Ruhe zu haben und weiterfahren zu können, fragt *¿Puedo pagar la multa ahora?* – „Kann ich das Bußgeld sofort zahlen?"

Versicherung

→ Eine gültige Versicherung ist in Argentinien Pflicht, die Polizei überprüft die Papiere an den Checkpoints.

→ Wer plant, mit dem Wagen in eines der Nachbarländer zu reisen, muss vorab sicherstellen, dass die KFZ-Versicherung die Fahrt dorthin abdeckt (meist fallen dafür Zusatzkosten an).

→ Zu den renommierten argentinischen Autoversicherern zählen **Mapfre** (www.mapfre.com.ar) und **ACA** (www.aca.org.ar).

Bus

→ Wer länger in Argentinien unterwegs ist, wird schnell die Vorteile des hervorragenden argentinischen Busnetzes schätzen lernen. Die Fernbusse (*micros*) sind schnell, überraschend komfortabel und bieten teilweise ein fast schon luxuriöses Reiseerlebnis. Auch die Argentinier selbst sind mehrheitlich mit Bussen im Land unterwegs. Großes Reisegepäck wird fachkundig in den „Katakomben" der Busse verstaut. Vor allem in den Erste-Klasse-Bussen sind die Sicherheitsstandards hoch: Das Personal kümmert sich zuverlässig um die Taschen der Reisenden. Für längere Fahrten, zum Beispiel von

Buenos Aires nach Mendoza, empfehlen sich Nachtbusse. Sie ersparen Übernachtungskosten.

→ Viele Städte haben einen zentralen Busbahnhof, wo jede Busgesellschaft ihren eigenen Schalter besitzt. Einige Gesellschaften hängen ihre Fahrpläne gut sichtbar aus, der Fahrpreis und die Abfahrtszeiten stehen in der Regel auf der Karte. In so gut wie allen größeren Bahnhöfen gibt es Toiletten, Möglichkeiten zur Gepäckaufbewahrung, Imbissstände, Kioske und Zeitungsverkäufer. In touristisch interessanten Städten unterhält meist auch die Touristeninformation ein Büro im Bahnhof. In der Regel sind nur wenige Hotelschlepper unterwegs, wenn überhaupt. Eine unrühmliche Ausnahme bildet leider El Calafate.

→ Websites, auf denen man Fahrkarten für Fernbusreisen online (und das sogar ohne Gebühren) kaufen kann, sind www.plataforma10.com.ar, centraldepasajes.com.ar und www.omnilineas.com.

→ Die ein oder andere Fernbusstrecke wurde eingestellt, da Billig-Airlines den Markt erobert haben.

Klassen & Fahrtkosten

→ Die meisten Busgesellschaften betreiben moderne Busse mit ausreichend Platz, bequemen Sitzen, Panoramafenstern, Klimaanlagen, Fernsehern, Toiletten (eigenes Toilettenpapier mitbringen) und teilweise sogar mit Bordpersonal, das auf Wunsch Kaffee und Snacks serviert.

→ Bei Fahrten über Nacht lohnen sich die zusätzlichen Pesos für ein *coche cama* (Bus mit Liegesitzen): Die Sitze sind ausreichend breit, lassen sich fast horizontal umklappen und sind bequem. Noch mehr Luxus genießt man im *ejecutivo*, der aber nur auf einigen beliebten Busstrecken verkehrt. Die Alternative sind die weniger komfortablen *semi-cama*, in denen die Sitze zumindest etwas verstellbar sind. Am günstigsten sind die *Común*-Busse, die vor allem auf Kurzstrecken (unter 5 Std.) unterwegs sind. Auf diesen Strecken gibt es fast keine Alternative zu *Común*- oder *Semi-cama*-Bussen, angesichts der kurzen Fahrzeit ist das aber auch kein Problem.

→ Der Preis für eine Busfahrkarte richtet sich nach der Saison, der gewählten Klasse und der Busgesellschaft. Am teuersten sind in der Regel die Fahrten nach Patagonien. Viele Gesellschaften akzeptieren Kreditkarten als Zahlungsmittel.

Reservierungen

→ Häufig ist es nicht nötig, Buskarten im Vorfeld zu kaufen, es sei denn, man will an einem Freitag zwischen den großen Städten reisen oder über Nacht mit einem *coche cama* fahren: Diese Karten sind immer schnell ausverkauft. In der Ferienzeit, ab Ende Dezember bis Februar, im Juli und August, sind die Fahrkarten schnell vergeben. Sobald man irgendwo ankommt – vor allem in Städten, aus denen nur wenige Busse woanders hinfahren –, sollte man sich sofort nach den entsprechenden Busgesellschaften erkundigen und wenn möglich gleich auch die Weiterfahrt reservieren.

→ Wenn Busbahnhöfe weit außerhalb der Großstädte oder Städte liegen, dann unterhalten die Busgesellschaften häufig ein Büro in der Innenstadt, wo Fahrkarten ohne Aufpreis verkauft werden. Die Unterkünfte kennen die Adressen.

Saisonbusse

→ Im Seengebiet und in Nordpatagonien bestehen in den Sommermonaten (Nov.–März) gute Verbindungen: Dann sind Microbusse zu den beliebtesten Zeltplätzen unterwegs, größere Busse fahren um die Seen, zu den Startpunkten der Trekkingtouren und zu allen weiteren beliebten Sehenswürdigkeiten. Sobald die Saison vorbei ist, dünnen die Verbindungen schlagartig wieder aus.

→ Die berühmte RN 40 (Ruta Nacional Cuarenta – Rte 40) in Patagonien wurde früher nur unregelmäßig befahren und war nicht viel mehr als eine Piste. Inzwischen ist sie in weiten Teilen geteert (dennoch ist es immer noch ratsam, mit einem Allradfahrzeug zu fahren). Doch auch heute noch fahren nur selten öffentliche Busse auf der Strecke, in der Hauptreisezeit befahren vor allem die teuren „Microbusse" die RN 40.

Fahrrad

→ Wer plant, mit dem Rad durchs Land zu fahren, wird in Argentinien tolle Möglichkeiten vorfinden. Beim Radfahren erlebt man die Landschaft deutlich intensiver und ist wesentlich unabhängiger als bei Fahrten mit öffentlichen Verkehrsmitteln. Auch der Kontakt zu den Einheimischen ist einfacher und intensiver.

→ Straßenräder eignen sich für Fahrten auf den asphaltierten Straßen, die aber oft eng und nicht so gepflegt sind wie in Europa. Die bessere Wahl ist ein *todo terreno* (Mountainbike): Es ist sicherer, bequemer und besser geeignet für die schlecht asphaltierten Straßen und die unzähligen Schotterstraßen, die das ganze Land durchziehen. In den letzten Jahren sind die argentinischen Fahrräder besser geworden, aber qualitativ immer noch ein gutes Stück von den europäischen Standards entfernt.

→ Trekkingtouren mit dem Fahrrad sind in Argentinien nicht so einfach. Da ist zum einen der Wind, der in Patagonien so stark sein kann, dass man kaum vorankommt. In manchen Gegenden findet man auch kaum Wassernachschub. Und die argentinischen Autofahrer sind eine ernste Bedrohung für Radfahrer, insbesondere auf den vielen geraden, engen zweispurigen Fernstraßen. Man sollte sich so sichtbar wie möglich machen und einen Helm tragen.

➡ Radfahrer sollten ein gut sortiertes Reparaturset und die wichtigsten Ersatzteile für ihr Rad mitbringen und sich mit einem guten Satz Karten ausrüsten. Diese bekommt man am besten im Land selbst. Es lohnt sich, bei Einheimischen nachzufragen, ob man auch wirklich in die richtige Richtung fährt und wie die Straßenverhältnisse sind. Bei Radtouren in Patagonien sind ein Windstopper, Unterstellmöglichkeiten und warme Kleidung notwendig. Und gut zu wissen: Auf vielen Straßen ist man oft alleine unterwegs!

Flugzeug

➡ Die nationale Fluglinie **Aerolíneas Argentinas** (www.aerolineas.com.ar) bietet die meisten Inlandsflüge, ist aber nicht zwangsläufig besser als ihre Mitbewerber.

➡ Weitere Fluggesellschaften, die Inlandsfüge anbieten, sind **LATAM** (www.latam.com), Andes (www.andesonline.com) und Líneas Aéreas del Estado (LADE; www.lade.com.ar), der zivile Zweig der Luftwaffe. Norwegian Air (www.norwegian.com/ar) wollte zum Zeitpunkt der Recherche auch bald Inlandsflüge einrichten.

➡ Bei Redaktionsschluss planten neue Billig-Airlines Regionalflüge zwischen den Provinzen, ein Service, der die Reisewege innerhalb des Landes erheblich verändern wird. Eine Übersicht ist in den einzelnen Städtekapiteln.

➡ Die Buchung von Flügen durchs Land kann schwierig werden, vor allem über die Feiertage (Weihnachten und Ostern) und während der Ferienmonate Januar, Februar und Juli. Die Plätze sind dann sehr gefragt und häufig ausgebucht, entsprechend frühzeitig sollten sie also reserviert werden.

➡ Fast alle Inlandsflüge steuern den **Aeroparque Internacional Jorge Newbery** (☎ 011-5480-6111; www.aa2000.com.ar; Av Rafael Obligado; 🚌 33,45) an; er liegt nur einige Kilometer nördlich des Zentrums von Buenos Aires. Leider muss erwähnt werden, dass auf argentinische Inlandsflüge oft sehr wenig Verlass ist – Flüge werden häufig storniert oder sind verspätet und die Bediensteten treten nicht selten in den Streik. Es ist immer gut, die Reiseplanung zeitlich nicht zu eng zu fassen; so sollte man beispielsweise zur Sicherheit immer einen Puffertag zwischen Inlands- und internationalem Flug einplanen.

Nahverkehr

Bus

➡ Die innerstädtischen Busse in Argentinien (*colectivos*) sind berüchtigt dafür, überfüllt die Straßen entlangzubrettern und bei halsbrecherischem Tempo schwarzen Qualm auszustoßen. Unterwegs mit diesen Bussen erlebt man die jeweilige Stadt hautnah – sofern man das oft etwas komplexe Bussystem begreift. Die Busse sind eindeutig erkennbar nummeriert, auch das Endziel ist deutlich ausgeschrieben. Aber Achtung: Manchmal haben Busse gleiche Nummern, fahren aber teilweise andere Zwischenstationen an (vor allem in großen Städten). Deshalb auf die entsprechenden Hinweisschilder schauen. Um sicherzugehen, wohin der Bus fährt, lohnt sich immer die Frage: *¿Va este colectivo (al centro)?* Fährt dieser Bus (ins Zentrum)?

➡ Manche Stadtbusse bezahlt man beim Einsteigen nur mit Münzen.

➡ In Großstädten wie Buenos Aires, Mendoza oder Mar del Plata muss man vorab einen Fahrschein kaufen; meist sind diese an einem Kiosk erhältlich. *Sube*-Karten werden einmal aufgeladen und können in jeder Stadt benutzt werden, in denen sie gültig sind. In einige Städten gelten allerdings andere Kartensysteme, die nicht mit diesem System kompatibel sind.

➡ Wer sich nur kurz in einer Stadt aufhält, trifft auf Einheimische, die gerne ihre eigene Karte zum Einlesen anbieten, wenn man ihnen dann das Fahrgeld bar gibt.

Taxi & Remise

➡ Die Hauptstädter fahren viel mit Taxis, die in der Regel ein digitales Taxameter haben und ungefähr so viel kosten wie in Europa. Außerhalb der Hauptstadt sind Taxameter weit verbreitet, aber nicht immer eingebaut. Wenn sie fehlen, sollte man vor Fahrtantritt einen Pauschalpreis vereinbaren.

➡ *Remises* sind nicht gekennzeichnete Funktaxis, die in der Regel ohne Taxameter in einem festgelegten Abschnitt unterwegs sind. Für die Fahrt zahlt man einen Fixpreis (vergleichbar denen der Taxis). Läden und Unterkünfte bestellen sie auf Wunsch.

➡ In Gegenden, wo die Versorgung mit öffentlichen Nahverkehrsmitteln eher spärlich ist, ist das Mieten eines Taxis oder einer *remise* mit Fahrer für einen ganzen Tag eine interessante Option. Die Variante ist natürlich sehr bequem und für Gruppen durchaus günstig. Auf jeden Fall sollte im Voraus ein Fixpreis vereinbart werden.

U-Bahn

➡ Es gibt sie nur in Buenos Aires unter dem Namen Subte – sie ist das schnellste und preiswerteste Verkehrsmittel in der Innenstadt.

Schiff

→ Die Möglichkeiten, mit dem Schiff auf dem Meer, einem See oder Fluss zu reisen, sind in Argentinien sehr eingeschränkt. Regelmäßige Verbindungen bestehen zwischen Uruguay und Chile im Seengebiet. Weiter südlich hat man die Möglichkeit, auf Schiffen den Beagle-Kanal in Feuerland (Tierra del Fuego) zu befahren.

→ Der Vorort von Buenos Aires namens Tigre bietet zahlreiche Schiffs- bzw. Bootsausflüge im Delta des Río de la Plata an.

Trampen

→ Innerhalb Südamerikas zählt Argentinien zusammen mit Chile sicher zu den besten Ländern zum Trampen (*hacer dedo*). Wenig Glück haben Tramper meist bei den Privatwagen, die in der Regel schon mit Familienmitgliedern vollgestopft sind, mehr Glück hat man meist bei LKW-Fahrern. Ein guter Platz zum Fragen sind die Tankstellen (*estaciones de servicio*) an den Ausfallstraßen der großen Städte, wo die LKW-Fahrer meist noch einmal auftanken.

→ In Patagonien mit seinen riesigen Distanzen und dem geringen Verkehrsaufkommen müssen Tramper damit rechnen, lange auf eine Mitfahrgelegenheit warten zu müssen. Für das Warten empfiehlt sich warme, windabweisende Kleidung und ausreichend Proviant.

→ Wer erfolgreich ein Fahrzeug angehalten hat, sollte zunächst etwas über die allgemeine Reise erzählen wie etwa *visitando Argentina de Canada* (sind von Kanada bis hinunter nach Argentinien gefahren) statt gleich mit dem gewünschten Ziel ins Haus zu fallen. Der Grund: Die Argentinier sind fasziniert von den reiselustigen Ausländern.

→ Wie in jedem anderen Land der Welt ist das Trampen auch in Argentinien nicht vollkommen sicher. Wer sich dennoch dafür entscheidet, sollte sich immer des kleinen, aber durchaus vorhandenen Restrisikos bewusst sein. Zur Sicherheit empfiehlt es sich, zumindest zu zweit unterwegs zu sein und immer eine dritte Person über das Reiseziel und den geplanten Verlauf der Reise zu informieren.

Zug

→ Viele Jahre lang gab es nur wenige Fernreisezüge, in den letzten Jahren wurde aber stark am Ausbau des Bahnnetzes gearbeitet.

Gute Informationsquellen im Internet sind www.seat61.com/southamerica.htm und www.sofse.gob.ar.

→ Die meisten Züge verkehren in Buenos Aires und den umliegenden Provinzen. In der Ferienzeit wie Weihnachten und den nationalen Feiertagen gestaltet sich der Kauf einer Fahrkarte schwierig.

→ Die Zugpreise liegen meistens unter denen der Busse, dafür sind die Züge aber auch deutlich langsamer unterwegs, fahren seltener und zu weniger Zielen.

→ Die Fernreisezüge haben alle Schlafwagen.

→ Eisenbahnfreunde werden die Fahrt mit der Schmalspurbahn *La Trochita* genießen, die auf der 20 km langen Strecken von Esquel nach Nahuel Pan fährt. Eine weitere legendäre Strecke ist die touristisch interessante und landschaftlich absolut spektakuläre Fahrt mit dem *Tren a las Nubes* (Zug in die Wolken) in der Provinz Salta. Unterwegs überquert die Bahn in einer Höhe von 4220 m einen Wüstencanyon – allerdings ist sie auch berüchtigt für ihren unzuverlässigen Fahrplan. Und schließlich gibt es noch die landschaftlich großartige Traumstrecke mit dem *Tren Patagónico*, die von Bariloche nach Viedma führt.

Sprache

Die Aussprache des lateinamerikanischen Spanisch ist nicht kompliziert, denn die meisten Laute unterscheiden sich nicht allzu sehr von deutschen Lauten. In Zweifelsfällen hilft ein Blick auf die Aussprachehinweise in blauer Schrift. Wissen sollte man, dass der ch-Laut vielfach im Rachen gebildet wird, etwa wie beim deutschen Wort „ach"; v und b ähneln einem stimmhaften „w" und liegen streng genommen irgendwo zwischen „w" und „b"; das r wird stark gerollt. Wichtig ist auch, dass die Buchstaben ll (die im größten Teil Lateinamerikas ly oder schlicht y ausgesprochen werden) und das y in Argentinien als stimmhaftes bzw. stimmloses „sch" gesprochen werden – also wie das „j" in „Journal" oder eben wie ein deutsches „sch". Diese Eigenart verleiht dem argentinischen Spanisch ein besonderes Lokalkolorit. In der Lautschrift wird in diesem Sprachführer die Umschreibung mit sch gewählt. An die Eigentümlichkeit gewöhnt man sich rasch, vor allem im Umgang mit den Einheimischen.

Betonte Silben werden im Spanischen mit einem Akzentzeichen (Akut) wiedergegeben (z.B. *días*), in der Lautschrift zeigen kursiv gesetzte Silben die Betonung an.

In diesem Kapitel wurde die höfliche Anredeform gewählt; wo sowohl die höfliche als auch die informelle Form angegeben sind, werden sie durch die Abkürzungen „höfl." und „inf." unterschieden. Wo erforderlich, enthält der Sprachführer die maskuline und feminine Form eines Wortes; die jeweiligen Varianten sind durch einen Schrägstrich getrennt, die maskuline Form steht an erster Stelle, z.B. bei *perdido/a* (m/f).

ESSEN GEHEN

Könnte ich bitte die Speisekarte bekommen?
¿Puedo ver el menú, por favor? — pue·do wer el me·nu por fa·wor

Was empfehlen Sie?
¿Qué me recomienda? — ke me re·ko·myen·da

Haben Sie vegetarische Gerichte?
¿Tienen comida vegetariana? — tye·nen ko·mi·da we·che·ta·rya·na

Ich esse kein (rotes Fleisch).
No como (carne roja). — no ko·mo (kar·ne ro·cha)

Das war köstlich!
¡Estaba buenísimo! — es·ta·ba bue·ni·si·mo

Prost! ¡Salud! — sa·lu

Die Rechnung, bitte.
La cuenta, por favor. — la kuen·ta por fa·wor

Ich hätte gern einen Tisch für ...
Quisiera una mesa para ... — ki·sye·ra u·na me·sa pa·ra ...

(acht) Uhr las (ocho) — las (o·cho)

(zwei) Personen (dos) personas — (dos) per·so·nas

NOCH MEHR SPANISCH?

Detailliertere Hinweise und viele weitere Wendungen finden sich im *Latin American Spanish Phrasebook* von Lonely Planet. Man bekommt das Buch im **shop.lonelyplanet.com** und bei Internetbuchhändlern. Im **shop.lonelyplanet.de**, im Buchhandel und bei Internetbuchhändlern erhältlich ist außerdem der nützliche *Spanisch Reise-Sprachführer*, ebenfalls von Lonely Planet.

Grundwortschatz

Abendessen	almuerzo	al·muer·so
Aperitiv	aperitivo	a·pe·ri·ti·wo
Essen	comida	ko·mi·da
Flasche	botella	bo·te·scha
Frühstück	desayuno	de·sa·schu·no
Gabel	tenedor	te·ne·dor
Glas	vaso	wa·so

Hauptgericht	plato principal	*pla*·to prin·si·*pal*
heiß (warm)	caliente	ka·*lyen*·te
(zu) kalt	(muy) frío	(muy) *fri*·o
Kinderteller	menú infantil	me·*nu* in·fan·*til*
Löffel	cuchara	ku·*cha*·ra
Messer	cuchillo	ku·*chi*·yo
mit/ohne	con/sin	kon/sin
Mittagessen	cena	*se*·na
Restaurant	restaurante	res·tau·*ran*·te
Schüssel	bol	bol
Teller	plato	*pla*·to

Fleisch & Fisch

Ente	pato	*pa*·to
Fisch	pescado	pes·*ka*·do
Hähnchen	pollo	*po*·scho
Kalb	ternera	ter·*ne*·ra
Lamm	cordero	kor·*de*·ro
Rindfleisch	carne de vaca	*kar*·ne de *wa*·ka
Schwein	cerdo	*ser*·do
Truthahn	pavo	*pa*·wo

Obst & Gemüse

Ananas	ananá	a·na·*na*
Apfel	manzana	man·*sa*·na
Aprikose	damasco	da·*mas*·ko
Artischocke	alcaucil	al·kau·*sil*
Banane	banana	ba·*na*·na
Bohnen	chauchas	*tschau*·tschas
Erbsen	arvejas	ar·*we*·chas
Erdbeere	frutilla	fru·*ti*·scha
Gemüse	verdura	wer·*du*·ra
Gurke	pepino	pe·*pi*·no
Kartoffel	papa	*pa*·pa
Kirsche	cereza	se·*re*·sa
Kohl	repollo	re·*po*·scho
Kürbis	zapallo	sa·*pa*·scho
Linsen	lentejas	len·*te*·chas
Mais	choclo	*tscho*·klo
Möhre, Karotte	zanahoria	sa·na·o·rya
Nüsse	nueces	*nue*·ses
Obst	fruta	*fru*·ta
Orange	naranja	na·*ran*·cha
(rote/grüne) Paprika	pimiento (rojo/verde)	pi·*myen*·to (*ro*·cho/*wer*·de)
Pfirsich	durazno	du·*ras*·no
Pflaume	ciruela	sir·*we*·la
Pilz	champiñón	cham·pi·*nyon*
Rote Beete	remolacha	re·mo·*la*·cha
Salat	lechuga	le·*tschu*·ga
Sellerie	apio	*a*·pyo
Spargel	espárragos	es·*pa*·ra·gos

LUNFARDO

Hier einige Ausdrücke des *lunfardo* (Slang), den man unterwegs bestimmt einmal zu hören bekommt.

boliche – Disko oder Nachtclub

boludo – Trottel, Idiot; oft freundschaftlich gemeint, gegenüber Fremden aber sehr beleidigend (und härter als in der hier aufgeführten Übersetzung)

bondi – Bus

buena onda – „Good Vibrations"

carajo – Scheißkerl, Arsch; verdammt

chabón/chabona – Kerl, Typ/Mädel (freundlich)

che – Hey

diez puntos – OK, cool (wörtlich: 10 Punkte)

fiaca – Faulheit, Bequemlichkeit

guita – Geld

laburo – Job

macanudo – toll, klasse

mango – ein Peso

masa – etwas Cooles, Großartiges

mina – Frau

morfar – essen

pendejo – Idiot

piba/pibe – cooler junger Typ/junges Mädchen

piola – cool, clever

pucho – Zigarette

re – sehr; z. B. *re interestante* (sehr interessant)

trucho – Fälschung, Imitation, schlechte Qualität

¡Ponete las pilas! – Weitermachen! (wörtlich: Leg die Batterien ein!)

Me mataste. – Ich weiß es nicht, keine Ahnung. (wörtlich: Du hast mich getötet)

Le faltan un par de jugadores. – Er ist nicht ganz bei Sinnen. (wörtlich: Ihm fehlen ein paar Spieler)

che boludo – Der allertypischste *porteño*-Satz. Einfach einen freundlichen Jugendlichen fragen, der wird es einem erklären.

Spinat	espinacas	es·pi·na·kas
Tomate	tomate	to·ma·te
Trauben	uvas	u·was
Wassermelone	sandía	san·di·a
Zitrone	limón	li·mon
Zwiebel	cebolla	se·bo·scha

Sonstiges

Brot	pan	pan
Butter	manteca	man·te·ka
Ei	huevo	ue·wo
Essig	vinagre	wi·na·gre
Honig	miel	myel
Käse	queso	ke·so
Marmelade	mermelada	mer·me·la·da
Öl	aceite	a·sey·te
Paprika	pimienta	pi·myen·ta
Pasta	pasta	pas·ta
Reis	arroz	a·ros
Salz	sal	sal
Zucker	azúcar	a·su·kar

Getränke

Bier	cerveza	ser·we·sa
Kaffee	café	ka·fe
Milch	leche	le·tsche
(Orangen-)Saft	jugo (de naranja)	chu·go (de na·ran·cha)
Tee	té	te

(Mineral-)Wasser	agua (mineral)	a·gwa (mi·ne·ral)
Wein (Rot-/Weiß-)	vino (tinto/ blanco)	wi·no (tin·to/ blan·ko)

KONVERSATION & NÜTZLICHES

Hallo/Guten Tag.	Hola.	o·la
Auf Wiedersehen.	Adiós./Chau.	a·dyos/tschau
Wie geht es Ihnen?	¿Qué tal?	ke tal
Danke, gut.	Bien, gracias.	byen gra·syas
Entschuldigen Sie.	Perdón.	per·don
Tut mir leid.	Lo siento.	lo syen·to
Bitte.	Por favor.	por fa·wor
Danke.	Gracias.	gra·syas
Gern geschehen.	De nada.	de na·da
Ja./Nein.	Sí./No.	si/no

Ich heiße …	Me llamo …	me scha·mo …

Wie heißen Sie?

¿Cómo se llama Usted? (höfl.)	ko·mo se scha·ma u·ste
¿Cómo te llamas? (inf.)	ko·mo te scha·mas

Sprechen Sie Englisch/Deutsch?

¿Habla inglés/alemán? (höfl.)	a·bla in·gles/a le man
¿Hablas inglés/alemán? (inf.)	a·blas in·gles/a le man

Ich verstehe nicht.	Yo no entiendo.	yo no en·tyen·do

EL VOSEO

Das Spanisch der Río-de-la-Plata-Region unterscheidet sich vom Spanisch in Spanien und dem übrigen Lateinamerika, und zwar vor allem, was die Verwendung der informellen Anrede „du" angeht. Anstatt des *tuteo* (Gebrauch von *tú*) bevorzugen die Argentinier in der Regel den *voseo* (Gebrauch von *vos*); es handelt sich dabei um ein Relikt aus dem Spanisch des 16. Jhs., das eine etwas veränderte Grammatik erfordert. Alle Verben verändern sich dabei in Schreibung, Betonung und Aussprache. Beispiele für Verben auf -ar, -er und -ir sind unten aufgelistet – das Pronomen tú ist der Unterscheidung halber mit angegeben. Die Imperativformen (Befehlsform) weichen ebenfalls ab, der verneinte Imperativ hingegen ist im *tuteo* und *voseo* identisch.

Die spanischen Beispielsätze in diesem Buch verwenden die Form *vos*. Bittet ein Argentinier einen Fremden, ihn zu duzen, sagt er „Me podés tutear", auch wenn er selbst im Gespräch weiterhin die *vos*-Formen benutzt.

Verb	**Tuteo**	**Voseo**
hablar (sprechen): Du sprichst./Sprich!	Tú hablas./¡Habla!	Vos hablás./¡Hablá!
comer (essen): Du isst./Iss!	Tú comes./¡Come!	Vos comés./¡Comé!
venir (kommen): Du kommst./Komm!	Tú vienes./¡Ven!	Vos venís./¡Vení!

NOTFÄLLE

Hilfe!	¡Socorro!	so·*ko*·ro
Gehen Sie weg!	¡Vete!	*we*·te
Rufen Sie ...!	¡Llame a ...!	*scha*·me a ...
einen Arzt	un médico	un *me*·di·ko
die Polizei	la policía	la po·li·*si*·a
Ich habe mich verirrt.	Estoy perdido/a.	es·*toy* per·*di*·do/a (m/f)
Ich bin krank.	Estoy enfermo/a.	es·*toy* en·*fer*·mo/a (m/f)

Ich bin allergisch gegen (Antibiotika).
Soy alérgico/a a   soy a·*ler*·chi·ko/a a
(los antibióticos).   (los an·ti·*byo*·ti·kos) (m/f)

Wo sind die Toiletten?   ¿Dónde están los baños?
don·de es·*tan* los *ba*·nyos

SHOPPEN & SERVICE

Ich hätte gern ...	Quisiera comprar ...	ki·*sye*·ra kom·*prar* ...
Ich schaue mich nur um.	Sólo estoy mirando.	*so*·lo es·*toy* mi·*ran*·do
Kann ich mir das ansehen?	¿Puedo verlo?	*pue*·do *wer*·lo
Es gefällt mir nicht.	No me gusta.	no me *gus*·ta
Was kostet das?	¿Cuánto cuesta?	*kuan*·to *kues*·ta
Das ist zu teuer.	Es muy caro.	es muy *ka*·ro

Können Sie den Preis heruntersetzen?
¿Podría bajar un   po·*dri*·a ba·*char* un
poco el precio?   *po*·ko el *pre*·syo

In der Rechnung ist ein Fehler.
Hay un error en la cuenta   ai un e·*ror*·
en la *kuen*·ta

Geldautomat	cajero automático	ka·*che*·ro au·to·*ma*·ti·ko
Internetcafé	cibercafé	si·ber·ka·*fe*
Kreditkarte	tarjeta de crédito	tar·*che*·ta de *kre*·di·to
Markt	mercado	mer·*ka*·do
Post	correos	ko·*re*·os
Touristeninformation	oficina de turismo	o fi *si* na de tu·*ris*·mo x

UHRZEIT & DATUM

Wie spät ist es?	¿Qué hora es?	ke *o*·ra es
Es ist (10) Uhr.	Son (las diez).	son (las dyes)
Es ist halb (zwei).	Es (la una) y media.	es (la *u*·na) i *me*·dya
Morgen	mañana	ma·*nya*·na
Nachmittag	tarde	*tar*·de
Abend	noche	*no*·tsche

Schilder

Abierto	Geöffnet
Cerrado	Geschlossen
Entrada	Eingang
Hombres/Varones	Herren
Mujeres/Damas	Damen
Prohibido	Verboten
Salida	Ausgang
Servicios/Baños	Toiletten

gestern	ayer	a·*scher*
heute	hoy	oy
Morgen	mañana	ma·*nya*·na
Montag	lunes	*lu*·nes
Dienstag	martes	*mar*·tes
Mittwoch	miércoles	*myer*·ko·les
Donnerstag	jueves	*chue*·wes
Freitag	viernes	*wyer*·nes
Samstag	sábado	*sa*·ba·do
Sonntag	domingo	do·*min*·go

UNTERKUNFT

Ich hätte gern ein ... Zimmer.	Quisiera una habitación ...	ki·*sye*·ra *u*·na a·bi·ta·*syon* ...
Einzel	individual	in·di·wi·*dual*
Doppel	doble	*do*·ble

Was kostet es pro Nacht/Person?
¿Cuánto cuesta por noche/per sona?
kuan·to *kues*·ta por *no*·tsche/per·*so*·na

Ist das Frühstück enthalten?
¿Incluye el desayuno? in·*klu*·sche el de·sa·*schu*·no

Bad	baño	*ba*·nyo
Bett	cama	*ka*·ma
Campingplatz	terreno de cámping	te·*re*·no de *kam*·ping
Fenster	ventana	wen·*ta*·na
Hotel	hotel	o·*tel*
Jugendherberge	albergue juvenil	al·*ber*·ge chu·we·*nil*

Fragen

Wann?	¿Cuándo?	*kuan*·do
Warum?	¿Por qué?	por ke
Was?	¿Qué?	ke
Wer?	¿Quién?	kyen
Wie?	¿Cómo?	*ko*·mo
Wo?	¿Dónde?	*don*·de

Deutsch	Spanisch	Aussprache
Klimaanlage	aire acondicionado	ai·re a·kon·di·syo·na·do
Pension, Herberge	hostería	os·te·ri·a

VERKEHR

Boot	barco	bar·ko
Bus	colectivo/micro	ko·lek·ti·wo/mi·kro
Flugzeug	avión	a·wyon
Zug	tren	tren
erster	primero	pri·me·ro
letzter	último	ul·ti·mo
nächster	próximo	prok·si·mo
Eine ... Fahrkarte, bitte.	Un boleto de ..., por favor.	un bo·le·to de ... por fa·wor
1. Klasse	primera clase	pri·me·ra kla·se
2. Klasse	segunda clase	se·gun·da kla·se
einfach	ida	i·da
hin & zurück	ida y vuelta	i·da i vuel·ta

Ich möchte nach ... Quisiera ir a ... ki·sye·ra ir a ...
Hält er in ...? ¿Para en ...? pa·ra en ...
Welche Haltestelle ist dies?
¿Cuál es esta parada? kual es es·ta pa·ra·da
Wann kommt er an/fährt er ab?
¿A qué hora llega/ sale? a ke o·ra sche·ga/ sa·le
Sagen Sie mir bitte Bescheid, wenn wir ... erreichen ¿Puede avisarme cuando lleguemos a ...? pue·de a·wi·sar·me kuan·do sche·ge·mos a ...
Ich möchte hier gern aussteigen.
Quiero bajarme aquí. kye·ro ba·char·me a·ki

Bahnhof	estación de trenes	es·ta·syon de tre·nes
Bahnsteig	plataforma	pla·ta·for·ma
Bushaltestelle	parada de colectivo	pa·ra·da de ko·lek·ti·wo
Fahrkartenschalter	taquilla	ta·ki·scha
Fahrplan	horario	o·ra·ryo
Flughafen	aeropuerto	a·e·ro·puer·to
Ich möchte ein ... mieten	Quisiera alquilar ...	ki·sye·ra al·ki·lar ...
Auto	un coche/auto	un ko·tsche/au·to
Fahrrad	bicicleta	u·na bi·si·kle·ta
Geländewagen	un todoterreno	un to·do·te·re·no
Motorrad	una moto	u·na mo·to

Zahlen

1	uno	u·no
2	dos	dos
3	tres	tres
4	cuatro	kua·tro
5	cinco	sin·ko
6	seis	seys
7	siete	sye·te
8	ocho	o·tscho
9	nueve	nue·we
10	diez	dyes
20	veinte	veyn·te
30	treinta	treyn·ta
40	cuarenta	kua·ren·ta
50	cincuenta	sin·kuen·ta
60	sesenta	se·sen·ta
70	setenta	se·ten·ta
80	ochenta	o·tschen·ta
90	noventa	no·wen·ta
100	cien	syen
1000	mil	mil

Benzin	nafta	naf·ta
Helm	casco	kas·ko
Kfz-Mechaniker	mecánico	me·ka·ni·ko
Werkstatt	estación de servicio	es·ta·syon de ser·wi·syo
trampen	hacer dedo	a·ser de·do

Ist dies die Straße nach ...?
¿Se va a ... por esta carretera? se wa a ... por es·ta ka·re·te·ra
Kann ich hier parken? ¿Puedo estacionar acá? pue·do es·ta·syo·nar a·ka
Der Wagen hat eine Panne.
El coche se ha averiado. el ko·tsche se a a·we·rya·do
Ich habe kein Benzin mehr.
Me he quedado sin nafta. me e ke·da·do sin naf·ta
Der Reifen hat keine Luft mehr.
Tengo una goma pinchada ten·go u·na ·go·ma pin·tscha·da

WEGWEISER

Wo ist ...? ¿Dónde está ...? don·de es·ta ...
Wie lautet die Anschrift? ¿Cuál es la dirección? kual es la di·rek·syon

Könnten Sie das bitte aufschreiben?
¿Puede escribirlo, por favor? *pue·de es·kri·bir·lo por fa·wor*

Können Sie es mir zeigen (auf der Karte)?
¿Me lo puede indicar (en el mapa)? *me lo pue·de in·di·kar (en el ma·pa)*

an der Ecke	*en la esquina*	*en la es·ki·na*
an der Ampel	*en el semáforo*	*en el se·ma·fo·ro*
hinter ...	*detrás de ...*	*de·tras de ...*
vor ...	*enfrente de ...*	*en·fren·te de ...*
links	*izquierda*	*is·kyer·da*
in der Nähe von	*cerca*	*ser·ka*
neben ...	*al lado de ...*	*al la·do de ...*
gegenüber ...	*frente a ...*	*fren·te a ...*
rechts	*derecha*	*de·re·tscha*
geradeaus	*todo recto*	*to·do rek·to*

GLOSSAR

acequia – Bewässerungsgraben
aerosilla – Sessellift
alcalde – Bürgermeister
alerce – großer Nadelbaum, dem kalifornischen Redwood im Erscheinungsbild ähnlich; nach ihm wurde der argentinische Parque Nacional Los Alerces benannt
arroyo – Bach, kleiner Fluss
arte rupestre – Höhlenmalerei
autopista – Autobahn

baliza – Rückstrahler
balneario – jede zum Baden geeignete Zone, inklusive Strandresorts und Strände an Flüssen oder Seen
bandoneón – Instrument im Stil einer Ziehharmonika, das beim Tango verwendet wird
barrio – Stadtviertel

cabildo – Rathaus aus der Kolonialzeit; auch das Gebäude, in dem der Stadtrat zusammentrat
cajero automático – Geldautomat
caldén – typische Baumart, die in der trockenen Pampa gedeiht
camarote – Schlafwagen erster Klasse
cambio – Wechselstube; auch: *casa de cambio*
campo – Land; auch: Feld oder Koppel
cartelera – Agentur für Billigtickets
casa de cambio – Wechselstube, oft als *cambio* abgekürzt
casa de familia – Familienunterkunft
casa de gobierno – wörtlich „Regierungsgebäude", heute oft als Museum, Bürokomplex etc. genutzt
castellano – Begriff, der in Südamerika für die spanische Sprache verwendet wird, wie sie in ganz Lateinamerika gesprochen wird; wörtlich bezieht sich der Begriff auf das kastilische Spanisch
catarata – Wasserfall
centro cívico – Bürgerzentrum
cerro – Hügel, kleinerer Berg
certificado – Einschreibesendung (Post)
chacarera – traditioneller Volkstanz
chacra – kleiner, unabhängiger Hof
chamamé – Volksmusik aus Corrientes
coche cama – Bus mit Liegesitzen
coima – Bestechungsgeld; derjenige, der besticht, wird als *coimero* bezeichnet
colectivo – Bus innerhalb einer Ortschaft
combi – Reisebus
común – Standardkategorie (Bus, Zug etc.)
conjunto – Musikgruppe
contrabajo – Kontrabass
correo – Postamt
corriente – Strömung
criollo – in der Kolonialzeit Bezeichnung für einen in Südamerika geborenen Spanier, heute für einen Lateinamerikaner europäischer Herkunft; der Begriff wird auch für die halbwilden Rinder und Pferde der Pampa verwendet
cruce – Straßenkreuzung

dique – Damm, Deich; so entstandene Stauseen werden gern als Erholungsgebiet genutzt; auch: Trockendock

edificio – Gebäude
ejecutivo – gehobene Klasse (Zug, Bus, Hotel etc.)
esquina – Straßenecke
estación de servicio – Tankstelle
estancia – weitläufige Ranch mit Rindern und Schafen, die vom Eigentümer oder einem Verwalter (*estanciero*) und Arbeitern bewirtschaftet wird; heute oft luxuriöse Hotelanlagen, wo man reiten, Tennis spielen und schwimmen kann – übers Wochenende oder auch längere Zeiträume
este – Osten

fútbol – Fußball

horario – Stundenplan, Fahrplan

locutorio – privater Telefonladen für Ferngespräche; oft mit Fax- und Internet-Service

manzana – wörtl. Apfel; auch: Wohnblock
mercado artesanal – Markt für Kunsthandwerk
meseta – ostpatagonische Steppe
mestizo – Person halb indianischer, halb spanischer Herkunft
milonga – Tangotanzveranstaltung oder Tanz
mirador – Aussichtspunkt, meist auf einem Berg, aber auch auf Gebäuden
municipalidad – Rathaus

nafta – Benzin
neumático – Ersatzreifen
norte – Norden

oeste – Westen

parada – Bushaltestelle
paraje – Pumpe, Zapfsäule
paseo – Ausflug, aber auch Stadtbummel oder Spaziergang
peatonal – Fußgängerzone, meist in der Innenstadt größerer Städte in Argentinien
pehuén – Araukarie; Baumart im Süden von Patagonien
peña – Lokal, in dem oft spontan Volksmusik gespielt wird
picada – in ländlichen Gebieten Weg durch dichte Wälder oder Berge; auch: Knabberzeug, Imbiss
piropo – Kompliment
piso – Stockwerk
porteño/a – Einwohner/in von Buenos Aires, nämlich Anwohner des *puerto*, Hafen

precordillera – Ausläufer der Anden
primera – erste Klasse im Zug
propina – Trinkgeld, zum Beispiel im Restaurant oder Taxi
pulpería – Laden oder Kneipe auf dem Land

quebracho – Quebrachobaum; im Chaco häufige Baumart; Lieferant von Tannin, das in der Lederindustrie benötigt wird

rambla – Promenade
rancho – Landhaus oder Farm aus Stein mit Reetdach
recargo – Preisaufschlag von meist zehn Prozent, der bei Bezahlung mit Kreditkarte in Geschäften hinzukommt
reducción – indianische Siedlung, die von spanischen Missionaren während der Kolonialzeit gegründet wurde; am berühmtesten sind die Jesuiten-Missionen im Dreiländereck Argentinien, Paraguay und Brasilien

refugio – Hütte in einem Nationalpark oder in einer abgelegenen Gegend
remise – Funktaxi ohne Taxameter mit Festpreisen für bestimmte Strecken; auch: *remís*
riacho – Bach
ripio – Kies
rotonda – Kreisverkehr
RN – Ruta Nacional; Nationalstraße
RP – Ruta Provincial; Provinzstraße
ruta – Straße

s/n – sin número, Adresse mit einer Straße ohne Hausnummer
semáforo – Ampel
semi-cama – Bus mit Liegesitzen
sendero – Trekkingpfad im Wald
servicentro – Tankstelle
siesta – längere Mittagspause, um zu essen und ein Nickerchen zu halten

Subte – U-Bahn von Buenos Aires
sur – Süden
tarjeta magnética – Busfahrkarte mit Magnetstreifen
tarjeta telefónica – Telefonkarte
tarjeta verde – grüne Karte; Fahrzeugdokument, das der Autofahrer bei sich führen muss
teleférico – Seilbahn
tola – Gebüsch, das im Altiplano im Nordwesten von Argentinien auf großer Höhe wächst
trapiche – Zuckermühle
turista – zweite Klasse im Zug, meist nicht besonders bequem

zapateo – folkloristischer Stepptanz
zona franca – Freihandelszone
zonda – heißer, trockener Wind aus den Anden

GLOSSAR: SPEISEN & GETRÄNKE

agua de la canilla – Leitungswasser

agua mineral – Mineralwasser, *con/sin gas* (mit/ohne Kohlensäure)

ajo – Knoblauch

alfajor – zwei flache Kekshälften, gefüllt mit *dulce de leche* und von außen mit Schokolade oder Baiser überzogen

almuerzo – Mittagessen

amargo – bitter

asado – Argentinisches Grillfleisch oder die Grillveranstaltung selbst (Letztere oft als sonntägliches Familientreffen)

bien cocido – gut durchgebraten (Steak)

bife (de chorizo/costilla/lomo) – (Sirloin-/T-Bone-/Filet-) Steak

bombilla – Strohhalm aus Metall mit Filter zum Trinken von Mate

bondiola – Schulterbraten vom Schwein

budín de pan – Brotpudding

café – Kaffee

casero – hausgemacht

carne – Fleisch (in der Regel Rindfleisch)

cerdo – Schweinefleisch

cena – Abendessen

cerveza – Bier

chimichurri – eine Marinade fürs Fleisch, normalerweise mit Petersilie, Knoblauch, Gewürzen und Olivenöl

chinchulines – Eingeweide

choclo – Mais

chopp – Fassbier

choripán – eine gut gewürzte Wurst, normalerweise in einem Brot oder Brötchen gereicht

chorizo – Wurst (nicht zu verwechseln mit *bife de chorizo*)

comedor – einfache Cafeteria

confitería – Laden, der Imbissgerichte anbietet

cortado – Espresso mit aufgeschäumter Milch

costillas – Rippchen

crudo – roh

cubierto – im Restaurant der Preis für Brot und Gedeck

desayuno – Frühstück

dulce – süß

dulce de leche – Argentiniens typische Süßigkeit: eine Art dickflüssiger, milchiger Karamell

empanada – mit Fleisch oder Gemüse gefüllte Teigtasche; in Argentinien ein beliebter Snack

entrada – Vorspeise

entraña – Saumfleisch, Kronfleisch

facturas – Gebäck; auch: Rezepte

frito/a – gebraten

fruta – Obst

frutos secos – Nüsse (Nüsse heißen auch *nueces*)

helado – Eiscreme

heladería – Eisdiele

hielo – Eis

hígado – Leber

hongo – Pilze (auch: *champiñón*)

huevos – Eier

jamón – Schinken

jarra – Kanne, Krug

jengibre – Ingwer

jugo (exprimido) – Saft (frisch gepresst)

jugoso – mittel (beim Steak); allgemein für „saftig"

lengua – Zunge

lenguado – Flunder

licuado – Obst-Shake

locro – traditioneller Eintopf mit Mais und Fleisch aus dem Norden Argentiniens

lomito – ein Steak-Sandwich

lomo – Filet

manteca – Butter

mariscos – Meeresfrüchte

matambre – eine dünne Scheibe Rindfleisch, manchmal gerollt und gefüllt (*matambre relleno*)

mate – ein Flaschenkürbis zum Servieren von *yerba mate* oder dem Tee selbst

medialuna (de manteca/de grasa) – Croissant (süß/herzhaft)

merienda – Nachmittagstee

merluza – Seehecht

mermelada – Marmelade oder Gelée

miel – Honig

milanesa – paniertes Kotelett (in der Regel vom Rind)

minuta – im Restaurant oder einer *confitería* ein kleines Gericht wie Spaghetti oder *milanesa*

mollejas – Kalbsbries

morcilla – Blutwurst

ñoquis – Gnocchi

ojo de bife – Rib-Eye-Steak, Hohe Rippe

pancho – Hot Dog

papas frita – Pommes frites

parrillada – Grillplatte mit Steaks und anderen Rindfleischsorten

parrilla – ein auf Steaks spezialisiertes Restaurant

pescado – Fisch

picada – Platte mit Käse und Räucherfleisch

pollo – Hähnchen

postre – Dessert

propina – Trinkgeld

puchero – Suppe mit Fleisch und Gemüse, oft mit Reis serviert

recargo – Aufpreis (z. B. für Kreditkarten, gewöhnlich etwa 10 %)

rotisería – Lokal mit Speisen zum Mitnehmen

sandwiches de miga – dünne Sandwiches aus krustenlosem Weißbrot

sorrentino – gefüllte Pasta, ähnlich wie Ravioli, aber groß und rund

submarino – heiße Milch mit einem Riegel dunkler Schokolade

tallarines – Nudeln

tenedor libre – wörtlich „freie Gabel"; ein All-you-can-eat-Restaurant

tira de asada – Rinderrippchen vom Grill

vacio – Flankensteak

verduras – Gemüse

vegetariano/a – (m/f) Vegetarier

vinoteca – Weinlokal

vino (blanco/tinto) – (roter/weißer) Wein

yerba mate – „Tee aus Paraguay" (*Ilex paraguariensis*), der in Argentinien und Uruguay in großen Mengen konsumiert wird

Hinter den Kulissen

WIR FREUEN UNS ÜBER EIN FEEDBACK

Post von Reisenden zu bekommen ist für uns ungemein hilfreich – Kritik und Anregungen halten uns auf dem Laufenden und helfen, unsere Bücher zu verbessern. Unser reiseerfahrenes Team liest alle Zuschriften genau durch, um zu erfahren, was an unseren Reiseführern gut und was schlecht ist. Wir können solche Post zwar nicht individuell beantworten, aber jedes Feedback wird garantiert schnurstracks an die jeweiligen Autoren weitergeleitet, rechtzeitig vor der nächsten Nachauflage.

Wer Ideen, Erfahrungen und Korrekturhinweise zum Reiseführer mitteilen möchte, hat die Möglichkeit dazu auf **www.lonelyplanet.com/contact/guidebook_feedback/new**. Unter **www.lonelyplanet.de/kontakt** erreichen uns Anmerkungen speziell zur deutschen Ausgabe.

Hinweis: Da wir Beiträge möglicherweise in Lonely-Planet-Produkten (Reiseführern, Websites, digitale Medien) veröffentlichen, ggf. auch in gekürzter Form, bitten wir um Mitteilung, falls ein Kommentar nicht veröffentlicht oder ein Name nicht genannt werden soll. Wer Näheres über unsere Datenschutzpolitik wissen will, erfährt das unter www.lonelyplanet.com/privacy

DANK VON LONELY PLANET

Wir danken den Reisenden, die mit der letzten Ausgabe unterwegs waren und uns nützliche Hinweise, gute Ratschläge und interessante Begebenheiten übermittelt haben: Andrew Kitzrow, Cintia Barraza, Denise Sasaki, Diego Echandi, Evana Stanonik, Felipe Ferraro, Gonçalo Correia, Miguel Prohaska, Nicolas Léonard, Olga Cirera, Patxi García Collado & Janire Gonzalez Echevarría, Rodrigo Machado, Sean O'Donnell, Sergio Rodriguez, Susan Ottenweller, Thomas Hammond, Virginia Mortari

DANK DER AUTOREN

Isabel Albiston
Ein großes Dankeschön an MaSovaida Morgan, Patricio Santos, Cé Martínez, Jessica Pollack, Madi Lang, Miles Lewis, Sorrel Moseley-Wiliams, Jazmín Arellano, Mercedes Fauda, Lorena Polo, Alan Seabright, Bárbara Poey, Patricia Franco, Nano Aznarez, Maria Elia Capella, Magda Dobrajska und an meine Familie. Eure Insidertipps und Eure herzliche Unterstützung weiß ich sehr zu schätzen. Besos an Facundo, Verita, Felipe, Ciro und Lottie und Alice und ein besonderer Dank an die *asadores* Marcelo Larroque und Julian Mule – *un aplauso!*

Cathy Brown
Ich danke meinen Kindern, die mich immer sehr unterstützen, wenn ich zu einer Reise ans Ende der Welt aufbreche, und meinem Vater, der mir stets zeigt, wie stolz er darauf ist, dass ich Reisebuchautorin geworden bin. Für ihre freundschaftliche Hilfe, guten Wein, Karaoke, *asados*, herrliche Lupinenfelder und einfach die beste Feuerland-Reise meines Lebens danke ich Juan und Ignacio von Tierra Turismo.

Gregor Clark
Muchísimas gracias an die vielen Uruguayer und die dort ansässigen Expats, die mich an ihrem Wissen und ihrer Liebe zum Land teilhaben ließen. Besonders danke ich Gloria, Tino, Miguel, Monica, Alain, Cecilia, Eduardo, Aaron, Victoria, Karen, Juan Manuel, Nahir und Pedro. *Besos y abrazos* an Gaen, Meigan und Chloe, die dafür sorgen, dass die Heimkehr immer der schönste Teil der Reise bleibt.

Alex Egerton
Meinen Respekt allen Argentiniern, die meine Reise zum Erfolg werden ließen, darunter Hada, Alejandra, Natalia, Marian, das Team in Misiones, Laura, Pablo, Paula und besonders Ariadna für ihre phänomenale Recherche. Ein großer Dank natürlich auch an Olga und Nick für ihre geduldige Unterstützung.

Michael Grosberg

Ich danke allen Genannten für ihre Freundlichkeit, Gastfreundschaft und Hilfe: Charlie O'Malley, Ricardo Paez, Adam Stern, Kai und Mercedes, Maria Ines Arroyo aus Cachueta, María Marta Guisasola und Edmundo Day. Danke auch an Rosie und Carly, die mich auf einem Teil der Reise begleitet und das schöne Mendoza zusammen mit mir erlebt haben.

Anna Kaminski

Ich danke MaSovaida Morgan für den Auftrag, über Bariloche & das Seengebiet zu schreiben, und natürlich jedem, der mir unterwegs behilflich war. Besonders bedanke ich mich bei dem superhilfsbereiten Team vom Club Andino in Bariloche, bei El Bolson und Junin de los Andes; Julio und Adriana in Bariloche; Gloria und Sebastian in Villa la Angostura; den Mitarbeitern der Touristeninformation Chos Malal; dem sehr hilfsbereiten Ranger in Lago Trome; Juanita in der Weinregion Neuquen; und Roberto in San Martin.

Carolyn McCarthy

Ich danke allen, die mir auf der letzten Recherchereise geholfen haben. Zunächst meinen Kopiloten Leif und Sergio, die mit mir 6000 patagonische Straßenkilometer im feuchtesten und schneereichsten Frühling der letzten Jahre bewältigt haben. Ein großes Dankeschön aber auch an Graciela, die Berge bezwungen hat, um mich an meinem Geburtstag zu besuchen (*gracias hermana!*). Dankbar bin ich auch Gaston für seine Hilfsbereitschaft, dem Team von Cabo Raso für ihre Gastfreundschaft, Alvaro bei Puesto Cagliero, Anita und Walter O.

Anja Mutić

Gracias an all die großartigen Leute, die mir unterwegs behilflich waren: Viviana in Capilla del Monte, Mabel in San Marcos Sierras und dem erstaunlichen Agus in Córdoba. MaSovaida – ich bin so dankbar, dass ich mit Dir reisen durfte! Vor allem aber *hvala* an Kweli, meine „kleine große Meisterin", deretwegen die Reise sich gelohnt hat.

Adam Skolnick

Ein besonderer Dank geht an den Kopiloten Maximus April Wong: Ohne dich wäre ich in Argentinien verloren gewesen. Danke auch an meine argentinische Familie: Mercedes Martinez und Chris Weitz. Dankbar bin ich aber auch MaSovaida Morgan, die mich in die Wildnis geschickt hat, und dem Rest des Teams bei Lonely Planet. Es hat wie immer Spaß gemacht, mit so klugen und begeisterten Leuten zusammenzuarbeiten. Danken möchte ich aber auch Aurelia Monnier von Palo Santo in Buenos Aires – und dem wunderschönen Land Argentinien!

QUELLENNACHWEIS

Die Daten in den Klimatabellen stammen von Peel MC, Finlayson BL & McMahon TA (2007), Aktualisierte Weltkarte der Köppen-Geiger-Klimaklassifikation, *Hydrology and Earth System Sciences*, 11, 163344. Abbildung auf dem Umschlag: Parque Nacional Los Glaciares, Patagonia; Michele Falzone/AWL ©

ÜBER DIESES BUCH

Dies ist die 7. deutsche Auflage von *Argentinien*, basierend auf der mittlerweile 11. englischen Auflage. Konzipiert wurde das Buch von Isabel Albiston, verfasst wurde es von Isabel, Cathy Brown, Gregor Clark, Alex Egerton, Michael Grosberg, Anna Kaminski, Carolyn McCarthy, Anja Mutić and Adam Skolnick. Die vorhergehende Ausgabe stammte von Sandra Bao, Gregor, Bridget Gleeson, Carolyn, Andy Symington und Lucas Vidgen. Betreut wurde der Band von folgenden Mitarbeitern:

Verantwortliche Redakteure MaSovaida Morgan, Bailey Freeman

Projektredaktion Ronan Abayawickrema, Saralinda Turner

Leitung der Kartografie Corey Hutchison

Layout Gwen Cotter

Redaktionsassistenz Nigel Chin, Andrea Dobbin, Samantha Forge, Jennifer Hattam, Jodie Martire, Monique Perrin, Simon Williamson

Bildredaktion für den Umschlag Naomi Parker

Dank an Will Allen, Hannah Cartmel, Sandie Kestell, Kate Mathews, Jessica Ryan, Angela Tinson, Sam Wheeler

Register

A

Abenteuersport 247, 492, 518; *siehe auch* einzelne Aktivitäten
  Pampine Sierren 348
  Seengebiet 420
Abflugsteuer 709
Aconcagua **18**
Aguas Arriba 529
Aktivitäten 36
Albúfera Mar Chiquita 153
Alfonsín, Raúl 671
Alta Gracia 345
Aluminé 441
Anden 25, 686; *siehe auch* Andiner Nordwesten
Andiner Nordwesten **242, 246**
  Highlights 242
  Reisezeit 240
Angastaco 263
Angeln 38, 525
  Bariloche 403
  Esquel 491
  Feuerland 586, 588
  Führer 39
  Gobernador Gregores 507
  La Cumbrecita 348
  Pinamar-Gegend 144
  Río Grande 586
  Seengebiet 441
  Vorschriften 39
  Zentrale Anden 378, 384
Anreise 707
Antarktis 567
Antofagasta de la Sierra 309
An- & Weiterreise 21
Arbeiten in Argentinien 694
Arbeitslosigkeit 674

Karten 000
Abbildungen 000

Archäologische Museen
  Adán Quiroga 306
  Cachi 260
  Cafayate 267
  Museo Arqueológico 267, 277, 285
  Museo Arqueológico Adán Quiroga 306
  Tilcara 285
Architektur 25
  Bariloche 402
  Casa de Gobierno 294
  Casa Ecológica de Botellas 219
  Kolonialarchitektur 25
  La Plata 129
Atlantikküste 52, 125, **126**, 143, 687
  Essen 125
  Highlights 126
  Klima 125
  Reisezeit 125
  Unterkunft 125
Aussichtspunkte
  Mirador de los Condores 350
  Mirador del Sol 350
  Parque Nacional Sierra de las Quijadas 352
Auto 701, 710
  Benzin 710
  Führerschein 710
  Mietwagen 710, 711
  RN 40 490
  Verkehrsregeln 711
  Versicherung 711
Autotouren 485; *siehe auch* Panoramafahrten
  Ruta 40 516
  Uruguay 658

B

Bahía Blanca 157
Bahía Bustamante 478
Bajo Caracoles 505
Bandoneón 107

Bariloche **16**, 53, 400-450, 402, **404**
  Aktivitäten 403
  An- & Weiterreise 402, 414
  Ausgehen 409
  Essen 400, 408
  Feste & Events 406
  Geführte Touren 405
  Information 413
  Klima 400
  Kurse 405
  Reisezeit 400
  Sehenswertes 402
  Shoppen 412
  Unterkunft 400, 407
Bariloche a la Carta 29
Barreal 394
Behinderung, Reisen mit 699
  Uruguay 656
Belén 309
Benzin 710
Berge
  Cerro de los Cóndores 506
  Cerro León 506
  Cerro Piltriquitrón 424
Bergsteigen 23, 37, 403
  Bariloche 403
  Cerro Aconcagua 382
  Mendoza 357
bica 275
Bier 412
Boca Juniors 70
Bogenschießen
  Pampine Sierren 348
Bolivien 285
Boltanski, Christian 478
Bootstouren 521, 533
  Bariloche 406
  Cruce de Lagos 406
  Iguazú-Fälle 219
  Parque Esteros del Iberá 197
  Reserva Provincial Esteros del Iberá 193

Rosario 167
Seengebiet 415, 424, 428, 438
Ushuaia 569, 571
Bosque Petrificado Sarmiento 482
Botschaften 694
Brasilien
  Einreise 229
Brauereien 22
  Bariloche 412
Bücher 662, 677
  Geschichte 666, 668
Buenos Aires 51, 56-124, **62, 73, 78**
  Aktivitäten 85
  An- & Weiterreise 119
  Barrio Norte **74**, 76, 97, 116
  Cementerio de la Recoleta 18
  Congreso **63-64**, 66, 89, 94, 102, 115
  Essen **12**, 56, 93
  Feste & Events 87
  Geführte Touren 86
  Geschichte 57
  Highlights 58
  Kinder, Reisen mit 88
  Klima 56
  Kurse 86
  La Boca 69, **73**, **82**, 96
  Lesben 101
  Microcentro 57, **63-64**, 87, 93, 101, 115
  Palermo **78-79**, **82**, 91, 98, 108, 117
  Praktische Informationen 118
  Puerto Madero **82-83**, 89
  Recoleta **74**, 76, 90, 97, 103, 116
  Reisezeit 56
  Retiro 96, 103
  Routen 61
  San Telmo **63-64**, 68, 89, 95

Sehenswertes 57
Shoppen 115
Sicher reisen 117
Stadtspaziergänge **31**
Tribunales 66, 89, 94, 102
Unterhaltung 110
Unterkunft 56, 87
Wein 102
Buenos Aires Jazz 30
Busreisen 709, 711
Argentinien 713
Uruguay 659
Butch Cassidy 501

C
cabañas 703
Cabo Corrientes 151
Cabo Dos Bahías 477
Cabo Polonio (Uruguay) 645
Cabo Raso 479
Cabot, Sebastian 665
Cacheuta 376
Cachi 260
Cafayate 267, **269**
Camarones 476
Camping
  Parque Nacional Tierra del Fuego 582
Cañadón de los Espejos (Uruguay) 634
Cañón Arco Iris 319
Cañon del Atuel 387
Cañón de Talampaya 319
Capilla del Monte 340, 341
Capybaras **18**; siehe auch Wasserschweine
Cariló 146
Carmelo (Uruguay) 624
Carnaval 27, **611**; *siehe auch Karneval*
  Montevideo (Uruguay) 602, 605
Carolina 353
Casa Curutchet 127
Casa Rosada 60
Catamarca 305, 306, **307**
Catedral de la Plata 127
Caviahue 443
Cayastá 180
Cementerio de la Recoleta **18**, 76
Cementerio Municipal 537
Cerro Aconcagua 18, 382

Karten **000**
Abbildungen **000**

Cerro Belvedere 426
Cerro Catedral **411**, 418
Cerro Champaquí 348
Cerro Chapelco 429
Cerro de los Siete Colores 282
Cerro La Cumbrecita 348
Cerro Otto 417
Cerro Pan de Azúcar (Uruguay) 634
Cerro San Bernardo 245
Cerro San Lorenzo 505
Cerro Tunduqueral 378
Cerro Verde (Uruguay) 649
Cerro Wank 348
Chaco 686
Chamamé 189, 680
Chatwin, Bruce 501
Chicoana 258
Chile 284, 590
  Grenzübergänge 284
  Patagonien 536
Chilecito 316
Chile, Reise nach 520
Chos Malal 445
Circuito Chico 415
Ciudad Perdida 319
Coca 275
Colón 201
Colonia del Sacramento (Uruguay) 616, **610**, **620**
Colonia Pellegrini 192
Comodoro Rivadavia 477
Concepción del Uruguay 200
Concordia 205
Copahue 444
Córdoba **16**, 53, **330-331**, 320, 321
  An- & Weiterreise 334
  Ausgehen 332
  Essen 320, 332
  Feste & Events 327
  Geführte Touren 327
  Klima 320
  Kurse 327
  Nueva Córdoba & Güemes 325
  Reisezeit 320
  Sehenswertes 321
  Shoppen 334
  Unterhaltung 333
  Unterkunft 320, 327
  Unterwegs vor Ort 335
Corrientes 185, **186**
Craft-Bier 22
Cristo Redentor 380

Cruce de Lagos 406
Cueva de las Manos 504
Cueva del Milodón 552
Cuyo 373

D
Darwin, Charles 485, 667
Delfine 471, 481, 485, 464
Delta 122
Demonstrationen 701
Denguefieber 697
Der kleine Prinz 558
Desserts 45
Día de la Independencia 28
Día de la Memoria 27
Día de Virgen de Luján 28
Difunta Correa 396
Dinosaurier 398, 447, 471, 688
Dolavon 477
Domingo Perón, Juan 476
Drake, Francis 485
Dünen
  Duna Magicá 312

E
Eberhard, Hermann 552
Einkaufszentren
  Galerías Pacífico 64
  Mercado de Abasto 84
Einreise 707
Eisklettern 517, 523
  Patagonien 517
Eiswanderungen
  Patagonien 521
El Bolsón 420, **422**
El Calafate 521, **524**
  An- & Weiterreise 531
  Ausgehen & Nachtleben 531
  Essen 528
  Geführte Touren 524
  Unterhaltung 531
  Unterkunft 525
  Unterwegs vor Ort 532
El Caminito 72, **82**, 83
El Chaltén 507, **510**
  Aktivitäten 507
  An- & Weiterreise 514
  Ausgehen 513
  Essen 512
  Feste & Events 509
  Geführte Touren 508
  Praktische Informationen 513
  Sehenswertes 507

Shoppen 513
Unterkunft 509
El Lúpulo al Palo 27
El Shincal 310, 311
El Tinkunaco 313
El Tren del Fin del Mundo **577**
El Volcán 351
Ermäßigungen 695
Escorial del Diablo 544
Espacio Memoria y Derechos Humanos 84
Esquel 490
  Aktivitäten 490
  Ausgehen 493
  Essen 493
  Feste & Events 492
  Geführte Touren 491
  Praktische Informationen 494
  Sehenswertes 490
  Unterhaltung 493
  Unterkunft 492
Essen 6, 480
  Buenos Aires 12
  Desserts & Süßigkeiten 45
  Restaurants 46
  Spezialitäten 44
  Sprache 724
  vegetarisch 46
Estancia El Cóndor 530
Estancias 136, 137, 195, 344, 508, 519, 524, 530, 535, 587, 704
  Bahía Bustamante 478
  Pampas 134
  Patagonien 478
  Tierra del Fuego **576**, 587
  Uruguay 618, 639
  Ushuaia 572
Estancia Santa Catalina 344
Etikette 677
Evita 668, 669, 670

F
Fahrrad 712
Fahrrad fahren *siehe Radfahren*
Falkland-Inseln 561
Falklandkrieg 672
Fallschirmspringen 41, 336
Farmen *siehe* Estancias
Faro José Ignacio **2**
Feiertage 695
  Uruguay 655

Felsklettern 519; *siehe auch* Bergsteigen, Klettern
Felsmalereien 268
Ferien 695
　Uruguay 655
Fernet 333
Feste & Events 87, 167, 202, 270, 277, 286, 306; *siehe auch* einzelne Orte
　Bariloche a la Carta 29
　Batalla de Tucumán 296
　Bier 27, 421
　Buenos Aires 87
　Buenos Aires Jazz 30
　Carnaval 27
　Carnaval (Uruguay) 605
　Día de la Independencia 28, 296
　Día de la Memoria 27
　Día de Virgen de Luján 28
　Eisteddfod 495
　El Lúpulo al Palo 27
　Festival Internacional de Cine Independiente 28
　Festival Nacional de la Noche Más Larga 28
　Fiesta de la Cereza 503
　Fiesta de las Colectividades 167
　Fiesta de la Tradición 30
　Fiesta Nacional de Esquí 492
　Fiesta Nacional de la Vendimia 27
　Fiesta Nacional del Chocolate 28
　Fiesta Nacional del Salmón 476
　Fiesta Nacional de Trekking 509
　Film 28
　Gaucho 30
　Gualeguaychú Carnaval 203
　Karneval 283
　Karneval in Gualeguaychú **178-179**
　Musik 27, 30, 270, 362
　Oktoberfest 29, 347
　Seengebiet 433
　Semana de Esquel 492
　Tango BA Festival y Mundial 28
　Todestag Carlos Gardels 28
　Vinos y Bodegas 29
　Wein 29, 362

Festival Internacional de Cine Independiente 28
Festival Nacional de la Noche Más Larga 28
Festival Nacional del Folklore 337
Festivals
　Film 152
　Gastronomie 152
　Pantalla Pinamar 144
　Tango 28
Feuerland 54, 563, 563-591, **564**, 688
　An- & Weiterreise 566
　Essen 563
　Geschichte 578
　Klima 563
　Reisezeit 563
　Unterkunft 563
　Unterwegs vor Ort 566
Fiesta de la Tradición 30
Fiesta Nacional de la Vendimia 27
Fiesta Nacional del Chocolate 28
Film 662, 665, 670
Fitz-Roy-Massiv **13**
Fliegenfischen 501, 529
Flughäfen 708
Flugreisen 708, 713
Folklórica *255*
Folkmusik 679
Fortaleza de Santa Teresa (Uruguay) 649
Fotografieren 698
Foz do Iguaçu (Brasilien) 232, **234**
Frauen unterwegs 695
Freiwilligendienst 695
Fußball 597, 612, 678
　Buenos Aires 85
　Museo del Fútbol (Uruguay) 597

G
Gaiman 474
Galtieri, Leopoldo 672
García, Charly 680
Gardel, Carlos 609
Gauchito Gil 193
Gaucho 30, **137**
Gaucho-Kultur 15, 139, 205, 207
　Festivals 131, 133
　Literatur 669
　Museen 632
Gefahren *siehe* Sicherreisen

Geführte Touren 260, 270; *siehe auch* Bootstouren
　Regenwald 228
　Ushuaia 570
Geld 20, 536, 696
　Uruguay 655
Geldautomaten 696
　Uruguay 655
Geografie 685
Geschäftszeiten 699
Geschichte
　Falklandkrieg 672
　Indigene Völker 664
　Schmutziger Krieg 165, 670
　Spanische Besiedlung 665
　Unabhängigkeit 666
　Wirtschaftskrise 673
Gesundheit 697
Getränke 45; *siehe auch* Mate
　Bier 412
　Mate 47
Gewichte 698
Gil, Antonio 193
Glaciar Perito Moreno 11, **10-11, 11, 523**, 523, 532
Glattwal, südlicher 462
Gleitschirmfliegen 41, 403
　Bariloche 403
　Pampine Sierren 336
　Seengebiet 421
Gletscher 521, 532, 540
　Glaciar Perito Moreno 11
　Glaciar Upsala 533
　Gletscherkunde 540
　Ventisquero Negro 419
Gletscherwandern 523
Gobernador Costa 499
Gobernador Gregores 507
Gran Chaco 235
Grande, Facón 482
Grenzübergänge 376
　Bolivien 285
　Chile 284, 376, 709
Gualeguaychú 203
Guanakos 505
Guevara, Ernesto ‚Che' **342**, 342, 429

H
Hernández, José 682
Historische Gebäude & Stätten
　Cabildo 289
　Castillo Pittamiglio (Uruguay) 598

　Cementerio de la Recoleta 76
　Cerro La Movediza 138
　Difunta Correa 396
　El Shincal 311
　El Zanjón de Granados 69
　Estación del Ferrocarril Patagónico 482
　Galerías Pacífico 64
　Iglesia Parroquial Nuestra Señora de la Merced 346
　La Casa de la Piedra Pintada 352
　Manzana de las Luces 61
　Manzana Jesuítica 323
　Palacio Barolo 68
　Palacio de las Aguas Corrientes 68
　Palacio del Congreso 67
　Palacio Legislativo (Uruguay) 597
　Palacio Paz 75
　Parque Arqueológico Colomichicó 445
　Portón de Campo (Uruguay) 617
　Pucará 284
　Puente Viejo 133
　San Ignacio Miní **178**
　Torreón del Monje 149
　Vía Cristi 440
Höhlen
　Caverna de Las Brujas 388
　Inti Huasi 352
　Zentrale Anden 388
Hostels 704
Hotels 705
Huella Andina 498
Huemul 529
Humahuaca 289, 280

I
Iguazú-Fälle **11**, 25, 52, 161, 216, **217**, 220, 220-221, **220-221, 685**, 687
　Essen 161
　Highlights **162-163**
　Klima 161
　Reisezeit 161
　Unterkunft 161
Indigene Völker 664
Inflation 697
Infos im Internet 21
Inka-Kultur 244, 247
Inti-Huasi-Höhle 352
Iruya 290, 280

Isla de Lobos (Uruguay) 637
Isla Gorriti 637
Isla Monte León 487

J

Jesuiten 323, 344
Jesuitenmissionen 213
 Paraguay 213
 San Ignacio Miní 17
Jesús María 341
José Ignacio (Uruguay) 640
Juan José Castelli 238
Jujuy 275, **276**
Jujuy (Provinz) 241
Junín de los Andes 440

K

Kaiman **24**, 689
Kajak & Kanu fahren 40, 456, 467, 483, 496, 519, 539
 Bariloche 403
 Pampine Sierren 353
 Parque Esteros del Iberá 198
 Patagonien 502
 Rosario 167
 Tandil 139
Kanu fahren *siehe* Kajak & Kanu fahren
Karneval 605, 612
 Corrientes 187
 Montevideo 602
 Quebrada 283
 Uruguay 605
Karten 698
Kathedralen *siehe* Kirchen & Kathedralen
Killerwale 464
Kinderopfer 244
Kinder, Reisen mit 49
Kino 683
Kirchen & Kathedralen
 Basílica de Nuestra Señora del Pilar 76
 Basílica Nuestra Señora de Luján 130
 Catedral Basílica de Salta 244
 Catedral Basílica de Nuestra Señora del Valle 306
 Catedral de la Plata 127

Karten **000**
Abbildungen **000**

Catedral de los Santos Pedro y Cecilia 149
Catedral Metropolitana 60, 294
Iglesia, Convento y Basilica de San Francisco 357
Iglesia Catedral (Córdoba) **331**
Iglesia Catedral 276
Iglesia Catedral 321
Iglesia de la Compañía de Jesús 325, **330**
Iglesia de San Francisco de Asís 292
Iglesia de Santa Teresa y Convento de Carmelitas Descalzas de San José 323
Iglesia de Uquía 289
Iglesia Nuestra Señora de la Candeleria de la Viña 245
Iglesia San Francisco 245
Iglesia San Francisco 245
Kathedrale (San Luis) 351
Parroquia Sagrado Corazón de Jesús de los Capuchinos 327
Parroquia Santísimo Sacramento 138
Kirchner, Cristina Fernández de 674
Kirchner, Néstor 674
Kiteboarden 39
Kitesurfen
 Zentrale Anden 397
Kleinkriminalität 700
Klettern 38; *siehe auch* Bergsteigen, Felsklettern
 Mendoza 357
 Pampine Sierren 344, 348, 350
 Seengebiet 418
 Zentrale Anden 378, 395
Klima *siehe auch* einzelne Regionen
Klimawandel 707
Klöster & Abteien 245
 Convento de San Bernardo 245
 Convento de Santo Domingo 313
 Convento y Museo de San Francisco 175
 Iglesia de Santa Teresa y Convento de Carmelitas Descalzas de San José 323

Konsulate 694
Konvente *siehe* Klöster & Abteien
Kosten 697
Kreditkarten 697
Kultur *siehe* Kino, Tango, Literatur, Musik
Kulturzentren 309
 Arañitas Hilanderas 309
 Centro Cultural América 241
 Centro Cultural del Bicentenario 304
Kunstgalerien
 Casapueblo (Uruguay) 635
 Centro Cultural Bastión del Carmen (Uruguay) 617
 Colección de Arte Amalia Lacroze de Fortaba 66
 Culturarte 276
 Espacio de Arte Contemporáneo (Uruguay) 598
 Fundación Artesanías Misioneras (Posadas) 211
 Fundación Proa 72
 Museo Blanes (Uruguay) 598
 Museo de Arte Contemporáneo 244
 Museo de Arte Contemporáneo, Bahía Blanca 158
 Museo de Arte Contemporáneo Buenos Aires 69
 Museo de Arte Contemporáneo de Rosario 165
 Museo de Arte Latinoamericano de Buenos Aires 77
 Museo de Arte Moderno de Buenos Aires 69
 Museo de Bellas Artes y Artes Decorativas (Uruguay) 627
 Museo Figari (Uruguay) 598
 Museo Gurvich (Uruguay) 598
 Museo Nacional de Arte Decorativo 81
 Museo Nacional de Artes Visuales (Uruguay) 598
 Museo Nacional de Bellas Artes 446
 Museo Superior de Bellas Artes Evita 327

Museo Torres García (Uruguay) 598
MusEUM 235
Paseo del Buen Pastor 326
Kurse
 Sprache 86, 327, 405
 Tango 85, 599

L

La Candelaria *136*
La Cumbre 336
La Cumbrecita 347
Lago Argentino 532
Lago Belgrano 506
Lago Fagnano 585
Lago General Vintter 499
Lago Huechulafquen 437
Lago Lácar 436
Lago Lolog 436
Lago Nahuel Huapi **410-411**, 415
Lago Tromen 439
Lago Viedma **522**
Laguna Ana (Chile) 544
Laguna de Castillos (Uruguay) 648
Laguna Torre 515
La Mano en la Arena (Uruguay) 635
Lamas 285, **689**
Landschaft 25
Landwirtschaftliche Zentren
 El Árbol 339
La Olla 486
La Paloma (Uruguay) 643, 630
La Pedrera (Uruguay) 644
La Plata 127, **128**
 Unterkunft 128
La Polvorilla 274
La Quiaca 291
La Rioja (Provinz) 305, 313
La Ruta de los Siete Lagos **430**, **430-431**, 431
Las Leñas 14, 389
Las Yungas 279, 296
La Trochita 491
La Virgencita 131
Lebensart 676
Lesben 101, 700
 Buenos Aires 101
Leuchttürme
 Faro Cabo Polonio (Uruguay) 645
 Faro (Uruguay) 617

Literatur 152, 662, 682, 682-684; *siehe auch* Bücher
Livemusik 190; *siehe* Musik
Montevideo (Uruguay) 609
Llullaillaco 244
Londres 310
Loreto 214
Los Antiguos 502
Los Gigantes 344
Los Molles 390
Los Penitentes 379
Los Seismiles 312
Luján 130
Luján de Cuyo **367**

M
Macri, Mauricio 675
Madres de la Plaza de Mayo 671
Magellan, Ferdinand 485, 537
Malargüe 388
Maradona, Diego 678
Mar Chiquita 153
Mar del Plata **19**, 19, 148, **150**
Marihuana
Uruguay 658
Märkte
Feria Artesanal (El Bolsón) 420
Feria de Mataderos 87
Feria de San Telmo 68
Mercado Artesanal (San Luis) 351
Mercado de San Telmo 69
Montevideo (Uruguay) 593, 608, 612
Seengebiet 420
Martial-Berge **577**
Maße 698
Mate 47, 207
Meereskajak 523
Meeres- & Schifffahrtsmuseen
Corbeta Uruguay 66
Museo Naval (Uruguay) 599
Mendoza 34, 53, 355-399, 357, **358**, 366
Aktivitäten 357, 372
An- & Weiterreise 371
Ausgehen 365
Essen 355, 363, 374
Feste & Events 362
Geführte Touren 374

Information 370
Klima 355
Reisezeit 355
Sehenswertes 357
Shoppen 370
Sicher reisen 370
Unterhaltung 365
Unterkunft 355, 362, 374
Unterwegs vor Ort 372
Weingüter **367**, 372
Weintouren 374
Mendoza, Pedro de 665
Menem, Carlos Saúl 673
Mercado Agrícola de Montevideo (Uruguay) 608
Mercedes 190, 191
Merecedes (Uruguay) 626
Merlo 350
Mesopotamia 687
Messi, Lionel 678
Mietwagen 711
Militärdiktatur 670
Milongas 113
Mina Clavero 349
Mirador Laguna Torre 515
Miramar 158
Misiones 207
Missionstationen 213
Mitre, Bartolomé 667
Mobiltelefon 20, 702
Molinos 263
Monte Tronador 419
Montevideo (Uruguay) 593, **596, 600**
Aktivitäten 599
An- & Weiterreise 614
Ausgehen & Nachtleben 608
Essen 604
Feste & Events 602
Kurse 599
Orientierung 613
Praktische Informationen 613
Sehenswertes 596
Shoppen 612
Unterhaltung 609
Unterkunft 602
Unterwegs vor Ort 616
Monumente & Standbilder
Cristo del Portezuelo 316
Cristo Redentor 380
Monumento Nacional a La Bandera 165
Monumento Nacional a La Bandera 165

Monumento Natural Bosques Petrificados 484
Monumento Natural Los Pingüinos 544
Motorrad 710
Versicherung 711
Mountainbike fahren 40, 467; *siehe auch* Radfahren
Bariloche 403
La Rioja 313
Seengebiet 421, 425, 433
Museen & Galerien *siehe auch* Kunstgalerien, Archäologische Museen, Meeres- & Schifffahrtsmuseen
Archivo Regional (Uruguay) 618
Cabildo 60
Capilla La Banda 300
Casa de la Independencia 294
Casa Nacarello (Uruguay) 617
Casa Natal de Sarmiento 391
Casa Padilla 294
Casa Rivera (Uruguay) 596
Centro de Interpretación Molinos 263
Centro de Interpretacíon Historico 521
Complejo Museográfico Enrique Udaondo 130
Convento y Museo de San Francisco 175
Corbeta Uruguay 66
Cripta Jesuítica 323
EcoCentro 456
Espacio Memoria y Derechos Humanos 84
Fragata Sarmiento 66
Glaciarium 521
La Pastera Museo del Che 429
La Posta de Hornillos 288
Molino de San Francisco 316
Museo Acatushún 572
Museo Antropológico 245
Museo Argentino de Ciencias Naturales 85
Museo Arqueológico (Cafayate) 267
Museo Arqueológico 260

Museo Carlos Gardel (Uruguay) 633
Museo Casa de Ernesto Che Guevara 346, 342
Museo Casa Martínez 187
Museo Casa Rosada 60
Museo Cóndor Huasi 309
Museo de Arqueología de Alta Montaña 241
Museo de Arte Contemporáneo de Rosario 165
Museo de Arte Contemporáneo Buenos Aires 69
Museo de Arte Hispanoamericano Isaac Fernández Blanco 75
Museo de Arte Latinoamericano de Buenos Aires 77
Museo de Arte Moderno de Buenos Aires 69
Museo de Arte Precolombino e Indígena (Uruguay) 596
Museo de Artesanías Tradicionales Folclóricas 186
Museo de Artes Decorativas (Uruguay) 596
Museo de Artes Visuales 471
Museo de Arte Tigre 122
Museo de la Ciudad 323
Museo del Agua y de la Historia Sanitaria 68
Museo de la Memoria 165, 323
Museo de la Patagonia 402
Museo de La Plata 127
Museo de la Revolución Industrial (Uruguay) 611, 627
Museo de la Vid y El Vino 267
Museo de la Virgen del Valle 306
Museo del Azulejo (Uruguay) 618
Museo del Cablecarril 316
Museo del Carnaval (Uruguay) 593
Museo del Fin del Mundo 569
Museo del Gaucho (Uruguay) 597
Museo del Hombre 311

Museo del Hombre Chaqueño 236
Museo del Hombre y la Tecnología (Uruguay) 628
Museo del Mate 122
Museo de los Andes (Uruguay) 593
Museo de los Pioneros 487
Museo del Puerto, Bahía Blanca 159
Museo del Transporte 130
Museo del Tren 491
Museo de Pachamama 303
Museo de Poesia 353
Museo de Tierra del Fuego (Chile) 590
Museo de Vino Santiago Graffigna 391
Museo Etnográfico Juan B Ambrosetti 64
Museo Etnográfico y Colonial Provincial 175
Museo Evita 80
Museo Folclórico Provincial 294
Museo Folklórico 313
Museo Fundacional 357
Museo Gauchesco Ricardo Güiraldes 133
Museo Histórico de Corrientes 187
Museo Histórico de la Universidad Nacional de Córdoba 323
Museo Histórico del Norte 244
Museo Histórico Kami 585
Museo Histórico Nacional 69
Museo Histórico Nacional del Virrey Liniers 346
Museo Histórico Provincial 165, 175
Museo Histórico Provincial Marqués de Sobremonte 323
Museo Histórico Regional Gales 474
Museo Histórico y Numismático Héctor Carlos Janson 65
Museo Iberoamericano de Artesanías 325

Karten **000**
Abbildungen **000**

Museo Indígena (Uruguay) 618
Museo Jesuítico Nacional de Jesús María 344
Museo Larreta 81
Museo Las Lilas de Areco 133
Museo Malvinas Argentinas 487
Museo Mapuche 440
Museo Martín Gusinde (Chile) 588
Museo Marítimo & Museo del Presidio 568
Museo Mitre 64
Museo Municipal (Uruguay) 617
Museo Municipal Argentino Urquiza 247
Museo Municipal Carmen Funes 447
Museo Municipal de Arte Juan Carlos Castagnino 149
Museo Municipal de Bellas Artes 164
Museo Municipal de Bellas Artes Dr Genaro Pérez 323
Museo Municipal Ernesto Bachmann 447
Museo Municipal Mario Brozoski 482
Museo Nacional de Arte Decorativo 80
Museo Nacional del Petróleo 478
Museo Nao Victoria 485
Museo Naval 122
Museo Naval y Marítimo 537
Museo Oceanográfico y de Ciencias Naturales 456
Museo Paleontológico (Uruguay) 618
Museo Paleontológico Egidio Feruglio 470
Museo Perón 476
Museo Portugués (Uruguay) 617
Museo Provincial de Bellas Artes Emilio Caraffa 327
Museo Provincial Padre Jesús Molina 487
Museo Regional de Magallanes (Chile) 537
Museo Regional Pueblo de Luis 471
Museo Rocsen 353

Museo Río Seco 537
Museo Superior de Bellas Artes Evita 327
Museo Taller Ferrowhite 158
Museo Tradicionalista Fuerte Independencia 139
Museo Xul Sola 81
Museo y Archivo Histórico Municipal (Uruguay) 596
Museo y Mercado Provincial de Artesanías 182
Museo y Taller de Platería Draghi 133
Pajcha – Museo de Arte Étnico Americano 245
Paseo del Buen Pastor 327
Sendero Triásico 319
Musik
Cumbia villera 680
Festivals 27

N

Nasenbär **220**
Nationalparks & Schutzgebiete 321, 462, 650, 692
Cueva de las Manos 504
Foz do Iguaçu (Brasilien) 232
Mina Clavero 349
Monumento Natural Bosques Petrificados 484
Pampine Sierren 321
Parque Esteros del Iberá 18, **179**, 192
Parque Interjurisdiccional Marino Isla Pingüino 484
Parque Nacional Baritú 301
Parque Nacional Bernardo O'Higgins 551
Parque Nacional Calilegua 279
Parque Nacional Campo de los Alisos 296
Parque Nacional do Iguaçu (Brasilien) 230
Parque Nacional El Leoncito 395
Parque Nacional El Palmar 204
Parque Nacional El Rey 257
Parque Nacional Iguazú 227

Parque Nacional Laguna Blanca 446
Parque Nacional Lanín 436
Parque Nacional Los Alerces 496
Parque Nacional Los Arrayanes **410**, 425
Parque Nacional Los Cardones 259, **264**
Parque Nacional Los Glaciares (Nordteil) 514
Parque Nacional Los Glaciares (Südteil) 532
Parque Nacional Mburucuyá 199
Parque Nacional Monte León 486
Parque Nacional Nahuel Huapi **410-411**, 415
Parque Nacional Pali Aike 544
Parque Nacional Patagonia 502
Parque Nacional Perito Moreno 505
Parque Nacional Quebrada del Condorito 348, 349
Parque Nacional Santa Teresa (Uruguay) 649
Parque Nacional Sierra de las Quijadas 352
Parque Nacional Talampaya **265**, 318
Parque Nacional Tierra del Fuego **576-577**, 582, **583**
Parque Nacional Torres del Paine 552
Parque Provincial Aconcagua 380
Parque Provincial Ernesto Tornquist 145
Parque Provincial Ischigualasto 318, 397
Parque Provincial Mocoretá 215
Parque Provincial Payunia 388
Parque Provincial Teyú Cuaré 212
Parque Provincial Volcán Tupungato 381
Parque Sierra de San Javier 296
Portal La Ascensión 502
Punta Delgada 463
Reserva Ecológica Costanera Sur 65
Reserva Faunística Península Valdés 462

Reserva Faunística Punta Loma 461
Reserva Los Huemules 535
Reserva Natural Laguna Nimez 521
Reserva Natural Ría Deseado & Parque Interjurisdiccional Marino Isla Pingüino 484
Reserva Natural Ría Deseado 484
Reserva Provincial Cabo Vírgenes 488
Seengebiet 402
Sierra de las Ánimas (Uruguay) 634
Área Natural Protegida Punta Tombo 475
Naturschutzgebiete *siehe* Nationalparks & Schutzgebiete
in Uruguay 650
Necochea 156
Neuquén 446
Nördliche Seen 440
Nordosten **162**
Highlights 162
Nordwesten 240
Notfälle
Sprache 719

O

Ocampo, Victoria 152
Öffnungszeiten 699
Uruguay 656
Oktoberfeste 29,347
ombúes 648
Ongamiratal 345
Orcas 464, 689
Osten von Uruguay 633
Outdoor-Aktivitäten *siehe auch* einzelne Aktivitäten
Oxo-Brühwürfel 627

P

Palacio San José 200
Paläste & Herrenhäuser
Palacio San José 200
Palermo 77, 91
Pali-Aike-Höhle 544
Pampa Linda 419
Pampas 52, 126, 687
Essen 125
Klima 125
Reisezeit 125
Unterkunft 125

Pampine Sierren **322**, 336, **338**
Highlights 322
Reisezeit 320
Panoramafahrten
Alta Catamarca 306
Circuito Chico 415
Circuito Pehuenia 442
La Ruta de los Siete Lagos **430**, **430-431**, 431
Panoramaflüge 231
Papagayos 354
Papst Franziskus 663
Paragliding
La Rioja 313
Tucumán 296
Paraná 182, **183**
Paraná-Delta 165
Parks & Gärten *siehe auch* Nationalparks & Schutzgebiete
Cerro El Centinela 138
Jardín Japonés 80
Parque 3 de Febrero 77, **83**
Parque General San Martín 357
Parque Independencia, Tandil 138
Parque Yatana 569
Paseo del Bosque 128
Reserva Forestal Magallanes 537
Parque 3 de Febrero 77
Parque Esteros del Iberá **18**, 192
Parque Nacional Baritú 301
Parque Nacional Bernardo O'Higgins 551
Parque Nacional Calilegua 279
Parque Nacional El Leoncito 395
Parque Nacional El Palmar 204
Parque Nacional El Rey 257
Parque Nacional Iguazú 227
Parque Nacional Lanín 436, **437**
Parque Nacional Los Alerces **497, 499**
Parque Nacional Los Arrayanes **410**, 425
Parque Nacional Los Cardones 259, **264**

Parque Nacional Los Glaciares (Nordteil) 514, **518, 519**
Aktivitäten 514
Geführte Touren 517
Parque Nacional Los Glaciares (Südteil) 532, **533**
Parque Nacional Mburucuyá 199
Parque Nacional Monte León 486
Parque Nacional Nahuel Huapi **410-411**, 415, **416**
Parque Nacional Pali Aike (Chile) 544
Parque Nacional Perito Moreno 505
Parque Nacional Quebrada del Condorito 348
Parque Nacional Santa Teresa (Uruguay) 649
Parque Nacional Talampaya 318
Parque Nacional Tierra del Fuego **576-577**, 582, **688**
Parque Nacional Torres del Paine 552, **556, 556-557**
Aktivitäten 552
Unterkunft 557
Parque Provincial Aconcagua 380
Parque Provincial Ernesto Tornquist 145
Parque Provincial Ischigualasto 397
Parque Provincial Mocona 215
Parque Provincial Payunia 388
Parque Provincial Volcán Tupungato 381
parrilla 95
Paso de los Libres 206
Patagonien 33, 54, 451, 451-562, **452**, 687
Essen 451
Geschichte 481, 530
Highlights 452
Klima 451
Parks & Schutzgebiete 451
Reisezeit 451
Tierwelt **464**
Unterkunft 451
Patagonien (Chile) 536
Patagonienexpress 491
Patagonische Küste 454
Pato 678

Pelzrobben 689
peñas 255
Perito Moreno **686**
Perito Moreno (Stadt) 500
Perón, Juan 668, 670
Perón, María Eva Duarte de 669, 670
Pferderennen
Hipódromo Argentino 67
Pflanzen 690
Pichincha 172
Pinamar 143
Pinguine **464**, 477, 484, 485, 486, 489, 561
Parque Interjurisdiccional Marino Isla Pingüino 484
Parque Nacional Monte León 487
Puerto San Julián 485
Piranhas 195
Piriápolis (Uruguay) 633
Planetarien
Zentrale Anden 388
Plaza 25 de Mayo 175
Plaza de Mayo 57, **83**
Plazas
Plaza de Mayo 57
Plaza Independencia (Uruguay) 597
Plaza San Martín 75, 323, **331**
Politik 662
Polizei 701
Polo
Buenos Aires 85
Popmusik 680
Portal Cambyretá 198
Portal Carambola 196
Portal San Nicolás 197
Porvenir (Chile) 590
Posadas 207, **210**
Post 699
Potrerillos 377
Preiskategorien
Essen 696
Unterkunft 704
Privatunterkünfte 705
Pucará 284, **281**
Puente del Inca 384
Puerto Bahía Blanca 159
Puerto Deseado 481
Puerto Iguazú 218, **223**
Puerto Madero **83**
Puerto Madryn 454, **455**
Aktivitäten 456
An- & Weiterreise 460
Ausgehen 460
Essen 459

Geführte Touren 457
Praktische Informationen 460
Sehenswertes 454
Shoppen 460
Unterkunft 457
Unterwegs vor Ort 461
Puerto Mar del Plata 148
Puerto Natales 544
　Aktivitäten 545, **546**
　Geführte Touren 545
　Sehenswertes 545
　Unterkunft 546
Puerto Pirámides 467
Puerto San Julián 485
Puerto Williams (Chile) 588
Puig, Manuel 682
Punta Arenas 536, **538**, 546-547
　Aktivitäten 537
　An- & Weiterreise 543, 55, 562
　Ausgehen & Nachtleben 542
　Essen 541, 549
　Geführte Touren 538
　Praktische Informationen 542, 561
　Sehenswertes 537
　Shoppen 550
　Unterkunft 539
　Unterwegs vor Ort 543, 551, 562
Punta del Diablo (Uruguay) 647
Punta del Este (Uruguay) **611**, 635, **636**
　Geführte Touren 637
　Praktische Informationen 642
　Reisen von/nach 642
　Sehenswertes 635
　Shoppen 642
　Unterhaltung 641
　Unterkunft 638
Punta Ninfas 461
Punta Tombo 475
Purmamarca **281**, 282, 280

Q
Quebrada de Cafayate 273
Quebrada de Humahuaca 15, 282, 280, **280-281**
Quilmes 303

Karten 000
Abbildungen 000

R
Rad fahren 39, 491
　Bariloche 403
　Esquel 491
　Mar del Plata 151
　Montevideo (Uruguay) 599
　Patagonien 502
　Pinamar-Gegend 144
　Seengebiet 417
Rafting 40
　Bariloche 403
　Mendoza 360
　Salta 250
　Seengebiet 441
　Zentrale Anden 377, 387
Rauchen 698
Rechtsfragen 699
Refugios 704
Reisekosten 697
Reisepass 707
Reiseplanung *siehe auch* einzelne Regionen
Reisezeit 20
Reiserouten 31, 598
　Uruguay 598
Reisezeit 20
Reiten 467, 508, **522**, 534, 545; *siehe auch* Estancias
　Andiner Nordwesten 259
　Bariloche 405
　Buenos Aires 85
　La Cumbrecita 348
　Mendoza 358
　Pampas 139
　Pampine Sierren 339, 353
　Puerto Natales (Chile) 545
　Seengebiet 421, 425
　Tafí del Valle 300
　Uruguay 644, 645
　Zentrale Anden 378
Religion 131, 663
Represa Salto Grande (Uruguay) 628
Reserva Ecológica Costanera Sur 65
Reserva Faunística Península Valdés **17**, 462
Reserva Los Huemules 535
Resistencia 235, **237**
Rind
　Uruguay 627
Rindfleisch 43
Río Colorado 268

Río de la Plata 686
Río Gallegos 487, **488**
　An- & Weiterreise 489
　Essen 489
　Geführte Touren 489
　Praktische Informationen 489
　Sehenswertes 487
　Unterkunft 489
　Unterwegs vor Ort 490
Río Grande 586
Río Mayo 499
Río Paraná 164
Río Uruguay 200
River Plate 70
Rockmusik 680
Rodeo 397
Rosario 164, **166**, **178**
　An- & Weiterreise 174
　Essen 170
　Feste & Events 167
　Praktische Informationen 173
　Shoppen 173
Rosas, Juan Manuel de 667
Rugby 678
Ruinen
　Paraguay 213
　Pucará 284
　San Ignacio Miní 212
Rundfahrten *siehe auch* Panoramafahrten
　Antique Tour Experience 296
　Ruta de los Siete Lagos 429
　Salta 247
　Sieben-Seen-Route 429
Rundflüge 569
Ruta 40 516
　Touren 516
Ruta de los Siete Lagos 13, 429
Ruta del Vino de San Juan 392
Ruta Nacional 40 33, **35**, 516, 523

S
Sabato, Ernesto 682
Saint-Exupéry, Antoine de 558
Salinas Grandes 274
Salta **16**, 52, 240-319
　An- & Weiterreise 258
　Ausgehen 255
　Essen 240, 253
　Geführte Touren 245

　Informationen 256
　Klima 240
　Shoppen 256
　Reisezeit 240
　Unterkunft 240, 251
　Unterwegs vor Ort 258
Salto 627
Salto Grande (Chile) 555
Saltos del Moconá 215
Salzwüste 274
San Antonio de Areco **132**
San Antonio de los Cobres 274
San Carlos 266
San Ignacio 211
San Ignacio Miní **17**, **179**, 212
San Isidro 111
San Juan 390, **393**
San Luis 350
San Marcos Sierras 337
San Martín de los Andes 429, **432**
San Martín, José de 667
San Rafael 385
Santa Ana 214, 215
Santa Fe 175, **176**
San Telmo **15**
Santiago del Estero 303
Sarmiento, Domingo Faustino 391, 668
Schiffe 714
Schiffsfahrten 456, 710; *siehe auch* Bootstouren
Schmutziger Krieg 165, 670
Schwimmen
　Buenos Aires 85
　Pampine Sierren 353
Schwule 700
　Buenos Aires 101
Seclantás 262
See-Elefanten 464, 689
Seelöwen **465**, 689, **691**
　Cabo Polonio (Uruguay) 645
Seen
　Lago Cardiel 507
　Lago del Fuerte 139
　Lago Roca 534
　Laguna Blanca 446
　Lagunas las Mellizas 428
Seengebiet 687, **401**
　An- & Weiterreise 402
　Highlights 401
　Nationalparks 402
Serranía de Hornocal 289

Shoppen *siehe auch* einzelne Orte
Sicher reisen 195, 700
 Buenos Aires 117
Sieben-Seen-Route 429, **430**, **430-431**
Sierra de la Ventana 141
Ski fahren 39
 Bariloche 405
 Esquel 491
 Las Leñas 14
 Seengebiet 418, 426, 429, 443
 Zentrale Anden 378, 389
Skulpturen 424
Snowboard fahren 39; *siehe auch* Ski fahren
 Ushuaia **576**
Spas 545
 Zentrale Anden 376
Speisekarte 724
Speisen & Getränke
 Uruguay 653
Sport 26, 678; *siehe auch* einzelne Sportarten
Sprache 20, 716
 Essen 716
 Kurse 327, 405
 Notfälle 719
 Slang 717
 Unterkunft 719
Sprachkurse 599
 Kurse 86
Stadion La Bombonera 76
Sternenbeobachtung 395
Steuern 696
Strände 23, 471
 Atlantikküste 149
 Cabo Polonio (Uruguay) 630, **630**
 Corrientes 187
 La Paloma (Uruguay) 630
 La Pedrera (Uruguay) **630**
 Mar del Plata 19, 149
 Mendoza 370
 Pinamar-Gegend 144
 Piriápolis (Uruguay) 634, 630, **631**
 Punta del Diablo (Uruguay) 630
 Punta del Este (Uruguay) **631**, 635, 630
Strandsegeln 40
 Zentrale Anden 396
Straßen

Ruta de los Siete Lagos (Straße der sieben Seen) 13
Strom 701
SUBE Card 122, 414
Subte 713
Südliche Pampas 138
Sumpfhirsch **179**
Surfen
 Atlantikküste 157
 Cabo Polonio (Uruguay) 645
 La Paloma (Uruguay) 643
 Mar del Plata 151
 Uruguay 643
 Villa Gesell 146

T
Tacuarembó (Uruguay) 632
Tafí del Valle 299
Tandil 138
Tango 28, 104, 679
 Buenos Aires 85
 Córdoba 327
 Festival del Tango 602
 Milonga **105**, 113
 Montevideo (Uruguay) 609
Tango BA Festival y Mundial 28
Tango **7**, **105**
tasa de reciprocidad 706
Tauchen 468, 539, 523
 Puerto Madryn 456
Taxis 713
Teatro Colón 66
Teatro Solís (Uruguay) 593
Telefon 701
Telefonkarten 702
Termas de Río Hondo 304
Theater
 Teatro Colón 66
 Teatro Juan de Vera 186
 Teatro Municipal, Bahía Blanca 158
 Teatro Nacional Cervantes 68
 Teatro San Martín 115
Thermalbäder 205
Thermalquellen 304
 Salto 628
 Termas de Fiambalá 312
 Termas de Río Hondo 304

Tierbeobachtung 18, 645; *siehe auch* Vogelbeobachtung, einzelne Arten
 Cabo Polonio (Uruguay) 645
 Mar Chiquita 153
 Parque Esteros del Iberá **18**
 Parque Interjurisdiccional Marino Isla Pingüino 484
 Parque Nacional Calilegua 279
 Parque Nacional El Palmar 204
 Parque Nacional Iguazú 228, 229
 Parque Nacional Mburucuyá 199
 Reserva Faunística Península Valdés 17, 462
Tiere 25, 464, 689; *siehe auch* Tierwelt, einzelne Arten
Tierra del Fuego 54, 688; *siehe* Feuerland
Tierschutzgebiete
 Bahía Bustamante 478
Tierschutzzentrum 219
Tierwelt 454, 463, 688; *siehe auch* einzelne Arten
Tigre 122
 An- & Weiterreise 123
 Geführte Touren 122
Tilcara **281**, 284, 280
Toiletten 703
Tolhuin 585
Touristeninformation 703
Trampen 714
Traslasierra-TaL 353
Trekken *siehe* Wandern
Trelew 469, **470**
 An- & Weiterreise 473
 Ausgehen 473
 Essen 472
 Feste & Events 471
 Geführte Touren 471
 Orientierung 473
 Praktische Informationen 473
 Unterkunft 472
 Unterwegs vor Ort 474
Tren a las Nubes 250
Trevelin 494
Tringeld 697
Trommeln 612
Tucumán 293, **295**
 Aktivitäten 294
 An- & Weiterreise 299

 Ausgehen 298
 Essen 297
 Feste & Events 296
 Geführte Touren 294
 Geschichte 294
 Sehenswertes 294
 Unterhaltung 298
 Unterkunft 296
 Unterwegs vor Ort 299

U
U-Bahn 713
UFOs 341
Umwelt 395
Unesco-Welterbe *siehe auch* Weltkulturerbe
 Península Valdés 462
Unterkunft 703; *siehe auch* Estancias, einzelne Orte
Unterwegs vor Ort 21
Uquía 288, 280
Uritorco 340
Uruguay 54, 592-660, **594**
 An- & Weiterreise 657
 Ausgehen 654
 Behinderung, Reisen mit 656
 Bevölkerung 652
 Essen 592, 654
 Feiertage 655
 Frauen unterwegs 655
 Geld 655
 Gesundheit 656
 Klima 592
 Kultur 652
 Lesben 656
 Natur & Umwelt 654
 Öffnungszeiten 656
 Politik 651
 Preise 654, 656
 Reiserouten 598
 Reisezeit 592
 Schwule 656
 Sprachkurse 599
 Unterkunft 592, 657
 Unterwegs vor Ort 658
 Visum 657
Ushuaia **14**, 566, **568**, **577**
 Aktivitäten 569
 An- & Weiterreise 581
 Ausgehen & Nachtleben 580
 Essen 575
 Feste & Events 573
 Geführte Touren 570
 Geschichte 566
 Information 580

Shoppen 580
Unterhaltung 580
Unterkunft 573
Unterwegs vor Ort 582
Uspallata 377

V

Vagón Histórico 482
Valeria 146
Valle de las Sierras Puntanas 352
Valle de Traslasierra 353
Valle de Uco 381
Valle Edén (Uruguay) 633
Valle Grande 387
Valles Calchaquíes 258
Ventisquero Negro 419
Vergnügungspark 585
  Parque de la Costa 122
  Tierra Santa 81
Verschwundene 84
Versicherungen 705
Versteinerter Wald 484
Videla, Jorge Rafael 670, 671
Viedma, Francisco de 485
Villa General Belgrano 347
Villa Gesell 146
Villa la Angostura 425
Villa Pehuenia 442
Villa Traful 428
Villa Ventana 143
Vinos y Bodegas 29
Virgencita 131
Visum 705
  Uruguay 657
Vögel 485
Vogelbeoachtung 18, 502
  Kondor 348
  Parque Interjurisdiccional Marino Isla Pingüino 484
  Parque Nacional Calilegua 279
  Parque Nacional Iguazú 229
  Parque Nacional Laguna Blanca 446
  Parque Nacional Mburucuyá 199

Salta 247
Zentrale Anden 388
Volcán Lanín 439
Vulkane
  Batea Mahuida 442
  Copahue 443
  Lanín 436, 439
  Tupungato 381

W

Währung 20, 536
Walbeobachtung 456, 461, 462, 467, 468
Wale **465**, 466, 477, 464, 689
Walisische Besiedlung 472
Walisisches Erbe 470, 471, 472, 474
Wandern 23, 37, 268, 426, 504, 515, 517, 520, 529, 569
  Andiner Nordwesten 260, 291
  Bariloche 403
  Cerro Aconcagua 18
  Cerro Belvedere 426
  Cerro Piltriquitrón 424
  Fitz-Roy-Massiv **13**
  Garganta del Diablo 285
  Huella Andina 498
  Los Terrones 340
  Pampine Sierren 350
  Parque Esteros del Iberá 192
  Parque Nacional do Iguaçu (Brasilien) 231
  Parque Nacional El Palmar 204
  Parque Nacional Los Glaciares (Südteil) 534
  Parque Nacional Monte León 486
  Parque Nacional Pali Aike (Chile) 544
  Parque Nacional Perito Moreno 506
  Parque Nacional Tierra del Fuego 584
  Patagonien 554
  Puerto Williams (Chile) 589

Río Colorado 268
Salta 246, 250
Seengebiet 417, 418, 419, 420, 424, 425, 428, 432, 436, 438, 439, 442, 443, 444
Tafí del Valle 300
Tierra del Fuego 584
Villa la Angostura 426
Zentrale Anden 378, 380, 396
Waschsalons 698
Wasserfälle
  Andiner Nordwesten 268
  Cascada de Los Alerces 419
  Cascadas de Arroyo Blanco 428
  Circuito Inferior 227
  Iguazú-Fälle 216, **220-221**, 687
  Patagonien (Chile) 555
  Seengebiet 428
Wasserparks
  Parque Norte 85
Wasserschweine 18, 690
Websites 21
Wein **12**, 25, 29, 45, 366, **369**, 550
  Museen 267, 391
  Touren 361, 368
Weinanbaugebiete
  Mendoza 366
Weingüter 267, 364, **367**, 448
  Andiner Nordwesten 288
  Bodega El Cese 263
  Bodega el Esteco **264-265**
  Bodega El Transito 267
  Bodega Figueroa 267
  Bodega Nanni 267
  Bodegas Humanao 266
  Colomé Bodega 266
  El Porvenir 268
  Finca las Nubes 268
  La Riojana 316
  Mendoza 364, 372, 366

Piattelli 268
San Juan 392
Uruguay 624
Zentrale Anden 383, 385
Weinproben 25
Weinregionen 22
Weinverkostungen 102
Wellness 507
Weltkulturerbe
  Colonia del Sacramento (Uruguay) **610**, **620**
  Museo de la Revolución Industrial (Uruguay) 627
  Museo Jesuítico Nacional de Jesús María 344
Westen von Uruguay 616
Wetter *siehe auch* einzelne Regionen
Wildwasser-Rafting 40
Windsurfen 39, 144
  Zentrale Anden 397
Wintersport 491
Wirtschaft 662, 669

Y

Yapeyú 208
Yavi 292
Yoga 151
  Andiner Nordwesten 277

Z

Zeit 20, 706
Zeitungen 698
Zelten 704
Zentrale Anden 355, **356**
  Highlights 356
Ziplining
  Pampine Sierren 348, 350
Zoll 706
Zug 714
Zugfahrten
  Tren a las Nubes 251
Zugreisen 491

Kartenlegende

Sehenswertes
- Strand
- Vogelschutzgebiet
- Buddhistisch
- Burg/Schloss/Palast
- Christlich
- Konfuzianisch
- Hinduistisch
- Islamisch
- Jainistisch
- Jüdisch
- Denkmal
- Museum/Galerie/Hist. Gebäude
- Ruine
- Shintoistisch
- Sikh-Religion
- Taoistisch
- Weingut/Weinberg
- Zoo/Naturschutzgebiet
- andere Sehenswürdigkeit

Aktivitäten, Kurse & Touren
- Bodysurfen
- Tauchen
- Kanu/Kajak
- Kurse/Touren
- Sento-Bad/Onsen
- Skifahren
- Schnorcheln
- Surfen
- Schwimmbad/Pool
- Wandern
- Windsurfen
- andere Aktivität

Schlafen
- Schlafen
- Camping

Essen
- Essen

Ausgehen & Nachtleben
- Ausgehen & Nachtleben
- Café

Unterhaltung
- Unterhaltung

Shoppen
- Shoppen

Praktisches
- Bank
- Botschaft/Konsulat
- Krankenhaus/Arzt
- Internet
- Polizei
- Post
- Telefon
- Toilette
- Touristeninformation
- andere Information

Landschaft
- Strand
- Hütte
- Leuchtturm
- Aussichtspunkt
- Berg/Vulkan
- Oase
- Park
- Pass
- Picknickplatz
- Wasserfall

Bevölkerung
- Hauptstadt (National)
- Hauptstadtl (Staat/Provinz)
- Stadt/Großstadt
- Ort/Dorf

Verkehrsmittel
- Flughafen
- Grenzübergang
- Bus
- Cable Car/Seilbahn
- Radfahren
- Fähre
- Metrohaltestelle/-station
- Monorail
- Parkplatz
- Tankstelle
- S-Bahn-Haltestelle
- Taxi
- Bahnhof/Zugstrecke
- Tram/Straßenbahn
- U-Bahn-Station
- anderes Verkehrsmittel

Hinweis: Nicht alle hier aufgeführten Symbole sind auf den Karten dieses Buches zu finden

Verkehrswege
- Mautstraße
- Autobahn
- Hauptstraße
- Landstraße
- Nebenstraße
- Weg
- Piste/unbefestigter Weg
- Straße in Bau
- Platz/Fußgängerzone/Mall
- Treppe
- Tunnel
- Fußgängerbrücke
- Wanderung/Wanderweg
- Wanderung mit Abstecher
- Wanderpfad

Grenzen
- Internationale Grenze
- Bundesstaat/Provinz
- umstrittene Grenze
- Regional/Vorort
- Gewässergrenze
- Klippen
- Mauer

Gewässer
- Fluß, Bach
- periodischer Fluss
- Kanal
- Wasserfläche
- Trocken-/Salz-/period. See
- Riff

Fläche
- Flughafen/Flugpiste
- Strand/Wüste
- Friedhof (christlich)
- Friedhof (andere Religion)
- Gletscher
- Watt
- Park/Wald
- Sehenswertes (Gebäude)
- Sportanlage/-platz
- Sumpf/Mangroven

DIE AUTOREN

Isabel Albiston
Buenos Aires, Die Pampas & die Atlantikküste Nach sechs Jahren kündigte Isabel beim Londoner *Daily Telegraph* und verbrachte ihre Zeit fortan auf Reisen. Sie nahm einen Job als Reisejournalistin in Sydney an, dann folgten eine viermonatige Fahrt durch Asien und fünf Jahre in Buenos Aires. Isabel schreibt seit 2014 für Lonely Planet und hat bisher an zehn Reiseführern mitgearbeitet. Im Moment lebt sie in Madrid.

Cathy Brown
Feuerland Cathy arbeitet als Reisebuchautorin und Redakteurin für verschiedene Verlage. Sie lebt mit ihren drei Kindern in den Anden im argentinischen Patagonien, wo sie gern wandert, ihren Garten pflegt, Malbec trinkt, sich mit Heilkräutern und der Kultur der Ureinwohner beschäftigt und eine Strohhütte baut. Sie liebt Abenteuer aller Art, darunter Surfen, Rafting, Skifahren, Klettern und Trekking; sie arbeitet eng mit der Adventure Travel Trade Association zusammen.

Gregor Clark
Uruguay Gregor ist ein amerikanischer Reisebuchautor mit Wohnsitz in den USA, dessen Neugierde ihn schon in Dutzende Länder auf fünf Kontinenten geführt hat. Als begeisterter Reisender hat er alle 50 Bundesstaaten der USA und die meisten kanadischen Provinzen erkundet. Seit 2000 arbeitet Gregor regelmäßig für Lonely Planet, vor allem über Ziele in Europa und auf dem amerikanischen Doppelkontinent.

Alex Egerton
Die Iguazú-Fälle & der Nordosten Alex hat als Nachrichtenjournalist auf fünf Kontinenten gearbeitet. Irgendwann hatte er aber genug von muffigen Redaktionsstuben, und er entschied sich für eine Karriere als Reiseautor. Nun verbringt er den größten Teil seiner Zeit beim Inspizieren von Matratzen, beim Kosten verdächtiger Straßensnacks und bei Gesprächen mit Einheimischen. Wenn er nicht gerade reist, wohnt er in kolonialzeitlicher Pracht in Popayán im südlichen Kolumbien.